Heinrich August Winkler
Deutsche Geschichte vom Ende des Alten Reiches
bis zum Untergang der Weimarer Republik

Heinrich August Winkler

Deutsche Geschichte vom Ende des Alten Reiches bis zum Untergang der Weimarer Republik

Bundeszentrale für politische Bildung

Bonn 2000
Sonderausgabe für die Bundeszentrale und die Landeszentralen für politische Bildung
von „Der lange Weg nach Westen, Band 1. Deutsche Geschichte
vom Ende des Alten Reiches bis zum Untergang der Weimarer Republik“

Satz: Fotosatz Otto Gutfreund GmbH, Darmstadt
Druck und Bindearbeiten: Ebner, Ulm
Gedruckt auf säurefreiem, alterungsbeständigem Papier
(hergestellt aus chlorfrei gebleichtem Zellstoff)
Printed in Germany

ISBN 3-89331-396-6

Für Dörte

Inhalt

Anhang

Einleitung

Gab es ihn oder gab es ihn nicht, den umstrittenen «deutschen Sonderweg»? Lange Zeit wurde diese Frage vom gebildeten Deutschland bejaht: zunächst, bis zum Zusammenbruch von 1945, im Sinne des Anspruchs auf eine besondere deutsche Sendung, danach im Sinne der Kritik an der politischen Abweichung Deutschlands vom Westen. Heute überwiegen in der Wissenschaft die verneinenden Antworten. Deutschland, so lautet die herrschende Meinung, habe sich von den großen westeuropäischen Nationen nicht so stark unterschieden, daß man von einem «deutschen Sonderweg» sprechen könne, und einen «Normalweg» sei ohnehin kein Land dieser Welt gegangen.

Die Frage, ob die Besonderheiten der deutschen Geschichte es rechtfertigen, von einem «deutschen Sonderweg», vielleicht auch von mehreren «deutschen Sonderwegen» zu sprechen, ist der Ausgangspunkt dieser zweibändigen Darstellung. Folgerichtig kann der Versuch einer Antwort erst an ihrem Ende stehen. Auf dem Weg dorthin werden Probleme erörtert, die in die Antwort eingehen müssen. Ich lege also keine «Totalgeschichte», sondern eine «Problemgeschichte» vor. Im Mittelpunkt *dieser* deutschen Geschichte des 19. und 20. Jahrhunderts steht das Verhältnis von Demokratie und Nation. Ich frage zum einen, wie es dazu kam, daß Deutschland sehr viel später als England und Frankreich, nämlich erst in den Jahren 1866 bis 1871, ein Nationalstaat und noch viel später, in Gefolge der Niederlage im Ersten Weltkrieg und der Revolution von 1918/19, eine Demokratie wurde. Zum anderen frage ich, welche Folgen diese doppelte Verspätung hatte und bis heute hat.

Dies ist eine politische Geschichte, aber keine der herkömmlichen Art. Von diplomatischen Haupt- und Staatsaktionen ist eher am Rande, von Schlachten so gut wie gar nicht die Rede. Ereignisse spielen eine große Rolle, aber nicht so sehr um ihrer selbst als um der Bedeutung willen, die ihnen die Zeitgenossen und die Nachlebenden beimaßen. Mein besonderes Augenmerk gilt also den Geschichtsdeutungen, die die Menschen bewegten und die in die politischen Entscheidungen einflossen. Derartige Deutungen waren und sind immer umstritten, also Gegenstand von Diskursen. Meine Darstellung ist mithin auch als Diskursgeschichte angelegt.

Zeichnen heiße weglassen, hat der Maler Max Liebermann sinngemäß bemerkt. Ich lasse vieles weg und konzentriere mich auf das, was mir im Hinblick auf die Leitfrage wichtig erscheint. Es versteht sich von selbst, daß eine andere Leitfrage eine andere Problemauswahl und eine andere Gewichtung von Tatsachen und Meinungen bewirken würde.

Historische Darstellungen bedürfen eines Fluchtpunkts. Fluchtpunkte ändern sich im Verlauf der Zeit. Für Darstellungen der jüngeren deutschen Geschichte bildeten nach dem Zweiten Weltkrieg die Jahre 1933 oder 1945 die Fluchtpunkte, auf die hin deutsche Geschichte geschrieben wurde. Inzwischen gibt es einen neuen Fluchtpunkt: das Jahr 1990. Er wird erst im zweiten Band erreicht werden, der die Zeit vom «Dritten Reich» bis zur Wiedervereinigung behandelt. Aber der Fluchtpunkt «1990» hat auch bereits Einfluß auf die Perspektive des ersten Bandes, der bis zum Untergang der ersten deutschen Demokratie, der Weimarer Republik, und damit bis zur Schwelle des «Dritten Reiches» führt.

Warum es zur Herrschaft Hitlers kam, ist immer noch die wichtigste Frage der deutschen Geschichte des 19. und 20. Jahrhunderts, wenn nicht der deutschen Geschichte überhaupt. Doch daneben steht seit 1990 eine andere Frage: Warum fand die deutsche Frage ihre Antwort in der Wiedervereinigung? Die Frage läßt sich auch anders formulieren: Warum gibt es seit 1990 und erst seit jenem Jahr keine deutsche Frage mehr?

Das Jahr 1990 als letzten Fluchtpunkt wählen heißt auch manche Deutungen überprüfen, die die deutsche Geschichte zwischen 1945 und 1990 erfahren hat. Da es mittlerweile wieder einen deutschen Nationalstaat gibt (wenn auch keinen «klassischen», sondern einen «postklassischen», fest in Europa eingebundenen), kann die deutsche Geschichte nicht länger als Widerlegung eines deutschen Nationalstaates oder gar des Nationalstaates schlechthin verstanden werden. Der erste, 1871 entstandene deutsche Nationalstaat gehört also nicht nur zur Vorgeschichte von 1933, sondern auch von 1990. Er trägt, mit anderen Worten, *beides* in sich: die Ursachen seines Scheiterns in der «deutschen Katastrophe» der Jahre 1933 bis 1945 *und* zugleich vieles von dem, was in die Grundlegung des zweiten deutschen Nationalstaates eingegangen ist. Ich nenne nur die Stichworte Rechtsstaat, Verfassungsstaat, Bundesstaat, Sozialstaat, allgemeines Wahlrecht und Parlamentskultur. Und was nur selten bedacht wird: Durch den Zwei-plus-Vier-Vertrag von 1990 wurde Bismarcks «kleindeutsche Lösung» zumindest insoweit bestätigt, als diese eine Absage an die «großdeutsche Lösung» des deutschen Problems, die Lösung *mit* Österreich, war.

Gegen Ende des ersten Bandes wird deutlich werden, daß die Deutschen am Vorabend der Machtübertragung an Hitler nicht nur der Demokratie von 1918/19 überdrüssig, sondern auch mit dem kleindeutschen Nationalstaat von 1871 unzufrieden waren. Das gebildete Deutschland war fasziniert von der Idee eines Reiches, das Österreich einschloß und Mitteleuropa beherrschte – eines Gebildes, das etwas anderes und mehr sein wollte als ein gewöhnlicher Nationalstaat. Die Ursachen dieses Reichsmythos reichen tief in die deutsche Vergangenheit zurück. Das erste Kapitel des ersten Bandes dieser deutschen Geschichte vom Ende des Alten Reiches bis zur Wiedervereinigung beginnt mit der Frage nach den mittelalterlichen

Ursprüngen dieses Mythos. Im zweiten Band wird die Frage erörtert, was nach 1945 an die Stelle des Reichsmythos trat, nachdem dieser, zusammen mit dem Deutschen Reich, untergegangen war. War es eine bestimmte «postnationale» Idee von Europa? War es, anders gewendet, der Gedanke einer neuen deutschen Sendung: einer für ganz Europa vorbildlichen Überwindung von Nation und Nationalstaat?

In der Vorrede zu seinen «Geschichten der romanischen und germanischen Völker von 1494 bis 1535» hat Leopold von Ranke sich und damit dem Geschichtsschreiber die Aufgabe zugewiesen, er solle «bloß sagen, wie es eigentlich gewesen ist». Nach Hitler kann man Geschichte so wohl nicht mehr schreiben. Die Frage sollte eher lauten, warum es eigentlich so gekommen ist. Als Leserin oder Leser dieses und des folgenden Bandes stelle ich mir jemanden vor, der ebendies wissen möchte, also nicht nur Fachhistoriker.

Ich versuche, soweit das möglich ist, auf Quellen zurückzugreifen (und das ist nicht die einzige Hinsicht, in der Ranke durchaus noch nicht überholt ist). Ich sehe in der Erzählung keinen Gegensatz zur Erklärung, sondern deren angemessene Form. Die Anmerkungen enthalten neben Zitatbelegen auch Hinweise auf ausgewählte Literatur – ausführlicher dort, wo es um die Kernfragen des Buches geht, aber nirgendwo auf das ohnehin utopische Ziel der Vollständigkeit ausgerichtet.

Danken möchte ich an dieser Stelle Frau Teresa Löwe und Herrn Sebastian Ullrich, die an den Kolumnentiteln zu den Abschnitten der einzelnen Kapitel mitgearbeitet, Korrekturen gelesen und das Personenregister erstellt haben. Frau Gretchen Klein hat meine handschriftliche Vorlage in ein druckfertiges Manuskript verwandelt. Ihrer Umsicht und Geduld verdankt dieser Band viel. Der Cheflektor des Verlages C. H. Beck, Herr Dr. Ernst-Peter Wieckenberg, war wiederum, wie schon bei meinen früheren, bei Beck erschienenen Büchern, ein bewundernswert gründlicher und kritischer Leser des Manuskripts. Beiden danke ich herzlich.

Ich widme diesen Band meiner Frau. Im Gespräch mit ihr hat das Buch die ersten Umrisse und schließlich die fertige Gestalt angenommen. Ohne ihren Zuspruch und ihre Kritik wäre es nicht entstanden.

Berlin, im November 1999 Heinrich August Winkler

1.

Prägungen: Das Erbe eines Jahrtausends

Im Anfang war das Reich: Was die deutsche Geschichte von der Geschichte der großen westeuropäischen Nationen unterscheidet, hat hier seinen Ursprung. Im Mittelalter trennten sich die Wege. In England und Frankreich begannen sich damals Nationalstaaten herauszuformen, während sich in Deutschland der moderne Staat auf einer niedrigeren Ebene, der territorialen, entwickelte. Gleichzeitig bestand ein Gebilde fort, das mehr sein wollte als ein Königreich unter anderen: das Heilige Römische Reich. Daß Deutschland später als Frankreich und England ein Nationalstaat und noch später eine Demokratie wurde, hat Gründe, die weit in die Geschichte zurückreichen.[1]

Vom Reich und dem Mythos, der sich darum rankte, soll also zuerst die Rede sein. Das Reich ist eine von drei Grundtatsachen, die die deutsche Geschichte durch viele Jahrhunderte hindurch prägten. Die zweite ist die Glaubensspaltung des 16. Jahrhunderts, die entscheidend dazu beitrug, daß Deutschland im Jahrhundert darauf zum Schauplatz eines dreißigjährigen europäischen Krieges wurde. Die dritte Grundtatsache ist der Gegensatz zwischen Österreich und Preußen, der das Heilige Römische Reich Deutscher Nation in der zweiten Hälfte des 18. Jahrhunderts vielen nur noch als eine leere Hülse erscheinen ließ.

Ein Mythos war das Reich schon immer gewesen. Mittelalterliche Autoren bemühten sich um den Nachweis, daß das römische Reich nie aufgehört habe zu bestehen. Es war zwar im Jahre 395 nach Christi Geburt in ein ost- und ein weströmisches Reich geteilt worden. Doch als das weströmische Reich 476 in den Stürmen der Völkerwanderung unterging, gab es immer noch das oströmische Reich mit der Hauptstadt Konstantinopel, dem einstigen griechischen Byzantion. Der Anspruch des oströmischen Basileus, *der* römische Kaiser zu sein, wurde im Abendland allerdings immer weniger anerkannt, zumal seit dem Ende des 8. Jahrhunderts eine Frau, die Kaiserinwitwe Irene, auf dem byzantinischen Thron saß. Als Papst Leo III. am Weihnachtstag des Jahres 800 Karl den Großen, den König der Franken und Langobarden und Schutzherrn des von seinem Vater Pippin geschaffenen Kirchenstaates, unter den jubelnden Zurufen der Römer zum Kaiser krönte, ging das römische Kaisertum von den Griechen auf die Franken (oder, wie es später hieß, auf die Deutschen) über.

So jedenfalls sahen es die Verfechter der mittelalterlichen Lehre von der «translatio imperii», der Übertragung des römischen Reiches. Sie hatten einen triftigen Grund, die Kontinuität dieses Reiches zu betonen. Der frühchristlichen Tradition folgend, die sich ihrerseits auf den Propheten Daniel berief, betrachteten sie nämlich das römische Reich als das vierte und letzte der Weltreiche. Vorausgegangen waren das babylonische, das medisch-persische und das mazedonische Weltreich: eine Abfolge, die räumlich eine Verlagerung des Weltgeschehens von Ost nach West, vom Sonnenaufgang zum Sonnenuntergang, bedeutete. Solange das Imperium Romanum bestand – das westlichste der Weltreiche, das sich schon im vierten Jahrhundert nach Christus zum Imperium Christianum gewandelt hatte –, solange würde der Antichrist nicht erscheinen. Der Antichrist war laut der Offenbarung des Johannes ein Tyrann und falscher Prophet, gemäß der mittelalterlichen Lesart, die auf den Kirchenvater Hieronymus zurückging, überdies ein Jude und das Haupt der Häretiker. Seine Herrschaft bedeutete nach der neutestamentlichen Prophezeiung das Ende aller weltlichen Geschichte: Christus würde wiederkehren, den Antichrist, der sich als Gott ausgab, besiegen und das Gottesreich errichten. Dem römischen Reich fiel aus dieser endzeitlichen Sicht die Rolle des «Katechon» zu – der Kraft, die dem zweiten Kapitel des zweiten Briefes an die Thessalonicher zufolge den Widersacher Christi und damit den Weltuntergang noch aufhielt. Daß dieser Text wahrscheinlich unecht, der Apostel Paulus also *nicht* der Verfasser des Briefes ist: diese Erkenntnis beginnt sich erst in der modernen Theologie durchzusetzen.[2]

Im Sinne der Kontinuitätsthese war es ferner wichtig, die Kaiserkrönung des Sachsenkönigs Otto des Großen durch Papst Johann XII. im Jahre 962 nicht als eine neue Reichsgründung erscheinen zu lassen. Das Frankenreich war zwar 843 durch den Vertrag von Verdun geteilt worden, und nach der Ermordung des letzten Kaisers aus fränkischem Reichsadel im Jahre 924 hatte es fast vier Jahrzehnte lang keinen weströmischen Kaiser mehr gegeben. Aber immerhin waren die Ostfranken an der Königswahl von Ottos Vater, Heinrich I., im Jahr 919 entscheidend beteiligt gewesen. Bischof Otto von Freising, der Onkel und Berater des Stauferkaisers Friedrich Barbarossa, sprach daher um die Mitte des 12. Jahrhunderts mit Blick auf 962 von einer Rückübertragung: Das Reich der Römer sei nach den Franken und Langobarden an die Deutschen («ad Teutonicos») oder, wie es sich anderen darstelle, an die Franken, denen es gewissermaßen entglitten sei, wieder übertragen worden («retranslatum est»).[3]

Als Otto der Große zum Kaiser gekrönt wurde, war von «Deutschen» freilich noch keine Rede. Erst um die Jahrtausendwende häuften sich in den Quellen die latinisierenden Bezeichnungen «teutonici» und «teutones», mit denen nicht etwa die alten Teutonen, sondern die zeitgenössischen «Deutschen» gemeint waren: Menschen verschiedener Stammesherkunft, die zumindest das eine Merkmal gemeinsam hatten, daß sie «deutsch» sprachen. Früher als um 1000 wird man die Anfänge einer deutschen Nationsbildung also kaum ansetzen können. In der zweiten Hälfte des 11. Jahrhunderts politisierte sich dann der Inhalt des Begriffs «deutsch». Papst Gregor VII., der Gegner König Heinrichs IV. aus dem fränkischen Haus der Salier im ersten großen Ringen zwischen geistlicher und weltlicher Macht, dem Investiturstreit um die Einsetzung der Bischöfe, nannte seinen Widersacher häufig den «rex Teutonicorum», den «König der Deutschen». Er wollte damit deutlich machen, daß ein vom Papst nicht geprüfter und gekrönter deutscher König allenfalls Herrscher über *sein* Volk, nicht jedoch römischer Kaiser sein könne. Das war als Demütigung gemeint und entsprach ganz dem Verhalten Gregors in Canossa: Vor dieser Burg am Nordabhang des Apennin ließ er im Januar 1077 Heinrich drei Tage lang im Büßergewand ausharren, ehe er den gegen ihn verhängten päpstlichen Bann aufhob. Nördlich der Alpen aber wurde die Bezeichnung «regnum Teutonicorum» («Königreich der Deutschen») alsbald ins Positive gewendet: ein Zeichen von wachsendem Zusammengehörigkeitsgefühl und Selbstbewußtsein.[4]

Doch begnügen wollten sich die deutschen Könige mit ihrem Königreich nicht. Der Begriff «regnum Teutonicorum» bezog sich auf einen Teil ihres Herrschaftsgebietes, die «deutschen Lande», nicht aber auf Burgund, das seit 1034 zum Reich gehörte, und Reichsitalien. Als Herrscher über das Gesamtreich benötigten die deutschen Könige den Kaisertitel. Die Bezeichnungen «Imperium» und «Imperator» schlossen keineswegs notwendigerweise einen Anspruch auf Amtsgewalt über Staaten in sich, die nicht zum Reich gehörten. Eine besondere «dignitas», eine protokollarische Vorrangstellung unter den Königen des Abendlandes, aber beanspruchten die mittelalterlichen Kaiser durchaus. Solange sie sich darauf beschränkten, wurde dieser Anspruch auch in Frankreich und England nicht bestritten: Als Schutzherr der christlichen Kirche und *nur* auf Grund dieser Aufgabe war der Kaiser ein Herrscher von höherer Würde als die anderen Herrscher.[5]

In der Stauferzeit aber gewannen westliche Beobachter den Eindruck, daß der deutsche Kaiser doch mehr sein wollte als der Erste unter Gleichen. Als Friedrich I. 1160 auf einer vom Reichsepiskopat dominierten, mithin keineswegs allgemeinen Kirchenversammlung in Pavia einen «Papst» (oder vielmehr: Gegenpapst) anerkennen ließ, für den sich zuvor im Kardinalskollegium in Rom nur eine Minderheit kaisertreuer Kardinäle ausgesprochen hatte, erhob einer der bekanntesten Kirchenmänner der Zeit Protest. «Wer hat die allgemeine Kirche dem Urteil einer Partikularkirche unterworfen?» fragte Johann von Salisbury, der Bischof von Chartres. «Wer hat die Deutschen zu Richtern der Nationen bestellt? (Quis Teutonicos constituit iudices nationum?) Wer hat diesen rohen und gewalttätigen Menschen jene Vollmacht gegeben, nach ihrem Belieben einen Fürsten zu setzen über die Häupter der Menschenkinder?»[6]

Der englische Widerspruch aus Chartres war auch ein Echo auf das, was man mit einem modernen Ausdruck die staufische Reichsideologie nennen kann. Im Jahre 1157 kam in der Kanzlei Kaiser Friedrichs I. die Formel vom «Sacrum Imperium», dem «Heiligen Reich», auf. Staufische Propagandisten wiesen den Herrschern der übrigen Königreiche den Rang bloßer Kleinkönige («reguli») zu. In den Gedichten des Archipoeta, eines Dichters aus der Umgebung des kaiserlichen Kanzlers Rainald von Dassel, und im «Spiel vom Antichrist», das um 1160 im Kloster Tegernsee entstand, wurde gar der Gedanke einer deutschen Weltherrschaft beschworen. Die Rechtfertigung dieses Anspruchs sah der unbekannte Autor in einer besonderen heilsgeschichtlichen Sendung der Deutschen: Als Kern des Gottesvolkes würden sie als letzte dem Antichrist, dem Feind des Vaterlandes, Widerstand leisten.[7]

In der praktischen Politik Friedrichs I. spielten solche Ideen noch keine Rolle. Doch unrealistisch und verhängnisvoll darf man die Machtpolitik Barbarossas gegenüber dem Papsttum, ja seine gesamte Italienpolitik durchaus nennen. Und was sein Sohn, Kaiser Heinrich VI. (1190–1197), erreichte und erstrebte, rechtfertigt es, von staufischer Weltpolitik zu sprechen. Durch Heirat fiel Heinrich der Anspruch auf die Herrschaft in Sizilien zu – ein Anspruch, den er mit militärischen Mitteln durchsetzte. Den englischen König Richard Löwenherz, den er bei dessen Rückkehr vom Dritten Kreuzzug gefangennehmen ließ, zwang er, sein Land vom Reich als Lehen zu nehmen. Er sicherte sich die Oberhoheit über Armenien, Tunis und Tripolis, erwarb staufische Erbansprüche auf Byzanz und dachte wohl an die Eroberung des oströmischen Reiches. Frankreich in ein abhängiges Verhältnis vom Reich zu bringen, gelang ihm nicht. Aber es muß offen bleiben, ob er, gestützt auf Erfolge im Osten, nicht auch im Westen den Weg der Eroberung beschritten haben würde. Sein früher Tod verweist die Frage in den Bereich der Spekulation. Ebenso muß offen bleiben, ob es Heinrich, hätte er länger gelebt, doch noch gelungen wäre, ein anderes ehrgeiziges Vorhaben zu verwirklichen: die Errichtung eines staufischen Erbkaisertums.[8]

Die kurze Regierungszeit Heinrichs VI. markiert den Umschwung der mittelalterlichen Reichsgeschichte. Hatte Heinrich das übrige Europa von sich abhängig machen wollen, so wurde über den Regierungsantritt seines Sohnes, Friedrichs II., nach einem siebzehnjährigen, von Doppelkönigtum und Bürgerkrieg geprägten Intervall von anderen europäischen Mächten entschieden: Die Würfel fielen 1214 auf dem Schlachtfeld von Bouvines, wo französische und englische Ritterheere aufeinandertrafen. Die militärische Niederlage der Engländer war zugleich die endgültige politische Niederlage ihres deutschen Verbündeten, Kaiser Ottos IV. aus dem Haus der Welfen, des Sohnes von Friedrich Barbarossas langjährigem Widersacher, Heinrich dem Löwen.

Der Staufer Friedrich II. aber, der 1215 in Aachen zum deutschen König und 1220 in Rom zum Kaiser gekrönt wurde, war sehr viel mehr ein sizilianischer als ein deutscher Herrscher. Das wichtigste Ergebnis seiner

Regierungszeit war, was Deutschland angeht, der Verzicht auf die Ausübung königlicher Hoheitsrechte wie des Zoll- und Münzrechts zugunsten der geistlichen und weltlichen Fürsten, niedergelegt in der «Confoederatio cum principibus ecclesiasticis» von 1220 und dem «Statutum in favorem principum» von 1232, das sich vor allem gegen die Städte und damit gegen das durch «Stadtluft» freie, dem Zugriff der Feudalherren entzogene Bürgertum richtete.

Die Fürsten, die schon während des Investiturstreits als zeitweilige Verbündete des Papstes im Kampf gegen den deutschen König an Macht gewonnen hatten, gingen aus der Krise des hochmittelalterlichen Reiches als die eigentlichen Sieger hervor. Die Urkunden von 1220 und 1232 festigten die territorialstaatliche Entwicklung Deutschlands. Doch eingesetzt hatte diese Entwicklung früher, im 12. Jahrhundert, und zwar mehr durch Landesausbau in Gestalt von Siedlung und Verdichtung von Herrschaft als durch Übertragung königlicher Rechte. Das galt für die altdeutschen Gebiete im Westen, Süden und Norden wie für die neuen Territorien östlich der Elbe, die im Gefolge von Eroberung, Slawenmission und Ostkolonisation «eingedeutscht» wurden. Verfassungsgeschichtlich gesehen war die Schlacht von Bouvines, die Friedrichs II. Herrschaft in Deutschland ermöglichte, also nur ein Wendepunkt unter anderen.[9]

Sehr viel einschneidender waren die Konsequenzen der Schlacht für Frankreich und England. In Frankreich bedeutete der Sieg des Königs über die Engländer und ihren Verbündeten, Kaiser Otto, auch eine Stärkung seiner Position im Innern: Die bislang mächtigen Thronvasallen verloren an Einfluß zugunsten der Monarchie, die den Prozeß der nationalen Zentralisation vorantrieb. Ganz andere Auswirkungen hatte die Schlacht von 1214 für England: Der geschwächte König mußte in der Magna Charta von 1215 Adligen und Bürgern weitgehende Rechte und Freiheiten zugestehen und in einen gewählten Ausschuß der Barone einwilligen, der Kontrollbefugnisse gegenüber dem Träger der Krone hatte. Damit war der Grund für die Entwickung Englands zum Verfassungsstaat gelegt.[10]

Das altdeutsche Kaisertum hatte seinen Höhepunkt längst überschritten, als die mittelalterliche Reichsideologie ihre Blütezeit erlebte. Der Kölner Kanoniker Alexander von Roes hielt es in seinem 1289 verfaßten «Memoriale de prerogativa Romani imperii», einem vielgelesenen und einflußreichen Traktat, für das Erfordernis einer sinnvollen und notwendigen Ordnung, daß die Römer als die älteren das Papsttum («sacerdotium»), die Deutschen oder Franken («Germani vel Franci») als die Jüngeren das Kaisertum («imperium») und die Franzosen oder Gallier wegen ihres besonders ausgeprägten Scharfsinns das Studium der Wissenschaften («studium») als Aufgabe erhalten hätten.[11] Der Autor stellte diese Forderung aus der Defensive heraus – in Abwehr von Versuchen, einen französischen Anspruch auf das Kaisertum zu begründen. Mit der von ihm befürworteten Arbeitsteilung zwischen den Nationen sich abzufinden, kam jedoch in

Frankreich niemandem in den Sinn. Es las sich fast wie eine Entgegnung auf Alexander von Roes, als ein anonymer Jurist in einem Gutachten für Philipp den Schönen um 1296 dem König von Frankreich bescheinigte, was französische Gelehrte schon im 12. Jahrhundert behauptet hatten: In seinem Königreich sei *er* Kaiser. «Und weil der König von Frankreich vor dem Kaiser da war, kann er um so vornehmer genannt werden.»[12]

Auf einem Gebiet aber gab es, theoretisch jedenfalls, Übereinstimmung zwischen den weltlichen Herrschern des Abendlandes: in der Zurückweisung dessen, was Eugen Rosenstock-Huessy, einer der letzten deutschen Universalhistoriker des 20. Jahrhunderts, 1931 in seinem Buch über die europäischen Revolutionen die «Papstrevolution» genannt hat. Papst Gregor VII. hatte mit dem «Dictatus Papae» von 1075 das Manifest dieser Revolution verfaßt. Gregors Postulat, daß der Papst den Kaiser absetzen könne, mochte zunächst zwar nur die Praxis der Kaiser auf den Kopf stellen. Die Behauptung, nur der Papst könne Bischöfe absetzen oder versetzen, war dagegen ebenso eine Kampfansage an die Könige von Frankreich und England wie an den Kaiser. Da die Bischöfe nicht nur geistliche Würdenträger, sondern in Personalunion auch die höchsten Beamten der Krone waren, wäre in allen drei Ländern das bisherige politische System zusammengebrochen, wenn sich der Papst durchgesetzt hätte. Tatsächlich errang die Kurie nur einen Teilerfolg. Seit dem frühen 12. Jahrhundert wurden (zuerst in Frankreich, dann in England, seit dem Wormser Konkordat von 1122 auch in Deutschland) die Bischöfe entsprechend dem kanonischen Recht, aber in Gegenwart des weltlichen Herrschers gewählt, so daß dieser seinen Einfluß weiterhin geltend machen konnte.

Der Investiturstreit war nur eine Etappe in der Auseinandersetzung zwischen geistlicher und weltlicher Macht. Im Jahre 1302 bekräftigte Papst Bonifaz VIII. den Standpunkt der Kurie, daß das Papsttum allen Herrschern übergeordnet sei. In der Hand des Papstes seien, so hieß es in der gegen König Philipp den Schönen von Frankreich gerichteten Bulle «Unam Sanctam», zwei Schwerter, ein geistliches und ein weltliches. Beide seien also in der Gewalt der Kirche, nur daß das geistliche Schwert *von* der Kirche, das weltliche aber *für* die Kirche geführt werde.[13]

Die werdenden Nationalstaaten Frankreich und England antworteten auf die päpstliche Herausforderung mit einer weitgehenden Nationalisierung der Kirche, wobei eine rigorose Beschränkung der päpstlichen Steuereinnahmen aus Kirchengut den Anfang bildete. Das römisch-deutsche Kaisertum konnte den nationalen Weg nicht beschreiten, ohne seinen eigenen universalen Anspruch zu gefährden und die deutschen Fürsten auf den Plan zu rufen, von denen manche selbst danach strebten, «Papst» in ihrem Lande zu sein, also ein Landeskirchentum auszubilden.[14] Auf den weltlichen Machtanspruch der Kirche (und ihre Instrumentalisierung durch Frankreich in der Zeit des Avignonesischen Papsttums von 1309 bis 1377) reagierte die kaiserliche «Partei» zunächst ideologisch: Der italienische

Staatsdenker Marsilius von Padua und der englische Franziskaner Wilhelm von Ockham, beide publizistische Helfer Kaiser Ludwigs des Bayern (1314–1347), leiteten in gelehrten Abhandlungen die Übertragung des römischen Reiches «von den Griechen auf die Deutschen» im Jahr 800 aus dem Willen des römischen Volkes ab und stellten damit der kurialen Auffassung von der «translatio imperii» durch den Papst, «ex cathedra» formuliert von Innozenz III. in der Bulle «Venerabilem» aus dem Jahre 1302, eine demokratische Doktrin entgegen. Doch die Idee der Volkssouveränität widersprach der Wirklichkeit des «Sacrum Imperium» so radikal, daß das Konstrukt folgenlos blieb.[15]

Folgenreich war dagegen die Antwort der deutschen Mystiker, beginnend mit Meister Eckhart (um 1250–1327), auf die Verweltlichung der Kirche: die Wendung nach innen. Alois Dempf hat in seinem 1929 erschienenen Buch über das «Sacrum Imperium» den Kampf um die Vertiefung und Verlebendigung der Frömmigkeit in Deutschland als das Gegenstück zur «politischen Reformation» in Frankreich und England interpretiert und es als die weltgeschichtliche Nebenwirkung der deutschen Mystik bezeichnet, daß sie eine «Frömmigkeit ohne Priestertum zu einer weitgreifenden Frömmigkeitsbewegung» gemacht habe. Die Mystik als Wegbereiterin der Reformation: der junge Luther wußte, an welche Traditionen er anknüpfte.[16]

Die Entfremdung von Rom, die in der Mystik angelegt war, aber auf die religiöse Sphäre beschränkt blieb, steigerte sich im 15. Jahrhundert zu einer Frühform von deutschem Nationalbewußtsein. In der Abwehr kirchlicher Geldforderungen trafen sich Kaiser und Reichsstände, und es war ein Ausdruck des Bewußtseins dieser Gemeinsamkeit, daß die entsprechenden Klagen seit etwa 1440 unter dem Begriff «Gravamina nationis Germanicae» zusammengefaßt wurden. Der Name «Römisches Reich Deutscher Nation» wurde erstmals 1486 in einem Reichsgesetz, der Name «Heiliges Römisches Reich Deutscher Nation» in voller Form erstmals im Kölner Reichstagsabschied von 1512 verwandt. Der Zusatz bedeutete ursprünglich keine Gleichsetzung von römischem Reich und deutscher Nation, sondern eine Einschränkung: Gemeint waren die «deutschen Lande» als Teil, freilich auch als Kern des Reiches, abgehoben von den Teilen «welscher», also italienischer Nation.

Damit bekam der Begriff «Nation» einen neuen Inhalt. Hatte er zuvor an Universitäten, auf Konzilien und bei der Organisation ausländischer Kaufleute in westeuropäischen Handelsstädten als (durchaus pragmatisch gehandhabtes) Mittel der Gruppeneinteilung gedient, so stieg er im 15. Jahrhundert zu einem allgemeinen Mittel der politischen Welteinteilung auf. Für den deutschen Begriff von «Nation» war dabei die Gemeinsamkeit der Sprache («Gezunge») der bestimmende Gesichtspunkt: ein Rückgriff, der nahe lag, wenn man bedenkt, daß die «deutsche Nation» keine irgendwie geartete Verwaltungseinheit bildete. In Frankreich und England dagegen ging die Nationsbildung von der Monarchie aus, was dem Begriff «Nation» einen in Deutschland nicht möglichen Bezug auf den Staat gab.

Den Begriff «deutsche Nation» bemühte der Kaiser, wann immer es ihm darum ging, die Reichsstände mit den Kurfürsten an der Spitze für gemeinsame Anstrengungen zu gewinnen. Doch die sieben Kurfürsten – die Erzbischöfe von Trier, Köln und Mainz, der König von Böhmen, der Pfalzgraf bei Rhein, der Herzog von Sachsen und der Markgraf von Brandenburg – hatten Grund zu der Annahme, daß nicht alles, was der von ihnen gewählte «römische König» für richtig hielt, im Interesse von Reich und Nation lag. Seit 1438 standen Herrscher aus dem Hause Habsburg an der Spitze des Reiches, und die dynastischen Interessen der Habsburger mußten keineswegs mit dem Interesse des Reiches oder der deutschen Nation übereinstimmen.[17]

Umgekehrt lag durchaus nicht notwendigerweise im Interesse des Reiches, worauf sich, was selten genug geschah, die Kurfürsten einigten. Sie waren zwar durch die Goldene Bulle, das Reichsgrundgesetz von 1356, als Mitträger des Reiches anerkannt. Aber zur «Nation» gehörten auch die anderen Fürsten und sonstigen Reichsstände, die auf Politik und Gesetzgebung des Reiches sehr viel weniger Einfluß hatten, ganz zu schweigen von den Städten, die auf den Reichstagen des 15. Jahrhunderts kein Stimmrecht hatten, aber von den Reichssteuern am stärksten belastet wurden. Daß das Reich einer grundlegenden Reform bedurfte, war Einsichtigen schon zu Beginn des 15. Jahrhunderts bewußt gewesen. Was jedoch unter den Kaisern Friedrich III. (1440–1493) und Maximilian I. (1493–1519) an Änderungen tatsächlich zustande kam, verdiente kaum den Namen «Reichsreform». Die Staatsbildung erfolgte in Deutschland nicht im Reich, sondern in den Territorien. Die Landesherren bedienten sich hierbei zunehmend des Römischen Rechts und juristisch geschulter Beamten, die dieses Recht anzuwenden verstanden. Besonders konsequente Erneuerer ihrer Herrschaft waren die Fürsten an der Spitze der größeren Territorien – jener Territorien, die durch ihr Desinteresse eine wirksame Reform des Reiches verhinderten.[18]

Der eher tristen Gegenwart des Reiches setzten die deutschen Humanisten vor und nach 1500 den Aufruf zur Wiederherstellung des alten Glanzes entgegen. Grund zur Hoffnung gab ihnen die Rückbesinnung auf eine weit zurückliegende Vergangenheit, die Zeit der «Germania magna», in der die Nationen germanischen Ursprungs sich noch nicht voneinander getrennt hatten. Unter Berufung auf Tacitus, dessen «Germania» 1455 wiederentdeckt worden war, zeichneten sie ein verklärendes Bild deutscher Tugenden, das sich vorteilhaft vom verzerrten Gegenbild abhob: der Verderbtheit der seit langem schon entarteten Römer. Vom republikanischen Rom, nicht von dem der Caesaren, konnten die Deutschen, die die Nachfolge des römischen Reiches angetreten hatten, Vaterlandsliebe lernen. Größe und Würde des Reiches rührten aus dieser Nachfolge her, die rechtens und verdient war, wobei die Autoren häufig nicht davor zurückscheuten, sich auf die Bulle «Venerabilem» von Papst Innozenz III. zu berufen, wenn es galt, die These zu belegen, daß das römische Reich im Jahr 800 von den Griechen auf die Deutschen in der Person Karls des Großen übertragen worden sei. Der Anspruch, der sich daraus ergab, nahm bei manchen der deutschen Humanisten staufische Ausmaße an: So richtete Sebastian Brant aus dem oberrheinischen Humanistenkreis 1494 in seinem «Narrenschiff» an Gott die Bitte, er möge das römische Reich so groß machen, «das im all erd sy underthon/ als es von recht und gsatz solt han.»[19]

Martin Luther war auch in dieser Hinsicht kein deutscher Humanist. Das erste römische Reich war, wie er 1520 in seiner Schrift «An den christlichen Adel deutscher Nation von des christlichen Standes Besserung» darlegte, durch die Goten zerstört worden. Jenes römische Reich aber, an dessen Spitze der Kaiser zu Konstantinopel stand, hätte der Papst nie an die Deutschen übertragen dürfen. Daß er es dennoch tat, war «Gewalt und Unrecht» und hatte zur Folge, daß die Deutschen «des Papstes Knechte» wurden. Doch schon Luther kannte die List der Vernunft und die normative Kraft des Faktischen. Für ihn war gewiß, «daß Gott die Papstbosheit hierin hat gebraucht, deutscher Nation ein solch Reich zu geben und nach dem Fall des ersten Römischen Reiches ein anderes, das jetzt steht, aufzurichten». So wollte Luther denn auch nicht raten, «dasselbe fahren zu lassen, sondern in Gottesfurcht, so lange es ihm gefällt, es redlich (zu) regieren. Denn, wie gesagt, es liegt ihm nichts daran, wo ein Reich herkommt, er will's dennoch regiert haben. Haben's die Päpste unredlich andern genommen, so haben wir's doch nicht unredlich gewonnen... Es ist alles Gottes Ordnung, welche eher ist geschehen, denn wir drum haben gewußt.»[20]

Wir sind bei der zweiten der Grundtatsachen angelangt, die die deutsche Geschichte prägen: der Reformation. «Die alte und durch und durch bewahrte Innigkeit des deutschen Volkes hat aus dem einfachen, schlichten Herzen diesen Umsturz zu vollbringen», erklärte Hegel um 1830 in seinen Vorlesungen zur Philosophie der Geschichte. Für Hegel war die Reformation «die Alles verklärende Sonne», das Ereignis, durch das «der subjektive Geist in der Wahrheit frei» und «die christliche Freiheit wirklich» wurde. Daraus ergab sich für ihn der «wesentliche Inhalt der Reformation; der Mensch ist durch sich selbst bestimmt, frei zu sein».[21]

Eine radikal entgegengesetzte Ortsbestimmung der Reformation nahm um die Jahreswende 1843/44 Marx in seiner Einleitung zur Kritik der Hegelschen Rechtsphilosophie vor: Luther habe «den Glauben an die Autorität gebrochen, weil er die Autorität des Glaubens restauriert hat. Er hat die Pfaffen in Laien verwandelt, weil er die Laien in Pfaffen verwandelt hat. Er hat die Menschen von der äußeren Religiosität befreit, weil er die Religiosität zum inneren Menschen gemacht hat. Er hat den Leib von der

Kette emanzipiert, weil er das Herz in Ketten gelegt.»[22] Womöglich noch radikaler war die Absage, die Nietzsche 1888 im «Antichrist» der Deutung Hegels erteilte. «Die Deutschen haben Europa um die letzte große Kultur-Ernte gebracht, die es für Europa heimzubringen gab – die Renaissance.» Cesare Borgia als Papst: für Nietzsche wäre das «der Sieg», die Abschaffung des Christentums gewesen. Luther aber, «dieser Mönch, mit allen rachsüchtigen Instinkten eines verunglückten Priesters im Leibe, empörte sich in Rom gegen die Renaissance ... Und Luther stellte die Kirche wieder her: er griff sie an ... Die Renaissance – ein Ereignis ohne Sinn, ein großes Umsonst!»[23]

Die deutsche Reformation war *beides:* Befreiung von kirchlichem, zunehmend als römische Fremdherrschaft empfundenem Zwang *und* Begründung eines neuen, verinnerlichten, staatstragenden Zwangs. Sie bewirkte Emanzipation und Repression in einem und damit, wie Marx bemerkte, nur eine teilweise Überwindung des Mittelalters. Engels irrte fundamental, als er sie die «Revolution Nr. 1 der Bourgeoisie» nannte.[24] Sozialgeschichtlich war die Reformation sehr viel eher, am deutlichsten in der Schweiz, in Ober- und Mitteldeutschland, eine Erhebung des «gemeinen Mannes» in Land und Stadt mit dem Bauernkrieg von 1524/25 als Höhepunkt.[25]

Unter dem Gesichtspunkt der politischen Wirkungen aber trifft auf die Reformation vor allem Rosenstock-Huessys Begriff der «Fürstenrevolution» zu: «Die große Hierarchie der sichtbaren Kirche hat ihr Pathos verloren. Die Seele ist nicht mehr da, wo der Klerus sie sucht. Die Erziehungsarbeit der Kirche kann daher getrost den Bischöfen jedes Orts und Landes überlassen werden, und dieser Bischof ist die weltliche Obrigkeit. Luthers Kurfürst ersetzt den obersten Bischof ... Wohl in keinem anderen Lande der Welt haben daher zwei so verschiedene Gesichtskreise übereinander bestanden wie bei uns. Oben kämpfen Fürst und Staatsmann um ihr Recht und ihre Freiheit als Obrigkeit. Unten leben und lernen Bürger und Bauern die reine Lehre und den Gehorsam gegen die Obrigkeit im Kreise ihres beschränkten Untertanenverstandes ... Dies ‹Unpolitische› des Durchschnittsdeutschen liegt in der freiwilligen Arbeitsteilung zwischen Luther und seinem Landesherrn bereits angelegt.»[26]

Ein landesherrliches Kirchenregiment hatte sich schon in vorreformatischer Zeit herausgebildet, und Luther setzte die Reformation nicht in Gang, um den Landesherrn (entsprechend einer seit langem gängigen Formel) vollends zum «Papst in seinem Lande» zu machen. Ausgegangen war Luther vom Gedanken eines allgemeinen, ebenso individualistischen wie egalitären Laienpriestertums. In der Annahme, das Ende der Welt sei nahe und der Antichrist in Gestalt des Papstes in Rom bereits erschienen, hielt Luther zunächst religiöse Erweckung für viel wichtiger als die institutionelle Verfestigung des neuen Glaubens, der ja, recht verstanden, der alte war. Nachdem die deutschen Kurfürsten 1519 Maximilians Enkel, Karl V.

(und nicht den vom Papst unterstützten französischen König Franz I.), zum römischen Kaiser gewählt hatten, hoffte auch Luther eine Zeitlang auf eine umfassende Reform durch ein Nationalkonzil. Doch diese Hoffnungen zerschlugen sich schon deshalb, weil die habsburgische Universalmonarchie unter Karl ihren Schwerpunkt nicht mehr in Deutschland hatte. Dazu kamen die Aktivitäten der Bilderstürmer und Schwärmer – nach Luthers Überzeugung teuflische Anschläge auf die Sache des Evangeliums. Infolgedessen galt es nun, die wahrhaft Gläubigen zu sammeln, den Glauben zu festigen, und das hieß vor allem: verstärkt Gemeinden zu bilden und Schulen und Universitäten zu reformieren.

Bei alledem bedurften Luther und die Lutheraner der weltlichen Obrigkeit, die von Gott verordnet war und das Schwert und die Ruten führte, um die Bösen zu strafen und die Frommen zu schützen. Viele Fürsten hatten durchaus nicht nur ein religiöses, sondern auch ein materielles Interesse an der Förderung des neuen Glaubens: Durch die Reformation gewannen sie die Verfügung über Kirchengut, womit sie die staatlichen Einnahmen vermehren und ihre Herrschaft festigen konnten. Luther sah in dem, was Staat und Stadt taten, um der Kirche eine Rechtsordnung zu geben, einen Liebesdienst. Die weltlichen Obrigkeiten *konnten*, aber *mußten* sich nicht von diesem Motiv leiten lassen, wenn sie Luthers Sache zu ihrer eigenen machten.[27]

Die Entwicklung zum evangelischen Landeskirchentum begann mit der Kirchen- und Schulvisitation von Luthers Landesherrn, dem Kurfürsten Johann von Sachsen, um 1527. Dem kursächsischen Vorbild folgten bald die anderen Fürsten, die sich zum neuen Glauben bekannten. Das Ergebnis war ein rechtliches Zwangskirchentum, in dem, nach den Worten des evangelischen Theologen und Religionsphilosophen Ernst Troeltsch, das menschliche Beiwerk zur Hauptsache wurde: «Die Landesherren schufen die Einigung der Theologie zu einem einhelligen Dogma und gaben den symbolischen Büchern die Zwangsgeltung. Sie schufen kirchlich-staatliche Behörden, welche Verwaltung und kirchliches Gericht in ihre Hand nahmen, unter Beteiligung der Theologen. Sie übernahmen die christliche Glaubens- und Sittenordnung auf das weltliche Recht und gaben den geistlichen Strafen und Maßnahmen bürgerliche Rechtsfolgen. In der Theorie regierte Christus und die Schrift in der Gemeinde, praktisch regierten die Landesherrn und die Theologen.»[28]

Mochte der ehemalige Augustinermönch Luther in der Tradition von Augustinus noch so scharf zwischen den «zwei Reichen», dem irdischen und dem Gottesreich, unterscheiden, so brachte er in der Praxis doch weltliche und geistliche Gewalt, Thron und Altar, so eng zusammen, daß dem Staat, wie Troeltsch es ausdrückte, «eine gewisse Halbgöttlichkeit» zuwuchs. Die politischen Wirkungen des Luthertums in Deutschland (und nur hier) waren damit radikal andere als die der anderen Hauptrichtung der Reformation, des Calvinismus, außerhalb Deutschlands. Die Verflechtung der Gemeindekirche mit der städtischen Republik Genf, wo Calvin lehrte und wirkte, begünstigte langfristig die Herausbildung demokratischer Gemeinwesen, die Verbindung von Landesherrschaft und Bischofsamt in den lutherischen Fürstenstaaten Deutschlands dagegen die Entwicklung zum Absolutismus.[29]

Zum Gegensatz zwischen Wittenberg und Rom trat damit ein weiterer: der Gegensatz zwischen dem deutschen Luthertum auf der einen und dem calvinistisch geprägten Nordwesten mit England und den Niederlanden als stärksten Bastionen auf der anderen Seite. Deutschland wurde durch die Reformation «östlicher». Franz Borkenau – ein universal gebildeter Intellektueller, der 1929 mit dem Parteikommunismus gebrochen hatte und später von Hitler in die Emigration gezwungen worden war – hat in einer 1944 zuerst auf englisch, dann 1947 in überarbeiteter Form auf deutsch erschienenen Studie über Luther die These aufgestellt, das Luthertum habe gewisse Gegensätze zwischen Ostkirche und Westkirche dogmatisch ausformuliert, die dem Gegensatz zwischen den beiden Großkirchen nur implizit zugrundegelegen hätten. «Die ausschließlich christologisch aufgebaute, Moral und Religion scharf trennende, der Tendenz nach dualistische, auf das passive innere Erleben des Glaubens und der Erlösung abgestellte lutherische Rechtfertigungslehre ist die der östlichen Kirche, aber an der Polemik mit dem westlichen Kirchentum entwickelt. Das Luthertum erscheint hier als ein im Protest gegen die westliche Glaubensreform erwachsener Zweig östlicher Glaubensweise. Hinter dem dogmatischen Gegensatz gegen Rom tut sich der kulturelle gegen das Abendland auf.»[30]

Die These ist insofern anfechtbar, als sie Luthertum und griechisch-russische Orthodoxie fast schon über einen Leisten schlägt. Doch in Luthers religiöser Innerlichkeit *lag* ein Moment, das ihn vom Westen trennte und mit dem Osten verband. Luthers Politikferne läßt seine vehemente Verurteilung des Bauernkriegs und seine Anlehnung an die Fürsten in sich logisch erscheinen. Der «Summepiskopat», die Übernahme des Amtes des Landesbischofs durch den Landesherrn, in den lutherischen Territorien Deutschlands brachte ein Wesensmerkmal des historischen Okzidents, das diesen vom «Cäsaropapismus» des byzantinischen Ostens abhob, fast zum Verschwinden: die Gewaltenteilung zwischen «imperium» (beziehungsweise «regnum») und «sacerdotium», die das Thema eines Jahrhunderte währenden Kampfes zwischen den Päpsten auf der einen, Kaisern und Königen auf der anderen Seite gewesen war. Wo sich die Unterscheidung behauptete oder wieder durchsetzte, war das dem Gedanken der Freiheit förderlich. Das anglikanische Staatskirchentum, das Heinrich VIII. 1534 in England einführte, war von Anfang an ständisch eingebunden; es wurde in der zweiten Hälfte des 17. Jahrhunderts parlamentarisiert und schließlich im 19. Jahrhundert liberalisiert. In Deutschland aber trug der Summepiskopat bis 1918 obrigkeitsstaatliche oder, überspitzt formuliert, cäsaropapistische Züge. Politisch betrachtet war das deutsche Luthertum ein Rückschritt.

«Die geistige Befreiung war im Luthertum mit weltlicher Knechtschaft erkauft»: In diesem Verdikt bündelt Borkenau das widersprüchliche Erbe der Reformation Martin Luthers. Beide Seiten, die kulturelle und die politische, müssen im Zusammenhang gesehen werden: «Der deutsche Geist konnte seine Schwingen entfalten, indem er praktische Erwägungen hinter sich ließ, die dort niemals beiseite gesetzt werden können, wo (wie im Calvinismus, H. A. W.) jede Leistung sich innerhalb der Welt rechtfertigen muß. Die deutsche Musik, die deutsche Metaphysik, sie hätten innerhalb einer calvinisch bestimmten Kultur nicht entstehen können. Freilich liegt in diesem Überfliegen des Praktischen auch eine furchtbare Gefahr... Das Politische ist das Reich der Verbindung von Geist und Welt, von Moral und Egoismus, von Individualismus und Bindung. Die lutherische Haltung verfehlt den Kern des Politischen. Sie hat ihren Anteil daran, daß wir das Volk der politisch stets Versagenden wurden, das Volk, das zwischen den in der Praxis gleich falschen Extremen weltferner gutmütiger Verinnerlichung und brutalsten Machttaumels hin- und hergeworfen wird.»[31]

Von der Innerlichkeit zur Brutalität war es auch bei Luther selbst nur ein Schritt: Das zeigt die zunehmende Maßlosigkeit seiner Angriffe auf den Papst, die Wiedertäufer und die Juden. Luthers Judenfeindschaft ist *der* Bereich seines Wirkens, wo sich Marxens Urteil, die Reformation habe das Mittelalter nur teilweise überwunden, auf besonders drastische Weise bestätigt. Enttäuschung darüber, daß die Juden sich nicht zum evangelischen Glauben bekehren ließen, verwandelte sich beim späten Luther in blinden Haß. Nur mit bösartiger Verstocktheit konnte er es sich erklären, daß die Blutsverwandten Jesu die frohe Botschaft nicht annehmen wollten. Das nahe Ende der Welt erwartend, sah Luther nunmehr in den Juden, wie zuvor schon im Papst und in den Türken, eine Erscheinungsform des Antichrist. In dem Pamphlet «Von den Juden und ihren Lügen» aus dem Jahr 1543 gab er alte Beschuldigungen wider, von denen er wußte, daß sie nicht zu beweisen waren: Die Juden vergifteten Brunnen und raubten christliche Kinder, um sie rituell zu schlachten. An die Obrigkeiten richtete er die Aufforderung, die Synagogen anzuzünden, die Häuser der Juden zu zerstören, den Rabbinern bei Strafe für Leib und Leben das Lehren zu untersagen, den Juden das Recht auf sicheres Geleit zu nehmen, ihnen die Benutzung der Straßen und den Wucher zu verbieten, sie zu körperlicher Arbeit zu zwingen und notfalls aus dem Land zu jagen. Den Christen insgesamt aber empfahl Luther, wann immer sie einen rechten Juden sähen, sich zu bekreuzigen und frei und sicher auszusprechen: «Da geht ein leibhaftiger Teufel». Das *war* «finsteres Mittelalter». Es lebte nicht nur *in* Luther fort, sondern wesentlich auch *durch* ihn.[32]

In der deutschen Geschichte bildet die Reformation eine der tiefsten Zäsuren. Von «unserem wichtigstem vaterländischen Ereignis» sprach Leopold von Ranke 1839 in der Vorrede zu seiner «Deutschen Geschichte im Zeitalter der Reformation». Die Reformation hat die deutsche Nation nicht nur gespalten, sondern in gewisser Weise neu konstituiert. Da der Kaiser selbst einer der rivalisierenden Religionsparteien angehörte, stand er weniger als bisher für das Ganze. Aber auch die Kurie der Kurfürsten konnte das Ganze nicht mehr repräsentieren, da sie ebenfalls in konfessionelle Lager gespalten war. Dasselbe galt für den Reichstag. Doch die Religionsparteien selbst waren überterritoriale, ja «nationale» Gruppierungen. Aus der Sicht der Anhänger des neuen Glaubens verkörperte am ehesten die ideelle Gesamtheit der protestantischen Reichsstände, von denen sich die meisten, aber nicht alle 1531 im thüringischen Schmalkalden zu einem Verteidigungsbündnis gegen die kirchenpolitischen Bestrebungen Karls V. zusammengeschlossen hatten, die deutsche Nation. Das gemeinsame Band war kein staatliches, sondern ein kulturelles: der evangelische Glaube im Sinne der «Augsburgischen Konfession», wie er in Abstimmung mit Luther (und nicht immer zu dessen Zufriedenheit) von Philipp Melanchthon 1530 auf dem Reichstag zu Augsburg in verbindliche Form gebracht und damit in ersten Ansätzen «konfessionalisiert» worden war.

Für den Zusammenhalt der deutschen Protestanten war Luthers Bibelübersetzung schlechthin grundlegend. Sie schuf die gesamtdeutsche Hochsprache, die ihrerseits zum wichtigsten «nationalen» Kommunikationsmittel und damit zur Bedingung der Möglichkeit dafür wurde, daß sich die gebildeten Deutschen gut zwei Jahrhunderte später, als es einen deutschen Staat noch immer nicht gab, als Angehörige einer deutschen Kulturnation verstehen konnten. Das evangelische Segment spielte in diesem Prozeß der Identitätsfindung eine so starke Rolle, daß man von einer kulturellen Hegemonie des Protestantismus sprechen muß. Luthers «Volk» aber blieb bei alledem, wie Eugen Rosenstock-Huessy bemerkt, recht stumm. «Die Nation, die er erweckt hat, wurde zunächst eine Fürsten-, Professoren- und Pfarrernation, bis hin zum Professorenparlament der Paulskirche von 1848. Diese Rolle der deutschen Universitäten für die Konstituierung der deutschen Nation erwächst im 15. Jahrhundert.»[33]

Dem katholischen Deutschland half der Rückhalt, den es am Kaiser hatte, wenig. Die Kriege zwischen Karl V. und Franz I. von Frankreich und die Gefahr, die von den Türken ausging, zwangen den Kaiser und die katholischen Stände mehrfach zu Kompromissen mit den Anhängern des neuen Glaubens und damit zur Vertagung des großen Konflikts. Das geschah erstmals 1526 auf dem ersten Reichstag zu Speyer, der es jedem Reichsstand anheimstellte, ob er das Wormser Edikt von 1521, die Ächtung Luthers und die Verurteilung seiner Lehren, befolgen wollte oder nicht, dann im «Nürnberger Anstand» von 1532, der den Protestanten vorläufig die freie Ausübung ihrer Religion zusicherte. Erst nachdem Karl nicht mehr durch auswärtige Kriege gebunden war und 1546, im Todesjahr Luthers, einen der wichtigsten protestantischen Fürsten, Herzog Moritz von Sachsen (durch das Versprechen der Kurwürde, die in den Händen seines Vetters Johann Friedrich aus einer anderen Linie des sächsischen Hauses war) auf seine Seite gezogen hatte, konnte er es wagen, zum Schlag gegen den Schmalkaldischen Bund auszuholen.

Seinen militärischen Sieg im Schmalkaldischen Krieg von 1546/47 konnte der Kaiser aber nicht in einen politischen Erfolg umsetzen, da sich Moritz von Sachsen, nunmehr Kurfürst, mit der Fürstenopposition verbündete, gemeinsame Sache mit dem französischen König Heinrich II. machte (dem er das Reichsvikariat über Metz, Toul und Verdun zugestand) und den Kampf gegen Karl V. aufnahm. Der Passauer Vertrag von 1552, zu dem sich der hart bedrängte Kaiser genötigt sah, gewährte den Protestanten nochmals freie Religionsausübung bis zu einem neuen Reichstag. Dieser Reichstag, 1555 abgehalten zu Augsburg, markiert sowohl das Ende der Reformationszeit wie auch den Abschluß des Ringens um die Reichsreform. Fortan galt der von einem späteren Juristen formulierte Grundsatz «Cuius regio, eius religio» (wessen die Herrschaft, dessen der Glaube). Die Augsburgische Konfession (nicht die «reformierte» der Anhänger des Zürcher Leutpriesters Ulrich Zwingli und Calvins) war nun reichsrechtlich anerkannt. Der Augsburger Religionsfriede sicherte nicht dem einzelnen Menschen, sondern den Fürsten die freie Entscheidung zwischen dem alten und dem neuen Glauben. Andersgläubige erhielten lediglich das Recht, das Territorium zu verlassen. In Reichsstädten mit gemischter Konfession sollte das Prinzip der Parität, für geistliche Territorien ein konfliktträchtiger «geistlicher Vorbehalt» gelten: Ein Bischof oder Reichsabt, der vom katholischen zum lutherischen Glauben übertrat, sollte sein Amt sofort niederlegen, das betreffende Dom- oder Stiftskapitel das Recht haben, einen katholischen Nachfolger zu wählen. Eine Pflicht, dies zu tun, sah der Religionsfriede aber nicht vor.

Der Augsburger Reichstagsabschied von 1555 bedeutete das Scheitern von zwei konkurrierenden Entwürfen einer universalen Krisenlösung: der Erneuerung von Reich und Kirche durch den Kaiser und im Zeichen des alten Glaubens auf der einen, der Erneuerung der allgemeinen Kirche im Zeichen des neuen Glaubens auf der anderen Seite. Gescheitert war auch das Projekt eines ständisch regierten Reiches, wie es im frühen 16. Jahrhundert eine Reformergruppe um den Mainzer Kurfürsten und Erzkanzler des Reiches, Berthold von Henneberg, betrieben hatte. 1555 einigten sich, wie Heinz Schilling feststellt, «Stände und Krongewalt endgültig darauf, daß in Deutschland die Fürsten und ihre Territorien die Träger der neuzeitlichen Staatlichkeit sein sollten und daß das Reich ein vorstaatlicher politischer Verband bleiben würde».[34]

Das Heilige Römische Reich blieb also erhalten; es festigte sich sogar institutionell. Der große Fürsten- und Bürgerkrieg, der nach Lage der Dinge zugleich ein europäischer Krieg sein mußte, war nochmals abgewehrt. Der Ausgleich von 1555 sanktionierte das Recht der deutschen Territorialstaaten auf religiöse Partikularität, wenn auch noch nicht auf die Steigerung der landesherrschaftlichen Libertät zu ihrer letzten Konsequenz: der staatlichen Souveränität. Doch schon im Jahre 1555 war absehbar, wer im Konfliktfall die größeren Chancen hatte, die Loyalität der Untertanen für sich in Anspruch zu nehmen: der Fürstenstaat und nicht das Reich. Mochte das Reich der deutschen Nation auch einen letzten organisatorischen Halt bieten und, vor allem bei Bedrohungen von außen, immer wieder Wellen von «Reichspatriotismus» hervorrufen: die Territorien, und zumal die größeren unter ihnen, entwickelten die sehr viel stärkere Bindekraft. Der Idee einer deutschen Nation blieb ein anderes Reich, das keines Kaisers bedurfte: das Reich des Glaubens und des Geistes.

Der Augsburger Religionsfriede trug wesentlich dazu bei, daß sich das protestantische Deutschland über ein halbes Jahrhundert lang von den Folgen der katholischen Gegenreformation abschirmen konnte, die vom Konzil zu Trient (1545–1563) ihren Ausgang nahm. Länder, in denen die Gegenreformation triumphierte, wurden wirtschaftlich und intellektuell so nachhaltig zurückgeworfen, daß die Wirkungen bis in die Gegenwart andauern. Spanien, dank seines lateinamerikanischen Kolonialbesitzes zeitweilig die bedeutendste katholische Macht, unterlag in der zweiten Hälfte des 16. Jahrhunderts seinem gefährlichsten Rivalen, England, nicht nur militärisch, durch den Untergang der Armada im Jahre 1588. Auch ökonomisch wurden die Länder der iberischen Halbinsel, Spanien und Portugal, binnen weniger Jahrzehnte von der calvinistisch geprägten See- und Handelsmacht England auf mindere Ränge verwiesen. Frankreich hingegen blieb nach den blutigen Hugenottenkriegen der Jahre 1562 bis 1598 nationalkirchlichen Traditionen treu und widersetzte sich der Gegenreformation mit Erfolg: Als König Heinrich IV. (von Navarra) 1593 vom calvinistischen zum katholischen Glauben übertrat, war das nicht der Auftakt zur umfassenden Rekatholisierung des Landes, sondern zu jener Politik religiöser Toleranz, die 1598 im Edikt von Nantes ihren klassischen Ausdruck fand.

Wo die Gegenreformation konsequent durchgeführt wurde, vernichtete sie weitgehend, was es an modernem Kapitalismus in katholisch gebliebenen Gebieten bereits gegeben hatte. Wo sich dagegen der calvinistische Geist innerweltlicher Askese und Bewährung entfalten konnte, förderte er auch die unternehmerische Dynamik. Den lutherischen Gebieten fehlte ein solcher Antrieb. Sie verharrten in der überlieferten ständischen Ordnung, der ein konservativer Wirtschaftsstil entsprach: Nicht individueller Wagemut und ständiges Wachstum der Erträge, sondern die Befriedigung des gewohnten, standesgemäßen Bedarfs und ein gerechter Preis waren die Leitideen des Wirtschaftens. In dieser Hinsicht unterschieden sich Lutheraner und Katholiken weniger voneinander als Lutheraner und Calvinisten.[35]

Die konfessionellen Unterschiede in Sachen der inneren politischen Ordnung waren, was Deutschland angeht, eher gering: Die calvinistischen Territorien wurden so obrigkeitsstaatlich regiert wie die lutherischen und die katholischen. Daß das politische Profil des deutschen Calvinismus sich deutlich von dem des englischen und des niederländischen abhob, hing mit einer kollektiven Diskriminierung zusammen: der Nichtanerkennung der Calvinisten als Konfession durch den Augsburger Religionsfrieden. Es war denn auch kein Zufall, daß das Streben nach Änderung des konfessionellen Status quo in den ersten Jahrzehnten nach 1555 auf evangelischer Seite nicht von einem lutherischen, sondern von einem calvinistischen Fürstenstaat ausging: der Kurpfalz, die damit zum Widerpart des aktivsten katholischen Reichsstandes, des gegenreformatorischen Bayern, aufrückte.

Die Calvinisten gewannen an Boden, als sich ihnen im Zuge der sogenannten «Zweiten Reformation» einige kleinere Territorien und ein größeres, Hessen-Kassel, anschlossen. Noch stärker verschoben sich die Kräfteverhältnisse im protestantischen Deutschland, als 1613 der brandenburgische Kurfürst Johann Sigismund vom lutherischen zum reformierten Bekenntnis übertrat: ein Vorgang mit langfristigen Wirkungen, der uns noch ausführlicher beschäftigen wird. Um den Herzog von Bayern scharten sich katholische, um den pfälzischen Kurfürsten protestantische Reichsstände. 1608 wurde die «Union», ein protestantisches Verteidigungsbündnis, im Jahr darauf die katholische Gegenallianz, die «Liga», gegründet. Der konfessionelle Gegensatz konnte jederzeit in einen neuerlichen Waffengang umschlagen. Als Kaiser Matthias sich anschickte, die Religionsfreiheit aufzuheben, die sein Bruder und Vorgänger, Rudolf II., den überwiegend protestantischen Ständen Böhmens und Mährens gewährt hatte, war es soweit: In Prag begann im Mai 1618 der Dreißigjährige Krieg.[36]

Ein reiner Religionskrieg ist dieser Krieg nie gewesen – weder zur Zeit des «böhmisch-pfälzischen Krieges» von 1618 bis 1623 und des «dänisch-niedersächsischen Krieges» von 1625 bis 1629 noch zur Zeit des «schwedischen Krieges» von 1630 bis 1635 und der des «schwedisch-französischen Krieges» von 1635 bis 1648. Die starke Beteiligung auswärtiger Mächte rief einen reichspatriotischen Protest hervor, der sich anfangs vor allem gegen das habsburgisch regierte Spanien, den militärischen Verbündeten des habsburgischen Kaisers Ferdinand II. und der katholischen Liga, richtete. Unter Berufung auf die alte Lehre von den vier Weltreichen beschuldigte eine Flugschrift 1620 die Spanier, sie erstrebten die Errichtung einer fünften, die ganze Welt umspannenden Monarchie und handelten damit der göttlichen Weltordnung zuwider, der zufolge das Heilige Römische Reich Deutscher Nation das vierte und letzte der Weltreiche sei. Einen Höhepunkt erreichte der Reichspatriotismus zur Zeit des Prager Friedens von 1635, den der Kaiser zunächst mit Kursachsen, dann mit den meisten anderen protestantischen Reichsständen, vorwiegend Norddeutschlands, abschloß. Doch der Versuch eines «deutschen» Friedens schlug fehl. Noch im gleichen Jahr griff das katholische Frankreich auf der Seite des lutherischen Schweden, also auf der konfessionell «verkehrten» Seite, in den Krieg ein. Die Machtpolitik trug damit endgültig den Sieg über den Glaubensstreit davon.[37]

In der kollektiven Erinnerung der Deutschen lebte der Dreißigjährige Krieg Jahrhunderte lang als *die* nationale Katastrophe fort; erst die beiden Weltkriege des 20. Jahrhunderts und namentlich der zweite haben ihm diesen Rang streitig gemacht. Eine Katastrophe war der Krieg vornehmlich in demographischer, wirtschaftlicher, sozialer und moralischer Hinsicht. Große Teile Deutschlands haben sich erst im folgenden Jahrhundert, manche noch später oder nie von den Folgen des drei Jahrzehnte währenden Mordens und Brandschatzens erholt. Die Bauern waren verarmt; im Osten Deutschlands sanken sie vielfach in die Erbuntertänigkeit von den Rittergutsbesitzern ab. Von einem aufsteigenden Bürgertum konnte nach der Verwüstung zahlloser Städte auf lange Zeit keine Rede mehr sein. Die Kriegsgewinner waren, soziologisch betrachtet, die Landesherren, die staatsnahen Teile des Adels, staatlich geförderte Kaufleute, Unternehmer und Bankiers, das Militär und das Beamtentum: die Säulen des entstehenden Absolutismus also. Kriegsgreuel, Massensterben und Entbehrungen bewirkten bei den Überlebenden eine verstärkte Wendung nach innen: eine erneuerte Laienfrömmigkeit, die im evangelischen Deutschland dem Pietismus des späten 17. und des 18. Jahrhunderts den Boden bereitete.

Wenn man von positiven Wirkungen des Krieges sprechen kann, war es die Einsicht in die Unabdingbarkeit von religiöser Toleranz. Erzwingen konnte diese Duldsamkeit nur ein starker Staat, der bereit war, sich in gewissen Grenzen zu säkularisieren und damit in religiösen Dingen zu neutralisieren. Der fürstliche Absolutismus war nicht zuletzt eine Folge der Verabsolutierung von Glaubensfragen: Was die Untertanen an innerlicher Freiheit gewannen, bezahlten sie mit noch mehr politischer Unterordnung unter die weltlichen Obrigkeiten. Diese fanden die verläßlichste Stütze ihrer Herrschaft fortan in einer tiefsitzenden, ja traumatischen Angst, die man wohl das bleibende Ergebnis des Dreißigjährigen Krieges nennen kann: der Angst vor dem Zusammenbruch aller gewohnten Ordnung, vor Chaos und fremder Soldateska, vor Bruder- und Bürgerkrieg, vor der Apokalypse.[38]

Der Westfälische Friede, den Kaiser und Reich 1648 in Münster mit Frankreich und in Osnabrück mit Schweden abschlossen, stellte den Augsburger Religionsfrieden von 1555 wieder her und dehnte ihn auf die Reformierten aus: Sie waren nunmehr als eine gleichberechtigte Spielart des Protestantismus anerkannt. Als Normaljahr für die Festlegung der Konfessionsgrenzen und der Konfessionszugehörigkeit der Bevölkerung galt 1624; seit diesem Stichdatum mußten die Untertanen einen Religionswechsel der Obrigkeit nicht mehr mitvollziehen. Die nördlichen Niederlande und die Schweizer Eidgenossen schieden aus dem Reichsverband definitiv aus; Frankreich erhielt die österreichischen Hoheitsrechte im Elsaß, was die Position der Habsburger in Deutschland nachhaltig schwächte. Bayern wurde in der pfälzischen Kurwürde bestätigt, die es 1623 erlangt hatte, desgleichen im Besitz der Oberpfalz; eine neue, achte Kurwürde wurde für die Rheinpfalz geschaffen. Den Reichsständen erkannte der Friedensvertrag die Mitbestimmung in allen Angelegenheiten des Reiches und die volle Landeshoheit in weltlichen und geistigen Dingen zu, dazu das Recht, Bündnisse auch mit auswärtigen Mächten zu schließen – wobei der schwer einklagbare Vorbehalt galt, daß solche Bündnisse sich nicht gegen Kaiser und Reich richten durften. Um jedwede Majorisierung auszuschließen, traten bei der Behandlung konfessioneller Fragen die evangelischen und die katholischen Reichsstände auf dem Reichstag, der sich 1663 in einen immerwährenden, in Regensburg tagenden Gesandtenkongreß verwandelte, zu gesonderten Beratungen im Corpus evangelicorum und im Corpus catholicorum zusammen. Beschlüsse kamen nur zustande, wenn aus dieser «itio in partes» eine Einigung hervorging.[39]

Außenpolitisch gesehen gingen Frankreich und Schweden als Sieger aus dem Dreißigjährigen Krieg hervor. Beide garantierten den Friedensvertrag, der zum Reichsgrundgesetz erklärt wurde; beide konnten ihr Territorium auf Kosten des Reiches ausdehnen, wobei Schweden, dem unter anderem Vorpommern mit Rügen zufiel, sogar zum Reichsstand aufrückte. Innenpolitisch betrachtet waren die Reichsstände die Gewinner: Infolge des Westfälischen Friedens konnten sie den entscheidenden Schritt zur Erlangung der vollen Souveränität tun. Ein europäischer Machtfaktor war das Heilige Römische Reich nach 1648 nicht mehr. Da es den deutschen Status quo absichern half, lag sein Fortbestand zwar sowohl im Interesse der europäischen Mächte wie auch der kleineren Reichsstände. Ein Staat aber, der sich mit Frankreich oder England, Spanien oder Schweden hätte vergleichen können, war das schwerfällige, altertümliche Gebilde nicht. Es *war* jener «irreguläre und einem Monstrum ähnliche Körper» (irregulare aliquod corpus et monstro simile), als den es Samuel Pufendorf 1667 in seiner berühmten Schrift über die Verfassung des Deutschen Reiches beschrieb.[40]

Wir wenden uns der dritten der prägenden Grundtatsachen der deutschen Geschichte, dem Gegensatz zwischen Österreich und Preußen, zu. Daß Österreich und Preußen, die beiden wichtigsten staatlichen Produkte der mittelalterlichen deutschen Ostsiedlung, zu europäischen Großmächten aufsteigen konnten, hatte eine gemeinsame Ursache: Beide bezogen ihren Einfluß zu guten Teilen daraus, daß sie Gebiete in sich schlossen, die nicht zum Reich gehörten. Die österreichischen Habsburger, die 1273 erstmals und seit 1438 ununterbrochen den Kaiser des Heiligen Römischen Reiches stellten, gewannen in der zweiten Hälfte des 15. Jahrhunderts durch Heirat die Niederlande und die Freigrafschaft Burgund und zu Beginn des 16. Jahrhunderts die Herrschaft über Spanien und seine Nebenlande mitsamt Neapel und den amerikanischen Kolonien. Die dynastische Verbindung mit Spanien blieb erhalten, als 1556 nach der Abdankung Kaiser Karls V. die Kaiserwürde auf seinen Bruder Ferdinand I. überging, die Herrschaft über Spanien, die Freigrafschaft Burgund und die Niederlande an seinen Sohn, König Philipp II.

Langfristig noch folgenreicher war der Erwerb der Kronen Böhmens und Ungarns im Jahre 1526. Ungarn ging zwar unter Ferdinand I. großenteils an die Türken verloren, die nach der Eroberung Konstantinopels (und damit des oströmischen Reiches) im Jahre 1453 immer weiter auf der Balkanhalbinsel vorgerückt waren. Doch es half Österreich ideell und materiell, daß es seit der ersten Belagerung Wiens durch die Türken im Jahre 1529 den Anspruch erheben konnte, das Reich, ja das Abendland insgesamt gegen die Osmanen und den Islam zu verteidigen. Nach der zweiten türkischen Belagerung Wiens im Jahre 1683 wendete sich das Blatt. Ungarn wurde den Türken entrissen und gelangte 1699 zusammen mit Siebenbürgen und großenTeilen von Slawonien und Kroatien an das Haus Habsburg. Österreich war zur Großmacht geworden.

Es konnte diesen Status auch behaupten, als nach dem Aussterben der spanischen Linie der Habsburger im Jahre 1700 der Spanische Erbfolgekrieg entbrannte. Ludwig XIV. von Frankreich gelang es zwar, die habsburgische Umklammerung aufzubrechen und seinen Enkel Philipp von Anjou auf den spanischen Königsthron zu setzen. Eine Vereinigung Frankreichs und Spaniens aber schloß 1713 der Friede von Utrecht aus. Im gleichen Jahr legte Kaiser Karl VI. in der Pragmatischen Sanktion seine eigene Nachfolge fest: Erbin des ungeteilten Hausbesitzes sollte seine älteste Tochter Maria Theresia sein. In langwierigen Verhandlungen erreichte der Kaiser die Anerkennung dieses Anspruchs durch die habsburgischen Erbländer, durch Ungarn und schließlich auch durch die europäischen Großmächte. Im Oktober 1740 trat Maria Theresia ihre Herrschaft an – fast gleichzeitig mit ihrem großen Widersacher, König Friedrich II. von Preußen.

«Preußen» (oder «Pruzzen») war ursprünglich der Name eines baltischen Stammes, der im frühen und hohen Mittelalter auf dem Gebiet des späteren Ostpreußen lebte. Die deutsche Besiedlung begann unter der Herrschaft des Deutschen Ritterordens, den der polnische Herzog Konrad von Masowien 1225 gegen die heidnischen Preußen zu Hilfe gerufen hatte. Nach dem militärischen Zusammenbruch des Ordensstaates im 15. Jahrhundert konnte dieser nur einen Teil seines Gebietes als polnisches Lehen behaupten. Die polnische Lehenshoheit blieb bestehen, als der Ordensmeister Albrecht von Brandenburg, ein Anhänger Luthers, den Ordensstaat 1525 in vertraglicher Absprache mit Polen in das weltliche Herzogtum Preußen verwandelte. 1618 fiel dieses Herzogtum durch Erbschaft an Brandenburg, wo seit 1415 die Hohenzollern als Markgrafen und Kurfürsten regierten. 1660 setzte der Große Kurfürst Friedrich Wilhelm (1640–1688) die Anerkennung seiner Souveränität im Herzogtum Preußen durch, das auch weiterhin außerhalb des Heiligen Römischen Reiches blieb. Der Sohn des Großen Kurfürsten, Friedrich III., ließ sich (als Friedrich I.) am 18. Januar 1701 in Königsberg mit Zustimmung Kaiser Leopolds I. zum «König in Preußen» krönen. Damit war Brandenburg-Preußen noch keine Großmacht. Aber es hatte einen wichtigen Schritt auf dem Weg zu diesem Ziel getan.

Anders als die Habsburger hatten die Hohenzollern fast nur deutsch sprechende Untertanen (die Masuren, die einen polnischen Dialekt sprachen, waren evangelisch und fühlten sich schon deswegen nicht als Polen). Auf dem Gebiet der Konfession lag der andere augenfällige Unterschied zwischen Österreich und Preußen: Die Habsburger waren wie die meisten ihrer Untertanen Katholiken, die Hohenzollern Protestanten. Mit der Glaubenszugehörigkeit der brandenburgischen Herrscher hatte es freilich eine besondere Bewandtnis. Im Jahr 1613 war Kurfürst Johann Sigismund vom lutherischen zum reformierten Bekenntnis übergetreten. Da die Untertanen, von den Calvinisten und Katholiken am Niederrhein abgesehen, Lutheraner blieben, ergab sich für die Hohenzollern die Notwendigkeit einer toleranten Haltung in Glaubensfragen damals fast von selbst.

Doch darin erschöpfte sich die Wirkung des kurfürstlichen Religionswechsels von 1613 nicht. Bereits Johann Gustav Droysen hat um 1870 in seiner «Geschichte der preußischen Politik» darauf hingewiesen, daß der Übertritt Johann Sigismunds zum Calvinismus wohl aus religiösen Gründen erfolgt, sein neues Bekenntnis aber «nicht bloß kirchlicher Natur» gewesen sei.[41] Weiter ging Otto Hintze 1931 in seinem Aufsatz «Kalvinismus und Staatsräson in Brandenburg zu Beginn des 17. Jahrhunderts». An Max Webers berühmte Studien über die Zusammenhänge zwischen dem Calvinismus und dem «Geist des Kapitalismus» anknüpfend, fragte Hintze nach der «Wahlverwandtschaft» zwischen Calvinismus und moderner Staatsräson. Der Calvinismus, so seine Antwort, sei der «Geburtshelfer gewesen, der die moderne Staatsräson in der brandenburgischen Politik zur Welt gebracht» habe; er habe als «Brücke» gedient, «über welche die westeuropäische Staatsräson ihren Einzug in Brandenburg» halten konnte. Die langfristige Wirkung war «als Grundrichtung die politische Orientierung nach Westen», vor allem nach den Niederlanden und Frankreich hin.

Das Resultat war paradox. In Brandenburg-Preußen wirkte der Calvinismus Hintze zufolge «als ein die monarchische Macht verstärkendes Prinzip – im Gegensatz zu seiner sonst in der Weltgeschichte vielfach hervortretenden Funktion einer Belebung des ständischen Widerstandes gegen heterodoxe Fürsten. Diese Funktion fehlt aber auch keineswegs, nur muß man, um sie zu erkennen, die andere Front der territorialen Fürstengewalt, die gegenüber der Reichsgewalt, ins Auge fassen. Gegenüber dem katholischen Kaiser hat der Kalvinismus auch in Deutschland die reichsständische Opposition belebt und geführt.»

In dieser Tradition stand aus Hintzes Sicht auch noch Friedrich II. «Wenn Friedrich der Große in seinen politischen Testamenten diese religiöse Haltung mit einer rein weltlichen, realpolitischen vertauscht hat, so ist dem tieferen Blick doch wohl erkennbar, daß der kategorische Imperativ der Pflicht und die asketische Berufstreue dieses aufgeklärten Herrschers ebenso wie die transzendentale Auffassung von der über dem Herrscher stehenden Majestät des Staates aus Gemütsschichten stammt, in denen die religiösen Motive der Vorfahren sich gleichsam säkularisiert, in eine weltliche Form umgesetzt haben, ohne aber rein aus dem Rationalismus der Aufklärung abgeleitet oder erklärt werden zu können.»[42]

Von den scharfsinnigen Beobachtungen des Historikers Hintze war es nur noch ein Schritt zu einer noch weitergehenden These des Wirtschaftswissenschaftlers Alfred Müller-Armack. In seinem 1941 erschienenen Buch «Genealogie der Wirtschaftsstile» (dem die Entstehungszeit in kaum einer Zeile anzumerken ist) sah der Schöpfer des Begriffs «Soziale Marktwirtschaft» die historische Bedeutung des Jahres 1613 darin, daß sich in Brandenburg-Preußen damals «über die lutherische Grundschicht eine reformierte Oberschicht» gelegt habe. «Während sonst der Calvinismus im rein calvinistischen Milieu liberalisierend wirkte, hat sich, wie der Typ der preußischen Staats- und Wirtschaftspolitik zeigt, durch die Verbindung der lutherischen Schicht mit einer asketisch gerichteten Oberschicht jene besondere Verstärkung des lutherischen Staatsdenkens durch eine von oben kommende Staatsdisziplin ergeben, die die Struktur der preußischen Staatsverwaltung und Wirtschaftspolitik in dieser Zeit bestimmte... Für die Entstehung des preußischen Staatsstiles dürfte mit entscheidend die Tatsache sein, daß sich hier im 17. Jahrhundert die weltgeschichtlich einmalige Verbindung von Luthertum und Calvinismus vollzog. Als dem lutherischen Lande eine calvinistische Spitze aufgesetzt wurde, entstand eine spezifisch neue Staatsstruktur, die weder calvinistisch noch lutherisch war. Indem der Calvinismus von oben und das Luthertum von unten eine gegenseitige Assimilationsfähigkeit bewiesen, entstand ein unvergleichlich Neues.»[43]

Was immer die Deutungen Hintzes und Müller-Armacks an Einzelkritik herausgefordert haben: Sie rücken das widersprüchliche Phänomen Preußen in jene großen historischen Zusammenhänge, in denen es gesehen werden muß. Hintze selbst hat mit Blick auf die brandenburgischen Ansprüche auf die Erbfolge im erlöschenden Jülicher Herzoghaus und im Herzogtum Preußen von der «Schicksalsfrage» gesprochen, ob sich Brandenburg mehr nach Osten oder nach Westen orientieren solle: «Im Osten war ihm das Luthertum, im Westen der Kalvinismus förderlicher.» Wenn der Konfessionswechsel von 1613 als Entscheidung für den Westen gedeutet werden kann, dann nur in außenpolitischer und staatsorganisatorischer Hinsicht. Die calvinistische Wendung des Landesherrn erleichterte die Integration der neuen, überwiegend reformierten Stände und Untertanen in Kleve, Mark und Ravensberg – dem Teil des Herzogtums Jülich, der 1614 auf Grund des Vertrags von Xanten Brandenburg zugefallen war. In der Mark Brandenburg aber und im Herzogtum Preußen konnte die Loyalität der Stände und der

Untertanen nur durch Verzicht auf jedweden Glaubenszwang gesichert werden. Einem Versuch, dort das reformierte Bekenntnis einzuführen, stand, in Hintzes Worten, «schon die ökonomisch-soziale Struktur dieser ostelbischen Länder mit ihrer Gutsherrschaft entgegen, zu der das Luthertum gut, der Kalvinismus aber gar nicht paßte.»[44]

In Umrissen zeichnete sich damit schon zu Beginn des 17. Jahrhunderts jene Ost-West-Spaltung Preußens ab, die das 19. Jahrhundert prägen sollte: der Gegensatz zwischen dem wirtschaftlich fortgeschrittenen, ansatzweise bereits industriellen, «bürgerlichen» Westen und dem gutsherrschaftlichen, «feudalen» Osten. Die Gutsherrschaft war, was den deutschen Sprachraum angeht, eine spezifisch ostelbische Erscheinung, die sich seit dem ausgehenden Mittelalter herausgebildet hatte. Ursprünglich freie Bauern wurden nicht nur, wie auch unter der Grundherrschaft im übrigen Deutschland, zu Frondiensten für den adligen Grundherrn gezwungen, sondern in den Zustand der Erbuntertänigkeit, einer besonderen Art von Leibeigenschaft, heruntergedrückt. Das war nur möglich, weil die Rittergutsbesitzer, die Junker, über die gutsherrliche Polizei hinaus dem Landesherrn große Bereiche der Gerichtsbarkeit abringen konnten. Die Folge war, daß der Gutsbezirk zu einem geschlossenen Herrschaftsgebiet und der Gutsherr zu einer Obrigkeit eigener Art wurde. Daß diese Obrigkeit ebenso Anspruch auf Gehorsam hatte wie der Landesherr, verstand sich für Lutheraner von selbst. Der Nähe von Thron und Altar an der Spitze des Staates entsprach auf niederer Ebene das Verhältnis zwischen dem Gutsherrn und «seinem» Pfarrer.[45]

Die Intensivierung der Gutsherrschaft ging mit der Ausdehnung der Güter Hand in Hand. Nachdem es den Junkern gelungen war, den Städten den Getreidehandel zu entwinden und damit das ostelbische Bürgertum nachhaltig zu schwächen, wuchs auch ihr Interesse, die Anbaufläche auf Kosten des Bauernlandes zu vergrößern. Das «Bauernlegen» erfaßte schon im 16. Jahrhundert weite Teile Ostdeutschlands; im Gefolge des Dreißigjährigen Krieges setzte es sich verstärkt fort. Nach dem Ende des großen Krieges gab es ostwärts der Elbe fast nur noch schollenpflichtige, erbuntertänige Bauern. Die Leibeigenschaft machte die ländliche Gesellschaft Ostelbiens östlicher, das heißt: dem Osten Europas ähnlicher. Dieser Prozeß war das Gegenstück zu der Verwestlichung Brandenburg-Preußens, die sich im 17. und 18. Jahrhundert vollzog, aber ganz andere Bereiche betraf: die Modernisierung der staatlichen Verwaltung und des Rechtswesens nach westeuropäischen Vorbildern, die Förderung von Gewerbe, Handel und Wissenschaften, die Durchsetzung religiöser Toleranz.[46]

Die gesellschaftliche Macht der Junker bedeutete nicht zu jeder Zeit schon politische Macht. Der Große Kurfürst, der Schöpfer des stehenden Heeres, hatte die Stände und mit ihnen die politischen Ansprüche der Rittergutsbesitzer rigoros bekämpft; sein Enkel, der «Soldatenkönig» Friedrich Wilhelm I. (1713–1740), überführte Adelsgüter, wo immer er konnte, in staatlichen Besitz. 1733 teilte er das Land in fest voneinander abgegrenzte Aushebungsdistrikte, die Kantone, ein und baute anschließend die Struktur des Heeres auf der des Landes auf. Die Junker stellten die Offiziere, die Bauern die Soldaten. Zum Ausgleich dessen, was sie für den Staat tun mußten, gewährte dieser den Bauern einen gewissen Schutz vor den Junkern: Die Gutsbesitzer durften «ihren» Bauern nicht mehr das Land wegnehmen.

Eine radikale Wende gegenüber dem Adel vollzog der Sohn des Soldatenkönigs, Friedrich II. (1740–1786). Hatten seine Vorfahren, beim Großen Kurfürsten angefangen, die Macht der Junker zurückgedrängt, gab es unter Friedrich II. einen Prozeß der Refeudalisierung. Das Junkertum wurde umfassend privilegiert: Bürgerliche durften keine Rittergüter mehr kaufen; wirtschaftlich gefährdeten Gütern half der Staat mit Krediten.

Die materiellen Leistungen waren nur ein Teil jenes historischen Kompromisses mit dem Adel, auf den sich die friderizianische Herrschaft stützte. Auch politisch gewann das Junkertum unter Friedrich II. auf allen Ebenen an Einfluß. Otto Büsch hat die Machtsteigerung der Rittergutsbesitzer prägnant beschrieben: «Die Sicherung des Junkers im Landbesitz und im Besitz der Offiziersstellen bedeutete zugleich die Garantie seiner Macht im Staat. Die Herrschaft über die Bauern, die Verwaltung des Ortes durch den Junker als Gutsherrn, die Verwaltung des Kreises durch den Junker als Landrat, sein Einfluß auf die Regierung durch die ‹Landschaften› (landschaftliche Kreditinstitute, H. A. W.) waren ein politisches Pfand. Sie qualifizierten den Junker zur tragenden Rolle im Militärsystem. Als Offizier beherrschte er den Kanton und die Garnison, stand er im gesellschaftlichen Rang jedem Zivilisten voran, war er bestimmt für das Landratssystem, aber auch für höhere und höchste Zivilverwaltungsstellen. Durch seine ausdrückliche Berufung zu den beherrschenden Positionen im Staat und in der Gesellschaft war die Machtentfaltung des Junkers nach dieser wie nach jener Richtung in der Praxis unbegrenzt, solange er seine ihm im Rahmen des Militärsystems gestellte Aufgabe erfüllte. Der Dienst des Junkers war die Bedingung des Staates für die Garantie seiner Herrschaft, diese Garantie aber auch die Bedingung des Junkers für die Erfüllung seines Dienstes. Der Junker bediente sich der Machtmittel des Staates, wie dieser sich seiner bediente. Das alte preußische Militärsystem war ein umfassendes soziales System mit politischem Grundcharakter.»[47]

Die soziale Militarisierung Preußens, von der Büsch zu Recht spricht, entsprang nicht persönlichen Vorlieben der Kurfürsten und Könige. Sie war, in erster Linie jedenfalls, eine Folge der extremen räumlichen Zerrissenheit des preußischen Territoriums und der militärischen Verwundbarkeit des Staates, die sich daraus ergab. Der Geist der Disziplin und Unterordnung, der Preußens Aufstieg erst ermöglichte, war die Antwort auf eine Herausforderung. Die Antwort war einseitig und bedurfte der Korrektur. Preußen war durch die Umstände seiner Entstehung in höherem Maß als andere Mächte gezwungen, Soldatenstaat zu sein. Dauerhaft behaupten konnte es sich aber nur, wenn es die Verhärtung überwand, die aus der Verinnerlichung äußeren Zwangs erwuchs.

Die Verinnerlichung des «Preußentums» war zu guten Teilen das Werk des Pietismus. Die Wurzeln dieser Frömmigkeitsbewegung reichten bis in den Dreißigjährigen Krieg zurück. Mit dem Ruf nach einer Erneuerung der Kirche von innen reagierten die Pietisten auf die orthodoxe Versteinerung des Luthertums, ja auf jede Art von äußerlichem Dogmenglauben. In Brandenburg-Preußen bildete die Distanz zum offiziellen Luthertum eine Brücke zwischen den Pietisten und den calvinistischen Herrschern. In der gleichen Richtung wirkte das ausgeprägte Interesse der preußischen Pietisten an der praktischen Verbesserung von Schulen und Hochschulen, das seinen klassischen Ausdruck in den von August Hermann Francke geschaffenen «Franckeschen Stiftungen» zu Halle und der 1694 eröffneten Reformuniversität Halle fand. Nie waren die «Stillen im Lande» dem Thron so nahe wie unter dem Soldatenkönig. Was die Regierungszeit Friedrich Wilhelms I. überdauerte, war eine pietistisch geprägte Staatsgesinnung: ein Landespatriotismus, der Treue und Liebe zum Landesherrn in den Rang einer religiösen Pflicht der Untertanen erhob.[48]

Religiös war, jedenfalls in letzter Instanz, auch die Quelle des wirtschaftlichen Aufschwungs, den Brandenburg-Preußen im 18. Jahrhundert dank der Hugenotten erlebte. Unmittelbar nach der Aufhebung des Edikts von Nantes durch Ludwig XIV. im Jahre 1685 hatte der Große Kurfürst das Edikt von Potsdam erlassen, das die verfolgten französischen Calvinisten nach Brandenburg einlud. Etwa 20000 Hugenotten folgten diesem Ruf; mehr als ein Viertel ließ sich in Berlin nieder, wo die französischen Immigranten um 1700 fast ein Fünftel der Bevölkerung ausmachten. In Handwerk, Handel und Manufakturen brachten sie jene dynamische Wirtschaftsgesinnung ein, die so häufig mit dem Calvinismus Hand in Hand ging. Aber auch in den akademischen Berufen taten sich die Hugenotten hervor. Wo immer sie tätig wurden, bewirkten sie, was das von Natur aus arme Brandenburg, «des Heiligen Römischen Reiches Streusandbüchse», dringender als alles andere brauchte: einen Modernisierungsschub.[49]

Die systematische Förderung von Handel, Gewerbe und Industrie, der Ausbau der Verkehrswege, die Urbarmachung und die Besiedlung von Moor- und Bruchlandschaften, die Pflege der Wissenschaften und die Duldsamkeit in Glaubensfragen: das alles waren Leistungen, die Brandenburg-Preußen im 18. Jahrhundert den Ruf einbrachten, es marschiere an der Spitze des Fortschritts. Möglich war das nur, weil die energischen Herrscher aus dem Haus der Hohenzollern über ein Heer von disziplinierten Beamten verfügten. Den institutionellen Rahmen, eine rationale Behördenorganisation mit dem «General-Ober-Finanz-Kriegs- und Domänendirectorium» an der Spitze, hatte Friedrich Wilhelm I. geschaffen. Die teils nach fachlichen, teils nach territorialen Gesichtspunkten gegliederte Zentralverwaltung arbeitete so effektiv, daß der absolutistische Hohenzollernstaat schon um die Mitte des 18. Jahrhunderts in ganz Europa als Modell einer leistungsfähigen Administration betrachtet wurde.[50]

Von Österreich konnte man das damals noch nicht sagen, und auch auf anderen Gebieten hob sich der mächtigste Reichsstand scharf von Brandenburg-Preußen ab. Für die habsburgischen Kronländer hatten jene Kompromisse in Glaubensfragen, wie sie der Westfälische Friede festlegte, keine Geltung. Im Zuge einer rigorosen Rekatholisierung, die lange vor 1648 eingesetzt hatte, flohen weit über 100 000 Protestanten aus dem Herrschaftsbereich der Habsburger – ein Verlust, den Österreich intellektuell und wirtschaftlich nie mehr wettmachen konnte. Während die Hohenzollern religiösen Pluralismus nicht nur propagierten, sondern auch praktizierten, erzwangen die Habsburger konfessionelle Homogenität. Zum katholischen Absolutismus Österreichs gehörte eine scharfe Zensur, vor deren Hintergrund sich Brandenburg-Preußen als ein Hort geistiger Freiheit ausnahm. Unter Maria Theresia (1740–1780) wurde die Zensur zwar entklerikalisiert, aber zugleich systematisiert und bürokratisiert. Der Geist der Aufklärung, der an preußischen Universitäten eine Heimstatt fand, stieß in Österreich auf eine Mauer der Abwehr.

Doch es gab auch strukturelle Gemeinsamkeiten zwischen Preußen und Österreich. Wie unter den Hohenzollern entwickelte sich auch unter den Habsburgern das Heer zum wichtigsten Träger eines Prozesses der staatlichen Zentralisation, und insofern kann man auch Österreich einen Militärstaat nennen. Wie die Hohenzollern, wenn auch später als sie, drängten die Habsburger den Einfluß der Stände zurück. Sie mußten es tun, wenn sie nicht gegenüber anderen Staaten, zumal Brandenburg-Preußen, dauerhaft ins Hintertreffen geraten wollten. Denn noch unter Karl VI. war die habsburgische Ländermasse eher ein Verbund von Ständestaaten unter monarchischer Spitze als ein modernes Staatswesen. Maria Theresia und ihre Minister orientierten sich bewußt am preußischen Vorbild, als sie zu Beginn der 1740er Jahre eine umfassende Staats- und Verwaltungsreform in Angriff nahmen. Das Ergebnis war ein absolutistischer Macht- und Behördenstaat, sehr viel weniger zentralistisch, aber nicht minder bürokratisch als Preußen.[51]

Der Gegensatz zwischen den katholischen Habsburgern und den evangelischen Hohenzollern hatte längst aufgehört, ein Religionsstreit zu sein, als er 1740, einige Monate nach dem Regierungsantritt Friedrichs II. und wenige Wochen nach der Thronbesteigung Maria Theresias, die Form eines Krieges annahm. Der erste Krieg um Schlesien wurde von Friedrich aus persönlichem wie aus staatlichem Ehrgeiz entfesselt. Die augenblickliche Schwäche Wiens nach dem Tod Karls VI. nutzend, wollte er sein Land durch die Eroberung des österreichischen Schlesien territorial vergrößern, wirtschaftlich stärken und politisch in den Rang einer europäischen Großmacht erheben. Schlesien *wurde* preußisch, und Preußen *wurde* Großmacht. Aber als der Friede von Hubertusburg dieses Ergebnis 1763 sanktionierte, hatte der Staat Friedrichs zwei weitere Kriege hinter sich, von denen der letzte, der Siebenjährige Krieg, leicht auch mit dem Untergang Preußens hätte enden können.

Die Machtpolitik Friedrichs unterschied sich, was die Methoden anbelangt, kaum von der anderer absolutistischer Herrscher wie Ludwigs XIV. von Frankreich oder Karls XII. von Schweden. Das gilt selbst von der verwerflichsten seiner Taten, der Mitwirkung an der ersten Teilung Polens im Jahre 1772. Auffallend war freilich im Fall des Preußenkönigs das krasse Mißverhältnis zwischen Risiken und Ressourcen. Brandenburg-Preußen war um 1740 noch immer ein territorial zersplittertes, fragiles Gebilde. Friedrich aber setzte immer wieder alles aufs Spiel und wurde schließlich nur durch einen historischen Zufall gerettet, der als «Mirakel des Hauses Brandenburg» in die Geschichte einging: den Tod von Friedrichs gefährlichster Gegnerin, der russischen Zarin Elisabeth, im Januar 1762. In den Krisen des Siebenjährigen Krieges bewies Friedrich Größe. Zu einem Mythos aber wurde er, weil er mit seiner Politik des Alles oder nichts am Ende Erfolg hatte. Er gab damit ein Beispiel, das katastrophenträchtig war.[52]

Den Beinamen «der Große» hätte Friedrich kaum erhalten und behauptet, wäre er nicht noch anderes gewesen als ein Kriegsherr. Im Europa seiner Zeit galt er zu Recht als Repräsentant, ja als die Verkörperung eines neuen Staatstyps, des aufgeklärten Absolutismus. Vernunft von oben zu verwirklichen: dieser Vorsatz unterschied sich grundlegend von der Selbstzweckhaftigkeit der üblichen Art absoluter Herrschaft. «Travailler pour le roi de Prusse» bedeutete schon zu Friedrichs Lebzeiten, eine Sache um ihrer selbst willen tun. Doch die Sache, um die es ging, mußte im Interesse des Staates, mithin vernünftig sein, und der regierende Philosoph von Sanssouci, der der erste Diener seines Staates sein wollte, schien ebendies zu verbürgen.

Friedrich öffnete sein Land westlichen Ideen und vollzog damit so etwas wie eine Kulturrevolution. Gleichzeitig restaurierte er Adelsvorrechte, weil er anders den Adel nicht dauerhaft in seine Militärmaschine eingliedern konnte. Auf diese Weise rückte er Preußen gesellschaftlich wieder ein Stück weit nach Osten, in die Richtung einer auf Adel und leibeigene Bauern sich stützenden Autokratie. Das friderizianische Preußen war viel bürgerlicher als Rußland, aber verglichen mit Frankreich, dem Friedrich intellektuell so nahestand, wirkte es fast wie ein Land ohne Bürgertum. Ein Vergleich innerhalb des Reiches fällt ähnlich aus: Friedrichs Preußen war weit weniger bürgerlich als die meisten anderen Staaten, vor allem im Süden und Westen Deutschlands, wenn auch nicht so feudal wie die beiden mecklenburgischen Herzogtümer.

Dem Grafen Mirabeau wird ein Wort zugeschrieben, das in Wirklichkeit von einem deutschen Militärschriftsteller des 18. Jahrhunderts, Georg

Heinrich von Behrenhorst, stammt: «Die preußische Monarchie ist nicht ein Land, das eine Armee hat, sondern eine Armee, die ein Land hat, in welchem sie gleichsam nur einquartiert steht.» Zwar waren alle absolutistisch regierten Länder immer auch Militärstaaten, Preußen aber war es in besonders ausgeprägtem Maß: In Österreich etwa war Mitte des 18. Jahrhunderts nur jeder sechzigste, in Preußen hingegen jeder dreizehnte Einwohner Soldat. Die Interessen des Militärs standen in der Hierarchie der öffentlichen Bedürfnisse unter Friedrich ebenso obenan wie unter seinem Vater, dem Soldatenkönig.[53]

Der Primat des Militärischen und die eng damit verknüpfte Privilegierung des Adels verhinderten die volle Durchsetzung des Rechtsstaates, der zu werden das friderizianische Preußen sich immerhin anschickte: Die Vereinheitlichung des Rechtswesens kam ein großes Stück voran; die Rechtsprechung durch Verwaltungsbehörden wurde eingeschränkt; eine neue Prozeßordnung, der Codex Fridericianus, straffte die Gerichtsverfahren und machte sie durchsichtiger. Die Krönung des Gesetzgebungswerkes war das Allgemeine Landrecht für die Preußischen Staaten, das 1791, fünf Jahre nach Friedrichs Tod, vollständig vorlag. Es trug, wie Reinhart Koselleck bemerkt, ein Janusgesicht. «Im theoretischen Entwurf zielt es auf einen Rechtszustand, der der bestehenden Wirklichkeit weit vorauseilte, während in der Durchführung diese Wirklichkeit durch eine Fülle von Bestimmungen kodifiziert wurde, die dem geplanten Rechtszustand hinderlich waren, ja ihm widersprachen. Das Landrecht stellt einen Kompromiß dar zwischen überkommenem Zustand und zukunftsgerichteter Absicht.»[54]

Ganz ähnlich hat schon 1856 der französische Staatsdenker Alexis de Tocqueville im Anhang seines Werkes «Das Ancien Régime und die Revolution» über das Allgemeine Landrecht geurteilt: «Unter diesem ganz modernen Kopf kommt nun ein völlig altfränkischer Rumpf (un corps tout gothique) hervor; Friedrich der Große hat ihn nur um das beschnitten, was die Betätigung seiner eigenen Macht behindern konnte, und das Ganze bildet ein Monstrum, das wie ein Zwitter aus zwei verschiedenen Kreaturen aussieht.»[55]

Der aufgeklärte Absolutismus war zwar keine preußische, aber in gewisser Weise doch eine deutsche Besonderheit. Neben Friedrich dem Großen war Maria Theresias Sohn Joseph II., der von 1765 bis 1780 in den österreichischen Ländern als Mitregent seiner Mutter politische Macht ausübte und nach dem Tod Maria Theresias bis 1790 als Alleinregent die Geschicke der habsburgischen Lande bestimmte, der klassische Vertreter dieses Regierungssystems. Joseph ging in manchen Bereichen weiter als Friedrich, der für ihn ein Vorbild war: Er hob die bäuerliche Leibeigenschaft in Böhmen, Mähren und im österreichisch gebliebenen Südwestzipfel Schlesiens auf, ließ das bürgerliche wie das Strafrecht im Geist der Aufklärung reformieren, machte das Schulwesen zu einer rein staatlichen Angelegenheit und gewährte den Nichtkatholiken die vollen Staatsbürgerrechte und das Recht der privaten Religionsausübung.

Heftigen Widerstand provozierte Joseph mit seiner Behandlung der Ungarn, denen er Deutsch als Amts- und Geschäftssprache (an Stelle des Lateinischen) vorschrieb, um die Vereinheitlichung des habsburgischen Herrschaftsgebiets voranzutreiben. Zu inneren Unruhen führte sein Versuch, die Kirche vollständig in den Dienst des Staates zu stellen, wozu die Auflösung zahlreicher Klöster gehörte. Einen Teil seiner Maßnahmen mußte Joseph kurz vor seinem Tod noch selbst widerrufen; andere Reformen hob sein Bruder und Nachfolger, Leopold II. (1790–1792), auf.[56]

Wenn vom «Josephinismus» auch einiges weiterwirkte, so war die «Revolution von oben» im Ganzen doch gescheitert. Das katholische Kirchenvolk solidarisierte sich mit dem Klerus und verwies den aufgeklärten Absolutismus in seine Schranken. Darin lag ein gewichtiger Unterschied zu Preußen. Der Calvinismus von oben hatte hier dem aufgeklärten Absolutismus vorgearbeitet; lutherischen Widerstand von unten gegen die Reformen Friedrichs gab es nicht. Anders als Joseph, der durchaus gläubiger Katholik blieb, hatte der Freigeist Friedrich die religiösen Empfindungen seiner Untertanen freilich auch gar nicht erst herausgefordert. Der «Alte Fritz» war schon infolge seiner Kriegstaten außerordentlich populär, während Joseph keinen Zugang zu den Herzen der Menschen fand. Das galt, im einen wie im anderen Fall, nicht nur innerhalb, sondern auch außerhalb der Staaten, in denen die beiden aufgeklärten Monarchen regierten. Damit sind wir bei der Frage angelangt, welche Folgen der Gegensatz zwischen Österreich und Preußen für das Selbstverständnis der Deutschen hatte.

«Und so war ich denn auch preußisch oder, um richtiger zu reden, fritzisch gesinnt: denn was ging uns Preußen an», schreibt Goethe, auf Kindheitseindrücke zur Zeit des Siebenjährigen Krieges zurückblickend, in «Dichtung und Wahrheit». «Fritzisch» sein hieß gegen den «alten Zopf» und für ein aufgeklärtes Staatswesen Partei ergreifen. Eine solche Haltung war im Bürgertum einer evangelischen Freien Reichsstadt wie Frankfurt am Main, dem Goethe entstammte, gewiß häufiger anzutreffen als, beispielsweise, unter katholischen Bauern in Bayern. Aber auch in Goethes eigener Familie gab es Sympathisanten der österreichischen Sache, darunter seinen Großvater Johann Wolfgang Textor, der als Frankfurter Schöffe bei der Kaiserkrönung Franz I., des Gemahls Maria Theresias, 1745 zu Frankfurt den Krönungshimmel mitgetragen hatte. In der Regel war es so, daß es die ältere, konservative Generation mit Maria Theresia, die jüngere, fortschrittlichere mit Friedrich hielt.[57]

Am stärksten war der Rückhalt der beiden Monarchen natürlich im eigenen Land. Die Kriege der Jahre 1740 bis 1763 wirkten identitätsstiftend: Sie beförderten ein Zusammengehörigkeitsgefühl, für das die Person des Landesvaters oder der Landesmutter zentral, das aber zugleich überpersönlich war, weil es sich auf den Staat bezog. Der König von Preußen (erst Friedrich II. nannte sich so, und erst unter ihm wurde Preußen zum Namen des Gesamtstaates) stand an der Spitze von Untertanen, die sich als Preußen zu fühlen begannen. Von Preußen als einer «Nation» sprach schon 1761 der Aufklärer Thomas Abbt, ein aus der Freien Reichsstadt Ulm stammender Wahlpreuße, in seiner Schrift «Vom Tode für das Vaterland». Die Antwort auf die Frage, was wohl das Vaterland sei, ergab sich für ihn nicht notwendigerweise aus der Naturtatsache des Geburtsorts, sondern alternativ dazu auch aus einer freien staatsbürgerlichen Entscheidung: «Aber wenn mich die Geburt oder meine freie Entschließung mit einem Staate vereinigen, dessen heilsamen Gesetzen ich mich unterwerfe, Gesetzen, die mir nicht mehr von meiner Freiheit entziehen, als zum Besten des ganzen Staates nötig ist: alsdann nenne ich diesen Staat mein Vaterland.»[58]

Auf Österreich ließ sich der Begriff «Nation» nicht anwenden, weil in ihm, ausgesprochen oder stillschweigend, eine gemeinsame Sprache mitgedacht wurde, die es im habsburgischen Vielvölkerstaat nicht gab. Die Herrschaft der Habsburger war seit langem weit über den deutschen Sprachraum hinaus gewachsen; sie umschloß Gebiete mit ungarischer, tschechischer, slowakischer, slowenischer, kroatischer, serbischer, rumänischer, italienischer, französischer, niederländischer und seit 1772 auch polnischer, ukrainischer und jiddischer Sprache: ein großer Unterschied zu Preußen, das trotz der Annexion polnischen Territoriums in den Jahren 1772 bis 1795 als deutscher Staat galt. Die aktiven Träger des österreichischen Staatspatriotismus waren in viel höherem Maß als in Preußen die aufgeklärten Beamten. Der preußische Staatspatriotismus hatte eine ungleich breitere gesellschaftliche Grundlage, die bis zu den erbuntertänigen Bauern hinunterreichte, und wirkte auch deswegen weit stärker über die Staatsgrenzen hinaus als die österreichische.[59]

Die Begriffe «Vaterland» und «Nation» wurden in der zweiten Hälfte des 18. Jahrhunderts aber keineswegs nur in Preußen auf den Territorialstaat bezogen. Goethe nannte Frankfurt, der konservative Schriftsteller Justus Möser Osnabrück sein «Vaterland». Der Berliner Aufklärer, Schriftsteller und Verleger Friedrich Nicolai sprach von einer bayerischen Nation und von bayerischen, ja sogar von nürnbergischen Patrioten. Und der Dichter Christoph Martin Wieland, ein pietistisch erzogener Pastorensohn aus der dörflichen Umgebung der Freien Reichsstadt Biberach, stellte 1773 das Verdikt auf: «Die Deutsche Nation ist eigentlich nicht Eine Nation, sondern ein Aggregat von vielen Nationen.»[60]

Wieland zog damit das Fazit einer Entwicklung, die mit der Reformation begonnen hatte und durch den Westfälischen Frieden verstärkt worden war. Von einem allmählichen Prozeß deutscher Nationsbildung mag man im Hinblick auf die Zeit zwischen 1000 und 1500 sprechen: Es gab ein langsam wachsendes, vor allem auf die Sprache sich stützendes Bewußtsein der Zusammengehörigkeit im Reichsgebiet nördlich der Alpen, wobei zwei

Schübe ins Auge fallen: der erste um die Jahrtausendwende, der zweite in den Jahrzehnten um 1500, beim Übergang vom Mittelalter zur Neuzeit. Seit der Reformation rückte Trennendes in Gestalt des Konfessionsgegensatzes in den Vordergrund. Die stärkste überterritoriale Gemeinsamkeit war von nun an die zwischen Deutschen des gleichen Glaubens. Zwar bestand immer noch das Heilige Römische Reich, das der deutschen Nation einen letzten institutionellen Rückhalt bot, und die Reichspublizistik des 17. und 18. Jahrhunderts wurde nicht müde zu betonen, daß es die Deutschen seien, die über das Römische Reich herrschten. Nach dem Westfälischen Frieden von 1648 ging jedoch die Bedeutung des Reiches für die Nation so stark zurück, daß ein nüchterner Staatsrechtler wie Pufendorf schon 1667 zur Generalabrechnung schreiten konnte: «Übrigens steht fest, daß Deutschland von seinem Titel ‹Römisches Reich› nicht nur keinen Vorteil, sondern vielmehr großen Schaden und Unannehmlichkeiten gehabt hat.»[61]

Pufendorf nahm die Kritik «kleindeutscher» Historiker des 19. Jahrhunderts wie Heinrich von Sybel vorweg, wenn er von den Schätzen sprach, die Deutschland für die Italienzüge verschwendet habe, nur um die Kaiserkrone zu erlangen. Wie schon Luther wies er die Theorie von der Übertragung des Reiches von den Griechen auf die Deutschen zurück und bestand auf der Tatsache, daß das römische Reich lange vor der Kaiserkrönung Karls des Großen, nämlich infolge der Eroberung durch die Westgoten, untergegangen sei, weshalb man das gegenwärtige Reich mit dem römischen nicht gleichsetzen könne. Aus dieser protestantischen Geschichtssicht war es nur noch ein kleiner Schritt zu Wielands rhetorischer Frage von 1793: «Aber deutsche Patrioten, die das ganze Deutsche Reich als ihr Vaterland lieben, über alles lieben ...: wo sind sie?»[62]

Die Neigung, die Begriffe «Vaterland» und «Nation» ganz für den Einzelstaat in Anspruch zu nehmen, war bei protestantischen Autoren stärker als bei katholischen. Sie war in der zweiten Hälfte des 18. Jahrhunderts nirgendwo so ausgeprägt wie in Preußen, das zum schärfsten Widersacher des Hauses Habsburg und damit der vergangenen Reichs- und Kaiserherrlichkeit insgesamt aufgestiegen war. Der Beifall, den Friedrichs Siege außerhalb Preußens fanden, warf ein Schlaglicht auf den Ansehensverlust des Reiches. Angesichts der Ohnmacht, die dieses immer wieder bewies, war das kein überraschender Vorgang. Das Vordringen Frankreichs im Elsaß und die Besetzung der Freien Reichsstadt Straßburg im Jahre 1681 hatten Kaiser und Reich hingenommen, ohne an Gegenwehr zu denken. Daß die «Reichsarmee» im Siebenjährigen Krieg an der Seite von Franzosen und Russen gegen Preußen antrat (und dabei keinen militärischen Ruhm erntete), war für das Prestige Preußens förderlich. Dem Reich trug das Debakel Hohn und Spott ein.

Und doch gab es auch im 18. Jahrhundert noch einen Reichspatriotismus. Die Überzeugung, daß man an Kaiser und Reich festhalten, die deutsche Reichsverfassung aber reformieren müsse, war vor allem in den kleinen und mittleren Reichsständen lebendig. Besonders eindringlich vertrat diese Position der Jurist und Pietist Johann Jacob Moser, einer der besten Kenner des Reichsrechts, der in seiner württembergischen Heimat im Namen des «alten Rechts» der Landstände den Absolutismus bekämpfte, was ihm 1759 eine fünf Jahre währende, rechtswidrige Haft auf dem Hohentwiel einbrachte. Mosers Vorschläge zur Erneuerung des Reiches machten nur einen kleinen Teil seines gewaltigen wissenschaftlichen Werkes aus. Sie liefen darauf hinaus, Preußen in eine enge Verbindung mit Österreich zu bringen, ja so weit über andere Reichsstände hinauszuheben, daß es zu einer Art von Mitregent im Reich aufgestiegen wäre.

Die Kriege der Jahre 1740 bis 1763 zeigten, wie weit solche Wunschbilder von der Wirklichkeit entfernt waren. Zum Verstummen aber brachte diese Erfahrung die Reichspatrioten nicht. Einer von ihnen, Mosers Sohn, der Publizist Friedrich Carl von Moser, widersprach 1765, zwei Jahre nach dem Frieden von Hubertusburg, in einer vielbeachteten Flugschrift «Von dem Deutschen Nationalgeiste» dem «verkehrten und schädlichen Begriff von einem *gedoppelten Vaterland*, von einem Katholischen und Evangelischen Deutschland», der den Gemütern tief eingeprägt sei. «Wann ein böhmischer Graf aufrichtig glaubt, daß das deutsche Vaterland eigentlich in Wien zu suchen sei, so drückt der brandenburgische Edelmann den Hut in die Stirn und will von gar keinem deutschen Vaterland mehr was wissen.» Praktische Vorschläge, wie diese «separatistische Denkungsart» zu überwinden sei, machte der jüngere Moser allerdings nicht. Es blieb beim Appell, «die Herren und Häupter unseres Vaterlandes zu bewegen, *das zu wollen, was sie wollen sollten*»: nämlich das allgemeine Beste des Reiches dem Eigennutz der Reichsstände, und namentlich der mächtigeren unter ihnen, überzuordnen.[63]

Neben dem Reichspatriotismus lebte noch eine andere Spielart gesamtdeutschen Empfindens fort: die kulturelle, die sich vornehmlich der Pflege der deutschen Sprache verschrieb. Die von Johann Christoph Gottsched inspirierten «Deutschen Gesellschaften» weiteten sich, von Leipzig ausgehend, in dem halben Jahrhundert zwischen 1720 und 1770 über ganz Deutschland aus, wobei die Zentren meist evangelische Universitätsstädte waren. Der französisch geprägten höfischen Kultur setzten die Deutschen Gesellschaften eine bürgerliche deutsche Kultur entgegen. Sie widmeten sich Untersuchungen zu Grammatik und Wortkunde, der Kunst der Rede und des Übersetzens, der Erinnerung an große Gestalten und Ereignisse der deutschen Geschichte, obenan Luther und die Reformation, und legten Wert darauf, hohe Geburtstage des Landesherrn und Stadtjubiläen gebührend zu feiern. Das Idealbild eines Angehörigen Deutscher Gesellschaften zeichnete Gottsched in einer akademischen Rede: Jedes Mitglied habe das «Muster eines aufrichtigen Bürgers, eines redlichen Patrioten, aber auch eines ehrlichgesinnten Redners» zu sein.

Für Gottsched gab es nur *ein* Formideal: das französische. In der folgenden Generation radikalisierte sich mit der Kritik an der höfischen Kultur auch die Kritik am Vorbild Frankreich. Der Göttinger Hainbund setzte um 1770 französischer Sittenlosigkeit deutsche Tugenden entgegen, die durchweg bürgerlich waren und meist mit christlicher Frömmigkeit einhergingen. «Der Deutsche», faßt Wolfgang Hardtwig zusammen, «ist bieder, edel, gut, hält auf ‹gute strenge Sitten› und scheut den Prunk.» Das war kaum mehr als die literarische Überhöhung von nationalen Stereotypen, die sich über die Sprachgesellschaften des Barock und den Humanismus bis ins hohe Mittelalter zurückverfolgen ließen. Deutsches Selbstlob war dabei von deutschem Selbstmitleid und Minderwertigkeitsgefühl kaum zu unterscheiden. Wie die Reichspatrioten beklagten es auch die literarischen Patrioten, daß Deutschland im Laufe der Jahrhunderte gegenüber Frankreich immer mehr ins Hintertreffen geraten war. Und in der Tat: Dem Nachbarn im Westen war nach 1648 nicht nur die politische, sondern auch die kulturelle Hegemonie in Europa zugefallen.[64]

Einige französische Intellektuelle, an ihrer Spitze der Historiker Jean Baptiste Du Bos und der Philosoph Voltaire, gingen so weit, von einer Wanderung der kulturellen Führungsrolle von Volk zu Volk zu sprechen. Sie griffen dabei auf die antike Vorstellung von der «translatio artium», einer Übertragung der Künste, zurück, die, analog zur Lehre von der «translatio imperii», vier goldene Zeitalter kannte. Auf Griechenland unter Philipp von Mazedonien und Alexander dem Großen waren, der neuen Lesart entsprechend, erst das Rom Caesars und Augustus', dann die italienische Renaissance unter den Päpsten Julius II. und Leo X. und schließlich das Frankreich Ludwigs XIV. gefolgt: das «große Jahrhundert», das nach Voltaires Meinung der Vollendung am nächsten kam. Der Griechenlandkult der deutschen Klassik war auch eine Antwort auf diese französische Herausforderung: Die einseitige Bevorzugung des klassischen Hellas, schloß, wie Conrad Wiedemann feststellt, nicht nur eine Absage an das klassische Rom, sondern auch an das klassische Frankreich ein.[65]

Wenn Deutschland Frankreich einholen und überholen wollte, schied der Bereich der Politik als Kampfplatz von vornherein aus. Die Franzosen waren seit langem eine staatlich verfaßte Nation; ob die Deutschen je eine werden würden, schien einigen ihrer größten Denker fraglich. 1768 goß Lessing in der «Hamburgischen Dramaturgie» seinen Spott aus über die Deutschen, die «noch immer die geschworenen Nachahmer alles Ausländischen, besonders noch immer die untertänigen Bewunderer der nie genug bewunderten Franzosen» seien. Ausdrücklich verwarf er den «gutherzigen Einfall, den Deutschen ein Nationaltheater zu verschaffen, da wir Deutschen noch keine Nation sind!» Goethe und Schiller wollten es auch in Zukunft dabei belassen. Noch 1796 warnten sie in den «Xenien»:

Zur Nation euch zu bilden, ihr hoffet es,
Deutsche, vergebens;
Bildet, ihr könnt es, dafür freier zu
Menschen euch aus![66]

Es war ein Weltbürgertum eigener Art, das den deutschen Dichtern und Denkern in den letzten drei Jahrzehnten des 18. Jahrhunderts vorschwebte: kein aus eigener Anschauung gewonnenes, im Wortsinn erfahrenes, sondern ein erdachtes, eine erfundene Gemeinschaft. Ob in der Unmittelbarkeit zur Welt nicht eine nationale Anmaßung liegen könne, fragte sich kaum einer derer, die den Deutschen von der Nationswerdung, jedenfalls im politischen Sinn, abrieten. Doch was Goethe und Schiller für eine Alternative hielten, dünkte anderen Klassikern ein Scheingegensatz. Für Herder war die Verschiedenheit der Völker naturgegeben, ja ein «Riegel gegen die anmaßende Verkettung der Völker, ein Damm gegen fremde Überschwemmungen». Die vernünftige Natur wollte aber auch die fortschreitende Veredelung der Menschen, ihre Vervollkommnung zur wahren Humanität. «Humanität ist der Zweck der Menschen – Natur und Gott hat unserem Geschlecht mit diesem Zweck sein eigenes Schicksal in die Hände gegeben», heißt es im dritten Teil der «Ideen zur Philosophie der Geschichte der Menschheit», der 1787 erschien. «Der Verfolg der Geschichte zeigt, daß mit dem Wachstum wahrer Humanität auch der zerstörerischen Dämonen des Menschengeschlechts wirklich weniger geworden sei; und zwar nach innern Naturgesetzen einer sich aufklärenden Vernunft und Staatskunst.»[67]

Ähnlicher Meinung wie sein ostpreußischer Landsmann Herder war Kant. Weil es eine Absicht der Vorsehung sei, daß die Völker nicht zusammenflössen, sondern miteinander in Konflikt seien, «so ist der Nationalstolz und Nationalhaß zu(r) Trennung der Nationen notwendig», heißt es im handschriftlichen Nachlaß zur Anthropologie. Diese blinden Instinkte müßten jedoch durch «Maximen der Vernunft» ersetzt werden. «Um deswillen ist dieser Nationalwahn auszurotten, an dessen Stelle Patriotism und Cosmopolitism treten muß.»[68]

Ob Weltbürger, literarische oder Reichspatrioten: die deutschen Dichter und Denker sprachen nur für eine Minderheit, ein in sich uneiniges gebildetes Publikum, das aber nichts Geringeres darstellte als – die Öffentlichkeit. Der einzelstaatliche Patriotismus hatte ein viel breiteres soziales Fundament, wozu in den evangelischen Territorien und zumal in Preußen der Pietismus kräftig beigetragen hatte, der dem späteren aufgeklärten Patriotismus auch darin verwandt war, daß er ein höchst praktisches Interesse an der Förderung gemeinnütziger Zwecke an den Tag legte. Zwischen der Bindung an den Einzelstaat und der Zuneigung zu irgendeiner Idee von Deutschland als Ganzem mußte im übrigen kein Gegensatz bestehen. Das galt für viele Vertreter des geistigen Deutschland wie für das «Volk». Das Reich freilich erfuhr in breiteren Schichten eher Geringschätzung als Verehrung. «Das liebe heil'ge röm'sche Reich, wie hält's nur noch zusammen?» Die Frage des Frosch in Auerbachs Keller hätte sich auch ein nüchterner Untertan stellen können.[69]

Die wichtigste Gemeinsamkeit der Deutschen war, da es einen gemeinsamen deutschen Staat nicht gab, noch immer ihre Sprache, und Herder meinte aus gutem Grund, daß das einfache Volk die Muttersprache besser bewahrt habe als der Adel und die Gebildeten. An diese richtete sich sein Appell, der mit «Sprachnationalismus» nichts zu tun hatte: «Wer die Sprache seiner Nation verachtet, entehrt ihr edelstes Publikum; er wird ihres Geistes, ihres inneren und äußeren Ruhms, ihrer Erfindungen, ihrer feinen Sittlichkeit und Betriebsamkeit gefährlichster Mörder. Wer die Sprache eines Volkes emporhebt, sie zum kräftigsten Ausdruck jeder Empfindung, jedes klaren und edlen Gedanken ausarbeitet, der hilft das werteste und schönste Publikum ausbreiten oder in sich vereinigen und fester gründen.»[70]

Die Frage nach der deutschen Identität *mußte* sich neu stellen in einer Zeit, in der der Begriff «Nation» weniger denn je im Reich, aber ebensowenig in einem Einzelstaat aufging. Der Ausgang der preußisch-österreichischen Kriege war *ein* Grund, weshalb Mitte der sechziger Jahre eine neue Debatte über Deutschland einsetzte. Sie mündete um 1770 in jene «dichterische und philosophische Bewegung in Deutschland» ein, von der der Philosoph Wilhelm Dilthey 1867 als erster gesagt hat, sie habe, «in einem geschlossenen und kontinuierlichen Gange ablaufend, von Lessing bis zu dem Tode Schleiermachers [1834] und Hegels [1831] ein Ganzes» gebildet, also über sechs Jahrzehnte gewährt. Es war, nach den beschleunigten Entwicklungen um 1000 und 1500, der dritte Schub im Prozeß der Nationsbildung, der der Gründung eines deutschen Nationalstaates vorausging.[71]

Daß Deutschland um 1770 eine der letzten großen Hungerkrisen der vorindustriellen Zeit erlebte, mag das Krisenbewußtsein allgemein geschärft und den Bedarf an Sinndeutung gefördert haben. Und natürlich nahm man auch in Deutschland wahr, daß sich um dieselbe Zeit in England ein gewaltiger wirtschaftlicher und gesellschaftlicher Umbruch, die Industrielle Revolution, vollzog und in Frankreich wie in Nordamerika politische Krisen sich immer mehr zuspitzten. Das Gefühl einer säkularen Zeitenwende konnte nicht national begrenzt bleiben. Alles Überkommene wurde vor den Richterstuhl der Vernunft gerufen: Die «Sattelzeit», der Übergang von der ständisch geordneten Gesellschaft Alteuropas in eine neue, vom Streben nach Freiheit und Gleichheit geprägte Gesellschaft, hatte begonnen.[72]

2.

Der Fortschritt als Fessel 1789–1830

Einen «herrlichen Sonnenaufgang» hat Hegel in seinen Berliner Vorlesungen zur Philosophie der Geschichte die Französische Revolution genannt. «Alle denkenden Wesen haben diese Epoche mitgefeiert. Eine erhabene Rührung hat in jener Zeit geherrscht, ein Enthusiasmus des Geistes hat die Welt durchschauert, als sei es zur wirklichen Versöhnung des Göttlichen mit der Welt nun erst gekommen.»

Im letzten Jahrzehnt seines Lebens rief Hegel damit seinen Zuhörern ins Bewußtsein, was er und seine Freunde Hölderlin und Schelling als Studenten am Tübinger Stift empfunden hatten, als sie von der Erstürmung der Bastille, dem großen Ereignis des 14. Juli 1789, erfuhren. «Im Gedanken des Rechts ist also jetzt eine Verfassung errichtet worden, und auf diesem Grunde sollte nunmehr alles basiert sein. Solange die Sonne am Firmament steht und die Planeten um sie herum kreisen, war das nicht gesehen worden, daß der Mensch sich auf den Kopf, das ist auf den Gedanken stellt, und die Wirklichkeit nach diesem erbaut. Anaxagoras hatte zuerst gesagt, daß der νοῦς (nus: Geist, Gedanke, Vernunft; H. A. W.) die Welt regiert; nun aber erst ist der Mensch dazu gekommen zu erkennen, daß der Gedanke die geistige Wirklichkeit regieren solle.»[1]

Die Gedanken, die in Frankreich an die Macht gelangten, waren in Deutschland wohlbekannt. Montesquieu und Rousseau gehörten zu den am meisten gelesenen und gefeierten Autoren im Deutschland der zweiten Hälfte des 18. Jahrhunderts. Wer aufgeklärt war, haßte den Despotismus und schwor auf die Teilung der Gewalten und die Lehre vom Gesellschaftsvertrag, auf dem alle Staatsgewalt beruhe. Weil im Frankreich des Ancien régime nach gängiger Meinung ein unaufgeklärter Absolutismus, also der Despotismus, herrschte, war das Land im Recht, als es sich auflehnte. Die Erklärung der Menschen- und Bürgerrechte durch die französische Nationalversammlung am 26. August 1789 fand in Deutschland wie fast überall in Europa begeisterte Zustimmung. Doch als ein Vorbild für das, was rechts des Rheins geschehen sollte, wurden die französischen Ereignisse von den wenigsten deutschen Beobachtern gewertet. Dazu war in den wichtigsten Staaten Deutschlands der Absolutismus zu aufgeklärt, als daß es einer gewaltsamen Volkserhebung bedurft hätte, um Besserung zu bewirken. Der Weg der friedlichen Reform (oder, wie es oft hieß, der «Reformation») galt als der deutsche Weg zur Erreichung der Ziele, die die Franzosen durch eine Revolution zu verwirklichen trachteten.[2]

Für die Reform sprach in den Augen aufgeklärter Deutscher aber auch der Verlauf, den die Französische Revolution nahm. Lange bevor die Jakobiner ihre Schreckensherrschaft errichteten, schwenkte die öffentliche Meinung Deutschlands um: Die Bewunderung des westlichen Nachbarn wich der Kritik an der Art und Weise, wie er den politischen Fortschritt erzwingen wollte. Christoph Martin Wieland, einer der scharfsinnigsten und einflußreichsten Publizisten der Zeit und ein früher Sympathisant der Revolution, rügte schon im Oktober 1789 die Entmachtung des Königs, weil sie mit dem gehörigen Gleichgewicht der gesetzgebenden, der richterlichen und der vollziehenden Gewalt nicht vereinbar sei.

Wieland stellte sich und seinen Lesern eine Frage, von der er meinte, daß ihr nur die Zeit die wahre Antwort geben könne: «Wird die neue Ordnung, die aus diesem Chaos – wenn endlich einmal Deus et melior Natura (Gott und die bessere Natur, H. A. W.) die Oberhand gewinnen – entspringen wird, die unzähligen Wunden, welche der demokratische Kakodämon (vom griechischen Wort für schlecht und übel: kakós, H. A. W.) der freiheitstrunknen Nation geschlagen hat, bald und gründlich genug heilen können, um als eine Vergütung so vielen Übels angesehen zu werden?»

Im Mai 1790 sah Wieland dann Anlaß zu der Feststellung, daß in ganz Deutschland die Anzahl derjenigen immer größer werde, die glaubten, die französische Nationalversammlung «gehe in ihren Anmaßungen viel zu weit, verfahre ungerecht und tyrannisch, setze einen demokratischen Despotismus an die Stelle des aristokratischen und monarchischen, reize durch übereilte und unweise Dekrete auf der einen und durch faktiöse (vom Parteigeist geprägte, H. A. W.) Aufhetzungen auf der anderen Seite das verblendete und aus dem Taumelkelch der Freiheit berauschte Volk zu den entsetzlichsten Ausschweifungen ...»

Als die Nationalversammlung in Paris im Juni 1790 den erblichen Adel samt allen Titeln und Vorrechten abschaffte, legte Wieland öffentlich Protest ein. Zwar nenne er noch immer die «unternommene Befreiung einer großen Nation von dem eisernen Despotismus einer in die unerträglichste Aristokratie ausgearteten monarchischen Regierung» die «ruhmwürdigste aller Unternehmungen». Aber so werde er nie das Unternehmen nennen, «statt einer (nach dem Beispiel der englischen Konstitution) durch hinlänglich sicher gestellte Rechte des Volkes in ihre wahren Grenzen eingeschränkten Monarchie eine ungeheure, unendlich verwickelte, unbehülfliche und unsichere Demokratie aufzustellen ...» Dieser Versuch erschien dem Autor schon deswegen verwerflich, weil er überzeugt war, daß ein anderer Weg auch in Frankreich gangbar gewesen wäre: «Unstreitig hätte mit dem Adel, so gut als mit dem Hofe und der Klerisei, diejenige Reformation vorgenommen werden sollen, die zum allgemeinen Besten unumgänglich nötig war.»

Im Januar 1793 – es war der Monat, in dem der Nationalkonvent Ludwig XVI. mit einer Stimme Mehrheit zum Tode verurteilte und auf die

Guillotine schickte – waren für Wieland die letzten Zweifel beseitigt. «Auch ich sehe so gut als ein anderer, daß weder in Deutschland noch in dem übrigen Europa alles so ist und so geht, wie es sein und wie es gehen sollte; und ich bin sehr überzeugt, daß den Übeln, worüber man zu klagen Ursache hat, nur durch eine gründliche Reformation der Gesetzgebung und der dermaligen Konstitution geholfen werden könne; aber ich behaupte, daß das nicht durch die neue Theorie der französischen Demagogen, nicht durch Insurrektionen und Umstürzung der bestehenden Ordnung der Dinge geschehen könne noch versucht werden solle. Was in Frankreich geschehen ist, kann und soll uns nicht zum Muster, sondern Fürsten zur Warnung dienen.»[3]

Wie Wieland dachten große Teile des akademisch gebildeten Deutschland. Sie begrüßten die Revolution in Frankreich zunächst als Akt der Befreiung, wandten sich aber in dem Maß von ihr ab, in dem radikale politische Kräfte und mit ihnen die städtischen Unterschichten an Einfluß gewannen und das Land in einem blutigen Bürgerkrieg zu versinken drohte. Herder, auch er ein glühender Verteidiger des Aufbruchs von 1789, meinte drei Jahre später, er kenne nichts Abscheulicheres «als ein aufgebrachtes, wahnsinniges Volk und eines wahnsinnigen Volkes Herrschaft». Was habe Frankreich durch seine Revolution erlangt, «da es in der fürchterlichsten Unordnung der Dinge schwebet»? Wie könne man eine bessere Erziehung von einer Revolution erhoffen, «die Szenen der Unmenschlichkeit, des Betrugs, der Unordnung veranlaßt, durch deren Eindrücke vielleicht auf mehrere Generationen hin alle Spuren der Humanität aus den Gemütern der Menschen vertilgt werden? Was kann, was muß dieser Schwindelgeist der Freiheit und der wahrscheinlich daher entstehenden blutigen Kriege auf Völker und Regenten, vorzüglich aber auf die *Organe* der *Humanität*, Wissenschaften und Künste, für Wirkungen hervorbringen?» Den Deutschen verblieb nur, aus der französischen Erfahrung zu lernen. «Wir können der französischen Revolution wie einem Schiffbruch auf offenem Meer vom sichern Ufer herab zusehen, falls unser böser Genius uns nicht selbst wider Willen ins Meer stürzte.»[4]

Nur eine kleine Minderheit deutscher Publizisten brachte den Jakobinern ein gewisses Verständnis entgegen. Aber selbst unter den (mit fragwürdigem Recht so genannten) «deutschen Jakobinern» lehnten es die meisten ausdrücklich ab, dem revolutionären Frankreich nachzueifern. Der Forschungsreisende und Schriftsteller Johann Georg Forster, 1792 Mitglied des Klubs deutscher Freiheitsfreunde im französisch besetzten Mainz, sah 1793 Deutschland durch «seine physischen, sittlichen und politischen Verhältnisse» auf den Weg einer «langsamen, stufenweisen Vervollkommnung und Reife» verwiesen. Es sollte durch «die Fehler und Leiden seiner Nachbarn klug werden und vielleicht von oben herab eine Freiheit allmählich nachgelassen bekommen, die andere von unten gewaltsam und auf einmal an sich reißen müssen». Der radikale Schriftsteller Georg Friedrich Rebmann bekannte 1796, er habe nie «an eine deutsche Revoluzion (sic!), nach dem Muster der französischen, im Ernste gedacht. In protestantischen Ländern ist sie durchaus unmöglich, und in unseren katholischen fast ebensosehr.»

Die geistliche Reformation als Unterpfand dafür, daß es in Deutschland eine politische Revolution nicht geben müsse: das war ein gemeinsames Credo der protestantischen deutschen Spätaufklärung. Die religiöse Erneuerung, die Luther eingeleitet hatte, enthielt dieser Deutung zufolge ein allgemeines Freiheitsversprechen, das es fortschreitend einzulösen galt. Deutschland war, so gesehen, historisch weiter als Frankreich. Es *konnte* sich politisch reformieren, weil es kirchlich schon reformiert war. Es *mußte* nach Meinung der Spätaufklärer diesen Weg beschreiten, wenn es nicht Frankreichs Schicksal erleiden wollte. Denn ausgeschlossen war eine Revolution in Deutschland durchaus nicht. «Sie wird aber und muß erfolgen», warnte Rebmann 1796, «wenn man ihr nicht durch Reformation zuvorkommt.»[5]

Einigen derer, die in Deutschland Herrschaft ausübten, war diese Erkenntnis nicht fremd. Im Jahre 1799 bemerkte der preußische Minister Karl Gustav von Struensee einem Franzosen gegenüber: «Die Revolution, welche ihr von unten nach oben gemacht habt, wird sich in Preußen langsam von oben nach unten vollziehen... In wenigen Jahren wird es in Preußen keine privilegierte Klasse mehr geben.» Das waren mehr als Worte. Dort, wo der preußische Staat freie Hand hatte, in seinen Domänen, setzte er zwischen 1763 und 1805 eine einschneidende Reform, die Befreiung der Bauern von den Hand- und Spanndiensten, durch: ein Vorspiel zur allgemeinen «Bauernbefreiung» von 1808. Träger dieser Revolution von oben war das gebildete Beamtentum, gleichviel ob bürgerlicher oder adliger Herkunft. Dieser Gruppe fiel die Rolle des «allgemeinen Standes» zu, als welcher sich in Frankreich der «dritte Stand», das Bürgertum, verstand. Ein aufgeklärtes Beamtentum legitimierte (nicht nur in Preußen, aber dort besonders wirksam) den Anspruch des aufgeklärten Herrschers, vollziehende und gesetzgebende Gewalt in seiner Person zu vereinigen. Eines gewählten gesetzgebenden Körpers bedurfte es demnach gar nicht, wo Recht und Vernunft sich auf solche Weise verwirklichten.[6]

Schon vor der Französischen Revolution hatten deutsche Staatsrechtler Montesquieu, den Klassiker der Lehre von der Gewaltenteilung, in diesem Sinn abgewandelt. Nach der Erfahrung von Massengewalt und revolutionärem Terror gewann die Idee der «freien Monarchie» im gebildeten Publikum Deutschlands noch an Widerhall. Doch der größte lebende Philosoph widersprach. In seiner Schrift «Zum ewigen Frieden» von 1795 definierte Immanuel Kant Despotismus als das Staatsprinzip der «eigenmächtigen Vollziehung des Staats von Gesetzen, die er selbst gegeben hat». Despotismus sei mithin «der öffentliche Wille, sofern er von dem Regenten als sein Privatwille gehandhabt wird». Diesem Despotismus stellte Kant den Republikanismus entgegen: die Regierungsart, in welcher die ausführende Gewalt von der gesetzgebenden abgesondert war. Ein solcher Republikanismus war für Kant durchaus mit einer monarchischen Staatsspitze vereinbar, nicht jedoch mit einer Demokratie, sofern sie unmittelbare Volksherrschaft bedeutete, also eine der schlecht organisierten «Demokratien ohne Repräsentationssystem» und damit notwendig despotisch war.

Kant bewahrte den Ideen der Französischen Revolution über die Zeit des Terrors hinaus öffentlich bekundete Sympathie. «Ein solches Phänomen in der Menschengeschichte *vergißt sich nicht mehr*, weil es eine Anlage und ein Vermögen in der menschlichen Natur zum Bessern aufgeweckt hat, dergleichen kein Politiker aus dem bisherigen Laufe der Dinge herausgeklügelt hätte», heißt es 1798 im «Streit der Fakultäten». Wenn Kant in der Schrift «Zum ewigen Frieden» ein «repräsentatives System» und 1797 in der «Rechtslehre» der «Metaphysik der Sitten» ausdrücklich ein «repräsentatives System des Volkes» forderte, ging er über den aufgeklärten Absolutismus einen entscheidenden Schritt hinaus. Dasselbe galt von seiner Befürwortung einer Staatsverfassung, «wo das *Gesetz* selbstherrschend ist und an keiner besonderen Person hängt». Da der Königsberger Philosoph jedoch auf gesetzlichen Reformen bestand und gewaltsamen Revolutionen tunlichst vorbeugen wollte, war der eigentliche Adressat seiner Postulate für ihn derselbe wie für die anderen deutschen Spätaufklärer: der bestehende Staat des aufgeklärten Absolutismus.[7]

«Nicht die deutsche Reaktion, sondern der deutsche Fortschritt hat Deutschland gegenüber dem Westen zurückgeworfen»: In diesem gestochenen Paradoxon hat der Historiker Rudolf Stadelmann 1948 die Ursachen für das Ausbleiben einer erfolgreichen Revolution in Deutschland zu bündeln versucht. «Nur die Idee der Revolution von oben und die Praxis des aufgeklärten Verwaltungsstaates, nur das Vorbild von Herrschern, die als Freunde des Volkes und gerade des niederen Volkes einen Ruf besaßen weit über die Grenzen ihres Staates hinaus, war stark genug, den Wettbewerb mit der Erklärung der Menschenrechte aufzunehmen. Das Ideal der Revolution von oben hat dem Deutschen das Gefühl vermittelt, daß er keinen fremden Import brauchte, um sein Haus in Ordnung zu halten. Und es waren nicht die Fürsten selbst und ihre Beamten, sondern das aufgeklärte literarische Bürgertum, welches dieses Verfassungsideal pflegte.»[8]

Stadelmanns pointierte These bedarf einer Einschränkung: Je mehr der revolutionäre Terror in Frankreich die gebildeten Deutschen abstieß, desto stärker fühlten sie sich von England angezogen, das vielen als Verkörperung einer freiheitlichen, konstitutionell beschränkten Monarchie galt. Die 1790 veröffentlichten «Reflections on the Revolution in France» des ursprünglich liberalen, dann konservativen Politikers und Schriftstellers Edmund Burke, eine aus englischen Erfahrungen schöpfende Kritik an Theorie und Praxis der französischen Revolution, fanden in Deutschland fast ebensoviel

Beachtung wie in der Heimat des Autors. Das lag nicht zuletzt an der kongenialen, 1793 erschienenen Übersetzung des Kant-Schülers Friedrich Gentz, der später einer der engsten Berater des österreichischen Staatskanzlers Metternich werden sollte. Das bewunderte England freilich hatte neben König und Oberhaus ein repräsentatives Gesetzgebungsorgan in Gestalt des Unterhauses. Damit war England Deutschland weit voraus, wie es auch dem Frankreich des Ancien régime weit vorausgewesen war. Was es an Freiheiten und politischen Teilhaberechten besaß, hatte England durchaus nicht nur friedlich, sondern auch mit revolutionären Mitteln durchgesetzt. Die freundliche Aufnahme, die Burkes Kritik der Französischen Revolution in Deutschland fand, hing wohl auch damit zusammen, daß der Hinweis des Verfassers auf Widerstand und Revolution als letzte Arznei des Staates oft überlesen wurde.[9]

Was das revolutionäre Frankreich den gebildeten Deutschen fremd werden ließ, war nicht nur die Gewaltsamkeit der Selbstbefreiung. Auch die Parole von der «einen und unteilbaren Nation» stieß in Deutschland auf irritierte Abwehr. Schon lange vor 1789, ja bereits vor dem Erscheinen von Montesquieus «Geist der Gesetze» im Jahre 1748 hatten deutsche Autoren den Dualismus von Kaiser und Reichsständen als eine spezifisch deutsche Beschränkung der monarchischen Gewalt gedeutet. Frankreich war ein absolutistischer und vergleichsweise zentralistischer Staat; das Reich war weder das eine noch das andere; es war überhaupt kein Staat.

Auch Wieland gehörte zu denen, die sich bemühten, aus der Not der deutschen Vielstaatlichkeit eine Tugend zu machen. Die Deutschen, schrieb er zu Beginn der 1780er Jahre, würden auf Grund ihrer Verfassung «nie als ein Volk denken und handeln, nie das, was man im moralischen Sinne National-Uniform nennen könnte, haben». Doch alle Nachteile der deutschen Staatsverfassung würden «durch den einzigen unschätzbaren Gewinn weit überwogen: daß, solange wir sie erhalten, kein großes policirtes (zivilisiertes, H. A. W.) Volk in der Welt einen höhern Grad menschlicher und bürgerlicher Freiheit genießen und vor allgemeiner auswärtiger und einheimischer, politischer und kirchlicher Unterjochung und Sklaverei sicherer sein wird als die Deutschen».

Wielands Schlußfolgerung ist der wohl früheste Beleg für das, was man heute deutschen «Verfassungspatriotismus» nennt. «Wenn unsere dermalige gesetzmäßige Konstitution das einzige ist, was uns Deutsche zu einer Nation macht, und wenn sie augenscheinlich der Grund unsrer wesentlichsten Vorteile ist: was kann denn also deutscher Patriotismus anders sein als Liebe der gegenwärtigen Verfassung des gemeinen Wesens und aufrichtiges Bestreben, zur Erhaltung und Vervollkommnung derselben alles beizutragen, was jeder nach seinem Stande, Vermögen und Verhältnis zum Ganzen dazu beizutragen fähig ist?»

Als die französischen Revolutionäre sich anschickten, das Werk der Vereinheitlichung zu vollenden, das die französischen Könige begonnen hatten, kam Wieland auf diesen Gedanken zurück. «Die dermalige Deutsche Reichsverfassung», schrieb er 1793, «ist, ungeachtet ihrer unleugbaren Mängel und Gebrechen, für die innere Ruhe und den Wohlstand der Nation im Ganzen unendlich zuträglicher und ihrem Charakter und der Stufe von Kultur, worauf sie steht, angemessener als die Französische Demokratie...» Die «Apostel der neuen Religion» hätten von dem wirklichen Zustand Deutschlands nur sehr dürftige und verworrene Kenntnisse. Es bedürfe indessen nur der gemeinsten Kenntnisse, um zu wissen, «daß das Deutsche Reich aus einer großen Anzahl unmittelbarer Stände besteht, deren jeder, in seinem Innern von jedem andern unabhängig, die Reichsgesetze, oder Kaiser und Reich, nur insofern diesen die Handhabung und Vollziehung jener Gesetze obliegt, über sich hat; und daß von seinem selbst erwählten Oberhaupt an, bis zu Schultheiß, Meister, Rat und Gemeine der Reichsstadt Zell am Hammersbach, kein Regent in Deutschland ist, dessen größere oder kleinere Machtgewalt nicht durch Gesetze, Herkommen und auf viele andere Weise, von allen Seiten eingeschränkt wäre; und gegen welchen, wofern er sich irgend eine widergesetzliche Handlung gegen das Eigentum, die Ehre, oder die persönliche Freiheit des geringsten seiner Untertanen erlaubt, die Reichsverfassung dem Beleidigten nicht Schutz und Remedur seiner Beschwerden verschaffte.»[10]

Der deutsche Widerspruch gegen das französische Projekt der «nation une et indivisible» hätte nicht schärfer ausfallen können. Es war in der Tat eine «neue Religion», die von Paris aus verkündet wurde: der Nationalismus als politischer Glaube. Was sich in der Renaissance in Frankreich, Italien und Deutschland an weltlichem Nationalgefühl artikuliert hatte, blieb auf humanistische Kreise beschränkt. In England ergriff der Nationalstolz seit der puritanischen Revolution des 17. Jahrhunderts zwar erstmals größere Teile der Bevölkerung. Er knüpfte aber bewußt an ein alttestamentarisches Sendungsbewußtsein an und wurzelte damit weit stärker als der gleichzeitige Absolutismus des Kontinents in einer vorneuzeitlichen Vorstellungswelt. Erst die Französische Revolution brach konsequent mit den alten religiösen Begründungen nationaler Selbsteinschätzung. Es waren *zwei* Merkmale, die das Nationalgefühl der Franzosen der Jahre nach 1789 von dem vergangener Epochen abhoben: Ihr Nationalbewußtsein war zum einen rein säkular; zum anderen war es sowohl Ausdruck wie Instrument einer Mobilisierung von Massen.

Das Neue am französischen Nationalgefühl der Revolutionszeit legt es nahe, von «Nationalismus» (oder zumindest von «modernem Nationalismus») erst seit dieser weltgeschichtlichen Epochenscheide zu sprechen. Die Entthronung des christlichen Universalismus, die damals in ein neues Stadium trat, schloß als radikale Konsequenz die Entwicklung des Nationalismus zum Religionsersatz in sich: Der Loyalität gegenüber der Nation sollte ein höherer Rang zukommen als jeder anderen Bindung, und tatsächlich wurde die Nation für den nachrevolutionären Menschen nach 1789, was zuvor die Kirche gewesen war: verbindliche Sinngebungs- und Rechtfertigungsinstanz. Diese Eigenschaft der Nation trennte den modernen Nationalismus vom traditionellen Patriotismus, der gefühlsmäßigen, fast immer auch religiös gefärbten Bindung an das Land, den Landesherrn und sein «Haus», die Dynastie. Dem herkömmlichen Patriotismus fehlte auch jene Wechselbeziehung von Ansprüchen der Nation an den Einzelnen und des Einzelnen an die Nation, deren es bedurfte, um aus dem modernen Nationalismus eine Massenbewegung zu machen.

Der ältere Patriotismus starb nach 1789, wie wir noch sehen werden, nirgendwo in Europa einfach ab; er konnte Elemente des modernen Nationalismus in sich aufnehmen und sich auf diese Weise modernisieren. Und es gab auch Kontinuität in der anderen Richtung: Der neue republikanische Nationalismus der Franzosen, der sich auf Menschheitsideen wie Freiheit, Gleichheit, Brüderlichkeit berief, hatte Vorläufer und Vorbilder im Gemeinschaftsgefühl der Bürger der oberitalienischen Stadtrepubliken oder auch des eidgenössischen Genf, der Heimat des Schöpfers der Theorien vom «contrat social» und der «volonté générale», Jean Jacques Rousseau. Doch Nationalismus als einigendes Band einer großen Nation, die nichts Höheres auf der Welt kannte als sich selbst: das hatte es vor der Französischen Revolution in Europa noch nicht gegeben.

Nur die neugegründeten Vereinigten Staaten von Amerika konnten auf einen kleinen zeitlichen Vorsprung pochen, wenn es darum ging, das Erstgeburtsrecht auf die neue Gemeinschaftsideologie zu bestimmen. Einen Bruch mit ihrem überlieferten religiösen Verständnis von gerechter Ordnung vollzogen die revoltierenden Untertanen der britischen Krone in Nordamerika allerdings nicht; die Auflehnung gegen das Mutterland und die Erklärung der Unabhängigkeit speisten sich vielmehr aus diesen Vorstellungen. Auch so gesehen war die amerikanische Revolution, was sich von der französischen in keiner Hinsicht sagen ließ, eine konservative Revolution und der amerikanische Nationalismus, anders als der französische, beides zugleich: modern *und* traditionell.[11]

Wer in Deutschland der zweiten Hälfte des 18. Jahrhunderts nach «modernen» Formen von Nationalgefühl sucht, wird am ehesten im friderizianischen Preußen fündig. Der Ulmer Wahlpreuße Thomas Abbt legte 1761, zur Zeit des Siebenjährigen Krieges, in seiner schon zitierten, von Friedrich Nicolai verlegten Schrift «Vom Tode für das Vaterland» dar, warum die Untertanen verpflichtet seien, dem Vaterland notfalls ihr Leben zu opfern. Die Liebe für das Vaterland stelle die eigene «Nation als ein verewigtes Muster für andere Nationen» auf; sie sichere denen, die für das Vaterland ihr Leben hingäben, fortdauernden Ruhm und den Dank der Nachkommen. Der Autor versuchte sich sogar an dem Beweis, «daß die Liebe fürs Vaterland (wenn man nicht den Beistand einer geoffenbarten Religion genießt) am leichtesten die Furcht vor dem Tod bezwinge». Warum, fragte Abbt, sollte man nicht von der Liebe für den König sagen können, sie sei stärker als der Tod? «Die Liebe für das Vaterland überzeugt uns, daß kein Vergnügen gegen das Vergnügen, ihm gedient zu haben, erheblich sei, und daß ein solcher Tod zu der Summe unseres Vergnügens mehr hinzusetze, als wir durch ein längeres Leben jemals würden erhalten haben.»[12]

Die Liebe zum Vaterland als Entsprechung zum Glauben an Gott: Abbt, der mit dem Studium der Theologie begonnen hatte, ehe er sich der aufgeklärten Philosophie, den schönen Künsten und der Mathematik zuwandte, kam dem Nationalismus als politischer Religion schon sehr nahe. Doch so sehr ihm an dem Nachweis lag, daß eine uneigennützige Liebe zum Vaterland nicht nur in Republiken, sondern auch in aufgeklärten Monarchien möglich sei, so kannte Abbts Patriotismus doch nur Forderungen des Vaterlandes an den Untertan und noch kein Recht des Staatsbürgers auf Mitbestimmung im Vaterland. Die Entschädigung, die der preußische Staat für seinen Aufopferungsanspruch in Aussicht stellte, erschöpfte sich im ehrenden Gedenken. Der preußische Untertan sollte ebendies als höchsten Lohn seiner, der preußischen Nation empfinden. Politische Teilhabeansprüche, wie sie der französische Citoyen hatte, durfte er aus seiner Bereitschaft, dem Vaterland bis zum äußersten zu dienen, nicht ableiten. Es mußte ihm genügen, daß die Gesetze des aufgeklärten Staates die Freiheit der Untertanen nicht über Gebühr einschränkten.

«Modern» war der preußische Staatspatriotismus nur, wenn man ihn mit dem Reichspatriotismus verglich. Hinter dem Heiligen Römischen Reich standen keine Untertanen, die aus Vaterlandsliebe zum Sterben bereit waren, sondern nur einige mittlere und kleinere Reichsstände, flankiert von Juristen und Publizisten. Daß das Reich im März 1793 den Krieg, den Preußen und Österreich seit dem April 1792 gegen das revolutionäre Frankreich führten, offiziell zum «allgemeinen Reichskrieg» erklärte, erhöhte die Popularität des Heiligen Römischen Reiches nicht: Auch die entschiedensten unter den deutschen Kritikern der Jakobiner lehnten eine militärische Intervention zugunsten der alten Gewalten meist ab.

Als Preußen im April 1795 mit Frankreich den Sonderfrieden von Basel schloß (den Vertrag, der Kant den Anstoß zu seiner Schrift «Zum ewigen Frieden» gab), war die Empörung im übrigen Deutschland trotzdem groß – aber nicht, weil Preußen aus dem ersten Koalitionskrieg (1792–1797) ausschied, sondern weil es in diesem Separatfrieden der Abtretung der linksrheinischen Gebiete an die Französische Republik zustimmte. Das war Verrat am Reich und wurde von Österreich und den Reichspatrioten entsprechend gebrandmarkt. Im Oktober 1797 willigte dann auch Österreich im Frieden von Campo Formio in die Abtretung des Hauptteils des linksrheinischen Territoriums unter Einschluß von Mainz an Frankreich, außerdem in den Verzicht auf Belgien ein, was Frankreich damit honorierte, daß es Österreich die von seinen Truppen besetzte Republik Venedig überließ und den Erwerb des Erzbistums Salzburg und von Teilen Bayerns in Aussicht stellte. Damit hatte auch Österreich das Prinzip der Integrität des

Reiches preisgegeben und moralisch mit Preußen mehr oder minder gleichgezogen.

Als die Vereinbarungen von Campo Formio fast vier Jahre später, im Februar 1801, durch den Frieden von Lunéville bestätigt wurden, regierte in Frankreich längst Napoleon Bonaparte als Erster Konsul. Nachdem er die Österreicher im Zweiten Koalitionskrieg (1799–1802) geschlagen hatte, mußten es diese wie die übrigen Reichsstände hinnehmen, daß der erste Mann Frankreichs zum Schiedsrichter über Deutschland aufgestiegen war. Der Reichsdeputationshauptschluß vom Februar 1803 brachte dem Reich eine radikale Gebietsreform, die dem Zweck diente, die vom Verlust linksrheinischer Gebiete betroffenen Reichsstände zu entschädigen. Im Zuge der «Säkularisation» gingen fast alle geistlichen Fürsten ihrer Besitzungen verlustig, was für die katholische Kirche und den deutschen Katholizismus einen tief einschneidenden Machtverlust bedeutete; durch die «Mediatisierung» büßten zahlreiche kleine Fürsten und Grafen sowie alle bis auf sechs Reichsstädte den Status der Reichsunmittelbarkeit ein. Preußen, Bayern, Württemberg und Baden konnten ihr Territorium erheblich vergrößern. Insgesamt verringerte sich die Zahl der knapp 300 Reichsstände um 112. Etwa drei Millionen Menschen wechselten die Herrschaft.

Im Jahr nach dem Reichsdeputationshauptschluß forderte Napoleon das Reich aufs neue heraus: Im Mai 1804 leitete er durch Senatsbeschluß, den er im November in einem Plebiszit bestätigen ließ, die Umwandlung Frankreichs in ein erbliches Kaisertum ein. Am 2. Dezember 1804 krönte er sich in Notre Dame in Paris, nachdem Papst Pius VII. zuvor die Salbung vollzogen hatte, zum Kaiser der Franzosen. Wien, das seit der Senatsentscheidung mit der Auflösung des Römischen Reiches rechnete, antwortete im August 1804 mit der Proklamation eines Kaisertums Österreich für das Gesamtgebiet der Habsburgermonarchie, womit es erneut die Reichsverfassung verletzte. Im August 1805 schloß sich Österreich mit Rußland, England und Schweden zur dritten Koalition gegen Frankreich zusammen; Preußen und das von ihm geführte Norddeutschland blieben, wie schon im Zweiten Koalitionskrieg, neutral; die süddeutschen Staaten Bayern, Baden und Württemberg verbündeten sich mit Frankreich. Vier Monate später waren Österreich und seine Verbündeten geschlagen. Der Dreikaiserschlacht von Austerlitz am 2. Dezember folgte am 26. Dezember 1805 der Friede von Preßburg. Das Habsburgerreich mußte seine vorderösterreichischen Besitzungen an Baden und Württemberg, Vorarlberg und Tirol an Bayern und Venezien an das von Napoleon in Personalunion regierte Königreich Italien abtreten. Die Herzogtümer Bayern und Württemberg wurden zu Königreichen erhoben.

Der Sieg über Österreich erlaubte es Napoleon, seinen Einfluß in Deutschland weiter auszubauen. Im Juli 1806 erklärten 16 deutsche Fürsten, darunter die neuen Könige von Bayern und Württemberg und der Markgraf von Baden, der bei dieser Gelegenheit zum Großherzog aufstieg, in Paris ihren Austritt aus dem Reich und schlossen sich zum Rheinbund zusammen. Der Rheinbund bildete eine Konföderation unter dem Protektorat des französischen Kaisers, dem die Mitgliedsstaaten bei künftigen Kriegen auf dem Kontinent militärischen Beistand leisten mußten. Das Reich war nur noch eine Ruine, als Kaiser Franz II. sich am 6. August 1806 einem Ultimatum Napoleons beugte, die Reichskrone niederlegte und alle Reichsstände von ihren Pflichten entband. Den Titel eines Kaisers von Österreich behielt er (als Franz I.) bei. Das Heilige Römische Reich aber hörte mit jenem Tag auf zu bestehen.[13]

Zwei Nachrufe waren um diese Zeit schon geschrieben. «Deutsches Reich und deutsche Nation sind zweierlei Dinge», heißt es in Schillers Fragment «Deutsche Größe», das wohl 1801, nach dem Frieden von Lunéville, entstanden ist. «Die Majestät des Deutschen ruhte nie auf dem Haupt seiner Fürsten. Abgesondert von dem politischen hat der Deutsche sich einen eigenen Wert gegründet, und wenn auch das Imperium unterginge, so bliebe die deutsche Würde unangefochten. Sie ist eine sittliche Größe, sie wohnt in der Kultur und im Charakter der Nation, die von ihrem politischen Schicksal unabhängig ist... Indem das politische Reich wankt, hat sich das geistige immer fester und vollkommener gebildet.»[14]

«Deutschland ist kein Staat mehr»: Mit dieser nüchternen Feststellung begann Hegel seine 1802 verfaßte, aber dann nicht publizierte Schrift «Die Verfassung Deutschlands». Schon im Westfälischen Frieden habe sich die Staatslosigkeit Deutschlands organisiert. «Es ist kein Streit mehr darüber, unter welchen Begriff die deutsche Verfassung falle. Sollte Deutschland ein Staat sein, so könnte man diesen Zustand der Auflösung des Staats nicht anders als mit einem auswärtigen Staatsrechtsgelehrten Anarchie nennen, wenn nicht die Teile sich wieder zu Staaten konstituiert hätten, denen weniger ein noch bestehendes als vielmehr die Erinnerung eines ehemaligen Bandes noch einen Schein von Vereinigung läßt...» Die Auflösung des Problems, «wie es möglich wäre, daß Deutschland kein Staat sei und doch ein Staat sei, ergibt sich sehr leicht, daß es ein Staat ist in Gedanken und kein Staat in der Wirklichkeit, daß Formalität und Realität sich trennen, die leere Formalität dem Staat, die Realität aber dem Nichtsein des Staates zugehört».

Während Schiller dem Untergang des Reiches mit Gleichmut entgegensah, hielt Hegel es für möglich, daß Deutschland sich von neuem zu einem Staat organisieren werde. Die Einigung werde aber nicht etwa durch Preußen kommen, das als «eigener, souveräner, mächtiger Staat» nicht mehr fähig sei, «gleiche Bedingungen mit anderen Ständen in einer Assoziation aufzunehmen», sondern durch das Zusammenwirken von Reichsstädten und Landständen mit dem Kaiser und seinen Erblanden, die anders als Preußen, selbst ein Staat seien, der sich auf Repräsentation gründe und worin das Volk Rechte habe. Nur vom Kaiser also sei die «Unterstützung desjenigen, was die Welt jetzt unter deutscher Freiheit versteht, zu erwarten».[15]

Hegels Hoffnung war unbegründet, und nur wenige teilten sie. Kaiser Franz II., der seit 1792 regierte, hatte sich nie um das Reich gekümmert, und als er die Krone niederlegte, war von Trauer und Bestürzung in Deutschland wenig zu spüren. Die Auflösung des Heiligen Reiches wirkte wie die notarielle Beurkundung eines Ablebens, das sich allzu lang hingezogen hatte. Spätestens seit Preußen sich im Siebenjährigen Krieg als Großmacht behauptet hatte, war das Reich nur noch ein Schemen.

Das hinderte die Reichspatrioten nicht, an der Idee des Reiches festzuhalten und an seine Wiederherstellung zu glauben. Vor allem unter den Standesherren – den Grafen, Fürsten und Reichsfreiherren, die 1803 ihre Reichsunmittelbarkeit verloren hatten – und in den mittleren und kleinen Reichsständen hatte das Reich viele posthume Anhänger. Manche Publizisten des Rheinbundes setzten auf die bundesstaatliche Einigung des «dritten Deutschland», also ohne Österreich und Preußen, aber gleichwohl in bewußter Anknüpfung an die Tradition des alten Reiches. Das war auch die Linie des «Fürstprimas» von Napoleons Gnaden an der Spitze des Rheinbundes, des Kurfürsten und Erzbischofs von Mainz und bisherigen Reichserzkanzlers Karl Theodor von Dalberg, der 1810 zum Großherzog von Frankfurt erhoben wurde. Von den Landesherren, die der Konföderation beigetreten waren, wehrten sich jedoch gerade die bedeutenderen, obenan die Könige von Bayern und Württemberg, verbissen dagegen, einer neuen Zentralgewalt mehr Rechte zuzugestehen, als sie das alte Reich besessen hatte. Da der rheinbündische Reichspatriotismus an diesen Realitäten nichts ändern konnte, blieb er bloße Gesinnung und politisches Wunschdenken.[16]

Gesellschaftlich erlebten die Rheinbundstaaten in den wenigen Jahren, in denen die Konföderation bestand, einen kräftigen Modernisierungsschub. Napoleon drängte die Mitgliedsländer zur Übernahme «seines» bürgerlichen Gesetzbuches, des Code Napoléon, und hatte dabei zumindest teilweise Erfolg. Daß es, außer in Baden, nur zu einer Teilrezeption des Code Napoléon kam, lag, in den Worten von Elisabeth Fehrenbach, an der «Konfrontation eines revolutionären Gesetzbuches mit einer vorrevolutionären Rechts- und Gesellschaftsordnung».

In den Rheinbundstaaten gab es, im Unterschied zu Frankreich, kein Bürgertum, das aus eigenem Interesse eine Agrarreform unterstützt hätte. Es fehlte auch an adligen Grundherren, die sich von einer Umwandlung bäuerlicher Feudallasten in Geldzahlungen Vorteile versprachen, und an einem unruhigen Bauerntum, das sich mit dem «Dritten Stand» gegen das Feudalsystem hätte verbünden können: Im westelbischen Deutschland unterstanden die Bauern viel häufiger als in Frankreich unmittelbar der landesherrlichen Gerichtsbarkeit; anders als in Frankreich bewirtschafteten sie in ihrer großen Mehrheit den Boden in eigener Regie, waren sogar häufig dessen Miteigentümer und wurden, alles in allem, weniger von Fronen bedrückt, als das in Frankreich unter den letzten Bourbonenkönigen der

Fall war. Der Adel wiederum war in Deutschland kein «Hofadel» wie in Frankreich seit Ludwig XIV. Während die wohlhabenden französischen Aristokraten ihren Landbesitz durch Pächter verwalten ließen, verpachteten die adligen Grundbesitzer im Westen Deutschlands fast ihr gesamtes Ackerland an die Bauern. Die westdeutschen Grundherren waren ihren Gütern und ihren Bauern folglich, wie Eberhard Weis bemerkt, weniger entfremdet als die französischen Adligen.

Was sich in den Rheinbundstaaten an gesellschaftlichem Fortschritt vollzog, entsprang nicht zuletzt dem Zwang, neue Landesteile zu integrieren, deren Bevölkerung oft eine andere Konfession hatte als die Stammlande. Das galt vor allem für Bayern, das evangelische, und Württemberg, das katholische Gebiete hinzugewann. Auch in Baden stieg der Anteil der katholischen Bevölkerung infolge der Angliederung vorderösterreichischen Territoriums stark an. Die territoriale Flurbereinigung führte in Süddeutschland zu einer Art nachholenden Revolution von oben, deren Träger, wie in Preußen und Österreich, eine aufgeklärte absolutistische Bürokratie war. In Bayern und Baden unter den Ministern Montgelas und Reitzenstein verlief dieser Prozeß vergleichsweise sanft. In Württemberg dagegen, wo es bis dahin ein Mitregiment der Stände gegeben hatte, setzte sich König Friedrich rücksichtslos über das «gute alte Recht» hinweg: eine Herausforderung, die zehn Jahre später, nach dem endgültigen Sturz Napoleons und dem Erlaß einer oktroyierten Verfassung, zum ersten Verfassungskonflikt der deutschen Geschichte führte.[17]

Ungleich radikaler als in den Rheinbundstaaten waren die gesellschaftlichen Veränderungen in den vom napoleonischen Frankreich annektierten linksrheinischen Gebieten, in denen der Code Napoléon ohne Abstriche eingeführt wurde (und bis zum Inkrafttreten des Bürgerlichen Gesetzbuches am 1. Januar 1900 galt). Dazu kamen die Übernahme der französischen Prozeßordnung und Gerichtsverfassung wie der französischen Verwaltungsorganisation, darunter der Einteilung in Departements. Tiefgreifend war auch der Wandel in den von Angehörigen der Familie Bonaparte regierten Teilen Deutschlands, dem 1806 am Niederrhein errichteten Großherzogtum Berg unter Napoleons Schwager Murat und in dem 1807, nach dem Sieg über Preußen, gebildeten Königreich Westfalen unter Napoleons jüngstem Bruder Jérôme. Doch gerade diese beiden Musterländer unmittelbarer napoleonischer Herrschaft in Deutschland waren Paradefälle eines Dilemmas: Die gesellschaftspolitischen Zielsetzungen, die Napoleon proklamierte, und die von ihm getroffenen Maßnahmen zur Herrschaftssicherung widersprachen sich fundamental. Einerseits mußten die «Napoleoniden» nach dem Vorbild des revolutionären Frankreich die überkommenen feudalen, guts- oder grundherrschaftlichen Strukturen zerstören, wenn sie den neuen Regimen die dauerhafte Loyalität von Bürgern und Bauern sichern wollten. Andererseits brauchte Napoleon den enteigneten Grund und Boden, um seinen siegreichen Heerführern zu Landbesitz zu verhelfen und so der neuen «noblesse impériale» eine materielle Basis zu geben. Das zweite Ziel triumphierte über das erste und nahm damit den «Ideen von 1789» einen beträchtlichen Teil ihrer werbenden Kraft.[18]

Der Hegelianer Lorenz von Stein hat ein halbes Jahrhundert später, in seiner 1850 erschienenen «Geschichte der sozialen Bewegung in Frankreich», in Napoleon einen großen Brückenschläger gesehen. Mit der Errichtung des Kaisertums, der Wiederherstellung des Adels und dem Konkordat mit der römischen Kirche habe er Brücken in die Vergangenheit und damit zwischen dem revolutionären Frankreich und dem noch nicht revolutionierten Europa bauen wollen. Napoleon verkörpert aus dieser Sicht eine neue Epoche in der Auseinandersetzung zwischen Revolution und alter Gesellschaft.

In der ersten Phase, die Stein von 1789 bis zum französisch-englischen Frieden von Amiens im Jahre 1802, dem Ende des Zweiten Koalitionskrieges, datiert, war es Europa um das «reine Ausstoßen» des revolutionären Fremdkörpers gegangen. «Mit dem Auftreten Napoleons ist nun diese erste Epoche dieses Kampfes zu Ende. Die französische Bewegung hat gegen den Angriff des übrigen Organismus gesiegt; das neue Frankreich ist eine *anerkannte* Macht geworden... Jener Zustand der Dinge, wie der Friede von Amiens ihn aufgestellt, erkannte ein feudales Europa und ein staatsbürgerliches Frankreich, einen Teil, der wesentlich verschieden von seinem Ganzen war, mithin einen absoluten Widerspruch als Grundlage eines europäischen Friedens an... Der Kriegszustand war also auch mit jenem Frieden nicht aufgehoben, die rechte Frage nicht gelöst; der Kampf mußte wieder beginnen, aber jetzt hatte er einen neuen Charakter; Frankreich begann, statt daß es bisher rein abwehrend aufgetreten, jetzt positiv in den Staatenorganismus einzugreifen; bisher das bewegende Element, ward es jetzt das konstituierende für die Staaten Europas.»[19]

Was Napoleon an positivem Widerhall in Deutschland fand, beruhte in der Tat auf der Hoffnung, er werde den ursprünglichen Ideen von 1789, einem vom jakobinischen Terror gereinigten Fortschritt also, in ganz Europa in einer Weise zum Durchbruch verhelfen, die keinen radikalen Bruch mit der Vergangenheit erforderte, sondern ihre evolutionäre Weiterentwicklung bedeutete. Die Erfahrung, daß Napoleons regierenden Verwandten auch in Deutschland Herrschaftssicherung wichtiger war als Gesellschaftsreform, trug viel dazu bei, derart hochgespannte Erwartungen zu enttäuschen.

Doch selbst wenn Napoleon in Deutschland konsequent als politischer und gesellschaftlicher Reformator aufgetreten wäre, hätte ihn das in den Augen vieler Deutscher nicht von dem Makel befreit, Herrscher einer fremden Universalmonarchie zu sein. «Deutschland in seiner tiefsten Erniedrigung» war der Titel einer anonymen, gegen den Kaiser der Franzosen gerichteten Flugschrift, die 1806 von dem Nürnberger Buchhändler Johann Philipp Palm verbreitet wurde. Er mußte die patriotische Tat teuer bezahlen. Auf Befehl Napoleons wurde Palm von einem französischen Kriegsgericht zum Tode verurteilt und am 26. August 1806 in Braunau am Inn erschossen. Der deutsche Nationalismus hatte seinen ersten Märtyrer.[20]

Ob man von deutschem Nationalismus als politischer Bewegung vor Napoleon, genauer gesagt: vor dem von ihm herbeigeführten Untergang des Heiligen Römischen Reiches, sprechen kann, ist höchst zweifelhaft. Was sich seit 1806 an deutschem Nationalgefühl artikulierte, hob sich jedenfalls deutlich sowohl vom literarischen wie vom Reichspatriotismus des ausgehenden 18. Jahrhunderts ab. Einige Unterschiede treten bereits in den «Fragmenten zu einer Geschichte des europäischen Gleichgewichts» hervor, die Friedrich Gentz, der Übersetzer von Burke und einer der entschiedensten Gegner Napoleons, 1806 in Dresden zu Papier brachte und in Leipzig veröffentlichen ließ. «Europa ist durch Deutschland gefallen, durch Deutschland muß es wieder emporsteigen», heißt es da. «Unser innerer unseliger Zwiespalt, die Zersplitterung unserer herrlichen Kräfte, die wechselseitige Eifersucht unserer Fürsten, die wechselseitige Entfremdung unserer Völker, das Verlöschen jedes echten Gefühls für das gemeinschaftliche Interesse der Nation, die Erschlaffung des vaterländischen Geistes – das sind die Eroberer, das sind die Zerstörer unserer Freiheit, das sind unsere tödlichen Feinde und die Feinde Europas gewesen. Wenn wir uns vereinigen, wenn wir unsere Familienfehden vergessen, wenn wir in der Stunde der Gefahr, in der Stunde der gemeinschaftlichen Not uns entschließen könnten, Deutsche zu sein, so trotzten wir jeglichem Sturme; so wurde nie eine Fußbreite deutschen Gebiets dem übermütigen Fremden zum Raube... Getrennt wurden wir niedergeworfen; nur vereinigt können wir uns wieder erheben. Diesen einzigen Rettungsweg zu betreten, ist jetzt freilich viel schwerer noch als sonst; aber soviel ist unumstößlich gewiß: sollen die Staatskräfte Deutschlands je eins werden, so muß zuvor der Nationalwille eins sein.»

Gentz, der 1802 in die publizistischen Dienste Österreichs getreten war, sprach von «deutscher Nation» und nicht von einer preußischen; er meinte mit «vaterländischem Geist» eine deutsche Nationalgesinnung und keinen einzelstaatlichen Patriotismus. Er beschwor nicht das alte Reich, als er die Vereinigung der Deutschen forderte, sondern dachte an eine neue Art des Zusammenschlusses der deutschen «Staatskräfte». Gentz rechnete die deutschen Fürsten, die sich doch immer als Hüter «deutscher Libertät» ausgegeben hatten, den «Zerstörern unserer Freiheit» zu. Die Freiheit, die er meinte, war jedoch eine andere als die von 1789 – keine demokratische, sondern eine nicht näher beschriebene ständische Freiheit. Für Gentz' deutsches Nationalgefühl war der Gegensatz zum französischen Usurpator grundlegend, aber den nächstliegenden Schritt tat er nicht: Seine Schrift war kein «appel au peuple»; er rief nicht das deutsche Volk zum Kampf gegen Napoleon auf, sondern wandte sich an die Gebildeten. Gentz war «modern», soweit er die deutsche Nation nicht mehr als kulturelle, sondern als politische, potentiell sogar als staatlich verfaßte Einheit begriff. Ein Vertreter des modernen Nationalismus aber war er nicht. Nichts lag ihm ferner als die Mobilisierung der Massen, und er blieb ein «Europäer», der in den Kategorien des europäischen Gleichgewichts dachte. Nicht mehr reichspatriotisch oder «kulturnational» und noch nicht nationalistisch im Sinne einer weltlichen Religion: Gentz' Schrift von 1806 war ein Dokument des Übergangs.[21]

1806 wurde auch deshalb zu einer Zäsur der deutschen Geschichte, weil in diesem Jahr Preußen seine seit 1795 betriebene Neutralitätspolitik aufgab und, nachdem es sich mit Rußland verbündet hatte, am 9. Oktober Frankreich den Krieg erklärte. Fünf Tage später bereits erlitt es die erste schwere Niederlage: Die Doppelschlacht von Jena und Auerstädt ebnete Napoleon den Weg nach Berlin, wo er am 27. Oktober einzog. Es folgten im Juni 1807 der Sieg über die Russen bei Friedland und die Besetzung Königsbergs durch französische Truppen. Im Frieden von Tilsit, der im Juli 1807 abgeschlossen wurde, verlor Preußen seine Besitzungen westlich der Elbe und die meisten Gebiete, die es seit 1772, im Zuge von drei Teilungen, Polen abgenommen hatte. Vom Staat Friedrichs des Großen war nur noch ein Fragment übriggeblieben. Die Niederlage *war* eine Katastrophe. Doch es bedurfte offenbar dieser Erfahrung, um Kräfte freizusetzen, die zur Erneuerung Preußens fähig und entschlossen waren.

Die moralische Reservearmee, die nach 1806 das Werk der inneren Reformen in Angriff nahm, bestand zu einem großen Teil aus Wahlpreußen: Der Reichsfreiherr Karl vom und zum Stein, leitender Minister in den Jahren 1807 und 1808, entstammte einem im Nassauischen ansässigen reichsritterlichen Geschlecht; der politisch bedeutendere langjährige Staatskanzler Karl August von Hardenberg war Hannoveraner; der Militärreformer Gerhard Scharnhorst kam aus einer niedersächsischen Bauern- und Soldatenfamilie; der Feldmarschall Neidhardt von Gneisenau wurde im sächsischen Schildau geboren. Die preußischen Reformer bezweckten und bewirkten eine gründliche Modernisierung von Staat und Gesellschaft. Sie brachten den Bauern die Aufhebung der Erbuntertänigkeit, den städtischen Bürgern, sofern sie über das nötige Mindesteinkommen verfügten, das fortan verbriefte Recht der kommunalen Selbstverwaltung, den Juden zwar nicht den Zugang zu zivilen oder militärischen Staatsämtern, aber ansonsten doch die grundsätzliche rechtliche Gleichstellung mit den übrigen Untertanen, den männlichen Untertanen die allgemeine Wehrpflicht, der Wirtschaft die Gewerbefreiheit und damit die Befreiung vom Zunftzwang, dem Staat ein einheitliches, nach Ressorts gegliedertes Staatsministerium und dem Land insgesamt eine umfassende Reform des Bildungswesens, die ihren krönenden Höhepunkt 1810 in der Gründung der Berliner Universität fand: einer Hochschule, die sich dem neuhumanistischen Ideal der Allgemeinbildung verschrieb und darum konsequent mit dem bis dahin auch in Preußen üblichen Paukstudium brach.

Summierten sich die preußischen Reformen zu jener Revolution von oben, die der Minister von Struensee 1799 angekündigt hatte? Die Frage läßt sich nur beantworten, wenn man bedenkt, was die Reformen *nicht* brachten. Die «Bauernbefreiung» bildet eine tief einschneidende sozialgeschichtliche Zäsur, aber ihr Ergebnis widersprach Struensees Erwartung, in wenigen Jahren werde es in Preußen keine privilegierte Klasse mehr geben. Aus der von vielen Junkern erbittert bekämpften Agrarreform ging der Rittergutsbesitz vielmehr gestärkt hervor: Die Landabtretungen, mit denen die spannfähigen Bauern die Hand- und Spanndienste für den Gutsherrn ablösen konnten, führten zu einer Ausdehnung des Großgrundbesitzes auf Kosten von früherem Bauernland. Im preußischen Rittergutsbesitz hielt der Agrarkapitalismus Einzug; der freie Güterverkehr erlaubte es vermögenden Bürgerlichen, Rittergutsbesitzer zu werden. Die meisten Privilegien aber konnten die Gutsherren in zähen Kämpfen behaupten: Sie behielten bis 1848 die patrimoniale Gerichtsbarkeit, bis 1861 die Grundsteuerfreiheit und bis 1872 die gutsherrliche Polizeigewalt; die durch und durch obrigkeitliche Gesindeordnung wurde erst 1918, der Gutsbezirk als Verwaltungseinheit noch später, im Jahre 1927, aufgehoben, und auch das Kirchenpatronat der Gutsbesitzer überdauerte das Kaiserreich.

Die Bauern wurden durch das Edikt über die «Bauernbefreiung» vom 9. Oktober 1807 juristisch frei. Die ärmsten unter ihnen, die nicht spannfähigen Kossäten, mußten aber dem Gutsherrn weiterhin ihre Dienste und Abgaben leisten, und auch diejenigen Kleinbauern, die sich der Hand- und Spanndienste durch Landabtretung oder Geldzahlungen entledigen konnten, blieben Angehörige des Gutsverbandes. Aus den Landarbeitern und landarmen Bauern rekrutierte sich in Preußen nicht ein selbständiges Parzellenbauerntum wie im nachrevolutionären Frankreich, sondern, zu einem erheblichen Teil jedenfalls, Marxens «industrielle Reservearmee»: ein Reservoir an Arbeitskräften, das die Industrielle Revolution in Deutschland überhaupt erst möglich machte. Die «Bauernbefreiung» in Preußen trug also zu *beidem* bei: zu einer Konservierung einer vormodernen Machtelite, des ostelbischen Junkertums, *und* zur Modernisierung der deutschen Gesellschaft – freilich einer anderen Modernisierung als der, die den Reformern von 1808 vorgeschwebt hatte.

Zu den Zielen der Reformer um Stein und Hardenberg gehörte auch eine Nationalrepräsentation für ganz Preußen: nicht etwa in Gestalt einer aus allgemeinen Wahlen hervorgegangenen Volksvertretung, sondern eines Beratungsorgans, in dem indirekt gewählte Vertrauensmänner der besitzenden und gebildeten Stände zu Wort kommen sollten. «Politische Beratung als abgebremste politische Partizipation, nicht aber aktive Mitgestaltung und Teilhabe an der Machtausübung»: Das war, wie der Historiker Hans-Ulrich Wehler urteilt, das Leitbild der Reformer. Doch selbst in dieser abgeschwächten, nicht mehr parlamentarisch zu nennenden Form wurde die Nationalrepräsentation nicht verwirklicht. Das Vorhaben stieß auf den massiven Widerstand erst einer konservativen Adelsfronde um Friedrich August Ludwig von der Marwitz, dann auch von aufgeklärten Beamten. Aus zwei Notabelnversammlungen – einer 1811 von König Friedrich Wilhelm III. ernannten und einer im Jahr darauf indirekt gewählten, ganz überwiegend adligen und nur für einige wenige Fragen zuständigen – zogen reformfreundliche Beamte den Schluß, eine ständische Interessenvertretung werde die Erneuerung Preußens eher behindern als vorantreiben. Das Verfassungsversprechen, das der König im Finanzedikt vom 27. Oktober 1810 abgegeben hatte, wurde infolgedessen nicht eingelöst. Es sollte nicht das letzte sein, das dieses Schicksal erlitt.

Wenn man die Industrielle Revolution den Folgen der preußischen Reformen zurechnet, ist der Begriff «Revolution von oben» dennoch gerechtfertigt. In jedem Fall tat Preußen nach 1807 einen großen Sprung nach vorn. Mochten Bayern, Baden und Württemberg sich auch sehr viel früher als Preußen zu Verfassungsstaaten entwickeln: Was die Modernisierung der Gesellschaft durch den Staat anging, fiel Preußen auf lange Zeit eine Führungsrolle zu. Vom Königreich Westfalen abgesehen, ging die Judenemanzipation nirgendwo so weit wie im Hohenzollernstaat, der sie 1812 durch Gesetz in Kraft setzte. Die Gewerbefreiheit, in Preußen durch Edikte von 1810 und 1811 proklamiert, wurde in Österreich erst 1859 und in den deutschen Mittelstaaten noch später, in den 1860er Jahren, durchgesetzt. Früher und entschiedener als irgendein anderer deutscher Staat mit der Ausnahme Badens verschrieb sich Preußen auch dem außenwirtschaftlichen Pendant der Gewerbefreiheit, dem Freihandel. Mehr Mitbestimmung der Gesellschaft hätte weniger sozialen Wandel bedeutet: So sah es das preußische Reformbeamtentum, das für sich selbst den Anspruch erhob, der einzige wahrhaft allgemeine Stand zu sein. Hegel, der Wahlpreuße aus Stuttgart, der seit 1818 an der Berliner Universität lehrte, lieferte in seiner Rechtsphilosophie die theoretische Begründung dieses längst zur politischen Praxis gewordenen Selbstverständnisses. Der Staat als «Wirklichkeit der sittlichen Idee»: Das war eine Formel, in der sich wiedererkennen konnte, wer dem preußischen Staat in herausgehobener Stellung dienen durfte.[22]

Legte Hegel den Grund der neueren preußisch-deutschen Staatsideologie, so wurde Johann Gottlieb Fichte zum Begründer des deutschen Nationalismus. Ebenfalls kein geborener Preuße, sondern ein Sachse aus der Oberlausitz, war der Sohn eines Webers 1793 mit einer Verteidigung der Französischen Revolution und einige Zeit danach mit Thesen über die Identität von Gott und moralischer Weltordnung hervorgetreten, die ihm den Vorwurf des Atheismus und den Verlust seiner Professur im sachsenweimarischen Jena eintrugen. Im Jahre 1800 veröffentlichte Fichte seine, dem preußischen Minister von Struensee zugeeignete Schrift «Der geschlossene Handelsstaat»: ein Plädoyer für einen auf öffentlichem Eigentum und umfassendem Zunftzwang aufgebauten, nach außen sich abschottenden Staat, der, um seine wirtschaftliche Unabhängigkeit zu sichern, sich auch mit kriegerischen Mitteln bis zu seinen «natürlichen Grenzen» ausdehnen durfte – oder auf diese beschränken mußte. In den 1806 erschienenen «Grundzügen des gegenwärtigen Zeitalters» bekannte Fichte sich zu einem republikanischen Vernunftstaat, in dem einerseits die bürgerliche Freiheit für alle gewährleistet war, andererseits jeder Bürger sich mit allen seinen Kräften ebendiesem Staat unterzuordnen hatte.

Das größte Aufsehen erregten die «Reden an die deutsche Nation», die Fichte im Winter 1807/08 in Berlin hielt und 1808 als Buch veröffentlichte. Die Vorträge waren, was sich von Gentz' «Fragmenten» aus dem Jahr 1806 noch nicht sagen ließ, ein frühes Dokument des deutschen Nationalismus – eines *modernen* Nationalismus, sofern für diesen die systematische Umdeutung von religiösen Bindungen in nationale Loyalität, also Säkularisierung, typisch ist. Wie Gentz wandte sich Fichte ausdrücklich an die «gebildeten Stände Deutschlands», aber er tat dies, anders als jener, in der erklärten Absicht, über die Gebildeten das «Volk» zu erreichen, von dem «bis hierher alle Fortentwicklung der Menschheit in der deutschen Nation» ausgegangen sei.

Die Deutschen erhob Fichte zum «Urvolk», das Deutsche zur «Ursprache» – Feststellungen, die er damit zu begründen suchte, daß die Deutschen, anders als die romanisierten Völker im Westen und Süden Europas, in den ursprünglichen Wohnsitzen des Stammvolkes geblieben seien, ihre Sprache gegenüber dem Lateinischen und sich selbst als Volk gegenüber der Weltherrschaft der Römer behauptet hätten. In den deutschen Städten des Mittelalters sah Fichte «treffliche bürgerliche», ja «republikanische» Verfassungen und in Luther den deutschen Mann, der «schlechthin allen Menschen in der Welt» das Auge geöffnet habe für die «verdammliche Täuschung» des römischen Papsttums. Die Reformation stellte sich dem Autor folgerichtig als die «letzte große, und in gewissem Sinne vollendete Welttat des deutschen Volkes» dar. Für das Urvolk der Deutschen galt mehr noch als für andere Völker, daß sich in ihm «Göttliches» offenbarte und daß es «ewig» war. Als «Träger und Unterpfand der irdischen Ewigkeit» durften Volk und Vaterland absolute Hingabe, ja Aufopferung bis zum Tod fordern. «Eben darum muß diese Vaterlandsliebe den Staat selbst regieren, als durchaus oberste, letzte und unabhängige Behörde, zuvörderst, indem sie ihn beschränkt in der Wahl der Mittel für seinen nächsten Zweck, den innerlichen Frieden.»

Fichte konnte an vieles anknüpfen, was, teilweise seit Jahrhunderten, für deutsche Leistung und deutsches Wesen erklärt worden war. Den Freiheitskampf der Germanen gegen das verderbte Rom hatten bereits die deutschen Humanisten um 1500 und manche Dichter des 18. Jahrhunderts, unter ihnen Klopstock, gerühmt; Luther war seit der Reformation als geistiger Befreier Deutschlands von römischer Fremdherrschaft und seit dem ausgehenden 18. Jahrhundert als Wegbereiter der Aufklärung gefeiert worden; das Vorurteil gegenüber der «Ausländerei», besonders in ihrer französischen Form, ließ sich bis ins Mittelalter zurückverfolgen; die gemeinsame Sprache nannte schon damals als das Merkmal schlechthin, wer als Deutscher von den Deutschen sprach. Fichte war auch nicht der erste, der den Deutschen eine besondere Weltbürgerlichkeit zuschrieb. Das hatten auf ihre Weise auch schon Goethe und Schiller getan. Fichte freilich politisierte und verstaatlichte, was für die Weimarer Klassiker die kulturelle Bestimmung der Deutschen war. *Das* Weltbürgertum, das in Fichtes Vorstellung von der deutschen Nation nachwirkte, bedeutete nichts Geringeres als die geistige Weltherrschaft der Deutschen.

«Umschaffung des Menschengeschlechts ... aus irdischen und sinnlichen Geschöpfen zu reinen und edlen Geistern»: Das war die Aufgabe, die Fichte den Deutschen als dem sittlich höchsten Volk zuwies. Die Vorfahren, die im «heiligen Kampfe für Religions- und Glaubensfreiheit» gefallen waren, ließ er den gegenwärtig lebenden Deutschen zurufen: «Damit diesem Geiste die Freiheit werde, sich zu entwickeln und zu einem selbständigen Dasein emporzuwachsen, dafür floß unser Blut. An euch ist's, diesem Opfer seine Bedeutung und seine Rechtfertigung zu geben, indem ihr diesen Geist einsetzt in die ihm bestimmte Weltherrschaft.»[23]

Die wiederholte Beschwörung der Glaubenskämpfe war alles andere als zufällig: In der Reformation sah Fichte *die* Analogie zur Gegenwart; Luther war nicht nur das «Vorbild aller künftigen Zeitalter», sondern auch sein ganz persönliches Vorbild. Wie Luther gegen die geistliche Universalherrschaft der römischen Kirche gekämpft hatte, so kämpfte Fichte gegen die beginnende weltliche Universalmonarchie Napoleons. Die deutschen Protestanten hatten, als sie ihr Blut willig für den Himmel und die ewige Seligkeit vergossen, nach der Überzeugung des Philosophen etwas zutiefst Weltliches bewirkt: Es war «mehr Himmel diesseits des Grabes, ein mutigeres und fröhlicheres Emporblicken von der Erde und eine freiere Regung des Geistes, durch ihre Aufopferung, in alles Leben der Folgezeit gekommen.»

Folgte man Fichte, war es fast gleichgültig, ob es überhaupt ein himmlisches Vaterland gab. Denn auch das irdische Vaterland verhieß, in Gestalt patriotischen Gedenkens, ein Leben nach dem Tod, und nur diese Aussicht auf diesseitige Dauer rechtfertigte die Zumutung des Todes für das Vaterland. Die Vaterlandsliebe setzte dem Staat den höheren Zweck – einen höheren als den «gewöhnlichen der Erhaltung des inneren Friedens, des Eigentums, der persönlichen Freiheit, des Lebens und des Wohlseins aller», und erst, wo dieser Zweck das Staatsleben erfüllte, durfte die Regierung ihre «wahren Majestätsrechte» wahrnehmen, «gleich Gott um höheren Lebens willen das niedere Leben daran zu wagen».

Damit war an die Stelle des christlichen Glaubens die Liebe zum Vaterland und an die Stelle der kirchlichen Gemeinschaft die Gemeinschaft der

Nation getreten. Gott wurde noch benötigt: Ohne die Berufung auf ihn hätte die neue Botschaft das «Volk» gar nicht und auch unter den gebildeten Ständen Deutschlands nur eine Minderheit erreicht. Aber es war ein ganz diesseitiger Gott, den Fichte für die deutsche Nation in Anspruch nahm: ein Gott, dem «höchsten Wesen» der Jakobiner nicht unähnlich. Wie für die französischen Revolutionäre war auch für den Republikaner Fichte die Liebe zum Vaterland die wahre Religion. Es war die *deutsche* Nation, der er das Recht einräumte, das höchste Opfer für sich zu fordern, nicht, wie viereinhalb Jahrzehnte zuvor in Thomas Abbts Schrift «Vom Tode für das Vaterland», die preußische. Gerade weil sie staatlich noch gar nicht verfaßt war, bedurfte es besonderer Anstrengungen, diese Nation zum Adressaten von Loyalitätsgefühlen zu machen. Bei einer wachsenden Zahl von Gebildeten, die über die Grenzen der Einzelstaaten hinweg miteinander in Verbindung standen und dieselben Dichter und Denker deutscher Sprache lasen, gab es das Gefühl, einer deutschen Nation anzugehören, durchaus. Dem einfachen «Volk» hingegen stand der Territorialstaat mit dem Landesherrn an der Spitze schon deshalb näher als Fichtes deutsche Nation, weil diese nach dem Untergang des Heiligen Römischen Reiches aller Anschaulichkeit entbehrte.

Der Mangel an deutscher Staatlichkeit und die Demütigung durch Napoleon kamen zusammen, um jenes nationale Minderwertigkeitsgefühl zu erzeugen, aus dem Fichtes kompensatorischer Nationalismus herausführen sollte. Wie Deutschland staatlich zu organisieren sei, ließen die «Reden an die deutsche Nation» noch weitgehend offen. Eine Wiederherstellung des alten Reiches hatte Fichte ebensowenig im Sinn wie eine Einigung Deutschlands durch *einen* seiner Fürsten, etwa den preußischen König. Fünf Jahre später, im «Entwurf zu einer politischen Schrift im Frühlinge 1813», ging Fichte einen entscheidenden Schritt weiter. Er schloß Österreich als Führungsmacht mit der Begründung aus, daß sein Kaiser die deutsche Kraft nur für sein Hausinteresse gebrauchen würde. Anders war es um Preußen bestellt. «Es ist ein eigentlich *deutscher* Staat; hat als Kaiser durchaus kein Interesse zu unterjochen, ungerecht zu sein, vorausgesetzt, daß ihm beim künftigen Frieden seine angestammten, zugleich durch Protestantismus ihm verbundenen Provinzen zurückerstattet werden. Der Geist seiner bisherigen Geschichte zwingt es aber, fortzuschreiten in seinen Schritten zum Reiche, nur so kann es fortexistieren. Sonst geht es zu Grunde.»

Fichte hörte nicht auf, eine deutsche Republik anzustreben, als er den preußischen König aufrief, sich der Aufgabe eines «Zwingherrn zur Deutschheit» anzunehmen. Nach dem Tod des gekrönten Reichsgründers mochte dann ein Senat an die Spitze Deutschlands treten. Der Zwang war aus der Sicht des Philosophen gerechtfertigt, weil anders die bürgerliche Freiheit für alle Deutschen sich nicht erringen ließ. Daß König Friedrich Wilhelm III. sich der Herausforderung stellen würde, schien im Frühjahr 1813 nicht mehr völlig ausgeschlossen. Am 28. Februar jenes Jahres hatten

Preußen und Rußland zu Kalisch ein Bündnis gegen Napoleon geschlossen. Die Proklamation von Kalisch, verfaßt von Steins Mitarbeiter Karl Niklas von Rehdiger und verkündet vom russischen Oberbefehlshaber Kutusow, verhieß den «Fürsten und Völkern Deutschlands» die Rückkehr zur Freiheit und Unabhängigkeit und die «Wiederkehr eines ehrwürdigen Reiches». Sogar von einer Verfassung des wiedergeborenen Deutschlands, einem Werk «aus dem ureigenen Geiste des deutschen Volkes», war in der Erklärung die Rede – einem Werk, über das der «Kaiser aller Reußen» seine schützende Hand zu halten versprach. Auf das Manifest von Kalisch folgte rund zwei Wochen später, am 17. März 1813, König Friedrich Wilhelms Aufruf «An Mein Volk», der Fichte den unmittelbaren Anstoß zu seinen «Entwurf» gab.[24]

Lorenz von Stein hat der Verlautbarung von Kalisch einen geradezu epochalen Rang zugesprochen. «Der große Akt, durch den sich die deutschen Staaten von der alten Gesellschaft lossagten und die neue anerkannten, war die *Proklamation von Kalisch*. Diese Proklamation hat für Deutschland fast dieselbe Bedeutung wie die Déclaration des droits (die Erklärung der Menschenrechte, H. A. W.) für Frankreich; im Namen der Verfassung ward Napoleon besiegt; durch diese Hoffnung trennte sich das deutsche Volk von Napoleons Sache; der Kampf gegen Napoleon ward zu einem Kampfe der entstehenden staatsbürgerlichen Gesellschaft gegen den Despotismus.» Die Kundgebung von Kalisch rückte damit neben die französische Charte constitutionelle vom Juni 1814, die von Ludwig XVIII. erlassene Verfassung der restaurierten Bourbonenmonarchie. Beide Dokumente standen, Steins Deutung zufolge, für jenen historischen Kompromiß zwischen feudalen und staatsbürgerlichen Kräften, der das Revolutionszeitalter abschloß: Erst seit 1813/14 war in Europa die «Bedingung des allgemeinen Friedens, die Gleichartigkeit der allgemeinen sozialen und politischen Zustände, wirklich vorhanden».[25]

Wären Absichtserklärungen so viel wie Taten, hätte der Hegelianer Stein das Ereignis von Kalisch historisch zutreffend charakterisiert. Doch wie es bei Hegel in der «Phänomenologie des Geistes» heißt: «... die Wahrheit der Absicht ist nur die Tat selbst».[26] Der Proklamation von Kalisch folgte weder auf dem Gebiet der Verfassungsgebung noch auf dem der deutschen Einigung die versprochene Tat. Mit einem Körnchen Salz läßt sich sagen, daß das Bemerkenswerteste an dem Aufruf sein später Zeitpunkt war. Als Österreich 1809 seinen Kampf gegen Napoleon aufnahm, kam ihm Preußen nicht zur Hilfe, was zum Sieg des Kaisers der Franzosen wesentlich beitrug. Erst nachdem die Grande Armée sich im Herbst 1812 geschlagen aus Rußland hatte zurückziehen müssen, setzten sich in Preußen jene Kräfte durch, die seit langem auf Volksbewaffnung und Befreiungskrieg gedrängt hatten.

Zu den geistigen Wegbereitern des Waffengangs gehörten neben Fichte, der 1814 starb, zwei weitere Klassiker des deutschen Nationalismus: der

«Turnvater» Friedrich Ludwig Jahn, geboren als Sohn eines evangelischen Pfarrers in der Umgebung des brandenburgischen Wittenberge, und der Bauernsohn Ernst Moritz Arndt aus Rügen, das wie ganz Vorpommern bis 1815 zu Schweden gehörte. Jahn, der noch im Jahre 1800 pseudonym eine kurze Schrift zur «Beförderung des Patriotismus im Preußischen Reiche» vorgelegt hatte, wandte sich wenige Jahre später der Beförderung des deutschen Volkstums zu: ein Begriff, den er erst prägen mußte. Jahn kannte jetzt nur noch zwei Völker, die den «heiligen Begriff der Menschheit» in sich aufgenommen hatten: die Griechen des klassischen Hellas und die Deutschen. In seinem 1810 erschienenen Buch «Deutsches Volkstum» wies er, ähnlich wie Fichte, den Deutschen die Aufgabe zu, die Menschheit zu erlösen. «Schwer zu erlernen, schwerer noch auszuführen ist des Weltbeglückers heiliges Amt – aber es ist eine Wollust der Tugend, eine menschliche Göttlichkeit, die Erde als Heiland zu segnen und den Völkern Menschwerdungskeime einzupflanzen.»

Vorbilder für die Gegenwart waren «Hermann», der Cheruskerfürst Arminius also, den Jahn einen «Volksheiland» nannte, der Sachsenkönig Heinrich I. und Martin Luther. «Friedrich den Einzigen» mochte er dagegen nur bedingt als Vorbild gelten lassen. Der große Preußenkönig habe es wohl trefflich verstanden, einen Staat zu bauen, aber kein Volk in ihm gestiftet, rügte Jahn. Ohne Volk sei ein Staat jedoch nur ein «seelenloses Kunstwerk», wie umgekehrt ein Volk ohne Staat nicht mehr sei als ein «leibloser, luftiger Schemen wie die weltflüchtigen Zigeuner oder Juden».

Für die Einigung und Führung Deutschlands kam dennoch nur Preußen in Frage. Im Unterschied zum österreichischen Vielvölkerreich, dem Jahn die Beherrschung des gesamten südosteuropäischen Donauraumes bis hin zum Schwarzen Meer als historische Mission nahezubringen versuchte, waren in Preußen, diesem «jüngsten, schnellwüchsigen Schößling aus der alten Reichswurzel», der Stamm und die überwiegende Mehrzahl des Volkes deutsch. Im preußischen Staat hatte der Turnvater, wie er in der 1808 verfaßten Einleitung des Buchs bekannte, «eine Triebkraft zur Vollendung» entdeckt, die ihn für die Zukunft Großes erhoffen ließ: «So ahnte ich *in* und *durch* Preußen eine zeitgemäße Verjüngung des alten ehrwürdigen Deutschen Reichs, und in dem Reiche ein Großvolk, das zur Unsterblichkeit in der Weltgeschichte menschlich die hehre Bahn wandern würde.» Ging Preußen den ihm vorherbestimmten Weg, dann brach nicht nur für Deutschland ein goldenes Zeitalter an: «Deutschland, wenn es einig mit sich, als Deutsches Gemeinwesen, seine ungeheuren, nie gebrauchten Kräfte entwickelt, kann einst der Begründer des ewigen Friedens in Europa, der Schutzengel der Menschheit sein.»[27]

Die innere Verfassung des vereinten Deutschland wünschte Jahn sich freiheitlich. Die Reichsversammlung der Stände, eine gewählte Vertretung und Auslese des ganzen Volkes, müsse eine «Sprechgemeinde» (Jahns volkstümelnde Verdeutschung von «Parlament») sein, «nicht eine Taubstummenanstalt von Jaherren und Beifallnickern; nicht eine Versammlung von Gutheißern, um dem Übel etwa nur eine leidliche Gestalt zu geben. Kein Volk läßt sich bequemer und sicherer regieren als das, welches eine festbegründete volkstümliche Verfassung hat.»

Die Liebe zum eigenen Volk empfahl Jahn durch vaterländisches Wandern, Volksfeste, volkstümliche Denkmäler, eine allgemeine deutsche Volkstracht, ein volksfaßliches Bücherwesen und, vor allem, durch die Pflege der Muttersprache zu fördern. Von der Hochschätzung des eigenen Volkstums zur Verachtung des fremden war es auch beim Turnvater nur ein Schritt. Fremde Sprachen wollte er die Deutschen, wenn überhaupt, nicht zu früh erlernen lassen; sie seien für den, der sich ihnen nur aus Liebhaberei und Plappermäuligkeit zuwende, heimliches Gift. Das galt namentlich für das Französische: Diese Sprache habe Deutschlands Männer betört, seine Jünglinge verführt, seine Weiber entehrt. Lesern, die Jahn in dieser Einschätzung folgten, mußte auch seine Ermahnung einleuchtend erscheinen: «Deutsche, fühlt wieder mit männlichem Hochsinn den Wert eurer edlen *lebendigen* Sprache, schöpft aus ihrem nie versiegenden Urborn, grabt die alten Quellen auf und lasset Lutetiens (Lutetia ist der antike Name von Paris, H. A. W.) *stehende* Lache in Ruhe!»[28]

Daß Jahns Sakralisierung des Deutschtums und seine Dämonisierung alles Französischen sich noch übertreffen ließ: diesen Nachweis liefert das schriftstellerische Werk von Ernst Moritz Arndt, der von Hause aus evangelischer Theologe war. Anfang 1807 brachte er den pseudoreligiösen Charakter seines deutschen Nationalismus in geradezu klassischer Form zum Ausdruck: «*Ein* Volk zu sein, *ein* Gefühl zu haben für *eine* Sache, mit dem blutigen Schwert der Rache zusammenzulaufen, das ist die Religion unserer Zeit; durch diesen Glauben müßt ihr einträchtig und stark sein, durch diesen den Teufel und die Hölle überwinden... Das ist die höchste Religion, zu siegen und zu sterben für Gerechtigkeit und Wahrheit, zu siegen oder zu sterben für die heilige Sache der Menschheit, die durch alle Tyrannei in Lastern und Schanden untergeht; das ist die höchste Religion, das Vaterland lieber zu haben als Herren und Fürsten, als Väter und Mütter, als Weiber und Kinder; das ist die höchste Religion, seinen Enkeln einen ehrlichen Namen, ein freies Land, einen stolzen Sinn zu hinterlassen; das ist die höchste Religion, mit dem teuersten Blut zu bewahren, was durch das teuerste, freieste Blut der Väter erworben ward. Dieses heilige Kreuz der Welterlösung, diese ewige Religion der Gemeinschaft und Herrlichkeit, die auch Christus gepredigt hat, macht zu eurem Banner, und nach der Rache und Befreiung bringt unter grünen Eichen auf dem Altar des Vaterlandes dem schützenden Gotte die fröhlichen Opfer.»

Der schützende und strafende Gott stand nicht länger jenseits der Völker: Es war der «alte liebe deutsche Gott», von dem Arndt erstmals 1810 in dem Gedicht «Gebet» sprach. Im Jahre 1813, der Befreiungskrieg gegen Napoleon hatte inzwischen begonnen, verfaßte er einen «Katechismus für den deutschen Kriegs- und Wehrmann». In einer altertümelnden Sprache, die Luthers Übersetzung der Offenbarung des Johannes nachempfunden war, rief Arndt den Teilnehmern des Feldzugs zu: «Und es ist ein Ungeheuer geboren und ein blutbefleckter Greuel aufgestanden. Und heißt sein Name Napoleon Bonaparte, ein Name des Wehs... Auf ihr Völker! Diesen erschlaget, denn er ist verflucht von mir, diesen vertilget, denn er ist ein Vertilger der Freiheit und des Rechts... Und sollet in Einmütigkeit und Friedseligkeit erkennen, daß ihr *einen* Gott habet, den alten, treuen Gott, und daß ihr *ein* Vaterland habet, das alte, treue Deutschland.»

Der Kampf gegen die napoleonische Fremdherrschaft als Kampf um die Einheit Deutschlands: auch in anderen Schriften aus dem Jahr 1813 warb Arndt für dieses Ziel. «Nur ein blutiger Franzosenhaß kann die deutsche Kraft vereinigen, die deutsche Herrlichkeit wiederherstellen, alle edelsten Triebe des Volkes hervortreiben und alle niedrigsten versenken», heißt es in dem Aufruf «An die Preußen». Und in dem Artikel «Was bedeutet Landsturm und Landwehr?»: «Ein solcher Volkskrieg ist jetzt da für alle Deutsche; nur durch allgemeinen Aufstand gegen den Feind, nur durch eine brüderliche und treue Vereinigung aller deutschen Kräfte kann Europa und das Vaterland gerettet und die scheußliche Gewalt niedergerissen werden, welche die Freiheit und das Glück der Welt bedrohte.»

Seine kriegerische Botschaft mit dem christlichen Liebesgebot zu vereinbaren, bereitete Arndt keine Schwierigkeiten. Ein Mensch, der die rechte Liebe habe, müsse das Böse hassen bis in den Tod, schrieb er im gleichen Jahr 1813 in dem Aufsatz «Über Volkshaß». Gott wolle diesen Haß, ja er gebiete ihn. Die Franzosen gelte es zu hassen auf Grund dessen, was sie nicht nur in den letzten zwanzig Jahren, sondern schon seit über drei Jahrhunderten den Deutschen angetan hätten. «Ich will den Haß gegen die Franzosen, nicht bloß für diesen Krieg, ich will ihn für lange Zeit, ich will ihn für immer... Dieser Haß glühe als die Religion des deutschen Volkes, als ein heiliger Wahn in allen Herzen und erhalte uns immer in unserer Treue, Redlichkeit und Tapferkeit; er mache Deutschland den Franzosen künftig zu einem unangenehmen Lande, wie England ihnen ein unangenehmes Land ist.»[29]

Dem heiligen Wahn des Volkshasses gegen die Franzosen sprach Arndt eine schützende Rolle zu: Er solle als «Scheidewand» zwischen den beiden Völkern dienen. Doch eine sichere Grenze konnte der Haß nicht ersetzen. Daher verlangte Arndt 1813 die Rückgabe des Elsaß und des deutschsprachigen Lothringen an Deutschland, also die Sprachgruppe als Staatsgrenze. «Diese uralte Grenze steht an den Vogesen, dem Jura und den Ardennen durch Art und Sprache des Volkes unverkenntlich und unverrücklich fest, und nichts Französisches, welches nur verderben würde, soll von Deutschen je begehrt werden.» In der Schrift «Der Rhein, Deutschlands Strom, aber nicht Deutschlands Grenze» aus dem gleichen Jahr 1813 wiederholte Arndt diese Forderung. Die einzige gültige Naturgrenze sei die der Sprache. «Die Sprache also macht die rechte Grenze der Völker ... Was beisammen wohnt und einerlei Sprache spricht, gehört auch von Gott und Natur wegen zusammen.»

Den Sieg der preußischen Waffen im Kampf gegen Napoleon deutete Arndt als Offenbarung des göttlichen Willens. «Denn tausend Zeichen sind schon da und sind schon seit Jahren da gewesen, daß Gott Großes will mit der Menschheit und mit dem deutschen Volke ... So hat das preußische Volk und Heer sich offenbart ... , so ist Gott und Gottes Kraft und eine Begeisterung, die wir nicht begreifen können, auch unter uns erschienen ... Gott ist mit den Preußen, Gott ist mit den Deutschen, Gott ist unter uns getreten, Gott hat die großen Taten getan, wodurch die Bahn der Freiheit geöffnet ist, und nicht wir.»

Vor den Befreiungskriegen hatte Arndt einer Einigung Deutschlands durch Preußen noch nicht das Wort geredet. Seit 1814 tat er es. Ende jenes Jahres, als in Paris wieder die Bourbonen regierten, Napoleon im Exil auf Elba weilte und in Wien der Friedenskongreß begonnen hatte, gab Arndt erstmals, wenn auch noch ein wenig verschlüsselt, seiner Hoffnung auf ein Kaisertum der Hohenzollern Ausdruck. Anfang 1815 suchte er einen Anspruch Preußens auf das Rheinland mitsamt Mainz und Luxemburg als «westliche Mark» zu begründen. So wie Preußen bisher Deutschland nach Osten beschützt habe, müsse es das künftig auch nach Westen, gegen Frankreich, tun. Deutschland brauche einen «Führer und Reiniger». «Diesen großen und guten Geist, dem niemand in Deutschland die erste Stelle streitig machen kann und wird, will ich hier nennen, damit alle auf ihn merken und schauen: er heißt Preußen.» Österreich habe sich zu seinem Unglück mit fremden Völkern beladen, denen es nicht einmal gewachsen sei. «Preußen dagegen steht recht eigentlich in Deutschland festgewurzelt und eingeschlossen mit all seinen Vorteilen und Strebungen; es muß hinfort mit Deutschland stehen oder untergehen.»[30]

Wie Fichte und Jahn war auch Arndt ein scharfer Kritiker der deutschen Fürsten, besonders der mittleren und kleineren unter ihnen. Er beschwor noch 1808 die Ideale der Französischen Revolution, von der er die «dritte große Epoche des Christentums» nach Urchristentum und Reformation ausgehen sah. 1813 befürwortete er ein Zweikammersystem für den künftigen deutschen Reichstag, wobei eine Kammer «das Volk im ganzen oder die Gemeinen» vertreten sollte. 1814 bekannte sich Arndt offen zu einer Demokratie, wenn auch keiner im französischen Sinne. Zwar seien die Begriffe «Demokrat, demokratisch und Demokratie» in den letzten zwanzig Jahren «für die Herzen und Ohren aller Guten eine Art Rattenpulver» geworden, doch in ihnen selbst liege nichts Abscheuliches. «Das Volk ist ebenso heilig, als der Pöbel unheilig ist; jemand, der wünscht, daß für das Volk und durch das Volk geherrscht werde, heißt Demokrat; jemand, der wünscht, daß durch den Pöbel und mit dem Pöbel geherrscht werde, heißt Ochlokrat (von ochlos, dem griechischen Wort für Masse und

Pöbel, H. A. W.).» Die drei Stände des Adels, der Bauern und der Bürger müßten in allen Geschäften und Bedürfnissen des Landes die ratschlagende und mitregierende Macht, die Fürsten die ausführende Gewalt haben «in den Grenzen, welche durch die allgemeinen Gesetze Deutschlands bestimmt sind».[31]

Zwischen Einheit und Freiheit bestand für Arndt, Jahn und Fichte nicht nur kein Gegensatz; die Forderungen nach der Einigung Deutschlands und verbrieften Volksrechten waren aus ihrer Sicht vielmehr die zwei Seiten einer Medaille. Wenn Einheit und Freiheit so verwirklicht worden wären, wie es ihnen vorschwebte, hätte das eine revolutionäre Veränderung der bestehenden Verhältnisse in Deutschland und Europa bedeutet. Auf herkömmliche Vorstellungen von europäischem Gleichgewicht Rücksicht zu nehmen, lehnten die intellektuellen Vorkämpfer einer deutschen Einigung unter preußischer Führung ab: Fichte nannte 1808 den «Gedanken eines künstlich zu erhaltenden Gleichgewichts» ein «durchaus ausländisches Erzeugnis», das «niemals in dem Gemüte eines Deutschen hätte Wurzel fassen» sollen; Arndt sprach 1815 vom «Gleichgewicht» als dem «blutigen Puppentheater», auf dem der «deutsche Dummkopf» als «Europas Hanswurst» hin- und hergezerrt werde. Die deutschen Nationalisten des frühen 19. Jahrhundert waren innen- wie außenpolitisch radikale Veränderer; sie standen im damaligen politischen Spektrum links und den Ideen von 1789 näher, als es ihre antifranzösische Agitation vermuten ließ.[32]

Von der französischen Revolution trennte sie gleichwohl viel und Grundlegendes. Da es einen deutschen Nationalstaat noch nicht gab, konnte der frühe deutsche Nationalismus sich auch nicht an einer eigenen, subjektiv als vorbildhaft empfundenen politischen Ordnung ausrichten. Er berief sich statt dessen auf vermeintlich objektive Größen wie Volk, Sprache und Kultur, die dem politischen Wollen gleichsam vorgelagert waren. Arndt dachte gar nicht daran, die Elsässer und Lothringer zu fragen, ob sie Deutsche sein wollten; um sie Deutschland einzuverleiben, reichte es ihm, daß sie deutsch sprachen und einmal zum Reich gehört hatten. Die Schweizer wollte er durch einen Handelskrieg zwingen, sich wieder Deutschland zuzuwenden und als Deutsche zu fühlen; den Holländern und Flamen gestand er eine begrenzte Selbständigkeit zu, sofern sie bereit waren, sich eng an Deutschland anzulehnen. Zwar rechnete Arndt nicht mehr wie in seinen jungen Jahren Skandinavien dem weiteren Deutschland zu. Doch unverkennbar wirkte in seinen Schriften von 1814/15 ein aus dem Humanismus des 15. Jahrhunderts stammender Gedanke nach: die Idee einer «Germania magna», die alle germanischen Nationen umfaßte und in Deutschland ihre natürliche Führerin hatte.

Selbst der Gedanke an rassische Reinheit war Arndt nicht fremd. Er legte zwar Wert auf die Feststellung, daß er «die Juden als Juden» nicht schlechterdings hasse oder für ein von Natur aus schlechtes Volk halte. Er stelle auch nicht die bürgerliche Gleichberechtigung der in Deutschland geborenen

Juden in Frage, wenn er ihnen auch dringend nahelegte, endlich zum Christentum überzutreten. Fremde Juden aber, zumal solche aus Polen und Osteuropa, dürfe Deutschland keinesfalls aufnehmen, weil es mehr als andere Länder von einer Judensintflut bedroht sei. Die Aufnahme fremder Juden sei «Unheil und Pest unseres Volkes»; die «häufige Mischung der Völker mit fremden Stoffen» sei ein Verderben; sie zerstöre den Charakter. «Die Juden als Juden passen nicht in diese Welt und in diese Staaten hinein, und darum will ich nicht, daß sie auf eine ungebührliche Weise in Deutschland vermehrt werden. Ich will es aber auch deswegen nicht, weil sie ein durchaus fremdes Volk sind und weil ich den germanischen Stamm von fremdartigen Bestandteilen rein zu erhalten wünsche.»

Noch radikaler als Arndt äußerte sich Fichte zum traditionellen Anderssein der Juden. Das Judentum sei «ein mächtiger, feindseliger Staat, der mit allen übrigen in beständigem Krieg stehe», ein «Staat im Staat» also, schrieb der Philosoph 1793 in seinem Buch über die Französische Revolution. Unbezwingbar erschien ihm das Hindernis, das die Juden davon abhalte, zu «Gerechtigkeits-, Menschen- und Wahrheitsliebe» hindurchzudringen, nämlich ihre doppelte Moral und ihr Glaube an einen menschenverachtenden Gott. Menschenrechte müßten die Juden zwar haben, «ob sie gleich uns dieselben nicht zugestehen ... Aber ihnen Bürgerrechte zu geben, dazu sehe ich wenigstens kein Mittel als das, in einer Nacht ihnen allen die Köpfe abzuschlagen und andere aufzusetzen, in denen auch nicht eine jüdische Idee sei. Um uns vor ihnen zu schützen, dazu sehe ich wieder kein Mittel, als ihnen ihr gelobtes Land zu erobern und sie alle dahin zu schicken.»

Deutsch sein hieß, soweit es nach den frühen deutschen Nationalisten ging, deutschen Stammes sein; Deutscher sein zu wollen, genügte nicht, war aber auch nicht notwendig, um von Deutschland als Deutscher in Anspruch genommen zu werden. Der deutsche Begriff von Nation, wie er sich im frühen 19. Jahrhundert herausformte, war auf sich selbst bezogen; er war in viel höherem Maß «deterministisch» als der Nationsbegriff der Französischen Revolution. Der Menschheit, der sich die frühen deutschen Nationalisten so nahe fühlten, hatten sie keine universalen Werte wie Freiheit, Gleichheit, Brüderlichkeit anzubieten, sondern nur das Ansinnen, die Überlegenheit des deutschen Geistes anzuerkennen und sich von Deutschland erlösen zu lassen. Da die Welt keine Anstalten traf, dies zu tun, mußte Gott in die Bresche springen. Die Erfahrung der Ohnmacht erzeugte Machtträume, die nur ein Allmächtiger verwirklichen konnte.[33]

Die Selbstüberhebung der Fichte, Jahn und Arndt erinnerte an die Weltreichsträume der Stauferzeit. Damals freilich war das Heilige Römische Reich ein machtvolles Gebilde. Als die klassischen Texte des frühen deutschen Nationalismus geschrieben wurden, war das Reich nur noch eine Erinnerung. Aber es gab deutsche Denker, bei denen sich der universale Anspruch des alten Reiches verwandelt hatte in den Anspruch des deutschen Volkes, das Menschheitsvolk zu sein. Das Sacrum Imperium hatte keine Aussichten, wiederzuerstehen. Doch auch ein neues Reich bedurfte, wenn es dem Vergleich mit der Vergangenheit standhalten wollte, einer Art von Heiligung. An dieser arbeiteten die deutschen Nationalisten des frühen 19. Jahrhunderts. Sie «erfanden» keine Traditionen, sondern verwandelten vorhandene. Vor allem säkularisierten sie, was sie an religiösen Gründen zugunsten einer deutschen Sendung vorfanden. Aus der Umschmelzung entstand, was wir den deutschen Nationalismus nennen.[34]

«Modern» war dieser Nationalismus, weil er auf eine grundlegende Erneuerung der Verhältnisse abzielte und einen Bruch mit der überkommenen Ordnung erstrebte. Das revolutionäre Moment bei den frühen deutschen Nationalisten wird besonders deutlich, wenn man sie mit Vertretern der politischen Romantik wie Novalis, Friedrich Schlegel und Adam Müller vergleicht. In der Verklärung von deutschem Wesen gab es vielerlei Berührungen zwischen den beiden Richtungen. Doch die Unterschiede waren bedeutsamer. Die politischen Romantiker rühmten die Tugenden des Adels und die Vorzüge einer ständisch verfaßten Gesellschaft; sie fühlten sich dem christlichen Universalismus des Mittelalters verbunden und entwickelten eine starke Neigung zum Katholizismus, zu dem einige von ihnen, wie Müller und Schlegel, übertraten. Die frühen Nationalisten wollten die Vorrechte des Adels überwinden; sie waren Anti-Universalisten und kämpferische «Kulturprotestanten» (in einem weiteren Sinn als dem, den dieser Begriff in der Wilhelminischen Ära erhielt). Preußen als Widersacher Österreichs, ja als Anwärter auf eine neue deutsche Kaiserkrone: den politischen Romantikern mußte ein solcher Gedanke als Sakrileg erscheinen. Die frühen Nationalisten erhoben ihn zum politischen Programm.[35]

Die verantwortlichen Leiter der preußischen Politik konnten sich ein solches Programm im frühen 19. Jahrhundert noch nicht zu eigen machen, ohne ihre eigenen Herrschaftsgrundlagen zu untergraben. Die Gründerväter des deutschen Nationalismus waren zwar keine «Kleindeutschen», die das deutsche Österreich ausschließen wollten (nur bei Jahn sind da Zweifel angebracht). Aber wer wie Arndt das «ganze Deutschland» wollte, einen deutschen Staat, «soweit die deutsche Zunge klingt», ein Deutschland «von der Nordsee bis zu den Karpaten, von der Ostsee bis zu den Alpen und der Weichsel», der sprengte die Habsburgermonarchie auseinander. Eine derartige antidynastische Revolution konnten nur «Ideologen» ins Auge fassen – ein Begriff, den Napoleon benutzte, um die politisierenden Intellektuellen zu brandmarken.

Der preußische König und seine Minister aber waren keine Ideologen und keine Revolutionäre. Was der Freiherr vom Stein zwischen 1807 und 1815 über die Zukunft Deutschlands zu Papier brachte, war widersprüchlich, der politischen Romantik jedoch näher verwandt als dem deutschen Nationalismus. Österreich hinter Preußen auf den zweiten Rang zu verweisen, war nie seine Absicht; er wünschte ein gutes Einvernehmen zwischen den beiden deutschen Großmächten und eine Zurückdrängung des

Einflusses der übrigen deutschen Fürsten. «Die feste, durchgängige, nie unterbrochene Übereinstimmung und Freundschaft Österreichs und Preußens» als Schlußstein eines deutschen «Staatenvereins», einer freien und gleichen Verbindung souveräner Fürsten: Das war auch die Vision, die Wilhelm von Humboldt 1813 in seiner «Denkschrift zur deutschen Verfassung» darlegte. Hardenberg schwebte 1806 eine deutsche Föderation mit Österreich, Preußen und Bayern als Führungsmächten vor. Ein deutscher Nationalstaat war *kein* Ziel der regierenden Reformer Preußens.[36]

Über einen festen staatlichen Rückhalt verfügten die frühen deutschen Nationalisten also nicht. Ihr gesellschaftlicher Rückhalt läßt sich hingegen einigermaßen klar verorten: Fichte, Jahn und Arndt erreichten vor allem ein gebildetes, überwiegend junges, häufig noch studierendes Publikum evangelischer Konfession. Es war in Norddeutschland sehr viel zahlreicher vorhanden als im katholischen und gemischtkonfessionellen Süden und Westen, wo es starke Vorbehalte gegenüber Preußen gab und Napoleon noch ein gewisses Maß an Sympathie genoß. Evangelisch sein bedeutete aber noch längst nicht, einem deutschen Nationalismus zu huldigen. Der Patriotismus, der in den Kirchen Preußens während der Befreiungskriege gepredigt wurde, bezog sich gemeinhin auf Preußen und nicht auf Deutschland. Liebe zum preußischen, nicht zum deutschen Vaterland führte Frauen damals in Vereinen zum Wohl des Vaterlandes und in zahlreichen Vereinen für Armen-, Kranken- und Verwundetenpflege zusammen, den Keimzellen der organisierten weiblichen Wohltätigkeit in der evangelischen Kirche. «Mit Gott für König und Vaterland» zogen die preußischen Soldaten in den Krieg. König Friedrich Wilhelm III., der diese Formel selbst geprägt hatte, und die 1810 verstorbene Königin Luise verkörperten das Vaterland, daneben auch der Große Kurfürst und Friedrich der Große, aber nicht «Hermann der Cherusker» oder die weibliche Symbolfigur der «Germania», die erst in jener Zeit zum Sinnbild der Einheit des deutschen Volkes aufzusteigen begann.

So war es jedenfalls auf dem platten Lande und in kleineren Städten, wo der Einfluß des Pietismus sich am stärksten behauptet hatte. In Berlin, in anderen großen und namentlich in Universitätsstädten war mehr und anderes gefragt als ein Appell an den «religiösen Patriotismus» (der Begriff taucht erstmals im Juni 1816 in einem Erlaß des Königlichen Konsistoriums der Provinz Brandenburg über die «Kirchliche Totenfeier zum Gedächtnis der im Felde gefallenen Krieger» auf). Friedrich Schleiermacher, der Pastor an der Berliner Dreifaltigkeitskirche und Professor an der neugegründeten hauptstädtischen Universität war, verband preußischen und deutschen Patriotismus miteinander. Dieser Patriotismus war religiös gefärbt, aber keine politische Religion im Sinne Fichtes, Jahns und Arndts. Zu den frühen deutschen Nationalisten wird man Schleiermacher daher, trotz seines Bekenntnisses zur Einigung Deutschlands durch Preußen, nur bedingt rechnen dürfen.[37]

Deutschland war zwischen dem Untergang des alten Reiches und dem Wiener Kongreß keine staatlich verfaßte, aber auch keine bloß erdachte Gemeinschaft. Es bestand als Sprach-, Kultur- und Kommunikationszusammenhang, in dem die gemeinsame Erinnerung an das Heilige Römische Reich fortlebte. Auf einen deutschen Nationalstaat hoffte in den Jahren vor 1815 nur eine gedanken- und wortmächtige Minderheit gebildeter Deutscher. Die deutsche Kulturnation war ein Werk der Bildung, und es gehörte Bildung dazu, die Kulturnation gedanklich zur Staatsnation fortzuentwickeln. Das gebildete Bürgertum trug und verkörperte das, was die Deutschen verband: die Kultur; die Dynastien und der landsässige Adel standen für das, was sie trennte: die Vielstaaterei. Wenn es gelang, das «Volk» davon zu überzeugen, daß die Überwindung der Duodezfürstentümer, ja jeder Art von Partikularismus in seinem ureigensten Interesse lag, hatten die Wortführer des gebildeten Bürgertums gute Aussichten, im geeinten Deutschland einen sehr viel größeren Einfluß auszuüben als in der Gegenwart.

Der frühe deutsche Nationalismus war, so gesehen, ein Ausdruck bürgerlichen Emanzipationsstrebens. Das verband ihn mit dem französischen Nationalismus, von dem sich der deutsche Nationalismus aber gleichzeitig absetzen mußte, weil er dem Kampf gegen die napoleonische Fremdherrschaft die stärksten Antriebe, ja letztlich seine Entstehung verdankte. Die Gewinner der Kriege von 1813 bis 1815 waren indes nicht die deutschen Nationalisten, sondern die beiden deutschen Großmächte, Österreich und Preußen, die durch den Sieg ihr Ansehen steigern konnten. Wer beides zugleich erstrebte, nationale Einheit *und* bürgerliche Freiheit, hatte es daher weiterhin schwerer als die französischen Revolutionäre von 1789. Ihre selbstgestellte Aufgabe war die politische Befreiung des «dritten Standes» in einem bereits bestehenden Nationalstaat gewesen. In Deutschland hingegen mußte der nationale Staat erst noch geschaffen werden, den sich die frühen deutschen Nationalisten nur als einen freiheitlichen vorstellen konnten.

Die Herausforderung war so groß, daß es eines festen politischen Glaubens bedurfte, um am Ziel von Einheit und Freiheit festzuhalten. Auf der anderen Seite gab dieser Glaube denen Halt, die sich ihm verschrieben. Darin lag auch in Deutschland die Chance des Nationalismus: Er vermochte jenes Vakuum im Gefühlshaushalt zu schließen, das die Aufklärung erzeugt hatte, als sie den alten, kirchlich gebundenen Glauben vor den Richterstuhl der Vernunft zitierte. Die geistige Krise war in erster Linie eine Krise der Gebildeten. Aus ihren Reihen kamen, nicht nur in Deutschland, die Propheten und die ersten Anhänger des neuen Glaubens, des Nationalismus.[38]

Die Friedensordnung, die der Wiener Kongreß zuwegebrachte, wirkte nicht nur als Kampfansage an den deutschen Nationalismus; sie war auch so gemeint. Da die alten Gewalten nicht zusammengebrochen waren, vielmehr gestärkt aus dem Kampf gegen Napoleon hervorgingen, dachten sie nicht ernsthaft daran, Macht an ein Gedankengebilde namens deutsche Nation abzutreten und dieses eben dadurch ins Reich der Wirklichkeit eintreten zu lassen. Machtpolitisch war es nach dem Sieg über Napoleon wieder möglich, über Völker und Territorien im absolutistischem Stil zu verfügen, und da es möglich war, wurde es auch getan. Die Polen mußten eine vierte Teilung erdulden; das Habsburgerreich war nach dem Ende des napoleonischen Zeitalters nicht weniger Vielvölkerstaat als vor seiner Niederlage von 1809; Sachsen mußte als Strafe dafür, daß sein König noch in der kriegsentscheidenden Völkerschlacht von Leipzig Mitte Oktober 1813 Napoleon die Treue gehalten hatte, seine Nordhälfte an Preußen abtreten. Preußen erhielt ferner das bis dahin schwedische Vorpommern sowie, weit wichtiger, Westfalen und das nördliche Rheinland, wodurch der Hohenzollernstaat in den Besitz der industriell am meisten fortgeschrittenen Teile Deutschlands gelangte und «westlicher» wurde, als er es zuvor gewesen war; Bayern, das sich vor der Völkerschlacht vom Rheinbund gelöst und der Allianz gegen Napoleon angeschlossen hatte, dehnte sich weiter in Franken aus und gewann den linksrheinischen Teil der Pfalz zurück, während der rechtsrheinische Teil Baden zugeschlagen wurde; Hannover, nunmehr Königreich, kehrte zu der seit 1714 bestehenden Personalunion mit England zurück.

Eine Wiederherstellung des Heiligen Römischen Reiches stand auf dem Wiener Kongreß nicht zur Debatte: Für die deutschen Großmächte und die Mittelstaaten war es ein Gebot der Staatsräson, keine kaiserliche Autorität über sich anzuerkennen, und in der öffentlichen Meinung hatte das alte Reich so gut wie keinen Rückhalt mehr. Doch über den vielstimmigen Ruf nach einer neuen und wirksamen Form von deutscher Einheit sich einfach hinwegzusetzen, schien den Vertretern der deutschen Staaten auch nicht ratsam. Das Ergebnis der Bemühungen um ein einigendes Band der 41 deutschen Staaten, die die napoleonische Zeit überdauert hatten oder 1815 wiedererstanden waren, war der Deutsche Bund. Er war kein Bundesstaat, sondern ein Staatenbund: eine Vereinigung souveräner Staaten, die im Bundestag, einem in Frankfurt am Main tagenden ständigen Gesandtenkongreß, ihr einziges gemeinsames Organ hatten.

Mitglieder des Deutschen Bundes waren auch drei außerdeutsche Monarchen: der englische König als König von Hannover, der König der Niederlande als Großherzog von Luxemburg und der König von Dänemark als Herzog von Holstein und Lauenburg. Die beiden wichtigsten Mitglieder gehörten nur mit einem Teil ihres Gebietes, nämlich den vormaligen Reichslanden, dem Deutschen Bund an: die Präsidialmacht Österreich mitsamt Böhmen und Mähren, der gesamten Steiermark, Krain mit Triest und Welschtirol um Trient, aber ohne Ungarn, ohne die Hauptmasse der italienischen Besitzungen und ohne die österreichischen Niederlande, Preußen, der eigentliche Gewinner von 1815, ohne Ostpreußen, Westpreußen und das (1815 geschaffene) Großherzogtum Posen. Der Rückgriff auf die alten Reichsgrenzen war folgenreich: Österreich und Preußen durften, da ihr Territorium über das des Deutschen Bundes hinausreichte, mehr Militär unterhalten, als ihnen auf Grund der Bundeskriegsverfassung von 1821 zustand. Sie durften es nicht nur, sie taten es auch: Als europäische Großmächte mußten beide, Preußen ebenso wie Österreich, darauf achten, daß sie anderes und mehr waren als nur Mitglieder des Deutschen Bundes.

Nach außen war der Bund im Prinzip verteidigungsfähig, aber, um einen neueren Begriff zu verwenden, «strukturell nicht angriffsfähig». Das lag im Interesse aller europäischen Mächte, die am Wiener Kongreß teilnahmen, und zumal der fünf Großmächte, also England, Rußland, Frankreich, Österreich und Preußen. Als Signatarmächte der Schlußakte des Wiener Kongresses vom 9. Juni 1815 sanktionierten sie auch die Bundesakte, die tags zuvor endgültig fertiggestellt worden war. Ein formelles Recht der nichtdeutschen Großmächte, sich in die Politik des Deutschen Bundes oder seiner Mitgliedsstaaten einzumischen, ließ sich daraus nicht ableiten, wohl aber ein politischer Anspruch Europas auf die grundsätzliche Bewahrung des Status quo in Deutschland. Der Deutsche Bund als Unterpfand des europäischen Gleichgewichts: 1815 gab es in diesem Punkt Konsens zwischen allen Großmächten, die beiden deutschen miteingeschlossen.

Nach innen konnte der Bund, die notwendigen Mehrheiten im Bundestag vorausgesetzt, militärisch intervenieren, wenn ein Mitgliedsstaat sich bundesfeindlich verhielt oder seine Obrigkeit sich von Aufruhr oder Umsturz bedroht sah. Positiv waren die Mitglieder des Bundes nach Artikel 13 der Bundesakte gehalten, sich eine «landständische Verfassung» zu geben. Wann und auf welchem Weg sie das taten, war ihre Sache, und es stand nicht einmal fest, was der Begriff «landständische Verfassung» eigentlich bedeutete. Eine altständische Verfassung, bei der jeder Stand nur für sich selbst sprach und entschied, konnte damit ebenso gemeint sein wie eine moderne Repräsentativverfassung mit dem Anspruch auf die Vertretung des Volkes insgesamt. Von den ersten deutschen Verfassungen entsprachen die bayerische und die badische von 1818, die württembergische von 1819 und die hessen-darmstädtische von 1820 dem zweiten, die Verfassungen einiger mitteldeutscher Kleinstaaten, darunter die von Sachsen-Weimar aus dem Jahr 1816, dem ersten Typ. Der Versuch des österreichischen Staatskanzlers Metternich, die Mitgliedsstaaten auf altständische Verfassungen festzulegen, mißlang zwar. Aber durch die Wiener Schlußakte von 1820 wurden die Rechte der landständischen Vertretungen zugunsten des «monarchischen Prinzips», der Vereinigung der Staatsgewalt im Oberhaupt des Staates, eingeschränkt – eine Vorkehrung, die viel dazu beitrug, ein Fortschreiten der konstitutionellen Bewegung bis 1830 zu verhindern. Und die beiden deutschen Großmächte konnte ohnehin niemand (außer, gegebenenfalls, den eigenen Völkern) zwingen, sich in Verfassungsstaaten zu verwandeln.[39]

Wer in der Zeit der napoleonischen Kriege ein freiheitliches und vereintes Deutschland erstrebt hatte, mußte vom Ausgang des Wiener Kongresses bitter enttäuscht sein. Joseph Görres, einst ein Koblenzer «Jakobiner», später einer der leidenschaftlichsten und wirkungsvollsten publizistischen Gegner Napoleons und ein Bewunderer Preußens, bewertete im April 1815 in dem von ihm herausgegebenen «Rheinischen Merkur» die deutsche Nachkriegsordnung, wie sie sich damals abzeichnete, als eine «jämmerliche, unförmliche, mißgeborene, ungestaltete Verfassung..., vielköpfig wie ein indisches Götzenbild, ohne Kraft, ohne Einheit und Zusammenhang», «das Gespött künftiger Jahrhunderte», das «Spiel aller benachbarten Völkerschaften». Der katholische Publizist konnte sich bei diesem Verdikt auch der Zustimmung derer sicher sein, die weiter gingen als er selbst und auf einen deutschen Kaiser aus dem Hause Hohenzollern hofften. Besonders groß war die Empörung bei den Studenten, von denen viele zuvor in den Befreiungskriegen als Freiwillige gegen Napoleon gekämpft hatten. Auf das berühmteste Freikorps, das des Majors von Lützow, gehen die Farben Schwarz-Rot-Gold zurück, die die neugegründete «Jenenser Burschenschaft» im Juni 1815 auf Vorschlag des Turnvaters Jahn zu ihrem Bundessymbol erhob. Die Burschenschaften, die sich rasch über ganz Deutschland ausbreiteten, waren von Anfang national, also gesamtdeutsch, und meist auch demokratisch gesinnt: Merkmale, durch die sie sich bewußt von den regionalen Studentenverbindungen, den Landsmannschaften, abhoben.

Die erste große öffentliche Kundgebung der Burschenschaften war das Wartburgfest am 18. Oktober 1817, auf dem der 300. Wiederkehr der Reformation Martin Luthers und des vierten Jahrestages der Völkerschlacht von Leipzig gedacht werden sollte. Die offizielle Feier verlief ohne Zwischenfälle: Die patriotischen und freiheitlichen Reden fanden den Beifall der etwa 500 Teilnehmer. Für einen Eklat sorgten dann aber am Abend die anwesenden Turner. Sie verbrannten «undeutsche» Bücher, darunter den Code Napoléon, Samuel Aschers sarkastische Streitschrift «Germanomania» und die süddeutsch-partikularistische Zeitschrift «Allemania» sowie einige Symbole des verhaßten Absolutismus: einen hessischen Militärzopf, einen preußischen Ulanenschnürleib und einen österreichischen Korporalsstock. Unüberhörbar war der Juden- und Franzosenhaß der Jünger Jahns, gleichviel ob sie Turner oder «Burschen» waren: Um sich ihres «Deutschtums» zu vergewissern, bedurften sie augenscheinlich der schärfsten Abgrenzung von allem, was sie als «undeutsch» empfanden.

Die konservativen Kräfte mit Metternich an der Spitze waren alarmiert: Die Revolution schien wieder, und diesmal in Deutschland, ihr Haupt zu erheben. Zum großen Schlag holten die Regierungen knapp zwei Jahre nach dem Wartburgfest aus. Den Anlaß boten die Ermordung des russischen Staatsrats und deutschen Lustspieldichters August von Kotzebue durch Karl Ludwig Sand, einen Jenenser Theologiestudenten und Burschenschaftler, im März 1819 und ein fehlgeschlagenes Attentat auf den nassauischen Staatsrat von Ibell Anfang Juli, ebenfalls verübt von einem Burschenschaftler. In der Teplitzer Punktation vom 1. August 1819 verständigten sich Österreich und Preußen auf scharfe Maßnahmen zur Kontrolle von Universitäten, Presse und Parlamenten. Noch im August faßten die wichtigsten Bundesmitglieder die Karlsbader Beschlüsse, die im September vom Bundestag gebilligt wurden. Sie enthielten die Rechtstitel für die Entlassung mißliebiger Professoren, eine gesamtdeutsche «Demagogenverfolgung», das Verbot der Burschenschaften und die Zensur von Zeitungen, Zeitschriften und Druckschriften mit weniger als 20 Bogen. Zu den Opfern der «Demagogenverfolgung» gehörten Jahn, der von 1819 bis 1825 inhaftiert wurde, und Arndt, der 1820 seine Bonner Professur verlor und erst 1840 nach dem Thronwechsel in Preußen von Friedrich Wilhelm IV. rehabilitiert wurde. Mit Teplitz und Karlsbad begann das eigentliche System der «Restauration» in Deutschland. Der Deutsche Bund übernahm die Rolle, die sich der historischen Erinnerung eingeprägt hat: die eines Instruments zur Unterdrückung aller freiheitlichen und nationalen Bestrebungen.[40]

Für die Geschichte der deutschen Einheitsbewegung haben die Jahre 1815 bis 1819 große Bedeutung: War der deutsche Nationalismus in der Zeit zwischen dem Ende des alten Reiches und der Niederwerfung Napoleons vor allem eine Sache gebildeter Kreise gewesen, so begann er zwischen dem Wiener Kongreß und den Karlsbader Beschlüssen auf das «Volk» überzugreifen und sich öffentlich (und nicht, wie in den Jahren seit 1808, geheim) zu organisieren. Während die Burschenschaftler wie die Studenten insgesamt überwiegend dem gebildeten Bürgertum entstammten, wurden bei den Turnern auch viele Handwerker, darunter Meister ebenso wie Gesellen, aktiv. Dasselbe galt von den Männergesangvereinen, die in den zwanziger Jahren entstanden. Der nationale Gedanke hatte, als ihm der Bundestag 1819 den Kampf ansagte, zwar noch nicht die Massen hinter sich, aber er war bereits stark genug, dem System der Unterdrückung zu trotzen.

Allerdings wandelte sich der Gehalt des Begriffs «national» unter dem Eindruck der Restaurationspolitik, und zumal der preußischen, erheblich. In der Zeit der Befreiungskriege war das Ansehen Preußens so gestiegen, daß gelegentlich auch schon außerhalb des Hohenzollernstaates, namentlich im Umkreis der neugegründeten «Deutschen Gesellschaften», die Forderung laut wurde, Preußen solle das Werk der nationalen Einigung Deutschlands in die Hand nehmen. Die Art und Weise aber, wie Preußen sich nach 1815 entwickelte und darstellte, war nicht dazu angetan, Sympathien bei den liberalen Kräften in anderen deutschen Staaten hervorzurufen. Am 22. Mai 1815 hatte König Friedrich Wilhelm III. seinen Untertanen erneut ein Verfassungsversprechen gegeben, doch verwirklicht wurde es wiederum nicht. Wie in den Jahren zuvor stellten sich nicht nur rückwärtsgewandte Adelskreise dem Ruf nach einer Konstitution entgegen, sondern auch das hohe Beamtentum, das die wirtschaftliche Modernisierung Preußens ohne Rücksicht auf widerstrebende ständische und regionale Interessen vorantreiben wollte. 1819 legte sich Preußen durch die Teplitzer Punktation darauf fest, keine allgemeine Volksvertretung einzuführen, sondern lediglich einen Zentralausschuß aus Vertretern landständischer Provinzialversammlungen. 1823, im Jahr nach dem Tod des Staatskanzlers Hardenberg, erging das Gesetz über die Anordnung von Provinzialständen, in denen Adel und Großgrundbesitz ein sicheres Übergewicht über das städtische Bürgertum hatten. Auf eine gesamtstaatliche Vertretung und eine geschriebene Verfassung mußten die Preußen auch weiterhin verzichten.

Friedrich Meinecke hat das Ringen um eine preußische Nationalrepräsentation in den Jahren 1815 bis 1823 als das erste Stadium im Kampf zwischen dem «Gemeinschaftsstaat» und dem «autoritären und militaristischen Prinzip» bezeichnet, wobei der Ausgang der ersten Kraftprobe für das Bürgertum so negativ war wie der der zweiten, der Revolution von 1848/49, und der dritten, des preußischen Verfassungskonflikts der Jahre 1862 bis 1866. Seine wirtschaftliche Entwicklung und innere Vereinheitlichung hat Preußen, das seit 1815, wenn auch nicht im Sinne einer zusammenhängenden Landmasse, von Memel bis Saarbrücken reichte, durch die bürokratische Reform von oben nachhaltig gefördert: In den Jahrzehnten nach dem Wiener Kongreß rückte es zum industriell führenden Staat des Kontinents auf. Der bewußte Verzicht auf die politische Mitwirkung seiner Bürger aber ließ Preußen gleichzeitig rückständig erscheinen – zurückgeblieben hinter den süddeutschen Verfassungsstaaten Baden, Württemberg und Bayern, in denen sich dafür der wirtschaftliche Fortschritt sehr viel langsamer vollzog.

Solange der Hohenzollernstaat keine Verfassung und kein Parlament hatte, konnte er auch kein Widerpart des Habsburgerreiches sein, das als Vielvölkerstaat der geborene Gegner jeder nationalen Bewegung war. Da sich mithin beide deutschen Großmächte von anderen Zielen als dem der deutschen Einigung leiten ließen, fehlte dem nationalen Gedanken in der Restaurationszeit das klare staatliche Profil. Anders gewendet: Wer im Jahrzehnt nach Karlsbad die deutsche Einheit beschwor, dachte dabei kaum an einen Nationalstaat und schon gar nicht an einen preußisch geführten. Das Ziel der Nationalgesinnten war bescheidener: Sie wollten das Bewußtsein der Deutschen festigen, ungeachtet der Vielstaatlichkeit *einer* Nation anzugehören. Die mit dem Nationalgedanken eng verwandte Idee der Freiheit verband sich damals erst recht nicht mit Preußen, sondern am ehesten mit den süddeutschen Staaten. Zwar waren auch sie zuverlässige Stützen des Systems der Restauration, aber sie blieben «konstitutionell». Sie behielten ihre Verfassungen, die mit der Ausnahme der württembergischen von 1819 allesamt «oktroyierte», also einseitig vom Fürsten gewährte Verfassungen waren. Sie hatten miteinander gemein, daß sie ein Zweikammersystem, bestehend aus der ersten Kammer, einer Art Herrenhaus, und der zweiten Kammer, der eigentlichen Volksvertretung, schufen und sich auch sonst an das Vorbild der französischen Charte von 1814 anlehnten.[41]

In Deutschland wurde diese Musterverfassung einer konstitutionellen Monarchie jedoch anders verstanden als in Frankreich selbst. Die strikte Trennung von königlicher Gewalt und Parlament, von Exekutive und Legislative also, galt den meisten französischen Liberalen (ein Begriff, der sich, von Spanien ausgehend, nach 1812 in ganz Europa durchsetzte) als Durchgangsstadium zu einem parlamentarischen System, in dem der gesetzgebende Körper, genauer gesagt: dessen zweite Kammer, das politisch ausschlaggebende Organ war. So sah es auch Benjamin Constant, ein in Deutschland vielgelesener Klassiker des frühen politischen Liberalismus. Die deutschen Liberalen der frühen Restaurationszeit hielten dagegen gemeinhin den Dualismus von Parlament und Regierung für dauerhaft und notwendig. Wer sich in Deutschland dem Liberalismus zurechnete, meinte damit sein Eintreten für die Sicherung der Grundrechte, obenan der Presse- und der Vereinsfreiheit, und für das ausschließliche Recht des Parlaments, Steuern zu bewilligen und Gesetze zu verabschieden.

Der frühe deutsche Liberalismus war national und übernational in einem: Das Interesse an einem engen Zusammenwirken der deutschen Freiheitsfreunde schloß Solidarität mit Freiheitsbestrebungen anderer Völker nicht aus. Als sich zu Beginn der 1820er Jahre die Griechen gegen die türkische Herrschaft aufzulehnen begannen, fanden sie bei den Liberalen in West- und Mitteleuropa begeisterte und aktive Unterstützung. In Deutschland wurde die philhellenische Bewegung zum Sammelbecken der liberalen und demokratischen Opposition gegen die Restaurationspolitik – einer Opposition, die sich seit den Karlsbader Beschlüssen kaum noch parlamentarisch äußern konnte. Mehr noch: Die Griechenfreunde bauten binnen kurzer Zeit ein Kommunikationsnetz auf, das die Grenzen der Partikularstaaten übersprang und Ansätze zu einer nationalen Organisation des Liberalismus enthielt. Mochten die griechischen Hirten und Kleinbauern von damals auch nicht mehr viel mit den Helden des klassischen Hellas gemein haben, so knüpften die deutschen Philhellenen doch ganz bewußt an den Griechenlandmythos an, um die öffentliche Meinung für einen Zweck zu mobilisieren, der in erster Linie deutsch und nicht griechisch war: die Schaffung freiheitlicher Verhältnisse in ganz Deutschland.[42]

Eine Mobilisierung ganz anderer Art erlebte Deutschland im Sommer 1819: Von Würzburg ausgehend, kam es in vielen Städten, darunter Frankfurt am Main, Hamburg und Heidelberg, aber auch in einigen Dörfern zu judenfeindlichen Ausschreitungen, den sogenannten «Hep-Hep-Krawallen»: Häuser von Juden wurden überfallen und verwüstet, Juden, wo immer sie sich sehen ließen, mit dem Ruf «Hep! Hep!» verhöhnt und, wenn sie sich wehrten, tätlich angegriffen. Die Urheber kamen meist aus den Reihen des Handwerks und der Kaufmannschaft. Ihr Hauptmotiv war der

Wunsch, jüdische Konkurrenten auszuschalten. Tatsächlich hatte sich die rechtliche und wirtschaftliche Lage der deutschen Juden seit der Französischen Revolution deutlich verbessert, so daß man die Ausschreitungen von 1819 als Proteste gegen die beginnende Judenemanzipation bezeichnen kann. Im Vordergrund stand nicht mehr das christliche Vorurteil gegen die vermeintlichen «Gottesmörder», sondern das Ressentiment gegen die Juden als Nutznießer des Modernisierungsprozesses. «Rassistisch» war die Judenfeindschaft der Restaurationszeit im allgemeinen noch nicht, wohl aber bereits überwiegend weltlich; sie war, mit anderen Worten, nicht mehr religiöser Antijudaismus und noch nicht «moderner» Antisemitismus. Doch die veränderte Stoßrichtung bedeutete keine radikale Zäsur: Das überlieferte Judenbild war nicht überwunden; es wirkte weiter und verband sich mit den neuen Vorwürfen.

Den konservativen Gegnern des Liberalismus kam der Judenhaß von Handwerkern, Kaufleuten und Bauern überaus gelegen. Schon im Frühjahr 1811 hatte der märkische Gutsbesitzer Friedrich August Ludwig von der Marwitz die Gefahr beschworen, daß im Gefolge der rechtlichen Gleichstellung der Juden «unser altes ehrwürdiges Brandenburg-Preußen ein neumodischer Judenstaat» werden könne. Judenemanzipation, Gewerbefreiheit und Freizügigkeit rückten in der antiliberalen Agitation nahe zusammen, und in der Gestalt des Juden wurde gebündelt, was die vertraute Welt bedrohte.

Die Liberalen waren freilich durchaus nicht alle Befürworter einer bürgerlichen Gleichstellung der Juden. Viele von ihnen sahen in den Juden eingefleischte Widersacher des Fortschritts: eine Auffassung, die auch schon aufgeklärte Schriftsteller wie Voltaire vertreten hatten. Eine naheliegende Schlußfolgerung war, mit der Judenemanzipation zu warten, bis sich die Juden durch Umerziehung auf das kulturelle Niveau der Gegenwart erhoben hatten. Carl von Rotteck sprach für die Mehrheit der badischen Liberalen und ihre Wähler, als er 1833 im Karlsruher Landtag den Juden die staatsbürgerliche Gleichberechtigung erst dann in Aussicht stellte, «wenn sie aufhören, Juden zu sein, nach dem strengen, starren Sinn des Worts, weil die jüdische Religion eine solche ist, die nach ihrem Prinzip eine Feindseligkeit oder wenigstens Scheu gegen alle anderen Völker enthält und geltend macht, wogegen die christliche Religion den Charakter hat, daß sie eine allgemeine Verbrüderung aller Völker auf Gottes weiter Erde will».[43]

«Der Judenhaß ist einer der pontinischen Sümpfe, welche das schöne Frühlingsland unserer Freiheit verpesten», schrieb Ludwig Börne, der 1818 vom Judentum zum Christentum übergetreten war, im Jahre 1821. «Der deutsche Geist wohnt auf Alpenhöhen, aber das deutsche Gemüt keucht in feuchten Marschländern.» Daß der Gefühlszustand, der bei den Ausschreitungen von 1819 sichtbar geworden war, noch lange andauern könne, mochte der Dichter jedoch nicht glauben. «Die neue Verfolgung, welche die Juden im ungelehrigen Deutschland erduldet (haben), ist keine frisch aufgelebte; sie hat sich nur aufgerafft im letzten Kampfe des Todes. Die Flamme des Hasses loderte noch einmal hell, um auf ewig zu verlöschen.»[44]

Bei Lichte besehen sprach indessen wenig dafür, daß Deutschland rasch und radikal mit dem düstersten Teil seines mittelalterlichen Erbes brechen würde. Das Mittelalter stand dank der Romantik in ganz Europa in hohem Ansehen, aber kaum irgendwo war es noch so lebendig wie in Deutschland. Die Romantik richtete sich auch in Frankreich und England gegen die Aufklärung, aber sie war dabei längst nicht so erfolgreich wie in Deutschland. Die Romantik hatte, von Herder angeregt, überall in Europa den «Volksgeist» entdeckt, aber nirgendwo prägte sie ihn so nachhaltig wie in Deutschland. Das Fremde, von dem sich der deutsche «Volksgeist» abzuheben trachtete, hatte viele Gesichter, aber keines war so markant wie das des Juden.

Auch vom Judenhaß gilt, daß er eine gesamteuropäische Erscheinung war. Das revolutionäre Frankreich hatte als erstes Land 1792 jene staatsbürgerliche Gleichberechtigung der Juden verwirklicht, die ein deutscher Autor, Christian Wilhelm Dohm, 1781 als einer der ersten gefordert hatte. Während der Restaurationszeit gab es in Frankreich wie in Deutschland einen breitgefächerten Protest gegen den sozialen Aufstieg der Juden – einen Aufstieg, der in beiden Ländern, ungeachtet aller Widerstände, weiterging. Der wichtigste Unterschied zwischen Frankreich und Deutschland lag darin, daß westlich des Rheins ein Gegengewicht zu den Vorurteilen der Judengegner vorhanden war, das östlich des Rheins fehlte: die stolze Erinnerung an die eigene Selbstbefreiung in Gestalt einer Revolution.[45]

Die Erinnerung von 1789 wirkte nach, als sich am 27. Juli 1830 in Paris Kleinbürger und Arbeiter, geführt von Journalisten und Advokaten, erhoben, um die restaurierte Bourbonenmonarchie zu Fall zu bringen. Den unmittelbaren Anlaß bildeten Ordonnanzen König Karls X., mit denen dieser die Pressefreiheit aufhob und das Wahlrecht einschränkte. In einem drei Tage währenden Barrikadenkampf wurde das alte Regime niedergerungen. Aus der Julirevolution ging die Julimonarchie, das «Bürgerkönigtum» Louis Philippes, des bisherigen Herzogs von Orléans, hervor. Die Restaurationsperiode war in Frankreich an ihr Ende gelangt, und das hatte Auswirkungen, die weit über Frankreich hinausreichten. Abermals wurde eine französische Revolution zu einer Zäsur der europäischen Geschichte.

3.
Der überforderte Liberalismus 1830–1850

«Mit der Julirevolution betreten wir einen ganz neuen Boden»: Mit diesen Worten beginnt Lorenz von Stein den zweiten Band seiner 1850 erschienenen dreibändigen «Geschichte der sozialen Bewegung in Frankreich». Die Julirevolution ist aus der Sicht dieses Hegelianers das Ereignis, durch das die industrielle Gesellschaft zur definitiven Herrschaft gelangt; 1830 wird so «zum eigentlichen Abschluß der ersten Revolution», der von 1789, und zum «Ausgangspunkt der eigentlich sozialen Bewegung». Unter dem orléanistischen Julikönigtum bemächtigt sich Stein zufolge eine herrschende Klasse, die der Kapitalbesitzer, der Staatsgewalt und zwingt dadurch die unterworfene Klasse, das Proletariat, ihrerseits zur Gewalt zu greifen. «Die Gesellschaft spaltet sich in zwei große Lager, die Auffassung der menschlichen Verhältnisse in zwei durchaus entgegengesetzte Systeme, und die Entwicklung in zwei große Bewegungen, die sich gegenseitig ausschließen und des Augenblicks warten, wo sie im offenen Kampf auftreten können.»[1]

Als Stein zwei Jahrzehnte nach der Julirevolution die gesellschaftliche Entwicklung in Frankreich analysierte, hatte er den Vorteil, bereits auf den Sturz des Julikönigtums in einer dritten französischen Revolution, der von 1848, zurückblicken zu können. Die Zeitgenossen von 1830 wußten noch nicht, wie sich die soziale Frage weiterentwickeln würde. Doch es war absehbar, daß in dem Maß, wie die Industrialisierung den europäischen Kontinent erfaßte, die Zahl der Proletarier und die Not der arbeitenden Klasse zunehmen würden – so wie man das im Mutterland der Industriellen Revolution, in England, beobachten konnte.

Zunächst aber standen die politischen Folgen der neuen französischen Revolution im Mittelpunkt des Interesses. Die Pariser Ereignisse vom Juli 1830 spalteten Europa in einen liberalen Westen und einen konservativen Osten: Dem einen Lager gehörten England und Frankreich an, dem anderen Rußland, Österreich und Preußen, die drei Gründerstaaten der 1815, auf dem Wiener Kongreß, proklamierten «Heiligen Allianz» zur Verteidigung von Christentum und alter Ordnung. Paris hatte ein Signal gegeben, das die Herrschenden, besonders die in den absoluten Monarchien, alarmierte und die Beherrschten, soweit ihr politisches Bewußtsein schon erwacht war, ermutigte. Die erste nationale Folgerevolution fand im Frühherbst 1830 in Belgien statt, das 1815 unter niederländische Herrschaft gelangt war. Das Ergebnis war die von den europäischen Großmächten sanktionierte Entstehung eines neuen Staates, des Königreichs Belgien, das sich alsbald zum liberalen Musterland Europas entwickelte.

Ganz anders war der Ausgang der zweiten nationalen Folgerevolution, der polnischen, die im November 1830 begann: Kongreßpolen, der seit 1815 wieder mit Rußland verbundene Hauptteil des Landes, verlor nach blutigen Kämpfen, was ihm Zar Alexander I. an Selbständigkeit zugestanden hatte; die Verfassung von 1815 wurde aufgehoben; Kongreßpolen sank auf den Status einer russischen Provinz ab. Im Winter 1831/32 begann die «Große Emigration»: Zwischen viertausend und sechstausend Polen zogen quer durch Deutschland nach Frankreich. Nicht nur dort, sondern auch in anderen europäischen Ländern wurden polnische Emigranten in liberalen und demokratischen Bewegungen aktiv. Der Aufruf zur Unterstützung der polnischen Patrioten hatte in den frühen 1830er Jahren eine ähnlich mobilisierende Wirkung wie im Jahrzehnt zuvor die Begeisterung für den Unabhängigkeitskampf der Griechen.[2]

Das galt auch für Deutschland, wo die Julirevolution wie die Lösung eines Banns wirkte. Eine Welle von politischen und sozialen Unruhen erschütterte zahlreiche Städte, darunter Hamburg, Köln, Elberfeld, Aachen, München, Berlin und Wien. In zwei politisch besonders rückständigen Mittelstaaten schlug der Protest gegen die bestehenden Verhältnisse in offene Revolution um: in Braunschweig, wo der Herzog, und in Sachsen, wo der König zugunsten eines anderen Mitgliedes der Herrscherfamilie auf den Thron verzichten mußte. Unruhen gab es auch in Kurhessen und Hannover, wo die Regierungen ausgewechselt wurden. In allen vier Staaten traten Repräsentativverfassungen in Kraft (was im Fall Kurhessens den Auftakt zu einem mehrjährigen Verfassungskonflikt bildete). In Süddeutschland begann nach der Julirevolution die Ära des Kammerliberalismus. Seine Hochburg war Baden, wo die Liberalen seit dem Frühjahr 1831 die neugewählte zweite Kammer beherrschten.[3]

Freiheit und Einheit: wollte man das liberale Programm des «Vormärz», der Zeit von der französischen Julirevolution von 1830 bis zu den deutschen Märzrevolutionen von 1848, auf eine knappe Formel bringen, so wäre es *dieses* Begriffspaar. Um die Freiheit ging es den badischen Liberalen, als sie Front machten gegen das Zensursystem von Karlsbad und im Dezember 1831 der Regierung ein fortschrittliches Pressegesetz abnötigten, das dem Bundesrecht widersprach und infolgedessen einige Monate später, im Juli 1832, auf Verlangen des Bundestags vom Großherzog für unwirksam erklärt wurde. Auf die deutsche Einheit zielte ein Antrag, den der Urheber des Pressegesetzes, der Freiburger Staatsrechtslehrer Karl Theodor Welcker, zusammen mit Carl von Rotteck Herausgeber des weitverbreiteten «Staatslexikons», im Oktober 1831 im Landtag einbrachte. In dieser «Motion» forderte der liberale Abgeordnete die Regierung im Namen des deutschen Volkes und des deutschen Liberalismus auf, sich für eine parlamentarische Vertretung der Nation einzusetzen: Um das Ziel einer «organischen Entwicklung des Deutschen Bundes zur bestmöglichen Förderung deutscher Nationaleinheit und deutscher staatsbürgerlicher Freiheit» zu erreichen, sollte neben den Gesandtenkongreß des Bundestags ein gewähltes «Volkshaus» treten.

Aus dem gleichen Jahr 1831 stammt ein anderes liberales Bekenntnis zur staatlichen Einheit Deutschlands: Paul Pfizer, Jurist und seit 1831 Abgeordneter in der zweiten württembergischen Kammer, ließ in seinem «Briefwechsel zweier Deutschen» einen der beiden Korrespondenzpartner, «Friedrich», für die «geistige Einheit» der deutschen Nation und in der 1832 erschienenen zweiten Auflage des Buches für die friedliche Fortbildung des Deutschen Bundes zu einem Bundes- und Verfassungsstaat eintreten. Der andere Briefpartner, «Wilhelm», plädierte für ein preußisches Protektorat über Deutschland: Während das katholische Österreich im Verlauf der letzten drei Jahrhunderte Deutschland fremd geworden sei, könne man vom protestantischen Preußen eine freisinnigere Entwicklung seines Systems erwarten. «Wilhelm», in dem schon manche Zeitgenossen aus guten Gründen das eigentliche Sprachrohr des Autors sahen, ging noch weiter: Man müsse von den Franzosen lernen, schrieb er in der zweiten Auflage des «Briefwechsels», «daß die Nationalunabhängigkeit selbst der bürgerlichen Freiheit vorgehen muß und heiliger ist als diese».[4]

Andere südwestdeutsche Liberale waren hingegen überzeugt, daß weder der eine noch der andere Weg zum Erfolg führen könne: Nicht von einer begrenzten Reform der Bundesverfassung und nicht von einer preußischen Hegemonie erwarteten sie das Heil Deutschlands, sondern vom deutschen Volk selbst. Zu den beredtesten Anwälten dieser Haltung gehörten die beiden politischen Schriftsteller Philipp Jacob Siebenpfeiffer aus dem badischen Lahr und Johann Georg August Wirth aus dem fränkischen Hof, die im Januar 1832 im pfälzischen Zweibrücken den Deutschen Preß- und Vaterlandsverein gründeten.

Daß die Initiative aus der bayerischen Pfalz kam, war kein Zufall. Der Partikularismus war hier sehr viel schwächer ausgeprägt als sonst im deutschen Südwesten, und das lag daran, daß sich unter den Pfälzern bisher kaum gefühlsmäßige Bindungen an die hier 1815 erneut zur Herrschaft gelangte wittelsbachische Dynastie entwickelt hatten. Lebhafte Erinnerungen an die bürgerlichen Freiheiten der «Franzosenzeit» kamen hinzu. Als König Ludwig I. im Dezember 1831 den ein Jahr zuvor gewählten selbstbewußten bayerischen Landtag auflöste, war der Protest in der linksrheinischen Pfalz am lautesten. Die Gründung des Preßvereins – eines fast schon parteiähnlichen Zusammenschlusses von Gleichgesinnten, der sich rasch über die Pfalz hinaus ausdehnte – war die erste organisatorische Frucht der Empörung. Die zweite war die größte Kundgebung deutscher Freiheits- und Vaterlandsfreunde, die es je gegeben hatte: das von Siebenpfeiffer, Wirth und anderen einberufene Hambacher Fest von Ende Mai 1832.

Als die 20000 bis 30000 Teilnehmer, unter ihnen Studenten, Handwerker und Winzer, vorwiegend aus Südwestdeutschland und vor allem aus der Pfalz selbst, in der Ruine des Hambacher Schlosses zusammenkamen, hatte die bayerische Regierung den Preß- und Vaterlandsverein und der Bundestag zu Frankfurt die beiden von Siebenpfeiffer und Wirth herausgegebenen Zeitungen bereits verboten. Das «Allerdeutschenfest» selbst zu verhindern, gelang aber nicht: Unter schwarz-rot-goldenen Fahnen, die an jenem 27. Mai 1832 endgültig zum Symbol der deutschen Einheitsbewegung wurden, legten die bejubelten Redner Bekenntnisse ab zu einem freiheitlichen und demokratischen Deutschland, das es gegen die Fürsten, als einheitliche Republik, zu errichten galt.

Das neue Deutschland sollte nach Siebenpfeiffers Worten ein Land sein, in dem «das deutsche Weib, nicht mehr die dienstpflichtige Magd des herrschenden Mannes, sondern die *freie Genossin des freien Bürgers*, unseren Söhnen und Töchtern schon als stammelnden Säuglingen die Freiheit einflößt und im Samen des erziehenden Wortes den Sinn des echten Bürgertums nährt, wo die deutsche Jungfrau den Jüngling als den würdigsten erkennt, der am reinsten für das Vaterland erglüht;... wo die erhabene Germania dasteht, auf dem erzenen Piedestal der Freiheit und des Rechts, in der einen Hand die Fackel der Aufklärung, welche zivilisierend hinausleuchtet in die fernsten Winkel der Erde, in der anderen die Waage des Schiedsrichteramtes, streitenden Völkern das selbsterbetene Gesetz des Friedens spendend, jenen Völkern, von welchen wir jetzt das Gesetz der Gewalt und den Fußtritt höhnender Verachtung empfangen.»

Frankreich und Polen wurden in Hambach der Sympathie der deutschen Patrioten versichert, desgleichen alle anderen freiheitsliebenden Völker. Konkrete Beschlüsse aber faßten die Teilnehmer nicht, und es blieb bis zuletzt unklar, mit welchen Mitteln die nationalen und demokratischen Ziele erreicht werden sollten und was genau unter der von Wirth geforderten «gesetzlichen Revolution» zu verstehen war. Auf einer kleineren Versammlung am 28. Mai in Neustadt fand sich keine Mehrheit für Siebenpfeiffers Antrag, sogleich einen Ausschuß von Vertrauensmännern zu bilden und dem Bundestag als provisorische Nationalregierung gegenüberzustellen. Die Zweifel an der eigenen «Kompetenz» waren erheblich stärker als der Wille zur deutschen Revolution.

Das Nationalgefühl der Hambacher war von ganz anderer Art als jenes, dem die Preußenfreunde Fichte, Jahn und Arndt in der napoleonischen Epoche gehuldigt hatten. Von Wirth abgesehen, der Frankreich vor einem neuen Griff nach dem Rheinland warnte, die Wiedervereinigung des befreiten Deutschland mit Elsaß und Lothringen forderte und sich gegen jeden Versuch wandte, die Freiheit «auf Kosten der Integrität unseres Gebiets» zu erkaufen, ließ kein Redner des Festes vom Mai 1832 etwas von Franzosenfeindschaft erkennen. Der erstrebte deutsche Nationalstaat sollte nicht gegen Europa entstehen, sondern als Teil eines europäischen Völkerbundes; Freiheit und Einheit wurden als unlösbar miteinander verbundene Ziele verstanden, wobei sich der Freiheitsbegriff der Redner von Hambach nicht wesentlich von dem radikaler Demokraten in anderen Ländern Europas unterschied.

Die gemäßigten Liberalen Deutschlands, die auf Reformen innerhalb der bestehenden Staaten setzten, fühlten sich dagegen von den republikanischen Parolen des Hambacher Festes abgestoßen: Ansatzweise begannen sich bereits zu jener Zeit die Wege von «Demokraten» und «Liberalen» im engeren Sinn zu trennen. Und auch unabhängig von der Frage der Staatsform stießen die nationalen Forderungen des Allerdeutschenfestes im liberalen Lager auf Widerspruch. Rotteck, dem die badische Regierung wie allen Beamten die Reise nach Hambach untersagt hatte, sah die Freiheit durch das Drängen nach Einheit ernsthaft bedroht. Auf einem Fest badischer Liberaler in Badenweiler, wenige Wochen nach Hambach, stellte er seine Rangordnung der Ziele klar: «Ich will die Einheit nicht anders als mit Freiheit, und will lieber Freiheit ohne Einheit als Einheit ohne Freiheit. Ich will keine Einheit unter den Flügeln des preußischen oder des österreichischen Adlers; ich will keine unter einer etwa noch zu stärkenden Machtvollkommenheit des so wie gegenwärtig organisierten Bundestages, und will auch keine unter der Form einer allgemeinen deutschen Republik, weil der Weg, zu einer solchen zu gelangen, schauerlich, und der Erfolg oder die Frucht der Erreichung höchst ungewisser Eigenschaft erscheint... Ich will also keine in äußeren Formen scharf ausgeprägte Einheit Deutschlands. Ein Staatenbund ist, laut dem Zeugnis der Geschichte, zur Bewährung der Freiheit geeigneter als die ungeteilte Masse eines großen Reiches.»[5]

Wenn Hambach schon gemäßigte Liberale aufschreckte, so erst recht viele Regierungen. Ende Juni 1832, vier Wochen nach dem Fest, beschloß der Bundestag, einer österreichisch-preußischen Initiative folgend, eine verschärfte Auslegung der Karlsbader Beschlüsse von 1819, die sogenannten «Sechs Artikel». Als im April 1833 der «Frankfurter Wachensturm», ein putschähnliches Unternehmen von Burschenschaftlern gegen den Bundestag, fehlschlug, ließ dieser Frankfurt mit Bundestruppen belegen. Es folgten großangelegte Ermittlungen, Gerichtsverfahren und Urteile, die noch viel drakonischer ausfielen als die gegen einige der Hauptbeteiligten des Hambacher Festes. Die «allgemeine Umwälzungspartei Europas» aber, die Metternich in Frankfurt wie in Hambach am Werke wähnte, gab es in Deutschland noch nicht, es sei denn als Wunschtraum einiger Radikaler oder als Alptraum der Herrschenden.

Erst Anfang 1834, im Jahr nach dem Frankfurter Wachensturm, gründeten deutsche Emigranten, meist Akademiker und Handwerkergesellen, in der Schweiz den Geheimbund «Junges Deutschland», der sich kurz darauf dem «Jungen Europa», der um die gleiche Zeit und ebenfalls in der Schweiz ins Leben gerufenen revolutionären Internationale Giuseppe Mazzinis anschloß. Mit der 1830 gebildeten Schriftstellergruppe um Ludwig Börne,

Heinrich Heine und Karl Gutzkow teilte das «Junge Deutschland» den Namen, die radikale Kritik an der politischen Unterdrückung in Deutschland und das Bekenntnis zur deutschen Republik. Anders als die Literaten bereiteten die Geheimbündler aber die Revolution tatsächlich vor. Zwischen Schwarzwald und Odenwald entstand in den Jahren darauf ein lockeres Netz von Stützpunkten und sympathisierenden Gruppen. Doch es war nur eine winzige Minderheit, die sich derart revolutionär betätigte. Eine Umwälzung der bestehenden Verhältnisse war von ihr einstweilen nicht zu erwarten.

Von einer Umsturzgefahr konnte auch nicht die Rede sein, als sich Ende 1837 das liberale Deutschland mit den «Göttinger Sieben» solidarisierte: jenen Universitätsprofessoren, unter ihnen die Brüder Grimm und die Historiker Dahlmann und Gervinus, die der neue König Ernst August, der erste «deutsche» Welfe auf dem hannoverschen Thron nach dem Ende der Personalunion mit England, ihrer Ämter enthob und des Landes verwies, nachdem sie öffentlich erklärt hatten, sie fühlten sich durch ihren Eid weiterhin an das vom König aufgehobene Staatsgrundgesetz aus dem Jahr 1833 gebunden. Die «Göttinger Sieben» waren weit davon entfernt, Revolutionäre zu sein. Aber der Widerstand gegen den Staatsstreich Ernst Augusts machte sie zu Helden aller freiheitlichen Kräfte in Deutschland. Und mehr als das: Heinrich von Treitschke hat schon 1889 im vierten Band seiner «Deutschen Geschichte im Neunzehnten Jahrhundert» darauf hingewiesen, daß die Vertreibung der Sieben die «politische Macht des deutschen Professorentums» begründet habe: ein öffentliches Ansehen, das vielen Universitätslehrern ein Jahrzehnt später bei dem Versuch half, als Volksvertreter in das Parlament in der Frankfurter Paulskirche einzuziehen.[6]

Das System der politischen Unterdrückung, das 1834 und 1835 in den zu Wien beschlossenen, geheimgehaltenen «Sechzig Artikeln» nochmals umfassend geregelt wurde, trug den Stempel von zwei Männern: des österreichischen Staatskanzlers Metternich und des preußischen Außenministers Ancillon. Von Hessen-Darmstadt abgesehen, beteiligten sich die deutschen Verfassungsstaaten nur widerstrebend am Ausbau des Überwachungswesens. Die beiden deutschen Großmächte stimmten zwar miteinander überein, was die Niederhaltung der freiheitlichen und nationalen Kräfte anging. Aber es gab einen grundlegenden Unterschied zwischen Österreich und Preußen: Die Politik der Habsburgermonarchie war rundum beharrend, die des Hohenzollernstaates teilweise eine der entschiedenen Erneuerung. Preußen liberalisierte das Wirtschaftsleben, es förderte die Industrialisierung, und daran ist kein Zweifel möglich: Die Umgestaltung von Wirtschaft und Gesellschaft ging hier auch deswegen so zügig vonstatten, weil der aufgeklärten Bürokratie kein Parlament gegenüberstand, in dem sich die Gegner einer solchen Entwicklung bremsend oder blockierend betätigen konnten.

Der preußische Weg unterschied sich damit nicht nur vom österreichischen, sondern auf andere Weise auch von jenem der süddeutschen Verfassungsstaaten und namentlich vom Weg des liberalen Musterlandes, Baden. Den preußischen Erneuerern ging es um die Bewährung ihres Landes im Wettbewerb mit der industriell am weitesten fortgeschrittenen Nation, England. Das Leitbild der badischen Liberalen war eine Gesellschaft der kleinen Eigentümer in Stadt und Land, wie sie in Frankreich aus der Revolution von 1789 hervorgegangen war: postfeudal, aber noch vorindustriell. Dem badischen Ansatz entsprach der Vorrang der politischen Partizipation vor der gesellschaftlichen Modernisierung, dem preußischen die entgegengesetzte Rangfolge. Die badischen Liberalen nahmen Rücksicht auf die Volksstimmung, und das hieß vor allem: auf die Interessen jener breiten bürgerlichen und bäuerlichen Schichten, als deren Sprecher sie sich fühlten. Deswegen hielten sie sich mit Forderungen nach Gewerbefreiheit und Freizügigkeit zurück; deswegen, besser gesagt: *auch* deswegen, waren manche von ihnen, Rotteck etwa, Gegner einer raschen rechtlichen Gleichstellung der Juden. Die beamteten Reformer in Preußen setzten sich über derlei Bedenken und Widerstände hinweg. Für sie stand der gesellschaftliche Wandel im Vordergrund, für die südwestdeutschen Liberalen die Sicherung individueller Rechte – jedenfalls *der* Rechte, die den Rückhalt der Wähler hatten. Die Vorzüge beider Entwicklungspfade lagen ebenso auf der Hand wie ihre Nachteile.[7]

Das ehrgeizigste Modernisierungsziel, dem Preußen sich während der zwanziger und dreißiger Jahre widmete, war der Zusammenschluß Nord- und Süddeutschlands zu einem einheitlichen Zollgebiet. In der Hauptsache war dieses Ziel am 1. Januar 1834 erreicht: Der neugegründete Deutsche Zollverein umfaßte 18 Staaten mit einem Territorium von 425 000 Quadratkilometern und über 23 Millionen Menschen, davon 15 Millionen Preußen. Es war das Gros des nichtösterreichischen Deutschland, das diesem preußisch dominierten Gebilde angehörte, darunter Bayern, Württemberg, Sachsen, Hessen-Darmstadt und Thüringen. Während der ursprünglichen Vertragsdauer von acht Jahren, für die der Zollverein abgeschlossen worden war, traten weitere Staaten, neben anderen Baden, Hessen-Nassau, die Freie Stadt Frankfurt und Braunschweig, bei. Es folgten 1854 Hannover und 1868 die beiden Mecklenburg. Die beiden Hansestädte Hamburg und Bremen schlossen sich erst nach der Reichsgründung, nämlich 1888, an.

Daß die Habsburgermonarchie am Deutschen Zollverein nicht teilnahm, verstand sich mehr oder minder von selbst: Ihre Gebiete befanden sich auf höchst unterschiedlichen wirtschaftlichen Entwicklungsstufen; die Linie eines gemäßigten Freihandels, an der Preußen und der Zollverein sich orientierten, war der Regierung in Wien schon deswegen unmöglich. Preußen war mit der Gründung des Deutschen Zollvereins endgültig zur wirtschaftspolitischen Führungsmacht im außerösterreichischen Deutschland aufgestiegen, die Entscheidung für einen kleindeutschen Nationalstaat mit preußischer Spitze war damit aber noch längst nicht gefallen. Die wirtschaftlichen Interessen der industriellen Bourgeoisie, der rheinisch-westfälischen zumal, waren nun freilich enger denn je mit Preußen verknüpft. Preußen stand für Ausbau und Ausweitung des nationalen Marktes und damit für verbesserte Absatzschancen. Bei den Liberalen der preußischen Rheinprovinz gab es folglich ein starkes materielles Motiv zugunsten einer fortschreitenden Einigung Deutschlands – ein Motiv, das unter den Liberalen des noch kaum industrialisierten Süddeutschland sehr viel seltener anzutreffen war.[8]

Zwei Ereignisse haben das Jahr 1840 in die deutschen Geschichtsbücher eingehen lassen: der Thronwechsel in Preußen und die Rheinkrise. Der Regierungsantritt König Friedrich Wilhelms IV. im Juli jenes Jahres weckte in Preußen selbst und weit über Preußen hinaus große Erwartungen. Der neue König galt zwar nicht als liberal, aber doch als nationalgesinnt und sehr viel aufgeschlossener für innere Reformen als sein Vater Friedrich Wilhelm III. Daß er bald nach seiner Thronbesteigung Ernst Moritz Arndt, der auf Grund der Karlsbader Beschlüsse sein Lehramt verloren hatte, wieder zum Professor in Bonn machte, fand in liberalen Kreisen ebensoviel Beifall wie die Rehabilitierung des Turnvaters Jahn, eines anderen Opfers der Demagogenverfolgung, und die Berufung von drei der «Göttinger Sieben», nämlich Friedrich Christoph Dahlmann sowie Jacob und Wilhelm Grimm, an die Akademie der Wissenschaften in Berlin. Doch schon in den ersten Monaten seiner Herrschaft, die Huldigungsfeierlichkeiten in Königsberg und Berlin lagen noch nicht lange zurück, stellte Friedrich Wilhelm IV. klar, daß sein Begriff von Freiheit kein konstitutioneller, sondern ein altständischer war und daß er infolgedessen Forderungen nach einer Repräsentativverfassung, wie sie vor allem in Ostpreußen erhoben wurden, nicht zu erfüllen gedachte. «Ich fühle mich ganz und gar von Gottes Gnaden und werde mich so mit seiner Hilfe bis zum Ende fühlen», schrieb er am 26. Dezember 1840 an den Oberpräsidenten von Ost- und Westpreußen, den liberalen Theodor von Schön. «Glanz und List überlasse ich ohne Neid sogenannten konstitutionellen Fürsten, die durch ein Stück Papier dem Volke gegenüber eine Fiktion, ein abstrakter Begriff geworden sind. Ein väterliches Regiment ist deutscher Fürsten Art...»[9]

Die Rheinkrise, das andere große Ereignis von 1840, hatte ihren Ursprung im Nahen Osten. Frankreich hatte sich durch seine Unterstützung für Mehmet Ali, den kriegerischen, gegen die türkische Oberhoheit kämpfenden Vizekönig von Ägypten, England und Rußland zu Gegnern gemacht; beide fanden Verbündete in Österreich und Preußen. Der Londoner Vertrag vom Juli 1840, durch den sich die vier Mächte zur Erhaltung des Osmanischen Reichs verpflichteten, wurde in Frankreich als schwere nationale Demütigung empfunden, und dieses Gefühl schlug sogleich in den Ruf nach Revanche um. Wiedergutmachung sollte der östliche Nachbar in Gestalt seiner linksrheinischen Gebiete leisten: ein Ziel, das, wenn überhaupt, nur durch einen Krieg zu erreichen war.

Dem französischen Ruf nach dem Rhein antwortete in Deutschland ein nationaler Aufschrei. «Sie sollen ihn nicht haben,/ Den freien deutschen Rhein,/ Ob sie wie gier'ge Raben,/ Sich heiser danach schrei'n», dichtete der Hilfsgerichtsschreiber Nikolaus Becker aus Geilenkirchen bei Aachen in seinem in ganz Deutschland gesungenen, vom preußischen und vom bayerischen König mit Geschenken belohnten «Rheinlied», und der junge Dichter Max Schneckenburger reimte in der «Wacht am Rhein»: «Es braust ein Ruf wie Donnerhall,/ Wie Schwertgeklirr und Wogenprall:/ ‹Zum Rhein, zum Rhein, zum Deutschen Rhein!›/ Wer will des Stromes Hüter sein?». Auch das Deutschlandlied von Heinrich Hoffmann von Fallersleben, 1841 auf Helgoland entstanden, gehört noch zum Nachhall der patriotischen Erregung des Vorjahres. Zum deutsch-französischen Krieg kam es indes nicht: Der raschen Niederwerfung Mehmet Alis durch die Flotten Englands, Österreichs und der Türkei folgte ein Regierungswechsel in Paris. Anders als sein Vorgänger Adolphe Thiers setzte der neue Ministerpräsident Guillaume Guizot auf die Wiederversöhnung zwischen Frankreich und Europa.

Für das deutsche Nationalgefühl bedeutet 1840 eine tiefe Zäsur. In jenem Jahr ergriff ein gesamtdeutscher Nationalismus die Massen in einem Ausmaß, wie er es noch nie zuvor getan hatte. Die Franzosenfeindschaft der Befreiungskriege, in den Jahren nach 1815 nicht abgestorben, aber stark zurückgegangen, war plötzlich wieder da, und diesmal ohne das Nord-Süd-Gefälle der napoleonischen Zeit und mit langanhaltender Wirkung. Die Rheinkrise erzeugte in allen politischen Lagern, bei den Regierenden ebenso wie bei den Regierten, ein Gefühl äußerer Bedrohung durch Frankreich – ein Gefühl, das die Krise überdauerte und bei manchen Liberalen zu ernsthaftem Nachdenken darüber führte, ob Einheit unter Umständen nicht wichtiger sei als Freiheit. Heinrich von Gagern, Sohn eines Reichsfreiherrn, Jurist und Führer der Liberalen in Hessen-Darmstadt, hatte diese Frage schon 1832 bejaht. Anfang 1843 beobachtete er, daß inzwischen auch viele badische Liberale, belehrt durch Niederlagen in der inneren Politik, dieser Rangfolge zuneigten: «Was wir sonst nur als die Gesinnung Weniger annehmen, zeigt sich nun als die Gesinnung der Mehrheit: Einheit, positive, nicht mystische Einheit, ist das fast ungedämpfte Feldgeschrei aller Wortführer. Der Partikularismus hat gar keine Organe mehr. Das ist ein großer Fortschritt, aber immer noch ein vorbereitender.»[10]

In den dreißiger Jahren war Rottecks Votum für den Vorrang der Freiheit vor der Einheit so etwas wie die «herrschende Lehre» des südwestdeutschen Liberalismus gewesen. Rotteck starb im November 1840. Unter den gemäßigten Liberalen der vierziger Jahre gab es nicht mehr viele, die seiner Devise folgten. Die Rheinkrise entzog der Hoffnung den Boden,

Freiheit und Einheit würden sich notfalls auch gegen Österreich und Preußen, durch die gebündelte Kraft des konstitutionellen «dritten Deutschland», der «Trias», voranbringen lassen. Die deutsch-französische Konfrontation von 1840 belehrte den gemäßigten Liberalismus, daß die deutsche Frage vorrangig eine Machtfrage war, die sich nur im Zusammenwirken mit der unzweifelhaft deutschen Großmacht Preußen lösen ließ.

Der Sachse Karl Biedermann, Professor der Geschichte in Leipzig und Publizist, gab den neuen Ton an, als er 1842 die Gründung einer «nationalen Partei» anregte und ihr das Ziel setzte, um Preußen geschart «die Einheit, Macht und Unteilbarkeit der deutschen Nation dauernd zu begründen». Auch die liberale Partei müsse einsehen, daß «um eine freie Nation zu bilden, allererst eine Nation da sein müsse, und daß diese durch den bloßen Kampf um Verfassungsformen doch nimmer ins Leben gerufen werde». Der braunschweigische Liberale Karl Steinacker plädierte 1844 für die Weiterentwicklung des preußisch geführten Zollvereins zu einem deutschen Nationalstaat. Die Gefahr einer «preußischen Universalmonarchie in Deutschland» bestritt er: Wenn Preußen ehrgeizige Pläne habe, könnten diese «doch nie anders als durch die Sympathie des deutschen Volkes und mit dessen vollem Einverständnis in Erfüllung kommen». Der Württemberger Paul Pfizer entschied sich in den vierziger Jahren definitiv für die Einigung des außerösterreichischen Deutschland unter preußischer Führung. Österreich, das eine enge «föderalistisch-völkerrechtliche» Verbindung mit Deutschland eingehen sollte, empfahl er 1842, wie das lange vor ihm schon der Turnvater Jahn getan hatte, es solle seinen Einfluß im Donauraum, auch mit Hilfe deutscher Einwanderer, ausdehnen. Dem übrigen Deutschland aber suchte Pfizer die Erkenntnis nahezubringen, daß das Prinzip der Nationalität immer bedeutsamer hervortreten müsse, «je mehr wir uns der wirklichen Herrschaft des Vernunftsrechts nähern. Der Nationalstaat ist der rechtliche Normalstaat, der vernünftige Staat...»

Wie Pfizer forderte auch sein württembergischer Landsmann, der Nationalökonom Friedrich List aus Reutlingen, ein von Deutschland und Österreich beherrschtes Mitteleuropa, wobei er die Länder an der unteren Donau und am Schwarzen Meer, ja die ganze Türkei zum deutschen Hinterland erklärte. Die nationalstaatliche Einigung Deutschlands aber konnte sich auch List nur als Ausgestaltung des Deutschen Zollvereins von 1834 vorstellen. 1845 – ein Jahr, bevor er sich in Kufstein das Leben nahm – gab er seinem Bekenntnis zur Nation die klassische, ein Bibelwort auf bezeichnende Weise abwandelnde Form: «Der Zollverein soll die Deutschen ökonomisch und materiell zu einer Nation verbinden; er soll in dieser Beziehung nach außen die Nation als ein Ganzes kräftigst vertreten und durch die Wahrung seiner auswärtigen Gesamtinteressen wie durch Beschützung seiner inneren Gesamtproduktivkräfte die materielle Kraft der Nation stärken; er soll durch Verschmelzung der einzelnen Provinzialinteressen zu einem Nationalinteresse das Nationalgefühl wecken und heben; er soll nicht bloß die Gegenwart, sondern auch die Zukunft der Nation im Auge haben; die einzelnen deutschen Provinzen sollen stets des Spruchs eingedenk sein: ‹Was hülfe es dir, so du die ganze Welt gewännest und nähmest doch Schaden an deiner – Nationalität›.»

Der deutsche Nationalismus der vierziger Jahre war keineswegs nur defensiv, auf die Abwehr äußerer Gefahren ausgerichtet. Schon während der Rheinkrise war wieder der Ruf nach der Rückgewinnung von Elsaß und Lothringen laut geworden – lauter als in der Zeit der Befreiungskriege. Im Zuge der Industrialisierung wuchs im gebildeten und besitzenden Bürgertum die Neigung, ein machtvolles, ja den Kontinent dominierendes Deutschland zu fordern. Ob der künftige deutsche Nationalstaat sich durch hohe Schutzzölle gegen die Konkurrenz des industriell überlegenen England abschirmen sollte, wie List und mit ihm die meisten württembergischen und viele rheinisch-westfälische Industrielle es verlangten, oder ob den deutschen Interessen mit der preußischen Praxis maßvollen Freihandels besser gedient war: darüber gingen die Meinungen auseinander. Einigkeit bestand im gemäßigten Liberalismus darin, daß angesichts eines dichter werdenden Eisenbahnnetzes und der Entwicklung der Dampfschiffahrt die deutsche Vielstaaterei endlich überwunden werden mußte. Die nationale Einigung Deutschlands war aus liberaler Sicht ein Gebot des Fortschritts, das aber ohne die aktive Mitwirkung des wirtschaftlich führenden deutschen Staates, Preußen, nicht zu erreichen war. Um seine deutsche Aufgabe erfüllen zu können, mußte Preußen freilich erst in den Kreis der Verfassungsstaaten eintreten. Daß es unter Friedrich Wilhelm IV. keine Anstalten traf, dies zu tun, versetzte die vorwärts drängenden Liberalen zunehmend in Unruhe.[11]

Mit Bekundungen seiner nationalen und christlichen Gesinnung konnte der preußische König nicht ausgleichen, was er auf dem Feld der Verfassungspolitik unterließ. Das Kölner Dombaufest vom September 1842, das den feierlichen Auftakt zur Vollendung der mittelalterlichen Kathedrale bildete, wurde von Friedrich Wilhelm IV. als Bekenntnis zu deutscher Größe und zur Versöhnung der Konfessionen im Zeichen eines gemeinsamen kulturellen Erbes inszeniert. Köln eignete sich für eine solche Botschaft gut, hatte hier doch im letzten Jahrzehnt der Regierungszeit Friedrich Wilhelms III. ein heftiger Streit zwischen dem preußischen Staat und der katholischen Kirche um das Recht der Kindererziehung in Mischehen getobt – ein Streit, der in der Verhaftung und Festungshaft des Erzbischofs von Droste-Vischering gipfelte. Daß Friedrich Wilhelm IV., um den Streit beizulegen, der katholischen Kirche weit entgegenkam, mußte jedoch das Mißtrauen der Liberalen wecken: Die Versöhnung der Konfessionen in einem «christlichen Staat», wie er unter dem Beifall des Königs und seiner konservativen «Kamarilla» von dem Staatsrechtslehrer Friedrich Julius Stahl, einem aus Franken stammenden, zum Luthertum übergetretenen Sohn jüdischer Eltern, propagiert wurde, paßte in die Ideenwelt der politischen Romantik. Mit aufgeklärten Vorstellungen vom Verhältnis zwischen Staat und Gesellschaft war dieses Vorhaben schlechterdings unvereinbar.

Das Bild, das sich der König von Preußen und seine Berater von Deutschland machten, wich ebenfalls stark von liberalen Anschauungen ab. Für Friedrich Wilhelm IV. war Deutschland zuerst und zuletzt die Gemeinschaft seiner Fürsten mit dem österreichischen Kaiser an der Spitze. Das sahen die Romantiker ähnlich, aber nicht die Vorkämpfer der liberalen Einheitsbewegung der vierziger Jahre. Sie wollten die Macht der Fürsten und der Einzelstaaten zurückdrängen und einen modernen, bürgerlich geprägten Nationalstaat schaffen. Mit den Romantikern trafen sie sich in der Wertschätzung der deutschen Sprache, die auch nach ihrer Meinung am ehesten darüber Auskunft gab, ob ein Gebiet zu Deutschland und seine Bewohner zu den Deutschen gehörten. «Ein Volk ist der Inbegriff von Menschen, welche dieselbe Sprache reden», erklärte Jakob Grimm 1846 auf dem ersten deutschen Germanistenkongreß zu Frankfurt am Main: eine Formel, auf die sich Liberale und Konservative verständigen konnten. In Zeiten äußerer Bedrohung wie der Rheinkrise von 1840 gab es darüber hinaus auch eine politische Gemeinsamkeit zwischen Liberalen und Konservativen: die Überzeugung von der Notwendigkeit, die Gefahr abzuwehren. Wenn jedoch der Druck von außen fehlte, traten die Unterschiede wieder deutlich hervor: Die Visionen von Deutschland blieben strittig.[12]

Was für das Verhältnis zwischen Liberalen und Konservativen zutraf, galt auch innerhalb der oppositionellen Bewegung des Vormärz. Die vierziger Jahre waren die Zeit, in der sich der Gegensatz zwischen gemäßigten Liberalen und radikaleren Demokraten zuspitzte und links von den bürgerlichen Demokraten eine sozialistische Bewegung von Intellektuellen, Handwerksgesellen und Arbeitern herauszubilden begann. Die Liberalen im engeren Sinn wollten die bestehenden Zustände nicht revolutionär überwinden, sondern durch Reformen, möglichst im Einklang mit den Fürsten und den Regierungen, verändern. Die gemäßigten Liberalen dachten nicht daran, das Volk zu mobilisieren, sondern wollten sicherstellen, daß die Repräsentation des Volkes den Sprechern des gebildeten und besitzenden Bürgertums vorbehalten blieb. Dem entsprach ein sozial abgestuftes Wahlrecht, das sich am Zensus, also den Steuerleistungen, ausrichtete. Die Demokraten dagegen bekannten sich zur Volkssouveränität und, mehr oder minder offen, zur deutschen Republik; sie forderten das allgemeine, gleiche und direkte Wahlrecht für Männer und die Zulassung aller unbescholtenen Bürger zum Amt des Geschworenen.

Eine der Quellen, aus denen sich die demokratische Bewegung des späten Vormärz speiste, war religiöser Natur. Unter der Herrschaft Friedrich Wilhelms III. hatten sich nach 1815 die lutherische und die reformierte Kirche zur Altpreußischen Union zusammengeschlossen. Gegen die staatskirchliche Verhärtung des Protestantismus lehnten sich «rechts» die Altlutheraner und eine neue pietistische Erweckungsbewegung auf, die einige ihrer wichtigsten Stützpunkte auf pommerschen Gutshöfen hatte. Den Widerstand von «links» nahmen seit 1841 von der preußischen Provinz Sachsen aus, aber bald auf ganz Preußen übergreifend, die «Lichtfreunde» auf. Als Anhänger des «Theologischen Rationalismus» machten die «Lichtfreunde» (und die später, seit 1846, aus ihnen hervorgegangenen «Freien Gemeinden») Front nicht nur gegen die kirchliche Orthodoxie, sondern auch gegen die von Friedrich Wilhelm geförderte Lehre vom «christlichen Staat». Daraus ergaben sich Berührungen mit der intellektuellen Opposition um die «Hallischen Jahrbücher», einer 1838 von dem Junghegelianer Arnold Ruge gegründeten Zeitschrift, deren bevorzugtes Betätigungsfeld die Kirchen- und Religionskritik war.

Ein katholisches Pendant zu den protestantischen «Lichtfreunden» war der Deutschkatholizismus: eine breite, vorwiegend kleinbürgerliche Bewegung, die ihre Kraft zunächst ganz aus dem Protest gegen die Ausstellung des «Heiligen Rocks» zu Trier im Jahre 1844 schöpfte. Die kirchlich organisierte Massenwallfahrt, von den Kritikern als Rückfall in einen mittelalterlichen Reliquienkult angeprangert, war ihrerseits ein bewußter Versuch, Liberalismus, Demokratie und Sozialismus das Wasser abzugraben. Der Erfolg der kirchlichen Offensive war beträchtlich: An den Wallfahrten nach Trier beteiligten sich rund 500000 Menschen. Aber den Charakter einer halb religiösen, halb politischen Massenbewegung nahm mancherorts, in Schlesien und im überwiegend evangelischen Sachsen etwa, auch der oppositionelle Deutschkatholizismus an, der sich als Vorhut einer einheitlichen, von Rom unabhängigen deutschen Nationalkirche verstand. Und ebenso wie die «Lichtfreunde», die ihre Anhänger gleichfalls vor allem im Kleinbürgertum hatten, bezogen die Deutschkatholiken ihren politischen Standort meist auf dem linken Flügel des Liberalismus, bei den Demokraten.[13]

«In Preußen zeigten sich also die Anfänge einer Parteibildung zuerst auf kirchlichem und philosophischem Gebiet und schlugen erst in die Politik hinüber, als eine günstige Konjunktur diese in den Verhältnissen längst vorbereitete Ausdehnung gestattete. So ist bei uns das Parteiwesen allmählich vom Himmel auf die Erde heruntergestiegen»: Diese Feststellung, die der Historiker Gustav Mayer 1913 in seinem klassischen Aufsatz über die «Anfänge des politischen Radikalismus im vormärzlichen Preußen» traf, ist durch die neuere Forschung bestätigt worden.

Die Politisierung begann nicht zufällig im äußersten Osten und Westen des Hohenzollernstaates. In Ostpreußen wirkte der Einfluß Kants und des Königsberger Nationalökonomen Christian Jakob Kraus, eines der frühen deutschen Anhänger des Wirtschaftsliberalismus von Adam Smith, nach, und zur geistigen Prägung kam das materielle Interesse an einer liberalen und nationalen Politik Preußens: Großgrundbesitzern und Kaufleuten mußte daran gelegen sein, daß ostpreußisches Getreide in ganz Deutschland abgesetzt und in andere europäische Länder ausgeführt wurde. Auch aus diesem Grunde war der Widerhall groß, wenn Ostpreußen auf eine Verfassung und eine Nationalrepräsentation für Preußen drängten. 1840, unmittelbar nach der Thronbesteigung Friedrich Wilhelms IV., hatte das Theodor von Schön getan, der 1842 von seinem Amt als Oberpräsident zurücktreten mußte. 1841 tat es der jüdische Arzt Johann Jacoby aus Königsberg in seiner anonymen Streitschrift «Vier Fragen, beantwortet von einem Ostpreußen», die der Bundestag alsbald auf preußischen Antrag verbot. Doch die Wirkung der Broschüre wurde dadurch wie durch den Freispruch Jacobys von der Anklage wegen versuchten Hochverrats und Majestätsbeleidigung eher noch gesteigert. Der Ruf nach der Einlösung des königlichen Verfassungsversprechens von 1815 ließ sich nicht mehr unterdrücken.

Im Westen der Monarchie, der Rheinprovinz, gab es, was sonst in Deutschland noch selten war: ein modernes Wirtschaftsbürgertum, eine industrielle Bourgeoisie. Sie war der geborene Träger eines Liberalismus, der sich deutlich sowohl vom ostpreußischen wie vom südwestdeutschen Liberalismus abhob. Hermann von Beckerath, Ludolf Camphausen, David Hansemann, Friedrich Harkort und Gustav Mevissen: die führenden rheinischen Liberalen waren Bankiers, Kaufleute oder Industrielle; sie wurden zu unterschiedlichen Zeitpunkten Mitglieder des rheinischen oder westfälischen Provinziallandtags. An einem preußischen Parlament, einer preußischen Verfassung und einer preußischen Initiative zur Einigung Deutschlands waren sie schon aus wirtschaftlichen Gründen stark interessiert: Die Liberalisierung des industriell am weitesten entwickelten deutschen Staates und die Einigung Deutschlands waren zwei Seiten ein und derselben fortschrittlichen Medaille. Preußen mußte ein Verfassungsstaat werden, damit sein König an die Spitze eines vereinten Deutschland treten konnte, und Deutschland mußte schon deshalb ein Nationalstaat werden, weil dieser die Belange der deutschen Wirtschaft weltweit viel wirksamer unterstützen konnte als jeder Partikularstaat, Preußen eingeschlossen.

Der rheinische Liberalismus war «bürgerlicher» als der ostpreußische und weniger «bildungsbürgerlich» und damit weniger «idealistisch» als der südwestdeutsche Liberalismus. Mit dem aristokratisch geprägten ostpreußischen Liberalismus verband den bourgeoisen rheinischen Liberalismus die Staatsnähe: Gegen den König war nach Meinung seiner führenden Männer weder die Parlamentarisierung Preußens noch die Einigung Deutschlands durchzusetzen. Dabei blieben sie auch dann noch, als Friedrich Wilhelm IV. im Oktober 1842 eine Vertreterversammlung der acht Provinziallandtage als «Vereinigte Ausschüsse» nach Berlin berief, diesen aber lediglich eine beratende Funktion zugestand und damit weit hinter dem zurückblieb, was die Liberalen aller Schattierungen gefordert hatten.

Was für den gemäßigten Teil des preußischen Liberalismus galt, traf allerdings nicht für die weiter links stehenden Kräfte zu. Soweit sie überhaupt

Hoffnungen in den Thronwechsel gesetzt hatten, wurden sie durch das, was der neue König tat und unterließ, rasch eines Besseren belehrt. Arnold Ruge, der Herausgeber der junghegelianischen «Hallischen Jahrbücher», der 1838 noch das «protestantische» oder das «Reformationsprinzip» zum «Prinzip Preußens» erklärt hatte, das eine Revolution überflüssig, ja unmöglich mache, sah sich bereits 1841 genötigt, vor der preußischen Zensur ins benachbarte Sachsen auszuweichen, wo er seine Zeitschrift unter dem Titel «Deutsche Jahrbücher» fortführte. Als dort Anfang 1843 Ruges Aufsatz «Selbstkritik des Liberalismus» erschien, in der der Autor die «Auflösung des Liberalismus in Demokratismus» forderte, verbot die sächsische Regierung die «Deutschen Jahrbücher». Ruge verließ Deutschland und begab sich nach Paris, dem Zufluchtsort so vieler deutscher Demokraten und Radikalen.[14]

Denselben Schritt tat im gleichen Jahr und aus einem ähnlichen Grund ein anderer, noch radikalerer Junghegelianer: Karl Marx aus Trier, Sohn eines vom Judentum zum Protestantismus übergetretenen Rechtsanwalts, selbst Doktor der Philosophie und 1842/43 zeitweilig Redakteur der von Gustav Mevissen gegründeten radikalliberalen «Rheinischen Zeitung», die im Frühjahr 1843 von der preußischen Regierung verboten wurde. Im November 1843 siedelte Marx nach Paris über, wo er zusammen mit Ruge, mit dem er sich wenig später überwarf, die «Deutsch-Französischen Jahrbücher» herausgab. In dem einzigen Doppelheft dieser Zeitschrift, das je erschienen ist, vollzog Marx im Februar 1844 öffentlich seinen Bruch mit der Philosophie Hegels. Der Aufsatz «Kritik der Hegelschen Rechtsphilosophie. Einleitung» war jedoch sehr viel mehr als eine Abrechnung mit dem Vollender des deutschen Idealismus. Marx kündigte in diesem Text die radikalste aller Revolutionen an: die proletarische Revolution, die nur eine deutsche Revolution sein konnte.

Ausgangspunkt der kühnen Prophezeiung war die These vom «Anachronismus» der deutschen Verhältnisse, die Marx Anlaß zu einem Vergleich mit der Situation Frankreichs am Vorabend der Revolution von 1789 gab. «Wenn ich die deutschen Zustände von 1843 verneine, stehe ich, nach französischer Zeitrechnung, kaum im Jahre 1789, noch weniger im Brennpunkt der Gegenwart.» Die deutsche Rückständigkeit war nach Marxens Überzeugung so radikal, daß sie nur durch eine radikale Revolution überwunden werden konnte – eine Revolution, die so gründlich sein mußte, daß die Emanzipation des Deutschen mit der Emanzipation des Menschen zusammenfiel. «Der *Kopf* dieser Emanzipation ist die *Philosophie*, ihr *Herz* das *Proletariat*.» Die Rolle der Philosophie war durch die deutsche Geschichte vorgegeben. «Deutschlands *revolutionäre* Vergangenheit ist nämlich theoretisch, es ist die *Reformation*. Wie damals der *Mönch*, so ist es jetzt der *Philosoph*, in dessen Hirn die Revolution beginnt.» Der Philosoph, der Luthers Platz einnehmen und zugleich Luther überwinden sollte, hatte einen Namen: Karl Marx.

Was Marx um die Jahreswende 1843/44 in Paris zu Papier brachte, wirkt wie eine moderne Abwandlung der mittelalterlichen Lehre von der «translatio imperii» – ihre Umgestaltung zur «translatio revolutionis». So wie der christlichen Lesart zufolge das römische Kaisertum im Jahre 800 von den Griechen auf die Franken oder Deutschen, also in ost-westlicher Richtung, übertragen worden war, so wanderte jetzt die Revolution von West nach Ost, von den Franzosen zu den Deutschen, wobei sich freilich der Charakter der Revolution änderte. Die Franzosen hatten 1789 die klassische bürgerliche Revolution hervorgebracht. Wenn der «gallische Hahn» erneut schmetterte, mußte er, da sich die Gesellschaft inzwischen weiterentwickelt hatte, eine andere Revolution ankündigen: die proletarische. Sie würde in Frankreich ihren Ausgang nehmen; für die Entscheidungsschlacht aber kam nur ein Land in Frage: Deutschland. Hier konnte, weil die Verhältnisse so rückständig waren, die bürgerliche Revolution «nur das unmittelbare Vorspiel einer proletarischen Revolution sein». So formulierten es Marx und sein Freund Friedrich Engels zwar erst um die Jahreswende 1847/48 im «Manifest der Kommunistischen Partei», aber sie wiederholten damit nur die Pointe der Einleitung zur Kritik der Hegelschen Rechtsphilosophie.

Der Rückschluß von der «bürgerlichen» auf die «proletarische» Revolution, der Eckstein der Marxschen Revolutionstheorie, war gewagt. 1789 war in Frankreich eine funktionslos gewordene herrschende Klasse, der Feudaladel, von einer aufsteigenden Klasse, der Bourgeoisie, entmachtet worden, die mit einem zumindest relativen Recht für sich beanspruchen konnte, in dieser Auseinandersetzung die Gesamtheit der nichtprivilegierten Gesellschaft zu vertreten und in jeder Hinsicht herrschaftsfähig zu sein. Ob das Proletariat der Bourgeoisie gegenüber je in eine ähnliche Situation kommen würde, war fraglich. Doch Marx hielt diese Entwicklung für historisch zwingend. Gewagt war auch der Rückschluß von der deutschen Reformation auf die kommende Revolution des deutschen Proletariats. Seit Fichte hatte kein deutscher Autor sich so sehr mit Luther identifiziert wie Marx. Die Führungsrolle, die er für sich in Anspruch nahm, forderte er im Namen, wenn auch nicht im Auftrag der revolutionären Intelligenz. Wie die frühen deutschen Nationalisten wollten auch die frühen deutschen Sozialisten, soweit sie im Sinne von Marx über das «richtige Bewußtsein» verfügten, von der Gesellschaft als Avantgarde anerkannt werden. Der kühnste Rückschluß aber war der dritte: der Rückschluß von Deutschland auf den Rest der Welt. Was Fichte vorausgedacht hatte, dachte Marx konsequent zu Ende. Die Deutschen als das Volk, das durch seine Revolution die Menschheit erlösen würde: man mußte sich dem Weltgeist sehr nahe fühlen, um der Welt dieses Schicksal anzusinnen.[15]

Das industrielle Proletariat, auf das Marx so große Hoffnungen setzte, war im vormärzlichen Deutschland noch viel zu schwach, um revolutionäres Subjekt sein zu können. Das soziale Elend der frühen Fabrikarbeiterschaft förderte eher die passive Hinnahme der bestehenden Zustände als aktive Gegenwehr. Von der Minderheit der Arbeiter und Handwerksgesellen, die die Kraft zum Protest fanden, waren viele im Ausland, zumal in Frankreich, England und in der Schweiz, mit frühsozialistischen Ideen in Berührung gekommen. Ein Teil von ihnen fühlte sich zum utopisch-religiösen Kommunismus des Schneidergesellen Wilhelm Weitling hingezogen, ein anderer Teil später, 1848, zur sozialreformerischen «Arbeiterverbrüderung» des Buchdruckergesellen Stephan Born, der als einer der ersten den Begriff «Social-Demokratie» benutzte. Der 1847 unter aktiver Mitwirkung von Marx und Engels in London gegründete «Bund der Kommunisten» hatte dagegen nur geringen Zulauf und sollte auch in der Revolution von 1848/49 keine erhebliche Rolle spielen.

Die «soziale Frage» des Vormärz war nicht nur eine solche des frühindustriellen Proletariats, sondern zugleich eine der ländlichen Unterschichten, die in der Landwirtschaft nicht mehr und in den Fabriken noch nicht beschäftigt werden konnten. Der schlesische Weberaufstand von 1844 warf ein grelles Licht auf den Niedergang des «protoindustriellen» Heimgewerbes. In den Jahren 1845 bis 1847 kreuzten sich eine agrarische und eine industrielle, eine «alte» und eine «neue» Krise. Eine Kartoffelkrankheit und Mißernten führten 1845 und 1846 zu einer allgemeinen Teuerung der wichtigsten Nahrungsmittel. Die Not entlud sich in fast ganz Europa in blutigen Hungerkrawallen. Gleichzeitig erschütterte, von England ausgehend, eine zyklische Überproduktionskrise große Teile des Kontinents: Bankenzusammenbrüche und die Schließung von Fabriken waren die Folge. Für die Arbeiter waren die Jahre 1846/47 eine Zeit extrem niedriger Löhne und hoher Preise, ein Höhepunkt des frühindustriellen Pauperismus mithin. Die Industrialisierung war mittlerweile in eine neue Phase getreten: Um 1845 begann die «Industrielle Revolution», der «Große Spurt», der industrielle «take-off», und es gab keinen Zweifel, daß der Eisenbahnbau am meisten dazu beitrug, das Tempo der Industrialisierung zu beschleunigen: Die Lokomotive der wirtschaftlichen Entwicklung war die Lokomotive.[16]

Um den Eisenbahnbau ging es auch, als König Friedrich Wilhelm IV. im Februar 1847 den «Vereinigten Landtag» nach Berlin berief. Die Versammlung bestand aus einer Herrenkurie und drei weiteren Kurien, nämlich der Rittergutsbesitzer, der sonstigen ländlichen Grundbesitzer und besonders qualifizierter städtischer Grundbesitzer, jeweils gebildet aus Delegierten der entsprechenden Kurien der Provinziallandtage. Der Vereinigte Landtag sollte das Recht der Steuerbewilligung und der Genehmigung von Staatsanleihen haben, nicht jedoch das Recht der «Periodizität». Aus eigenem Antrieb durfte die Versammlung nicht zusammentreten. Ob und wann der Vereinigte Landtag wieder zusammentrat, darüber wollte allein der König entscheiden. Und schon in der Thronrede, mit der er den Landtag am 11. April 1847 eröffnete, machte Friedrich Wilhelm klar, daß er eine Verfassung für Preußen nach wie vor kategorisch ablehnte. Nie und nimmer, sagte er, würde er zugeben, «daß sich zwischen unseren Herr Gott im Himmel und dieses Land ein beschriebenes Blatt gleichsam als eine zweite Vorsehung eindränge».

Mit einer solchen Kümmerform des Parlamentarismus, wie der König sie im Sinn hatte, wollte sich der Vereinigte Landtag nicht abfinden. Da beide Seiten auf ihren Standpunkten beharrten, scheiterte das Vorhaben, um dessentwillen Friedrich Wilhelm das Pseudoparlament einberufen hatte: Der Vereinigte Landtag weigerte sich, eine Anleihe von 25 Millionen Talern für den Bau der geplanten Ostbahn nach Königsberg zu garantieren. Das wirtschaftliche Interesse von westlicher Industrie und ostpreußischer Landwirtschaft an dieser Verkehrsverbindung war groß. Noch größer aber war ihr politisches Interesse an der Konstitutionalisierung und Parlamentarisierung Preußens. Das Nein zum Vorhaben der Regierung markierte das Ende der Erneuerung Preußens von «oben», getragen von einem aufgeklärten Beamtentum. Wenn der Hohenzollernstaat seine Modernisierung fortsetzen wollte, kam er nicht umhin, der Gesellschaft ein beträchtliches Maß an politischer Mitbestimmung zuzugestehen.

Die gemäßigten Liberalen wollten vor dem König nicht kapitulieren, aber sie dachten zu keiner Zeit daran, die Machtfrage nunmehr mit revolutionären Mitteln zu lösen. Auch nach der Erfahrung mit dem Vereinigten Landtag galt, was der aus Düsseldorf stammende, damals in Marburg lehrende Historiker Heinrich von Sybel in seiner Anfang 1847 verfaßten Schrift «Die politischen Parteien der Rheinprovinz in ihrem Verhältnis zur preußischen Verfassung» zum Credo des Liberalismus erhoben hatte: «Die Revolution ist es, die auf allen Seiten den ungebändigten Trieb auf Herrschaft erweckt, der ebensowohl das Grab der konstitutionellen Verfassung wie jeder wahren Freiheit genannt werden kann.» Wenn sich die sozialistischen und kommunistischen Tendenzen, namentlich in der Jugend und bei den arbeitenden Klassen, weiter so ausbreiteten wie im letzten Jahrzehnt, würden sie Regierung und Bourgeoisie schlechthin jeden Einfluß auf den vierten Stand, also das Proletariat, abschneiden. «Hiergegen gibt es nur ein Mittel, feste Anknüpfung des Bürgerstandes an die Staatsgewalt durch politische Berechtigung. Dadurch, und nur dadurch allein, kann er (der Bürgerstand, H. A. W.) wieder bis zu seinen letzten Teilen herab in den natürlichen Gegensatz gegen jene Tendenzen gerückt, dadurch allein eine geistige Kraft erschaffen werden, welche die öffentliche Meinung in einer gesunden Betrachtung der gesellschaftlichen Zustände festzuhalten vermag.»[17]

Mit Preußen hatte Österreich, die andere deutsche Großmacht, den Zustand der Verfassungslosigkeit, aber sonst nicht mehr viel gemein. Zwar gab es auch in der Habsburgermonarchie während des Vormärz einige Reformen, im Justizwesen etwa, aber insgesamt war in Österreich die Bürokratie sehr viel weniger leistungsfähig, die Zensur umfassender und das Spitzelwesen weiter verbreitet als in Preußen, und die Industrialisierung des Kaiserreichs hatte kaum erst begonnen. Vom Ziel der Sanierung der Staatsfinanzen entfernte sich der Staat Metternichs in den vierziger Jahren zusehends, und mit der Verschuldung wuchs seine Abhängigkeit von den Banken, dem jüdischen Bankhaus Rothschild obenan. Forderungen nach einer liberalen Gesamtstaatsverfassung fanden ein zustimmendes Echo im liberalen Wiener Bürgertum, aber nicht beim Adressaten, der Krone und der Regierung. Die deutschen Österreicher, in welchem politischen Lager sie auch stehen mochten, fühlten sich weiterhin kulturell als Teil der deutschen Nation; doch gleichzeitig betrachteten sie sich als das führende Volk des habsburgischen Vielvölkerreiches.

Die nichtdeutschen Nationalitäten sahen das naturgemäß anders, aber wo sich Widerstand gegen die Fremdherrschaft regte wie 1846 beim polnischen Aufstand in Galizien, schlug Wien hart zurück: Krakau verlor seine 1815 vereinbarte Unabhängigkeit und wurde mit Zustimmung der beiden anderen Teilungsmächte, Rußland und Preußen, und gegen den Protest Englands und Frankreichs sowie des gesamten europäischen Liberalismus Österreich einverleibt. Im weitgehend selbständigen Ungarn, dessen König der Kaiser von Österreich war, wandte sich der magyarische Nationalismus gegen die Mehrheit der nichtmagyarischen Nationalitäten, darunter Kroaten, Rumänen, Slowaken, aber auch Deutsche. In Böhmen begann sich ein bürgerlicher tschechischer Nationalismus herauszubilden, und im vielfach geteilten Italien, wo sich schon in den zwanziger Jahren und dann erneut nach der Pariser Julirevolution von 1830 die Unzufriedenheit mit den bestehenden Verhältnissen in regionalen Revolutionen entladen hatte, wetteiferte Mazzinis Geheimbund «Giovane Italia» mit anderen, gemäßigteren Kräften um die führende Rolle bei der Vorbereitung des Kampfes um die nationale Unabhängigkeit.

Metternichs Antwort auf die nationalen Bestrebungen der nichtmagyarischen Nationalitäten war dieselbe wie auf die liberalen Forderungen der Deutschen: Sie hieß Unterdrückung. Zu den Folgen des «Systems Metternich» gehörte die geistige Entfremdung zwischen Österreich und dem übrigen Deutschland: die wenn nicht gewollte, dann doch in Kauf genommene Konsequenz der politischen Abschottung des Habsburgerreiches gegenüber allem, was sich in den anderen Staaten des Deutschen Bundes an oppositionellen Regungen bemerkbar machte. Dem geistigen Auseinanderdriften entsprach Desinteresse an der Ausgestaltung der Verkehrswege: Eisenbahnverbindungen zwischen Österreich und dem übrigen Bundesgebiet standen nicht auf der Dringlichkeitsliste der Wiener Regierung, und erst 1849 wurde nach jahrelangen Verhandlungen die erste Strecke eröffnet, die Österreich mit Preußen verband. Nur Phantasten konnten am Ende des Vormärz noch glauben, Österreich werde sich, vor die Alternative Erhaltung des Gesamtstaates oder Einigung Deutschlands gestellt, für die zweite Option entscheiden.[18]

In den süddeutschen Verfassungsstaaten nahm am Vorabend der Revolution von 1848 die Trennung der Demokraten von den gemäßigten Liberalen immer deutlicher auch organisatorische Formen an. Den Anfang machten die badischen Demokraten. Am 12. September 1847 trafen sich, aufgerufen von den Mannheimer Rechtsanwälten Gustav von Struve und Friedrich Hecker, in Offenburg die «Ganzen», die sich von den gemäßigten liberalen «Halben» abzuheben gedachten. Zu den Forderungen des Offenburger Programms gehörten die klassischen liberalen Grundrechte mit der Pressefreiheit an der Spitze, die Wahl eines deutschen Parlaments auf der Grundlage des gleichen Wahlrechts, eine volkstümliche Wehrverfassung in Gestalt einer Volksmiliz, eine progressive Einkommensteuer und der «Ausgleich des Mißverhältnisses zwischen Kapital und Arbeit». Von der Republik war in dem Programm nicht die Rede. Doch das war eher ein Ausdruck taktischer Vorsicht als eines Verzichts auf dieses Ziel.

Die Antwort der «Halben» erfolgte am 10. Oktober 1847 – ironischerweise im «Gasthaus zum halben Mond» in Heppenheim. Dort versammelten sich Vertreter der gemäßigten Kammeropposition aus Baden, Württemberg, Hessen-Darmstadt und Kurhessen. Einige der bekanntesten Teilnehmer waren Heinrich von Gagern aus Hessen-Darmstadt, der Württemberger Friedrich Römer, die Badener Carl Theodor Welcker, Friedrich Bassermann und Karl Mathy; als Gast aus der preußischen Rheinprovinz war David Hansemann zugegen. Es war der Kreis, der seit 1846 in der «Deutschen Zeitung», einem in Heidelberg erscheinenden Blatt, ein gemeinsames Organ hatte. Statt eines Programms verfaßten die «Heppenheimer» ein Protokoll. Es befürwortete den Ausbau des Deutschen Zollvereins, dem eine Vertretungskörperschaft zugeordnet werden sollte. Österreich konnte nicht als Ganzes, aber doch mit dem Teil seines Gebietes, der zum Deutschen Bund gehörte, dem Zollverein beitreten und damit an der deutschen Nationaleinheit teilnehmen. Es folgten freiheitliche und rechtsstaatliche Forderungen, die zu einem erheblichen Teil denen der «Offenburger» entsprachen, und ein Bekenntnis zur «gerechten Verteilung der öffentlichen Lasten zur Erleichterung des kleineren Mittelstandes und der Arbeiter».

Die Regierungen des Deutschen Bundes waren durch die Meldungen von beiden Zusammenkünften alarmiert, wobei die badische am wenigsten zur Aufregung neigte. In Wien und Berlin war die Furcht vor einer neuen Revolutionswelle besonders groß, und sie wuchs noch, als Ende November 1847 die regierenden «Radikalen» in der Schweiz den «Sonderbundskrieg» gegen die sieben abtrünnigen katholischen Kantone zu ihren Gunsten entschieden. In den ersten beiden Monaten des Jahres 1848 mehrten sich die Anzeichen kommender Erschütterungen: In Stuttgart wurden auf einer großen Bürgerversammlung das allgemeine Wahlrecht, eine allgemeine Volksbewaffnung und ein deutsches Zollparlament gefordert; in München kam es um dieselbe Zeit zu regierungsfeindlichen Tumulten.

Unruhe erfaßte Anfang 1848 auch den äußersten Norden Deutschlands. Am 20. Januar 1848 starb der dänische König Christian VIII. Im Juli 1846 hatte er in einem Offenen Brief unter Berufung auf das dänische Erbfolgerecht eine künftige Einverleibung von Schleswig in das Königreich Dänemark, also die Trennung von Schleswig und Holstein, ins Auge gefaßt und damit eine nationale Protestbewegung in ganz Deutschland ausgelöst, an der sich Liberale und Demokraten mit gleicher Leidenschaft beteiligten. Christians Nachfolger, Friedrich VII., berief sogleich eine Kommission, die den bereits vorliegenden Entwurf einer Gesamtstaatsverfassung beraten sollte. Die nationalistische Partei der «Eiderdänen» verlangte daraufhin, Schleswig offiziell zu einem Teil Dänemarks zu erklären, das Staatsgebiet mithin nach Süden, bis zur Eider, auszudehnen. Der Widerspruch zu altem historischem Recht war offenkundig: Der Vertrag von Ripen aus dem Jahr 1460 sah vor, daß beide Herzogtümer für immer zusammen und ungeteilt bleiben sollten. Der energische Widerspruch beider Herzogtümer gegen den Rechtsbruch ließ nicht auf sich warten, konnte aber nicht verhindern, daß am 21. März die neue, von den «Eiderdänen» beherrschte Regierung in Kopenhagen die Einverleibung Schleswigs in das dänische Königreich verfügte. Krieg lag in der Luft – und das zu einem Zeitpunkt, da Deutschland gerade eben die Schwelle zur offenen Revolution überschritten hatte.

Zwei Monate zuvor, am 23. Januar 1848, hatte Friedrich Engels in der «Deutschen Brüsseler Zeitung» die «Bewegungen von 1847» nochmals Revue passieren lassen und war zu einer für das europäische Proletariat äußerst günstigen Lagebeurteilung gelangt: «Kämpft also nur mutig fort, ihr gnädigen Herrn vom Kapital! Wir haben euch vorderhand nötig, wir haben sogar hie und da eure Herrschaft nötig. Ihr müßt uns die Reste des Mittelalters und die absolute Monarchie aus dem Wege schaffen, ihr müßt den Patriarchalismus vernichten, ihr müßt zentralisieren, ihr müßt alle mehr oder weniger besitzlosen Klassen in wirkliche Proletarier, in Rekruten für uns, verwandeln, ihr müßt uns durch eure Fabriken und Handelsverbindungen die Grundlage der materiellen Mittel liefern, deren das Proletariat zu seiner Befreiung bedarf. Zum Lohn dafür sollt ihr eine kurze Zeit herrschen. Ihr sollt Gesetze diktieren, ihr sollt euch sonnen im Glanz der von euch geschaffenen Majestät, ihr sollt bankettieren im königlichen Saal und die schöne Königstochter freien, aber, vergeßt es nicht – ‹Der Henker steht vor der Türe›.»[19]

«Wenn alle inneren Bedingungen erfüllt sind, wird der *deutsche Auferstehungstag* verkündet werden durch das *Schmettern des gallischen Hahns*»: Das hatte Marx im Februar 1844 in den «Deutsch-Französischen Jahrbüchern» vorhergesagt. Vier Jahre später war es soweit: In Paris rief die republikanische Opposition gegen das Julikönigtum zu einer Demonstration für das allgemeine gleiche Wahlrecht auf. Am 22. Februar 1848 wurden die ersten Barrikaden gebaut; tags darauf stellte sich die «Nationalgarde» auf die Seite der Demonstranten; am 24. Februar dankte König Louis Philippe zugunsten seines Enkels ab und begab sich ins Exil nach England.

Doch mit einem bloßen Thronwechsel gaben sich die Massen nicht zufrieden. Sie verlangten und erreichten die Ausrufung der Republik. Am 25. Februar erließ die provisorische Regierung ein Gesetz, das den Arbeitern das Recht auf Arbeit zugestand. Am 4. März wurde das allgemeine gleiche Wahlrecht für Männer verkündet.[20]

Am 27. Februar bereits übersprang der revolutionäre Funke den Rhein. Eine Volksversammlung in Mannheim, auf der die führenden badischen Liberalen und Demokraten sprachen, forderte in Gestalt einer Petition an die Regierung in Karlsruhe Pressefreiheit, Schwurgerichte, konstitutionelle Verfassungen für alle deutschen Staaten und ein deutsches Parlament. Tags darauf stellte der Abgeordnete Heinrich von Gagern im hessischen Landtag in Darmstadt den Antrag auf Einberufung einer Nationalrepräsentation und «Erneuerung des Bundesoberhaupts». Er griff damit Parolen auf, die der badische Liberale Friedrich Bassermann schon zwei Wochen zuvor, am 12. Februar, in einer Rede im badischen Landtag ausgegeben hatte. Damit war das Programm des Liberalismus abgesteckt: Politische Freiheit und nationale Einheit bildeten den Kern der alsbald in ganz Deutschland erhobenen «Märzforderungen».

Der gemäßigte Liberalismus war nicht über Nacht revolutionär geworden: Seine Wortführer stellten sich im Februar und März 1848 lediglich an die Spitze einer Bewegung, die ohne den mäßigenden Einfluß gebildeter und besitzender Bürger leicht in die Hände radikaler Kräfte geraten konnte. Das zeigte sich schon am 1. März in Karlsruhe, wo anläßlich der Übergabe der Mannheimer Petition zahlreiche Bewaffnete in den Sitzungssaal der Kammer eindrangen. Wenige Tage später begann in großen Teilen Südwestdeutschlands, vom Bodensee über den Kraichgau bis zum Odenwald, eine Bauernrevolte, die sich nicht nur gegen die Standesherren und ihre Rentbeamten, sondern auch gegen die Juden als Kreditgeber richtete. In zahlreichen Orten wurden die Häuser der Juden zerstört und ihre Bewohner vertrieben. Das auslösende Moment der Pogrome war der Beschluß der zweiten badischen Kammer, den Juden die politische und rechtliche Gleichberechtigung zu gewähren. Dagegen lehnten sich viele Gemeinden auf: Das Gemeindebürgerrecht für die jüdische Minderheit brachte die Pflicht zur sozialen Fürsorge für eine große Zahl verarmter Juden mit sich. Die Gemeinden sahen sich nicht in der Lage, für diese Leistungen aufzukommen, und so konnten sich im Frühjahr 1848 überlieferte Judenfeindschaft und Auflehnung gegen feudale und fiskalische Lasten zu einer explosiven Mischung verbinden. Der ländliche Sozialprotest erhielt seinen Anstoß durch die Revolution und äußerte sich selbst revolutionär. Von seinen Zielen aber gilt das Gegenteil: Er richtete sich gegen das, was an der Revolution emanzipatorisch, liberal und modern war.

Der März 1848 wurde in den meisten deutschen Staaten zum Monat des Kabinettwechsels: Gemäßigte Liberale traten in die «Märzregierungen» ein, so Heinrich von Gagern in Hessen, Friedrich Römer und Paul Pfizer in Württemberg, Carl Stüve in Hannover. Nur in Bayern mußte ein Monarch dem Thron entsagen: Infolge seiner Affäre mit der Tänzerin Lola Montez hatte sich König Ludwig I. so sehr um alles Ansehen gebracht, daß er nach heftigen Unruhen am 20. März nicht mehr umhin konnte, zugunsten seines Sohnes, Maximilians II., abzudanken. Das Schicksal der deutschen Revolution aber mußte sich bei den beiden Großmächten entscheiden. Auch dort wechselten im März 1848 die Regierungen. In Wien erzeugten revolutionäre Studenten zusammen mit Bürgern und Arbeitern den Druck, dem Staatskanzler Fürst Metternich nicht mehr standhielt: Am 13. März trat der Mann, der wie kein anderer das System von Zensur, Bespitzelung und Unterdrückung verkörperte, zurück. «Liberal» freilich konnte man die Mitglieder der neuen Regierung nicht nennen: Fast alle hatten bereits unter Metternich maßgebende Positionen innegehabt.

«Liberal» war allenfalls der Inhalt der österreichischen Gesamtstaatsverfassung vom 25. April 1848, die sich an das Vorbild der belgischen Verfassung von 1831 anlehnte. Doch die Verfassung war ohne Rücksprache mit Vertretern des Bürgertums von Kaiser Ferdinand oktroyiert worden, und das machte ihr Legitimitätsdefizit aus. Die studentische und proletarische Linke lehnte sich Mitte März mit Waffengewalt gegen das kaiserliche Diktat auf und erzwang eine scheinbare Kehrtwendung des Hofes: Ein neu zu bildender, nach dem allgemeinen gleichen Wahlrecht gewählter Reichstag sollte die Aprilverfassung überarbeiten. In Wirklichkeit war die «Hofpartei» zu diesem Zeitpunkt bereits entschlossen, der Revolution entgegenzutreten. Die kaiserliche Familie begab sich über Salzburg nach Innsbruck, um von dort aus den Widerstand gegen das radikale Wien zu organisieren.

Die Hauptstadt geriet nach neuerlichen revolutionären Kämpfen am 26. Mai unter eine Art Doppelherrschaft: Der schwachen Regierung unter Franz von Pillersdorf stand der von den Radikalen kontrollierte Sicherheitsausschuß gegenüber. Eine gewisse Entspannung trat erst ein, als der auf Ausgleich bedachte Erzherzog Johann, dem der Kaiser für die Zeit seiner Abwesenheit von Wien am 15. Juni unbeschränkte Vollmachten übertragen hatte, die Forderung des Sicherheitsausschusses nach Umbildung der Regierung erfüllte. Am 22. Juli konstituierte sich in Wien der neugewählte Reichstag, in dem alle Teile der Habsburgermonarchie außer Ungarn und Lombardo-Venetien vertreten waren. Die deutschen Abgeordneten waren in der Minderheit, und die Radikalen hatten selbst in ihrer Hochburg Wien eine schwere Niederlage hinnehmen müssen. Die Mehrheitsverhältnisse erlaubten es der Regierung, die wichtigste aller Fragen zugunsten der Exekutive zu entscheiden: Der Reichstag akzeptierte ein absolutes Veto des Kaisers gegen die Beschlüsse der Legislative.

Auch an anderen Fronten war die Abwehr der revolutionären Bewegung im Sommer 1848 erfolgreich: Die nationaltschechische Bewegung wurde Mitte Juni niedergeschlagen; die Truppen des Königreichs Sardinien-Piemont, die den Freiheitskampf in Lombardo-Venetien unterstützten, mußten Ende Juli und Anfang August schwere Niederlagen hinnehmen; gegen die ungarische Revolution unter der Führung von Ludwig Kossuth formierte sich, unterstützt von Österreich, kroatischer Widerstand unter dem «Banus» Josef von Jellačić. Angesichts dieser Entwicklungen fiel es Kaiser Ferdinand nicht schwer, am 12. August, dem Wunsch des Reichstages nachkommend, nach Wien zurückzukehren. Die Hofpartei durfte darauf bauen, daß ihr die Mehrheit der Untertanen nicht in den Arm fallen würde, wenn es zur endgültigen Kraftprobe mit den Radikalen kam.[21]

Was sich in Österreich abspielte, zeitigte Wirkungen auch in Preußen. In Berlin hatte es am 14. März die ersten Unruhen gegeben. Die Nachricht vom Rücktritt Metternichs, die sich am 16. März in der preußischen Hauptstadt verbreitete, steigerte die allgemeine Erregung. Am 18. März, einem Samstag, ließ König Friedrich Wilhelm IV. zwei Patente veröffentlichen, von denen das eine die Zensur aufhob. Das andere verfügte die beschleunigte Einberufung des Vereinigten Landtags und forderte eine Reorganisation der Bundesverfassung einschließlich einer Bundesrepräsentation. Diese erheische «notwendig eine konstitutionelle Verfassung aller deutschen Länder», was nur bedeuten konnte, daß auch Preußen ein Verfassungsstaat werden mußte.

Auf das Gerücht hin, es stünden große Veränderungen bevor, eilten am frühen Nachmittag Tausende von Berlinern zum Stadtschloß. Wäre dort nicht Militär in großer Zahl postiert worden, hätte die Versammlung dem König wohl nur für sein Entgegenkommen gedankt. Doch die geballte Präsenz der bewaffneten Macht wirkte als Provokation und ließ die Stimmung umschlagen. Als die Truppen den Schloßplatz räumten, fielen zwei Schüsse. Die Menge fühlte sich vom König verraten und antwortete mit dem Bau von Barrikaden.

Bis zum Morgen des 19. März tobte in Berlin der Bürgerkrieg. Der gänzlich unsoldatische König war tief erschüttert und verfaßte noch in der Nacht einen Aufruf an seine «lieben Berliner». Darin versprach er, die Truppen von Straßen und Plätzen abzuziehen und auf ganz wenige Punkte wie Schloß und Zeughaus zu konzentrieren, wenn die Aufständischen zuvor die Barrikaden beseitigten. Tatsächlich erfolgte der Truppenabzug, kaum daß der Abbau der ersten Barrikaden begonnen hatte. Die Truppen zogen sich sogar fast vollständig aus Berlin zurück, was weit über die Ankündigung des Königs hinausging. Die Aufständischen erschienen als die Sieger, und dieser Eindruck verfestigte sich, als der König sich am Nachmittag mit entblößtem Haupt vor den über 200 Toten verneigte, die die Barrikadenkämpfer in den Schloßhof gebracht hatten. Der König öffentlich gedemütigt und unter keinem anderen Schutz als dem der neugebildeten revolutionären Bürgerwehr; der Thronfolger, Friedrich Wilhelms Bruder Wilhelm, der Verfechter einer harten antirevolutionären Linie, auf der Flucht nach England: konservative Offiziere und Rittergutbesitzer, unter ihnen der junge Otto von Bismarck aus Schönhausen in der Altmark, empfanden die Berliner Märzereignisse als tiefe Erniedrigung des alten Preußen – als eine Scharte, die es möglichst rasch und wirksam auszuwetzen galt.

Friedrich Wilhelm hingegen suchte sein Heil in der Flucht nach vorn. Am 21. März unternahm er zusammen mit den Prinzen des königlichen Hauses, einigen Generälen und den Ministern der zwei Tage zuvor gebildeten neuen Regierung (die nur zehn Tage im Amt bleiben sollte) einen feierlichen Umritt durch Berlin, wobei er selbst und seine Begleiter Armbinden in den schwarz-rot-goldenen Farben der deutschen Einheitsbewegung trugen. In einer Ansprache vor Studenten der Berliner Universität bekannte er sich nicht nur zur Einigung Deutschlands, sondern auch zu seiner persönlichen Aufgabe, diese Einheit an der Spitze der deutschen Fürsten und des ganzen Volkes zu verwirklichen. Am Abend des gleichen Tages ließ er einen «Aufruf an mein Volk und an die deutsche Nation» ergehen. Darin drückte er seinen Wunsch aus, der auf den 2. April einberufene zweite Vereinigte Landtag möge sich durch Zutritt von Vertretern anderer Ständeversammlungen in eine zeitweilige deutsche Ständeversammlung verwandeln. In den Schlüsselsätzen der Proklamation zollte der König sogar der Legende Tribut, wonach Schwarz-Rot-Gold schon die Farben des alten Reiches gewesen seien: «Ich habe heute die alten deutschen Farben angenommen und mich und mein Volk unter das ehrwürdige Banner des Deutschen Reiches gestellt. Preußen geht fortan in Deutschland auf.»

Bei wohlmeinenden preußischen Liberalen stieß der König mit seiner Botschaft auf ein gewisses Maß an Sympathie, aber nicht auf vorbehaltlose Zustimmung: Daß Preußen völlig in Deutschland aufgehen solle, war keine liberale Forderung. Anders die Haltung der konservativen Fronde, die sich noch im März 1848 herauszubilden begann: Für sie war das, was Friedrich Wilhelm IV. am 21. März sagte und tat, eine abermalige Anbiederung an die Revolution, wenn nicht gar geistiger Hochverrat an Preußen. Die entschiedene Linke wiederum, uneins in der Frage, ob sie ein Aufgehen Preußens in Deutschland wünschen sollte, sah ihrerseits keinen Anlaß, an einen wirklichen Gesinnungswandel des Königs zu glauben. Außerhalb Preußens war das Echo auf die deutsche Initiative Friedrich Wilhelms einhellig negativ. Was am 18. März in Berlin geschehen war, hatte dem Ansehen des Hohenzollernkönigs im «dritten Deutschland» schweren Schaden zugefügt. Die anderen deutschen Regierungen dachten nicht daran, die Einigung Deutschlands *diesem* Monarchen anzuvertrauen, und unter den maßgeblichen Liberalen der «Trias» gab es im Frühjahr 1848 keinen, der sich einen erweiterten preußischen Landtag als deutsche Nationalvertretung vorstellen konnte.

Und doch mußte mit dem Hohenzollernstaat und seinem König weiterhin gerechnet werden. Das alte Preußen war im März 1848 ebensowenig zusammengebrochen wie die Habsburgermonarchie. Ihre frühen Erfolge verleiteten viele Liberale zu der irrigen Meinung, daß sie die Kraftprobe im wesentlichen schon gewonnen hätten. Tatsächlich waren die Grundlagen des preußischen Adels-, Beamten- und Militärstaates Ende März 1848 noch weithin unangetastet. Die Unzufriedenheit mit den bestehenden Verhältnissen war zu jener Zeit groß genug, um sich revolutionär zu entladen. Einen radikalen Bruch mit der Vergangenheit strebte jedoch nur eine Minderheit an. Die gemäßigten Liberalen hielten Preußen noch immer für reformfähig und intellektuell wie wirtschaftlich für den fortschrittlichsten Teil Deutschlands. Sie wußten, daß sie den preußischen Staat brauchten, wenn sie Deutschland einigen und nach außen schützen wollten. Auch nach innen mochte sich dieser Staat noch als Partner bewähren: dann nämlich, wenn es galt, die Revolution, die im Grunde kein Liberaler gewollt hatte, vor einem Abgleiten in politischen und sozialen Radikalismus zu bewahren. Die meisten preußischen Liberalen und ihre Gesinnungsfreunde im «dritten Deutschland» waren im Frühjahr 1848 davon überzeugt, daß es binnen kurzem gelingen würde, das Königreich Preußen soweit zu verändern, daß es ihrer und damit der deutschen Sache dienen konnte. Eine Abschaffung des preußischen Staates oder eine Brechung seiner Militärmacht stand nicht auf ihrer Tagesordnung.

Am 31. März 1848 – zwei Tage, nachdem in Berlin ein liberales «Märzministerium» unter den Rheinländern Ludolf Camphausen als Ministerpräsident und David Hansemann als Finanzminister gebildet worden war – trat zu Frankfurt am Main das «Vorparlament» zusammen: eine Notabelnversammlung von über 500 Liberalen und Demokraten aus ganz Deutschland, darunter freilich nur zwei Österreicher, die in der alten Krönungsstadt des Heiligen Römischen Reiches vier Tage lang über die politische Zukunft Deutschlands berieten. Die linke Minderheit um Hecker und Struve hätte aus dem Vorparlament am liebsten sofort eine revolutionäre Exekutive und aus Deutschland eine föderative Republik nach dem Vorbild der Vereinigten Staaten gemacht. Doch die Mehrheit unter Führung Heinrich von Gagerns wußte das zu verhindern. Sie wollte die Revolution nicht weitertreiben, sondern möglichst rasch in einen Prozeß friedlicher Evolution auf dem Boden der Monarchie überleiten. Das Zentrum der Macht sollte als Vertretung des souveränen Volkes ein deutsches Parlament sein, das nach dem allgemeinen, gleichen und direkten Wahlrecht von allen volljährigen Deutschen männlichen Geschlechts gewählt wurde. Schleswig, Ost- und Westpreußen sollten in den Deutschen Bund aufgenommen werden und Abgeordnete in das deutsche Parlament entsenden, während die Beteiligung des überwiegend polnisch besiedelten Großherzogtums Posen zunächst noch offen blieb. Bis zum Zusammentritt des deutschen Parlaments sollte ein vom «Vorparlament» eingesetztes Gremium, der «Fünfzigerausschuß», mit dem Bundestag zusammenwirken, in dem mittlerweile Vertreter der «Märzregierungen» den Ton angaben. Die Zusammenarbeit verlief reibungslos: Der Bundestag faßte in der Regel die Beschlüsse, die das Vorparlament und danach der Fünfzigerausschuß ihm vorlegten.

Die Führer der Radikalen, Hecker und Struve, waren nicht in den Fünfzigerausschuß gewählt worden – und das hatte Folgen. Der äußerste linke Flügel der revolutionären Bewegung sah fortan die Gegenrevolution auf dem Vormarsch und die gemäßigten Liberalen in der Rolle von Verrätern an der Revolution. Das galt vor allem von den regierenden Liberalen im Großherzogtum Baden, die sich ihrerseits über die Umsturzabsichten der Radikalen keinen Illusionen hingaben. Am 13. April begann Hecker von Konstanz aus mit etwa fünfzig Anhängern einen Marsch, der in der Ausrufung der deutschen Republik gipfeln sollte. Die Zahl der Rebellen wuchs binnen weniger Tage auf über tausend an. Dem Fünfzigerausschuß in Frankfurt stellte sich Heckers Putsch als Anschlag auf die Wahlen zur Nationalversammlung dar, die auf den Mai angesetzt waren. Vermittlungsversuche gemäßigter Demokraten schlugen fehl; badische und Bundestruppen brachten den Aufständischen mehrere schwere Niederlagen bei; am Dienstag nach Ostern, dem 24. April, wurde Freiburg durch Regierungsverbände erobert; drei Tage später endete das letzte Gefecht bei Dossenbach nahe am Rhein mit einem Debakel für die Revolutionäre unter der Führung des Dichters Georg Herwegh. Hecker und Struve waren schon zuvor in die Schweiz geflüchtet. Die politische Wirkung ihrer Aktion war für die Linke insgesamt fatal: Die Idee der deutschen Republik hatte nachhaltigen Schaden genommen; im Bürgertum wuchs die Neigung, alles Heil von einer Verständigung mit den alten Gewalten zu erhoffen und einen scharfen Trennungsstrich zu Vertretern radikaler Positionen zu ziehen.

Der Umsturzversuch von links fand nicht zufällig im gleichen Gebiet statt, das um dieselbe Zeit auch durch judenfeindliche Ausschreitungen der Bauern erschüttert wurde. Im Süden Badens, einer armen, noch kaum industrialisierten, von kleiner Landwirtschaft und Heimarbeit geprägten Region, war wirtschaftliche Rückständigkeit der Nährboden für politischen Radikalismus der unterschiedlichsten Art. Der relativen Liberalität des Großherzogtums verdankten die entschiedenen Demokraten Möglichkeiten der Entfaltung, wie sie sie sonst nirgendwo in Deutschland vorfanden. Dazu kam die räumliche Nähe zu zwei fortschrittlichen Nachbarstaaten: Ohne die aktive Unterstützung deutscher Emigranten aus der Schweiz und Frankreich wären die Anhänger Heckers und Struves schwerlich in der Lage gewesen, sich zu bewaffnen und dem regulären Militär verlustreiche Gefechte zu liefern. Die äußerste bürgerliche Linke nahm für sich ein Naturrecht auf Widerstand in Anspruch und berief sich auch sonst bei allem, was sie tat, gern auf ewige Gebote der Vernunft. Nichts lag diesen Männern des «Volkes» ferner als das Denken in den Kategorien der historischen Entwicklung und der nationalen Individualität, wie es den gemäßigten Liberalen, den Vertretern des gebildeten und besitzenden Bürgertums, eigen war. Und als unvereinbar mit der Sache der Demokratie wiesen es die Wortführer der bürgerlichen Linken zurück, wenn weiter rechtsstehende Liberale das nationale Interesse Deutschlands ins Spiel brachten, um ihr Eintreten für ein einvernehmliches Zusammenwirken mit den Fürsten, obenan dem König von Preußen, zu begründen.

Als ein gemeinsames nationales Interesse Deutschlands galt von rechts bis links die Abwehr der am 21. März verkündeten und durch einen Truppeneinmarsch vollzogenen Einverleibung Schleswigs in das Königreich Dänemark. Die drei Tage später gebildete Provisorische Regierung von Schleswig und Holstein in Kiel verlangte die Aufnahme Schleswigs in den Deutschen Bund, und noch am gleichen 24. März ersuchte der Herzog von Augustenburg – der deutsche Thronanwärter für Schleswig und Holstein, der sich nach Berlin begeben hatte – Preußen um militärischen Schutz für die «up ewig ungedeelten» Herzogtümer. Der neue preußische Außenminister von Arnim willigte mit Zustimmung Friedrich Wilhelms IV. ein, und am 10. April überschritten preußische Truppen die Eider. Am 12. April beschloß der Bundestag in Frankfurt, die Räumung Schleswigs von dänischen Truppen notfalls von Bundes wegen zu erzwingen. Eine formelle Aufnahme Schleswigs in den Deutschen Bund vermied der Bundestag (im Unterschied zum Vorparlament, das diesen Schritt schon am 31. März getan hatte), doch die Provisorische Regierung in Kiel erkannte er ausdrücklich an. Am 3. Mai überschritten Bundestruppen unter dem Oberbefehl des preußischen Generals von Wrangel die Grenze zum eigentlichen Dänemark und drangen nach Jütland vor, was alle deutschen Patrioten mit Genugtuung erfüllte. Rußland und England aber, die beide zu den Signatarmächten der Schlußakte des Wiener Kongresses von 1815 gehörten, sahen ihre strategischen Interessen in Ost- und Nordsee bedroht und ließen keinen Zweifel daran, daß sie eine deutsche Annexion Schleswigs nicht hinnehmen würden. Ein außenpolitischer Konflikt zeichnete sich ab, der, weil er auch das Verhältnis Preußens zu Deutschland betraf, leicht in einen innenpolitischen Konflikt umschlagen konnte.

Was der Bundestag am 12. April gegenüber Schleswig vermied, hatte er tags zuvor im Hinblick auf ein anderes Gebiet getan: Er nahm, einer Forderung des Vorparlaments entsprechend, Ost- und Westpreußen in den Deutschen Bund auf, wodurch Preußen zum größten deutschen Staat aufstieg. Da sich die Bewohner der angegliederten Provinz, von Teilen Westpreußens abgesehen, als Deutsche oder doch zumindest, wie die evangelischen Masuren und die litauisch sprechenden, ebenfalls evangelischen Bewohner des Gebiets an der Memel, als Preußen fühlten, löste diese Erweiterung des Bundesgebiets kaum Kontroversen aus.

Umstritten waren dagegen von Anfang an die Entscheidungen in der Posenfrage. Das Vorparlament hatte am 31. März die Teilung Polens noch als «schmachvolles Unrecht» bezeichnet und sich zur «heiligen Pflicht des deutschen Volkes» bekannt, an der Wiederherstellung Polens mitzuwirken. Auf die Grenzen *vor* der ersten polnischen Teilung von 1772 legte sich das Gremium aber nicht fest. Ob Posen Vertreter in die Nationalversammlung entsenden solle, blieb offen. Am 22. April nahm der Bundestag auf Antrag

Preußens die vorwiegend deutsch besiedelten Teile des Großherzogtums Posen, am 2. Mai auch die Stadt Posen und den Kreis Samter in den Deutschen Bund auf. In den folgenden Monaten wurde die Grenzlinie von der deutschen Nationalversammlung noch zweimal weiter nach Osten, in polnischsprachiges Gebiet hinein, vorgeschoben. Die vergeblich protestierenden Polen empfanden die Expansion als das, was sie war: eine neuerliche Teilung ihres historischen Territoriums und der Beginn des Versuchs, aus polnischen Untertanen des Königs von Preußen gegen ihren Willen «Deutsche» zu machen.

Ein vergleichbares Schicksal blieb den tschechischen Untertanen des Kaisers von Österreich in Böhmen und Mähren erspart. Zwar galt das Wahlgesetz, das der Bundestag am 7. April beschlossen hatte, für die gesamte Bevölkerung des Deutschen Bundes, also auch für sie. Doch als der Fünfzigerausschuß den berühmten tschechischen Historiker Franz Palacky zur Teilnahme an seinen Beratungen einlud, erteilte ihm dieser eine abschlägige Antwort. Palacky bekannte sich zum übernationalen österreichischen Kaiserstaat, der notwendig sei als Schutz vor der Gefahr einer russischen Universalmonarchie, und den man im Interesse Europas, ja der Humanität schaffen müßte, wenn er nicht schon existierte. Ein «Deutscher» aber wollte dieser «Böhme slawischen Stammes» nicht sein, und da seine Landsleute entweder ebenso dachten wie er oder eine noch radikalere Absage an die Deutschen in Form eines tschechischen Nationalstaates erstrebten, fanden die Wahlen zur deutschen Nationalversammlung im Mai 1848 in den tschechisch besiedelten Gebieten Böhmens und Mährens nicht statt. In den slowenischen Wahldistrikten Kärntens, Krains und der Steiermark war es nicht anders: Mit der Ausnahme von Welschtirol und Triest entsandten nur die deutschsprachigen Gebiete Österreichs Abgeordnete nach Frankfurt.[22]

Die deutsche Nationalversammlung, die am 18. Mai 1848 in der Frankfurter Paulskirche zu ihrer konstituierenden Sitzung zusammentrat, war infolgedessen in einem viel strikteren Sinn, als es ihren Vätern vorgeschwebt hatte, ein *deutsches* Parlament. Was ihre soziale Zusammensetzung angeht, war sie zwar nicht das vielzitierte «Professorenparlament», aber doch mehr als alles andere eine Versammlung des gebildeten Bürgertums: Von den 585 Mitgliedern, die ihr Mandat antraten, waren 550 Akademiker. Die in sich gespaltene Linke bildete in der Nationalversammlung wie zuvor schon im Vorparlament die Minderheit, war aber beträchtlich stärker als die konservative Rechte; es überwog mithin ein gemäßigter Liberalismus in unterschiedlichen Schattierungen.

Als ihre Hauptaufgabe betrachteten die Parlamentarier die Ausarbeitung einer deutschen Verfassung und namentlich der «Grundrechte des deutschen Volkes», wobei sie die Vorlage eines vom Bundestag berufenen Gremiums, den «Siebzehnerentwurf», weitgehend ignorierten. Die Entscheidung, sich zunächst vorrangig der Verfassungsgebung zu widmen, war angesichts der Erfahrung mit staatlicher Unterdrückung in den über drei

Jahrzehnten seit dem Wiener Kongreß nicht verwunderlich und doch wirklichkeitsfremd. Denn die alles überragenden Grundfragen der deutschen Revolution waren Machtfragen, deren Klärung sich nicht ungestraft vertagen ließ: erstens das von Palacky aufgeworfene Verhältnis des künftigen Nationalstaates zum habsburgischen Vielvölkerreich und zweitens das Verhältnis der Paulskirche zur anderen deutschen Großmacht, dem Königreich Preußen, dessen freigewählte Nationalversammlung am 22. Mai 1848, vier Tage nach der ersten Sitzung des deutschen Parlaments, von Friedrich Wilhelm IV. mit einem Bekenntnis zur deutschen Einheit eröffnet wurde.

Am 28. Juni 1848 tat die deutsche Nationalversammlung, was ihr Präsident Heinrich von Gagern vier Tage zuvor einen «kühnen Griff» genannt hatte: Sie beschloß die Einrichtung einer provisorischen Zentralgewalt, die an die Stelle des Bundestages treten sollte. Zum Reichsverweser wurde tags darauf der österreichische Erzherzog Johann gewählt, womit die Paulskirche ihren Wunsch ausdrückte, Österreich an der Gründung des deutschen Nationalstaats zu beteiligen, und ungewollt Preußen und seinen König schwer brüskierte. Das Reichsministerium, an dessen Spitze am 15. Juli Fürst Karl von Leiningen, ein Standesherr aus dem Odenwald und Halbbruder der Queen Victoria, trat, entbehrte jedoch jeder tatsächlichen Machtstellung und folglich auch der notwendigen Autorität. Das wurde bereits kurz nach dem Amtsantritt des Reichsministerpräsidenten deutlich: Die beiden deutschen Großmächte und einige Mittelmächte weigerten sich, ihre Truppen, wie vom Reichskriegsminister, dem preußischen General von Peucker, angeordnet, am 6. August dem Reichsverweser huldigen zu lassen.

Zur Stunde der Wahrheit für die provisorische Zentralgewalt und die deutsche Nationalversammlung wurde die Beilegung der schleswig-holsteinischen Krise. Zur internationalen Zuspitzung des Konflikts hatten die Parlamentarier selbst beigetragen, als sie die in Schleswig gewählten Abgeordneten in die Nationalversammlung und damit Schleswig zwar nicht de jure, aber doch de facto in den Deutschen Bund aufnahmen. Die Proteste aus London und St. Petersburg waren unüberhörbar. Am 26. August unterzeichnete Preußen unter dem Druck von Rußland und England, ohne sich an die vom Reichsministerium aufgestellten Bedingungen zu halten, in Malmö einen Waffenstillstandsvertrag mit Dänemark, der den Rückzug der dänischen wie der Bundestruppen aus Schleswig und Holstein sowie die Ablösung der provisorischen Regierung in Kiel durch eine gemischte, vom dänischen und vom preußischen König eingesetzte Regierung vorsah, wobei der letztere als eine Art Treuhänder des Deutschen Bundes fungieren sollte.

In Deutschland erhob sich ein Sturm nationaler Entrüstung. Als das Reichsministerium, das keinerlei Mittel besaß, Preußen zur Fortführung des Krieges zu zwingen, sich in das Unvermeidbare schickte und seine Bereitschaft zu erkennen gab, den Vertrag ungeachtet aller Proteste anzunehmen, rebellierte die Nationalversammlung. Es gehe nicht nur um die schleswigsche Frage, sondern um die Einheit Deutschlands, betonte der Berichterstatter der Ausschüsse für internationale Fragen und die Centralgewalt, der Bonner Historiker Friedrich Christoph Dahlmann, Mitglied des rechtsliberalen «Casinos». «Die neue deutsche Macht... soll von Anfang her in ihrem Aufkeimen beschnitten, sie soll, wenn es möglich wäre, nach allen Seiten hin zerfetzt und endlich zerbrochen werden! Unterwerfen wir uns bei der ersten Prüfung, welche uns naht, den Mächten des Auslands gegenüber... , dann, meine Herren, werden Sie Ihr ehemals stolzes Haupt *nie* wieder erheben! Denken Sie an diese meine Worte: *Nie*!» Nach einer zweitägigen leidenschaftlichen Debatte sprach sich am 5. September eine knappe Mehrheit von 238 zu 221 Stimmen für den Antrag Dahlmanns aus, die Maßnahmen zur Ausführung des Waffenstillstands einzustellen, also den Bundeskrieg gegen Dänemark fortzusetzen. Daraufhin trat noch am gleichen Tag das Reichsministerium Leiningen zurück.

Die angemessene parlamentarische Krisenlösung wäre nun die Bildung einer Nachfolgeregierung gewesen, die sich auf die Mehrheit gegen den Waffenstillstand stützte. Doch die negative, wesentlich von der Linken getragene Mehrheit in eine positive, gouvernementale Mehrheit zu verwandeln, überstieg die Kräfte Dahlmanns, der sich im Auftrag des Reichsverwesers einige Tage lang um die Bildung eines neuen Reichsministeriums bemühte. Am 14. und 15. September tobte in der Paulskirche abermals eine Redeschlacht. Vergeblich verwies Jacob Venedey von der gemäßigt linken «Westendhall», der sogenannten «Linken im Frack», die Abgeordneten auf die vielen Depeschen, in denen das Parlament aufgefordert wurde, «daß wir ein neues Reich schaffen müssen, daß wir es auf die Gefahr hin schaffen müssen, mit der ganzen Welt in Krieg zu kommen, um ein einiges Deutschland zu werden». Vergeblich gab er seiner Überzeugung Ausdruck, «daß die Söhne der Männer, welche bei Fehrbellin, Roßbach und an der Katzbach ihr deutsches Blut vergossen haben, auch hier für Deutschland einstehen werden, wenn wir einen Krieg mit Dänemark, ja mit ganz Europa führen sollten». Am 16. September beschloß die Nationalversammlung mit 257 zu 236 Stimmen, den Vollzug des Waffenstillstands nicht weiter zu behindern. Neuer Ministerpräsident wurde der bisherige Innenminister, der Österreicher Anton von Schmerling.

Die Niederlage der Paulskirche war selbstverschuldet. Da von vornherein feststand, daß Preußen den Vertrag von Malmö nicht widerrufen würde, war der Beschluß vom 5. September wenig mehr als ein Versuch, dem Parlament ein Alibi vor der deutschen Öffentlichkeit zu verschaffen. Hätten die deutschen Regierungen mit Preußen an der Spitze getan, was die deutsche Nationalversammlung forderte, wäre daraus ein europäischer Krieg erwachsen. Hätte die Nationalversammlung sich nicht selbst korrigiert, wären die deutschen Regierungen gezwungen gewesen, mit ihr zu brechen.

Die Selbstberichtigung aber forderte einen hohen Preis. Über der Paulskirche brach eine Welle der Empörung herein; eine Versammlung der Frankfurter Radikalen bezichtigte am 17. September die Abgeordneten, die dem Waffenstillstand zugestimmt hatten, des Verrats am deutschen Volk und erkannte ihnen die Mandate ab; der Senat der Stadt rief auf Ersuchen Schmerlings preußische und österreichische Truppen aus der Bundesfestung Mainz zur Hilfe; Barrikaden wuchsen aus dem Boden; doch noch am Abend des 17. September hatte das Militär nach schweren Straßen- und Häuserkämpfen die Lage wieder unter Kontrolle. Zu den Opfern des Frankfurter Aufstands gehörten zwei konservative Abgeordnete der Nationalversammlung aus Preußen, Fürst Felix Lichnowsky und General Hans von Auerswald, die für den Vertrag von Malmö gestimmt hatten: Sie wurden bei einem Erkundungsritt in nördliche Vororte Frankfurts von Aufständischen ergriffen und ermordet.

Daß der Anführer des Haufens, der die beiden Parlamentarier tötete, eine rote Fahne mit sich trug, machte den Mord zum Menetekel: Würden nun auch in Deutschland, wie im Juni in Paris, die Proletarier versuchen, die politische Revolution in eine soziale zu verwandeln? In der französischen Hauptstadt war der Arbeiteraufstand blutig niedergeschlagen worden. In Frankfurt setzten sich ebenfalls die Ordnungskräfte durch, aber Frankfurt war nicht Deutschland. Am 21. September überschritt Struve von Basel aus die Grenze nach Baden und rief in Lörrach die deutsche Republik aus. Zu den aktiven Teilnehmern des zweiten badischen Aufstands gehörte der junge Wilhelm Liebknecht, der später zu einem der Führer der deutschen Sozialdemokratie aufsteigen sollte. Die roten Fahnen und Armbinden der Rebellen erregten Aufsehen bei Freund und Feind, und dasselbe galt von ihrer Haltung zum Privateigentum: Einer wohlhabenden Winzerfamilie in Mühlheim wurde eine Kopfsteuer, den Juden in Sulzburg eine Art Lösegeld abgepreßt. Nach vier Tagen war der Putsch beendet: In Staufen errangen badische Truppen am 25. September einen klaren Sieg; Struve und Liebknecht wurden bald darauf festgenommen.

Am nämlichen 25. September 1848 schien auch die Stadt, in der Marx seit dem 1. Juni die «Neue Rheinische Zeitung» redigierte und der Bund der Kommunisten mehr Anhänger hatte als irgendwo sonst in Deutschland, am Vorabend einer zweiten Revolution zu stehen: Auf das Gerücht vom Heranrücken preußischen Militärs hin wurden in Köln Barrikaden gebaut, auf denen eine Nacht lang rote Fahnen wehten. Da indes keine Soldaten auftauchten, verließen die Verteidiger am nächsten Tag ihre Bastionen. Nach Wiederherstellung der Ruhe wurde der Ausnahmezustand verhängt, die Bürgerwehr aufgelöst und die «Neue Rheinische Zeitung» zeitweilig verboten.

Ernsthafte Anstalten, zum Vorort der roten Revolution zu werden, hatte die Domstadt am Rhein nicht getroffen, und sie hätte auch keine Aussicht gehabt, es zu werden. Hinter dem Bund der Kommunisten stand nur eine kleine Minderheit der Arbeiter; viel stärker war der Anhang Stephan Borns und seiner «Allgemeinen Deutschen Arbeiterverbrüderung», die nicht die soziale Revolution, sondern soziale Reformen im Rahmen der bestehenden Ordnung auf ihr Banner schrieb. Noch schwächer war der Rückhalt radikaler Parolen unter den selbständigen Handwerkern, von denen viele im Frühjahr 1848 die Revolution begeistert begrüßt hatten. Mitte Juli sprach sich ein Allgemeiner Handwerker- und Gewerbekongreß in Frankfurt gegen die Republik, gegen die Gewerbefreiheit, gegen Sozialismus und Kommunismus aus; zu den positiven Forderungen gehörten das Zusammenwirken von Bürgertum und Monarchie und die Wiederherstellung des Zunftwesens. Mochte der Kongreß auch nicht eine Vertretung des Handwerks insgesamt sein, so drückten seine Beschlüsse doch aus, was große Teile des gewerblichen Mittelstandes empfanden: ein Befund, der für die konservativen Kräfte sehr viel befriedigender war als für die liberalen.

Einen Umschwung von «links» nach «rechts» gab es auch bei den Bauern. Im Frühjahr 1848 hatten sie sich im Südwesten Deutschlands gegen Grundherren und Bürokraten aufgelehnt, doch nachdem die wichtigsten Forderungen, vor allem die nach Aufhebung der Feudalrechte, erfüllt waren, kehrten die Bauern in das Lager der beharrenden Kräfte zurück. Im Bereich der ostelbischen Gutswirtschaft war der soziale Protest von Bauern und Landarbeitern meist weniger radikal gewesen als in den Gebieten der westlichen Grundherrschaft, aber durchaus nicht erfolglos: Zugeständnisse wie die Aufhebung der patrimonialen Gerichtsbarkeit ebneten den Weg zur Versöhnung mit den Rittergutsbesitzern. Auch in Österreich entzogen Reformen der Bauernrebellion bis zum September 1848 den Boden. Im Herbst jenes Jahres konnte man, von Schlesien und Sachsen abgesehen, die Landbevölkerung kaum noch irgendwo revolutionär nennen. Die Hauptströmung war im ostelbischen Deutschland eher konservativ als radikal.

Von den konservativen Führungsschichten waren die preußischen Großgrundbesitzer im Revolutionsjahr 1848 die politisch aktivsten. Im Juli entstand aus ihren Reihen die Keimzelle einer konservativen Partei, der «Verein zum Schutze des Eigentums und zur Förderung des Wohlstandes aller Klassen des Volkes», der sich auf seiner ersten Generalversammlung wenig später einen ehrlicheren Namen gab: «Verein zur Wahrung der Interessen des Grundbesitzes». In einem Zusatz zu diesem Namen wurde freilich der bezeichnende Anspruch auf die «Förderung des Wohlstandes aller Volksklassen» aufrechterhalten. Sehr viel weiter und «volkstümlicher» war das gesellschaftliche Einzugsfeld der über 400 katholischen «Piusvereine», denen im Herbst 1848 um die 100 000 Mitglieder angehörten. Die Petitionen, die sie an die deutsche Nationalversammlung richteten, zielten auf die vollständige Freiheit der Kirche vom Staat sowie auf die Erhaltung und Förderung katholischer Schulen. «Konservativ» im engeren Sinn waren diese Forderungen nicht, «revolutionär» allerdings noch weniger. Der politische Katholizismus, der sich zu jener Zeit herauszuformen begann, war sich der Tatsache wohl bewußt, daß er mit seinen kirchenpolitischen Anliegen im Zweifelsfall eher auf die Sympathie konservativer Protestanten als auf die des betont weltlichen Liberalismus rechnen durfte. Die evangelischen Kirchen blieben, was sie vor 1848 gewesen waren: Stützen der Throne. Ihr entschieden antirevolutionäres Credo vertiefte die Kluft, die sie von vielen ihrer politisch engagierten Mitglieder trennte.

Für die gemäßigten Liberalen wurden die Ereignisse vom September 1848 zu einer bitteren Lehre. Das Zusammengehen einiger von ihnen mit der Linken beim Protest gegen den Waffenstillstand von Malmö hatte in ein Debakel geführt: Der Demonstration politischer Ohnmacht folgte der Offenbarungseid in Gestalt des Widerrufs des Widerspruchs. Die Aufhebung des ursprünglichen Beschlusses beschädigte das Ansehen der Paulskirche noch weiter und löste jene Radikalisierung außerparlamentarischer Kräfte aus, die sich in den Frankfurter Barrikadenkämpfen und Morden wie im zweiten badischen Aufstand niederschlug. Die Radikalisierung im Zeichen der roten Fahne hatte zur Folge, daß sich die entschiedene parlamentarische Linke isolierte, was von der am weitesten links stehenden Gruppierung, der Fraktion «Donnersberg», der auch Arnold Ruge angehörte, in noch höherem Maß galt als von der etwas moderateren Fraktion «Deutscher Hof» um den Leipziger Buchhändler Robert Blum. Die gemäßigte Mitte des Liberalismus aber rückte deutlich nach rechts und beteiligte sich damit an einer Entwicklung, die sich seit der Pariser Junischlacht und verstärkt seit den Ansätzen zu einer «zweiten Revolution» im September 1848 in breiten Schichten der deutschen Gesellschaft und nicht zuletzt im gebildeten und besitzenden Bürgertum vollzog.[23]

Je deutlicher die Mehrheit der deutschen Nationalversammlung den Trennungsstrich zur radikalen Minderheit zog, desto gespannter wurde ihr Verhältnis zur preußischen Nationalversammlung, in der die Linke von Anfang an stärker vertreten war als in der Paulskirche. Schon im Juli 1848 legten entschiedene Demokraten wie Johann Jacoby aus Ostpreußen und Benedikt Waldeck aus Westfalen Verwahrung gegen die Wahl eines dem deutschen Parlament nicht verantwortlichen Reichsverwesers ein, in dem sie den künftigen habsburgischen Erbkaiser witterten. «Wir wollen das Schwert, das wir so lange siegreich für Deutschland geführt haben, gern in den Schoß der Nationalversammlung niederlegen, gern dem Zentraloberhaupt Deutschlands übergeben», erklärte Waldeck am 11. Juli. «Aber einem Reichsverweser, der für seinen Kopf den Krieg erklären könnte, dem wollen wir das Schwert Friedrichs des Großen nicht anvertrauen.»

Als es die preußische Regierung Anfang August unter dem Beifall der öffentlichen Meinung ablehnte, preußische Truppen, wie vom Reichskriegsminister angeordnet, dem Reichsverweser huldigen zu lassen, gab es seitens der Linken nur schwachen Widerspruch, und auch mit Kritik am Waffenstillstand von Malmö hielten sich die preußischen Demokraten zurück. Scharf waren hingegen ihre Proteste gegen die Frankfurter Zentralgewalt, als diese nach den Septemberunruhen Maßnahmen ergriff, um die Mitglieder der Nationalversammlung vor Beleidigungen zu schützen, und die Vereinigungs- und Versammlungsfreiheit in Frankfurt und Umgebung einschränkte: ein Vorgehen, das entschiedene Linke, nicht nur in Preußen, mit der Unterdrückungspolitik des Deutschen Bundes verglichen. Am 24. Oktober stellte Waldeck den Antrag, Erlasse der Zentralgewalt, welche innere Angelegenheiten der einzelnen Länder beträfen, in Preußen erst nach Genehmigung der Volksvertretung in Kraft zu setzen. Der Demokrat Jodocus Temme warf dem deutschen Parlament in der Paulskirche vor, es sei auf dem Weg, der zu den Wiener und Karlsbader Beschlüssen zurückführe, und fügte unter dem Applaus der Linken hinzu: «Wir haben die Freiheit, die wir erfochten, nicht erkämpft, um sie an ein Parlament in Frankfurt am Main wieder wegzuwerfen.» An nur einer Stimme scheiterte der Geschäftsordnungsantrag, dem Antrag Waldecks die Dringlichkeit zuzusprechen, die eine Abstimmung ohne vorherige Ausschußberatung erlaubt hätte.[24]

Die Feindseligkeit, die die preußische Linke im Oktober 1848 der deutschen Nationalversammlung gegenüber an den Tag legte, hatte einen aktuellen Hintergrund: In Österreich war die Gegenrevolution auf dem Vormarsch, und die Zentralgewalt in Frankfurt tat wenig, um dieser Entwicklung entgegenzutreten. Die Konterrevolution begann mit der, von der Reichstagsmehrheit mitgetragenen Entscheidung der Wiener Regierung, die Kroaten in ihrem Kampf gegen die ungarische Revolution zu unterstützen. Die Antwort der österreichischen Radikalen war ein neuer, der dritte Wiener Aufstand, in dessen Verlauf der Kriegsminister, Graf Latour, ermordet wurde. Nachdem die Hauptstadt in die Hände der äußersten Linken gefallen war, begab sich der Kaiser mit seinem Hof ins böhmische Olmütz: Es war die zweite Flucht des Monarchen innerhalb eines halben Jahres.

Von Böhmen aus bereitete seit dem 11. Oktober Fürst Alfred Windischgrätz, politisch beraten von Fürst Felix Schwarzenberg, den Kampf mit dem revolutionären Wien vor. Abgesandte der deutschen Zentralgewalt, die zwischen Revolution und Gegenrevolution zu vermitteln suchten, wurden in Windischgrätz' Hauptquartier wie auch in Olmütz abgewiesen. Um dieselbe Zeit reisten Vertreter der parlamentarischen Linken, unter ihnen Robert Blum, nach Wien, um die Aufständischen zu unterstützen – freilich nicht im Auftrag der deutschen Nationalversammlung, die eine solche Aktion ablehnte, sondern nur im Namen der Minderheit. Am 26. Oktober begann der Angriff der Regierungstruppen unter Windischgrätz und Jellačić, dem Statthalter von Kroatien, auf die Hauptstadt des Kaiserreichs. Am 31. Oktober fiel Wien. Blum, der an den Kämpfen aktiv teilgenommen hatte, wurde zum Tode verurteilt und am 9. November standrechtlich erschossen.

Mit der Exekution des deutschen Abgeordneten, einem eklatanten Bruch des Rechts der parlamentarischen Immunität, forderte die Habsburgermonarchie die deutsche Nationalversammlung in einer Weise heraus, die einer Kriegserklärung nahekam. Doch der Paulskirche und der deutschen Zentralgewalt blieb, da sie über keine eigenen Machtmittel verfügten, einmal mehr nur der papierene und folgenlose Protest. Die neue österreichische Regierung, an deren Spitze am 21. November Schwarzenberg trat, *wollte* den Bruch mit Frankfurt; sie strebte die Rückkehr zur vorrevolutionären Ordnung im Habsburgerreich wie im außerösterreichischen Teil des ehemaligen Deutschen Bundes an, und sie konnte sich dabei auf einen großen Teil der slawischen Nationalitäten, namentlich der Tschechen, Kroaten und Slowenen, stützen.

Die radikalsten der Revolutionäre reagierten mit Erbitterung und Haß auf den vermeintlichen Verrat der Slawen – ein Verdikt, von dem als einzige Nation die Polen ausgenommen wurden. Im Januar 1849 sprach Friedrich Engels in der «Neuen Rheinischen Zeitung» mit Blick auf die Südslawen von «Natiönchen», von «Völkerruinen» und «Völkerabfällen», die die Konterrevolution verträten, und drohte: «Der nächste Weltkrieg wird nicht nur reaktionäre Klassen und Dynastien, er wird auch ganze reaktionäre Völker vom Erdboden verschwinden machen. Und das ist auch ein Fortschritt.» Einen Monat später sagte der gleiche Autor dem «revolutionsverräterischen Slawentum» einen «Vernichtungskampf und rücksichtslosen Terrorismus – nicht im Interesse Deutschlands, sondern im Interesse der Revolution» an.

Das Stichwort «Weltkrieg» hatte Engels von Karl Marx übernommen. Marx war in seinem Neujahrsartikel für die «Neue Rheinische Zeitung» zu dem Schluß gelangt, die Revolution werde nur siegen, wenn sie die Gestalt eines europäischen, ja eines Weltkrieges annehme – eines Krieges, der mit dem Sturz der französischen Bourgeoisie beginnen und dann sowohl das kapitalistische England als auch Rußland, die Vormacht der östlichen Barbarei, ergreifen müsse: «*Revolutionäre Erhebung der französischen Arbeiterklasse, Weltkrieg* – das ist die Inhaltsanzeige des Jahres 1849.»[25]

In der Zeit, als diese Artikel erschienen, hatte die mitteleuropäische Gegenrevolution nicht nur in Österreich, sondern auch in Preußen gesiegt. In Berlin wurden die Weichen im Oktober gestellt. Am 12. Oktober strich die preußische Nationalversammlung bei der Beratung des Verfassungsentwurfs die Worte «von Gottes Gnaden» aus dem Königstitel. Empört schwenkte Friedrich Wilhelm IV. nun in die Bahn ein, in die ihn die hochkonservative «Kamarilla» um die Brüder Leopold und Ludwig von Gerlach drängte: Er entschloß sich, den Kampf gegen die Nationalversammlung aufzunehmen und eine liberale Verfassung von der Art abzulehnen, wie sie sich in den parlamentarischen Beratungen abzeichnete.

Mitte Oktober kam es in Berlin zu Arbeiterunruhen, in deren Verlauf wieder Barrikaden errichtet wurden. Zwar wurde die Bürgerwehr rasch

Herr der Lage, doch als die preußische Nationalversammlung am 31. Oktober einen Antrag Waldecks ablehnte, der ein Eingreifen Preußens zugunsten der Revolution in Wien forderte, entlud sich die Wut der radikalen Demokraten in neuen Tumulten. Da der Ministerpräsident, der politisch moderate General Ernst von Pfuel, Nachfolger des im September zurückgetretenen gemäßigten Liberalen Rudolf von Auerswald, nicht bereit war, die vom König seit dem 16. Oktober geforderte Verhängung des Belagerungszustandes zu verantworten, trat er zurück. Seinem Nachfolger, dem konservativen Grafen Friedrich Wilhelm von Brandenburg, bekundete die Nationalversammlung am 2. November ihr Mißtrauen, was jedoch den König ebensowenig beeindruckte wie der Wunsch einer Delegation von Abgeordneten, er möge ein volkstümliches Kabinett einsetzen, oder das berühmte Wort, das Johann Jacoby ihm bei dieser Gelegenheit zurief: «Das ist das Unglück der Könige, daß sie die Wahrheit nicht hören wollen.»

Am 9. November ordnete Friedrich Wilhelm die Verlegung der preußischen Nationalversammlung nach Brandenburg und ihre Vertagung bis zum 27. November an. Als die Mehrheit der Parlamentarier sich diesem Ansinnen, das einem Staatsstreich zum Verwechseln ähnlich sah, nicht beugte und am 10. November ihre Beratungen im Berliner Schauspielhaus fortsetzte, erzwangen Truppen unter dem General von Wrangel den Abbruch der Sitzung. Denselben Ausgang nahm die folgende Sitzung, auf der die Mehrheit der Abgeordneten das Land zur Steuerverweigerung aufrief. Vermittlungsversuche der Frankfurter Zentralgewalt und des Präsidenten der deutschen Nationalversammlung, Heinrich von Gagern, blieben erfolglos. Am 5. Dezember 1848 löste der König die Nationalversammlung auf und erließ, entgegen dem Willen der «Kamarilla», eine Verfassung, die sich nicht in allen, aber doch in wesentlichen Teilen an die «Charte Waldeck», die Vorlage der Verfassungskommission der Nationalversammlung, anlehnte und für die zweite Kammer sogar das allgemeine gleiche Männerwahlrecht vorsah. Einer der wesentlichen Unterschiede zum Entwurf der Kommission bestand darin, daß die Verfassung vom 5. Dezember dem König ein absolutes und nicht nur ein suspensives, also lediglich aufschiebendes Veto gegen Gesetzesbeschlüsse der Kammern einräumte. Tags darauf, am 6. Dezember, ordnete die Regierung Wahlen zu beiden Kammern des neuen Landtags für den Januar 1849 an. Wichtigste Aufgabe des Parlaments sollte die Revision der oktroyierten Verfassung sein.

Der Staatsstreich des Königs, in manchen Zügen durchaus eine «Revolution von oben», zog einen vorläufigen Schlußstrich unter die preußische Märzrevolution. Die Macht des alten Staates hatte über das neue Recht obsiegt, das aus der Revolution hervorgegangen war. Es war ein schnell errungener Sieg, was wohl vor allem daran lag, daß mittlerweile große Teile der Bevölkerung, und nicht nur die des platten Landes, in der Festigung der königlichen Gewalt ein probates Mittel gegen politischen und sozialen

Radikalismus sahen. Der Aufruf zur Steuerverweigerung, der selbst mit geltendem Recht brach, fand jedenfalls nur ein schwaches Echo, und die meisten gemäßigten Liberalen dürften Gustav Mevissens Ansicht geteilt haben: Der rheinische Unternehmer, der als Abgeordneter in der Frankfurter Nationalversammlung dem «Casino» angehörte, sprach in einem Brief vom 8. Dezember 1848 von einem «kühnen Griff des Königs» und hielt den Augenblick für gekommen, «wo alle Männer von politischem Einfluß und von politischem Mut sich auf den neugeschaffenen Rechtsboden stellen und die hereindräuende Anarchie bekämpfen müssen». Nichts anderes meinte Mevissens Fraktionsfreund, der Historiker Dahlmann, als er am 15. Dezember im Plenum der Paulskirche vom «Recht der rettenden Tat» sprach und damit die Forderung begründete, das künftige deutsche Staatsoberhaupt müsse ein absolutes und nicht nur ein suspensives Vetorecht gegenüber Parlamentsbeschlüssen haben.[26]

Im Spätjahr 1848 war die Revolution fast überall in Europa geschlagen oder auf dem Rückzug. In Frankreich, wo sie begonnen hatte, siegte bei den Präsidentschaftswahlen vom 10. Dezember Louis Napoleon, der Neffe des Korsen. Sein Triumph bedeutete noch nicht die Wiederherstellung des Kaisertums, aber es konnte doch keinen Zweifel daran geben, daß ebendies sein Ziel war. In Österreich hatte sich mit der Gegenrevolution auch der habsburgische Gesamtstaat durchgesetzt: eine Konstruktion, die unvereinbar war mit dem Vorhaben der Paulskirche, einen deutschen Nationalstaat zu gründen. Preußen aber hörte auch nach dem Staatsstreich des Königs nicht auf, Adressat der nationalen Erwartungen des deutschen Liberalismus zu sein. Die deutsche Nationalversammlung hatte zwar die Verlegung der preußischen Nationalversammlung nach Brandenburg und ihre Vertagung mißbilligt, aber ebenso den von der Mehrheit des preußischen Parlaments beschlossenen Steuerboykott. Angesichts der Spannungen zwischen beiden Volksvertretungen war es so erstaunlich nicht, daß der Coup vom 5. Dezember in der Paulskirche teilweise sogar mit Erleichterung aufgenommen wurde. Immerhin war Preußen nun ein Verfassungsstaat, und die Erwartung schien nicht abwegig, daß sich das Verhältnis zwischen dem Frankfurter und dem Berliner Parlament nach den preußischen Wahlen im Januar 1849 bessern würde.

Am 27. Oktober 1848, also kurz vor dem Sieg der Gegenrevolution in Österreich, hatte die deutsche Nationalversammlung die Bedingungen einer «großdeutschen» Lösung, einer Nationalstaatsgründung unter Einschluß Österreichs, deutlich gemacht: Die große Mehrheit stimmte dem Textentwurf des Verfassungsausschusses für die ersten Artikel der Reichsverfassung zu. Artikel 1 zufolge bestand das Deutsche Reich aus dem Gebiet des bisherigen Deutschen Bundes, wobei die Verhältnisse des Herzogtums Schleswig und die Grenzbestimmungen im Großherzogtum Posen der «definitiven Anordnung vorbehalten» bleiben sollten. Artikel 2 bestimmte, daß kein Teil des Deutschen Reiches mit nichtdeutschen Ländern zu einem Staat vereinigt sein durfte. Für den Fall, daß ein deutsches Land mit einem nichtdeutschen Land dasselbe Staatsoberhaupt hatte, legte Artikel 3 fest, daß das Verhältnis zwischen beiden Ländern nach den Grundsätzen der reinen Personalunion zu ordnen, also nicht staatsrechtlicher, sondern dynastischer Natur war.

Die großdeutsche Lösung, wie sie zu jener Zeit der Mehrheit der Abgeordneten vorschwebte, lief mithin auf die Auflösung der Habsburgermonarchie hinaus. Einige Redner machten in der Debatte jedoch kein Hehl daraus, daß sie an die Verwirklichung dieser Lösung nicht glaubten und sie auch nicht wünschten. Der Wiener Jurist Eugen von Mühlfeld, Mitglied der gemäßigt konservativen Fraktion «Café Milani», befürwortete einen Staatenbund zwischen einem deutschen Bundesstaat und einem österreichischen Föderativstaat, womit er, bewußt oder unbewußt, an Überlegungen Paul Pfizers aus den frühen vierziger Jahren anknüpfte. Sein preußischer Fraktionskollege Georg von Vincke aus Westfalen formulierte ganz ähnlich: «Wir wollen mit dem gesamten Österreich einen Staatenbund und für uns ohne Österreich einen Bundesstaat.» Heinrich von Gagern schließlich, Präsident der Nationalversammlung und Mitglied der rechtsliberalen Fraktion «Casino», setzte sich dafür ein, daß Österreich «in Berücksichtigung seiner staatsrechtlichen Verbindung mit nichtdeutschen Ländern und Provinzen mit dem übrigen Deutschland in dem beständigen und unauflöslichen Bunde» bleiben und dieses Bundesverhältnis in einer besonderen Bundesakte geregelt werden sollte.

Wer wie Gagern oder Vincke argumentierte, befürwortete die kleindeutsche Lösung, also die Einigung Deutschlands unter preußischer Führung und unter Ausschluß Österreichs. Beide Redner taten dies, weil sie sich anders einen deutschen Nationalstaat nicht vorstellen konnten. Mühlfeld kam in der Sache zum gleichen Ergebnis, obwohl es ihm nicht so sehr um die deutsche Einheit als um die Erhaltung des österreichischen Gesamtstaates ging. Um die unvermeidbare Trennung zu lindern, sollte der engere Bund des nichtösterreichischen Deutschland um einen weiteren Bund mit der Habsburgermonarchie ergänzt werden: Auch darin stimmten die «Kleindeutschen» mit parlamentarischen Verteidigern des österreichischen Vielvölkerstaates wie Mühlfeld überein. Die typischen Kleindeutschen waren evangelisch; sie gehörten zu den gemäßigten Liberalen oder, seltener, zu den moderaten Konservativen; sie entstammten dem gebildeten oder besitzenden Bürgertum, brachten Preußen ein gewisses Maß an Sympathie und Vertrauen entgegen und waren nördlich des Mains sehr viel häufiger anzutreffen als im Süden Deutschlands.

Die «Großdeutschen» hingegen kamen aus sehr unterschiedlichen Richtungen. Für Katholiken war der Gedanke schwer erträglich, in einem von Preußen und Protestanten dominierten kleindeutschen Nationalstaat leben zu müssen. Schon daraus ergab sich eine gewisse Nähe zum großdeutschen

Gedanken. Deutsche Demokraten dachten nicht daran, ihren Begriff vom «deutschen Volk» dynastischen Interessen anzupassen und auf das deutsche Österreich nur deswegen zu verzichten, weil dieses mit anderen Völkern einen gemeinsamen Monarchen hatte. Der Dichter Ludwig Uhland, Professor der Germanistik in Tübingen und Mitglied der gemäßigten linken Fraktion «Deutscher Hof», erkannte Österreich den Beruf zu, «eine Pulsader zu sein im deutschen Herzen». Österreich habe, so sagte er am 26. Oktober in der Nationalversammlung, sein Herzblut gemischt in den Mörtel zum Neubau der deutschen Freiheit. «Österreich muß mit uns sein und bleiben in der neuen politischen Paulskirche.»

Ende Oktober 1848 dachten auch noch viele gemäßigte Liberale so wie Uhland; andernfalls wäre die Mehrheit für die Ausschußvorlage nicht zustandegekommen. Doch nicht nur das deutschsprachige Österreich sollte dem künftigen deutschen Nationalstaat angehören, sondern auch Welschtirol und Triest, das für Deutschland das Tor zum Mittelmeer bedeutete. Ein Angriff auf Triest wäre eine Kriegserklärung an Deutschland, hatte die Paulskirche am 20. Juni den piemontesisch-lombardisch-venezianischen Verbänden gedroht, die zu jener Zeit die Adria und damit den Hafen von Triest blockierten. Böhmen und Mähren waren gleichfalls Teile jenes Deutschland, wie es der Verfassungsausschuß definierte. Im Hinblick auf *diese* Gebiete mahnte einer der Gründerväter des deutschen Nationalismus, Ernst Moritz Arndt, der ebenso wie der Turnvater Jahn in die Paulskirche gewählt worden war und sich dort dem rechtsliberalen «Casino» angeschlossen hatte, die Deutschen, Klopstock zitierend, nicht zu gerecht zu sein. Deutschland müsse vielmehr an dem Grundsatz festhalten, «daß, was ein Jahrtausend zu uns gehört hat und ein Teil von uns gewesen ist, ferner zu uns gehören muß».

Daß die Tschechen in Böhmen und Mähren im sprachlichen Sinn keine Deutschen waren, darüber sah der Sprachnationalist Arndt mit der gleichen Souveränität hinweg wie über ihren Willen, keine Deutschen zu werden. Arndt sprach aus, wovon die meisten Abgeordneten der deutschen Nationalversammlung überzeugt waren: Das Selbstbestimmungsrecht der Tschechen, Slowenen und Italiener mußte im Zweifelsfall hinter dem historisch begründeten deutschen Nationalinteresse ebenso zurücktreten wie der politische Wille der Dänen im Norden Schleswigs. «Deutschland soll lieber sterben als sich ergeben und vaterländischen Boden weggeben»: Diese Devise, die der linke Karl Vogt am 12. August 1848 in der Debatte über Welschtirol verkündete, fand den stürmischen Beifall fast des ganzen Hauses. Eine Toleranzklausel, die den «nicht deutsch redenden Volksstämmen Deutschlands» das Recht auf «volkstümliche Entwicklung» und die «Gleichberechtigung ihrer Sprachen» im Kirchenwesen, in Unterricht, innerer Verwaltung und Rechtspflege zusicherte, war alles, was die Nationalversammlung in der Reichsverfassung zu verankern bereit war. Und mit Ausnahme der von Arnold Ruge eloquent angeführten äußersten Linken wollte die Paulskirche auch im Falle Posens keine Abstriche an dem machen, was der aus Ostpreußen stammende, in Berlin gewählte Abgeordnete Wilhelm Jordan, ursprünglich Mitglied des demokratischen «Deutschen Hofes», dann der Mittelfraktion «Landsberg», am 24. Juli den «gesunden Volksegoismus» nannte.

Unter den 90 Abgeordneten, die den dritten Artikel des Ausschußentwurfs und damit die Auflösung der Habsburgermonarchie ablehnten, waren 41 der insgesamt 115 Parlamentarier aus Österreich. Die Nichtösterreicher, die mit Nein stimmten, waren zumeist Konservative und Katholiken. Für einen Teil der katholischen Abgeordneten sprechend, warnte der Rheinländer August Reichensperger, der wenig später vom rechtsliberalen «Casino» zum großdeutschen «Pariser Hof» übertrat, am 24. Oktober die Nationalversammlung, wenn sie den Ring sprenge, der die österreichische Gesamtmonarchie zusammenhalte, beraube sie Deutschland seiner «Vormauer nach Osten» und treibe damit «russische Politik». Ganz ähnlich argumentierte der Historiker Alfred von Arneth aus Wien, der Ende 1848 den gleichen Fraktionswechsel vollzog wie Reichensperger: Es gelte durch den Fortbestand Österreichs, «sei es Slawen-, sei es Magyaren-Reiche an der Ostgrenze Deutschlands zu hindern». In der Logik *dieser* Rechtfertigung des österreichischen Gesamtstaates lag eine «mitteleuropäische», das Habsburgerreich und das nichtösterreichische Deutschland zusammenfassende, also nicht mehr nationalstaatlich zu nennende Lösung der deutschen Frage: ein «Riesenreich von 70 und womöglich von 80 und 100 Millionen» Menschen, wie es der fraktionslose Graf Friedrich von Deym aus Böhmen beschwor.

Weder «Kleindeutsche» noch «Großdeutsche» waren zum Verzicht auf einen deutschen Nationalstaat bereit, aber die ersteren hatten es leichter als die letzteren, die strategischen Argumente der «Großösterreicher» aufzunehmen. Eine enge Verbindung zwischen dem vereinten Deutschland und dem österreichischen Gesamtstaat sollte den deutschen Einfluß in Südosteuropa festigen, erläuterte Gagern seinen Vorschlag eines engeren und weiteren Bundes. Wenn das geeinte Deutschland sich hinter Österreichs Mission stelle, nämlich «die Verbreitung deutscher Kultur, Sprache und Sitten längs der Donau bis an das Schwarze Meer», würden die deutschen Auswanderer, die jetzt nach Westen, nach Amerika, gingen, sich in diesen Raum wenden. Der Beruf des deutschen Volkes als eines «großen weltgebietenden» Volkes sei es, «daß wir diejenigen Völker, die längs der Donau zur Selbständigkeit weder Beruf noch Anspruch haben, wie Trabanten in unser Planetensystem einfassen». Die kleindeutsche Lösung bedeutete demnach durchaus kein Programm nationaler Selbstbescheidung: Daß Deutschland zusammen mit Österreich Mittel- und Südosteuropa beherrschen müsse, war für Gagern und seine politischen Freunde so wenig zweifelhaft wie vor ihnen für Friedrich List, Paul Pfizer und andere vormärzliche Liberale.[27]

Ende Oktober 1848 fand die Idee eines engeren und weiteren Bundes in der Paulskirche noch so wenig Anklang, daß Gagern einen Antrag, der auf diese Lösung abzielte, wieder zurückzog. Einen Monat später aber änderte sich die politische Lage auf nachhaltige Weise. Am 27. November antwortete Schwarzenberg vor dem österreichischen Reichstag, der auf Anordnung des Kaisers seit jenem Monat im mährischen Kremsier tagte, auf die Beschlüsse der deutschen Nationalversammlung vom 27. Oktober. Der neue Ministerpräsident bezeichnete den Fortbestand Österreichs als ein deutsches und ein europäisches Bedürfnis. Erst wenn das verjüngte Österreich und das verjüngte Deutschland zu neuen und festen Formen gelangt seien, werde es möglich sein, ihre gegenseitigen Beziehungen staatlich zu bestimmen. Bis dahin werde Österreich fortfahren, seine Bündnispflichten treulich zu erfüllen.

Schwarzenbergs kategorische Absage an die großdeutsche Lösung ließ bei nüchterner Betrachtung nur noch Raum für eine kleindeutsche Lösung. Damit war die Position des aus Österreich stammenden Reichsministerpräsidenten Schmerling unhaltbar geworden. Am 15. Dezember 1848 trat er zurück. Sein Amt übernahm Heinrich von Gagern, der bisherige Präsident der Nationalversammlung, dem in dieser Funktion Eduard Simson aus Königsberg, Professor des römischen Rechts, getaufter Jude und wie Gagern Mitglied des «Casinos», nachfolgte. Der neue Reichsministerpräsident wurde sogleich im Sinne seiner Vorstellungen von einem engeren und einem weiteren Bund tätig, holte sich aber bei Schwarzenberg auf Drängen Schmerlings eine Abfuhr.

In der deutschen Nationalversammlung hatte es für das Projekt eines Zusammenschlusses von Deutschland und der gesamten Habsburgermonarchie, wie es Schwarzenberg als Endziel anstrebte, nie eine Mehrheit gegeben. Der Greifswalder, aus Schleswig-Holstein stammende Abgeordnete Georg Beseler, Mitglied des «Casinos», nannte das «Reich der Mitte, welches Europa beherrscht mit 70 Millionen», am 13. Januar 1849 ein «politisches Ungetüm»: «Dieses Reich der Mitte nehmen wir nicht an, das würde Europa nicht zugeben, und das würde Deutschland nicht befriedigen.» Doch für eine kleindeutsche Lösung ohne Österreich, zu deren entschiedensten Befürwortern die von Beseler geführten Schleswig-Holsteiner gehörten, sprach sich um diese Zeit, Anfang 1849, nur eine knappe relative Mehrheit der Abgeordneten aus. Eine starke Minderheit, der sich auch bisherige Verteidiger des österreichischen Gesamtstaates zugesellten, wollte eine Trennung von Österreich auf keinen Fall hinnehmen, vertrat aber in wichtigen verfassungspolitischen Fragen höchst unterschiedliche Auffassungen, je nachdem, ob die Großdeutschen der demokratischen und republikanischen oder einer eher konservativen Richtung zuneigten. Ähnliche Meinungsgegensätze gab es freilich auch unter denen, die mittlerweile bereit waren, sich bis auf weiteres mit einem deutschen Nationalstaat ohne Österreich zu begnügen: Anhänger eines Wahlkaisertums standen Befürwortern eines Erbkaisertums gegenüber. Gagern konnte also keineswegs sicher sein, daß es ihm gelingen würde, durch verfassungspolitische Zugeständnisse an die gemäßigte Linke eine ausreichende Mehrheit für den harten Kern seines Programms zu gewinnen: die Schaffung eines kleindeutschen Nationalstaates unter einem preußischen Erbkaiser.

Für die Klärung der offenen Fragen sorgte abermals Österreich: Auf Drängen Schwarzenbergs löste Kaiser Franz Joseph, der Anfang Dezember 1848 nach der Abdankung Ferdinands I. den Thron bestiegen hatte, am 7. März 1849 den Kremsierer Reichstag auf und oktroyierte eine Verfassung, die die staatsrechtliche Einheit des Habsburgerreiches festlegte. Zwei Tage später forderte Schwarzenberg vom Reichsministerium die Aufnahme des österreichischen Gesamtstaates in den neu zu schaffenden deutschen Staatenverband, die Bildung einer deutschen Zentralgewalt in Form eines Direktoriums, in dem Österreich und Preußen eine dominierende Stellung haben sollten, sowie ein Staatenhaus aus Vertretern der einzelstaatlichen Parlamente. Nach den Vorstellungen des österreichischen Ministerpräsidenten wäre die Mehrheit der Sitze in diesem Staatenhaus Abgeordneten aus der Habsburgermonarchie zugefallen.

Das Wiener Ultimatum sprengte die großdeutsche «Partei»: Einer ihrer Wortführer, Theodor Welcker aus Baden, wechselte in das kleindeutsche und erbkaiserliche Lager über. Zwar erreichte er keine Mehrheit für seinen Antrag vom 12. März, den Entwurf der Reichsverfassung in zweiter Lesung pauschal anzunehmen und dem König von Preußen die erbliche Kaiserwürde zu übertragen. Doch nachdem die Vertreter der liberalen Mitte um Heinrich von Gagern den gemäßigten Demokraten um Heinrich Simon zugesagt hatten, für ein lediglich suspensives Veto des Staatsoberhaupts und das allgemeine gleiche Wahlrecht zu stimmen, fand sich am 27. März eine Mehrheit für eine abgeschwächte Fassung jener Formulierungen, die der Verfassungsausschuß im Oktober 1848 für die ersten Verfassungsartikel vorgelegt hatte. Danach mußten deutsche Länder, die mit einem nichtdeutschen Land ein gemeinsames Oberhaupt hatten, eine von dem nichtdeutschen Land getrennte eigene Verfassung, Regierung und Verwaltung haben. Da von vornherein feststand, daß Wien diese Bestimmungen ablehnen würde, bedeutete der Beschluß vom 27. März 1849 ein verschlüsseltes Votum für die kleindeutsche Lösung, also die Trennung von Österreich.

In den vorangegangenen Debatten hatten mehrere Redner, darunter der konservative Abgeordnete Joseph Maria von Radowitz, ein Friedrich Wilhelm IV. freundschaftlich verbundener preußischer General und bekennender Katholik ungarischer Abstammung, und der gemäßigte Demokrat Moriz von Mohl aus Stuttgart, Mitglied der «Westendhall», Protestant und überzeugter Föderalist, vor der Gefahr eines Bürgerkrieges gewarnt, sollte es zum Bruch mit Österreich kommen. Mohl hielt in diesem Fall sogar einen neuen dreißigjährigen Krieg für wahrscheinlich. «Es scheint mir», so schloß er am 17. März seine Rede unter Beifall von der Linken und der

Galerie, «man hat die ungeheuren Folgen, welche die Schaffung eines Erbkaisertums für ganz Deutschland herbeiführen würde, nicht vergegenwärtigt; man hat nicht bedacht, daß darin ein Kampf zwischen dem Norden und dem Süden Deutschlands, zwischen Protestantismus und Katholizismus, ein Kampf des herrschenden Volksstamms mit den übrigen Volksstämmen, daß also in jenem Beschlusse drei Kämpfe verborgen liegen, von denen ein einziger zu einem dreißigjährigen Kriege hinreichend wäre. Ich beschwöre Sie, meine Herren, werfen Sie die Brandfackel des Bürgerkrieges nicht in unser deutsches Vaterland!»

Ein großer europäischer Krieg schien die Linke hingegen nicht zu schrecken. Der Zoologe Karl Vogt, Mitglied der Fraktion «Deutscher Hof» und Fürsprecher einer Föderation des ganzen deutschen Reiches mit dem ganzen Österreich, hielt am 17. März in einer von der Linken stürmisch bejubelten Rede den Zeitpunkt für gekommen, zusammen mit Polen und Ungarn den Entscheidungskampf zwischen West und Ost auszufechten. «Meine Herren, dieser heilige Krieg der Kultur des Westens gegen die Barbarei des Ostens, den dürfen Sie nicht herabwürdigen und vergiften durch ein Duell zwischen dem Hause Habsburg und dem Hause Hohenzollern ... Nein, meine Herren, Sie müssen entschlossen sein, diesen Krieg sein zu lassen, was er sein soll, ein Kampf der Völker.»

Mit ihrem Aufruf zum «heiligen Krieg» gegen den russischen und den habsburgischen «Militärdespotismus» konnte die parlamentarische Linke die Mehrheit der Paulskirche ebensowenig beeindrucken, wie das Marx und Engels mit ihren entsprechenden Botschaften in der «Neuen Rheinischen Zeitung» gelungen war. Am 27. März stimmten die Abgeordneten mit knappen Mehrheiten der Übertragung der Würde des Reichsoberhaupts an einen regierenden deutschen Fürsten und der Erblichkeit der Kaiserwürde zu. Tags darauf wurde König Friedrich Wilhelm IV. von Preußen zum deutschen Kaiser gewählt: Von den anwesenden 538 Mitgliedern der deutschen Nationalversammlung stimmten 290 für ihn; 248 enthielten sich der Stimme. Noch am gleichen Tag, dem 28. März 1849, setzte Präsident Simson die Reichsverfassung durch Ausfertigung und Verkündigung in Kraft.

Als die von Simson geführte Delegation der deutschen Nationalversammlung am 3. April 1849 in Berlin mit Friedrich Wilhelm IV. zusammentraf, um ihm die Kaiserwürde anzubieten, stand dessen Entscheidung längst fest: Er war nicht bereit, von einem König von Gottes Gnaden zu einem Kaiser von Gnaden des Volkes zu werden. Friedrich Wilhelm störte nicht nur, daß die Reichsverfassung seiner Regierung nur ein suspensives und kein absolutes Veto gegen Beschlüsse beider Kammern des Reichstags, des Volkshauses und des Staatenhauses, gewährte, was auf die Einführung eines parlamentarischen Systems hinauslief. Ihm war der «imaginäre Reif, gebacken aus Dreck und Letten» (Lehm, H. A. W.), zuwider, weil der «Ludergeruch der Revolution» an ihm klebte – weil, mit anderen Worten, die demokratische Legitimation der Kaiserwürde ihn, den König von Preußen, getrennt hätte von seinesgleichen, von den Kaisern in Wien und St. Petersburg und von den Königen in den Hauptstädten Europas. Daß der Kaiser von Österreich die Annahme der Kaiserwürde durch Friedrich Wilhelm als unfreundlichen Akt bewertet hätte, war leicht vorhersagbar; daß der russische Zar den Habsburger im Falle eines Krieges mit Preußen und Deutschland ebenso tatkräftig unterstützt hätte, wie er es im Sommer 1849 bei der Niederwerfung der ungarischen Revolution tat, durfte als wahrscheinlich gelten. Das kaum verschlüsselte Nein Friedrich Wilhelms IV. am 3. April 1849 konnte folglich niemanden, der ihn genauer kannte, erstaunen. Die endgültige Ablehnung am 28. April ging einher mit der Verwerfung der Reichsverfassung, die mittlerweile von 28 Regierungen anerkannt worden war. Die größeren Mittelstaaten Bayern, Württemberg, Hannover und Sachsen waren freilich nicht darunter.

Die preußische Absage an Kaiserwürde und Reichsverfassung zog wenig später das Ende der deutschen Nationalversammlung nach sich. Das Reichsministerium von Gagern, seit dem 22. März nur noch geschäftsführend im Amt, trat am 10. Mai zurück. Nachdem Österreich schon am 5. April seine Abgeordneten aus der Paulskirche abberufen hatte, taten im Mai auch Preußen, Sachsen und Hannover und im Juni Baden diesen Schritt. Zwischen dem 20. und 26. Mai legten die meisten der gemäßigt liberalen Volksvertreter von sich aus ihre Mandate nieder. Zur Begründung erklärte eine Gruppe von 65 Abgeordneten, unter ihnen Dahlmann, Gagern, Simson, Droysen und Beseler, am 20. Mai, der Verzicht auf die Durchführung der Reichsverfassung sei das geringere Übel als die Verbreitung eines Bürgerkrieges, der bereits begonnen habe. Ein von der Linken beherrschtes Rumpfparlament mit etwa hundert Abgeordneten verlegte seinen Sitz am 30. Mai nach Stuttgart, wo es am 18. Juni von württembergischem Militär auseinandergejagt wurde.[28]

Während die Paulskirche zerfiel, wurden Teile Deutschlands von einer letzten revolutionären Welle, der «Reichsverfassungskampagne», erschüttert. Im Rheinland und in Westfalen meuterte die preußische Landwehr; in Dresden fanden heftige Barrikadenkämpfe statt, an denen auch der russische Anarchist Michail Bakunin und der deutsche Komponist Richard Wagner teilnahmen; in der Pfalz erhoben sich die Republikaner gegen die bayerische Herrschaft; mancherorts beteiligten sich auch Bauern an der Kampagne. Am erfolgreichsten war die «Mairevolution» in Baden, wo sie auch die breiteste soziale Grundlage hatte. Am dritten badischen Aufstand nahmen nicht nur Träger bekannter Namen wie Friedrich Engels, Gottfried Kinkel und Carl Schurz, sondern auch, in weit größerem Umfang als zur gleichen Zeit in der Pfalz, reguläre Linientruppen teil; eine revolutionäre Landesregierung in Karlsruhe wurde eingesetzt; der Großherzog floh über das Elsaß nach Mainz, von wo aus er um Hilfe Preußens bat. Wie in Sachsen stellten auch in der Pfalz und in Baden preußische Truppen, unterstützt von Verbänden der immer noch existierenden Zentralgewalt, mit äußerster Härte die «Ordnung» wieder her. In der Pfalz und in Baden standen die preußischen Interventionskräfte unter dem Oberbefehl des Bruders von König Friedrich Wilhelm IV., des «Kartätschenprinzen» Wilhelm: des Mannes, der etwas mehr als zwei Jahrzehnte später zum Deutschen Kaiser aufsteigen sollte.

Engels hat das Paradox der Reichsverfassungskampagne auf eine polemisch übertreibende Formel gebracht: «Denjenigen, denen es ernst war mit der Bewegung, war es nicht ernst mit der Reichsverfassung, und denen es ernst war mit der Reichsverfassung, war es nicht ernst mit der Bewegung.» Die Aufständischen protestierten einerseits dagegen, daß der preußische König die Reichsverfassung hatte scheitern lassen; andererseits lehnten die Republikaner unter ihnen das Erbkaisertum ab, das zum Kernbestand der Verfassung gehörte. Die militärischen Kräfteverhältnisse waren im Frühjahr 1849 so, daß der Kampagne kein Erfolg beschieden sein konnte. Aber auch der zivile Rückhalt der Erhebung war, von Baden abgesehen, schwach: Das liberale Bürgertum zeigte sich zwar von der Haltung Friedrich Wilhelms IV. schwer enttäuscht, doch deswegen mit den Radikalen gemeinsame Sache gegen den bestehenden Staat zu machen, kam nur einer kleinen Minderheit in den Sinn. Schließlich fehlte der Reichsverfassungskampagne das Zentrum: Sie verfolgte nationale Ziele, entbehrte aber der nationalen Organisation, ohne die sich diese Ziele nicht erreichen ließen.

Dem revolutionären Nachspiel von «unten» folgte ein diplomatisches von «oben». Bereits am 3. April 1849, am Tag des Empfangs der Frankfurter Delegation in Berlin also, hatte der preußische Außenminister Graf Arnim-Heinrichsdorff den deutschen Regierungen gegenüber erklärt, König Friedrich Wilhelm IV. sei bereit, an die Spitze eines deutschen Bundesstaates zu treten, der sich aus Staaten bilde, die ihm aus freien Stücken beizutreten wünschten. Am 9. Mai griff die preußische Regierung, wie schon einmal in einer Zirkularnote vom 23. Januar, in einer Denkschrift Gagerns Idee eines engeren und weiteren Bundes auf: ein Vorstoß, der noch im gleichen Monat von Schwarzenberg zurückgewiesen wurde. Von den anderen deutschen Regierungen stellten sich Sachsen und Hannover auf den Boden der preußischen Vorschläge und unterzeichneten am 26. Mai in Berlin ein «Dreikönigsbündnis». Die drei Staaten nahmen die von Radowitz entworfene «Unionsverfassung» an, die sich von den Festlegungen der Paulskirche vor allem in zwei wesentlichen Punkten unterschied: Dem Reichsoberhaupt stand das absolute Veto gegen Beschlüsse des Reichstags zu, und das Volkshaus des Reichstags wurde nicht nach dem allgemeinen, gleichen und direkten Wahlrecht für Männer gewählt, sondern nach dem in Preußen im Mai 1849 eingeführten besitzfreundlichen Dreiklassenwahlrecht.

Während die demokratische Linke das preußische Projekt einer deutschen «Union» verwarf, stimmten ihm die gemäßigt liberalen «Erbkaiserlichen» auf einer Zusammenkunft in Gotha Ende Juni 1849 zu. Von den deutschen Staaten schlossen sich in den folgenden Monaten die meisten dem Dreikönigsbündnis an; Bayern und Württemberg aber erteilten der Unionspolitik eine Absage. Als Preußen Mitte Oktober im «Verwaltungsrat» der Union den Beschluß durchsetzte, Wahlen für das Volkshaus im Januar 1850 abzuhalten, zogen sich auch Hannover und Sachsen, von Schwarzenberg unter Druck gesetzt, von der Unionspolitik zurück. Österreich, das seit längerem auf die Wiederherstellung des Deutschen Bundes drängte, drohte gar für den Fall, daß der Reichstag der Union Ruhe und Ordnung in Deutschland stören sollte, mit Krieg. Der Reichstag wurde zwar im Januar 1850 gewählt; er trat im März in Erfurt zusammen und verabschiedete im April den inzwischen ergänzten Entwurf einer Verfassung. Doch ohne die Königreiche Bayern, Württemberg, Sachsen und Hannover, die sich ihrerseits im Februar 1850 zu einem Vierkönigsbündnis zusammenschlossen, blieb die Union nur ein milder Abglanz dessen, was Preußen ursprünglich vorgeschwebt hatte.

Auch auf dem Gebiet der europäischen Politik mußte Preußen wenig später, im Juli 1850, eine empfindliche Niederlage hinnehmen. Im April des Vorjahres waren preußische Truppen, nach der Kündigung des Waffenstillstandsvertrages von Malmö durch Dänemark, erneut nach Jütland vorgedrungen; dem Abschluß eines zweiten Waffenstillstands mit Kopenhagen im Juli 1849 folgten im Juli 1850 der Berliner Frieden und das Erste Londoner Protokoll, die die Herzogtümer Schleswig und Holstein wieder der dänischen Herrschaft überantworteten. Preußen beugte sich diesen Vereinbarungen unter dem massiven Druck des Zaren Nikolaus I. Seitdem dieser im Sommer 1849 auf Bitten des Kaisers von Österreich die ungarische Revolution niedergeworfen hatte, war Rußland mehr denn je die Schutzmacht aller konservativen Bestrebungen in Mitteleuropa. Ein preußischer König, der es auf einen Krieg mit dem autokratischen Zarenreich ankommen ließ, setzte damit seinen Rückhalt bei Adel und Militär aufs Spiel. Friedrich Wilhelm IV. dachte nicht daran, sich den Beifall der deutschen Patrioten um einen solchen Preis zu erkaufen.

Kurz darauf traten die Spannungen zwischen Preußen und Österreich in ein neues Stadium. Zur Zuspitzung des Konflikts führte der Verfassungskampf zwischen dem Kurfürsten und den Ständen von Hessen-Kassel. Die Regierung des Kurfürsten Friedrich Wilhelm hatte im Mai 1850 den Austritt aus der preußisch geführten Union erklärt; Anfang September löste der Kurfürst die Kammer auf, erließ eine verfassungswidrige Steuernotverordnung und verhängte den Kriegszustand über das Land. Österreich, das am 2. September, gestützt von den meisten Mittelstaaten, den Bundestag zu Frankfurt wieder ins Leben gerufen hatte, ergriff die Partei des Kurfürsten, während Preußen sich auf die Seite der Stände stellte und dies unter anderem damit begründete, daß Kurhessen noch Mitglied der Union sei.

Als der Rumpfbundestag am 16. Oktober 1850 die Bundesexekution in Kurhessen beschloß, schien ein Krieg zwischen Österreich und Preußen nur noch eine Frage von Tagen zu sein. Doch abermals trug russischer Druck wesentlich dazu bei, daß Preußen nachgab. Am 28. November 1850 unterzeichneten Schwarzenberg und der preußische Außenminister Otto von Manteuffel die Punktation von Olmütz. Das Kernstück des Abkommens war die Vereinbarung, die kurhessische Frage einvernehmlich durch alle deutschen Regierungen zu regeln und gemeinsam gegen Holstein vorzugehen, das nach dem Abschluß des Berliner Friedens auf eigene Faust den Kampf gegen Dänemark aufgenommen hatte. Über die Bundesreform sollte unverzüglich auf Ministerkonferenzen in Dresden verhandelt werden. In einem geheimen Zusatzabkommen willigte Manteuffel in die sofortige Abrüstung der preußischen Armee auf den Friedensstand ein.

Schwarzenberg hatte bei den Verhandlungen längst nicht alles durchgesetzt, was er sich vorgenommen hatte: weder die Aufnahme des gesamten Habsburgerreiches in den Deutschen Bund noch die Anerkennung des Rumpfbundestages als Nachfolger des alten Bundestages. Insofern war Olmütz für Preußen nicht die «Schmach», von der die Liberalen noch lange danach sprachen. Auf der anderen Seite konnte Manteuffel für den zu erneuernden Deutschen Bund nicht jenes Prinzip der Gleichberechtigung zwischen Österreich und Preußen durchsetzen, das Schwarzenberg dem Hohenzollernstaat noch im Mai 1850 angeboten hatte. Preußen hatte mehr Zugeständnisse machen müssen als Österreich, und entsprechend schwierig war es für die preußische Regierung, in der Zweiten Kammer Zustimmung für ihre Politik zu finden.

Zu den beredtesten Verteidigern des Vertrags von Olmütz gehörte der konservative Landtagsabgeordnete Otto von Bismarck. Am 3. Dezember 1850 erklärte er in der Zweiten Kammer, die «einzige gesunde Grundlage eines großen Staates» sei der «staatliche Egoismus und nicht die Romantik». Ein preußisches Nein zu den österreichischen Forderungen wäre, so räumte er ein, populär gewesen, aber kein überzeugender Kriegsgrund. «Es ist leicht für einen Staatsmann, sei es in dem Kabinette oder in der Kammer, mit dem populären Winde in die Kriegstrompete zu stoßen und sich dabei an seinem Kaminfeuer zu wärmen oder von dieser Tribüne donnernde Reden zu halten, und es dem Musketier, der auf dem Schnee verblutet, zu überlassen, ob sein System Sieg und Ruhm erwirbt oder nicht. Es ist nichts leichter als das, aber wehe dem Staatsmann, der sich in dieser Zeit nicht nach einem Grunde zum Krieg umsieht, der auch nach dem Kriege noch stichhaltig ist.»

Bismarck wollte Preußen durchaus nicht dem Habsburgerreich unterordnen. Doch um sich dauerhaft gegenüber Österreich durchzusetzen, mußte die Ausgangslage für Preußen günstiger sein, als sie es Ende 1850 war. Die Ausgangslage für Bismarcks weitere politische Laufbahn hatte sich durch die Rede vom 3. Dezember 1850 jedoch erheblich verbessert.

Spätestens seit diesem Tag mußten Preußen und Deutschland mit dem Mann rechnen, der den Mut besaß, der öffentlichen Meinung im Namen der preußischen Staatsräson den Kampf anzusagen.[29]

Die Linke kriegerisch und die Rechte friedlich: die Formel, angewandt auf die deutsche Geschichte der Jahre 1848 bis 1850, wäre verkürzt, aber weniger falsch als ihre Umkehrung. Die Linke von Karl Marx bis Karl Vogt sah im Zarenreich mit Recht den Todfeind der europäischen Revolution. Insofern war es konsequent, wenn sie einen erfolgreichen Krieg gegen Rußland zur Bedingung des Sieges der Revolution erklärte oder, wie es Arnold Ruge von der Fraktion «Donnersberg» in der Posendebatte der Paulskirche vom 22. Juli 1848 tat, von diesem Krieg behauptete, er wäre «der letzte Krieg, der Krieg gegen den Krieg, der Krieg gegen die Barbarei, welche der Krieg ist». Benedikt Waldeck verfolgte nur scheinbar bescheidenere Ziele, als er Ende Oktober 1848 Preußen zur militärischen Intervention gegen die Wiener Gegenrevolution aufrief: Die Ausweitung des deutschen Krieges zu einem europäischen Krieg wäre sicher gewesen, hätte die preußische Regierung ihre Politik an dem ausgerichtet, was die Linke in der Berliner Nationalversammlung verlangte. Schon bei den parlamentarischen Auseinandersetzungen über den Waffenstillstand von Malmö im Monat zuvor war mit dem Umschlag der deutschen Revolution in einen europäischen Krieg zu rechnen – vorausgesetzt, Preußen hätte sich dem Willen der zeitweiligen Mehrheit der Paulskirche gebeugt.

Die konservativen Kräfte verhielten sich ihrerseits keineswegs so friedlich, wie Bismarck es in seiner Verteidigung der Olmützer Punktation darstellte. Die militärische Niederwerfung der Revolution in Österreich, in Teilen von Deutschland und Italien, schließlich in Ungarn bedeutete *auch* Krieg – freilich Krieg innerhalb bestehender Grenzen und nicht Krieg zum Zweck der radikalen Revision historischer Grenzen, Krieg zur Verteidigung, nicht zur Sprengung der überkommenen Verhältnisse, die sich durchaus auch als strukturelle Gewalt beschreiben ließen. Die Konservativen waren nicht zuletzt deshalb erfolgreich, weil stets nur Minderheiten einen vollständigen Bruch mit der Vergangenheit wollten: einen Bruch, der politisch, wirtschaftlich und sozial so unabsehbare Folgen nach sich gezogen hätte, daß die vertrauten Zustände allemal erträglicher erschienen als das Unbekannte in Gestalt der deutschen Republik, der sozialen Revolution, des Bürgerkriegs oder gar eines Weltkrieges. Das galt nicht nur für das gebildete und besitzende Bürgertum, sondern auch für die breite Mehrheit des Kleinbürgertums und der Bauern. Der gemäßigte Liberalismus, der die Revolution nie gewollt hatte, rückte in dem Maß nach rechts, wie die Linke sich radikalisierte; zur Radikalisierung der Linken trug nichts so sehr bei wie der Argwohn, die Gemäßigten seien bereit, sich den alten Gewalten bedingungslos zu unterwerfen: Das war die Dialektik der deutschen, und nicht nur der deutschen Revolution von 1848/49.

Im Verlauf des Jahres 1849 brachte der ehemalige württembergische Abgeordnete Gustav Rümelin, der sich in der Paulskirche zuerst dem «Württemberger Hof», der Fraktion des linken Zentrums, dann dem kleindeutschen «Augsburger Hof» angeschlossen hatte, das Dilemma der gemäßigten Liberalen mehrfach auf geradezu klassische Weise zum Ausdruck. «Im Wege des Bürgerkrieges kann und soll die deutsche Einheit nicht verwirklicht werden», schrieb er Anfang Mai im «Schwäbischen Merkur». In einem Aufsatz für dasselbe Blatt erklärte Rümelin im September 1849, der «Weg des Heils und der Rettung» sei noch immer das von der Mehrheit der Nationalversammlung unterstützte «Gagern'sche Programm», also das Zusammenwirken eines engeren und eines weiteren Bundes, eines Bündnisses des gegenseitigen Schutzes zwischen Deutschland und Österreich. Vor zwei anderen Wegen warnte der Autor: Falls Preußen wieder in die Trias der absolutistischen Ostmächte einlenke, bedeute das «die Wiederherstellung des alten Systems nach innen und außen». Wenn Preußen jedoch auf seiner selbständigen Politik beharre, womit Rümelin die Durchsetzung der kleindeutschen Lösung in offener Konfrontation mit Österreich meinte, drohe «ein Kampf zwischen Nord- und Süddeutschland, ein Bürgerkrieg, der, wie der 30jährige, die fremden Heere über die Grenzen rufen und Deutschland wieder zum europäischen Schlachtfeld machen wird».

Die Utopie vom großen Krieg zur Befreiung der Völker, die militante Seite des Traums vom «Völkerfrühling», verhalf der Annäherung zwischen liberalen und konservativen Kräften zu einem erheblichen Maß an politischer Plausibilität. Die Annäherung verlief im übrigen durchaus nicht nur in *einer* Richtung – im Sinne einer Anpassung der Liberalen an die Konservativen. Preußen *war*, und zwar anders als Österreich nicht nur nominell, seit Ende 1848 ein Verfassungsstaat. Damit war der Hohenzollernstaat dem Liberalismus ein beträchtliches Stück entgegengekommen. Hatte man Preußen vor 1848 nur in wirtschaftlicher und gesellschaftlicher Hinsicht ein vergleichsweise fortschrittliches deutsches Land nennen können, so verringerte die oktroyierte Verfassung vom Dezember 1848 den politischen Abstand zwischen Preußen und den süddeutschen Staaten. Vom preußischen Absolutismus hatte vieles, zumal im Militärwesen, die Revolution überdauert; ein absolutistischer Staat aber war das nachrevolutionäre Preußen definitiv nicht mehr.

Die Konstitutionalisierung Preußens ist einer der Gründe, weshalb das gängige Urteil, die deutsche Revolution von 1848 sei rundum gescheitert, zu kurz greift. Gescheitert ist die Revolution, gemessen an ihrem Doppelziel: der Freiheit und Einheit Deutschlands. Weder wurde Deutschland ein freiheitlicher Nationalstaat, noch konnte sich der Liberalismus in den Einzelstaaten behaupten. Doch seit 1848 war sehr viel klarer als zuvor, was «Deutschland» politisch und geographisch bedeutete – wen jene «Germania» mit dem schwarz-rot-goldenen Banner in der linken, mit dem Schwert und einem frei nachempfundenen Ölzweig in der rechten Hand wirklich verkörperte, vor deren überlebensgroßem Bild die Abgeordneten in der Paulskirche fast ein Jahr lang getagt hatten. Die «Kleindeutschen», vor 1848 eine kleine Minderheit, hatten kräftig an Boden gewonnen. «Das Warten auf Österreich ist das Sterben der deutschen Einheit»: Dieses Wort des Reichsfinanzministers Hermann von Beckerath, eines Abgeordneten des «Casinos», in der Sitzung der deutschen Nationalversammlung vom 12. Januar 1849, war zu jener Zeit noch weit davon entfernt, die Zustimmung aller Liberalen zu finden. Aber es drückte einen Sachverhalt aus, der sich bei nüchterner Betrachtung nicht mehr leugnen ließ.

Die Erfahrungen der Revolution von 1848 waren notwendig, um im gemäßigten Liberalismus allmählich ein einigermaßen realistisches Bild von den Grenzen eines deutschen Nationalstaates durchzusetzen. Doch bevor bei den Liberalen der Realismus über das Wunschdenken obsiegte, hatte in beiden deutschen Großmächten wie im internationalen Maßstab die Konterrevolution triumphiert. Die Chancen, das außerösterreichische Deutschland ohne einen Krieg mit den europäischen Großmächten Österreich und Rußland zu einigen, waren nun sehr viel schlechtere als im Frühjahr 1848. Zugespitzt formuliert: Als die kleindeutsche Lösung außenpolitisch möglich war, wurde sie von den Deutschen noch nicht gewollt; als sie von den Deutschen schließlich gewollt wurde, war sie außenpolitisch nicht mehr möglich.

Die Revolution tat viel, um den Zusammenhalt der Kräfte zu fördern, die sich vom Ziel eines freiheitlichen und einigen Deutschland nicht abbringen ließen. Liberale und Demokraten aus allen Teilen Deutschlands waren in eine engere Beziehung zueinander getreten, als sie zuvor bestanden hatte. Und auch inhaltlich war man sich näher gekommen: Seit der gemeinsamen Arbeit an der Reichsverfassung und zumal an ihrem Grundrechtsteil gab es gesamtdeutsche Maßstäbe für das, was es in den Einzelstaaten wie in einem künftigen deutschen Nationalstaat zu erreichen galt, um die Sache des Fortschritts zum Sieg zu führen. Eines der Grundrechte der Deutschen war die Gleichheit vor dem Gesetz, ein anderes die volle Glaubens- und Gewissensfreiheit; ein drittes schloß Vorrechte einer Religionsgesellschaft vor anderen und eine Staatskirche aus. Eine Diskriminierung der Juden durfte es also nicht geben – soweit es nach dem Willen der Verfassungsväter von 1848/49 ging.

Gescheitert war die Revolution vor allem an einer politischen Überforderung des deutschen Liberalismus: Es erwies sich als unmöglich, Einheit und Freiheit zur gleichen Zeit zu verwirklichen. In den alten Nationalstaaten des europäischen Westens, in Frankreich und England zumal, war die nationale Vereinheitlichung über Jahrhunderte hinweg das Werk von Königen und Ständeversammlungen gewesen; wer mehr Freiheit wollte, fand den staatlichen Rahmen schon vor, in dem die Veränderungen erfolgen sollten. In Deutschland mußte der staatliche Rahmen für das Vorhaben der

Liberalen und Demokraten erst noch hergestellt werden. Die Liberalen im engeren Sinn waren sich durchaus bewußt, daß sie, während sie am staatlichen Rahmen des neuen Deutschland arbeiteten, die Machtmittel der größeren deutschen Staaten mit Preußen an der Spitze benötigten, um das Werk der nationalen Einigung nach außen, gegen andere Mächte, abzusichern. Schon deswegen (und nicht nur, weil sie die soziale Revolution fürchteten) verbot sich aus ihrer Sicht eine Politik der Konfrontation mit den alten Gewalten – eine Politik, wie die Linke sie befürwortete und betrieb.

Die Linke hatte recht mit ihrer Behauptung, daß die Kräfte des alten Regimes dank der Verständigungsbereitschaft der gemäßigten Liberalen von den Erschütterungen des März 1848 sich rasch wieder hatten erholen können. Aber eine Lösung des Problems, wie Deutschland zur selben Zeit frei und *ein* Staat werden sollte, hatten die Demokraten und Sozialisten nicht anzubieten. Der linke Ruf nach dem ganz Europa erfassenden Befreiungskrieg der Völker war ein Ausdruck deutschen intellektuellen Wunschdenkens, bar jeder Rücksicht auf die tatsächlichen Kräfteverhältnisse in den einzelnen Gesellschaften wie zwischen den Staaten und folglich blind für die menschlichen Kosten der eigenen Desperadopolitik. Wäre *der* Krieg ausgebrochen, den die äußerste Linke forderte, hätte die Gegenrevolution wohl in viel größerem Umfang und auf sehr viel blutigere Weise gesiegt, als es zwischen dem Herbst 1848 und Spätjahr 1850 geschah.

Daß die Liberalen und Demokraten Einheit und Freiheit nicht aus eigener Kraft verwirklichen konnten, hatte verhängnisvolle Folgen für das deutsche politische Bewußtsein: Es blieb obrigkeitlich verformt. Doch das ehrgeizige Doppelziel war 1848 objektiv unerreichbar. Und es war nicht nur ein Unglück, daß es nicht erreicht wurde. Denn wenn die konsequenten Revolutionäre Gelegenheit erhalten hätten, ihr Programm in die Tat umzusetzen, wäre das Ergebnis vermutlich eine europäische Katastrophe gewesen.[30]

4.
Einheit vor Freiheit
1850–1871

Deutschland schien in den 1850er Jahren einen Januskopf zu tragen. Politisch ist das Jahrzehnt, das der Revolution folgte, als «Reaktionszeit» in die Geschichte eingegangen. Wirtschaftlich waren jene Jahre geprägt vom Siegeszug der Industriellen Revolution. Äußere Umstände begünstigten diese Entwicklung. Durch die Entdeckung reicher Gold- und Silbervorkommen in den Gebirgen Kaliforniens, Mexikos und Australiens stieg nach 1850 die Geldzirkulation schlagartig an. Das Bankwesen und die industrielle Fabrikation, der Bergbau, der Eisenbahnbau und der Schienenverkehr erlebten einen gewaltigen Aufschwung. Mit der Kapitalbeschaffung über Aktiengesellschaften breitete sich der «Geist des Kapitalismus» immer weiter aus. Während der Weltwirtschaftskrise von 1857 bis 1859 wurde auch Deutschland von einem der zyklischen Konjunktureinbrüche erfaßt, wie sie für das kapitalistische Wirtschaftssystem typisch waren. Die wirtschaftliche und gesellschaftliche Umwälzung aber ging unvermindert weiter. 1859 begann sich die Konjunktur wieder zu erholen; 1866 trat Deutschland erneut in eine Phase des «Booms» ein.

Der wirtschaftliche Aufschwung traf mit einem tiefgreifenden Bewußtseinswandel zusammen. Der «Idealismus» des Vormärz und der Revolutionsjahre galt als überholt; wer mit der Zeit ging, bekannte sich zum «Realismus», zum «Positivismus», ja zum «Materialismus». Im Jahre 1856 beschrieb die liberale Berliner «National-Zeitung» den geistigen Klimawechsel in geradezu enthusiastischen Worten: «Im Gefühl der Unbefriedigung über verfehlte ideale Zwecke, in der Trostlosigkeit über mißlungene ideale Bestrebungen hat die intelligente und materielle Kraft des Volkes sich auf das Gebiet des Erwerbs konzentriert, und die Gegenwart ist Zeugin dessen, was die konzentrierte Kraft der Völker vermag, wenn Intelligenz und körperliche Arbeit vereint zu einem Zweck hinwirken. Was die idealistischen Bestrebungen vergebens versuchten, ist dem Materialismus in wenigen Monaten gelungen: die Umgestaltung der gesamten Lebensverhältnisse, die Verschiebung der Schwerpunkte und der Machtverhältnisse in den Organismus des gesellschaftlichen Zusammenlebens, die Beherrschung des Sinnens und Trachtens fast in allen Köpfen und die Anspannung einer nie gekannten Energie, eine förmliche Sucht nach rastloser Tätigkeit in allen Nerven, Muskeln und Sehnen.»[1]

Der wagemutige Unternehmer und der risikofreudige Börsenspekulant haben mit dem gängigen Bild vom behäbigen Bürger des «Biedermeier», den es natürlich *auch* gab, wenig gemein. Beide, «Kapitalist» und «Philister», stützten auf ihre Weise das politische System der Reaktionszeit, weil sie gar nicht erst versuchten, sich in die «hohe Politik» einzumischen. Für Politik waren in erster Linie die Regierungen der deutschen Staaten und, wie schon in der Zeit zwischen 1815 und 1848, das gemeinsame Organ dieser Regierungen, der Bundestag in Frankfurt, zuständig.

Seit dem Mai 1851 beteiligten sich auch Preußen und die früheren Mitglieder der Erfurter Union wieder an der Arbeit des Bundestags. Damit war der vorrevolutionäre Verfassungszustand ohne irgendeinen reformierenden Eingriff wiederhergestellt. Das galt auch in der Hinsicht, daß die preußischen Ostprovinzen, wie vor 1848, nicht zum Bundesgebiet gehörten. Vergeblich hatte Preußen auf den vorangegangenen Dresdner Konferenzen vom Frühjahr 1851 versucht, den Kaiserstaat für das Prinzip der Parität in Gestalt des turnusmäßig wechselnden Vorsitzes im Bundestag zu gewinnen. Österreich blieb, was es seit 1850 war: die Präsidialmacht des Deutschen Bundes.

Seine eigene oktroyierte Verfassung von 1849 hob Österreich am 31. Dezember 1851 auf, wodurch es wieder zu einem absolutistischen Staatswesen wurde. Preußen hingegen behielt seine Verfassung bei. Aber schon im Mai 1849 löste König Friedrich Wilhelm IV. die im Januar gewählte Zweite Kammer auf, nachdem diese am 21. April die Reichsverfassung als rechtsgültig anerkannt und damit nach Ansicht von König und Kabinett ihre Kompetenz überschritten hatte. Im Mai 1849 wurde, auf dem Weg über eine Notverordnung, das gleiche Wahlrecht durch das Dreiklassenwahlrecht ersetzt. An den Neuwahlen vom Juli 1849 (und den folgenden beiden Wahlen von 1852 und 1855) nahm die demokratische Linke aus Protest gegen den Wahlrechtsoktroi nicht teil.

Die neuen Kammern revidierten die Verfassung, und zwar fast durchgängig zugunsten der monarchischen Gewalt: Der König war wieder ein Herrscher «von Gottes Gnaden»; die Regierung hing nur vom Vertrauen des Königs und nicht von dem des Parlaments ab; Heer, Beamtentum und Diplomatie unterlagen nicht der Kontrolle der Volksvertretung; Verfügungen des Königs bedurften zwar der ministeriellen Gegenzeichnung, aber die militärische Kommandogewalt war hiervon ausdrücklich ausgenommen. Den konstitutionellen Charakter Preußens hoben die Veränderungen von 1849/50 trotz alledem nicht auf: Der König verpflichtete sich am 6. Februar 1850 durch ein eidliches Gelöbnis, sich fest und unverbrüchlich an die Verfassung zu halten und in Übereinstimmung mit ihr zu regieren. Seine Machtfülle war groß, aber nicht unbeschränkt.

Zu denen, die dem widerstrebenden Friedrich Wilhelm geraten hatten, den Eid auf die Verfassung abzulegen, gehörte der intellektuelle Führer der 1848 gegründeten konservativen, nach ihrem maßgeblichen Blatt so genannten, «Kreuzzeitungs-Partei», Friedrich Julius Stahl, Autor einer 1845 erschienenen Schrift zur Verteidigung des «monarchischen Prinzips».

Gerade weil er die revidierte preußische Verfassung im Einklang mit diesem Prinzip sah, konnten, ja mußten sich die Konservativen nach Stahls Meinung auf den Boden der konstitutionellen Monarchie stellen. Das Recht bestand für Stahl nur durch den Staat, der Staat nur durch das Recht. Das konservative Bekenntnis zur «Unverbrüchlichkeit der Rechtsordnung», wie Stahl es bereits im Frühjahr 1849 begründete, schloß die Einsicht in sich, daß ebendiese Ordnung «gegenwärtig eine Schranke sei gegen Willkür des Volkes wie bisher gegen Willkür des Fürsten». Der Rechtsstaat war, so gesehen, die Antwort auf die «permanente Revolution», die Verfassung ein Schutzwall gegen die Demokratie: Teile des nachrevolutionären Konservativismus, angeführt von Stahl und dem Präsidenten des Appellationsgerichts Magdeburg, Ernst Ludwig von Gerlach, erwiesen sich als lernbereit, wenn es darum ging, die Vertretung alter Ansprüche den neuen Bedingungen anzupassen.

Die preußische Reaktionspolitik trug teils bürokratische, teils feudale Züge. Dem konservativen Beamtentum, das in Otto von Manteuffel, dem Ministerpräsidenten der Jahre 1850 bis 1858, seinen einflußreichsten Repräsentanten hatte, lag vor allem daran, die Ausdehnung der individuellen und gesellschaftlichen Freiheitsrechte, ein Ergebnis der Revolutionszeit, rückgängig zu machen. Diesem Zweck dienten die Herauslösung von politischen und Pressevergehen aus der Zuständigkeit der Schwurgerichte und die Einschränkung des Vereins- und Versammlungsrechts. Dem Junkertum gelang die Wiederherstellung der gutsherrlichen Polizei, die Wiederzulassung von «Fideikommissen», einer Besitzgarantie für ererbte Rittergüter, und die Wiederbelebung der alten Kreis- und Provinzialordnungen, die ein starkes Übergewicht der Rittergutsbesitzer sicherstellten.

Manche Konservativen und auch der König selbst wären gern sehr viel weiter gegangen: Friedrich Wilhelm und einige seiner engsten Berater dachten an eine umfassende Umgestaltung der Verfassung im ständischen Sinn. Aber der König war vorsichtig genug, Verfassungsänderungen von der Zustimmung der beiden Kammern des Parlaments abhängig zu machen, auf einen neuerlichen Staatsstreich also zu verzichten. Die Erste Kammer konnte der Monarch immerhin nach seinen Wünschen umformen. Nachdem ihm das Abgeordnetenhaus 1853 durch ein verfassungsänderndes Gesetz das Recht eingeräumt hatte, die Zusammensetzung der Ersten Kammer zu bestimmen, schuf Friedrich Wilhelm ein «Herrenhaus», in dem es nur noch «geborene», vom König ernannte und von einigen privilegierten Körperschaften zur Ernennung vorgeschlagene, aber keine gewählten Mitglieder mehr gab. Die Umbildung der Ersten Kammer zum Herrenhaus war der Höhepunkt der Reaktionszeit in Preußen. Aber ein Unterpfand für den Fortbestand dieses Systems war das neue Oberhaus nicht – ebensowenig wie das dichte Spitzelwesen der Polizei und die zahlreichen politischen Prozesse, mit denen der preußische Staat gegen Demokraten und andere Oppositionelle vorging.[2]

Gemessen am österreichischen Neoabsolutismus wirkte der preußische Konstitutionalismus der Jahre 1850 bis 1858 fast noch als «milde» Reaktion. Daß Preußen ein Verfassungsstaat blieb, verband es mit den deutschen Mittelstaaten, von denen nur einer, das Großherzogtum Baden, die reaktionäre Wende der fünfziger Jahre nicht oder nur sehr maßvoll mitvollzog. Dazu kamen die wirtschaftlichen Gemeinsamkeiten im Rahmen des Deutschen Zollvereins. Als der österreichische Handelsminister Karl Ludwig von Bruck 1849 begann, die politischen Mitteleuropapläne Schwarzenbergs durch das Projekt einer mitteleuropäischen Zoll- und Wirtschaftsunion, also eines Zusammenschlusses des Zollvereins mit der Habsburgermonarchie, zu ergänzen, mußte Preußen dies als Herausforderung begreifen. Den Wettlauf um die Gunst der deutschen Mittel- und Kleinstaaten gewann der Hohenzollernstaat: Im Februar 1853 schloß Preußen einen separaten, auf zwölf Jahre befristeten Handelsvertrag mit Österreich; im April des folgenden Jahres wurde der Deutsche Zollverein um zwölf Jahre verlängert; wenige Monate zuvor, am 1. Januar 1854, war ihm auch Hannover beigetreten, das bis dahin an der Spitze einer gesonderten nordwestdeutschen Zollunion, des «Steuervereins», gestanden hatte. Der Kampf um die Gestaltung des Verhältnisses zwischen dem Zollverein und Österreich war damit noch nicht endgültig entschieden, sondern nur vertagt, und zwar bis zum Jahr 1860, in dem erneut über eine Zolleinigung beraten werden sollte. Aber die Konturen «Kleindeutschlands» waren seit 1853/54 schärfer geworden – wenn auch zunächst nur auf dem Gebiet der Zoll- und Handelspolitik.

Wenig später schickte sich Preußen an, auch außenpolitisch aus dem Schatten Österreichs herauszutreten. Den Anlaß bot der Krimkrieg – ursprünglich, seit November 1853, ein Krieg zwischen Rußland und der Türkei, in den Ende März 1854 auf türkischer Seite auch England und Frankreich eingriffen. Für England ging es dabei in erster Linie um die Sicherung seiner Interessen im östlichen Mittelmeerraum, für Napoleon III., den Ende 1852 durch ein Plebiszit in seiner neuen Würde legitimierten «Kaiser der Franzosen», vorrangig um Prestigegewinn durch militärische und außenpolitische Erfolge.

In Preußen gab es höchst unterschiedliche Meinungen über die Haltung, die das Land angesichts des Krimkriegs einnehmen sollte. Eine gemäßigt konservative Richtung, die «Wochenblatt-Partei» um Moritz August von Bethmann-Hollweg, wollte sich auf die Seite der Westmächte schlagen, um mit deren Unterstützung die Erfurter Unionspolitik wiederaufzunehmen: Preußen sollte also den Krieg am Schwarzen Meer nutzen, um Deutschland unter Ausschluß von Österreich zu einigen. Die Altkonservativen dagegen lehnten einen Bruch mit Rußland, dem alten Verbündeten, entschieden ab; für sie war der Feind nach wie vor die Revolution, als deren Verkörperung ihnen das bonapartistische Frankreich galt. Eine dritte Position bezog Ministerpräsident von Manteuffel, der Preußen, solange es ging, neutral halten wollte. Ganz gelang ihm das nicht: Im April 1854 schloß Preußen mit Österreich ein Schutz- und Trutzbündnis, das Rußland in einem «Zusatzartikel» zur Räumung der von ihm besetzten Donaufürstentümer Moldau und Walachei aufforderte.

Es war Wien, das diese Klausel durchgesetzt hatte, um seine Stellung auf dem Balkan zu festigen. Als Österreich auf Betreiben von Außenminister Graf Buol im Dezember 1854 noch einen Schritt weiterging und, ohne die Neutralität des Habsburgerreiches aufzukündigen, einen Bündnisvertrag mit Frankreich und England abschloß, verweigerte ihm Preußen die Gefolgschaft. Otto von Bismarck, seit August 1851 preußischer Gesandter beim Bundestag in Frankfurt, brachte Anfang 1855 in den zuständigen Ausschüssen des Bundestags eine Mehrheit zusammen, die dem österreichischen Antrag auf Mobilmachung der Bundestruppen die antirussische Spitze nahm und ihn damit seiner Wirkung beraubte. Es war der erste große außenpolitische Erfolg des märkischen Junkers und zugleich eine Wegmarke in den Beziehungen zwischen den beiden deutschen Großmächten.

Der Krimkrieg endete mit einer Niederlage Rußlands. Im Frieden von Paris mußte das Zarenreich Ende März 1856 unter anderem in eine Entmilitarisierung des Schwarzen Meeres einwilligen. Die Zeit der «Heiligen Allianz», des von den drei Ostmächten 1815 verkündeten Paktes zur Verteidigung der alten Ordnung, war endgültig abgelaufen. Rußland war auf absehbare Zeit nicht mehr in der Lage, jene konservative Ordnungs- und Interventionspolitik in Mitteleuropa zu betreiben, deren Höhepunkt die Niederwerfung der ungarischen Revolution im Sommer 1849 gewesen war. Das ehedem gute Verhältnis zwischen Rußland und Österreich war nachhaltig gestört. Preußen hingegen, das die antirussische Politik Österreichs durchkreuzt hatte, durfte darauf hoffen, daß Rußland sich bei Gelegenheit der guten Dienste des Hohenzollernstaates erinnern würde. Österreich war zusätzlich dadurch geschwächt, daß das Königreich Sardinien-Piemont, das 1855 auf der Seite Frankreichs und Englands in den Krieg eingetreten war, auf dem Pariser Kongreß die italienische Frage hatte zur Sprache bringen können. Europa sah nach dem Krimkrieg anders aus als zuvor: Der Westen hatte gewonnen, der Osten verloren, und wenn es auf dem Kontinent eine Hegemonialmacht gab, hieß sie nicht mehr Rußland, sondern Frankreich.

Verlierer und Gewinner des Krimkrieges gab es auch in Deutschland: Die altpreußischen Konservativen empfanden die Schwächung des autokratischen Rußland und die Stärkung des bonapartistischen Frankreich zu Recht als ihre Niederlage. Die Lage der deutschen Liberalen hingegen, die nicht minder antibonapartistisch waren als die Konservativen, verbesserte sich dadurch, daß die reaktionären Kräfte nun weniger als zuvor auf das Zarenreich bauen konnten. Zu den Gewinnern des Krimkrieges gehörte aber auch Bismarck. Der preußische Gesandte beim Bundestag sah jedenfalls keinen Anlaß, das für ihn wichtigste Ergebnis des Waffengangs zu bedauern: Preußen verfügte dank seiner Neutralität über einen größeren außenpolitischen Handlungsspielraum als vorher; es hatte sich aus der einseitigen Abhängigkeit von Rußland und Österreich befreit; seine Bedeutung als europäische Großmacht war mithin gewachsen und damit zugleich auch das Ansehen Otto von Bismarcks.

Die betont unideologische Haltung, die Bismarck während des Krimkrieges bezogen hatte, trug ihm die Kritik eines überzeugten Legitimisten, des Generals Leopold von Gerlach, des älteren Bruders des konservativen Parteiführers Ernst Ludwig von Gerlach, ein. Doch Bismarck wußte sich zu wehren. «Sympathien und Antipathien in betreff auswärtiger Mächte», schrieb er am 2. Mai 1857 an Gerlach, «vermag ich vor meinem Pflichtgefühl im auswärtigen Dienst meines Landes nicht zu rechtfertigen... Die Interessen des eigenen Vaterlandes dem eigenen Gefühl von Liebe oder Haß gegen Fremde unterzuordnen, dazu hat meiner Ansicht nach selbst der König nicht das Recht... Oder finden Sie das Prinzip, welches ich geopfert habe, in der Formel, daß ein *Preuße stets ein Gegner Frankreichs sein müsse?*»

Vier Wochen später wurde Bismarck noch grundsätzlicher. «Das Prinzip des Kampfes gegen die Revolution erkenne auch ich als das meinige an, aber ich halte es nicht für richtig, Louis Napoleon als den alleinigen oder auch nur κατ' ἐξοχήν (kat' exochén: schlechthin, H. A. W.) als den Repräsentanten der Revolution hinzustellen... Wie viele Existenzen gibt es noch in der heutigen politischen Welt, die nicht in revolutionärem Boden wurzeln? Nehmen Sie Spanien, Portugal, Brasilien, alle amerikanischen Republiken, Belgien, Holland, die Schweiz, Griechenland, Schweden, das noch heut mit Bewußtsein in der ‹glorious revolution› von 1688 fußende England... Der Bonapartismus ist nicht der Vater der Revolution, er ist nur, wie jeder Absolutismus, ein fruchtbares Feld für die Saat derselben; ich will ihn damit durchaus nicht außerhalb des Gebietes der revolutionären Erscheinungen stellen, sondern ihn nur frei von den Zutaten zur Anschauung bringen, welche seinem Wesen nicht notwendig eigen sind.»

Das bonapartistische Frankreich als Verbündeter in einer künftigen Auseinandersetzung Preußens mit Österreich: Was für Leopold von Gerlach ein Sakrileg war, war für Otto von Bismarck ein vorstellbares Gebot der Staatsräson. Preußens Gesandter beim Bundestag hörte nicht auf, ein Konservativer zu sein, als er der Ideologie der konservativen Partei das konservative Interesse am Machtzuwachs des preußischen Staates entgegenstellte. «Wir müssen mit den Realitäten wirtschaften und nicht mit Fiktionen»: Das Verdikt aus seinem Brief an Gerlach vom 2. Mai 1857 bündelte die Erfahrungen, die Bismarck seit 1851 im Bundestag mit Österreich gemacht hatte. Vor dem Krimkrieg hätte er sich kaum so unumwunden über die längerfristigen Notwendigkeiten preußischer Politik geäußert. Der Krimkrieg war zwar nicht, wie das Heraklit vom Krieg überhaupt gesagt hat, der Vater aller Dinge. Aber er war ein äußerst wirksamer Lehrmeister in einem Fach, das just zu jener Zeit seinen Namen erhielt: der «Realpolitik».[3]

«Grundsätze der Realpolitik. Angewendet auf die staatlichen Zustände Deutschlands» lautete der Titel einer 1853 in Stuttgart erschienenen Schrift des liberalen Publizisten Ludwig August von Rochau, eines aus Wolfenbüttel stammenden Juristen. Rochau war Göttinger Burschenschaftler gewesen, hatte 1833 am Sturm auf die Frankfurter Hauptwache teilgenommen, war nach seiner Verurteilung zu lebenslänglichem Zuchthaus nach Frankreich geflohen und 1848 nach Deutschland zurückgekehrt, wo er auf Seiten der gemäßigten Liberalen publizistisch tätig wurde. Ob er den Begriff «Realpolitik», der nur im Titel, nicht im Text seiner Schrift auftaucht, geprägt oder nur aufgegriffen hat: durch Rochau wurde «Realpolitik» zum politischen Schlagwort, und das nicht nur in Deutschland, sondern international.

«Herrschen heißt Macht üben, und Macht üben kann nur der, welcher Macht besitzt. Dieser unmittelbare Zusammenhang von Macht und Herrschaft bildet die Grundwahrheit aller Politik und den Schlüssel der ganzen Geschichte»: In diesen beiden Sätzen steckte der Kern von Rochaus Selbstkritik des deutschen Liberalismus, abgefaßt zu dem Zweck, aus dem Scheitern der Revolution von 1848 politische Schlußfolgerungen für Gegenwart und Zukunft zu ziehen. Von den inneren Reformen, die es in den Einzelstaaten zu verwirklichen galt, hatten die deutschen Liberalen nach Ansicht des Verfassers einigermaßen klare Vorstellungen gehabt, nicht jedoch von der eigentlich revolutionären Forderung, der Einigung Deutschlands. «Diese Unklarheit vereitelte den Hauptzweck der Bewegung von 1848.» Die Liberalen hatten sich Illusionen hingegeben über den Gegensatz zwischen dem Staatsinteresse Österreichs und dem Nationalinteresse Deutschlands; sie hatten die innere Notwendigkeit des Gegensatzes zwischen der österreichischen und der preußischen Politik verkannt: «Preußen muß wachsen, um zu bestehen, und Österreich darf Preußen nicht wachsen lassen, um nicht unterzugehen – das ist die Sachlage, welche dem Wechselverhältnis zwischen beiden Staaten seinen eigentlichen Charakter gibt.»

Realpolitik hieß demnach vor allem, die Interessen der deutschen Staaten und namentlich der beiden Großmächte ebenso klar zu erkennen wie die Interessen der deutschen Nation. «Um die österreichische oder die preußische Staatsmacht für den Dienst der deutschen Nationalsache anzustreben, darf man kein geringeres Handgeld bieten als Deutschland selbst. Damit ist bereits ausgesprochen, daß es unmöglich ist, beide Staaten zugleich für den Dienst der Nation zu gewinnen. Damit ist ferner gesagt, daß es ein Lebensinteresse für jeden der beiden Großstaaten ist, daß der andere verhindert werde, mit der Nation gemeinschaftliche Sache zu machen. Demnach hat die Nationalpolitik ihrerseits zuerst darüber ins

Klare zu kommen, ob einer und welcher der beiden Großstaaten in der Lage ist, ihren Zwecken wirksam zu dienen.»[4]

Rochau sagte an dieser Stelle nicht, was sich aus seinen sonstigen Darlegungen zur deutschen Frage zwingend ergab: Österreich konnte, da seine Endzwecke und die Endzwecke der deutschen Nation unvereinbar waren, nicht die deutsche Führungsmacht sein. Er sagte auch nicht ausdrücklich, daß infolgedessen nur Preußen für diese Aufgabe in Frage kam. Er ließ aber keinen Zweifel, daß das Machtbedürfnis des territorial noch immer in zwei ungleiche Teile gespaltenen Preußen diesen Staat auf Ausdehnung im Norden Deutschlands und darüber hinaus drängte. «Angenommen, ganz Norddeutschland würde zu Preußen geschlagen, so wäre damit für die Macht und Sicherheit desselben immer noch nicht genug geschehen. Denkt man sich Preußen gar bis an die österreichischen Grenzen vorgerückt, so tritt nur um so lebendiger die Gewißheit hervor, daß das nunmehr hergestellte preußische Deutschland nicht ruhen würde, bis es sich durch die Einverleibung der deutschen Lande Österreichs vollends ergänzt. Möchte sich der Ehrgeiz der Berliner Kabinettspolitik durch die Beherrschung des außerösterreichischen Deutschland vollkommen befriedigt fühlen, der Ehrgeiz der Nation würde die Kabinettspolitik gleichwohl zwingen, den Wettstreit mit Österreich auf ein schließliches Entweder – Oder zu stellen.»

«Kleindeutschland» war für den «Realpolitiker» Rochau also nur eine Durchgangsstation zu «Großdeutschland». Daß er nur Preußen und nicht Österreich für die deutsche Führungsrolle in Aussicht nahm, hatte auch damit zu tun, daß Preußen, anders als Österreich, ein Verfassungsstaat war. Rochau täuschte sich zwar über die innere Schwäche des deutschen und des preußischen Konstitutionalismus nicht hinweg: Dieser beruhe, schrieb er, lediglich «auf höherer Duldung, die jeden Augenblick aufhören oder wenigstens an andere Bedingungen geknüpft werden kann». Und dennoch war der Konstitutionalismus zur «politischen Schule für Deutschland» geworden: «Die Bedeutung des Konstitutionalismus als politischer Turnplatz hat in neuester Zeit abgenommen, aber nicht aufgehört. Wie hoch oder wie niedrig man dieselbe indessen auch anschlage und ob man den künftigen Wirkungen dieser politischen Gymnastik mit Besorgnis oder mit Hoffnung entgegensehe, der Konstitutionalismus stellt sich einstweilen als ein Unentbehrliches oder als ein Unvermeidliches dar. So verbraucht er den einen erscheint, so verächtlich ihn die zweiten behandeln, so widerwärtig er den dritten ist, er besteht dennoch mit allseitiger Zustimmung fort. Nach dem Sieg, den die historische Souveränität dem Konstitutionalismus abgewinnt, setzt sie denselben wenigstens in einen Teil seiner Rechte wieder ein und bereitet sich dadurch neue Kämpfe.»

Am Konstitutionalismus festzuhalten und ihn weiterzuentwickeln war für den liberalen Rochau allemal besser, als radikalen Parolen der Demokraten oder gar der Sozialisten zu folgen, die am Ende wider Willen der Reaktion zuarbeiteten. «Der rüstigste Bundesgenosse der konservativen

Politik ist der revolutionäre Sozialismus. Wer das Eigentum bedroht und gefährdet, der treibt nicht nur das Eigentum, sondern auch die Intelligenz in die Arme jener Gewalt, welche gegen solche Angriffe Schutz verheißt; die Gewalt aber, welche das Eigentum und die Intelligenz für sich hat, ist der Herrschaft gewiß.»

Die jüngste Entwicklung Frankreichs mit den Stationen Februarrevolution, Junischlacht, Wahl Louis Napoleons zum Präsidenten im Dezember 1848, bot ein abschreckendes Beispiel: «Frankreich ist durch die Furcht vor dem Sozialismus einem Regiment anheimgefallen, welches für Frankreich seit einem Menschenalter jenseits der Grenzen der Möglichkeit zu liegen schien.» In Deutschland konnte eine solche Entwicklung noch aufgehalten werden, aber auch hier war die Furcht vor den Lehren des revolutionären Sozialismus zu einer «konservativen Macht ersten Ranges» geworden. «Die deutsche Nationalpolitik hat keinen schlimmeren Feind als den revolutionären Sozialismus – einen Feind, der nicht durch Zugeständnisse beschwichtigt, nicht durch Vergleiche unschädlich gemacht, nicht durch Geschenke bestochen, sondern im offenen schonungslosen Krieg niedergekämpft sein will.»

Liberale «Realpolitik» hieß mithin auch vorbeugende Bekämpfung des revolutionären Sozialismus, damit dieser gar nicht erst die Möglichkeit erhielt, zum Wegbereiter einer Diktatur von rechts zu werden. Daß die soziale Frage nicht durch Unterdrückung des Sozialismus zu lösen war, sondern nur durch eine Politik der sozialen Reform, dessen war Rochau sich durchaus bewußt. Doch die Politik, die er empfahl, verblieb ganz im Rahmen liberaler Vorstellungen von Hilfe zur Selbsthilfe, wozu auch «größtmöglicher Spielraum für den Assoziationsgeist», also gewerkschaftliche Betätigung, gehörte. « ‹Hilf dir selbst, so wird Gott dir helfen›, lautet einer der weisesten Sprüche, die im Volk von Mund zu Mund gehen. Umgekehrt, wer sich selbst nicht hilft, dem kann Gott und dem kann auch der Staat nicht helfen. ‹Helft euch selbst› ist der Wahlspruch des nordamerikanischen Unternehmungsgeistes und der nordamerikanischen Arbeitskraft, die Zauberformel, welche jenseits des Ozeans binnen zweier Menschenalter eine ökonomische Macht ersten Ranges und eine Allgemeinheit des Wohlstandes geschaffen hat, wie die ganze bisherige Geschichte sie nie gesehen hat.»[5]

Lorenz von Stein, den man am ehesten wohl einen «Reformkonservativen» nennen kann, leitete aus dem Ablauf der letzten französischen Revolution ganz andere Lehren ab als Rochau. Wenn es für Stein, den Staatswissenschaftler aus dem schleswigschen Eckernförde, ein politisches Leitbild gab, hieß es nicht Amerika, sondern Preußen. Im dritten Band seiner 1850 erschienenen «Geschichte der sozialen Bewegung in Frankreich» suchte er den Nachweis zu führen, daß das Julikönigtum, das er als ein System des «Scheinkonstitutionalismus» charakterisierte, mit innerer Notwendigkeit gescheitert war: Es hatte die herrschende Klasse der industriellen Gesellschaft, die Kapitalisten, durch Korruption zu bändigen versucht, darüber seine eigene höhere Idee preisgegeben und so einer breiten Opposition gegen die Monarchie den Boden bereitet.

Die Folgen lagen mittlerweile klar zutage: In der Republik, die aus der Pariser Februarrevolution hervorgegangen war, entwickelte sich der Gegensatz von Kapital und Arbeit zum allgemeinen Gegensatz von Besitz und Nichtbesitz. Die Verteidiger des Besitzes einigten sich im Zeichen der industriellen Reaktion. Louis Napoleon verdankte seinen Sieg bei den Präsidentschaftswahlen vom Dezember 1848 zwar vor allem der Landbevölkerung, doch er trat sogleich auf die Seite der Besitzenden, so daß mit ihm nun die industrielle Reaktion die Staatsgewalt – eine selbständige, über den Parteien stehende Staatsgewalt – in den Händen hatte. Der Widerspruch in der industriellen Gesellschaft ist dadurch aber nicht überwunden. Vielmehr beginnt ein neuer, bislang unentschiedener Kampf. Es ist nicht mehr der einfache Kampf zwischen Arbeit und Kapital, sondern «der Kampf der sozialen Demokratie mit der industriellen Reaktion». Siegt in diesem Kampf die industrielle Reaktion, «so wird eine definitive Herrschaft des Kapitals und eine auch rechtliche Unterwerfung der Arbeit daraus hervorgehen; siegt die soziale Demokratie, so beginnt – vielleicht freilich erst nach sehr blutigen Zeiten – die Gesellschaftsordnung des gegenseitigen Interesses».[6]

Eine Entwicklung wie in Frankreich mitsamt den drohenden «blutigen Zeiten» zu vermeiden war in Deutschland noch möglich. Dazu mußte sich das Königtum allerdings seines geschichtlichen Auftrags besinnen, eine Staatsidee zu verkörpern, «welche über alles gesellschaftliche Interesse erhaben» war und eben dadurch für das Prinzip der Freiheit stand. Weil der König der Vertreter der selbständigen Staatsidee war, ergab sich daraus «in natürlicher Weise, daß der beherrschte Teil der Gesellschaft sich bald aus unmittelbarem Gefühl, bald mit Bewußtsein an das Königtum als seinen natürlichen Schutzherrn und Helfer wendet». Wenn das Königtum dieser Erwartung entgegenkam, entsprach es zugleich seinem eigenen Bedürfnis nach selbsttätigem Handeln. Die Bestimmung dieses Bedürfnisses war es, «daß das Königtum eben selbsttätig, gegen den Willen und die natürliche Tendenz der herrschenden Klasse, für die Hebung der niederen, bisher gesellschaftlich und staatlich unterworfenen Klasse auftreten, und die ihm anvertraute höchste Staatsgewalt in diesem Sinne gebrauchen soll».

Den Lohn eines solchen selbständigen Tätigwerdens sah Stein nicht nur darin, daß das Königtum die Möglichkeit erhielt, die ganze bisher unterworfene Klasse für sich zu gewinnen. Das Königtum würde vielmehr «das Glück des Staates, die Liebe und das Vertrauen des eigentlichen Volkes» mit seinem eigenen Dasein verbinden. Das Königtum würde «alsdann sogar den Thron mit der Idee der Freiheit identifizieren und ihm damit die sicherste Stütze geben, die menschliche Dinge finden können... So wird das Königtum, indem es seiner wahrhaft göttlichen Bestimmung in seinem Volke entspricht, eine doppelte Krone tragen!»

Was Deutschland und namentlich Preußen aus der französischen Entwicklung seit 1848 lernen konnten, war also dies: Um den Gefahren der industriellen Reaktion und der sozialen Revolution zuvorzukommen, mußte das Königtum alles tun, um «außer seiner staatlichen Gewalt zugleich eine unendlich große soziale Macht» zu gewinnen. «Es ist eine entschiedene Tatsache, daß niemals das Königtum mächtiger ist als dann, wenn es das Volk im engeren Sinn des Wortes für sich hat... Das wahre, mächtigste, dauerndste und geliebteste Königtum ist das Königtum der gesellschaftlichen Reform... Alles Königtum wird fortan entweder ein leerer Schatten oder eine Despotie werden oder untergehen in Republik, wenn es nicht den hohen sittlichen Mut hat, ein Königtum der sozialen Reform zu werden.»

Der Rechtshegelianer Lorenz von Stein hob die gesellschaftlichen Gegensätze auf derselben Ebene auf wie Hegel: auf der staatlichen. Er suchte dem Königtum eine neue, soziale Legitimation zu geben und so den Gegensatz zwischen Gottesgnadentum und Volkssouveränität zu überwinden. Das Wort von der «doppelten Krone» konnte freilich auch noch einen anderen, Stein 1850 kaum schon bewußten Sinn gewinnen.

In einem Aufsatz zur preußischen Verfassungsfrage, der 1852 in der «Deutschen Vierteljahrs Schrift» erschien, bestritt Stein Preußen die «Verfassungsfähigkeit». Weil im Hohenzollernstaat, anders als in Frankreich, England, der Schweiz und den Niederlanden, nicht die Landstände, sondern die Fürsten «das eigentlich staatsbildende Element in dem entstehenden Staatenleben» gewesen seien, weil ferner dieser Staat immer «noch kein endlich geordnetes, abgeschlossenes, festes Landgebiet» habe und ihm «das harmonische Maß des Körpers, die Basis dauernder Kraft» fehle, deshalb könne auch jetzt der Schwerpunkt des Verfassungslebens nur die Regierung und nicht die Volksvertretung sein. In «solchen zusammengebrachten, von keiner gleichartigen Gesellschaftsordnung durchdrungenen Staatsmassen» sei eine Volksvertretung zwar «nicht unmöglich in dem Sinne, daß man sie nicht äußerlich herstellen, die Vertreter in einen Saal bringen und Beratungen beginnen könnte; aber unmöglich in dem Sinne, daß dieselbe als der zusammenhaltende, herrschende, versöhnende und ausgleichende Mittelpunkt des Volks- und Staatslebens betrachtet würde».

Bei dieser Rechtfertigung eines Systems, das er zwei Jahre zuvor als «Scheinkonstitutionalismus» gekennzeichnet hatte, blieb Stein indes nicht stehen. Wieder hob er den Gegensatz, den Konflikt zwischen Regierung und Volksvertretung und damit zwischen Staat und Gesellschaft, auf einer höheren Ebene auf: diesmal der nationalen. Das Bedürfnis nach einer Volksvertretung in Preußen sei «im Grunde nur eine bestimmte Form des Bedürfnisses nach einer *deutschen* Volksvertretung, und die Widersprüche, die sich in Preußen zeigen, verschwinden, sobald man die preußische Verfassung als eine große und ernste Vorarbeit für eine Gesamtvertretung Deutschlands betrachtet. Es ist vollkommen klar, daß jene historische

Grundlage, jene nationale Innerlichkeit, jene Gemeinschaft der Interessen und der sozialen Entwicklung, die auf allen Seiten Preußens Staat und Bevölkerung durchkreuzt und berührt und es nicht zur festen Kristallisation einer preußischen Verfassung kommen läßt, dem *deutschen* Volk angehört, und daß dieser Zustand aufhört, so wie man sich eine Vertretung dieses Volkes denkt.»

Die Unzulänglichkeit der preußischen Verfassung als Beweis der Notwendigkeit der Einigung Deutschlands: Steins Dialektik war mehr als Spekulation. Verband man seine Gedankenreihen, die aus der französischen und die aus der preußischen Geschichte abgeleitete, so ergab sich das Programm einer doppelten Synthese: Der preußische Staat mußte sich nach innen durch soziale Reformen, nach außen durch nationale Einigung der Deutschen neu legitimieren. Gelang ihm das, bekam das Wort von der «doppelten Krone» einen doppelten Sinn: Der preußische Staat würde dann sowohl ein Königtum von Gottes Gnaden als auch eine vom Volk getragene Ordnung sein und zur Königskrone der Hohenzollern würde die eines deutschen Kaisers hinzukommen. Stein malte dieses Bild selbst nicht weiter aus, aber die Umrisse dessen, was er erstrebte, waren klar zu erkennen.[7]

Der grundlegende Unterschied zwischen den Positionen Rochaus und Steins war offenkundig. Während der liberale Publizist bei der Lösung der sozialen Frage auf die Einsicht des Bürgertums und die Selbsthilfe der Arbeiter setzte, erwartete der konservative Staatswissenschaftler alles vom monarchischen Staat. Deswegen war Stein auch, im Gegensatz zu Rochau, nicht daran gelegen, den Einfluß bürgerlich beherrschter Parlamente auf Kosten der Regierungen zu vergrößern. In einem Punkt aber waren sich beide einig: Sie wollten die soziale Revolution verhindern und sahen soziale Reformen als ein Mittel an, um dieses Ziel zu erreichen. Das unterschied sie fundamental von einem radikalen Sozialisten wie Karl Marx, der das Scheitern der Revolutionen von 1848 zum Anlaß nahm, die eigenen Annahmen hinsichtlich der Voraussetzungen einer erfolgreichen proletarischen Revolution kritisch zu überprüfen.

Das Ergebnis des Nachdenkens war die Schrift «Die Klassenkämpfe in Frankreich», zu Papier gebracht in London, wohin Marx sich nach seiner Ausweisung aus Preußen und einem Zwischenaufenthalt in Paris im Spätsommer 1849 begeben hatte, und 1850 abschnittsweise veröffentlicht in der in Hamburg verlegten «Neuen Rheinischen Zeitung. Politisch-ökonomische Revue». Die historische und theoretische Aufarbeitung der Erfahrungen von 1848 mündete nicht etwa in eine Revision, sondern in eine Radikalisierung der Marxschen Vorstellung von der Revolution der Arbeiterklasse. Die wichtigste Lektion des Revolutionsjahres bestand für Marx darin, daß das Proletariat die einmal eroberte Macht nur festhalten konnte, indem es die Klassengegner systematisch unterdrückte. Er gab seine eigene Auffassung wieder, wenn er die Position des «revolutionären Sozialismus» oder «Kommunismus» wie folgt umriß: «Dieser Sozialismus ist die Permanenzerklärung der Revolution, die Klassendiktatur des Proletariats als notwendiger Durchgangspunkt zur Abschaffung der Klassenunterschiede überhaupt, zur Abschaffung sämtlicher Produktionsverhältnisse, worauf sie beruhen, zur Abschaffung sämtlicher gesellschaftlicher Beziehungen, die diesen Produktionsverhältnissen entsprechen, zur Umwälzung sämtlicher Ideen, die aus diesen Beziehungen hervorgehen.»

Marx verwies an dieser Stelle nicht auf das historische Vorbild der jakobinischen «terreur» von 1793, das ihm gleichwohl stets präsent war. Damals mußte, wie er 1847 schrieb, «die Schreckensherrschaft... nur dazu dienen, durch ihre gewaltigen Hammerschläge die feudalen Ruinen wie vom französischen Boden wegzuzaubern. Die ängstlich-rücksichtsvolle Bourgeoisie wäre in Dezennien nicht mit dieser Arbeit fertig geworden. Die blutige Aktion des Volkes bereitete ihr also nur die Wege.» Anfang November 1848, nach dem Sieg der Gegenrevolution in Wien, gab er in der «Neuen Rheinischen Zeitung» seiner Hoffnung Ausdruck, der «Kannibalismus der Konterrevolution» werde die Völker überzeugen, daß es nur ein Mittel gebe, «die mörderischen Todeswehen der alten Gesellschaft, die blutigen Geburtswehen der neuen Gesellschaft *abzukürzen*, zu vereinfachen, zu *konzentrieren*», nämlich den «*revolutionären Terrorismus*». Die «Diktatur des Proletariats» als proletarische Schreckensherrschaft war durchaus kein beiläufiges Moment in Marxens Versuch, Folgerungen aus dem Ablauf der Revolutionen von 1848 und zumal der französischen Revolution jenes Jahres zu ziehen. In einem Brief an seinen Freund Joseph Weydemeyer vom 5. März 1852 rechnete Marx die Erkenntnis, «daß der Klassenkampf notwendig zur Diktatur des Proletariats führt», sogar zum Kernbereich seiner Theorie.[8]

Dem folgenreichen Rückschluß von der «bürgerlichen» auf die «proletarische» Revolution widersprachen bereits Zeitgenossen. Rochau machte 1853 auf einen wesentlichen Unterschied zwischen dem «dritten» und dem «vierten Stand» aufmerksam. «Es ist eine nichtssagende Redensart», schrieb er, «wenn man von einem vierten Stand spricht, der den Mittelstand ablösen werde, wie der Mittelstand vormals in die Stelle der Aristokratie eingerückt sei. Zwischen diesem geschichtlichen Vorgang und jener Weissagung fehlt jeder innere Zusammenhang. Der Mittelstand hat dem Adel das Heft aus der Hand gewunden, nicht, weil er zahlreicher war – der Zahl nach war ja der mißhandelte Bauer noch weit stärker, ohne sich gleichwohl helfen zu können –, sondern weil er es ihm an geistiger und sittlicher Bildung und an Wohlstand zuvortat. Diese Eigenschaften waren es, welche ihm den Anspruch auf die größere politische Geltung gaben und ihn instand setzten, sich dieselbe zu verschaffen. Der sogenannte vierte Stand dagegen wird gerade durch den Mangel jener Eigenschaften vorzugsweise charakterisiert, und wie lebhaft auch die Teilnahme sei, welche Unwissenheit, Roheit und Armut verdienen, so kann doch nur der bare Unverstand ihnen den Beruf zur herrschenden politischen Rolle zuerkennen. Entkleidet man den sogenannten vierten Stand jener negativen Eigenschaften, macht man ihn unterrichtet, so verschmilzt man ihn mit dem bisherigen Mittelstand, der alsdann möglicherweise nur noch einen Gegensatz von oben her haben kann.»

Marx fochten solche Einwände nicht an. Daß sich «1789» und «1793» auf der nächsten Stufe der großen historischen Auseinandersetzungen zwischen den Klassen in abgewandelter Form wiederholen würden, daran hielt er unerschütterlich fest. Unterschiede zwischen der «bürgerlichen» und der «proletarischen» Revolution sah auch er. Aber es waren andere Unterschiede als jene, auf die Rochau hinwies. Um die Jahreswende 1851/52 begann Marx mit der Niederschrift seiner brillantesten historischen Abhandlung, des «Achtzehnten Brumaire des Louis Bonaparte», einer Analyse des Staatsstreichs vom 2. Dezember 1851, durch den Präsident Louis Napoleon nach dem Vorbild seines Onkels vom 9. November 1799, dem 18. Brumaire des Revolutionskalenders, alle Macht in seiner Person vereinigt hatte.

Der Triumph des Usurpators gab Marx Anlaß zu einem Vergleich der älteren und der neueren Revolutionen. «Bürgerliche Revolutionen wie die des achtzehnten Jahrhunderts», schrieb er, «stürmen rascher von Erfolg zu Erfolg, ihre dramatischen Effekte überbieten sich, Menschen und Dinge scheinen in Feuerbrillanten gefaßt, die Ekstase ist der Geist jenes Tages; aber sie sind kurzlebig, bald haben sie ihren Höhepunkt erreicht, und ein langer Katzenjammer erfaßt die Gesellschaft, ehe sie die Resultate ihrer Drang- und Sturmperiode nüchtern sich aneignen lernt. Proletarische Revolutionen dagegen, wie die des neunzehnten Jahrhunderts, kritisieren beständig sich selbst, unterbrechen sich fortwährend in ihrem eigenen Lauf, kommen auf das scheinbar Vollbrachte zurück, um es wieder von neuem anzufangen, verhöhnen grausam-gründlich die Halbheiten, Schwächen und Erbärmlichkeiten ihrer ersten Versuche, scheinen ihren Gegner nur niederzuwerfen, damit er neue Kräfte aus der Erde sauge und sich riesenhafter ihnen gegenüber wieder aufrichte, schrecken stets von neuem zurück vor der unbestimmten Ungeheuerlichkeit ihrer eigenen Zwecke, bis die Situation geschaffen ist, die jede Umkehr unmöglich macht, und die Verhältnisse selbst rufen:

Hic Rhodus, hic salta!
Hier ist die Rose, hier tanze!»

Louis Napoleon war der Mann, den es theoretisch gar nicht hätte geben dürfen, setzte er doch, solange er regierte, Grundannahmen der Marxschen Theorie außer Kraft. Der Staat sei, so hatten Marx und Engels 1848 im Kommunistischen Manifest verkündet, «nur ein Ausschuß, der die gemeinschaftlichen Geschäfte der ganzen Bourgeoisklasse verwaltet». Louis Napoleon aber war, was Marx die «verselbständigte Macht der Exekutivgewalt» nannte, und der Bonapartismus nichts anderes als das Eingeständnis der Bourgeoisie, «daß, um ihre gesellschaftliche Macht unversehrt zu erhalten, ihre politische Macht gebrochen werden müsse». Die verselbständigte Macht der bonapartistischen Exekutivgewalt ließ sich folglich nicht mehr als organisiertes Gesamtinteresse der gesellschaftlich herrschenden Klasse beschreiben. Doch wer herrschte an ihrer Stelle und in wessen Interesse regierte Napoleon III.? Nach den militärischen Erfolgen des zweiten französischen Kaiserreichs im Krimkrieg begann Marx, die politische Rolle der Armee ernst zu nehmen; 1859 sprach er von der «Errichtung der Herrschaft *der* Armee an Stelle der Herrschaft *mittels* der Armee» und kurz darauf sogar vom «grundlegenden Antagonismus zwischen der bürgerlichen Gesellschaft und dem coup d'état», also dem Staatsstreich. Die materialistische Geschichtsauffassung schien an das Ende ihres Lateins gelangt: Die gesellschaftliche Basis war nicht mehr in der Lage, den politischen Überbau zu bestimmen, sondern war diesem ausgeliefert. Napoleon III. hatte das Unmögliche möglich gemacht.

Die theoretische Unhaltbarkeit der bestehenden Verhältnisse förderte bei Marx und mehr noch bei seinem Freund Friedrich Engels die Neigung, Krisen herbeizusehnen und, wenn sie eintraten, revolutionäre Hoffnungen an sie zu knüpfen. Als 1857 die Weltwirtschaftskrise ausbrach, freute sich Engels: «Die Krisis wird mir körperlich ebenso wohltun wie ein Seebad, das merk' ich jetzt schon. 1848 sagten wir: jetzt kommt unsere Zeit, und sie kam ja in a certain sense, diesmal aber kommt sie vollständig, jetzt geht es um den Kopf.»

Die wirtschaftliche Krise hielt zwar nicht, was sie versprach, aber dafür mehrten sich bald politische Krisenzeichen, und sie kamen auch aus Preußen. Als Prinz Wilhelm im Oktober 1858 an Stelle König Friedrich Wilhelms IV., seines geistig erkrankten Bruders, die Regentschaft übernahm und kurz darauf ein liberal-konservatives Ministerium unter dem Fürsten Karl Anton von Hohenzollern-Sigmaringen bildete, warnte Marx noch vor übertriebenen Erwartungen. Doch der Sieg der gemäßigten Liberalen bei den Wahlen zum Abgeordnetenhaus im November überzeugte Engels vom «politischen Wiedererwachen» in Preußen – einer Entwicklung, die er mit ähnlichen Vorgängen in anderen Ländern verglich und so in einen gesamteuropäischen Vorgang einordnete: Zehn Jahre nach der Revolution schien die Bourgeoisie nicht mehr bereit, die Folge ihrer politischen Selbstentmündigung, die Unterwerfung unter den militärischen und politischen Despotismus, hinzunehmen. Mit ihrem Reichtum war ihre gesellschaftliche Macht gewachsen, und nun begann die Bourgeoisie wieder, die auferlegten politischen Ketten zu spüren.

Engels' Folgerung war zugleich eine Vorhersage: «Die gegenwärtige Bewegung in Europa ist die natürliche Folge und der Ausdruck des Gefühls, gepaart mit einem wiedererlangten Vertrauen in ihre eigene Macht über ihre Arbeiter, wiedererlangt in den zehn Jahren ungestörter industrieller Tätigkeit. Das Jahr 1858 hat eine starke Ähnlichkeit mit dem Jahr 1846, das ebenfalls ein politisches Wiedererwachen in den meisten Teilen Europas einleitete und sich ebenfalls durch eine Anzahl von Fürsten, die Reformen anstrebten, auszeichnete, Fürsten, die zwei Jahre später ohnmächtig hinweggerafft wurden vom Ansturm der revolutionären Flut, die sie entfesselt hatten.»[9]

Wie die sozialistischen Emigranten Marx und Engels in London und Manchester so blickten Deutsche aller politischen Richtungen seit dem Herbst 1858 gebannt auf das, was in Preußen geschah. Prinz Wilhelm, der «Kartätschenprinz» von 1849, war kein Liberaler. Doch er hatte auch nichts im Sinn mit der hochkonservativen «Kamarilla» Friedrich Wilhelms IV., und es war ihm ernst mit dem Vorsatz, konstitutionell zu regieren. Deswegen setzte er sich auch nach der Übernahme der Regentschaft am 9. Oktober 1858 über die letztwillige Aufforderung des inzwischen geistig umnachteten Königs hinweg, den Eid auf die Verfassung zu verweigern. Der Eidesleistung vor beiden Kammern am 26. Oktober folgte am 8. November eine aufsehenerregende Ansprache vor dem neuen, zu gleichen Teilen aus gemäßigten Konservativen und «Altliberalen» zusammengesetzten Staatsministerium. Am häufigsten zitiert wurde das Wort von den «moralischen Eroberungen», die Preußen in Deutschland machen müsse: Es ließ Wilhelms Absicht erkennen, mit der Reaktionspolitik seines Bruders zu brechen und die deutsche Einigung voranzutreiben.

Nicht ganz so viel Aufmerksamkeit fand eine andere Bemerkung in der Ansprache des Prinzregenten: sein Hinweis auf Änderungen im Wehrwesen, die notwendig seien, damit Preußen in den politischen Auseinandersetzungen der Großmächte ein wirkliches Gewicht in die Waagschale werfen könne. Die «Neue Ära», von der alsbald innerhalb und außerhalb Preußens die Rede war, begann im Zeichen großer Hoffnungen, und diese trugen entscheidend dazu bei, daß die gemäßigten Liberalen bei den Landtagswahlen vom November 1858 einen überragenden Erfolg, nämlich die absolute Mehrheit der Sitze in der zweiten Kammer, errangen.

Erstmals seit 1849 gingen auch viele Anhänger der Demokraten wieder zu den Urnen. Auf die Aufstellung eigener Kandidaten verzichtete die entschiedene Linke freilich noch. Sie begnügte sich für den Augenblick damit, den Rechtsboden der revidierten Verfassung anzuerkennen und ihre Bereitschaft zu bekunden, die neue Regierung unter bestimmten Bedingungen zu unterstützen. Die Bedingungen machte der von Johann Jacoby verfaßte Königsberger «Wahlaufruf der preußischen Demokratie» deutlich: Die Linke erwartete vom Staatsministerium unter dem Fürsten von Hohenzollern-Sigmaringen und seinem Stellvertreter, dem altliberalen Rudolf von Auerswald, die «gewissenhafte Handhabung der Landesverfassung sowie die freisinnige Fortbildung derselben auf gesetzlichem Wege».

Die Hochstimmung vom Spätjahr 1858 hielt jedoch nicht lange vor. Die Regierung leitete Reformen in der inneren Verwaltung nur zögerlich ein, und wo sie es tat, stießen diese Reformen auf den hinhaltenden Widerstand konservativer Ministerialbeamten und Landräte. Widerstand leistete auch das Herrenhaus: Es brachte liberale Vorlagen auf dem Gebiet des Zivilrechts ebenso zu Fall wie Gesetzentwürfe, die das Steuerprivileg der Rittergüter beseitigen wollten. Die Altliberalen aber dachten nicht daran, dem Staatsministerium und der ersten Kammer gegenüber von ihrer parlamentarischen Stärke Gebrauch zu machen. Die Devise der maßgeblichen Gruppierung, der von dem ehemaligen Abgeordneten der deutschen Nationalversammlung Georg von Vincke geführten und nach ihm benannten Fraktion, hieß «Nur nicht drängeln». An diesen Wahlspruch hielt sich der gouvernementale Liberalismus zum wachsenden Unbehagen der Demokraten und vieler jüngerer Liberalen auch noch das ganze Jahr 1859 über – ein Jahr, das infolge eines außenpolitischen Ereignisses, des italienischen Unabhängigkeitskrieges, zu einer Zäsur in der Geschichte der liberalen und nationalen Bewegung in Deutschland werden sollte.[10]

Im Juli 1858 hatten sich Napoleon III. und der Ministerpräsident des Königreichs Sardinien-Piemont, Graf Camillo di Cavour, darauf verständigt, daß Frankreich Sardinien bei der Eroberung der Lombardei und Venetiens, also einem Krieg mit Österreich, unterstützen und Sardinien dafür der Abtretung von Nizza und Savoyen an Frankreich zustimmen würde. Die geheime Abrede lag ganz auf der Linie des Zusammenspiels mit Paris, das Cavour 1855 begonnen hatte, als er sein Land auf der Seite Englands und Frankreichs in den Krimkrieg führte. Ende April 1859 drangen österreichische Truppen, nachdem Cavour ein Wiener Ultimatum hatte verstreichen lassen, in das Gebiet des Königreichs Sardinien-Piemont ein. Der Krieg um die Einigung Italiens hatte begonnen, und es lag auf der Hand, daß dieser Konflikt die öffentliche Meinung Deutschlands sehr viel stärker aufwühlen mußte als einige Jahre zuvor der Krimkrieg.

Über der Frage, wie sich Preußen und Deutschland gegenüber dem Krieg zwischen Österreich auf der einen, Sardinien und Frankreich auf der anderen Seite verhalten sollten, entstanden 1859 völlig neue politische «Lager». Am einheitlichsten war noch die Gruppe derer, die eine Unterstützung Österreichs durch Preußen unter der Bedingung befürworteten, daß Wien dem Rivalen dafür die militärpolitische Führungsrolle im engeren Deutschland zugestand. Zu dieser Richtung gehörten die meisten kleindeutschen Liberalen von 1848, darunter die Historiker Johann Gustav Droysen, Heinrich von Sybel und Georg Waitz. Sehr viel buntscheckiger waren die Gruppen der unbedingten Befürworter und der unbedingten Gegner eines preußischen Eingreifens zugunsten des Habsburgerreiches.

Zu der Gruppe, die Preußen und Deutschland unter allen Umständen auf der Seite Österreichs sehen wollte, zählten preußische Altkonservative wie die Brüder Gerlach, der großdeutsche Demokrat Waldeck, die Sozialisten

Marx und Engels und, weit erstaunlicher, der habsburgfeindliche Liberale Rochau und der ehemalige Präsident der deutschen Nationalversammlung, Heinrich von Gagern, der zu jener Zeit von der kleindeutschen zur großdeutschen «Partei» übertrat. Unter denen, die Preußen eine Wendung gegen Österreich, gegebenenfalls im Bunde mit Frankreich, anrieten, waren der Sozialist Ferdinand Lassalle, die «Achtundvierziger»-Demokraten Arnold Ruge und Ludwig Bamberger, der liberale Publizist Konstantin Rößler und der konservative Realpolitiker Otto von Bismarck, der nach der Übernahme der Regentschaft durch Prinz Wilhelm seinen Posten als preußischer Vertreter beim Bundestag hatte aufgeben müssen und nun als preußischer Gesandter in St. Petersburg, wie er es empfand, an der Newa «kaltgestellt» war.

Bismarck hätte damals, wie er am 5. Mai 1858 den Generaladjutanten des Prinzen von Preußen vertraulich wissen ließ, die preußischen Armeen am liebsten nach Süden geschickt – mit Grenzpfählen im Tornister, um diese «entweder am Bodensee oder da, wo das protestantische Bekenntnis aufhört vorzuwiegen», wieder einzuschlagen. Die von Preußen «in Besitz» genommenen Deutschen würden sich, glaubte Bismarck, anschließend gern «für uns» schlagen, «besonders wenn der Prinzregent ihnen den Gefallen tut, das Königreich Preußen in Königreich Deutschland umzutaufen».

Ähnliche Empfehlungen gab Ferdinand Lassalle, 1825 als Sohn eines jüdischen Kaufmanns in Breslau geboren, geistig von Fichte mindestens ebenso stark geprägt wie von Hegel, während der Revolution aktiver Parteigänger von Marx, nach Verbüßung einer Gefängnisstrafe wegen Aufforderung zum Widerstand gegen Staatsbeamte wissenschaftlich und schriftstellerisch tätig, Mitte Mai 1859 in seiner Flugschrift «Der italienische Krieg und die Aufgabe Preußens. Eine Stimme aus der Demokratie». Österreich war Lassalle zufolge das «reaktionäre Prinzip» schlechthin und darum ein gefährlicherer Feind als Napoleon III., der immerhin genötigt sei, sein Regiment auf demokratische Prinzipien wie das allgemeine Stimmrecht zu stützen. Wenn Preußen zur Zeit auch wohl kaum zu einer Politik im Stil Friedrichs des Großen, nämlich der Eroberung der deutschen Länder Österreichs und der Proklamation des deutschen Kaisertums, fähig sei, so könne es doch Ruhm an seine Fahnen heften: «Revidiert Napoleon die europäische Karte nach dem Prinzip der Nationalitäten im Süden, gut, so tun wir dasselbe im Norden. Befreit Napoleon Italien, gut, so nehmen wir Schleswig-Holstein!»

Marx und Engels hingegen hielten auch 1859 an ihrer Auffassung fest, daß kein Regime der Revolution in solchem Maß im Wege stand wie das bonapartistische. Folglich war es ein revolutionäres Interesse, Napoleon zu schlagen oder zumindest zu schwächen. Schon deshalb mußte Deutschland «den Po am Rhein verteidigen». In seiner Anfang 1859 verfaßten, im April veröffentlichten Broschüre «Po und Rhein» rief Engels dazu auf, dem

Feind, also Frankreich, zu schaden und keine moralischen Reflexionen darüber anzustellen, «ob das mit der ewigen Gerechtigkeit und dem Nationalitätsprinzip vereinbar ist. Man wehrt sich eben seiner Haut.» War Deutschland erst einmal geeinigt, konnte es immer noch auf den «ganzen italienischen Plunder» verzichten.

Die Politik, die Preußen im Frühsommer 1859 trieb, enttäuschte *alle* Lager. Der Staat der Hohenzollern blieb neutral. Zur «bewaffneten Vermittlung» an der Seite Englands und Rußlands, zu der Preußen sich Ende Juni, nach der schweren Niederlage der Österreicher bei Solferino, bereit fand, kam es nicht mehr. Anfang Juli einigten sich die Kaiser Franz Joseph und Napoleon III. auf einen Kompromißfrieden. Österreich verzichtete im Vorfrieden von Villafranca auf den Hauptteil der Lombardei, behielt aber Venetien, Mantua und Peschiera. Der italienische Nationalstaat, der aus dem Krieg und der anschließenden revolutionären Volksbewegung hervorging, war zwar noch unvollendet: Venetien konnte er sich erst 1866, Rom vier Jahre später angliedern. Doch aus der Wiener Friedensordnung von 1815, die schon der Krimkrieg nachhaltig erschüttert hatte, war nun ein wichtiges Stück herausgebrochen. Das mußte alle Kräfte ermutigen, die in anderen Teilen Europas danach strebten, dem demokratischen Prinzip der Nationalität zum Triumph über das Prinzip der monarchischen Legitimität zu verhelfen.[11]

Die Leiter der österreichischen Politik waren sich der Gefahr bewußt, daß das italienische Beispiel Nachahmer finden könnte. Unter dem Eindruck der Niederlage von 1859 unternahm die Habsburgermonarchie im Jahr darauf einen weiteren Versuch, sich zum Verfassungsstaat zu wandeln. Das Oktoberdiplom von 1860, das die Aristokratie der deutschen wie der nichtdeutschen Kronländer zur Trägerin einer föderalistischen Staatsordnung machte, rief jedoch in Ungarn wie bei den deutsch-österreichischen Liberalen so viel Widerspruch hervor, daß es schon nach vier Monaten einer neuen Verfassung, dem Februardiplom, weichen mußte.

Das Staatsgrundgesetz von 1861, ein Werk des neuberufenen Staatsministers und ehemaligen Reichsministerpräsidenten Anton von Schmerling, schuf in Gestalt des Reichsrats ein Gesetzgebungsorgan für die Gesamtmonarchie, nahm Ungarn indes aus seiner Zuständigkeit teilweise heraus, indem es für Fragen, die nur die cisleithanischen, also nichtungarischen Teile des Reiches berührten, Entscheidungen eines «engeren Reichsrats» vorsah. Da Ungarn, Tschechen, Polen und Kroaten aus Protest gegen das neue System den Reichsrat nicht beschickten, konnte dieser nur als überwiegend deutsches Rumpfparlament tätig werden. Der Zusammenhalt der Monarchie ließ sich auf diese Weise nicht befestigen. Einen Vorteil hatte das Februardiplom jedoch: Ein «deutscher» und «liberaler» Reichsrat in Wien konnte die öffentliche Meinung Deutschlands beeindrucken – namentlich dann, wenn Preußen fortfuhr, die liberalen Erwartungen zu enttäuschen.

Im Herbst 1859 gab es noch Hoffnungen auf Preußen. Nach der Niederlage des Habsburgerreiches konnte nur noch der Hohenzollernstaat den Deutschen Schutz vor Frankreich gewähren: eine Einsicht, die sich für kleindeutsche Liberale nachgerade von selbst verstand, zu der nun aber auch einige bislang eher großdeutsch gesinnte Demokraten gelangten. Organisatorischer Ausdruck der nationalpolitischen Annäherung von Liberalen und Demokraten war der Deutsche Nationalverein, der nach dem Vorbild der italienischen Società Nazionale von 1856 im September 1859 in Frankfurt am Main gegründet wurde. Auf Seiten der Liberalen war der Hannoveraner Jurist Rudolf von Bennigsen die treibende Kraft, auf Seiten der gemäßigten Demokraten der Kreisrichter Hermann Schulze-Delitzsch, der 1848/49 der preußischen Nationalversammlung als Mitglied des linken Zentrums angehört hatte.

Der neue Verband hielt nur noch eine kleindeutsche Lösung der deutschen Frage, also eine Einigung Deutschlands unter preußischer Führung, für möglich. Daß er den deutschen Teilen Österreichs den Beitritt zu einem deutschen Bundesstaat offenzuhalten versprach, war ein eher taktisches Zugeständnis an süddeutsche Neigungen und Abneigungen. Das Signal, das von der Gründung des Nationalvereins ausging, war nicht zu überhören: Liberale und Demokraten stellten ihre verbleibenden Gegensätze, etwa in der Wahlrechtsfrage, zurück, weil sich beide mittlerweile einig waren, daß die Schaffung eines freiheitlichen Nationalstaates keinen Aufschub mehr duldete und wichtiger war als alles andere. Das italienische Beispiel begann auch in Deutschland Schule zu machen.

Gesellschaftlich gab das Bildungsbürgertum im Deutschen Nationalverein den Ton an, konfessionell der Protestantismus. Aber mit ihren bald mehr als 25 000 Mitgliedern war die neue Organisation doch mehr als eine Honoratiorenvereinigung. Der Nationalverein stand in enger Verbindung mit Arbeiterbildungs-, Turner-, Wehr- und Schützenvereinen, die sich seinem politischen Führungsanspruch freilich meist zu entziehen verstanden und vielfach auch in den sechziger Jahren noch «großdeutsch» gesinnt blieben. Der Nationalverein war nur *ein* Ausdruck des nationalen Gedankens und gewiß nicht der volkstümlichste: Die Feiern zum 100. Geburtstag Friedrich Schillers im November 1859 fanden noch weithin ohne organisatorische Beteiligung des eben gegründeten Verbandes statt. Der Nationalverein wirkte aktiv an den Turn- und Schützenfesten in Coburg, Gotha und Berlin in den Jahren 1860 und 1861 mit, desgleichen am Deutschen Schützenfest in Frankfurt am Main im Juli 1862 und dem Deutschen Turnfest in Leipzig im August 1863. Doch seiner Regie konnte der Nationalverein diese Veranstaltungen nicht unterwerfen. Trotz intensiver Bemühungen gelang es ihm auch nicht, die deutsche Turnbewegung auf die Pflege des Wehrturnens festzulegen.

Ganz den Stempel des Nationalvereins trugen dagegen zahlreiche Feiern zum 100. Geburtstag Fichtes im Mai 1862 und die Veranstaltungen im

Rahmen einer «Reichsverfassungskampagne» im Frühjahr 1863. Erheblich war auch der Anteil des Nationalvereins an der Sammlung von Beiträgen zum Wiederaufbau der 1848 von der vorläufigen Zentralgewalt geschaffenen, 1852 vom Bundestag aufgelösten und schließlich in öffentlicher Auktion versteigerten deutschen Flotte. Empfänger der Spendengelder war das preußische Marineministerium – bis dann die innere Entwicklung des Hohenzollernstaates dieser Aktion im Frühjahr 1862 ein jähes Ende bereitete.

Vor allem für die Meinungsbildung im akademischen Deutschland war es wichtig, daß es den Nationalverein gab. Über alle deutschen Staatsgrenzen hinweg wirkte er mitsamt seinem publizistischem Organ, der von Rochau herausgegebenen «Wochenschrift», als fester Stützpunkt aller «kleindeutsch» geprägten nationalen Bestrebungen. Der Nationalverein war der verbandsförmige Vorgriff auf eine noch nicht mögliche gesamtdeutsche Partei – und als Anstoß zu einer politischen Parteigründung im größten deutschen Staat sollte er sich schon bald nach seiner Entstehung erweisen.[12]

Zur tiefgreifenden Umformung des Parteiwesens in Preußen zu Beginn der sechziger Jahre bedurfte es allerdings noch eines anderen Anstoßes. Er hieß: Heeresreform. Für den Prinzen Wilhelm war die Erneuerung des Heerwesens seit der Übernahme der Regentschaft das vordringlichste Anliegen. Daß das Militär einer Reform bedurfte, war in Preußen unstrittig: Die letzte Reform, das von Scharnhorst geprägte Heeresgesetz aus dem Jahr 1814, lag nunmehr ein halbes Jahrhundert zurück, und noch immer galt, obwohl die Bevölkerung Preußens inzwischen von 11 auf 18 Millionen angewachsen war, die Heeresstärke, wie sie Friedrich Wilhelm III. 1817 festgelegt hatte: Von jährlich 180 000 Wehrpflichtigen wurden nur etwa 40 000 eingezogen.

Die Erhöhung der Rekrutenzahl, und zwar um rund 23 000 Mann, war jedoch nur eines der Ziele, auf die in Wilhelms Auftrag Albrecht von Roon, der neue, im Dezember 1859 ernannte preußische Kriegsminister, hinarbeitete. Die geplante Heeresreform schloß auch eine Umschichtung zwischen Landwehr und Linie in sich: Die drei jüngeren Jahrgänge der Landwehr sollten künftig in die Reserve und damit in die Linie eingegliedert werden, was auf eine Schwächung des aus der Reformzeit stammenden «bürgerlichen» Elements des preußischen Militärwesens hinauslief. Nicht minder deutlich war der antibürgerliche Effekt einer anderen Maßnahme: Roon wollte an der dreijährigen Dienstzeit festhalten, obschon, rein militärisch gesehen, eine zweijährige Ausbildung, wie sie seit der Revolutionszeit praktiziert wurde, völlig ausgereicht hätte. Aus der Sicht Wilhelms und der Generalität aber gab es einen politischen Grund, der das dritte Jahr erforderlich machte: die Erziehung der Rekruten zu verläßlichen Stützen des preußischen Soldatenstaates – einer Ordnung, die es im Ernstfall nicht nur gegen äußere Feinde, sondern auch nach innen, gegen Umsturz und Revolution, zu schützen galt.

Der Konflikt mit dem liberalen Bürgertum und seinen parlamentarischen Vertretern war also vorgezeichnet. Zwar hatte das preußische Abgeordnetenhaus streng genommen nur über die haushaltsrechtliche und nicht über die militärorganisatorische Seite der Reform zu entscheiden. Aber das Budgetrecht war der Hebel, dessen sich bedienen mußte, wer eine Umgestaltung des Heerwesens im Sinne Roons verhindern wollte. Von einer entschiedenen Abwehr der Heeresreform konnte indessen keine Rede sein. Vielmehr stimmte das Parlament ungeachtet seiner Vorbehalte im Februar 1860 einem «Provisorium» zu, das es der Regierung gestattete, die nicht genau umrissene Reorganisation in Angriff zu nehmen. Knapp ein Jahr später – am 18. Januar 1861, wenige Wochen nach dem Tod Friedrich Wilhelms IV. – ließ sich Wilhelm in Königsberg zum König krönen. Daß er als Monarch die Heeresreform mit noch größerem Nachdruck als bisher verfolgen würde, war allen Beobachtern klar. Dennoch ließ sich das Abgeordnetenhaus im Frühjahr 1861 nochmals auf ein Provisorium ein – einen Vorbehalt, den die Regierung mit der zutreffenden Feststellung zurückwies, bei der Heeresvermehrung handle es sich um vollendete Tatsachen.

Die liberale Kammermehrheit hatte einen schweren Fehler begangen, als sie darauf verzichtete, dem Staatsministerium bei der Verwendung der bewilligten Mittel die Hände zu binden – und sie mußte für diesen Fehler bezahlen. Am 6. Juni 1861, kurz nach der Bewilligung des zweiten Provisoriums und dem Ende der Parlamentssession, wurde in Berlin die Deutsche Fortschrittspartei gegründet. Es war ein Zusammenschluß von jüngeren Liberalen, die sich seit längerem der allzu nachgiebigen Haltung der «Fraktion Vincke» widersetzt hatten, und Demokraten, die schon 1848 politisch hervorgetreten waren. Der regionale Schwerpunkt der parlamentarischen Opposition war Ost- und Westpreußen, was den liberalen Frondeuren den Spottnamen «Junglithauen» eintrug. Der ostpreußische Rittergutbesitzer Leopold von Hoverbeck und der aus Westfalen stammende, seit kurzem in Elbing praktizierende Rechtsanwalt Max von Forckenbeck waren die aktivsten Vertreter dieser Gruppe, die in der östlichsten preußischen Provinz sogleich zahlreiche Anhänger, nicht zuletzt unter freihändlerischen Gutsbesitzern und Kaufleuten, fand. Sehr viel bekannter waren einige der Demokraten, die sich der Fortschrittspartei anschlossen, an ihrer Spitze Johann Jacoby aus Königsberg und zwei weitere ehemalige Mitglieder der preußischen Nationalversammlung von 1848, die erst vor kurzem durch Nachwahlen ins Abgeordnetenhaus gelangt waren: Benedikt Waldeck aus Westfalen und Hermann Schulze-Delitzsch aus der Provinz Sachsen.

Durch die Vereinigung von Liberalen und Demokraten vollzog die Deutsche Fortschrittspartei in Preußen nach, was ihr zwei Jahre zuvor der Deutsche Nationalverein vorgemacht hatte. Als eine Art Vollzugsorgan des Nationalvereins betrachtete sich die neue Gruppierung denn auch, aber sie war zugleich mehr als das, nämlich die erste «moderne» Partei in Deutschland. Die Fortschrittspartei gab sich über die üblichen Wahlkomitees hinaus von der örtlichen bis zur gesamtstaatlichen Ebene einen festen organisatorischen Unterbau. Dazu kam ein verbindliches Parteiprogramm, das die Gemeinsamkeit von Liberalen und Demokraten, ihr Bekenntnis zu einer Politik der freisinnigen Reformen in Preußen und zur nationalen Einigung Deutschlands, betonte und das Trennende zurückstellte: In der umstrittenen Wahlrechtsfrage blieb es dabei, daß die Demokraten für das allgemeine gleiche Wahlrecht eintraten, während die Liberalen im engeren Sinn einen Zensus bevorzugten, der den besitzenden Schichten zu mehr politischem Einfluß verhalf als den besitzlosen Massen. Im Vordergrund stand zunächst ohnehin, da im Dezember ein neues Abgeordnetenhaus zu wählen war, der Kampf um den Ausbau des Verfassungsstaates und damit gegen eine Heeresreform, die das Gegenteil bewirken mußte.

Die Landtagswahlen brachten der Fortschrittspartei einen erdrutschartigen Sieg. Sie erhielt über 100 Mandate und wurde damit auf Anhieb die stärkste Fraktion. Zusammen mit dem Linken Zentrum, der anderen Gruppierung des «entschiedenen Liberalismus», kam sie auf mehr als die Hälfte der Sitze. Im Bewußtsein ihrer Stärke stellte die Fortschrittspartei Anfang 1862 den «Antrag Hagen», den die Regierung als gezielte Herausforderung begreifen mußte und sollte: Die Abgeordneten der am weitesten links stehenden Fraktion forderten darin eine stärkere «Spezialisierung» des Etats schon im laufenden Haushaltsjahr. Der Zweck war klar: Das Staatsministerium sollte gehindert werden, die Mehrkosten der Heeresreform, der bisherigen Übung entsprechend, aus anderen Haushaltstiteln zu decken. Der altliberale Finanzminister von Patow sprach von einem Mißtrauensvotum, konnte aber das Parlament nicht davon abhalten, mit 177 gegen 143 Stimmen den Antrag Hagen anzunehmen. Fünf Tage später, am 11. März 1862, löste König Wilhelm I. das Abgeordnetenhaus auf. Am 14. März entließ er das Ministerium, das er zu Beginn der Neuen Ära im November 1858 eingesetzt hatte. Dem neuen Kabinett unter der nominellen Leitung des Fürsten Adolf von Hohenlohe-Ingelfingen und der tatsächlichen des Finanzministers von der Heydt gehörten nur noch konservative Minister an.

Die Wähler antworteten am 6. Mai 1862: Die Verlierer der Landtagswahl waren die Konservativen, die katholische Fraktion und die Altliberalen, die Sieger wiederum die entschiedenen Liberalen. Die Fortschrittspartei gewann nochmals rund zwanzig Sitze hinzu; zusammen kamen die liberalen Fraktionen auf vier Fünftel der Mandate. Mitte September brachten die Abgeordneten Friedrich von Stavenhagen und Heinrich von Sybel, beide vom Linken Zentrum, und Karl Twesten von der Fortschrittspartei einen letzten Kompromißvorschlag auf der Grundlage der zweijährigen Dienstzeit ein. Er scheiterte, obwohl auch Roon und das Gesamtministerium in dieser Lösung einen Ausweg aus der Krise sahen, am hartnäckigen Widerstand des Königs. Wilhelm dachte zeitweilig an Abdankung, ließ sich dann aber von Bismarck umstimmen. Dieser, seit dem Mai 1862 preußischer Gesandter in Paris, war von Roon aus dem Urlaub in Biarritz nach Berlin gerufen worden. In langen Gesprächen in Schloß und Park von Babelsberg vermochte er am 22. September Wilhelm I. auf eine Politik der Konfrontation mit dem Parlament einzuschwören. Noch am selben Tag übertrug ihm der König die vorläufige Leitung des Staatsministeriums.

Es sei ihm, schreibt Bismarck in seinen «Gedanken und Erinnerungen», gelungen, Wilhelm davon zu überzeugen, «daß es sich für ihn nicht um Konservativ oder Liberal in dieser oder jener Schattierung, sondern um Königliches Regiment oder Parlamentsherrschaft handle und daß die letztere unbedingt und auch durch eine Periode der Diktatur abzuwenden sei». Die Alternative «Königliches Regiment oder Parlamentsherrschaft» enthielt ebenso wie das Stichwort «Diktatur» einen deutlichen Bezug zur englischen Revolution des 17. Jahrhunderts. Die Absage an das liberale Verständnis von Konstitutionalismus war eindeutig – so eindeutig, daß man für die Jahre 1862 bis 1866, in denen Bismarck ohne parlamentarisch bewilligtes Budget, also verfassungswidrig, regierte, nicht einmal mehr von «Scheinkonstitutionalismus» sprechen konnte.

Das Abgeordnetenhaus hatte, als es die sofortige Spezialisierung des Etats beantragte, die «Machtfrage» gestellt. Die Antwort des preußischen Soldatenstaates war die von Bismarck praktizierte und gerechtfertigte «Lückentheorie»: Wenn der in der Verfassung nicht vorgesehene Fall eintrat, daß eine der beiden Kammern durch Verweigerung notwendiger Budgetmittel das Gleichgewicht der drei gesetzgebenden Gewalten, also König, Herrenhaus und Abgeordnetenhaus, außer Kraft setzte, so hatte, dem monarchischen Prinzip entsprechend, das vom König eingesetzte Staatsministerium die Pflicht, solange ohne Haushaltsgesetz zu regieren, bis die Kammer die in der Zwischenzeit getätigten Ausgaben nachträglich für gesetzlich erklärte.

Am 23. September lehnte das Abgeordnetenhaus die Mittel für die Heeresreform endgültig ab. Eine Woche später, am 30. September 1862, legte Bismarck in der Budgetkommission eine fortan immer wieder zitierte Maxime seiner Politik dar: «Nicht auf Preußens Liberalismus sieht Deutschland, sondern auf seine Macht; Bayern, Württemberg, Baden mögen dem Liberalismus indulgieren, darum wird ihnen doch keiner Preußens Rolle anweisen; Preußen muß seine Kraft zusammenfassen und zusammenhalten auf den günstigsten Augenblick, der schon einige Male verpaßt ist; Preußens Grenzen nach den Wiener Verträgen sind zu einem gesunden Staatsleben nicht günstig; nicht durch Reden und Majoritätsbeschlüsse werden die großen Fragen der Zeit entschieden – das ist der große Fehler von 1848 bis 1849 gewesen –, sondern durch Eisen und Blut.»

Das öffentliche Echo auf dieses Bekenntnis war so negativ, daß Bismarck es für geboten hielt, dem König, der sich auf einer Bahnfahrt von Baden-Baden nach Berlin befand, am 4. Oktober bis nach Jüterbog entgegenzureisen und ihm seinen Standpunkt zu erläutern. Als Wilhelm in düsterer Stimmung ein blutiges Ende des Konflikts beschwor – erst werde man Bismarck und dann ihm selbst auf dem Opernplatz zu Berlin den Kopf abschlagen –, bemühte der Ministerpräsident die europäische Revolutionsgeschichte: Der König solle sich nicht an Ludwig XVI. von Frankreich mit seiner schwächlichen Gemütsverfassung ein Beispiel nehmen, sondern an der vornehmen historischen Erscheinung Karls I. von England, der, «nachdem er für sein Recht das Schwert gezogen, die Schlacht verloren hatte, ungebeugt seine königliche Gesinnung mit seinem Blute bekräftigte».

Der Hinweis auf die Hinrichtung von 1649 tat seine Wirkung: Wilhelms Kampfgeist kehrte zurück und mit ihm seine Entschlossenheit, zusammen mit Bismarck den Konflikt mit dem Parlament auszufechten. Es folgte Schlag auf Schlag. Nachdem das Abgeordnetenhaus am 3. Oktober den Gesamthaushalt *ohne* den Militäretat angenommen hatte, stellte sich das Herrenhaus acht Tage später auf die Seite der Regierung und billigte den ungekürzten Staatshaushalt. Am 13. Oktober ließ der König die parlamentarische Session schließen. In der von Bismarck verlesenen Proklamation hieß es, die Regierung könne die Heeresreform nicht rückgängig machen und müsse nun den Staatshaushalt ohne die in der Verfassung vorausgesetzte Grundlage führen. Sie werde das budgetlose Regiment aber nur bis zur gesetzlichen Festlegung des Etats führen und sei zuversichtlich, daß die Kammern die ohne Budget geleisteten Ausgaben zu gegebener Zeit nachträglich genehmigen würden.[13]

Der Verfassungsbruch von König und Staatsministerium blieb ohne revolutionäre Antwort. Zu keiner Zeit dachten Preußens Liberale und Demokraten daran, die Regierung Bismarck mit anderen als gesetzlichen Mitteln zu bekämpfen. Nicht einmal Aufrufe zu Demonstrationen gab es. Offenbar fürchteten die Parlamentarier, daß die Massen ihnen entweder gar nicht erst folgen oder, wenn sie es taten, rasch ihrer Kontrolle entgleiten würden; 1848 sollte sich nicht wiederholen.

Der einzige Fortschrittspolitiker, der im Herbst 1862 offen von einem Konflikt zwischen König und Volk sprach und dieses zum «gesetzlichen Widerstand», der Steuerverweigerung, aufrief, war Johann Jacoby – und sein Appell fand keinen Widerhall. Der «entschiedene Liberalismus» schien entschlossen, sich durch die «napoleonischen Ideen» des neuen Ministerpräsidenten nicht provozieren zu lassen. Auf einem Festmahl, das der zweite Berliner Wahlbezirk Ende Oktober seinen fortschrittlichen Abgeordneten gab, wandelte der Hauptredner, Rudolf Löwenstein, Bismarcks Worte vor der Budgetkommission in aufschlußreicher Weise ab: Die deutsche Einheit werde ebenso sicher hergestellt werden, wie ein Naturgesetz mit Notwendigkeit sich erfüllen müsse, «freilich nicht durch ‹Eisen und Blut›, sondern vielmehr durch Eisen und Kohle».

Quer durch alle liberalen Gruppierungen ging die Überzeugung, daß der Verfassungsstreit letztlich in einem gesellschaftlichen Konflikt wurzelte: jenem «Kampf des Bürgertums gegen das mit den absolutistischen Tendenzen verbündete Junkertum», von dem 1862 die «Preußischen Jahrbücher» sprachen. Der aus Holstein stammende Berliner Stadtgerichtsrat Karl Twesten, einer der scharfsinnigsten Parlamentarier der Fortschrittspartei, hatte bereits 1859 unter Berufung auf den Soziologen Auguste Comte, den Begründer des wissenschaftlichen Positivismus, die Einsicht formuliert, daß «die gesellschaftlich vorwiegenden Klassen... unwandelbar auch die politisch herrschenden» werden mußten. Und noch in einer seiner letzten Kammerreden während des Verfassungsstreits, am 22. Februar 1866, nannte Twesten den «wahren Konflikt» den «zwischen Junkertum und Volk». Die liberale Majorität des Abgeordnetenhauses sei nicht, wie ihr die Konservativen unterstellten, die «Bourgeoisie als eine kleine besondere Klasse, die von großen Unternehmungen lebt und völlig erfüllt ist von den materiellen Interessen», sondern das «Bürgertum», das die «materiellen und die ideellen Interessen vertritt, von welchen das arbeitende und das denkende Volk erfüllt wird, die Klassen des Volkes, welche im Aufstreben begriffen sind seit dem Ende des Mittelalters und welche die moralische Gewalt immer in Händen haben und über kurz oder lang auch in unserem Staat die politische Gewalt in Händen haben werden».[14]

Doch wenn sie unter sich waren, äußerten sich preußische Liberale mitunter sehr viel skeptischer. Die «ganze Meinung von unseren moralischen Erfolgen» sei wohl nur «ein Trugbild», schrieb Leopold von Hoverbeck Ende Juni 1865 an einen Freund. «Diejenigen Kreise des Volkes, die überhaupt Zeitungen lesen und sich einigermaßen mit Politik beschäftigen, haben ihre Stellung zu diesen Fragen längst genommen und sind derselben auch heute treu geblieben... Auf die große Masse des Volkes dagegen, auf die dritte und teilweise zweite Wählerklasse haben unsere Beratungen keinen Einfluß, da sie nichts davon erfahren – wenn nicht gar die offizielle Provinzialkorrespondenz sie noch absolutistischer macht, als sie das ihrem ganzen Bildungsgang nach schon sind.» Einen Monat später faßte Hoverbeck seine Lagebeurteilung in dem Satz zusammen: «Wir, die wir für Volksfreiheit arbeiten, stehen auf keiner soliden gesellschaftlichen Grundlage...»

Die reaktionären Neigungen in der Landbevölkerung Ostelbiens waren nur eine der Gefahren, von denen sich der Liberalismus bedroht fühlte. Eine andere Gefahr kam von «links», aus der Arbeiterschaft. Dort fand die Agitation Ferdinand Lassalles für staatlich geförderte Produktivgenossenschaften zunehmend Anklang. Lassalles im Mai 1863 gegründeter Allgemeiner Deutscher Arbeiterverein machte der liberalen Genossenschaftsbewegung, einer von Schulze-Delitzsch ins Leben gerufenen Selbsthilfeorganisation von Handwerkern und Arbeitern, Konkurrenz, und damit nicht genug: Die neue Arbeitervereinigung stellte den Anspruch der Liberalen, die Gesamtheit des Volkes zu vertreten, grundsätzlich in Frage.

Lassalle verlangte, was die Fortschrittspartei nicht fordern konnte, weil Liberale und Demokraten in diesem Punkt unterschiedlicher Meinung waren: das allgemeine gleiche Wahlrecht. Noch wußten die Liberalen nichts – oder fast nichts – von den geheimen Gesprächen, die Lassalle 1863 und Anfang 1864 mit Bismarck führte. Sie hätten sonst mit noch größerem Recht behaupten können, der sozialistische Agitator falle der liberalen Opposition bei ihrem Kampf gegen das Konfliktministerium in den Rücken. Auf der anderen Seite konnte die Fortschrittspartei den Vorwurf kaum entkräften, den Lassalle während des Wahlkampfes vom Frühjahr 1862 im fortschrittlich-liberalen Bezirksverein der Friedrichstadt zu Berlin gegen sie erhoben hatte: Die Liberalen wagten nicht auszusprechen, daß Verfassungsfragen «ursprünglich nicht Rechtsfragen, sondern Machtfragen» seien.[15]

Der liberale Publizist Heinrich Bernhard Oppenheim widersprach zwar 1864 in den von ihm herausgegebenen «Deutschen Jahrbüchern» Lassalles These mit dem Argument, neben den realen Machtverhältnissen sei auch das «öffentliche Rechtsbewußtsein» eine «Macht, mit welcher zur Herstellung dauerhafter Zustände transigiert werden muß; aus dem Kampf solcher Gegensätze geht eben der *vermittelnde* Charakter der meisten Verfassungsurkunden hervor». Doch dann äußerte der Verfasser so starke Zweifel an der politischen Reife des Bürgertums, daß sich kritische Leser fragen mußten, ob Oppenheims Behauptung von der Macht des Rechtsbewußtseins für Preußen schon zutraf: «Das politische Gebiet gilt den bürgerlichen Klassen noch vielfach als ein freudloses, ungewohntes; sie stehen staunend davor wie vor einem Theater und nehmen an dem Geschehen gleichsam ein dramatisches statt einem persönlichen Interesse. Der Einzelne fühlt selten genug, daß sua res agitur (daß es um seine eigene Sache geht, H. A. W.) ...»

Für die Berliner «National-Zeitung» stand fest, daß die Schwäche des preußischen Bürgertums ihren Grund in spezifischen Prägungen und Traditionen des Hohenzollernstaates hatte. «Umsonst hat das preußische Bürgertum seit fünfzig Jahren auf die Beseitigung von Einrichtungen geharrt, welche seine politische Stellung unter das Maß herabdrücken, das ihm längst in keinem anderen Nachbarstaate, wenn man von dem slawischen Osten absieht, versagt wurde», klagte das liberale Blatt im April 1862. «Die Kluft, welche unsere Zustände in dieser Beziehung von denen der anderen deutschen Länder trennt, ist bereits so breit geworden, daß die nähere Gemeinschaft aufs Bedenklichste durch sie bedroht wird; was man ‹Junkerstaat› nennt, steht dort so fremd und abstoßend da, daß jede Sympathie sofort bei diesem Namen erfriert.»

Daß der altpreußische Junker- und Soldatenstaat sich bis in die Gegenwart hatte behaupten können, wollten die preußischen Liberalen freilich nicht allein dem eigenen Bürgertum anlasten. Es gab nach ihrer Meinung auch eine gesamtdeutsche Mitverantwortung für die preußischen Zustände

– in Gestalt der fortdauernden Hinnahme der Bundeskriegsverfassung von 1821. Der Maxime des Artikels VIII entsprechend, wonach es galt, «selbst den Schein von Suprematie eines Bundesstaates über den anderen» zu vermeiden, durfte Preußen lediglich mit drei Armeekorps am Bundesheer teilnehmen. Tatsächlich unterhielt die europäische Großmacht Preußen, die mit immerhin drei Vierteln ihres Territoriums zum Deutschen Bund gehörte, aus Gründen der Sicherheit sechs weitere Armeekorps. Die übrigen deutschen Staaten sahen das, bei aller Abneigung gegen preußisches Militärwesen, nicht ungern: Seit den Befreiungskriegen glaubten sie zu wissen, daß sie sich im Ernstfall auf Preußen verlassen, ihrem Finanzaufwand für militärische Zwecke also enge Grenzen setzen konnten.

Die Folgerungen, die sich daraus für den preußischen Liberalismus ergaben, erläuterte Wilhelm Löwe-Calbe, 1848/49 demokratisches Mitglied der deutschen Nationalversammlung, letzter Präsident des Stuttgarter Rumpfparlaments und seit 1863 Fortschrittsabgeordneter im preußischen Abgeordnetenhaus, 1861 in den «Deutschen Jahrbüchern». Die preußische Regierung, schrieb er, bedürfe der Armee «nicht sowohl für preußische Zwecke, sondern um ihrer Aufgabe als deutscher Großmacht nach außen zu genügen. Die Regierung verlangt also die Mittel für ihre Aufgabe als deutsche Großmacht lediglich von Preußen, während es ihre Aufgabe wäre, dieselben von Deutschland zu verlangen und nur für die Leistung des Preußen selbst treffenden Anteils zu sorgen.» Die hohen preußischen Militärausgaben hätten eine «Verkümmerung und Beschränkung des Wohlstandes und damit der disponiblen Kräfte des Volkes» zur Folge, und daher sei die Schaffung einer deutschen Armee, die materielle Sicherung der Einheit Deutschlands, das wichtigste Ziel.

Max von Forckenbeck brachte denselben Gedanken auf eine knappe Formel: «Ohne eine andere Gestalt ... der deutschen Verhältnisse ist m(eo) v(oto) (= meines Erachtens, H. A. W.) auf die Dauer auch die Existenz einer vernünftigen und freien Verfassung eine Unmöglichkeit», schrieb er am 21. August 1859 an Hoverbeck. «Bleiben die deutschen Verhältnisse so, wie sie sind, so wird und muß in Preußen nur der Militärstaat weiter ausgebildet werden.»[16]

Seit Bismarck regierte, fiel es Preußens «entschiedenen Liberalen» noch schwerer als zuvor, mit solchen Forderungen im übrigen Deutschland Gehör zu finden. Zwar gab es bei den liberalen Parteien, die sich ebenfalls dem Deutschen Nationalverein verbunden fühlten, nach dem Oktober 1862 zunächst viel Beifall für den parlamentarischen Kampf der Fortschrittspartei gegen das budgetlose Regiment des neuen Ministerpräsidenten und, nach der erneuten Auflösung der Kammer, für den großen Wahlerfolg, den Fortschrittspartei und Linkes Zentrum bei den Landtagswahlen Ende Oktober 1863 errangen. Aber schon im Mai 1863 äußerte der Ausschuß des Nationalvereins den Wunsch nach einer «entschiedeneren Haltung» des Abgeordnetenhauses gegenüber dem «herabwürdigenden

Auftreten der Regierung». Preußen habe sich, so hieß es in einer von dem liberalen bayerischen Kammerabgeordneten Karl Brater entworfenen, von Hoverbeck redigierten Entschließung, als der «gefährlichste Widersacher der nationalen Interessen» erwiesen. Wenn diejenigen, die jetzt an der Spitze des Staates stünden, versuchen sollten, nach der «Leitung Deutschlands» zu greifen, würden sie «in der ersten Reihe der Kämpfer gegen eine solche Vermessenheit dem Nationalverein begegnen».

Der Ansehensverlust, den Preußen seit dem Herbst 1862 im liberalen Deutschland hinnehmen mußte, war dramatisch, und er fiel in eine Zeit, in der Österreichs Prestige infolge von Schmerlings liberaler Politik stieg. Ende Oktober 1862 erwuchs dem Nationalverein auch noch organisierte großdeutsche Konkurrenz: Im Deutschen Reformverein schlossen sich Katholiken und Protestanten, Konservative, Liberale und Demokraten zusammen, die sich in der Ablehnung einer preußischen Hegemonie einig waren. Julius Fröbel, der im Oktober 1848 als linker Abgeordneter der Paulskirche zusammen mit Robert Blum ins umkämpfte Wien geeilt und dort nur mit knapper Not der Hinrichtung entgangen war, gehörte zu den Gründern des großdeutschen Verbandes; desgleichen der katholische Historiker Julius Ficker, der Widersacher Heinrich von Sybels im Streit um die Frage, ob die mittelalterlichen Kaiser besser daran getan hätten, deutsche Nationalpolitik zu treiben, statt einem christlichen Universalismus zu huldigen; schließlich auch der eigentliche Wortführer der Kleindeutschen von 1848, Heinrich von Gagern, der dann aber 1859, aus Anlaß des italienischen Krieges, ins großdeutsche Lager übergewechselt war. Wenn der neue Verband die Gegensätze zwischen diesen Richtungen auch nicht überwinden und darum nach außen längst nicht so wirkungsvoll auftreten konnte wie der Nationalverein, war die Gründung vom Herbst 1862 doch ein Symptom: Die Kleindeutschen waren in die Defensive geraten. Ihre Lage verschlechterte sich noch, als die Regierung Bismarck unter der Federführung des hochkonservativen Innenministers, Graf Eulenburg, im Sommer 1863 dazu überging, mit Hilfe einer Presseverordnung oppositionelle Zeitungen zeitweise oder ganz zu verbieten.

Österreich versuchte, seine Chance zu nutzen. Auf dem von Kaiser Franz Joseph einberufenen Frankfurter Fürstentag, an dem König Wilhelm I. auf Bismarcks Drängen nicht teilnahm, wurde am 1. September 1863 eine Reformakte zur Erneuerung des Deutschen Bundes beschlossen. Nach diesem Verfassungsentwurf sollte an die Spitze des Bundes ein sechsköpfiges Direktorium mit drei ständigen Mitgliedern – Österreich, Preußen, Bayern – treten, flankiert vom Bundesrat als ständigem Gesandtenkongreß und der von den Parlamenten der Mitgliedsstaaten gewählten Versammlung der Bundesabgeordneten. Das Projekt scheiterte an der Ablehnung Preußens: Bismarck bestand auf einem Vetorecht der beiden Großmächte bei Kriegserklärungen, einem paritätischen österreichisch-preußischen Bundesvorsitz und einer direkt gewählten deutschen Nationalvertretung.

Was Parität und Direktwahl betraf, stimmten die preußischen Forderungen mit dem überein, was, zur gleichen Zeit wie die Fürsten und ebenfalls in Frankfurt, der deutsche Abgeordnetentag, eine Versammlung von Parlamentariern aus dem nichtösterreichischen Deutschland, beschlossen hatte. Der Deutsche Nationalverein verwarf Mitte Oktober die Reformakte als gänzlich unzureichend, sprach aber auch dem preußischen Vorstoß die Glaubwürdigkeit ab. Die Zustimmung des Deutschen Reformvereins half der Wiener Regierung nicht. Gegen Preußen und einen großen Teil der öffentlichen Meinung Deutschlands ließ sich die deutsche Frage nicht lösen. Aber auch der Hohenzollernstaat konnte nicht hoffen, dieses Ziel zu erreichen, solange seine Regierung sich im Konflikt mit der preußischen Volksvertretung und dem deutschen Liberalismus befand.[17]

Übereinstimmung zwischen dem preußischen Liberalismus und der preußischen Regierung gab es nach der Ernennung Bismarcks nur noch auf *einem* Gebiet: der Handelspolitik. Ende März 1862 hatte das Staatsministerium unter dem Fürsten Hohenlohe-Ingelfingen und Außenminister Graf Bernstorff einen liberalen, die Zollsätze drastisch herabsetzenden Handelsvertrag mit Frankreich abgeschlossen. Da Frankreich seinerseits zwei Jahre zuvor im «Cobden-Vertrag» die Zollbarrieren gegenüber England weitgehend abgebaut hatte, bedeutete der preußisch-französische Vertrag eine Richtungsentscheidung: *für* den wirtschaftlichen Anschluß an das freihändlerische Westeuropa, *gegen* das österreichische Projekt einer mitteleuropäischen Zollunion im Zeichen von Schutzzöllen. Damit war den 1853 vereinbarten Verhandlungen über eine Angleichung oder Gleichstellung der Tarife des Deutschen Zollvereins und Österreichs – Verhandlungen, die ursprünglich für 1860 vorgesehen, auf Grund preußischen Widerstands aber bisher nicht aufgenommen worden waren – faktisch ein Riegel vorgeschoben. Die Mitgliedsstaaten des Zollvereins mußten sich nunmehr entscheiden: zwischen Freihandel und Schutzzoll, Preußen und Österreich, West und Ost.

Die Haltung der preußischen Liberalen war von Anfang an klar. «Durch die französischen Verträge», heißt es im Sommer 1862 im Bericht der zuständigen Ausschüsse des Abgeordnetenhauses für Finanzen und Zölle sowie Handel und Gewerbe, «teilt sich Europa in die dem Weltverkehr sich öffnende westliche und die von demselben sich ausschließende östliche Völkergruppe. Die Wahl, in welche der Zollverein einzutreten hat, kann nicht zweifelhaft sein. Der Zollverein ist es der hohen Bildung und Kulturentwicklung des deutschen Volkes schuldig, sich den fortgeschrittenen Völkern anzuschließen; nur so vermag er der deutschen Nation eine ihr würdige Stellung und die volle Beteiligung an der Entfaltung der Weltkultur zu sichern.»

So wie die preußischen Liberalen argumentierten die deutschen Freihändler, die sich 1858 im Kongreß Deutscher Volkswirte zusammengeschlossen hatten, der Deutsche Nationalverein und die Regierungen der Mittelstaaten Sachsen und Baden. Die Gegenposition bezogen die

Schutzzöllner, die den 1861 gegründeten Deutschen Handelstag beherrschten, der Deutsche Reformverein sowie die Regierungen von Bayern, Württemberg, Hessen-Darmstadt und Nassau. Es bedurfte der Kündigung des Zollvereinsvertrags durch Preußen im Dezember 1863 und ein halbes Jahr später eines preußisch-sächsischen Vertrages über die Erneuerung des Zollvereins, um den Widerstand der schutzzöllerischen Mittelstaaten zu brechen. Im Oktober 1864 verständigten sich die bisherigen Mitgliedsstaaten auf einen neuen, auf zwölf Jahre befristeten Zollvereinsvertrag. Im April 1865 schloß der Zollverein einen Handelsvertrag mit Österreich. Auf wirtschaftspolitischem Gebiet war der Kampf um die Führung Deutschlands entschieden: zugunsten Preußens.

Die innenpolitischen Rückwirkungen von Bismarcks Handelspolitik waren beträchtlich. Die Erfolge des Ministerpräsidenten hatten zur Folge, daß sich das Verhältnis zwischen Unternehmerschaft und Regierung zunehmend positiv gestaltete. Für den Liberalismus, der zur selben Zeit einen erbitterten politischen Konflikt mit Bismarck auszufechten hatte, war das kein Grund zur Genugtuung. Er mußte der aktiven Unterstützung jener Bourgeoisie entbehren, für deren materielle Interessen er sich beharrlich einsetzte. Nach dem Ende des Verfassungskonflikts zogen die «Preußischen Jahrbücher» ein zutreffendes Fazit: «Die Volkswirtschaft hat sich zu Bismarck nie in einem prinzipiellen Gegensatz befunden wie die praktische Politik und staatsrechtliche Doktrin, da sie seiner Festigkeit den bedeutendsten handelspolitischen Fortschritt der Nation in den letzten Jahrzehnten, den Abschluß des französisch-preußischen Handelsvertrags und die Wiedererneuerung des Zollvereins auf der Grundlage eines freisinnigen Tarifs, verdankte.»[18]

Österreich hatte schon Ende 1863 zu erkennen gegeben, daß ihm an einer Zuspitzung des Zollkonflikts mit Preußen nicht gelegen war. Der Grund der Zurückhaltung war ein außenpolitischer: die Notwendigkeit enger Zusammenarbeit beider Mächte angesichts einer neuen Krise um Schleswig-Holstein. Im Mai 1852 hatten die fünf europäischen Großmächte, Schweden und Dänemark im Zweiten Londoner Protokoll den Grundsatz der Integrität des dänischen Gesamtstaates und das Erbfolgerecht des Prinzen Christian von Schleswig-Holstein-Sonderburg-Glücksburg für Dänemark und seine Nebenländer – ein auf der weiblichen Linie beruhendes Erbrecht – anerkannt. Nach dem Grundsatz der männlichen Erbfolge, der in Schleswig und Holstein galt, wäre Herzog Christian August von Augustenburg erbberechtigt gewesen, der jedoch, gegen eine finanzielle Entschädigung, für sich und seine Nachkommen darauf verzichtet hatte, Ansprüche auf den dänischen Thron zu erheben. Der Zustimmung Preußens und Österreichs zum Londoner Protokoll war die Zusicherung des dänischen Königs vorausgegangen, die Sonderstellung der Herzogtümer Schleswig und Holstein zu respektieren.

Die Verbindlichkeit ebendieser Zusage bestritt Friedrich VII. in einem Patent vom 30. März 1863. Der Bundestag forderte im Juli die Außerkraftsetzung dieses Patents und beschloß, als Dänemark dies ablehnte, am 1. Oktober die Bundesexekution gegen Holstein. Kopenhagen ließ sich davon nicht beeindrucken. Am 13. November 1863 legte die Regierung, ein von der nationalistischen Partei der «Eiderdänen» beherrschtes Kabinett, dem Reichstag ein neues Staatsgrundgesetz vor, das die Einverleibung Schleswigs verfügte. Zwei Tage später starb Friedrich VII. Seine Nachfolge trat Prinz Christian als König Christian IX. an. Eine seiner ersten Amtshandlungen war die Unterzeichnung der Gesamtstaatsverfassung am 18. November 1863. Damit entzog er dem Londoner Protokoll just in dem Augenblick die Grundlage, in dem er die Erbfolgeklausel des Protokolls in Anspruch nahm.

Der älteste Sohn des Augustenburgers, Friedrich, der 1852 bereits volljährig gewesen war, hatte sich weder damals noch später die Verzichtserklärung seines Vaters zu eigen gemacht. Auf diesen Sohn übertrug Herzog Christian August am 16. November 1863 – dem gleichen Tag, an dem Christian IX. in Kopenhagen den Thron bestieg – seine Rechte auf die Erbfolge in Schleswig und Holstein. Als Erbprinz Friedrich VIII. unmittelbar danach bekanntgab, er habe die Herrschaft in beiden Herzogtümern angetreten, war ihm der Beifall der nationalgesinnten Deutschen sicher – gleichviel ob sie «Kleindeutsche» oder «Großdeutsche» waren. Ende Dezember 1863 erhob eine Versammlung von fast 500 Abgeordneten aus allen Teilen Deutschlands in Frankfurt die Sache des Augustenburgers zur Sache der deutschen Nationalbewegung und setzte zur Koordination ihrer Aktivitäten einen Ausschuß von 36 Vertrauensmännern ein. In ganz Deutschland bildeten sich Schleswig-Holstein-Vereine, die Kundgebungen, Erklärungen und Geldsammlungen zugunsten des Augustenburgers organisierten.

Unter den Sympathisanten Friedrichs VIII. waren auch die Regierungen der Mittelstaaten, nicht jedoch die beiden deutschen Großmächte, die sich auf die Wiederherstellung des Rechtsbodens von 1852 festlegten, was eine Unterstützung des Augustenburgers ausschloß. Gegenüber den anderen europäischen Großmächten war diese, von Bismarck entwickelte, vom österreichischen Außenminister Graf Rechberg mitgetragene Politik die einzig realistische. Die deutsche Nationalbewegung aber hatten Österreich und Preußen nicht hinter sich, als sie am 7. Dezember 1863 im Bundestag mit knapper Mehrheit, gegen die Stimmen der meisten Mittelstaaten, einen Beschluß durchsetzten, wonach die bislang nicht vollzogene Bundesexekution gegen Holstein ihren Fortgang nehmen sollte.

Die stillschweigende Absage an den Augustenburger empörte die Anhänger des Nationalvereins nicht minder als die des Reformvereins. Die Haltung Österreichs habe «die großdeutsche Partei zugrundegerichtet», klagte am 25. Dezember 1863 Gustav von Lerchenfeld, der Vorsitzende des Deutschen Reformvereins und Führer der liberalen Kammermehrheit in

Bayern, in einem Brief an den ehemaligen sachsen-weimarischen «Märzminister» Oskar von Wydenbrugk. «Versteht Preußen seinen Vorteil, so kann es jetzt Österreich aus Deutschland verdrängen, ohne daß ein Hahn danach kräht.»

Dem Einmarsch von Bundestruppen in Holstein folgte am 16. Januar 1864 ein Ultimatum der beiden deutschen Großmächte an Dänemark: Für den Fall, daß dieses die Gesamtstaatsverfassung nicht zurücknehmen sollte, drohten sie Schleswig als Pfand zu nehmen. Als Kopenhagen die Forderung ablehnte, begann der Krieg – als Krieg für die Rückkehr zum Londoner Protokoll und nicht, wie es die süddeutschen Staaten und die Nationalbewegung forderten, für die Rechte des Augustenburgers. Am 18. April eroberten preußische Truppen die Düppeler Schanzen im Norden Schleswigs und machten damit die Niederlage Dänemarks unabwendbar. Eine Woche später begann in London eine europäische Konferenz, die sich jedoch auf keinen der dort erörterten Vorschläge, darunter eine bloße Personalunion zwischen Dänemark und den Elbherzogtümern und eine Teilung Schleswigs nach dem Nationalitätenprinzip, verständigen konnte. Der Fehlschlag der Konferenz, die am 25. Juni zu Ende ging, beraubte das Londoner Protokoll von 1852 der politischen Bedeutung, die es bis dahin noch gehabt hatte.

Einen Tag später lief der im Mai vereinbarte Waffenstillstand ab. Österreich und Preußen gingen sofort wieder zum Angriff über, eroberten ganz Jütland und die Insel Alsen und zwangen damit Dänemark zur Bitte um Waffenstillstand und Frieden. Am 1. August wurde in Wien der Vorfriede, am 30. Oktober der endgültige Friede geschlossen. Der dänische König verzichtete darin auf alle seine Rechte in Schleswig, Holstein und Lauenburg zugunsten des Kaisers von Österreich und des Königs von Preußen und verpflichtete sich, deren Entscheidungen über die Zukunft der Elbherzogtümer anzuerkennen.

Von den Erbansprüchen des Augustenburgers war im Wiener Frieden nicht die Rede. Zwar hatte der sächsische Außenminister von Beust im Namen des Deutschen Bundes diese Ansprüche auf der Londoner Konferenz unterstützt und dafür die Zustimmung Österreichs und zuletzt Preußens gefunden. Aber seit einer Unterredung am 1. Juni kannte der Thronanwärter die Bedingungen, unter denen Bismarck einen selbständigen Mittelstaat Schleswig-Holstein zu akzeptieren bereit war. Es waren Bedingungen, die darauf abzielten, aus den Elbherzogtümern ein preußisches Protektorat zu machen: Der Ministerpräsident verlangte unter anderem eine preußische Flottenstation in Kiel, eine Bundesfestung mit preußischer Besatzung in Rendsburg, den Abschluß von Militär- und Marinekonventionen mit Preußen, den gemeinsamen Bau eines Nord-Ostsee-Kanals und die Trennung des Erbprinzen von liberalen Beratern. Da Friedrich VIII. darauf nicht ohne weiteres eingehen wollte, war für Bismarck das augustenburgische Projekt erst einmal erledigt. Der Wiener Friede ließ die fernere staatsrechtliche Zukunft Schleswig-Holsteins offen. Er schuf eine Konstruktion, die der Natur der Sache nach nur ein Provisorium sein konnte: ein österreichisch-preußisches Kondominium über die Elbherzogtümer.[19]

Der Meinungsstreit um die Zukunft Schleswig-Holsteins, der im Sommer 1864 voll entbrannte, stürzte die parlamentarische Opposition Preußens in einen schweren Konflikt. Von Beginn der schleswig-holsteinischen Krise an waren die preußischen Liberalen in einer schwierigeren Lage gewesen als ihre Gesinnungsfreunde in den anderen deutschen Staaten. Die liberalen Mitglieder des Abgeordnetenhauses wünschten Preußen einen militärischen Erfolg im Krieg gegen Dänemark, fühlten sich aber zugleich an ihr Versprechen gebunden, «diesem Ministerium keinen Groschen» zu bewilligen. Den klaren haushaltsrechtlichen Standpunkt hielten sie durch, obwohl einer ihrer bekanntesten Sprecher, Karl Twesten, schon Anfang Dezember 1863 erklärt hatte, wenn die Entscheidung in seiner Hand läge, «ob die Dauer des Ministeriums Bismarck auf einige Zeit verlängert werden sollte oder ob die Herzogtümer Schleswig und Holstein für immer aufgegeben werden sollen, dann würde ich keinen Augenblick Anstand nehmen, mich für die erste Alternative zu entscheiden».

Die große Mehrheit der «entschiedenen Liberalen» unterstützte den Augustenburger, eine Minderheit um den Demokraten Waldeck aber wollte keinem neuen Dynasten auf den Thron verhelfen, sondern lieber Schleswig-Holstein dem preußischen Staat einverleiben, den sie, ungeachtet seines derzeitigen verfassungswidrigen Regimes, für die einzige «demokratische Monarchie» in Deutschland hielten: ein Urteil, bei dem sich Waldeck auf Friedrich den Großen und seinen «aufgeklärten Liberalismus» zu berufen pflegte. Als sich jedoch im Sommer 1864 tatsächlich die Chance eröffnete, ganz Schleswig-Holstein (und zwar einschließlich des überwiegend von Dänen bewohnten Nordens von Schleswig) an Preußen anzuschließen, begann auf dem rechten Flügel der Fortschrittspartei ein Prozeß des Umdenkens.

Bereits Ende Mai 1864 erklärte die «National-Zeitung», die für diesen Teil des «entschiedenen Liberalismus» sprach, einem «Eingeständnis Preußens, nicht zur Befreiung ganz Schleswig fähig zu sein, wäre ein Krieg mit mehreren Großmächten vorzuziehen». Am 11. August, während in Wien über den Frieden mit Dänemark verhandelt wurde, veröffentlichte dasselbe Blatt einen Grundsatzartikel unter der Überschrift «Glück und Macht». «Daß unser Land eine Kaserne sein soll und Schleswig-Holstein ein friedlicher Meierhof», hieß es darin, «das ist uns zu ausschließend, ist eine zu ungleiche Verteilung von Genuß und Plage».

An die «Freunde des Friedens» erging der Aufruf, in den Preußen nicht länger die «Spartaner Deutschlands» zu sehen. «In den Kleinstaaten mutet man uns mitunter – zu eigenem Schaden – das Unmögliche zu, Preußen solle beständig zum Besten Deutschlands im Kriegsharnisch einhergehen... Aber auf ewige Zeiten können nicht 18 Millionen Deutsche, welche im preußischen Staate vereinigt sind, unter allen Wechselfällen die Verteidigung von 35 Millionen leisten und die gesamte deutsche Interessenvertretung übernehmen.» Jeder Deutsche müsse einsehen und einräumen, «daß eine freiheitliche Entwicklung Deutschlands nun und nimmermehr möglich ist, wenn Preußen sich wesentlich für einen Militärstaat ansieht und von anderen dafür angesehen wird... Nun aber ist die höchste Anspannung aller Kräfte eines Landes für den Krieg sehr selten ein Mittel, um zugleich seine innere Freiheit emporzubringen... Weder das preußische Volk noch seine Volksvertretung gewinnt an Freiheit, wenn fortwährend der kriegerische Beruf des Staats für den dringendsten und höchsten gilt. Die höchsten Steuern müssen in diesem Falle nach dem Verlangen der Militärbehörden bezahlt, der höchste Militäraufwand muß bestritten werden unter beständiger Verstärkung der bewaffneten Macht, was aber für Geschäfte das parlamentarische Leben dabei macht, wissen wir alle nur zu gut. Es kommt dahin, daß alle, welche für die bürgerlichen Aufgaben des Staates Sinn behalten, den Ehrentitel von ‹Schwätzern› empfangen, und nur die Leistung und der Gehorsam des Soldaten heißen nützlich für den Staat.»

Noch ging es dem Organ des rechten Fortschrittsflügels nur um den militärpolitischen Anschluß Schleswig-Holsteins an Preußen und noch nicht um die Annexion. Aber auch die radikalere Lösung hätte sich mit den gleichen Argumenten rechtfertigen lassen. Bisher hatte die Fortschrittspartei die These, daß die ungleiche Verteilung der Militärlasten im Gefolge der Bundeskriegsverfassung von 1821 die freiheitliche Entwicklung Preußens behindere, mehr im Sinn einer theoretischen Doktrin vertreten. Der Sieg über Dänemark bot nun plötzlich eine erste Möglichkeit, praktische Folgerungen aus dieser Einsicht zu ziehen. Bislang war die Fortschrittspartei wie selbstverständlich davon ausgegangen, daß nur eine freiheitlich gesinnte preußische Regierung das Werk der deutschen Einigung voranbringen könne. Nun räumte ein Teil der Partei ein, daß auch ein konservatives, ja ein die Verfassung verletzendes Ministerium sich dieser Aufgabe mit Erfolg anzunehmen vermochte. Wenn dem so war, mußte das Verhältnis von Einheit und Freiheit neu überdacht werden. Die Maxime, in die die «National-Zeitung» am 12. August 1864 ihre Betrachtungen über die Unzulänglichkeit der Bundeskriegsverfassung einmünden ließ, war nicht nur ein Votum im Streit um die Zukunft Schleswig-Holsteins, sondern wies über diesen konkreten Anlaß weit hinaus: «Jeder Fortschritt aber in der Gewinnung der notwendigen deutschen Macht ist zugleich ein Fortschritt im freiheitlichen Leben. Umgekehrt führt verlängerte Verwahrlosung der Macht, die doch einmal unentbehrlich ist zur Erhaltung der Nation, immer tiefer in die Unfreiheit hinein.»

Für den linken Flügel der Fortschrittspartei, ob er wie Schulze-Delitzsch «augustenburgisch» oder wie Waldeck «großpreußisch» dachte, waren alle

Erwägungen über eine Neubeurteilung des Ministeriums Bismarck ein Sakrileg: Solange die Regierung Politik ohne parlamentarisch bewilligtes Budget betrieb, mußte sie ohne Wenn und Aber bekämpft werden. Die von dem demokratischen Abgeordneten Franz Duncker herausgegebene Berliner «Volkszeitung», die der Richtung Schulze-Delitzsch nahestand, hatte sich im Frühjahr und Frühsommer 1864 mit ebensoviel Nachdruck wie die «National-Zeitung» gegen eine Teilung Schleswigs nach dem Nationalitätsprinzip und auf der Grundlage einer Volksabstimmung ausgesprochen. Das innere Selbstbestimmungsrecht der Schleswig-Holsteiner aber wollte das demokratische Blatt im Gegensatz zum Organ des rechten Parteiflügels unbedingt gewahrt wissen, woraus folgte, daß Preußen den Herzogtümern nichts oktroyieren durfte, sondern mit ihnen eine freiheitliche Übereinkunft suchen mußte, die seinen legitimen militärischen, wirtschaftlichen und politischen Interessen Rechnung trug.

«Einheit und Freiheit» war der Titel der Antwort, die die «Volkszeitung» am 16. August der «National-Zeitung» erteilte. Es gebe nicht wenige Enthusiasten der deutsch-nationalen Partei, die den Ausspruch täten: «‹Für die deutsche Einheit geben wir zehn Jahre der Freiheit hin!› Wir würden diesen Ausspruch schon respektieren, wenn nur ein solcher Enthusiast uns garantieren wollte, daß wir im elften Jahre der Einheit die Freiheit bekommen. ... Zehn Jahre Reaktion, und zwar einer Reaktion, welcher man wegen des Ideals der Einheit keine Opposition machen solle, würden – wenn sie überhaupt möglich wären – entweder den Grundcharakter der Nation gründlich korrumpieren und das Volk unfähig machen, im elften Jahre die Freiheit zu ertragen, oder sie würden den Freiheitsdrang des Volkes so steigern, daß es lieber mit eigener Hand seine Einheit auflösen als seine Freiheit missen wollte.» Die Schlußfolgerung der «Volkszeitung» war nicht minder eindeutig als die der «National-Zeitung»: «Deutschlands Einheit wird nur durch Deutschlands Freiheit möglich werden.»

Das preußisch-österreichische Kondominium über Schleswig-Holstein erwies sich als so konfliktträchtig, daß es darüber im Frühjahr 1865 zum Krieg zu kommen drohte. Die Mittelstaaten mit Bayern an der Spitze setzten sich, ihrerseits gedrängt vom Deutschen Nationalverein, den 36 Vertrauensmännern des Abgeordnetentages und den Schleswig-Holstein-Vereinen, für die Anerkennung der Rechte des Augustenburgers durch den Bundestag ein. Preußen antwortete darauf mit seinen «Februarforderungen», die noch über das hinausgingen, was Bismarck am 1. Juni 1864 von Erbprinz Friedrich verlangt hatte: Berlin beanspruchte jetzt die volle Militärhoheit über die Elbherzogtümer, ihren wirtschaftlichen und verkehrsmäßigen Anschluß an Preußen und Gebietsabtretungen, namentlich an den Mündungen des geplanten Nord-Ostsee-Kanals. Österreich nahm die preußische Herausforderung zum Anlaß, am 6. April 1865 im Bundestag einem Antrag der Mittelstaaten zuzustimmen, der die beiden Großmächte aufforderte, den Augustenburger in seine Rechte einzusetzen.

Als König Wilhelm I. sich daraufhin Ende Mai im preußischen Kronrat, unterstützt von Kriegsminister Graf Roon und Generalstabschef von Moltke, für die Annexion Schleswig-Holsteins aussprach, schien der Ausbruch eines Krieges zwischen Preußen und Österreich unmittelbar bevorzustehen.

Bismarck konnte sich jedoch am Ende mit seiner elastischeren Linie durchsetzen. In langwierigen Verhandlungen in Bad Gastein, die von Ende Juli bis Mitte August 1865 dauerten, verständigte er sich mit Österreich auf die Teilung der Verwaltung in den Herzogtümern: Österreich fiel Holstein, Preußen Schleswig zu. Kiel sollte ein Bundeskriegshafen werden, Preußen indes Verwaltung und Polizei des Hafens übernehmen und in Kiel Befestigungen anlegen sowie eine Marinestation einrichten dürfen. Lauenburg wurde an den König von Preußen abgetreten, der das Herzogtum in Personalunion übernahm.

Die Gasteiner Konvention vom 14. August 1865 – das Ereignis, dem Bismarck die Erhebung in den Grafenstand verdankte – war erklärtermaßen ebenso ein Provisorium wie das bisherige Kondominium. Doch Bismarck hielt den Zeitpunkt für einen Krieg mit Österreich noch nicht für gekommen, ja einen solchen Krieg vielleicht überhaupt für abwendbar. Manches spricht dafür, daß der preußische Ministerpräsident nach dem Sieg über Dänemark bereit war, sich einstweilen mit einer politischen Vorherrschaft des Hohenzollernstaates nördlich der Mainlinie zu begnügen: eine Lösung des deutschen Problems, für die sich Österreich, sofern es dafür in Norditalien entschädigt wurde, unter Umständen hätte gewinnen lassen. Die deutsche Nationalbewegung aber wäre mit einer solchen Teilung Deutschlands, einer «großpreußischen» Alternative zu «Kleindeutschland», nie und nimmer einverstanden gewesen. Schon deshalb hatten die vieldiskutierten «dualistischen» Verständigungsversuche von 1864/65 nie eine Chance, längerfristig befriedend zu wirken.[20]

Während das Verhältnis zwischen Preußen und Österreich sich 1865 zuerst zuspitzte und dann wieder entspannte, schritt die Spaltung des preußischen Liberalismus weiter voran. Im April erhob der aus dem schleswig-holsteinischen Garding stammende Historiker Theodor Mommsen, der 1863 ins preußische Abgeordnetenhaus gewählt worden war, als erster Parlamentarier des rechten Flügels der Fortschrittspartei die Forderung nach der vollen Annexion Schleswig-Holsteins. Das Selbstbestimmungsrecht der Schleswig-Holsteiner sei an sich vollkommen berechtigt, erklärte Mommsen in einem Sendschreiben an die Wahlmänner der Stadt Halle und des Saalekreises, «aber es ist kein unbedingtes, sondern findet seine Schranken an den allgemeinen Interessen der deutschen Nation. Denn es gibt kein schleswig-holsteinisches Volk, sondern nur ein deutsches, und wo dieses spricht, hat jenes zu gehorchen.» Preußen, das Mommsen als eine Art Treuhänder der deutschen Nation betrachtete, dürfe zwar nur den partiellen, also militärischen und maritimen Anschluß der Herzogtümer fordern, aber die Schleswig-Holsteiner wären gut beraten, wenn sie der vollen Annexion zustimmten.

Der Marinevorlage, mit der die Regierung im April 1865 das Abgeordnetenhaus um die Bewilligung von Mitteln für den Ausbau des Kieler Hafens ersuchte, wollte Mommsen dennoch nicht zustimmen: «Es sind zwei ganz verschiedene Dinge, die von unserer Regierung in dieser Angelegenheit befolgte Politik zu billigen und die Mittel zu deren Durchführung dem gegenwärtigen Ministerium zu bewilligen. Vielmehr, da das Ausgaberecht des Landtags durch die Regierung einmal suspendiert ist, so ist dasselbe damit eben ganz suspendiert, auch für die Fälle, wo die Regierung wie der Landtag materiell ganz einig sind.»

In der Debatte, die das Abgeordnetenhaus Anfang Juni 1865 über die Marinevorlage der Regierung führte, stellte der Fortschrittsabgeordnete Otto Michaelis, der Handelsredakteur der «National-Zeitung», einen bemerkenswerten Zusammenhang zwischen innerer und äußerer Politik her. Wenn Preußen sich «große Ziele» setze, erklärte er, werde auch bald das Ende des verfassungswidrigen Regiments schlagen. «Wenn wir aber selbst anfangen,... kleinstaatliche Politik zu treiben, wenn wir aus irgendwelchen Gründen unterlassen, das Banner Preußens und Deutschlands gegen Österreich zu ergreifen, dann geht es abwärts, dann kommen wir immer tiefer in die kleinstaatlichen Auffassungen und wir befinden uns eines Tages wieder unter dem Schirm Österreichs und entdecken, daß die Bevölkerung Preußens, ohne ein ideales Ziel, die Spannkraft verloren hat, welche notwendig ist, den Verfassungskampf mit uns durchzufechten...»

Die «National-Zeitung», ganz auf der Seite von Michaelis und Mommsen, gelangte zur gleichen Zeit zu der Erkenntnis, auch unter den schlimmsten Verhältnissen habe Preußen «stets nur die inkonsequente, weil an den höchsten Staatszwecken sich versündigende Reaktion vertreten, Österreich die konsequente, weil auf ihr sein ganzer Zusammenhalt beruht». Anfang August 1865 spitzte das liberale Blatt sein großpreußisches Bekenntnis bis zur These zu, es habe in der Geschichte auch solche Völker und Staaten gegeben, «welche freier wurden, indem sie größer wurden». Die Ursache der Unfreiheit sei der Fürstenbund von 1815. Die Einzelstaaten könnten sich nicht selber helfen, weshalb zur Gewährung der Freiheit eine deutsche Nationalversammlung erforderlich sei. «Also von der Einheit zur Freiheit, das ist der Weg, das sind die Mittel unserer Partei».

Die demokratische «Volkszeitung» erwiderte ironisch, die «National-Zeitung» bemühe sich, «der Göttin der Freiheit einen Wechsel auszustellen, fällig nach eingelöster Einheit Deutschlands». Doch dieselbe Rücksichtslosigkeit, die bei der Schaffung der Einheit obwalte, werde auch das Grab der Freiheit sein. «Die Einheit durch Blut und Eisen würde, selbst wenn sie möglich wäre, die letzten Spuren der Freiheit vernichten.»

Gegen die Gasteiner Konvention protestierten alle Richtungen des Liberalismus, wenn auch aus sehr unterschiedlichen Motiven. Die augustenburgisch gesinnte Nationalbewegung beklagte die Mißachtung des Selbstbestimmungsrechts der Schleswig-Holsteiner. Der deutsche Abgeordnetentag, der am 1. Oktober in Frankfurt zusammentrat, sah alle Rechtsordnung und Rechtssicherheit in Deutschland durch den «Rechtsbruch» Österreichs und Preußens aufs tiefste verletzt. Der Deutsche Nationalverein sprach Ende Oktober von einer «Vergewaltigung» der von dänischer Willkürherrschaft befreiten Lande durch deutsche Bundesgenossen. Aber auch den preußischen Annexionisten gab die Übereinkunft Anlaß zur Kritik. Preußen habe einen unverlöschlichen Titel auf Holstein wie auf Schleswig, monierte die «National-Zeitung». Davon stehe jedoch nichts in der Konvention. «Nein, dieses Abkommen ist nicht das Werk, welches wir meinen, diese Lösung hat nichts gemein mit unseren Ansprüchen.»

Am Frankfurter Abgeordnetentag nahmen aus Preußen nur einige wenige Parlamentarier der Linken teil. Der rechte Flügel der Fortschrittspartei blieb dem Treffen fern, um den zu erwartenden Bekundungen eines preußenfeindlichen «Partikularismus» im voraus eine Absage zu erteilen. Mommsen und Twesten begründeten diese Entscheidung in offenen Briefen an den Präsidenten des Abgeordnetentages. «Der Bankrott des Partikularismus», schrieb Mommsen, «muß noch mit weit schwereren Schlägen an jeden einzelnen Deutschen herantreten, bevor die Bevölkerung der Mittel- und Kleinstaaten in ihrer Mehrheit davon lassen wird, sich für deutsche Einheit zu begeistern, solange sie nebelhaft und zukünftig ist, und wo immer in hartem Ernst, vielleicht unter widerwärtigen und erschwerenden Bedingungen, ein Anfang dieser Einigung an sie herantritt, sich durch jede Ausflucht ihr zu entziehen, zur Zeit z. B. ihrer Opposition gegen Preußens Machtentfaltung den schicklicheren Mantel der Opposition gegen Herrn von Bismarcks Prozeduren umzuhängen.»

Twesten formulierte noch schärfer: Die Mehrheit des preußischen Abgeordnetenhauses müsse neben dem Selbstbestimmungsrecht des Volkes in Deutschland auch die «Machtinteressen unseres Staates» ins Auge fassen und daher «jede Alternative einer Niederlage des preußischen Staates» vorziehen. Nicht minder scharf fielen die Antworten von Liberalen aus den Mittelstaaten, aber auch aus Preußen selbst aus. Die größte Beachtung fand eine Erklärung des westfälischen Unternehmers Friedrich Harkort, der im Abgeordnetenhaus dem Linken Zentrum angehörte. Er bekannte sich zum Selbstbestimmungsrecht der Schleswig-Holsteiner und, unter Berufung auf Kant, zu der Maxime: «Wer das Selbstbestimmungsrecht anderer nicht achtet, untergräbt die eigene Freiheit.»

Die Kluft, die die Schleswig-Holstein-Krise im liberalen Lager aufgerissen hatte, war tief – ähnlich tief wie siebzehn Jahre zuvor beim Streit um Annahme oder Ablehnung des Waffenstillstands von Malmö. Und in der Tat: Wie für die Revolution von 1848 bedeutete die Auseinandersetzung um die Elbherzogtümer auch für den preußischen Verfassungskonflikt einen

Wendepunkt. 1848 hatte die Paulskirche nicht vermocht, die preußische Regierung zur Fortführung des Krieges gegen Dänemark zu zwingen, und eben damit die Ohnmacht der liberalen Bewegung gegenüber den bestehenden Gewalten sichtbar gemacht. 1864 konnten die Liberalen die deutschen Großmächte nicht zu *dem* Krieg gegen Dänemark nötigen, den *sie* für den richtigen hielten, einen Krieg für das Selbstbestimmungsrecht der Schleswig-Holsteiner; danach mußten sie sich mit einem Sieg über Dänemark auseinandersetzen, der zugleich die ungebrochene Kraft des historischen Staates bewies. In beiden Fällen, 1848 wie 1864, führte die Schleswig-Holstein-Frage also zu einer «Stunde der Wahrheit». Beide Male reagierten «linke» und «rechte» Liberale in entgegengesetzter Weise auf diese Erfahrung. Ob demütigender Waffenstillstand wie 1848 oder triumphaler Sieg wie 1864: Der Krieg mit Dänemark hatte in beiden Fällen eine Polarisierung innerhalb des Liberalismus zur Folge.[21]

Das galt 1864/65 nicht nur für den preußischen Liberalismus. Nach dem Sieg über Dänemark schwenkte der äußerste rechte Flügel des Nationalvereins unter dem Göttinger Rechtsanwalt Johannes Miquel, der 1848 zu den Parteigängern von Marx gehört hatte, auf die annexionistische Linie von Mommsen und Twesten ein, während sich die meisten Demokraten seit 1865 aus dem Verband zurückzogen. Die entschieden großdeutschen Demokraten, die meist weder dem Reform- noch dem Nationalverein angehörten, waren und blieben Preußenfeinde. Als die Berliner «Volkszeitung» im April 1864 behauptete, Preußen brauche nur ein festes nationales Programm, und dann werde ihm die Leitung Deutschlands zufallen, antwortete ihr der Stuttgarter «Beobachter», das Organ der württembergischen Linken: «Verhöhnt, geknebelt und getreten, wie diese Preußen sind, wollen sie noch Deutschland erobern. So erobert doch vor allem eure Freiheit! Wenn ihr aber Sklaven seid, so verlangt nicht von anderen, euer Schicksal zu teilen!»

Der «Beobachter» sprach für die radikal föderalistische, von den Gegnern als «partikularistisch» bezeichnete Richtung der klein- und mittelstaatlichen Demokratie, wenn er am 10. Februar 1864 die Parole ausgab, wo Nationalität und Freiheit miteinander in Konflikt kämen, werde man sich auf die Seite der Freiheit stellen. Aus der gleichen, naturrechtlich geprägten Denkweise stammte die Devise, die Zukunft Deutschlands liege in einer «Konföderation von Freistaaten, in einer deutschen Eidgenossenschaft». Aus diesem Ansatz ergab sich auch mit innerer Logik jene scharfe, den älteren Cato bemühende Absage, die Ludwig Pfau, einer der parlamentarischen und publizistischen Führer der württembergischen Linken, Ende April 1864 im «Beobachter» einem preußischen Kaisertum erteilte: «Ohne die Auflösung Preußens in seine Stämme ist die Bildung eines einigen und freien Deutschland eine absolute Unmöglichkeit. Ceterum censeo Borussiam esse delendam (Im übrigen bin ich der Meinung, daß Preußen zerstört werden muß, H. A. W.).»

Die Verlautbarungen des «Beobachters» vom Frühjahr 1864 hatten programmatischen Charakter: Sie waren Gründungsdokumente der «Volkspartei», die sich zu jener Zeit aus der Ende 1859 entstandenen württembergischen Fortschrittspartei herauszulösen begann. Die Demokraten zogen Nutzen aus der politischen Mobilisierung durch die Schleswig-Holstein-Vereine und namentlich aus der verbreiteten Empörung über die Mißachtung, die die beiden deutschen Großmächte dem Selbstbestimmungsrecht der Schleswig-Holsteiner entgegenbrachten. In den demokratischen Parolen, die vor allem im Kleinbürgertum auf fruchtbaren Boden fielen, lebte noch einmal die vormärzliche Idee der «Trias» auf: die Vorstellung, daß das «dritte Deutschland» der Mittel- und Kleinstaaten das eigentliche Deutschland sei. Mit ebendieser Vision forderten die Demokraten gemäßigte württembergische Liberale wie den Stuttgarter Rechtsanwalt Julius Hölder heraus, die, bei aller Kritik an der Politik Bismarcks, daran festhielten, daß Deutschland nicht ohne und gegen Preußen geeinigt werden konnte. Die Ansichten der Gemäßigten, die in der zweiten Kammer über starken Einfluß verfügten, fanden Widerhall im Wirtschafts- und Bildungsbürgertum, aber vorerst noch nicht in den breiten Massen. Populär war in Württemberg (und nicht nur dort), wer gegen die beiden Großmächte auftrat und dabei Preußen schärfer angriff als Österreich.[22]

Württemberg war der «Vorort» der demokratischen Bewegung in Deutschland, die sich 1865 auch gesamtdeutsch zu organisieren begann. Die treibenden Kräfte waren dabei allerdings nicht die Württemberger, sondern nationalpolitisch engagierte Demokraten aus anderen südwestdeutschen Mittelstaaten: allen voran der Literaturhistoriker Ludwig Eckardt aus Baden und der Arzt und Autor des vielgelesenen materialistischen Buches «Kraft und Stoff», Ludwig Büchner aus Hessen-Darmstadt. In Darmstadt wurde denn auch im September 1865 offiziell die Demokratische Volkspartei gegründet – gegen erhebliche Widerstände der Württemberger, denen die neue Partei zu wenig föderalistisch war.

Eckardt und Büchner waren diejenigen «bürgerlichen» Demokraten, die sich am stärksten darum bemühten, die Arbeiter in die Volkspartei einzubeziehen. Beim Allgemeinen Deutschen Arbeiterverein, der, seit sein Gründer Lassalle im August 1864 an den Verwundungen in einem Duell gestorben war, von Führungskrisen erschüttert wurde, mißlang ihnen das. Der konkurrierende Verband Deutscher Arbeitervereine dagegen, 1863 unter maßgeblicher Beteiligung Leopold Sonnemanns, des Eigentümers und Herausgebers der «Neuen Frankfurter Zeitung», gegründet, schloß sich auf seinem Stuttgarter Vereinstag im September 1865 der demokratischen Bewegung an. Einer der Delegierten dieser Tagung war ein Mann, der wenig später zum Führer der deutschen Arbeiterbewegung aufsteigen sollte: der aus Köln stammende Drechsler und damalige Vorsitzende des Leipziger Arbeiterbildungsvereins, August Bebel.[23]

Die Gründung der Volkspartei schien für einen Ruck nach links zu sprechen: weg von der Allianz zwischen Liberalen und Demokraten, hin zur großen, klassenübergreifenden Linken; weg vom Streben nach Kompromissen mit den Regierungen, hin zu einem entschiedenen Oppositionskurs; weg von der Realpolitik, hin zur Prinzipienpolitik. Doch es gab um dieselbe Zeit im «dritten Deutschland» auch Entwicklungen, die in eine andere Richtung deuteten, und diese Entwicklungen gingen von Baden aus. In Karlsruhe waren seit 1860/61 die Liberalen an der Macht. Ein Kabinett mit August Lamey als Innenminister und Franz von Roggenbach als Außenminister reformierte Justiz und Verwaltung, führte 1862 – ein Jahr nach Sachsen und im gleichen Jahr wie Württemberg – die Gewerbefreiheit ein, entzog die Schulen dem beherrschenden Einfluß der Kirchen und löste damit einen jahrelangen heftigen Kirchenkampf aus, der den Zusammenhalt der liberalen Partei festigte, den Liberalismus aber auch dem wachsenden Druck einer klerikalen Volksbewegung aussetzte.

Das liberale Baden wurde in der ersten Hälfte der sechziger Jahre zum politischen Gegenpol des autoritär regierten Preußen und, so paradox es klingt, gleichzeitig zu dessen bevorzugtem Partner unter den süddeutschen Mittelstaaten. Mit dem Hohenzollernstaat stimmte das Großherzogtum in der freihändlerischen Orientierung und damit in den Grundfragen der Zollvereinspolitik überein. Auf eine Einigung Deutschlands unter preußischer Führung setzten die regierenden Liberalen Badens aber nicht nur aus wirtschaftlichen, sondern auch aus außenpolitischen Gründen: Die räumliche Nähe zu Frankreich schuf ein Sicherheitsbedürfnis, das am ehesten durch Zusammenarbeit mit Preußen zu befriedigen war. Wenn es zu einem kriegerischen Konflikt zwischen den beiden deutschen Großmächten kam, mußte es Baden von allen Mittelmächten am schwersten fallen, sich auf die Seite der Präsidialmacht des Deutschen Bundes zu schlagen.

Bei den Regierungen der anderen Mittelstaaten konnte von Sympathien für Preußen kaum die Rede sein. Sachsen zog zwar handelspolitisch mit der norddeutschen Führungsmacht an einem Strang, doch in Fragen der «großen Politik» neigte Außenminister von Beust eher Wien als Berlin zu. Die Regierung Bayerns, an deren Spitze seit Dezember 1864 Ludwig von der Pfordten, ein gemäßigter Liberaler der großdeutschen Richtung, stand, wollte den Bruch mit Österreich in jedem Fall vermeiden, und vom württembergischen Außenminister von Varnbüler galt dasselbe. Die meisten anderen Mittelstaaten hatten bisher ebenfalls keine Anhaltspunkte für die Annahme geliefert, sie würden im Zweifelsfall Preußen gegen Österreich beistehen. Der Hohenzollernstaat mußte also damit rechnen, daß er bei einem Krieg mit dem Habsburgerreich die Mehrheit der Bundesmitglieder gegen sich haben würde. Das war die Ausgangslage, wie sie sich den beiden deutschen Großmächten darstellte, als Anfang 1866 der Konflikt um Schleswig-Holstein in eine neue Phase trat.[24]

Stoff für Streit war in der Gasteiner Konvention von Anfang an enthalten. Dafür sorgte allein schon der Umstand, daß Preußen, um in das von ihm verwaltete Schleswig zu gelangen, Holstein, also österreichisch verwaltetes Gebiet, passieren mußte. Dem österreichischen Statthalter in Holstein war an einem guten Verhältnis zu Preußen offensichtlich wenig gelegen; andernfalls hätte er nicht den Eindruck hervorgerufen, als sei er mit der augustenburgischen Agitation im Süden der beiden Elbherzogtümer einverstanden. Eine Kundgebung in Altona am 23. Januar 1866, auf der die Versammelten die Einberufung einer schleswig-holsteinischen Ständeversammlung forderten, wurde zum Wendepunkt. Berlin protestierte; Wien verbat sich jedwede preußische Einmischung in die Verwaltung Holsteins; die Zusammenarbeit der beiden deutschen Großmächte war damit aufgekündigt.

Im Hohenzollernstaat wie im Habsburgerreich begannen sich Politiker und Militärs seitdem auf Krieg einzustellen. Preußen durfte, was die auswärtige Politik betraf, darauf hoffen, daß Rußland ihm bei einem Waffengang mit Österreich nicht in den Rücken fallen würde: Die Beziehungen zwischen Wien und St. Petersburg hatten sich seit dem Krimkrieg nicht wesentlich gebessert, wohingegen das Verhältnis zwischen Rußland und Preußen als alles in allem gut gelten konnte – vor allem seit Bismarck Anfang 1863 durch die «Konvention Alvensleben» dem Zaren bei der Niederwerfung eines neuen polnischen Aufstandes zur Hilfe gekommen war. Beim bonapartistischen Frankreich konnte Preußen ebenfalls sicher sein, daß es Österreich nicht unterstützen würde, solange dieses Venetien besaß. Mit dem Königreich Italien, das dieses Gebiet von der habsburgischen Herrschaft befreien wollte, schloß Preußen am 8. April 1866 ein geheimes, auf drei Monate befristetes Offensiv- und Defensivbündnis. Das Abkommen widersprach dem geltenden Bundesrecht ebenso wie der geheime österreichisch-französische Vertrag vom 12. Juni 1866. Wien sicherte sich durch den Pakt die Neutralität Frankreichs für den Fall eines Krieges mit Preußen. Der Preis, den Österreich dafür bezahlen mußte, war hoch: Die Habsburgermonarchie stimmte dem Verzicht auf Venetien zu, falls sie auf dem deutschen Kriegsschauplatz siegen sollte. Fiel ihr der Sieg in Italien zu, sollte sich dort an der Gebietszugehörigkeit gegenüber der Vorkriegszeit nichts ändern. Außerdem willigte Wien in die Umwandlung der preußischen Rheinprovinzen in einen neuen, formell unabhängigen, tatsächlich von Frankreich abhängigen Staat ein.

Auch in Deutschland selbst blieben die beiden Großmächte nicht untätig. Mitte Februar versuchte Bismarck, den bayerischen Außenminister von der Pfordten für einen gemeinsamen preußisch-bayerischen Vorstoß beim Bundestag zu gewinnen: Dieser sollte die Bildung eines deutschen Parlaments beschließen, das aus Wahlen nach dem allgemeinen, gleichen und direkten Wahlrecht hervorgehen müsse – einem Wahlrecht, von dem sich der preußische Ministerpräsident sogar eine Stärkung der alten

Gewalten versprach: «Direkte Wahlen aber und allgemeines Stimmrecht halte ich für größere Bürgschaften einer konservativen Haltung als irgendein künstliches, auf Erzielung gemachter Majoritäten berechnetes Wahlgesetz.» Da der bayerische Außenminister seinen Staat aber weiterhin in der Rolle eines Vermittlers zwischen den beiden Großmächten an der Spitze der «Trias» sehen wollte, lehnte er eine gemeinsame Initiative ab.

Die Folge war, daß Preußen seinen Antrag auf Reform der Bundesverfassung am 9. April 1866 im Bundestag allein einbringen mußte. Bismarcks Hoffnung, er werde durch die Forderungen nach einem deutschen Parlament und dem demokratischen Wahlrecht die öffentliche Meinung für Preußen gewinnen, erfüllte sich nicht. Innerhalb und außerhalb des Hohenzollernstaates lautete das fast einhellige Verdikt, die preußische Regierung möge erst im Innern des eigenen Staates Verfassung und Volksvertretung achten, ehe sie mit fortschrittlich klingenden, aus Bismarcks Mund aber eher cäsaristisch, also bonapartistisch, anmutenden Parolen auf die deutsche Bühne trete.

Selbst auf dem rechten Flügel der Fortschrittspartei fand Bismarcks neuer Kurs keine Gegenliebe. Die «National-Zeitung» bereitete zwar Anfang April ihre Leser auf die Möglichkeit eines Krieges zwischen Preußen und Österreich vor: Ein solcher Krieg dürfe nicht schon deswegen, weil beide Staaten dem Deutschen Bund angehörten, als «Bruderkrieg» verstanden werden. Nur in Stunden höchster Gefahr hätten Preußen und Österreich zusammengestanden «unter Bedingungen, unter denen zwei völlig fremde und heterogene Völker gleichfalls sich zu verbinden pflegen», und folglich wäre es ein Irrtum zu meinen, Preußen sei mit dem Staat Österreich in seiner gegenwärtigen Verfassung «durch die heiligen Bande der Verwandtschaft und staatlichen Gemeinsamkeit verbunden». Doch dem Konfliktministerium traute das Berliner Blatt nicht zu, daß es die Sympathien Deutschlands gewinnen könne, ohne die sich ein Krieg mit Österreich nicht führen lasse.

Bismarcks Vorschlag einer Bundesreform kommentierte die «National-Zeitung» mit der rhetorischen Frage: «Allgemeines und gleiches Stimmrecht, direkte Wahlen, deutsches Parlament, uns große und erstrebenswerte Ziele: aber was haben die Grafen Bismarck und Eulenburg, was hat der Bundestag damit zu schaffen?» Derselben Ansicht war Karl Twesten. Bismarck sei nicht der Mann, der mit einem wahrhaften Parlament regieren könne, erklärte der liberale Abgeordnete am 17. April vor Wahlmännern und Urwählern des ersten Berliner Wahlbezirks. «Die deutsche Einigung sei nur zu verwirklichen unter Preußens Führung, aber diese müsse in liberalen Händen liegen.»

Als Preußen, ungeachtet des Mißerfolgs seiner diplomatischen Frühjahrsoffensive, am 10. Juni 1866 den Vorschlag zur Bundesreform abermals, und nun in ausgefeilter Form, im Bundestag einbrachte, konnte es mit einer Annahme um so weniger rechnen, als es unmittelbar zuvor Bundesrecht offen verletzt hatte: Am 7. Juni waren preußische Truppen in Holstein eingerückt. Die Besetzung des Herzogtums war die Antwort Berlins auf einen spektakulären Schritt Wiens vom 1. Juni, der den Bruch der Gasteiner Konvention bedeutete und eben darum geeignet war, Österreich viel Zustimmung im «dritten Deutschland» zu verschaffen: die Weisung an den Statthalter in Holstein, eine Ständeversammlung einzuberufen, und das Ersuchen an den Bundestag, dieser möge, nachdem die Bemühungen, mit Preußen zu einer Verständigung zu gelangen, gescheitert seien, die Entscheidung über die Zukunft der Elbherzogtümer treffen.

Den preußischen Einmarsch in Holstein konterte Österreich an 9. Juni mit dem Antrag auf Mobilmachung des Bundesheeres, soweit es nicht von Preußen gestellt wurde. Am 14. Juni folgte, nachdem Preußen zuvor den Antrag als bundeswidrig zurückgewiesen hatte, die Abstimmung im Bundestag. Mit einer Ausnahme stimmten alle Mittelstaaten mit Ja; nur Baden enthielt sich der Stimme, schlug sich dann aber unter dem Druck der öffentlichen Meinung kurz darauf doch noch auf die Seite Österreichs. Gegen den Antrag und damit für Preußen stimmten einige kleinere Staaten, unter ihnen Braunschweig und die beiden mecklenburgischen Großherzogtümer. Preußen nahm an der Abstimmung nicht teil. Es beantwortete den Beschluß mit der Feststellung, damit sei der Bundesvertrag erloschen.

Da beide deutschen Großmächte schon im April mit der Mobilmachung begonnen hatten, bedurfte die militärische Austragung des Konflikts auf Seiten Preußens und Österreichs keiner weiteren Vorbereitung mehr. Am 16. Juni, nach Ablauf von Ultimaten, die zwei Tage zuvor an die Regierungen in Dresden, Hannover und Kassel ergangen waren, rückten preußische Truppen in Sachsen, Hannover und Kurhessen ein. Am 20. Juni erklärte Italien, am 21. Juni Preußen Österreich den Krieg. Noch am gleichen Tag überschritten preußische Truppen die Grenze nach Böhmen.[25]

Der österreichische Liberalismus empfand den Krieg als befreiende Tat. «Wofür Österreich nun zum Schlag ausholt», so schrieb die Wiener «Neue Freie Presse» am 19. Juni 1866 in einem Kommentar zum kaiserlichen Kriegsmanifest, «das ist die Idee der Freiheit in der Föderation; wogegen es jetzt seine Hiebe richtet, das ist der scheußliche, alles Recht vergiftende Cäsarismus, diese Seuche unserer Tage.» Spiegelbildlich verkehrt stellte sich die Lage dem rechten Flügel des preußischen Liberalismus dar. Seit der Krieg begonnen hatte, war in der «National-Zeitung» keine Rede mehr davon, daß dem Konfliktministerium die innenpolitischen Voraussetzungen für einen erfolgreichen Kampf gegen Österreich fehlten. Die norddeutsche Bevölkerung werde sich ohne Zweifel dahin entscheiden, daß im preußischen Lager die höchsten Nationalgüter verteidigt würden, schrieb das Berliner Blatt am 30. Juni. «Wenn auch kein volksfreundliches Ministerium bei uns am Ruder ist, den Österreichern gegenüber vertritt Preußen dennoch die deutsche Volksfreiheit, gleichwie im Dreißigjährigen Krieg die starren Lutheraner und Reformierten die Geistesfreiheit vertraten und retteten ...»

Ähnlich «kulturkämpferisch» war der Tenor der Rede, die am gleichen Tag der Stadtsyndikus Duncker auf einer Versammlung der Wahlmänner des ersten Berliner Wahlbezirks hielt. Wenn der Krieg zu einem nationalen Parlament führe, erklärte er, wäre das der Sieg der verfassungsmäßigen Freiheit. «Im Kampf gegen Österreich bedeutet der Sieg Preußens auf alle Fälle den Sieg der bürgerlichen und kirchlichen Freiheit, bedeutet er die Bewahrung Norddeutschlands auf geistigem Gebiet vor den Jesuiten, auf materiellem vor finanziellem und volkswirtschaftlichem Ruin.»

Süddeutsche Katholiken und Demokraten sahen das naturgemäß anders. Im katholischen Oberschwaben wurden die Menschen, wie Adolf Rapp in seinem 1910 erschienenen Buch «Die Württemberger und die nationale Frage» schreibt, von dem Gefühl befeuert, daß der Kampf auch ihrer Kirche gelte. «Die kleindeutschen Kreise hatten dazu selbst Anlaß gegeben; wie oft konnte man von ihnen hören, daß man ein protestantisches Deutschland haben wolle und daß Österreich die Konsequenzen des westfälischen Friedens ziehen müsse, durch den es sich ausdrücklich aus Deutschland ausgeschlossen habe. Die katholischen Geistlichen verfehlten nicht, ihre Gemeinden darauf hinzuweisen.»

In der württembergischen Landeshauptstadt hingegen gaben protestantische Demokraten den Ton an, und der war nicht minder kämpferisch. «Gebt Schwarzrotgold den Truppen!» verlangte am 24. Juni der «Beobachter», das Blatt der Volkspartei, die sich in den Monaten zuvor für den Fall eines «brudermörderischen Kampfes» zwischen Preußen und Österreich für die bewaffnete Neutralität des «dritten Deutschland» ausgesprochen hatte. Von den deutschen Farben versprach sich das Organ der schwäbischen Demokraten eine gewaltige Wirkung auf den Feind, die preußischen «Sonderbündler»: «Daß auf deutschem Boden die deutsche Fahne siegen muß, das würde wie ein Blitz der Erkenntnis in die Pickelhauben schlagen, und die ganze Unwiderstehlichkeit der Idee würde sich einmal wieder in der Geschichte geltend machen.»

Es kam anders. Am 3. Juli 1866 brachten die Preußen den Österreichern bei Königgrätz in Böhmen die entscheidende Niederlage bei. Die Verbündeten des Habsburgerreiches, soweit sie aktiv in den Krieg eingriffen (Baden wußte das in letzter Stunde zu vermeiden), wurden kurz darauf in weniger bedeutenden Gefechten geschlagen. Schon vor Königgrätz hatte Kaiser Franz Joseph, obwohl seine Truppen auf dem italienischen Kriegsschauplatz siegreich waren, Frankreich die Abtretung von Venetien angeboten und Napoleon III. um Vermittlung mit Italien gebeten: ein Schritt, der im «dritten Deutschland» die Sympathien für Österreich schlagartig dahinschwinden ließ und die Bereitschaft förderte, sich mit Preußen auf die gemeinsame Abwehr französischer Eroberungswünsche zu verständigen. Am 5. Juli ging der Kaiser der Franzosen auf das Ersuchen des Kaisers von Österreich ein, dehnte die Vermittlung aber auch auf Preußen aus.

Da Napoleon einen Machtzuwachs Preußens nördlich des Mains hinzunehmen versprach, nahm Bismarck die Vermittlung an. Er war auch bereit, im Interesse des europäischen Gleichgewichts, so wie Napoleon III. es verstand, eine Reihe von französischen Forderungen zu erfüllen, darunter die Unabhängigkeit eines Bundes süddeutscher Staaten, die Erhaltung der territorialen Integrität Österreichs ohne Venetien, eine Volksabstimmung im nördlichen Schleswig und zuletzt auch die Erhaltung Sachsens. Frankreichs Verlangen nach der Abtretung von linksrheinischem Gebiet aber lehnte Bismarck entschieden ab. Er verwies Napoleon statt dessen auf Luxemburg, das mit den Niederlanden durch Personalunion verbunden war, und auf Belgien: eine Richtung, in der Frankreich sich nicht ausdehnen konnte, ohne mit England in Konflikt zu geraten.

Einen Konflikt mußte der preußische Ministerpräsident in den Wochen nach Königgrätz mit seinem König ausfechten: Wilhelm I. wollte Österreich einen harten Frieden auferlegen, sein leitender Minister durch einen milden Frieden die Grundlagen künftigen Zusammenwirkens schaffen. Bismarck setzte sich schließlich durch. Am 21. Juli vereinbarten Preußen und Österreich eine zunächst auf fünf Tage befristete Waffenruhe. Am 26. Juli wurde in Nikolsburg der «Präliminarfriede» unterzeichnet; zwei Tage später trat er in Kraft. Der Vorfriede entsprach dem, was der preußische Ministerpräsident bereits dem Abgesandten Napoleons, Vincent Benedetti, zugesichert hatte. Einen europäischen Friedenskongreß, wie Rußland ihn wünschte, vermochte Bismarck abzuwenden, so daß der endgültige Friede schon am 23. August in Prag geschlossen werden konnte.

Das Habsburgerreich stimmte darin der Auflösung des Deutschen Bundes und der Neugestaltung Deutschlands ohne Österreich zu. Wien erkannte den geplanten Norddeutschen Bund an, dem Preußen und zunächst 15, nach dem Beitritt der beiden mecklenburgischen Großherzogtümer am 21. August 17 norddeutsche Staaten angehörten, ebenso den geplanten, aber dann nicht verwirklichten Bund der süddeutschen Staaten, der eine unabhängige internationale Existenz besitzen sollte, mit dem Norddeutschen Bund aber in eine engere Verbindung treten durfte. Den Bewohnern Nordschleswigs wurde in Artikel V das Recht zugestanden, sich Dänemark anzuschließen, wenn sie diesen Wunsch in freier Abstimmung äußerten.

Die siegreiche Macht wuchs durch Annexionen: Hannover, Kurhessen, Nassau und die Freie Stadt Frankfurt, die im Krieg auf der Seite Österreichs gestanden hatten, wurden Preußen einverleibt, ebenso Schleswig-Holstein. Sachsen wurde Mitglied des Norddeutschen Bundes, Hessen-Darmstadt ebenfalls, jedoch nur mit seinem nördlich des Mains gelegenen Gebiet. Mit den süddeutschen Staaten schloß Preußen, zusammen mit den Friedensverträgen, geheime Schutz- und Trutzbündnisse ab. Sie hatten die Konsequenz, daß die Vertragspartner sich im Kriegsfall dem preußischen Oberbefehl unterstellen und ihre Heeresverfassungen dem Vorbild Preußens anpassen mußten. Der Norden und der Süden Deutschlands waren dadurch enger miteinander verbunden als zuvor. Das Ergebnis des deutschen Krieges war dennoch kein deutscher Nationalstaat, sondern eine neue Art von deutschem Dualismus: hier Großpreußen, dort Süddeutschland. An die Endgültigkeit der Mainlinie mochten viele, wohl die meisten Zeitgenossen nicht glauben. Doch wann und wie diese Grenze überwunden werden würde, war ungewiß. Nur eines war mit großer Wahrscheinlichkeit auszuschließen: daß die Deutschen die deutsche Frage, die es nach wie vor gab, mit einem so geringen Maß an äußerer Einmischung würden lösen können, wie es sie 1866 gegeben hatte.[26]

Der deutsche Krieg von 1866 war *kein* Bürgerkrieg. Er war ein Krieg zwischen deutschen Staaten, ausgetragen von regulären Armeen und nicht von Freischärlern oder Barrikadenkämpfern. Die Preußen und Österreicher, die sich in Königgrätz schlugen, kämpften für ihren Staat und für ihren Herrscher; sie kämpften gegen feindliche Soldaten, aber nicht gegen deutsche Brüder. Bei den Soldaten, die für die Mittelstaaten in den Krieg zogen, war das kaum sehr viel anders. In der öffentlichen Meinung des «dritten Deutschland» aber, gleichviel ob sie kleindeutsch oder großdeutsch geprägt war, gab es das verbreitete Gefühl, der Krieg sei ein «Bruderkrieg», der leicht zu einer Teilung Deutschlands führen könne. Einzelstaatlicher und deutscher Patriotismus fügten sich in den Klein- und Mittelstaaten problemloser zusammen als in Preußen – von Österreich, das sich seit Jahrhunderten aus Deutschland herausentwickelt hatte, ganz zu schweigen.

Der Krieg war, was immer Politiker, Publizisten und Pfarrer schreiben oder sagen mochten, auch kein Religionskrieg. Aus Religion war weithin, auf protestantischer und liberaler Seite in viel höherem Maß als auf katholischer und konservativer, Ideologie geworden, und zwar eine äußerst wirksame Ideologie. Wenn preußische Liberale das Erbe der Reformation beschworen, wenn sie den Krieg mit Österreich mitunter gar in eine «schmalkaldische» Perspektive rückten oder mit dem Dreißigjährigen Krieg in Beziehung setzten, dann war das kein beliebiges, sondern ein gezieltes Argument: Sie appellierten damit an ein Lebensgefühl, das zu den Grundlagen des preußischen Staates gehörte und zugleich über Preußen hinauswies. Das evangelische Lebensgefühl schloß eine bestimmte Idee von Deutschland in sich, die einer anderen, nicht weniger bestimmten Idee von Deutschland widersprach. Die andere Idee war die katholische, die sich am Alten Reich und in seiner Nachfolge an Österreich orientierte.

Das habsburgische Vielvölkerreich war seit langem sehr viel weniger «deutsch» als der Hohenzollernstaat. Als Graf Belcredi, der im Sommer 1865 an die Spitze der Wiener Regierung getreten war, das Februarpatent von 1861 «sistierte», also seinen Vollzug aussetzte, war das kurze «deutsche» und liberale Zwischenspiel der Ära Schmerling beendet. Es begann die Suche nach einem Ausgleich mit Ungarn, die im Dezember 1867 in die

Errichtung der «kaiserlichen und königlichen» Doppelmonarchie Österreich-Ungarn mündete. Um einen Ausgleich mit Preußen hatte sich Österreich dagegen nie ernsthaft bemüht. So stark Preußen seit 1815 geworden war, Österreich verweigerte ihm bis zum Ende des Deutschen Bundes die Gleichberechtigung. Wie immer die deutsche Geschichte verlaufen wäre, hätte Wien weniger starr an seiner Rolle als Präsidialmacht festgehalten und einer Reform des Deutschen Bundes zugestimmt, die diesen Namen verdiente: Österreichs Politik gegenüber Preußen gehört zu den wesentlichen Voraussetzungen des Krieges von 1866, ja zu seinen unmittelbaren Ursachen. Es gab 1865/66 in Wien, nicht anders als in Berlin, eine «Kriegspartei», die darauf drängte, den gordischen Knoten des deutschen Dualismus mit einem Schwertstreich zu durchschlagen.

Mit Österreich konnte ein deutscher Nationalstaat nicht gebildet werden. Ein großdeutscher Nationalstaat hätte vielmehr das Ende des österreichischen Gesamtstaates bedeutet. Aus einer Reform des Deutschen Bundes konnte kein deutscher Nationalstaat hervorgehen, woraus folgt, daß die deutsche Nationalbewegung durch eine Bundesreform nicht zu befriedigen war. Die Nationalbewegung wollte beides: Einheit und Freiheit. Die Einheit war, darin bestand eine der Lektionen des deutschen Krieges, nur mit Preußen herstellbar. Die Freiheit mochte in den Mittelstaaten auch ohne Einheit zu verwirklichen sein, aber auf die Einheit zu verzichten, war für den mittelstaatlichen Liberalismus aus ideellen wie aus materiellen Gründen undenkbar. Daraus ergab sich mit innerer Logik die Notwendigkeit eines Arrangements mit Preußen.

In Baden hatte sich ein Teil der Liberalen schon vor 1866 zu dieser Einsicht durchgerungen. Nach Königgrätz setzte sich diese Strömung voll durch: Unter der neuen, von Karl Mathy geführten Regierung wurde das Großherzogtum endgültig zum engsten Verbündeten Preußens südlich des Mains. In Württemberg gründeten gemäßigte Liberale um Julius Hölder im August 1866 die Deutsche Partei und zogen damit einen klaren Trennungsstrich zwischen preußenfreundlichen «Realpolitikern» und demokratischen «Partikularisten». In Bayern bekannte sich die liberale Fortschrittspartei um dieselbe Zeit erstmals einmütig zur kleindeutschen Lösung: In einer Erklärung vom 28. August forderten die fortschrittlichen Abgeordneten der zweiten Kammer die Herstellung eines engen Bündnisses mit Preußen, den politischen Ausbau des Deutschen Zollvereins und den Eintritt Bayerns in den Norddeutschen Bund zum frühestmöglichen Zeitpunkt. Einmischungen des Auslands waren fortan gemeinsam abzuwehren: «Sollte eine auswärtige Macht deutsches Gebiet bedrohen, so verlangen wir sofortigen Anschluß Bayerns an die norddeutsche Führungsmacht behufs gemeinschaftlicher Verteidigung unter preußischer Führung.»

Der Mann, der Ende 1866 an die Spitze der bayerischen Regierung trat, dachte nicht sehr viel anders, wenn er sich auch in der Öffentlichkeit vorsichtiger ausdrückte. «Ich betrachte die jetzige Katastrophe mit großer Ruhe», schrieb Fürst Chlodwig zu Hohenlohe-Schillingsfürst, ein eher preußenfreundlicher, liberalkonservativer Katholik, am 13. Juli 1866, zehn Tage nach Königgrätz, in sein Tagebuch. «Sie war unvermeidlich, weil der Gegensatz zwischen Österreich und Preußen zum Austrag und zur Entscheidung kommen mußte; und es war besser jetzt als zehn Jahre später. Sie ist aber heilsam, weil sie viele verrottete Zustände in Deutschland aufräumt und namentlich den Mittel- und Kleinstaaten ihre Nichtigkeit und Erbärmlichkeit recht klar ad hominem (ganz persönlich, H. A. W.) demonstriert. Daß dies für die Dynastien ein Unglück ist, gebe ich zu, für die Völker ist es ein Glück.»[27]

Im preußischen Liberalismus hatte es seit langem Zweifel gegeben, ob Freiheit ohne Einheit überhaupt möglich sei. Der Krieg gegen Dänemark verstärkte den Zweifel; der Krieg gegen Österreich schuf beim rechten Flügel der Fortschrittspartei Gewißheit, und diese Gewißheit ähnelte einer Erkenntnis Lorenz von Steins aus dem Jahre 1852: Nicht im preußischen Militärstaat, sondern erst im deutschen Nationalstaat würde die Freiheit ihre Heimstatt finden.

Die preußischen Annexionen in Norddeutschland waren, so gesehen, geradezu ein Vorgriff auf die Freiheit ganz Deutschlands. Wohl stünden dem Anschluß an Preußen «Antipathien gegen das preußische Wesen, welche leider durch das jetzige Regiment genährt und gestärkt werden, und Befürchtungen größerer Lasten entgegen», räumte die»National-Zeitung» am 17. Juli, vier Tage vor Unterzeichnung der Waffenruhe, ein. «Indessen, das straffe, unliebenswürdige, bürokratisch-militärische Wesen, welches sich leicht einstellt, wo die politische Notwendigkeit eine starke Zentralisation herbeigeführt hat, und die unverhältnismäßig großen Militärlasten würden sich mildern und erleichtern lassen, sobald durch eine größere materielle Unterlage die unnatürliche Anspannung der Kräfte überflüssig und durch den Zutritt neuer lebendiger Elemente die altpreußische Einseitigkeit überwunden würde.»

Das «gänzliche Ausscheiden Österreichs aus Deutschland» feierte das liberale Berliner Blatt als ein großes Ereignis: «Dies ist der Schritt, mit dem erst ganz und vollständig das Mittelalter, die Feudalität von unserer Nation überwunden und beseitigt wird. Indem wir uns vom Hause Habsburg trennen, welches die Ideen und die Ansprüche des römisch-deutschen Kaisertums nicht loswerden kann – durch diese Trennung erst werden wir eine selbständige Nation und stehen wir vor der Möglichkeit, einen deutschen *Nationalstaat* zu errichten. Wir *können* deutscher sein, als es unseren Vorfahren vergönnt war.»

Wer im Bruch mit Österreich nur den politischen Gewinn sah, vermochte den kulturellen Verlust nicht zu begreifen, der mit diesem Vorgang verbunden war. Die Sicht der Sieger, und zu diesen rechneten sich viele preußische Liberale, hatte historische Gründe. Aber mit ebensoviel Recht konnten sich die deutschen Unterlegenen von 1866 auf die Geschichte berufen. Unterlegen waren vor allem die deutschen Katholiken, soweit sie nicht im Lager des Liberalismus standen. In dem von Preußen geführten Deutschland, wie es sich nun abzeichnete, waren sie, anders als in der Zeit des alten Reiches und des Deutschen Bundes, unwiderruflich in der Minderheit: eine neue Erfahrung, die vielfach mit einem Gefühl der Fremdheit, ja des Bedrohtseins einherging.

Ein katholischer Publizist aus Bayern setzte den Kontrapunkt zum kleindeutschen Credo der preußischen Liberalen. Für Edmund Jörg, seit 1852 Redakteur der «Historisch-politischen Blätter für das katholische Deutschland» und ab 1866 einer der Führer der bayerischen Patriotenpartei, war durch die Sprengung des Deutschen Bundes über das deutsche Volk «eine Zerstörung seiner politischen Basis und eingewöhnten Lebensbedingungen gekommen wie seit tausend Jahren nicht. Das Neue hat definitiv gesiegt über das Alte; das besiegte Alte aber datiert nicht erst von 1815 herwärts, sondern bis auf Karl den Großen zurück. Die Reichs-Idee ist gefallen und begraben; und wird das deutsche Volk je wieder in einem Reich vereinigt werden, so wird es ein Reich sein, das nicht eine tausendjährige, sondern nur eine dreihundertjährige Geschichte hinter sich hat.» Die politischen Schlußfolgerungen des Artikels, der das Datum des 13. August 1866 trug, waren gleichwohl betont realpolitisch: «Wir wollen uns jetzt im Unglück nicht feig und verächtlich wegwerfen an Preußen, aber auch keinen Augenblick vergessen, daß uns nicht mit Frankreich, sondern nur mit der Großmacht, welche sich jetzt allein noch ‹deutsch› nennen darf, die politische Lebensgemeinschaft angewiesen ist.»

Dem Bischof von Mainz, Wilhelm Emanuel von Ketteler, ehedem Mitglied der deutschen Nationalversammlung, war Österreichs Ausscheiden aus Deutschland, wie er am 28. August 1866 an Kaiser Franz Joseph schrieb, «schmerzlicher, als Worte es auszusprechen vermögen. Damit ist das Werk vorläufig vollendet, welches seit Friedrich dem Großen der leitende Gedanke aller preußischen Staatsmänner war; damit ist alles, was uns noch an das alte deutsche Reich erinnern konnte, zerstört.»

Einige Monate später wandte der Bischof den Blick nach vorn. In seiner 1867 erschienenen Schrift «Deutschland nach dem Krieg von 1866» rief er seinen Lesern Heinrich von Gagerns Unterscheidung zwischen einem «engeren» und einem «weiteren Bund» ins Gedächtnis. So schmerzhaft der Verzicht auf die «Vereinigung des ganzen deutschen Vaterlands» sei, so gelte es nun doch, sich der «Macht der Verhältnisse» und der «bedenklichen Weltlage» bewußt zu werden. «Wir bedürfen einer schnellen Lösung der deutschen Frage, und diese scheint im Augenblick nur noch der Anschluß (der süddeutschen Staaten, H. A. W.) an den Nordbund und ein inniges Bündnis mit Österreich zu bieten.» Denn nie dürfe vergessen werden, daß der kommende «neue Bund», das unter Preußens Führung geeinigte Deutschland, «nur einen, wenn auch größeren Teil Deutschlands bildet und daß ein anderer großer Teil zu Österreich gehört, daß daher diese beiden Teile einer Nation sich nicht als fremd betrachten oder als fremde Völker nur internationale Beziehungen unterhalten dürfen, sondern nur ein solches unauflösliches Bündnis gründen müssen, wie es zwei Teilen derselben Nation rechtmäßig und naturnotwendig zukommt».[28]

Zu den Unterlegenen von 1866 gehörten auch konservative Legitimisten lutherischen Glaubens, darunter Anhänger der hannoverschen Welfen wie der großdeutsch gesinnte Historiker und Publizist Onno Klopp aus Ostfriesland, der 1866 seinem entthronten König nach Österreich folgte und dort sieben Jahre später zum Katholizismus übertrat. In Preußen stand Ernst Ludwig von Gerlach, der «Rundschauer» der «Kreuz-Zeitung» und einst Bismarcks Mentor, an der Spitze einer kleinen Fronde altkonservativer Kritiker, die sich entschieden von der «bonapartistischen» Politik des Ministerpräsidenten absetzten. Gerlach hatte im Mai 1866 vor dem «grundverderblichen Krieg» zwischen Preußen und Österreich gewarnt: «Es wäre ein Krieg, der Deutschland, der insbesondere Preußen und Österreich in ihren wesentlichen Lebensorganen schwer, vielleicht tödlich beschädigte, welcher Teil auch als Sieger hervorging...» Im Spätsommer wandte er sich gegen die Absetzung der Herrscherhäuser von Hannover, Kurhessen und Nassau, die damit verbundenen Annexionen und gegen Bismarcks deutsche Politik insgesamt. Bloße Gewalt begründe kein Recht; das geplante norddeutsche Bundesparlament bedeute im Grunde einen Sieg der Demokratie; Nutznießer der «*Zerreißung* und *Schwächung* Deutschlands» sei niemand anders als Napoleon III. In der Folgezeit näherte sich Gerlach dem politischen Katholizismus an. Anfang 1873 ließ er sich, ohne zu konvertieren, für das katholische Zentrum ins preußische Abgeordnetenhaus wählen.

«Verlierer» von 1866 waren ferner die Demokraten. In Preußen galt das sogar für jene Vertreter der bürgerlichen Linken, die wie Waldeck und nun auch Schulze-Delitzsch den Annexionen zustimmten. Sie blieben Gegner Bismarcks und damit im gleichen «Lager» wie Franz Duncker, der Verleger der «Volkszeitung», und Johann Jacoby, der sich am 23. August 1866 in der Adreßdebatte des neugewählten Abgeordnetenhauses zu der Auffassung bekannte, daß Einheit ohne Freiheit Sklaveneinheit sei, und Bismarck mit Napoleon III. verglich: «Nur im Dienst des Rechts und der Freiheit darf die Fahne des Nationalitätsprinzips erhoben werden; in den Händen eines Louis Napoleon oder seinesgleichen dient sie zur Beirrung und zum Verderben der Völker.»

Dem politischen Empfinden der württembergischen Demokraten verlieh am 9. September 1866 auf einer Volksversammlung in Schwäbisch Hall der Abgeordnete August Österlen Ausdruck. Der Sieg der Gewalt, erklärte der Stuttgarter Rechtsanwalt, wirke auf die weniger Charakterfesten bedauerlich stark. «Wir aber geben unsere Prinzipien nicht auf, die bleiben ewig stehen wie die Sterne. Die Macht, welche Throne gestürzt hat, wird unsere Prinzipien nicht umstürzen können.»

Das hätten auch August Bebel und sein Freund Wilhelm Liebknecht in Leipzig unterschreiben können. Nicht einverstanden waren beide aber mit dem Partikularismus der württembergischen Volkspartei, der bislang eine nationale Organisation der deutschen Demokraten verhindert hatte. Am 19. August 1866 riefen Bebel und Liebknecht in Chemnitz eine neue demokratische Partei ins Leben, die ihre nationalen Zielsetzungen in den Parolen zusammenfaßte: «Einigung Deutschlands in einer demokratischen Staatsform. Keine erbliche Zentralgewalt, kein Kleindeutschland unter preußischer Führung, kein durch Annexionen vergrößertes Preußen, kein Großdeutschland unter österreichischer Führung.»

Das war nichts anderes als die Wiederbelebung des antidynastischen Großdeutschtums der republikanischen Linken von 1848. Die sächsische Volkspartei richtete sich bewußt an demokratische Bürger *und* Arbeiter, verzichtete also auf ein «proletarisches» Profil. Damit unterschied sie sich in doppelter Hinsicht vom Allgemeinen Deutschen Arbeiterverein, der seinerseits Ende Dezember 1866 eine neue Partei, die Sozialdemokratische Partei Deutschlands, gründete: Die Lassalleaner, seit 1867 geführt von dem Frankfurter Rechtsanwalt und Publizisten Johann Baptist von Schweitzer, waren zum einen entschieden kleindeutsch orientiert; zum anderen wollten sie bewußt nur Arbeiter organisieren und sich von allen Spielarten des bürgerlichen Liberalismus abgrenzen.[29]

Marx und Engels waren während des deutschen Krieges nicht weniger großdeutsch und antipreußisch gewesen als Bebel und Liebknecht. Doch nach Königgrätz stellten sie sich sogleich auf den Boden der neuen Tatsachen. Das Wichtigste war für beide, daß die proletarische Revolution aus der Zurückdrängung der Kleinstaaterei Nutzen zog. «Wir können also meiner Ansicht nach gar nichts anderes tun», schrieb Engels am 25. Juli 1866 aus Manchester an Marx in London, «als das Faktum einfach akzeptieren, ohne es zu billigen, und die sich jetzt jedenfalls darbieten müssenden größeren Facilitäten (Erleichterungen, H. A. W.) zur *nationalen* Organisation und Vereinigung des deutschen Proletariats benutzen, soweit wir können.»

Bismarck hatte sich schon durch seinen «Coup» mit dem allgemeinen Wahlrecht im April 1866 als gelehriger Schüler Napoleons III. erwiesen: für Engels eine Bestätigung seiner These, daß der Bonapartismus die «wahre Religion der modernen Bourgeoisie» war. «Es wird mir immer klarer, daß die Bourgeoisie nicht das Zeug hat, selbst direkt zu herrschen, und daß daher, wo nicht eine Oligarchie wie hier in England es übernehmen kann, Staat und Gesellschaft gegen gute Bezahlung im Interesse der Bourgeoisie zu leiten, eine bonapartistische Halbdiktatur die normale Form ist; die großen materiellen Interessen der Bourgeoisie führt sie durch selbst gegen die Bourgeoisie, läßt ihr aber keinen Teil an der Herrschaft selbst. Andererseits ist diese Diktatur selbst wieder gezwungen, diese materiellen Interessen der Bourgeoisie widerwillig zu adoptieren. So haben wir jetzt den Monsieur Bismarck, wie er das Programm des Nationalvereins adoptiert.»

Im Rückblick bescheinigte Engels Bismarcks Politik von 1866 sogar eine revolutionäre Qualität. «1866», schrieb er im November 1884 an August Bebel, «war eine vollständige Revolution. Wie Preußen, nur durch Verrat und Krieg gegen das deutsche Reich, im Bunde mit dem Ausland (1740, 1756, 1795) zu etwas geworden, so hat es das deutsch-preußische Reich nur zustande gebracht durch gewaltsamen Umsturz des Deutschen Bundes und Bürgerkrieg … Nach dem Sieg stürzte es *drei Throne von ‹Gottes Gnaden›* um und annexierte die Gebiete nebst dem der ex-freien Stadt Frankfurt. Wenn das nicht revolutionär war, so weiß ich nicht, was das Wort bedeutet.»

Von «Revolution» und «Revolution von oben» sprachen im Hinblick auf Bismarcks Politik im Jahre 1866 bereits viele Zeitgenossen. «Soll Revolution sein, so wollen wir sie lieber machen als erleiden», telegraphierte Bismarck selbst am 11. August 1866 an den General Edwin von Manteuffel. Der aus der Schweiz stammende, damals in Heidelberg lehrende liberale Jurist Johann Caspar Bluntschli sah schon am 23. Juni 1866 im deutschen Krieg «nichts anderes als die deutsche Revolution in Kriegsform, geleitet von oben statt von unten». Der österreichische Generalstabschef von Hess schrieb im Herbst 1866 an den preußischen Generalfeldmarschall von Wrangel: «Nun ist die Revolution von oben durch Euch in Mode gekommen. Wehe Euch doppelt, wenn sie Euch nach weggespültem Rechtsgefühl in der Flut der Zeiten einmal selbst ergreift. Dann seid ihr verloren.»

Zu solchem Pessimismus sahen die preußischen Liberalen keinen Anlaß. Wenn sie im Herbst 1866 von «Revolution» sprachen, war das positiv gemeint. Sie beriefen sich auf die revolutionäre Legitimität der Nation, um zwei konkurrierende Legitimitätsbegriffe zu entkräften: den dynastischen der von Preußen entthronten Landesherren und den demokratischen der Bevölkerung der annektierten Gebiete. In der Debatte über die Annexion Schleswig-Holsteins erklärte Twesten am 20. Dezember im Abgeordnetenhaus, das «jetzige revolutionäre Vorgehen Preußens» verstoße zwar gegen altes positives Recht, aber die «geschichtlichen Umwälzungen erfolgen (nun) einmal nicht in den Wegen des Rechts; das Vernünftige vollzieht sich nicht durch die Vernunft … Preußen vertritt das siegende Ganze, dem die einzelnen Teile sich fügen müssen.» Aus dem Anhänger Auguste Comtes, als der Twesten sich in den späten fünfziger Jahren bekannt hatte, war unter dem Eindruck der Ereignisse von 1866 ein Hegelianer geworden: Die «List der Vernunft» war jedenfalls keine positivistische, sondern eine dialektische Denkfigur.

Hans Viktor von Unruh, in der preußischen Nationalversammlung von 1848 erst Mitglied des linken, dann des rechten Zentrums, 1859 einer der Gründer des Deutschen Nationalvereins und 1861 der Deutschen Fortschrittspartei, sprach am 1. Dezember 1866 mit Blick auf die preußische Regierung von einem Dualismus zwischen einer konservativen Innen- und einer revolutionären Außenpolitik, verkörpert durch die Minister Eulenburg und Bismarck. «Ich finde in der äußeren Politik des Herrn Ministerpräsidenten im Gegensatz zu der inneren Politik dieselbe Staatsidee, dieselbe Tendenz wie in der Politik Friedrichs des Großen, die Tendenz, einen selbständigen, kräftigen, widerstandsfähigen Staat innerhalb Deutschlands zu schaffen...» Die friderizianische Politik sei aber nicht konservativ, sondern entschieden revolutionär gewesen; sie habe sich nicht auf das historische Recht, sondern auf das damalige historische Bedürfnis berufen. In diesem Sinne sei auch die Politik des Grafen Bismarck «nicht konservativ, sondern, wenn Sie wollen, revolutionär... Ich billige diese Tendenz der Bismarckschen Politik ganz vollkommen..., ich halte sie für unbedingt notwendig für das Interesse Preußens, für die Zukunft Preußens und auch für das Interesse Deutschlands; aber konservativ, meine Herren, ist diese Politik nicht.»

1866 *war* eine «Revolution von oben»; es *war* «die *große deutsche Revolution*», von der wenig später der Schweizer Historiker Jacob Burckhardt sprach: eine Umwälzung der politischen Verhältnisse in Deutschland mit Hilfe der militärischen Macht Preußens, das sich durch ebendiesen Erfolg die Hegemonie in Deutschland sicherte und Österreich in eine nichtdeutsche Macht verwandelte. 1866 war die Antwort auf die Revolution von 1848 – eine, gemessen an ihren Zielen gescheiterte Revolution. Das «tolle Jahr» hatte weder Einheit noch Freiheit gebracht; der deutsche Krieg brachte Deutschland der Einigung zumindest ein erhebliches Stück näher, indem er die großdeutsche Lösung der deutschen Frage ausschloß und damit ein wesentliches Hindernis der kleindeutschen Lösung beseitigte.

Der preußische Staat, der die Entscheidung erzwang, besaß die Macht, die die Paulskirche nie gehabt hatte. Was Bismarck 1866 erreichte, entsprach einem Bedürfnis des gebildeten und besitzenden Bürgertums, soweit es sich zum Liberalismus bekannte: dem Wunsch, voranzukommen auf dem Weg zu einem deutschen Nationalstaat, der politisch und wirtschaftlich mit den älteren Nationalstaaten des Westens mithalten konnte. Dieses Bedürfnis stimmte mit dem, was die junge Arbeiterbewegung erstrebte, grundsätzlich überein. Es war ein gesellschaftliches Bedürfnis, das in der fortschreitenden Industrialisierung seine stärkste Antriebskraft hatte. Eine Politik, die diesem Bedürfnis *nicht* Rechnung trug, lief Gefahr, neue revolutionäre Erschütterungen hervorzurufen. Bismarck wurde zum «Revolutionär», weil er das wußte. Doch er sah in der «Revolution von oben» keinen Bruch mit der preußischen Tradition, sondern geradezu deren Quintessenz: «Revolutionen machen in Preußen nur die Könige», bemerkte er gegenüber Napoleon III., als dieser ihn während des Verfassungskonflikts vor der Gefahr einer Revolution in Preußen warnte.

Was 1866 auf dem Schlachtfeld und am Verhandlungstisch erreicht wurde, widersprach nicht den Interessen der altpreußischen Führungsschicht, der Bismarck entstammte, sondern befriedigte auch diese. Der Liberalismus wollte freilich mehr als das, was der Prager Friede vorsah: Er wollte die Trennung zwischen Nord- und Süddeutschland überwinden, und er wollte seinen Einfluß auf die Politik steigern. Beim ersten Ziel durften die Liberalen annehmen, daß es mit Bismarcks Vorstellungen übereinstimmte. Ob oder inwieweit das zweite Ziel erreicht werden konnte, hing vom Ausgang des preußischen Verfassungskonflikts ab. Es war *diese* Frage, die nach der Beendigung des deutschen Krieges unweigerlich auf die Tagesordnung der preußischen Innenpolitik gelangen mußte.[30]

Für die preußischen Liberalen hatte der 3. Juli 1866 eine doppelte Bedeutung: Am gleichen Tag, an dem Österreich bei Königgrätz geschlagen wurde, erlitt auch die preußische Fortschrittspartei eine schwere Niederlage. Bei den Wahlen zum Abgeordnetenhaus sank die Zahl ihrer Sitze von 143 auf 83. Rechnete man die Mandate der Fortschrittspartei und des Linken Zentrums zusammen, so behielten die Parteien des «entschiedenen Liberalismus» nur drei Fünftel der Sitze, die 1863 auf sie entfallen waren: 148 statt bisher 247 Mandate. Die eindeutigen Gewinner der Wahl waren die Konservativen. Sie gewannen fast 100 Sitze hinzu und verfügten nun über 136 statt bisher 35 Mandate. Die Wähler hatten die Opposition «bestraft» und die regierungsfreundlichen Kräfte «belohnt». Der parlamentarische Legalismus ging geschwächt, der preußische Patriotismus gestärkt aus der Wahl hervor.

Der militärische Sieg des alten Preußen und die politische Niederlage der liberalen Opposition versetzten Bismarck in die angenehme Lage, nun auch dem inneren Gegner einen Frieden zu seinen Bedingungen anbieten zu können. Daß die Regierung das Abgeordnetenhaus eines Tages um die nachträgliche Genehmigung der während der budgetlosen Zeit getätigten Ausgaben bitten würde, hatte sie bereits beim offiziellen Beginn des Verfassungskonflikts am 13. Oktober 1862 erklärt. Fast vier Jahre später, am 5. August 1866, gab König Wilhelm I. in der Thronrede, mit der er das neue Parlament eröffnete, seiner Hoffnung Ausdruck, die Abgeordneten würden der Regierung nun «Indemnität» erteilen. Am 14. August legte die Regierung den entsprechenden Gesetzentwurf vor.

Das Ersuchen um Indemnität bedeutete kein Schuldeingeständnis. Vielmehr beharrten Monarch und Ministerium auf der unabweisbaren Notwendigkeit des budgetlosen Regiments. Der Regierung ging es lediglich um ihre Entlastung durch das Parlament. Ohne eine solche Entlastung wäre eine Rückkehr zur konstitutionellen Normalität nicht denkbar gewesen – und erst recht nicht die Zusammenarbeit mit den gemäßigten Teilen des Liberalismus, an der Bismarck schon aus Gründen seiner deutschen Politik gelegen sein mußte.

Verfassungsrechtlich war die Position der Regierung Bismarck im August 1866 so unhaltbar wie im Oktober 1862. Auf eine übergesetzliche Pflicht zur Aufrechterhaltung der Grundlagen des Staatslebens hätten sich der König und seine Minister nur berufen können, wenn das Abgeordnetenhaus nicht mehr funktionsfähig gewesen wäre oder Obstruktion betrieben hätte. Davon konnte keine Rede sein. Die preußische Volksvertretung machte lediglich von ihrem klassischen Recht, dem Recht der jährlichen Etatbewilligung, Gebrauch. Sie verließ den Boden des Verfassungsrechts auch nicht, als sie am 22. Mai 1863 den König aufforderte, eine neue Regierung zu berufen, da mit der alten eine Verständigung sich als unmöglich erwiesen habe. Der Appell an den Monarchen, er möge die Minister auswechseln, war ein Mittel zur Wahrung der Parlamentsrechte, wenn sich zwischen Legislative und Exekutive ein grundsätzlicher Widerspruch entwickelte. Der Monarch konnte, anstatt dieser Aufforderung zu folgen, das Parlament auflösen und Neuwahlen ansetzen, also an das Volk appellieren (wie Wilhelm I. es im Frühjahr 1862 getan hatte und im Mai 1863 erneut tat). Da sich das Volk auf die Seite der bisherigen Parlamentsmehrheit stellte, hätte sich der König um eine Verständigung mit derselben bemühen müssen. Ohne Haushaltsgesetz und gegen die Volksvertretung zu regieren war dem Monarchen aber in keinem konstitutionellem System erlaubt, auch in Preußen nicht.

Die Kosten einer Heeresreform im Sinne Roons wären freilich auch im Fall eines echten Staatsnotstands nicht unter die Rubrik unabweisbar notwendiger Ausgaben gefallen. Bismarck selbst hielt, wie er Anfang Oktober 1862 Twesten gegenüber freimütig zugab, die dreijährige Dienstzeit, den eigentlichen Streitpunkt der Heeresreform, im Unterschied zum König für durchaus entbehrlich. Die «Lückentheorie», auf die sich der Ministerpräsident berief, sollte rechtfertigen, was sich rechtlich nicht rechtfertigen ließ: den Bruch der Verfassung. Was Bismarck nach dem Sieg über Österreich vom Abgeordnetenhaus forderte, war, rechtlich gesehen, fast die Quadratur des Kreises: ein rückwirkendes Ermächtigungsgesetz, das im Augenblick seiner Verabschiedung außer Kraft trat.[32]

Vor diesem Hintergrund schien die Haltung Waldecks logisch, der in der parlamentarischen Debatte über die Indemnitätsvorlage Anfang September 1866 erklärte, eine Zustimmung zu diesem Gesetz bedeute eine «Abschwörung desjenigen, wofür wir gekämpft haben». Wie Waldeck argumentierten die meisten Linken in der Fortschrittspartei. Der rechte Flügel des «entschiedenen Liberalismus» gelangte zu anderen Schlußfolgerungen. Einige seiner bekanntesten Sprecher, darunter Unruh, Michaelis und Twesten, hatten die Fraktion der Fortschrittspartei bereits im August, aus Protest gegen die Unnachgiebigkeit der Demokraten, verlassen. In der Aussprache über die Indemnitätsvorlage warben sie für die Annahme des Gesetzes, weil der Liberalismus nur so die Zukunft Preußens und Deutschlands im freiheitlichen Sinne gestalten könne.

Der Jurist Eduard Lasker, der erstmals 1865 durch eine Nachwahl ins Abgeordnetenhaus gelangt war und kurz nach der Indemnitätsdebatte ebenfalls aus der Fortschrittspartei austrat, führte innere Gründe an, die ihn davon überzeugt hätten, «daß das öffentliche Rechtsbewußtsein unter den heutigen Umständen befriedigt ist, trotz des begangenen Verfassungsbruchs». Der wichtigste Grund war für ihn, daß die Einigung Norddeutschlands Preußen eine erste Möglichkeit eröffnete, seine Überbürdung mit Militärlasten zu überwinden. Michaelis forderte die Abgeordneten auf, «als Faktor dieses Staates zu handeln im Sinne dieses Staates» und *die* Beschlüsse zu fassen, «welche die Folgen herbeiführen, die wir wünschen». Twesten schließlich erklärte, die Abgeordneten dürften «auf die freiheitliche Entwicklung nicht verzichten, aber die Entwicklung der Macht unseres Vaterlandes, die Einigung Deutschlands, das ist die wahre, die höchste Grundlage, welche wir für die Entwicklung der Freiheit schaffen können, und an diesem Werk können wir jetzt mitwirken». Das Ministerium Bismarck habe in den vergangenen Jahren zwar schwer gegen das Recht und das Rechtsbewußtsein des Volkes gesündigt. «Aber die Geschichte des letzten Jahres hat ihm die Indemnität erteilt. Sprechen wir sie aus.»

Die Mehrheit folgte diesen Aufrufen. Der Gesetzentwurf der Regierung wurde mit 230 gegen 75 Stimmen angenommen. Die meisten Konservativen und die gemäßigten Liberalen stimmten mit Ja. Die Nein-Stimmen kamen aus den Reihen des linken Flügels der Fortschrittspartei, aus dem Linken Zentrum und von einigen Altkonservativen.

Die Abgeordneten des bisherigen rechten Flügels der Fortschrittspartei dachten nicht daran, vor Bismarck zu kapitulieren. Sie wollten auch nicht an jenem «Götzendienst des Erfolgs» teilnehmen, vor dem Rudolf Virchow, der berühmte Mediziner und Abgeordnete des linken Parteiflügels, in der Adreßdebatte vom 23. August, der Aussprache über die Antwort des Parlaments auf die Thronrede, gewarnt hatte. Sie vollzogen im Spätsommer und Herbst 1866 auch keine plötzliche Wende. Sie zogen Konsequenzen aus den Meinungsverschiedenheiten in der nationalen Frage, die die Fortschrittspartei seit 1864 immer wieder an den Rand der Spaltung gebracht hatten, und versuchten, einer radikal veränderten Situation Rechnung zu tragen. Für die Sache der bürgerlichen Freiheit und die Erweiterung der Parlamentsrechte hofften sie durch den Friedensschluß im Innern mehr tun zu können, als wenn sie starr an den Rechtsverwahrungen der Konfliktzeit festhielten. Und sie blieben zutiefst davon überzeugt, daß sich die nationale Einigung zugunsten des Liberalismus auswirken mußte. «Es ist ganz gewiß», schrieb die «National-Zeitung» am 19. August 1866 in einem Artikel zum 80. Todestag Friedrichs des Großen, «daß die preußische Regierung nach liberalen Grundsätzen handeln muß, denn ihr Tagewerk, die staatliche Einigung Deutschlands, ist an sich etwas Liberales und Fortschrittliches. Aber auch die liberale Partei muß sich mit staatsbildenden Gedanken erfüllen, oder sie wird ganz und gar ins Hintertreffen geraten.»

Widersinnig war das alles nicht. Seit dem 3. Juli 1866 waren die Chancen, Preußen allein mit preußischen Kräften in ein freisinniges Gemeinwesen zu verwandeln, noch geringer geworden, als sie es vorher gewesen waren. Was Politiker und Publizisten vom rechten Flügel der Fortschrittspartei über die ungerechte Verteilung der deutschen Militärlasten geschrieben hatten, traf zu. Die deutschen Klein- und Mittelstaaten *hatten* militärisch weithin auf preußische Kosten gelebt. So gesehen war es nicht abwegig, wenn sich die preußischen Liberalen von der Einigung Deutschlands, zumindest langfristig, Vorteile für ihren Kampf gegen das alte, junkerliche Preußen versprachen.

Begründet war auch die Einsicht, daß die Herstellung der deutschen Einheit noch immer eine Machtfrage war. Deutschland, sagte Lasker in der Indemnitätsdebatte, sei nicht in derselben glücklichen Lage wie England, das seine Freiheit habe erringen und festigen können, weil es dank seiner Insellage vor auswärtigen Angriffen sicher sei. «Erst wenn Deutschland zur vollen Einheit gelangt sein wird, erst dann wird die Freiheit gewonnen sein – und nicht bloß für Deutschland, sondern für ganz Europa. Bis dahin bleiben wir dem ärgsten Feind der Freiheit unterworfen, dem bewaffneten Frieden. Der gesicherte Friedenszustand kehrt erst ein, wenn Italien von der einen und Deutschland von der anderen Seite geschlossene Staaten bilden und die geeinten Nationen imstande sind, den französischen Ehrgeiz für immer zu unterdrücken. Dann werden alle Länder Muße finden, in sich zu gehen und sich mit den Aufgaben zu beschäftigen, welche vor der Humanität am besten bestehen.»

«Die Liberalen dürfen die Macht des Staates nicht wieder in Frage stellen!» Twestens Bekenntnis in einer Versammlung des liberalen Berliner Bezirksvereins im November 1866 war ein Stück Selbstkritik des Liberalismus. Außerhalb Preußens ging die liberale Selbstkritik gelegentlich sehr viel weiter. Der Historiker Hermann Baumgarten, ein in Karlsruhe lehrender Niedersachse, verfaßte im Frühherbst 1866 einen Aufsatz unter dem Titel «Der deutsche Liberalismus. Eine Selbstkritik», der Ende des Jahres in den «Preußischen Jahrbüchern» erschien. Darin warf er den preußischen Liberalen nicht etwa vor, daß sie nicht entschieden genug gegen Bismarck vorgegangen seien. Ihr Fehler war es Baumgarten zufolge vielmehr gewesen, daß sie, anstatt die Verständigung mit der Regierung zu suchen, jahrelang die «stärksten Worte» gebraucht hatten, obwohl doch klar zutage lag, daß der «Gesamtzustand» des preußischen Staates eine gewaltsame Austragung des Konflikts unmöglich machte: «Ein Volk, das täglich reicher wird, macht keine Revolution.»

Bei diesem schwer widerlegbaren Verdikt ließ es Baumgarten nicht bewenden: Er sprach dem Bürgertum ganz allgemein die Fähigkeit zur politischen Aktion mehr oder minder ab. «Der Bürger ist geschaffen zur Arbeit, aber nicht zur Herrschaft, und des Staatsmannes wesentliche Aufgabe ist zu herrschen.» Dem Adel hingegen bescheinigte der Autor eine große Zukunft. «Nachdem wir erlebt haben, daß in einem monarchischen Staat der Adel einen unentbehrlichen Bestandteil ausmacht, und nachdem wir gesehen haben, daß diese vielgeschmähten Junker für das Vaterland zu sterben wissen, trotz dem besten Liberalen, werden wir unsere bürgerliche Einbildung ein wenig einschränken und uns bescheiden, neben dem Adel eine ehrenvolle Stellung zu behaupten.» Auf den letzten Seiten des Aufsatzes mahnte Baumgarten dann zwar: «*Der Liberalismus muß regierungsfähig werden.*» Aber offenbar konnte das liberale Bürgertum diese Fähigkeit nach Meinung des Verfassers nur noch *neben* dem Adel, dem «eigentlichen politischen Stand in jedem monarchischen Staat», und nicht mehr *gegen* ihn erwerben.

Die preußischen Liberalen, die sich seit August 1866 von der Fortschrittspartei und dem Linken Zentrum getrennt hatten und Mitte November zur «Fraktion der nationalen Partei» zusammenschlossen, wollten von soviel bürgerlicher Selbstbescheidung nichts wissen. In einer Erklärung vom 24. Oktober 1866, der Keimzelle der späteren Nationalliberalen Partei, sagten sie der auswärtigen Politik der Regierung ihre volle Unterstützung zu und begründeten das mit ihrem «Zutrauen», daß das Streben des Ministeriums Bismarck auf die deutsche Einheit ausgerichtet sei. In der inneren Politik aber sahen sie die «Wendung» noch nicht gesichert, die es ihnen erlaubt hätte, die Schritte der Regierung mit Vertrauen zu begleiten. Daher bekannten sich Twesten, Michaelis, Unruh, Lasker und zwanzig weitere Unterzeichner zu ihrer Aufgabe als «wachsame und loyale Opposition». Ihre Forderungen auf innenpolitischem Gebiet faßten sie in die Worte: «Neben der gerüsteten Macht und dem Ansehen der Waffen bedarf es der freisinnigen Verwaltung. In der Mischung beider Elemente, in der Ausbildung der lange schon vorbehaltenen organischen Gesetze und in der Selbstverwaltung als Grundlage des Gemeinwesens erkennen wir den geraden Weg zur höchsten Bedeutung Preußens und zu seiner Herrschaft in Deutschland.»

Von den verfassungspolitischen Forderungen der Fortschrittspartei war damit keine preisgegeben. Verfassungsänderungen zum Zweck der Einführung eines parlamentarischen Systems hatten die «entschiedenen Liberalen» nie verlangt, und das schon deshalb nicht, weil sie sich als Wahrer der Verfassung verstanden. Ihr Ziel war freilich ein Zustand, in dem eine Regierung sich nur dann an der Macht behaupten konnte, wenn es ihr gelang, sich mit der Volksvertretung zu verständigen: ein nicht de jure, aber doch de facto parlamentarisches System also. Ein Gesetz über Ministerverantwortlichkeit und die volle Anerkennung des Budgetrechtes waren die wichtigsten Mittel zur Erreichung dieses Zieles.

Daran hielten auch die preußischen Nationalliberalen fest, obschon sie wußten, daß Bismarck ihnen vorläufig nicht so weit entgegenkommen würde, wie sie es wünschten. Das Ziel der faktischen Parlamentarisierung wurde also bis zur Herstellung der deutschen Einheit vertagt. Danach mochten die konstitutionellen Forderungen des Liberalismus leichter zu erfüllen sein als jetzt. Es waren solche Erwartungen, die Ludwig Bamberger aus Mainz, 1849 einige Monate lang Mitglied der deutschen Nationalversammlung, dann Teilnehmer des pfälzischen Aufstandes und erst Ende 1866 aus dem französischen Exil nach Deutschland zurückgekehrt, auf eine ebenso knappe wie klassische Formel brachte. In einem Aufruf an die Wähler in Rheinhessen, wo er als Nationalliberaler für den konstituierenden Norddeutschen Reichstag kandidierte, stellte er im Dezember 1866 die rhetorische Frage: «Ist denn die Einheit nicht selbst ein Stück Freiheit?»

Bamberger gab einer Hoffnung Ausdruck. Sie war so leicht oder so schwer zu begründen wie die Befürchtung, die Friedrich Harkort in der Annexionsdebatte des preußischen Abgeordnetenhauses am 7. September 1866 äußerte: «Was das Schwert erworben, kann auch nur das Schwert erhalten, und wir werden nach wie vor gegen Ost und West gerüstet bleiben müssen. Also die gehofften Erleichterungen in der Militärlast werden nicht eintreten, wenigstens für lange Zeit nicht.» Daß die Einigung Deutschlands und Italiens Europa von der Drohung des französischen Bonapartismus befreien und dauerhaft befrieden würde, war 1866 eine naheliegende Erwartung. Aber war es nicht doch verwegen, mit Lasker darauf zu setzen, daß das Prinzip der Nationalität dem Prinzip der Humanität zum Siege verhelfen würde?

Bismarck erschien 1866 vielen Liberalen, nicht nur Baumgarten, als der deutsche Cavour, von dem man erwarten durfte, daß er im wohlverstandenen Interesse Preußens auf dem Weg zur deutschen Einheit weiter voranschreiten würde, so wie der Ministerpräsident des Königreichs Sardinien-Piemont bis zu seinem Tod im Jahre 1861 auf die Einigung Italiens hingearbeitet hatte. Mit Napoleon III. wurde der preußische Ministerpräsident von Nationalliberalen 1866 dagegen aus gutem Grund kaum noch verglichen. Wohl bediente sich Bismarck «bonapartistischer» Herrschaftsmittel wie des allgemeinen, gleichen und direkten Wahlrechts für Männer, nach dem der Norddeutsche Reichstag gewählt werden sollte. Aber Bismarck war viel zu sehr königstreuer märkischer Junker, um je ein plebiszitärer Diktator nach Art des Kaisers der Franzosen werden zu können. Auf der anderen Seite hatte er sich weit von den Vorstellungen der preußischen Altkonservativen entfernt – so weit, daß einige von ihnen den Ministerpräsidenten mittlerweile als Abtrünnigen betrachteten. In den Augen der Nationalliberalen war das eine Empfehlung.

Nach Meinung vieler Konservativen war Bismarck den Liberalen bei der Vorlage des Indemnitätsgesetzes viel zu weit entgegengekommen. Tatsächlich hatte er, im Unterschied zu Wilhelm I., *nicht* erklärt, daß er in einer ähnlichen Situation wieder so handeln würde wie in der Konfliktszeit. Bismarck behielt sich durchaus vor, notfalls abermals ohne parlamentarisch bewilligtes Budget zu regieren. Doch ein Kompromiß mit den verständigungsbereiten Kräften des liberalen Bürgertums war ihm sehr viel lieber – vorausgesetzt, die monarchische Gewalt konnte im Kernbereich von Militärwesen und auswärtiger Politik ihre Unabhängigkeit von parlamentarischer Kontrolle behaupten.

Eine «abgeschnittene Krisis ersten Ranges» hat Jacob Burckhardt die «große deutsche Revolution von 1866» genannt – im Hinblick auf die Klärung der Hegemoniefrage zwischen Preußen und Österreich zu Recht. Die innere Machtfrage in Preußen aber war durch das Indemnitätsgesetz nicht endgültig gelöst. Weil das Gesetz die entscheidende Frage, die des Vorrangs von monarchischer oder parlamentarischer Gewalt im haushaltspolitischen Konfliktfall, nicht eindeutig beantwortete, konnte der innenpolitische Friedensschluß von 1866 nur ein «unechter», ein «dilatorischer Formelkompromiß» im Sinne des Staatsrechtlers Carl Schmitt sein. Hätte das Abgeordnetenhaus die Vorlage abgelehnt, wäre die Folge kaum der Beginn einer Revolution von unten gewesen, die keiner der «Nein-Sager» zu entfesseln gedachte, sondern wohl eher die offene Gegenrevolution in Gestalt des Staatsstreichs. Die Alternative zum einen wie zum anderen Extrem war jene Revolution von oben, die 1866 stattfand.

Bismarck war als Sieger aus dem Verfassungskonflikt hervorgegangen. Aber die Annahme des Indemnitätsgesetzes war deswegen noch keine Niederlage des Liberalismus. Verglichen mit der Konflikts- und der Reaktionszeit gewann der Liberalismus an politischem Einfluß. Das galt jedenfalls für den Teil des Liberalismus, der sich auf die Zusammenarbeit mit Bismarck einließ. In welchem Umfang der gespaltene Liberalismus der preußischen und der deutschen Politik seinen Stempel würde aufdrücken können, war im Herbst 1866 eine offene Frage.[33]

Eine Spaltung erlebte im Jahre 1866 nicht nur der preußische Liberalismus, sondern auch der preußische Konservativismus. Bereits Ende Juli 1866 hatten etwa zwanzig konservative Abgeordnete, die sich, anders als das Gros der Konservativen Partei, vorbehaltlos auf den Boden von Bismarcks Politik stellten, die «Freie konservative Vereinigung» gegründet. Der neuen Gruppierung schlossen sich neben hohen Beamten, Diplomaten und Gelehrten auch rheinische Industrielle und schlesische Magnaten an, die meist Großgrundbesitzer und schwerindustrielle Unternehmer in einer Person waren. Bei den Wahlen zum Konstituierenden Norddeutschen Reichstag am 12. Februar 1867, bei denen nach dem allgemeinen, gleichen und direkten Wahlrecht für Männer gewählt wurde, schnitten die Freikonservativen mit 39 Sitzen dann freilich nicht so gut ab wie die Konservative Partei, die auf 59 Mandate kam.

Die eigentlichen Wahlsieger waren die Nationalliberalen: Sie eroberten 79, die Fortschrittspartei dagegen nur 19 Sitze. Den Namen «Nationalliberale Partei» gab sich die Fraktion in ihrer konstituierenden Sitzung am 28. Februar. Zu den preußischen Abgeordneten um Twesten, die sich seit August 1866 von der Fortschrittspartei losgesagt hatten, kamen gleichgesinnte Liberale aus anderen Staaten des Norddeutschen Bundes, darunter Rudolf von Bennigsen aus Hannover, der Vorsitzende des Deutschen Nationalvereins (der sich im Herbst 1867 auflöste, weil, wie Bennigsen erklärte, andere Organe, obenan der Norddeutsche Reichstag, seine Aufgabe übernommen hätten). Zusammen mit den Freikonservativen, den Altliberalen und einigen «Wilden», das heißt fraktionslosen Abgeordneten, bildeten die Nationalliberalen die Mehrheit des Reichstags, die sich einig wußte in der Überzeugung, daß die schnelle Verabschiedung einer Verfassung die vordringlichste Aufgabe des Parlaments war.

Der Entwurf einer Verfassung lag den Abgeordneten, als sie am 24. Februar 1867 erstmals in Berlin zusammentraten, bereits vor: Es war eine nach Richtlinien Bismarcks erarbeitete, mit den Regierungen der norddeutschen Staaten abgestimmte preußische Vorlage. Sie sah einen preußisch geführten Bundesstaat vor. An seiner Spitze stand das Bundespräsidium, das dem König von Preußen zufiel. Im Bundesrat, dem Träger der souveränen Bundesgewalt, zusammengesetzt aus weisungsgebundenen Bevollmächtigten der Landesregierungen, verfügte Preußen – der Staat, in dem fünf Sechstel der Bevölkerung des Norddeutschen Bundes lebten – nur über 17 von 43 Stimmen. Doch eine Zweidrittelmehrheit gegen Preußen war damit ausgeschlossen, und folglich konnte es auch keine Verfassungsänderungen geben, denen die Präsidialmacht nicht zustimmte. Der Bundeskanzler, vom Bundespräsidium ernannt, war der einzige Minister und zunächst nur als Vollzugsorgan des Bundesrats konzipiert. Grundrechte enthielt der Entwurf nicht, weil sie nach Bismarcks Auffassung mit dem bundesstaatlichen Charakter des Norddeutschen Bundes nicht vereinbar waren.

Für die Abgeordneten der Fortschrittspartei um Waldeck war ebendieser Föderalismus ein Gegenstand des Ärgernisses: Sie wollten einen norddeutschen Einheitsstaat, der von einem Großpreußen nicht zu unterscheiden gewesen wäre. Manche Nationalliberalen wie der Historiker Heinrich von Treitschke, der dem Parlament nicht angehörte, dachten ähnlich. Die Mehrheit war jedoch bereit, Bismarcks bundesstaatlichen Vorstellungen zu folgen. Die Position des Bundeskanzlers aber wurde, mit Bismarcks Zustimmung, sehr viel stärker als im Regierungsentwurf vorgesehen. Bennigsen, der parlamentarische Führer der Nationalliberalen, scheiterte zwar mit einem Antrag, der darauf hinauslief, ein kollegiales und parlamentarisch verantwortliches Bundesministerium zu schaffen. Doch seinen Antrag, den Bundeskanzler zum (einzigen) parlamentarisch verantwortlichen Minister zu machen, nahm der Reichstag an. Das bedeutete nicht die Einführung des parlamentarischen Systems und nicht einmal eine rechtlich einklagbare Form der Verantwortlichkeit: Lösungen, auf die Bismarck sich nicht eingelassen hätte. Der Bundeskanzler übernahm lediglich die politische Verantwortung vor dem Reichstag, dem er Rede und Antwort zu stehen hatte. Eben dadurch ging aber, in den Worten des Verfassungshistorikers Ernst Rudolf Huber, «die Bundesexekutive auf den Bundeskanzler über; der Bundesrat wurde ein nur mitwirkendes und kontrollierendes Exekutivorgan».

Die völkerrechtliche Vertretung des Bundes und die Entscheidung über Krieg und Frieden blieb dem Bundespräsidium vorbehalten. Dem Reichstag gelang es immerhin, das Inkrafttreten völkerrechtlicher Verträge von seiner Zustimmung abhängig zu machen, womit er sich eine Zuständigkeit für einen *Teil* der Außenpolitik sicherte. Ein Erfolg des Reichstags war es auch, daß das Militärwesen, einem Antrag Twestens entsprechend, der Gesetzgebungskompetenz des Bundes zugeschlagen wurde.

Die uneingeschränkte Anerkennung des Budgetrechts für den militärischen Bereich aber konnten die Abgeordneten nicht durchsetzen. Bismarck wollte die Friedenspräsenzstärke des Bundesheeres auf 1 Prozent der Bevölkerung von 1867 und eine jährliche Pauschsumme von 225 Talern pro Soldat, mit Anpassungen im Abstand von zehn Jahren, also faktisch eine Art von «Äternat», festlegen. Dieser Lösung verweigerte sich der Reichstag. Er bewilligte die von Bismarck geforderte Friedenspräsenzstärke auf Antrag Forckenbecks nur für die Dauer von vier Jahren, bis zum 31. Dezember 1871, vertagte also die Machtfrage.

Massiver Druck Bismarcks führte dann dazu, daß sich schließlich eine Mehrheit für einen von Nationalliberalen und Freikonservativen gestützten weiteren Kompromiß fand: Die 1867 beschlossene Regelung sollte von 1872 ab solange fortgelten, bis das in Aussicht genommene Bundesgesetz in Kraft trat. Die Militärausgaben durfte die Regierung zwar nur nach Maßgabe des Haushaltsgesetzes tätigen. Der Gesetzgeber aber mußte seinerseits beim Militäretat von der gesetzlich festgelegten Heeresorganisation ausgehen.

Der «dilatorische Formelkompromiß», mit dem der preußische Verfassungskonflikt beigelegt worden war, wurde so zum Eckpfeiler der Verfassung des Norddeutschen Bundes, und zwar in einer die Exekutive begünstigenden Version. Die ausführende Gewalt sicherte sich dadurch eine Machtposition, die weit stärker war als jene, die die Reichsverfassung von 1849 der Reichsregierung gewährt hatte. Durch die militärische Kommandogewalt des preußischen Königs, deren Ausübung nicht der ministeriellen Gegenzeichnung bedurfte, ragte ein Stück Absolutismus in das deutsche Verfassungsrecht und die deutsche Verfassungswirklichkeit von 1867 hinein. Der Norddeutsche Bund *war* ein konstitutioneller Bundesstaat – aber konstitutionell und föderalistisch in den Grenzen, die durch die äußeren und inneren Erfolge des alten Preußen im Jahre 1866 gezogen waren.

In einer bestimmten Hinsicht war der Norddeutsche Bund sogar sehr viel demokratischer als die zeitgenössischen parlamentarischen Monarchien Europas, obenan die britische und die belgische: Das allgemeine, gleiche, direkte und geheime Wahlrecht gab den Deutschen männlichen Geschlechts einen verbrieften politischen Teilhabeanspruch, der weit über das hinausging, was Staaten mit Zensuswahlrecht ihren Bürgern gewährten und was die gemäßigten Liberalen in den deutschen Einzelstaaten und in den

Gemeinden befürworteten. Ein Nein zu dem von Bismarck durchgesetzten Wahlrecht von 1849 war für den Liberalismus freilich politisch undenkbar. Die Wirkungen dieser demokratischen Errungenschaft erwiesen sich im übrigen schon 1867 als erheblich weniger gouvernemental, als der preußische Ministerpräsident erwartet hatte. Doch auch für Bismarck war ein Zurück hinter das allgemeine Wahlrecht einstweilen unvorstellbar. Infolgedessen blieb es bei dem Gegensatz zwischen demokratischem Wahlrecht und obrigkeitlichem Regierungssystem – einem Widerspruch, der die kurzlebige Staatsgründung von 1867 um fast ein halbes Jahrhundert überdauern sollte.

Am 16. April 1867 nahm der Konstituierende Reichstag den überarbeiteten Verfassungsentwurf mit 230 gegen 53 Stimmen an. Mit Nein stimmten die Fortschrittspartei, die sächsischen Partikularisten und die «welfischen» Hannoveraner, unter den letzteren der frühere Minister und spätere Führer der katholischen Zentrumspartei, Ludwig Windthorst, zwei weitere prominente Katholiken, nämlich der aus Koblenz stammende Berliner Obertribunalrat Peter Reichensperger und der westfälische Gutsbesitzer und Regierungsrat Hermann von Mallinckrodt, außerdem August Bebel, der einzige Abgeordnete der Sächsischen Volkspartei, und die polnischen Mitglieder des Reichstags. Der Octroi der Verfassung durch die Regierungen, den Bismarck als ultima ratio ins Auge gefaßt hatte, erwies sich damit als überflüssig. In den folgenden Wochen stimmten die Landtage der Einzelstaaten der Verfassung zu. Am 1. Juli 1867 trat sie in Kraft. Knapp zwei Wochen später, am 14. Juli, ernannte König Wilhelm I. als Inhaber der Bundespräsidialgewalt den preußischen Ministerpräsidenten Graf Bismarck zum Bundeskanzler des Norddeutschen Bundes.

Mit der Konstituierung des Norddeutschen Bundes fiel zeitlich der Abschluß eines neuen Zollvereinsvertrags zusammen. Er sah die Schaffung eines Zollbundesrats und eines Zollparlaments vor: staatsähnliche Organe, die sich, ebenso wie die im März 1867 publik gemachten Schutz- und Trutzbündnisse, als Vorgriff auf den bundesstaatlichen Zusammenschluß Nord- und Süddeutschlands deuten ließen. Die Vorbehalte der Schutzzöllner südlich des Mains waren allerdings 1867 kaum schwächer als einige Jahre zuvor, beim Streit um den preußisch-französischen Handelsvertrag, und die militärische Angleichung der süddeutschen Staaten an Preußen machten den Hohenzollernstaat auch nicht beliebter. Bei den ersten Wahlen zum Zollparlament im Februar und März 1868 siegten in Bayern die Kandidaten der katholisch-konservativen Patriotenpartei um Edmund Jörg und in Württemberg die Demokraten der Volkspartei. Von einer breiten Einheitsbewegung war knapp zwei Jahre nach dem deutschen Krieg wenig zu spüren. Eher schien die Entwicklung in die entgegengesetzte Richtung zu gehen: die Verfestigung der Mainlinie, zumindest im Bewußtsein vieler Süddeutschen.

Der Graben zwischen Nord und Süd war so tief, daß es Bismarck vorerst noch nicht wagen konnte, die schwebende außenpolitische Machtfrage zu klären: Als Napoleon III., vom preußischen Ministerpräsidenten diskret ermuntert, im Frühjahr 1867 Anstalten traf, dem niederländischen König Wilhelm III. das Großherzogtum Luxemburg, einen Mitgliedsstaat des Deutschen Zollvereins, abzukaufen, erhob sich in Deutschland ein Proteststurm, der aber nördlich des Mains sehr viel stärker war als südlich davon. Die Regierungen in München und Stuttgart konnten es sich im Hinblick auf die antipreußische Stimmung in Kammern und Bevölkerung gar nicht leisten, Bismarcks Auffassung zuzustimmen, ein Krieg zwischen Preußen und Frankreich über Luxemburg wäre der Bündnisfall im Sinne der Schutz- und Trutzverträge. Infolgedessen sah sich der preußische Ministerpräsident genötigt, in einen Kompromiß einzuwilligen: Auf der Londoner Konferenz über die Luxemburgfrage im Mai 1867 erklärte sich der preußische Vertreter mit der Garantie der Unabhängigkeit und Neutralität des Großherzogtums durch die fünf Großmächte sowie die Niederlande, Belgien und Italien einverstanden.[34]

Doch nicht nur südlich, auch nördlich des Mains formierten sich Kräfte, die in entschiedener Opposition zu Bismarcks Politik standen. In keinem der von Preußen annektierten Staaten waren die Anhänglichkeit an die alte Dynastie und die Abneigung gegen die neuen Herren so stark wie in Hannover. Schon im Konstituierenden Reichstag des Norddeutschen Bundes gab es acht «welfische» Abgeordnete: als Mitglieder der zusammen mit «augustenburgischen» Schleswig-Holsteinern und dem katholischen Westfalen von Mallinckrodt gebildeten, entschieden föderalistischen Bundesstaatlich-konstitutionellen Vereinigung, die im April 1867 gegen die Annahme der Verfassung stimmte.

Sehr viel folgenreicher war eine Entwicklung am linken Rand des Parteienspektrums, die von Sachsen ausging. Im August 1869 schlossen sich August Bebel und Wilhelm Liebknecht, die Führer der Sächsischen Volkspartei, mit einer Minderheit der Lassalleaner, darunter Wilhelm Bracke, in Eisenach zur Sozialdemokratischen Arbeiterpartei zusammen. War die Sächsische Volkspartei eine halb proletarische, halb kleinbürgerliche Gruppierung gewesen, so wandte sich die neue Partei ausschließlich an die Arbeiter, was auf der Linie der Lassalleaner lag. Auf der anderen Seite hatte sich die Mehrheit im Verband Deutscher Arbeitervereine, angeführt von Bebel und Liebknecht, schon auf dem Nürnberger Vereinstag im August 1868 der von Marx inspirierten, 1864 gegründeten Internationalen Arbeiter-Assoziation, der Ersten Internationale, angenähert. Trotz aller Gegensätze zwischen dem «sozialen» und dem «partikularistischen» Flügel in den Volksparteien war dies aber noch kein Bruch der demokratischen Bewegung entlang der «Klassenlinie».

Die Trennung zwischen der proletarischen und der bürgerlichen Demokratie kam erst ein Jahr später, als sich die neue Sozialdemokratische Arbeiterpartei auf den Boden der Basler Beschlüsse der Internationale vom September 1869 stellte. Darin forderten die Parteigänger von Marx und

Engels die sofortige Vergesellschaftung von Grund und Boden, also ein Programm der radikalen Veränderung der Gesellschaft. Von da ab trennten sich die Wege von «proletarischen» Sozialdemokraten und «bürgerlichen» Demokraten, und sie trennten sich endgültig: ein Vorgang, der zu den tiefsten Zäsuren der deutschen Parteigeschichte gehört.

In ihrer Gegnerschaft zu Preußen standen die süddeutschen Demokraten Bebel und Liebknecht in nichts nach, und je mehr sich die Regierungen in Stuttgart und Karlsruhe an Preußen orientierten, um so schärfere Opposition hatten sie seitens der Volkspartei zu gewärtigen. Die Unterschiede zwischen beiden Ländern waren allerdings beträchtlich: In Württemberg waren die Demokraten und Großdeutschen als Sieger aus den Landtagswahlen vom Juli 1868 hervorgegangen; sie sahen sich einem vorsichtig taktierenden Ministerium, der Regierung Varnbüler, gegenüber, die sich bemühte, die tatsächliche Abhängigkeit von Preußen nicht allzu deutlich werden zu lassen. In Baden hingegen waren die gemäßigten Liberalen in der Überzahl und ebenso wie die Regierung, nach Karl Mathys Tod im Februar 1868 von Innenminister Julius Jolly geführt, daran interessiert, das Großherzogtum möglichst bald zum Mitgliedsstaat des Norddeutschen Bundes zu machen.

Wieder anders war die Lage im größten süddeutschen Staat, in Bayern. Die gemäßigt liberale Regierung unter Hohenlohe-Schillingsfürst betrieb, ähnlich wie in Baden, eine entschieden antiklerikale Schulpolitik und eine freiheitliche Wirtschafts- und Rechtspolitik. Anfang 1868 wurde die Gewerbefreiheit, im Jahr darauf eine liberale Gemeindeordnung eingeführt. Das Schulgesetz scheiterte jedoch an der katholischen Gegenbewegung. In zwei Landtagswahlen verbuchte die konservative Bayerische Patriotenpartei Edmund Jörgs 1869 große Gewinne; bei der zweiten Wahl im November konnte sie sogar die absolute Mehrheit der Sitze erobern. Im Januar und Februar 1870 sprachen die beiden Kammern der Regierung Hohenlohe das Mißtrauen aus. Anfang März trat der Ministerpräsident, entgegen dem Wunsch Bismarcks, zurück. Hohenlohes Nachfolger, der bisherige Gesandte in Wien, Graf Bray, bemühte sich um eine Verständigung mit der parlamentarischen Mehrheit: für den Bundeskanzler des Norddeutschen Bundes ein empfindlicher Rückschlag.[35]

Im Norddeutschen Bund entwickelte sich nach der Wahl des ersten «regulären» Reichstags im August 1867 zwischen dem Kanzler und den Nationalliberalen eine innenpolitische Zusammenarbeit, die alles in allem enger war, als die Optimisten im Herbst 1866 zu hoffen gewagt hatten. Die Nationalliberalen, die bei der Augustwahl ebenso wie die Fortschrittspartei und die Konservative Partei gegenüber der vorangegangenen Wahl vom Februar 1867 Stimmen und Mandate hinzugewannen, konnten bei der Gesetzgebungsarbeit mehr Erfolge verzeichnen als bei der Verfassungsgebung. Den Stempel des Liberalismus trug namentlich das Gesetz über die Gleichberechtigung der Konfessionen in bürgerlicher und staatsbürgerlicher Beziehung von 1869, das die Gesetzgebung zur Judenemanzipation abschloß, sich aber praktisch nur in Mecklenburg auswirkte, wo es noch eine rechtliche Diskriminierung der Juden gab. Die Gewerbeordnung, ebenfalls von 1869, weitete die Freiheit von Markt und Gewerbe aus, enthielt aber, auf Druck der Konservativen, Landarbeitern und Gesinde die Koalitionsfreiheit vor, die sie anderen Arbeitern gewährte. Das Strafgesetzbuch von 1870 hingegen konnten die Liberalen kaum als Erfolg verbuchen, da es ihnen nicht gelang, sich mit ihrem wichtigsten Anliegen, der Abschaffung der Todesstrafe, gegen die Regierungen und die Konservativen durchzusetzen. Wenn man jedoch das Gesetz über Freizügigkeit von 1867 und die Gesetze zur Vereinheitlichung des Wirtschaftslebens, darunter die Maß- und Gewichtsordnung von 1868, mit in Rechnung stellte, hatten die Nationalliberalen Anlaß, mit der Gesetzgebungsarbeit des Norddeutschen Reichstags seit 1867 insgesamt zufrieden zu sein: Im Zusammenspiel zwischen Parlament und Ministerialbürokratie hatte sich ein «Ressortliberalismus» herausgebildet, der über sein bisheriges Betätigungsfeld, die Handelspolitik, weit hinausging.

Ihrem wichtigsten Ziel aber waren die Nationalliberalen seit der Wahl des Zollparlaments nicht sichtbar nähergekommen: Die Einigung Deutschlands war ins Stocken geraten; sie befand sich in einer Phase der Stagnation. Infolgedessen mehrten sich im liberalen Lager die Zweifel, ob Bismarck überhaupt ernsthaft auf die Einheit Deutschlands hinarbeitete, das Zusammenwirken mit ihm also noch gerechtfertigt war. «Wenn es so weitergeht, so kann es unmöglich die Aufgabe der nationalen Partei bleiben, nur dem Herrn Bundeskanzler im Nichtstun zur Seite stehen», schrieb die «National-Zeitung» am 22. Februar 1870. Zwei Tage später brachte der Abgeordnete Lasker anläßlich der dritten Lesung des Jurisdiktionsvertrags zwischen dem Norddeutschen Bund und Baden einen Antrag ein, der Enttäuschung und Ungeduld der Nationalliberalen in bislang ungewohnter Offenheit Ausdruck verlieh: Der Reichstag möge Baden für seine «unablässigen nationalen Bestrebungen» danken und als Ziel der badischen Politik den «möglichst ungesäumten Anschluß» an den Norddeutschen Bund feststellen.

Bismarck war aus mehr als einem Grund empört. Der Eingriff des Parlaments in die auswärtige Politik war für ihn als solcher ärgerlich. Sodann argwöhnte er, daß die badische Regierung hinter Laskers Vorstoß stand, und er sprach das auch im Reichstag aus. Sachlich war es aus seiner Sicht falsch, gerade *den* süddeutschen Staat in den Norddeutschen Bund aufzunehmen, der dem nationalen Gedanken am engsten verbunden war, und eben dadurch die Vereinigung mit Süddeutschland insgesamt zu erschweren. Soweit es einen süddeutschen Schlüssel zur deutschen Einheit gab, lag er für den Bundeskanzler jedenfalls nicht in Karlsruhe, sondern in München.

Daß der Anschluß Badens an den Norddeutschen Bund aller Voraussicht nach zu einem Krieg mit Frankreich führen würde, lag auf der Hand, wenn es auch nicht ohne Not öffentlich gesagt werden mußte. Der Beitritt eines einzigen Staates aber konnte nach Bismarcks Meinung einen solchen Krieg nicht rechtfertigen. Wenn denn ein Krieg um die deutsche Einheit nicht zu vermeiden war, mußte nördlich und südlich des Mains die Überzeugung vorhanden sein, daß es ein gerechter und ein notwendiger Krieg war. Im Februar 1870 gab es diese Überzeugung nicht.

«Die Politik des Norddeutschen Bundes verlange nicht die Erweiterung des Bundes, die Verhältnisse im Norden seien nicht so konsolidiert, daß ein Zuwachs von renitenten Elementen ihm nicht schädlich sein müßte», sagte Bismarck am 27. März 1870 in einer vertraulichen Unterredung dem württembergischen Gesandten, Baron Spitzemberg. Das war wohl kein vorgeschobener Grund. Um die Gefahren einzudämmen, die von einem «Zuwachs renitenter Elemente», gleichviel ob württembergischer Demokraten oder bayerischer Klerikaler, ausgingen, bedurfte es einer starken nationalen Bewegung. Im Frühjahr 1870 war von einer solchen nichts zu spüren. Als Bismarck mit Spitzemberg sprach, mochte er aber bereits ahnen, daß sich das rasch ändern konnte.[36]

«Casca il mondo», soll der Kardinalsstaatssekretär Antonelli ausgerufen haben, als er die Nachricht vom preußischen Sieg bei Königgrätz erhielt – zu deutsch: «Die Welt bricht zusammen.» Die Kurie empfand als Katastrophe, was militanten Protestanten und Liberalen Anlaß zum Triumph gab: Für die «Protestantische Kirchenzeitung», ein dem liberalen Deutschen Protestantenverein nahestehendes Blatt, hatte in der Schlacht vom 3. Juli 1866 «endlich der dreißigjährige Krieg seinen Abschluß gefunden» und der Sieg Preußens den «Ultramontanismus» (von «ultra montes», d. h. jenseits der Berge, H. A. W.) im deutschen Lande ein für allemal gebrochen; denn nicht Österreichs Macht und Tendenzen allein sind aus Deutschland hinausgewiesen, sondern auch das Papsttum hat mit ihm seine letzte weltliche Stütze in Europa eingebüßt.»

Tatsächlich war die Niederlage Österreichs in mehr als einer Hinsicht zugleich eine Niederlage des Papsttums. Die «Welt», die im Sommer 1866 zusammenbrach, war, um den Historiker Georg Franz zu zitieren, «die katholische Welt Mitteleuropas, im Deutschen Bund, in Italien. Die Vormacht des Katholizismus und der Legitimität, das habsburgische Österreich, hatte ihre führende Stellung im mitteleuropäischen Raum, ihr Ansehen als erste katholische Macht verloren. Es blieb als führende katholische Macht Frankreich mit seinem zwitterigen Charakter der halben Legitimität und der halben Revolution.» Zwar übte Napoleon III. noch immer die Rolle aus, die er im Sommer 1849, als Präsident der Französischen Republik, übernommen hatte: Er blieb Schutzherr des Kirchenstaates und schickte in dieser Eigenschaft Ende 1867 sogar erneut Truppen zum Schutz des Papstes nach Rom – Truppen, die er ein Jahr zuvor in Erfüllung eines Vertrages mit dem Königreich Italien abgezogen hatte. Aber nachdem das bislang österreichische Venetien im Herbst 1866 (auf dem Umweg über die Abtretung an Frankreich) an Italien gelangt war, gab es keinen Zweifel mehr daran, daß die liberale italienische Nationalbewegung alle ihre Kräfte daran setzen würde, auch noch das letzte große Ziel des «Risorgimento» zu erreichen: die Einverleibung des Kirchenstaates und die Verlegung der Hauptstadt des Königreiches von Florenz nach Rom. Die Tage der weltlichen Herrschaft des Papstes waren gezählt.

Papst Pius IX. und seine Berater dachten nicht daran, sich dem Druck des Liberalismus zu beugen. Schon im Dezember 1864 hatte der Papst im «Syllabus errorum», einem Anhang zur Enzyklika «Quanta cura», nicht nur Pantheismus und Rationalismus, Sozialismus und Kommunismus, sondern auch klassische Forderungen des Liberalismus wie die nach staatlicher Schulhoheit, Trennung von Staat und Kirche sowie nach der rechtlichen Gleichstellung von Katholiken und Nichtkatholiken als «moderne» Irrtümer angeprangert und die unbedingte Unterordnung von Staat und Wissenschaft unter die Autorität der katholischen Kirche gefordert. Sechs Jahre später radikalisierte die Kurie ihre Kampfansage an die moderne Welt: Das erste Vatikanische Konzil, das im Dezember 1869 zusammentrat und im Juli 1870 endete, beschloß das Dogma der «Infallibilität», wonach der Papst, wenn er «ex cathedra» Lehrentscheidungen verkündete, unfehlbar war. Daß in Deutschland (wie auch in Österreich) die meisten Bischöfe, unter ihnen Ketteler, Gegner des neuen Dogmas waren, wirkte sich bei der Schlußabstimmung am 18. Juli 1870 nicht aus: Die Kritiker unterwarfen sich der kirchlichen Disziplin und verstärkten so ungewollt den Eindruck vom absolutistischen Charakter des römischen Katholizismus.

Auch außerhalb des Konzils verlor die innerkirchliche Opposition rasch an Boden. Hartnäckige Widersacher wie der Münchner Theologe Ignaz von Döllinger, ein ehemaliger Abgeordneter der deutschen Nationalversammlung, wurden exkommuniziert; doch nur eine kleine Minderheit entschieden liberaler «Altkatholiken» vollzog von sich aus den offenen Bruch mit Rom. Die Regierungen einiger überwiegend katholischer Länder reagierten auf das Unfehlbarkeitsdogma schärfer als manche mehrheitlich protestantischen Staaten: Österreich kündigte das Konkordat von 1855; Bayern verhinderte die Verkündigung der Beschlüsse, indem es das hierfür notwendige Plazet verweigerte; Baden, das noch vor Bayern über der Schulpolitik in Konflikt mit der katholischen Kirche geraten war, sprach den Beschlüssen jede Rechtsverbindlichkeit ab. Preußen und der Norddeutsche Bund hingegen hielten sich betont zurück. Bismarck hatte bereits im März 1870 den Gesandten beim Vatikan, Harry von Arnim-Suckow, wissen lassen, daß die Unfehlbarkeit aus preußischer Sicht zunächst eine innerkirchliche Angelegenheit sei. Am 16. Juli wies er Arnim an, sich jedes demonstrativen Protests zu enthalten.

Das vorsichtige Taktieren hatte seinen Grund: Am 19. Juli 1870, dem Tag nach der Verkündigung des Dogmas durch Papst Pius IX., brach, für

Bismarck alles andere als unerwartet, der deutsch-französische Krieg aus. Auf die Gefühle der deutschen Katholiken Rücksicht zu nehmen, war in dieser Situation ein schlichtes Gebot preußischer Staatsräson. Auch die deutschen Liberalen, die seit jeher zu den schärfsten Herausforderern der katholischen Kirche gehört hatten und nun ihrerseits durch die klerikale Gegenoffensive massiv herausgefordert wurden, mußten seit dem 19. Juli 1870 ihre Aufmerksamkeit einstweilen ganz dem Krieg mit dem Nachbarn im Westen zuwenden. Die historische Auseinandersetzung zwischen den Vorkämpfern der weltlichen Moderne und den Wahrern der kirchlichen Tradition – der «große Kulturkampf», von dem Rudolf Virchow am 17. Januar 1873 im preußischen Abgeordnetenhaus sprach – wurde damit lediglich unterbrochen. Bereits im Sommer 1870 ließ sich absehen, daß dieser Konflikt das beherrschende Thema der Nachkriegszeit bilden würde – und das nicht nur in Deutschland.[37]

Die unmittelbare Vorgeschichte des deutsch-französischen Krieges von 1870/71 begann 1868 mit einer spanischen Revolution, die halb Militärputsch, halb Volksaufstand war. Ihr Ergebnis war der Sturz des bourbonischen Königtums. Als einer der Kandidaten für die Nachfolge von Königin Isabella II., die nach Frankreich geflüchtet war, wurde seit Ende 1869 ein katholischer Hohenzoller genannt: der Erbprinz Leopold von Hohenzollern-Sigmaringen. Im Februar 1870 ließ der spanische Ministerpräsident, Marschall Prim, beim preußischen König Wilhelm I. als Haupt der Familie Hohenzollern anfragen, ob dieser einem entsprechenden Angebot an Leopold zustimmen würde. Der aktivste Förderer der Thronkandidatur des Erbprinzen war von Anfang an Bismarck. Es war ausgeschlossen, daß ihm das außenpolitische Risiko dieses Plans nicht bewußt war: Eine hohenzollernsche Umklammerung mußte von Frankreich als ebenso bedrohlich empfunden werden wie die habsburgische, die man seit Kaiser Karl V. im 16. und 17. Jahrhundert erlebt hatte. So gesehen lag von dem Augenblick ab, wo Leopold sich ernsthaft anschickte, den spanischen Thron zu besteigen, Krieg in der Luft.

Bismarck wäre nicht Bismarck gewesen, hätte er die Chance verkannt, die in der Madrider Anfrage lag. Ein Pariser Veto gegen einen spanischen König aus dem Haus Hohenzollern mochte sich als der Hebel erweisen, um den Stillstand der deutschen Einigung zu überwinden. Trat Paris dem Projekt mit Härte entgegen, war eine patriotische Bewegung nicht nur in Preußen, sondern in ganz Deutschland zu erwarten. Der Patriotismus war geeignet, den Partikularismus in Bayern und Württemberg zu schwächen und darüber hinaus auch den Parlamentarismus im Norddeutschen Bund. 1871 lief die drei Jahre zuvor beschlossene provisorische Regelung des Militäretats aus. Die Nationalliberalen ließen keinen Zweifel dran, daß sie einem weiteren Provisorium nicht zustimmen wollten, sondern auf der jährlichen Bewilligung des Heeresbudgets und überhaupt auf der Verstärkung der Parlamentsrechte bestanden. Spitzte sich der Gegensatz mit Frankreich zu, sprach viel dafür, daß sich in der stärksten Partei wieder die gouvernementalen Kräfte durchsetzen würden. Kam es zum Krieg, hatte Bismarck also gute Aussichten, zugleich mit dem Pariser Widerstand gegen die Einigung Deutschlands die partikularistischen und die parlamentarischen Widerstände auszuräumen, die in Deutschland selbst *seiner* Lösung des deutschen Problems im Wege standen.

Bismarck hat im Sommer 1892, zwei Jahre nach seiner Entlassung, unverblümt ausgesprochen, daß der französische Krieg «notwendig» gewesen sei. «Ohne Frankreich geschlagen zu haben, konnten wir nie ein Deutsches Reich mitten in Europa errichten und zu der Macht, die es heute besitzt, erheben.» Aus dieser Einsicht heraus fand sich der Bundeskanzler des Norddeutschen Bundes auch nicht damit ab, daß der Hohenzoller aus Sigmaringen im April 1870 die spanische Offerte ablehnte, sondern tat alles, um den Erbprinzen umzustimmen. Nachdem dies im Juni gelungen war und schließlich auch König Wilhelm seine Zustimmung zur Entscheidung Leopolds gegeben hatte, setzte der spanische Ministerpräsident am 2. Juli den französischen Gesandten von der Kandidatur des Hohenzollernprinzen in Kenntnis. Die Antwort aus Paris ließ nicht lange auf sich warten. Am 6. Juli drohte Außenminister Gramont in der Kammer Preußen offen mit Krieg. Frankreich werde es nicht dulden, erklärte er, «daß eine fremde Macht, indem sie einen ihrer Prinzen auf den Thron Karls V. setzt, dadurch zu unserem Nachteil das gegenwärtige Gleichgewicht der Mächte Europas stört und so die Interessen und die Ehre Frankreichs gefährdet».

Auf Gramonts Weisung hin wurde der französische Botschafter beim Norddeutschen Bund, Graf Benedetti, am 9. und 11. Juli zweimal bei König Wilhelm I. vorstellig, der zu dieser Zeit in Bad Ems zur Kur weilte. Vom preußischen König gedrängt, erklärte Leopold am 12. Juli seinen Verzicht auf die spanische Thronkandidatur. Doch damit gab sich die französische Regierung nicht zufrieden. Sie bestand auf einer ausdrücklichen Billigung des Verzichts durch Wilhelm und der Zusicherung, daß dieser einer neuerlichen Kandidatur des Erbprinzen nicht zustimmen würde. Das lehnte der König, als Benedetti ihn am 13. Juli auf der Kurpromenade in Bad Ems ansprach, mit großer Entschiedenheit ab. Die Mitteilung hierüber, die der Vortragende Rat Abeken nach Berlin schickte, redigierte Bismarck sogleich durch radikale Kürzung so, daß der demütigende Charakter des französischen Ansinnens überdeutlich hervortrat, und übermittelte sie in dieser Form den deutschen Höfen und der Öffentlichkeit. Die «Emser Depesche» löste, wie vom Leiter der preußischen Politik vorausgesehen, einen Aufschrei der nationalen Empörung aus. Nun war Frankreich in der Rolle, die es Preußen zugedacht hatte: Es stand vor aller Augen gedemütigt da. Napoleon III. blieb nach Lage der Dinge keine andere Wahl, als das zu tun, was Bismarck erwartet hatte: Am 19. Juli erklärte Frankreich Preußen den Krieg.

Die Emser Depesche war ein Coup, mit dem Bismarck unter Mißachtung aller einschlägigen Verfassungsbestimmungen den preußischen König und Inhaber der Präsidialgewalt des Norddeutschen Bundes überspielte. Der Krieg, den die Depesche unvermeidbar machte, war Bismarcks Krieg. Der preußische Ministerpräsident und Bundeskanzler des Norddeutschen Bundes hatte diesen Krieg gewollt, weil er die einmalige Gelegenheit bot, mit der Unterstützung ganz Deutschlands das französische Veto gegen die deutsche Einheit außer Kraft zu setzen.

Dennoch wäre es falsch, von einer alleinigen Kriegsschuld Bismarcks, Preußens oder Deutschlands zu sprechen. Wie 1864 und 1866 gab es 1870 eine Kriegspartei auch auf der anderen Seite: damals in Kopenhagen und Wien, jetzt in Paris. Frankreich konnte sein Nein zur Vereinigung Deutschlands nur machtpolitisch begründen. Deutschland hingegen durfte sich bei seinem Streben nach Einheit auf den Grundsatz nationaler Selbstbestimmung, ein von Napoleon III. immer wieder beschworenes, im Ansatz demokratisches Prinzip, berufen. Der Kaiser der Franzosen hatte freilich nie daran gedacht, dieses Recht auch den Deutschen zuzugestehen, und 1870 war seine Autorität im Innern bereits viel zu geschwächt, als daß er sich Nachgiebigkeit gegenüber Bismarck hätte leisten können. Populär war in Frankreich die Parole «Revanche pour Sadova» (wie man links des Rheins die Schlacht von Königgrätz nannte) – eine Politik also, die darauf abzielte, die Scharte von 1866 auszuwetzen und das erstarkte Preußen in seine Schranken zu verweisen. Außenminister Gramont, bis Mai 1870 Botschafter in Wien, war ein Vertreter dieser breiten Strömung. Innere Unzufriedenheit nach außen abzulenken war von jeher ein bevorzugtes Herrschaftsmittel des Bonapartismus gewesen. Der Krieg von 1870/71 war mithin *auch* ein Krieg Napoleons III. – sein letzter, wie sich bald herausstellen sollte.[38]

In Norddeutschland war die Überzeugung, daß dieser Krieg der Verteidigung einer gerechten Sache galt, nahezu einhellig. Im Norddeutschen Reichstag fanden die Thronrede des Königs und die Bekanntgabe der Kriegserklärung durch Bismarck am 19. Juli quer durch alle Parteien jubelnden Beifall. Den Kriegskrediten stimmten auch die Lassalleaner und ein Abgeordneter der Sozialdemokraten zu. Bebel und Liebknecht hingegen enthielten sich, weil sie den Krieg für einen dynastischen hielten, der Stimme und setzten sich damit in Widerspruch zur deutschen Sektion der Internationalen Arbeiterassoziation, die zu dieser Zeit bereits die Annexion von Elsaß und Lothringen forderte. Das taten Marx und Engels in England nicht. Aber sie ergriffen schon deshalb für Preußen und Deutschland Partei, weil der Krieg die Chance eröffnete, das verhaßte Regime Napoleons III. zu stürzen. Zwar habe, schrieb Marx in der «Ersten Adresse des Generalrats» der Internationale, erst Preußen Deutschland in den Zwang versetzt, sich gegen Louis Bonaparte verteidigen zu müssen. Aber das änderte nichts an der entscheidenden Tatsache: «Von deutscher Seite ist der Krieg ein Verteidigungskrieg.»

Südlich des Mains schlug die Stimmung nach dem Vorfall von Bad Ems binnen weniger Tage um. Am 8. Juli hatte die «Reutlinger Neue Bürgerzeitung», ein demokratisches Blatt, «dem Franzosen» noch bescheinigt, er werde und könne es sich nicht gefallen lassen, «daß er rings umgeben ist von den preußischen Trabanten der Moskowiterherrschaft; mit Recht geht in dieser Frage das französische Volk mit seiner Regierung Hand in Hand». Nach der Kriegserklärung Napoleons schrieb dasselbe Blatt, dieser Krieg, den Frankreich «uns» aufzwinge, sei zwar ein dynastischer; da aber das Volk an die Dynastien gebunden sei, so sei er tatsächlich ein Krieg der französischen Nation gegen die deutsche Nation. In der württembergischen zweiten Kammer sprach sich am 21. Juli anläßlich der Beratung einer Kriegskostenvorlage der Regierung Karl Mayer, einer der Führer der Volkspartei, unter dem lauten Beifall von Abgeordneten und Zuhörern auf der Galerie für die Waffenbrüderschaft mit Preußen und den Sieg der deutschen Fahnen aus, «welche in diesem Augenblick die preußischen sind». Anfang August sah man in Stuttgart nur noch selten Schwarz-Rot-Gold, dafür, neben den württembergischen Farben, um so häufiger die schwarz-weiß-rote Flagge der Kriegs- und Handelsmarine des Norddeutschen Bundes – jene Flagge, in der Bismarck das preußische Schwarz-Weiß mit dem Weiß und Rot in den Farben der Hansestädte verbunden hatte.

In Bayern rief der Krieg einen tiefen Riß in der Patriotenpartei hervor. Während Edmund Jörg sein Land auf bewaffnete Neutralität festlegen wollte, forderte sein bisheriger Kampfgefährte Johann Nepomuk Sepp «im freien Drang der Begeisterung» die Abgeordneten der zweiten Kammer auf, der Regierung die notwendigen Kriegskredite zu bewilligen. Die Mehrheit folgte dem Appell: Am 19. Juli stimmten sie mit 101 gegen 47 Stimmen den Kriegskrediten unter Anerkennung des Bündnisfalles zu.

Früher und zunächst auch nachdrücklicher als im Norden wurde im Süden der Ruf nach der Annexion des Elsaß und des deutschsprachigen Lothringen laut. Nicht nur Liberale und Demokraten, sondern auch Vertreter des politischen Katholizismus machten sich bereits Ende Juli 1870 für diese Forderung stark, wobei die letzteren sich wohl nicht nur vom Bedürfnis nach Sicherheit vor dem Nachbarn im Westen leiten ließen, sondern auch von der Überlegung, daß die Elsässer und Lothringer die konfessionellen Gewichte in Deutschland zugunsten der Katholiken verschieben würden.

Die schärfste Klinge in der Annexionsfrage schlug freilich ein aus Sachsen stammender Wahlpreuße: Heinrich von Treitschke. Das von Deutschland geforderte Land, schrieb der nationalliberale Historiker in den «Preußischen Jahrbüchern» unter Berufung auf Ernst Moritz Arndt, sei «unser durch Natur und Geschichte». «Wir Deutschen, die wir Deutschland und Frankreich kennen, wissen besser, was den Elsässern frommt, als jene Unglücklichen selber, die in der Verbildung ihres französischen Lebens von dem neuen Deutschland ohne treue Kunde blieben. Wir wollen ihnen wider ihren Willen ihr eigenes Selbst zurückgeben... Der Geist eines Volkes umfaßt nicht bloß die nebeneinander, sondern auch die nacheinander lebenden Geschlechter. Wir berufen uns wider den mißleiteten Willen derer, die da leben, auf den Willen derer, die da waren... Die Elsässer lernten das zersplitterte Deutschland verachten, sie werden uns lieben lernen, wenn Preußens starke Hand sie erzogen hat.»

Ebensowenig wie Treitschke oder irgendein anderer Annexionist stieß sich Bismarck daran, daß die Elsässer und Lothringer in ihrer großen Mehrheit keine Deutschen werden, sondern Bürger Frankreichs bleiben wollten. Für den Kanzler des Norddeutschen Bundes stand im Vordergrund, daß Frankreich, wenn es denn geschlagen war, in jedem Fall auf Revanche sinnen würde – unabhängig davon, ob es Gebiete an Deutschland verlor oder nicht. Der Besitz von Elsaß und Lothringen versprach aus Bismarcks Sicht eine gewisse Sicherheit vor einer Wiederholung des Krieges. Eben deshalb stimmte er schließlich, wenn auch widerstrebend, der Annexion des französischsprachigen Gebiets um Metz zu, die der Generalstab aus strategischen Gründen verlangte. Die innenpolitischen Gründe, die für die Angliederung von Elsaß und Lothringen sprachen, waren auch nicht ohne Gewicht: Dem leitenden Staatsmann war es allemal eher möglich, der Nationalbewegung durch eine Vergrößerung des deutschen Territoriums als durch eine Erweiterung der Parlamentsrechte entgegenzukommen.[39]

Zuvor jedoch mußten Preußen und seine Verbündeten erst einmal siegen. *Eine* Voraussetzung hierfür lag vor: Der Krieg war populär. Die Deutschen aus Nord und Süd, die noch vier Jahre zuvor ein letztes Mal gegeneinander gefochten hatten, wußten sich jetzt einig in dem Ziel, den historischen Gegner deutscher Einheit niederzuwerfen. Professoren und Publizisten, Pastoren und Poeten beschworen immer wieder die Erinnerung an die Freiheitskriege von 1813 bis 1815. So wie damals Napoleon I. so stand jetzt sein Neffe Napoleon III. am Pranger, und mit ihm die Nation, die ihn an ihrer Spitze duldete. Wer evangelischen Kriegspredigten zuhörte oder an Feldgottesdiensten teilnahm, erfuhr, daß Gott gewillt war, durch die Deutschen ein Strafgericht an den Franzosen zu vollziehen, und daß Deutschland siegen mußte, weil Gott es nicht dulden würde, daß die gerechte Sache unterlag.

Dem französischen Anspruch, die europäische Zivilisation gegen die deutschen Barbaren zu verteidigen, hielten deutsche Zeitungen und Zeitschriften in Wort und Karikatur entgegen, daß in den Armeen der «Grande Nation» auch «Wilde», nämlich nordafrikanische Soldaten, kämpften. Die «Vossische Zeitung», ein liberales Berliner Blatt, gründete ihre Siegeszuversicht darauf, daß die Deutschen als «Gesamtnation mit einem Mute wie nie in den Krieg» zogen. Doch möglicherweise bedurfte es auch erst des Krieges gegen Frankreich, um aus den Deutschen eine «Gesamtnation» zu machen. Das Kriegsgedicht «Wider Bonaparte» von Emil Rittershaus ließ sich jedenfalls kaum anders deuten:

Ein einig Deutschland! Ach, wie lang' begehrt,
Wie oft erfleht in uns'rer Träume Dämmern! –
Und es ist da! Nun muß das Frankenschwert
Mit einem Schlage uns zusammenhämmern!
Doch seit der Mutter Schmach geboten ward,
Giebt's keinen Grenzstrich mehr auf uns'rer Karte,
Da kennen wir nur einen Schrei der Wut
Und einen Kampf auf's Messer, bis auf's Blut!
Nur einen Wahlspruch: Nieder Bonaparte!

Am 2. September ging dieser Wunsch in Erfüllung. Der Sieg in der Schlacht von Sedan, die Meisterleistung des preußischen Generalstabschefs Helmuth von Moltke, hatte den Untergang des zweiten französischen Kaiserreichs zur Folge. Napoleon III. wurde gefangengenommen; doch der Degen, den er Wilhelm I. im Anschluß an die Kapitulation der Armee des Marschalls MacMahon übergab, war nur der Degen des Kaisers und nicht der Frankreichs. Zwei Tage nach Sedan wurde in Paris die Regierung Napoleons gestürzt und die Kaiserin Eugenie zur Flucht genötigt. Im Hôtel de Ville konstituierte sich mit Jules Favre als Außenminister und Léon Gambetta als Innenminister eine «Regierung der nationalen Verteidigung», die die Republik ausrief. Währenddessen ging der deutsche Vormarsch weiter. Am 18. September begann die Belagerung von Paris; am 23. September kapitulierte Toul, am 27. September Straßburg; am 7. Oktober verließ Gambetta im berühmten Heißluftballon die Hauptstadt und rief von Tours aus die Franzosen zum nationalen Widerstand auf.

In Deutschland wurde Sedan als weltgeschichtliche Wende und als Gottesurteil empfunden. Im Neuen Theater in Leipzig fand am 3. September eine Siegesfeier statt. Der Prolog begann mit den Worten:

Gott hat gerichtet! Unser ist der Sieg!
Voll Lorbeern blühen die Gräber unserer Todten.
Der uns hetzt in diesen heil'gen Krieg,
Er liegt geächtet heut' vor uns am Boden. –
Vier Wochen sind's – nicht Deutschlands bloß, es sind
Der ganzen Weltgeschichte größte Wochen!

Es war vor allem das evangelische Deutschland, das Sedan so deutete. Aus den Reihen des liberalen Deutschen Protestantenvereins kam schon im September 1870 der Vorschlag, am 2. und 3. September alljährlich ein patriotisches Volksfest zu veranstalten. Doch weder Wilhelm I. noch Bismarck konnten dieser Anregung etwas abgewinnen. Erst als der Gründer der Bodelschwinghschen Anstalten in Bethel bei Bielefeld, der pietistische Pastor Friedrich von Bodelschwingh, der im Krieg von 1870/71 als Feldprediger Dienst getan hatte, im Juni 1871 seinerseits einen Sedantag forderte, begann sich die Idee politisch durchzusetzen.

Bodelschwingh griff bewußt auf ein historisches Vorbild zurück: die von Ernst Moritz Arndt entwickelten und vielerorts befolgten Vorschläge, der Völkerschlacht von Leipzig im Oktober 1813 auf würdige und zugleich volkstümliche Weise zu gedenken. 1814 hatte Arndt seiner Überzeugung Ausdruck verliehen, das deutsche Volk kenne «außer den durch die göttliche Offenbarung geheiligten Zeiten keine festlicheren Tage als die glücklichen Tage, an welchen im verflossenen Herbst die Leipziger Schlacht gefochten ward». Wie Arndt wollte auch Bodelschwingh Staat und Kirche, Thron und Altar zusammenbringen, um am Sedantag Vaterlandsliebe und christlichen Glauben in einem zu festigen: «Am 2. September hat die Hand des lebendigen Gottes so sichtbar und kräftig in die Geschichte eingegriffen, daß es dem Volke grade bei diesem Gedenktag am leichtesten in Erinnerung zu bringen sein wird, wie Großes der Herr an uns getan hat.» Der 2. September, wie er seit 1872, von Preußen ausgehend, in den überwiegend evangelischen Gegenden Deutschlands begangen wurde, war kein zivilreligiöses Fest im Sinne der liberalen Protestanten, sondern ein Tag der Militärparaden und damit der Akklamation für die Monarchie.

Radikal anders reagierte die äußerste Linke auf die Ereignisse der ersten Septembertage. Schon Ende August 1870 hatten Marx und Engels in einem Brief an den Ausschuß der Sozialdemokratischen Arbeiterpartei deutsche Forderungen nach Elsaß und Lothringen zum Anlaß für das Verdikt genommen, «daß der Krieg von 1870 ganz so notwendig einen *Krieg zwischen Deutschland und Rußland* im Schoße trägt wie der Krieg von 1866 den Krieg von 1870». Am 9. September stellte Marx in der «Zweiten Adresse des Generalrats über den Deutsch-Französischen Krieg» fest, «mit der Ergebung Louis-Napoleons, der Kapitulation von Sedan und der Proklamation der Republik in Paris» sei der «Verteidigungskrieg» Deutschlands zu Ende gegangen. «Ganz wie das zweite Kaiserreich den Norddeutschen Bund [für] unvereinbar mit seiner Existenz hielt, ganz so muß das autokratische Rußland sich gefährdet glauben durch ein deutsches Reich mit preußischer Führerschaft. Das ist das Gesetz des alten politischen Systems... Wenn das Glück der Waffen, der Übermut des Erfolgs und dynastische Intrigen Deutschland zu einem Raub an französischem Gebiet verleiten, bleiben ihm nur zwei Wege offen. Entweder muß es, was auch immer daraus folgt, der *offenkundige* Knecht russischer Vergrößerung werden, oder aber es muß sich nach kurzer Rast für einen neuen ‹defensiven Krieg› rüsten, nicht für einen jener neugebackenen ‹lokalisierten› Kriege, sondern zu einem *Rassenkrieg* gegen die verbündeten Rassen der Slawen und Romanen.»

Im Herbst 1870 schien noch wenig für diese kühne Vorhersage zu sprechen. Die russische Regierung nahm die Nachricht vom Sturz Napoleons, des Gegners im Krimkrieg, mit Erleichterung auf und kündigte, von Bismarck ermutigt, Ende Oktober jene Klausel des Pariser Friedens von 1856 auf, die die Souveränität des Zarenreiches im Schwarzen Meer beschränkte. Auf seine Weise nutzte auch das Königreich Italien den Untergang des Empire: Es kündigte seine einschlägige Vereinbarung mit Napoleon und marschierte, nach Abzug der französischen Besatzung, in Rom ein, gliederte sich nach einer Volksabstimmung den Kirchenstaat an und verlegte seine Hauptstadt von Florenz nach Rom. Österreich-Ungarn, dem der Gedanke an eine Revanche für Königgrätz durchaus nicht fremd war, wurde durch Rußland in Schach gehalten. England, von Bismarck zu Beginn des Krieges über französische Pläne zur Annexion Belgiens aus dem Jahr 1867 in Kenntnis gesetzt, blieb auch nach dem Sturz des zweiten Kaiserreichs neutral, drängte Bismarck aber zu Verhandlungen mit der neuen provisorischen Regierung in Paris.

Zu solchen Verhandlungen war Bismarck nicht nur grundsätzlich bereit. Am 19. September trafen Bismarck und Favre tatsächlich zu zwei Unterredungen zusammen. Ein positiver Ausgang war allerdings von vornherein ausgeschlossen: Der Kanzler des Norddeutschen Bundes bestand auf der Abtretung von Elsaß und Lothringen; der französische Außenminister konnte diese Bedingung nicht akzeptieren. Von nun an setzte Bismarck, um weiteren Einflußnahmen neutraler Mächte zuvorzukommen und eine Ausweitung des Krieges zu vermeiden, auf eine rasche Beendigung der Kampfhandlungen und, zu diesem Zweck, auf die Kapitulation von Paris, die er durch Artilleriebeschuß herbeizuführen gedachte.

Damit begann eine langwierige und zeitweilig dramatische Auseinandersetzung mit Moltke, bei der es vordergründig um einen früheren oder späteren Zeitpunkt des Bombardements, in Wirklichkeit aber um sehr viel mehr ging, nämlich um den Vorrang politischer oder militärischer Gesichtspunkte bei der Kriegführung. Am 31. Dezember eröffneten schließlich deutsche Artilleriegeschütze das Bombardement auf die französische Hauptstadt. Einen neuen Konflikt zwischen Bismarck und Moltke um die Bedingungen der Kapitulation von Paris entschied der König zuletzt durch einen Machtspruch zugunsten des Kanzlers. Am 28. Januar 1871 wurde eine Vereinbarung über einen auf drei Wochen befristeten Waffenstillstand und die Übergabe von Paris unterzeichnet. Am 26. Februar folgte, nachdem inzwischen in ganz Frankreich (auch in Elsaß und Lothringen) eine Nationalversammlung gewählt worden war, in Versailles die Unterzeichnung eines vorläufigen Friedensvertrags. Darin trat Frankreich das Elsaß und einen Teil Lothringens, mit Einschluß des Gebiets von Metz, an das neugegründete Deutsche Reich ab. Außerdem verpflichtete es sich zur Zahlung einer Kriegsentschädigung von 5 Milliarden Francs. Der endgültige Friedensvertrag wurde am 10. Mai 1871 in Frankfurt am Main unterzeichnet.

Die Reichsgründung war, was das letzte Kapitel ihrer Vorgeschichte angeht, das Ergebnis von Verhandlungen, die Bismarck im Oktober und November 1870 in Versailles mit den Vertretern der süddeutschen Staaten führte. Gegenüber Baden und Hessen-Darmstadt konnte der Bundeskanzler seine Linie des faktischen Anschlusses an den Norddeutschen Bund durchsetzen: Beide Staaten nahmen dessen Verfassung unverändert an. Württemberg und vor allem Bayern hingegen mußte Bismarck erhebliche Zugeständnisse in Gestalt von Sonderrechten machen, von denen teilweise, im Hinblick auf die landesgesetzliche Regelung von Bier- und Branntweinsteuern, auch Baden profitierte. Am schwersten wog, daß Bayern und Württemberg eigene Post- und Eisenbahnverwaltungen behielten, Bayern darüber hinaus sich die Militärhoheit in Friedenszeiten sowie, in einer Geheimvereinbarung, das Recht sichern konnte, bei Friedensverhandlungen mit vertreten zu sein. Dazu kamen Änderungen der Verfassung, die eine Stärkung des föderalistischen Elements bedeuteten. Bundesexekutionen und, mit gewissen Einschränkungen, Kriegserklärungen bedurften fortan der Zustimmung des Bundesrats, der seinen Namen behielt. In diesem Verfassungsorgan hatten die drei nichtpreußischen Königreiche, also Bayern, Württemberg und Sachsen, mit 14 von 58 Stimmen zusammen ein (nominell) fast so starkes Gewicht wie Preußen, das über 17 Stimmen verfügte. Die 14 Stimmen reichten nach Artikel 78 aus, um Verfassungsänderungen zu verhindern (und nur im Bundesrat war für Verfassungsänderungen eine qualifizierte Mehrheit erforderlich). Im neugeschaffenen Bundesratsausschuß für auswärtige Angelegenheiten hatte der zweitgrößte Staat den Vorsitz inne: Bayern.

Bei den Nationalliberalen des Norddeutschen Reichstags, die von Hause aus keine Föderalisten, sondern Unitarier waren, statt eines Bundesstaates also lieber einen Einheitsstaat gesehen hätten, stießen die bayerischen Sonderrechte auf scharfe Kritik. Aber an eine Ablehnung eines der «Novemberverträge» und damit der revidierten Verfassung insgesamt konnten sie nicht ernsthaft denken, weil sie sonst den erstrebten Nationalstaat aufs Spiel gesetzt hätten. Der katholischen Fraktion, die sich seit dem Sommer 1870 programmatisch zu festigen begann, war die ergänzte Verfassung hingegen zu wenig föderalistisch, der Fortschrittspartei und den Sozialdemokraten wiederum zu wenig demokratisch. Aus den Reihen dieser drei Parteien und von den «Welfen» kamen bei der Schlußabstimmung im Norddeutschen Reichstag am 9. Dezember 1870 die 32 Nein-Stimmen zum Vertrag mit Bayern (Polen und Dänen blieben dem Votum fern). Von den anwesenden 227 Abgeordneten stimmten insgesamt 195 mit Ja, nämlich Nationalliberale, Freikonservative und Konservative, wobei es den letzteren nicht leichtfiel, ihre Bedenken wegen des fehlenden Oberhauses zurückzustellen. Am folgenden Tag nahm der Reichstag die vom Bundesrat am 9. Dezember beschlossene erste Verfassungsänderung an: An die Stelle des Begriffs «Deutscher Bund», wie er noch in den Novemberverträgen enthalten war, trat das «Deutsche Reich»; aus dem Bundespräsidium wurde der «Deutsche Kaiser».

Es hatte Bismarck erhebliche Mühe (und die Zusage fortlaufender diskreter Geldzahlungen aus dem «Welfenfonds», dem 1866 beschlagnahmten

Vermögen des Königs von Hannover) gekostet, um den bayerischen König Ludwig II. davon zu überzeugen, daß der König von Preußen künftig den Titel «Deutscher Kaiser» tragen und daß er, Ludwig, ihm die Übernahme dieser neuen Würde vorschlagen solle. Wilhelm I. selbst wehrte sich lange gegen den Kaisertitel, der aus seiner Sicht den Glanz des preußischen Königtums zu verdunkeln drohte, wollte dann aber, als er mit seinen Bedenken gegen das «Scheinkaisertum» beim Kanzler nicht durchdrang, wenigstens «Kaiser von Deutschland» heißen. Dem zuzustimmen war jedoch Bismarck nicht möglich, da der territoriale Herrschaftsanspruch, der sich aus dieser Bezeichnung herauslesen ließ, den Widerstand der meisten anderen deutschen Fürsten herausgefordert hätte. Aus anderen Gründen schied die Variante «Kaiser der Deutschen» aus, wie sie die Reichsverfassung von 1849 vorgesehen hatte: Diese Fassung klang in den Ohren derer, auf die es ankam, zu demokratisch. Der Titel «Deutscher Kaiser» war die Lösung, die die geringsten Schwierigkeiten bereitete: Sie ließ den König von Preußen als den ersten unter den deutschen Fürsten erscheinen, der er ohnehin war.

Im Norddeutschen Reichstag stimmten nur die sechs Sozialdemokraten und Lassalleaner gegen «Kaiser» und «Reich». Von Sozialisten, unbeirrten Großdeutschen, süddeutschen Partikularisten und altpreußischen Legitimisten abgesehen, boten die beiden Begriffe in der Tat allen etwas. Die Deutschen in den Klein- und Mittelstaaten durften das Gefühl haben, in einem Gemeinwesen zu leben, das mehr war als nur ein Großpreußen. Die Katholiken mochten an das Erbe des alten Reiches denken, die Demokraten an das Vermächtnis von 1848/49. Die Nationalliberalen, von denen nicht wenige dem Kaisertitel seiner mittelalterlichen und großdeutschen Anklänge wegen zunächst abgeneigt waren, setzten darauf, daß die nationale Monarchie der Hohenzollern den deutschen Partikularismus endgültig überwinden werde. Die meisten preußischen Konservativen waren stolz darauf, daß ihr Staat an Macht und Ansehen und ihr Herrscherhaus an Ruhm gewonnen hatte. Daß Preußen je in Deutschland aufgehen könne, erschien ihnen undenkbar.

In seiner letzten Sitzung am 10. Dezember 1870 nahm der Norddeutsche Reichstag nicht nur die Änderungen der Verfassung an, die aus dem «Deutschen Bund» das «Deutsche Reich» und dem Bundespräsidium den «Deutschen Kaiser» machten. Er beschloß auch, abermals gegen nur sechs Stimmen von Sozialdemokraten und Lassalleanern, einen von Eduard Lasker eingebrachten Antrag, in dem König Wilhelm I. gebeten wurde, «durch Annahme der deutschen Kaiserkrone das Einigungswerk zu weihen». Am 18. Dezember 1870 wurde die Kaiserdeputation des Norddeutschen Reichstags von Wilhelm in Versailles empfangen. An der Spitze der Abgeordneten stand der Präsident des Norddeutschen Reichstags, der Nationalliberale Eduard Simson, der schon einmal, am 3. April 1849, damals als Präsident der deutschen Nationalversammlung, einen preußischen König gebeten hatte, die Würde eines deutschen Kaisers anzunehmen.

Anders als im Frühjahr 1849 konnten die Abgeordneten Ende 1870 sicher sein, daß ihre Bitte erfüllt werden würde. Denn schon am 2. Dezember war Wilhelm jener, von Bismarck entworfene Brief König Ludwigs II. von Bayern überreicht worden, in dem dieser den preußischen König fragte, ob er einer gemeinschaftlichen Anregung der deutschen Fürsten entsprechen würde, in Ausübung der Präsidialrechte den Titel eines deutschen Kaisers zu führen. Da der preußische König *diese* Bitte, die von seinesgleichen kam, nicht abgeschlagen hatte, konnte die Antwort auf den Appell der Parlamentarier nur ein Ja sein. Wilhelm I. war eben in einer anderen Situation als einst sein Bruder Friedrich Wilhelm IV.: «Heute macht der ‹Kaiser› die ‹Verfassung›, nicht aber die Verfassung den Kaiser» – der Kommentar der konservativen «Kreuz-Zeitung» traf ins Schwarze.

Zu dem Zeitpunkt, als die Delegation des Norddeutschen Bundes das königliche Jawort erhielt, hatten die süddeutschen Parlamente die Novemberverträge noch nicht ratifiziert. Das geschah erst, mit einer Ausnahme, in den Tagen zwischen dem 21. und dem 29. Dezember 1870. Die Ausnahme war Bayern. In München nahm die erste Kammer am 30. Dezember den Vertrag mit dem Norddeutschen Bund mit großer Mehrheit an. In der zweiten Kammer aber gab es so starken Widerstand, daß es lange fraglich war, ob die erforderliche Zweidrittelmehrheit zustandekommen würde. Das «Bayerische Vaterland», das Organ des extremen Flügels der Patriotenpartei, legte am 13. Januar 1871 dar, was es gegen die Reichsgründung einzuwenden hatte: «Wir wollen nichts wissen von einem ‹deutschen Reich›, das aus Blut geboren, mit Blut gebildet, mit Eisen zusammengezwungen ist – nichts von einem ‹deutschen Kaiser›, dessen Krone von dem Blut unserer Söhne und Enkel trieft ..., dessen Szepter eine Geißel der Völker, dessen Kaisermacht eine endlose Totenliste und gerissene Verträge sind. Was soll uns ein ‹Kaiser›, wenn wir schon einen König haben?» Am 21. Januar mußte sich der bayerische Partikularismus geschlagen geben: Die zweite Kammer nahm den Vertrag an. Er erhielt zwei Stimmen mehr, als für die Ratifizierung notwendig waren.

Das Deutsche Reich war zu dieser Zeit formell bereits drei Wochen alt. Am 1. Januar 1871 waren die Verträge des Norddeutschen Bundes mit Hessen-Darmstadt, Baden und Württemberg in Kraft getreten. Die offizielle Kaiserproklamation erfolgte jedoch erst am 18. Januar 1871 – auf den Tag genau 170 Jahre nach der ersten Krönung eines preußischen Königs in Königsberg. Bei der Zeremonie im Spiegelsaal des Schlosses von Versailles ließen sich die übrigen deutschen Könige durch Prinzen ihres Hauses vertreten. Die deutschen Parlamente traten nicht durch Abgesandte in Erscheinung, wohl aber das Militär. Einer der jungen Offiziere, die der Kaiserproklamation beiwohnten, war der dreiundzwanzigjährige Paul von Benneckendorff und von Hindenburg. Die schwierige, für Wilhelm bis zuletzt peinigende Titelfrage löste Großherzog Friedrich von Baden, indem er sie umging: Er brachte ein Hoch auf «Kaiser Wilhelm» aus.

Die Begeisterung derer, die jahrzehntelang auf die Einheit Deutschlands hingearbeitet hatten, kannte keine Grenzen. Am 27. Januar 1871 – dem Tag, an dem Sonderausgaben der Zeitungen die bevorstehende Kapitulation von Paris meldeten – bekannte sich der damals dreiundfünfzigjährige nationalliberale Bonner Historiker Heinrich von Sybel in einem Brief an den gleichgesinnten, in Karlsruhe lehrenden Historiker Hermann Baumgarten zu seinen Freudentränen. «Wodurch hat man die Gnade Gottes verdient, so große und mächtige Dinge erleben zu dürfen? Und wie wird man nachher leben? Was zwanzig Jahre der Inhalt alles Wünschens und Strebens gewesen, das ist nun in so unendlich herrlicher Weise erfüllt! Woher soll man in meinen Lebensjahren noch einen neuen Inhalt für das weitere Leben nehmen?»[40]

5.

Die Wandlung des Nationalismus 1871–1890

Einer der frühesten Versuche, die Ereignisse von 1870/71 in große historische Zusammenhänge einzuordnen, stammt von Benjamin Disraeli. Der deutsch-französische Krieg, erklärte der Führer der konservativen Opposition am 9. Februar 1871 im britischen Unterhaus, sei kein gewöhnlicher Krieg, wie der preußisch-österreichische Krieg, der italienische Krieg oder der Krimkrieg es gewesen seien. «Dieser Krieg bedeutet die deutsche Revolution, ein größeres politisches Ereignis als die Französische Revolution des vergangenen Jahrhunderts. Ich will nicht sagen, daß es ein größeres oder gleich großes soziales Ereignis sei... Was aber hat sich jetzt ereignet? Das Gleichgewicht der Macht ist völlig zerstört; und das Land, welches am meisten darunter leidet und welches die Wirkungen dieses großen Wechsels am meisten zu spüren bekommt, ist England.»

Wäre 1871 die deutsche Frage im großdeutschen Sinn, also unter Einschluß der deutschsprachigen Gebiete Österreichs, gelöst worden, die Veränderung des europäischen Gleichgewichts wäre noch eine sehr viel radikalere gewesen – so radikal, daß England und Rußland dies schwerlich hingenommen hätten. Mit der «halbhegemonialen Stellung des Bismarckreiches auf dem Festland», von der der Historiker Ludwig Dehio 1951 rückblickend gesprochen hat, konnten sich Großbritannien und das Zarenreich gerade noch abfinden. Das besiegte Frankreich half ihnen wider Willen dabei, weil seine Hauptstadt, während noch deutsche Truppen im Lande standen, sich anschickte, in Gestalt eines Aufstands der «Kommune» der Welt das Beispiel einer vollständigen Umwälzung von Staat und Gesellschaft zu geben. Der Schock, der seit Ende März 1871 von Paris ausging, war ebenso tief wie nachhaltig. Vor dem Hintergrund der roten Revolution der Kommunarden, die erst Ende Mai von französischen Regierungstruppen blutig niedergeschlagen wurde, verlor Bismarcks «deutsche Revolution» rasch ihren Schrecken: Das neugegründete Reich konnte sich Europa als Ordnungsmacht präsentieren.[1]

Den Vergleich zwischen 1871 und 1789 zog zu jener Zeit nicht nur Disraeli. Evangelische Theologen und Publizisten in Deutschland würdigten die militärische Niederlage Frankreichs als die endgültige Niederlage der Prinzipien der Französischen Revolution. «Wenn wir die Kräfte ins Auge fassen, welche in diesem Kriege miteinander gerungen», schrieb Anfang 1871 die «Evangelische Kirchenzeitung», «so stellt er sich dar als ein Sieg der Untertanentreue über die Revolution, der göttlichen Ordnung über die

Anarchie, der sittlichen Mächte über die Zuchtlosigkeit des Fleisches, des Regimentes von oben über das souveräne Volkstum, des Christentums über das moderne Heidentum». Wenig später hieß es im gleichen Blatt: «Frankreichs chronische Krankheit ist die Revolution. Es ist nicht allein selbst durch die blutigsten Revolutionen hindurchgegangen, sondern hat auch das Revolutionsprinzip überall dahin getragen, wo es festen Fuß faßte...»

Während des Krieges hatten evangelische Theologen Paris mit dem sündhaften Babylon verglichen, die Französische Revolution und die beiden Bonapartes in Verkörperungen des Antichrist umgedeutet und das französische Volk als das «satanische unter den Völkern» bezeichnet. Nun sahen sie im deutschen Sieg den Beweis, daß Gott die Hohenzollern seit jeher dazu ausersehen hatte, Großes für Deutschland zu tun. Deutschland wurde dabei wie selbstverständlich mit dem evangelischen Deutschland in eins gesetzt, wobei die Reichsgründung ganz nahe an die Reformation heranrückte. «Die Wege des Höchsten mit unserem Volk ebnen sich, seine Gedanken über uns vollenden sich», schrieb am 7. Januar 1871 die «Neue Evangelische Kirchenzeitung». «Die Epoche der deutschen Geschichte, welche mit dem Jahre 1517 begann, kommt unter Krieg und Kriegsgeschrei zu einem gottgeordneten Abschluß.» «Das heilige evangelische Reich deutscher Nation vollendet sich», jubelte drei Wochen später, nach der Kaiserproklamation in Versailles also, der nachmalige Hofprediger Adolf Stoecker, «... in dem Sinn erkennen wir die Spur Gottes von 1517 bis 1871!» Und am 18. März 1871, auf den Tag genau 23 Jahre nach dem Beginn der Berliner Barrikadenkämpfe von 1848, begrüßte die «Neue Evangelische Kirchenzeitung» Kaiser Wilhelm «als den Anfänger einer neuen Geschichte, als den Gründer des evangelischen Kaisertums deutscher Nation».

Die Formel vom «evangelischen Kaisertum» machte bald Karriere. Bismarck sprach am 6. März 1872 im preußischen Herrenhaus von der Gefährdung des konfessionellen Friedens seit dem «österreichischen Kriege, nachdem die Macht, welche in Deutschland eigentlich den Hort des römischen Einflusses bildete, im Jahre 1866 unterlag und die Zukunft eines evangelischen Kaisertums sich deutlich am Horizont zeigte». Der nationalliberale Parteiführer Rudolf von Bennigsen spann diesen Gedanken fort, als er am 26. Januar 1881 im preußischen Abgeordnetenhaus die «erbitterte Feindschaft» beschwor, «welche in Rom herrscht und geherrscht hat über die Errichtung eines evangelischen Kaisertums» – eine Bemerkung, die dem Redner den korrigierenden Zuruf aus den Reihen des katholischen Zentrums eintrug: «Paritätisches Kaisertum!» Der Reichsgründer beharrte auch noch nach seiner Entlassung auf dem protestantischen Charakter des neuen deutschen Kaisertums. «Ich bin eingeschworen auf die weltliche Leitung eines evangelischen Kaisertums, und diesem hänge ich treu an», erklärte Bismarck am 31. Juli 1892 auf dem Marktplatz zu Jena.[2]

Das Schlagwort vom «evangelischen Kaisertum» sollte nationale Identität stiften, indem es eine doppelte Differenz dramatisierte: den Unterschied zwischen dem alten und dem neuen Reich und den Unterschied zwischen dem Deutschen Reich und Österreich. Da die Berufung auf eine gemeinsame Sprache, Kultur und Geschichte nicht genügte, um den deutschen Nationalstaat zu legitimieren, bedurfte er einer ideellen Begründung, die der preußischen Führung einen auch für nichtpreußische Deutsche nachvollziehbaren Sinn verlieh. Die Berufung auf die Reformation erfüllte diesen Zweck, aber nur für einen Teil der Deutschen. Der Versuch, die politische Hegemonie Preußens durch die kulturelle Hegemonie des Protestantismus zu untermauern, wirkte verbindend und trennend in einem. Die Parole vom «evangelischen Kaisertum» führte auf der einen Seite evangelische Liberale und evangelische Konservative, evangelische Preußen und evangelische Nichtpreußen zusammen. Auf der anderen Seite trieb sie einen Keil zwischen Protestanten und Katholiken und belastete so die Nationsbildung, die sie fördern sollte.

Die Nationsbildung begann nicht mit der Gründung des deutschen Nationalstaats, und sie hörte mit ihr nicht auf. Sie trat vielmehr in ein neues Stadium. Im weiteren Sinn gehörte zum Prozeß der Nationsbildung alles, was den Deutschen ein Bewußtsein von Gemeinsamkeit über die Grenzen des Territorialstaates hinweg vermittelte: obenan Sprache, Kultur, Geschichte. So gesehen hatte die Nationsbildung, was immer nationalliberale Historiker über das Heilige Römische Reich deutscher Nation schreiben und sagen mochten, schon im Mittelalter begonnen. Für die Entstehung einer «kleindeutschen» Nation waren diese Gemeinsamkeiten notwendige, aber noch keine ausreichenden Voraussetzungen. Daß sich aus der deutschen «Kulturnation» eine kleindeutsche «Staatsnation» herausentwickelte, hing aufs engste mit einer anderen «Herausentwicklung» zusammen: derjenigen Österreichs, das seinen Schwerpunkt seit langem nicht mehr in Deutschland, sondern im südöstlichen Mitteleuropa hatte. Das nichtösterreichische Deutschland war, ob die Territorialstaaten überwiegend evangelisch oder katholisch waren, geprägt von der konfessionellen Auseinandersetzung. Österreich hatte sich mit Erfolg vom Protestantismus abgeschottet, eben dadurch aber auch vom übrigen Deutschland abgesondert. Weil dem so war, konnte sich nicht nur das Habsburgerreich mit der Entscheidung von 1866 abfinden, sondern auch jene deutschen Staaten, die damals als Verbündete Österreichs von Preußen besiegt worden waren.

Eine allmähliche Hinwendung zu Preußen ließ sich bei den Liberalen im «dritten Deutschland» bis in den Vormärz zurückverfolgen. Konfessionelle Übereinstimmung spielte dabei ebenso eine Rolle wie wirtschaftliches Interesse. Der Deutsche Zollverein nahm auf handelspolitischem Gebiet die kleindeutsche Lösung vorweg, ohne sie unausweichlich zu machen. Die Revolution von 1848/49 verhalf vielen, aber noch längst nicht allen, die Deutschland einigen wollten, zu der Erkenntnis, daß das Habsburgerreich einem deutschen Nationalstaat nicht zu einem Teil beitreten konnte, ohne sich selbst als ganzes preiszugeben. Österreich tat vor wie nach 1848 alles, was in seinen Kräften stand, um die deutsche Nationalbewegung von seinen Grenzen fernzuhalten. Nachdem die Würfel auf dem Schlachtfeld von Königgrätz gefallen waren, gab es, vor allem südlich des Mains, zwar noch viel volkstümlichen Widerstand gegen einen preußisch geführten deutschen Nationalstaat, aber keine realistische Alternative mehr zu diesem Ziel.

Bismarck dachte nicht daran (und das unterschied ihn von den Nationalliberalen), dem einzelstaatlichen Patriotismus außerhalb Preußens einen frontalen Kampf anzusagen. «Deutscher Patriotismus bedarf in der Regel, um tätig und wirksam zu werden, der Vermittlung dynastischer Anhänglichkeit», heißt es im berühmtesten Kapitel seiner Memoiren, das den Titel «Dynastien und Stämme» trägt. Nach dieser Einsicht handelte er, als er dem Reich eine bundesstaatliche Ordnung gab. Seine Erwartung, daß der Krieg mit Frankreich das deutsche Nationalgefühl festigen würde, erfüllte sich. Aus der ersten Reichstagswahl im März 1871 gingen die Nationalliberalen mit 30 % als die mit Abstand stärkste Partei hervor. In Bayern erhielten die liberalen Parteien zusammen, in Württemberg und Baden die Nationalliberalen allein absolute Mehrheiten. Ein Absterben des einzelstaatlichen Bewußtseins ließ sich aus dem Wahlergebnis nicht herauslesen, wohl aber eine breite Zustimmung zur Gründung des Deutschen Reiches.

Seine stärkste Bastion hatte der einzelstaatliche Patriotismus nach wie vor in Preußen. Dort schnitt bei den ersten Reichstagswahlen die Konservative Partei (mit 20,8 %) nur unwesentlich schlechter ab als die Nationalliberalen (23,3 %) und sehr viel besser als die betont reichsfreundlichen Freikonservativen. Für die Konservativen war die Einigung Deutschlands vorrangig das Werk Preußens und nicht das der nationalen Bewegung. Daraus folgte, daß Deutschland allen Grund hatte, preußischer, also soldatischer zu werden, von Preußen aber umgekehrt nicht verlangen durfte, es möge nun deutscher, also bürgerlicher werden. Dieses Credo ließ sich offensiv oder defensiv formulieren. Hans von Kleist-Retzow wählte die zweite Möglichkeit, als er am 21. Dezember 1870 im Herrenhaus erklärte: «Wie wir den anderen deutschen Stämmen ihre Eigentümlichkeiten gönnen und pflegen wollen, so wollen wir unsere preußischen Eigentümlichkeiten bewahren, unsere alte, zähe norddeutsche Art. Wir wollen in dem deutschen Reiche nicht aufgehen, sondern in ihm Preußen bleiben, ihm unsere davon unzertrennlichen Gaben und Kräfte zubringen.»

Die konservativen evangelischen Pfarrer, fast durchweg «Bürgerliche», waren den zumeist adligen Politikern der Konservativen Partei um einiges voraus, als sie 1871 die Sache Preußens mit der Sache Deutschlands gleichsetzten und in der Geschichte seit 1415 – dem Jahr, in dem Kaiser Sigismund dem Nürnberger Burggrafen Friedrich von Hohenzollern die Mark Brandenburg übertragen hatte – gleichermaßen eine deutsche Mission Preußens und die Spur Gottes erkannten. Die Konservative Partei gab sich erst seit

1876, als sie sich unter dem Eindruck schwerer Wahlniederlagen in «Deutschkonservative Partei» umbenannte und gesamtdeutsch zu organisieren begann, ein bewußt nationales Profil. Für klarsichtige Nationalliberale aber konnte es schon 1871 keinen Zweifel mehr geben, daß ihr Monopol auf die nationale Parole bedroht war.

Bis zur Reichsgründung hatte «national sein» bedeutet, gegen das dynastische Prinzip des Partikularstaates und für das bürgerliche Prinzip des Nationalstaats einzutreten. So gesehen waren national und liberal, Einheit und Freiheit geradezu Zwillingsbegriffe gewesen. Doch nachdem Preußen, der größte Partikularstaat, sich unter der begeisterten Zustimmung der Nationalliberalen an die Spitze der nationalen Bewegung und zugleich an die Spitze der deutschen Staaten gestellt und Deutschland geeinigt hatte, gab es eine konservative Konkurrenz zum liberalen Alleinvertretungsanspruch in Sachen Nation. Was wir heute als «Reichsnationalismus» bezeichnen, hatte 1871 noch keine klaren Konturen. Nur das war schon damals gewiß, daß mit der Gründung des Deutschen Reiches ein Kampf um die richtige Deutung dessen begonnen hatte, was fortan als «national» gelten durfte.[3]

Liberale und Konservative waren nicht die einzigen, die sich an diesem Streit beteiligten. Die deutschen Katholiken, von denen viele bei der ersten Reichstagswahl eine der liberalen Parteien und nicht die 1870 neugegründete katholische Zentrumspartei wählten, waren durch die evangelische Lesart des deutsch-französischen Krieges und der Reichsgründung auf geradezu existentielle Weise herausgefordert. *Eine* der katholischen Lesarten war ihrerseits eine scharfe Herausforderung an die Protestanten. In seinem Neujahrsartikel für das erste Heft der «Historisch-politischen Blätter für das katholische Deutschland» im Jahr 1871 wandelte Edmund Jörg die mittelalterliche Lehre von der «translatio imperii» in dem Sinn ab, daß er eine Übertragung der Kaiserkrone von Napoleon III. auf Wilhelm I. zumindest andeutete, um den illegitimen, aus der «Politik des revolutionären Nationalismus» geborenen Charakter des neuen Reiches zu belegen.

«Wenn wir demnächst ein deutsches Reich haben werden», schrieb Jörg, «mit anderen Worten, wenn Preußen demnächst alle Länder des ehemaligen Bundes, mit vorläufiger Ausnahme der deutsch-österreichischen, als Provinz regieren wird, dann kann der Napoleonide, wenn er will, sich rühmen, daß Er der wirkliche Schöpfer oder Anfänger dieses deutschen Reiches sei, dessen Krone vor dem belagerten Paris, in Versailles angeboten und angenommen worden ist. Ohne seinen nationalliberalen Feldzug gegen Österreich im Jahre 1859 wäre kein preußisch-französischer Handelsvertrag, aber auch kein Graf Bismarck möglich gewesen; ohne seine Perfidie im deutsch-dänischen Streit wäre damals nicht der bundesbrüchige Krieg von 1866 durch Preußen vorbereitet worden; ohne den italienischen Bundesgenossen wäre es Preußen nicht so leicht geworden, auf den böhmischen

Feldern zu siegen; und wäre Österreich nicht aus Deutschland hinausgeworfen worden, dann hätte ein deutscher Krieg mit Frankreich dem ermüdeten Weltteil wirklichen Frieden gebracht, jedenfalls nicht das kleindeutsche Kaiserreich zur Folge gehabt.»

Jörg, einer der Wortführer der bayerischen Patriotenpartei, sprach nur für eine kleine Minderheit der deutschen Katholiken. Die meisten seiner Glaubensgenossen verhielten sich während des Krieges mit Frankreich nicht weniger «national» als die Protestanten; sie freuten sich über die Annexion von Elsaß und Lothringen, über die Gründung des Deutschen Reiches und die Kaiserproklamation. Doch die Parolen vom Sieg des Protestantismus und vom evangelischen Kaisertum waren nicht zu überhören. Sie gaben jenen Kräften im deutschen Katholizismus Auftrieb, die auf einen festeren parteipolitischen Zusammenschluß drängten. Der Mainzer Bischof Wilhelm Emanuel von Ketteler, der sich nach dem deutschen Krieg von 1866 als erster Kirchenführer auf den Boden der kleindeutschen Lösung gestellt hatte und 1870 aktiv an der Gründung der Zentrumspartei beteiligt war, rechtfertigte die Notwendigkeit der Sammlung 1873 mit einem Hinweis auf die Verschiebung der konfessionellen Gewichte: «Wenn wir im öffentlichen Leben ohne Macht und Einfluß dastehen, haben wir von unseren Gegnern alles zu befürchten, und zwar um so mehr, als wir mit dem Ausscheiden Österreichs aus dem Deutschen Reiche zehn Millionen Katholiken verloren haben und jetzt nurmehr ein Drittel der Gesamtbevölkerung ausmachen, während wir früher mehr als die Hälfte bildeten.»

Im Jahr darauf, im August 1874, untersagte Ketteler in einem Erlaß an die Geistlichen seiner Diözese jede kirchliche Mitwirkung an den Sedanfeiern – jenen von Friedrich von Bodelschwingh angeregten Veranstaltungen zum Gedenken an den deutschen Sieg in der Schlacht von Sedan am 2. September 1870, die von katholischen Zeitungen mittlerweile als «St. Sedan» und «Satanfeier» verspottet wurden. Die Feiern, erläuterte Ketteler, gingen nicht vom deutschen Volk, sondern hauptsächlich von einer Partei aus – womit die Nationalliberalen, die Hauptgegner der katholischen Kirche und des politischen Katholizismus im Kulturkampf, gemeint waren. Diese Partei, die sich fälschlich als Vertreterin des deutschen Volkes gebärde, sei dieselbe, die gegenwärtig an der Spitze des Kampfes gegen das Christentum und die katholische Kirche stehe. «Wenn sie daher mit besonderem Ungestüm die Beteiligung der Religion bei der Sedanfeier fordert, während sie sich sonst wenig um die Religion kümmert, so tut sie das selbstverständlich wieder nicht aus Religion. Sie feiert in der Sedanfeier nicht so sehr den Sieg des deutschen Volkes über Frankreich als die Siege ihrer Partei über die katholische Kirche.»[4]

Einem weit schärferen Druck als die kirchentreuen Katholiken waren nach 1871 die deutschen Sozialdemokraten ausgesetzt. Nachdem der Parteiausschuß der Sozialdemokratischen Arbeiterpartei am 5. September 1870 die deutschen Arbeiter zu Kundgebungen gegen die Einverleibung von Elsaß und Lothringen aufgerufen hatte, wurden die Mitglieder dieses Gremiums, soweit sie nicht den Schutz der parlamentarischen Immunität genossen, festgenommen und in Festungshaft überführt. Am 28. November stimmten die vier Abgeordneten der Sozialdemokraten und die vier Lassalleaner im Norddeutschen Reichstag gegen weitere Kriegskredite. Am 17. Dezember, nach der Schließung des Reichstags, wurden August Bebel und Wilhelm Liebknecht wegen Versuchs und Vorbereitung des Hochverrats verhaftet. Die Haftentlassung erfolgte am 28. März 1871, nachdem Bebel, als einer von zwei Sozialdemokraten, in den Deutschen Reichstag gewählt worden war. Im Reichstag sprach Bebel am 25. Mai gegen die Annexion von Elsaß-Lothringen und bekannte sich zur Pariser Kommune. Sein Wort, «daß der Kampf in Paris nur ein kleines Vorpostengefecht ist, daß die Hauptsache in Europa uns noch bevorsteht», klang nicht nur wie eine Drohung. Es war auch so gemeint.

Der Hochverratsprozeß gegen Bebel und Liebknecht vor dem Schwurgericht in Leipzig im März 1872 endete mit Schuldsprüchen: Beide Parteiführer wurden wegen Vorbereitung zum Hochverrat zu zwei Jahren Festungshaft verurteilt. Gegen Bebel verhängte das Leipziger Bezirksgericht zusätzlich im Juli 1872 noch eine Strafe von neun Monaten Gefängnis wegen Majestätsbeleidigung. Die Urteile entsprachen dem Bild, das sich das Bürgertum von der Sozialdemokratie machte. Im Oktober 1871 hatte der evangelische Theologe Johann Hinrich Wichern die herrschende Meinung in dem Verdikt zusammengefaßt, der Kampf gegen Frankreich sei nur eine «Vorstufe» des noch schwierigeren Kampfes mit dem Geist der Unwahrheit und des Irrtums, verkörpert in der internationalen Sozialdemokratie, im Innern des neuen Reiches. So wie sieben Jahre zuvor manche preußischen Konservativen nach dem Sieg über Dänemark den Kampf gegen das «innere Düppel» gefordert hatten, so wollten jetzt viele Deutsche das innere Frankreich, sei es in Gestalt des Katholizismus oder der Sozialdemokratie, niederkämpfen.

Bebel machte es den Gegnern der sozialdemokratischen Arbeiterbewegung freilich leicht, ein Zerrbild seiner Partei zu zeichnen. Als er sich ohne Vorbehalt mit der Kommune solidarisch erklärte, folgte er der ganz und gar unkritischen Bewertung, die Marx in seiner Schrift «Der Bürgerkrieg in Frankreich», formell einer «Adresse des Generalrats der Internationalen Arbeiter-Assoziation», den Pariser Ereignissen hatte zuteil werden lassen – einer Bewertung, die Engels zwei Jahrzehnte später im Vorwort zur dritten deutschen Auflage der Schrift in dem Ausruf zusammenfaßte: «Seht euch die Pariser Kommune an. Das war die Diktatur des Proletariats.» Stellt man die putschartigen Züge des Aufstands, die Gewaltexzesse *auch* auf Seiten der Kommunarden, die Aufhebung der überlieferten Trennung zwischen gesetzgebender, vollziehender und rechtsprechender Gewalt, das krasse Mißverhältnis zwischen Anspruch und Wirklichkeit dieser angeblich höheren Form von Demokratie in Rechnung, erscheint auch im nachhinein verständlich, daß Europa im Frühjahr 1871 überwiegend mit Angst und Schrecken auf Paris blickte. Die deutschen Sozialdemokraten hatten mit den Kommunarden wenig gemein. Doch Bebel erweckte den Eindruck, als sei seine Partei auf dem besten Weg, das französische Vorbild in den Schatten zu stellen. Er rief damit Wirkungen hervor, die er nicht wollen konnte und im Interesse der deutschen Arbeiterbewegung besser vermieden hätte.[5]

Mit ihrem Protest gegen die Annexion von Elsaß-Lothringen standen die Sozialdemokraten im Deutschland der Reichsgründungszeit nahezu allein da. Der einzige namhafte bürgerliche Demokrat, der sich im September 1870 öffentlich gegen diese Mißachtung des Selbstbestimmungsrechts aussprach und daraufhin in Festungshaft genommen wurde, der Königsberger Johann Jacoby, trat im April 1872, kurz nach der Verkündung des Urteils im Leipziger Hochverratsprozeß gegen Bebel und Liebknecht, der Sozialdemokratischen Arbeiterpartei bei. Für die Haltung des liberalen Bürgertums sehr viel typischer war die Position, die David Friedrich Strauß, der aus Ludwigsburg stammende Religionswissenschaftler und Begründer der historischen Leben-Jesu-Forschung, 1870/71 in einem offenen Briefwechsel mit seinem nicht minder berühmten Pariser Kollegen Ernest Renan bezog. Strauß wollte die «deutschen Provinzen» Elsaß und Lothringen vor allem aus Gründen der Sicherheit zurückgewinnen. Wir Deutschen, schrieb er am 29. September 1870, müßten «die größten Toren sein, wenn wir, was unser war und was zu unserer Sicherung nötig ist (doch auch nicht weiter, als dazu nötig ist) nicht wieder an uns nehmen wollten».

Renan, der im deutsch-französischen Krieg nach eigenem Bekenntnis das größte Unglück sah, das der Zivilisation zustoßen konnte, antwortete Strauß am 15. September 1871 – fast ein Jahr später also. «Das Elsaß ist von der Sprache und der Rasse her deutsch; aber es will nicht Teil des deutschen Staates sein; das entscheidet die Frage ... Unsere Politik ist die Politik des Rechts der Nationen; Ihre ist die Politik der Rassen; wir glauben, daß unsere besser ist. Die zu sehr betonte Einteilung der Menschheit in Rassen, kann, abgesehen davon, daß sie auf einem wissenschaftlichen Irrtum beruht, weil nur sehr wenige Länder eine wirklich reine Rasse besitzen, nur zu Vernichtungskriegen führen, zu ‹zoologischen› Kriegen ... Das wäre das Ende dieses fruchtbaren Gemischs, das aus so zahlreichen und allesamt notwendigen Elementen zusammengesetzt ist und das man Menschheit nennt. Sie haben in der Welt die Fahne der ethnographischen und archäologischen Politik anstelle der liberalen Politik erhoben; diese Politik wird Ihnen zum Verhängnis werden ... Wie können Sie glauben, daß die Slawen nicht dasselbe tun, was Sie mit den anderen gemacht haben, sie, die in allem Ihnen nachfolgen?»

Die Stimme aus Paris war die Stimme der Vernunft. Für Renan war die Nation eine Willensgemeinschaft oder, wie er es 1882 in einem Vortrag an der Sorbonne ausdrückte, «ein Plebiszit, das sich jeden Tag wiederholt» («un plébiscite de tous les jours»). Im kaiserlichen Deutschland fand dieser politische, an die subjektive Entscheidung der Einzelnen appellierende Begriff von Nation keinen Widerhall. Seit jeher waren, schon weil es einen gemeinsamen deutschen Staat bis 1871 nicht gab, Sprache, Abstammung und Kultur, scheinbar objektive Gegebenheiten mithin, für die deutsche Vorstellung von Nation grundlegend gewesen. Seit der Reichsgründung war der lang ersehnte Nationalstaat zwar ins Reich der Wirklichkeit eingetreten. Aber von der freien Willensentscheidung seiner Bürger konnte er die Zugehörigkeit zur deutschen Nation nicht abhängig machen, weil sich sonst die Elsässer und Lothringer im Westen, die Polen im Osten und die Dänen im Norden von ihm losgesagt hätten. Auf der anderen Seite gab es die Millionen deutschsprechender Österreicher in der Habsburgermonarchie, die von den ehemaligen Großdeutschen, ob sie Katholiken oder Sozialdemokraten waren, nach wie vor als Teil der deutschen Nation betrachtet wurden – mit der Folge, daß das neue Deutsche Reich aus dieser Sicht einen «unvollendeten Nationalstaat» bildete.

Für die kleindeutschen Protestanten grenzte diese Betrachtungsweise bereits an geistigen Landesverrat. Daß sie das Reich von 1871 aus der evangelischen Tradition zu begründen strebten, entsprang einer Verlegenheit: Da sich die deutsche Nation weder als Sprach- noch als Willensgemeinschaft definieren ließ, lag es nahe, nach einer anderen Ebene von deutscher Reichsidentität zu suchen. Die Nationalliberalen und die nationalen Konservativen glaubten diese Ebene gefunden zu haben: Es war die Vorherrschaft des protestantischen Prinzips in Kultur, Gesellschaft und Staat. In dieser Prägung des Reichsnationalismus war von Anfang an beides angelegt: die weitere Säkularisierung des deutschen Protestantismus, die ihn ideologisch vielfältig verwendbar machte, *und* die verstärkte Theologisierung des deutschen Nationalismus, die ihn vom rein weltlichen Nationalismus Frankreichs abhob.

Eine «Großmacht ohne Staatsidee» hat der Philosoph und Soziologe Helmuth Plessner in einem 1935 erschienenen, während seiner Emigration geschriebenen Buch das Bismarckreich genannt. Er erörterte darin die politische Verspätung Deutschlands: Als es zum Nationalstaat wurde, war die Zeit der großen weltbürgerlichen Ideen bereits abgelaufen. Frankreich hatte 1789 die revolutionäre Umgründung seines Nationalstaats noch mit dem Anspruch auf die universale Geltung von «Freiheit, Gleichheit, Brüderlichkeit» verbinden können. Bismarcks «Revolution von oben» brachte einen Machtstaat hervor, der sich nicht mehr auf übergreifende Ideen berufen konnte. Deutsche Pastoren, Professoren und Publizisten spürten den ideellen Mangel. Doch was immer sie taten, um ihn zu beheben: das Ergebnis konnte nur kompensatorischen Charakter haben.

Die Kompensation aber hatte ihrerseits bereits Tradition: Für die frühen deutschen Nationalisten nach 1800 war die geistige Weltherrschaft der Ausgleich der politischen Ohnmacht Deutschlands gewesen. Die Revolutionäre wider Willen in der Frankfurter Paulskirche hatten in Gedanken ein deutsch beherrschtes Mitteleuropa geschaffen, ehe sie mit dem bescheideneren Vorhaben eines kleindeutschen Nationalstaats an der Wirklichkeit von zwei deutschen Großmächten scheiterten. Die späteren Nationalliberalen waren während des preußischen Verfassungskonflikts immer mehr dazu übergegangen, in einer äußeren Vergrößerung des Hohenzollernstaates die Vorbedingung einer freiheitlichen Politik im Innern zu sehen.

Das Denken in machtstaatlichen Kategorien als Ausgleich innenpolitischer Ohnmacht: das liberale Deutschland war auf diesem Weg vor 1871 so weit vorangeschritten, daß es ihm schwerfallen mußte, sich davon abzuwenden, nachdem der Machtstaat in Gestalt des Deutschen Reiches Realität geworden war. Nach außen hatte der Liberalismus sein nationales Ziel mit der Reichsgründung erreicht. Nach innen war das liberale Programm dagegen noch weithin unerfüllt. Da es an Gegnern nicht mangelte, war die große Frage die, ob das machtstaatliche Denken sich nun ein Betätigungsfeld innerhalb des Nationalstaats suchen würde.[6]

Als das Deutsche Reich gegründet wurde, hatten die Auseinandersetzungen zwischen Staat und Kirche, die wir seit Rudolf Virchows Rede im preußischen Abgeordnetenhaus am 17. Januar 1873 unter dem Begriff «Kulturkampf» zusammenfassen, längst begonnen. In Deutschland waren es zwei überwiegend katholische Staaten, Baden und Bayern, die in den sechziger Jahren als erste über Fragen der Schulreform in einen langwierigen und heftigen Konflikt mit der katholischen Geistlichkeit gerieten. Auch außerhalb Deutschlands tobten in der zweiten Hälfte des 19. Jahrhunderts solche Kämpfe, und nicht zufällig waren es auch hier wieder mehrheitlich katholische Länder, Italien und Frankreich obenan, wo der Streit um die Grenzen zwischen dem staatlichen und dem kirchlichen Bereich besonders scharfe Formen annahm.

Die Auseinandersetzung als solche war unausweichlich, die Art, wie sie ausgetragen wurde, hingegen nicht. Aus der Sicht der katholischen Kirche war der Liberalismus als Erbe der Aufklärung und Verkörperung der Moderne der Angreifer, weil er kirchliche Besitzstände wie die geistliche Schulaufsicht abschaffen wollte. Für die Liberalen im weitesten Sinn, ob sie Katholiken, Protestanten, Juden, Agnostiker oder Atheisten waren, ging die Herausforderung vom Papsttum aus, das die Gegenwart im Geist des Mittelalters bekriegte. Als das erste Vatikanische Konzil im Jahr 1870 das Dogma der Infallibilität beschloß, schien es diesen Eindruck bestätigen zu wollen: Mit Vernunftgründen war dem Machtanspruch der katholischen Kirche offenbar nicht beizukommen.

Mittelbar trug Deutschland entscheidend dazu bei, daß die weltliche Herrschaft des Papstes wenige Monate später beendet wurde: Das Königreich Italien konnte sich den Kirchenstaat im Oktober 1870 nur einverleiben, weil die Deutschen zuvor dessen Protektor, Napoleon III., geschlagen und dadurch seinen Sturz bewirkt hatten. Zwar bestätigte ein italienisches

Garantiegesetz vom Mai 1871 dem Papst die Vorrechte eines Souveräns sowie den Besitz des Petersdoms, des Vatikan- und des Lateranpalastes, doch Pius IX. wies dieses Zugeständnis zurück und entschied sich für den Zustand der «vatikanischen Gefangenschaft», die fast sechs Jahrzehnte, bis zu den Lateranverträgen mit dem faschistischen Italien im Februar 1929, währen sollte.

Die Wiederherstellung der weltlichen Herrschaft des Papstes war die erste politische Forderung, die die Zentrumspartei nach der Reichsgründung erhob. Am 18. Februar 1871 empfing Bismarck im preußischen Hauptquartier zu Versailles aus den Händen des Bischofs von Ketteler eine Petition von 56 katholischen Mitgliedern des preußischen Abgeordnetenhauses, in der Kaiser Wilhelm gebeten wurde, alles zu tun, damit der Papst wieder Herr des Kirchenstaates werden konnte. Wäre der Reichskanzler darauf eingegangen, hätte dies den Bruch mit Italien und höchstwahrscheinlich Krieg bedeutet – ein Ansinnen, das Bismarck empörte.

Die nächste Herausforderung des Zentrums war ein Antrag der Reichstagsfraktion vom 27. März 1871, in die Reichsverfassung nach preußischem Vorbild Grundrechtsartikel aufzunehmen, darunter solche, die die Freiheit der Religionsausübung und das Recht der kirchlichen Selbstverwaltung sicherten. Der Kanzler, einige Tage zuvor wegen seiner Verdienste um die Gründung des Reiches vom Kaiser in den Fürstenstand erhoben, sah im Vorstoß des Zentrums einen Angriff auf die Kulturhoheit der Einzelstaaten. Die Mehrheit des Reichstags dachte ihrerseits nicht daran, kirchliche Belange zu fördern, und lehnte den Antrag ab. Der Gesamtentwurf der Reichsverfassung, den Bismarck dem Reichstag am 23. März vorgelegt hatte, war eine in nur ganz wenigen Punkten aktualisierte Version der Verfassung des Norddeutschen Bundes. Am 14. April 1871 nahm das Plenum die Vorlage mit großer Mehrheit gegen nur sieben Stimmen, nämlich die der beiden Sozialdemokraten, von vier Welfen und einem Dänen, an. Das Zentrum stimmte, trotz der Ablehnung seines Grundrechtsantrags, mit Ja.

Für ihn sei der Beginn des Kulturkampfes überwiegend durch dessen polnische Seite bestimmt gewesen, hat Bismarck in den «Gedanken und Erinnerungen» bekannt. Er verdächtigte die «katholische Abteilung» im preußischen Kultusministerium, über den katholischen Klerus die polnische Nationalbewegung in Posen und Westpreußen zu fördern, und setzte im Juli 1871 die Auflösung der Abteilung durch. Vom Vorwurf, die katholische Kirche unterstütze die polnische Sache, war es nur ein Schritt zu der Behauptung, das Zentrum sei auch mit anderen «Reichsfeinden» wie den Welfen, Elsässern und Lothringern verbunden, also selbst «reichsfeindlich» eingestellt. Bismarck empfand die Haltung des Zentrums und der katholischen Geistlichkeit als Herausforderung, auf die er mit Maßnahmen zur Festigung von Staatsautorität und Reichseinheit antworten mußte. Daß die Mehrheit der altpreußischen Konservativen eine scharf laizistische Politik, die in gewissem Umfang auch die evangelische Kirche in Mitleidenschaft zog, nicht mittragen wollte und deswegen mit ihm brach, nahm der Reichskanzler in Kauf. Er konnte sich beim Kulturkampf auf eine Mehrheit aus der abgespaltenen Minderheit der Konservativen, den Freikonservativen, den Nationalliberalen, dem Gros der Fortschrittspartei und der neugegründeten, freilich nur kurzlebigen Liberalen Reichspartei verlassen, deren Reichstagsfraktion zu etwa gleichen Teilen aus föderalistischen Protestanten und liberalen Katholiken bestand – unter den letzteren der frühere badische Außenminister Freiherr von Roggenbach und der ehemalige bayerische Ministerpräsident Fürst Chlodwig von Hohenlohe-Schillingsfürst.

Auf eine bayerische Initiative ging das erste Kulturkampfgesetz, der «Kanzelparagraph» vom Dezember 1871, zurück. Durch diese Ergänzung des Strafgesetzbuchs wurde es Pfarrern untersagt, in Ausübung ihres Amtes staatliche Angelegenheiten in einer den öffentlichen Frieden gefährdenden Weise zu behandeln. Im März 1872 folgte das preußische Schulaufsichtsgesetz. Es beseitigte die geistliche Orts- und Kreisschulinspektion und unterstellte alle privaten Schulen der staatlichen Aufsicht. Vier Monate später, im Juli 1872, verabschiedete der Reichstag das Jesuitengesetz, das alle Niederlassungen der Societas Jesu im Deutschen Reich verbot und den Mitgliedern des Ordens Aufenthaltsbeschränkungen auferlegte. Vorausgegangen waren Kampagnen der Altkatholiken und des 1863 gegründeten Deutschen Protestantenvereins, die sich in der Schärfe ihrer Angriffe auf die Jesuiten gegenseitig zu überbieten suchten. Die Verletzung liberaler Grundsätze war eklatant, doch nur wenige entschiedene Liberale wie Bamberger und Lasker stimmten gegen das Gesetz. Die liberale Öffentlichkeit wähnte sich vielmehr wie nie zuvor eins mit Bismarck, der am 14. Mai 1872 im Reichstag das stürmisch umjubelte Versprechen abgegeben hatte: «Nach Canossa gehen wir nicht – weder körperlich noch geistig!»

Zum nächsten Schlag holte Preußen im Frühjahr 1873 aus. Gestützt auf eine Änderung der Verfassung, machte eines der sogenannten «Maigesetze» die Übernahme eines geistlichen Amtes vom Reifezeugnis eines deutschen Gymnasiums und einem «Kulturexamen» in den Gebieten Philosophie, Geschichte und deutsche Literatur abhängig. Ein anderes Gesetz schuf einen königlichen Gerichtshof für kirchliche Angelegenheiten als Berufungsinstanz gegen Disziplinarentscheidungen kirchlicher Behörden. Im März verabschiedete das preußische Abgeordnetenhaus ein Gesetz, das in erweiterter Form im Februar 1875 vom Reich übernommen wurde und als einziges Kulturkampfgesetz noch heute gilt: das Gesetz über die obligatorische Zivilehe. Es legte fest, daß die Beurkundung des Personenstandes, also von Geburt, Heirat und Todesfall, von den Kirchen auf die neugeschaffenen Standesämter überging.

Ein reines Repressionsinstrument war dagegen das Expatriierungsgesetz des Reiches vom Mai 1874. Es gestattete, die wichtigsten Grundsätze von Rechtsstaatlichkeit mißachtend, den Regierungen, Geistliche auf einen bestimmten Aufenthaltsort zu beschränken, sie auszubürgern und aus dem

Reichsgebiet zu verweisen. Im gleichen Monat erging ein preußisches Gesetz, das den Kultusminister ermächtigte, Bistümer, die infolge staatlicher Maßnahmen vakant geworden waren, kommissarisch verwalten zu lassen. Dem Gegner die materiellen Grundlagen seiner Existenz zu entziehen war der Zweck von zwei preußischen Gesetzen vom Frühjahr 1875. Das «Brotkorbgesetz» vom April sperrte alle staatlichen Geldzuweisungen an die katholische Kirche. Im Mai wurden auf der Grundlage des «Klostergesetzes» die Niederlassungen aller Orden aufgelöst, soweit sie sich nicht ausschließlich mit der Krankenpflege befaßten. Eine Art Schlußstein bildete die Aufhebung der Religionsartikel der preußischen Verfassung im Juni 1875 – ein widerwilliges Eingeständnis von Parlament und Regierung, daß die Verfassungsmäßigkeit der bisherigen Kulturkampfgesetze durchaus nicht über jeden Zweifel erhaben war.[7]

«Deutschland hat den Kampf gegen die schwarze Schar der vaterlandslosen Römlinge aufgenommen, wohl wissend, daß dieser Kampf schwerer und langwieriger sein würde als der gegen den Erbfeind jenseits des Rheins»: Die nationalliberale Berliner «National-Zeitung» mußte, als sie ihren Leitartikel vom 21. Oktober 1876 in diesem Satz gipfeln ließ, keinen Widerspruch ihrer Leser befürchten. Knapp ein Jahr später, in einem Artikel zum «Sedantag» 1877, verglich das nationalliberale Blatt Katholiken und Sozialdemokraten: «Die Hauptfeinde unseres Reiches, die Ultramontanen und die Sozialisten, bedrohen nicht uns allein; sie sind, überall auf dem Erdboden, die Gegner der bestehenden bürgerlichen Ordnung. Die Kirche wie der Sozialismus greifen nicht sowohl einen besonderen Staat, eine besondere Verfassung, als vielmehr die Grundlage eines jeden Staates und jeder Gesellschaft an.»

Die Nationalliberalen bekämpften im politischen Katholizismus eine Kraft, die ihnen den Anspruch streitig machte, *die* große Volkspartei zu sein. Wenn sie, die Nationalliberalen, ihre Schlüsselstellung als wichtigste Stütze des Reichskanzlers behalten wollten, mußten sie alles tun, um eine längerfristig durchaus denkbare Alternative zu verhindern: eine Mehrheit aus Konservativen und Katholiken. Der Versuch, das Zentrum um die nationale Glaubwürdigkeit zu bringen, war so gesehen Ausfluß einer Politik des Machterhalts. Doch die Mittel, die die Nationalliberalen in diesem Kampf anwandten oder guthießen, waren für sie selber in hohem Maß gefährlich: Sie erschütterten die liberale Glaubwürdigkeit des Nationalliberalismus.

Die Wirkung der Kulturkampfgesetze war eine ganz andere als die, die Bismarck und die ihn stützenden Parteien erwartet hatten. Zwar waren in Preußen Mitte der siebziger Jahre viele katholische Pfarreien vakant und die meisten preußischen Bischöfe in Strafhaft genommen, abgesetzt oder ausgewiesen. Aber ein «Erfolg» für Regierung und Parlamentsmehrheit war das nicht. Denn die Gläubigen hielten zu den verfolgten Geistlichen und strömten nun vermehrt dem Zentrum zu, das bei der Reichstagswahl von 1874 doppelt so viele Stimmen erhielt wie 1871. Bei den städtischen und ländlichen Unterschichten war der Erfolg der katholischen Partei allerdings sehr viel größer als beim gebildeten und besitzenden Bürgertum, das vielerorts, etwa in Köln und Bonn, weiterhin liberale Kandidaten denen des Zentrums vorzog.

Der Klerus förderte diese Entwicklung durch die Pflege einer Volksfrömmigkeit, die den Zusammenhalt der Katholiken festigen sollte, die aber Frauen sehr viel mehr ansprach als Männer und die Gebildeten abstieß. Der Kulturkampf trug also dazu bei, die antiintellektuellen Züge des Katholizismus zu verschärfen und die geistige Kluft zwischen Katholiken und Protestanten zu vertiefen. Und selbst als die meisten Kulturkampfgesetze längst abgemildert oder zurückgenommen waren, wirkte der Stachel noch nach, den die Verfemung und Unterdrückung bei vielen deutschen Katholiken hinterlassen hatte: Sie waren der nationalen Unzuverlässigkeit, ja der Reichsfeindschaft geziehen worden, und sie konnten sich keiner Täuschung darüber hingeben, daß Vorurteile zählebiger waren als Paragraphen.[8]

Am 9. Mai 1873 brach in Wien die Börse zusammen. Der «große Krach» kam einem Erdbeben gleich, das Europa erschütterte. Besonders stark waren die Auswirkungen in Deutschland, wo die französische Kriegsentschädigung von 5 Milliarden Francs eine Sonderkonjunktur angeheizt hatte. In den Jahren von 1871 bis 1873 waren Aktiengesellschaften, Aktienbanken, Eisenbahngesellschaften, Bau- und Montanunternehmen in großer Zahl neugegründet worden, und das, wie sich seit dem Sommer 1873 zeigte, vielfach auf einer rein spekulativen, also höchst unsoliden finanziellen Grundlage. Die zahlreichen Firmen- und Bankenzusammenbrüche ließen den durchschnittlichen Aktienkurs drastisch sinken; Ende des Jahres 1874 lag er bei etwas mehr als der Hälfte des Standes von Ende 1872; der Tiefpunkt der Baisse wurde aber erst 1878/79 erreicht. Der Gründerboom erschien zunehmend als «Gründerschwindel», und was der «große Krach» an längerfristigen konjunkturellen Folgen zeitigte, wurde schon von manchen Zeitgenossen als «Große Depression» empfunden.

Die sozialpsychologischen Folgen des Börsenkrachs hat der Historiker Hans Rosenberg prägnant zusammengefaßt. Er spricht von einem «recht weitgehenden Klimaumschlag in der Bewußtseinslage und den Reaktionsweisen», der die siebziger und achtziger Jahre, ja den gesamten Zeitraum bis zum Beginn einer neuen konjunkturellen Aufwärtsbewegung um 1896 geprägt habe. Die Merkmale dieses Klimaumschlags waren Rosenberg zufolge: «ein vorwiegend sorgenvoll und pessimistisch gestimmter, zu ständiger Klage neigender Wirtschaftsgeist; eine Steigerung nunmehr chronisch und massenhaft werdender sozialer Unzufriedenheit und Unruhe; eine Zunahme der ideologischen Dynamik und Aggressivität; ein mit der erschwerten Steigerung der nationalen Realeinkommen verknüpfter, unablässiger, oft hitzig werdender und vielfach mit politischen Mitteln ausgefochtener Streit über ihre Verteilung».

Auf die Anklagebank sah sich seit 1873 der Liberalismus gesetzt. Den Kritikern zufolge war die Politik des «laisser faire, laisser aller» der tiefere Grund des Niedergangs von Handel und Gewerbe. Hinter Liberalismus und Börsenkapital aber begann ein Teil der öffentlichen Meinung schon bald ein und denselben Drahtzieher zu wittern: das internationale Judentum. Es paßte ins Bild der antijüdischen Agitation, daß der spektakulärste Bankrott im Gefolge des Börsenkrachs der des «Eisenbahnkönigs» Bethel Henry Strousberg, eines aus Ostpreußen stammenden, in seiner Jugend zum Christentum konvertierten Juden, war, der seinen Einfluß nicht eigenem Kapital, sondern Beziehungen zu Angehörigen des preußischen Hochadels und hohen Beamten verdankte. Sie alle setzten auf die Anlagebereitschaft zahlloser Kleinaktionäre – bis sie zusammen mit ihnen zu Opfern von Strousbergs Fehlspekulationen wurden.

Strousberg war kein Liberaler, sondern hatte von 1867 bis 1870 sogar als konservativer Abgeordneter dem Norddeutschen Reichstag angehört. Dagegen war der Parlamentarier, der das «System Strousberg» am 7. Februar 1873 im preußischen Abgeordnetenhaus enthüllte, ein Liberaler: Eduard Lasker. Lasker war neben Ludwig Bamberger der prominenteste Jude unter den führenden Nationalliberalen. Heines berühmtes Diktum, daß der Taufzettel das «Entreebillett zur europäischen Kultur» sei, hatte seine Allgemeingültigkeit verloren: Lasker und Bamberger waren beide nicht getauft. Gleichwohl zählten sie zu den angesehensten und populärsten Politikern der Nationalliberalen Partei, und kaum irgend jemand vertrat die Überzeugung, daß der Weg von der Einheit zur Freiheit führe, so eindringlich und entschieden wie diese beiden Abgeordneten.

Zum Zuwachs an Freiheit, den sich viele deutsche Juden von der nationalen Einheit versprachen, gehörten auch Fortschritte auf dem Weg zur tatsächlichen, nicht nur rechtlichen Gleichstellung von Juden und Christen. Die Einigung Deutschlands sollte, mit anderen Worten, zugleich mit der politischen Emanzipation des Bürgertums auch zur vollen Emanzipation der Juden führen. Die deutschen Liberalen der Reichsgründungszeit machten sich die Sache der Gleichberechtigung der Juden in einer Weise zu eigen, daß man nachgerade von einer Liberalisierung des Liberalismus sprechen kann: Gegenüber dem Vormärz war von antijüdischen Vorbehalten bei liberalen Politikern nicht mehr viel zu spüren. In vielgelesenen, während der fünfziger und sechziger Jahre erschienenen Romanen liberal gesinnter Schriftsteller wie Gustav Freytag, Wilhelm Raabe und Felix Dahn lebten freilich antijüdische Klischees ungebrochen fort.

Anders lag der Fall Richard Wagner. Im Mai 1849 hatte Wagner noch auf den Dresdner Barrikaden für die Revolution gefochten. 1850 verfaßte er im Schweizer Exil seinen Aufsatz «Das Judentum in der Musik», in dem er die «Verjüdung der modernen Kunst» anprangerte, sich zum «instinktmäßigen

Widerwillen gegen das jüdische Wesen» bekannte und die «Emanzipierung von den Juden» forderte. Fünfzehn Jahre später, in seinem Aufsatz «Was ist deutsch?» aus dem Jahre 1865, ging Wagner noch weiter. Er beklagte, daß die «französisch-jüdisch-deutsche Demokratie» seit dem Vormärz im «verkannten und verletzten deutschen Volksgeiste» Anklang gefunden habe, und versuchte die Erfolglosigkeit der Revolution von 1848 damit zu erklären, «daß der eigentliche wahrhafte Deutsche sich und seinen Namen so plötzlich von einer Menschenart vertreten fand, die ihm ganz fremd war».

Mit dem «großen Krach» von 1873 endete jene kurze, alles in allem judenfreundliche Zeit, die mit dem Wiederaufschwung der liberalen Bewegung um 1859 begonnen hatte. Die Nationalliberalen bewahrte ihr nationales Profil nicht davor, von Judengegnern als Handlanger des jüdisch gelenkten internationalen Börsenkapitals diffamiert zu werden. Den nationalliberalen Juden half es nicht, daß einer von ihnen als erster sich um die Aufdeckung des «Gründerschwindels» bemüht hatte. Mitte 1875 begann der Journalist Franz Perrot in der «Kreuz-Zeitung» mit den sogenannten «Ära-Artikeln» eine Kampagne, in der er nicht nur Liberale und Juden ganz allgemein, sondern auch Bismarcks Bankier Gerson Bleichröder, den geheimen Staatsfinancier Preußens beim Krieg von 1866 und Vertrauten einiger der wichtigsten europäischen Staatsmänner, ja den Reichskanzler persönlich angriff.

Wenn die Geld- und Wirtschaftspolitik des Deutschen Reiches immer den Eindruck von Judenpolitik, also einer von und für Juden betriebenen Politik und Gesetzgebung mache, schrieb Perrot, so sei das «sehr erklärlich, da der intellektuelle Urheber dieser Politik, Herr von Bleichröder, selbst Jude ist... Dazu kommt, daß unsere Mitbürger semitischer Rasse und mosaischen Glaubens zugleich die intellektuelle Führung der Gesetzgebung in unseren Vertretungskörpern – mit Ausnahme natürlich des Herrenhauses – übernommen haben. Die Herren Lasker, Bamberger und der beiden eng befreundete, freilich erst neuerdings in den Reichstag gelangte H. B. Oppenheim sind ja Juden und sind die eigentlichen Führer der sogenannten ‹nationalliberalen› Majorität des Reichstages und der preußischen zweiten Kammer... Wir werden ja zur Zeit von den Juden eigentlich regiert.»

Judenfeindliche Artikel erschienen Mitte der siebziger Jahre nicht nur im Blatt der preußischen Konservativen, sondern auch in der «Germania», der wichtigsten Zeitung des Zentrums, und anderen Organen des politischen Katholizismus. Edmund Jörg, damals auch Reichstagsabgeordneter des Zentrums für den bayerischen Wahlkreis Schwaben, kam Anfang 1877 zu dem Ergebnis, der Kulturkampf sei ein «hochwichtiges Beförderungsmittel der neuen Börsen-Ära» gewesen, weil er auch besser gesinnte Protestanten in seine Strömung hineingezogen und so eine «Rekonstruktion der konservativen Elemente» verhindert habe. «So ist dieser unblutige Religionskrieg allerdings sehr diensam gewesen, um den Mamelucken der Geldmacht in den parlamentarischen Körpern ihre Mehrheit und ihren Einfluß zu sichern...» Wenig später sprach Jörg vom «verjudeten Liberalismus in deutschen Landen». Die Juden wurden in den «Historisch-politischen Blättern für das katholische Deutschland» mit den «hohen kosmopolitischen Finanzmächten» gleichgesetzt, ja als die eigentlichen «Reichsfeinde» dargestellt. Selbst Ketteler wertete den Kulturkampf als eine «freimaurerisch-jüdisch-liberale Verschwörung» gegen die katholische Kirche.[9]

Die Judenfeindschaft der siebziger Jahre war keine religiöse mehr. Sie war «modern» insofern, als sie sich gegen das moderne, emanzipierte Judentum richtete und dieses mit rein weltlichen Parolen bekämpfte. Die Juden wurden als Agenten jener Spielarten der Moderne porträtiert, von denen sich unterschiedliche Gruppen der Gesellschaft bedroht fühlten. In den Augen vieler, die den Liberalismus ablehnten, war dieser nichts anderes als die Weltanschauung des modernen Judentums. Wer sich als Opfer von Börsenspekulanten wähnte, neigte dazu, dem Publizisten Otto Glagau zu glauben, der in der populären «Gartenlaube» die Juden als Vertreter des unproduktiven, «raffenden» Kapitals dem produktiven, «schaffenden» Kapital der Christen gegenüberstellte, ja vielleicht auch Glagaus vielzitierte Behauptung zu unterschreiben: «Die soziale Frage ist heute wesentlich Judenfrage.» Jüdische Bankiers sahen sich als Mitglieder einer «Goldenen Internationale» (so der Titel einer Schrift des Berliner Stadtgerichtsrats Carl Wilmanns aus dem Jahr 1876) gebrandmarkt, was es leicht machte, sie als national unzuverlässig zu verdächtigen und in die Nähe der angeblich ebenfalls jüdisch geprägten «roten Internationale» zu rücken.

Judenfeindschaft und Antiliberalismus waren schon sehr viel früher in eine enge Beziehung getreten – in ersten Ansätzen bereits in der Ära der preußischen Reformen, als Konservative wie Friedrich August Ludwig von der Marwitz den Kampf gegen Judenemanzipation, Gewerbefreiheit und Freizügigkeit aufnahmen und damit auf Bauern und Handwerker Eindruck zu machen versuchten. Mit der Emanzipation ging von Anfang an eine antijüdische Gegenbewegung einher: In Denkschriften und Pamphleten wurden die Juden mit Vampiren und Krankheitserregern verglichen; die Forderung nach der Vertreibung, der Kastration, ja der Vernichtung der Juden war nicht selten. Seit den späten dreißiger und verstärkt in den sechziger Jahren brandmarkten dann «ultramontane» Autoren die Juden als Interessenten und Nutznießer jenes säkularen Emanzipationsprozesses, der alles bedrohte, was der katholischen Kirche heilig war. Einen neuen Aufschwung nahm die antijüdische und zugleich antiliberale Bewegung im Katholizismus unmittelbar nach *dem* Ereignis, das die Minderheitsposition der deutschen Katholiken besiegelte: der Reichsgründung. Seit 1873 aber wurden antijüdische Parolen in einem viel umfassenderen Sinn zum Kampfmittel gegen alles, was als «modern» und damit als Angriff auf die Tradition galt. Liberalismus und Sozialismus fielen unter dasselbe Verdikt, und da Juden in beiden Bewegungen eine Rolle spielten, wurden die eine wie die andere als Erscheinungsform jüdischen Machtstrebens dargestellt.

Die Juden waren, so lautete die anklagende Botschaft vielgelesener Publizisten wie Constantin Frantz und Wilhelm Marr, inzwischen sogar zu den eigentlichen Herrschern Deutschlands aufgestiegen. Unter dem Regime des Nationalliberalismus seien die Juden «in den Mittelpunkt unserer Entwicklung» getreten, schrieb Frantz 1874, und was sich Fortschritt nenne, sei zuletzt nur «Fortschritt der Verjudung». «Ein *deutsches Reich jüdischer Nation* entsteht damit vor unseren Augen.» «Wer regiert denn nun eigentlich im neuen Reiche?», fragte derselbe Autor zwei Jahre später rhetorisch. «Und wozu haben die Siege von Sadowa und von Sedan gedient, wozu sind die Milliarden erbeutet, wozu wird Cultur gekämpft, wenn nicht vor allem zur Beförderung der *Judenherrschaft*?» Frantz trug keine Bedenken, sich bei seinem Protest gegen die Judenemanzipation auf den «kurzen Prozeß» zu berufen, den Fichte einst, in seiner 1793 veröffentlichten Schrift über die Französische Revolution, mit den Juden hatte machen wollen: Um den Juden Bürgerrechte zu geben, gelte es, ihnen zuvor in einer Nacht die Köpfe abzuschlagen und andere aufzusetzen, in denen es nicht eine jüdische Idee mehr gebe.

Für Marr war es völlig unerheblich, ob die Juden getauft waren oder nicht. In seiner 1879 erschienenen, außerordentlich erfolgreichen Schrift «Der Sieg des Judenthums über das Germanenthum. Vom nicht confessionellen Standpunkt aus betrachtet» bekämpfte er das Judentum nicht als Religion, sondern als Rasse, die eine «Weltmacht ersten Ranges» geworden sei und nach «Weltherrschaft» strebe. Die Zugehörigkeit zum Judentum wurde damit zu einer unabänderlichen Naturtatsache, an der ein Willensakt wie der Übertritt zu einer christlichen Kirche nichts zu ändern vermochte. In den siebziger Jahren wurden die Juden immer häufiger als «Semiten» bezeichnet. Im Herbst 1879 tauchte im Umkreis Marrs erstmals der Begriff «Antisemitismus» auf; um dieselbe Zeit wurde in Berlin von Anhängern desselben Autors die «Antisemitenliga» gegründet.[10]

Die Säkularisierung der Judenfeindschaft sollte dieser den Charakter der Wissenschaftlichkeit und der Objektivität verleihen. Das Paradoxon lag darin, daß die «Modernisierung» der Judenfeindschaft dazu diente, die extremste Form des Antimodernismus zu begründen. Der «große Krach» von 1873 war nur das auslösende Moment, das einer zeitweilig zurückgestauten Bewegung zum Durchbruch verhalf – dem Protest nicht gegen die Reichsgründung als solche, aber gegen alles, was sie mit dem Liberalismus verband. Gegen den Liberalismus ließen sich besonders leicht Schichten mobilisieren, die sich von der fortschreitenden Industrialisierung bedroht fühlten: Bauern, Handwerker und kleine Kaufleute in vorderster Linie.

Ein geschworener Feind des Liberalismus war auch, und das nicht erst seit dem Kulturkampf, die katholische Kirche. Bei den katholischen Judengegnern war der überkommene kirchliche Antijudaismus von der «modernen», politisch, wirtschaftlich und sozial argumentierenden Judenfeindschaft oft gar nicht zu trennen. Umgekehrt beriefen sich «weltliche» Antisemiten wie Wilmanns und Perrot gern auf christliche Judenfeinde wie den Münsteraner katholischen Theologen August Rohling, der 1871 sein Buch «Der Talmudjude», ein klassisches Werk des religiösen Antisemitismus, vorgelegt hatte. Der alte Haß auf das Volk der «Gottesmörder» und «Wucherer», der bei Protestanten ebenso anzutreffen war wie bei Katholiken, wurde durch den «modernen» Antisemitismus nicht einfach abgelöst. Der christliche Antijudaismus konnte sich mit dem weltlichen Antisemitismus verbinden und ihm eine historische «Tiefe» geben, die vom Auf und Ab wirtschaftlicher Konjunkturen unabhängig war.

Christliche Antisemiten legten meist Wert auf die Feststellung, daß sie keinem Rassenhaß das Wort redeten. Das war bei den Protestanten nicht anders als bei den Katholiken. Adolf Stoecker, seit 1874 Hof- und Domprediger am königlich preußischen Hof in Berlin, versicherte in seiner ersten großen Rede gegen das «moderne Judentum», die er am 19. September 1879 auf einer Versammlung der von ihm gegründeten Christlich-sozialen Arbeiterpartei in Berlin hielt, sogar, er wende sich der Judenfrage «in voller christlicher Liebe» zu. Dieses Gefühl hinderte ihn nicht, das «moderne Judentum», das er weder mit dem altgläubigen, orthodoxen noch mit dem aufgeklärten Reformjudentum gleichgesetzt sehen wollte, als «eine große Gefahr für das deutsche Volksleben» zu bezeichnen. Die Juden seien und blieben «ein Volk im Volke, ein Staat im Staat, ein Stamm für sich unter einer fremden Rasse». Schon beginne hier und da ein Haß gegen die Juden aufzulodern, der dem Evangelium widerstrebe. «Fährt das moderne Judentum wie bisher fort, die Kapitalskraft wie die Macht der Presse zum Ruin der Nation zu verwenden, so ist eine Katastrophe zuletzt unausbleiblich. Israel muß den Anspruch aufgeben, der Herr Deutschlands werden zu wollen.»

Als Heilmittel empfahl Stoecker unter anderem die «Wiedereinführung der konfessionellen Statistik, damit das Mißverhältnis zwischen jüdischem Vermögen und christlicher Arbeit festgestellt werden kann; Einschränkung der Anstellung jüdischer Richter auf die Verhältniszahl der Bevölkerung; Entfernung der jüdischen Lehrer aus unseren Volksschulen». Eine Woche später prangerte der Hofprediger die Tatsache an, daß Juden unter den Arbeitgebern, den «Direktoren und Directricen», im Handel und unter den Schülern der höheren Schulen, vor allem in Berlin, viel stärker vertreten seien, als es ihrem Anteil an der Bevölkerung entspreche. «Ein solcher Trieb nach sozialer Bevorzugung, nach höherer Ausbildung verdient an sich die höchste Anerkennung; nur bedeutet er für uns einen Kampf um das Dasein in der intensivsten Form. Wächst Israel in dieser Richtung weiter, so wächst es uns völlig über den Kopf. Denn man täusche sich nicht; auf diesem Boden steht Rasse gegen Rasse und führt, nicht im Sinne des Hasses, aber im Sinne des Wettbewerbs einen Rassestreit... Ist Israel durch die ‹Alliance Israelite› (die «Alliance Israélite Universelle», eine internationale jüdische Vereinigung, H. A. W.) auf der ganzen Erde zu sozial-politischem Wirken verbunden, so ist es ein Staat im Staate, international innerhalb der Nation.»

In der Arbeiterschaft, die er eigentlich ansprechen und von der Sozialdemokratie ins konservative Lager herüberziehen wollte, fand Stoecker weder mit seinen Bekenntnissen zu einer Lösung der sozialen Frage aus dem Geist des Christentums noch mit seinen Angriffen auf das «moderne Judentum» Anklang. Beträchtlich war dagegen der Widerhall seiner antisemitischen Reden im Berliner Kleinbürgertum, das bis dahin der Fortschrittspartei die Treue gehalten hatte. Daß der Hofprediger sich vom fanatischen Rassenhaß distanzierte, verhalf seiner Art von Antisemitismus aber auch in «gehobenen» Gesellschaftsschichten zu einem gewissen Maß von Respektabilität.

Womöglich noch erfolgreicher war in dieser Hinsicht der andere Urheber der neuen antisemitischen «Berliner Bewegung»: der Historiker und Reichstagsabgeordnete Heinrich von Treitschke, der sich im Jahr 1879 von der Nationalliberalen Partei getrennt und just in diesem Jahr auch den ersten Band seiner «Deutschen Geschichte im 19. Jahrhundert» vorgelegt hatte. Im November desselben Jahres, wenige Wochen nach Stoeckers ersten beiden Reden gegen das «moderne Judentum», bemerkte Treitschke in den von ihm herausgegebenen «Preußischen Jahrbüchern» zu der «leidenschaftlichen Bewegung gegen das Judentum», der «Instinkt der Massen» habe «in der Tat eine schwere Gefahr, einen hochbedenklichen Schaden des neuen deutschen Lebens richtig erkannt... Die Zahl der Juden in Westeuropa ist so gering, daß sie einen fühlbaren Einfluß auf die nationale Gesittung nicht ausüben können; über unsere Ostgrenze aber dringt Jahr für Jahr aus der unerschöpflichen polnischen Wiege eine Schar strebsamer hosenverkaufender Jünglinge herein, deren Kinder und Kindeskinder dereinst Deutschlands Börsen und Zeitungen beherrschen sollen... Täuschen wir uns nicht: die Bewegung ist sehr tief und stark; einige Scherze über die Weisheitssprüche christlich-sozialer Stump-Redner genügen nicht, sie zu bezwingen. Bis in die Kreise der höchsten Bildung hinauf, unter Männern, die jeden Gedanken kirchlicher Unduldsamkeit oder nationalen Hochmuts mit Abscheu von sich weisen würden, ertönt es heute wie aus einem Munde: die Juden sind unser Unglück.»

Treitschke versicherte zwar, von einer «Zurücknahme oder auch nur einer Schmälerung der vollzogenen Emanzipation» könne unter Verständigen gar nicht die Rede sein, weil dergleichen ein «offenbares Unrecht» wäre, und von den «israelischen Mitbürgern» sei lediglich zu fordern, sie sollten «Deutsche werden, sich schlicht und recht als Deutsche fühlen – unbeschadet ihres Glaubens und ihrer alten heiligen Erinnerungen». Aber der Berliner Historiker hatte einen Bann gebrochen: Sein Artikel machte deutlich, daß der «moderne Antisemitismus» inzwischen auch ins liberale Bildungsbürgertum eingedrungen, dem sozialen Aufstieg der Juden also der soziale Aufstieg der Judenfeindschaft gefolgt war.

Treitschkes Aufsatz löste eine heftige Kontroverse, den «Berliner Antisemitismusstreit», aus. Zustimmung erhielt der Historiker von erklärten Judengegnern wie Stoecker. Widerspruch kam von jüdischen Gelehrten und Politikern wie dem Philosophen Hermann Cohen und dem Reichstagsabgeordneten Ludwig Bamberger, aber auch von prominenten Nichtjuden. Kronprinz Friedrich gab in den Jahren 1879 bis 1881 mehrfach öffentlich seiner Empörung über den Antisemitismus Ausdruck. Am 12. November 1879 protestierten liberale Persönlichkeiten unter Führung des Berliner Oberbürgermeisters und ehemaligen Reichstagspräsidenten Max von Forckenbeck in einer gemeinsamen Erklärung dagegen, daß vielerorts im Reich der «Rassenhaß und der Fanatismus des Mittelalters wieder ins Leben gerufen und gegen unsere jüdischen Mitbürger gerichtet» werde. Treitschke wurde nicht namentlich genannt, aber auch er war gemeint mit der Bemerkung, an dem Vermächtnis Lessings, der Toleranz zwischen Juden und Christen, rüttelten Männer, «die auf der Kanzel und dem Katheder verkünden sollen, daß unsere Kultur die Isolierung desjenigen Stammes überwunden hat, welcher einst der Welt die Verehrung des einigen Gottes gab».

Einer der 75 Unterzeichner war der weltberühmte Berliner Althistoriker Theodor Mommsen, der wenig später seinen langjährigen politischen Kampfgefährten in einer Broschüre auch direkt angriff. Juden deutscher Nationalität, schrieb Mommsen, hätten Treitschkes Artikel in dem Sinne auffassen müssen, daß der Autor sie als «Mitbürger zweiter Klasse betrachtet, gleichsam als eine allenfalls besserungsfähige Strafkompagnie. Das heißt den Bürgerkrieg predigen.» Das «Gefühl der Fremdheit und Ungleichheit», mit welchem auch heute noch der christliche Deutsche dem jüdischen vielfach gegenüberstehe, trage eine Gefahr für die einen wie für die anderen in sich: «Der Bürgerkrieg einer Majorität gegen eine Minorität, auch nur als Möglichkeit, ist eine nationale Kalamität.»

Der Antisemitismus weitete sich im Zeichen von Börsenkrach und Wirtschaftskrise nicht nur in Deutschland aus. In Österreich, Ungarn und Frankreich hatte er vor allem in den achtziger Jahren starken Zulauf, und im gleichen Jahrzehnt häuften sich im russischen Zarenreich antijüdische Ausschreitungen. Doch was den «modernen Antisemitismus», den Kampf gegen das emanzipierte Judentum, anging, war Deutschland der Lehrmeister seiner Nachbarn. Es war freilich ein durchaus gelehriger Lehrmeister, der von Charles Darwin aufnahm, was sich bei diesem britischen Naturforscher über den Kampf ums Dasein erfahren ließ, und der von einem Franzosen, dem Grafen Joseph Arthur de Gobineau, lernte, was es mit der Ungleichheit der menschlichen Rassen und der Überlegenheit der «arischen» Rasse auf sich habe.

In seiner Antwort an Treitschke vermutete Bamberger, der tiefere Grund der deutschen Judenfeindschaft liege in einem eigentümlichen Verhältnis von wechselseitiger Anziehung und Abstoßung zwischen Deutschen und

Juden. «Eine Mischung von heterogenen und verwandten Geisteseigenschaften: das ist gerade der Stoff, aus welchem die intensiven Feindschaften gebraut werden. So wohl auch hier. Das Gemeinsame ist der spiritualistische Grundzug: Juden und Deutsche sind zweifelsohne die beiden spiritualistischsten Nationen aller Zeiten und Länder. Das Christlich-Germanische ist keine bloße Erfindung teutonisierender Pietisten und Professoren... Die spekulative Philosophie Spinozas ist nirgends so tief aufgefaßt und verehrt worden wie in Deutschland, und wenn es erlaubt ist, Namen von so verschiedenem Werte nebeneinander zu nennen: niemals hätten in einem anderen Lande die beiden philosophierenden Sozialisten Marx und Lassalle solchen Anhang gewonnen.»

Auch in der «kosmopolitischen Anlage, welche mit der Fähigkeit, sich vom Gegebenen loszureißen, innig zusammenläuft», sah Bamberger eine deutsch-jüdische Geistesverwandschaft. Das, was beide Teile scharf voneinander abhob, faßte er in die Worte: «Bedächtiges, feierliches, andächtiges, ernstes, gehorsames Wesen sticht ab gegen einen wundersam beweglichen, sarkastischen, skeptischen, undisziplinierbaren Geist.» Heinrich Heine und Eduard Lasker waren zwei Gestalten, die nach Bambergers Meinung auf höchst unterschiedliche Weise, aber gleichermaßen eindrucksvoll deutschen und jüdischen Geist miteinander verschmolzen hatten: hier der gedankentiefe Poet, mit seinem bis zur Frivolität gesteigerten Humor, dort der brillante Parlamentarier, der «mit den glänzendsten Waffen jüdischer Dialektik» dem großen Realisten Bismarck gegenüber für den deutschen Idealismus eintrat.[11]

Knapp ein halbes Jahrhundert zuvor, im Jahre 1834, hatte Heine in seinem Pariser Exil darüber nachgedacht, was geschehen würde, wenn Deutschland eines Tages vom spekulativen Entwurf zur praktischen Tat, von der Revolution im Gebiet der Gedanken zur Revolution im Reich der Erscheinungen, schreiten sollte. Das Christentum, schrieb Heine am Ende seiner «Geschichte der Religion und Philosophie in Deutschland», habe die brutale germanische Kampflust einigermaßen besänftigt, aber nicht zerstören können, «und wenn einst der zähmende Talisman, das Kreuz, zerbricht, dann rasselt wieder empor die Wildheit der alten Kämpfer, die unsinnige Berserkerwut, wovon die nordischen Dichter so viel singen und sagen. Jener Talisman ist morsch, und kommen wird der Tag, wo er kläglich zusammenbricht. Die alten steinernen Götter erheben sich dann aus dem verschollenen Schutt und reiben sich den tausendjährigen Staub aus den Augen, und Thor mit dem Riesenhammer springt endlich empor und zerschlägt die gotischen Dome... Der Gedanke geht der Tat voraus, wie der Blitz dem Donner. Der deutsche Donner ist freilich auch ein Deutscher, und ist nicht sehr gelenkig, und kommt etwas langsam herangerollt; aber kommen wird er, und wenn ihr es einst krachen hört, wie es noch niemals in der Weltgeschichte gekracht hat, so wißt: der deutsche Donner hat endlich sein Ziel erreicht. Bei diesem Geräusche werden die Adler aus der Luft tot niederfallen, und die Löwen in der Wüste Afrikas werden die Schwänze einkneifen und sich in ihren königlichen Höhlen verkriechen. Es wird ein Stück aufgeführt werden in Deutschland, wogegen die französische Revolution nur wie eine harmlose Idylle erscheinen möchte.»

Lasker, Bambergers anderer Kronzeuge für die Möglichkeit einer gelungenen Verbindung von deutschem und jüdischem Geist, hatte, als die Broschüre seines Weggefährten 1880 erschien, bereits zu spüren bekommen, daß die Zahl derer wuchs, die ihm seine jüdische Herkunft verübelten: Bei den Wahlen zum preußischen Abgeordnetenhaus im Oktober 1879 war er in seinem Breslauer Wahlkreis unterlegen, was nicht zuletzt die Folge einer heftigen antisemitischen Agitation war.

Auch nach der Bekundung liberaler Solidarität mit den Juden gingen die Kampagnen gegen die Juden unvermindert weiter. Ende 1880 erschien die erste Auflage des Buches «Die Judenfrage als Rassen-, Sitten- und Kulturfrage» aus der Feder des positivistischen Populärphilosophen Eugen Dühring. Darin versuchte der Autor, das «Übel der Verjudung und Judenherrschaft für die modernen Völker» und Möglichkeiten der «Entjudung» aufzuzeigen. Das Werk schloß mit einer kaum zu mißdeutenden Aufforderung: «Der Größe und Zähigkeit des Übels muß die Stärke und Nachhaltigkeit der Mittel entsprechen ... Wo die Rasse einmal gründlich erkannt ist, da steckt man sich von vornherein ein weiteres Ziel, zu welchem der Weg nicht ohne die kraftvollsten Mittel zu bahnen ist. Die Juden sind, das wird für Kenner der Rasse immer der Schluß sein, ein inneres Carthago, dessen Macht die modernen Völker brechen müssen, um nicht selbst von ihm eine Zerstörung ihrer sittlichen und materiellen Grundlagen zu erleiden.»

Um dieselbe Zeit, in den Jahren 1878 bis 1881, entstanden in Berlin und Sachsen die ersten antisemitischen Organisationen und Parteien, darunter die im September 1881 in Dresden ins Leben gerufene Deutsche Reformpartei; im gleichen Jahr wurde in Berlin der antisemitische Verein Deutscher Studenten gegründet. Am 13. April 1881 nahm der Reichskanzler eine «Antisemitenpetition» mit 255 000 Unterschriften entgegen. Darin forderten die Unterzeichner das Verbot weiterer jüdischer Einwanderung, den Ausschluß der Juden von allen obrigkeitlichen Ämtern und von der Volksschullehrerschaft, die Beschränkung der Zahl der Juden im höheren Schul- und im Justizdienst sowie die Wiedereinführung der konfessionellen Statistik. Fünf Jahre später, im Januar 1886, nannte die von Theodor Fritsch in Leipzig herausgegebene «Antisemitische Correspondenz» als letztes Ziel der Bewegung die «Ausscheidung der jüdischen Rasse aus dem Völkerleben». 1887 schließlich bezeichnete der angesehene Orientalist Paul de Lagarde, der eigentlich Paul Anton Böttcher hieß und immer wieder betonte, daß er kein Anhänger eines rassischen Antisemitismus sei, die Juden als «wucherndes Ungeziefer», das es zu zertreten gelte. «Mit Trichinen und Bazillen wird nicht verhandelt. Trichinen und Bazillen werden auch nicht erzogen, sie werden so rasch und so gründlich wie möglich vernichtet.»

Eine radikalere Lösung der «Judenfrage» als die physische Vernichtung der Juden war nicht denkbar. Daß für die Juden auf der Welt kein Platz mehr sein sollte, ergab sich für extreme deutsche Antisemiten scheinbar von selbst aus ihrer Überzeugung, daß die Juden überall auf der Welt und damit nirgends zuhause seien. Die Juden waren aus dieser Sicht entweder keine Nation oder eine Nation in der Nation, in jedem Fall aber ein Fremdkörper. Ihr eigenes «Weltbürgertum» hatten die Deutschen spätestens mit der Errichtung eines Nationalstaates hinter sich gelassen; von den Juden hingegen nahmen viele Deutsche an, sie seien hierzu nicht willens oder in der Lage.

Vermutlich war es eher so, daß die Deutschen, die Helmuth Plessner eine «verspätete Nation» genannt hat, sich nach 1871 ihrer nationalen Identität zutiefst unsicher waren. Nachdem sie den äußeren «Erbfeind» überwunden hatten, war für viele die Versuchung groß, sich einen inneren Erbfeind zu erschaffen, der die Frage beantworten half, was deutsch und was undeutsch sei. Das «internationale Judentum» eignete sich für diese Rolle besonders gut, weil es mit fast allem in Verbindung gebracht werden konnte, was Deutsche als Bedrohung empfanden: mit dem internationalen Börsenkapital ebenso wie mit dem internationalen Sozialismus. Da Protestanten und Katholiken, gläubige und nicht gläubige Christen in diesem Punkt übereinstimmen konnten, schien das Judentum als innerer Feind für den nationalen Zusammenhalt sogar noch mehr zu leisten als das ultramontane Rom.

Nur eine Minderheit der Deutschen folgte seit Mitte der siebziger Jahre den Parolen der radikalen Antisemiten. Aber diejenigen, die zum Kampf gegen den Antisemitismus aufriefen, waren auch nur eine Minderheit. Die Mehrheit war augenscheinlich von den Aktivitäten der Antisemiten nicht sonderlich beunruhigt und von Vorurteilen gegen die Juden nicht frei. Bamberger meinte zwar 1880, «daß das Volk im großen viel vorurteilsfreier und menschlicher denkt als einige Gelehrte». Doch er fand auch, daß Treitschke den Juden dadurch einen Dienst geleistet habe, «daß er viele, die unter dem Eindruck der letzten Jahrzehnte sich Illusionen hingegeben, auf das wahre Sachverhältnis wieder aufmerksam machte. Wer mit Selbsttäuschungen arbeitet, arbeitet immer unrichtig und verfällt bei der Entdeckung der Wahrheit dem Unmut, wenn nicht der Entmutigung. Es ist besser, die Juden kennen das Gefühl des Widerstrebens, welches unter dem Zwange der äußeren Höflichkeit sich verbirgt.»[12]

In den ersten Jahren des Deutschen Reiches schien sich Bambergers im Dezember 1866 geäußerte Erwartung, die Einheit werde sich als ein Stück Freiheit erweisen, zunächst zu erfüllen. In Preußen bewährte sich die Zusammenarbeit zwischen den Nationalliberalen und Bismarck vor allem bei der Reform der Kreisverwaltung. Die Kreisordnung für die sechs östlichen Provinzen Preußens vom Dezember 1872 beseitigte die gutsherrliche Polizei und das Amt des Erbschulzen, band das Amt des Landrats an die Qualifikation zum Verwaltungsjuristen und schuf die Grundlagen eines neuen Zweiges der Justiz, der Verwaltungsgerichtsbarkeit. Um den konservativen Widerstand gegen die Kreisordnung im Herrenhaus zu brechen, bedurfte es allerdings eines «Pairschubs», der Ernennung neuer, regierungsfreundlicher Mitglieder durch den König.

Im Reich trugen vor allem die Gesetze zur Währungs- und Münzeinheit der Jahre von 1871 bis 1875 die Handschrift der Nationalliberalen. Auf ganz andere Weise «nationalliberal» waren auch die Kulturkampfgesetze, die der größten Partei so wichtig erschienen, daß sie, um ihre Zusammenarbeit mit Bismarck nicht zu gefährden, dem Reichskanzler sogar auf einem anderen, besonders umstrittenen Gebiet entgegenkam: der Frage des Militäretats. 1871 war die Friedenspräsenzstärke für drei Jahre auf 401 000 Mann festgelegt worden. 1874 wollte Bismarck einen unbefristeten Militäretat, das «Äternat», durchsetzen, was dem Reichstag die Kontrolle über vier Fünftel des Reichshaushalts entzogen hätte. Dem konnten die Nationalliberalen nicht zustimmen, ohne sich selbst aufzugeben. Am Ende langwieriger Auseinandersetzungen stand ein zwischen Bismarck und Bennigsen ausgehandelter Kompromiß: das «Septennat», ein auf sieben Jahre befristeter Militäretat. Da die Legislaturperioden drei Jahre währten, folgte daraus, daß nur jeder zweite oder dritte Reichstag das volle Budgetrecht ausüben konnte.

In der zweiten Hälfte des Jahres 1877 sah es eine Zeitlang so aus, als sei Bismarck zu einer Art Parlamentarisierung in Preußen und im Reich bereit: Er bot Bennigsen an, als Staatsminister in die preußische Regierung einzutreten und gleichzeitig das Amt eines Staatssekretärs im Reichskanzleramt zu übernehmen, ja sein Stellvertreter in beiden Regierungen zu werden. Nach Artikel 9 der Reichsverfassung durfte niemand gleichzeitig Mitglied des Bundesrats und des Reichstags sein; Bennigsen hätte als preußischer Minister folglich sein Mandat als Reichstagsabgeordneter niederlegen müssen. Wäre der Führer der Nationalliberalen als einziger Politiker seiner Partei Regierungsmitglied geworden, hätte er sich dem Risiko der Isolierung, ja der Entmachtung ausgesetzt. Um diese Gefahr zu vermeiden, schlug er Bismarck vor, zwei weitere Nationalliberale, nämlich Max von Forckenbeck und den schwäbisch-bayerischen Gutsbesitzer Franz Schenk von Stauffenberg, beide Abgeordnete des linken Parteiflügels, mit Regierungsämtern zu betrauen. In diesem Fall wäre aus der «Ministerkandidatur» Rudolf von Bennigsens wirklich ein Schritt in Richtung parlamentarische Monarchie geworden, und das eben konnte Bismarck nicht wollen.

Dem Reichskanzler ging es bei seinem Angebot an Bennigsen denn auch um etwas anderes. Er hatte sich schon 1875 zur Abkehr vom wirtschaftlichen Liberalismus, dem Übergang vom Freihandel zum Schutzzoll, entschlossen. Der Kurswechsel in der Wirtschaftspolitik war für ihn keine Frage von Doktrinen, sondern in erster Linie von finanzpolitischer Zweckmäßigkeit. Bislang waren «Matrikularbeiträge» der Einzelstaaten die Hauptquelle der Reichseinnahmen; das Reich war also ein Kostgänger der Partikularstaaten. Schutzzölle, staatliche Monopole, beispielsweise für Tabak, und indirekte Reichssteuern, etwa auf Bier, Branntwein und Kaffee, sowie eine Erhöhung der Tabaksteuer hätten diese Abhängigkeit beseitigt oder doch gemindert, und deshalb erschienen sie Bismarck geeignete Mittel zur Erreichung dieses Ziels. Die meisten Nationalliberalen aber lehnten Staatsmonopole und Schutzzölle grundsätzlich ab, und neuen Reichssteuern wollten sie nur zustimmen, wenn dem Reichstag für einen Teil der Einnahmen dasselbe jährliche Bewilligungsrecht zugestanden wurde, wie er es im Hinblick auf die Höhe der Matrikularbeiträge hatte.

Daß die Nationalliberale Partei in ihrer Gesamtheit Bismarcks wirtschaftspolitischen Kurswechsel unterstützen würde, war also undenkbar. Aber das hatte der Reichskanzler auch gar nicht erwartet. Das Angebot an Bennigsen lief vielmehr auf eine Spaltung der Nationalliberalen und die Bildung einer neuen Mehrheit hinaus, zu der auch die Konservativen gehören sollten, die seit ihrer Umgründung zur Deutschkonservativen Partei im Jahre 1876 begonnen hatten, sich wieder zu einer gouvernementalen Partei zu entwickeln. Da Bennigsen sich Bismarcks Ansinnen versagte und überdies der Kaiser den Führer der Nationalliberalen nicht als Minister haben wollte, blieb dessen «Ministerkandidatur» eine Episode. Eine Chance zur Parlamentarisierung Deutschlands hat unter Bismarck nie bestanden.

Bismarcks Vorstoß von 1877 war nicht zuletzt der Versuch eines Präventivschlags: Der Kanzler wollte verhindern, daß unter dem Nachfolger des greisen Kaisers der linke Flügel der Nationalliberalen, den Bismarck gern als von Lasker und Bamberger beherrscht darstellte, zu größerem Einfluß gelangte. Das politische Einvernehmen zwischen Kronprinz Friedrich und den entschiedenen Liberalen war in der Tat offenkundig. Auch aus diesem Grund förderte Bismarck alles, was die Konservativen näher an die Regierung heranführen konnte. Als im Februar 1878 Papst Pius IX. starb und der vergleichsweise «realpolitische» Kardinal Pecci als Leo XIII. die Nachfolge antrat, eröffnete sich überdies eine Chance, den Frieden zwischen dem Reich und der katholischen Kirche wiederherzustellen und über kurz oder lang auch das Zentrum regierungsfreundlich zu stimmen.

Konservative und Zentrum waren Gegner des Wirtschaftsliberalismus, wobei für beide Parteien der Kampf gegen die Gewerbefreiheit im Vordergrund stand. Eine Abkehr vom Freihandel forderte der getreideexportierende Rittergutsbesitz Ostelbiens Mitte der siebziger Jahre noch nicht. Die 1876 gegründete, eng mit der Deutschkonservativen Partei verbündete Vereinigung der Steuer- und Wirtschaftsreformer sprach sich sogar in ihrem Programm grundsätzlich für den Freihandel und gegen Schutzzölle aus, bezeichnete aber einschränkend die Frage der Eingangszölle und Konsumsteuern als offen. Die entschiedensten Befürworter von Schutzzöllen saßen in den Reihen der Freikonservativen und auf dem rechten Flügel der Nationalliberalen. Sie hatten ihren stärksten Rückhalt in der rheinisch-westfälischen Eisen- und Stahlindustrie und in der süddeutschen Baumwollindustrie – zwei Branchen, die sich von der britischen Konkurrenz besonders bedroht fühlten. Sie spielten 1876 die entscheidende Rolle bei der Gründung des ersten Spitzenverbandes der deutschen Unternehmer, des Centralverbandes Deutscher Industrieller, der offen für Schutzzölle eintrat.

Im Februar 1878 unterbreitete Bismarck dem Reichstag eine Vorlage zur Erhöhung der Tabaksteuer. Die Nationalliberalen forderten für ihre Zustimmung einen Preis, den der Reichskanzler nicht zu zahlen bereit war: gesetzliche Garantien für das Budgetrecht des Reichstags und des preußischen Abgeordnetenhauses. Bismarck machte jeden Kompromiß unmöglich, indem er am 22. Februar im Reichstag ausdrücklich erklärte, für ihn sei die Erhöhung der Tabaksteuer nur ein Durchgangspunkt zum Tabakmonopol. Damit war die Vorlage gescheitert. Bennigsen nahm die Kanzlerrede zum Anlaß, die Verhandlungen über seinen Eintritt in die Regierung, die sich nach Bismarcks Meinung ohnehin längst erledigt hatten, offiziell für beendet zu erklären. Wenig später traten die letzten beiden Vertreter des preußischen «Ressortliberalismus», Handelsminister von Achenbach und Finanzminister von Camphausen, zurück. Sie zogen damit dieselbe Konsequenz aus Bismarcks Abwendung vom Wirtschaftsliberalismus wie bereits geraume Zeit vorher, im Juni 1876, der Präsident des Reichskanzleramts, Clemens von Delbrück. «Der Systemwechsel wird immer deutlicher erkennbar»: Das Fazit, das Großherzog Friedrich I. von Baden Anfang April 1878 in einem Privatbrief aus der inneren Krise zog, entsprach der Einschätzung der meisten wohlinformierten Beobachter.[13]

Zum offenen Bruch zwischen Bismarck und dem Liberalismus wäre es auch dann gekommen, wenn nicht im späten Frühjahr 1878 kurz hintereinander zwei Attentate auf Kaiser Wilhelm stattgefunden hätten. Aber die beiden Anschläge veränderten die politische Lage in Deutschland von Grund auf und verschafften dem Kanzler früher als erhofft Gelegenheit, die parlamentarischen Mehrheitsverhältnisse in seinem Sinn zu korrigieren. Am 11. Mai 1878 schoß auf der Straße Unter den Linden der Klempnergeselle Max Hödel auf den Kaiser, ohne ihn zu treffen; am 2. Juni wurde Wilhelm ganz in der Nähe des ersten Tatortes durch Schüsse des Nationalökonomen Dr. Karl Eduard Nobiling schwer verletzt. Hödel hatte früher der Sozialistischen Arbeiterpartei – der im Mai 1875 in Gotha gegründeten Nachfolgepartei der bis dahin getrennten Parteien der Sozialdemokraten und der Lassalleaner – angehört, war aber von dieser wegen Unterschlagung von Parteigeldern ausgeschlossen worden. Nobiling war irgendeine Verbindung zur Sozialistischen Arbeiterpartei nicht nachzuweisen. Doch auf juristisch zwingende Beweise für eine sozialdemokratische Urheberschaft der Attentate kam es Bismarck nicht an. Er war entschlossen, die Mordanschläge zur Generalabrechnung mit dem Sozialismus *und* dem Liberalismus zu nutzen.

Die erste Vorlage eines Sozialistengesetzes, die am 20. Mai, wenige Tage nach dem Hödelschen Attentat, dem Reichstag zuging, sah kein Verbot der Partei, wohl aber die Möglichkeit des Verbots von sozialdemokratischen Vereinen, Versammlungen und Druckschriften vor. Die überwältigende Mehrheit der Abgeordneten, mit Einschluß der meisten Nationalliberalen, erteilte dem Entwurf eine Absage. Nach dem zweiten Attentat ließ der Reichskanzler am 11. Juni den Reichstag auflösen. Diese Maßnahme sollte in erster Linie die Nationalliberalen treffen, denen die von Bismarck inspirierte Presse nunmehr eine moralische Mitschuld an den Mordanschlägen gab. Die «Norddeutsche Allgemeine Zeitung», Bismarcks Hausorgan, hatte schon nach dem ersten Anschlag behauptet, die Sozialdemokratie habe sich daran gewöhnt, «daß der Liberalismus ihr die Stätten bereitet, auf denen sie sich niederlassen konnte». Nach dem zweiten Attentat warf dasselbe Blatt der Nationalliberalen Partei vor, sie dränge immer mehr «den zweiten Teil ihres Namens zum Schaden des ersten in den Vordergrund», ja sie habe inzwischen den Boden der Nation verlassen.

Die «Kreuz-Zeitung» ging noch sehr viel weiter. Sie bezeichnete den Sozialismus als «die konsequente Fortbildung des Liberalismus» und mache erneut das «moderne Judentum» für die Verirrungen des Liberalismus verantwortlich. «Die ‹Verjudung› macht reißende Fortschritte, und der Liberalismus ist es, der dieselbe fördert... Die eigentlichen Reichsfeinde sind die, welche unserem Volk den festen Glauben und den festen Halt des ewigen Gotteswortes genommen haben und so die Grundlagen eines gesunden Volkslebens zerstören.» Ein paar Tage später verkündete das konservative Blatt, mehr und mehr komme das deutsche Volk in die Abhängigkeit von Geldleuten, und das seien leider meist Juden. «Der Liberalismus schädigt unser Volk geistig und materiell... Und daß hierdurch die *nationale Kraft Deutschlands* Schaden leidet, kann nicht geleugnet werden.»

Der Appell an die konservativen und nationalen Instinkte war erfolgreich. Aus der Reichstagswahl vom 30. Juli 1878 gingen die Konservativen und die Freikonservativen als die Sieger, die Nationalliberalen, die Fortschrittspartei und die Sozialdemokraten als die Verlierer hervor. Das Zentrum konnte sich behaupten. Unter dem Eindruck ihrer Niederlage – sie büßten 29 von bisher 128 Mandaten ein – schwenkten die Nationalliberalen nun allmählich in die Richtung ein, in die Bismarck sie lenken wollte. Die Mehrheit um Bennigsen war bereit, dem von der Regierung vorgelegten Entwurf eines «Gesetzes gegen die gemeingefährlichen Bestrebungen der Sozialdemokratie» im wesentlichen zuzustimmen. Die linke Minderheit um Lasker wollte ursprünglich an der Ablehnung eines rechtsstaatswidrigen Ausnahmegesetzes festhalten, entschied sich dann aber, nachdem sie in den Ausschußberatungen einige Milderungen und eine Befristung des Gesetzes auf zweieinhalb Jahre durchgesetzt hatte, für Zustimmung. Am 18. Oktober 1878 verabschiedete der Reichstag das Sozialistengesetz mit

221 gegen 149 Stimmen aus den Reihen des Zentrums, der Fortschrittspartei und der Sozialdemokraten.

Das Verbot sozialistischer Vereine, Versammlungen und Druckschriften, die Ausweisung von sozialdemokratischen Agitatoren, die Möglichkeit, in «gefährdeten» Bezirken für die Dauer eines Jahres den «kleinen Belagerungszustand» zu verhängen: das alles waren Repressionsmaßnahmen, die mit der unbewiesenen und unbeweisbaren Behauptung gerechtfertigt wurden, die Attentäter vom Mai und Juni 1878 seien durch sozialdemokratische Verhetzung zu ihren Anschlägen verleitet worden. Das Sozialistengesetz war ein Ausnahmegesetz, das sich gegen bestimmte Gesinnungen und nicht etwa nur gegen klar definierte Handlungen richtete. Es verstieß gegen elementare Grundsätze des liberalen Verständnisses von Rechtsstaatlichkeit. Daß die Nationalliberalen dem Gesetz trotzdem zustimmten, markiert einen Wendepunkt in der Geschichte des deutschen Liberalismus – eine Teilkapitulation vor der Macht, die Bismarck verkörperte.

Für die Sozialdemokratie bedeutete das Gesetz, das bis 1890 immer wieder verlängert wurde, Not und Verfolgung. In den zwölf Jahren, in denen das Gesetz galt, wurden etwa 1300 periodische und nichtperiodische Druckschriften und 332 Arbeiterorganisationen, darunter auch Gewerkschaftsverbände, verboten. Es gab ungefähr 900 Ausweisungen aus Belagerungsgebieten, wobei in mehr als 500 Fällen Ernährer von Familien betroffen waren. Die von Gerichten verhängten Freiheitsstrafen erreichten eine Gesamthöhe von etwa 1000 Jahren. Verurteilt wurden etwa 1500 Personen.

Eine Zerschlagung der Sozialdemokratie aber erreichte Bismarck nicht. Er förderte wider Willen sogar die Ausbreitung einer sozialdemokratischen Arbeiterbewegungskultur: Häufig traten nun Arbeitersport- und Arbeitergesangsvereine sowie freiwillige Hilfskassen an die Stelle der verbotenen Organisationen. Ein anderer paradoxer Effekt war eine gewisse «Parlamentarisierung» der Partei: Ihre tatsächliche Führung ging, da die Teilnahme an Wahlen, die Agitation in den Parlamenten und die Berichterstattung hierüber nicht verboten waren, vom Parteivorstand auf die Reichstagsfraktion über. Das neue Parteiorgan, der «Sozialdemokrat», und andere sozialdemokratische Druckschriften erschienen in der Schweiz und wurden von dort aus, über die «Rote Feldpost», illegal in Deutschland verbreitet. In der Schweiz, in Wyden, fand 1880 auch ein Parteitag der Sozialistischen Arbeiterpartei statt. Er änderte das Gothaer Programm von 1875 insofern, als es nun hieß, die Partei strebe ihre Ziele «mit allen Mitteln» (und nicht mehr «mit allen gesetzlichen Mitteln») an. Das war kein Bekenntnis zur Illegalität als Prinzip, sondern nur die Anerkennung der Tatsache, daß fast alles, was die Sozialistische Arbeiterpartei unter Geltung des Sozialistengesetzes tat, illegal war.

Unter den Mitgliedern und Anhängern der Sozialdemokratie entwickelte sich in den Jahren des Sozialistengesetzes das Bewußtsein, in einem politischen Ghetto zu leben: eine Erfahrung, die dazu beitrug, aus dem

Sozialismus eine Art weltlicher Erlösungsreligion werden zu lassen. Infolgedessen übernahmen sozialdemokratische Arbeiter von den Lehren von Marx und Engels meist nur das, was ihrem Bedürfnis diente, der bedrückenden Gegenwart den Glauben an eine lichte Zukunft entgegenzusetzen. Es war eine weithin «deterministische» Weltanschauung, die sich in jenen Jahren herausformte: die Überzeugung, daß der historische Prozeß mit Naturnotwendigkeit auf die Überwindung des Kapitalismus durch den Sozialismus hinauslief. Auf dem Weg zur klassenlosen Gesellschaft galt es, den Klassenkampf des Proletariats zu führen und ein immer klareres Klassenbewußtsein zu entwickeln. Das Sozialistengesetz bewies die Realität von Klassengesellschaft, Klassenstaat und Klassenjustiz. Es bewirkte vor allem eines: eine breite Aneignung von Grundannahmen des Marxismus.[14]

Mit dem Sozialistengesetz begann jener vom Großherzog von Baden vorhergesagte «Systemwechsel», den bereits Zeitgenossen als «innere Reichsgründung» bezeichneten. Bismarck hatte nie angenommen, daß sich die soziale Frage durch die Unterdrückung der Sozialdemokratie lösen lassen würde. Schon im November 1871 hatte er den preußischen Handelsminister von Itzenplitz wissen lassen, die «Aktion der gegenwärtig herrschenden Staatsgewalt» sei seiner, Bismarcks, Meinung nach das einzige Mittel, «der sozialistischen Bewegung in ihrer gegenwärtigen Verirrung Halt zu gebieten und dieselbe insbesondere dadurch in heilsamere Wege zu leiten, daß man realisiert, was in den sozialistischen Forderungen als berechtigt erscheint und in dem Rahmen der gegenwärtigen Staats- und Gesellschaftsordnung verwirklicht werden kann...»

Den Bruch mit dem wirtschaftlichen Liberalismus sah Bismarck auch aus *diesem* Grund als unvermeidbar an: Wenn er, ganz im Sinne Lorenz von Steins, die Hohenzollernmonarchie zu einem «Königtum der sozialen Reform» machen wollte, konnte er dieses Vorhaben wohl mit sozialpolitisch aufgeschlossenen Konservativen, aber nicht mit Anhängern der reinen Lehre des «Manchesterliberalismus» in Angriff nehmen. Zunächst aber kam für Bismarck alles darauf an, die Wende in der Finanz- und Handelspolitik zu vollziehen und so dem Reich das materielle Fundament zu geben, ohne das eine aktive Sozialpolitik nicht vorstellbar war. Die Wahlen vom Juli 1878 hatten ihn diesem Ziel ein gutes Stück nähergebracht: Im Herbst schlossen sich auf Betreiben des Centralverbands Deutscher Industrieller die «Schutzzöllner» zu einer interfraktionellen «Volkswirtschaftlichen Vereinigung» zusammen. Sie umfaßte 204 von insgesamt 397 Abgeordneten, also die Mehrheit, darunter neben Konservativen, Freikonservativen und fast sämtlichen Mitgliedern des Zentrums auch 27 Nationalliberale.

Bevor der Reichstag das Wort erhielt, mußte Bismarck jedoch noch die starken Widerstände überwinden, die der Bundesrat seinen Zollplänen entgegensetzte. Die süddeutschen Staaten wollten gar keine Schutzzölle, Sachsen zwar Eisen- und Textilzölle, aber keine Getreidezölle. Bismarck, dem es um eine dauerhafte Verbindung der Interessen von westlicher Schwerindustrie und ostelbischem Rittergutsbesitz ging, bestand jedoch auf einem Junktim: ohne Agrarzölle keine Industriezölle. Ende März 1879 verständigte sich der Bundesrat auf einen Kompromiß: Er akzeptierte die Eisen- und Textilzölle in der vom Kanzler gewünschten Höhe, setzte die Getreidezölle aber gegenüber Bismarcks Vorlage deutlich herab.

Auch im Reichstag waren die industriellen Schutzzöllner sehr viel zahlreicher als die agrarischen. Bei der zweiten Lesung der Zollvorlage scheiterten Versuche einiger Konservativer, höhere Zölle für Roggen durchzusetzen, als sie der Bundesrat beschlossen hatte. Doch es gab noch eine Möglichkeit, eine Mehrheit für Bismarcks ursprüngliches Zollprojekt zustandezubringen: durch die Verzahnung der Zollfrage mit der Finanzreform. Durch dieses neue «Junktim» gelangte eine Partei, die der Reichskanzler bis vor kurzem noch erbittert bekämpft hatte, in eine Schlüsselrolle: das Zentrum.

Als föderalistische Partei wollte das Zentrum die Matrikularbeiträge der Einzelstaaten erhalten, als konstitutionelle Partei wollte es das parlamentarische Budgetbewilligungsrecht gewahrt wissen. Beide Ziele verband ein Antrag des bayerischen Zentrumsabgeordneten Georg von Franckenstein. Die «Franckensteinsche Klausel» begrenzte die Einnahmen aus Zöllen und Tabaksteuer auf jährlich 130 Millionen Mark. Alles, was das Reich darüber hinaus einnahm, mußte es an die Bundesstaaten abführen. Da der Finanzbedarf des Reiches damit keineswegs befriedigt war, blieb es weiterhin auf Matrikularbeiträge angewiesen. Sie wurden nun aus den Mitteln finanziert, die das Reich zuvor an die Bundesstaaten überwiesen hatte. Diesen verblieben jedoch Überschüsse, so daß auch sie von Schutzzöllen und erhöhter Tabaksteuer profitierten. Der Reichstag behielt das Recht, zusammen mit dem Bundesrat jährlich die Höhe der Matrikularbeiträge zu bestimmen, und wahrte so sein Budgetrecht.

Als Bismarck dem Antrag Franckenstein zustimmte (und einen anderen, das parlamentarische Budgerecht stärker betonenden Kompromißantrag Bennigsens ablehnte), sicherte er sich dadurch zugleich die Zustimmung des Zentrums zu höheren Agrarzöllen. Am 12. Juli 1879 nahm der Reichstag die Schutzzölle und die Erhöhung der Tabaksteuer mit den Stimmen der beiden konservativen Parteien, des Zentrums und von 16 Nationalliberalen an. Die Abstimmung bedeutete eine tiefe Zäsur. Bismarck beendete durch sein Votum für die «Franckensteinsche Klausel» die zwölf Jahre zuvor begonnene Zusammenarbeit mit den Nationalliberalen. Er warf das Steuer nach rechts herum: zugunsten einer Parteienkonstellation, in der allenfalls eine stark veränderte, ihrerseits nach rechts gerückte, von ihrem linken Flügel «befreite» Nationalliberale Partei einen Platz finden konnte.

Noch schwerer wogen die wirtschaftlichen und gesellschaftlichen Wirkungen des Übergangs zu Schutzzöllen im Sommer 1879. Der ostelbische Rittergutsbesitz erhielt dadurch, daß er sich, damals noch mehr von Bismarck gedrängt als aus eigenem Antrieb, vom internationalen Wettbewerb abschirmen konnte, eine Chance, die er zu nutzen verstand: Er verfügte fortan über die Möglichkeit, ein priviligiertes Leben auf Kosten der Gesellschaft zu führen und weiterhin prägend auf diese Gesellschaft einzuwirken. Innerhalb der Industrie verstärkte sich durch die Schutzzölle das Gewicht der alten, auf längere Sicht kaum noch wettbewerbsfähigen Branchen, obenan von Kohle und Stahl, zu Lasten der neuen Wachstumszweige wie der elektrotechnischen, der chemischen und der Maschinenbauindustrie. Die Verbindung von «Rittergut und Hochofen» entwickelte sich zur konservativen Achse der deutschen Politik: einem Bündnis gegen Liberalismus und Demokratie, das zwar häufig an inneren Gegensätzen zu zerbrechen drohte, sich aber, wenn es darauf ankam, immer wieder zur gemeinsamen Abwehr gemeinsamer Gegner zusammenfand.[15]

Mit dem Wechsel vom Freihandel zum Schutzzoll ging ein Wandel des deutschen Nationalismus einher. Die Gegner des Freihandels sprachen vom «Schutz der nationalen Arbeit», bemühten also zur gleichen Zeit ein soziales und ein nationales Argument, in diesem Fall die Erhaltung deutscher Arbeitsplätze, um sich gegen die Folgen des internationalen Wettbewerbs abzusichern. Vor 1871 war, wer sich «national» nannte, in der Regel «antifeudal», sei es im bürgerlich-liberalen, sei es im proletarisch-sozialistischen Sinn, gewesen. Im Jahrzehnt nach der Reichsgründung begann jene Gleichsetzung von «national» und «antiinternational», die aus einer ursprünglich liberalen bis linken Parole einen Schlachtruf der politischen Rechten machte.

«National» und «liberal» seien eine «contradictio in adjecto», ein Widerspruch in sich selbst, bemerkten die ehedem liberalen, seit 1879 aus Bismarcks «Reptilienfonds» gespeisten und von seinem Intimus Moritz Busch redigierten «Grenzboten» zu der Krise, in die der Nationalliberalismus infolge des Kurswechsels in der Wirtschaftspolitik geraten war. «Es muß bei uns dahin kommen, daß eine nationale Partei sich bildet, als die einzig regierungsfähige, welche mit denjenigen Parteien, die nicht unbedingt antinational, aber auch nicht nur bedingt national sind, bald zu diesem, bald zu jenem Zweck, der auf dem Weg des nationalen Gedankens liegt, vorübergehend zusammenwirkt.» Daß die Freihändler nicht zu den «nationalen» Kräften zu rechnen waren, machten die «Grenzboten» wenig später vollends klar. «Der manchesterliche Radikalismus ist gleich dem ultramontanen und sozialen antinational. Sein Wahn ist die kosmopolitische Freihandelsgesellschaft, der atomistische Weltnebel, der in der englischen Kapitalmacht eine Art Kern erhält, welcher ihn vor völliger Zerfließung bewahrt.»

«National» sein hieß seit der innenpolitischen Wende von 1878/79 nicht mehr, die Emanzipation des Bürgertums oder der Arbeiter voranzutreiben, sondern die Erhaltung der bestehenden Verhältnisse gegen alle zu verteidigen, die sich für mehr Weltoffenheit, mehr Freiheit und mehr Gleichheit einsetzten. Zum «nationalen» Bekenntnis, wie es die Rechte verstand, gehörten mithin scharfe Kampfansagen an jene, denen man absprach, in diesem Sinne «national» zu sein. Der Verdacht fehlender nationaler Zuverlässigkeit, den die Liberalen gegenüber den Katholiken und den Sozialdemokraten geäußert hatten, richtete sich nun fortschreitend gegen sie selbst. Der Antisemitismus, der immer auch Antiliberalismus war, hatte dem antiliberalen Nationalismus den Boden bereitet. Doch man mußte nicht zu den Antisemiten gehören, um in dem Sinn «national» zu sein, wie es nach 1879 üblich wurde.

Der Bedeutungswandel des Begriffs «national» wurde von einem Wandel der Trägerschichten des Nationalismus begleitet. Seit sich die preußischen Konservativen 1876 in «Deutschkonservative Partei» umbenannt hatten, beanspruchten sie auch, die wahren Vertreter des nationalen Gedankens zu sein. Zur gleichen Zeit begannen sie, verstärkt die Kerngruppen des städtischen Mittelstandes, Handwerker und kleine Kaufleute, zu umwerben, die bislang großteils liberal gewählt hatten, sich vom wirtschaftlichen Liberalismus in Gestalt von Gewerbefreiheit und Freizügigkeit aber zunehmend bedroht fühlten. Es waren dieselben Schichten, um die sich seit 1880 auch die organisierten Antisemiten bemühten. Ludwig Bamberger nahm 1888 die rechten Umdeutungen der nationalen Parole zum Anlaß einer ebenso beißenden wie bildkräftigen Analyse: «Das nationale Banner in der Hand der preußischen Ultras und der sächsischen Zünftler ist die Karikatur dessen, was es einst bedeutet hat, und diese Karikatur ist ganz einfach so zustande gekommen, daß die überwundenen Gegner sich das abgelegte Gewand des Siegers angeeignet und dasselbe nach ihrer Fasson gewendet, aufgefärbt und zurechtgestutzt haben, um als die lachenden Erben der nationalen Bewegung darin einherstolzieren zu können.»

Der Wandel vom linken und liberalen zum rechten und konservativen Nationalismus im letzten Drittel des 19. Jahrhunderts war ebensowenig auf Deutschland beschränkt wie der Übergang vom Freihandel zum Schutzzoll: Zwischen 1876 und 1881 vollzogen Rußland, Italien und Frankreich eine ähnliche Korrektur ihrer Handelspolitik; die Vereinigten Staaten von Amerika hatten dies schon 1864 getan. Was die Rechtsschwenkung des deutschen Nationalismus von vergleichbaren Entwicklungen in Frankreich und der angelsächsischen Welt abhob, war zum einen die «feudale» Nutznießerschaft des neuen Nationalismus, seine Rolle als Mittel zur Befestigung des Einflusses einer aristokratischen Führungsschicht, zum anderen die Schwäche der liberalen Gegengewichte. Der deutsche Liberalismus konnte nicht selbstbewußt auf das Erbe einer erfolgreichen Revolution zurückblicken; er hatte sich mit Bismarcks «Revolution von oben» verbündet und nach Lage der Dinge auch nichts anderes tun können. Das Bündnis aber hatte ihn von den Eliten des alten Preußen, von Krone, Junkertum und Militär, in höherem Maß abhängig gemacht als diese von ihm. Der Liberalismus hatte sich überdies um einen guten Teil seiner Glaubwürdigkeit gebracht, als er den politischen Katholizismus und die Sozialdemokratie mit illiberalen Mitteln bekämpfte oder bekämpfen ließ. Das rächte sich 1879: Gegen Bismarcks Wende nach rechts wirksamen Widerstand zu leisten waren die deutschen Liberalen zu schwach.

In den sechziger Jahren hatte sich der deutsche Liberalismus in mancher Hinsicht, mit Blick auf die staatsbürgerliche Gleichberechtigung der Juden und die Durchsetzung der Gewerbefreiheit etwa, liberalisiert. Im Jahrzehnt danach folgte die Umkehr dieses Prozesses: eine Entliberalisierung des Liberalismus. Im Zuge der Kampagnen für den «Schutz der nationalen Arbeit» und ein scharfes Sozialistengesetz begannen Organe, die dem rechten Flügel des Nationalliberalismus nahestanden, den Erwerb von Kolonien zu fordern und dies nicht nur wirtschaftlich, sondern auch «sozial» zu begründen. Die «Grenzboten» befanden im Sommer 1878, der Staat, welcher Ruhe als die erste Bürgerpflicht betrachte, gewinne entschieden dadurch, «daß die unruhigen Geister, welche zu Hause nicht gut tun, außer Landes gehen... Ein System, ähnlich wie es bei den Deportierten Australiens in Anwendung kam und vortreffliche Frucht zeigte, erscheint uns als das geeignetste, wenn einmal die Frage an das Deutsche Reich herantritt, sich seiner mißratenen Söhne zu entledigen.» Die «Volkswirtschaftliche Correspondenz», das Sprachrohr der Schutzzöllner, faßte denselben Gedanken im Herbst 1878 in die knappe Formel: «Schon als Sicherheitsventil für den grollenden Vulkan der sozialen Frage ist kein Land der Welt eines national organisierten Auswanderungswesens so bedürftig wie Deutschland.»

Der Einwand der (damals noch freihändlerischen) «National-Zeitung», sicherer und nützlicher als lockende Bilder von «blühenden Faktoreien in Afrika und Amerika» seien «Unternehmungen, die an der Peripherie unseres Volksgebietes selbst den kolonialen Meißel» ansetzten, um (das mehrheitlich polnisch besiedelte) Posen zu einem «eigenen deutschen Boden» zu machen, vermochte die Schutzzöllner und Kolonialfreunde nicht zu überzeugen: Für sie waren die «Verdeutschung Posens», von der die «National-Zeitung» behauptete, sie sei eine Wohltat für Polen und Deutsche, und der Erwerb von Kolonien in Übersee keine Gegensätze. Bereits im Frühjahr 1879 verlangten Treitschkes «Preußische Jahrbücher», der Staat solle deutsche Bauern mit Hilfe gezielter Maßnahmen zur Siedlung in Posen ermuntern. «Wir haben im Westen uns staatlich zu schützen, zu sichern, aber nicht volklich zu erwerben. In der Tat aber ist der Osten das Land der Verheißung für uns gewesen, solange wir eine deutsche Geschichte kennen.»

Treitschke und sein Freund Wilhelm Wehrenpfennig, der Mitherausgeber der «Preußischen Jahrbücher», hatten die Nationalliberale Partei am Vorabend der Abstimmung über die Zoll- und Finanzreform verlassen. Tags darauf, am 12. Juli 1879, folgten ihnen weitere 16 Schutzzöllner. Die überzeugten Freihändler zögerten noch, den gleichen Schritt zu tun, verloren aber mehr und mehr das Vertrauen, daß Bennigsen, nachdem er Bismarck in der Frage der Schutzzölle weit entgegengekommen war, die Partei auf den Boden des entschiedenen Liberalismus zurückführen könne oder wolle. Am 15. März 1880 erklärte als erster «Linker» Eduard Lasker seinen Austritt aus der nationalliberalen Reichstagsfraktion. In einem Brief an seine Wähler widersprach er der Annahme, «daß eine den Zeitverhältnissen nach reaktionäre Wirtschafts- und Steuerpolitik mit einer dem Fortschritt zugewendeten Politik in übrigen Dingen sich vereinigen ließe». Die parlamentarische Taktik der Fraktion sah er von der Ansicht geleitet, «daß die Bildung einer klerikal-konservativen Mehrheit unter allen Umständen zu verhindern und an deren Statt allenfalls eine liberal-konservative Mehrheit in Aussicht zu stellen sei. Ich aber halte eine solche Kombination für unmöglich, außer unter Opfern, welche die Bestrebungen einer maßvoll liberalen Partei in der Gegenwart beschädigen und für die Zukunft gefährden.»

Fünfeinhalb Monate später, am 30. August 1880, erklärten weitere 26 Abgeordnete des linken Flügels, unter ihnen Bamberger, Forckenbeck, Stauffenberg und Mommsen, ihren Austritt aus der Reichstags- und der preußischen Landtagsfraktion der Nationalliberalen Partei und schlossen sich zur «Liberalen Vereinigung» zusammen – nach dem Titel einer Broschüre Bambergers kurz «Sezession» genannt. Unmittelbarer Anlaß zum Bruch war die Bereitschaft der Mehrheit unter Bennigsen, Bismarck bei der Milderung der Maigesetze von 1873, also der Beilegung des Kulturkampfes, zu unterstützen.

Die Erklärung der «Sezessionisten» ging freilich über diesen Streitpunkt weit hinaus. Das Manifest bezeichnete «festen Widerstand gegen die rückschrittliche Bewegung, Festhalten unserer nicht leicht errungenen politischen Freiheiten» als «die gemeinschaftliche Aufgabe der gesamten liberalen Partei». Die Spaltung des entschiedenen Liberalismus war damit noch nicht überwunden, aber es gab nun einen Ansatz zur Wiedervereinigung derer, die sich weiterhin als entschiedene Liberale verstanden. Vierzehn Jahre nachdem sich die Nationalliberalen von der Fortschrittspartei getrennt hatten, war einem Teil der Sezessionisten von 1866 klar geworden, daß sie ihre Identität nur durch eine neue Sezession, die den Bruch mit Bismarck in sich schloß, bewahren konnten. Unter den Sezessionisten von 1880 überwog das preußische Element, und das war kein Zufall: Für den Kampf gegen Bismarck entschieden sich vor allem jene, die sich ihm schon einmal, in den Jahren des preußischen Verfassungskonflikts, entgegengestellt hatten.[16]

Die Beilegung des Kulturkampfes in den achtziger Jahren hatte einen geistlichen und einen weltlichen Vater: Papst Leo XIII. und Bismarck. Dem neuen Papst war schon deshalb an einer Verbesserung des Verhältnisses zu Preußen und zum Reich gelegen, weil sich seit dem Wahlsieg der laizistischen Kräfte in Frankreich im Jahre 1877 eine neue Kampffront zwischen Staat und Kirche abzeichnete. Dazu kam das päpstliche Interesse am Kampf gegen Liberalismus und Sozialdemokratie. Bismarck, mittlerweile davon überzeugt, daß der Kulturkampf nicht zu gewinnen war, und seinerseits an kirchlicher Rückendeckung für staatliche Maßnahmen gegen die Sozialdemokratie interessiert, entschied sich bereits im Sommer 1878, den Weg der Aussöhnung mit der katholischen Kirche zu beschreiten.

Das erste Milderungsgesetz vom Juli 1880 ermächtigte die preußische Regierung, Zahlungen an die katholische Kirche wieder aufzunehmen und Bischöfe von der Leistung eines Eides auf die preußischen Gesetze zu befreien. Fünf Bistümer wurden daraufhin wiederbesetzt, ohne daß die neuen Bischöfe den besagten Eid leisten mußten. Zwei Jahre später folgte die Wiederaufnahme diplomatischer Beziehungen zwischen Preußen und dem Vatikan, die 1872 abgebrochen worden waren. Im Mai und Juli 1882 traten das zweite und das dritte preußische Milderungsgesetz in Kraft. Fortan waren in vielen Fällen Befreiungen vom «Kulturexamen» möglich; der König durfte amtsenthobene Bischöfe auf dem Begnadigungsweg wieder einsetzen. Den Abschluß der Revision bildeten die Friedensgesetze von 1886 und 1887, die Bismarck, ohne das Zentrum einzuschalten, direkt mit der Kurie aushandeln ließ: Der Staat erkannte darin die päpstliche Disziplinargewalt an und beseitigte das Kulturexamen; mit Ausnahme der Jesuiten wurden alle Orden wieder zugelassen. Drei «Errungenschaften» des Kulturkampfes blieben erhalten: das Verbot des Jesuitenordens, das 1917 fiel, der Kanzelparagraph, der bis 1953 galt, und die Zivilehe.

Die Wunden, die der Kulturkampf geschlagen hatte, waren nicht so schnell zu heilen, wie sich Gesetze ändern oder aufheben ließen. Das Gefühl der Benachteiligung und der Herabsetzung saß bei den meisten kirchentreuen Katholiken tief, und es trug entscheidend dazu bei, dem politischen Katholizismus über das Kaiserreich hinaus einen Zusammenhalt zu sichern, zu dem es bei den Protestanten keine Entsprechung gab. Erst unter dem Eindruck des Kulturkampfes formte sich jenes dichte Netz von katholischen Vereinen für Bauern, Arbeiter, Gesellen, Handwerker, Kaufleute, Lehrer, Akademiker und Studenten heraus, das in seiner Gesamtheit das katholische «Milieu» ausmachte. Die Wirkungen des Kulturkampfes waren mithin denen des Sozialistengesetzes vergleichbar: Staatlicher Druck förderte die Herausbildung einer gesellschaftlichen «Subkultur», die sich gegen ihre Umgebung abzuschotten trachtete.

Die Unterschiede, was den Grad und die Dauer des Drucks anbelangt, waren jedoch erheblich. Die Katholiken konnten sich während des Kulturkampfes, anders als die Sozialdemokraten unter dem Sozialistengesetz, politisch und publizistisch vergleichsweise frei entfalten. Ihre Diskriminierung war sehr viel weniger umfassend als die der Sozialdemokraten. Die Wandlung des politischen Katholizismus zu einer eher gouvernementalen Partei begann rund ein Jahrzehnt nach der Beilegung des Kulturkampfes.

Für die Sozialdemokraten änderte das Außerkrafttreten des Sozialistengesetzes im Jahre 1890 nichts daran, daß sie sich weiterhin als Fundamentalopposition verstanden, und als grundsätzliche Gegner von Staat und Gesellschaft wurden sie wahrgenommen und behandelt.[17]

Bei den ersten Reichstagswahlen nach der innenpolitischen Wende von 1878/79, die im Oktober 1881 stattfanden, mußten die Sozialdemokraten leichte Verluste hinnehmen: Sie kamen auf 6,1 gegenüber 7,6 % bei der vorausgegangenen Wahl vom Juli 1878. Das Zentrum erhielt mit gut 23 % fast genau denselben Anteil wie drei Jahre zuvor. Die großen Verlierer waren die Nationalliberalen, die von 23,1 auf 14,7 % absanken, die großen Gewinner die Linksliberalen. Die Sezessionisten der Freien Vereinigung erzielten auf Anhieb 8,4 %; die Deutsche Fortschrittspartei konnte ihren Stimmenanteil fast verdoppeln: Sie stieg von 6,7 auf 12,7 %. Das konservative Lager als ganzes verlor, wobei es Verschiebungen zu Lasten der Freikonservativen und zugunsten der Deutschkonservativen gab: Die ersteren, die sich seit 1871 «Deutsche Reichspartei» nannten, fielen von 13,6 auf 7,4 %; die letzteren stiegen von 13 auf 16,3 %.

Alles in allem ließ sich die Wahl als Plebiszit gegen Bismarcks Rechtsschwenkung deuten: Der Reichskanzler verfügte im neuen Reichstag über keine gouvernementale Mehrheit mehr. Nur wenn das Zentrum oder die beiden linksliberalen Parteien mit Konservativen, Freikonservativen und Nationalliberalen stimmten, konnte eine Gesetzesvorlage die parlamentarische Hürde nehmen. Eine Mehrheit für das Tabakmonopol, das Bismarck in den Mittelpunkt des Wahlkampfes gestellt hatte, war in *diesem* Reichstag nicht vorhanden.

Zwischen den beiden linksliberalen Parteien gab es so viele Gemeinsamkeiten, daß eine Wiedervereinigung geradezu in der Luft lag. Im März 1884 war es soweit: Die Deutsche Fortschrittspartei und die Liberale Vereinigung schlossen sich unter Führung des Berliner Juristen Eugen Richter, des bisherigen Vorsitzenden der Fortschrittspartei, zur Deutschen Freisinnigen Partei zusammen, die im Reichstag mit 110 Mandaten zeitweilig die stärkste Fraktion stellte. In der Streitfrage «Freihandel oder Schutzzoll» wählte das Programm, um möglichst viele nationalliberale Wähler für die neue Partei zu gewinnen, eine betont «weiche» Formulierung: Es sprach sich gegen eine «Zoll- und Wirtschaftspolitik im Dienste von Sonderinteressen» aus. Hinreichend deutlich war hingegen die Forderung, die gesetzlichen Voraussetzungen für ein verantwortliches Reichsministerium zu schaffen und den Sozialismus «auch» als Staatssozialismus zu bekämpfen.

Eine Hinwendung zu dem, was die Linksliberalen «Staatssozialismus» nannten, vollzogen um dieselbe Zeit die süddeutschen Nationalliberalen. In ihrer «Heidelberger Erklärung», entworfen vom Frankfurter Oberbürgermeister Johannes Miquel, billigten sie Ende März 1884 ausdrücklich «die auf die erhöhte Fürsorge für das Wohl der arbeitenden Klassen gerichteten Bestrebungen des Reichskanzlers» und die Bemühungen der Reichsregierung, «die soziale Lage der arbeitenden Klassen zu verbessern». Flankiert wurde die Abkehr vom Manchesterliberalismus durch das Bekenntnis zum Zolltarif von 1879, zum Schutz der Landwirtschaft, zur Verlängerung des Sozialistengesetzes und zur Erhaltung einer starken deutschen Heeresmacht. Im Mai 1884 erhob ein Parteitag der Nationalliberalen in Berlin die «Heidelberger Erklärung» zum Programm der Gesamtpartei.

Was die Freisinnigen bekämpften und die Nationalliberalen begrüßten, war um diese Zeit bereits in vollem Gange: der Aufbau einer deutschen Sozialversicherung. Bismarck hatte den Bruch mit dem Wirtschaftsliberalismus nicht aus sozialpolitischen Gründen vollzogen, aber ohne diesen Bruch wäre er nicht als Sozialpolitiker in die Geschichte eingegangen. Den Boden für eine Politik, die dem Staat die Aufgabe zuschrieb, soziale Gegensätze auszugleichen, hatten Theoretiker wie Lorenz von Stein und die im 1872 gegründeten «Verein für Sozialpolitik» zusammengeschlossenen «Kathedersozialisten» um Gustav Schmoller, aber auch enge Mitarbeiter Bismarcks wie Theodor Lohmann gelegt. Der Reichskanzler selbst war von der Richtigkeit und Notwendigkeit der Sache überzeugt. «Es ist möglich, daß unsere Politik einmal zugrunde geht, wenn ich tot bin», äußerte er am 26. Juni 1881 gegenüber dem Schriftsteller Moritz Busch. «Aber der Staatssozialismus paukt sich durch. Jeder, der diesen Gedanken wieder aufnimmt, wird ans Ruder kommen.»

Bismarck wollte ursprünglich auf Versicherungsbeiträge der Arbeiter ganz verzichten und sie durch Zuschüsse des Reichs ersetzen. Von dieser Konstruktion erwartete er, daß sie die Arbeiter an den bestehenden Staat binden würde. An der antiparlamentarischen Nebenabsicht, die der Reichskanzler mit seiner Sozialpolitik verfolgte, gibt es nichts zu deuteln: In den Berufsgenossenschaften der Unfallversicherung sah Bismarck den Kern einer berufsständischen Organisation, die nach seiner Vorstellung in einer mit dem Reichstag konkurrierenden Ständekammer, dem Reichsvolkswirtschaftsrat, gipfeln sollte. Verwirklicht wurden diese Pläne nicht: Sie scheiterten teils an der Bürokratie, teils am Reichstag.

Was während der achtziger Jahre tatsächlich zustandekam, war ungleich fortschrittlicher als Bismarcks Absichten. Das Gesetz über die Krankenversicherung von 1883 verpflichtete die Arbeitnehmer, die nicht einer freiwilligen Hilfskasse angehörten, sich bei einer Ortskrankenkasse zu versichern; die Arbeitnehmer mußten zwei Drittel, die Arbeitgeber ein Drittel der Kosten tragen. Bei der 1884 geschaffenen Unfallversicherung wurden die Kosten ausschließlich den genossenschaftlich organisierten Arbeitgebern auferlegt. Das Gesetz über die Alters- und Invalidenversicherung von 1889 verteilte die Kosten zu je einem Drittel auf Arbeitgeber, Arbeitnehmer und Reich.

Die Sozialversicherungen schufen, und das war das qualitativ Neue gegenüber der traditionellen Armenfürsorge, einen individuellen Rechtsanspruch auf soziale Leistungen. Durch die Gesetze von 1883, 1884 und

1889 wurden Gesellschaft und Staat in die Pflicht genommen: Sie mußten Notlagen abhelfen, die die einzelnen nicht zu verantworten hatten und die sie nicht abwenden konnten. Das Deutsche Reich wurde dadurch zum Pionierland der Sozialversicherung. Es erlangte diesen Rang im Gefolge einer innenpolitischen Wende, die Deutschland auf anderen Gebieten zurückwarf: Schutzzölle und Sozialpolitik waren die zwei Seiten *einer* Medaille, der «inneren Reichsgründung».[18]

Mit der Sozialpolitik allein eine gouvernementale Mehrheit zu gewinnen hielt Bismarck offensichtlich nicht für aussichtsreich. Daß das Deutsche Reich im Jahr 1884 Kolonialmacht wurde, hing eng mit der bevorstehenden Reichstagswahl zusammen. Für den Erwerb von Kolonien warb seit Ende 1882 der neugegründete Deutsche Kolonialverein, in dem neben Industriellen, Kaufleuten und Bankiers Politiker aus den Reihen der Nationalliberalen und der freikonservativen Deutschen Reichspartei den Ton angaben. Sie setzten nicht nur auf den Gewinn von Absatzgebieten für deutsche Produkte, sondern auch auf die integrierende Wirkung der Kolonialbewegung in Deutschland selbst. Miquel nannte Kolonien auf dem Frankfurter Gründungskongreß im Dezember 1882 eine Aufgabe, «an der nicht nagt der Streit der Konfessionen, der religiösen, politischen und sozialen Gegensätze». Der Präsident des Kolonialvereins, der freikonservative Reichstagsabgeordnete Hermann von Hohenlohe-Langenburg, erklärte 1884 anläßlich der Gründung des Berliner Zweigvereins, daß «keine Bestrebung so geeignet ist, die soziale Frage, die gegenwärtig alle Geister rege hält, zu heben wie gerade die Bestrebungen unseres Vereins. Ein jeder, der dem Verein beitritt, trägt somit auch ein Scherflein bei zur Lösung der sozialen Frage.»

Bismarck hatte bis in die achtziger Jahre hinein aus außenpolitischen wie aus Kostengründen von deutschen Kolonien nichts wissen wollen. Im April 1884 aber nutzte der Reichskanzler eine Phase, in der England durch Spannungen mit Frankreich und Rußland in Anspruch genommen war, um ein von dem Bremer Kaufmann Adolf Lüderitz erworbenes Gebiet an der Bucht von Aqua Pequena in Südwestafrika dem Schutz des Reiches zu unterstellen. Im Juli 1884 proklamierte Deutschland seine Hoheit über Togo und Kamerun. 1885 folgten die Verkündung der Schutzhoheit über ein großes, von dem Kolonialagitator Carl Peters erworbenes Territorium in Ostafrika und die Gründung der Kolonie Deutsch-Neuguinea.

Der Reichskanzler wurde 1884/85 zum zeitweiligen Verbündeten der Kolonialbewegung, weil sie ein Mittel gefunden zu haben schien, den Deutschen wieder ein nationales Ziel zu setzen. Wandten sich seine Landsleute einer nationalen Aufgabe wie den Kolonien zu, mochte es leichter fallen, sie von Bestrebungen abzuhalten, die Bismarck für unvereinbar mit dem Reichsinteresse hielt und darum bekämpfte. Dazu gehörten der Umsturz der bestehenden Ordnung, der vermeintlich von der Sozialdemokratie drohte, der immer noch lebendige regionale und konfessionelle Partikularismus und, nicht zuletzt, das Drängen der Freisinnigen auf Parlamentarisierung. Die Kolonialforderungen aber wurden von Parteien vertreten, die Bismarck ihrer Unterstützung versicherten: den Freikonservativen und den Nationalliberalen. Ihre Stärkung lag folglich im Reichsinteresse, so wie Bismarck es auffaßte.

Für die Linksliberalen zahlte sich ihr striktes Nein zur Kolonialpolitik so wenig aus wie ihre Ablehnung der Sozialversicherungsgesetze. Bei den Reichstagswahlen vom Oktober 1884 verlor die Deutsche Freisinnige Partei 39 ihrer 106 Mandate. Doch von einem eindeutigen Sieg der Parteien, die Bismarck auf beiden Gebieten unterstützten, konnte auch nicht die Rede sein. Die Freikonservativen behaupteten ihre 28 Mandate, verloren aber geringfügig, was den Stimmenanteil betraf; die Nationalliberalen gewannen 2,9 % und 4 Sitze hinzu. Die Deutschkonservativen profitierten davon, daß auf dem schwach besiedelten platten Land Ostelbiens sehr viel weniger Stimmen zur Gewinnung eines Reichstagsmandats erforderlich waren als im bevölkerungsstarken Westen: Sie steigerten, obwohl ihr Stimmenanteil um etwa ein Prozent sank, ihre Mandatszahl von 50 auf 78. Zu den eindeutigen Gewinnern zählten die Sozialdemokraten, die von 6,1 auf 9,7 % anwuchsen und ihre Mandatszahl von 12 auf 24 anheben, also verdoppeln konnten. Beim Zentrum, den Welfen, elsaß-lothringischen Autonomisten, Polen und Dänen gab es keine wesentlichen Veränderungen. Von einer regierungsfreundlichen Mehrheit war der neue Reichstag kaum weniger weit entfernt als sein Vorgänger. Das Regieren mit wechselnden Mehrheiten ging also weiter.

War in den Jahren 1884/85 die Kolonialpolitik in den Rang einer nationalen Aufgabe erhoben worden, so rückte 1886 die Förderung des Deutschtums im Osten des Reiches in den Vordergrund der nationalen Aufmerksamkeit. Die tieferen Ursachen waren wirtschaftlicher und sozialer Natur: Der Mangel an landwirtschaftlichen Arbeitsplätzen ließ die Bevölkerung in den agrarischen Ostprovinzen Preußens immer mehr zurückgehen – teils durch Auswanderung nach Übersee, teils durch Binnenwanderung ins «industrielle Herz» Deutschlands, das Ruhrgebiet. Da unter denen, die abwanderten, die Deutschen stärker vertreten waren als die Polen, stieg, vor allem in Posen und Westpreußen, der polnische Bevölkerungsanteil auf Kosten des deutschen. Die daraus erwachsenden Ängste vor einer «Polonisierung» des Ostens bildeten den Nährboden der 1886 verstärkt einsetzenden Agitation für die «Germanisierung des Bodens». Daß der polnische Anteil am Grundbesitz in den Jahren zuvor spürbar zurückgegangen war, wurde von den Urhebern der Kampagne, an ihrer Spitze dem Bromberger Regierungspräsidenten Christoph von Tiedemann, geflissentlich übersehen. Gestützt auf eine Denkschrift Tiedemanns, legte die preußische Regierung im Frühjahr 1886 einen Gesetzentwurf vor, der den Ankauf von polnischem Grundbesitz aus einem Fonds von 100 Millionen Mark unter der Kontrolle einer Königlichen Ansiedlungskommission vorsah. Am 26. April 1886 trat das Gesetz in Kraft.

Bismarck hatte mit dem Gesetz vor allem den polnischen Adel nachhaltig schwächen wollen und ursprünglich daran gedacht, aus dem aufgekauften Land Domänen zu bilden. Den Gedanken, das Land für die Ansiedlung von Bauern zu verwenden, brachten die Nationalliberalen in die Debatte ein. Bismarck eignete sich den Siedlungsgedanken rasch an und trug auf diese Weise mit dazu bei, die «Germanisierung des Bodens» zu einem Bestandteil der offiziellen preußischen Politik zu machen. Zwischen 1886 und 1914 brachte Preußen rund eine Milliarde Goldmark für die Ansiedlung deutscher Bauern auf. Der praktische Erfolg war freilich, gemessen an den Erwartungen, der Länge des Zeitraums und der Größe des Territoriums, bescheiden. Trotz der massiven Propaganda des 1894 gegründeten Deutschen Ostmarkenvereins gelang es bis 1914 lediglich, etwa 22 000 Bauern, mit ihren Familienangehörigen zusammen knapp 120 000 Deutsche, in Posen und Westpreußen anzusiedeln.

Mit der «Germanisierung des Bodens» ging die sprachliche Germanisierung des Ostens einher. 1876 hatte Preußen durch das Geschäftssprachengesetz und 1877 das Reich durch das Gerichtsverfassungsgesetz den Vorrang des Deutschen als Amtssprache im Behördenverkehr und vor Gericht festgelegt. «Bis in die abgelegensten Rechtsbezirke hinein pflanzte sich diese Welle der sprachlichen und nationalen Vereinheitlichung in den folgenden Jahrzehnten fort», faßt Hans-Ulrich Wehler die Wirkungen zusammen. «Unter dem Druck des wachsenden reichsdeutschen Nationalismus wurde die polnische Sprache allmählich aus Schule und Religionsunterricht, aus Versammlungen und Gerichtssälen verdrängt, wobei die Bürokratie der Ostprovinzen ständig auf Erweiterung ihrer Kompetenzen zur Umgehung verfassungsmäßig garantierter Rechte drängte.»

Von den beiden Gesetzen von 1876 und 1877 waren nicht nur die Polen, sondern auch die Dänen in Nordschleswig betroffen, vom Gerichtsverfassungsgesetz des Reiches von 1877 auch die französischsprachigen Bewohner des Gebiets um Metz. Doch von einem «Volkstumskampf» konnte man nur im Osten des Reiches sprechen, wo «Germanen» und «Slawen» aufeinanderstießen. Dänen und Franzosen gegenüber gab es nicht jenen Anspruch auf kulturelle Überlegenheit, dem sich die Polen ausgesetzt sahen. Das deutsche Verhältnis zu Polen war von rassischen Vorurteilen geprägt; es glich darin eher dem Antisemitismus als «normalen» Äußerungen von Nationalismus. Niemand wäre freilich auf den Gedanken gekommen, den Polen dasselbe zu unterstellen wie den Juden: Sie erstrebten die Herrschaft über Deutschland, ja die Weltherrschaft. Eine solche Beimischung von Unterlegenheitsgefühlen gab es nur im Antisemitismus. So gesehen war der Judenhaß nochmals etwas anderes als der «normale» Rassismus, wie er den Polen gegenüber zum Ausdruck kam.

Auf sehr viel mildere Weise als die Polen wurden die Elsässer und Lothringer diskriminiert. Etwa 60 000 von ihnen hatten, das Recht der «Option» nutzend, in den ersten beiden Jahren nach der Reichsgründung ihre Heimat in Richtung Frankreich verlassen. Diejenigen, die blieben, hatten geringere staatsbürgerliche Rechte als die übrigen Deutschen. Als «Reichsland» wurde Elsaß-Lothringen zunächst von einem Oberpräsidenten verwaltet, der dem Reichskanzleramt unterstand. 1879 erhielt das Gebiet den Status eines Bundesstaates besonderer Art: Er verfügte im Bundesrat nur über beratendes Stimmrecht. Der Statthalter in Straßburg, der an die Spitze der Verwaltung trat, unterstand nicht dem Reichskanzler, sondern unmittelbar dem Kaiser. Eine eigene Volksvertretung hatten die Elsaß-Lothringer bis 1911 nicht; den Landtag ersetzte ein Landesausschuß von Notabeln. Doch eine halbherzige Annäherung an die übrigen deutschen Staaten war nicht zu verkennen: An dem Reichsgesetz von 1879, das die Verhältnisse des Reichslandes neu ordnete, hatten die Autonomisten um den Reichstagsabgeordneten August Schneegans aktiv mitgewirkt.[19]

Im Jahre 1887 wurde Elsaß-Lothringen, wenn auch nur mittelbar, zum Thema eines Reichstagswahlkampfes. In Frankreich hatte Anfang 1886 General Boulanger – das Idol derer, die einen Revanchekrieg gegen Deutschland führen wollten, um die verlorenen Provinzen zurückzugewinnen – das Kriegsministerium übernommen. Zur gleichen Zeit wuchs in Rußland, im Gefolge einer schweren Krise mit Österreich-Ungarn, der Einfluß der Panslawisten, was bei Bismarck die Furcht auslöste, Deutschland könne demnächst in einen Zweifrontenkrieg geraten. Der «cauchemar des coalitions», der Alptraum feindlicher Bündnisse gegen Deutschland, war seit der Reichsgründung für den Kanzler noch nie so bedrückend gewesen wie 1886/87.

Als Bismarck im Januar 1887 vom Reichstag einen neuen siebenjährigen Militäretat forderte (das zweite, 1880 bewilligte Septennat lief in jenem Jahr aus), war der Hinweis auf die Revanchestimmung in Frankreich sein Hauptargument. Die Ablehnung des Antrags nahm der Kanzler zum Anlaß, den Reichstag ein Dreivierteljahr vor Ablauf der Legislaturperiode aufzulösen. Der anschließende Wahlkampf stand ganz im Zeichen einer nationalpsychologischen Mobilmachung gegen den Nachbarn im Westen. Nationalliberale, Deutschkonservative und Freikonservative fochten als politisches «Kartell» an Bismarcks Seite für ein neues Septennat, und sie taten es mit Erfolg. Im neuen, am 21. Februar 1887 gewählten Reichstag gab es erstmals seit 1881 wieder eine gouvernementale Mehrheit, bestehend aus den genannten drei Parteien, die zusammen über 220 von 397 Sitzen verfügten. Das erste Gesetz, das der «Kartellreichstag» im März 1887 verabschiedete, war das dritte Septennat.

Im gleichen Jahr 1887 gelang Bismarck ein außenpolitisches Kunststück, das den posthumen Verehrern des Reichsgründers lange als Gipfel seiner diplomatischen Meisterschaft galt: der Abschluß des geheimen Rückversicherungsvertrags mit Rußland. Das Verhältnis zum Zarenreich hatte sich durch den Ausgang des Berliner Kongresses von 1878 nachhaltig verschlechtert: Rußland fühlte sich durch Bismarck um die Früchte seines Sieges im Krieg mit den Türken gebracht. Die deutsche Antwort war der Zweibund mit Österreich-Ungarn von 1879: ein Geheimabkommen, durch das sich das Deutsche Reich und die habsburgische Doppelmonarchie für den Fall eines russischen Angriffs zu gegenseitigem militärischem Beistand verpflichteten. Ein zusätzliches Stück Sicherheit sollte der 1882 abgeschlossene Dreibund zwischen Deutschland, Österreich-Ungarn und Italien bieten: Darin versprachen Berlin und Wien Rom Hilfe für den Fall eines unprovozierten französischen Angriffs. Umgekehrt mußte Italien Deutschland im Fall eines unprovozierten französischen Angriffs beistehen. Bei einem Krieg mit einer anderen europäischen Macht sicherten sich die Partner wohlwollende Neutralität, bei einem Krieg mit mehreren Partnern Beistand zu.

Mittlerweile hatten Rußland und Österreich-Ungarn ihre politischen Interessengegensätze auf dem Balkan so weit ausgeglichen, daß 1881 der auf drei Jahre befristete, geheime Dreikaiservertrag abgeschlossen werden konnte, in dem sich St. Petersburg, Berlin und Wien wechselseitig wohlwollende Neutralität für den Fall zusicherten, daß eine der drei Mächte in einen Krieg mit einer vierten Macht verwickelt wurde. Eine Verlängerung um drei Jahre gelang 1884. 1885 aber brach ein neuer Balkankrieg zwischen Serbien und Bulgarien aus, der zu einem schweren russisch-österreichischen Konflikt führte. Die Bulgaren siegten; Österreich verhinderte, ohne sich vorher mit Rußland abzustimmen, serbische Gebietsabtretungen, was Rußland als Verstoß gegen den Vertrag von 1881 bewertete, der in der Tat entsprechende Konsultationen vorsah. Im Jahr darauf verschlechterte sich das Verhältnis zwischen Wien und St. Petersburg noch weiter: Mit russischer Hilfe wurde der Fürst von Bulgarien, Alexander von Battenberg, gestürzt; der Nachfolger, der noch nicht feststand, sollte das Land wieder in stärkere Abhängigkeit vom Zarenreich bringen. An eine abermalige Verlängerung des Dreikaiservertrags im Jahre 1887 war unter diesen Umständen nicht mehr zu denken.

Bismarck sah sich nach dem Coup von Sofia starkem Drängen aus Wien und London ausgesetzt: Das Reich möge sich, so forderten sowohl die österreichische wie die englische Regierung, im voraus verpflichten, daß es einem militärischen Vorgehen des Zarenreichs gegen Bulgarien oder am Bosporus entgegentreten werde. Wäre der Kanzler darauf eingegangen, hätte er den endgültigen Bruch mit Rußland, ja vermutlich ein russisch-französisches Bündnis provoziert und damit jene Maxime seiner Außenpolitik preisgegeben, die er am 15. Juni 1877 im «Kissinger Diktat» in die Worte gefaßt hatte, sein Bild von Deutschland sei «nicht das irgendeines Ländererwerbs, sondern das einer politischen Gesamtsituation, in welcher alle Mächte außer Frankreich unser bedürfen, und von Koalitionen gegen uns durch ihre Beziehungen zueinander nach Möglichkeit abgehalten werden».

Der Kissinger Grundregel entsprach es, Rivalitäten zwischen anderen Mächten zu fördern, um sie an einem Zusammengehen gegen Deutschland zu hindern. An diese Devise hielt sich der Reichskanzler auch 1887. Er förderte die von Rom vorgeschlagene Mittelmeerentente zwischen England und Italien vom Februar jenes Jahres, der sich im März auch Österreich-Ungarn anschloß. Die antirussische Spitze des Geheimvertrags war deutlich: Die drei Mächte verpflichteten sich, den Status quo im gesamten Mittelmeer und im Schwarzen Meer soweit irgend möglich aufrechtzuerhalten und Annexionen, Okkupationen sowie die Errichtung von Protektoraten zu verhindern. Deutschland, als einzige europäische Großmacht von der Vereinbarung in Kenntnis gesetzt, war eine Art stiller Teilhaber der Allianz. Es lag aus Bismarcks Sicht im deutschen Interesse, daß London sich Wien annäherte und gleichzeitig mehr als bisher zum Widerpart Rußlands wurde. Was der Reichskanzler hingegen nicht wollen konnte, war ein Krieg zwischen Rußland und dem engsten Bündnispartner Deutschlands, Österreich-Ungarn. Und just diese Gefahr wuchs infolge der britischen Rückendeckung, auf die Österreich dank der Mittelmeerentente setzen konnte.

Der Rückversicherungsvertrag mit Rußland, den Bismarck am 18. Juni 1887 abschloß, widersprach der Mittelmeerentente (und darüber hinaus dem Londoner Abkommen vom März 1871, das die Meerengen zwischen Bosporus und Dardanellen für alle Kriegsschiffe sperrte) in einem wesentlichen Punkt: Deutschland sicherte dem Zarenreich seine Unterstützung für den Fall zu, daß dieses sich entschließen sollte, seine Interessen am Ausgang des Schwarzen Meeres zu verteidigen. Bismarck nahm den Widerspruch um der Vorteile willen in Kauf, die das «ganz geheime Zusatzprotokoll» enthielt: Deutschland verpflichtete sich zur Neutralität, falls Rußland unprovoziert von Österreich-Ungarn angegriffen werden sollte; Rußland legte sich auf Neutralität für den Fall eines unprovozierten französischen Angriffs auf Deutschland fest.

Der Vertrag mit St. Petersburg minderte die Gefahr eines Zweifrontenkrieges – so wie das kurz zuvor, im Mai 1887, auch der Sturz von Kriegsminister Boulanger in Paris getan hatte. Bismarck aber glaubte durchaus nicht, daß die Gefahr eines russisch-französischen Bündnisses durch den Vertrag ein für allemal gebannt war. Dem preußischen Kriegsminister Bronsart von Schellendorf gegenüber bemerkte der Kanzler Ende Dezember 1887, nach Lage der europäischen Politik sei es wahrscheinlich, «daß wir in nicht zu ferner Zeit den Krieg gegen Frankreich und Rußland gleichzeitig zu bestehen haben werden». Herbert von Bismarck, Sohn des Reichskanzlers und Staatssekretär des Auswärtigen Amtes, meinte im Juni 1887 nüchtern, der Vertrag halte «uns im Ernstfall die Russen wohl doch sechs bis acht Wochen länger vom Halse als ohnedem». Es war jedoch nicht nur die europäische Politik, die die Furcht vor einem Zweifrontenkrieg am Leben hielt. Es war nicht zuletzt Bismarcks Zollpolitik, die das Verhältnis zum Zarenreich belastete. Die Getreidezölle von 1879 wurden im März 1887 ein zweites Mal drastisch angehoben, was praktisch einen Handelskrieg mit Rußland bedeutete. Die Folgen der konservativen Wende in der Innenpolitik entzogen der Bündnispolitik mit der konservativen Großmacht Rußland immer mehr den Boden.

Ein «System der Aushilfen» hat Bismarcks Biograph Lothar Gall die innere Politik des Reichskanzlers nach 1881 genannt. Die Formel trifft auch für die Außenpolitik von 1887 zu. Die Widersprüche zwischen den Bündnissen, an denen Deutschland mittelbar oder unmittelbar beteiligt war, waren nicht auflösbar. Vergleichsweise stabil war nur die Beziehung zu Österreich-Ungarn, die seit dem Zweibund von 1879 jenem «weiteren Bund» ähnelte, von dem einst, drei Jahrzehnte zuvor, Heinrich von Gagern gesprochen hatte. Bismarck war diese enge Bindung im Bewußtsein einer jahrhundertealten Zusammengehörigkeit eingegangen, ohne sich darüber hinwegzutäuschen, daß auch die Allianz mit dem Habsburgerreich Gefahren für Deutschland in sich barg.

Der Rückversicherungsvertrag verstieß zwar nicht gegen den Buchstaben, wohl aber gegen den Geist des Vertrags über den Zweibund. Entsprechendes läßt sich vom Lombard-Verbot von November 1887 sagen, durch das Bismarck Rußland von deutschen Kreditquellen weitgehend abschnitt: Es widersprach dem Geist des Rückversicherungsvertrags. Die Außenpolitik des Reichsgründers war in der zweiten Hälfte der achtziger Jahre in eine Sackgasse geraten, und es war *auch* der Innenpolitiker Bismarck, der dafür die Verantwortung trug.[20]

Am 9. März 1888 starb, kurz vor der Vollendung seines 91. Lebensjahres, Kaiser Wilhelm I. Sein Nachfolger war bereits todkrank, als er den Thron bestieg. Kaiser Friedrich war nicht weniger preußischer Offizier als sein Vater, aber sehr viel liberaler als dieser. Die Partei, die ihm am nächsten stand, waren die Freisinnigen – genauer gesagt: die Gruppen der ehemaligen Nationalliberalen um Bamberger, Forckenbeck und Stauffenberg. Daß Friedrich als Kronprinz während des Berliner Antisemitismusstreits den Judenfeinden mehrfach demonstrativ entgegengetreten war, blieb in der Erinnerung vieler Zeitgenossen haften. Mit Bismarck hatte er seit den Tagen des preußischen Verfassungskonflikts immer wieder im Streit gelegen; er bekannte sich zu seinen Sympathien für das parlamentarisch regierte England, ein Land, mit dem er sich auch durch seine Frau Victoria, die Tochter der Queen, verbunden fühlte. Während der 99 Tage, die er an der Spitze des Reiches stand, konnte er die deutsche Politik allerdings kaum noch beeinflussen; die Entlassung des hochkonservativen preußischen Innenministers von Puttkamer war das einzige Zeichen, das er setzte. Als er am 15. Juni 1888 an Kehlkopfkrebs starb, hinterließ er dennoch einen bis heute fortwirkenden Mythos: die verbreitete Meinung, Kaiser Friedrich hätte, wäre ihm eine längere Regierungszeit beschieden gewesen, der deutschen Geschichte eine andere Richtung gegeben – im Innern eine liberale Wendung, nach außen die Verständigung mit England.

Zu denen, die sich schon zu jener Zeit einer solchen Deutung nicht anschließen mochten, gehörte auch Theodor Fontane. In seinem letzten Roman, der 1898, im Todesjahr Fontanes und Bismarcks, erschien, läßt er den Titelhelden, den alten Junker Dubslav von Stechlin, einen gemäßigten Konservativen, im Gespräch mit dem eher liberalen Grafen Barby sagen, woran Kaiser Friedrich wohl gescheitert wäre: «An seinen Freunden vielleicht, an seinen Feinden gewiß. Und das waren die Junker. Es heißt immer, das Junkertum sei keine Macht mehr, die Junker fräßen den Hohenzollern aus der Hand, und die Dynastie züchte sie bloß, um sie für alle Fälle parat zu haben. Und das ist eine Zeitlang vielleicht auch richtig gewesen. Aber heut ist es nicht mehr richtig, es ist heute grundfalsch. Das Junkertum... hat in dem Kampf dieser Jahre kolossal an Macht gewonnen, mehr als irgendeine andere Partei, die Sozialdemokratie kaum ausgeschlossen, und mitunter ist mir's, als stiegen die seligen Quitzows wieder aus dem Grabe herauf...» Als Graf Barby einwarf: «Und Sie glauben, an dieser scharfen Quitzow-Ecke wäre Kaiser Friedrich gescheitert?», bestätigte der alte Stechlin: «Ich glaub' es.»

Die Quitzows waren die Verkörperung des märkischen Raubrittertums. Sie hatten zu Beginn des 15. Jahrhunderts gegen brandenburgische Städte, gegen benachbarte Fürsten und die eigenen Markgrafen Krieg geführt. Die Junker des späten 19. Jahrhunderts lebten nicht wie die Quitzows von Raub und Plünderung, sondern zunehmend vom Ertrag der Getreidezölle, die die Verbraucher belasteten. Als Fontane seinen «Stechlin» schrieb, konnte er bereits auf die erbitterte Kampagne zurückblicken, die der ostelbische Rittergutsbesitz gegen Bismarcks Nachfolger, den General von Caprivi, einen entschiedenen Gegner hoher Agrarzölle, geführt hatte. So wie Caprivi nicht zuletzt am Widerstand der Junker gescheitert war, so wäre auch Kaiser Friedrich der Erfolg versagt geblieben, wenn er versucht hätte, eine Politik zu betreiben, die den wesentlichsten Interessen der preußischen Rittergutsbesitzer widersprach: Darauf liefen die Erwägungen des alten Dubslav von Stechlin hinaus, und darin hatte er wohl recht.

Wilhelm II., der am 15. Juni 1888 die Nachfolge Friedrichs antrat, war damals gerade 29 Jahre alt und in fast allem, worauf es ankam, das Gegenteil seines Vaters: kein Mann liberaler Überzeugungen, sondern zutiefst autoritär; führenden Vertretern der antisemitischen Bewegung wie dem Hofprediger Stoecker zeitweilig eng verbunden; vielseitig begabt, aber oberflächlich; ein prunkliebender, eitler Schwadroneur, der innere Unsicherheit und eine körperliche Schwäche, den von Geburt an verkrüppelten linken Arm, durch markige Reden auszugleichen versuchte. Der Konflikt mit Bismarck war vorgezeichnet. Schon 1887/88 schlug sich der Prinz auf die Seite der «Kriegspartei» um den Generaladjutanten des Kaisers, Graf Waldersee, die auf eine baldige Niederwerfung Rußlands und Frankreichs drängte. Von ehrgeizigen Günstlingen wie dem dichtenden und komponierenden Grafen Philipp von Eulenburg und Gegnern des Kanzlers wie dem Juden- und Russenhasser Waldersee in seinem Hang zur Selbstüberschätzung bestärkt, war Wilhelm, als er den Thron bestieg, entschlossen, rasch aus dem Schatten des Reichsgründers herauszutreten und selbst zu regieren.

Besonders deutlich wurde der Gegensatz zwischen dem jungen Kaiser und dem alten Kanzler auf dem Gebiet der sozialen Frage. Anfang 1890 wollte Wilhelm durch Maßnahmen zum Arbeiterschutz, darunter ein Verbot der Sonntagsarbeit, der Sozialdemokratie das Wasser abgraben; Bismarck befürchtete die gegenteilige Wirkung und riet dem Kaiser von einer sozialpolitischen Verlautbarung ab. Als Wilhelm auf seinem Vorhaben bestand, gab Bismarck zum Schein nach: Er setzte nunmehr auf die hemmende Kraft der Gesetzgebung.

Noch ernster war der gleichzeitige Konflikt um eine abermalige Verlängerung des Sozialistengesetzes. Nur bei Streichung des Ausweisungsparagraphen waren die Nationalliberalen bereit, der Vorlage zuzustimmen. Wilhelm befürwortete, um das Gesetz als ganzes zu retten, ein solches Zugeständnis. Bismarck aber weigerte sich, das zu tun, was die Konservativen von ihm forderten: Er möge den Verzicht auf den strittigen Paragraphen durch eine öffentliche Erklärung im Reichstag sanktionieren. Daraufhin stimmten bei der dritten Lesung des Gesetzentwurfs am 25. Januar 1890 die Konservativen zusammen mit Zentrum, Freisinn, Sozialdemokratie, Elsaß-Lothringern und nationalen Minderheiten gegen die entschärfte Vorlage. Den 169 Nein-Stimmen standen nur 98 Ja-Stimmen von Nationalliberalen und Freikonservativen gegenüber. Das Sozialistengesetz lief infolgedessen am 30. September 1890 aus, und auch daran konnte es keinen Zweifel geben: Das «Kartell» von 1887 war zerbrochen und die Machtposition des Reichskanzlers nachhaltig geschwächt.

Am 20. Februar 1890 wurde ein neuer Reichstag gewählt; am 28. Februar folgten die Stichwahlen. Die Parteien des ehemaligen «Kartells» erlitten eine schwere Niederlage; sie verloren zusammen 85 Sitze und damit die Mehrheit. Die Gewinner waren zum einen die Sozialdemokraten, die nunmehr stärkste Partei, die ihren Stimmenanteil von 10,1 auf 19,7 % und die Zahl ihrer Sitze von 11 auf 35 steigern konnten, zum anderen die Freisinnigen: Sie erzielten 16 statt bisher 12,9 %; ihre Mandatszahl wuchs von 32 auf 66.

Mit dem neuen Reichstag zu regieren war für Bismarck unmöglich. Er konnte zwar versuchen, das Zentrum aus der Front der Gegner herauszubrechen, und er tat das auch am 12. März 1890 in einem von Bleichröder vermittelten Gespräch mit seinem langjährigen parlamentarischen Widersacher Ludwig Windthorst. Aber eine gouvernementale Mehrheit aus den bisherigen Kartellparteien, also Deutschkonservativen, Freikonservativen, Nationalliberalen, und dem Zentrum war angesichts der Gegensätze zwischen diesen Parteien undenkbar, und aus demselben Grund ergab sich aus der knappen, aber numerisch möglichen konservativ-klerikalen Mehrheit noch längst keine politische Mehrheit.

Bismarck war zum verschärften Kampf gegen die Sozialdemokratie entschlossen, und das hieß nach Lage der Dinge: zu einem Kampf gegen diesen und gegebenenfalls auch gegen einen in Bälde neu zu wählenden Reichstag. Am 2. März ging der Reichskanzler in einer Sitzung des preußischen Staatsministeriums soweit, als Mittel zur Lahmlegung des Reichstags die Niederlegung der deutschen Kaiserwürde durch den König von Preußen, ja eine Auflösung des Reiches durch die Fürsten in Erwägung zu ziehen. Der Kaiser schien anfangs bereit, den Weg des Staatsstreichs zu beschreiten, schreckte dann aber vor den Konsequenzen zurück.

Damit war der antiparlamentarische Konfliktkurs des Kanzlers gescheitert. An der Ernsthaftigkeit seiner Absicht, die bisherige Reichsverfassung durch eine neue, ihm genehmere zu ersetzen, gibt es dennoch nichts zu deuteln. Bismarcks Staatsstreichsplan vom März 1890 enthüllte schlagartig den lediglich aufschiebenden Charakter des Kompromisses, mit dem der preußische Verfassungskonflikt 1866 beigelegt worden war: Bei einem Machtkampf zwischen Parlament und Exekutive mußte sich der Regierung früher oder später die Frage stellen, ob sie sich an die Mehrheit der Volksvertretung anpassen oder die Verfassung brechen wollte. Bismarck war 1890 offenkundig bereit, den zweiten Weg zu gehen.

Die Unterredung mit Windthorst, die mit fragwürdigem Recht mitunter als Beleg dafür angeführt wird, daß Bismarck letztlich doch einen parlamentarischen und damit verfassungsgemäßen Ausweg aus der Krise bevorzugt habe, trug wesentlich zum Sturz des ersten Reichskanzlers bei: Der Kaiser war empört, daß Bismarck nicht seine Zustimmung zu dem Gespräch eingeholt hatte. Noch mehr provozierte es Wilhelm, daß Bismarck am 4. März den preußischen Ministern die Abschrift einer Kabinettsordre Friedrich Wilhelms IV. aus dem Jahr 1852 zugehen ließ, die es ihnen untersagte, ohne Einwilligung des Regierungschefs beim Monarchen Immediatvorträge zu halten. Als der Kaiser Bismarck aufforderte, die alte Ordre aufzuheben, weigerte sich dieser, den Entwurf einer entsprechenden neuen Ordre vorzulegen.

Während der Konflikt zwischen Kaiser und Kanzler seinem Höhepunkt zustrebte, bemühte sich Bismarck um die Verlängerung des Rückversicherungsvertrags. Der russische Botschafter Graf Schuwalow hatte in St. Petersburg die Instruktion erhalten, die Verhandlungen hierüber mit Bismarck, und nur mit ihm, zum Abschluß zu bringen. Er kam zu spät: Am gleichen 17. März 1890, an dem Schuwalow bei Bismarck erschien, ließ der Kaiser den Reichskanzler um sein Entlassungsgesuch bitten. Am 18. März leistete Bismarck dieser Aufforderung Folge; am 20. März wurde er aus seinen Ämtern als Reichskanzler sowie als preußischer Ministerpräsident und Außenminister entlassen. Der Rückversicherungsvertrag wurde nicht verlängert: Die Gegner von Bismarcks Rußlandpolitik, an der Spitze Graf Waldersee und die «Graue Eminenz» im Auswärtigen Amt, der Vortragende Rat Friedrich von Holstein, hatten die vermeintliche Gunst der Stunde genutzt und den Kaiser davon überzeugt, daß es für Deutschland besser sei, wenn es den russischen Wunsch ablehne.[21]

Bismarcks Sturz hat Deutschland vor einer schweren Staatskrise bewahrt. Ohne eine mehr oder minder verhüllte Militärdiktatur wäre das Kampfprogramm des ersten Reichskanzlers jedenfalls nicht durchzusetzen gewesen. Bismarcks innere Politik hatte zuletzt in noch höherem Maß als seine Außenpolitik in eine Sackgasse geführt: ein Befund, der nicht durch die Feststellung aufgehoben wird, daß seine Nachfolger, vor allem jene an der Spitze des Auswärtigen Amtes, die Politik des Augenmaßes, die er, alles in allem, gegenüber den anderen großen Mächten betrieben hatte, preisgaben und durch eine Politik ungehemmter Macht- und Prestigesteigerung ersetzten.

Solange Bismarck im Amt des Reichskanzlers und damit dem Streit der Parteien ausgesetzt war, hatten sich seine Verehrer und Kritiker annähernd die Waage gehalten. Der eigentliche Bismarckkult begann, kaum daß der entlassene «Eiserne Kanzler» sich Ende März 1890 in den Sachsenwald nach Friedrichsruh zurückgezogen hatte – jenen Besitz, den ihm Wilhelm I. im Juni 1871 als Ausdruck des Dankes für die Gründung des Deutschen Reiches geschenkt hatte. Die Verehrung galt dem Mann, der das Reich geschaffen und ihm einen angesehenen Platz unter den europäischen Großmächten gesichert hatte. Doch schon zu Lebzeiten des «Alten im Sachsenwald» formte sich jenes unkritische, gleichzeitig verklärende und vergröbernde Bild von Bismarck heraus, das als Legende und Mythos fortwirkte, solange das von ihm begründete Reich bestand. Die Zweifel, die Bismarck selbst an der Dauerhaftigkeit seines Werkes hegte, waren den meisten Deutschen fremd. Sie zitierten gern ein Wort aus seiner Reichstagsrede vom 6. Februar 1888: «Wir Deutsche fürchten Gott, aber sonst nichts in der Welt...» Aber das war nur ein Halbsatz. Die Fortsetzung wurde nicht zum geflügelten Wort: «... und die Gottesfurcht ist es schon, die uns den Frieden lieben und pflegen läßt».

Noch weniger prägte sich Zeitgenossen und Nachwelt die Warnung ein, die Bismarck in derselben Rede aussprach: «Jede Großmacht, die außerhalb ihrer Interessensphäre auf die Politik der anderen Länder zu drücken und einzuwirken und die Dinge zu leiten sucht, die periklitiert außerhalb des Gebietes, welches Gott ihr angewiesen hat, die treibt Machtpolitik und nicht Interessenpolitik, die wirtschaftet auf Prestige hin. Wir werden das nicht tun; wir werden, wenn orientalische Krisen eintreten, bevor wir Stellung dazu nehmen, die Stellung abwarten, welche die mehr interessierten Mächte dazu nehmen.»

Was Bismarck 1888 zu Protokoll gab, war nicht immer die Richtschnur seiner Praxis gewesen. 1875 hatte er durch einen von ihm inspirierten, gegen

Frankreich gerichteten Zeitungsartikel unter der Überschrift «Ist der Krieg in Sicht?» eine internationale Krise ausgelöst, die mit einer diplomatischen Niederlage des Deutschen Reiches und mit einer persönlichen Niederlage Bismarcks endete. Auch wenn der Kanzler selbst zu keiner Zeit an einen Präventivkrieg gegen den Nachbarn im Westen dachte, war seine Politik in der Krise von 1875 wie auch seine Kolonialpolitik von 1884/85 durchaus von Gesichtspunkten des nationalen Prestiges geprägt. Die Maxime, daß Deutschland «saturiert» sei, entsprach dennoch, jedenfalls seit 1875, seiner tiefen persönlichen Überzeugung. Eine jüngere Generation von «nationalgesinnten» Deutschen sah das anders: Der Wunsch, es den älteren Weltmächten, vor allem England, gleichzutun, wurde erst nach Bismarcks Entlassung übermächtig.

Dem Innenpolitiker Bismarck die historische Größe zu bescheinigen, die er als Außenpolitiker besaß, wird kaum einem Historiker in den Sinn kommen. Am 10. Juli 1879 brachte der Kieler Staatsrechtslehrer Albert Hänel als Abgeordneter der Deutschen Fortschrittspartei im Reichstag zum Ausdruck, was mittlerweile die übereinstimmende Ansicht aller kritischen Beobachter war: «Es hat sich ergeben, daß der Herr Reichskanzler zu einer Höhe ministerieller Diktatur gelangt ist, neben welcher in der Tat alles parlamentarische Leben Scheinleben wird ... Mit diesem Reichskanzler ist eben jede konstitutionelle Versammlung mehr oder weniger ein Ornament, es ist weiter nichts, als daß der Herr Reichskanzler das konstitutionelle System bemüht, um sich für seine diktatorischen Pläne einigermaßen der Verantwortlichkeit zu entziehen.»

Der Vorwurf der «Reichsfeindschaft», den Bismarck gegen die meisten erhob, die sich seinen Zielen widersetzten, belastete die deutsche Politik weit über die Regierungszeit des ersten Reichskanzlers hinaus. Er selbst bekam die Folgen erstmals zu spüren, als er zwischen 1881 und 1887 mit wechselnden Mehrheiten regieren mußte. Die Sozialdemokraten wären auch dann nicht zu einer Stütze des Kanzlers geworden, wenn es nie ein Sozialistengesetz gegeben und die Sozialgesetzgebung früher eingesetzt hätte. Das Zentrum aber kann man sich ohne den Kulturkampf durchaus als Teil eines gemäßigt konservativen «Regierungslagers» vorstellen. Just diese Konstellation zu verhindern war nun freilich das wichtigste politische Ziel, das die Nationalliberalen, die Kulturkampfpartei schlechthin, mit dieser Auseinandersetzung verfolgten. Die Parlamentarisierung Deutschlands und Preußens kam nicht nur deswegen nicht zustande, weil Bismarck sie kategorisch ablehnte. Sie scheiterte auch an *der* Partei, die sie im Prinzip wollte, in der Praxis aber so sehr mit ihrer eigenen Vormachtstellung gleichsetzte, daß sie einen «legitimen» parlamentarischen Machtwechsel ausschloß.

Die Nation wuchs trotz alledem zusammen – so sehr, daß der Reichsgründer im Frühjahr 1890 wohl der einzige war, der eine Auflösung des Reiches erwog. Gegner des Reiches als Nationalstaat waren nur die, die ihm gezwungenermaßen angehörten: die Polen in den preußischen Ostprovinzen und die Dänen in Nordschleswig, die auf eine Volksabstimmung über ihre Staatszugehörigkeit nicht mehr hoffen durften, seit durch einen Vertrag zwischen dem Deutschen Reich und Österreich-Ungarn vom Oktober 1878 die entsprechende Bestimmung des Prager Friedens von 1866 aufgehoben worden war. Von den Elsässern und Lothringern dagegen konnte man um 1890 nicht mehr pauschal sagen, daß sie «Zwangsdeutsche» seien: Nach den Protestanten akzeptierten inzwischen auch die Katholiken des Reichslandes die Zugehörigkeit zum Reich und die Reichsverfassung; bei den Reichstagswahlen von 1890 wurde kein «Protestler» mehr gewählt. In den «altdeutschen» Gebieten war das Reich nach 1871 ohnehin nicht ernsthaft in Frage gestellt worden. Einen Widerspruch zwischen der Loyalität gegenüber den Einzelstaaten und dem Reich empfand um 1890 kaum noch jemand. Zwei Jahrzehnte nach der Reichsgründung war das Gefühl der Zusammengehörigkeit der Deutschen mindestens ebenso stark wie das Bewußtsein landsmannschaftlicher Unterschiede. Die Herausbildung einer deutschen Staatsnation konnte zu der Zeit, als Bismarck gehen mußte, als weitgehend abgeschlossen gelten.

Eineinhalb Jahre vor seiner Entlassung, Ende September 1888, veranlaßte Bismarck die Verhaftung des Hamburger Juristen Heinrich Geffcken, eines Studienfreundes von Kaiser Friedrich. Grund war die angebliche Verbreitung von Staatsgeheimnissen durch Veröffentlichung des Kriegstagebuches des Kronprinzen aus den Jahren 1870/71. Geffcken wurde im Januar 1889 vom Reichsgericht freigesprochen. Fontane empfand, im Einklang mit der liberalen Presse, Bismarcks Vorgehen als schädlich nicht nur für seinen Ruhm, sondern auch für das Ansehen Deutschlands. «Was vielleicht lediglich beleidigtes patriotisches Gefühl ist, wirkt wie kleine persönliche Gehässigkeit», schrieb er am 7. Januar 1889 an den Amtsgerichtsrat Georg Friedlaender.

Der große Mann war in der Tat auch ein großer Hasser, und in seinem Haß oft sehr klein. Als Eduard Lasker im Januar 1884 bei einem Besuch in den Vereinigten Staaten in New York starb, sorgte der Reichskanzler dafür, daß kein Regierungsmitglied am Trauergottesdienst anläßlich der Beerdigung in Berlin teilnahm. Eine Beileidsbotschaft des amerikanischen Repräsentantenhauses leitete er nicht an den Reichstag weiter. Als er sich am 13. März 1884 vor den Abgeordneten wegen dieser Entscheidung zu rechtfertigen versuchte, hielt er es für angebracht, den verstorbenen Gegner nochmals anzugreifen.

Bismarck hat gewiß auch andere, positive Beiträge zu dem geleistet, was wir heute «politische Kultur» nennen. Viele der großen Reden, die er im preußischen Abgeordnetenhaus und im Reichstag gehalten hat, sind wegen ihres rhetorischen Glanzes, der Anschaulichkeit der Sprache und der Schärfe des Arguments in die Annalen der deutschen Parlamentsgeschichte eingegangen. Doch die Brillanz des Stils wog die Skrupellosigkeit der Herrschaftsmittel nicht auf, die *auch* zu Bismarcks Wesenszügen gehörte. Theodor Mommsen, einer der Liberalen, die Bismarck erst bekämpft, dann unterstützt und schließlich wieder bekämpft hatten, kam im Jahr vor seinem Tod zu einem tief pessimistischen Urteil über die Wirkungen, die der Reichsgründer mit seiner Politik erzielt hatte. In einem Brief an den Nationalökonomen Lujo Brentano schrieb Mommsen am 3. Januar 1902: «Bismarck hat der Nation das Rückgrat gebrochen...»

Rund drei Jahrzehnte zuvor, im Jahre 1873, hatte Nietzsche in der ersten seiner «Unzeitgemäßen Betrachtungen» von dem Irrtum der öffentlichen Meinung und aller öffentlich Meinenden gesprochen, daß im Krieg mit Frankreich auch die deutsche Kultur gesiegt habe. «Dieser Wahn ist höchst verderblich: nicht etwa weil er ein Wahn ist – denn es gibt die heilsamsten und segensreichsten Irrtümer –, sondern weil er imstande ist, unsern Sieg in eine völlige Niederlage zu verwandeln: *in die Niederlage, ja Exstirpation des deutschen Geistes zugunsten des ‹Deutschen Reiches›.*»

Um die gleiche Zeit sah Jacob Burckhardt in Basel bereits voraus, daß dank der «Mauserung» der deutschen Geschichtswissenschaft in einigen Jahren «die ganze Weltgeschichte von Adam an siegesdeutsch angestrichen und auf 1870 bis 71 orientiert sein wird». Dieses Ziel war 1890 noch nicht erreicht, und es war auch nicht das Ziel aller deutschen Historiker. Aber was die herrschende Richtung der deutschen Geschichtswissenschaft und die Verfasser von Schulgeschichtsbüchern anging, so bemühten sie sich in der Tat darum, den Aufstieg und die «deutsche Mission Preußens» in den Mittelpunkt aller Betrachtung der neueren deutschen Geschichte zu rücken.

Als «geistiges Leibregiment» des Hauses Hohenzollern hatte der berühmte Berliner Mediziner Emil Du Bois-Raymond schon kurz nach Ausbruch des deutsch-französischen Krieges, in einer akademischen Rede im August 1870, seine Universität bezeichnet. Dazu wurde weder die Alma mater Unter den Linden noch die deutsche Universität insgesamt. Die deutsche Wissenschaft erlebte im Kaiserreich vielmehr eine neue Blüte und gewann weltweit an Ansehen und Bewunderung. Doch das Wort vom «geistigen Leibregiment des Hauses Hohenzollern» war ausgesprochen, und es traf einen Teil der Wirklichkeit: Professoren und Politiker, Pastoren und Publizisten brachten den Kult und die Mythen um Bismarck, Preußen und sein Herrscherhaus hervor, die zu den unverwechselbaren Bestandteilen des deutschen Reichsnationalismus gehörten.

«Selten hat eine Dynastie so ausschließlich über die Herzen ihrer Untertanen geherrscht wie die der Hohenzollern», schrieb Anfang Dezember 1878 die «National-Zeitung», als Kaiser Wilhelm I., vom Nobilingschen Attentat genesen, wieder in Berlin einzog. «Schon umstrahlt etwas von dem Glanz und Schimmer der Mythe das ehrfurchtsgebietende

Haupt. Karl der Große, Friedrich der Rotbart erscheinen als die einzig würdigen Gestalten der Geschichte, die wir als ebenbürtig mit ihm vergleichen können.»

Das gebildete Deutschland feierte die spät errungene staatliche Einheit und empfand es in seiner Mehrheit nicht als Mangel, daß ihm die politische Freiheit, für die die Liberalen vor 1871 gekämpft hatten, vorenthalten blieb. Der deutsche Liberalismus *war* gescheitert: So und nicht anders war das Fazit zu verstehen, das Mommsen kurz nach der Jahrhundertwende aus den 28 Jahren zog, in denen Bismarck Preußen und Deutschland regiert hatte.[22]

6.
Weltpolitik und Weltkrieg 1890–1918

Im Mai 1895 hielt der damals einunddreißigjährige Nationalökonom Max Weber seine Antrittsvorlesung an der Albert-Ludwigs-Universität Freiburg. Das Thema lautete «Der Nationalstaat und die Volkswirtschaftspolitik» und gab dem jungen Gelehrten Anlaß, die politische Unreife des deutschen Bürgertums zu beklagen, das jetzt, wo sich unübersehbar der «ökonomische Todeskampf des alten preußischen Junkertums» vollziehe, den nötigen Machtinstinkt vermissen lasse. Den Grund der Unreife sah Weber in der unpolitischen Vergangenheit des deutschen Bürgertums, einem Erbe der Herrschaft Bismarcks. Das Mittel zur Überwindung der Misere hieß politische Erziehung durch Weltpolitik nach dem Vorbild älterer Großmächte wie England und Frankreich. «Entscheidend ist auch für *unsere* Entwicklung, ob eine große Politik uns wieder die Bedeutung der großen politischen Machtfragen vor Augen zu stellen vermag. Wir müssen begreifen, daß die Einigung Deutschlands ein Jugendstreich war, den die Nation auf ihre alten Tage beging und seiner Kostspieligkeit halber besser unterlassen hätte, wenn sie der Abschluß und nicht der Ausgangspunkt einer deutschen Weltmachtpolitik sein sollte.»

Drei Jahrzehnte zuvor hatte ein Abgeordneter des rechten Flügels der Deutschen Fortschrittspartei, Otto Michaelis, schon einmal ganz ähnlich argumentiert. Preußen, so forderte der liberale Parlamentarier am 13. Juni 1865 im Abgeordnetenhaus, müsse sich «große Ziele» setzen und das «Banner Preußens und Deutschlands gegen Österreich» ergreifen; denn ohne ein solches «ideales Ziel» würde die Bevölkerung die Spannkraft verlieren, die notwendig sei, «den Verfassungskampf mit uns durchzukämpfen». 1895 sah sich Weber noch immer demselben inneren Gegner gegenüber wie Michaelis 1865, und wie dieser bemühte der Freiburger Ökonom und Soziologe die Außenpolitik, um dem Machtkampf gegen das preußische Junkertum neue Energien zuzuführen. Aber da das nationale Ziel des Liberalismus inzwischen erreicht und Deutschland geeint war, konnte das außenpolitische Ziel nicht mehr dasselbe sein wie vor dreißig Jahren: An die Stelle Österreichs war die Welt getreten – nicht als Angriffsobjekt, aber doch als Betätigungsfeld.

Die nationale Pointe von Webers Kritik des preußischen Junkertums lag im Hinweis auf die wachsende Bedeutung der polnischen Wanderarbeiter: Anspruchslose landwirtschaftliche Saisonarbeiter aus Russisch-Polen traten zunehmend an die Stelle deutscher Tagelöhner, die der alten patriarchalischen Gutsverhältnisse überdrüssig waren. «Großbetriebe, welche nur auf Kosten des Deutschtums zu erhalten sind, sind vom Standpunkt der Nation wert, daß sie zugrunde gehen», folgerte Weber. Das hieß: Sie mußten sich selbst überlassen bleiben und durften nicht durch Schutzzölle auf Kosten der Gesellschaft künstlich am Leben erhalten werden.

Wirtschaftlich zum Untergang verurteilt, war das Junkertum aber immer noch die politisch einflußreichste Klasse. Und mehr als das: Weber sah, ähnlich wie sein Fachkollege Werner Sombart und der Staatsrechtler Hugo Preuß, das unternehmerisch tätige deutsche Bürgertum auf dem besten Weg, sich aristokratischen Wertvorstellungen anzupassen. Das Streben nach Adelstiteln und dem Erwerb eines Ritterguts, die Nachahmung einer seigneuralen Lebensweise, die Wertschätzung des Status eines Reserveoffiziers und der Satisfaktionsfähigkeit: Es gab viele Anhaltspunkte, die für die These von der «Verjunkerung» oder «Feudalisierung» des gehobenen deutschen Bürgertums sprachen. Doch die Neigung, sich gesellschaftlich am Adel auszurichten, war nicht auf Deutschland beschränkt, und sie war in Deutschland nicht überall so stark wie in den altpreußischen Gebieten. Die «Aristokratisierung» von Teilen des Bürgertums ging einher mit einer «Verbürgerlichung» von Teilen des Adels, und auch dort, wo «Bürgerliche», etwa Unternehmer, sich adeln ließen, blieben sie ihrem Herkommen verhaftet. Die «Feudalisierung» war keine Erfindung bürgerlicher Wissenschaftler, aber sie reichte weniger weit, als die Kritiker meinten. Am Ende waren wohl doch die Gegenkräfte stärker, die, ob sie sich dessen bewußt waren oder nicht, an der «Verbürgerlichung» der wilhelminischen Gesellschaft arbeiteten.[1]

Die neue Diskussion um das preußische Junkertum begann nicht zufällig im letzten Jahrzehnt des 19. Jahrhunderts. Sie wurde ausgelöst durch die Art und Weise, wie der ostelbische Rittergutsbesitz auf die handelspolitische Kehrtwende von Bismarcks Nachfolger reagierte. Caprivi hatte richtig erkannt, daß die Entwicklung vom Agrar- zum Industriestaat unumkehrbar war und Deutschlands wirtschaftliche Zukunft von der Steigerung seiner Ausfuhr abhing. «Wir müssen exportieren», erklärte er am 10. Dezember 1891 im Reichstag, «entweder wir exportieren Waren, oder wir exportieren Menschen. Mit dieser steigenden Bevölkerung ohne eine gleichmäßig zunehmende Industrie sind wir nicht in der Lage, weiterzuleben.» Die Handelsverträge der Ära Caprivi – zuerst, 1891, mit Österreich-Ungarn, Italien, Belgien und der Schweiz, dann, 1893/94, mit Spanien, Serbien, Rumänien und Rußland – folgten dieser Einsicht: Deutschland förderte die Ausfuhr von Industrieprodukten, indem es seinerseits Zollbarrieren abbaute – darunter auch die für die ostelbische Landwirtschaft besonders wichtigen Getreidezölle.

Der Widerspruch von Konservativen und Agrariern setzte bereits 1891 ein, und er wurde heftiger, als der Reichskanzler sein Handelssystem auf Agrarländer wie Rumänien und Rußland ausdehnte. Der organisatorische

Ausdruck des Protests gegen die Regierungspolitik war die Gründung des Bundes der Landwirte im Februar 1893. Großgrundbesitzer waren die treibenden Kräfte, aber von Anfang an zielte der neue Verband auf die Gewinnung aller Schichten, die sich von der fortschreitenden Industrialisierung bedroht fühlten und dieser Entwicklung entgegenstemmten: «Bauernstand» und «Mittelstand» im besonderen. Bei den Handwerkern war diesem Bemühen nur ein bescheidener, bei den landwirtschaftlichen Kleinbesitzern dagegen ein großer Erfolg beschieden: Sie stellten um die Jahrhundertwende knapp neun Zehntel der über 200 000 Mitglieder.

In den Führungsgremien freilich gaben preußische Großgrundbesitzer den Ton an, und sie scheuten sich nicht, ihre Interessen in einer Weise propagandistisch zu überhöhen, die in Deutschland bislang unbekannt war. Der Appell, mit dem der schlesische Generalpächter Alfred Rupprecht-Ransern im Dezember 1892 die deutschen Landwirte zur Gründung des Verbandes aufrief, war ein frühes Beispiel des neuen Agitationsstils: «Ich schlage nichts mehr und nichts weniger vor, als daß wir unter die Sozialdemokraten gehen und ernstlich gegen die Regierung Front machen, ihr zeigen, daß wir nicht gewillt sind, uns weiter so schlecht behandeln lassen wie bisher, und sie unsere Macht fühlen lassen... Wir müssen aufhören zu klagen, wir müssen schreien, daß es das ganze Land hört, wir müssen schreien, daß es bis in die Parlamentssäle und Ministerien dringt – wir müssen schreien, daß es bis an die Stufen des Thrones vernommen wird.»[2]

Bis die Rufe der Agrarier erhört wurden, sollte noch etwas Zeit vergehen. Doch ihr Widersacher im Kanzleramt arbeitete ihnen ungewollt in die Hände. Die Handelsverträge und einige Reformen im Innern, darunter das Verbot von Sonntags- und Kinderarbeit, die Einrichtung von Gewerbegerichten, bestehend aus einem beamteten Vorsitzenden und je einem Beisitzer aus den Reihen der Arbeitgeber und der Arbeitnehmer, sowie eine progressive Einkommensteuer in Preußen, sprachen für den Erneuerungswillen Caprivis und seiner Mitarbeiter in den Reichsämtern und preußischen Ministerien, für die Ernsthaftigkeit des vielbeschworenen «Neuen Kurses» in der Wirtschafts- und Sozialpolitik also. Bei der Umsetzung seiner Absichten in praktische Politik unterliefen dem Kanzler jedoch immer wieder grobe Fehler. Schon im März 1892 war er als preußischer Ministerpräsident zurückgetreten, weil er sich mit dem Entwurf eines kirchenfreundlichen Schulgesetzes nicht hatte durchsetzen können. Die Vorlage des Gesetzentwurfs empörte die Freisinnigen, mit denen Caprivi bisher gut zusammengearbeitet hatte; die Rückziehung des Entwurfs brachte das Zentrum gegen den Kanzler auf. Bei der Beratung einer Vorlage zur Heeresvermehrung im Reichstag im Mai 1893 stimmte die Mehrheit beider Fraktionen gegen den Regierungsentwurf und einen von der Reichsleitung akzeptierten Kompromißantrag des Zentrumsabgeordneten Huene und brachte dadurch das Projekt zu Fall. Caprivis Antwort war die Auflösung des Reichstags (der andernfalls, nach der Einführung der fünfjährigen

Legislaturperiode im März 1888, erst im Februar 1895 hätte neugewählt werden müssen).

Für die Freisinnigen hatte die Abstimmung vom 6. Mai 1893 weitreichende Folgen. Caprivis Vorlage war den Liberalen in einem wichtigen Punkt weit entgegengekommen: Die Dienstzeit wurde von drei auf zwei Jahre verkürzt. Sechs freisinnige Abgeordnete stimmten deshalb dem Kompromißantrag Huene zu. Als der Parteivorsitzende Eugen Richter daraufhin eine scharfe Rüge für die Abweichler verlangte und dafür eine knappe Mehrheit in der Fraktion fand, spaltete sich die Deutschfreisinnige Partei: Die Mehrheit verwandelte sich unter Richters Führung in die Freisinnige Volkspartei; die Minderheit, mit den «Sezessionisten» Bamberger, Mommsen und Stauffenberg, gründete die Freisinnige Vereinigung. In ihrem sozialen Profil unterschieden sich die beiden linksliberalen Parteien deutlich voneinander: Die Volkspartei war stark durch das kleinbürgerliche Element geprägt; in der Vereinigung dagegen gaben Vertreter von Besitz und Bildung den Ton an.

Bei den Reichstagswahlen vom Juni 1893 schnitten die Befürworter der Heeresvermehrung, die ehemaligen «Kartellparteien», gut, die Gegner, mit Ausnahme der Sozialdemokraten, schlecht ab – am schlechtesten die beiden freisinnigen Parteien, die von zusammen 66 auf 37 Sitze absanken (24 für die Volkspartei, 13 für die Vereinigung). Der neue Reichstag nahm die Heeresvorlage an. Doch der Erfolg des Kanzlers festigte seine Stellung nur vorübergehend. Im Jahr darauf spitzte sich der Gegensatz zwischen Caprivi und dem hochkonservativen preußischen Ministerpräsidenten Graf Botho zu Eulenburg so zu, daß eine Zusammenarbeit zwischen beiden nicht mehr möglich war: Der preußische Regierungschef befürwortete ein vom Kaiser gefordertes neues Ausnahmegesetz gegen die Sozialdemokratie wie auch Staatsstreichspläne Wilhelms II.; der Reichskanzler lehnte beides ab. Der Konflikt endete damit, daß der Kaiser im Oktober 1894 beide Kontrahenten entließ und den ehemaligen bayerischen Ministerpräsidenten und bisherigen Statthalter im Reichsland Elsaß-Lothringen, Fürst Chlodwig von Hohenlohe-Schillingsfürst, zum Reichskanzler und zum preußischen Ministerpräsidenten ernannte.

Hohenlohe, damals 75 Jahre alt, war Katholik und von Haus aus ein Mann des gemäßigten süddeutschen Liberalismus. Als Reichskanzler aber fügte er sich dem Willen des Kaisers, der Caprivis Entlassung für eine scharfe Kurskorrektur nach rechts zu nutzen gedachte. Soweit es dabei um einen verschärften Kampf gegen die Sozialdemokratie, ein besonderes Anliegen Wilhelms II., ging, blieb der Regierung der Erfolg versagt. Die «Umsturzvorlage» vom Dezember 1894, die den Aufruf zum Klassenhaß und Beschimpfungen von Monarchie, Religion, Ehe, Familie und Eigentum mit strengen Strafen bedrohte, wurde, um dem Entwurf die Zustimmung des Zentrums zu sichern, noch um einen Punkt erweitert: die Strafbarkeit der Beschimpfung von Lehren der Kirche. Durch ebendiese Ergänzung wurde die «Umsturzvorlage» für die Nationalliberalen gänzlich unannehmbar: Im Mai 1895 lehnte der Reichstag den Entwurf mit großer Mehrheit ab.

Nachdem der Versuch eines, wenn auch verdeckten neuen Sozialistengesetzes im Reich gescheitert war, hatten die Einzelstaaten das Wort. Doch auch in Preußen gelang es der Regierung nicht, eine Mehrheit des Abgeordnetenhauses für ein sogenanntes «kleines Sozialistengesetz» zu gewinnen, das der Polizei umfassende Befugnisse für die Auflösung von Vereinen und Versammlungen einräumte. Erfolgreicher war Sachsen bei der Zurückdrängung der Sozialdemokratie: Im März 1896 ersetzte der Landtag das bisherige gemäßigte Zensuswahlrecht durch ein besitzfreundliches Dreiklassenwahlrecht. Die Folge war, daß die Sozialdemokraten fürs erste in ihrer Hochburg Sachsen keine Landtagsabgeordneten mehr stellen konnten: eine Herausforderung, auf die das sächsische Proletariat mit Verbitterung und einem deutlichen Ruck nach links reagierte.

Drei Jahre später unternahm die Reichsleitung einen neuen Anlauf zur gesetzlichen Bekämpfung der Sozialdemokratie. Die «Zuchthausvorlage» vom Mai 1899 verschärfte die Strafen auf «Koalitionszwang», das heißt den Versuch, Arbeiter zur Beteiligung an einem Streik oder zur Betätigung in einer Gewerkschaft zu zwingen. Außer den beiden konservativen Parteien fand sich jedoch keine Fraktion bereit, dem neuen Ausnahmegesetz zuzustimmen. Die «Zuchthausvorlage» war der letzte Entwurf eines Reichsgesetzes zur Unterdrückung der Sozialdemokratie. Rechtliche und faktische Diskriminierungen von Anhängern der sozialdemokratischen Arbeiterbewegung aber gab es weiterhin in großer Zahl, unter anderem in Gestalt der preußischen «Lex Arons» vom Juni 1898, der auch das Zentrum zugestimmt hatte: Das Gesetz zielte darauf ab, Sozialdemokraten von jeder Art von akademischem Lehramt auszuschließen.[3]

Daß der Kampf gegen die Sozialdemokratie durch Zwangsmaßnahmen allein nicht zu gewinnen war, darin stimmten die Hellsichtigen aller Lager überein. Auf der anderen Seite konnten sie sich auch nicht darüber hinwegtäuschen, daß die staatliche Sozialpolitik kein hinreichendes Mittel war, um den Zustrom zur Sozialdemokratie aufzuhalten: Bei den Reichstagswahlen von 1893 hatte die Sozialdemokratische Partei Deutschlands, wie sie sich seit dem Erfurter Parteitag von 1891 nannte, ihren Stimmenanteil von 19,7 auf 23,3 % und ihre Mandatszahl von 35 auf 44 gesteigert. Diese ernüchternde Erfahrung trug mit dazu bei, daß es in der «Ära Hohenlohe», den Jahren von 1894 bis 1900, zu keinen größeren Vorstößen auf sozialpolitischem Gebiet kam.

Die Eindämmung der Sozialdemokratie sollte vielmehr auf andere Weise erreicht werden: durch die «Sammlung» aller Kräfte, die die bestehende Staats- und Gesellschaftsordnung bejahten. Der eigentliche Architekt der «Sammlungspolitik» war Johannes von Miquel, der seit 1890 das Amt des preußischen Finanzministers innehatte und im Januar 1897 vom Kaiser geadelt wurde. Der frühere nationalliberale Reichstagsabgeordnete und Oberbürgermeister erst von Osnabrück und dann von Frankfurt am Main hatte sich schon seit langem vom Wirtschaftsliberalismus, und zwar in Form des Freihandels ebenso wie in der der Gewerbefreiheit, abgewandt. 1879 forderte er, die Vernachlässigung des Handwerks durch Regierung und herrschende Schichten müsse ein Ende finden, denn dieser Zustand sei «ein höchst gefährlicher, besonders gefährlich in Zeiten revolutionärer Agitation gegen die Grundlagen unserer gesellschaftlichen Ordnung». 1884 sprach er sich in der von ihm entworfenen «Heidelberger Erklärung» der süddeutschen Nationalliberalen für den Schutz der deutschen Landwirtschaft aus. Beide Gruppen spielten in der Sammlungspolitik der neunziger Jahre eine wichtige Rolle: Miquel strebte eine große Allianz der Eliten an, die Industrie und Landwirtschaft, Liberalismus und Konservatismus, jeweils in ihrer Gesamtheit, umfaßte. Das breite gesellschaftliche Fundament sollte der Mittelstand bilden, mit dem selbständigen Handwerk als hartem Kern.

Dem Schutzverlangen des Handwerks ein Stück entgegenzukommen war vergleichsweise einfach. 1897 schuf eine Novelle zur Gewerbeordnung Handwerkskammern als Körperschaften des öffentlichen Rechts sowie das Institut der «fakultativen Zwangsinnung»: Wenn sich in einem Handwerkskammerbezirk die Selbständigen eines bestimmten Handwerks in einer Abstimmung dafür aussprachen, wurde die Zugehörigkeit zu ihrer Innung obligatorisch. Als ungleich schwieriger erwies sich der Versuch, die Interessen von Landwirtschaft und Industrie auszugleichen. Im September 1897 konstituierte sich, entsprechend einer von Miquel aufgegriffenen Forderung des Centralverbands Deutscher Industrieller, im Reichsamt des Innern ein Wirtschaftlicher Ausschuß zur Vorbereitung handelspolitischer Maßnahmen: ein Beirat aus Vertretern landwirtschaftlicher und industrieller Organisationen, der einen neuen Zolltarif für die Zeit nach Ablauf der Caprivischen Handelsverträge 1903/04 erarbeiten sollte.

Daß die Schutzzöllner aus der ostelbischen Landwirtschaft und der Schwerindustrie in diesem Gremium das Übergewicht hatten, lag in Miquels Absicht. Es war jedoch so erdrückend, daß die Export- und Fertigwarenbranchen, organisatorisch zusammengefaßt im 1895 gegründeten Bund der Industriellen und im Verein zur Wahrung der Interessen der Chemischen Industrie, sogleich mit dem Aufbau einer antiprotektionistischen Abwehrfront begannen. Dem alten schutzzöllnerischen Schlagwort vom «Schutz der nationalen Arbeit» – einer Parole, die sich auf Betreiben Miquels im Juni 1897 auch Kaiser Wilhelm II. zu eigen machte – begegneten die Freihändler in einem Aufruf vom März 1898 mit dem Vorwurf, die «Erfüllung agrarischer Sonderforderungen» ziehe «notwendigerweise eine Verteuerung der Lebenshaltung der breiten Schichten nach sich» und bedeute eine «Bevorzugung weniger auf Kosten der Allgemeinheit». Im November 1900 wurde in Berlin der Handelsvertragsverein gegründet, der sich als Forum der Antiagrarier verstand. Auf zollpolitischem Gebiet war Miquels Sammlungspolitik also zunächst einmal gescheitert: Schutzzölle waren nicht, oder jedenfalls noch nicht, der Boden, auf dem sich die Gesamtheit von Industrie und Landwirtschaft treffen konnte.[4]

Doch um die Jahrhundertwende war das Mittel schon entdeckt, das einen Ausgleich wirtschaftlicher Interessengegensätze zu fördern versprach: die Flottenpolitik. Der «Vater» der deutschen Flotte, Konteradmiral Alfred von Tirpitz, der seit Juni 1897 an der Spitze des Reichsmarineamtes stand, war sich bewußt, daß er gute Erfolgsaussichten hatte, wenn er dem gebildeten und besitzenden Bürgertum den Gedanken an eine Schlachtflotte nahezubringen versuchte. Noch immer wirkte dort die Erinnerung an die schmähliche Versteigerung der ersten, 1848 von der vorläufigen Zentralgewalt geschaffenen deutschen Flotte im Jahre 1852 nach, und spätestens seit der Revolutionszeit gab es eine verbreitete Neigung, in einer deutschen Kriegsflotte den bewaffneten Arm der Handelsflotte und damit die «bürgerliche», vom aristokratischen Heer sich abhebende Waffengattung zu sehen.

Im Reichstag freilich gab es noch schwerwiegende Bedenken gegen einen großzügigen Ausbau der Kriegsmarine, wie ihn der Kaiser und Tirpitz im Sinn hatten. Noch galt der bescheidene Flottengründungsplan von 1873, der der Marine als wichtigste Aufgaben den Schutz des deutschen Seehandels und die Verteidigung der deutschen Küste zuschrieb. Ein längerfristiges Flottenprogramm verlangte längerfristige haushaltsrechtliche Festlegungen, war also ohne eine Selbstbeschränkung des parlamentarischen Budgetrechts nicht vorstellbar. Ein expansiver Flottenausbau bedeutete überdies die Schaffung offensiver Kapazitäten, drohte sich folglich negativ auf die Beziehungen zur führenden Seemacht Großbritannien auszuwirken. Aus solchen Erwägungen heraus lehnte der Reichstag, der im März 1896 den Bau von drei neuen Kreuzern zugestimmt hatte, im Jahr darauf den Bau von drei weiteren Kreuzern ab. Der Rücktritt des Staatssekretärs des Reichsmarineamtes, Admiral Hollmann, war die unmittelbare, Tirpitz' Ernennung zu seinem Nachfolger die mittelbare Folge dieser Niederlage der Reichsleitung.

Die Devise des neuen Kapitels deutscher Flottenpolitik, das mit der Berufung von Tirpitz begann, hatte der Staatssekretär des Auswärtigen Amtes, Freiherr von Marschall, am 18. März in der Reichstagsdebatte über den Kreuzerbau ausgegeben: «Die Frage, ob Deutschland Weltpolitik treiben soll, hängt untrennbar zusammen mit der anderen, ob Deutschland Weltinteressen hat oder ob es keine hat. Diese Frage ist längst entschieden...» Weltpolitik treiben, hieß mit England gleichziehen zu wollen, und dieses Ziel war ohne eine starke Flotte nicht zu erreichen. Die deutsche Flotte in den Größenordnungen, wie sie Tirpitz anstrebte, konnte also nur eine Flotte gegen England sein. Zugleich aber war der deutsche Flottenbau gegen einen inneren Gegner gerichtet: die Sozialdemokratie. Ende 1895 machte Tirpitz in einem Brief an den Chef der Kaiserlichen Admiralität,

General von Stosch, aus diesem Motiv keinen Hehl. Deutschland, schrieb er, müsse zur Weltpolitik übergehen «nicht zu geringem Grade auch deshalb, weil in der neuen großen nationalen Aufgabe und dem damit verbundenen Wirtschaftsgewinn ein starkes Palliativ gegen gebildete und ungebildete Sozialdemokraten liegt».

Tirpitz' erstes Flottengesetz, das der Reichstag Ende März 1898 gegen die Stimmen der Sozialdemokraten, der Freisinnigen Volkspartei, einer Minderheit des Zentrums sowie von Welfen, Elsaß-Lothringern und Polen annahm, sah innerhalb der nächsten sechs Jahre eine Verstärkung der Kriegsmarine auf 19 Linienschiffe, 8 Küstenpanzerschiffe, 12 große und 30 kleine Kreuzer vor. Bereits zwei Jahre später, im Juni 1900, stimmte der im Juni 1898 neugewählte Reichstag einer Vorlage des Reichsmarineamtes zu, die den Flottenbestand faktisch verdoppelte. Nach Abschluß des Programms hätte sich die Stärke der deutschen Schlachtflotte zu jener der britischen wie zwei zu drei verhalten, was, auf die Nordsee bezogen, Parität bedeutete. Das Gesetz von 1898 war also nur die erste Etappe einer ausgreifenden Planung gewesen: Daran konnte es seit 1900 keinen Zweifel mehr geben.

Die parlamentarischen Mehrheiten für Tirpitz' Flottengesetze kamen nicht von ungefähr. Tirpitz verstand es meisterhaft, seiner Flottenpolitik den notwendigen Rückhalt in der öffentlichen Meinung zu verschaffen. Der unter seiner Mitwirkung im April 1898 gegründete Deutsche Flottenverein, als moderne «pressure group» dem Bund der Landwirte vergleichbar, half ihm dabei. Im Flottenverein betätigten sich die unmittelbaren und mittelbaren Interessenten aus Schwerindustrie, Werften, Groß- und Überseehandel und den Exportbranchen, dazu ein breites Spektrum politischer Parteien von den Freikonservativen über die Nationalliberalen bis zur Freisinnigen Vereinigung, aber auch breite bürgerliche und kleinbürgerliche Schichten, denen die Unterstützung des Flottenbaus das Gefühl vermittelte, an einer großen patriotischen Aufgabe mitzuwirken. Im Jahre 1900 zählte der Verband knapp 270 000 individuelle Mitglieder; nahm man die korporativen Mitglieder (also die Mitglieder von Organisationen, die sich dem Flottenverein angeschlossen hatten) hinzu, so übersprang er 1908 sogar die Millionengrenze.

Bei *einer* «Machtelite» erfreute sich Tirpitz' Flottenpolitik keiner besonderen Beliebtheit. Aus der Sicht der preußischen Konservativen und Rittergutsbesitzer war alles, was mit der Flotte zusammenhing, suspekt: Die deutsche Schlachtflotte wurde unwillkürlich als Konkurrenz zum preußischen Heer empfunden; die wirtschaftlichen Nutznießer konnten nur Industrie und Handel und damit jene moderne Welt sein, von der sich das ländliche Ostelbien bedroht fühlte. Ein Nein der Konservativen zu den Flottengesetzen war allerdings auch nicht ohne weiteres möglich, weil dies die Partei des Grafen Kanitz und des Herrn von Heydebrand und der Lasa in die Nachbarschaft der Parteien von Eugen Richter und August Bebel gebracht hätte. Die Zustimmung zum zweiten Flottengesetz von 1900 ließen sich die Konservativen aber bereits «bezahlen»: durch das Versprechen einer Getreidezollerhöhung. Im Dezember 1902 löste der seit Oktober 1900 amtierende Reichskanzler Bernhard von Bülow dieses Versprechen ein. Der vom Reichstag mit großer Mehrheit angenommene «Bülow-Tarif», der zum 1. März 1906 in Kraft trat, brachte den Agrariern höhere Zölle für Weizen, Roggen und Hafer (wenn auch nicht so hohe, wie sie die Konservativen und der Bund der Landwirte gefordert hatten). Auf dem «Umweg» über die Flotte war damit das wichtigste Ziel von Miquels Sammlungspolitik erreicht: die zollpolitische Verständigung von Industrie und Landwirtschaft. Miquel, der im September 1901 gestorben war, erlebte diesen Triumph nicht mehr. Daß der Erfolg eintrat, war vor allem das Werk von Bülow – und Tirpitz.

Eckart Kehr, der Autor der ersten kritischen Studie über die gesellschaftlichen Grundlagen der deutschen Sammlungs- und Flottenpolitik, hat 1928 den vorläufigen Ausgang der Kämpfe in dem Diktum zusammengefaßt: «Industrie und Landwirtschaft einigten sich darauf, den Staat nicht jeder für sich allein zu beherrschen und den Unterliegenden von dem Nießnutz der Gesetzgebungsmaschine auszuschalten, sondern ein agrarisch-industrielles Kondominium mit der Spitze gegen das Proletariat zu errichten.» Die beginnende deutsche Weltpolitik zeitigte mithin ein ganz anderes innenpolitisches Ergebnis als jenes, das Max Weber 1895 ins Auge gefaßt hatte: Sie beseitigte nicht die politische Machtstellung des preußischen Junkertums, sondern half im Gegenteil deren gesellschaftliche Grundlagen zu befestigen.[5]

Außenpolitisch stand Deutschland zu der Zeit, als die Sammlungspolitik ihren Höhepunkt erreichte, scheinbar mächtiger da als je zuvor. Eine Wiederannäherung an Rußland unter Hohenlohe hatte dem Reich 1897 beim Erwerb des chinesischen Kiautschou mit dem Hafen Tsingtau geholfen; im Jahr darauf kaufte es den Spaniern die Inselgruppen der Marianen und Karolinen im Pazifik ab; Ende 1899, kurz nach dem Beginn des Burenkrieges in Südafrika, konnte Deutschland England dazu bewegen, der Aufteilung der Samoa-Inseln, ebenfalls im Pazifik, zwischen dem Deutschen Reich und den Vereinigten Staaten von Amerika zuzustimmen. Die Neuerwerbungen ließen das Streben der deutschen Flotte erkennen, ein weltweites Netz von Stützpunkten aufzubauen, und in der Tat war das Reichsmarineamt in allen drei Fällen die treibende Kraft einer Politik, die Bernhard von Bülow, damals preußischer Außenminister und Staatssekretär des Auswärtigen Amtes, am 6. Dezember 1897 im Reichstag mit den Worten umschrieben hatte, Deutschland wolle «niemand in den Schatten stellen, aber wir verlangen auch unseren Platz an der Sonne».

Als Bismarck Mitte der achtziger Jahre seine Abneigung gegen Kolonialerwerb vorübergehend überwand, steckte Deutschland gerade in einer ökonomischen Depressionsphase. Deutsche Kolonien mochten da auch als ein Mittel erscheinen, die Nation aus den Niederungen wirtschaftlicher Sorgen herauszuführen. Als Wilhelm II., Bülow und Tirpitz eine deutsche Weltpolitik auf ihr Banner schrieben, stand Deutschland im Zeichen einer, der «Gründerzeit» vergleichbaren Periode der Hochkonjunktur, die 1895 eingesetzt hatte und um 1900 auslief. Aus einer Position wirtschaftlicher Stärke heraus erhoben die Lenker der deutschen Politik Forderungen, die auf eine dramatische Änderung der internationalen Kräfteverhältnisse abzielten.

Was die Verantwortlichen der deutschen Außen- und Flottenpolitik taten, wich nicht prinzipiell vom Imperialismus anderer Großmächte wie England und Frankreich ab. Aber was seine europäischen Wirkungen anbelangte, hatte der neue deutsche Griff nach Übersee doch eine andere Qualität. Für Frankreich bedeutete sein Kolonialreich *auch* eine Kompensation des Machtverlustes, den es 1870/71 erlitten hatte. Das britische Empire stützte den englischen Anspruch, die führende Seemacht der Welt zu sein. Wenn Deutschland, dem durch die Reichsgründung schon ein halbhegemonialer Status auf dem europäischen Kontinent zugefallen war, sich entschied, Weltpolitik zu betreiben, hieß das, daß es mit seiner kontinentalen Machtstellung nicht mehr zufrieden war, daß es zu einer Seemacht werden wollte, die England zumindest in der Nordsee ebenbürtig war, daß es von der «halben» zur «ganzen» Hegemonie aufsteigen wollte. Die Folgen konnten nur Abwehrbestrebungen der davon betroffenen anderen Großmächte sein – nicht nur Englands und Frankreichs, sondern auch der eurasiatischen Großmacht Rußland, die ebenfalls nicht gewillt war, ihr weltpolitisches Gewicht von Deutschland schmälern zu lassen.

Im Herbst 1900, nach der gemeinsamen Niederwerfung des chinesischen «Boxeraufstands» durch alle europäischen Großmächte, Amerika und Japan, schien sich im deutsch-britischen Verhältnis eine Wendung zum Besseren anzubahnen: Beide Mächte verständigten sich darauf, daß für sämtliche Nationen das Prinzip des ungehinderten Handels auf allen Flüssen und an allen Küsten Chinas gelten sollte. An einem Bündnis aber, über das 1901 zwischen London und Berlin gesprochen wurde, war weder die eine noch die andere Seite ernsthaft interessiert. Eine wie immer geartete Wiederaufnahme der Bismarckschen Politik der «Rückversicherung» bei Rußland kam aus deutscher Sicht ebenfalls nicht in Frage. Eine Ende 1893 ratifizierte Militärkonvention zwischen Paris und St. Petersburg, die russische Reaktion auf einen von Caprivi entfesselten Handelskrieg, hatte die Wiederannäherung zwischen Deutschland und Rußland unter Hohenlohe überdauert. Nachdem England Anfang 1902 ein Bündnis mit Japan abgeschlossen hatte, signalisierte Rußland zwar nochmals sein Interesse an einem Abkommen mit Deutschland, holte sich aber eine Abfuhr von der Wilhelmstraße: Berlin argwöhnte, daß es St. Petersburg nur um deutsche Rückendeckung für eine Expansionspolitik im Fernen Osten ging.

Als außenpolitischer Erfolg Deutschlands erschien zunächst die Erneuerung des Dreibundvertrags mit Österreich-Ungarn und Italien im Juni 1902. Doch fünf Monate später schloß Rom ein Geheimabkommen mit Paris, in dem sich beide Seiten auf strikte Neutralität für den Fall festlegten, daß eine von ihnen von einer dritten Macht angegriffen werden sollte. Die Annäherung zwischen Italien und Frankreich war unverkennbar und damit die Aushöhlung des Dreibundvertrags. Es gab Ende 1902 nur noch *einen* Bündnispartner, mit dem Deutschland rechnen, von dem es aber auch leicht in Verwicklungen mit ungewissem Ausgang hineingezogen werden konnte: Österreich-Ungarn. Die von Bülow propagierte «Politik der freien Hand» hatte Deutschland in eine gefährliche Isolierung geführt. Der Schein der Machtsteigerung, der die deutsche Weltpolitik umgab, trog: Deutschland war zwölf Jahre nach Bismarcks Entlassung verwundbarer als je zuvor, und es hatte sich selbst zuzuschreiben, daß dem so war.[6]

Um die Jahrhundertwende stand im bürgerlichen und namentlich im evangelischen Deutschland eine deutliche Mehrheit hinter allem, was als «vaterländisch», «national» und der deutschen «Weltgeltung» förderlich galt. Der Deutsche Flottenverein war nur einer von vielen Verbänden, die sich darum bemühten, die Steigerung deutscher Macht zu einem Anliegen breiter Schichten zu machen, und bei weitem nicht der extremste. «Rechts» vom Flottenverein operierten der 1891 gegründete Alldeutsche Verband und der drei Jahre später ins Leben gerufene Deutsche Ostmarkenverein. Beide Organisationen hatten sehr viel geringere Mitgliederzahlen als der Flottenverein – jeweils rund 20 000 um 1900 –, übten aber starken Einfluß auf die Meinungsbildung im nationalliberalen bis konservativen Bürgertum aus. Beide waren typische Vertreter des radikalen Nationalismus der Zeit nach 1890.

Der Alldeutsche Verband, aus der Kolonialbewegung hervorgegangen und eng mit der rheinisch-westfälischen Schwerindustrie verbunden, sagte im Innern allen Kräften den Kampf an, die sich der «nationalen Entwicklung» entgegenstellten, womit die Linke aller Schattierungen angesprochen war. Jenseits der Reichsgrenzen unterstützte der Verband «deutschnationale Bestrebungen» der Auslandsdeutschen in aller Welt. Bereits 1894 forderte der Alldeutsche Verband ein deutsch beherrschtes Mitteleuropa und den Übergang Deutschlands von der «Großmachtstellung» zur «Weltmachtstellung». Von den politischen Parteien standen ihm die Nationalliberalen und Freikonservativen anfangs am nächsten (zeitweilig bemühte sich der Verband sogar, beide Parteien in einer «Nationalpartei» aufgehen zu lassen). In dem Maß wie die Deutschkonservativen sich ab 1911 zu Anwälten einer ausgreifenden deutschen Weltpolitik machten, wurde das Verhältnis auch zu dieser Partei enger. Der Alldeutsche Verband sah sich stets als Speerspitze der Kräfte, die auf eine offensive deutsche Außenpolitik drängten. Aus ebendiesem Grund legte er Wert auf Abstand zur offiziellen Regierungspolitik, die selten offensiv genug war, um von den Alldeutschen gelobt zu werden.

Der Ostmarkenverein sah seine Hauptaufgabe in der «Kräftigung und Sammlung des Deutschtums in den mit polnischer Bevölkerung durchsetzten Ostmarken des Reichs durch Hebung und Befestigung deutschnationalen Empfindens sowie durch Vermehrung und wirtschaftliche Stärkung der deutschen Bevölkerung». Auf eine Kurzformel gebracht, lief das Programm des «Hakatisten-Vereins» (so der inoffizielle, aus den Anfangsbuchstaben der Namen der Verbandsgründer Ferdinand von Hansemann, Hermann Kennemann und Heinrich von Tiedemann-Seeheim gebildete Name des Ostmarkenvereins) auf die konsequente Germanisierung und Entpolonisierung der Ostgebiete des Reiches hinaus: Orts- und Familiennamen sollten eingedeutscht, die Polen durch deutsche Siedler ersetzt werden.

Gemessen an den Zahlen der Deutschen, die sich auf den Weg in den Osten machten, war der Erfolg des Ostmarkenvereins bescheiden. Sehr viel nachhaltiger war seine Wirkung im «weltanschaulichen» Bereich: Die «Hakatisten» schmiedeten aus Vorurteilen gegenüber den angeblich rassisch minderwertigen Polen eine Waffe im Volkstumskampf, und sie fanden damit viel Zustimmung bei den Parteien der politischen Rechten, den Deutschkonservativen, der freikonservativen Reichspartei und den Nationalliberalen. Das Verhältnis der «Hakatisten» zur Reichsleitung und zur preußischen Regierung war besser als das der Alldeutschen: Was die antipolnische Ausrichtung anging, gab es zwischen der amtlichen Politik und den Forderungen des Ostmarkenvereins eher taktische Differenzen als einen Gegensatz in der Sache.[7]

Im Unterschied zum Ostmarkenverein und zum Alldeutschen Verband bildeten die Kriegervereine nahezu eine Massenbewegung. Nicht die Angehörigen des gebildeten und besitzenden Bürgertums gaben hier den Ton an und auch nicht die «Einjährig-Freiwilligen» (die Inhaber des Patents der «mittleren Reife», die nach sechs Jahren auf einer mittleren oder höheren Schule nicht zwei Jahre, sondern nur ein Jahr dienen mußten, dafür aber verpflichtet waren, selbst für ihre Unterbringung, Ausrüstung und Beköstigung zu sorgen). Die Mitglieder waren vielmehr überwiegend Handwerker, Ladenbesitzer, Bauern, Tagelöhner, untere Beamte, Angestellte und Arbeiter – «kleine Leute» also, die die Erinnerung an ihre Militärzeit und, wenn sie alt genug waren, an den deutsch-französischen Krieg pflegten und eben dadurch den Gedanken der Nation als Wehrgemeinschaft *aller* deutschen Männer, auch der am wenigsten vermögenden und am geringsten gebildeten, hochhielten. Der 1899 gegründeten Dachorganisation, dem Kyffhäuserbund der Deutschen Landeskriegerverbände, gehörten zu Beginn des Jahres 1900 1,8 und im Herbst 1910 fast 2,6 Millionen Mitglieder von Kriegerverbänden aus ganz Deutschland an. Der Name des Verbandes verwies auf ein nationales Symbol, um das sich die wichtigsten Landeskriegerverbände in den neunziger Jahren verdient gemacht hatten: Es war der Bau eines Denkmals für Kaiser Wilhelm I. auf dem Kyffhäuser.[8]

Der Ort des Denkmals, zwischen 1892 und 1896 von Bruno Schmitz, dem Architekten der «amtlichen» Kaiserdenkmäler an der Porta Westfalica und am Deutschen Eck bei Koblenz, erbaut und von Kaiser Wilhelm II. am 18. Juni 1896 eingeweiht, war mit Bedacht ausgewählt worden. In den Worten der Grundsteinurkunde: «Auf dem Kyffhäuser, in welchem nach der Sage Kaiser Friedrich der Rotbart der Erneuerung des Reiches harrt, soll Kaiser Wilhelm der Weißbart erstehen, der die Sage erfüllt hat.» Thomas Nipperdey hat 1968 in einer berühmt gewordenen Studie über «Nationalidee und Nationaldenkmal in Deutschland im 19. Jahrhundert» vom Kyffhäuser-Denkmal gesagt, es stehe am Übergang vom «Typus des monarchischen Denkmals» zu einem anderen Typus, dem «Denkmal der nationalen Sammlung»: «Das Einzelereignis und die Einzelperson treten hinter historisch-mythischen Vorstellungen von alter deutscher Kaiserherrlichkeit zurück, das Reich wird in die Tiefe der Zeit hineingestellt und zugleich als Erfüllung der nationalen Geschichte gefeiert... Es ist die Nation selbst, die monarchisch verfaßte, aber vor allem die mächtige und geschlossene Nation, die sich hier in Erfüllung einer mythischen Geschichte selbst feiert.»

Der siegreiche Kaiser an der Spitze der bewaffneten Nation: In den fast 400 Denkmälern Wilhelms I. wollten die «national» empfindenden Deutschen in der Tat nicht nur ihren ersten gemeinsamen Herrscher seit dem Untergang des Alten Reiches darstellen, sondern sich selbst. Das Kyffhäuser-Denkmal war kein «offizielles» Monument wie das zur gleichen Zeit auf Weisung Wilhelms II. errichtete Reiterdenkmal seines Großvaters auf der Schloßfreiheit in Berlin, ein Werk von Reinhold Begas, aber auch nicht, wie die meisten Kaiserdenkmäler jener Jahre, Ergebnis von Initiativen des industriellen, kaufmännischen und des akademisch gebildeten Bürgertums. Der sozialen Zusammensetzung der Kriegervereine entsprechend, schlugen sich im Kyffhäuser-Denkmal finanzielle Anstrengungen breiter, vor allem kleinbürgerlicher Schichten nieder, und an *ihr* kollektives Gedächtnis appellierte der Stein gewordene historische Brückenschlag in die Glanzzeit des mittelalterlichen Kaisertums.

Ähnlich breit war die Bewegung, die sich nach dem Tod des ersten Reichskanzlers am 30. Juli 1898 in über 300 Bismarck-Vereinen zusammenschloß und Geld für den Bau von Bismarckdenkmälern sammelte: Neben freiberuflichen und beamteten Akademikern, Unternehmern und vermögenden Kaufleuten stellten mittlere Angestellte und Beamte, Handwerker und Einzelhändler einen erheblichen Teil der Mitgliedschaft. Mehr als 700 Bismarckdenkmäler entstanden in den Jahren darauf (die zahllosen Bismarcktürme und Bismarcksäulen, zu deren Errichtung die Studentenschaft aufrief, nicht mitgerechnet), und meist zeigten diese Denkmäler den

Reichsgründer entweder in der Offiziersuniform seines Kürassierregiments, in der er so oft auch vor dem Reichstag aufgetreten war, oder aber, seltener, in frei nachempfundener symbolischer Ritterrüstung. Es war der Mann von «Blut und Eisen», dem das bürgerliche und kleinbürgerliche Deutschland Denkmäler setzte, nicht der Meister der Diplomatie. Mitunter traten neben Bismarck auch Roon und Moltke, die Vertreter des preußischen Soldatenstaates, und das nicht nur an der Berliner Siegesallee und in anderen Städten Altpreußens, sondern auch andernorts im Reich, in der Goslarer Kaiserpfalz etwa und am «Friedensengel» in München.

In den Denkmälern für Kaiser und Kanzler spiegelten sich Veränderungen des öffentlichen Bewußtseins wider, zu denen kein einzelner so viel beigetragen hatte wie Bismarck. Die Begriffe «Monarchisierung» und «Militarisierung» treffen den Kern der Sache. Von seinen eigenen freiheitlichen Traditionen ließen die Monumente, die das wilhelminische Bürgertum den Helden der Reichsgründung errichtete, nichts mehr erkennen; das Erbe von 1848 pflegte die Sozialdemokratie, nicht der Liberalismus.

Der Historiker Wolfgang Hardtwig spricht in diesem Zusammenhang von einer «Verformung des bürgerlichen Staatsbewußtseins», die mit der «Verbürgerlichung von Gesellschaft, Kultur und auch der politischen Kultur im Kaiserreich» einherging. Zu dieser «Verformung» gehörte, daß das «Volk», durch das allgemeine, gleiche Reichstagswahlrecht durchaus ein Machtfaktor, in der politischen Ikonographie des Kaiserreichs nicht vorkam – oder, wie beim 1883 eingeweihten Niederwald-Denkmal bei Rüdesheim, nur in Gestalt siegender oder fallender Soldaten. Ein volkstümliches Vorhaben aus der Zeit des Vormärz, der Bau des Hermannsdenkmals im Teutoburger Wald, konnte 1875 nur vollendet werden, weil Kaiser Wilhelm I. die notwendigen Mittel zur Verfügung stellte. Die Folge war, daß auch diesem nationalen Symbol der spezifisch «bürgerliche» Charakter abging.

Als am 5. Dezember 1894 in Gegenwart Wilhelms II. der Schlußstein für das neue, von Paul Wallot errichtete Reichstagsgebäude am Königsplatz gelegt wurde (der Kaiser nannte es in einem Privatbrief an seinen Freund «Phili» Eulenburg das «Reichsaffenhaus»), nahm die Zeremonie, ebenso wie schon die Grundsteinlegung zehn Jahre zuvor, Züge eines militärischen Schauspiels an. Es paßte dazu, daß der Reichstagspräsident, der konservative Abgeordnete von Levetzow, in der Uniform eines Landwehrmajors erschien. Der Kommentar der liberalen «Vossischen Zeitung» machte jedoch deutlich, daß eine solche Demonstration im wilhelminischen Deutschland nicht ungerügt vonstatten gehen konnte. «Der Präsident des Reichstages ist der Herr des Hauses», schrieb die «Vossin», «er ist der höchste Gebieter in seinen Räumen. Der Major aber ist der Untergebene schon jedes Oberstleutnants und hat ihm seine Reverenz zu machen. Die Militäruniform deutet das Verhältnis des Dienstes, der hierarchischen Unterordnung an. Sie hat ihre Bedeutung und ehrt ihren Träger – aber alles an der rechten Stelle. Wenn morgen mobil gemacht würde und Herr von Levetzow als Major zu den Fahnen eilte, niemand würde an seiner Uniform Anstoß nehmen... Aber gestern hatte der Major nichts zu tun..., sondern nur der Präsident des deutschen Reichstages, der freigewählte Vertrauensmann der Volksvertretung, und darum hätten wir gewünscht, er hätte diese hohe Würde auch durch das Gewand des freien Mannes angedeutet.»

Der Neubau des Reichstags war gar nicht nach dem Geschmack des Kaisers. Ihn störte die große gläserne Kuppel (vermutlich, weil er darin den Versuch sah, die Kuppel des Schlosses und damit seinen Amtssitz zu übertrumpfen), und auch mit der von Wallot vorgesehenen Inschrift «Dem deutschen Volke» über dem Hauptportal mochte er sich nicht abfinden (sie wurde erst während des Ersten Weltkrieges, im Dezember 1916, angebracht). Als Wilhelm im Frühjahr 1893 anläßlich eines Besuchs in Rom den entstehenden Wallotbau den «Gipfel der Geschmacklosigkeit» nannte, empörten sich nicht nur deutsche Architekten: Das Urteil des selbsternannten Experten war eines jener Kaiserworte, die dazu beitrugen, Wilhelms Ansehen zu mindern.

Der Kaiser als Institution aber blieb ein nationales Symbol, und das schon deshalb, weil das Reich sonst nicht über viele Symbole verfügte. Das kaiserliche Deutschland hatte keine eigentliche Nationalhymne, sondern nur die Monarchenhymne «Heil dir im Siegerkranz», die nach derselben Melodie gesungen wurde wie «God save the King»; die schwarz-weiß-rote Flagge der Kriegs- und Handelsmarine wurde 1892 zur Nationalflagge erklärt, erlangte aber erst im Zuge der Flottenpropaganda eine gewisse Popularität; Deutschland besaß ferner keinen Nationalfeiertag, wie die Franzosen ihn im 14. Juli, dem Tag des Bastillesturmes, hatten: Der 18. Januar, der Tag der Kaiserproklamation von Versailles, blieb in erster Linie der Krönungstag der preußischen Könige, der 2. September, der «Sedantag», eine Manifestation des evangelischen Deutschland, und der 27. Januar, der Geburtstag Wilhelms II., war zu sehr an die Person des regierenden Monarchen gebunden, als daß er die Nation hätte zusammenführen können.

Die Symbole des Reiches verdrängten auch nicht die der Einzelstaaten, sondern «koexistierten» mit diesen. Das galt für die Herrscherhäuser ebenso wie für Fahnen, Hymnen und Denkmäler. Dem Zusammenwachsen der Deutschen zu einer Nation aber war dieses Nebeneinander von Bindungen und Loyalitäten, wie Bismarck richtig erkannt hatte, alles in allem eher förderlich als hinderlich. Der Föderalismus des Bismarckreiches war zwar infolge der überragenden Stellung Preußens ein ungleichgewichtiger; dennoch machte er die preußische Hegemonie für die Nichtpreußen erträglich. Und trotz des Kompetenzzuwachses des Reiches, der schon unter dem ersten Kanzler begonnen hatte, blieb das Kaiserreich auch nach 1890 föderalistisch. Ein Einheitsstaat, wie er Heinrich von Treitschke und anderen Nationalliberalen vorgeschwebt hatte, hätte gewiß sehr viel weniger nationale Integration zuwegegebracht als der von Bismarck geschaffene Bundesstaat.[9]

Der institutionelle Gegenpol zum Kaiser waren nicht die anderen Fürsten und die Freien Städte, sondern das demokratische Verfassungsorgan, der Reichstag. Das allgemeine, gleiche und direkte Wahlrecht für Männer, die das 25. Lebensjahr vollendet hatten, gab den Deutschen ein verbrieftes Recht auf Mitsprache – zwar nicht bei der Regierungsbildung, aber doch bei der Gesetzgebung. Indem sie an dieses Recht appellierten und seine Wahrnehmung nutzten, trugen *alle* Parteien und Verbände, ob sie sich als «national» verstanden oder nicht, dazu bei, daß sich die Deutschen als *ein*, wenn auch vielstimmiger nationaler Akteur zu verstehen lernten. Dieses Bewußtsein verstärkte sich in dem Maß, wie sich die Tätigkeitsfelder des Reichs erweiterten und, als Folge davon, das Gewicht des Reichstags stieg. Wilhelms II. Abneigung gegen das Hohe Haus kam nicht von ungefähr.

Welche der konkurrierenden Kräfte wann wieviel Einfluß im Reichstag hatten, hing von vielen, nicht zuletzt wirtschaftlichen Faktoren ab. So stand beispielsweise die Tatsache, daß die Antisemitenparteien bei den Reichstagswahlen von 1893 ihren Stimmenanteil gegenüber 1890 von 0,7 auf 3,4 % und die Zahl ihrer Mandate von 5 auf 16 steigern konnten, im engen Zusammenhang mit der wirtschaftlichen Depression der Jahre 1890 bis 1895. Bei der Wahl von 1898, einem Jahr guter Konjunktur, gelang den Antisemiten nochmals eine bescheidene Steigerung ihres Stimmenanteils um 0,3 %. Bei den folgenden beiden Wahlen von 1903 und 1907, die in eine Zeit der Hochkonjunktur fielen, sanken die Stimmenanteile der Antisemiten auf 2,6 und 2,2 %. Der organisierte Parteiantisemitismus, in sich gespalten in einen radikalen, schroff antikonservativen Flügel um den ehemaligen Berliner Volksschuldirektor Hermann Ahlwardt, den Erfinder des Schlachtrufs «Gegen Junker und Juden», und den hessischen Archivar und «Bauernkönig» Otto Boeckel auf der einen und eine zur Zusammenarbeit mit den Konservativen bereite Richtung um den ehemaligen preußischen Offizier und zeitweiligen Funktionär des Bundes der Landwirte Max Liebermann von Sonnenberg auf der anderen Seite, war eine soziale Protestbewegung. Ihren Rückhalt hatte sie vor allem bei Bauern, kleinen Kaufleuten, Handwerkern und Angestellten, die sich vom großen Kapital wie von der marxistischen Arbeiterbewegung bedroht fühlten. Als sich die wirtschaftliche Lage besserte, ließ die Attraktion des Parteiantisemitismus nach.

Der Niedergang der Antisemitenparteien bedeutete aber noch kein Absterben der Judenfeindschaft. Der Antisemitismus war mittlerweile vielmehr in die Programmatik von Parteien und Verbänden eingedrungen, die gegenüber den «reinen» Antisemitenparteien den Vorteil hatten, daß sie ihrer Klientel sehr viel mehr anboten als die Abwehr des Judentums, womit sie den Antisemitismus jedoch als legitim anerkannten und seine gesellschaftliche Respektabilität steigerten. So verpflichtete sich die Deutschkonservative Partei 1892 in ihrem «Tivoli-Programm», ihrem ersten offiziellen und zugleich offen agrarkonservativen Parteiprogramm, zum Kampf gegen «den vielfach sich vordrängenden und zersetzenden jüdischen Einfluß auf unser Volksleben» und verband dieses Bekenntnis mit konkreten antisemitischen Forderungen: Die Partei verlangte «für das christliche Volk eine christliche Obrigkeit und christliche Lehrer für christliche Schulen» sowie ein «wirksames Einschreiten der Staatsgewalt gegen jede gemeinschädliche Erwerbstätigkeit und gegen die undeutsche Verletzung von Treu und Glauben im Geschäftsverkehr».

Die Kampfansagen gegen das moderne Judentum gingen bei den Konservativen einher mit der Distanzierung vom «Radauantisemitismus» eines Hermann Ahlwardt und allen parteiförmig organisierten Antisemiten, von denen es in der 1911 erschienenen vierten Auflage des Handbuchs der Deutschkonservativen Partei hieß, sie schweißten durch die «Beschimpfung des Gesamtjudentums» dieses nur zusammen, obwohl es doch auch «sehr viele ehrenwerte und patriotische Juden» gebe – «sehr viel mehr, als der radikale Antisemitismus zugeben will». «Rassistisch» im Sinne von «biologistisch» war der Antisemitismus der Deutschkonservativen Partei also nicht, aber gerade darum eingängig: Die Konservativen trafen mit ihrer «unterscheidenden», scheinbar maßvollen, sich kulturell besorgt gebenden Judenfeindschaft eine verbreitete Stimmung.

Der mit den Konservativen eng verbundene Bund der Landwirte appellierte sehr viel ungenierter als die Deutschkonservative Partei an antijüdische Vorurteile in Landbevölkerung und städtischem Mittelstand. Im Juni 1895 etwa beschrieb das Organ des Bundes die Landwirtschaft als wahre Verkörperung des Deutschtums und damit als unversöhnliche Gegnerin des Judentums: «So liegt es wirklich in der Natur der Sache, daß Landwirtschaft und Judentum sich bekämpfen müssen, auf Tod und Leben, bis der eine Teil leblos, oder wenigstens machtlos am Boden liegt.»

Der 1893, im gleichen Jahr wie der Bund der Landwirte, gegründete Deutsche Handlungsgehülfen-Verband, der sich seit 1896 Deutschnationaler Handlungsgehilfen-Verband nannte und anfangs enge Verbindungen zur antisemitischen Deutschsozialen Reformpartei Liebermann von Sonnenbergs und den österreichischen Alldeutschen um Georg Ritter von Schönerer unterhielt, schloß «Juden und nachweislich von Juden abstammende Personen» von der Mitgliedschaft ausdrücklich aus. Der Verband versuchte eine gesellschaftliche Gruppe zu organisieren, die von manchen Zeitgenossen auf der Linken als «Stehkragenproletarier» bespöttelt wurde. Die kaufmännischen, industriellen und Bankangestellten selbst sahen sich dagegen in ihrer Mehrheit als Angehörige eines «neuen Mittelstandes» (der Begriff tauchte erstmals in den neunziger Jahren auf), zum Teil auch als «Privatbeamte», auf keinen Fall aber als Proletarier. Nichts war ihnen, den «Kopfarbeitern», wichtiger, als sich demonstrativ von den Handarbeitern abzuheben. Da ein Großteil der Arbeitnehmer mit dem «blauen Kragen» sich in der marxistisch und internationalistisch geprägten Sozialdemokratie zusammengeschlossen hatte, schien es vielen Arbeitnehmern mit dem «weißen Kragen» als ausgemacht, daß der proletarische Internationalismus einer jüdischen Machenschaft entsprungen war. Sich zur Nation zu bekennen und gegen das «internationale» Judentum zu wenden war für die frühe Angestelltenbewegung somit in erster Linie ein Mittel, den eigenen Anspruch auf ein gehobenes gesellschaftliches Prestige zu befriedigen – durch scharfe Abgrenzung von einer Klassenbewegung, die ihrerseits großen Wert darauf legte, nicht «national» zu sein.[10]

Antisemitismus war jedoch nicht notwendig, um der Sozialdemokratie eine «bürgerliche» Alternative zur Lösung der sozialen Frage entgegenzustellen. Der evangelische Pfarrer Friedrich Naumann, ursprünglich ein Gefolgsmann Adolf Stoeckers und seiner 1879 gegründeten Christlichsozialen Arbeiterpartei (die sich seit 1881 nur noch Christlichsoziale Partei nannte), vollzog 1896 durch die Gründung des Nationalsozialen Vereins den endgültigen Bruch mit Stoecker. Der Antisemitismus des ehemaligen Hofpredigers (Stoecker war bereits Ende 1890 von Wilhelm II. aus dem Amt gedrängt worden) spielte bei der Trennung eine viel geringere Rolle als die Tatsache, daß Stoeckers Partei nie aufgehört hatte, einen Teil der Deutschkonservativen Partei zu bilden, die Konservativen aber seit ihrem «Tivoli-Programm» von 1892 vor allem eines sein wollten: der politische Arm des ostelbischen Agrariertums.

Naumann war seit langem der Sprecher der sozialpolitisch engagierten «Jungen» im (von Stoecker mitbegründeten) Evangelisch-sozialen Kongreß gewesen. Als er sich von Stoecker lossagte, zog er eine große Zahl von Sozialreformern mit sich. Der Nationalsoziale Verein erstrebte keine radikale Veränderung der bestehenden Gesellschaftsordnung, äußerte aber die Erwartung, «daß die Vertreter deutscher Bildung im Dienst des Gemeinwohls den politischen Kampf der deutschen Arbeit gegen die Übermacht vorhandener Besitzrechte unterstützen» und auf der anderen Seite die «Vertreter der deutschen Arbeit sich zur Förderung vaterländischer Erziehung, Bildung und Kunst bereit finden werden». Die Arbeiter sollten einen größeren Anteil am Gesamtertrag der deutschen Volkswirtschaft erhalten, die Frauen zu solchen Berufen und öffentlich-rechtlichen Stellungen zugelassen werden, «in denen sie die fürsorgende und erziehende Tätigkeit für ihr eigenes Geschlecht wirksam entfalten» könnten. Die Reformforderungen wurden vom «nationalen Boden» aus erhoben, was ein Bekenntnis zur «angemessenen Vermehrung der deutschen Kriegsflotte» sowie zur Erhaltung und zum Ausbau der deutschen Kolonien in sich schloß.

Von einer Beschneidung des jüdischen Einflusses war in den von Naumann entworfenen «Grundlinien» des Nationalsozialen Vereins mit keinem Wort die Rede. Vielmehr verlangte das Manifest sogar ausdrücklich die «ungeschmälerte Erhaltung der staatsbürgerlichen Rechte aller Staatsbürger». Das allgemeine Wahlrecht sollte nicht nur nicht angetastet, sondern auf Landtage und Kommunalvertretungen ausgedehnt werden. Wenn es ein Stichwort gab, das alle Einzelforderungen bündelte, war es ein von fern an Lorenz von Steins «Königtum der sozialen Reform» erinnerndes Postulat: Der Nationalsoziale Verein sprach sich für ein «kräftiges Zusammenwirken der Monarchie und der Volksvertretung» aus.

In seinem Buch «Demokratie und Kaisertum», das im Jahre 1900 erschien, baute Naumann diesen Gedanken weiter aus. Seine Hoffnungen setzte er inzwischen ganz auf Wilhelm II., den «Flotten- und Industriekaiser», den er für willens und befähigt hielt, das «soziale Kaisertum» der Zukunft vorzubereiten. «Als Preußenkönig hat er das Erbe der alten Tradition übernommen, als Kaiser ist er nationaler Imperator, Verkörperung des Gesamtwillens, persönlicher Führer aus einer alten in eine neue Zeit.» Der Kaiser als Exekutor des Volkswillens, der mittels einer «Diktatur des Industrialismus» die agrarische Herrschaft überwand und durch nationale Machtpolitik die Voraussetzungen für die Überwindung der sozialen Klassengegensätze schuf: Naumann war, was den Zusammenhang von imperialistischer Weltpolitik und gesellschaftlicher Modernisierung betraf, ein gelehriger Schüler Max Webers. Der Soziologe teilte allerdings nicht Naumanns Glauben, daß der Kaiser dazu berufen sei, Deutschland auf dem Weg der Erneuerung voranzuschreiten. Weber sah vielmehr im Parlament den Ort der demokratischen Führerauslese und verlangte folgerichtig die Parlamentarisierung Deutschlands – eine Forderung, der sich Naumann wenig später anschloß.

Die sozialdemokratische Arbeiterschaft vermochte Naumann mit seiner Synthese von nationalem Machtstaat und christlichem Sozialismus nicht zu überzeugen, und folglich auch nicht mit dem Appell, die Sozialdemokratie möge den Kaiser bei seiner Militär- und Flottenpolitik unterstützen und so den Tatbeweis erbringen, «daß Deutschland ohne die Ostelbier und Klerikale regiert werden kann». Das gutgemeinte Ergebnis politischen Wunschdenkens fand starkes intellektuelles Interesse, aber keinen Widerhall in der Wählerschaft: Bei der Reichstagswahl von 1898 entfielen auf die Kandidaten des Nationalsozialen Vereins, der damals erstmals als Partei antrat, im ganzen Reich lediglich 27 000 Stimmen; bei der Wahl von 1903 gelang nur einem nationalsozialen Bewerber, dem ehemaligen Antisemiten Hellmut von Gerlach, der Einzug in den Reichstag. Er schloß sich als Hospitant der Freisinnigen Vereinigung an.

Naumann zog kurz darauf eine radikale Konsequenz aus dem Fehlschlag: Auf sein Bestreben löste sich der Nationalsoziale Verein im August 1903 auf; auf Naumanns Empfehlung hin traten die meisten aktiven Mitglieder der Freisinnigen Vereinigung bei. Da die ehemaligen Sezessionisten unter dem Einfluß Theodor Barths, des Redakteurs der Berliner Wochenschrift «Die Nation», ihren doktrinären Manchesterliberalismus aufgegeben und eine Wendung zu Sozialreform und Kolonialpolitik vollzogen hatten, gab es für den Zusammenschluß ein beträchtliches Fundament an inhaltlicher Übereinstimmung. Naumanns Wandlung zu einem der führenden Repräsentanten des deutschen Linksliberalismus war der vorläufige Abschluß eines Weges, der mit einer Spaltung am linken Rand des Konservatismus begonnen hatte.[11]

Eine Wendung zum «Nationalen» vollzog um die Jahrhundertwende auch der katholische Teil der politischen Mitte: Wie die Freisinnige Vereinigung stimmte das Zentrum im April 1998 Tirpitz' erstem Flottengesetz zu. Bereits im Jahr zuvor hatte die katholische Partei die Umrüstung der Artillerie in Höhe von 176 Millionen Mark unterstützt; 1899 ermöglichte sie eine weitere Erhöhung der Friedenspräsenzstärke des Heeres. Die Motive lagen nicht im Bereich der Militärpolitik: Das Zentrum hoffte, durch gouvernementales Verhalten in Fragen, bei denen es um das Prestige des Reiches ging, den Abbau der restlichen Kulturkampfgesetze und die «nationale» Anerkennung der deutschen Katholiken zu erreichen. Als Anfang Februar 1900 die erste Lesung des zweiten Flottengesetzes unmittelbar bevorstand, forderte der Fürstbischof von Breslau, Georg Kardinal Kopp, in einem Brief an den Abgeordneten Carl Bachem, das Zentrum müsse Tirpitz mitteilen, daß es bereit sei, «möglichst die Vorlage günstig zu behandeln», dafür aber verlangen, «daß *zuvor* das Jesuitengesetz gänzlich aufgehoben werde, um die Stimmung der katholischen Wähler zu besänftigen».

Das Kalkül des Kardinals ging nicht auf: Die Flottenvorlage wurde am 12. Juni 1900 mit den Stimmen des Zentrums verabschiedet. Lediglich den Aufschub des Baus von sechs Auslandskreuzern bis zum Jahre 1906 konnte die Fraktion durchsetzen. Bei der Abstimmung über das dritte Flottengesetz im Juni 1906 war der Druck der Alldeutschen und des Flottenvereins auf die öffentliche Meinung so massiv, daß das Zentrum sein übliches Junktim – Zustimmung zum Entwurf des Reichsmarineamtes gegen Aufhebung des Jesuitengesetzes – gar nicht mehr aufzustellen wagte und der Vorlage ohne kompensatorische Bedingungen zustimmte. Hinter sein «nationales» Abstimmungsverhalten in den Jahren zuvor hätte das Zentrum aber auch gar nicht zurückfallen können, ohne seine politische Glaubwürdigkeit zu verlieren.

Diese Gefahr drohte dem Zentrum in erster Linie von rechts. Auf der bürgerlichen Linken und bei der Sozialdemokratie war die Glaubwürdigkeit des Zentrums ohnehin schwer erschüttert, seit es, wie Bebel 1897 bemerkte, «mit wehenden Fahnen und Trommelschlag» ins Regierungslager übergewechselt war. Mommsen ging Anfang 1902 noch weiter, als er sein Urteil, Bismarck habe der Nation das Rückgrat gebrochen, durch den Zusatz ergänzte: «das Centrum tut die Erbschaft». Der politische Opportunismus der katholischen Partei war in der Tat offenkundig, ja ihr hervorstechendes Merkmal: Es gab keine wichtige politische Frage, die das Zentrum nicht unter dem taktischen Gesichtspunkt entschied, ob das Votum der Reichstagsfraktion dem politischen Katholizismus eher Vor- oder Nachteile bringen würde.

Die kurzfristigen Vorteile der gouvernementalen Haltung lagen auf der Hand: Die Position des Zentrums wurde unter Hohenlohe und bis 1906 auch unter seinem Nachfolger Bülow so stark, daß sich die Partei im Glauben zu wiegen begann, ohne sie könne in Deutschland nicht mehr regiert werden. Auf die Parlamentarisierung des Reiches zu drängen, ergab aus dieser Sicht wenig Sinn: Unter einer Mehrheitsregierung, an der das Zentrum nicht beteiligt war, hätte die Partei für die deutschen Katholiken weniger erreichen können als durch das Aushandeln von Kompromissen mit der vom Kaiser eingesetzten, dem Parlament nicht verantwortlichen Reichsleitung. Die politischen Kosten der Zentrumstaktik traten erst später in Erscheinung: Die Kriegsgefahr wuchs infolge einer Politik, die seit den späten neunziger Jahren vom Zentrum unterstützt wurde. Ob Deutschland zur parlamentarischen Regierungsweise übergehen würde, hing nicht nur vom Zentrum ab, aber ohne das Zentrum war eine Parlamentarisierung nicht möglich. Der konstitutionelle Obrigkeitsstaat konnte sich also auch deswegen einstweilen sicher fühlen, weil das Zentrum ihn nicht in Frage stellte.

Das Zentrum unterstützte unter der Führung Ernst Liebers, des Nachfolgers des 1891 verstorbenen Windthorst, die deutsche Kolonialpolitik; es betonte, wo immer sich eine Gelegenheit bot, seine Treue zu Kaiser und Reich; eine treibende Kraft des deutschen Nationalismus und Imperialismus aber war es nicht; es ermöglichte die Weltpolitik nur, indem es aus innenpolitischen Gründen für die entsprechenden Gesetze stimmte. Anders und doch auch wieder ähnlich lagen die Dinge beim Antisemitismus. Das Zentrum lehnte Gesetze ab, die auf eine Rücknahme der Judenemanzipation hinausliefen; schon im November 1880, als das preußische Abgeordnetenhaus auf Antrag der Fortschrittspartei eine Debatte über die Sammlung von Unterschriften für die «Antisemitenpetition» führte, hatte Windthorst seine Partei auf ein klares Nein zur Beschränkung der staatsbürgerlichen Rechte der Juden festgelegt. Doch das bedeutete nicht, daß Politiker und Publizisten der Zentrumspartei die katholischen Vorurteile gegenüber den Juden nicht geteilt hätten. Daran ließen die Reden der Abgeordneten Peter Reichensperger und Julius Bachem während jener Debatte keinen Zweifel, und in den neunziger Jahren nahmen die «Historisch-politischen Blätter» mit derselben Vehemenz an der antisemitischen Kampagne teil wie zwei Jahrzehnte zuvor.

Das Abebben des Parteiantisemitismus um die Jahrhundertwende führte auch zum Nachlassen katholischer Angriffe auf die Juden. Es gab bei den Katholiken weiterhin massive Vorbehalte gegenüber den Juden und einen spezifisch katholischen antisemitischen Diskurs, zu dem auch der Anspruch gehörte, selber die einzig legitime Gegnerschaft zu den Juden zu vertreten: die christliche. Den Antisemitismus zu einem Programmpunkt zu erheben, wie es die betont evangelische Deutschkonservative Partei tat, kam dem Zentrum jedoch zu keiner Zeit in den Sinn. Die eigenen Erfahrungen als benachteiligte Minderheit schreckten; sie wirkten als Warnung, sich an der Diskriminierung einer anderen Minderheit zu beteiligen.

Verglichen mit der Zeit des Kulturkampfes befand sich der Katholizismus um die Jahrhundertwende in einer komfortablen Situation. Er verfügte über politischen Einfluß und brauchte sich nicht mehr in einer belagerten Festung zu fühlen. Der Liberalismus war immer noch ein Gegner, aber er hatte an Bedrohlichkeit verloren. Die innenpolitische Entspannung hatte freilich auch ihre Kehrseite: Bei den Reichstagswahlen von 1887 hatte das Zentrum letztmalig einen Stimmenanteil von über 20 % erreicht; seitdem stagnierte die Partei bei etwa 19 Prozent. Die «Wahldisziplin» der deutschen Katholiken war also nicht mehr so hoch wie während des Kulturkampfes. Der katholische Mikrokosmos hatte an bindender Kraft eingebüßt. Kirchentreue katholische Arbeiter, Bauern, Akademiker, Kleingewerbetreibende, Unternehmer und Großgrundbesitzer lebten in unterschiedlichen sozialen Welten, zusammengehalten durch einen gemeinsamen Glauben und durch den nach wie vor starken, ja militanten Antikatholizismus des evangelischen Deutschland. Daß dieser auch nach der Beilegung des Kulturkampfes nicht nachließ, dafür sorgte ein eigens zu diesem Zweck gegründeter Kampfverband: der Evangelische Bund zur Wahrung der deutsch-protestantischen Interessen. Seine Mitgliederzahl stieg von 81 000 im Jahr 1891 auf 510 000 im Jahre 1913.

Nur wenn man ihn am parteipolitisch zersplitterten Protestantismus maß, war der deutsche Katholizismus auch um die Jahrhundertwende eine einheitliche Größe, und nur vor diesem Hintergrund läßt sich von einem «katholischen Milieu» sprechen. Das Zentrum war, was die soziale Zusammensetzung seiner Anhängerschaft anging, in höherem Maß als jede andere Partei eine «Volkspartei». In seiner Führung wurde der bis dahin tonangebende Adel seit den neunziger Jahren zunehmend durch bürgerliche Politiker zurückgedrängt. Neben die katholischen Arbeitervereine traten seit 1894 die vom Zentrum geförderten Christlichen Gewerkschaften, die indes keine katholische, sondern eine interkonfessionelle Organisation bildeten. Damit zeichnete sich ein Konflikt um das politische Selbstverständnis des Zentrums ab: Es mußte sich darüber klar werden, ob es sich als konfessionelle oder als überkonfessionelle Partei verstand – ob es eine rein katholische Partei bleiben oder sich zu einer auch für Protestanten offenen Partei weiterentwickeln wollte.[12]

Eine völlig andere Entwicklung als das Zentrum nahm, auf den ersten Blick jedenfalls, die Sozialdemokratie. Als das Sozialistengesetz am 30. September 1890 außer Kraft trat, erhielt die Partei August Bebels jene Möglichkeiten legaler Betätigungen zurück, die sie zwölf Jahre lang entbehrt hatte. Aber die Sozialdemokratie dachte in ihrer großen Mehrheit nicht daran, ihre Gegnerschaft zur kapitalistischen Gesellschaftsordnung und zum kaiserlichen Obrigkeitsstaat aufzugeben – so wenig wie umgekehrt die Regierenden im Reich und in den Einzelstaaten aufhörten, in der Sozialdemokratie eine

Kraft des Umsturzes zu sehen. Zur Disposition stand auch nicht die Erwartung des «Großen Kladderadatsch», wie Bebel gern sagte, also des nahenden Zusammenbruchs der bürgerlichen Gesellschaft, und des sozialistischen «Zukunftstaates», der dann an die Stelle des gegenwärtigen Ausbeuterstaates treten würde. Auf dem Erfurter Parteitag von 1891 wagte Bebel sogar die Prognose, die «Verwirklichung unserer letzten Ziele» sei so nahe, «daß wenige in diesem Saale sind, die diese Tage nicht erleben werden».

Das Erfurter Programm der Sozialdemokratischen Partei Deutschlands von 1891, im grundsätzlichen Teil von Karl Kautsky, dem 1854 in Prag geborenen, seit seinem ersten Wiener Universitätssemester in der sozialistischen Bewegung tätigen Redakteur des theoretischen Parteiorgans «Neue Zeit», entworfen, war sehr viel «marxistischer» als das vorangegangene Gothaer Programm von 1875, in dem sich, zum Leidwesen von Marx, noch kräftige Reste lassalleanischen Denkens behauptet hatten. Das neue Programm griff gleich im ersten Absatz die These des Kommunistischen Manifests von 1848 auf, wonach die ökonomische Entwicklung zwangsläufig («mit Naturnotwendigkeit») zum Untergang des Kleinbetriebs, zur Monopolisierung der Produktionsmittel in den Händen einiger weniger Großkapitalisten und Großgrundbesitzer und zum Absinken der Kleineigentümer ins besitzlose Proletariat führte. Ganz im Sinne des 1883 verstorbenen Marx war auch die Behauptung, der Klassenkampf zwischen Bourgeoisie und Proletariat werde immer erbitterter und trenne die Gesellschaft in zwei feindliche Heerlager. Dasselbe galt von der Forderung, die Produktionsmittel in den Besitz der Gesamtheit zu überführen – einem Ziel, das die Arbeiterklasse dem Programm zufolge nicht erreichen konnte, «ohne zuvor in den Besitz der politischen Mittel gekommen zu sein».

Der praktische Teil des Erfurter Programms stammte im wesentlichen von Eduard Bernstein, 1850 als Sohn eines jüdischen Lokomotivführers in Berlin geboren, gelernter Bankangestellter und während der Zeit des Sozialistengesetzes Redakteur des erst in Zürich, dann in London publizierten Wochenblattes «Sozialdemokrat». In ihren Gegenwartsforderungen präsentierte sich die SPD eher als radikaldemokratische denn als sozialistische Partei. Die Sozialdemokraten verlangten unter anderem das allgemeine, gleiche und direkte Wahlrecht für alle Wahlen und Abstimmungen und zwar «ohne Unterschied des Geschlechts», eine «direkte Gesetzgebung durch das Volk vermittels des Vorschlags- und Verwerfungsrechts», eine «Volkswehr an Stelle der stehenden Heere», die «Entscheidung über Krieg und Frieden durch die Volksvertretung», die weltliche Schule, die Erklärung der Religion zur Privatsache, die Abschaffung aller Gesetze, «welche die Frau in öffentlich- und privatrechtlicher Beziehung gegenüber dem Manne benachteiligen», die Abschaffung der Todesstrafe und die Sicherstellung des Koalitionsrechts.

Ein Begriff, der im Denken von Marx und Engels eine große Rolle spielte, kam im Erfurter Programm nicht vor: die «Diktatur des Proletariats». Um den Herrschenden keinen Vorwand für eine neue «gesetzliche» Verfolgung der Sozialdemokratie zu liefern, verzichteten die Autoren des Programms auch darauf, sich zum Ziel der «demokratischen Republik» zu bekennen. Sie griffen auch nicht Engels' Empfehlung auf, ersatzweise die Konzentration «aller politischen Macht in den Händen der Volksvertretung» zu fordern. Daß die Partei in ihrem Programm nicht offen von «Revolution» sprach, verstand sich nach Lage der Dinge von selbst.

Doch es war nicht nur Taktik, wenn Kautsky, der zu jener Zeit Wilhelm Liebknecht als Parteitheoretiker ablöste, zwei Jahre nach Erfurt dem Begriff «Revolution» den Geruch von Aufstand, Barrikadenkämpfen und Blutvergießen zu nehmen suchte. In der «Neuen Zeit» nannte er im Dezember 1893 die Sozialdemokratie «eine revolutionäre, nicht aber eine Revolutionen machende Partei». Es falle ihr daher nicht ein, «eine Revolution anstiften oder vorbereiten zu wollen. Und da die Revolution nicht von uns willkürlich gemacht werden kann, können wir auch nicht das Mindeste darüber sagen, wann, unter welchen Bedingungen und in welchen Formen sie eintreten wird.»

Kautsky hielt daran fest, daß die soziale Umwälzung, wie sie die Sozialdemokratie erstrebe, nur «mittels einer politischen Revolution, mittels der Eroberung der politischen Macht durch das kämpfende Proletariat» erreicht werden könne. Aber anders als im rückständigen Rußland verfüge das Proletariat in den «modernen Staaten» dank Koalitionsfreiheit, Pressefreiheit und allgemeinem Wahlrecht über andere und bessere Waffen als die revolutionäre Bourgeoisie des 18. Jahrhunderts. Wenn das Proletariat die demokratischen Institutionen nutze, höre es nicht auf, revolutionär zu sein. «Die Demokratie kann die Klassengegensätze der kapitalistischen Gesellschaft nicht beseitigen, und deren notwendiges Endergebnis, den Umsturz dieser Gesellschaft, nicht aufhalten. Aber eines kann sie: sie kann nicht die Revolution, aber sie kann manchen verfrühten, aussichtslosen Revolutionsversuch verhüten und manche revolutionäre Erhebung überflüssig machen.»

Die Pointe von Kautskys Argumentation lag darin, daß er auch das kaiserliche Deutschland zu den «modernen Staaten» rechnete, in denen das Proletariat die politische Macht auf demokratischem Weg, im Gefolge eines Wahlsieges, erobern konnte. Die gesellschaftliche Umwälzung, die soziale Revolution, konnte anschließend im wesentlichen evolutionär verlaufen. Für die «Diktatur des Proletariats» könne er sich, schrieb er am 8. Juli 1893 an Franz Mehring, «eine andere Form nicht denken, als die eines kraftvollen Parlaments nach englischem Muster mit einer sozialdemokratischen Mehrheit und einem starken und bewußten Proletariat hinter sich. Der Kampf um einen wirklichen Parlamentarismus wird meines Erachtens in Deutschland zum Entscheidungskampf der sozialen Revolution werden, denn ein parlamentarisches Regime bedeutet in Deutschland den politischen Sieg des Proletariats, aber auch umgekehrt.»[13]

Was Marx noch als historische Ausnahme betrachtet hatte, einen friedlichen Übergang von der kapitalistischen zur nachkapitalistischen Gesellschaft, hielt Kautsky nun für den europäischen Regelfall. Insoweit *hatte* er sich von Marx entfernt – ihn «revidiert». Aber just dies durfte Kautsky nicht zugeben, weil er sonst die Einheit der Partei gefährdet und «Anarchisten» oder einer neuen antiparlamentarischen Opposition nach Art der 1891 aus der Partei ausgeschlossenen «Jungen» Auftrieb gegeben hätte. Deswegen widersprach er seinem Freunde Eduard Bernstein scharf, als dieser 1897 von London aus, wohin er 1888, nach seiner Ausweisung aus der Schweiz, übergesiedelt war, zur offenen Kritik an den Lehren von Marx und Engels überging.

Von Debatten in der Londoner «Fabian Society», einem Zirkel intellektueller Gesellschaftsreformer um George Bernard Shaw, Sidney und Beatrice Webb, angeregt, stellte Bernstein zunächst in der Artikelserie «Probleme des Sozialismus» in der «Neuen Zeit», dann in einer zusammenfassenden Zuschrift an den sozialdemokratischen Parteitag in Stuttgart vom Oktober 1898 wesentliche Annahmen der beiden Klassiker des «Wissenschaftlichen Sozialismus» in Frage. Sowohl die «Katastrophentheorie», die These vom unweigerlichen Zusammenbruch der bürgerlichen Gesellschaft, als auch die Doktrinen von der Zuspitzung der gesellschaftlichen Verhältnisse, vom Untergang des Kleinbetriebs und vom Verschwinden der Mittelschichten erklärte er, gestützt auf umfangreiches Datenmaterial, für widerlegt. Bernsteins politische Folgerungen waren radikal: «Je mehr ... die politischen Einrichtungen der modernen Nationen demokratisiert werden, um so mehr verringern sich die Notwendigkeiten und Gelegenheiten großer politischer Katastrophen ... Die Eroberung der politischen Macht durch die Arbeiterklasse, die Expropriation der Kapitalisten sind an sich keine Endziele, sondern nur ein Mittel zur Durchführung bestimmter Ziele und Bestrebungen.»

Auf erste Vorhaltungen Kauskys und anderer Theoretiker, darunter Viktor Adlers in Wien, spitzte Bernstein seine Thesen in einem Brief an den «Vorwärts», das sozialdemokratische Parteiorgan, weiter zu. «Überall in vorgeschrittenen Ländern sehen wir den Klassenkampf mildere Formen annehmen, und es wäre ein wenig hoffnungsvoller Ausblick in die Zukunft, wenn es anders wäre ... Wir setzen heute durch Stimmzettel, Demonstration und ähnliche Pressionsmittel Reformen durch, für die es vor hundert Jahren blutiger Revolution bedurft hätte.»

Anfang 1899 legte Bernstein die von Kautsky gewünschte ausführliche Darstellung seiner Kritik an Marx und Engels vor: das Buch «Die Voraussetzungen des Sozialismus und die Aufgaben der Sozialdemokratie». Darin nannte der Autor die Demokratie «Mittel und Zweck» zugleich: «Sie ist Mittel der Erkämpfung des Sozialismus, und sie ist die Form der Verwirklichung des Sozialismus.» Der Sozialismus sei nicht nur der Zeitfolge, sondern auch dem geistigen Gehalt nach der legitime Erbe des Liberalismus, und stets habe die Sicherung der staatsbürgerlichen Freiheit der Sozialdemokratie höher gestanden als die Erfüllung eines wirtschaftlichen Postulats. Der Einfluß der Partei würde ein viel größerer sein als heute, «wenn die Sozialdemokratie den Mut fände, sich von einer Phraseologie zu emanzipieren, die tatsächlich überlebt ist, und das scheinen zu wollen, was sie heute in Wirklichkeit ist: eine demokratisch-sozialistische Reformpartei».

Bernstein wiederholte seinen vielkritisierten Ausspruch, das, was man gemeinhin «Endziel des Sozialismus» nenne, sei ihm «nichts, die Bewegung alles». Er betonte, daß es ihm nicht um die «Überwindung *des* Marxismus» gehe, sondern um die «Abstoßung gewisser Reste von Utopismus, die der Marxismus noch mit sich herumschleppt», und er rief gegen die «bequeme Unterkunft» der Hegelschen Dialektik den Geist Kants, des Kritikers der reinen Vernunft, an. Auf den letzten Seiten seiner Abhandlung machte Bernstein dann nochmals deutlich, was ihn von der Linken in seiner Partei mehr als alles andere trennte: «Sobald eine Nation einen politischen Zustand erreicht hat, wo das Recht der besitzenden Minderheit aufgehört hat, ein ernsthaftes Hindernis für den sozialen Fortschritt zu bilden, wo die negativen Aufgaben der politischen Aktion zurücktreten hinter den positiven, da wird die Berufung auf die gewaltsame Revolution zur inhaltslosen Phrase. Man kann eine Regierung, eine privilegierte Minderheit stürzen, aber nicht ein Volk.»[14]

Die Schrift «Die Voraussetzungen des Sozialismus» war zu einem nicht geringen Teil bereits eine Antwort Bernsteins auf die Kritik, die Rosa Luxemburg an seinen Artikeln in der «Neuen Zeit» geübt hatte. 1871 in Zamosc in Russisch-Polen als Tochter eines emanzipierten jüdischen Kaufmanns geboren, in Warschau aufgewachsen, schon als Schülerin in der revolutionären sozialistischen Bewegung aktiv, während ihrer Studienzeit in Zürich zusammen mit anderen Emigranten 1893 Mitgründerin der «Sozialdemokratie des Königreichs Polen», promovierte Nationalökonomin, lebte Rosa Luxemburg seit 1898 in Berlin. Im September jenes Jahres veröffentlichte sie in der sozialdemokratischen «Leipziger Volkszeitung» ihre gegen Bernsteins Thesen gerichtete Artikelserie «Sozialreform oder Revolution?», die 1900 unter demselben Titel auch als Broschüre erschien. Bernstein, so lautete Rosa Luxemburgs Vorwurf, gebe die materialistische Geschichtsauffassung, die ökonomische Theorie von Marx und den Klassenkampf auf. Seine Annahme, die kapitalistische Entwicklung gehe nicht in die Richtung zum eigenen Untergang, habe zur Folge, daß der Sozialismus aufhöre, «objektiv notwendig zu sein». Die revisionistische Theorie sei eine «Theorie der sozialistischen Versumpfung, vulgärökonomisch begründet durch eine Theorie der kapitalistischen Versumpfung» – der «*erste*, aber zugleich auch der *letzte* Versuch, dem Opportunismus eine theoretische Grundlage zu geben».

Bernsteins Verständnis von Reform und Revolution, von Demokratie und Diktatur des Proletariats hielt Rosa Luxemburg für ganz und gar undialektisch. «Die gesetzliche Reform und die Revolution sind... nicht verschiedene Methoden des geschichtlichen Fortschritts, die man in dem Geschichtsbüfett wie heiße Würstchen oder kalte Würstchen auswählen kann, sondern verschiedene *Momente* in der Entwicklung der Klassengesellschaft, die einander bedingen und ergänzen, zugleich aber ausschließen, wie z. B. Südpol und Nordpol, wie Bourgeoisie und Proletariat.» Marx habe zwar eine «*friedliche Ausübung der proletarischen Diktatur*» als Möglichkeit in Erwägung gezogen, aber «nicht die Ersetzung der Diktatur durch kapitalistische Sozialreformen. Die Notwendigkeit selbst der Ergreifung der politischen Macht durch das Proletariat war ebenso für Marx wie Engels zu allen Zeiten außer Zweifel. Und es blieb Bernstein vorbehalten, den Hühnerstall des bürgerlichen Parlamentarismus für das berufene Organ zu halten, wodurch die gewaltigste weltgeschichtliche Umwälzung, die Überführung der Gesellschaft aus den *kapitalistischen* in *sozialistische* Formen, vollzogen werden soll.»

So wie Bernstein die Entwicklung der deutschen und der internationalen Arbeiterbewegung mit den Augen englischer Reformer sah, so Rosa Luxemburg mit den Augen einer Revolutionärin, die von den Erfahrungen des Zarenreiches geprägt war. Bernstein neigte dazu, die Härte des Widerstandes zu unterschätzen, mit dem alle rechnen mußten, die auf eine Parlamentarisierung und Demokratisierung des Hohenzollernreiches drängten. Rosa Luxemburg überschätzte das revolutionäre Potential im internationalen und im deutschen Proletariat, und sie unterschätzte sowohl die Möglichkeiten, die der Sozialdemokratie durch allgemeines Wahlrecht, parlamentarische Betätigung, Streikrecht, Meinungs- und Pressefreiheit offenstanden, wie auch die bewußtseinsprägende Kraft, die von diesen Errungenschaften ausging.

Karl Kautsky, der dritte bedeutende Teilnehmer des großen, weit in das 20. Jahrhundert ausstrahlenden Diskurses über Demokratie und Diktatur, Reform und Revolution, befand sich in einem Dilemma. Auf der einen Seite hatte er *vor* Bernstein das revolutionäre Moment des Marxismus zu relativieren begonnen; was die Möglichkeit und Wünschbarkeit eines evolutionären Übergangs vom Kapitalismus zum Sozialismus anging, stand er dem «rechten» Bernstein sehr viel näher als der «linken» Rosa Luxemburg. Auf der anderen Seite empfand er, der maßgebliche Theoretiker der SPD, es als seine Aufgabe, die Sozialdemokratie als Partei zusammenzuhalten. In der Partei hatte sich, nicht zuletzt durch die Lektüre von Engels' «Anti-Dühring» und Bebels «Die Frau und der Sozialismus», die 1878 beziehungsweise 1879 erschienen waren, ein bestimmtes Verständnis des Marxismus durchgesetzt, an dessen Grundlagen Bernstein nun rüttelte. Diesem Versuch mußte Kautsky entgegentreten, und er konnte es guten Gewissens tun, weil Bernstein Marxens Theorie stark vergröbert wiedergegeben hatte. Kautsky las anderes aus Marx heraus als Rosa Luxemburg, aber er stimmte darin mit ihr überein, daß die Marxsche Theorie nach wie vor die richtige und daher die für die internationale Arbeiterbewegung richtungsweisende Anleitung zum Denken und Handeln war.

Bernstein habe, so monierte Kautsky 1899 in seiner Schrift «Bernstein und das Sozialdemokratische Programm», Marx eine «Zusammenbruchstheorie» unterstellt, die es bei diesem so gar nicht gebe, und selbst der Begriff «Verelendungstheorie» komme bei Marx und Engels nicht vor, stamme vielmehr von Gegnern des Marxismus. An der These von der fortschreitenden Konzentration in Industrie und Landwirtschaft hielt Kautsky unbeirrt fest und folglich auch daran, daß der Kleinbetrieb längerfristig zum Untergang verurteilt sei. Die Sozialdemokratie mußte Kautsky zufolge an der klaren Geschichtstheorie von Marx und damit am Endziel der sozialen Revolution festhalten, um siegen zu können. Die Alternative war ein «Fortwursteln von Fall zu Fall», das dazu führen mußte, daß dem Proletariat das Bewußtsein der großen Aufgabe verlorenging. Zwischen sozialer Revolution und Aufstand aber galt es scharf zu unterscheiden: «Die soziale Revolution ist ein Ziel, das man sich prinzipiell setzen, der Aufstand ein Mittel zum Zweck, das man stets nur nach Gründen der Zweckmäßigkeit beurteilen kann.»

Die Grenzlinie zwischen Sozialismus und Liberalismus zog Kautsky, anders als Bernstein, mit großer Schärfe. «Eine fortschrittliche Demokratie ist in einem Industriestaat nur noch möglich als *proletarische Demokratie*. Darum der Niedergang der fortschrittlichen bürgerlichen Demokratie... Nur die Überzeugung von der Notwendigkeit der Herrschaft des Proletariats und von seiner politischen Reife kann heute noch dem demokratischen Gedanken werbende Kraft verleihen.» Im übrigen hieß Kautsky die Sozialdemokratie hoffen: «Was binnen drei Jahrzehnten zur stärksten Partei geworden, kann binnen weiteren drei Jahrzehnten zur herrschenden Partei werden, vielleicht schon früher.»[15]

Die Position Kautskys war die des «Parteizentrums» um Bebel und wurde infolgedessen zum offiziellen Standpunkt der SPD. Schon vor dem Erscheinen von Kautskys «Antikritik» hatte der Hannoveraner Parteitag im Oktober 1899 mit großer Mehrheit eine von Bebel eingebrachte Resolution verabschiedet, die jeder Änderung der Programmatik und Taktik eine Absage erteilte und namentlich jeden Versuch zurückwies, «der darauf hinausgeht, ihre Stellung gegenüber der bestehenden Staats- und Gesellschaftsordnung und den bürgerlichen Parteien zu verschleiern und zu verrücken». Ein Zusammengehen mit bürgerlichen Parteien «von Fall zu Fall» lehnte die Entschließung aber nicht ab, sofern es sich dabei «um die Stärkung der Partei bei Wahlen, oder um Erweiterung der politischen Rechte und Freiheiten des Volkes, oder um ernsthafte Verbesserung der sozialen Lage der Arbeiterklasse und der Förderung von Kulturaufgaben oder um Bekämpfung arbeiter- und volksfeindlicher Bestrebungen» handelte. Auch für diesen Fall bestand die SPD jedoch auf der Wahrung «ihrer vollen Selbständigkeit und Unabhängigkeit» – und darauf, daß jeder Teilerfolg nur als ein Schritt zu betrachten war, «der sie ihrem Endziel näher bringt».

Der Revisionismusstreit wurde weder durch die Resolution von Hannover noch durch Kautskys Buch beendet. Er beschäftigte noch weitere Parteitage und erlebte auf dem Dresdner Parteitag vom September 1903, der den Revisionismus in scharfer Form verurteilte, eher einen Höhe- als einen Schlußpunkt. Bernstein, der 1901 nach Deutschland zurückgekehrt und im Jahr darauf durch eine Nachwahl in den Reichstag eingezogen war, und seine Mitstreiter, darunter der Herausgeber der «Sozialistischen Monatshefte», Joseph Bloch, der Agrarrevisionist Eduard David und der Berliner Rechtsanwalt Wolfgang Heine, waren nicht bereit, Positionen aufzugeben, die zum Teil längst wissenschaftlich erhärtet waren – wie die These vom Wachstum der Mittelschichten und vom Entstehen eines neuen Typs von Kleinbetrieb, des Reparaturgewerbes.

Noch wichtiger war aber, daß es neben der kleinen Gruppe von erklärten «Revisionisten» eine viel größere Zahl einflußreicher «Reformisten» gab: Pragmatiker wie die Führer der Freien Gewerkschaften mit dem Vorsitzenden der Generalkommission, Carl Legien, an der Spitze oder der Vorsitzende der bayerischen Sozialdemokraten, Georg von Vollmar, der im Juni 1891 in seinen Münchner «Eldorado»-Reden als erster die Partei aufgerufen hatte, «vom *Theoretischen ins Praktische*, vom Allgemeinen mehr ins Einzelne» zu gehen und über dem «Zukünftigen» nicht das «Gegenwärtige, Nächste, Dringendste» zu vergessen, also Realpolitik zu betreiben. Die «Reformisten» hatten an prinzipiellen Kontroversen wie denen zwischen Kautsky und Bernstein nur wenig Interesse; sie waren aber entschlossen, vorhandene Handlungsspielräume zu nutzen und sich dabei nicht von überlieferten Dogmen behindern zu lassen.

Die Mehrheit der Parteitagsdelegierten, Funktionäre und Mitglieder stand eher auf Bebels Seite. Die meisten Sozialdemokraten waren damit einverstanden, daß die Reichstagsfraktion auf den ihr zustehenden Posten eines Vizepräsidenten verzichtete, weil die Zugehörigkeit zum Präsidium des Reichstags mit der protokollarischen Pflicht eines Besuches beim Kaiser, dem «zu Hofe gehen», verbunden war. Mitunter war die Partei sogar sehr viel doktrinärer als ihr Vorsitzender: 1895 scheiterte auf dem Breslauer Parteitag ein von Bebel unterstütztes Agrarprogramm, das die Partei für Kleinbauern öffnen wollte, an einer starken Mehrheit der Delegierten. Die sozialdemokratische Industriearbeiterschaft wollte unter sich bleiben und ihren proletarischen Charakter bewahren. Das sozialdemokratische Milieu war, anders als das katholische, sozial homogen. Es war durch das Sozialistengesetz in höherem Maß zusammengeschweißt worden als das katholische Deutschland durch den Kulturkampf. Die sozialdemokratische Arbeiterschaft hatte ein proletarisches Klassenbewußtsein entwickelt – und soweit zur Klasse Klassenbewußtsein gehörte, war *sie* die einzige Klasse der deutschen Gesellschaft.

Die Abschottung gegenüber der übrigen Gesellschaft immunisierte die Sozialdemokraten bis zu einem gewissen Grad gegen den wilhelminischen «Zeitgeist»: Das sozialdemokratische Milieu war antimilitaristisch, antikolonialistisch und antinationalistisch, wie es die marxistische Doktrin wollte. Der Antisemitismus war in keinem Milieu so wenig verbreitet wie im sozialdemokratischen, aber er wurde nicht nur abgelehnt und bekämpft, sondern auch notorisch falsch eingeschätzt. Das vielzitierte Schlagwort vom Antisemitismus als dem «Sozialismus der dummen Kerls» drückte eine aberwitzige Hoffnung aus. Eine Parteibroschüre aus den frühen neunziger Jahren formulierte die offiziöse Erwartung wie folgt: «Und die Antisemiten? ... Sie bilden die Vorhut der Sozialdemokratie, indem sie in Kreise eindringen, die der letzteren noch nicht zugänglich sind. Durch die Behauptung, die Juden seien die Ursache alles sozialen Elendes, veranlassen sie ihre Anhänger, über diese Ursachen nachzudenken, und bewirken dadurch die Entstehung von Klassenbewußtsein in rückständigen Volksschichten. Die Antisemiten sind eine Übergangspartei, wie solche in Zeiten sozialer Auflösung entstehen. Auf die Dauer können sie dem Volke die Tatsache nicht verschleiern, daß die christlichen Kapitalisten genauso handeln wie die jüdischen.»[16]

Mit dem Antisemitismus hing eine Krise des französischen Sozialismus zusammen, in die alsbald auch die deutsche Sozialdemokratie, die unbestrittene Führungspartei in der 1889 gegründeten Zweiten Internationale, einbezogen wurde. Im Mai 1899 trat der Sozialist Alexandre Millerand in das republikanisch-radikale Kabinett Waldeck-Rousseau ein und ermöglichte so eine Regierung der Linken. Der «Cas Millerand», der erste Fall von «Ministerialismus» in der Geschichte der europäischen Arbeiterbewegung, war eine Nebenkrise der Dreyfus-Affäre – des Militär- und Justizskandals um den jüdischen Hauptmann Alfred Dreyfus, der fälschlich der Spionage für Deutschland beschuldigt und daraufhin degradiert und zu lebenslänglicher Verbannung verurteilt worden war. Die eher reformistischen Kräfte im französischen Sozialismus um Jean Jaurès verteidigten den Schritt Millerands unter Hinweis auf die Gefahr von rechts; für die Anhänger des orthodoxen Marxisten Jules Guesde hingegen war die Beteiligung von Sozialisten an einer bürgerlichen Regierung mit der Lehre vom Klassenkampf absolut unvereinbar.

Im September 1900 befaßte sich der Kongreß der Internationale mit dem Zwist im französischen Sozialismus. Er verabschiedete eine von Kautsky entworfene Resolution, die das «gefährliche Experiment» einer Teilnahme von Sozialisten an bürgerlichen Regierungen nur dann für statthaft erklärte, wenn es sich um einen «vorübergehenden und ausnahmsweisen Notbehelf in einer Zwangslage» handelte. Aber Guesde und seinen Freunden war diese Formel noch nicht restriktiv genug. Auf dem Amsterdamer Kongreß der Internationale von 1904 legten sie eine im Jahr zuvor vom Dresdner Parteitag der SPD angenommene Entschließung vor, wonach die Partei im Geiste der «Resolution Kautskys» «einen Anteil an der Regierungsgewalt innerhalb der bürgerlichen Gesellschaft nicht anstreben kann». Mit 25 gegen 5 Stimmen bei 12 Enthaltungen stimmte der Kongreß diesem Antrag zu.

Im konstitutionellen Kaiserreich waren, anders als in der Dritten Republik, formelle Koalitionen nicht möglich. Eine Zustimmung der Sozialdemokraten zu einzelnen Regierungsvorlagen oder Anträgen bürgerlicher Parteien galt seit den Handelsverträgen der Ära Caprivi als gerechtfertigt, wenn sich eine Entscheidung mit dem Interesse der arbeitenden Bevölkerung oder der Verbesserung der Gesellschaft begründen ließ. Eine Zustimmung zu Haushaltsgesetzen wurde hingegen von der Parteiführung als Vertrauensvotum für die Regierung interpretiert und daher abgelehnt; die Sozialdemokraten in Bayern, Baden und Hessen, die 1894 dennoch erstmals einem Landesetat zustimmten, sahen sich schärfster Kritik von seiten Bebels ausgesetzt. Die Dresdner Entschließung von 1903, die im Jahr darauf vom Amsterdamer Kongreß «internationalisiert» wurde, ging aber noch weiter: Durch die Absage an jede Art von Koalitionspolitik schob sie einer Parlamentarisierung des Kaiserreichs einen zusätzlichen Riegel vor.

Die Entscheidung warf ein bezeichnendes Licht auf die Widersprüchlichkeit der sozialdemokratischen Politik. Das Nebeneinander einer radikalen Theorie und einer auf kleine Verbesserungen zielenden Praxis hatte die Partei in eine Sackgasse geführt. Mit dem klassenkämpferisch klingenden Nein zur Regierungsbeteiligung blockierte die SPD einen verfassungspolitischen Wandel, den zu fördern ihr höchstes Interesse hätte sein müssen. Eine revolutionäre Alternative zur Parlamentarisierung des Kaiserreichs gab es nur in der Vorstellungswelt der Parteilinken um Rosa Luxemburg, Karl Liebknecht, Clara Zetkin und Franz Mehring, aber nicht in der Realität. Die Sozialdemokratie war dabei, die Isolierung zu verstärken, in der ihre Gegner sie zu halten strebten.[17]

Als Wilhelm II. im Oktober 1900 den Staatssekretär des Auswärtigen Amtes, den Grafen Bernhard von Bülow, als Nachfolger des Fürsten Hohenlohe zum Reichskanzler und preußischen Ministerpräsidenten ernannte, erwarteten viele Beobachter, nun werde das «persönliche Regiment» des Kaisers recht eigentlich erst beginnen. Der geschmeidige Berufsdiplomat Bülow galt als Intimus Wilhelms II., und der Kaiser selbst sah in Bülow in viel höherem Maß «seinen» Kanzler, als das bei Caprivi und Hohenlohe der Fall gewesen war. Doch es kam nicht nur auf den Kaiser an. Bürokratie, Militär und Reichstag hatten ihre eigenen Interessen und zu viel Einfluß, als daß sich der Gedanke eines «persönlichen Regiments» noch hätte verwirklichen lassen – von Wilhelms fehlender Eignung als Staatslenker einmal ganz abgesehen.

Bülow, im Juni 1905 in den Fürstenstand erhoben, stützte sich bis Ende 1906 auf die beiden konservativen Fraktionen, die Nationalliberalen und das Zentrum. Das Zentrum, das aus den Reichstagswahlen von 1903 zwar leicht geschwächt hervorging, aber weiterhin die stärkste Fraktion stellte, konnte seine gouvernementale Haltung vor allem mit der Sozialpolitik des Staatssekretärs im Reichsamt des Innern, des Grafen Posadowsky-Wehner, rechtfertigen: Der Ausbau der Unfall- und der Krankenversicherung, das Verbot der Kinderarbeit in der Heimindustrie, die Förderung des Baus von Arbeiterwohnungen ließen die Zusammenarbeit mit der Rechten auch den Arbeitern unter den Wählern des Zentrums vertretbar erscheinen. Die Konservativen zogen aus der parlamentarischen Unterstützung des Kanzlers nicht nur den Nutzen höherer Getreidezölle in Gestalt des «Bülow-Tarifs» von 1902; sie erreichten nach zähen Kämpfen Anfang 1905 auch, daß das entscheidende Verbindungsstück des Mittellandkanals zwischen der Elbe und Hannover nicht gebaut wurde. Dieser Triumph war der größte Erfolg agrarischer Interessenpolitik im Kaiserreich: Die Mehrheit des Reichstags beugte sich dem Druck des ostelbischen Rittergutsbesitzes, dem es bei seiner Obstruktion gegen den Kanalbau ausschließlich darum ging, die Transportkosten für das billigere Getreide aus Übersee so hoch wie möglich zu halten.

Im Dezember 1906 zerbrach die Regierungsmehrheit über einer kolonialpolitischen Streitfrage. Ein Aufstand erst der Hereros, dann auch der Hottentotten in Deutsch-Südwestafrika veranlaßte die Reichsleitung, den Reichstag um zusätzliche Mittel für die Schutztruppe zu ersuchen. Doch inzwischen gab es in Deutschland massive Kritik am Vorgehen der Kolonialverwaltung und des Militärs: Der Kampf gegen die Hereros war zu einem Vernichtungsfeldzug geworden. Da sich nicht nur die Sozialdemokraten, Welfen, Elsaß-Lothringer und Polen gegen den Antrag aussprachen, sondern, unter dem Einfluß seines linken Flügels um den württembergischen Abgeordneten Matthias Erzberger, auch das Zentrum, kam eine knappe Mehrheit gegen die Vorlage zustande.

Bülow antwortete mit der Auflösung des Reichstags. Den anschließenden Wahlkampf führten die Regierung, die Deutsch- und Freikonservativen, die Nationalliberalen und die beiden freisinnigen Parteien mit nationalen Parolen und in gemeinsamer Frontstellung gegen Sozialdemokratie und Zentrum. Da sich die «nationalen» Kräfte bei den Stichwahlen wechselseitig unterstützten, errangen sie im zweiten Wahlgang der «Hottentottenwahlen» am 5. Februar 1907 einen durchschlagenden Erfolg. Die Parteien des neuen liberal-konservativen «Bülow-Blocks» kamen auf insgesamt 220, die kolonialkritischen Parteien nur auf 177 Sitze. Die eigentliche Verliererin war die SPD. Trotz leichter Stimmengewinne sank die Zahl ihrer Mandate fast um die Hälfte – von 81 auf 44.

Die Linksliberalen erreichten durch den Pakt mit den «Kartellparteien» von 1887 ihr taktisches Hauptziel: die Entfernung des politischen Katholizismus aus dem Regierungslager. Als Brücke der Verständigung zwischen Liberalismus und Konservativismus diente ein «nationaler» Minimalkonsens, der Sozialdemokratie und Zentrum bewußt ausschloß. Als

Grundlage einer entschiedenen Reformpolitik aber taugte der Nationalismus nicht. Die wichtigste gesetzgeberische Leistung des «Bülow-Blocks», das Reichsvereinsgesetz vom April 1908, war ein Kompromiß. Die Liberalen konnten es als Erfolg verbuchen, daß die Befugnisse der Polizei bei der Auflösung von Versammlungen und Vereinen aufgehoben wurden, die meisten Beschränkungen für politische Vereine wegfielen und nun endlich Frauen und Jugendliche, die das 18. Lebensjahr vollendet hatten, das Recht erhielten, Mitglieder politischer Vereine zu werden und an politischen Versammlungen teilzunehmen. Das Gesetz enthielt aber auch den heiß umstrittenen «Sprachenparagraphen», der für öffentliche Veranstaltungen, mit Ausnahme internationaler Kongresse, den Gebrauch der deutschen Sprache vorschrieb. Für gemischt nationale Gebiete mit überwiegend fremdsprachiger Bevölkerung – also namentlich für Posen, Nordschleswig und Teile von Elsaß-Lothringen – galt eine Übergangsregelung: Hier durfte noch zwanzig Jahre lang die Muttersprache gebraucht werden.

Außenpolitisch trieb das Deutsche Reich unter Bülow immer mehr in die Selbstisolierung hinein. Durch den Bau der Bagdadbahn, bei dem deutsche und französische Banken und Unternehmen zusammenwirkten, forderte Deutschland Großbritannien und Rußland heraus. 1904 schloß London mit Paris die «Entente cordiale» – vordergründig nur ein Arrangement, das Marokko der französischen und Ägypten der englischen Interessensphäre zuschlug, für Deutschland aber ein Anlaß, sich übergangen und provoziert zu fühlen. Als Rußland wenig später im Krieg mit Japan eine schwere Niederlage hinnehmen mußte, hielten die Leiter der deutschen Politik die Stunde für gekommen, Frankreich, dem wichtigsten Verbündeten des Zarenreiches, eine Lektion zu erteilen. Ende März 1905 landete Kaiser Wilhelm II., um das deutsche Interesse an Marokko massiv zu unterstreichen, in Tanger. Daß rund zwei Monate später in Paris Außenminister Delcassé, der Architekt der gegen Deutschland gerichteten Politik des Quai d'Orsay, gestürzt wurde, schien vielen Deutschen geradezu als Beweis für die Richtigkeit der deutschen Weltmachtpolitik.

Doch nun trat England, Frankreichs anderer Verbündeter, auf den Plan. Auf der auf deutsches Betreiben hin einberufenen internationalen Marokkokonferenz, die im April 1906 im spanischen Algeciras stattfand, stand Berlin dank der Vorarbeit der britischen Diplomatie bereits völlig isoliert da. Es reagierte darauf mit der Verstärkung seines Flottenbaus und forderte so England aufs neue heraus. Londons Antwort war der Abschluß eines Abkommens mit St. Petersburg, in dem beide Mächte sich über ihre Interessengebiete in Vorder- und Mittelasien verständigten. Was Deutschland zunehmend als «Einkreisung» empfand, war das Ergebnis von Bülows «Politik der freien Hand»: Das Reich hatte alles getan, um die anderen Großmächte, mit Ausnahme Österreich-Ungarns, einander näherzubringen. Die Allianzen von 1904 und 1907 waren in erster Linie ein Ergebnis deutscher Politik.

Als England Deutschland 1908 eine Beschränkung des Flottenetats beider Länder vorschlug, wurde es, auf Veranlassung des Kaisers, schroff zurückgewiesen. Um dieselbe Zeit spitzte sich die Lage auf dem Balkan zu. Im Herbst 1908 beantwortete Serbien die Besetzung Bosniens und der Herzegowina durch Österreich-Ungarn (ein Recht, das sich die Habsburgermonarchie 1878 auf dem Berliner Kongreß ausbedungen hatte) mit der Mobilmachung; Wien verlangte, von Berlin nachdrücklich unterstützt, von Belgrad Wohlverhalten; Serbien und das mit ihm verbündete Rußland gaben dem Druck der Mittelmächte nach und erkannten die österreichische Annexion Bosniens und der Herzegowina an. Vordergründig endete die Bosnienkrise also mit einem deutschen Erfolg. Doch langfristig verschlechterte sich die Lage Deutschlands. Rußland lehnte sich nun noch stärker an die beiden Westmächte an, und Deutschland hatte sich in einem Maß an die Balkaninteressen Österreich-Ungarns gebunden, daß daraus Gefahren für den Handlungsspielraum der Wilhelmstraße erwachsen mußten.

In die Zeit des «Bülow-Blocks» fiel die schwerste Krise des Wilhelminischen Reiches: die «Daily Telegraph»-Affäre. Am 28. Oktober 1908 veröffentlichte der Londoner «Daily Telegraph» ein Interview, das Wilhelm II. dem englischen Oberst Sir Edward James Stewart-Wortley anläßlich der Kaisermanöver im Elsaß gewährt hatte. Der Kaiser erklärte darin, daß er mit seiner englandfreundlichen Haltung zu einer Minderheit im eigenen Land gehöre; während des Burenkrieges habe er 1899 ein Zusammengehen der Kontinentalmächte gegen England verhindert und der Queen Victoria, seiner «verehrten Großmutter», einen Feldzugsplan übersandt, den die Briten dann offenbar weitgehend befolgt hätten; die deutsche Flotte schließlich, die England so errege, sei nur ein Mittel, um Deutschland weltweit, vor allem gegenüber China und Japan sowie im Stillen Ozean, Gehör zu verschaffen. «Vielleicht wird England sogar froh sein, daß Deutschland eine Flotte hat, wenn sie gemeinsam auf derselben Seite in den großen Debatten der Zukunft ihre Stimme erheben.»

Wilhelm II. hatte, die Vorschriften der Verfassung und den Dienstweg strikt einhaltend, den Wortlauf des Interviews vom ostpreußischen Rominten aus dem Reichskanzler zugesandt, der zur Kur auf Norderney weilte. Bülow leitete den Text, ohne ihn gelesen zu haben, an das Auswärtige Amt weiter, wo sich schließlich, in Abwesenheit des Staatssekretärs und des Pressechefs, ein Geheimrat namens Klehmet mit der Angelegenheit befaßte. Er verzichtete darauf, die Opportunität der kaiserlichen Äußerungen zu prüfen, und nahm lediglich einige kleinere Berichtigungen vor. Über den Unterstaatssekretär, der das Interview selber zu lesen nicht für nötig hielt, ging das Manuskript wieder an den Reichskanzler. Bülow las das Interview, dem eigenen Zeugnis zufolge, auch jetzt nicht und sandte es, mitsamt den von ihm übernommenen Korrekturen Klehmets, an den Kaiser zurück, der es zur Veröffentlichung freigab.

Die englische Öffentlichkeit fand die Bekenntnisse und Prahlereien des Kaisers eher erheiternd, die deutsche Öffentlichkeit war empört und schockiert. Bülow, einer der Hauptverantwortlichen der Affäre, beschrieb in seinen posthum, im Jahre 1930, erschienenen «Denkwürdigkeiten» die Stimmungslage in Deutschland völlig zutreffend: «Die durch den ‹Daily Telegraph› bekanntgewordenen politischen Betrachtungen und Äußerungen des Kaisers bildeten nur den Tropfen, der das bis zum Rande gefüllte Gefäß der öffentlichen Unzufriedenheit über die sich immer wiederholenden Unvorsichtigkeiten und Entgleisungen Seiner Majestät zum Überlaufen brachte. Die Nation wurde durch die englischen Gespräche Wilhelms II. gewaltsam, wie mit einem Rippenstoß, an alle politischen Fehler erinnert, die der Kaiser während der zwanzig Jahre seiner bisherigen Regierung sich hatte zuschulden kommen lassen, an alle Warnungen, an alle grollenden Prophezeiungen des entamteten Fürsten Bismarck. Es ging auch wie eine dunkle Ahnung durch die weitesten Kreise, daß ein so unvorsichtiges, übereiltes, unkluges, ja kindisches Reden und Handeln des Oberhaupts des Reichs schließlich zu Katastrophen führen könne.»

Im Reichstag übten am 10. und 11. November Sprecher aller Fraktionen, von den Konservativen bis zu den Sozialdemokraten, scharfe Kritik am Kaiser. Die eigentliche Sensation der parlamentarischen Aussprache über die «Daily Telegraph»-Affäre aber war, daß Bülow erstmals eine öffentliche Mahnung an den Monarchen richtete. Er sei davon überzeugt, erklärte der Kanzler, daß die Erfahrungen der letzten Tage den Kaiser dazu führen würden, «fernerhin auch in Privatgesprächen jene Zurückhaltung zu beobachten, die im Interesse einer einheitlichen Politik und für die Autorität der Krone gleich unentbehrlich ist. Wäre dem nicht so, so könnte weder ich noch einer meiner Nachfolger die Verantwortung tragen.»

Das Ansehen Wilhelms II. war durch die Affäre so gesunken, daß der Kaiser den Schaden nur noch durch eine öffentliche Demutsgeste und das Versprechen der Besserung begrenzen konnte. Am 17. November 1908 stimmte er nach einer Unterredung mit Bülow einer Verlautbarung zu, in der es hieß, er habe die Darlegungen und Erklärungen des Reichskanzlers «mit großem Ernste» entgegengenommen und erblicke «Seine vornehmste kaiserliche Aufgabe darin, die Stetigkeit der Politik des Reiches unter Wahrung der verfassungsmäßigen Verantwortlichkeiten zu sichern. Demgemäß billigte S(eine) M(ajestät) der Kaiser die Ausführungen des Reichskanzlers im Reichstage und versicherte dem Fürsten von Bülow Seines fortdauernden Vertrauens.»

Wie immer es um Wilhelms Vertrauen zu Bülow tatsächlich bestellt war: fallen lassen konnte der Kaiser den Kanzler im Herbst 1908 nicht. Bülow bekam also die Gelegenheit, sich an der seit langem überfälligen «großen» Reichsfinanzreform zu versuchen – und daran zu scheitern. Am 24. Juni 1909 brachten Deutschkonservative, Zentrum und einige kleinere Gruppen das Erbschaftssteuergesetz, das Kernstück der Reform, zu Fall. Der Vorwurf, das Gesetz sei eigentums- und familienfeindlich, ließ sich sowohl auf konservative wie auf katholische Weise begründen, aber auch gut mit anderen Absichten verknüpfen, die weit über das Nein zu einer einzelnen Regierungsvorlage hinausgingen: Das Zentrum hatte Bülows Rolle bei den «Hottentottenwahlen» nicht vergessen, und bei den Konservativen gab es eine starke ultraroyalistische Richtung um den westpreußischen Rittergutsbesitzer Elard von Oldenburg-Januschau, die den Kanzler der Illoyalität gegenüber dem Kaiser bezichtigte.

Am 26. Juni, zwei Tage nach der parlamentarischen Niederlage der Reichsleitung, bat Bülow Wilhelm II. um seine Entlassung. Der Kaiser, der einen Augenblick lang an die Auflösung des Reichstags, ja an einen Staatsstreich gedacht hatte, kam der Bitte nur zu gern nach, ersuchte den Kanzler aber, bis zum Ende der parlamentarischen Beratungen über die anderen Finanzgesetze im Amt zu bleiben. Eine frühere Entlassung Bülows hätte in der Tat so gewirkt, als vollziehe der Kaiser nur den Willen der Reichstagsmehrheit, akzeptiere also den faktischen Übergang von der konstitutionellen zur parlamentarischen Monarchie. Um diesen unerwünschten Eindruck abzuschwächen, erfolgte Bülows Entlassung erst am 14. Juli 1909 – zwei Tage, nachdem der Reichstag die restlichen Steuergesetze angenommen hatte.[18]

Stand Deutschland im Sommer 1909 wirklich, wie man das häufig lesen kann, «hart an der Schwelle des parlamentarischen Systems»? Die beiden Parteien, die Bülow gestürzt hatten, waren *keine* Befürworter eines solchen Regimewechsels: Die Deutschkonservativen lehnten die Parlamentarisierung Deutschlands mit letzter Entschiedenheit ab, und das Zentrum hatte von seiner Politik wechselnder Zweckbündnisse so viele Vorteile, daß es nicht daran dachte, sich in die Abhängigkeit irgendwelcher formeller Koalitionen zu begeben. Die Freikonservativen und die Nationalliberalen wollten ebenfalls nur die konstitutionelle Regierungsweise erhalten wissen. *Für* die Parlamentarisierung traten die drei linksliberalen Parteien ein, die sich im März 1910 zur Fortschrittlichen Volkspartei vereinigten: die Freisinnige Volkspartei, die Freisinnige Vereinigung und die hauptsächlich in Württemberg aktive Deutsche Volkspartei. Nicht ganz so klar war die Haltung der Sozialdemokraten: Die Parlamentarisierung lag ganz auf ihrer Linie der umfassenden Demokratisierung Deutschlands, aber Regierungsbündnisse mit bürgerlichen Parteien lehnten sie ab, so daß sie als Partner einer denkbaren «sozialliberalen» Koalition vorerst nicht in Frage kamen.

Einer Parlamentarisierung des Deutschen Reiches fehlte also um 1909 eine wesentliche Voraussetzung: eine Reichstagsmehrheit, die ein solches System anstrebte und zu tragen bereit war. Und selbst wenn es eine solche Mehrheit gegeben hätte, konnte der Bundesrat mit einer Sperrminorität von 14 Stimmen eine Änderung der Reichsverfassung blockieren. Ein preußisches Veto reichte mithin aus, um die Parlamentarisierung zu verhindern, und daß Preußen die Parlamentarisierung ablehnte, daran gab es nichts zu deuteln. Die Hohenzollerndynastie mit dem Kaiser und König an der Spitze, das Heer, der Rittergutsbesitz und das hohe Beamtentum waren entschlossen, die Macht, die sie besaßen, zu verteidigen. Falls der Reichstag die Machtfrage wirklich stellte, mußte folglich mit schwersten inneren Auseinandersetzungen gerechnet werden.

Ähnlich schwere Konflikte waren zu erwarten, wenn die Gegner des preußischen Dreiklassenwahlrechts sich zusammentaten, um gemeinsam für die Einführung des Reichstagswahlrechts im größten deutschen Staat zu kämpfen. Die Ungerechtigkeit des Dreiklassenwahlrechts ließ sich an den Stimmen- und Mandatszahlen der Sozialdemokratie ablesen: 1903 erhielt die SPD, als sie zum zweiten Mal zu einer Wahl des Abgeordnetenhauses antrat, 18,8 % der Stimmen, aber keinen Sitz; 1908 zog sie, gestützt auf einen Wähleranteil von 23,9 % zum ersten Mal ins preußische Parlament ein: Sie stellte sieben von insgesamt 443 Abgeordneten. Die Sozialdemokraten waren, wie sich von selbst verstand, die entschiedensten Rufer im Streit um die Einführung des allgemeinen gleichen Wahlrechts in Preußen. Unterstützt wurden sie dabei nur von den Linksliberalen. Das Zentrum hingegen schwankte zwischen dem Reichstagswahlrecht und einen besitzfreundlichen Pluralwahlrecht hin und her, und bei den preußischen Freikonservativen und Nationalliberalen gab es wohl Befürworter eines Pluralwahlrechts, aber keine Politiker, die das Dreiklassenwahlrecht durch das allgemeine, gleiche Wahlrecht ersetzen wollten. Die Deutschkonservativen waren unbeugsame Verteidiger des Status quo und dessen Hauptnutznießer: Bei einem Stimmenanteil von 14 % erlangten sie 1908 143 Sitze, was einem Mandatsanteil von 34 % entsprach.

So fortschrittlich das Reichstagswahlrecht gegenüber dem preußischen war, so offen lag doch sein größter Mangel zutage: Es galt nur für Männer. Unter den politischen Parteien gab es nur eine, die uneingeschränkt für die politische und soziale Gleichberechtigung der Frauen eintrat: die Sozialdemokratie. Die Linksliberalen waren in dieser Frage uneins. Am entschiedensten setzten sich die Anhänger Friedrich Naumanns für die politische Gleichberechtigung der Frauen ein, doch blieben sie mit dieser Position in der Minderheit. Das Programm der Fortschrittlichen Volkspartei vom März 1910 forderte zwar die «Erweiterung der Rechte der Frauen und ihres Erwerbsgebietes» sowie das «aktive und passive Wahlrecht der Frauen für die Kaufmanns- und Gewerbegerichte», aber bezeichnenderweise nicht für die Parlamente. Die Nationalliberalen hielten sich, was die Frauenrechte betraf, noch stärker zurück; das Zentrum und die Konservativen betrachteten Politik überwiegend als einen Bereich, von dem Frauen sich besser fernhielten.

In der Frauenbewegung sah es nicht viel anders aus. Die Sozialistinnen fochten unter der Führung von Clara Zetkin und Luise Zietz für die volle Emanzipation der Frau und damit natürlich für ihr aktives und passives Wahlrecht. Die bürgerliche Frauenbewegung war in sich gespalten. Für den linken Flügel um Minna Cauer war das Frauenwahlrecht ein Gebot der Demokratie; die gemäßigten Kräfte um Helene Lange sahen im Frauenwahlrecht keine aktuelle Forderung, sondern eine erst in ferner Zukunft zu erwartende Belohnung besonderer Tüchtigkeit. Als der parteipolitisch neutrale Bund Deutscher Frauenverbände 1907 das aktive und passive Stimmrecht für Frauen forderte, ließ er offen, in welcher Form der Anspruch eingelöst werden sollte – ob im Rahmen des erweiterten Reichstagswahlrechts, des preußischen Dreiklassen- oder eines Pluralwahlrechts. Von Radikalität war kaum eine bürgerliche Frauenbewegung so weit entfernt wie die deutsche.[19]

Aber auch von der deutschen Arbeiterbewegung konnte man im ersten Jahrzehnt des 20. Jahrhunderts nicht mehr behaupten, sie sei besonders radikal. Als 1905 im Gefolge der Niederlagen, die Rußland im Krieg mit Japan hinnehmen mußte, eine Revolution erst in St. Petersburg und dann in großen Teilen des Landes ausbrach, sahen linke Sozialisten im Westen darin den Beginn eines neuen Zyklus von Revolutionen. Rußland galt zwar als das rückständigste Land Europas, aber eben darauf hatte Engels schon in den achtziger Jahren die Annahme gestützt, «daß man sich dort seinem 1789 nähert», und daß «wenn dort das 1789 einmal begonnen hat, ... das 1793 nicht auf sich warten lassen» werde. Engels setzte darauf, daß in Rußland die «Avantgarde der Revolution zum Schlagen kommen» werde, ja, daß das Zarenreich einen der «Ausnahmefälle» bilde, «in dem es einer Handvoll Leute möglich ist, eine Revolution zu *machen*»: Wenn irgendwo der «Blanquismus» – die «Phantasie» des französischen Kommunarden Louis Auguste Blanqui, wonach eine kleine Verschwörergruppe eine ganze Gesellschaft umwälzen könne – eine gewisse Daseinsberechtigung gehabt habe, dann sicherlich in St. Petersburg.

Was der junge Marx vom vormärzlichen Deutschland erwartet hatte – es werde gerade *wegen* seiner Rückständigkeit eine besonders radikale Revolution zuwege bringen –, erhoffte sich der späte Engels also, wenn auch nur zeitweilig, von Rußland: Es sollte den Mangel des entwickelten Westens, das Fehlen einer revolutionären Situation, ausgleichen und eben dadurch der Revolution im internationalen Maßstab Auftrieb geben. Die Idee der Revolution wanderte damit ein weiteres Mal von West nach Ost: Nachdem Marx 1843/44 Deutschland zum Haupterben der revolutionären Tradition Frankreichs erklärt hatte, setzte Engels vier Jahrzehnte später die «translatio revolutionis» dadurch fort, daß er Rußland eine besondere revolutionäre Mission zuschrieb.

Seit 1903 *gab* es in Rußland eine marxistische «Avantgarde der Revolution» in Parteiform: die Gruppe «bolschewistischer» Berufsrevolutionäre um Lenin, hervorgegangen aus der Spaltung der Sozialdemokratischen Arbeiterpartei Rußlands in Mehrheit («Bolschewiki») und Minderheit («Menschewiki»). Aber nicht Lenin und die Bolschewiki faszinierten die deutsche und westeuropäische Linke im Jahre 1905, sondern das russische

Proletariat und seine Massenstreiks. Rosa Luxemburg, die Lenin schon 1904 vorgeworfen hatte, er wolle die Initiative der Massen zugunsten der straffen, zentralistischen Herrschaft eines blanquistischen Verschwörerzirkels ausschalten, leitete aus der russischen Revolution von 1905 im Jahr darauf die Folgerung ab, der Massenstreik sei die «*Bewegungsweise der proletarischen Masse, die Erscheinungsform des proletarischen Kampfes in der Revolution*», mithin «von der Revolution unzertrennlich».

Die Rückständigkeit Rußlands war aus ihrer Sicht kein Grund, aus der russischen Erfahrung *nicht* zu lernen – im Gegenteil: «Das zurückgebliebenste Land weist, gerade weil es sich mit seiner bürgerlichen Revolution so unverzeihlich verspätet hat, Wege und Methoden des weiteren Klassenkampfes dem Proletariat Deutschlands und der vorgeschrittensten kapitalistischen Länder.» In Deutschland bestehe, anders als in Rußland, die bürgerliche Rechtsordnung seit langem; aber da sie sich mittlerweile gänzlich erschöpft habe und Demokratie und Liberalismus Zeit gehabt hätten, «auszusterben», könne «es sich bei einer Periode offener politischer Volkskämpfe in Deutschland als letztes geschichtlich notwendiges Ziel nur noch um die *Diktatur des Proletariats* handeln».

Rosa Luxemburgs schärfster innerparteilicher Widersacher, der von ihr als «Opportunist» geschmähte Eduard Bernstein, mochte sich weder die Dialektik der Rückständigkeit zu eigen machen noch einer «Diktatur des Proletariats» den Weg ebnen. Aber auch er sah im politischen Massenstreik ein legitimes Kampfmittel, ja *die* moderne Alternative zum Barrikadenkampf, den er (ähnlich wie Engels 1895, kurz vor seinem Tod, in der Einleitung zur Neuausgabe von Marxens «Klassenkämpfen in Frankreich») für «überlebt» erklärte. Doch anders als die radikale Linke um Rosa Luxemburg betrachtete Bernstein den politischen Massenstreik nicht als Instrument, mit dem sich die proletarische Revolution in Gang setzen ließ, sondern als Mittel, um demokratische Ziele wie die Abschaffung des preußischen Herrenhauses oder eine Reform des preußischen Wahlrechts zu erreichen oder einen Anschlag auf das demokratische Reichstagswahlrecht abzuwehren.

Er stehe zwar, erklärte Bernstein 1904 auf dem Bremer Parteitag der SPD, im Ruf eines «gemäßigten Genossen» und halte diesen Namen für einen Ehrennamen. Aber Mäßigung dürfe nicht gleichbedeutend sein mit Schwäche und Energielosigkeit. Falls der Versuch unternommen werden sollte, das Reichstagswahlrecht zu beseitigen, müsse der Gedanke, daß die deutschen Arbeiter «unter keinen Umständen auf dieses Recht verzichten dürfen, so stark sein, daß sie alle Formen des Widerstands ergreifen werden, über die sie verfügen. Und wenn sie dann geschlagen werden, dann lieber mit Ehren unterliegen, als sich das Wahlrecht nehmen lassen, ohne irgendeinen Versuch des Widerstandes.»

Damit kam der Revisionist Bernstein dem Engels des Jahres 1895 sehr nahe: Auch dieser sah im allgemeinen gleichen Wahlrecht eine nachgerade revolutionär wirkende Errungenschaft, die es der Arbeiterbewegung, zumindest in den entwickelten Gesellschaften, ermöglichte, den Klassenkampf in neuen, sozusagen zivileren Formen als früher zu führen und die «Zeit der Überrumpelungen, der von kleinen bewußten Minoritäten an der Spitze bewußtloser Massen durchgeführten Revolutionen» für beendet zu erklären. Die Freien Gewerkschaften aber, für politische Massenstreiks so unentbehrlich wie für Arbeitskämpfe, dachten gar nicht daran, sich ihre Aufgaben von Politikern und Theoretikern vorschreiben zu lassen – gleichviel ob sie Luxemburg oder Bernstein, Engels oder Bebel hießen. Mit 1,6 Millionen Mitgliedern im Jahre 1906 fast fünfmal so stark wie die SPD, die zu dieser Zeit 384000 Mitglieder zählte, waren die sozialdemokratischen Gewerkschaften selbstbewußt genug, um der Erhaltung der eigenen Organisation Vorrang vor allen anderen Zielen einzuräumen und eine Unterordnung unter die Partei abzulehnen. Auf dem Kölner Gewerkschaftskongreß vom Mai 1905 erklärten es die Delegierten mit überwältigender Mehrheit für «verwerflich», durch die «Propagierung des politischen Massenstreiks eine bestimmte Taktik festlegen zu wollen»; ein Generalstreik, wie er von «Anarchisten und Leuten ohne jegliche Erfahrung auf dem Gebiete des wirtschaftlichen Kampfes» vertreten werde, sei «indiskutabel».

Da die sozialdemokratische Linke auf den Kölner Beschluß mit scharfen Angriffen auf die Freien Gewerkschaften antwortete, kam auch die SPD nicht länger um eine Stellungnahme zur Massenstreikfrage herum. Der Jenenser Parteitag vom September 1905 verabschiedete mit großer Mehrheit eine von Bebel vorgelegte Entschließung, die es der gesamten Arbeiterklasse zur Pflicht machte, «namentlich im Falle eines Anschlages auf das allgemeine, gleiche, direkte und geheime Wahlrecht oder das Koalitionsrecht... jedes geeignet erscheinende Mittel zur Abwehr nachdrücklich anzuwenden». Als «eines der wirksamsten Kampfmittel, um ein solches politisches Verbrechen an der Arbeiterklasse abzuwehren oder um sich ein wichtiges Grundrecht für ihre Befreiung zu erobern», bezeichnete der Parteitag die «umfassendste Anwendung der Massenarbeitseinstellung». Damit aber die Anwendung dieses Kampfmittels ermöglicht und möglichst wirksam werden könne, seien «die größte Ausdehnung der politischen und gewerkschaftlichen Organisation der Arbeiterklasse und die mündliche Agitation unumgänglich notwendig».

Mit der Formel vom «wirksamsten Kampfmittel» suchte der Parteivorstand der Linken, mit der Betonung des defensiven Zweckes von politischen Massenstreiks den gemäßigten Kräften und den Gewerkschaften entgegenzukommen. Doch die Freien Gewerkschaften empfanden die Resolution von Jena als Bevormundung durch die Partei und wehrten sich. In vertraulichen Gesprächen rangen sie im Februar 1906 der Führung der SPD eine weitgehende Selbstkorrektur ab: Ein Generalstreik sei gegenwärtig nicht aktuell, und ohne Zustimmung der Generalkommission der Freien Gewerkschaften werde der Parteivorstand keinen politischen Massenstreik ausrufen.

Aber das war noch nicht das Ende der Massenstreikdebatte. Durch eine Indiskretion gelangte die interne Vereinbarung an die Öffentlichkeit und rief beim linken Parteiflügel einen Sturm der Entrüstung hervor. Der folgende Parteitag, der im September 1906 in Mannheim stattfand, verabschiedete nach erregtem Wortwechsel eine von Bebel und Carl Legien, dem Vorsitzenden der Generalkommission der Freien Gewerkschaften, gemeinsam vorgelegte Resolution, das sogenannte «Mannheimer Abkommen». Es bestätigte den Beschluß von Jena, ergänzte ihn aber durch die Feststellung, daß dieser der Kölner Entschließung nicht widerspreche, und verpflichtete den Parteivorstand, sich mit der Generalkommission in Verbindung zu setzen, «sobald er die Notwendigkeit eines politischen Massenstreiks für gegeben erachtet». In der Sache war das ein Sieg der Gewerkschaften. Die Unterlegenen von Mannheim waren nicht nur die Radikalen auf dem linken Parteiflügel, sondern auch entschiedene Revisionisten wie Bernstein. Mit politischen Streiks zur Demokratisierung Preußens und Deutschlands brauchte nach dem Parteitag von 1906 fürs erste niemand mehr zu rechnen.

Der Scheinkompromiß von Mannheim entsprach den Kräfteverhältnissen in der sozialdemokratischen Arbeiterbewegung. Das Parteizentrum unter Bebel versuchte die Gegensätze zwischen «links» und «rechts», zwischen der Partei und den Gewerkschaften auszugleichen und konnte das oft nur mit Hilfe von Formeln tun, die radikaler klangen, als sie gemeint waren. Die Theorie der Partei blieb marxistisch im Sinne des Erfurter Programms von 1891; die alltägliche Praxis hingegen war gänzlich unrevolutionär, wenn auch keineswegs konsequent reformistisch. Die süddeutschen Landtagsfraktionen, die entgegen der Parteilinie immer wieder Landeshaushaltsgesetzen zustimmten, wurden regelmäßig kritisiert, und als die badischen Sozialdemokraten 1909 mit den Nationalliberalen und Freisinnigen einen «Großblock» bildeten, um das Zentrum und die Konservativen in die Minderheit zu drängen, erschien das der Mehrheit der Gesamtpartei als Preisgabe geheiligter Prinzipien.

Tatsächlich war die Politik der badischen Sozialdemokratie unter den gegebenen Bedingungen realistisch und erfolgreich. Auf das Reich freilich war sie nicht ohne weiteres zu übertragen, und auf das mit dem Reich so eng verbundene Preußen schon gar nicht. Eine Strategie, die die Veränderung der deutschen und der preußischen Verhältnisse in Richtung auf mehr Demokratie zum Ziel hatte, war bei den Sozialdemokraten nicht zu erkennen. Alles, was die Führung der SPD tat, war darauf abgestellt, die materielle Lage der Arbeiter zu bessern, die Partei zusammenzuhalten und ihre Stimmenzahl bei den nächsten Wahlen zu steigern. Vor diesem Hintergrund ergab das Nebeneinander von revolutionärer Doktrin und praktischem Revolutionsverzicht sogar Sinn. Jede wirkliche Entscheidung, sei es für die Vorbereitung der Revolution, sei es für eine entschiedene Reformpolitik, hätte die Partei gespalten.[20]

Eine vergleichbare Auseinandersetzung hatte um dieselbe Zeit das Zentrum zu bestehen. Aus Meinungsverschiedenheiten um den interkonfessionellen Charakter der Christlichen Gewerkschaften, die seit ihrer Gründung, Mitte der neunziger Jahre, vom Zentrum unterstützt wurden, entwickelte sich nach der Jahrhundertwende der «Zentrumsstreit»: ein Konflikt um die Frage, ob das Zentrum sich als katholisch-klerikale oder als politische, vom Klerus unabhängige, interkonfessionelle, mithin auch für Protestanten offene Partei verstehen sollte. Die erste Position vertraten die «Integralisten» der Berliner Richtung um den Reichstagsabgeordneten Hermann Roeren, die zweite die Reformer der «Kölner Richtung» um den Publizisten und Redakteur der «Kölnischen Volkszeitung», Julius Bachem. Die Integralisten durften sich der Rückendeckung des Papstes, Pius' X., des deutschen Episkopats und des Berliner Zweiges des Verbandes der katholischen Arbeitervereine erfreuen; die Reformer fanden Bundesgenossen in der 1876 gegründeten Goerres-Gesellschaft zur Pflege der Wissenschaft im katholischen Deutschland unter ihrem Vorsitzenden, dem Münchner Philosophieprofessor Georg Freiherr von Hertling, den Christlichen Gewerkschaften sowie dem Volksverein für das katholische Deutschland, der 1910, als er auf sein zehnjähriges Bestehen zurückblicken konnte, über 650 000 Mitglieder zählte.

Im Frühjahr 1906 eskalierte der Streit. Julius Bachem veröffentlichte in den «Historisch-politischen Blättern für das katholische Deutschland» unter der Überschrift «Wir müssen aus dem Turm heraus!» einen Aufruf, die Abschließung und Absperrung, welche in dem beliebten Bild vom «Zentrumsturm» liege, zu überwinden. «Wir sollen nicht in dem Turme verbarrikadiert bleiben, sondern uns vor demselben aufpflanzen und in immer weiterem Umkreis mit den Mitteln, welche die Gegenwart in die Hand gibt, für das Programm der politischen Zentrumspartei eintreten, das sich wahrlich sehen lassen kann. Wenn das Zentrum eine wahre Staatspartei ist, so soll es auch als eine solche sich fühlen und überall als solche sich geltend machen... Das Zentrum darf nicht unter der Einwirkung der Verschärfung der konfessionellen Gegensätze, an der so viele arbeiten, in eine *splendid isolation* geraten, welche die Erfüllung seiner Aufgabe für Reich und Volk aufs äußerste erschweren würde. Dem Bestreben, diese Gefahren zu verringern, sollen die vorstehend entwickelten bzw. angedeuteten Gedanken dienen.»

Die heftige integralistische Kampagne, mit der Roeren auf den Vorstoß Bachems antwortete, verfehlte ihr Hauptziel: Die Parteiführung legte sich nicht, wie gefordert, auf die «katholische Weltanschauung» fest, sondern betonte in der «Berliner Erklärung» vom 28. November 1909, das Zentrum sei «grundsätzlich eine politische nichtkonfessionelle Partei». Doch ein klares Bekenntnis zum interkonfessionellen Charakter der Partei, wie es die

«Kölner Richtung» wünschte, enthielt die «Berliner Erklärung» nicht. Vielmehr hoben die Führungsgremien ausdrücklich die «Tatsache der Zugehörigkeit fast aller ihrer Wähler und ihrer Abgeordneten zur katholischen Kirche» hervor – eine Tatsache, die «genügend Bürgschaft» dafür sei, «daß die Zentrumspartei die berechtigten Interessen der deutschen Katholiken auf allen Gebieten des öffentlichen Lebens nachdrücklich vertreten wird». Das war ein typischer Formelkompromiß: Das Zentrum beschloß weder Öffnung noch Abschließung, sondern bestätigte – den status quo.

Der Streit um das Selbstverständnis des Zentrums flaute seit dem Spätjahr 1909 ab, der Gewerkschaftsstreit aber ging weiter. In der Enzyklika «Singulari quadam» von September 1912 sprach Papst Pius X. zwar kein Verbot interkonfessioneller Christlicher Gewerkschaften aus, erhob aber katholische Gewerkschaften so eindeutig zum Regelfall, daß das einer Parteinahme zugunsten des Integralismus gleichkam. Der Protest der Christlichen Gewerkschaften, die 1913 340 000 Mitglieder zählten, war massiv und veranlaßte die deutschen Bischöfe schließlich, die Enzyklika im Sinne des bestehenden Zustands umzudeuten. Die Nutznießer des Konflikts zwischen Integralisten und Arbeitnehmerflügel waren die bürgerlichen Zentrumspolitiker, denen sich nun auch Matthias Erzberger zugesellte. Das «katholische Milieu» hatte sich im Zuge der Auseinandersetzungen weiter aufgefächert – so sehr, daß Kurie und Episkopat eine Richtungsentscheidung zugunsten des Integralismus nicht mehr durchsetzen konnten. Die Konservativen hatten an Einfluß verloren; geschlagen waren sie noch nicht.[21]

Während Zentrum und Sozialdemokratie Richtungskämpfe auszutragen hatten, erlebte der Liberalismus eine Art politischer Renaissance. Im Juni 1909 schlossen sich die liberalen Kräfte des deutschen Unternehmertums, die der fortdauernden Zugeständnisse an die ostelbische Landwirtschaft überdrüssig waren, im Hansa-Bund für Handel, Gewerbe und Industrie zusammen; ein Dreivierteljahr später vereinigten sich die drei linksliberalen Parteien zur Fortschrittlichen Volkspartei. Auch bei den Nationalliberalen gab es Anzeichen für ein wiedererstarkendes bürgerliches Selbstbewußtsein: Jüngere Abgeordnete wie Gustav Stresemann, 1878 in Berlin geboren, promovierter Nationalökonom, Syndikus des Verbandes Sächsischer Industrieller und seit 1911 Mitglied des Präsidiums des Bundes der Industriellen, stellten die enge Anlehnung ihrer Partei an die Konservativen in Frage. Nationalliberale Oberbürgermeister betätigten sich vielerorts als Pioniere der Gemeinwirtschaft: Kommunale Verkehrsbetriebe, Gas-, Elektrizitäts- und Wasserwerke konnten nur gegründet werden, weil sich die Liberalen aller Schattierungen vom «manchesterlichen» Standpunkt des «laissez faire» abgewandt und die Notwendigkeit öffentlicher Daseinsvorsorge erkannt hatten. Der Liberalismus gewann dadurch an reformerischem Profil, doch er tat es ironischerweise unter den Bedingungen nicht des allgemeinen und gleichen Reichstags-, sondern eines besitzfreundlichen

Kommunalwahlrechts. Eine «Öffnung nach links», zur Sozialdemokratie hin, konnte somit aus der liberalen Erneuerung nicht herausgelesen werden: Zwischen dem Gros des Liberalismus und der Sozialdemokratie lagen auch um 1910 noch Welten.

Nur eine Minderheit am linken Rand des Liberalismus ging so weit, jede Art von liberal-konservativer Blockpolitik kategorisch abzulehnen und offen für eine Zusammenarbeit mit den Sozialdemokraten einzutreten. Der greise Historiker und Nobelpreisträger für Literatur Theodor Mommsen war Ende 1902 noch ein Rufer in der Wüste, als er, rund ein Jahr vor seinem Tod, in der freisinnigen «Nation» ein Zusammenwirken von Liberalismus und Sozialdemokratie gegen den «Absolutismus eines Interessenbundes des Junkertums und der Kaplanokratie» forderte, um einem «Umsturz der Reichsverfassung» zuvorzukommen. Mommsen ließ es damit nicht bewenden: Er nannte die Sozialdemokraten die derzeit «einzige große Partei, die Anspruch hat auf politische Achtung», und behauptete, jedermann in Deutschland wisse, «daß mit einem Kopf wie Bebel ein Dutzend ostelbischer Junker so ausgestattet werden könnten, daß sie unter ihresgleichen glänzen würden». Der Titel des Aufsatzes, «Was uns noch retten kann», stimmte, durchaus nicht zufällig, mit dem einer Flugschrift von Mommsens 1870 verstorbenem Freund Karl Twesten aus dem Jahr 1861, also aus der Zeit unmittelbar vor Beginn des preußischen Verfassungskonflikts, überein.

Fünfeinhalb Jahre später, im Mai 1908, gründete der ehemalige Redakteur der «Nation», Theodor Barth, zusammen mit zwei früheren Nationalsozialen, Hellmut von Gerlach und Rudolf Breitscheid, eine Partei, die sich Mommsens Appell zum Zusammengehen von liberalem Bürgertum und sozialdemokratischer Arbeiterschaft zu eigen machte: die Demokratische Vereinigung. Mit etwa 11000 Mitgliedern im Jahr 1911 und knapp 30000 Stimmen bei der Reichstagswahl von 1912 kam die Demokratische Vereinigung über den Status einer Splittergruppe freilich nie hinaus. Es war wiederum nur eine Minderheit innerhalb der Minderheit, die daraus die Konsequenz zog, sich der Sozialdemokratie anzuschließen. Als erster tat, noch im Jahr 1912, Rudolf Breitscheid diesen Schritt. Für den promovierten Nationalökonomen und einstigen Burschenschaftler sollte das der Beginn seiner eigentlichen politischen Karriere werden – einer Karriere, die ihn 16 Jahre später an die Spitze der sozialdemokratischen Reichstagsfraktion führte.

Auch innerhalb der Fortschrittlichen Volkspartei gab es Befürworter einer Zusammenarbeit mit der Sozialdemokratie nach dem Vorbild des badischen «Großblocks». Die Anhänger eines antifeudalen und antiklerikalen Blocks «von Bassermann bis Bebel», unter ihnen Naumann, setzten auf die Reformisten und Revisionisten in der SPD und auf die «Jungliberalen» in der Nationalliberalen Partei, die seit 1904 von dem badischen Juristen Ernst Bassermann geführt wurde. Aber die neue Sammelpartei des

Linksliberalismus stand keineswegs geschlossen hinter dieser Forderung, und bei den Nationalliberalen und Sozialdemokraten waren einstweilen nur wenige Außenseiter bereit, den Gedanken einer «sozialliberalen» Blockpolitik ernsthaft ins Auge zu fassen. Am Ende der Ära Bülow war somit keine mehrheitsfähige Parteienkonstellation zu erkennen, die an die Stelle des zerbrochenen «Bülow-Blocks» hätte treten können.[22]

Bülows Nachfolger als Reichskanzler, preußischer Ministerpräsident und Außenminister, der Verwaltungsjurist Theobald von Bethmann Hollweg, der seit 1907 an der Spitze des Reichsamtes des Innern gestanden hatte, war in vielem das Gegenteil seines Vorgängers: nicht forsch, sondern eher schwerblütig, ein Zauderer und keine Spielernatur. Den Freikonservativen nahestehend, für die er 1890 wenige Monate lang dem Reichstag angehört hatte, mußte sich der neue Kanzler die Mehrheiten suchen, wo er sie fand. Auf die Unterstützung der immer weiter nach rechts driftenden Deutschkonservativen durfte er dabei nicht ohne weiteres rechnen. Die Haltung dieser Partei brachte der Abgeordnete Elard von Oldenburg-Januschau am 29. Januar 1910, ein knappes halbes Jahr nach dem Amtsantritt Bethmann Hollwegs, auf bewußt herausfordernde Weise zum Ausdruck, als er sich im Reichstag zu einer, wie er behauptete, «alten preußischen Tradition» bekannte: «Der König von Preußen und der Deutsche Kaiser muß jeden Moment imstande sein, zu einem Leutnant zu sagen: Nehmen Sie zehn Mann und schließen Sie den Reichstag!»

Seine erste schwere Niederlage erlitt Bethmann Hollweg im Frühjahr 1910 im Kampf um eine bescheidene Reform des preußischen Dreiklassenwahlrechts (mit einem Bildungsbonus für «Kulturträger», darunter ausgediente Unteroffiziere, als Kernstück): Ohne zwingenden Grund zog er die Regierungsvorlage zurück, nachdem das Abgeordnetenhaus mit den Stimmen von Konservativen und Zentrum eine Abänderung des Entwurfs durch das Herrenhaus abgelehnt hatte. Erfolgreich war der Kanzler dagegen ein Jahr später bei seinem (von den Konservativen heftig befehdeten) Versuch, dem Reichsland Elsaß-Lothringen eine Verfassung zu geben. Die Elsaß-Lothringer erhielten nunmehr ein Parlament aus zwei Kammern, von denen sie die zweite wählen durften. Daß das Wahlrecht das allgemeine, gleiche und direkte war, ging freilich nicht auf den Kanzler zurück, der ein Pluralwahlrecht vorgesehen hatte, sondern auf den Reichstag. Im Bundesrat erhielt das Reichsland drei Stimmen, die jedoch dann nicht mitgezählt werden durften, wenn Preußen nur mit ihrer Hilfe die Mehrheit erlangt hätte. Die Verfassung von 1911 brachte den Elsaß-Lothringern zwar nicht die erstrebte volle Gleichberechtigung mit den übrigen Deutschen, aber sie war doch ein bedeutender Schritt in diese Richtung.

Die Fäden der Außenpolitik zog zu Beginn der Kanzlerschaft Bethmann Hollwegs der aus Württemberg stammende Staatssekretär des Auswärtigen Amtes, Alfred von Kiderlen-Waechter. Im Sommer 1911 steuerte er

Deutschland, wenn auch ungewollt, an den Rand eines großen Krieges. Ausgangspunkt der internationalen Krise war, wie schon 1905, Marokko. Im Frühjahr hatte Frankreich Unruhen in dem nordafrikanischen Sultanat zum Anlaß genommen, erst Rabat und dann Fes zu besetzen. Die Wilhelmstraße war zwar bereit, Marokko den Franzosen zu überlassen, wollte sich dieses Zugeständnis aber durch umfangreiche Gebietsabtretungen am Kongo bezahlen lassen. Um die deutschen Forderungen zu unterstreichen, landete auf Kiderlens Betreiben am 1. Juli 1911 das Kanonenboot «Panther» im Hafen von Agadir.

Für die publizistische Begleitmusik zum «Panthersprung nach Agadir» sorgte vor allem der Alldeutsche Verband. Sein Vorsitzender, der Justizrat Heinrich Claß, war von Kiderlen persönlich um propagandistische Hilfe gebeten worden. Der Gedanke eines Krieges mit Frankreich, der sich nach Lage der Dinge rasch zum Weltkrieg ausweiten konnte, hatte für Claß und die Alldeutschen nichts Erschreckendes. Ohne Krieg war die Forderung nach einem deutschen Westmarokko, wie sie der Alldeutsche Verband in einer Broschüre erhob, in der Tat nicht zu verwirklichen. Zahlreiche konservative, nationalliberale, schwerindustrielle und evangelisch-kirchliche Zeitungen bejahten diese Konsequenz ausdrücklich. Dasselbe tat der Generalstabschef, Graf Hellmuth von Moltke. Der «jüngere Moltke» hielt einen großen Krieg ohnehin für unausweichlich und fand, der Zeitpunkt, ihn zu führen, sei für Deutschland derzeit günstiger als später, wenn die Gegner noch stärker geworden seien.

Daß Frankreich im Falle eines Krieges mit Deutschland die Unterstützung Englands erhalten würde, stand seit dem 22. Juli fest: An diesem Tag gab Schatzkanzler Lloyd George, nach vertraulicher Absprache mit Außenminister Grey, Paris in einer Rede im Mansion House demonstrative Rückendeckung. Aber weder Wilhelm II. noch Bethmann Hollweg wollten es zum Krieg kommen lassen, und auch Kiderlen-Waechter ging es um einen Prestigegewinn ohne Waffengewalt. Nachdem Rußland auf der einen, Österreich-Ungarn und Italien auf der anderen Seite ihren jeweiligen Partnern zu verstehen gegeben hatten, daß sie einen Krieg um Marokko nicht als Bündnisfall betrachten würden, legten Deutschland und Frankreich am 4. November 1911 ihren Streit bei. Deutschland verzichtete auf jede Art von politischer Einflußnahme in Marokko (das 1912 in ein französisches Protektorat verwandelt wurde) und begnügte sich mit der Zusicherung der wirtschaftlichen Meistbegünstigung. Frankreich trat nicht eben wertvolle Teile seines Kolonialbesitzes am Kongo an Deutschland ab, das dafür Frankreich einen Landstreifen von Togo überließ.

Das Ergebnis der deutsch-französischen Verhandlungen war alles andere als der von Kiderlen-Waechter erhoffte Prestigezuwachs für das Reich. Der Staatssekretär des Auswärtigen Amtes hatte mit dem «Panthersprung» ein klassisches Beispiel wilhelminischer Risikopolitik ohne nüchterne Abwägung der Erfolgschancen geliefert und sich durch die leichtfertige

Inanspruchnahme des Alldeutschen Verbandes selbst zu einer Geisel des extremen Nationalismus gemacht. Die Empörung über den vermeintlichen Kleinmut der Reichsleitung wurde nach dem Ausgang der zweiten Marokkokrise aber nicht nur von den Alldeutschen und den Rechtsparteien geschürt. Auch aus dem Zentrum waren Stimmen zu hören, die die Demütigung Deutschlands durch England und Frankreich beklagten, und selbst in linksliberalen Zeitungen wurde «Olmütz» beschworen – Preußens Zurückweichen vor der Kriegsdrohung Österreichs im November 1850.

Bethmann Hollweg hatte einen schweren Stand, als er am 9. und 10. November 1911 im Reichstag die deutsche Haltung verteidigte und den Gedanken an einen Präventivkrieg scharf zurückwies. Der Fraktionsvorsitzende des Zentrums, Graf Georg von Hertling, schloß seine Rede mit der Bemerkung, es würde «unter Umständen» nichts schaden, «wenn einmal von autoritativer Seite gesagt würde, daß allerdings die Aufrechterhaltung des Friedens ein hohes Gut sei, daß es aber zu teuer erkauft sei, wenn es nur auf Kosten unserer Weltgeltung geschehen kann». Der Vorsitzende der Nationalliberalen, Ernst Bassermann, warf dem Kanzler eine «Politik der Illusionen» vor, sprach von einer «Niederlage», die Deutschland in der Marokkokrise erlitten habe, und warnte schließlich das Ausland, «es möge sich darüber im klaren sein, daß wir unserer nationalen Ehre nicht zu nahe treten lassen, und daß, wenn es darauf ankommt, mit den Waffen Deutschland zu verteidigen, das Ausland ein einiges Deutschland finden wird».

Noch drastischer äußerte sich der Vorsitzende der Deutschkonservativen, Ernst von Heydebrand und der Lasa, dessen Partei bislang Nationalliberalen und Freikonservativen die Vorreiterrolle in Sachen «Weltpolitik» überlassen hatte. Doch mittlerweile war der «ungekrönte König von Preußen», wie sich Heydebrand gern nennen ließ, offenbar zu der Einsicht gelangt, daß das Altpreußentum seine bedrohte Stellung nur dann mit Aussicht auf Erfolg verteidigen konnte, wenn es sich an die Spitze der nationalen Bewegung stellte, die für Deutschland einen besseren Platz in der Welt forderte. «Das, was uns den Frieden sichert», sagte Heydebrand, «das sind nicht diese Nachgiebigkeiten, sind nicht die Einigungen, nicht die Verständigungen, sondern das ist unser gutes deutsches Schwert und zugleich das Gefühl, das die Franzosen wohl mit Recht haben werden, daß wir auch auf eine Regierung zu sehen hoffen, die gewillt ist, dieses Schwert zu gegebener Zeit nicht rosten zu lassen.» An die Adresse Englands gerichtet war die Bemerkung des Redners, dem ganzen deutschen Volk habe sich nun gezeigt, «wo sein Feind sitzt. Das deutsche Volk weiß jetzt, wenn es sich ausbreiten will auf dieser Welt, wenn es seinen Platz an der Sonne suchen will, den ihm sein Recht und seine Bestimmung zugewiesen hat, – dann weiß es jetzt, wo derjenige steht, der darüber zu gebieten haben will, ob er das erlauben will oder nicht.»

Den Kontrapunkt zu den kriegerischen Parolen der konservativen und nationalliberalen Sprecher setzte der Vorsitzende der Sozialdemokraten, die als einzige Partei in den Wochen zuvor ihre Anhänger zu Demonstrationen gegen den Krieg aufgerufen hatten. Gegen Ende seiner Rede wurde Bebel zum Propheten. Von allen Seiten werde nun weiter gerüstet werden, «bis zu dem Punkte, daß der eine oder andere Teil eines Tages sagt: lieber ein Ende mit Schrecken als ein Schrecken ohne Ende... Dann kommt die Katastrophe. Alsdann wird in Europa der große Generalmarsch geschlagen, auf den hin 16 bis 18 Millionen Männer, die Männerblüte der verschiedenen Nationen, ausgerüstet mit den besten Mordwerkzeugen, gegeneinander als Feinde ins Feld rücken. Aber nach meiner Überzeugung steht hinter dem großen Generalmarsch der große Kladderadatsch... Er kommt nicht durch uns, er kommt durch Sie selber. Sie treiben die Dinge auf die Spitze, Sie führen es zu einer Katastrophe... Die Götterdämmerung der bürgerlichen Welt ist im Anzuge. Seien Sie sicher: sie ist im Anzug! Sie stehen heute auf dem Punkte, Ihre eigene Staats- und Gesellschaftsordnung zu untergraben, Ihrer eigenen Staats- und Gesellschaftsordnung das Totenglöcklein zu läuten.» Das Protokoll verzeichnet mehrfach «Lachen» und «Große Heiterkeit» und den Zuruf von rechts: «Nach jedem Krieg wird es besser!»

Das bürgerliche Deutschland befand sich während der zweiten Marokkokrise in einem Erregungszustand, der sich nur als Torschlußpanik beschreiben läßt. Ihren klassischen Ausdruck fand diese Stimmungslage in einem vertraulichen Brief, den Bassermann am 24. Juli 1911 an Kiderlen-Waechter schrieb. Unter Hinweis auf die wachsende Schwierigkeit, «Handelsverträge abzuschließen, die auch nur einigermaßen den Interessen der deutschen Industrie gerecht werden», bezeichnete es der nationalliberale Parteiführer als «für uns unerträglich, daß uns in den noch freien Gebieten von unseren Konkurrenten am Weltmarkt die Türe vor der Nase zugeschlagen wird. Das muß bei einer Nation, die sich wie die deutsche ausdehnen muß, wenn sie nicht in ihrem Bevölkerungsüberschuß ersticken will, dahin treiben, daß schließlich nur ein Krieg als ultima ratio übrigbleibt. Das ist das Gefühl der denkenden Kreise der Nation.»[23]

Es *gab* in Deutschland jene wirtschaftlichen Interessen an Marokko, auf die Bassermann anspielte: Vor allem den Gebrüdern Mannesmann, denen der Sultan die Schürfrechte für viele Erzvorkommen in seinem Lande zugesichert hatte, lag daran, ihre Position in Marokko auszubauen und die französische Konkurrenz zurückzudrängen. Der Unterstützung durch den Centralverband Deutscher Industrieller, den Alldeutschen Verband und die Nationalliberalen konnten sie dabei sicher sein. Doch die kriegerische Stimmung, die im Sommer 1911 die «denkenden Kreise» erfaßte, läßt sich nicht durch Sonderinteressen eines Stahlunternehmens erklären. Das Gefühl, im internationalen Wettlauf um Macht und Märkte zu kurz zu kommen, war im deutschen Bürgertum seit langem weitverbreitet. Es verstärkte sich, seit Frankreich und England im Zeichen der Entente cordiale von 1904 immer demonstrativer zusammenrückten. Im Jahr 1911 war die öffentliche Meinung bei den beiden Verbündeten diesseits und jenseits des

Ärmelkanals kaum weniger nationalistisch, imperialistisch und militaristisch als in Deutschland. Als Italien, wie Deutschland eine «verspätete Nation», Ende September 1911 von imperialistischen Worten zur imperialistischen Tat schritt und einen Krieg mit der Türkei zur Eroberung von Tripolis begann, löste die Aktion nördlich der Alpen Neidgefühle aus: Hier schien ein Land jene selbstbewußte Machtpolitik zu treiben, die man von der eigenen Regierung, wenn auch vergeblich, forderte.

Italiens Griff nach Tripolis war im Lande populär, weil er sich auch als Versuch verstehen ließ, die Massenauswanderung umzulenken: von Süd- und Nordamerika in ein nahes Territorium an der nordafrikanischen Gegenküste, das das Staatsgebiet beträchtlich vergrößerte und überdies die strategische Stellung Italiens im Mittelmeerraum verstärkte. Ein vergleichbares Interesse an Marokko konnte Deutschland nicht geltend machen. Wie in anderen Fällen von wilhelminischer Weltpolitik hatte auch in der zweiten Marokkokrise Prestige Vorrang vor Interesse. Deutschland war wirtschaftlich sehr viel stärker als Frankreich (von Italien ganz zu schweigen); es brauchte auch, anders als sein Nachbar links des Rheins, keine Kolonien und Protektorate, um das Trauma einer Niederlage und des anschließenden Verlustes von Gebieten zu bewältigen. Deutschland schickte sich an, England, das Mutterland der Industriellen Revolution und des Imperialismus, wirtschaftlich zu überrunden; der deutsche Anteil am Weltexport stieg stetig, während der englische Anteil ebenso stetig sank. Das Deutsche Reich gehörte zu den maßgeblichen Wissenschaftsmächten der Welt, wenn es nicht gar die erste unter ihnen war. Aber das alles reichte der politischen Rechten nicht. Deutschland sollte von der Großmacht, die es längst war, zur führenden Weltmacht aufsteigen: Daran gab es seit der Marokkokrise von 1911 nichts mehr zu deuteln.

Während die Krise noch im Gange war, machte sich ein alldeutscher Militärschriftsteller, der ehemalige General Friedrich von Bernhardi, daran, Schlußfolgerungen aus den jüngsten Ereignissen zu ziehen. «Deutschland und der nächste Krieg» war der Titel seines Buches, das Anfang 1912 erschien, große Aufmerksamkeit erregte, rasch hintereinander mehrere Auflagen erlebte und sogleich in die wichtigsten Fremdsprachen übersetzt wurde. Unter Berufung auf Darwin und seine «sozialdarwinistischen» Jünger bekannte sich der Autor darin zum «Kampf ums Dasein» als der «Grundlage aller gesunden Entwicklung». Den Krieg beschrieb Bernhardi als Mittel der Auslese, durch das minderwertige oder verkommende Rassen daran gehindert wurden, die gesunden zu überwuchern. Der Krieg war aber «nicht nur eine biologische Notwendigkeit, sondern auch eine sittliche Forderung und als solche ein unentbehrlicher Faktor der Kultur». Daraus ergab sich, was Bernhardi das «Recht zum Kriege» und die «Pflicht zum Kriege» nannte.

«Eine tiefe Kluft hat sich aufgetan zwischen dem Empfinden der Nation und dem diplomatischen Vorgehen der Regierung»: So hieß es bereits im

Vorwort des Buches. Die Kluft war nur durch eine umfassende Volkserziehung zu schließen. Ihr Ziel mußte es sein, Deutschland auf eine harte Entscheidung vorzubereiten – die Entscheidung, «ob wir uns auch zu einer *Weltmacht* entwickeln, als solche behaupten und deutschem Geist und deutscher Lebensauffassung die Beachtung auf der weiten Erde verschaffen wollen, die ihnen heute noch versagt sind». Konsequenterweise mußten Bewegungen wie die Sozialdemokratie und der Pazifismus, die sich dieser Einsicht verweigerten, bekämpft werden. Da es um «Weltmacht oder Niedergang», «Sein oder Nichtsein» ging, galt es die «Verworrenheit der politischen Zustände» und die «geistige Zersplitterung» endlich zu überwinden. Eine Parlamentarisierung Deutschlands lehnte Bernhardi daher entschieden ab. «Kein Volk ist so wenig wie das deutsche geeignet, seine Geschicke selbst zu leiten, etwa in einer rein parlamentarischen oder gar republikanischen Verfassung; für keines paßt die landläufige liberale Schablone weniger als für uns.» Deutschland bedurfte einer starken Regierung, die Schluß machte mit der bisher betriebenen «Politik des Friedens und des Verzichts» und an ihre Stelle eine «Propaganda der Tat» setzte; es bedurfte der Stärkung des Heeres und der Flotte und der frühzeitigen Erziehung der Jugend zum Waffendienst.

Das alles war nur zu erreichen durch eine starke volkstümliche Presse, die sich der Aufgabe verschrieb, dem deutschen Volk die kriegerische Gesinnung zu erhalten. «Immer wieder muß sie auf die Bedeutung und die Notwendigkeit des Krieges hinweisen als eines unentbehrlichen Mittels der Politik und der Kultur und auf die Pflicht des Opfermutes und der persönlichen Hingabe an Staat und Vaterland.» Als Lehrmeister empfahl Bernhardi den Deutschen an erster Stelle Friedrich den Großen, dann Bismarck und, was die gedankliche Vorbereitung des Krieges anging, vor allem Fichte, Arndt und Treitschke. Mit Zeilen aus einem Gedicht Arndts aus dem Jahre 1844 schloß das Buch:

Laß hell den Degen klirren
Von Deiner Sternenburg;
Hau von den wüsten Wirren
Den ganzen Jammer durch!

Siebzehn Jahre vor Bernhardi hatte Max Weber in seiner Freiburger Antrittsvorlesung von 1895 das «harte Schicksal des politischen Epigonentums» beklagt, das die Geschichte seiner Generation als Fluch mit auf den Weg gegeben habe. Der General wollte dem Gefühl des Epigonentums mit Gewalt entkommen: Durch Krieg sollte sich das gegenwärtige Deutschland den Vorfahren als ebenbürtig erweisen. Weber hatte in der deutschen Weltpolitik noch ein Mittel gesehen, die Vormacht des preußischen Junkertums zu brechen. Bernhardi hingegen wollte den Geist des preußischen Soldatenstaates am Leben erhalten, damit Deutschland zur Weltmacht aufsteigen konnte.

Ein entschlossener Kampf gegen die Sozialdemokraten, wie Bernhardi ihn propagierte, war ein in sich logisches Gebot, wenn man mit dem Autor im Ziel einig war. Andere Zeitgenossen drückten sich in diesem Punkt noch deutlicher aus: Sie erhofften sich von einem Krieg heilsame Wirkungen im Innern. In der Reichstagsdebatte vom 9. November 1911 zitierte Bebel zwei solcher Stimmen. Das «Deutsche Armeeblatt» hatte während der zweiten Marokkokrise geschrieben: «Für die inneren Verhältnisse wäre ein großzügiger Waffengang auch recht gut, wenn er auch den einzelnen Familien Tränen und Schmerzen bringt.» In der freikonservativen «Post» war am 26. August 1911 zu lesen: «In weiten Kreisen herrscht die Überzeugung, daß ein Krieg nur vorteilhaft sein kann, indem unsere prekäre politische Lage geklärt und die Gesundung vieler politischer und sozialer Zustände herbeigeführt würde.» Bebel kommentierte beide Aussagen mit der Bemerkung: «Man weiß nicht mehr, wie man mit der Sozialdemokratie fertig werden soll. Da wäre ein auswärtiger Krieg ein ganz vortreffliches Ablenkungsmittel gewesen.»

An Organisationen, die dieselben Ziele verfolgten wie Bernhardi, mangelte es nicht. Zum Kolonialverein, dem Ostmarkenverein, dem Alldeutschen Verband und dem Flottenverein kam 1904 der von der Schwerindustrie und den Parteien der Rechten geförderte Reichsverband gegen die Sozialdemokratie, dem 1909 über 200 000 Mitglieder angehörten. Seine Broschüren gegen die SPD waren zahllos, seine Erfolge dagegen bescheiden. Allenfalls bei der «Hottentottenwahl» von 1907 trug er wohl mit dazu bei, daß sich der Stimmenzuwachs der SPD verlangsamte.

Im Gefolge der zweiten Marokkokrise entstand im Januar 1912 ein weiterer nationalistischer Kampfverband, der sich die Vermehrung der deutschen Heeresstärke zum obersten Ziel setzte: der Deutsche Wehrverein unter dem ehemaligen General August Keim als Vorsitzendem. Das Führungspersonal des Verbandes kam aus den Reihen der Alldeutschen und des Flottenvereins; es war nicht weniger «gut bürgerlich» als das der anderen nationalen Verbände; sein Idol war Bismarck. Der Wehrverein der im Mai 1912 78 000 Mitglieder zählte, gab sich betont antigouvernemental, weil ihm die Regierung Bethmann Hollweg zu wenig wehrfreudig erschien. Er umwarb die Massen und bemühte sich, volkstümlich zu sein. Aber er war viel zu sehr Honoratiorenverband, um selbst zum Kern einer klassenübergreifenden Massenbewegung werden zu können.

Der Wehrverein repräsentierte ebensowenig wie der Flottenverein oder der Alldeutsche Verband einen neuen Typ von «populistischem Nationalismus»; er stand auch nicht für einen neuartigen «Militarismus von unten». Er war vielmehr ein weiterer Ausdruck jenes «rechten» Nationalismus, der sich seit dem ersten Jahrzehnt des Kaiserreichs in mehreren Schüben im bürgerlichen und kleinbürgerlichen Deutschland ausgebreitet und zunehmend radikalisiert hatte. Was den letzten Schub auszeichnete, der um 1911 einsetzte, war seine alles Bisherige übertreffende Militanz: Unbedenklich forderten Politiker, Publizisten und Propagandisten einen Weltkrieg als Ausweg aus der äußeren und inneren Krise.[24]

Zu Beginn des Jahres 1912 spitzte sich die innere Krise des deutschen Kaiserreichs dramatisch zu. Am 12. Januar fand die erste Runde der Reichstagswahlen statt; am 20. und 25. Januar folgten die Stichwahlen. Überlegene Siegerin war die Sozialdemokratie. Ihre Stimmenzahl stieg von 3,26 Millionen im Jahre 1907 auf nunmehr 4,25 Millionen und damit von 29 auf 34,8 %. Noch eindrucksvoller war der Mandatsgewinn: Die SPD wuchs, vor allem dank eines Stichwahlabkommens mit der Fortschrittlichen Volkspartei, von 43 auf 110 Sitze. Die stärkste deutsche Partei waren die Sozialdemokraten schon seit 1890 gewesen. Jetzt stellten sie erstmals auch die stärkste Fraktion im Reichstag.

Eine gouvernementale Mehrheit ohne die Sozialdemokratie ließ sich nur noch erreichen, wenn die konservativen Parteien, die Nationalliberalen, die Fortschrittlichen und das Zentrum zusammen für eine Regierungsvorlage stimmten. Eine solche Konstellation herzustellen war außerordentlich schwierig. Einem festen Parteienbündnis unter Einschluß der Sozialdemokraten standen aber noch größere Hindernisse entgegen: Ein Mitte-Links-Block hätte die Mitwirkung nicht nur der 42 Abgeordneten der Fortschrittlichen Volkspartei, sondern auch der Zentrumsfraktion mit ihren 91 Mitgliedern erfordert. Angesichts der weltanschaulichen Gegensätze zwischen den drei Parteien war eine derartige «Koalition» einstweilen ein reines Phantasiegebilde.

Wie tief der Graben zwischen den bürgerlichen Parteien und der Sozialdemokratie noch immer war, zeigten die Auseinandersetzungen um das Reichstagspräsidium. Am 9. Februar wurde der Sozialdemokrat Philipp Scheidemann zum vorläufigen ersten Vizepräsidenten gewählt, was scharfe öffentliche Proteste von rechts auslöste und den demonstrativen Rücktritt des Reichstagspräsidenten Spahn vom Zentrum und des nationalliberalen Vizepräsidenten Paasche zur Folge hatte. Als Scheidemann sich, dem sozialdemokratischen «Comment» entsprechend, weigerte, «zu Hofe zu gehen», also an einer Audienz des Präsidiums beim Kaiser teilzunehmen, verlor er das Vertrauen der Mehrheit und sein Amt. Das endgültige Präsidium bestand ausschließlich aus Mitgliedern der liberalen Fraktionen.

Kurz nach der Reichstagswahl erschien ein Buch, das wie eine Antwort der Rechten auf den Sieg der Linken wirkte. Es trug den Titel «Wenn ich der Kaiser wär'» und war verfaßt von einem Autor, der sich «Daniel Frymann» nannte. Hinter dem Pseudonym verbarg sich Heinrich Claß, der seit dem Februar 1908 an der Spitze des Alldeutschen Verbandes stand. Wie kein zweiter verkörperte der Mainzer Rechtsanwalt den radikalen Nationalismus der Wilhelminischen Ära. Schon 1904, im Jahr vor der ersten Marokkokrise, gehörte Claß zu den Verbandsfunktionären, die einem Krieg zur Eroberung von Westmarokko das Wort redeten. Während der zweiten Marokkokrise forderte er darüber hinaus die Abtretung großer Teile von Ostfrankreich. Zusammen mit dem Vorsitzenden des Direktoriums der Firma Friedrich Krupp in Essen, Alfred Hugenberg, der schon bei der Gründung des Alldeutschen Verbandes 1890/91 die treibende Kraft gewesen war, verhalf Claß den völkischen und antisemitischen Kräften bei den Alldeutschen zum Durchbruch. Die Botschaft des Buches vom Frühjahr 1912 ging aber noch weit über das hinaus, was sich als offizielle Meinung des Verbands bezeichnen ließ. Für die Wahl eines Pseudonyms gab es also gute Gründe.

Das «Kaiserbuch», das bis 1914 fünf Auflagen erlebte, berührte sich in vielem mit dem kurz zuvor erschienenen, von Claß ausdrücklich gelobten Manifest Friedrich von Bernhardis. «Der Krieg sei uns heilig wie das läuternde Schicksal», forderte der Vorsitzende des Alldeutschen Verbandes. «Willkommen sei er als Arzt unserer Seelen, der mit stärksten Mitteln uns heilen wird.» Deutschland brauche sich weder vor einem Krieg mit England noch mit Rußland zu fürchten. Frankreich müsse zerschmettert, Belgien ebenso wie die Niederlande unter Wahrung einer beschränkten Selbständigkeit dem Reich angeschlossen werden. «Der gordische Knoten muß durchhauen werden, er ist in Gutem nicht zu lösen.»

Innenpolitisch gab sich Claß noch sehr viel radikaler als Bernhardi. Er forderte die Abschaffung des allgemeinen, gleichen Wahlrechts zugunsten eines Fünf-Klassen-Wahlrechts, das auf die Steuerzahler zu beschränken war, die Fernhaltung der Frauen vom politischen Leben, unbeugsamen Widerstand gegen die Demokratisierung Preußens, einen entschlossenen Kampf gegen die Polen, die Bereitschaft zum Staatsstreich gegen die Sozialdemokratie, diesen «Feind unseres Vaterlandes» – einem Schritt, der freilich nur von einem «Kaiser als Führer» zu erwarten war. Die schärfsten Angriffe aber richtete Claß gegen die Juden, die sich ihrem innersten Wesen nach zu den Deutschen verhielten wie Wasser zu Feuer. Die Juden seien die «Träger und Lehrer des heute herrschenden Materialismus», die Theater und Presse beherrschten und den Ausgang der jüngsten «Judenwahlen» herbeigeführt hätten. Zur Abwehr der jüdischen Gefahr forderte der Autor, eine Einwanderung von Juden zu verbieten, die «landansässigen» Juden vom öffentlichen Leben auszuschließen, ihnen das aktive und passive Wahlrecht zu entziehen, sie unter Fremdenrecht zu stellen und Steuern in doppelter Höhe zahlen zu lassen, außerdem Juden den Dienst in Heer und Flotte und die Leitung von Theatern und Bankgesellschaften zu untersagen sowie den Zugang zu den Berufen des Anwalts und des Lehrers zu versperren, schließlich Zeitungen, an denen Juden mitarbeiteten, als solche kenntlich zu machen.

Den, wie er meinte, übermäßigen gesellschaftlichen Einfluß der Juden versuchte Claß vor allem mit statistischen Daten zur konfessionellen Herkunft der Studenten zu belegen. An den preußischen Universitäten studierten, gemessen an ihrem Bevölkerungsanteil, fast fünfmal soviel Juden wie Evangelische und mehr als siebenmal soviel wie Katholiken. Daraus folge, «daß unser Volksleben, soweit es auf der Betätigung der gelehrten Berufe beruht, mit ihnen zusammenhängt oder von ihnen abhängig ist, in rasch steigendem Maße einer Mitwirkung der Juden verfällt, die weit über das hinausgeht, was ihnen normalerweise zukäme». In verallgemeinerter Form hieß der Befund: «Niemals in der Geschichte ist ein großes, begabtes, tüchtiges Volk so schnell und widerstandslos unter den Einfluß und die geistige Führung eines fremden Volkes von völlig anderer Veranlagung gekommen wie jetzt das deutsche unter die jüdische.» Der Kampfruf, den Claß den Juden entgegenschleuderte, lautete: «Deutschland den Deutschen!» In die Tat umsetzen sollte diese Forderung der «Führer». Der Kaiser war wohl die wünschenswerte, aber nicht unbedingt die einzig vorstellbare Verwirklichung des Führergedankens: «Wenn heute der Führer ersteht, wird er sich wundern, wie viele Getreue er hat – und wie wertvolle, selbstlose Männer sich um ihn scharen.»

Das «Kaiserbuch» stellte die demagogischen Qualitäten seines Autors hinlänglich unter Beweis. «Populistisch» aber kann man es dennoch schwerlich nennen. Claß sprach nicht das Volk, sondern die höheren Schichten und namentlich die «akademisch Gebildeten» an, die «die geistigen Führer des Volkes» und das «Rückgrat des politischen Lebens» sein sollten. Das Postulat, daß neben den «Adel der Geburt» ein «Adel des Verdienstes» treten müsse, war ebenso «reaktionär» wie die Forderung, das allgemeine gleiche Wahlrecht durch ein Klassenwahlrecht zu ersetzen. Auch mit seinem Antisemitismus wandte sich Claß in erster Linie an das gebildete Deutschland. Daß die Zahl der jüdischen Studenten, Ärzte, Anwälte und Journalisten weit über dem Anteil der Juden an der Gesamtbevölkerung lag, war ein Faktum, das sich vorzüglich dazu eignete, an Neidgefühle, Minderwertigkeitskomplexe und Abstiegsängste bei nichtjüdischen Studenten und Akademikern zu appellieren. Claß bediente sich dieser Methode, um Anhänger für die Verfolgung von Zielen zu gewinnen, die man am ehesten unter dem Begriff «bürgerlicher Radikalkonservatismus» zusammenfassen kann. Es war eine Richtung, die sich seit geraumer Zeit in der Defensive fühlte. Der Ausgang der Reichstagswahlen vom Januar 1912 war dazu angetan, dieses Gefühl zur Panik zu steigern.

Der deutsche Antisemitismus schien zu der Zeit, als Claß' «Kaiserbuch» herauskam, seine politische Bedeutung weitgehend eingebüßt zu haben. Bei den Reichstagswahlen von 1907 waren noch 5,5 % der Stimmen auf die zersplitterten Antisemitenparteien entfallen; fünf Jahre später, im Januar 1912, waren es lediglich 2,5 % – das schlechteste Ergebnis seit 1893. Der öffentliche Widerhall der organisierten Judenfeinde war seit Mitte der neunziger Jahre in der Tat zurückgegangen. Aber von einem Absterben des Antisemitismus konnte keine Rede sein. Er lebte fort bei den Deutschkonservativen, in Interessenverbänden wie dem Bund der Landwirte und dem Deutschnationalen Handlungsgehilfen-Verband, in zahlreichen studentischen Verbindungen, in der evangelischen wie der katholischen Kirche. Dazu kam der Einfluß, den vielgelesene Schriften angesehener antisemitischer Autoren ausübten: die «Deutschen Schriften» von Paul de Lagarde aus den Jahren 1878 und 1881 etwa, «Rembrandt als Erzieher» von Julius Langbehn, 1890 erschienen und seit seiner, von dem fanatischen Judenhasser Theodor Fritsch inspirierten Überarbeitung im Jahr darauf um radikal antisemitische Forderungen erweitert, und das zweibändige Werk des englischen Wahldeutschen Houston Stewart Chamberlain «Die Grundlagen des neunzehnten Jahrhunderts» von 1899, zu dessen begeisterten Lesern auch Kaiser Wilhelm II. gehörte.[25]

Die bürgerliche Kultur Deutschlands war, sieht man von den überzeugten Liberalen ab, seit langem vom Antisemitismus durchtränkt. Es bedurfte daher nur eines äußeren Anlasses, um der Judenfeindschaft zu einem neuen Aufschwung zu verhelfen. Der Sieg der Linken bei der Reichstagswahl von 1912 war ein solcher Anlaß und Claß' «Kaiserbuch» lediglich eines der ersten Symptome der Bewegung, die sich nun anbahnte. Kurz nach der Januarwahl wurde ein Verband gegen die Überhebung des Judentums gegründet, dem nicht nur namhafte antisemitische Publizisten, sondern auch die Vorsitzenden des Deutschen Turnvereins und des Deutschen Turnerbundes beitraten. Im Mai 1912 bildete sich auf Betreiben von Theodor Fritsch der Reichshammerbund. Sein innerster Kern war der logenartig aufgebaute Germanenorden, der das Hakenkreuz zu seinem Abzeichen machte. Der Reichshammerbund setzte es sich zur wichtigsten Aufgabe, alle antisemitischen Aktivitäten zu koordinieren und in die unterschiedlichsten Bewegungen und Vereine einzudringen.

Einer der Bünde, dem Fritsch seine besondere Aufmerksamkeit widmete, war der «Wandervogel», die 1901 in Berlin-Steglitz ins Leben gerufene Urgruppe der deutschen Jugendbewegung. Noch im Jahre 1912 begann eine Kampagne, die auf den Ausschluß jüdischer Mitglieder zielte. Nur eine Minderheit der «Wandervögel» widersetzte sich diesem Ansinnen. Der vorläufige Abschluß der Auseinandersetzungen war ein Kompromiß, den die Bundestagung in Frankfurt an der Oder zu Ostern 1914 verabschiedete: Die Entscheidung, ob jüdische Anwärter aufzunehmen oder abzuweisen waren, wurde den Ortsgruppen überlassen.

Aus den Kreisen der radikalen Antisemiten kam 1913 ein neuer Vorstoß zur «Lösung der Judenfrage». In einer Denkschrift, die zweihundert prominenten Deutschen, darunter Kronprinz Wilhelm, zuging, wiederholte der ehemalige bayerische General der Kavallerie Konstantin Freiherr von Gebsattel, damals noch kein Mitglied des Alldeutschen Verbandes, nicht nur die Forderungen des «Kaiserbuches», sondern übertrumpfte sie sogar noch. Jede Vermischung von «jüdischer und germanischer Rasse» war demnach unter Strafe zu stellen und durch die Gesamtheit aller diskriminierenden Maßnahmen ein Zustand herbeizuführen, der den Juden nur noch die Möglichkeit ließ, aus Deutschland auszuwandern. Bevor sie das Reich verlassen durften, mußten sie jedoch, soweit es nach Gebsattel ging, ihr Eigentum zum größten Teil dem Staat übertragen.

Wilhelm II. und Bethmann Hollweg, denen der (seinerseits von Claß angeschriebene) Kronprinz die Denkschrift befürwortend zugeleitet hatte, widersprachen dem Ansinnen des Generals zwar mit wirtschaftlichen und außenpolitischen Argumenten (wie sie auch seine Forderung nach dem Staatsstreich zwecks Beseitigung des gleichen Wahlrechts rein «pragmatisch», unter Hinweis auf die fehlenden Erfolgsaussichten, zurückwiesen). In ihren internen Kommentaren zu dem Memorandum aber beklagten beide, Kaiser und Kanzler, die markante Rolle, die das Judentum im Zeitungswesen spielte. Wilhelm bekundete darüber hinaus seinen festen Willen, «den jüdischen Einfluß von der Armee mit aller Entschiedenheit auszuschließen und in allen Betätigungen der Kunst und Literatur nach Möglichkeit einzuschränken».

So weit wie Gebsattel und Claß ging nur eine Minderheit der deutschen Rechten, und der Zulauf zu völkischen Verbänden wie dem Reichshammerbund hielt sich in engen Grenzen. (Über die Mitgliederzahlen dieser Organisation vor 1914 ist nichts Verläßliches bekannt; die von Fritsch herausgegebene Zeitschrift «Hammer» hatte eine durchschnittliche Auflage von 10 000 Exemplaren). Umgekehrt verfügten aber auch die entschiedenen Gegner des Antisemitismus über keinen breiten Anhang im Bürgertum: Der 1890 gegründete Verein zur Abwehr des Antisemitismus, eine Initiative liberaler Politiker, Wissenschaftler und Publizisten wie Rudolf von Gneist, Heinrich Rickert, Theodor Barth und Theodor Mommsen, zählte 1897 18 000 Mitglieder; um 1912 dürften es nicht sehr viel mehr gewesen sein.

Es waren vor allem «Kulturprotestanten» und Linksliberale, die sich in diesem Verband betätigten. In enger Verbindung mit dem 1893 gegründeten Centralverein deutscher Staatsbürger jüdischen Glaubens bemühten sie sich, antisemitischen Greuelmärchen von jüdischen Ritualmorden (oder später, nach dem Ersten Weltkrieg, Fälschungen wie den «Protokollen der Weisen von Zion») durch Aufklärung und Appelle an die Vernunft die vergiftende Wirkung zu nehmen. Keine Zusammenarbeit pflegte der «Abwehrverein» dagegen mit den deutschen Anhängern des Wiener jüdischen Publizisten Theodor Herzl, die sich 1897/98 in der Zionistischen Vereinigung für Deutschland zusammengeschlossen hatten. Die zionistische Antwort auf den Antisemitismus, der Ruf nach einem nationalen Judenstaat in Palästina, war in Osteuropa sehr viel populärer als in Deutschland. Denn was immer die deutschen Judenfeinde sagten oder taten: für die überwältigende Mehrheit der deutschen Juden war Deutschland ein Land der Aufklärung, des Rechts und des kulturellen Fortschritts – ihr Vaterland.

Ihre politische Heimat konnten (ungetaufte) deutsche Juden nur in Parteien finden, die sich dem Antisemitismus entschieden widersetzten: den liberalen, namentlich linksliberalen Parteien und zunehmend auch der Sozialdemokratie. Die Arbeiterbewegung verdankte ihre weltanschauliche Prägung zu einem erheblichen Teil jüdischen Intellektuellen, die sich der Sozialdemokratie, seit es sie gab, in beträchtlicher Zahl anschlossen. Den organisierten Linksliberalismus des wilhelminischen Deutschland aber kann man sich ohne das wohlhabende und gebildete jüdische Bürgertum der großen Städte wie Berlin, Hamburg, Frankfurt am Main oder Breslau gar nicht vorstellen. Der jüdische Anteil am Gesamtsteuerertrag lag um ein Vielfaches über dem Anteil der Juden an der Bevölkerung: In der Reichshauptstadt und ihren Vororten, wo der jüdische Bevölkerungsanteil mit 5 % etwa fünfmal so hoch war wie im Reich, erbrachten die Juden im Jahre 1905 30 % des Steueraufkommens. Die liberale Presse war auf den materiellen Rückhalt im jüdischen Bürgertum ebenso angewiesen wie auf die intellektuelle Produktivität jüdischer Journalisten. Im Gegensatz zu Beamtentum, Justiz und Militär, wo es nach wie vor massive Diskriminierungen von Juden gab, war die Publizistik neben freien akademischen und künstlerischen Berufen, Handel und Bankwesen eines der Felder, auf denen Juden sich frei betätigen konnten. Ob «Frankfurter Zeitung», «Berliner Tageblatt» oder «Vossische Zeitung»: Was es an großen liberalen Blättern in Deutschland gab, bezeugte den Einfluß von jüdischem Geist und Geld. Die antisemitischen Agitatoren wußten, warum sie den «jüdischen» Liberalismus und die «goldene Internationale» nicht minder scharf angriffen als den «jüdischen» Marxismus und die «rote Internationale».

Der Kampf gegen die «goldene» und die «rote Internationale» war auch der Schlachtruf, mit dem sich im September 1911 in Dresden eine neue Interessengruppe der Öffentlichkeit vorgestellt hatte: der Reichsdeutsche Mittelstandsverband. Initiator war der unermüdliche Theodor Fritsch, der an der Spitze der Mittelstandsvereinigung für das Königreich Sachsen stand; zu den Förderern gehörten der Bund der Landwirte und der Centralverband Deutscher Industrieller. Der neue, militant antisozialdemokratische Verband sollte Handwerker und Kleinhändler aus dem liberalen Hansa-Bund herauslösen, unter seiner eigenen Fahne sammeln und in ein festes Bündnis mit den konservativen Kräften der Gesellschaft führen. In gewissem Umfang gelang ihm das auch: Die mittelständischen Vereinigungen, die sich dem Reichsdeutschen Mittelstandsverband bis zum August 1913 anschlossen, zählten zusammen über eine halbe Million Mitglieder.

Vier Wochen nach der Reichstagswahl vom Januar 1912, am 19. Februar, teilte der Reichsdeutsche Mittelstandsverband dem Reichskanzler von Bethmann Hollweg mit, um die «immer höher steigende rote Flut einzudämmen», arbeite er «in Gemeinschaft mit einem maßgebenden Industrieverbande an der Herbeiführung einer Interessengemeinschaft aller selbständigen produktiven Stände». Eineinhalb Jahre später war es soweit: Auf dem Dritten Reichsdeutschen Mittelstandstag in Leipzig wurde im August

1913 jenes «Kartell der schaffenden Stände» ins Leben gerufen, das seine Gegner sogleich in «Kartell der raffenden Hände» umbenannten: eine Allianz aus Reichsdeutschem Mittelstandsverband, Bund der Landwirte, Centralverband Deutscher Industrieller und Vereinigung der Christlichen Bauernvereine. Die Leipziger Forderungen gipfelten in dem Ruf nach «Aufrechterhaltung der Autorität in allen wirtschaftlichen Betrieben», «Schutz der nationalen Arbeit, Sicherung angemessener Preise und Schutz der Arbeitswilligen» sowie «Bekämpfung der Sozialdemokratie und sozialistischer Irrlehren».

Das «Kartell» war ein neuer Versuch, ein altes Ziel zu erreichen: die Befestigung der bestehenden Verhältnisse durch konservative Sammlungspolitik. Über gemeinsame Absichtserklärungen gelangten die ungleichen Partner aber nicht hinaus. Gegen das Zusammengehen mit den Agrariern legten die Textilindustriellen im Centralverband Verwahrung ein; eine Festlegung auf den Antisemitismus, wie Fritsch ihn vertrat, hätte auch die Schwerindustrie nicht mitgetragen. Am Ende blieb die «Sammlung aller staatserhaltenden Kräfte» vom August 1913 eine bloße Demonstration: Sie unterstrich den Willen der ostelbischen Landwirtschaft, der rheinisch-westfälischen Schwerindustrie und des konservativen Flügels des alten, gewerblichen Mittelstandes, alles zu bekämpfen, was auf eine Liberalisierung der Gesellschaft und eine Demokratisierung des Staates hinauslief.[26]

Zwei Monate nach der Proklamation des «Kartells der schaffenden Stände» wurde Leipzig zum Schauplatz eines ungleich spektakuläreren Ereignisses: Am 18. Oktober 1913, dem 100. Jahrestag des Sieges über Napoleon, wurde das Völkerschlachtsdenkmal eingeweiht. Ernst Moritz Arndt hatte 1814 als erster ein solches Denkmal vorgeschlagen; 1894 griffen Honoratioren des «national» gesinnten Leipziger Bürgertums unter Führung des Architekten Clemens Thieme die Idee auf; der von ihnen gegründete Deutsche Patriotenbund zur Errichtung eines Völkerschlachtsdenkmals bei Leipzig organisierte die Geldsammlungen, an denen sich die Vereine der Sänger, Schützen, Veteranen, Turner und Radfahrer, aber auch der Kaiser, die Fürsten und zahlreiche Städte und Gemeinden beteiligten.

Die Weiheschrift von 1913 erklärte die Völkerschlacht von Leipzig zum «Geburtstag des deutschen Volkes» und die Schlacht von Sedan zum «Geburtstag des Deutschen Reiches», machte also aus der Reichsgründung von 1871 die Vollendung des vom deutschen Volke 1813 begonnenen Werkes. Die Nation wurde als solidarische «Volksgemeinschaft» verstanden und damit zugleich in einen Maßstab verwandelt, an dem sich die Deutschen von 1913 ebenso messen lassen mußten wie ihre Vorfahren vor hundert Jahren. Die Besinnung auf 1813 sollte mithin vor allem eines bewirken: Die Deutschen mußten Materialismus und Verflachung, Kosmopolitismus und Sozialismus, Konfessions- und Klassengegensätze überwinden und sich wieder zu den «reinen Höhen des deutschen Idealismus» und zum «reinen Deutschtum» erheben. Das Völkerschlachtsdenkmal war, so gesehen, mindestens ebensosehr gegen innere wie gegen äußere Feinde gerichtet: Es war *auch* eine Stein gewordene bürgerliche Kampfansage gegen die «vaterlandslosen Mächte».

Thomas Nipperdey hat von den riesigen, auf Schwerter gestützten Kriegerfiguren auf der Zinne der Kuppel und dem Erzengel Michael auf dem Hauptrelief, der mit den Kriegsfurien über ein Leichenfeld fährt, gesagt, sie alle seien «von einem strengen und schweren Ernst, ja von Trauer geprägt»; das Opfer- und Leidenspathos der Weiheschrift sei auch im Bau gegenwärtig: «Die Nation, die sich im Denkmal mit sich selbst identifizieren soll, ist nicht mehr Kultur- und Glaubensgemeinschaft, sondern Kampf-, Schicksals- und Opfergemeinschaft; sie ist nicht mehr in einem konkreten Sinne politisch, nämlich monarchisch und demokratisch verfaßte Gemeinschaft, sondern sie ist im Mythos der Innerlichkeit und der – antisozialistisch gerichteten – Solidarität zusammengefaßte Nation.»

Die Weiherede, die Thieme namens des Patriotenbundes in Gegenwart des Deutschen Kaisers, des Königs von Sachsen, vieler deutscher Fürsten, des Reichskanzlers, von Abgesandten des russischen, schwedischen und österreichischen Hofes, von Militärabordnungen, studentischen Korporationen sowie Zehntausenden von Zuschauern hielt, entsprach dem Geist der Weiheschrift. Er nannte das Völkerschlachtsdenkmal ein Sinnbild für «Opferwilligkeit, Tapferkeit, Glaubensstärke und deutsche Volkskraft», «des deutschen Volkes Jubelfeiertat», dazu berufen, «durch Jahrhunderte fortwirkend deutschem Sinn und Geist zu dienen. Was ist alle äußere Verherrlichung, wenn nicht aus dem Andenken an der Väter Taten immer wieder neue Begeisterung in den Enkeln erwacht? Was einst Ernst Moritz Arndt sagte, muß Wahrheit für alle Zukunft bleiben: Das Völkerschlachtsdenkmal muß die Irminsul (das Heiligtum der heidnischen Sachsen, H. A. W.) des deutschen Volkes sein, wohin es am 18. Oktober jedes Jahres seine Schritte und seine Gedanken lenkt, daß alle daran erinnert werden, daß sie Brüder eines Stammes und einer Liebe sind und daß sie hinfort deutsche Liebe und Treue nächst Gott als das Heiligste zu achten und zu lieben haben.»

Die Einweihung des Leipziger Denkmals war der Höhepunkt der Feierlichkeiten aus Anlaß der 100. Wiederkehr der Befreiungskriege. In das Jahr 1913 fielen aber auch die Feiern zum 25. Jahrestag der Thronbesteigung Wilhelms II., dem in zahllosen Reden als «Friedenskaiser» gehuldigt wurde. Beides, der Friedenswille und die Kriegsbereitschaft, hatte seinen Ort in den Beschwörungen der älteren und der jüngeren deutschen Vergangenheit. Aber der kriegerische Ton überwog. Walther Rathenau, jüdischer Intellektueller und Vorstandsmitglied der Allgemeinen Elektrizitäts-Gesellschaft, verfaßte einen Gedichtzyklus «1813. Ein Festgesang zur Jahrhundertfeier», in dem es heißt:

Frischauf! Wenn die zweite
der Sonnen erwacht,
Sie leuchtet dem Streite,
Der Herrlichen Schlacht.

Und kauert in Gräben,
Und lauert der Tod,
Sprüht Freiheit und Leben
Aus funkelndem Rot.

Kaum eine Feierstunde im Deutschland des Jahres 1913 verging, ohne daß Lieder aus der Zeit der Befreiungskriege, namentlich solche von Ernst Moritz Arndt und Theodor Körner, oder auch Max Schneckenburgers «Wacht am Rhein» aus dem Jahre 1840 zitiert oder gesungen wurden. An der Berliner Universität hielt der Historiker Dietrich Schäfer, ein Schüler Treitschkes, bekennender Antisemit, führendes Mitglied des Alldeutschen Verbandes und Mitgründer des Flotten- und des Wehrvereins, am 9. Februar 1913 die Festrede zur «Erinnerung an die Erhebung der deutschen Nation im Jahre 1813». An den Kaiser gewandt, der der Feier beiwohnte, versicherte der Redner: «Sollte Gott wollen, daß Eure Majestät an der Spitze des deutschen Heeres ins Feld ziehen müßten, Deutschlands Rechte und Deutschlands Ehre zu wahren, so würde auch die akademische Jugend von heute mit Körner beten: ‹Zum Leben, zum Sterben segne mich! Vater, ich preise Dich!›»

Gegenstimmen gab es auch. Sozialdemokraten und Fortschrittsliberale machten im Frühjahr 1913 darauf aufmerksam, daß offensichtlich ein Zusammenhang bestand zwischen den patriotischen Jubiläumsfeiern und der aktuellen Politik, nämlich der neuen Militärvorlage der Regierung. Auf dem Ersten Freideutschen Jugendtag auf dem Hohen Meissner bei Kassel im Oktober 1913 warnte der Schulreformer Gustav Wyneken vor der «Mechanisierung der Begeisterung, wie sie jetzt mehr und mehr um sich greift. Soll es dahin kommen, daß man euch nur gewisse Worte zuzurufen braucht: Deutschtum, national, um einen Beifall zu vernehmen?»

Doch die herrschende Meinung war wohl die, die der Abgeordnete Ernst Müller-Meiningen von der Fortschrittlichen Volkspartei am 8. April 1913 im Reichstag mit den Worten beklagte: «Ich habe voriges Jahr bereits von einem ‹völkerpsychologischen autosuggestiven Zustand› gesprochen, in den sich die Völker Europas haben hineinhetzen lassen. Der Prozeß dieses Zustandes ist noch nicht abgeschlossen. Es beginnt sich auch unseres Mittelstandes – und das ist vielleicht die bedenklichste Erscheinung – allmählich die gefährliche Phrase jetzt ernstlich zu bemächtigen: Lieber ein Ende mit Schrecken als ein Schrecken ohne Ende!»[27]

Die Heeresvorlage, über die sich im April 1913 linksliberale Politiker noch heftig erregt hatten, wurde im Juni vom Reichstag mit großer Mehrheit angenommen. Die von der Regierung geforderte stufenweise Heeresvermehrung um 136000 Mann fand auch die Zustimmung der Fortschrittlichen Volkspartei, mittelbar sogar der Sozialdemokraten, die die Vorlage in der Schlußabstimmung ablehnten. Zuvor hatte die SPD nämlich einem Gesetz zur Annahme verholfen, das die Heeresvermehrung finanziell ermöglichte: Die von den Konservativen leidenschaftlich bekämpfte Vermögenszuwachssteuer war aus der Sicht der Sozialdemokratie ein erster Schritt zu der von ihnen seit langem verlangten Reichseinkommens-, Vermögens- und Erbschaftssteuer.

Um dieselbe Zeit wurde in Frankreich wieder die dreijährige Dienstzeit eingeführt. Paris antwortete damit auf die deutsche Heeresvermehrung. Diese war ihrerseits eine Reaktion auf die Erhöhung der Friedenspräsenzstärke des russischen Heeres und zugleich auf jene mit Rußland abgestimmte Offensivstrategie, zu der der französische Generalstab nach dem deutschen «Panthersprung nach Agadir» übergegangen war. Das internationale Wettrüsten von 1912/13 erfolgte auf dem Hintergrund von zwei Balkankriegen, die Europa abermals an den Rand eines großen Krieges brachten. Der erste begann im Sommer 1912 damit, daß die Albaner sich gegen die türkische Herrschaft erhoben und die Unterstützung von Bulgarien, Serbien und Griechenland erhielten, die sich kurz zuvor unter russischer Schirmherrschaft zu einem «Balkanbund» zusammengeschlossen hatten. Binnen weniger Monate eroberten die Verbündeten das europäische Territorium der Türkei fast vollständig. Ein Eingreifen Rußlands und Österreich-Ungarns konnte noch einmal verhindert werden – durch Berliner Warnungen an Wien und Londoner Warnungen an St. Petersburg.

Im Jahr darauf gerieten die Sieger des ersten Balkankrieges in einen Konflikt um die Aufteilung Mazedoniens. Auf der einen Seite stand Bulgarien, auf der anderen standen Serbien und Griechenland, außerdem Rumänien, das Bulgarien die südliche Dobrudscha abnehmen wollte. Wiederum drohte ein Eingreifen Österreich-Ungarns; wiederum konnte Deutschland, diesmal in Absprache mit Rom, seinem Verbündeten die Aktion ausreden. Der Friede von Bukarest führte im August 1913 zur Aufteilung Mazedoniens zwischen Serbien und Griechenland; Albanien wurde selbständig, freilich ohne den ganz überwiegend albanisch besiedelten Kosovo, der an Serbien fiel; Rumänien erhielt die südliche Dobrudscha. Österreich-Ungarn war die erste Großmacht, die, noch während der Krise, mit einer Vermehrung ihres Heeres begann und damit die Spirale in Gang setzte, an deren vorläufigem Ende die deutsche Heeresnovelle und die französische «Loi des trois ans» standen.

Wie nahe Europa während der Balkankrise einem großen Krieg war, erfuhr die Welt erst über ein halbes Jahrhundert später: durch Veröffentlichungen deutscher Historiker, die Aufzeichnungen über eine Besprechung in Berlin vom 8. Dezember 1912 auswerten konnten. Alarmiert durch die Ankündigung des englischen Außenministers Sir Edward Grey, sein Land werde nicht neutral bleiben, falls es infolge des Balkankonflikts zu einem deutschen Angriff auf Frankreich komme, hatte Wilhelm II. den Generalstabschef von Moltke, den Staatssekretär des Reichsmarineamtes von Tirpitz, den Chef des Admiralsstabes von Heeringen und den Chef des Marinekabinetts von Müller, nicht aber den Reichskanzler, den preußischen Kriegsminister und den Staatssekretär des Auswärtigen Amtes zu einer Beratung geladen. Nicht nur der Kaiser plädierte an jenem Tag für einen sofortigen Krieg mit Frankreich und Rußland. Moltke pflichtete ihm mit den Worten bei: «Ich halte einen Krieg für unvermeidlich und: je eher desto besser.» Tirpitz' Einwand, die Marine sei für einen Krieg mit England nicht stark genug, und daher sollte der große Kampf um eineinhalb Jahre hinausgeschoben werden, konterte Moltke mit der Behauptung, die Marine würde auch dann noch nicht fertig sein, und die Armee käme in eine immer ungünstigere Lage, «denn die Gegner rüsteten stärker als wir, die wir mit dem Gelde sehr gebunden seien».

Unmittelbare Auswirkungen hatte die Krisenberatung von 8. Dezember 1912 nicht – ebensowenig wie die Lagebeurteilung, die Wilhelm II. eine Woche später seinem Freunde Albert Ballin, dem Direktor der Hamburg-Amerikanischen Paketfahrt-Aktiengesellschaft («Hapag») und prominentesten unter den «Kaiserjuden», vortrug: Wenn Deutschland gezwungen würde, zur Waffe zu greifen, so gehe es nicht nur darum, Österreich zu helfen und Rußland abzuwehren, «sondern sich überhaupt der Slawen zu erwehren und *deutsch* zu bleiben. Id est, es stand ein *Rassenkampf* bevor der Germanen gegen die übermütig gewordenen Slawen. Ein *Rassenkampf*, der uns nicht erspart bleiben wird; denn es handelt sich um die Zukunft der Habsburger Monarchie und die *Existenz* unseres Vaterlandes.»

Die Linie Bethmann Hollwegs war das nicht; sie blieb einstweilen noch auf die Vermeidung eines großen Krieges und die friedliche Verständigung mit England ausgerichtet, und das gab für den Augenblick den Ausschlag. Ob sich der Kanzler und das Auswärtige Amt bei kommenden Krisen ebenso gegen Monarch und Militär würden durchsetzen können, war eine andere Frage. Es *gab* eine Kriegspartei in der öffentlichen Meinung Deutschlands und an der Spitze des Reiches. Nicht nur alldeutsche, konservative und nationalliberale, sondern auch katholische Zeitungen sprachen im Frühjahr 1913 im Sinne des Kaisers vom unausweichlichen Rassenkrieg zwischen Germanen und Slawen. Die «Germania», das maßgebliche Blatt des Zentrums, ging am 8. März 1913 so weit, die orientalische Frage auf die Alternative «Germanentum oder Slawentum» zu reduzieren und den Patrioten der «österreichischen Kriegspartei» recht zu geben, die im November 1912 geneigt gewesen seien, «gegen Serbien und Rußland loszuschlagen». Mit dieser deutschen Kriegspartei mußte die zivile Reichsleitung rechnen.[28]

Auch in der Innenpolitik der Regierung Bethmann Hollweg spielte «Rasse» eine Rolle. Am 25. Juni 1913 verabschiedete der Reichstag mit großer Mehrheit gegen die Stimmen der Sozialdemokraten und Polen das Gesetz über Reichs- und Staatsangehörigkeit. Nach dem bisher geltenden, aus der Zeit des Norddeutschen Bundes stammenden Gesetz vom 1. Juni 1870 wurde die Reichsangehörigkeit durch die Staatsangehörigkeit in einem Bundesstaat erworben. Das neue Gesetz schuf daneben eine «unmittelbare Reichsangehörigkeit» – eine Konstruktion mit dem Zweck, Auslandsdeutsche an das Reich zu binden. Der Regelfall der deutschen Staatsangehörigkeit blieb die Abstammung von mindestens einem deutschen Elternteil: Durch die Geburt erwarb das eheliche Kind die Staatsangehörigkeit der Mutter. In Deutschland lebende Ausländer konnten unter bestimmten Bedingungen eingebürgert werden, aber ein Recht darauf hatten sie nicht. Gegenteilige Forderungen der Sozialdemokraten (und, mit geringerem Nachdruck, der Fortschrittsliberalen) wies der Staatssekretär des Reichsamts des Innern, Clemens von Delbrück, als Versuch zurück, «stammesfremden Elementen den Erwerb der Staatsangehörigkeit zu erleichtern».

Die Bemerkung des Staatssekretärs war wohl in höherem Maß antipolnisch als antisemitisch gemeint, aber sie war keineswegs nur beiläufig. Delbrück bekannte sich ausdrücklich zum «jus sanguinis», dem Recht der blutmäßigen Abstammung, und erteilte konsequenterweise dem konkurrierenden «jus soli», das auf den Ort der Geburt abstellt, eine klare Absage. Er verteidigte damit eine deutsche Tradition: die Deutung der Nation als einer objektiven Schicksalsgemeinschaft, nicht einer subjektiven Willensgemeinschaft westlicher Prägung. Die Konservativen waren während der Beratungen des Gesetzentwurfs die beredtesten Anwälte dieses Verständnisses von Nation gewesen. Aber die breite Mehrheit, die das Gesetz im Reichstag fand, machte deutlich, daß die herkömmliche Auffassung von «Deutschtum» noch immer die herrschende war.

Den Elsässern und Lothringern war die Frage, ob sie Deutsche sein *wollten*, nach 1871 nie gestellt worden. Sie *galten* als Deutsche, so wie das Reichsland als Bundesstaat im Sinne des Reichs- und Staatsangehörigkeitsgesetzes *galt*. Die anfängliche Ablehnung des Reiches war, wie sich aus den Ergebnissen der Reichstagswahlen ablesen ließ, über die Jahre hinweg einer Hinnahme gewichen, und die Verfassung von 1911 schien dazu angetan, das Hineinwachsen ins Reich zu fördern. Am 6. November 1913 wurde diese Entwicklung jäh unterbrochen: Der «Zaberner Anzeiger» berichtete von grob beleidigenden und feindseligen Äußerungen, die der preußische Leutnant von Forstner vor Rekruten über die «Wackes» getan hatte – ein Ausdruck, der die Elsässer herabsetzen sollte.

Die Angelegenheit wäre vermutlich rasch zu bereinigen gewesen, hätte der Kommandierende General von Deimling die Forderung des Statthalters Graf Wedel erfüllt und Forstner nicht nur mit sechs Tagen Stubenarrest bestraft, sondern in ein anderes Regiment versetzt. Da das nicht geschah, trat keine Ruhe ein. Vielmehr häuften sich in Zabern Demonstrationen,

Zusammenstöße von Soldaten und Zivilisten sowie Festnahmen durch das Militär.

Ende November und Anfang Dezember 1913 befaßte sich der Reichstag mit den Vorfällen. Der preußische Kriegsminister von Falkenhayn erklärte den Abgeordneten, daß weder er selbst noch das Parlament eine Zuständigkeit zur Kontrolle der Disziplinarstrafen besitze, da diese dem Kommandobereich, also der königlichen Gewalt, angehörten. Reichskanzler von Bethmann Hollweg setzte sich in so vorsichtiger Form vom Verhalten der Militärbehörden ab, daß die Volksvertreter das als Herausforderung empfanden. Als er am 4. Dezember auch noch ausdrücklich sein Einvernehmen mit dem Kriegsminister betonte, brachte er das Faß zum Überlaufen. Eine überwältigende Mehrheit von 193 gegen 34 Stimmen bei 4 Enthaltungen stimmte einem tags zuvor von der Fortschrittlichen Volkspartei gestellten Antrag zu, der Reichstag möge beschließen, daß die Behandlung der Zaberner Angelegenheit durch den Reichskanzler nicht der Anschauung des Hauses entspreche. Nur die beiden konservativen Fraktionen stimmten gegen den ersten Mißbilligungsantrag in der Geschichte des Deutschen Reichstags.

Politische Folgen hatte die Willensbekundung der Abgeordneten nicht. Der Reichskanzler war nicht auf das Vertrauen des Reichstags angewiesen, und er sprach das nach der Abstimmung auch offen aus. Hinter den Kulissen geschah zwar einiges, was auf die Eindämmung der Militärwillkür abzielte. (Eine Mißbilligung durch den Kaiser, eine faktische Strafversetzung der beiden in Zabern stationierten Bataillone und ein nie veröffentlichter Erlaß zum Waffengebrauch durch das Militär vom 19. März 1914 gehörten dazu.) Das Kriegs- und das Oberkriegsgericht in Straßburg aber stellten sich in der Regel auf die Seite der beschuldigten Offiziere und gegen die Soldaten, die die Presse informiert hatten. Den Leutnant von Forstner, der am 2. Dezember einem Zaberner Schuhmachergesellen einer Beleidigung auf offener Straße wegen bei der Festnahme einen flachen Säbelhieb versetzt hatte, sprach das Oberkriegsgericht am 10. Januar 1914 in der Berufungsverhandlung unter Anerkennung einer «Putativnotwehr» frei.

Der eigentliche Skandal der «Zabern-Affäre» lag indes nicht in den Ereignissen, ihrem öffentlichen Widerhall und ihren juristischen Folgen, sondern im Verfassungszustand, den die Krise schonungslos enthüllt hatte: der Machtlosigkeit von Reichstag, Reichskanzler und Kriegsminister in Fragen der königlichen Kommandogewalt. Im Ernstfall zeigte der preußische Soldatenstaat dem Verfassungsstaat, wo seine Grenzen lagen. Der Absolutismus war im zivilen Leben überwunden. Auf dem Gebiet des Militärs lebte er fort.[29]

Am 28. Juni 1914 fielen im bosnischen Sarajewo die Schüsse, die die Welt veränderten. Die Ermordung des österreichischen Thronfolgers Erzherzog Franz Ferdinand und seiner Frau war das Werk der serbischen Geheimorganisation «Schwarze Hand». Ihre Schlüsselfigur war der Oberst im serbischen Generalstab, Dragutin Dimitrijewitsch, der in einem scharfen Gegensatz zu Ministerpräsident Pasitsch stand. Wien ging auf Grund seiner Erkenntnisse davon aus, daß die Belgrader Regierung für den Anschlag zumindest mitverantwortlich war. Österreich-Ungarn mußte also reagieren, und Deutschland kam nicht umhin, seinem Verbündeten auf geeignete Weise Solidarität zu bezeugen.

Die deutsche Politik in der Julikrise von 1914 folgte der Devise «Jetzt oder nie». Statt Wien zu einer maßvollen Antwort anzuhalten, ließ Berlin dem Partner freie Hand, was praktisch auf die Unterstützung der österreichischen Kriegspartei hinauslief. Die Gelegenheit schien den deutschen Akteuren einmalig günstig, die serbische Frage radikal zu lösen, und von der «nationalen» Öffentlichkeit in Deutschland durfte man erwarten, daß sie die Forderung nach «Satisfaktion» so unterstützen würde, wie das der zeitgenössischen Duellmentalität entsprach. Ein Krieg Österreich-Ungarns gegen Serbien galt denen, die so dachten, als ein gerechter Krieg. Daß ein solcher Krieg kaum Aussichten hatte, ein lokaler zu bleiben, daß er vielmehr höchst wahrscheinlich auf der einen Seite Rußland und in seinem Gefolge Frankreich, möglicherweise auch England, auf der anderen Seite Deutschland auf den Plan rufen würde, das nahmen die gemäßigteren Kräfte mit dem Reichskanzler an der Spitze in Kauf. Für die radikaleren Kräfte der militärischen, politischen und publizistischen Kriegspartei war die Hoffnung auf einen großen Krieg der eigentliche Grund, Wien zur Härte gegenüber Belgrad anzutreiben.

Außen- und innenpolitische Überlegungen führten die Befürworter des «Losschlagens» zum gleichen Ergebnis. Moltke und die maßgeblichen Militärs dachten vorrangig in den Kategorien des Rüstungswettlaufs: In einigen Jahren würden die Gegner noch stärker sein; also mußte Deutschland jetzt die Kraftprobe wagen. Die zivile Kriegspartei mit dem Alldeutschen Verband als hartem Kern sah im Krieg die Chance, die inneren Verhältnisse zu bereinigen: Wurden die Sozialdemokraten noch stärker, konnte Deutschland gar keinen Krieg mehr führen; gewann Deutschland den Krieg, würde es auch stark genug sein, Sozialdemokraten und Pazifisten zur Räson zu bringen.

Bethmann Hollweg war nicht dieser Meinung. Er ging davon aus, daß einer Sozialdemokratie, die die Kriegsanstrengungen mittrug, ein hoher Preis in Gestalt innerer Reformen zu zahlen sein würde. Eine Mitwirkung der SPD aber war nur zu erreichen, wenn es gelang, Rußland als Angreifer und eigentlichen Kriegstreiber hinzustellen. Je deutlicher Rußland die Partei Serbiens ergriff, desto mehr wuchsen die Aussichten, daß sich diese Wirkung erzielen ließ.

Im übrigen war der Kanzler Pessimist. Am 14. Juli sprach er seinem Berater Kurt Riezler gegenüber von einem «Sprung ins Dunkle», der gleichwohl «schwerste Pflicht» sei. Da Deutschland auf den Dreibundpartner Italien kaum noch rechnen konnte, mußte es nach Bethmann Hollwegs Überzeugung alles tun, um sich wenigstens die Großmacht Österreich-Ungarn, diesen von schweren inneren Krisen bedrohten Vielvölkerstaat, als Verbündeten zu erhalten. Das Argument des Militärs, in zwei oder drei Jahren werde Deutschland kaum noch in der Lage sein, sich eines russisch-französischen Angriffs zu erwehren, beeindruckte mittlerweile auch den Kanzler. Der Krieg war für ihn damit, wie er später, im Sommer 1917, dem Abgeordneten Conrad Haußmann von der Fortschrittlichen Volkspartei anvertraute, ein «Präventivkrieg».

Daß England in einem Krieg Deutschlands mit Rußland und Frankreich nicht lange neutral bleiben konnte, war dem Reichskanzler durchaus bewußt. Schließlich galt immer noch der «Schlieffen-Plan» aus dem Jahr 1905, der für den Fall eines Zweifrontenkrieges einen Durchmarsch durch das neutrale Belgien vorsah – eine Herausforderung, die einer Kriegserklärung gegen England gleichkam. Doch die Militärs hatten sich nun einmal so entschieden, und ein Reichskanzler, der es nach Sarajewo gewagt hätte, sich dem preußischen Soldatenstaat entgegenzustellen, wäre seines Amtes vermutlich bald ledig gewesen.

Am 25. Juli beantwortete Serbien einen außerordentlich weitgehenden Forderungskatalog Österreich-Ungarns von 23. Juli so entgegenkommend, daß selbst Wilhelm II., bislang Befürworter eines scharfen antiserbischen Kurses, am Morgen des 28. Juli, nach der Rückkehr von einer «Nordlandreise», fand, nun sei jeder Grund zum Krieg entfallen. Bethmann Hollweg aber wurde erst mit großer Verspätung und in abgeschwächter Form in dem vom Kaiser gewünschten Sinn tätig, so daß die Meinungsänderung Wilhelms in Wien keine Wirkung mehr zeitigen konnte: Bereits am 28. Juli um 11 Uhr vormittags hatte Österreich-Ungarn Serbien den Krieg erklärt. Rußland reagierte am folgenden Tag mit der Teilmobilmachung gegen Österreich in einigen Militärbezirken; am 30. Juli ordnete Zar Nikolaus II. auf Betreiben der Generalität die Generalmobilmachung an.

Als der deutsche Reichskanzler am 30. Juli (im Bewußtsein, daß England im Kriegsfall auf die Seite Frankreichs und Rußlands treten würde, aber noch ohne Kenntnis der russischen Generalmobilmachung) Wien drängte, es solle einen Vermittlungsvorschlag des britischen Außenministers Grey annehmen, ging es ihm wohl nicht um die Rettung des europäischen Friedens in letzter Minute, sondern darum, die Kriegsschuld dem Zarenreich zuzuschieben. Tags darauf ermunterte Generalstabschef von Moltke seinen österreichischen Kollegen Conrad von Hötzendorf zur sofortigen Mobilmachung, was den Wiener Außenminister Graf Berchtold zu der ironischen Frage veranlaßte: «Wer regiert: Moltke oder Bethmann?» Die Habsburgermonarchie folgte der Empfehlung des preußischen Generalstabschefs und verkündete am 31. Juli um 12 Uhr die Generalmobilmachung.

Eine Stunde später erklärte Deutschland den «Zustand drohender Kriegsgefahr». Da Rußland ein deutsches Ultimatum vom gleichen Tag nicht beantwortete, verkündete Deutschland am 1. August die allgemeine Mobilmachung und erklärte Rußland den Krieg. Zwei Tage später, nachdem Paris auf eine Berliner «Anfrage» vom 31. Juli erwidert hatte, es würde gemäß seinen Interessen handeln, erklärte Deutschland Frankreich den Krieg. Am 4. August forderte England, das schon drei Tage zuvor seine Flotte mobil gemacht hatte, Deutschland in einem auf Mitternacht befristeten Ultimatum auf, es möge die Achtung der belgischen Neutralität zusichern. Zu diesem Zeitpunkt hatten deutsche Truppen die belgische Grenze aber bereits überschritten – mit der Folge, daß England noch am gleichen Tag Deutschland den Krieg erklärte. Von zwei möglichen Bundesgenossen kamen Absagen: Italien gab zu Protokoll, daß Österreich-Ungarn der Angreifer und darum der Bündnisfall nicht gegeben sei. Entsprechend äußerte sich Rumänien. Auf die Seite der beiden Mittelmächte stellte sich lediglich die Türkei (und im Jahr darauf Bulgarien). So begann der Erste Weltkrieg, den der amerikanische Historiker und Diplomat George F. Kennan 1979, im Abstand von 65 Jahren also, «*die* Urkatastrophe dieses Jahrhunderts» («*the* great seminal catastrophe of this century») genannt hat.

Von einer Alleinschuld Deutschlands am Ersten Weltkrieg läßt sich nicht sprechen, wohl aber von einer Hauptschuld. Ohne deutsche Rückendeckung hätte Österreich-Ungarn Serbien nicht den Krieg erklären können. Die Kriegsparteien in Berlin und Wien verstärkten sich wechselseitig, und beide gaben der Kriegspartei in St. Petersburg Auftrieb. Die panslawistische Bewegung forderte unbedingte Solidarität mit Serbien und setzte damit die russische Regierung unter ähnlichen Druck wie die nationalistischen Agitationsverbände und Rechtsparteien die Reichsleitung in Deutschland, hatte damit jedoch zunächst nicht den gewünschten Erfolg: Serbien wurde von Rußland nicht zur Unnachgiebigkeit gegenüber Österreich ermutigt, sondern im Gegenteil ersucht, den Wiener Forderungen vom 23. Juli möglichst weit entgegenzukommen.

In Frankreich wollte die regierende Rechte die Bundesgenossenschaft mit dem Zarenreich nicht dadurch aufs Spiel setzen, daß sie St. Petersburg drängte, mäßigend auf Belgrad einzuwirken. Überdies fürchtete man in Paris, ähnlich wie in Berlin, ein weiteres Erstarken der Linken im eigenen Land und im Gefolge davon eine Mehrheit gegen die dreijährige Dienstzeit. Ob der Weltkrieg verhindert worden wäre, wenn England deutschen Spekulationen auf seine Neutralität frühzeitig und massiv widersprochen hätte, ist sehr fraglich: Entsprechende Erklärungen konnten auch den gegenteiligen Effekt haben, nämlich die Kriegsbereitschaft in Rußland und Frankreich fördern.

Doch was immer andere Mächte anders hätten machen können: keine Großmacht hat während der Julikrise so konsequent auf eine Eskalation des Konflikts gesetzt wie Deutschland. Die Angst, die militärische Lage des Reiches werde sich in den kommenden Jahren verschlechtern, rechtfertigt es noch nicht, von einem «Präventivkrieg» zu sprechen: Konkrete Absichten, einen Angriffskrieg gegen Deutschland zu führen, lagen im Sommer 1914 bei keiner Großmacht vor. Dem am Ende ausschlaggebenden Faktor in Deutschland, der militärischen Führung, ging es nicht nur um die Sicherung des Erreichten, sondern um mehr: die Vorherrschaft in Europa. Bei diesem Streben konnten Heer und Flotte auf die Sympathien einer starken Strömung im deutschen Bürgertum bauen.

Die Unterstützung einer breiten Öffentlichkeit unter Einschluß der sozialdemokratischen Arbeiterbewegung war freilich nur zu gewinnen, wenn es gelang, die offensive Absicht defensiv zu verkleiden. Die russische Generalmobilmachung erlaubte es der Reichsleitung, diesen Schein zu erzeugen. Am 1. August 1914 notierte der Chef des Marinekabinetts, Admiral von Müller, in sein Tagebuch: «Die Morgenblätter bringen die Ansprachen des Kaisers und des Reichskanzlers an das vor dem Schloß bzw. dem Kanzlerpalais versammelte begeisterte Volk. Stimmung glänzend. Die Regierung hat eine glückliche Hand gehabt, uns als die Angegriffenen hinzustellen.»[30]

Von der Sozialdemokratie brauchte die Reichsleitung zu diesem Zeitpunkt Widerstand gegen den Krieg nicht mehr zu befürchten. In den Jahren zuvor hatte die größte deutsche Partei immer wieder zu Demonstrationen und Kundgebungen gegen die Kriegstreibereien der nationalistischen Rechten aufgerufen – mit besonders starkem Echo im November 1912 während der Balkankrise, als sie zusammen mit den anderen Parteien der Zweiten Internationale im Münster zu Basel den gemeinsamen Friedenswillen des europäischen Proletariats zum Ausdruck brachte. Festlegungen, was die Arbeiterklasse zu tun hatte, wenn ein Krieg ausbrach, gab es allerdings nicht. August Bebel, der am 13. August 1913 im Alter von 73 Jahren starb, hatte auf dem Stuttgarter Kongreß der Internationale im Sommer 1907 die Annahme eines Antrags verhindert, der als Mittel zur Verhütung und Verhinderung eines Krieges ausdrücklich «Massenstreik» und «Aufstand» nannte. Bebels Argument, «Massenstreikspielereien» nach Ausbruch eines Krieges hätten keinen Sinn, weil die Massen dann bereits zu den Fahnen gerufen worden seien, spiegelte die Meinung der Mehrheit der deutschen Sozialdemokraten wider.

Ende Juli 1914 gab es in den meisten großen Städten Deutschlands Antikriegsdemonstrationen, zu denen die SPD aufgerufen hatte; die größte fand am 28. Juli im Treptower Park in Berlin statt. Zur gleichen Zeit verhandelte die Reichsleitung aber bereits über den Reichstagsabgeordneten Albert Südekum, einen «Revisionisten», mit dem sozialdemokratischen Parteivorstand, um sich der Loyalität der Arbeiterschaft zu versichern. Am 29. Juli konnte Südekum dem Kanzler mitteilen, daß im Kriegsfall seitens der SPD irgendwelche Aktionen weder geplant noch zu befürchten seien. Zwei Tage später wurde der Ausnahmezustand über das Reich verhängt. Nicht nur die Kundgebungen gegen den Krieg hörten nun schlagartig auf, sondern auch die öffentliche Kritik an der Reichsleitung, der die sozialdemokratische Presse, an ihrer Spitze der «Vorwärts» und die «Leipziger Volkszeitung», einige Tage zuvor noch eine schwere Mitschuld an der dramatischen Zuspitzung der internationalen Krise gegeben hatte.

Furcht vor einer Unterdrückung der Partei und einer Verfolgung ihrer Anhänger spielten eine gewichtige Rolle, als der Parteivorstand am 29. Juli die Redaktionen der sozialdemokratischen Zeitungen bat, «die gebotene Vorsicht obwalten zu lassen». In der Tat mußte die SPD mit den schärfsten Maßnahmen des Staates rechnen, falls sie zum Widerstand gegen den Krieg aufrief, und sie konnte keineswegs sicher sein, daß die Masse ihrer Anhänger einem solchen Appell folgen würde. Partei und Gewerkschaften waren inzwischen Massenorganisationen, von deren Erhaltung zahllose Existenzen abhingen. Diese aufs Spiel zu setzen, hätte sich wohl auch ein August Bebel nicht leisten können.

Dagegen stand der Parteivorstand am Vorabend des Ersten Weltkrieges unter keinem nationalistischen Druck von «unten». Von einem verbreiteten «Hurrapatriotismus» unter sozialdemokratischen Arbeitern war nicht viel zu spüren, von Begeisterung für die Sache des internationalen Proletariats freilich auch nicht. Weder die Führung noch die breite Masse der Mitglieder konnten einen Zweifel daran haben, daß der drohende Krieg ein Krieg gegen *Rußland* sein würde. Einem Sieg des Zarenreiches Vorschub zu leisten, das wie zu Zeiten von Marx und Engels als die Vormacht der europäischen Reaktion galt, war das letzte, was die SPD wollen konnte. *Dieses* Faktum und nicht etwa die Überzeugung, daß die Reichsleitung keine Schuld am Krieg habe, war für das Verhalten der SPD Ende Juli und Anfang August 1914 ausschlaggebend.

Die russische Generalmobilmachung vom 30. Juli erleichterte es der Mehrheit des Parteivorstands, Verständnis für ihre Linie zu finden und über die zunächst erwogene Stimmenthaltung bei der Abstimmung über die Bewilligung von Kriegskrediten hinauszugehen. Am 3. August entschied sich die sozialdemokratische Reichstagsfraktion mit 78 gegen 14 Stimmen, dem entsprechenden Antrag der Regierung zuzustimmen. Am 4. August verlas der Parteivorsitzende, der Königsberger Rechtsanwalt Hugo Haase, der selbst zur unterlegenen linken Minderheit gehörte, im Plenum des Reichstags die von der Fraktion beschlossene Erklärung. Sie stellte einen Kompromiß zwischen «Realpolitikern» und «Internationalisten» dar, trug also beiden Seiten Rechnung. Dennoch war die Erklärung ein ehrlicher Text: Sie gab die Beweggründe und Erwartungen der Fraktion zutreffend wieder.

Haase prangerte zunächst die imperialistische Politik des Wettrüstens an, die die SPD mit allen Kräften, aber zuletzt doch vergeblich bekämpft habe. Er sprach dann von der «ehernen Tatsache des Krieges», vor der man nun stehe, und von den «drohenden Schrecknissen feindlicher Invasionen»; er betonte, daß für das deutsche Volk und seine freiheitliche Zukunft bei einem «Sieg des russischen Despotismus» viel, wenn nicht alles auf dem Spiel stehe, und verwies «im Einklang mit der Internationale» auf das Recht jedes Volkes auf nationale Selbständigkeit und Selbstverteidigung. Der Sprecher der SPD verurteilte jeden Eroberungskrieg und verlangte, «daß dem Kriege, sobald das Ziel der Sicherung erreicht ist und die Gegner zum Frieden geneigt sind, ein Ende gemacht wird durch einen Frieden, der die Freundschaft mit den Nachbarvölkern ermöglicht». Die beiden entscheidenden Sätze lauteten: «Da machen wir wahr, was wir immer betont haben: wir lassen in der Stunde der Gefahr das eigene Vaterland nicht im Stich... Von diesen Grundsätzen geleitet, bewilligen wir die geforderten Kriegskredite.»

Das Protokoll verzeichnet nach dem ersten Satz «lebhaftes Bravo», nach dem zweiten «lebhaften Beifall bei den Sozialdemokraten». Als sich die Sozialdemokraten bei der Schlußabstimmung über die Kriegskredite von ihren Plätzen erhoben, gab es «wiederholten stürmischen Beifall und Händeklatschen im Hause und auf den Tribünen». Beim Hoch auf «Kaiser, Volk und Vaterland» erhoben sich auch die sozialdemokratischen Abgeordneten. Doch nur wenige von ihnen stimmten in das «Hoch» mit ein. Sie setzten sich damit über einen Fraktionsbeschluß hinweg, den Haase, empört über die Beifallsbekundungen einiger seiner «rechten» Parteifreunde für die Rede des Reichskanzlers, in der vorausgegangenen Sitzungspause herbeigeführt hatte. Bethmann Hollweg seinerseits war zuvor demonstrativ auf die Sozialdemokraten zugegangen, als er, auf die größte Fraktion deutend, ausrief, das ganze deutsche Volk, «einig bis auf den letzten Mann», stehe hinter Armee und Flotte – und damit «minutenlangen jubelnden Beifall» auslöste.

Im November 1914, drei Monate nachdem die sozialdemokratische Reichstagsfraktion geschlossen den Kriegskrediten zugestimmt und damit ihre einstimmige Annahme herbeigeführt hatte, bezeichnete Lenin im Schweizer Exil die «Umwandlung des gegenwärtigen imperialistischen Krieges in den Bürgerkrieg» als «die einzig richtige proletarische Lösung». In *diesem* Sinne war die SPD keine «proletarische» Partei mehr, wenn sie denn je eine gewesen war. Den Bürgerkrieg konnte sie nicht wollen, weil er alles zu zerstören drohte, wofür sie stand. Den Weltkrieg hatte sie nicht verhindern können, aber die deutschen Kriegsanstrengungen trug sie mit, ohne daran die Bedingung einschneidender innerer Reformen zu knüpfen. Und natürlich gab es nicht die geringste Sicherheit dafür, daß Reichsleitung und Militär sich an jenes Wort des Kaisers in seiner Thronrede vom 4. August halten würden, auf das die Sozialdemokratie sich zur Rechtfertigung ihres Ja berufen konnte: «Uns treibt nicht Eroberungslust!»

Die Sozialdemokratie war, als der Krieg begann, weit stärker in die deutsche Gesellschaft hineingewachsen, als sie und ihre Gegner bis dahin hatten wahrhaben wollen. Mit ihrem Ja zu den Kriegskrediten und zum

«Burgfrieden», einer Art innenpolitischem Waffenstillstand, setzte sie ihr Bekenntnis zum Klassenkampf bis auf weiteres außer Kraft. Daraus konnten sich Folgerungen für ihr Verhältnis zur bürgerlichen Mitte ergeben, die sich am 4. August 1914 noch nicht absehen ließen. Die Folgen für das Verhältnis zwischen der SPD und den sozialistischen Parteien Westeuropas lagen hingegen bereits damals klar zutage: Die deutsche Sozialdemokratie mußte mit dem Vorwurf leben, sie habe die von ihr beschworene internationale Solidarität der Arbeiterklasse aus Opportunismus verraten. Tatsächlich hatte die SPD in der letzten Phase der Julikrise die bislang radikalste Wende in ihrer Geschichte vollzogen. Ob sie ohne den neuen, von den Kritikern auf der Linken so genannten «Sozialpatriotismus» das Jahr 1914 politisch überlebt hätte, ist eine offene Frage.[31]

Vor der Reichstagssitzung vom 4. August 1914 fand im Berliner Dom ein Gottesdienst statt, an dem neben Mitgliedern der kaiserlichen Familie und hohen Offizieren zahlreiche evangelische Reichstagsabgeordnete aus den bürgerlichen Parteien teilnahmen. Hofprediger Ernst von Dryander legte seiner Ansprache ein Wort des Apostels Paulus aus dem Römerbrief zugrunde: «Ist Gott für uns, wer mag wider uns sein?» Daß Gott für Deutschland war, daran gab es für den Kirchenmann schon deshalb keinen Zweifel, weil er die Vorgeschichte des Krieges zu kennen glaubte: «Wie ein plötzlicher Gewittersturm über der sonnigen Landschaft hat sich über uns die dunkle unheilschwangere Kriegswolke geballt und schon zucken die Blitze. In geradezu unerhörtem Frevelmut ist uns ein Krieg aufgezwungen, für den die denkende Vernunft vergeblich nach den zureichenden Gründen fragt. Mit unermüdlicher Sorge hat unser Kaiser versucht, der Welt namenloses Elend zu ersparen. Es war vergeblich! Der Würfel ist gefallen. Die Mobilmachung ist erklärt.»

Dryander gab den Ton der evangelischen Kriegspredigten in ganz Deutschland an. Wie 1813 und 1870/71 wurde der Krieg als Buße und zugleich als Offenbarung Gottes gedeutet, der Opfergang der Soldaten mit dem Martyrium in der Nachfolge Christi, ja mit dem Kreuzestod des Heilands verglichen. Die Erinnerung an die Befreiungskriege war allgegenwärtig; der Ruf von 1813 «Mit Gott für König und Vaterland» fand sein Echo im Ruf von 1914 «Mit Gott für Kaiser und Reich». Der holsteinische Pfarrer Walter Lehmann veröffentlichte noch im Jahr 1914 vierzehn Predigten unter dem von Ernst Moritz Arndt entlehnten Titel «Vom deutschen Gott». Otto Dibelius, seit 1915 Pfarrer in Berlin, verkündete noch kurz vor Kriegsende, Anfang Oktober 1918, wer für sein Volkstum kämpfe und für sein Volkstum alles opfere, «der erfüllt Gottes Gebot ... Wer ein Christ sein will, dem muß sein Volkstum über alles gehen auf der Welt.» Selbst der liberale Theologe Martin Rade, der Herausgeber der «Christlichen Welt», warnte 1915, Friedenssehnsucht werde zum «Unrecht, wenn sie Gott abtrotzen möchte, wofür die Zeit noch nicht reif ist».

Die katholischen Bischöfe, Theologieprofessoren und Priester fühlten und predigten um keinen Deut weniger national als ihre evangelischen Kollegen. «Gott kann nur die Gerechtigkeit schützen», schrieb ein Militärgeistlicher, der Militäroberpfarrer Balthasar Poertner, im September 1914 in die Heimat, «und Deutschlands Sache ist in diesem uns frevelhaft aufgezwungenen Kriege zugleich die Sache der Gerechtigkeit, also Gottes ...» Der Paderborner Alttestamentler Norbert Peters nannte den Krieg 1915 einen «heiligen Krieg» und einen Kampf «für Gott gegen Satanas», «für die alten Gebote vom Sinai gegen die Höllensittenlehre der Moderne aus dem Jenseits von Gut und Böse». Der Bischof von Speyer, Michael von Faulhaber, schließlich erklärte das Wort Jesu «Gebt dem Kaiser, was des Kaisers ist» zur «ewigen Richtlinie des staatsbürgerlichen Gewissens auch für den Opfergang auf die Gefilde des Todes, ... für den notwendigen heiligen Kampf der Völker».[32]

In den Ländern der Entente wurde gewiß nicht weniger patriotisch gepredigt als im Deutschen Reich, und was von der Kanzel gilt, trifft auch auf das Katheder zu. *Ein* frühes Manifest des deutschen Kriegsnationalismus erregte indes wegen seiner schrillen Töne weltweite Empörung: Es war der von namhaften Künstlern und vielen der bekanntesten Gelehrten unterzeichnete, Anfang Oktober 1914 veröffentlichte «Aufruf an die Kulturwelt», der den Überfall auf das neutrale Belgien vorbehaltlos rechtfertigte, deutsche Verbrechen an der belgischen Zivilbevölkerung ableugnete und in dem Satz gipfelte: «Ohne den deutschen Militarismus wäre die deutsche Kultur längst vom Erdboden vertilgt worden.»

Den in Frankreich propagierten «Ideen von 1789» stellten deutsche Professoren die «Ideen von 1914» entgegen. Geprägt wurde der Begriff 1915 von dem Münsteraner Nationalökonomen Johann Plenge; für die Verbreitung des Schlagworts sorgte vor allem der schwedische Staatsrechtler Rudolf Kjellén, der sich als Anwalt der deutschen Sache in Deutschland großer Beliebtheit erfreute. Die «Ideen von 1914» waren eine Absage an Liberalismus und Individualismus, an Demokratie und allgemeine Menschenrechte, kurz an die Werte des Westens. Deutsche Werte waren dagegen Pflicht, Ordnung und Gerechtigkeit, die nur durch einen starken Staat gewährleistet werden konnten. «Seit 1789 hat es in der Welt keine solche Revolution gegeben wie die deutsche Revolution von 1914», schrieb Plenge. «Die Revolution des Aufbaus und des Zusammenschlusses aller staatlichen Kräfte im 20. Jahrhundert gegenüber der zerstörenden Befreiung im 19. Jahrhundert. Darum liegt auch in all dem Geschrei über den neuen Napoleon ein ganz richtiger Anklang. Zum zweiten Mal zieht ein Kaiser durch die Welt als Führer eines Volkes mit dem ungeheueren weltbestimmenden Kraftgefühl der allerhöchsten Einheit. Und man darf behaupten, daß die ‹Ideen von 1914›, die Ideen der deutschen Organisation, zu einem so nachhaltigen Siegeszug über die Welt bestimmt sind wie die ‹Ideen von 1789›.»

Zu den «Ideen von 1914» gehörte auch die «Volksgemeinschaft», die die Klassenspaltung und mit ihr den marxistischen Internationalismus hinter sich gelassen hatte. Seit die Sozialdemokratie den Kriegskrediten zugestimmt und den «Burgfrieden» ermöglicht hatte, wurde sie in manchen bürgerlichen Kreisen ähnlich wahrgenommen wie der verlorene Sohn im biblischen Gleichnis, der ins Vaterhaus zurückgekehrt war. Mehr als ein Autor äußerte die Erwartung, daß die sozialdemokratische Arbeiterbewegung nun auf dem Weg von Marx zu Fichte sei. Die «Fichte-Gesellschaft von 1914» brachte den Fichte des «Geschlossenen Handelsstaates» in Verbindung mit der deutschen Kriegswirtschaft (dem vielzitierten «Kriegssozialismus»); der Philosoph Richard Kroner machte Fichte zum Wortführer eines autoritären und nationalen Sozialismus: «Der Fichtesche Sozialismus ist also, weil er die Sozialisierung nicht von einer proletarischen Verbrüderung, sondern von der Anwendung staatlicher Zwangsmittel erwartet, alles andere als kosmopolitisch im Sinne des kapitalistischen Individualismus, da er die Handelsfreiheit im Innern beschränkt und nach außen völlig aufhebt. Der soziale Gedanke vermag sich daher, weil er im Staate und durch den Staat verwirklicht werden soll, ungezwungen mit dem nationalen zu verbinden.»

In der Sozialdemokratie war der Widerhall solcher Parolen eher schwach. Einige Parteiintellektuelle, die vor dem Krieg, ja noch Anfang August 1914 auf dem radikal linken Flügel gestanden hatten, wechselten aber in der Tat im Frühherbst 1914 auf den äußersten rechten Flügel über: Paul Lensch, Heinrich Cunow und Konrad Haenisch taten im engsten Zusammenspiel mit Plenge den Schritt vom «Sozialpatriotismus» zum «Sozialimperalismus». Sie stellten Deutschland als proletarische und England als kapitalistische Nation dar (ein Begriffspaar, das als erste Enrico Corradini und seine Associazione Nazionalista Italiana um 1910 in Umlauf gebracht hatten). Der Kampf gegen England wurde dadurch zu einem Kampf für den Sozialismus, der Klassenkampf im Innern mithin aufgehoben: Er wanderte gewissermaßen aus der Nation aus in den Krieg zwischen den Nationen und verwandelte den Weltkrieg in die Weltrevolution.

Daß der Gegner England während des Krieges immer mehr in den Vordergrund der ideologischen Kriegsführung rückte, hatte vor allem zwei Gründe. Zum einen war die Weltmacht Großbritannien, anders als Frankreich, *nicht* der historische «Erbfeind», sondern das ebenso bewunderte wie beneidete Vorbild, was eine Art Haßliebe hervorrief und eine Dramatisierung des deutsch-englischen Gegensatzes, bis hin zur populären Grußformel «Gott strafe England!», notwendig erscheinen ließ. Zum anderen hatte Rußland schon ein Jahr nach Kriegsbeginn als gefährlichster Gegner «ausgedient», seit die 8. Armee unter dem nominellen Oberbefehl des reaktivierten Generals Paul von Hindenburg die nach Ostpreußen eingedrungenen, zahlenmäßig weit überlegenen Russen Ende August 1914 bei Tannenberg und knapp zwei Wochen später an den Masurischen Seen geschlagen hatte. Nachdem es dem deutschen Militär im Sommer 1915 gelungen war, Litauen, Kurland und Polen zu erobern, wandte sich die Aufmerksamkeit nunmehr ganz dem westlichen Kriegsschauplatz zu, wo seit dem unentschiedenen Ausgang der Marneschlacht vom September 1914 der Frontverlauf erstarrt, der Krieg zum Stellungskrieg geworden war.

Der katholische Philosoph Max Scheler war einer der ersten, die die Behauptung aufstellten, der Krieg sei «zuerst und zuletzt ein deutsch-englischer Krieg». Die Begründung dieses Verdikts, die er in seinem Buch «Der Genius des Krieges und der Deutsche Krieg» vortrug, machte deutlich, daß es Scheler besonders darum ging, die Sozialdemokratie von der Unausweichlichkeit der Niederringung Britanniens zu überzeugen. Jeder Krieg gegen England als «das Mutterland des modernen Kapitalismus», schrieb er, sei auch ein «Krieg gegen den Kapitalismus und seine Auswüchse überhaupt». Schelers Buch erschien 1915. Es war das Jahr, in dem Deutschland des 100. Geburtstages Otto von Bismarcks und der 500. Wiederkehr des Tages gedachten, an dem die Hohenzollern die Herrschaft in der Mark Brandenburg angetreten hatten.

Der Nationalökonom Werner Sombart stilisierte im gleichen Jahr 1915 den Krieg zwischen England und Deutschland zu einem Kampf zwischen «Händlern und Helden» (dies der Titel seiner «patriotischen Besinnungen»). Dem englischen «Kommerzialismus», den er als verabscheuenswert schilderte, stellte er den deutschen «Militarismus» als positives Gegenbild gegenüber. «Militarismus ist der zum kriegerischen Geist hinaufgesteigerte heldische Geist. Er ist Potsdam und Weimar in höchster Vereinigung. Er ist ‹Faust› und ‹Zarathustra› und Beethoven-Partitur in den Schützengräben. Denn auch die Eroica und die Egmont-Ouvertüre sind doch wohl echtester Militarismus.»

Noch wichtiger als die Untermauerung des deutsch-britischen Gegensatzes aber war beiden Gelehrten die Rechtfertigung des Krieges als solchen. Scheler zitierte das von Treitschke überlieferte Wort vom Krieg als dem «examen rigorosum der Staaten». Er selbst nannte den Krieg die «Psychotherapeutik der Völker im großen» und behauptete vom «Genius des Krieges», er werde «wie von selbst zur Religion – zum Führer zu Gott». Sombart sah im Krieg die Erlösung vom «Kulturpessimismus», vom «Zustand der Verpöbelung, der Verameisung». «Deutsche Helden», «heldische Männer und heldische Frauen» heranzubilden mußte fortan die oberste Aufgabe aller Erziehung sein – einer Erziehung, die darauf ausgerichtet war, «den Körper zu stählen und alle Körperkräfte harmonisch zu entwickeln, damit wir ein Geschlecht kühner, breitbrüstiger, helläugiger Menschen heranwachsen sehen. Denn die braucht das Vaterland. Breithüftige Frauen, um tüchtige Krieger zu gebären, starkknochige, sehnige, ausdauernde, mutige Männer, damit sie tauglich zu Kriegern seien.» Solche Krieger waren notwendig, damit die Deutschen sich als das beweisen konnten, was sie nach Sombarts Meinung waren: «das auserwählte Volk dieser Jahrhunderte», der «Vertreter des Gottesgedankens auf Erden», «das Gottesvolk».

Weniger martialisch, aber nicht minder vaterländisch war der «Gedankendienst mit der Waffe», den zu leisten Thomas Mann sich verpflichtet fühlte. Bereits im Herbst 1914 verglich er den Krieg mit dem Kampf, den Friedrich der Große von 1756 bis 1763 gegen eine mächtige Allianz von Feinden zu führen gehabt hatte. Von 1916 bis Ende 1917 arbeitete der Autor der «Buddenbrooks» an den «Betrachtungen eines Unpolitischen». Er schloß das Buch ab, als im Dezember 1917 in Brest-Litowsk die Friedensverhandlungen zwischen dem Deutschen Reich und dem Rußland der Bolschewiki begannen. Thomas Mann war erleichtert, daß der Krieg nun nicht mehr gegen das Land Dostojewskis geführt werden mußte, dem er sich auf mystische Weise verbunden fühlte, sondern nur noch «gegen den Westen allein, gegen die ‹trois pays libres› (die drei freien Länder, H. A. W.), gegen die ‹Zivilisation›, die ‹Literatur›, die Politik, den rhetorischen Bourgeois...»

Gegen den Westen und seine Demokratie, gleichviel ob in französischer, englischer oder amerikanischer Ausprägung, wollte Mann verteidigen, was für ihn das Innerste und Tiefste an Deutschland war: Musik, Dichtung und Philosophie. Die deutsche Kultur, die er der westlichen Zivilisation entgegenstellte, bedurfte des vom Westen gescholtenen Obrigkeitsstaates, weil dieser sie von der Politik abschirmte: «Die Politisierung des deutschen Kunstbegriffs selbst würde ja seine Demokratisierung bedeuten, ein wichtiges Merkmal der demokratischen Einebnung und Angleichung Deutschlands». Da Mann die Verwirklichung der Demokratie auch in Deutschland kommen sah und für unaufhaltsam hielt, war sein Protest im Grunde hoffnungslos: ein Ausdruck bildungsbürgerlichen Unbehagens an der westlichen Zivilisation und zugleich ein Abgesang auf jene Welt «einer resignierten, machtgeschützten Innerlichkeit», von der der Dichter viele Jahre später, am 10. Februar 1933, in seinem Münchner Vortrag über «Leiden und Größe Richard Wagners» sprechen sollte.[33]

Von konkreten Kriegszielen war in der Kriegspropaganda deutscher Intellektueller zunächst keine Rede. Eine öffentliche Erörterung der Ziele, die Deutschland mit dem Krieg verfolgte, hätte der These vom Verteidigungscharakter des Krieges widersprochen; daher war eine solche Diskussion bis zum November 1916 verboten. Hinter den Kulissen wurden freilich schon frühzeitig von amtlicher Seite wie von Verbänden und Konzernen Eroberungspläne geschmiedet. Im September 1914 faßte der Reichskanzler seine Vorstellungen in einem Programm zusammen, das auf ein deutsch beherrschtes Mitteleuropa und damit auf die deutsche Hegemonie über Europa hinauslief. Die Annexion des nordlothringischen Erzbeckens von Longwy-Briey und der Stadt Belfort gehörte ebenso zu Bethmann Hollwegs Forderungskatalog wie die Verwandlung Luxemburgs in einen deutschen Bundesstaat und die Degradierung Belgiens zu einem deutschen «Vasallenstaat». Das neue Belgien sollte Lüttich und Verviers an Preußen abtreten und sich dafür das französische Flandern «mit Dünkirchen, Calais und Boulogne, mit großteils flämischer Bevölkerung» angliedern. Zu Rußland hieß es vorerst nur lapidar, es müsse «von der deutschen Grenze abgedrängt und seine Herrschaft über die nichtrussischen Vasallenvölker gebrochen werden». Die Nachbarstaaten einschließlich Österreich-Ungarns, Frankreichs und eventuell «Polens» sollten einem mitteleuropäischen Wirtschaftsverband beitreten – zwar «unter äußerlicher Gleichberechtigung seiner Mitglieder, aber tatsächlich unter deutscher Führung».

Bethmann Hollwegs Ziele stimmten auffallend und durchaus nicht zufällig mit denen Walther Rathenaus überein, der im August 1914 mit der Leitung der Kriegsrohstoffabteilung im Kriegsministerium beauftragt worden war. Aus dem Reichskolonialamt kam um dieselbe Zeit die Forderung nach einem mittelafrikanischen Kolonialreich. Die gouvernementalen Kriegsziele fanden die Rückendeckung der wichtigsten Industriebranchen und der Deutschen Bank. Das «Septemberprogramm» war mithin so etwas wie der kleinste gemeinsame Nenner der deutschen Kriegszielbewegung vom Herbst 1914.

Sehr viel weiter gingen die Alldeutschen und einzelne Schwerindustrielle. Bereits Ende August 1914 verlangte Heinrich Claß, der Vorsitzende des Alldeutschen Verbandes, von Frankreich erheblich umfangreichere Gebietsabtretungen als kurz darauf der Kanzler; das Gesicht Rußlands solle «gewaltsam wieder nach Osten umgewandt» und «im wesentlichen in die Grenzen vor Peter des Großen Zeit zurückgeworfen werden»; das Baltikum sowie Teile von Russisch-Polen, Weißrußland und Nordwestrußland sollten deutsch besiedelt und die russischen Juden nach Palästina ausgesiedelt werden. Der Zentrumsabgeordnete Matthias Erzberger, damals politischer Vertrauensmann des Thyssen-Konzerns, forderte im September 1915 gar die «Zersplitterung des russischen Kolosses». August Thyssen selbst hatte sich schon im September 1914 für die Einverleibung Belgiens, von französischen Departements sowie, im Osten, der baltischen Provinzen Rußlands ausgesprochen. Außerdem wollte er, um das deutsche Rohstoffpotential für die Zukunft sicherzustellen, möglichst auch das Dongebiet mit Odessa, die Krim, das Gebiet um Asow sowie den Kaukasus unter die Kontrolle des Reiches bringen.

Im Mai 1915 stellten sich die führenden Wirtschaftsverbände, darunter die Säulen des «Kartells der schaffenden Stände» von 1913, also der Bund der Landwirte, der Centralverband Deutscher Industrieller und der Reichsdeutsche Mittelstandsverband, aber auch der exportorientierte Bund der Industriellen, im Monat darauf eine große Zahl von Hochschullehrern, Beamten und Künstlern in getrennten Denkschriften auf den Boden des alldeutschen Programms. In der von dem Berliner Theologen Reinhold Seeberg, einem aus dem Baltikum stammenden Gelehrten, inspirierten «Professoreneingabe» wurde mit Blick auf die von Rußland abzutretenden Gebiete die Vertreibung großer Teile der einheimischen Bevölkerung und, zum Zweck der «Eindeutschung», die Ansiedlung deutscher Bauern aus anderen Regionen des Zarenreiches oder auch von Menschen aus dem übervölkerten Deutschland gefordert; Esten, Letten und Litauer sollten als Wanderarbeiter in der deutschen Landwirtschaft eingesetzt werden. Eine gemäßigtere Richtung unter den deutschen Intellektuellen mit dem Herausgeber des «Berliner Tageblatts», Theodor Wolff, und dem Historiker Hans Delbrück an der Spitze antwortete im Juli 1915 mit einer weiteren Denkschrift. Sie schloß Gebietserweiterungen im Westen mit dem Argument aus, «daß die Einverleibung oder Angliederung politisch selbständiger und an Selbständigkeit gewöhnter Völker zu verwerfen» sei. Den Weg zu Gebietserweiterungen im Osten aber ließen auch die maßvollen Imperialisten offen.

Prominente Namen standen unter beiden Memoranden: Der klassische Philologe Ulrich von Wilamowitz-Moellendorff, die Historiker Eduard Meyer und Dietrich Schäfer, der Nationalökonom Adolf Wagner und der Jurist Otto von Gierke hatten die Seebergsche, die Physiker Albert Einstein und Max Planck, die Theologen Adolf von Harnack und Ernst Troeltsch, die Soziologen Max und Alfred Weber, der Staatsrechtler Gerhard Anschütz, der Historiker Max Lehmann und der Nationalökonom Gustav von Schmoller die Wolff-Delbrücksche Eingabe unterzeichnet. Auffällig aber war ein zahlenmäßiger Unterschied: Das Manifest der Gemäßigten wurde nur von 191 Persönlichkeiten des deutschen Geisteslebens unterstützt, das alldeutsche dagegen von 1347 – darunter 352 Professoren.

Die Alldeutschen und mit ihnen die gesamte deutsche Rechte waren, je länger der Krieg dauerte, um so unzufriedener mit der Politik des Reichskanzlers von Bethmann Hollweg, die dieser selbst rückblickend eine «Politik der Diagonale» nannte. Er meinte damit einen Versuch, der der Quadratur des Kreises gleichkam: Er mußte sich einerseits darum bemühen, der Regierung die Unterstützung der Sozialdemokraten zu bewahren, die sich Ende Juni 1915 nochmals eindeutig gegen deutsche Annexionen aussprachen, und andererseits dem eroberungsfreudigen Militär und dem unter ihm stehenden Teil der Öffentlichkeit den Eindruck vermitteln, es liege ihm nicht weniger als den Heerführern daran, daß Deutschland vergrößert und gestärkt aus dem Krieg hervorging.

Der tatsächlichen Position des Kanzlers kamen die Anhänger eines deutsch dominierten «Mitteleuropa» am nächsten, die die Vorherrschaft des Reiches in erster Linie materiell, durch ein wirtschaftlich begründetes, vertraglich sanktioniertes Übergewicht, und nur in zweiter Linie durch Gebietserwerb sichern wollten. Friedrich Naumanns 1915 erschienenes Buch «Mitteleuropa», das, ohne es ausdrücklich zu sagen, die alte Gagernsche Idee eines «weiteren Bundes» zwischen Deutschland und Österreich-Ungarn wieder aufgriff, wurde rasch zu einer Art Bibel des moderaten deutschen Weltkriegsimperialismus: Der liberale Parlamentarier und

Publizist knüpfte mit der Forderung, daß «aus der Bundesgenossenschaft eine Lebensgemeinschaft von oben bis unten sich bilde», nicht nur außenpolitisch an das großdeutsche Erbe von 1848 an, er schlug zugleich innenpolitisch eine Brücke zu den Kräften, die der kleindeutschen Lösung am längsten widerstrebt hatten: Katholiken, süddeutschen Demokraten und Sozialdemokraten.

Naumanns Plädoyer für ein «im Kern deutsches» Mitteleuropa, das sich um das staatenbundartig verbundene deutsch-österreichisch-ungarische Wirtschaftsgebiet herum organisieren müsse, hatte somit Qualitäten, die es zum Ei des Columbus zu machen schienen. Die höheren historischen Weihen aber verlieh der Autor seinem Vorhaben durch den Hinweis, daß es schon einmal «eine Weltmacht Mitteleuropa» gegeben habe. «Die Deutschen füllten die Mitte Europas, an allen ihren Rändern aber zogen sie benachbarte Völker an sich heran: das heilige römische Reich deutscher Nation. Dieses alte Reich rückt und stößt jetzt im Weltkriege unter der Erde, denn es will nach langem Schlafe gern wieder kommen.» Um das Projekt «Mitteleuropa» Wirklichkeit werden zu lassen, mußten die Mittelmächte freilich erst einmal siegen – und die extremeren Imperialisten in die Schranken verwiesen werden.

Doch weder die eine noch die andere Voraussetzung war in Sicht. Im Osten entwickelte sich die Lage für Deutschland und Österreich-Ungarn zwar insofern günstig, als Rußland im Gefolge militärischer Rückschläge immer mehr in eine schwere innere Krise geriet: Mitte März 1917, Ende Februar nach dem Julianischen Kalender, schlugen Streiks und Unruhen in die offene Revolution um; eine Provisorische Regierung, in der großbürgerliche Kräfte das Übergewicht hatten, wurde eingesetzt; Zar Nikolaus II. dankte ab. Aber die neuen Machthaber dachten nicht daran, sich mit dem Verzicht auf Russisch-Polen abzufinden, das von den Mittelmächten im November 1916 in ein formell selbständiges «Königreich Polen» verwandelt worden war. Und umgekehrt waren Militär und politische Rechte in Deutschland weniger denn je bereit, einem «Sonderfrieden» im Osten ohne gewaltige russische Gebietsabtretungen zuzustimmen.

Im Westen ging der Stellungskrieg nach dem Scheitern der französisch-britischen Somme-Offensive und den verlustreichen Kämpfen um Verdun im Herbst 1916 weiter. Für die Mittelmächte fatal aber war die Entscheidung für den unbeschränkten U-Boot-Krieg, die am 9. Januar 1917 gegen den Widerstand Bethmann Hollwegs im Kronrat fiel. Nachdem in den Jahren zuvor schon bei der Torpedierung britischer und französischer Passagierdampfer durch deutsche Unterseeboote eine große Zahl amerikanischer Staatsbürger ums Leben gekommen waren, wirkte dieser Beschluß wie eine gezielte Herausforderung an die Vereinigten Staaten. Die USA antworteten mit dem Abbruch der diplomatischen Beziehungen und am 6. April 1917 mit der Kriegserklärung an Deutschland. Eine realistische Chance, den Krieg zu gewinnen, hatten die Mittelmächte fortan nicht mehr.

Anders als im August 1914, als es im städtischen Bürger- und Kleinbürgertum eine starke nationale Aufwallung gegeben hatte, konnte um diese Zeit von einer deutschen «Kriegsbegeisterung» nicht mehr die Rede sein. Die Enttäuschung der Hoffnungen auf einen schnellen Sieg, der Hunger im Gefolge der alliierten Seeblockade und der dadurch verursachten Abschnürung Deutschlands von Lebensmittelimporten, die Verschärfung der Klassengegensätze im Zeichen von Schleichhandel und Wucher: all das förderte die politische Unzufriedenheit. Das galt nicht nur für die Arbeiter und Bauern, die sich schon bei Kriegsbeginn kaum irgendwo einem nationalistischen Gefühlsüberschwang hingegeben hatten; es galt auch für breiteste bürgerliche Schichten, die sich selbst als durch und durch «vaterländisch» empfanden. Auf der politischen Rechten suchten Alldeutsche und Antisemiten die Juden zu Sündenböcken zu machen: Die Berufung Rathenaus zum Leiter der Kriegsrohstoffstelle galt den Judenfeinden als Beleg ihrer Behauptung, daß Deutschland zunehmend unter jüdische Herrschaft gelange; Bethmann Hollweg wurde bereits im Dezember 1915 von dem Gießener Chemieprofessor Hans von Liebig als «Kanzler des deutschen Judentums» bezeichnet.

Am 19. Oktober 1916 forderte der Zentrumsabgeordnete Matthias Erzberger den Reichskanzler auf, dem Reichstag eine «eingehende Übersicht über das gesamte Personal aller Kriegsgesellschaften zu unterbreiten, und zwar getrennt nach Geschlecht, militärpflichtigem Alter, Bezügen, Konfession». Einige Tage zuvor, am 11. Oktober, hatte das preußische Kriegsministerium, auf eine Flut von Beschwerden wegen angeblicher jüdischer «Drückebergerei» reagierend, eine «Judenstatistik» für das Heer angeordnet. Die Erhebung war nichts Geringeres als eine staatliche Anerkennung und Legitimation des Antisemitismus: Darin liegt die historisch einschneidende Bedeutung dieses, nicht nur von deutschen Juden als schockierend empfundenen Vorgangs.

Das Ergebnis der Zählung mußte die Initiatoren enttäuschen: Der Anteil der Juden an den Kriegsteilnehmern, an kriegerischen Leistungen und Opfern entsprach dem Anteil der Juden an der Bevölkerung. Bekannt wurde das Zahlenmaterial allerdings erst nach dem Krieg. Doch es hätte wohl auch dann, wenn es vorher veröffentlicht worden wäre, bei den Antisemiten keine aufklärende Wirkung gezeitigt. Als der Nationalökonom Franz Oppenheimer im September 1914 Worte des Gedenkens für den ersten gefallenen Reichstagsabgeordneten, den jüdischen Sozialdemokraten Ludwig Frank aus Baden, sprach, erhielt er von der antisemitischen Presse Antworten, die er in dem Satz zusammenfaßte: «Macht euch keine Hoffnung, ihr seid und bleibt die Parias Deutschlands.»[34]

Auf der politischen Linken begann sich der Protest gegen die Politik der Reichsleitung und der sie stützenden Sozialdemokratie schon im Herbst 1914 zu regen. Als erster Reichstagsabgeordneter stimmte Karl Liebknecht, Sohn des Parteigründers Wilhelm Liebknecht und Rechtsanwalt in Berlin, am 2. Dezember 1914 gegen neue Kriegskredite. Am 21. Dezember 1915 folgten weitere 19 sozialdemokratische Volksvertreter, unter ihnen der Parteivorsitzende Hugo Haase, seinem Beispiel. Liebknecht wurde im Januar 1916 aus der Fraktion ausgeschlossen. Nach einem neuerlichen «Disziplinbruch», den die Mehrheit mit dem Ausschluß der Abweichler aus der Fraktion beantwortete, vereinigten sich 18 oppositionelle Abgeordnete zur «Sozialdemokratischen Arbeitsgemeinschaft». Die meisten Nein-Sager entstammten der alten Vorkriegslinken. Der Widerstand gegen die offizielle Schutzbehauptung vom «Verteidigungskrieg» ging aber über den linken Flügel weit hinaus: Auch der «Zentrist» Kautsky, der kein Parlamentsmandat besaß, und der «rechte» Bernstein lehnten sich gegen die Mehrheitslinie auf.

Die «Linke» war ihrerseits keineswegs in sich geschlossen. Die Abgeordneten Haase und Wilhelm Dittmann und der aus Wien stammende marxistische Theoretiker Rudolf Hilferding, promovierter Mediziner, Redakteur des «Vorwärts» und Autor des 1910 erschienenen, vielgelesenen Buches «Das Finanzkapital», gehörten zu den Gemäßigten, Liebknecht, Rosa Luxemburg, die keine Parlamentarierin war, der Parteihistoriker Franz Mehring und die Vorkämpferin der sozialistischen Frauenbewegung, Clara Zetkin, beide ebenfalls keine Mitglieder des Reichstags, zu den Radikalen. Die äußerste Linke verfügte seit dem Frühjahr 1915 über eine eigene Organisation, die «Gruppe Internationale», die sich im Laufe des Jahres 1916 in «Spartakusgruppe» umbenannte. Dazu kamen noch die Hamburger und Bremer «Linksradikalen» und die «Internationalen Sozialisten Deutschlands» um den Herausgeber der Zeitschrift «Lichtstrahlen», Julian Borchardt.

Die Radikalisierung bei der deutschen Linken stand in enger Verbindung mit dem, was auf dem linken Flügel der Zweiten Internationale geschah. Im September 1915 trafen sich in Zimmerwald in der Schweiz linke Sozialisten, die teils aus kriegführenden Ländern, darunter Deutschland, Frankreich, Rußland und Italien, teils aus neutralen Ländern kamen und allesamt die Unterstützung des «imperialistischen Krieges» durch sozialistische Parteien als opportunistischen Verrat an den Prinzipien der Internationale verurteilten. Die Initiative zur Einberufung der Konferenz war Mitte Mai 1915, eine Woche bevor Italien an der Seite der Entente in den Krieg eintrat, von den italienischen und schweizerischen Sozialisten ausgegangen. Die gemäßigten, von Lenin als «Sozialpazifisten» bekämpften Gegner der Burgfriedenspolitik wie Bernstein, Kautsky und Haase waren nicht nach Zimmerwald eingeladen worden. Auf der anderen Seite stellte aber auch die äußerste Linke um Lenin, die die Ablösung des Burgfriedens durch den Bürgerkrieg forderte, nur eine kleine Minderheit der Delegierten. Eine zuletzt einstimmig angenommene Resolution sprach sich für eine rasche Beendigung des Krieges, einen Frieden ohne Annexionen und Kriegsentschädigungen und für das Selbstbestimmungsrecht der Völker aus.

Auch auf der Folgekonferenz, die im April 1916 in Kienthal im Berner Oberland stattfand, blieben Lenin und seine Anhänger in der Minderheit. Doch in zwei Punkten gingen die Beschlüsse von Kienthal über die von Zimmerwald hinaus. Die Delegierten forderten erstens die «Ablehnung jeglicher Unterstützung der Kriegspolitik durch die Vertreter der sozialistischen Parteien» und die Verweigerung von Kriegskrediten. Zweitens warfen sie dem Exekutivkomitee der Internationale vor, daß es völlig versagt und sich zum «Mitschuldigen an der Politik der Prinzipienverleugnung, der sogenannten Vaterlandsverteidigung und des Burgfriedens» gemacht habe. Das war zwar noch nicht die von Lenin angestrebte Spaltung der Zweiten Internationale, geschweige denn die Grundlegung einer neuen, revolutionären Dritten Internationale, aber doch ein Zeichen dafür, daß sich die Gegensätze innerhalb der internationalen Arbeiterbewegung weiter zugespitzt hatten.

In Deutschland gewann die linke Opposition gegen die Burgfriedenspolitik der Sozialdemokratie seit dem «Steckrübenwinter» von 1916/17 kräftig an Boden. Die Hungersnot war aber nicht der einzige Grund der Radikalisierung im Proletariat. Hinzu kamen die verschärfte Ausbeutung der menschlichen Arbeitskraft und die Rolle, die die Gewerkschaften dabei spielten. Am 5. Dezember 1916 hatte der Reichstag mit den Stimmen der Sozialdemokratie das Vaterländische Hilfsdienstgesetz verabschiedet, das einerseits eine allgemeine Dienstpflicht für Männer vom 17. bis zum 60. Lebensjahr einführte, soweit diese nicht zum Wehrdienst einberufen waren, andererseits für Betriebe mit mindestens 50 Beschäftigten die Bildung von Arbeiter- und Angestelltenausschüssen vorsah und oberhalb der Betriebsebene Schlichtungsausschüsse schuf, die paritätisch aus Vertretern der Arbeitgeber und Arbeitnehmer zusammengesetzt waren.

Das Hilfsdienstgesetz war die Magna Charta eines Programms zur forcierten Umstellung der deutschen Wirtschaft auf Rüstungszwecke – des sogenannten «Hindenburg-Programms», entworfen von Generalquartiermeister Erich Ludendorff und benannt nach dem «Sieger von Tannenberg», Generalfeldmarschall Paul von Hindenburg, seit Ende August 1916 Chef der Obersten Heeresleitung, der «OHL». Die Gewerkschaften gewannen durch das Gesetz zwar an Einfluß, gleichzeitig rückten sie aber so nah an Staat und Unternehmerschaft heran, daß sie in den Augen vieler Arbeiter aufhörten, eine proletarische Interessenvertretung zu sein.

Im April 1917 kam es, mit ausgelöst durch die Februarrevolution in Rußland und die soeben erfolgte Gründung der Unabhängigen Sozialdemokratischen Partei Deutschlands in Gotha, in vielen Großstädten zu «wilden» Massenstreiks. In Berlin traten dabei erstmals die «Revolutionären Obleute» aus der Metallindustrie in Erscheinung, die auf dem linken Flügel der neuen USPD, der bisherigen Sozialdemokratischen Arbeitsgemeinschaft, standen. Vordergründig ging es bei dem Ausstand um eine Erhöhung der Brotrationen, in Wirklichkeit um den ersten großen, weite

Teile des Reiches erfassenden Arbeiterprotest gegen den Krieg. Die Gewerkschaften aller Richtungen – die sozialdemokratisch orientierten «Freien», die Christlichen Gewerkschaften und die liberalen Hirsch-Dunckerschen Gewerkvereine – konnten binnen weniger Tage den Abbruch der Streikbewegung erreichen. Aber der Widerwille gegen den Burgfrieden wurde dadurch nicht schwächer. Und es waren nicht nur Arbeiter, die sich im Jahr 1917 gegen den Krieg auflehnten, sondern auch Soldaten: In der deutschen Flotte mehrten sich seit dem Juni Hungerstreiks und unerlaubte Landgänge. Die Militärjustiz reagierte mit drakonischen, rechtlich unhaltbaren Strafen gegen die «Rädelsführer»: Gegen zehn Matrosen wurden Todesurteile verhängt; zwei, die gegen Max Reichpietsch und Albin Köbis, wurden am 5. September 1917 vollstreckt. Die Empörung und Verbitterung der Matrosen erreichten einen neuen Höhepunkt.

Was die Reichsleitung seit dem Frühjahr 1917 zur Beruhigung der inneren Lage tat, erwies sich als unzureichend. Die «Osterbotschaft» vom 7. April, die Bethmann Hollweg dem Kaiser abgerungen hatte, kündigte Verfassungsreformen für die Zeit nach Kriegsende an, darunter eine Umbildung des preußischen Herrenhauses und des preußischen Abgeordnetenhauses. Dem Dreiklassenwahlrecht erteilte Wilhelm II. eine Absage, die Entscheidung aber, ob es durch ein Pluralwahlrecht oder das allgemeine gleiche Wahlrecht ersetzt werden solle, überließ er den zuständigen Verfassungsorganen. Das war zu wenig, um die Sozialdemokraten zu befriedigen, trug aber auch nach «rechts» nichts dazu bei, die Position des Reichskanzlers zu festigen.

Um dieselbe Zeit mehrten sich beim wichtigsten Verbündeten Deutschlands die Krisenzeichen. Kaiser Karl, der Nachfolger des im November 1916 verstorbenen Kaisers Franz Joseph, hatte sich zwischen Januar und April 1917, wenn auch vergeblich, um einen Sonderfrieden mit Frankreich bemüht (und dabei einen deutschen Verzicht auf Elsaß-Lothringen ins Spiel gebracht). Das Scheitern der Friedensfühler machte die Habsburgermonarchie noch abhängiger von Deutschland, änderte aber nichts an dem Wunsch der Wiener Führung, um der Bewahrung des Vielvölkerstaats willen den Krieg möglichst rasch zu beenden.

Zu diesem Zweck versuchten Kaiser Karl und sein Außenminister, Graf Czernin, auf einen der einflußreichsten Abgeordneten des Deutschen Reichstags, Matthias Erzberger, einzuwirken, der Ende April in Absprache mit Bethmann Hollweg zu einen Besuch nach Wien gekommen war. Der Zentrumspolitiker kannte zu diesem Zeitpunkt bereits die in einer Denkschrift vom 12. April festgehaltene, außerordentlich düstere Lagebeurteilung Czernins: Das Auswärtige Amt in Berlin hatte dem Abgeordneten Einblick in das Dokument gewährt. Der Wiener Pessimismus trug mit dazu bei, daß Erzberger in jenen Monaten eine Wendung vom Annexionisten zum Anhänger eines Verständigungsfriedens und zum Kritiker des uneingeschränkten U-Boot-Krieges vollzog – einer Strategie, deren Fehlschlag mittlerweile offenkundig war. Der Positionswechsel Erzbergers beeinflußte die Haltung seiner Partei: Das Zentrum rückte ein Stück weit nach links.

Dasselbe taten, aus anderen Gründen, im Juni 1917 die Mehrheitssozialdemokraten. Auf einer von holländischen und skandinavischen Sozialisten angeregten internationalen Konferenz in Stockholm, an der Vertreter der beiden sozialdemokratischen Parteien Deutschlands teilnahmen, machte sich die MSPD die Formel des Petersburger Arbeiter- und Bauernsowjets vom «Frieden ohne Annexionen und Kontributionen» zu eigen. Wenig später, am 26. Juni 1917, stellte der sozialdemokratische Parteiausschuß Bethmann Hollweg ein Ultimatum: Zu einer neuen Kriegskreditvorlage werde die Partei erst dann endgültig Stellung nehmen, wenn die Reichsleitung sich klar zur Frage der deutschen Kriegsziele und zu ihren innenpolitischen Absichten geäußert habe. Die russische Februarrevolution, die Gründung der USPD, die Aprilstreiks: Es kam vieles zusammen, was die Mehrheitssozialdemokraten veranlaßte, massiv mit der Aufkündigung des Burgfriedens zu drohen.[35]

Der Kanzler, Gefangener seiner «Politik der Diagonale», konnte sich weder in der Friedens- noch in der Verfassungsfrage auf den Boden der sozialdemokratischen Forderungen stellen, ohne einen Proteststurm auf der Rechten zu entfesseln, wo die Alldeutschen seit langem auf einen Anlaß zur allgemeinen Mobilmachung gegen Bethmann Hollweg warteten. Am 2. Juli, gerade aus dem Großen Hauptquartier nach Berlin zurückgekehrt, teilte der Reichskanzler in Gegenwart der wichtigsten Staatssekretäre den Führern der größeren Reichstagsfraktionen mit, daß er auf das Verlangen der SPD nicht einzugehen gedenke. Damit entzog er sich selbst die parlamentarische Mehrheit, auf die er sich seit dem 4. August 1914 gestützt hatte.

Aus völlig anderen Gründen als die Sozialdemokraten stellte sich Ludendorff gegen Bethmann Hollweg: Der starke Mann der OHL wollte Bethmann Hollweg durch einen Regierungschef ersetzen, der *seinen* Weisungen folgte. Über Oberst Max Bauer, seinen engsten Vertrauten, ließ der Erste Generalquartiermeister im Juni Erzberger über den Ernst der militärischen Lage informieren, was der Parlamentarier nur als Aufforderung verstehen konnte, auf einen Kanzlerwechsel hinzuarbeiten. Erzberger wußte überdies von der Absicht von Papst Benedikt XV., sich mit einem Friedensappell an die kriegführenden Mächte zu wenden. Als der Zentrumspolitiker am 6. Juli, nach vorheriger Absprache mit Mehrheitssozialdemokraten und Fortschrittsliberalen, im Hauptausschuß des Reichstags scharfe Angriffe auf die Politik des unbeschränkten U-Boot-Krieges richtete und eine Friedensinitiative der Volksvertretung forderte, wußte er, was er tat: Erzberger löste die «Julikrise von 1917» aus.

Noch am gleichen Tag riefen Nationalliberale, Zentrum, Fortschrittliche Volkspartei und Mehrheitssozialdemokraten – die vier Parteien, die seit

April 1917 im neugebildeten Verfassungsausschuß des Reichstags mit dem Ziel einer Reform der Reichsverfassung zusammenarbeiteten – ein neues Gremium, den Interfraktionellen Ausschuß, ins Leben. Doch rasch stellte sich heraus, daß es in der Sache nach wie vor scharfe Gegensätze zwischen den Fraktionen gab. Die Nationalliberalen wünschten sich mittlerweile zwar eine Berufung von Parlamentariern in Regierungsämter, hatten aber weiterhin erhebliche Vorbehalte gegen das allgemeine gleiche Wahlrecht für Preußen und lehnten eine Friedensresolution auf der Grundlage der «Petersburger Formel» ab. Am meisten aber lag ihnen und namentlich dem zu immer größerem Einfluß aufgestiegenen Abgeordneten Gustav Stresemann am Kanzlersturz.

Die anderen drei Parteien räumten der Friedensresolution Vorrang ein. Das Zentrum hielt sich mit Rücksicht auf seine Fraktion im preußischen Abgeordnetenhaus in der Wahlrechtsfrage zurück und konnte sich mehrheitlich, ungeachtet gewisser anderslautender Äußerungen Erzbergers, auch noch immer nicht zu einem Ja zur Parlamentarisierung des Reiches durchringen. Die Mehrheitssozialdemokraten traten für die Einführung des Reichstagswahlrechts in Preußen und im Prinzip auch für die Parlamentarisierung des Reiches ein. Aus Scheu vor Konflikten mit der inner- und außerparlamentarischen Linken wollten sie sich aber, mit Ausnahme des rechten Flügels, nicht selbst an einer Koalitionsregierung beteiligen. Die Fortschrittliche Volkspartei war ebenso vorbehaltlos für das gleiche Wahlrecht in Preußen wie für die Parlamentarisierung des Reiches und, falls Bethmann Hollweg sich wider Erwarten doch noch zu diesen Zielen bekannte, mehrheitlich für sein Verbleiben im Amt. Dagegen zogen ein Teil des Zentrums um Erzberger und die Nationalliberalen in der Kanzlerfrage mit der OHL an einem Strang: Der Nachfolger Bethmann Hollwegs sollte sein Vorgänger, Fürst Bernhard von Bülow, sein. Am gleichgültigsten, was die Kanzlerfrage anging, zeigte sich die MSPD. Vertrauen zu Bethmann Hollweg aber gab es bei den Sozialdemokraten kaum noch.

Vorübergehend schien sich die Stellung des Reichskanzlers dann doch nochmals zu festigen. Wilhelm II. war über die politischen Machenschaften des Militärs empört und dachte nicht daran, ein zweites Mal Bülow zu berufen. Am 11. August stimmte er auf Drängen Bethmann Hollwegs in einem Erlaß sogar der Einführung des gleichen Wahlrechts in Preußen zu. Darauf begann die Fronde der Kanzlergegner zu bröckeln. Doch am folgenden Tag schaltete sich auf Betreiben Ludendorffs Kronprinz Wilhelm ein. Das wichtigste Ergebnis seiner Gespräche mit ausgewählten Gegnern Bethmann Hollwegs aus fast allen Fraktionen war, daß Erzberger das Zentrum auf eine Stellungnahme gegen den amtierenden Kanzler festlegen konnte.

Der dramatische Höhepunkt der Krise waren die Abschiedsgesuche Hindenburgs und Ludendorffs vom Nachmittag des 12. Juli. Das Telegramm, in dem Ludendorff sein fehlendes Vertrauen zu Bethmann Hollweg zu Protokoll gab, war eine historisch einmalige Herausforderung an den Monarchen. Aber der Coup zeitigte die gewünschte Wirkung: Wilhelm II. fügte sich dem Willen der beiden Feldherren, die großen Teilen des Volkes immer noch als die Bürgen des deutschen Sieges galten.

Am gleichen 12. Juli einigten sich im Interfraktionellen Ausschuß Mehrheitssozialdemokraten, Zentrum und Fortschrittliche Volkspartei auf den Text der Friedensresolution. Der Reichstag erstrebte einen Frieden der «Verständigung und der dauernden Versöhnung der Völker», hieß es darin. «Mit einem solchen Frieden sind erzwungene Gebietserweiterungen und politische, wirtschaftliche oder finanzielle Vergewaltigungen unvereinbar.» Die Formulierungen waren so gewählt, daß sie genügend Spielraum für die Vergrößerung des deutschen Einflußbereichs ließen. Den Nationalliberalen aber war das entschieden zu wenig, weshalb sie nicht nur der Entschließung nicht zustimmten, sondern auch aus dem Interfraktionellen Ausschuß ausschieden. Bethmann Hollweg, der zu diesem Zeitpunkt noch im Amt war, zeigte ebenfalls keine Bereitschaft, sich auf den Standpunkt der drei, von jetzt ab «Mehrheitsparteien» genannten Fraktionen zu stellen. Die OHL protestierte telegraphisch und verlangte vom Reichskanzler, dem sie gerade eben ihr Mißtrauen ausgesprochen hatte, er solle die Resolution verhindern. Bethmann Hollweg wußte, daß er dazu nicht mehr in der Lage war, und bat den Kaiser am Abend des 12. Juli mündlich, am folgenden Tag auch schriftlich um seine Entlassung.

Der 13. Juli brachte Gespräche Hindenburgs und Ludendorffs, die Wilhelm II. nach Berlin beordert hatte, mit den Parteiführern, aber nicht die Lösung des Konflikts um die Friedensresolution: Sozialdemokraten, Zentrum und Fortschrittsliberale beharrten auf dem am Vortag beschlossenen Text. Wilhelm II. gab kurz darauf dem Rücktrittsgesuch Bethmann Hollwegs nach und ernannte am 14. Juli einen Nachfolger: Es war der preußische Staatskommissar für Volksernährung, Georg Michaelis. Ludendorff hatte der Ernennung des Verwaltungsjuristen, der politisch ein unbeschriebenes Blatt war, im voraus zugestimmt. Michaelis selbst berichtet in seinen Erinnerungen, er habe am Morgen des 13. Juli – des Tages, an dem ihn die Anfrage des Kaisers erreichte – in den Losungen der Herrnhuter Brüdergemeinde das Wort aus dem Buch Josua, Kapitel 1, Vers 9, gelesen: «Siehe, ich habe dir geboten, daß du getrost und freudig seiest. Laß dir nicht grauen und entsetze dich nicht...» Er verstand die Bibelstelle als Wink, daß er sich der Aufforderung seines obersten Dienstherrn nicht entziehen durfte.

Der Ausgang der Julikrise von 1917 war *kein* Erfolg der Mehrheitsparteien. Sie hatten sich, teils bewußt, teils unbewußt, zum Werkzeug der Obersten Heeresleitung machen lassen und mußten nun die Folgen tragen: Seit dem 14. Juli hatten sie es mit einem Reichskanzler zu tun, der ihnen sehr viel ferner stand als sein glückloser Vorgänger. In einem Artikel für die «Frankfurter Zeitung» hat Max Weber Anfang September 1917 die Kanzlerkrise als «Schulparadigma» dafür beschrieben, «wie das Fehlen eines normal entwickelten Parlamentarismus in Krisenfällen wirkt. Niemals wird da eine Änderung eintreten, wenn man die Reichstagsparteien nicht fortwährend zu klarer, ausdrücklicher Stellungnahme gegenüber den sachlichen Fragen sowohl wie den Persönlichkeiten nötigt.» Die «deutsche innerpolitische Frage» laute also: «Wie ist das nach seiner jetzigen inneren Struktur zur negativen Politik verdammte Parlament zum Mitträger der politischen Verantwortung umzuformen?»

Auf den ersten Blick schien mit dem Regierungsantritt von Bethmann Hollwegs Nachfolger die Parlamentarisierung ein gutes Stück vorangekommen zu sein. Mit Michaelis zog nämlich eine Reihe von Politikern aus den Reihen der Mehrheitsparteien und der Nationalliberalen in höhere Positionen der Reichsämter und der preußischen Ministerien ein: So wurden etwa der Zentrumspolitiker Peter Spahn preußischer Justizminister, der der Fortschrittlichen Volkspartei nahestehende Straßburger Bürgermeister Rudolf Schwander erst Unterstaatssekretär, dann, im Oktober 1917, Staatssekretär des neugebildeten Reichswirtschaftsamtes und der Mehrheitssozialdemokrat August Müller Unterstaatssekretär im Kriegsernährungsamt. Aber zu «Mitträgern der politischen Verantwortung» im Sinne Webers wurden die Mehrheitsparteien und die Nationalliberalen dadurch nicht. Eher kann man von einem Versuch der Reichsleitung sprechen, die Mehrheit des Reichstags durch bürokratische Einbindung zu disziplinieren. Was die entscheidende Frage anging, stellte Michaelis sogleich, wenn auch in verklausulierter Form, klar, daß er kein Mann der Mehrheit war. In der Debatte des Reichstags vom 19. Juli, die der Verabschiedung der Friedensresolution vorausging, erklärte er, die Ziele der Reichsleitung ließen sich «im Rahmen Ihrer Resolution, wie ich sie auffasse, erreichen».

Die Mehrheitsparteien schienen den Vorbehalt, der die Entschließung ins Gegenteil des Gemeinten verkehren konnte, nicht zu bemerken oder zogen es vor, ihn zu überhören. Das Protokoll verzeichnet jedenfalls nach dem Schlüsselsatz der Rede «Bravo! und Sehr gut! im Zentrum, bei der Fortschrittlichen Volkspartei und den Sozialdemokraten». Mit 212 gegen 126 Stimmen bei 17 Enthaltungen nahm das Plenum die Friedensresolution an, wobei die MSPD geschlossen, die Fortschrittliche Volkspartei bis auf einen, das Zentrum bis auf fünf Abgeordnete mit Ja stimmten. Tags darauf verhalfen die Mehrheitssozialdemokraten der neuen Kriegskreditvorlage, die dem Reich Mittel in Höhe von 15 Milliarden Mark einbrachte, zur Annahme.

Die Friedensresolution des Reichstags fand bei den Anhängern der Mehrheitsparteien ein zustimmendes, auf der Rechten ein feindseliges Echo. Die organisatorische Antwort der Nationalisten war die Gründung der Deutschen Vaterlandspartei am 2. September 1917 im York-Saal der ostpreußischen Landschaft in Königsberg. Hauptinitiator war der Mann an der Spitze der «Landschaft», einer öffentlich-rechtlichen Kreditanstalt für die Landwirtschaft, der Jurist Wolfgang Kapp. Trotz ihres Namens betrachtete sich die neue Gruppierung nicht als Partei unter Parteien, sondern als überparteiliches Sammelbecken aller «vaterländischen» Kräfte. Ihr Haupteinzugsfeld hatte sie im ostelbischen Preußen; ihre Aktivisten kamen vorwiegend aus dem beamteten Bildungsbürgertum evangelischer Konfession und aus dem ebenfalls evangelischen Rittergutsbesitz, ihre Anhänger vor allem aus den Reihen der Konservativen und der Nationalliberalen. Zahlreiche nationale Verbände traten der Vaterlandspartei korporativ bei, was zur doppelten Zählung von Mitgliedern führte, die der Partei sowohl unmittelbar als auch mittelbar angehörten. Das ist bei den von der Vaterlandspartei selbst genannten Zahlen von 450 000 Mitgliedern im März 1918 und 800 000 Mitgliedern Anfang September 1918 zu berücksichtigen: Die Zahlen waren beide Male deutlich überhöht.

Daß an die Spitze der Vaterlandspartei ein Mitglied eines regierenden Hauses, Herzog Johann Albrecht von Mecklenburg, Mitbegründer des Alldeutschen Verbandes und seit 1895 Vorsitzender der Deutschen Kolonialgesellschaft, und der ehemalige Staatssekretär des Reichsmarineamtes und Schöpfer der deutschen Flotte, Großadmiral Alfred von Tirpitz, traten, sagt viel über den sozialen Charakter der neuen Vereinigung aus. Die Vaterlandspartei war der Höhepunkt der Sammlungspolitik von oben, ins Leben gerufen von Staatsdienern, repräsentiert durch Angehörige der alten Herrschaftselite, unterstützt von bürgerlichen bis kleinbürgerlichen Anhängern des Bündnisses von Thron und Altar, der beiden wichtigsten Symbole des Obrigkeitsstaates. Eine Massenorganisation neuen Typs aber war die Vaterlandspartei bei allem «Populismus» ihres Programms und ihrer Propaganda nicht: In den unteren Schichten der Gesellschaft hatte die «Partei», die keine sein wollte, so gut wie keinen Rückhalt.

In ihrem Gründungsaufruf betonte die Vaterlandspartei zwar, «ohne einen starken Rückhalt im Volk» könne «die Regierung allein der Lage nicht Herr werden». Aber schon die Erläuterung, die Regierung brauche für «eine kraftvolle Reichspolitik auch ein kraftvolles Werkzeug» in Gestalt einer «großen, auf weiteste vaterländische Kreise gestützten Volkspartei», machte deutlich, daß der Partei nichts am Volkswillen lag. Vielmehr erteilte sie der Demokratie eine klare Absage: «Wir leben nicht, wie unsere Feinde lügen, unter autokratischem Absolutismus, sondern unter den Segnungen eines konstitutionellen Staates, dessen soziales Wirken alle Demokratien der Welt beschämt und dem deutschen Volk die Kraft gegeben hat, der ungeheuren Übermacht seiner Feinde zu trotzen. Deutsche Freiheit steht himmelhoch über der unechten Demokratie mit allen ihren angeblichen Segnungen, welche englische Heuchelei und ein Wilson dem deutschen Volke aufschwatzen wollen, um so das in seinen Waffen unüberwindliche Deutschland zu vernichten.»

Retten konnte Deutschland der Vaterlandspartei zufolge nur ein «Hindenburg-Frieden», der «den Siegespreis ungeheurer Opfer und Anstrengungen» heimbringe. Nicht im Gründungsaufruf, aber in zahllosen Reden und Eingaben wurden die Sprecher der nationalen «Einigungspartei» konkreter: Sie wollten Deutschland zu einem Frieden der Eroberungen und der Machtsteigerung auf Kosten Belgiens, Frankreichs, Rußlands und Englands verhelfen. Der «Hindenburg-Friede» war also die Gegenparole zu dem von den Sozialdemokraten befürworteten «Frieden ohne Annexionen und Kontributionen», den die Rechte, auf den beredtesten Anwalt dieser Lösung, den Abgeordneten Philipp Scheidemann, verweisend, kurz «Scheidemann-Frieden» nannte.

War die Gründung der Deutschen Vaterlandspartei eine Antwort auf die Friedensresolution der gemäßigten Reichstagsmehrheit, so die Gründung des Volksbundes für Freiheit und Vaterland am 14. November 1917 eine Antwort auf die nationalistische Propaganda der Vaterlandspartei. Neben bekannten Professoren wie Friedrich Meinecke, Hans Delbrück, Max Weber, Hugo Preuß, Lujo Brentano und Ernst Troeltsch sowie Politikern und Publizisten aus den Reihen der Fortschrittlichen Volkspartei um Friedrich Naumann und Theodor Heuss beteiligten sich namhafte Vertreter der Gewerkschaften, darunter die katholischen Arbeiterführer Johann Giesberts und Adam Stegerwald und die Sozialdemokraten Carl Legien und Gustav Bauer an dem Versuch, eine Bewegung für maßvolle Kriegsziele, sozialen Ausgleich und innere Reformen zu organisieren.

Der Gründungsaufruf des Volksbundes enthielt ein Bekenntnis zur «äußersten Zusammenfassung unserer Kräfte», die notwendig sei, um den «Vernichtungswillen» der Feinde zu brechen. Die innenpolitische Neuordnung im Sinne eines «freiheitlichen Ausbaus unserer staatlichen Einrichtungen» müsse sofort und nicht erst nach Kriegsende beginnen. Es gelte, einer «reformwilligen Regierung die Stütze eines festen Volkswillens zu geben und die notwendigen Folgerungen aus dem Wesen des modernen Staates zu ziehen, die heute jede Nation im Zusammenhang ihrer Entwicklung ziehen muß». Schließlich brauche Deutschland eine «klare, von Volk und Regierung getragene Außenpolitik, die einen dauernden Frieden anstrebt, Rohstoffbezug und Handelsabsatz sichert und Dasein, Ehre und Entwicklungsfreiheit der Völker auf den Boden der Sittlichkeit und des Rechtes stellt».

Der Volksbund sprach sich nicht eindeutig für eine Parlamentarisierung Deutschlands aus, unterstützte aber Forderungen nach mehr Demokratie. Er forderte keine Erweiterungen des deutschen Territoriums, schloß sie aber auch nicht aus. Eine Steigerung der wirtschaftlichen Macht Deutschlands gehörte zu den Zielen, in denen sich die Unterzeichner des Gründungsaufrufs einig waren. Alles in allem ließen die Verlautbarungen des Verbandes und seiner Wortführer darauf schließen, daß der Friede, den der Volksbund anstrebte, eher der «Verständigungsfriede» der Reichstagsmehrheit als der von der Vaterlandspartei propagierte «Siegfriede» war.

Das öffentliche Echo auf die Herausbildung einer neuen klassen- und konfessionsübergreifenden Mitte war schwächer als die Resonanz, die die

Vaterlandspartei mit ihren schrillen und auftrumpfenden Parolen fand. Die Zahl der Einzelmitglieder des Volksbundes blieb sehr bescheiden: Sie stieg angeblich von 1000 im Mai auf 2800 im Oktober 1918. Rechnete man die korporativ beigetretenen Organisationen, darunter sämtliche Richtungsgewerkschaften, mit, kam man auf die eindrucksvolle, aber irreführende Zahl von etwa 4 Millionen Mitgliedern. In Wirklichkeit war der Volksbund in sich viel zu uneinheitlich, um je zu einem innenpolitischen Machtfaktor werden zu können. Was den Verband trotzdem bedeutsam machte, war die Tatsache, daß in ihm gemäßigte Vertreter von Bürgertum und Arbeiterschaft zusammenwirkten. Der Volksbund für Freiheit und Vaterland war (ähnlich wie die an seiner Gründung beteiligte Gesellschaft für soziale Reform) ein Ausdruck jenes Klassenkompromisses, der sich unter den Vorzeichen des «Burgfriedens» entwickelt hatte – eines Kompromisses, ohne den an eine parlamentarische Demokratie in Deutschland gar nicht zu denken war.

Zum Zeitpunkt, als der Volksbund gegründet wurde, hieß der Reichskanzler schon nicht mehr Michaelis. Auslösendes Moment der zweiten Kanzlerkrise des Jahres 1917 waren maßlose und unhaltbare Angriffe des Staatssekretärs des Marineamtes, Eduard von Capelle, auf die Führer der USPD, denen er am 9. Oktober im Reichstag vorwarf, sie hätten Aufstandspläne bei der Hochseeflotte unterstützt. Der Vorgang empörte nicht nur die unmittelbar betroffene Partei und die Mehrheitssozialdemokraten, die durch ihren Partei- und Fraktionsvorsitzenden Friedrich Ebert noch am gleichen Tag dem Reichskanzler den offenen Kampf ansagten. Auch bei Zentrum und Fortschrittlicher Volkspartei hatte Michaelis inzwischen jede Unterstützung verloren: Der Eindruck, daß der Kanzler dabei war, gegen die Unabhängigen Sozialdemokraten in ähnlicher Weise vorzugehen, wie die Vorkriegsregierungen die Sozialdemokratie insgesamt bekämpft hatten, war allgemein. Selbst für die Nationalliberalen, die seit Ende August wieder im Interfraktionellen Ausschuß mitarbeiteten, stand seit dem 9. Oktober fest, daß Michaelis als Kanzler nicht mehr zu halten war.

Der Nachfolger war, obwohl Mitglied des Zentrums, kein Mann nach dem Herzen der Reichstagsmehrheit vom Juli: Der bayerische Ministerpräsident Graf Georg von Hertling, der am 1. November 1917 die Ämter des Reichskanzlers und des preußischen Ministerpräsidenten übernahm, lehnte als überzeugter Föderalist eine weitere Parlamentarisierung des Reiches ab, weil er von ihr eine Wirkung in Richtung Einheitsstaat befürchtete. Er bot auch keinen Anlaß für die Annahme, er stünde der Friedensresolution vom Juli freundlicher gegenüber als Michaelis. Auf der anderen Seite war die Rechte mit der Ernennung Hertlings ebenfalls unzufrieden: Militant evangelische Kreise bei Konservativen, Nationalliberalen und Vaterlandspartei empfanden die Berufung eines katholischen Reichskanzlers auf dem Höhepunkt des «Lutherjahres» 1917, in dem die 400. Wiederkehr der Reformation gefeiert wurde, sogar nachgerade als Provokation.

Es gab indes Begleiterscheinungen des Kanzlerwechsels, die sich als Zeichen einer schleichenden Parlamentarisierung deuten ließen. Zum zweiten Mal im Jahr 1917 hatte der Reichstag eine Regierung zu Fall gebracht und zwar, anders als beim Sturz Bethmann Hollwegs, diesmal ohne die Hilfe der OHL. Vizekanzler wurde an Stelle des von Kaiser und Kanzler favorisierten Amtsinhabers Karl Helfferich der vom Interfraktionellen Ausschuß vorgeschlagene fortschrittliche Reichstagsabgeordnete Friedrich von Payer aus Stuttgart, Vizepräsident des preußischen Staatsministeriums der nationalliberale Reichstagsabgeordnete Robert Friedberg aus Berlin. Damit waren drei der vier Parteien des Interfraktionellen Ausschusses in der Exekutive des Reiches und Preußens vertreten.

Ob die Reichstagsmehrheit vom Juli durch die Regierungsumbildung vom November an Einfluß auf die «große Politik» gewinnen würde, war im Spätjahr 1917 aber noch nicht abzusehen. Es war nicht einmal sicher, ob es die Julimehrheit überhaupt noch gab. Das Zentrum jedenfalls rückte im November von der Friedensresolution unüberhörbar ab. Auf der anderen Seite behielten sich die Mehrheitssozialdemokraten in der Debatte über Hertlings Regierungserklärung ausdrücklich vor, die neue Reichsleitung entschieden zu bekämpfen, falls diese durch ihr Tun oder Unterlassen die größte deutsche Partei dazu herausfordern sollte. Die Geschichte der parlamentarischen Monarchie mit dem November 1917 beginnen zu lassen wäre nach alledem eine Überzeichnung des Einschnitts, den der Übergang von Michaelis zu Hertling bedeutete.[36]

Der November 1917 ist nicht wegen des Kanzlerwechsels in Deutschland zu einer weltgeschichtlichen Zäsur geworden, sondern wegen der Revolution, die am 6. und 7. November in Rußland stattfand. Die zweite der russischen Revolutionen von 1917 – die Oktoberrevolution, wie sie, dem Julianischen Kalender entsprechend, genannt wird – war nach dem Kriegseintritt der Vereinigten Staaten von Amerika im April das zweite Ereignis, das 1917 zu einem Epochenjahr macht. Als Lenins Bolschewiki die Macht in Petrograd, dem ehemaligen St. Petersburg, übernahmen, wurde dies von den meisten Zeitgenossen noch nicht als Revolution neuen Typs wahrgenommen, sondern vor allem als ein Geschehen, das für den Ausgang des Weltkriegs entscheidende Bedeutung erlangen konnte.

Aus ebendieser Erwartung heraus hatten das deutsche Auswärtige Amt und die Oberste Heeresleitung Lenin und anderen führenden Bolschewiki die Möglichkeit verschafft, vom 9. bis 12. April aus dem Schweizer Exil über Deutschland und Schweden nach Rußland zurückzukehren. Von Deutschland materiell großzügig unterstützt, sollte Lenin seine Revolution durchführen und den Krieg im Osten beenden. Solange Lenin tat, was die Reichsleitung von ihm erwartete, handelte er «objektiv» als deutscher Einflußagent. Daß Lenin radikal andere Ziele verfolgte als die politische und militärische Führung des Reiches, war den Akteuren in Berlin bewußt.

Sie nahmen es billigend in Kauf, weil ihnen der Teilsieg im Osten und damit die Beendigung des Zweifrontenkrieges wichtiger war als alles andere.

Ein vergleichbares Spiel mit der Revolution hatte Bismarck 1866 vor und nach dem Ausbruch des Krieges mit Österreich getrieben, als er Anstalten traf, die Ungarn, die Tschechen und die südslawischen Völker gegen das Haus Habsburg zu mobilisieren. Nach den militärischen und diplomatischen Erfolgen Preußens sah er sich nicht mehr genötigt, auf diesem Weg weiter voranzuschreiten. Im Jahr 1917, die Gefahr einer Landung amerikanischer Truppen in Europa vor Augen, hielten sich die Leiter der deutschen Politik für berechtigt, nach jener Devise zu handeln, die Reichskanzler von Bethmann Hollweg bereits am 4. August 1914 im Hinblick auf den (von ihm selbst als «Unrecht» bezeichneten) Einmarsch ins neutrale Belgien ausgegeben hatte: «Not kennt kein Gebot!»

Die Nachricht von der russischen Oktoberrevolution wurde in Deutschland zunächst mit großer Erleichterung aufgenommen: Das «Dekret über den Frieden», das der Zweite Allrussische Kongreß der Sowjets auf Lenins Antrag am 8. November beschloß, beeindruckte die kriegsmüde Arbeiterschaft in Deutschland und Österreich-Ungarn, weil es alle kriegführenden Staaten zu Waffenstillstand und Friedensschluß aufforderte, also eine rasche Beendigung des Krieges in Aussicht stellte. Der Aufruf an die internationale Arbeiterklasse, überall die proletarische Revolution zum Siege zu führen, zeitigte dagegen fürs erste noch keine spürbaren Wirkungen.

Auch die von Lenin als «Sozialpatrioten» bekämpften Mehrheitssozialdemokraten stimmten vorübergehend in das Lob der friedenswilligen Bolschewiki ein: Lenin und seine Anhänger hatten die offenkundig nicht mehr durchsetzungsfähige, aber noch immer nicht friedensbereite Diktatur des Ministerpräsidenten Kerenski ohne großes Blutvergießen gestürzt, so daß nunmehr erstmals eine ernsthafte Chance für einen Sonderfrieden im Osten bestand. Doch schon seit Ende November mehrten sich bei Mehrheitssozialdemokraten und gemäßigten Unabhängigen die Stimmen derer, die den Bolschewiki terroristische Methoden vorwarfen. Nach dem 19. Januar 1918 gab es dann kaum noch Sozialdemokraten, die Sympathie für den russischen Weg äußerten: An diesem Tag ließ Lenin die am 25. November gewählte Verfassunggebende Versammlung, in der die Bolschewiki nur über ein Viertel der Sitze verfügten, durch revolutionäre Truppen sprengen. Damit war der Weg in die Diktatur unwiderruflich beschritten.

Nicht nur die Mehrheitssozialdemokraten, sondern auch die gemäßigten Kräfte in der USPD waren empört über diesen Bruch mit den demokratischen Traditionen der europäischen Arbeiterbewegung. Karl Kautsky, schon vor dem 19. Januar 1918 ein scharfer Kritiker der Bolschewiki, hielt Lenin vor, die Diktatur einer von mehreren Parteien sei nicht die «Diktatur des Proletariats» im Sinne von Marx und Engels, «sondern die Diktatur eines Teiles des Proletariats über einen anderen Teil». Die Diktatur einer Minderheit aber finde ihre kraftvollste Stütze in einer ergebenen Armee, und je mehr die Minderheit die Gewalt der Waffen an die Stelle der Majorität setze, «desto mehr drängt sie auch jede Opposition dahin, ihr Heil im Appell an die Bajonette und Fäuste zu suchen, statt im Appell an die Wahlstimmen, der ihr versagt ist: dann wird der *Bürgerkrieg* die Form der Austragung politischer und sozialer Gegensätze».

Der Bürgerkrieg aber war für Kautsky die grausamste Form des Krieges und darum eine Katastrophe. «Im Bürgerkrieg kämpft jede Partei um ihre Existenz, droht dem Unterliegenden völlige Vernichtung... Mancher verwechselt den Bürgerkrieg mit der sozialen Revolution, hält ihn für deren Form und ist geneigt, die im Bürgerkrieg unvermeidlichen Gewalttätigkeiten damit zu entschuldigen, daß ohne solche eine Revolution nicht möglich sei... Wollte man nach dem Beispiel der bürgerlichen Revolutionen sagen, die Revolution sei gleichbedeutend mit Bürgerkrieg und Diktatur, dann müßte man auch die Konsequenz ziehen und sagen: die Revolution ende notwendigerweise in der Herrschaft eines Cromwell oder Napoleon.»

Selbst auf der äußersten Linken, in der «Spartakusgruppe», waren die Meinungen über den Januarputsch der Bolschewiki geteilt. Clara Zetkin und Franz Mehring verteidigten die Zerschlagung der Konstituante ohne Vorbehalt; die Vorkämpferin der sozialistischen Frauenbewegung meinte gar, der Verzicht auf diese Aktion «wäre ein Verbrechen gewesen, gepaart mit Narrheit». Rosa Luxemburg hingegen, seit Juli 1916 in «Schutzhaft», hielt es für unentschuldbar, daß die Bolschewiki nach der (auch von ihr gerechtfertigten) Verjagung der Verfassunggebenden Versammlung nicht unverzüglich Neuwahlen ausgeschrieben hatten. «Freiheit nur für die Anhänger der Regierung, nur für die Mitglieder einer Partei – mögen sie auch noch so zahlreich sein – ist keine Freiheit. Freiheit ist immer nur die Freiheit des anders Denkenden»: So lauten die beiden meistzitierten Sätze der erst posthum veröffentlichten Schrift «Die russische Revolution». Sie waren allerdings nicht als Bekenntnis zu einem liberalen, sondern zu einem revolutionären, sozialistischen Pluralismus gemeint: An «Klassenfeinde» und «Klassenverräter» dachte die Autorin nicht, als sie das Wort von der «Freiheit der anders Denkenden» niederschrieb.[37]

Dem «Sonderfrieden» im Osten war Deutschland zu dem Zeitpunkt, als Lenin die Konstituante sprengen ließ, ein gutes Stück nähergekommen. Seit dem 5. Dezember 1917 schwiegen die Waffen. Am 22. Dezember begannen in Brest-Litowsk die Friedensverhandlungen zwischen Rußland und den Mittelmächten. Hauptstreitpunkt war das Selbstbestimmungsrecht der Nationen, zu dem die Bolschewiki sich bekannten, das sie im konkreten Fall freilich den Gesichtspunkten des revolutionären Klassenkampfes, so wie sie ihn auffaßten, unterzuordnen entschlossen waren. Die deutsche Seite wollte nicht nur das gesamte Baltikum, Polen und Finnland dauerhaft der russischen Herrschaft entziehen, sondern sich auch die Kontrolle über die Ukraine, ihre Rohstoffe und Getreidefelder, sichern und ordnete dieses

Interesse dem Selbstbestimmungsrecht der betroffenen Völker über. Es bedurfte eines Abbruchs der Friedensverhandlungen und eines erneuten Vormarsches der Verbündeten im Februar 1918, um die russische Revolutionsregierung zur Kapitulation zu zwingen.

Am 3. März 1918 unterzeichneten beide Seiten den Friedensvertrag von Brest-Litowsk. Es war ein Eroberungs- und Gewaltfriede, wie es ihn in der neueren Geschichte noch nicht gegeben hatte. Rußland mußte Finnland, Polen, Litauen, Kurland, die Ukraine preisgeben. Wenig später erklärten die transkaukasischen Staaten ihre Unabhängigkeit. Rußland verlor dadurch ein Drittel seiner Bevölkerung und seines Ackerlandes, über die Hälfte seiner Kohleförderung; vom Schwarzen Meer wurde es infolge der Bildung eines selbständigen ukrainischen Staates und der Abtretung armenischer Gebiete an die Türkei vollständig abgeschnitten; zur Ostsee behielt es nur noch einen schmalen Zugang. Durch zusätzliche Verträge mußte sich Rußland Ende August 1918 zur Zahlung von 6 Milliarden Goldmark verpflichten und auf die nordbaltischen Provinzen Livland und Estland verzichten. Wie zuvor schon im Falle Kurlands waren es auch jetzt wieder die deutsch-baltische Oberschicht und ihre im Reich lebenden Repräsentanten, die besonders massiv auf die Abtrennung «ihrer» Territorien von Rußland drängten. Doch auch ohne diesen Einfluß hätte sich die öffentliche Meinung Deutschlands im Frühjahr und Sommer 1918 leicht davon überzeugen lassen, daß es darauf ankam, in Gestalt der «Randstaaten» Ostmitteleuropas einen Sicherheitsgürtel gegenüber dem Bolschewismus zu schaffen.

Der Friedensvertrag von Brest-Litowsk verstieß eklatant gegen die Friedensresolution vom 19. Juli 1917. Dennoch stimmte der Reichstag am 22. März 1918 dem Vertragswerk mit großer Mehrheit zu. Unter den Ja-Stimmen waren die der beiden bürgerlichen Mehrheitsparteien, des Zentrums und der Fortschrittlichen Volkspartei; die MSPD, zwischen Gegnern, Befürwortern und «Neutralen» in sich zerrissen, enthielt sich der Stimme; die USPD stimmte mit Nein. Zusammen mit den beiden anderen Mehrheitsparteien hatten die Mehrheitssozialdemokraten zuvor eine Resolution verabschiedet, die die Erwartung aussprach, das Reich werde dem Selbstbestimmungsrecht Polens, Litauens und Kurlands Rechnung tragen.

Die gemeinsame Resolution war auch ein Versuch, die Spannungen zu überwinden, die sich in den Monaten zuvor zwischen Mehrheitssozialdemokraten und bürgerlicher Mitte aufgestaut hatten. Höhepunkt der Zerwürfnisse zwischen den Mehrheitsparteien war die große Streikwelle vom Januar 1918, hervorgerufen durch die anmaßende Siegerattitüde, mit der General Max Hoffmann, der Chef des Generalstabs Oberost, in Brest-Litowsk der von Leo Trotzki geführten russischen Delegation gegenübergetreten war. Der Ausstand begann am 28. Januar in Groß-Berlin, wo es den Revolutionären Obleuten unter Führung Richard Müllers gelang, mindestens 180000 Arbeiter, vor allem aus der rüstungswichtigen Metallindustrie, zur Niederlegung der Arbeit zu bewegen. Binnen weniger Tage schlossen sich Arbeiter in vielen deutschen Städten, darunter Kiel, Hamburg, Leipzig, Braunschweig, Köln und Bochum, dem Streik an. Am 30. Januar wurde der «Vorwärts», das sozialdemokratische Zentralorgan, verboten, tags darauf der verschärfte Belagerungszustand verhängt und Wilhelm Dittmann, Reichstagsabgeordneter der USPD, verhaftet, als er im Treptower Park zu streikenden Arbeitern sprach; ein Militärgericht verurteilte ihn am 4. Februar 1918 zu fünf Jahren Festungshaft.

Die beiden Parteivorsitzenden der MSPD, Friedrich Ebert und Philipp Scheidemann, sowie der preußische Landtagsabgeordnete Otto Braun aus Königsberg hatten sich am 28. Januar in den Streikausschuß wählen lassen, um den Ausstand, an dem sich die Gewerkschaften *nicht* beteiligten, möglichst rasch zu Ende zu bringen. Am 4. Februar war das Ziel erreicht: In Berlin wurde der Streik abgebrochen; im übrigen Reich war das meist schon vorher geschehen. Bei längerer Dauer hätte der Streik der Munitionsarbeiter die militärische Schlagkraft des Reiches bedroht; daher waren die Gegenmaßnahmen der Militärbehörden, der Polizei und der Justiz rigoros: Aktive Streikteilnehmer wurden in großer Zahl verhaftet oder zum Heeresdienst eingezogen.

Der Althistoriker Arthur Rosenberg, von 1924 bis zu seinem Bruch mit Stalin 1927 kommunistischer Reichstagsabgeordneter, hat in seinem 1928 veröffentlichten Buch «Entstehung der Deutschen Republik 1871–1918» den Januarstreik «eine ungeheure Massenerhebung gegen die Militärdiktatur und General Ludendorff» genannt. Der Ausstand war, demselben Autor zufolge, nach der Marinebewegung von 1917 der zweite Akt der «direkten Massenaktion gegen die Militärdiktatur», dem im November 1918 der dritte Akt, die Revolution, folgte. Der Protest der Arbeiter richtete sich gegen Hunger und Belagerungszustand, gegen die Militarisierung der Betriebe und die Politik des «Siegfriedens». Die USPD wirkte am Streik mit, weil sie, wie die Arbeiter, den Krieg so rasch wie möglich, ohne Annexionen und Kriegsentschädigungen und auf der Grundlage des Selbstbestimmungsrechts der Völker, beenden wollte. Die MSPD beteiligte sich an der Streikleitung, um die protestierenden Arbeiter nicht ganz dem Einfluß der USPD zu überlassen, eine Zuspitzung der inneren Krise zu vermeiden und dem Vorwurf entgegenzuwirken, das sozialdemokratische Proletariat falle der kämpfenden Front in den Rücken.

Solche Anschuldigungen wurden bereits während des Berliner Munitionsarbeiterstreiks erhoben. Der Dom- und Hofprediger Bruno Doehring nannte am 3. Februar die für den Streik Verantwortlichen in einer Predigt «feile und feige Kreaturen, die den Altar des Vaterlands meuchlings mit Bruderblut entweiht» und «unseres Volkes gutes Blut vergiftet» hätten. Anschließend nahm Doehring die spätere Dolchstoßlegende mit den Worten vorweg, die Urheber des Streiks hätten die irregeleiteten Arbeiter «von der Stätte ruhig schaffender Arbeit auf die Straße gehetzt, ihnen die Mordwaffe in die Hand gedrückt» und ihnen befohlen, «den Brüdern, die noch vor dem Feinde liegen, in den Rücken» zu fallen.

Auch das Stichwort «Verrat» kam bei Doehring schon vor. Er ließ die Gefallenen aus ihren Gräbern schreien, «daß es zum Himmel gellt: Verrat, Verrat am eigenen Volk!» Es wirkte wie ein Echo auf die Anklage des Hofpredigers, als der konservative Parteiführer von Heydebrand und der Lasa am 26. Februar 1918 im Reichstag mit Blick auf den Streik behauptete, es habe sich «dabei um nichts weiter gehandelt als einfach um Landesverrat, angestiftet und beeinflußt von auswärtigen Agenten und leider getragen zum Teil von dem Einfluß der deutschen Sozialdemokratie».

Es war das Klima der Verratsvorwürfe, von dem die Mehrheitssozialdemokraten nicht nur für sich als Partei und für die Arbeiterbewegung, sondern für Deutschland das Schlimmste befürchteten. Den Krieg rasch zu beenden, war auch *ihr* Wunsch, doch sollte der Friede, der am Ende aller Schlachten stand, nicht nur ein äußerer, sondern möglichst auch ein innerer sein. Daß der «Burgfriede» den Krieg überleben würde, war zwar weder zu erwarten noch zu wünschen. Aber ohne ein gewisses Maß an Verständigung zwischen den Klassen drohte Deutschland ein Bürgerkrieg, wie ihn seit dem Winter 1917/18 die Ukraine, Finnland und Teile von Rußland erlebten.

Deswegen versuchten die Führer der Mehrheitssozialdemokraten im Januar 1918, Brücken zwischen den streikenden Arbeitern auf der einen, den bürgerlichen Parteien der Reichstagsmehrheit und der Reichsleitung auf der anderen Seite zu schlagen. Sie waren dabei nicht ganz erfolglos. Bei aller Mißbilligung der sozialdemokratischen Streiktaktik griffen die Sprecher der gemäßigten bürgerlichen Parteien den Vorwurf des Verrats nicht auf. Die Reichstagsmehrheit vom Juli 1917 hielt notdürftig zusammen, bis sie durch die Resolution vom 22. März 1918 eine Art Wiedergründung erfuhr. Der gemeinsame Gegensatz zum extremen Nationalismus der Alldeutschen, der Konservativen und der Vaterlandspartei war zuletzt stärker als das, was die bürgerliche Mitte von der gemäßigten Linken trennte. Von einem anderen gemeinsamen Gegensatz galt Entsprechendes: Die Mehrheitsparteien vom Juli 1917 waren sich einig in der Abwehr des Radikalismus auf der äußersten Linken, gleichviel ob er von den Revolutionären Obleuten oder den deutschen Gefolgsleuten der Bolschewiki in der Spartakusgruppe kam. Auch unter diesem Gesichtspunkt konnten sich die Mittelparteien einen Bruch mit der MSPD gar nicht leisten.[38]

Weit stärker als das Rußland Wladimir Iljitsch Lenins wirkte seit der Jahreswende 1917/18 das Amerika Woodrow Wilsons auf die innere Entwicklung Deutschlands ein. Die «Vierzehn Punkte» vom 8. Januar und die «Vier Grundsätze» vom 11. Februar 1918, in denen der Präsident der Vereinigten Staaten seine Vorstellungen von einer gerechten Weltfriedensordnung darlegte, waren nicht nur eine Antwort an die Bolschewiki, sondern schienen auch eine Alternative zu dem Vergeltungsfrieden zu bieten, wie ihn die Regierungschefs in Paris und London, Georges Clemenceau und David Lloyd George, beschworen. Wilsons Parole «to make the world safe für democracy» sprach auch in Deutschland sehr viel mehr Menschen an als Lenins Aufruf zur proletarischen «Weltrevolution»; die Idee eines «Völkerbundes» war ungleich attraktiver als das Projekt einer «Dritten Internationale»; das Selbstbestimmungsrecht der Völker, das der Präsident der USA propagierte, ließ sich gegebenenfalls auch einer siegreichen Entente gegenüber geltend machen. Unter den konkreten Forderungen, die Wilson an die Adresse des Reiches richtete, waren freilich auch solche, die einer Mehrheit der Deutschen noch ganz und gar unzumutbar erschienen, darunter die Abtretung von Elsaß-Lothringen an Frankreich und die Bildung eines unabhängigen polnischen Staates, der die von zweifellos polnischer Bevölkerung bewohnten Gebiete einschließen und einen freien Zugang zum Meer haben müsse. Einwände gegen die Räumung und Wiederherstellung Belgiens zu erheben war hingegen viel schwieriger – was die politische Rechte nicht hinderte, just das zu tun.

Auch militärisch spielten die Vereinigten Staaten im Verlauf des Jahres 1918 eine immer wichtigere Rolle. Amerikanische Truppen trugen erheblich dazu bei, daß die letzte deutsche Westoffensive, die Ende März 1918 begonnen hatte, im Sommer endgültig scheiterte. Den entscheidenden Durchbruch erzwangen am 8. August – dem «schwarzen Tag des deutschen Heeres», wie Ludendorff ihn nannte – britische Panzerverbände bei Amiens. Danach verfiel, von Tag zu Tag mehr, der vielbeschworene «Geist der Truppe»: Im Heer häuften sich die Fälle von Befehlsverweigerung, freiwilliger Kriegsgefangenschaft, unerlaubter Entfernung von der Truppe und Desertion. Was Ludendorff in seinen «Kriegserinnerungen» aus jenen Tagen berichtet, war keine Übertreibung und durchaus typisch: «Einer frisch und tapfer angreifenden Division wurde von zurückgehenden Truppen ‹Streikbrecher› und ‹Kriegsverlängerer› zugerufen... Die Offiziere hatten an vielen Stellen keinen Einfluß mehr, sie ließen sich mitreißen.»

In der Heimat war es um die «Kriegsmoral» kaum besser bestellt, wobei sich die Unzufriedenheit schon längst nicht mehr auf die Arbeiterschaft beschränkte. Bereits im August 1917 hatte der bayerische Minister Ritter von Brettreich behauptet, der Mittelstand zeige «zur Zeit eine schlechtere Stimmung wie (sic!) alle anderen Kreise». Ein Jahr später, im August 1918, beobachtete Ernst Troeltsch selbst bei «patriotischen» und «kriegsgläubigen» Bauern und Käsefabrikanten des Allgäu einen «geradezu fanatischen Haß, der hier ganz allgemein gegen das Offizierskorps als den Inbegriff aller Ungerechtigkeit und Bevorzugung losbrach». Am 23. September berichtete der badische Reichstagsabgeordnete Oscar Geck auf einer gemeinsamen Sitzung von Fraktion und Parteiausschuß der SPD, in Süddeutschland gebe es eine «ungeheure Erbitterung gegen Preußen, nicht gegen das preußische Volk, sondern gegen die Junker und die Militärkaste.

Es herrscht bei uns die Stimmung: Preußen muß kaputt gehen, und wenn Preußen nicht kaputt geht, geht Deutschland an Preußen kaputt.»[39]

In der gleichen Sitzung der sozialdemokratischen Führungsgremien vom 23. September zog der Parteivorsitzende Friedrich Ebert praktische Schlußfolgerungen aus dem Autoritätsverfall der alten Gewalten. Er stellte seine Parteifreunde vor eine klare Alternative: «Wollen wir jetzt keine Verständigung mit den bürgerlichen Parteien und der Regierung, dann müssen wir die Dinge laufen lassen, dann greifen wir zur revolutionären Taktik, stellen uns auf die eigenen Füße und überlassen das Schicksal der Partei der Revolution. Wer die Dinge in Rußland erlebt hat, der kann im Interesse des Proletariats nicht wünschen, daß eine solche Entwicklung bei uns eintritt. Wir müssen uns im Gegenteil in die Bresche werfen, wir müssen sehen, ob wir genug Einfluß bekommen, unsere Forderungen durchzusetzen und, wenn es möglich ist, sie mit der Rettung des Landes zu verbinden, dann ist es unsere verdammte Pflicht und Schuldigkeit, das zu tun.»

Die Frage «Mehrheitsregierung oder Revolution?» beantwortete sich für Ebert also von selbst. Das Ergebnis der bolschewistischen Oktoberrevolution hieß Chaos und Gewaltherrschaft, Terror und Bürgerkrieg. Unter den gegebenen Umständen mußte man damit rechnen, daß eine Revolution, wenn sie erst einmal ausbrach, auch in Deutschland einen ähnlichen Verlauf nehmen konnte. Daraus folgte, daß die Sozialdemokraten eine Revolution nicht wollen durften, sondern auf friedliche Reformen, mithin auf einen Klassenkompromiß mit den gemäßigten Teilen des Bürgertums, setzen mußten.

Vor dem Krieg hätte die Partei eine solche Politik mehrheitlich als Verrat am marxistischen Urprinzip, dem Klassenkampf, verworfen. Inzwischen gab es die Erfahrung der Zusammenarbeit der Klassen unter dem Vorzeichen des «Burgfriedens» und im Rahmen des Interfraktionellen Ausschusses. Von der parlamentarischen Zusammenarbeit mit der bürgerlichen Mitte zur offiziellen Regierungsbeteiligung überzugehen, erforderte aber immer noch eine politische Entscheidung. Sie wurde dadurch erleichtert, ja erst ermöglicht, daß mit den Gegnern der Kriegskreditbewilligung auch die dogmatischen Marxisten die Partei verlassen hatten. Die Spaltung *war* eine Belastung der Sozialdemokratie und eine Vorbelastung der von ihrer Mehrheit erstrebten parlamentarischen Demokratie. Zugleich aber war die Spaltung noch etwas anderes: die Vorbedingung der parlamentarischen Demokratie, die ohne Koalition zwischen den gemäßigten Kräften in Bürgertum und Arbeiterschaft nicht vorstellbar war. Es hatte des Krieges und der Parteispaltung, der russischen Oktoberrevolution und der Einsicht in die unabwendbare militärische Niederlage Deutschlands bedurft, um die Mehrheitssozialdemokratie von der Notwendigkeit des entscheidenden Schrittes zur Demokratisierung Deutschlands zu überzeugen. Am 23. September 1918 taten Parteiausschuß und Reichstagsfraktion der MSPD diesen Schritt, indem sie die von

Ebert vertretene Linie des Parteivorstands mit deutlicher Mehrheit billigten.

Was Ebert seinen Parteifreunden vortrug, beruhte auf Absprachen, die Mehrheitssozialdemokraten und Fortschrittsliberale tags zuvor im Interfraktionellen Ausschuß getroffen hatten. Das Zentrum trug die meisten Absprachen, darunter die Einigung auf das allgemeine gleiche Wahlrecht für alle Bundesstaaten und die Freigabe aller besetzten Gebiete bei Friedensschluß, mit. Im entscheidenden Punkt aber, dem Übergang zur parlamentarischen Demokratie, leistete die Partei des politischen Katholizismus, gegen den Willen Erzbergers, immer noch hartnäckigen Widerstand: Allzu tief saß bei vielen Abgeordneten die Furcht, parlamentarische Mehrheitsherrschaft werde in höherem Maß als das konstitutionelle System die politische Majorisierung der katholischen Minderheit zur Folge haben.

Erschwerend kam hinzu, daß die Sozialdemokraten einen Kanzlerwechsel verlangten: Hertling hatte sich gegenüber der OHL als ähnlich schwach erwiesen wie sein Vorgänger Michaelis und erschien daher denkbar ungeeignet, die von der MSPD geforderte aktive Friedenspolitik zu betreiben. Erst am 28. September, nachdem inzwischen auch die Nationalliberalen sich für die volle Parlamentarisierung ausgesprochen hatten, lenkte das Zentrum ein: Es versprach, die Parlamentarisierung und die Berufung eines neuen, von der Mehrheit gestützten Reichskanzlers hinzunehmen.

Doch bevor die Mehrheit des Reichstags zur Tat schreiten konnte, griff die Oberste Heeresleitung ein und erzwang beides: den Kanzlerwechsel und die Parlamentarisierung. Am 14. September hatte Österreich-Ungarn auf eigene Faust den Alliierten Friedensverhandlungen angeboten; am 29. September nahm ein anderer Verbündeter des Reiches, Bulgarien, die Waffenstillstandsbedingungen der Entente an. Am gleichen Tag überzeugten Hindenburg und Ludendorff Kaiser Wilhelm II., daß Deutschland den Krieg definitiv verloren hatte und unverzüglich ein Waffenstillstands- und Friedensangebot an Wilson richten müsse. Die Verantwortung hierfür sollte aber nicht die OHL, sondern eine neue, von den Mehrheitsparteien getragene Regierung übernehmen.

Ludendorff verband seinen Vorstoß mit einer Dolchstoßlegende. «Ich habe S. M. (= Seine Majestät, H. A. W.) gebeten, jetzt auch diejenigen Kreise an die Regierung zu bringen, denen wir es in der Hauptsache zu danken haben, daß wir soweit gekommen sind», erklärte der Erste Generalquartiermeister am 1. Oktober vor hohen Offizieren. «Wir werden also diese Herren jetzt in die Ministerien einziehen sehen. Die sollen nun den Frieden schließen, der jetzt geschlossen werden muß. Sie sollen die Suppe jetzt essen, die sie uns eingebrockt haben.»

Da Wilhelm II. der von Ludendorff geforderten Lösung zustimmte, Hertling aber nicht bereit war, selbst das parlamentarische System einzuführen, nahm der Kaiser sein Rücktrittsgesuch am 30. September an. Zum Nachfolger ernannte Wilhelm am 3. Oktober den Prinzen Max von Baden

– einen Kandidaten, mit dem sich zuvor Ludendorff und die Mehrheitsparteien einverstanden erklärt hatten. Der neue Kanzler, ein Vetter des kinderlosen Großherzogs Friedrich II. von Baden und dessen Thronfolger, war bisher zwar weder als Anhänger des parlamentarischen Systems noch als Befürworter der Friedensresolution vom Juli 1917 hervorgetreten. Doch die Mehrheitsparteien akzeptierten den Prinzen, weil sie sich zutrauten, entscheidenden Einfluß auf seine Politik zu nehmen.

Tatsächlich waren die Fraktionen der Reichstagsmehrheit in der neuen Reichs- und preußischen Regierung sehr viel stärker vertreten als unter Hertling. Das Zentrum stellte mit Karl Trimborn den neuen Staatssekretär des Reichsamts des Innern, die Fortschrittliche Volkspartei mit Friedrich von Payer weiterhin den Vizekanzler, und erstmals erlangten nun auch Sozialdemokraten Kabinettsrang: Der stellvertretende Vorsitzende der Generalkommission der Freien Gewerkschaften, Gustav Bauer, trat an die Spitze des neugeschaffenen Reichsarbeitsamts; Philipp Scheidemann wurde Staatssekretär ohne Portefeuille – eine Funktion, die auch andere führende Parlamentarier, nämlich Adolf Gröber und Matthias Erzberger vom Zentrum sowie Conrad Haußmann von der Fortschrittlichen Volkspartei, einer der «Entdecker» des Prinzen Max, übernahmen. Ein Parteifreund Haußmanns, der Vorsitzende des Interfraktionellen Ausschusses, Otto Fischbeck, wurde preußischer Handelsminister. Die Nationalliberalen waren ebenfalls an der neuen Regierung beteiligt: Aus ihren Reihen kamen der Staatssekretär des Reichsjustizamtes, Paul von Krause, und Robert Friedberg, der Vizepräsident und amtierende Präsident des preußischen Staatsministeriums, der regelmäßig an den Sitzungen des Reichskabinetts teilnahm.

Dem alten und neuen Vizekanzler von Payer gegenüber hat Paul von Hintze, von Anfang Juli bis Anfang Oktober Staatssekretär des Auswärtigen Amtes, kurz vor dem Regierungs- und Systemwechsel vom Frühherbst 1918 von einer «Revolution von oben» gesprochen: Nur durch sie könne die «Revolution von unten» noch abgewendet werden. Dem Selbstverständnis der Akteure nach entsprach der Begriff «Revolution von oben» am ehesten dem, was die OHL Ende September in Gang setzte. Vermutlich wäre es auch ohne ihr Eingreifen im Oktober 1918 zu einer zumindest faktischen Parlamentarisierung gekommen, da die Reichstagsmehrheit zur gleichen Zeit, wenn auch aus anderen Motiven, dasselbe Nahziel verfolgte. Aber auch auf das Handeln der Parteiführer, einschließlich derjenigen der Mehrheitssozialdemokraten, läßt sich der Begriff einer vorbeugenden «Revolution von oben» anwenden.

Das russische Beispiel zeigte, was eine zu allem entschlossene revolutionäre Minderheit vermochte und welche katastrophalen Folgen der Putsch einer solchen Minderheit haben konnte – ein Putsch, in dem geschulte Marxisten wie Kautsky einen Rückfall in den überwunden geglaubten «Blanquismus» sahen. Bluttaten wie die Ermordung des deutschen Botschafters von Mirbach durch antibolschewistische «Linke Sozialrevolutionäre» am 6. Juli 1918 und die Ermordung der Zarenfamilie durch Bolschewiki zehn Tage später warfen ein Schlaglicht auf die Dynamik von Terror und Gegenterror. Lenins Parole vom 21. Februar 1918 «Wer sich widersetzt, ist zu erschießen», ursprünglich gemünzt auf Männer und Frauen aus der bürgerlichen Klasse, die sich weigerten, in besonderen Bataillonen unter Aufsicht von Rotgardisten Schützengräben auszuheben, war längst zur alltäglichen Praxis geworden. Revolutionäre Aufrufe und Taten in Rußland erzeugten Revolutionsangst in Deutschland – und förderten die Entschlossenheit der gemäßigten Kräfte in Arbeiterschaft und Bürgertum, durch Friedensschluß und Demokratie einer Revolution von unten zuvorzukommen.

Die äußerste Rechte reagierte auf die Bildung der ersten parlamentarischen Regierung mit Kampfansagen gegen die Demokratie – und die Juden. Der Vorsitzende des Alldeutschen Verbandes, Heinrich Claß, forderte am 3. Oktober 1918 die Gründung einer «großen, tapferen und schneidigen Nationalpartei und rücksichtslosesten Kampf gegen das Judentum, auf das all der nur zu sehr berechtigte Unwille unseres guten und irregeleiteten Volkes abgelenkt werden muß». Sein Stellvertreter, Freiherr von Gebsattel, erklärte am 15. Oktober in einem gemeinsam mit Claß entworfenen Artikel für die (seit 1917) verbandsoffiziöse «Deutsche Zeitung», er und seine Gesinnungsfreunde betrachteten die neue Regierung als illegitim und würden alles tun, sie zu stürzen. Nachdem die Juden seit längerer Zeit «im Sinne der äußersten Radikalisierung des preußischen Wahlrechts» gewirkt hätten, seien sie nun wieder «bei dem unblutigen Umsturz» in Berlin die eigentlich «treibenden Kräfte» gewesen. Die demokratischen Ideen seien «Gift», und zwar Gift «jüdischer Herkunft». Der jüdische Geist der «Zersetzung» sei «etwas Tatsächliches, an den guten oder bösen Willen nicht Gebundenes, geradezu etwas Naturgesetzliches, das als Erbe einer jahrtausendelangen Entwicklung mit dem Judentum nun einmal untrennbar verbunden ist».

Ihren Höhepunkt erreichten die alldeutschen Anklagen gegen das Judentum auf der Tagung der Hauptleitung und des Geschäftsführenden Ausschusses des Alldeutschen Verbandes am 19. und 20. Oktober 1918 in Berlin. Auch im Namen seines erkrankten Freundes Gebsattel rief Claß die Versammelten auf, «die Lage zu Fanfaren gegen das Judentum und die Juden als Blitzableiter für alles Unrecht zu benutzen». Nur wenn alle verfügbaren Kräfte und Mittel eingesetzt würden, könne es gelingen, «Furcht und Schrecken» in der Judenschaft zu erregen. Gegen Ende seiner Rede versicherte der Verbandsvorsitzende seinen Zuhörern: «Ich werde vor keinem Mittel zurückschrecken und mich in dieser Hinsicht an den Ausspruch Heinrich von Kleists... halten: ‹Schlagt sie tot, das Weltgericht/ fragt Euch nach den Gründen nicht!›»

Die Bildung des Kabinetts des Prinzen Max von Baden bedeutete erst die faktische Parlamentarisierung, noch nicht die staatsrechtliche Einführung des parlamentarischen Systems. Der formelle Übergang von der konstitutionellen zur parlamentarischen Monarchie erfolgte durch Änderung der Reichsverfassung am 28. Oktober 1918. Fortan war der Reichskanzler vom Vertrauen des Reichstags abhängig. Sprach ihm der Reichstag das Mißtrauen aus, mußte er zurücktreten. Die Verantwortlichkeit des Reichskanzlers erstreckte sich auf alle Handlungen von politischer Bedeutung, die der Kaiser in Ausübung seiner verfassungsmäßigen Befugnisse vornahm. Der parlamentarischen Kontrolle unterlag damit auch die militärische Kommandogewalt des Kaisers, soweit es sich um Akte von «politischer Bedeutung» handelte. Eine andere Verfassungsänderung war kaum weniger wichtig: Ohne Zustimmung des Reichstags konnte von nun an weder ein Krieg erklärt noch ein Friede geschlossen werden.

Deutschland war durch die «Oktoberreformen», unter Beibehaltung der monarchischen Staatsform, zu einer Demokratie westlicher Prägung geworden – Großbritannien, Belgien, den Niederlanden und den skandinavischen Königreichen vergleichbar. Der Grundwiderspruch des Kaiserreichs, der Gegensatz zwischen wirtschaftlicher und kultureller Modernität auf der einen und der Rückständigkeit seines vorparlamentarischen Regierungssystems auf der anderen Seite, war seit dem 28. Oktober 1918 aufgehoben – auf dem Papier jedenfalls.[40]

Unmittelbar nach ihrer Berufung, am 4. Oktober 1918, ließ die Regierung des Prinzen Max, gedrängt von der OHL, ein Gesuch um Waffenstillstand an Präsident Wilson herausgehen. Die endgültige Antwort kam, nachdem in der Zwischenzeit Noten hin- und hergegangen waren, am 23. Oktober. Der amerikanische Außenminister Lansing verlangte die vollständige Kapitulation Deutschlands und, in kaum verschlüsselter Form, die Abdankung Wilhelms II. Die OHL forderte daraufhin den Abbruch der Verhandlungen mit den USA und «Kampf bis zum äußersten». Das Ansinnen war, wie die Dinge militärisch und politisch lagen, illusorisch und nur als Versuch Ludendorffs zu verstehen, sich der Verantwortung zu entziehen. Als die OHL am 24. Oktober die Truppenführer in einem Rundtelegramm zum Weiterkämpfen aufforderte, suchte sie bewußt den Konflikt mit der neuen parlamentarischen Regierung. Diese ersuchte den Kaiser, Ludendorff zu entlassen, was Wilhelm II. am 26. Oktober tat. Neuer Erster Generalquartiermeister und damit faktischer Chef der Obersten Heeresleitung wurde der aus Württemberg stammende General Groener.

Am 29. Oktober – einen Tag, nachdem er die verfassungsändernden Gesetze unterzeichnet hatte – verließ Wilhelm II. auf Anraten Hindenburgs Berlin und begab sich ins Große Hauptquartier im belgischen Spa. Ernst Troeltsch, ein scharfsinniger Beobachter des Zeitgeschehens, sah darin nicht mehr und nicht weniger als eine endgültige Teilung der Regierung: «Die monarchisch-militärische und die parlamentarisch-bürokratische Gewalt waren völlig getrennt und im Kampf». Über die Bedeutung, die der

Abreise des Kaisers zukam, konnte es in der Tat keinen Zweifel geben. «Im ersten Augenblick mag es sich dabei nur um eine Instinktreaktion gehandelt haben, mit der die Hohenzollernsche Monarchie in der Stunde der Gefahr wieder zu ihren militärischen Ursprüngen zurückstrebte», urteilt der Historiker Wolfgang Sauer. «Aber der Schritt bedeutete zugleich, daß die alten Gewalten nun das soeben mühsam geknüpfte Band der Volksregierung zerrissen und sich auf den unbesonnenen Versuch eingelassen hatten, die alte Militärmonarchie wiederherzustellen.»

Die ernsteste Herausforderung des neuen parlamentarischen Systems kam jedoch nicht vom Heer, sondern von der Flotte. Die Seekriegsleitung nahm die Einstellung des U-Boot-Krieges am 20. Oktober zum Anlaß für die Feststellung, daß sie damit ihre «operative Freiheit» zurückgewonnen habe. Als der Reichskanzler diese Mitteilung von Admiral Scheer erhielt, konnte er ihre Tragweite nicht durchschauen – und das sollte er auch nicht. Die Flotte, die seit der Schlacht im Skagerrak Ende Mai 1916 nicht mehr zum militärischen Einsatz gekommen war, sollte sich nach dem Willen der Seekriegsleitung aus Gründen ihrer «Ehre» nochmals in die Annalen des Weltkriegs einschreiben und England in letzter Stunde empfindliche Verluste zufügen. Schwere eigene Opfer wurden dabei ebenso in Kauf genommen wie der Konflikt mit der Reichsleitung und der sie tragenden Reichstagsmehrheit. Die Seekriegsleitung trieb Politik auf eigene Faust, und das auf eine Weise, die es rechtfertigt, von einem Putschversuch zu sprechen.[41]

Daß der Versuch fehlschlug, war die Folge der Gegenwehr der Matrosen. Die Auflehnung begann am 29. Oktober auf einer Reihe von Schiffen, die vor Wilhelmshaven auf Reede lagen. Die Seekriegsleitung ergriff scharfe Gegenmaßnahmen, steigerte aber damit nur den Protest. Am 1. November wurde Kiel zum Vorort der Matrosenerhebung. Seit dem 3. November beteiligten sich auch Werftarbeiter an den Aktionen. Auf Ersuchen des Stationschefs und Gouverneurs von Kiel, Admiral Souchon, schaltete sich am folgenden Tag die Reichsregierung ein: Sie entsandte, um die Lage rasch unter Kontrolle zu bringen, Staatssekretär Conrad Haußmann und den Marinereferenten der sozialdemokratischen Reichstagsfraktion, Gustav Noske, in die Ostseestadt. Noske konnte die rebellierenden Matrosen durch das Versprechen einer Amnestie beruhigen; den Aufruhr zu lokalisieren gelang ihm nicht. Am 4. November war nur Kiel in den Händen der Matrosen gewesen; zwei Tage später waren es auch Lübeck, Brunsbüttel, Hamburg, Bremen und Cuxhaven.

Am 7. November schlug die Meuterei in Revolution um. Als erster deutscher Thron stürzte der wittelsbachische. Der Unabhängige Sozialdemokrat Kurt Eisner, ein aus Berlin stammender Journalist, ergriff als Vorsitzender des Münchner Arbeiter- und Soldatenrates die Macht in Bayern, das er tags darauf zum «Freistaat» erklärte. Am selben 7. November fiel Braunschweig in die Hände von Kieler Matrosen und örtlichen Regimentern, die sich ihnen angeschlossen hatten. Am 8. November übernahm auch in Köln ein Arbeiter- und Soldatenrat die Macht. Als erster Vertreter einer Kölner Behörde stellte sich Oberbürgermeister Konrad Adenauer, ein Mitglied des Zentrums, «ohne Zögern auf den Boden der gegebenen Tatsachen». Am Abend des gleichen Tages zählte das preußische Kriegsministerium die Namen von neun weiteren Städten auf, die inzwischen «rot» waren, darunter Halle, Leipzig, Düsseldorf, Osnabrück und Stuttgart.

In Berlin wurde, während die revolutionäre Unruhe sich über immer größere Teile des Reiches ausbreitete, um die Abdankung des Kaisers gerungen. Die Mehrheitssozialdemokraten, obwohl im Prinzip Republikaner, hatten sich längst in «Vernunftmonarchisten» verwandelt: Sie waren bereit, zwischen dem Amtsinhaber, der dem Friedensschluß offenkundig im Wege stand, und dem Amt zu unterscheiden, die monarchische Staatsform also bis auf weiteres beizubehalten. Noch am 5. November bekannte sich der «Vorwärts» zu diesem sozialdemokratischen Pragmatismus: «Die Aussicht, sich in einer jungen Republik vielleicht 30 Jahre lang mit royalistischen Don Quichotes herumschlagen zu müssen und dadurch notwendige Entwicklungen gestört zu sehen, gehört ja auch nicht zu den angenehmsten.»

Die Abdankung Wilhelms II. aber wurde nicht nur, verklausuliert, von Wilson, sondern auch, ganz offen, von den Kieler Matrosen gefordert. Als erster prominenter Sozialdemokrat hatte Philipp Scheidemann am 29. Oktober in einem Brief an den Reichskanzler verlangt, der Kaiser solle um erträglicher Bedingungen für Waffenstillstand und Frieden willen freiwillig dem Thron entsagen. Am 6. November drängte auch Ebert in einem Gespräch mit Groener auf den Thronverzicht des Monarchen und die Beauftragung eines der kaiserlichen Prinzen mit der Regentschaft. Dem Reichskanzler gegenüber erklärte der sozialdemokratische Parteiführer am 7. November, sofern Prinz Max seine Worte richtig wiedergibt, wenn der Kaiser nicht abdanke, dann sei die soziale Revolution unvermeidlich. «Ich aber will sie nicht, ja, ich hasse sie wie die Sünde.»

Ebert mag sich etwas anders geäußert haben, aber an seiner grundsätzlichen Haltung gab es nichts zu deuteln: Eine deutsche Revolution war, wenn sie erst einmal ausbrach, nicht davor gefeit, einen ähnlichen Verlauf wie in Rußland zu nehmen. Das hieß aber auch: Eine radikale gesellschaftliche Umwälzung in Deutschland würde eine alliierte Intervention auslösen, wie sie in Rußland bereits stattfand. Ebert sah die Dinge nicht anders als Groener, der am Abend des 8. November Hindenburg davon überzeugen konnte, daß der «Plan eines Vormarsches gegen die Heimat», wie ihn eine Minderheit von Offizieren erwog, aussichtslos war: «Zu dem unvermeidlichen Bürgerkrieg mußte sich obendrein die Fortsetzung des blutigen Ringens mit der zweifellos vom Westen nachdringenden Entente gesellen.»[42]

Die «Kaiserfrage» war nicht das einzige ungelöste Problem, das in der ersten Novemberwoche Regierungsmehrheit und Kabinett belastete. In

Preußen hatte am 24. Oktober zwar das Herrenhaus der Einführung des gleichen Wahlrechts in erster Lesung zugestimmt; ob das Abgeordnetenhaus dem folgen würde, war aber immer noch offen. Die von den Mehrheitsparteien geforderte Abmilderung des Kriegszustands schritt voran: So wurden am 23. Oktober Karl Liebknecht, den das Oberkriegsgericht im Juli 1916 wegen versuchten Landesverrats zu vier Jahren Zuchthaus verurteilt hatte, aus der Strafhaft und am 8. November Rosa Luxemburg aus der Schutzhaft entlassen; am gleichen Tag folgte das Kriegskabinett dem Vorschlag von Staatssekretär Haußmann, die inhaftierten Teilnehmer der Marinemeuterei von 1917 freizulassen. Die Lockerung der Versammlungsfreiheit aber, die der preußische Kriegsminister Scheüch am 2. November durch Erlaß verfügt hatte, erwies sich als ein Stück Papier: Am 7. November verhängte der regionale Oberbefehlshaber in den Marken, General von Linsingen, nebst einem Verbot der Bildung von Arbeiter- und Soldatenräten auch ein Verbot von Versammlungen der USPD.

Das Versammlungsverbot gab den letzten Anstoß zu dem Ultimatum, das die Vorstände der SPD und ihrer Reichstagsfraktion am Abend des 7. November dem Kriegskabinett vorlegten. Darin forderten die Mehrheitssozialdemokraten erstens die Aufhebung des Verbots, zweitens äußerste Zurückhaltung seitens der Polizei und des Militärs, drittens eine Umbildung der preußischen Regierung im Sinne der Reichstagsmehrheit, viertens die Verstärkung des sozialdemokratischen Einflusses in der Reichsregierung und fünftens die Abdankung des Kaisers und den Thronverzicht des Kronprinzen.

Am Abend des 8. November war Wilhelm II. immer noch Deutscher Kaiser und König von Preußen. Die Sozialdemokraten erklärten dennoch in aller Öffentlichkeit, was Staatssekretär Scheidemann am Abend zuvor schon im Kriegskabinett hatte verlauten lassen: Die SPD wolle nicht vor Abschluß des Waffenstillstands aus der Regierung ausscheiden. (Die deutschen Unterhändler mit Matthias Erzberger an der Spitze hatten Berlin am 6. November verlassen, das alliierte Hauptquartier aber noch nicht erreicht, so daß der Waffenstillstand erst am 11. November im Wald von Compiègne unterzeichnet werden konnte). Doch die MSPD konnte, als sie ihr Ultimatum verlängerte, auf einige Erfolge verweisen, die sie in Verhandlungen mit der Regierung und den Mehrheitsparteien erreicht hatte: Das gleiche Wahlrecht für Preußen und alle Bundesstaaten auf der Grundlage der Verhältniswahl sollte durch Reichsgesetz eingeführt, Preußen sofort parlamentarisiert und der sozialdemokratische Einfluß in der Reichsregierung verstärkt werden. Außerdem konnten die Mehrheitssozialdemokraten ankündigen, daß die jüngsten, in der Öffentlichkeit erregt diskutierten Einberufungen zum Militärdienst rückgängig gemacht würden.

Gewissermaßen in letzter Minute kam am Abend des 8. November noch ein weiteres Zugeständnis der bürgerlichen Mehrheitsparteien hinzu: Zentrum und Fortschrittliche Volkspartei stimmten der Einführung des

Frauenwahlrechts zu. Beide Parteien forderten nun auch ihrerseits die Abdankung des Kaisers, und selbst die Nationalliberalen gaben zu verstehen, daß sie einen Thronverzicht begrüßen würden. Die SPD befand sich demnach in einer strategischen Schlüsselposition, die sie zu nutzen wußte. Ein nicht namentlich genannter Abgeordneter der Fortschrittlichen Volkspartei räumte das gegenüber der «B. Z. am Mittag» unumwunden ein: «In diesen Zeiten kann in Deutschland ohne Sozialdemokratie nicht regiert werden, sonst geht die Revolution nicht auf geordnetem und friedlichem Wege, sondern auf bolschewikischem Wege mit allen Schrecken des Bürgerkrieges vor sich.»

Am 9. November erreichte die Revolution die Reichshauptstadt. Abermals waren es Maßnahmen des Generals von Linsingen, die die Entwicklung beschleunigten, nämlich die Verhaftung eines der Führer der Revolutionären Obleute, Ernst Däumig, und die Aufstellung von Sicherheitswachen in den Großbetrieben. Von ihren Vertrauensleuten in den Betrieben darüber informiert, daß nunmehr auch die Berliner Arbeiter auf die Straße drängten, verkündigte der Bezirkssekretär Otto Wels namens der SPD am Morgen des 9. November um 9 Uhr den Generalstreik und rief die Arbeiter zum «Entscheidungskampf unter dem alten gemeinsamen Banner» auf. Eine Stunde später trat Scheidemann von seinem Amt als Staatssekretär zurück. In einer Sitzung der sozialdemokratischen Reichstagsfraktion, die um dieselbe Zeit begann, konnte Ebert berichten, daß es bereits Verhandlungen mit den Unabhängigen Sozialdemokraten und den Arbeitern gegeben habe. Die SPD wolle bei einer notwendigen Aktion gemeinsam mit Arbeitern und Soldaten vorgehen und dann «die Regierung ergreifen, gründlich und restlos, ähnlich wie in München, aber möglichst ohne Blutvergießen».

Die MSPD zog entscheidenden Nutzen daraus, daß ihre Konkurrenten in der Arbeiterschaft zu diesem Zeitpunkt nur bedingt handlungsfähig waren: Die USPD wollte ohne ihren Parteivorsitzenden Hugo Haase, der sich in Kiel aufhielt, keine Festlegungen mit den Mehrheitssozialdemokraten treffen, und die Revolutionären Obleute auf dem linken Parteiflügel hatten ein Losschlagen erst für den 11. November geplant. Zum zeitweiligen organisatorischen und strategischen Vakuum links von der SPD kam ein annäherndes Vakuum im militärischen Bereich: Außer drei Jägerbataillonen gab es am 9. November in Berlin keine Fronttruppen, und es war ausgerechnet das als besonders kaisertreu geltende Bataillon der Naumburger Jäger, das von sich aus Verbindung zur MSPD suchte. Otto Wels nutzte diese Chance mit durchschlagendem Erfolg. Er forderte die Soldaten auf, sich auf die Seite des Volkes und der Sozialdemokratischen Partei zu stellen, und fand dafür begeisterte Zustimmung.

Die Nachricht, daß die Naumburger Jäger in das Lager der Revolution übergetreten seien, schlug im Reichskanzlerpalais und im Großen Hauptquartier wie eine Bombe ein. Prinz Max von Baden wußte nun, daß seine

Regierung keinen Rückhalt mehr hatte. Aus dem fernen Spa erfuhr der Kanzler gegen 11 Uhr telefonisch, daß der Kaiser sich zur Abdankung entschlossen habe. Als eine halbe Stunde später die offizielle Erklärung Wilhelms II. noch immer nicht vorlag, gab der Reichskanzler von sich aus über das Wolffsche Telegraphenbüro die Absicht des Kaisers und Königs bekannt, dem Thron zu entsagen. Er selbst, Prinz Max, werde solange im Amt bleiben, bis die Frage der Regentschaft geklärt sei. Dem Regenten wolle er die Ernennung des Abgeordneten Ebert zum Reichskanzler und ein Gesetz über sofortige Wahlen zu einer Verfassunggebenden Nationalversammlung vorschlagen, die dann die künftige Staatsform des deutschen Volkes endgültig festlegen solle.

Der Versuch, die Monarchie durch eine Regentschaft zu retten, konnte am 9. November nicht mehr gelingen. Gegen 12 Uhr 35 erschien eine von Ebert geführte Delegation der SPD beim Reichskanzler und den um ihn versammelten Staatssekretären, um die Übergabe der Macht zu fordern. Dies sei notwendig, erläuterte der Vorsitzende der Mehrheitssozialdemokraten, um Ruhe und Ordnung zu bewahren und Blutvergießen zu vermeiden. In dieser Frage stünden die Unabhängigen Sozialdemokraten hinter der Mehrheitspartei, sie würden sich möglicherweise auch an der neuen Regierung beteiligen. Vertreter der bürgerlichen Richtung könnten ebenfalls in die Regierung eintreten, doch müsse das Übergewicht der Sozialdemokraten gesichert sein. Als Prinz Max bemerkte, nun müsse noch die Frage der Regentschaft geregelt werden, erwiderte Ebert, dafür sei es zu spät. Daraufhin schlug Prinz Max vor, Ebert solle das Amt des Reichskanzlers übernehmen, wozu sich dieser, nach einem kurzen Moment des Bedenkens, bereit erklärte.

Auf ihre Forderung, auch die Ämter des preußischen Kriegsministers und des Oberbefehlshabers in den Marken zu besetzen, verzichteten die Sozialdemokraten, nachdem der anwesende Minister Scheüch unter Hinweis auf die laufenden Verhandlungen über einen Waffenstillstand erklärt hatte, er werde im Amt bleiben, aber einen sozialdemokratischen Unterstaatssekretär an seiner Seite und einen sozialdemokratischen Beigeordneten an der Seite des Oberbefehlshabers in den Marken akzeptieren. Die Unterhändler der SPD waren auch damit einverstanden, daß der Staatssekretär des Auswärtigen Amtes, Wilhelm Heinrich Solf, im Amt blieb. Nach einer kurzen internen Beratung mit den Staatssekretären vollzog Prinz Max von Baden dann den revolutionären Akt der Machtübergabe: Er übertrug Ebert, wie dieser es in seinem ersten Aufruf an die deutschen Bürger ausdrückte, «unter Zustimmung der sämtlichen Staatssekretäre die Wahrnehmung der Geschäfte des Reichskanzlers».

An der Spitze des Reiches stand nun erstmals ein «Mann aus dem Volk». Ebert, am 4. Februar 1871 in Heidelberg als Sohn eines Schneidermeisters geboren, war nach dem Besuch der Volksschule in die Sattlerlehre und dann auf die Wanderschaft gegangen. In Bremen wurde er, inzwischen Gewerkschaftler und Sozialdemokrat, 1893 Redakteur der örtlichen Parteizeitung. Damit begann sein politischer Aufstieg, der den begabten Organisator 1912 in den Reichstag und, nach Bebels Tod im Jahr darauf, neben Haase an die Spitze der SPD führte. Ebert war weder ein Ideologe noch ein Mann kühner Visionen. Er war ein nüchterner Pragmatiker, der früher als viele seiner Parteifreunde zu der Einsicht gelangte, daß Deutschland eine Katastrophe drohte, wenn sich die gemäßigten Kräfte in Arbeiterbewegung und Bürgertum nicht um Verständigung und Kompromisse bemühten.

Philipp Scheidemann, 1865 in Kassel geboren, gelernter Buchdrucker, seit 1913 einer der drei Fraktionsvorsitzenden der SPD im Reichstag und seit dem Oktober 1917 Mitvorsitzender der SPD, wich im Grundsätzlichen von Eberts Sicht der Dinge nicht ab. Am 2. Oktober 1918 freilich hatte der glänzende Redner seine Partei davor gewarnt, «in diesem Augenblick der größten Verzweiflung in ein bankrottes Unternehmen hineinzugehen» – also in das Kabinett des Prinzen Max von Baden einzutreten. Und auch am 9. November zeigte er sich sehr viel empfänglicher für Massenstimmungen als Ebert. Gegen 2 Uhr nachmittags rief er von einer Fensterbrüstung des Reichstags die «Deutsche Republik» aus – zwei Stunden, bevor Karl Liebknecht, auf dem Balkon über dem Portal des Berliner Stadtschlosses stehend, die «freie sozialistische Republik Deutschland» proklamierte. Ebert, der die Entscheidung über die Staatsform der freigewählten Konstituante hatte überlassen wollen, war über den Schritt seines Parteifreundes empört. Der stürmische Beifall aber gab Scheidemann recht: Die Massen erwarteten einen demonstrativen Bruch mit dem alten Herrschaftssystem, das Deutschland dahin gebracht hatte, wo es jetzt stand.

Ebert betonte mehr die Kontinuität als den Bruch. Auf solche Signale warteten vor allem die Beamten, Richter und Offiziere und mit ihnen das deutsche Bürgertum. In seinem Aufruf an die Behörden und Beamten vom 9. November versicherte der eben «ernannte» Reichskanzler, die neue Regierung habe die «Führung der Geschäfte übernommen, um das deutsche Volk vor Bürgerkrieg und Hungersnot zu bewahren und seine berechtigten Forderungen auf Selbstbestimmung durchzusetzen». Diese Aufgabe könne die Regierung nur erfüllen, «wenn alle Beamten und Behörden in Stadt und Land ihr hilfreiche Hand leisten». Er, Ebert, wisse zwar, daß es vielen schwer fallen werde, mit den neuen Männern zusammenzuarbeiten. «Aber ich appelliere an ihre Liebe zu unserem Volke. Ein Versagen der Organisation in dieser schweren Stunde würde Deutschland der Anarchie und dem schrecklichsten Elend ausliefern. Helft also mit mir dem Vaterlande durch furchtlose und unverdrossene Weiterarbeit, ein jeder auf seinem Posten, bis die Stunde der Ablösung gekommen ist.»[44]

Die neue Regierung, von der Ebert sprach, gab es zu diesem Zeitpunkt noch nicht. Über ihre Bildung verhandelten am Nachmittag des 9. November, während am Marstall und an der Universität vereinzelte heftige Kämpfe stattfanden, Delegationen von MSPD und USPD. Ausgangspunkt war der Vorschlag Eberts, sich auf ein paritätisch aus beiden Parteien zusammengesetztes Kabinett zu verständigen, dem Mitglieder der bürgerlichen Parteien als Fachminister zur Seite stehen könnten. Bei den Unabhängigen aber waren die Widerstände gegen eine Zusammenarbeit mit den «Regierungssozialisten» nach wie vor stark: Liebknecht versuchte, die Fraktion auf die Parole «Alle exekutive, alle legislative, alle richterliche Gewalt bei den Arbeiter- und Soldatenräten» einzuschwören, was auf ein System ähnlich dem der russischen Sowjets und eine Absage an eine Verfassunggebende Nationalversammlung hinauslief.

Die Mehrheitspartei wies diese Forderung, die von der USPD zunächst übernommen wurde, entschieden ab: «Ist mit diesem Verlangen die Diktatur eines Teils einer Klasse gemeint, hinter dem nicht die Volksmehrheit steht, so müssen wir diese Forderung ablehnen, weil sie unseren demokratischen Grundsätzen widerspricht.» Auch den von der USPD verlangten Ausschluß der bürgerlichen Kräfte lehnte die MSPD ab, weil dadurch die Volksernährung erheblich gefährdet, wenn nicht unmöglich gemacht würde, desgleichen eine lediglich provisorische Regierungsbeteiligung der Unabhängigen bis zum Waffenstillstand. Vielmehr sei das Zusammenwirken der sozialistischen Richtungen mindestens bis zum Zusammentritt der Konstituante erforderlich. Der Forderungskatalog der USPD trug die Handschrift Liebknechts und der Revolutionären Obleute. Nach der Rückkehr Haases aus Kiel am späten Abend des 9. November setzten sich dann aber die Gemäßigten durch. Am Morgen des 10. November akzeptierten die Unabhängigen bürgerliche Fachminister als technische Gehilfen, sofern ihnen je ein Mitglied der beiden sozialdemokratischen Parteien als Kontrolleur zur Seite gestellt werde. Die USPD gab die Bedingung einer lediglich provisorischen Kabinettsbildung preis und erklärte zur Frage der Konstituante, diese werde erst nach einer Konsolidierung der durch die Revolution geschaffenen Zustände aktuell und solle deshalb späteren Erörterungen vorbehalten bleiben. Die politische Gewalt aber müsse «in den Händen der Arbeiter- und Soldatenräte» liegen, die zu einer «Vollversammlung aus dem ganzen Reiche alsbald zusammenzuberufen sind».

Die MSPD stimmte diesen Bedingungen zu, da der Vorstand der USPD eine Verfassunggebende Versammlung nun nicht mehr grundsätzlich ablehnte und sie selbst sich eine Mehrheit in der deutschen Räteversammlung versprach. Die Mehrheitspartei erklärte sich auch mit den von den Unabhängigen nominierten Regierungsmitgliedern einverstanden, nämlich Hugo Haase und dem im Oktober aus der Festungshaft entlassenen Wilhelm Dittmann, die zu den Gemäßigten gehörten, und Emil Barth als Vertreter der Revolutionären Obleute. Die mehrheitssozialdemokratischen Mitglieder im neuen «Rat der Volksbeauftragten» waren Ebert, Scheidemann und der aus Oberschlesien stammende Rechtsanwalt Otto Landsberg, seit 1912 Mitglied des Reichstags.

Bevor der Rat der Volksbeauftragen seine Arbeit aufnehmen konnte, mußte er noch durch eine Versammlung von etwa 3000 Vertretern der Arbeiter- und Soldatenräte aus Groß-Berlin bestätigt werden, die am späten Nachmittag des 10. November im Zirkus Busch stattfand. Die Radikalen mit Karl Liebknecht an der Spitze hatten dort zwar keine Mehrheit. Barths Forderung, die Regierung durch einen von den Revolutionären Obleuten gestellten Aktionsausschuß kontrollieren zu lassen, und eine tätliche Bedrohung Eberts durch Mitglieder der Spartakusgruppe hätten aber fast zum Abbruch der Veranstaltung geführt. Ebert sah die Lage als so ernst an, daß er, nachdem er die Versammlung verlassen hatte, von der Reichskanzlei aus sich der Bereitschaft von Kriegsminister Scheüch versicherte, die neue Regierung gegebenenfalls zu schützen.

Des Einsatzes von Militär bedurfte es dann aber doch nicht. Die Soldatenvertreter, von Otto Wels auf die Linie der MSPD festgelegt, drohten den Revolutionären Obleuten ultimativ, sie würden, wenn das Prinzip der Parität nicht auch beim Aktionsausschuß beachtet werde, die Regierung allein bilden. Daraufhin lenkten die Obleute ein. Mit großer Mehrheit wählte die Versammlung ein aus 14 Mitgliedern bestehendes Aktionskomitee des Arbeiterrates, dem je sieben Mehrheits- und Unabhängige Sozialdemokraten angehörten. Die meisten Mitglieder des ebenfalls vierzehnköpfigen Aktionskomitees der Soldaten waren parteilos. Tags darauf konstituierte sich aus beiden Komitees unter Vorsitz Richard Müllers von den Revolutionären Obleuten der Vollzugsrat des Arbeiter- und Soldatenrates Großberlin, der bis zum Zusammentritt der deutschen Räteversammlung den Rat des Volksbeauftragten kontrollieren sollte. Auf Müllers Vorschlag bestätigte die Versammlung im Zirkus Busch schließlich den Rat der Volksbeauftragten in der Zusammensetzung, wie sie am frühen Nachmittag vereinbart worden war. Am späten Abend des 10. November bekräftigten auch MSPD und USPD in der Reichskanzlei nochmals ihre Koalitionsabrede. Deutschland hatte wieder eine Regierung.[44]

Am 10. November 1918 erschien im linksliberalen «Berliner Tageblatt» ein Kommentar zu den jüngsten Ereignissen, der vor Superlativen nicht zurückschreckte. «Die größte aller Revolutionen», schrieb der Chefredakteur, Theodor Wolff, «hat wie ein plötzlich losbrechender Sturmwind das Kaiserliche Regime mit allem, was oben und unten dazugehörte, gestürzt. Man kann sie die größte aller Revolutionen nennen, weil niemals eine so fest gebaute, mit so soliden Mauern umgebene Bastille in einem Anlauf genommen worden ist. Es gab noch vor einer Woche einen militärischen und zivilen Verwaltungsapparat, der so verzweigt, so ineinander verfädelt, so tief eingewurzelt war, daß er über den Wechsel der Zeiten hinaus seine Herrschaft gesichert zu haben schien. Durch die Straßen von Berlin jagten die grauen Autos der Offiziere, auf den Plätzen standen wie Säulen der Macht die Schutzleute, eine riesige Militärorganisation schien alles zu umfassen, in den Ämtern und Ministerien thronte eine nur scheinbar unbesiegte Bürokratie. Gestern früh war, in Berlin wenigstens, das alles noch da. Gestern nachmittag existierte nichts mehr davon.»

Einiges war doch geblieben. Am nämlichen 10. November, einem Sonntag, gingen, wie Ernst Troeltsch notierte, wie gewöhnlich die Bürger im Grunewald spazieren. «Keine eleganten Toiletten, lauter Bürger, manche wohl absichtlich einfach angezogen. Alles etwas gedämpft wie Leute, deren Schicksal irgendwo weit in der Ferne entschieden wird, aber doch beruhigt und behaglich, daß es so gut abgegangen war. Trambahnen und Untergrundbahnen gingen wie sonst, das Unterpfand dafür, daß für den unmittelbaren Lebensbedarf alles in Ordnung war. Auf allen Gesichtern stand geschrieben: Die Gehälter werden weitergezahlt.»

In der Tat war am 9. November 1918 in Deutschland längst nicht alles zusammengebrochen. Die öffentlichen Verwaltungen funktionierten weithin wie zuvor; daß örtliche Arbeiter- und Soldatenräte, die meist von den Mehrheitssozialdemokraten beherrscht wurden, ihre Kontrolle übernahmen, behinderte sie weniger, als daß es ihnen eine neue Legitimation verschaffte. Die Justiz, die Gymnasien und Universitäten wurden von der Revolution so gut wie gar nicht erfaßt. Die OHL rückte schon am Abend des 10. November zum (wenn auch noch nicht gleichberechtigten) Partner des Rates der Volksbeauftragten auf: In einem legendär gewordenen Telefongespräch will Groener Ebert den Vorschlag eines antibolschewistischen «Bündnisses» unterbreitet haben, der von diesem angenommen worden sei. Alles spricht dafür, daß der Erste Generalquartiermeister dem Vorsitzenden des Rats der Volksbeauftragten ein solches Angebot gemacht hat. Was immer Ebert darauf geantwortet hat: er brauchte die Hilfe der Heeresleitung bei der zügigen und geordneten Rückführung der Truppen in die Heimat, denn die Mobilmachung war ihrerseits die Voraussetzung dafür, daß die deutsche Volkswirtschaft möglichst schnell und reibungslos wieder von Kriegs- auf Friedensbedürfnisse umgestellt werden konnte. Schon deshalb halfen die Volksbeauftragten dabei mit, daß es nach dem militärischen Zusammenbruch Deutschlands nicht auch noch zum Zusammenbruch des deutschen Militärs kam.

Zusammengebrochen war im November 1918 das politische System des Obrigkeitsstaates, das in den Fürsten des Reiches und der Einzelstaaten seinen höchsten Ausdruck fand. Es waren im Spätjahr 1918 nur noch Minderheiten, die hinter der alten Ordnung standen, und verschwindend gering war die Zahl derer, die bereit gewesen wären, die Monarchie mit der Waffe in der Hand zu verteidigen. Aber es *gab* die Royalisten. Sie waren unter den Protestanten stärker vertreten als unter den Katholiken, und nirgendwo so stark wie im ostelbischen Preußen. Zwar hatten die Landesherren überall an der Spitze des Kirchenregiments gestanden, doch die innere Bindung an die Einheit von Thron und Altar, an den Fürsten als den summus episcopus, war vor allem ein Merkmal des deutschen und zumal des nord- und ostdeutschen Luthertums. Es war nicht zufällig der Berliner Hof- und Domprediger Bruno Doehring, der in seiner wahrscheinlich letzten Kriegspredigt am 27. Oktober 1918 Wilsons Forderung nach dem Thronverzicht Wilhelms II. ein «satanisches Ansinnen» nannte und das Bekenntnis ablegte: «Das Königtum in Preußen ist uns Evangelischen tausendmal mehr als eine politische Frage, es ist uns eine Glaubensfrage.»

Max Weber hat nach dem Ersten Weltkrieg mit Blick auf Deutschland bemerkt, die «Geschichte des Zusammenbruchs der bis 1918 legitimen Herrschaft» habe gezeigt, «wie die Sprengung der Traditionsgebundenheit durch den Krieg einerseits und den Prestigeverlust durch die Niederlage andererseits in Verbindung mit der systematischen Gewöhnung an illegales Verhalten in *gleichem* Maß die Fügsamkeit in die Heeres- und Arbeitsdisziplin erschütterten und so den Umsturz der Herrschaft vorbereiteten». Der soziologische Befund läßt sich in der These bündeln, daß das deutsche Kaiserreich im Herbst 1918 die «heute geläufigste Legitimitätsform», nämlich den «Legalitätsglauben», weitgehend eingebüßt hatte – eine Herrschaftsressource, die der gleiche Autor als «Fügsamkeit gegenüber *formal* korrekt und in der üblichen Form zustandegekommenen Satzungen» definiert.

Die Aushöhlung überlieferter Wertmaßstäbe durch den Krieg, die immer deutlicher sich abzeichnende militärische Niederlage der Mittelmächte und die Ausdehnung «schwarzer Märkte» als Folge des wirtschafts- und währungspolitischen Systemversagens: so läßt sich die Trias von Faktoren umreißen, die Webers prägnanter Analyse zufolge den Zusammenbruch des Kaiserreichs verursachten. Die Verkörperung des alten Systems war der Kaiser. Er trug, so sahen es die breiten Massen, die oberste Verantwortung für die Dauer und den katastrophalen Ausgang des Krieges wie für die materiellen Entbehrungen des Volkes, und weil er uneinsichtig war, mußte er gehen. Wilsons «Vierzehn Punkte» hatten den Glauben genährt, daß Deutschland auf einen gerechten Frieden hoffen durfte, wenn es sein politisches System demokratisierte. Die Sehnsucht nach Frieden förderte also den Wunsch nach Demokratie. Hinter diesen beiden Zielen stand im Herbst 1918 eine breite Mehrheit: Sie bildete den Kern eines zwar nicht allumfassenden, aber doch klassen- und konfessionsübergreifenden Konsenses am Vorabend des 9. November 1918 und in den ersten Wochen danach.

Ein gutes Maß an Demokratie war am 9. November 1918 bereits erreicht. Die Deutschen kannten seit der Reichsgründung von 1871 (soweit sie auf dem Gebiet des Norddeutschen Bundes lebten, sogar schon seit 1867) das allgemeine gleiche Reichstagswahlrecht für Männer. Am 8. November 1918 hatten sich die Mehrheitsparteien darauf verständigt, dieses Wahlrecht auf alle Bundesstaaten, also auch Preußen, zu übertragen und auch den Frauen das aktive und passive Wahlrecht zu geben. Überdies wurde Deutschland seit dem 3. Oktober 1918 de facto und seit dem 28. Oktober de jure parlamentarisch regiert. Doch das eigenmächtige Vorgehen des Kaisers, der Armee und der Seekriegsleitung in den Tagen seit der Verfassungsreform machte deutlich, daß das neue parlamentarische System nur auf dem Papier stand, und die interfraktionellen Abmachungen vom 8. November kamen zu spät, um am Ablauf der Ereignisse noch etwas zu ändern.

Die Revolution von unten brach aus, weil die Revolution von oben, in Gestalt des Regimewandels vom Oktober, gescheitert war – gescheitert an militärischer Obstruktion. Die Obstruktion des Militärs und hier in erster Linie der Seekriegsleitung, machte es unmöglich, die Institution der Monarchie aufrechtzuerhalten. Zusammenbruch, Obstruktion und Revolution führten zur Proklamation der Deutschen Republik am 9. November 1918. Die Revolution war damit noch nicht zu Ende. Es war nur ein neuer Abschnitt in der Geschichte der deutschen Revolution, der an jenem Tag begann.[45]

7.
Die vorbelastete Republik 1918–1933

Als der Erste Weltkrieg am 11. November 1918 mit dem Waffenstillstand von Compiègne zu Ende ging, hinterließ er bei Siegern und Besiegten tiefe Verstörungen. Dieser Krieg war von anderer Art gewesen als die deutschen Einigungskriege der Bismarckzeit. Es war der erste Krieg, in dem mit den Mitteln der modernen Technik Menschen massenhaft und anonym vernichtet wurden: durch Flammenwerfer und Gas, durch Torpedos von Unterseebooten und Bomben aus Flugzeugen. Der Schrecken wirkte bei den Überlebenden nach, aber auch die Faszination, die von der Entdeckung ausging, was Masse und Technik vermochten, wenn man ihnen gestattete, die Fesseln der Zivilität abzustreifen.

Es gab nicht *das* Kriegserlebnis, sondern viele Kriegserlebnisse: Die Soldaten hatten den Krieg anders erfahren als die Zivilisten, die Front anders als die Etappe, die Offiziere anders als die Mannschaften, Bauern anders als Städter, Akademiker anders als «einfache» Menschen, Männer anders als Frauen, Erwachsene anders als Jugendliche und Kinder. Und natürlich entschied der politische Standort mit darüber, wie jemand den Krieg wahrnahm und rückblickend bewertete. Wer sich schon 1914 der «Kriegsbegeisterung» verweigert hatte oder durch den Krieg zum Kriegsgegner geworden war, konnte sich 1918 auf die radikalste aller linken Positionen stellen und den Krieg mit dem Bürgerkrieg beantworten, um die kapitalistische Gesellschaftsordnung zu beseitigen, aus der der «imperialistische Krieg» vermeintlich hervorgegangen war. Wer den Krieg als Naturnotwendigkeit bejahte und bis zuletzt daran festhielt, daß der Krieg für sein Land nur ein gerechter sein konnte, für den war der Friede kaum mehr als ein Zwischenspiel bis zum nächsten bewaffneten Kampf zwischen den Völkern. Diese Position, die der äußersten Rechten, war Ende 1918 ebenso wie die der extremen Linken nur eine Minderheitsmeinung. Die große Mehrheit in allen Ländern hatte genug vom Krieg, ohne deswegen schon zum grundsätzlichen Pazifismus bekehrt zu sein. Wie dauerhaft der Friede sein würde: das hing vor allem davon ab, als wie gerecht oder ungerecht er empfunden wurde.[1]

In der Erwartung eines gerechten Friedens hatte sich Deutschland Anfang November 1918 von seinem monarchischen System gelöst und in eine Republik verwandelt. Was unter einem gerechten Frieden zu verstehen war, darüber gab es damals freilich weder Einigkeit noch Klarheit. Daß Deutschland als einheitlicher Staat erhalten blieb, sein Territorium möglichst ungeschmälert behaupten konnte und keine oder nur geringe Kriegsentschädigungen zahlen mußte, darauf richteten sich die Hoffnungen aller. Zugleich war den meisten aber bewußt, daß Elsaß-Lothringen wieder an Frankreich und die polnischsprechenden Teile Preußens an den neuentstandenen polnischen Nationalstaat fallen würden. Einen gewissen Ausgleich erhofften sich viele vom Anschluß Österreichs: Nachdem die Habsburgermonarchie, Deutschlands engster Verbündeter im Weltkrieg, zerfallen war und die Provisorische Nationalversammlung in Wien am 12. November 1918 Deutschösterreich zur Republik und zu einem Bestandteil der Deutschen Republik erklärt hatte, wäre dies eine Lösung im Sinne des von Wilson geforderten Selbstbestimmungsrechts der Völker gewesen. In Deutschland wie in Österreich waren die Sozialdemokraten, die sich mit gutem Recht als die eigentlichen Erben der Revolution von 1848 fühlten, die beredtesten Befürworter eines großdeutschen Nationalstaates. Doch bei nüchterner Betrachtung sprach nichts dafür, daß die Sieger einer solchen Gebietsvergrößerung des geschlagenen Hauptgegners zustimmen würden.

Realistischer war die Annahme, daß ein gemeinsamer Gegensatz zu einer Brücke zwischen Siegern und Besiegten werden könne: der Gegensatz zum bolschewistischen Rußland. Am 5. November, also noch unter der Regierung des Prinzen Max von Baden, hatte Deutschland, um demonstrativ gegen russische Geldzuwendungen an deutsche Revolutionäre zu protestieren, die diplomatischen Beziehungen zu Rußland abgebrochen. Das Waffenstillstandsabkommen vom 11. November entsprach in einem wichtigen Punkt dem Berliner Kalkül: Mit Zustimmung der Alliierten sollten die deutschen Truppen einstweilen im Baltikum verbleiben, um ein weiteres Vordringen der Bolschewiki zu verhindern. Die Volksbeauftragten der Mehrheitssozialdemokraten legten aus mehr als einem Grund Wert darauf, den deutsch-alliierten Konsens bei der Abwehr des Bolschewismus zu betonen: Zum einen durfte nur eine gemäßigte deutsche Regierung, nicht aber eine radikale mit der baldigen Aufhebung der fortdauernden Lebensmittelblockade rechnen; zum anderen mußte ebendiese Erwartung die Position der gemäßigten Kräfte im Innern stärken.

Für eine scharfe Abgrenzung vom Bolschewismus sprachen in der Tat mindestens ebenso innenpolitische wie außenpolitische Überlegungen. Als Karl Liebknecht – der Führer der Spartakusgruppe, die damals noch einen Teil der USPD bildete – am 9. November versuchte, die Reichstagsfraktion der Unabhängigen auf die russische Parole «Alle Macht den Räten» festzulegen, zuckte es dem anwesenden Eduard Bernstein «wie ein Blitz durch den Kopf: ‹Er bringt uns die Konterrevolution.›» Eine Konterrevolution aber hätte ebenso wie ein kommunistischer Umsturz zum militärischen Eingreifen der Entente geführt, also einen Rückfall in den eben beendeten Weltkrieg zur Folge gehabt. Die Demokratie, deren Grund die Verfassunggebende Nationalversammlung legen sollte, war daher aus der Sicht der

Gemäßigten sowohl ein Unterpfand des äußeren Friedens als auch die Alternative zum Bürgerkrieg.

Die parlamentarische Demokratie war überdies eine logische Konsequenz der bisherigen deutschen Geschichte. Niemand hat das so scharf herausgearbeitet wie Bernstein, der im Dezember 1918, obwohl noch Mitglied der USPD, in den Schoß der Mehrheitspartei zurückkehrte, um ein Signal für die Wiedervereinigung der beiden Parteien zu setzen. (Erst im März 1919, als die USPD solche Doppelmitgliedschaften verbot, trennte er sich von den Unabhängigen.) In seinem 1921 erschienenen Buch «Die deutsche Revolution, ihr Ursprung, ihr Verlauf und ihr Werk» versuchte der damals Einundsiebzigjährige, sich und den Zeitgenossen klar zu machen, warum die Staatsumwälzung in Deutschland ganz anders, nämlich viel weniger radikal abgelaufen war als alle großen Revolutionen der Geschichte.

Bernstein sah für den gemäßigten Charakter der deutschen Revolution vor allem zwei Gründe. Der erste war der Grad der gesellschaftlichen Entwicklung. Je weniger ausgebildet Gesellschaften seien, lautete Bernsteins These, desto leichter vertrügen sie Maßnahmen, die auf ihre radikale Umbildung abzielten. «Je vielseitiger aber ihre innere Gliederung, je ausgebildeter die Arbeitsteilung und die Zusammenarbeit ihrer Organe bereits sind, um so größer die Gefahr schwerer Schädigung ihrer Lebensmöglichkeiten, wenn versucht wird, sie mit Anwendung von Gewaltmitteln in kurzer Zeit in bezug auf Form und Inhalt radikal umzubilden. Gleichviel ob sie sich darüber theoretisch Rechenschaft ablegten oder nicht, haben die maßgebenden Führer der Sozialdemokratie dies aus Einsicht in die tatsächlichen Verhältnisse begriffen und ihre Praxis in der Revolution danach eingerichtet.»

Der zweite Grund der Mäßigung war Bernstein zufolge der in Deutschland erreichte Grad an Demokratie: «So rückständig Deutschland durch den Fortbestand halbfeudaler Einrichtungen und die Machtstellung des Militärs in wichtigen Fragen seines politischen Lebens auch war, so war es doch als Verwaltungsstaat auf einer Stufe der Entwicklung angelangt, bei der schon die einfache Demokratisierung der vorhandenen Einrichtungen einen großen Schritt zum Sozialismus hin bedeutete. In Ansätzen hatte sich das schon vor der Revolution angezeigt. Das Stück Demokratie, das in Reich, Staaten und Gemeinden zur Verwirklichung gelangt war, hatte sich unter dem Einfluß der in die Gesetzgebungs- und Verwaltungskörper eingedrungenen Arbeitervertreter als ein wirkungsvoller Hebel zur Förderung von Gesetzen und Maßnahmen erwiesen, die auf der Linie des Sozialismus liegen, so daß selbst das kaiserliche Deutschland auf diesen Gebieten mit politisch vorgeschritteneren Ländern sich messen konnte.»

Deutschland war, so läßt sich Bernsteins Doppelargument zusammenfassen, bereits zu industrialisiert und zu demokratisch, um eine radikale Umwälzung, sei es nach dem Vorbild der französischen Revolution von 1789, sei es nach dem der russischen Revolution vom Oktober 1917, zu ertragen. Die klassischen Revolutionen des Westens, die Revolutionen der Niederlande, Englands, der späteren Vereinigten Staaten von Amerika und die Französische Revolution von 1789, hatten alle in überwiegend agrarischen Gesellschaften stattgefunden, und von der Revolution der Bolschewiki gilt dasselbe. In solchen Gesellschaften waren die Menschen von den Dienstleistungen des Staates und der Gemeinden noch viel weniger abhängig als die Menschen in arbeitsteiligen Industriegesellschaften. Folglich war der Bedarf an administrativer Kontinuität in entwickelten Gesellschaften sehr viel höher als in weniger entwickelten.

Ähnlich revolutionshemmend wirkte der Grad der Demokratie. Da Deutschland seit rund einem halben Jahrhundert das allgemeine gleiche Reichstagswahlrecht für Männer kannte, konnte es 1918 nur um die Ausweitung dieses Wahlrechts auf die Frauen und auf alle Einzelstaaten sowie um die Parlamentarisierung des Regierungssystems gehen. Auf der Tagesordnung stand mehr und nicht weniger Demokratie. Die Sozialdemokraten, die entschiedensten Vorkämpfer der Demokratisierung im Kaiserreich, hätten ihre politische Glaubwürdigkeit verloren, wären sie 1918 von dieser Linie abgewichen und zur orthodox marxistischen Parole von der «Diktatur des Proletariats» zurückgekehrt.[2]

Die gemäßigten Unabhängigen wie die Volksbeauftragten Haase und Dittmann waren, anders als Liebknecht, keine grundsätzlichen Gegner der Konstituante. Sie wollten die Wahlen jedoch erst im April oder Mai 1919, drei bis vier Monate später als die Mehrheitssozialdemokraten, abhalten und die Zwischenzeit für Maßnahmen zur vorsorglichen Sicherung von Demokratie und Sozialismus nutzen. Die Übergangsregierung, so erläuterte Rudolf Hilferding am 18. November 1918 im Parteiorgan «Freiheit», müsse mit aller Energie darangehen, «die Taten zu setzen, die das Proletariat überzeugen, daß es kein Zurück mehr gibt, sondern nur ein Vorwärts. Die Demokratie muß so verankert werden, daß eine Reaktion unmöglich wird, die Verwaltung darf nicht zum Tummelplatz konterrevolutionärer Bestrebungen dienen. Vor allem müssen wir aber beweisen, daß wir nicht nur Demokraten, sondern auch Sozialisten sind. Die Durchführung einer Reihe wichtiger Übergangsmaßnahmen ist ohne weiteres möglich; sie müssen vollzogen werden, damit auch hier Stellungen geschaffen werden, die jedem kapitalistischen Gegenangriff uneinnehmbar sind.»

Hilferdings Argumente für vorbeugende Eingriffe in die gesellschaftlichen Machtverhältnisse waren beachtlich. Eine sozialistische Mehrheit in der Verfassunggebenden Nationalversammlung war keineswegs sicher, ein Erstarken der nur zeitweilig in den Hintergrund getretenen Gegner von Demokratie und Sozialismus sehr wahrscheinlich. Doch, wie Karl Kautsky, ein enger politischer Freund Hilferdings, schon damals einwandte, ließ sich aus diesen Überlegungen ein Aufschub der Wahlen keineswegs zwingend ableiten; vielmehr konnte ihre Hinauszögerung die Anziehungskraft des Sozialismus sogar schwächen. In einem hatten die Mehrheitssozialdemokraten um Ebert und Scheidemann sicher recht: Mit der künstlichen Verlängerung der Amtszeit des demokratisch nicht legitimierten Rates der Volksbeauftragten wuchs die Gefahr gewaltsamer Umsturzversuche. Allerdings drohten diese nicht nur aus *der* Richtung, an die die Führer der MSPD vorwiegend dachten, von links außen, sondern auch von der äußersten Rechten.

Wenige Fragen in der Geschichte der Weimarer Republik sind so umstritten wie die, ob die Mehrheitssozialdemokraten in den zehn Wochen zwischen dem Sturz der Monarchie und der Wahl der Nationalversammlung eine andere, «mutigere» Politik hätten treiben können – eine Politik, durch die die erstrebte parlamentarische Demokratie auf eine festere gesellschaftliche Grundlage gestellt worden wäre. Sicher ist, daß die Volksbeauftragten um eine gewisse Zusammenarbeit mit den alten Eliten nicht herumkamen. Sie mußten schon um der zügigen Demobilmachung willen mit der Obersten Heeresleitung kooperieren; sie waren genötigt, das Gros des alten Beamtenapparates zu übernehmen, wenn sie keinen Zusammenbruch der Verwaltung verursachen wollten; sie waren auf die Mitwirkung der Unternehmer angewiesen, um das Wirtschaftsleben wieder in Gang zu bringen.

Doch das Ausmaß der Zusammenarbeit und der Verzicht auf Veränderungen gingen weiter, als es die Verhältnisse erforderten. Es war gewiß schwierig, Arbeiter für eine republikanische Volkswehr zu gewinnen, zu deren Aufgaben es im Ernstfall gehört hätte, mit der Waffe in der Hand auch putschenden «Klassenbrüdern» aus den Reihen der Spartakisten entgegenzutreten. Doch es gab so gut wie keine Ansätze zum Aufbau einer republikloyalen Truppe, ja nicht einmal zur Verwirklichung solch bescheidener Reformforderungen gemäßigter Arbeiterräte wie des Wegfalls des Grußzwangs außer Dienst, der Schließung der Offizierskasinos und gleicher Verpflegung für Offiziere und Mannschaften. Fast widerspruchslos gab Ebert Mitte Dezember 1918 dem Protest nach, den Groener und Hindenburg hiergegen erhoben.

Auch im Bereich der zivilen Verwaltung blieb fast alles beim alten. Hochkonservative Beamte, die aus ihrem Widerwillen gegen die Republik keinen Hehl machten (sie waren besonders häufig auf dem platten Land Ostelbiens anzutreffen), blieben, ungeachtet der Beschwerden örtlicher Arbeiterräte, im Amt. Auch wenn konservative Landräte selbst um ihre Entlassung baten, forderte sie Preußens mehrheitssozialdemokratischer Innenminister Wolfgang Heine auf, im Interesse der Aufrechterhaltung der Ordnung auf ihren Posten auszuharren. Nach dem Sturz der Monarchie vergingen noch acht Monate, bis die nach dem Dreiklassenwahlrecht gebildeten Selbstverwaltungskörper durch neue, demokratisch gewählte ersetzt wurden.

An Eingriffe in die bestehende Eigentumsordnung dachten weder die Mehrheitssozialdemokraten noch die Freien Gewerkschaften. Vielmehr verständigten sich die Organisationen der Arbeitnehmer und Arbeitgeber, an ihrer Spitze Carl Legien, der Vorsitzende der Generalkommission der Freien Gewerkschaften, und der Schwerindustrielle Hugo Stinnes, am 15. November 1918 auf die Bildung der Zentralarbeitsgemeinschaft der industriellen und gewerblichen Arbeitgeber- und Arbeitnehmerverbände Deutschlands. Das «Stinnes-Legien-Abkommen» brachte den Gewerkschaften die Anerkennung als Tarifpartner und den Arbeitern den Achtstundentag (der freilich nur dann Bestand haben sollte, wenn alle Kulturländer dem deutschen Beispiel folgten). Faktisch war damit einer Sozialisierung erst einmal ein Riegel vorgeschoben – auch dort, wo die von den Volksbeauftragten eingesetzte Sozialisierungskommission sie im Februar 1919 forderte: im Steinkohlenbergbau.

Zu keiner Zeit ernsthaft bedroht war 1918/19 die soziale Macht des ostelbischen Rittergutsbesitzes – einer Elite, die im Kaiserreich womöglich noch massiver als die Schwerindustriellen allen Bestrebungen nach Demokratie und Parlamentarismus entgegengetreten war. Es gab keine Bewegung von Landarbeitern und landarmen Bauern, die die Enteignung der Junker forderte, und der Rat der Volksbeauftragten willigte sogar in die Bildung gemeinsamer Räte von Großgrundbesitzern, Mittel- und Kleinbauern sowie Landarbeitern ein, was einer pauschalen Garantie der ländlichen Besitzverhältnisse gleichkam. Die Landarbeiter erhielten zwar im Januar 1919 erstmals das Recht der gewerkschaftlichen Betätigung und der tariflichen Lohnvereinbarung, aber die Gutsbezirke, eine der administrativen Grundlagen junkerlicher Herrschaft, blieben bis 1927 bestehen. Mochten die Rittergutsbesitzer durch die Revolution ihren Zugang zur Staatsmacht eingebüßt haben, so hatten sie sich doch genug gesellschaftlichen Einfluß bewahrt, um auf eine Rückgewinnung ihrer politischen Mach hinarbeiten zu können.

Einer Bodenreform standen 1918/19 große, wohl unüberwindbare Hindernisse entgegen. Eine Umwandlung des Großgrundbesitzes in Bauernland, wie sie die Agrarrevisionisten um Eduard David seit langem forderten, hätte die Lebensmittelversorgung gefährdet; für eine «staatskapitalistische» Lösung, die Inbesitznahme der großen Güter durch die Länder Preußen, Mecklenburg-Schwerin und Mecklenburg-Strelitz und ihre Bewirtschaftung durch qualifizierte Pächter, gab es, abgesehen von der fehlenden Einsicht in die Dringlichkeit des Problems, faktisch keine Vorarbeiten. Anders lagen die Dinge im Montansektor. Was die Sozialisierungskommission unter Vorsitz Karl Kautskys Mitte Februar 1919 vorschlug, war keine simple Verstaatlichung (die sofort den Einwand hervorrufen mußte, die Alliierten würden, gestützt auf das Waffenstillstandsabkommen, Staatseigentum als produktives Pfand zur Erzwingung von Reparationen behandeln). Vielmehr schlugen die Experten einen selbständigen Wirtschaftskörper namens «Deutsche Kohlengemeinschaft» vor, in dessen Kontrollorgan die Betriebsleitungen, die Belegschaften, das Reich und die

Abnehmer von Kohle paritätisch vertreten sein sollten. Doch Sozialdemokraten und Freie Gewerkschaften hielten die Zeit für eine Änderung der Eigentumsverhältnisse noch nicht für gekommen und folgten lieber der Devise: erst Wiederaufbau, dann, wo sinnvoll, Sozialisierung. Die Folge war, daß die Zechen, die Hochburg der Vertreter des «Herr-im-Haus»-Standpunkts, auch nach 1918 ein Bollwerk der Demokratiegegner blieben.

Was den Staatsapparat anging, so begründeten die regierenden Sozialdemokraten den Verzicht auf einschneidende Veränderungen damit, daß sie nicht über das fachlich geschulte Personal verfügten, das an die Stelle der bisherigen Amtsinhaber hätte treten können. Das traf zu und reichte doch nicht aus, jene «Überkontinuität» zu rechtfertigen, die die deutsche Revolution von 1918/19 kennzeichnet. Im Grunde hatten sich die Sozialdemokraten die Logik der Beamtenherrschaft im Kaiserreich zu eigen gemacht, wenn sie wie selbstverständlich davon ausgingen, daß an der Spitze einer Behörde «unpolitische» Beamte und nicht etwa Politiker stehen mußten. Und dort, wo (in der Regel: juristischer) Sachverstand wirklich erforderlich war, gab es in höherem Maß, als die Sozialdemokraten wahrhaben wollten, ein Reservoir liberaler Kräfte, auf das die neuen Regierungen hätten zurückgreifen können. In gewissem Umfang galt Entsprechendes sogar für das Militär: Jüngere, reformbereite Offiziere waren, etwa im Umkreis des Republikanischen Führerbundes, durchaus vorhanden. Herangezogen aber wurden sie nicht – weder vom Rat der Volksbeauftragten noch von den Koalitionsregierungen, die ihm folgten.

Über den tieferen Grund, weshalb die sozialdemokratischen Volksbeauftragten sich auf das Nächstliegende, nämlich die Bewahrung der Reichseinheit, die Aufrechterhaltung von Ruhe und Ordnung und die Wiederbelebung der Wirtschaft, konzentrierten und alles Weitere der Konstituante überließen, braucht man nicht zu spekulieren: Sie fühlten sich zu einschneidenden politischen und gesellschaftlichen Veränderungen demokratisch nicht legitimiert. «Wir waren im eigentlichen Wortsinne die Konkursverwalter des alten Regimes», erläuterte Friedrich Ebert unter lebhafter Zustimmung der Sozialdemokraten am 6. Februar 1919 in seinem Rechenschaftsbericht vor der Nationalversammlung. «Alle Scheuern, alle Läger waren leer, alle Vorräte gingen zur Neige, der Kredit war erschüttert, die Moral tief gesunken. Wir haben, gestützt und gefördert vom Zentralrat der Arbeiter- und Soldatenräte unsere beste Kraft eingesetzt, die Gefahren und das Elend der Übergangszeit zu bekämpfen. Wir haben der Nationalversammlung nicht vorgegriffen. Aber wo Zeit und Not drängten, haben wir die dringlichsten Forderungen der Arbeiter zu erfüllen uns bemüht. Wir haben alles getan, um das wirtschaftliche Leben wieder in Gang zu bringen... Wenn der Erfolg nicht unseren Wünschen entsprach, so müssen die Umstände, die das verhinderten, gerecht gewürdigt werden.»

Was aus der ersten deutschen Republik geworden wäre, wenn sich die sozialdemokratischen Volksbeauftragten weniger als Konkursverwalter des alten Regimes und mehr als Gründerväter einer Demokratie gefühlt hätten, darüber lassen sich nur Mutmaßungen anstellen. Am Ende spricht viel dafür, daß der Verlauf der Geschichte auch dann kein radikal anderer gewesen wäre. Die Übergangsregierung konnte nicht ganze Gesellschaftsklassen auswechseln. Hätte sie es versucht, wäre daraus der Bürgerkrieg erwachsen, der den Sozialdemokraten aus guten Gründen als das größte aller Übel erschien und der mit Sicherheit kein Mittel war, eine Demokratie hervorzubringen. Die Demokratie erforderte die Verständigung zwischen Arbeiterschaft und Bürgertum. Das hatten Ebert und die Mehrheitssozialdemokraten klarer erkannt als die meisten Unabhängigen, von der äußersten Linken ganz zu schweigen, deren Credo Rosa Luxemburg am 18. November 1918 in der «Roten Fahne», dem Sprachrohr der Spartakusgruppe, verkündete: «Der ‹Bürgerkrieg›, den man aus der Revolution mit ängstlicher Sorge zu verbannen sucht, läßt sich nicht verbannen. Denn Bürgerkrieg ist nur ein anderer Name für Klassenkampf, und der Gedanke, den Sozialismus ohne Klassenkampf, durch parlamentarischen Mehrheitsbeschluß einführen zu können, ist eine lächerliche kleinbürgerliche Illusion.»[3]

Vom 16. bis 21. Dezember tagte in Berlin der Erste Allgemeine Kongreß der Arbeiter- und Soldatenräte Deutschlands. Das entsprach einem Beschluß des Berliner Vollzugsrats, der sich selbst nur als provisorische Spitze der deutschen Arbeiter- und Soldatenräte betrachtete. Schon vor Beginn des Kongresses konnte die SPD beruhigt feststellen, daß sie über die Mehrheit der 514 Delegierten verfügte: Rund 300 Abgesandte der örtlichen Räte neigten der MSPD, etwa 10 der USPD zu; der Rest war linksliberal oder parteilos. Rosa Luxemburg und Karl Liebknecht hatten kein Mandat erhalten. Einen Antrag, sie als Gäste mit beratender Stimme teilnehmen zu lassen, lehnten die Delegierten gleich zu Beginn der Tagung mit großer Mehrheit ab.

Die wichtigste Frage, über die der Kongreß zu befinden hatte, war schon durch die Mehrheitsverhältnisse entschieden: Die Wahl zur Verfassunggebenden Deutschen Nationalversammlung würde zu einem frühen Zeitpunkt erfolgen; weder die Anhänger eines späten Wahltermins noch gar die des «reinen Rätesystems», also der Übertragung der gesetzgebenden, ausübenden und rechtsprechenden Gewalt an die Arbeiterräte, hatten eine Chance. Am 19. Dezember taten die Delegierten das, was Ernst Däumig, der Sprecher der Revolutionären Obleute, im voraus als das «Todesurteil» über die Revolution bezeichnet hatte: Sie lehnten mit 344 gegen 98 Stimmen seinen Antrag ab, die Verfassung der sozialistischen Republik auf das Rätesystem zu gründen. Mit etwa 400 zu 50 Stimmen nahmen sie dagegen den Antrag des Mehrheitssozialdemokraten Max Cohen-Reuß an, die Wahlen zur Nationalversammlung am 19. Januar 1919 durchzuführen. Das war ein noch früherer Zeitpunkt als der, auf den sich am 29. November der Rat der Volksbeauftragen verständigt hatte: der 16. Februar.

Daß die Mehrheit für die Konstituante und gegen das Rätesystem so deutlich ausfiel, lag auch an den wirkungsvollen Argumenten von Cohen-Reuß, seinen auf das russische Beispiel gestützten Warnungen vor den innen- und außenpolitischen Folgen einer Räteherrschaft in Deutschland. Tatsächlich gaben sich die Anhänger des «reinen Rätesystems» einer Illusion hin. Es war schieres Wunschdenken, wenn sie unterstellten, in einer arbeitsteiligen Industriegesellschaft könnten die Massen auf Dauer mobilisiert werden, um die Mandatsträger ständig zu überwachen. Weil nur eine privilegierte Minderheit über die dafür notwendige freie Zeit verfügte, war der Umschlag des Rätesystems in die Diktatur vorgezeichnet. Die deutschen Arbeiter aber wollten in ihrer großen Mehrheit keine Diktatur, auch nicht in der Form der «Diktatur des Proletariats», von der sie ahnten, daß sie binnen kurzem zu einer Diktatur über das Proletariat werden würde. Sie wollten das, was es an Demokratie in Deutschland schon gab, ausbauen und nicht abschaffen. Die Entscheidung des Rätekongresses, die Wahlen zur Nationalversammlung am 19. Januar 1919 stattfinden zu lassen, stellte klar, daß es in der Frage der Konstituante einen breiten, klassenübergreifenden Konsens in Deutschland gab.

In zwei anderen Fragen wurde dagegen das «linke» Profil des Kongresses deutlich. Die Delegierten forderten den Rat der Volksbeauftragten erstens mit großer Mehrheit auf, unverzüglich mit der Sozialisierung aller hierzu reifen Industrien, insbesondere des Bergbaus, zu beginnen. Zweitens verabschiedeten sie einstimmig die sogenannten «Hamburger Punkte» zur Militärpolitik. Dieser Entschließung entsprechend sollte der Rat der Volksbeauftragten unter der Kontrolle des neuen, noch zu wählenden Zentralrats der Arbeiter- und Soldatenräte die militärische Kommandogewalt ausüben. Als «Symbol der Zertrümmerung des Militarismus und der Abschaffung des Kadavergehorsams» wurden alle Rangabzeichen beseitigt und das außerdienstliche Waffentragen verboten. Die Soldaten wählten ihre Führer selbst; für die Aufrechterhaltung der Disziplin waren fortan die Soldatenräte zuständig. Schließlich sollten das stehende Heer abgeschafft und der Aufbau einer Volkswehr beschleunigt werden.

Die «Hamburger Punkte» waren eine Reaktion auf Versäumnisse der Regierung. Hätten sich die Volksbeauftragten in den Wochen zuvor die gemäßigten Reformforderungen der Soldatenräte zu eigen gemacht, wäre das teilweise utopische Programm der Hamburger Soldatenräte kaum angenommen worden. Vermutlich hätten die Delegierten auch begründeten Einwänden Eberts Rechnung getragen, wenn dieser auf dem Kongreß für mehr Realismus eingetreten wäre. Doch der Vorsitzende des Rates der Volksbeauftragten wurde erst später, unter dem ultimativen Druck der Obersten Heeresleitung, tätig: Die «Ausführungsbestimmungen», die die Volksbeauftragten am 19. Januar 1919 erließen, trugen bereits, vor allem in der Frage der Kommandogewalt, die Handschrift des Militärs. Im Gesetz über die Bildung einer vorläufigen Reichswehr, das die Nationalversammlung am 6. März 1919 verabschiedete, waren nicht einmal mehr Spuren der «Hamburger Punkte» zu erkennen.

Der letzte folgenschwere Konflikt, der auf dem Rätekongreß ausgefochten wurde, betraf die Verteilung der Kompetenzen von Rat der Volksbeauftragten und Zentralrat. Die MSPD stellte den Antrag, dem Rat der Volksbeauftragten bis zur anderweitigen Regelung durch die Nationalversammlung die gesetzgebende und vollziehende Gewalt und dem Zentralrat die Aufgabe der parlamentarischen Überwachung zu übertragen. Haase erläuterte den Begriff der parlamentarischen Überwachung auf Rückfragen seiner Parteifreunde in dem Sinne, daß dem Zentralrat alle Gesetze vorzulegen, die wichtigeren mit ihm zu beraten seien. Die Delegierten der USPD aber wollten mehr, nämlich das «volle Recht» des Zentralrats, Gesetzen vor ihrer Verkündung zuzustimmen oder sie abzulehnen. Die MSPD, die dadurch die politische Handlungsfähigkeit des Rates der Volksbeauftragten bedroht sah, antwortete mit einem Ultimatum: Bei Annahme des Antrags der Unabhängigen würden die mehrheitssozialdemokratischen Volksbeauftragten, Staatssekretäre und preußischen Minister zurücktreten. Nachdem der Kongreß dem Begriff «parlamentarische Überwachung» im Sinne Haases zugestimmt hatte, setzte der äußerste linke Flügel der USPD in der Fraktion den Boykott der Wahlen zum Zentralrat durch. In den 17 Mitglieder umfassenden Zentralrat der Deutschen Sozialistischen Republik wurden infolgedessen nur Mehrheitssozialdemokraten gewählt.

Damit hatten die Volksbeauftragten der USPD ihre Arbeitsgrundlage verloren. Zur formellen Aufkündigung der Koalition vom 10. November führten die «Berliner Weihnachtskämpfe». Sie bildeten den dramatischen Höhepunkt eines seit zwei Wochen schwelenden Konflikts um die Löhnung der «Volksmarinedivision» und die Räumung des von ihnen besetzten Stadtschlosses. Am 23. Dezember setzten die rebellierenden Matrosen die Regierung fest und «verhafteten» im Marstall Otto Wels, der das Amt des Berliner Stadtkommandanten innehatte. Die anschließenden blutigen Kämpfe um Schloß und Marstall endeten mit einer militärischen Niederlage der regulären Soldaten und einer politischen Niederlage der Regierung. Die Volksbeauftragten der USPD beanstandeten zu Recht, daß ihre mehrheitssozialdemokratischen Kollegen dem von ihnen zu Hilfe gerufenen preußischen Kriegsminister eine Blankovollmacht gegeben (und damit das Leben von Wels aufs Spiel gesetzt) hatten. Als der Zentralrat am 28. Dezember das Verhalten Eberts und seiner Parteifreunde dennoch billigte, nahmen das Haase, Dittmann und Barth zum Anlaß, aus dem Rat der Volksbeauftragten auszuscheiden.

Zwei Tage nach dem Zerbrechen der Regierungskoalition begann im preußischen Abgeordnetenhaus zu Berlin der Gründungsparteitag der Kommunistischen Partei Deutschlands. Die neue Partei entstand aus zwei Strömungen: der Spartakusgruppe, die bislang die extreme Linke der USPD gebildet hatte, und den Internationalen Kommunisten Deutschlands, hervorgegangen aus den Hamburger und Bremer Linksradikalen. Die Stimmung im Saal war äußerst radikal; vergeblich versuchte Rosa Luxemburg, die Delegierten davon zu überzeugen, daß es sinnlos und gefährlich sei, jenem Antrag von Otto Rühle aus Pirna zuzustimmen, der die Partei auf den Boykott der Wahlen zur Nationalversammlung festlegen wollte; mit 62 gegen 23 Stimmen nahm der Parteitag den Antrag an. Die antiparlamentarische Stoßrichtung des Beschlusses war offenkundig. Arthur Rosenberg hat mit Recht bemerkt, er sei «indirekt ein Aufruf zu putschistischen Abenteuern» gewesen.

Am 4. Januar 1919 – drei Tage, nachdem der Gründungsparteitag der KPD zu Ende gegangen war – entließ der preußische Ministerpräsident Paul Hirsch, ein Mehrheitssozialdemokrat, den Berliner Polizeipräsidenten Emil Eichhorn, der zum linken Flügel der USPD gehörte. Da Eichhorns Sicherheitswehr sich während der Weihnachtskämpfe auf die Seite der meuternden Volksmarinedivision gestellt hatte, war seine Entlassung unumgänglich. Keine Regierung konnte die Polizei der Hauptstadt einem Mann überlassen, der selbst auf den Sturz dieser Regierung hinarbeitete. Die radikale Linke sah das anders: Sie empfand die Amtsenthebung Eichhorns als gezielte Herausforderung. Noch am Abend des 4. Januar beschloß der Vorstand der Berliner USPD zusammen mit den Revolutionären Obleuten, am folgenden Tag eine Protestdemonstration gegen Eichhorns Entlassung durchzuführen. Der entsprechende Aufruf wurde auch von der Zentrale der KPD unterzeichnet.

Teilnehmerzahl und Kampfgeist der Demonstration vom 5. Januar übertrafen die Erwartungen der Veranstalter bei weitem. Doch schon an diesem Tag gerieten die Ereignisse außer Kontrolle. Während im Polizeipräsidium die Berliner USPD, die KPD und die Revolutionären Obleute noch über das weitere Vorgehen berieten, besetzten bewaffnete Demonstranten die Druckereien des sozialdemokratischen «Vorwärts» und des linksliberalen «Berliner Tageblatts», außerdem die Verlagsgebäude von Mosse, Ullstein und Scherl, die Druckerei Büxenstein und das Wollfsche Telegraphenbüro. Im Polizeipräsidium liefen um dieselbe Zeit Meldungen ein, alle Berliner Regimenter und selbst auswärtige Garnisonen wie die von Frankfurt an der Oder stünden hinter den Revolutionären Obleuten und seien bereit, mit Waffengewalt die Regierung Ebert-Scheidemann zu stürzen.

Von diesen – wie sich bald herausstellen sollte – falschen Mitteilungen ließ sich Karl Liebknecht in einen Zustand revolutionärer Euphorie versetzen: Er erklärte, «daß bei diesem Stand der Dinge nicht nur der Schlag gegen Eichhorn abgewehrt werden müsse, sondern der Sturz der Regierung Ebert-Scheidemann möglich und unbedingt notwendig sei». Gegen die Proteste von Richard Müller und Ernst Däumig sprach sich eine Mehrheit der Versammelten dafür aus, die Besetzung der Zeitungsbetriebe aufrechtzuerhalten, die Berliner Arbeiter zum Generalstreik aufzurufen und den Kampf gegen die Regierung bis zu deren Sturz aufzunehmen.

Die Januarerhebung – mit fragwürdigem Recht oft «Spartakusaufstand» genannt – war von Anfang an führerlos. Ziellos aber war sie nicht: Die Parole «Sturz der Regierung Ebert-Scheidemann» bedeutete nichts Geringeres als die Verhinderung der Wahlen zur Verfassunggebenden Nationalversammlung und die Errichtung der Diktatur des Proletariats. Was die russischen Bolschewiki im Januar 1918 durch die Sprengung der Konstituante bewirkt hatten, wollten ihre deutschen Gefolgsleute und Sympathisanten erreichen, bevor die Konstituante gewählt worden war. Der Rat der Volksbeauftragten war also gezwungen, die Kampfansage der radikalen Minderheit des Berliner Proletariats anzunehmen und dem Aufstand gegen die Demokratie entgegenzutreten.

Die Aufgabe, dies zu tun, fiel Gustav Noske zu, der erst am 29. Dezember – einen Tag nach dem Ausscheiden der Unabhängigen – in den Rat der Volksbeauftragten eingetreten war. Der gelernte Holzarbeiter, der später Redakteur einer Parteizeitung und als Reichstagsabgeordneter der Marinereferent der SPD geworden war, konnte sich bei der Abwehr des Putsches zunächst nur auf einige Berliner Ersatzbataillone, Teile der Republikanischen Soldatenwehr und der Charlottenburger Sicherheitswehr sowie den eben erst gebildeten Helferdienst der Sozialdemokratischen Partei stützen. Zu diesen überwiegend sozialdemokratisch orientierten Verbänden kamen rechtsstehende Freikorps, die sich auf Grund des Regierungsaufrufs «Freiwillige vor!» vom 7. Januar bildeten, sowie, vom 8. Januar ab, Freiwilligentruppen der Obersten Heeresleitung.

Ob es zu einem bewaffneten Kampf kommen würde, war nicht von Anfang an sicher. Am 6. Januar nahm die Regierung auf Drängen des Vorstands der USPD Verhandlungen mit den Aufständischen auf. Die MSPD verlangte die sofortige Räumung der besetzten Zeitungsgebäude, während Kautsky für den gemäßigten Teil der Unabhängigen einen Kompromißvorschlag unterbreitete: Die Verhandlungen sollten dann als gescheitert betrachtet werden, wenn sie nicht zur vollen Wiederherstellung der Pressefreiheit führten. Es ist nicht sehr wahrscheinlich, daß die Besetzer diese Brücke betreten hätten; ihre Gegenforderung, die Wiedereinsetzung Eichhorns, war unerfüllbar. Aber der Versuch wurde gar nicht gemacht, da sich die MSPD und am 7. Januar auch der Zentralrat dagegen aussprachen. Damit waren die Würfel für eine gewaltsame Lösung des Konflikts gefallen.

Der Ausgang konnte nach Lage der Dinge nicht zweifelhaft sein. Am 11. Januar gaben nach mehrstündigem Bombardement die Besetzer des «Vorwärts» auf; am gleichen Tag nahmen Regierungstruppen auch die anderen besetzten Pressehäuser ein. Ebenfalls am 11. Januar begannen auf Anweisung Noskes die von der OHL aufgestellten und von General von Lüttwitz befehligten Freikorps gegen Berlin aufzumarschieren. Da der Aufstand bereits am 12. Januar endgültig niedergeschlagen war, gab es für den Einzug des Freikorps in Berlin keinen zwingenden militärischen

Grund mehr. Er erfolgte, weil Noske und die OHL weiteren Umsturzversuchen vorbeugen wollten, indem sie ein Exempel statuierten.

Zu den ersten Opfern der Freikorps gehörten Karl Liebknecht und Rosa Luxemburg: Beide wurden am 15. Januar von Offizieren ermordet. In der Presse hieß es tags darauf, Liebknecht sei auf der Flucht erschossen, Rosa Luxemburg von der Menge getötet worden. Ein Kriegsgericht sprach im Mai 1919 einige der unmittelbar an den Morden beteiligten Offiziere frei; gegen zwei weitere Mittäter verhängte es milde Haftstrafen. Die auftraggebende «Mörderzentrale» im Eden-Hotel um den Hauptmann Waldemar Pabst aber blieb ungeschoren.

Die ermordeten kommunistischen Führer waren mitverantwortlich für das Blut, das während der Januarkämpfe vergossen wurde. Das galt vor allem für Karl Liebknecht, der wider alle Vernunft zum Sturz der Regierung aufgerufen hatte. Rosa Luxemburg pries die revolutionären Massen, obwohl diese der besseren Einsicht der sozialistischen Theoretikerin strikt zuwiderhandelten. Der Berliner Januaraufstand *war* der Putschversuch einer radikalen Minderheit. Wäre er nicht niedergeworfen worden, hätte sich der Bürgerkrieg über ganz Deutschland ausgebreitet und eine alliierte Intervention ausgelöst.

Doch für die Exzesse der Gegengewalt, die die Spaltung zwischen den gemäßigten und den radikalen Kräften in der Arbeiterbewegung zum Abgrund werden ließen, gab es keine Rechtfertigung. Mehr als unumgänglich hatten sich die Mehrheitssozialdemokraten auf Freikorps gestützt, von denen die meisten nicht minder zum Bürgerkrieg bereit waren als die Kommunisten. Den jungen Offizieren und Studenten, die in diesen Freiwilligenverbänden den Ton angaben, ging es nicht um die Rettung der Republik. Was sie antrieb, war Haß auf alles, was «links» stand. Den Krieg im Innern fortzusetzen, den sie zuvor gegen äußere Feinde geführt hatten, erschien ihnen durchaus folgerichtig. Schließlich war es die marxistische Linke, der sie die Hauptschuld an der deutschen Niederlage gaben.[4]

Was die äußerste Linke durch den Aufstand hatte verhindern wollen, war seit dem 12. Januar nicht mehr aufzuhalten: die Wahl der Verfassunggebenden Deutschen Nationalversammlung. Für das Bürgertum konnte es kein vordringlicheres Ziel geben als die Verhinderung einer sozialistischen Mehrheit. Aber daraus folgte noch nicht, daß sich die bürgerlichen Parteien um eine Überwindung ihrer Zersplitterung bemühen mußten. Das neu eingeführte Verhältniswahlrecht bot ihnen die Chance, in der Nationalversammlung etwa so stark vertreten zu sein, wie es ihrem Stimmenanteil entsprach. Ein Anreiz zur Konzentration der Kräfte lag darin nicht.

Von den beiden Mittelparteien, mit denen die MSPD seit 1917 eng zusammengearbeitet hatte, spaltete sich die eine unmittelbar nach der Staatsumwälzung. Am 12. November 1918 verselbständigte sich die Zentrumspartei in Bayern zur Bayerischen Volkspartei. Die Gründung der

BVP war der Versuch, jenem Schub in Richtung Zentralismus entgegenzuwirken, den man von einer Koalition zwischen Sozialdemokraten, Zentrum und Linksliberalen und, vor allem, von Matthias Erzberger befürchtete. Das Zentrum selbst erwog nach dem 9. November einige Wochen lang, sich in eine interkonfessionelle, auch für Protestanten offene christliche Volkspartei zu verwandeln. Aber dann kam ungewollt ein scharf antiklerikaler Unabhängiger Sozialdemokrat, der preußische Kultusminister Adolph Hoffmann, den beharrenden Kräften im politischen Katholizismus zu Hilfe. Die radikale Entkirchlichung des Schulwesens, die Hoffmann betrieb, wirkte sich ganz anders aus, als ihr Urheber beabsichtigt hatte: als Propaganda für das alte Zentrum.

In ihrem Aufruf vom 30. Dezember 1918 betonte die Deutsche Zentrumspartei zwar, die Zugehörigkeit zu ihr als einer christlichen Volkspartei sei nicht durch ein Religionsbekenntnis begrenzt; vielmehr hätten alle Staatsbürger christlicher Religion diese Grundlage politischer Arbeit gemeinsam. Aber personell und weithin auch programmatisch blieb die Partei dieselbe wie im Kaiserreich. Zur Frage der Staatsform äußerte sich das Zentrum so zurückhaltend, daß man aus der Stellungnahme geradezu eine Neutralitätserklärung herauslesen konnte. «Durch gewaltsamen Umsturz ist die alte Ordnung Deutschlands zerstört, sind die bisherigen Träger der Staatsgewalt teils beseitigt, teils lahmgelegt worden», hieß es im Aufruf vom 30. Dezember. «Eine neue Ordnung ist auf dem Boden der gegebenen Tatsachen zu schaffen; diese Ordnung darf nach dem Sturz der Monarchie nicht die Form der sozialistischen Republik erhalten, sondern muß eine demokratische Republik werden.»

Die frühere liberale Partnerin der Sozialdemokraten, die Fortschrittliche Volkspartei, ging in der Deutschen Demokratischen Partei auf. Den Aufruf zur Gründung dieser Partei hatte ein Kreis um den Chefredakteur des «Berliner Tageblatts», Theodor Wolff, und den Soziologen Alfred Weber, den Bruder des noch berühmteren Max, am 6. November 1918 veröffentlicht. Die Initiatoren bekannten sich darin eindeutig zur republikanischen Staatsform und zur Erneuerung der Gesellschaft; sie empfahlen sogar, «für monopolistisch entwickelte Wirtschaftszweige die Idee der Sozialisierung aufzunehmen», und sagten allen Formen des Terrors, «bolschewistischen» sowohl wie «reaktionären», den Kampf an. Der neuen Partei schlossen sich auch einige Nationalliberale, unter ihnen Eugen Schiffer, an. Gustav Stresemann aber, der 1917, nach dem Tod Ernst Bassermanns, den Vorsitz der nationalliberalen Reichstagsfraktion übernommen hatte, gehörte nicht dazu. Da er im Krieg ein Befürworter umfassender deutscher Annexionen gewesen war, erschien er dem Kreis um Wolff politisch untragbar. Umgekehrt mißtraute auch Stresemann den «linken» Tendenzen des Intellektuellenzirkels um das «Berliner Tageblatt».

Am 15. Dezember 1918 gründete Stresemann zusammen mit anderen Nationalliberalen die Deutsche Volkspartei. Von der DDP unterschied sich die DVP durch eine stärkere Betonung des nationalen Moments, eine scharfe Abgrenzung zu der Sozialdemokratie und durch Forderungen zugunsten der bäuerlichen Landwirtschaft. Was die Sozialisierung betraf, erklärte sich die Volkspartei in ihrem Wahlaufruf vom 15. Dezember bereit, «einer Überführung dazu geeigneter Betriebszweige in die Leitung und das Eigentum der öffentlichen Gewalt ... zuzustimmen, sofern dadurch für die Allgemeinheit ein höherer Ertrag und für die Arbeitnehmer bessere Lebensbedingungen geschaffen werden». In der Frage der Staatsform hielt sich die DVP alle Optionen offen. Sie nannte das Kaisertum, falls es durch freien Entschluß des Volkes und auf gesetzlichem Wege wieder aufgerichtet wurde, «die für unser Volk nach Geschichte und Wesensart geeignetste Staatsform», bekundete aber gleichzeitig ihre Bereitschaft, «im Rahmen ihrer politischen Grundsätze innerhalb der jetzigen Staatsform» mitzuarbeiten.

Von ihrem sozialen Profil her waren sich die beiden liberalen Parteien ähnlich: Sie sprachen vor allem die Bildungsschicht, die selbständigen Unternehmer, Handwerker und Kaufleute, Beamte und Angestellte an. Die rechtsliberale DVP gewann einen starken, finanzkräftigen Rückhalt bei der Schwerindustrie, während die linksliberale DDP sich der Unterstützung führender Unternehmer der elektrotechnischen Industrie und des Handels sowie einiger Banken erfreuen konnte. Sie war *die* Partei des liberalen jüdischen Bürgertums und genoß die Sympathie einiger großer Berliner und überregionaler Blätter wie des «Berliner Tageblatts», der «Vossischen Zeitung» und der «Frankfurter Zeitung».

Was dem Liberalismus Ende 1918 nicht gelang, erreichte der Konservatismus auf Anhieb: eine Bündelung seiner Kräfte. Am 24. November 1918 wurde die Deutschnationale Volkspartei gegründet, in der die Deutschkonservative Partei und die freikonservative Deutsche Reichspartei sowie zwei antisemitische Gruppierungen, die Christlich-soziale Partei und die Deutschvölkische Partei, aufgingen. Ein offenes Bekenntnis zur Monarchie vermied die DNVP in ihrem Gründungsaufruf noch. Sie forderte lediglich die «Rückkehr von der Diktatur einer einzigen Bevölkerungsklasse zu der nach den letzten Ereignissen allein möglichen parlamentarischen Regierungsform».

Im Wahlaufruf vom 22. Dezember hieß es dann, die Deutschnationalen seien überzeugt, «daß auch in der neuen demokratischen Verfassung eine monarchische Spitze als ein über den Parteien stehender Faktor der Stetigkeit des politischen Lebens» der geschichtlich gewordenen Eigenart des deutschen Volkes entspreche. Gleichwohl sei die Partei zur Mitarbeit «in jeder durch die Nationalversammlung geschaffenen Staatsform» bereit. Ihren stärksten Rückhalt hatte die DNVP in den evangelischen Gebieten Altpreußens. Sie war die Partei des ostelbischen Großgrundbesitzes und des äußersten rechten Flügels der Schwerindustrie. Ihre Anhänger gewann sie bei monarchistisch gesinnten Akademikern, namentlich Pfarrern und höheren Beamten, bei Bauern, kleinen Gewerbetreibenden sowie «nationalen» Angestellten und Arbeitern.[5]

Bei den Wahlen zur Verfassunggebenden Deutschen Nationalversammlung am 19. Januar 1919 erreichten die bürgerlichen Parteien ihr wichtigstes gemeinsames Ziel: Die beiden sozialistischen Parteien verfehlten die Mehrheit der Stimmen und Mandate. Die MSPD kam auf 37,9 % und damit 3,1 % mehr, als die noch ungeteilte Sozialdemokratie 1912, bei den letzten Reichstagswahlen des Kaiserreichs, errungen hatte. Die USPD erlangte 7,6 %. Ihre Stimmengewinne verdankten die Mehrheitssozialdemokraten nicht zuletzt Landarbeitern im ländlichen Ostelbien, ihren Mandatszuwachs dem Verhältniswahlrecht und einer Wahlkreiseinteilung, die sehr viel gerechter war als im Kaiserreich.

Die erfolgreichste bürgerliche Partei war mit 18,5 % die DDP. Das waren 6,2 % mehr, als ihre Vorgängerin, die Fortschrittliche Volkspartei, 1912 erhalten hatte. Die Partei des Linksliberalismus profitierte davon, daß bürgerliche Wähler in ihr den künftigen Koalitionspartner der Sozialdemokraten sahen, der die SPD, wo immer nötig, auf den Weg der wirtschaftlichen Vernunft bringen werde. Stimmengewinne verbuchten auch die beiden Parteien des politischen Katholizismus, Zentrum und Bayerische Volkspartei. Sie kamen zusammen auf 19,7 % – das waren 3,3 % mehr, als 1912 auf das Zentrum entfallen waren. Adolph Hoffmanns Kulturkampf war nach allgemeiner Überzeugung die wichtigste Ursache dieses Zuwachses.

Zu den Verlierern zählten die Deutschnationalen, die Partei der monarchischen Restauration. Mit 10,3 % schnitt die DNVP deutlich schlechter ab als ihre Vorläuferparteien, die 1912 zusammen 15,1 % erzielt hatten. Die stärksten Verluste aber mußten die Rechtsliberalen hinnehmen. Die DVP erhielt 4,4 %, während die Nationalliberalen sieben Jahre zuvor 13,6 % erreicht hatten. Allerdings steckte Stresemanns Partei im Januar 1919 organisatorisch noch in den Anfängen: In 15 der 37 Wahlkreise war sie gar nicht erst angetreten.

Die Wahlbeteiligung betrug 83 % und war damit etwas geringer als 1912, wo sie bei 84,9 % gelegen hatte. Gleichzeitig aber war die Zahl der Wahlberechtigten durch die Einführung des Frauenstimmrechts und die Herabsetzung von 25 auf 20 Jahre gewaltig gestiegen – um fast 20 Millionen oder um 167 %. Der Sozialdemokratie, der entschiedensten Vorkämpferin des Frauenwahlrechts, kam dieser Einsatz nicht zugute. In den Stimmbezirken, in denen nach Geschlechtern getrennt abgestimmt wurde, stimmten sehr viel mehr Männer als Frauen für die SPD. In Köln etwa erhielten die Sozialdemokraten 46 % der männlichen, aber nur 32,2 % der weiblichen Stimmen. Die Nutznießer des Frauenwahlrechts waren, neben der DDP, die betont kirchenfreundlichen Parteien: in der katholischen Wählerschaft Zentrum und BVP, in der evangelischen die Deutschnationalen.

Am Willen der Mehrheit konnte es keinen Zweifel geben: Die meisten Deutschen wünschten soziale Reformen im Rahmen einer parlamentarischen Demokratie, aber keinen politischen Umsturz und keine gesellschaftliche Umwälzung. Die Revolution sollte also so rasch wie möglich in das ruhige Bett der Evolution übergeleitet werden. So dachten keineswegs nur Bürger und Bauern, sondern auch die meisten Arbeiter.

Die Parallelen zur letzten deutschen Revolution, der von 1848/49, waren offenkundig. Beide Revolutionen waren in gewisser Weise «ungewollt», die Sozialdemokraten von 1918 ebenso Revolutionäre wider Willen wie die Liberalen von 1848. Als sich die Liberalen Ende Februar 1848 an die Spitze der revolutionären Bewegung stellten, verwandelten sie sich nicht über Nacht in Revolutionäre: Sie wollten nur sicherstellen, daß sie und nicht die Radikalen den weiteren Gang der Ereignisse bestimmten. Sieben Jahrzehnte später ließen sich die Sozialdemokraten von derselben Überlegung leiten, und als Demokraten mußten sie so handeln. In beiden Revolutionen unternahm eine Minderheit den Versuch, die Wahl zur Verfassunggebenden Nationalversammlung gewaltsam zu verhindern und dies damit zu rechtfertigen, daß die Gemäßigten die Revolution verraten hätten: Der Heckerputsch vom April 1848 erlebte eine Art Wiederkehr im Berliner Januaraufstand von 1919. Die Wiederholung von Marxens Aufruf zum revolutionären Weltkrieg war Lenins Weltrevolution.

Verändert hatten sich freilich die Himmelsrichtungen, aus denen die revolutionären und die gegenrevolutionären Parolen kamen. Am Beginn einer europäischen Revolutionswelle stand 1848 die Pariser Februarrevolution, am Ende des Ersten Weltkriegs die russische Oktoberrevolution von 1917. Hätte 1848/49 ein Weitertreiben der deutschen Revolution zu einem Krieg mit dem autokratischen Rußland geführt, so nach 1918 eine Nachahmung des russischen Beispiels in Deutschland zu einem militärischen Eingreifen der westlichen Demokratien. Zur Probe aufs Exempel kam es weder im einen noch im anderen Fall. Doch auch als bloße Möglichkeit war der Ernstfall in beiden Revolutionen ein politischer Faktor. Er rief Angst hervor und diente als Mittel, Angst zu schüren: die Angst vor der roten Revolution, vor Chaos und Bürgerkrieg.[6]

Das Wahlergebnis vom 19. Januar 1919 ließ nur *eine* Regierungsbildung aussichtsreich erscheinen: eine Koalition der Mehrheitsparteien des alten Reichstags. Zwar hätten auch SPD und DDP allein über die Majorität der Mandate verfügt, doch in diesem Fall wären die Demokraten einem erdrückenden Übergewicht der Sozialdemokraten ausgesetzt gewesen. Die DDP legte daher großen Wert auf eine Beteiligung des Zentrums, das mit der BVP eine Fraktionsgemeinschaft gebildet hatte. Am 8. Februar beschloß das Zentrum, eine Koalition mit SPD und DDP einzugehen.

Eine, obschon theoretisch denkbare Lösung stand praktisch nicht zur Debatte: eine Minderheitsregierung der beiden sozialdemokratischen Parteien. Eduard Bernstein hat rückblickend dargelegt, warum es zur Koalition der Sozialdemokraten und der bürgerlichen Mitte keine verantwortbare Alternative gab. «Die Republik», schrieb er 1921 in seinem Revolutionsbuch, «konnte wohl mit *bestimmten* bürgerlichen Parteien und Klassen, aber nicht mit *allen* den Kampf aufnehmen, ohne sich in eine unhaltbare Lage zu bringen. Sie konnte die große, auf sie gefallene Last nur tragen, wenn sie erhebliche Teile des Bürgertums an ihrem Bestand und ihrer gedeihlichen Entwicklung interessierte. Selbst wenn die Sozialdemokratie bei den Wahlen zur Nationalversammlung die ziffermäßige Mehrheit erhalten hätte, wäre die Heranziehung der bürgerlich-republikanischen Parteien zur Regierung ein Gebot der Selbsterhaltung der Republik gewesen. Sie war aber auch zugleich eine Lebensnotwendigkeit für Deutschland als Nation.»

Die Entscheidungen über die Grundlegung der deutschen Republik fielen zwischen Februar und August 1919 in Weimar. Vom thüringischen «Musentempel» erhofften sich die Volksbeauftragten zum einen, er werde Parlament und Regierung während der Arbeit an der Verfassung jenen Schutz vor Unruhen gewähren, den Berlin einstweilen nicht verbürgen konnte. Zum anderen sollte der Name Weimar das Ausland daran erinnern, daß es noch ein anderes Deutschland gab als das des Militarismus. «Es wird in der ganzen Welt angenehm empfunden werden, wenn man den Geist von Weimar mit dem Aufbau des neuen Deutschland verbindet», sagte Friedrich Ebert am 14. Januar im Rat der Volksbeauftragten. Philipp Scheidemann pflichtete ihm bei: «Die Stadt Goethes ist ein gutes Symbol für die junge deutsche Republik.»

Am 10. Februar verabschiedete die Nationalversammlung das vom Staatssekretär des Reichsamts des Innern, dem liberalen Berliner Staatsrechtslehrer Hugo Preuß, ausgearbeitete Gesetz über die vorläufige Reichsgewalt, die provisorische Verfassung also. Tags darauf wählten die Abgeordneten Ebert zum vorläufigen Reichspräsidenten. Dieser beauftragte noch am 11. Februar Scheidemann mit der Regierungsbildung. Am 13. Februar konnte das Koalitionskabinett des sozialdemokratischen Reichsministerpräsidenten, bestehend aus Ministern der SPD, des Zentrums und der DDP, seine Arbeit aufnehmen.

Die größte innenpolitische Herausforderung der neuen Regierung war die Streikbewegung, die Deutschland in den ersten Monaten des Jahres 1919 erschütterte. Sie begann Ende Dezember 1918 im Ruhrgebiet und griff im Februar auf Mitteldeutschland über. Ihr Ziel war die Sozialisierung des Bergbaus, wobei die Meinungen über die Art der Vergesellschaftung weit auseinandergingen: Syndikalistische Arbeiter wollten die Betriebe in eigene Regie nehmen, linke Sozialisten fürs erste die Unternehmensleitungen «nur» durch Betriebsräte entmachten. Die mitteldeutsche Streikbewegung ging am 8. März zu Ende, nachdem die Regierung Scheidemann die gesetzliche Einführung von Betriebsräten und die Sozialisierung der Kohle- und

Kalisyndikate versprochen hatte. Im Ruhrgebiet weitete sich der Streik der Bergarbeiter wenig später zu einem Generalstreik aus, den die Regierung mit der Entsendung von Truppen beantwortete. Die heftigsten Kämpfe fanden im März in Berlin statt. Am 9. März erließ Noske, nunmehr Reichswehrminister, den durch kein Gesetz gedeckten Befehl: «Jede Person, die mit Waffen in der Hand gegen Regierungstruppen kämpfend angetroffen wird, ist sofort zu erschießen.» Rund 1000 Menschen kamen bei den Berliner Märzkämpfen ums Leben.

Die großen Streiks vom Frühjahr 1919 bildeten die zweite Welle der deutschen Revolution: Der radikale Teil des Proletariats versuchte in den Ausständen die gesellschaftlichen Veränderungen zu erzwingen, die die erste Phase der Revolution zwischen dem Sturz der Monarchie und der Wahl der Nationalversammlung nicht gebracht hatte. Die unmittelbaren Ergebnisse der Streiks waren, gemessen an den Erwartungen der kämpfenden Arbeiter, bescheiden: Die «Sozialisierung», die die Regierung den Delegationen der Arbeiter versprochen hatte und die in mehreren Gesetzen vom März und April 1919 Gestalt annahm, änderte an den Eigentumsverhältnissen nichts: Für den Kohlen- und Kalibergbau wurden Zwangssyndikate errichtet, in deren Aufsichtsgremien, dem Reichskohlen- und dem Reichskalirat, Reich, Länder, Bergbauunternehmer, weiterverarbeitende Industrien, Handel und Arbeitnehmer vertreten waren. Eine Beschneidung der Unternehmermacht war mit dieser Art von «Gemeinwirtschaft» nicht verbunden.

Für die Arbeitnehmer sehr viel wichtiger waren die Betriebsräte, die durch das heiß umstrittene Gesetz vom 4. Februar 1920 eingeführt wurden. Die radikale Linke war zwar mit diesem Gesetz höchst unzufrieden. Dennoch wurde es zur Magna Charta der innerbetrieblichen Mitbestimmung – und Deutschland durch das Betriebsrätegesetz zu einem Pionierland in Sachen Wirtschaftsdemokratie.

Zur zweiten Phase der Revolution gehörten auch die beiden Münchner Räterepubliken. Die Vorgeschichte der ersten begann mit der Ermordung des bayerischen Ministerpräsidenten Kurt Eisner durch den Jurastudenten und beurlaubten Leutnant Anton Graf Arco-Valley am 21. Februar 1919. Eisner, der Vorsitzende der bayerischen USPD, war gerade auf dem Weg in den Landtag, wo er, nachdem seine Partei bei den Landtagswahlen vom 12. Januar eine verheerende Niederlage erlitten hatte, seinen Rücktritt als Regierungschef erklären wollte. Am Tag nach dem Mord wählte eine allgemeine Münchner Räteversammlung einen Zentralrat der bayerischen Republik, der sich aus Vertretern von MSPD, USPD, KPD und Bauernräten zusammensetzte und den Augsburger Lehrer Ernst Niekisch, einen linken Sozialdemokraten, an seine Spitze berief.

Am 3. April sprachen sich die Augsburger Räte, angeregt durch die Proklamation einer ungarischen Räterepublik durch den Kommunisten Béla Kun, in Anwesenheit von Niekisch für eine Räterepublik Bayern aus. In der Nacht vom 6. zum 7. April schloß sich der Zentralrat in München dieser Forderung an. Ein von Niekisch unterzeichneter Aufruf erklärte den Landtag, «dieses unfruchtbare Gebilde des überwundenen bürgerlich kapitalistischen Zeitalters», für aufgelöst und die Regierung des Mehrheitssozialdemokraten Johannes Hoffmann für abgesetzt.

Die erste Münchner Räterepublik schaffte es binnen weniger Tage, sich zum Gegenstand allgemeinen Gespötts zu machen. Der Abbruch der «diplomatischen Beziehungen» mit dem Reich, eine Botschaft an Lenin, dem telegraphisch die Einigung des oberbayerischen Proletariats mitgeteilt wurde, und die Ankündigung von «Freigeld» zur Überwindung des Kapitalismus waren die Höhepunkte des kurzlebigen Schwabinger Literatenregiments. Am Palmsonntag, den 13. April, aber kam es zu schweren Kämpfen mit der Republikanischen Soldatenwehr, die im Einvernehmen mit der nach Bamberg ausgewichenen Regierung Hoffmann gegen die linken Putschisten vorging. Sieger waren die «Rote Armee» und die Kommunisten, die sich der (von ihnen so genannten) «Scheinräterepublik» zunächst verweigert hatten. Noch am Abend des 13. April stellte sich die Münchner KPD unter Führung des aus Rußland stammenden Eugen Leviné an die Spitze der nunmehr zweiten Räterepublik. Leviné handelte auf eigene Faust, ohne Anweisung der Berliner Zentrale, erhielt aber, nachdem er losgeschlagen hatte, die ausdrückliche Zustimmung und Unterstützung Lenins, der am 27. April sogar wissen wollte, ob die Münchner Revolutionäre schon alle Banken in Besitz genommen und Geiseln aus der Bourgeoisie festgesetzt hätten.

Der Versuch, ein überwiegend agrarisches, katholisches und konservatives Land der Diktatur einer revolutionären Clique zu unterwerfen, die auch in der Hauptstadt nur eine kleine Minderheit der Bevölkerung hinter sich hatte, war aberwitzig und von vornherein zum Scheitern verurteilt. Dem roten Terror der Kommunisten folgte in den ersten Maitagen der weiße Terror der württembergischen Freikorps, die auf Noskes Weisung der legitimen bayerischen Regierung zu Hilfe kamen und ein blutiges Strafgericht unter wirklichen und vermeintlichen «Spartakisten» abhielten. Als die zweite Räterepublik am 3. Mai endgültig niedergeworfen war, zählte man 606 Tote, die während der Kampfhandlungen umgekommen waren. 38 davon entfielen auf die Regierungstruppen; 335 waren Zivilisten. Eugen Leviné wurde wegen Hochverrats angeklagt, zum Tode verurteilt und am 5. Juni 1919 hingerichtet. Ernst Niekisch kam mit zwei Jahren Haft davon.

Die beiden Münchner Räterepubliken trugen entscheidend dazu bei, daß die bayerische Landeshauptstadt sich nach dem Frühjahr 1919 binnen kurzem in eine Hochburg rechtsextremer Gruppierungen verwandelte. Daß Kurt Eisner ein preußischer Jude, Eugen Leviné und Max Levien, ein anderer kommunistischer Räteführer, Ostjuden waren, daß zahlreiche intellektuelle Führer der ersten und zweiten Räterepublik, unter ihnen die

Schriftsteller Ernst Toller, Erich Mühsam und der von Freikorpssoldaten ermordete Gustav Landauer, jüdischen Familien entstammten, gab dem ohnehin starken Antisemitismus mächtigen Auftrieb. Dem begabtesten antisemitischen Agitator, Adolf Hitler, der seine politische Laufbahn im Sommer 1919 als Vertrauensmann des bayerischen Reichswehrgruppenkommandos begann, kamen die Verhältnisse im nachrevolutionären München außerordentlich entgegen: Nirgendwo sonst hätte er für seine Parolen einen derart starken Resonanzboden gefunden wie hier.[7]

Mit der Niederlage der zweiten Münchner Räterepublik endete die zweite Phase der deutschen Revolution. Doch von einer innenpolitischen Beruhigung konnte man kaum sprechen. Am 7. Mai 1919, vier Tage nachdem die bayerische Landeshauptstadt zur «Normalität» zurückgekehrt war, wurden der deutschen Friedensdelegation in Versailles die «Friedensbedingungen der alliierten und assoziierten Regierungen» überreicht. Die Deutschen, die immer noch auf einen «Wilson-Frieden», einen Frieden auf der Grundlage des Selbstbestimmungsrechts der Völker, gehofft hatten, reagierten mit einem Aufschrei der nationalen Empörung.

Die Friedensbedingungen sahen Gebietsabtretungen Deutschlands vor, die weit über das hinausgingen, was Pessimisten befürchtet hatten. Daß Elsaß-Lothringen an Frankreich und das Gebiet um Posen an Polen fallen würden, überraschte niemanden mehr. Aber darüber hinaus sollte Polen ganz Oberschlesien und den Hauptteil Westpreußens erhalten, wodurch Ostpreußen vom übrigen Reich abgeschnitten wurde. Danzig wurde zur Freien Stadt unter einem Kommissar des zu errichtenden Völkerbundes erklärt; das Memelgebiet fiel unter die Verwaltung der Entente. In zwei weiteren Gebieten – im ostpreußischen Masuren und in den östlich der Weichsel gelegenen Teilen Westpreußens um Marienburg und Marienwerder – sollte die Bevölkerung darüber entscheiden, ob sie bei Deutschland bleiben oder sich Polen anschließen wollte. Das Recht der Selbstbestimmung wurde auch Nordschleswig mit seiner teils dänisch, teils deutsch sprechenden Bevölkerung zugestanden.

Im Westen fiel der Kreis Eupen-Malmedy an Belgien. Das Saargebiet wurde nicht, wie Paris das angestrebt hatte, an Frankreich abgetreten, sondern für die Dauer von 15 Jahren einem Völkerbundregime unterstellt; danach sollte die Bevölkerung ihr Selbstbestimmungsrecht ausüben können. Auch im Hinblick auf das Rheinland mußte Frankreich zurückstecken. Das linksrheinische Gebiet wurde nicht von Deutschland abgetrennt. Vielmehr sahen die Friedensbedingungen eine nach Zonen gestaffelte, auf 5, 10 und 15 Jahre befristete Besetzung, und eine dauerhafte «Entmilitarisierung» des linksrheinischen Deutschland vor. Deutschland mußte die Unabhängigkeit Österreichs als unabänderlich anerkennen; eine Änderung war nur mit Zustimmung des Völkerbundrats möglich. Ein entsprechendes «Anschlußverbot» enthielt der Friedensvertrag von St. Germain, den die Siegermächte am 10. September 1919 mit Österreich abschlossen. Auf Grund dieses Vertrags durfte Österreich auch nicht, wie es die Weimarer Reichsverfassung in Artikel 61 vorsah, in der Zeit bis zum «Anschluß an das Deutsche Reich» Vertreter mit beratender Stimme in den Reichsrat entsenden. Die Reichsregierung wurde von den Alliierten gezwungen, in einem Protokoll vom 22. September 1919 diesen Passus für ungültig zu erklären; am 18. Dezember 1919 stimmte die Nationalversammlung dem Protokoll zu.

Einschneidend waren die militärischen Bedingungen, die die Alliierten Deutschland auferlegten. Die Wehrpflicht wurde abgeschafft, das Heer auf 100 000 und die Marine auf 15 000 längerdienende Berufssoldaten beschränkt. Eine Luftwaffe und Unterseeboote durfte Deutschland künftig ebensowenig unterhalten wie Panzer und Gaswaffen. Der Generalstab wurde aufgelöst. Die Hochseeflotte war bis auf geringe Reste auszuliefern (eine Bestimmung, der die Marine durch die Selbstversenkung der Flotte bei Scapa Flow am 21. Juni 1919 zuvorkam).

Deutschland verlor durch den Friedensvertrag ein Siebtel seines Gebiets und ein Zehntel seiner Bevölkerung, dazu seine Kolonien. Es büßte (wenn man die Teilung Oberschlesiens von 1921 mitberücksichtigt) ein Drittel seiner Kohlen- und drei Viertel seiner Erzvorkommen ein. Über eine abschließende Reparationssumme hatten sich die Sieger noch nicht verständigen können. Fürs erste mußte Deutschland seine Fernkabel, neun Zehntel seiner Handelsflotte und über ein Zehntel seines Rinderbestands ausliefern sowie zehn Jahre lang jährlich rund 40 Millionen Tonnen Kohle an Frankreich, Belgien, Luxemburg und Italien liefern. Die Reparationsforderung wurde durch den leidenschaftlich umstrittenen «Kriegsschuldartikel» 231 des Versailler Vertrags begründet, in dem Deutschland anerkennen mußte, daß es zusammen mit seinen Verbündeten als «Urheber» für alle Verluste und Schäden verantwortlich war, «welche die alliierten und assoziierten Regierungen und ihre Angehörigen infolge des ihnen durch den Angriff Deutschlands und seiner Verbündeten aufgezwungenen Krieges erlitten haben».

Im Lager der regierenden Parteien überwog zunächst die Neigung, die Friedensbedingungen für unannehmbar zu erklären. In einer Kundgebung, die die Nationalversammlung in der Aula der Berliner Universität abhielt, stellte Reichsministerpräsident Scheidemann die rhetorische Frage: «Welche Hand müßte nicht verdorren, die sich und uns in diese Fessel legt?» Der preußische Ministerpräsident Paul Hirsch, auch er ein Mehrheitssozialdemokrat, gab die Parole aus: «Lieber tot als Sklav'!» Der Präsident der Nationalversammlung, der Zentrumsabgeordnete Konstantin Fehrenbach, nannte den Vertrag die «Verewigung des Krieges» und drohte den Siegern erst auf lateinisch, dann auf deutsch mit einem zweiten Weltkrieg: «Memores estote, inimici, ex ossibus ultor (Seid eingedenk, ihr Feinde, aus den Gebeinen [der Gefallenen] wird ein Rächer entstehen, H. A. W.). Auch in

Zukunft werden deutsche Frauen Kinder gebären und diese Kinder werden die Sklavenketten zerbrechen und die Schmach abwaschen, die unserem deutschen Antlitz zugefügt werden soll.»

Innerhalb der «Weimarer Koalition» bezog freilich nur eine Partei, die DDP, eine nahezu einheitlich ablehnende Haltung zum Friedensvertrag. SPD und Zentrum waren in sich gespalten. Die «Realpolitiker», unter ihnen Erzberger, David und Noske, waren sich bewußt, daß die Alliierten im Falle eines deutschen Nein das ganze Reich besetzen würden, ohne daß Deutschland sie mit seinen schwachen militärischen Kräften daran hindern konnte – eine Einschätzung, die auch der immer noch amtierende Erste Generalquartiermeister Wilhelm Groener teilte. Gewisse Zugeständnisse der Alliierten konnten die deutschen Unterhändler aber doch noch erreichen: Am 16. Juni erklärten sich die Siegermächte mit einer Volksabstimmung in Oberschlesien einverstanden, die über die Zugehörigkeit zu Deutschland oder Polen entscheiden sollte. Für das Rheinland sahen die Alliierten bei deutschem Wohlverhalten ein vorzeitiges Ende der Besetzung vor. Die deutsche Darstellung zur Kriegsschuldfrage wiesen die Siegermächte aber ebenso scharf wie ausführlich zurück.

Bevor die Nationalversammlung unter dem Druck eines alliierten Ultimatums darüber entschied, ob sie die bedingungslose Annahme des Vertrags befürworten oder ablehnen wollte, kam es zu einem Regierungswechsel. Scheidemann, der sich auf ein Nein festgelegt hatte, trat am 21. Juni zurück und wurde durch einen politisch farblosen Parteifreund, den Arbeitsminister und vormaligen zweiten Vorsitzenden der Generalkommission der Freien Gewerkschaften, Gustav Bauer, einen persönlichen Vertrauten Eberts, ersetzt. Die DDP, auf die Wahrung ihres neu erworbenen nationalen Profils bedacht, gehörte dem Kabinett Bauer nicht mehr an. Das Zentrum, das sich auch an der neuen Regierung beteiligte, schwankte zwischen Ablehnung und Zustimmung zum Friedensvertrag hin und her. Als die Alliierten am 22. Juni den Vorbehalt zurückwiesen, Deutschland könne weder seine alleinige Kriegsschuld anerkennen noch die Verpflichtung übernehmen, deutsche Kriegsverbrecher sowie die nach alliierter Auffassung für den Kriegsausbruch verantwortlichen deutschen Staatsmänner an die Sieger auszuliefern, schien der Ausgang der entscheidenden Abstimmung am 23. Juni nochmals völlig offen.

Den Ausschlag für das Ja der meisten Zentrumsabgeordneten und damit für die Annahme des Friedensvertrags gaben schließlich ein Telegramm Groeners, worin dieser die Aussichtslosigkeit militärischer Kampfhandlungen betonte, und die Bereitschaft von DNVP und DVP, einen Wunsch des Zentrums zu erfüllen: die ausdrückliche Anerkennung der «vaterländischen Gründe» derjenigen Abgeordneten, die sich für die Annahme des Vertrags aussprechen wollten. In nichtnamentlicher Abstimmung ermächtigte das Parlament daraufhin die Reichsregierung, den Friedensvertrag zu unterzeichnen. Mit Ja stimmten die beiden sozialdemokratischen Parteien, die Mehrheit des Zentrums und eine Minderheit der DDP, mit Nein die Deutschnationalen, die DVP, die meisten Abgeordneten der DDP und eine Minderheit des Zentrums. Am 28. Juni setzten Außenminister Hermann Müller, der neugewählte Vorsitzende der SPD, und Verkehrsminister Johannes Bell vom Zentrum im Spiegelsaal des Schlosses von Versailles, wo am 18. Januar 1871 die Proklamation Wilhelms I. von Preußen zum Deutschen Kaiser stattgefunden hatte, ihre Unterschriften unter den Vertrag von Versailles.

Die tiefe und langanhaltende Entrüstung über das «Diktat von Versailles» hatte viel damit zu tun, daß die Regierung Scheidemann, entgegen dem Drängen von Reichspräsident Ebert, bewußt darauf verzichtet hatte, die deutsche Öffentlichkeit über die unmittelbare Vorgeschichte des Kriegsausbruchs aufzuklären. Sie hätte dies tun können, da seit April 1919 jene Sammlung deutscher Dokumente zur Julikrise von 1914 vorlag, mit der der Rat der Volksbeauftragten im November 1918 Karl Kautsky, damals Beigeordneter der USPD im Auswärtigen Amt, und Max Quarck, Beigeordneter der MSPD im Reichsamt des Innern, betraut hatte. Die Akten des Auswärtigen Amtes belasteten die damalige Reichsleitung und die österreichische Führung so schwer, daß man kaum umhin kam, von einer Hauptschuld des Deutschen Reiches und seines wichtigsten Verbündeten an der Auslösung des Weltkriegs zu sprechen. Aus ebendiesem Grund lehnte ein Teil der Reichsminister mit Scheidemann an der Spitze die Veröffentlichung von Kautskys Aktenauswahl ab: Zu groß war die Furcht, Deutschland könne den Siegern zusätzliche Argumente für einen harten Frieden liefern.

Die Mehrheitssozialdemokraten stellten sich Mitte Juni, wenige Tage vor der entscheidenden Abstimmung über den Vertrag von Versailles in der Nationalversammlung, auf ihrem ersten Nachkriegsparteitag in Weimar hinter den Reichsministerpräsidenten. Vergeblich mahnte Eduard Bernstein seine Parteifreunde, der historischen Wahrheit die Ehre zu geben und sich damit aus der Gefangenschaft des 4. August 1914 zu befreien. «Wenn ich die Schuld des alten Systems feststelle, dann sage ich nicht, wir, das deutsche Volk, sind schuld, sondern dann sage ich, diejenigen sind schuld, die das deutsche Volk damals belogen und betrogen haben. Damit wälze ich die Schuld ab vom deutschen Volk.» Die Debatte wurde zum Tribunal gegen den Abweichler. Der schärfste Angriff kam von Scheidemann. Er nannte Bernstein «einen Advokaten des Teufels», der in seiner Übergerechtigkeit sogar schon die feindlichen Imperialisten verteidige.

Nicht nur die deutsche Kriegsschuld von 1914 wurde von einer Mehrheit der Deutschen verdrängt, sondern auch das Diktat, das das Kaiserreich im Frühjahr 1918 Rußland auferlegt hatte. Versailles war, was wirtschaftliche und territoriale Verluste anging, milder als Brest-Litowsk. Gerecht und klug war freilich weder der eine noch der andere Friedensschluß. Die Vertreter der Siegermächte standen, als sie an den Pariser Vorortverträgen arbeiteten, unter dem Druck ihrer Völker, die eine Bestrafung der ehemaligen Mittelmächte, obenan Deutschlands, und einen Ausgleich für erlittene Schäden verlangten. Die Sieger verstießen zu Lasten der Besiegten gegen das Selbstbestimmungsrecht der Völker. Aber hatten die Deutschen das nicht, wo sie siegreich waren, auch getan? Hatten sie Polen nicht seit dem späten 18. Jahrhundert das Recht auf staatliche Existenz bestritten? Und war eine lebensfähiger polnischer Staat ohne Zugang zur Ostsee, also auf Kosten von deutsch besiedeltem Gebiet, überhaupt vorstellbar?

Versailles war hart. Aber kaum jemand in Deutschland machte sich bewußt, daß alles noch viel schlimmer hätte kommen können. Das Reich blieb erhalten und das Rheinland ein Teil Deutschlands. Deutschland war nach wie vor das bevölkerungsreichste Land westlich der russischen Grenzen und die wirtschaftlich stärkste Macht Europas. In gewisser Weise hatte sich die außenpolitische Lage Deutschlands gegenüber der Zeit vor 1914 sogar verbessert: Der Konflikt zwischen den Westmächten und Sowjetrußland bedeutete, daß Deutschland keinen Grund mehr hatte, sich «eingekreist» zu fühlen. Und schon in Versailles waren die ersten Risse zwischen den westlichen Verbündeten, Frankreich auf der einen, England und den Vereinigten Staaten auf der anderen Seite, sichtbar geworden. Die Mitgliedschaft im Völkerbund war Deutschland vorerst noch verwehrt, aber dabei mußte es nicht bleiben. Deutschland hatte gute Aussichten, wieder zur europäischen Großmacht aufzusteigen. Es bedurfte nur der nüchternen Einsicht in die neue Lage, um «Versailles» in realistischen Proportionen zu sehen.

Nüchternheit aber war im Sommer 1919 in Deutschland nur selten anzutreffen. Versailles gab zwei Geschichtslegenden Auftrieb, die die neue Republik von Anfang an schwer belasteten und den moralischen Bruch mit dem wilhelminischen Deutschland verhinderten. Die eine war die Kriegsunschuldlegende, mit der das «nationale» Deutschland, unterstützt von namhaften Historikern, der vermeintlichen «Kriegsschuldlüge» der Sieger entgegentrat. Der «rechten» Lesart zufolge traf Deutschland keine oder jedenfalls keine größere Kriegsschuld als die anderen am Weltkrieg beteiligten Mächte. Die andere Legende war die Dolchstoßlegende von dem «im Felde unbesiegten», aber durch die Heimat gemeuchelten deutschen Heer, die sich bis ins letzte Kriegsjahr zurückverfolgen läßt. Ihren klassischen Ausdruck erhielt diese Legende durch Hindenburg, den am 25. Juni 1919 zusammen mit Groener aus dem Amt geschiedenen letzten Chef der Obersten Heeresleitung. Am 18. November 1919 legte Hindenburg vor dem parlamentarischen Untersuchungsausschuß zur Klärung der Ursachen des deutschen Zusammenbruchs einem ungenannt bleibenden englischen General die Äußerung in den Mund, die deutsche Armee sei «von hinten erdolcht worden». Die beiden Zwillingslegenden vergifteten die politische Atmosphäre bereits, als «Weimar» noch im Werden war. Mit welchen Mitteln Versailles zu revidieren war, darüber gingen die Meinungen auseinander. *Daß* es revidiert werden mußte, darüber bestand in Deutschland Konsens seit dem Tag, an dem der Vertrag unterzeichnet wurde.[8]

Anders als der Revisionskonsens war der Verfassungskonsens in der deutschen Republik nur schwach ausgeprägt. Das ließ sich schon während der Arbeiten am Staatsgrundgesetz erkennen. Daß die Sozialdemokraten die Federführung in Sachen Verfassung dem linksliberalen Hugo Preuß überließen, war beides: Ausdruck von Zweifeln an der eigenen Kompetenz in Fragen des Staatsrechts und Bereitschaft zur Verständigung mit der bürgerlichen Mitte. Doch Preuß konnte sich in wesentlichen Fragen nicht durchsetzen. Der «Vater» der Weimarer Verfassung wollte Preußen in kleinere Staaten auflösen, stieß damit aber auf den hartnäckigen und erfolgreichen Widerstand der preußischen Sozialdemokraten, die in «ihrem» Staat ein Bollwerk gegen separatistische Bestrebungen im Westen und eine Klammer der Reichseinheit sahen. Preußen blieb also erhalten. Einer Hegemonie aber, wie sie der größte deutsche Staat im Kaiserreich innegehabt hatte, suchten die Verfassungsschöpfer einen doppelten Riegel vorzuschieben: Zum einen durfte Preußen, das rund drei Fünftel der Bevölkerung des Reiches umfaßte, nur zwei Fünftel der Sitze im Reichsrat einnehmen. Zum anderen wurde die Bestimmung, wonach die Länder im Reichsrat durch Mitglieder ihrer Regierungen vertreten wurden, im Fall Preußens durchbrochen: Die preußische Vertretung im Reichsrat bestand zur einen Hälfte aus Regierungsmitgliedern, zur anderen aus Delegierten der preußischen Provinzialvertretungen.

Preuß, vom 15. November 1918 bis zum 13. Februar 1919 Staatssekretär, dann bis zum 20. Juni 1919 Reichsminister des Innern, hatte einen dezentralisierten Einheitsstaat angestrebt, damit aber die Föderalisten, von den bayerischen Konservativen bis zu den inzwischen in vielen Ländern regierenden Sozialdemokraten, herausgefordert. Am Ende wurde das Reich föderalistischer, als es die Unitarier und unitarischer, als es die Föderalisten gewünscht hatten. Die Weimarer Republik war kein Einheitsstaat wie die dritte französische Republik; die Länder waren mehr als bloße Selbstverwaltungskörper. Die Entkoppelung von preußischer und Reichsregierung lief auf eine Entprivilegierung des größten deutschen Staates hinaus. Auf der anderen Seite hatte der Reichsrat ein ungleich geringeres Gewicht als der Bundesrat im Kaiserreich. Die süddeutschen Staaten verloren die «Reservatrechte» auf dem Gebiet des Militärs, der Post und des Abgabewesens, die Bismarck ihnen eingeräumt hatte. Am meisten war Bayern von diesen Einbußen betroffen, und es sprach wenig dafür, daß der süddeutsche Freistaat sich dauerhaft mit der Minderung seines Status abfinden würde.

In einem anderen Bereich war Preuß sehr viel erfolgreicher. Beraten von Max Weber, wollte der Berliner Staatsrechtler dem Reichstag einen starken, vom Volk direkt gewählten Reichspräsidenten gegenüberstellen. Das demokratisch legitimierte Staatsoberhaupt sollte der Gefahr eines «Parlamentsabsolutismus» wehren und den integrierenden Gegenpol zur Auffächerung des Parteiwesens bilden. Als Verkörperung der Idee der Überparteilichkeit war der Reichspräsident, wie Preuß ihn sich vorstellte, der natürliche Bezugspunkt für das gleichfalls zur Überparteilichkeit verpflichtete Berufsbeamtentum und damit zugleich der Bürge staatlicher Kontinuität zwischen Monarchie und Republik.

Die konservative «Schlagseite» dieser Konstruktion rief zunächst scharfen Widerspruch von seiten der Sozialdemokraten hervor. In der Fraktionssitzung vom 25. Februar 1919 sprach der Parteiveteran Hermann Molkenbuhr vom Reichspräsidenten als einem «Kaiserersatz» und vom «echt napoleonischen Trick der Präsidentenwahl durch das Volk». In der ersten Lesung des Verfassungsentwurfs im Plenum am 28. Februar warnte der sozialdemokratische Sprecher, Richard Fischer, die Vorlage gebe dem Reichspräsidenten eine höhere, weniger eingeschränkte Macht, als sie der Präsident der Französischen Republik oder der Präsident der Vereinigten Staaten von Amerika besitze. Im übrigen dürfe man die neue Verfassung nicht so auf den Leib des Reichspräsidenten Ebert zuschneiden, wie die frühere Verfassung auf den Leib des Kanzlers Bismarck zugeschnitten gewesen sei. «Wir müssen mit der Tatsache rechnen, daß eines Tages ein anderer Mann aus einer anderen Partei, vielleicht aus einer reaktionären, staatsstreichlüsternen Partei an dieser Stelle stehen wird. Gegen solche Fälle müssen wir uns doch vorsehen, zumal die Geschichte anderer Republiken höchst lehrreiche Beispiele in dieser Beziehung geliefert hat.»

Widerhall bei den bürgerlichen Parteien fanden solche Bedenken, die in noch schärferer Form von der USPD geäußert wurden, nicht. Unter dem Eindruck der bürgerkriegsähnlichen Auseinandersetzungen vom Frühjahr 1919 wuchs vielmehr auch innerhalb der MSPD die Neigung, einen starken Reichspräsidenten zu akzeptieren. Entgegen ihrer ursprünglichen Absicht fanden sich die Sozialdemokraten mit der langen, siebenjährigen Amtsdauer des Reichspräsidenten ab, und sie nahmen es hin, daß die bürgerlichen Parteien die außerordentlichen Vollmachten des Präsidenten im Notstandsfall sogar noch erweiterten: In der dritten Lesung am 30. Juli 1919 wurde die vom Verfassungsausschuß beschlossene Bestimmung gestrichen, der zufolge Maßnahmen nach dem Notverordnungsartikel 48 der Zustimmung des Reichstags bedurften. Statt dessen genügte es nun, wenn der Reichspräsident dem Reichstag von seinen Maßnahmen unverzüglich Kenntnis gab. Das Recht des Reichstags, die Maßnahmen des Reichspräsidenten außer Kraft zu setzen, wurde durch diese Änderung freilich nicht berührt.

Das Prinzip der parlamentarischen und repräsentativen Demokratie wurde nicht nur durch den Reichspräsidenten als Ersatzgesetzgeber, sondern auch durch die Möglichkeit der Volksgesetzgebung eingeschränkt. Eine direkte Gesetzgebung durch das Volk hatten die Sozialdemokraten schon in ihren Programmen von 1869, 1875 und 1891 gefordert. Folgerichtig waren sie nun, trotz einiger Bedenken in den eigenen Reihen, die treibende Kraft bei der Einführung von Volksbegehren und Volksentscheid. Mit geringerem Nachdruck als MSPD und USPD unterstützten die DDP und Teile der DNVP den Gedanken der Volksgesetzgebung, während sich die DVP strikt ablehnend verhielt.

Das Ergebnis langer Beratungen war ein Kompromiß. Die von den Sozialdemokraten geforderte Volksabstimmung über die Verfassung und das Volksbegehren über die Auflösung des Reichstags fanden keine Aufnahme in die Verfassung. Dagegen verständigte sich eine Mehrheit darauf, daß ein Volksentscheid herbeizuführen war, wenn ein Zehntel der Stimmberechtigten dies in einem Volksbegehren forderte. Ein vom Reichstag beschlossenes Gesetz sollte einem Volksentscheid unterworfen werden, wenn ein Zwanzigstel der Stimmberechtigten es verlangte und ein Drittel des Reichstags zuvor der Verkündung des Gesetzes widersprochen hatte. Um einen Beschluß des Reichstags außer Kraft setzen zu können, mußte sich jedoch die Mehrheit der Stimmberechtigten am Volksentscheid beteiligen. Diese Hürde hatten SPD, Zentrum und DDP in der dritten Lesung der Verfassung errichtet, um es dem Reichspräsidenten zu erschweren, sich gegen den Reichstag zu stellen. Denn entgegen den Vorschlägen des sozialdemokratischen Abgeordneten Wilhelm Keil hatte der Verfassungsausschuß dem Reichspräsidenten das Recht eingeräumt, einen Volksentscheid gegen ein vom Reichstag beschlossenes Gesetz herbeizuführen.

Zeitweilig hatte es so ausgesehen, als werde es der Reichstag noch mit einem weiteren Konkurrenten auf dem Gebiet der Gesetzgebung zu tun haben: einem Wirtschaftsparlament. Entsprechende Forderungen erhoben der Zweite Kongreß der Arbeiter-, Bauern- und Soldatenräte Deutschlands im April in Berlin und, unter Anknüpfung an Bismarcks Vorstellungen von einer berufsständischen Kammer, die Deutschnationalen. Die Mehrheit der Nationalversammlung aber mochte sich mit solchen Gedanken, gleichviel ob sie von «links» oder «rechts» kamen, nicht befreunden. Der «Räteartikel» 165 sah zwar einen Reichswirtschaftsrat vor, dem das Recht der Gesetzesinitiative und der Begutachtung von Gesetzen, nicht jedoch ein Veto gegen Gesetze zustand. Die Befugnisse des Reichstags wurden dadurch in keiner Weise eingeschränkt.

Das Wichtigste am Artikel 165 war freilich nicht der Reichswirtschaftsrat, sondern das dort verankerte Prinzip der Parität von Kapital und Arbeit mitsamt der staatlichen Anerkennung der Tarifautonomie. Ansonsten behandelte die Nationalversammlung Fragen der Gesellschaftsordnung mit großer Vorsicht. Zum Thema «Sozialisierung» enthielt die Verfassung lediglich Kann-Bestimmungen. Sie gewährte das Koalitionsrecht, aber nicht das Streikrecht, weil sie sonst auch die umstrittene Frage nach den Grenzen dieses Rechts hätte beantworten müssen.

Nicht offen lassen konnte die Nationalversammlung einige Streitfragen von hoher symbolischer Bedeutung. Schon um den Titel der Verfassung gab es Kontroversen. Die beiden sozialdemokratischen Parteien wünschten eine «Verfassung der Deutschen Republik», vermochten sich aber damit nicht gegen die geschlossene Front der bürgerlichen Parteien durchsetzen, die auf «Verfassung des Deutschen Reiches» bestanden. In der Flaggenfrage wollte die USPD rot als Reichsfarbe, die MSPD, unter Berufung auf das Erbe von 1848, Schwarz-Rot-Gold. Für die Farben der deutschen Einheitsbewegung sprachen sich auch die Mehrheit des Zentrums und die Minderheit der DDP aus. DNVP und DVP, unterstützt von der Mehrheit der DDP und der Minderheit des Zentrums, wollten es bei Schwarz-Weiß-Rot, den Farben des Bismarckreiches, belassen. Am Ende scharfer Auseinandersetzungen stand auch hier ein Kompromiß. Die Reichsfarben waren demnach Schwarz-Rot-Gold. Angeblich wegen der besseren Sichtbarkeit auf See wurde aber daneben eine besondere Handelsflagge geschaffen: Sie zeigte die Farben Schwarz-Weiß-Rot «mit einer Gösch in schwarz-rotgold in der oberen inneren Ecke». Offenkundig trauerte nicht nur die politische Rechte dem Kaiserreich nach, sondern auch ein Teil der «Weimarer» Parteien.

Der leidenschaftlichste Streit entbrannte um die Schulartikel der Verfassung. Die Sozialdemokraten wollten durch eine Neuordnung des Schulwesens bessere soziale Chancen für die unteren Bevölkerungsschichten durchsetzen, das Zentrum konfessionelle Schulen absichern, die liberalen Parteien den kirchlichen Einfluß zurückdrängen. Die Gegensätze in der Schulfrage prallten so hart aufeinander, daß die SPD vorübergehend erwog, auf den gesamten Grundrechtsteil zu verzichten. Dem zuzustimmen war aber dem Zentrum unmöglich, weil zum Grundrechtsteil auch der Abschnitt über Religion und Religionsgesellschaften gehörte, an dem der katholischen Kirche besonders viel lag. Erst kurz vor der dritten Lesung einigten sich die «Weimarer» Parteien auf die Lösung, die dann in die Verfassung einging: Die Regelschule war fortan die für alle Bekenntnisse gemeinsame «Simultanschule». An ihre Stelle konnte aber auf Antrag der Erziehungsberechtigten eine konfessionelle oder bekenntnisfreie Schule treten.

Der Kompromiß in der Schulfrage rettete den Abschnitt «Grundrechte und Grundpflichten der Deutschen», eine aktualisierte und erweiterte Neufassung der «Grundrechte des deutschen Volkes» in der Reichsverfassung vom 28. März 1849, und sicherte der Weimarer Reichsverfassung als ganzer eine breite Mehrheit in der Schlußabstimmung vom 31. Juli 1919. Von den 420 Mitgliedern der Nationalversammlung nahmen 338 an der Abstimmung teil. 262 Abgeordnete stimmten mit Ja, 75 mit Nein; einer enthielt sich. Die Ja-Stimmen kamen von den «Weimarer» Parteien SPD, Zentrum und DDP, die Nein-Stimmen von USPD, DNVP und DVP. Am 11. August unterzeichnete Reichspräsident Friedrich Ebert die Verfassung. Am 14. August trat sie durch Verkündung im Reichsgesetzblatt in Kraft. Eine Woche später, am 21. August, nahmen Reichspräsident, Nationalversammlung und Kabinett Abschied von Weimar. Deutschland wurde fortan wieder von Berlin aus regiert.

Deutschland sei nun die «demokratischste Demokratie der Welt»; nirgends sei die Demokratie konsequenter durchgeführt als in dieser Verfassung: Der sozialdemokratische Reichsinnenminister Eduard David dachte, als er am 31. Juli 1919 die Verabschiedung der Weimarer Reichsverfassung mit diesen Worten feierte, vor allem an das, was das republikanische Grundgesetz an Elementen direkter Demokratie enthielt. Von der Öffentlichkeit wurde die Verfassung eher hingenommen als angenommen. Zu einem Symbol der Republik wurde sie erst im Gefolge von Haßkampagnen und Gewaltakten der extremen Rechten. Die Verfassung selbst trug keinerlei Garantie gegen ihre Abschaffung in sich, sofern die dafür notwendigen Mehrheiten zustande kamen. Konstitutionelle Vorgaben, die dem Mehrheitswillen Schranken setzten, wären den Vätern und Müttern der Verfassung 1919 geradezu als Rückfall in den Obrigkeitsstaat erschienen.

Doch der Obrigkeitsstaat wurde durch die Verfassung nicht überwunden. Er lebte nicht nur neben ihr, sondern in ihr und durch sie fort. Dadurch, daß sie dem Reichspräsidenten die Aufgabe eines Ersatzgesetzgebers im nicht genau bestimmten Notfall übertrug, förderte die Konstituante den Opportunismus parlamentarischer Mehrheiten. Fiel es den regierenden Parteien schwer, sich auf einen Kompromiß zu verständigen, war die Versuchung groß, die Verantwortung nach «oben», auf das Staatsoberhaupt, abzuschieben. An die Stelle des regulären Gesetzes trat dann eine Notverordnung des Reichspräsidenten auf Grund von Artikel 48, an die Stelle der parlamentarischen Normalverfassung die «präsidiale Reserveverfassung», die «kommissarische Diktatur des Reichspräsidenten». Zwar konnte der Reichstag den Reichskanzler und jeden Reichsminister stürzen, ohne einen Nachfolger benennen zu müssen. Eine Wahl des Reichskanzlers durch den Reichstag aber sah die Verfassung nicht vor. Es genügte, daß der vom Reichspräsidenten ernannte Reichskanzler das Vertrauen des Reichstags besaß. Da der Reichspräsident das Recht hatte, den Reichstag aufzulösen, konnte die Waffe des Mißtrauensvotums rasch stumpf werden. Der Reichspräsident und nicht der Reichstag saß am längeren Hebel.

Der Gewinn an politischer Freiheit, den die Weimarer Reichsverfassung den Deutschen brachte, war groß. Die Bewahrung der Freiheit in schwierigen Zeiten aber war durch die Verfassung nicht gesichert. Die «demokratischste Demokratie der Welt» war nicht nur durch die Kräfte bedroht, die sie ablehnten und bekämpften. Sie war vielmehr so verfaßt, daß sie sich selbst aufheben konnte.[9]

Die politische Beruhigung, die im Sommer 1919 nach der Unterzeichnung des Vertrags von Versailles und der Verabschiedung der Weimarer Reichsverfassung eintrat, kam der Regierung Bauer und vor allem Reichsfinanzminister Matthias Erzberger sehr gelegen. Die Situation der Staatsfinanzen war, als Erzberger am 21. Juni sein Amt antrat, schlechthin katastrophal. Das kaiserliche Deutschland hatte den Krieg weitgehend über Inlandsanleihen finanziert und eine Kreditpolitik betrieben, die die Währung zunehmend zerrüttete. Nach dem Krieg wurde die Geldentwertung durch hohe Nominallöhne vorangetrieben, in denen Regierungen, Arbeitgeber und Gewerkschaften *das* Mittel gegen soziale Unruhen sahen. Die Antwort Erzbergers, eines überzeugten Unitariers, war eine Reichsfinanzreform, die zu Recht seinen Namen trägt. Um dem Reich die ausschließliche Finanzhoheit zu sichern, schuf er eine reichseinheitliche Steuerverwaltung, «verreichlichte» das Eisenbahnwesen, bat die «Kriegsgewinnler» über besondere Abgaben auf Einkommen und Vermögen zur Kasse und führte eine Reform der Reichserbschaftssteuer sowie eine politisch besonders umstrittene einmalige Vermögensabgabe, das Reichsnotopfer vom Dezenber 1919, ein. Den Abschluß bildete die Reichseinkommensteuer, die die Nationalversammlung im März 1920 annahm.

Die «Opfer» von Erzbergers Reichsfinanzreform waren, von den Profiteuren des Krieges abgesehen, Länder und Gemeinden. Die Länder waren nunmehr auf Zuschüsse des Reiches, die Gemeinden noch mehr als zuvor auf Anleihen angewiesen. Auch deshalb erfüllte sich die Erwartung Erzbergers, er könne die Inflation durch eine konfiskatorische Besteuerung eindämmen, nicht. Die neuen Steuern heizten die Geldentwertung sogar weiter an: Die Unternehmer wälzten die höheren Abgaben über die Preise auf die Verbraucher ab. Erzbergers Bemühen um soziale Gerechtigkeit wurde dadurch weitgehend durchkreuzt. Was von seiner Reichsfinanzreform blieb, war die Vereinheitlichung des Steuerwesens und der Finanzverwaltung mitsamt der Kehrseite dieser Leistung: Die finanzielle Entmachtung der Länder belastete ihr Verhältnis zum Reich, und die hohe Verschuldung der Gemeinden, eine Folge der drastischen Beschränkung ihrer Finanzquellen, wurde zu einer der Hauptursachen der finanziellen Labilität Deutschlands in der zweiten Hälfte der zwanziger Jahre.

Bei der politischen Rechten war Erzberger, der Urheber der Friedensresolution vom Juli 1917 und Unterzeichner des Waffenstillstands vom November 1918, seit langem verhaßt. Seine Maßnahmen zur Belastung des Vermögens waren dazu angetan, den Haß noch zu steigern. Im Januar 1920 sah sich der Reichsfinanzminister genötigt, in einem Beleidigungsprozeß gegen Karl Helfferich, den ehemaligen Staatssekretär des Reichsamts des Innern, vorzugehen, der ihm neben notorischer Unwahrhaftigkeit die ständige Vermischung von Geschäftsinteressen und Politik vorwarf. Am 26. Januar wurde Erzberger, als er gerade aus der Gerichtsverhandlung in Moabit kam, von einem entlassenen Offiziersanwärter angeschossen und erheblich verletzt. Den Täter verurteilte das zuständige Gericht am 21. Februar nicht etwa wegen Mordversuchs, sondern nur wegen gefährlicher Körperverletzung. Tags darauf eskalierte die Kampagne gegen Erzberger mit einem Zeitungsartikel, der den Reichsfinanzminister der Steuerhinterziehung verdächtigte. Zwei Tage später sah sich Erzberger genötigt, sich von der Wahrnehmung seiner Dienstgeschäfte vorläufig entbinden zu lassen.

Am 12. März 1920 endete der Prozeß gegen Helfferich – vordergründig mit einer Verurteilung des früheren Staatssekretärs wegen übler Nachrede und formaler Beleidigung, tatsächlich mit einer schweren moralischen und politischen Niederlage Erzbergers, den die alles andere als unparteiischen Richter in zwei Fällen des Meineids und in sieben Fällen der Vermischung von persönlichen Geldinteressen und Politik für überführt hielten. Von den Vorwürfen des Meineids und der Steuerhinterziehung sollte Erzberger später entlastet werden. Aber der öffentliche Eindruck des Urteils war verheerend. Noch am 12. März 1920 trat Erzberger von seinem Amt als Reichsfinanzminister zurück.[10]

Am gleichen Tag erfuhr das Reichskabinett aus dem Mund von Reichswehrminister Noske, daß es Bestrebungen zum Sturz der Regierung gebe. Die treibenden Kräfte waren dem Minister zufolge der ostpreußische Generallandschaftsdirektor Wolfgang Kapp und Hauptmann Waldemar Pabst. Tatsächlich standen erhebliche Teile der Reichswehr hinter dem Vorhaben, das als «Kapp-Putsch» in die Geschichtsbücher einging. Seit der Vertrag von Versailles am 10. Januar 1920 in Kraft getreten war, steuerten führende Militärs mit dem Kommandierenden General des Reichswehr-Gruppenkommandos I in Berlin, dem Freiherrn von Lüttwitz, an der Spitze, auf einen Konflikt mit der Regierung zu. Unerträglich erschien vielen Offizieren die Vorstellung, das Reich könne der alliierten Forderung nachkommen, deutsche Kriegsverbrecher wenn schon nicht an die Sieger auszuliefern, so doch vor ein deutsches Gericht zu stellen. Dazu kam die noch nicht abgeschlossene Reduzierung der Heeresstärke auf 100 000 Mann. Davon waren vor allem die Freikorps betroffen – unter ihnen besonders die «Baltikumer», die nach Kriegsende mit Billigung der Alliierten in Lettland und Estland gegen die Bolschewiki gekämpft hatten. Eines der Freikorps nannte Noske namentlich: die Marinebrigade Ehrhardt.

Der zivile Flügel der Verschwörung bestand aus Politikern der äußersten Rechten, die sich auf Rittergutsbesitzer und monarchistische Beamte der altpreußischen Provinzen stützten. Die Schaltstelle der Umsturzbewegung war die im Oktober 1919 unter dem Patronat Ludendorffs gegründete Nationale Vereinigung in Berlin. Ihr Ziel war die Errichtung eines autoritären, vorerst aber noch nicht monarchischen Regimes, das nach außen eine aktive Revisionspolitik treiben sollte.

Noskes Abwehrmaßnahmen erwiesen sich als unzulänglich. Am Morgen des 13. März rückte die Marinebrigade Ehrhardt in Berlin ein; gegen 7 Uhr ergriff Kapp Besitz von der Reichskanzlei. Da die meisten Generäle, unter ihnen der Chef des Truppenamtes, Hans von Seeckt, militärische Gegenwehr für aussichtslos hielten, waren Reichspräsident Ebert, Reichskanzler Bauer und die meisten Minister kurz zuvor nach Dresden aufgebrochen (den dortigen Kommandierenden General Maercker hielt Noske für loyal). In Berlin erschien währenddessen ein Aufruf, der den «Generalstreik auf der ganzen Linie» proklamierte und das Proletariat zur Einigung aufforderte. Verfasser war der Pressechef der Reichsregierung, der Sozialdemokrat Ulrich Rauscher. Das Manifest trug die Namen Eberts und der sozialdemokratischen Minister sowie von Otto Wels, dem amtierenden Vorsitzenden der SPD. Von Dresden aus distanzierten sich der Reichspräsident und die sozialdemokratischen Minister auf Vorhaltungen General Maerckers hin von dem Appell. Tatsächlich hatte wohl nur Noske den Text im voraus gelesen und gebilligt. Auch von Wels darf man annehmen, daß er den Aufruf kannte und ihm zugestimmt hatte.

Das Risiko des Generalstreiks lag darin, daß er schnell jeder Kontrolle entgleiten und in den offenen Bürgerkrieg umschlagen konnte. Daß Kommunisten und Syndikalisten sich damit begnügen würden, für die Wiedereinsetzung der Regierung Bauer zu kämpfen, war so gut wie ausgeschlossen. Auf der anderen Seite hatte ein Generalstreik im Frühjahr 1920 große Erfolgschancen: In Deutschland herrschte zu dieser Zeit als Folge eines inflationsbedingten Booms annähernde Vollbeschäftigung. Arbeiter, die in den Ausstand traten, mußten also nicht befürchten, daß Erwerbslose die Arbeitsplätze einnahmen. Ein Generalstreik gegen einen Militärputsch und für die verfassungsmäßige Staatsgewalt besaß eine unbezweifelbare demokratische Legitimation. Und es sprach viel dafür, daß es eines starken Signals seitens der Arbeiter und Angestellten bedurfte, um die Beamtenschaft zur geschlossenen Verweigerung gegenüber den illegalen Machthabern und diese selbst zur raschen Kapitulation zu bewegen.

Die Führung des Generalstreiks übernahmen die Freien Gewerkschaften, in denen noch immer Mehrheits- und Unabhängige Sozialdemokraten zusammenwirkten. Als organisatorische Klammer der parteipolitisch gespaltenen Arbeiterbewegung konnten der Allgemeine Deutsche Gewerkschaftsbund und die Arbeitsgemeinschaft freier Angestelltenverbände in den Märztagen von 1920 die Rolle des Integrators spielen, der auch darauf hoffen durfte, die Kommunisten, wenn schon nicht in gemeinsame Aktionen einzubinden, so doch einigermaßen in Schach zu halten. Die KPD ihrerseits erklärte am 13. März zunächst in einem von ihrem Berliner Organisationsleiter Ernst Reuter verfaßten Aufruf, das revolutionäre Proletariat werde «keinen Finger rühren für die in Schmach und Schande untergegangene Regierung der Mörder Karl Liebknechts und Rosa Luxemburgs». Da sich aber vielerorts Kommunisten am Generalstreik beteiligten, gab die Zentrale am 14. März eine neue Devise aus: Die KPD bezeichnete den Generalstreik nun als Eröffnung des Kampfes gegen die Militärdiktatur und verwies ihre Anhänger sogar darauf, «daß sie in Aktionen gebunden sind und begrenzt sind durch Ziele, die die Mehrheit der Arbeiter sich vorläufig steckt». Das war nichts anderes als ein Appell zur Bildung jener proletarischen Einheitsfront, die die KPD tags zuvor noch abgelehnt hatte.

Der Rückhalt der Putschisten war von Anfang an auf das konservative Ostelbien beschränkt. Angesichts der Tatsache, daß das Gros der Ministerialbeamten der «Regierung» Kapp die Gefolgschaft verweigerte und Arbeiter und Angestellte aus Protest gegen den Coup das gesamte Wirtschaftsleben zum Stillstand gebracht hatten, war der Zusammenbruch des Staatsstreichs schon am 14. März absehbar. Um so erstaunlicher war, daß die Deutsche Volkspartei, trotz aller Vorbehalte gegen einen gewaltsamen Umsturz, von einer Verurteilung des Putsches absah. In einem, vom Parteivorsitzenden Gustav Stresemann formulierten Aufruf vom 13. März machte sie vielmehr die «bisherige Regierung» dafür verantwortlich, «daß der Weg der organischen Entwicklung, zu dem wir uns bekennen, durchbrochen worden» sei, und begnügte sich mit der Forderung nach einer Legalisierung der «heutigen provisorischen Regierung» und baldigen Neuwahlen. In den folgenden Tagen sprach Stresemann, der sich als «Vermittler» zwischen den feindlichen Lagern sah, sogar persönlich mit Lüttwitz und Kapp.

Noch mehr freilich mußte es die republikanischen Kräfte irritieren, daß der in Berlin verbliebene Vizekanzler Schiffer (seine Partei, die DDP, war seit Ende Oktober 1919 wieder an der Regierung Bauer beteiligt) den Putschisten am 16. März in Gegenwart und mit Zustimmung mehrerer preußischer Minister, unter ihnen die Sozialdemokraten Hirsch und Südekum, einschneidende Zugeständnisse machte: Für den Fall, daß Kapp als «Reichskanzler» und General von Lüttwitz als «Oberbefehlshaber» zurücktraten, sollten eine neue Koalitionsregierung gebildet werden sowie so schnell wie möglich Reichstagswahlen und eine Direktwahl des Reichspräsidenten stattfinden. Der Staatsstreich hätte damit einen Teilerfolg gezeitigt.

Die Regierung Bauer, die inzwischen nach Stuttgart ausgewichen war, tat gut daran, sich auf Kompromisse mit den Aufständischen nicht einzulassen. Unter dem Druck des Militärs traten am 17. März zuerst Kapp und dann Lüttwitz zurück. Als die Marinebrigade Ehrhardt unter den Klängen des Deutschlandliedes und in ihrer üblichen Montur («Hakenkreuz am Stahlhelm, schwarz-weiß-rotes Band/Die Brigade Ehrhardt werden wir genannt») aus dem Regierungsviertel abzog, richtete sie noch ein Blutbad unter protestierenden Zivilisten an: Zwölf Menschen wurden getötet und dreißig verletzt.

Das Ende des Putsches war noch nicht das Ende des Generalstreiks. Die Freien Gewerkschaften und der Deutsche Beamtenbund beschlossen vielmehr am 18. März, den Ausstand fortzusetzen, bis eine Reihe von Forderungen erfüllt waren: Noske, der für den Abfall großer Teile der Reichswehr verantwortlich gemacht wurde, sollte nicht mehr als Oberbefehlshaber der Truppen nach Berlin zurückkehren; die unzuverlässigen militärischen Einheiten sollten aufgelöst und entwaffnet werden und die Neuorganisation der Truppen jedweden Putsch für die Zukunft unmöglich machen. Außerdem verlangten die drei Verbände «entscheidende Mitwirkung bei der Neuordnung der Verhältnisse».

Dieser Erklärung folgte noch am gleichen Tag ein Neunpunkteprogramm der Arbeitnehmerorganisation, in dem unter anderem die Bestrafung aller am Putsch beteiligten Personen, eine gründliche Demokratisierung der Verwaltung, die Sozialisierung des Bergbaus und der Energiegewinnung, ein von der Arbeiterschaft getragener Sicherheitsdienst sowie der Rücktritt von zwei preußischen Ministern, dem sozialdemokratischen Innenminister Heine und dem demokratischen Verkehrsminister Oeser, gefordert wurde. Heine sei, so lautete die Begründung, reaktionären Kräften gegenüber zu duldsam, Oeser gegenüber den Putschisten nicht hart genug gewesen.

Verhandlungen zwischen den Gewerkschaften und Vertretern der Mehrheitsparteien sowie der Reichs- und der preußischen Regierung führten am 20. März zu einer Teileinigung. Noske und Heine hatten mittlerweile ihre Rücktrittsgesuche eingereicht; Verbände der Sicherheitspolizei, die der Verfassung nicht treu geblieben waren, sollten aufgelöst und durch republikanisch zuverlässige Formationen ersetzt werden; die Sozialisierungskommission sollte erneut zusammentreten, um die Vergesellschaftung der dafür reifen Wirtschaftszweige vorzubereiten. Die Freien Gewerkschaften erklärten daraufhin den Generalstreik für beendet. Die USPD tat dies erst am 23. März, nachdem Reichskanzler Bauer ihr noch einige weitere Zusagen gemacht hatte.

Am 27. März war die Umbildung der Reichsregierung abgeschlossen. An die Stelle des farblosen Gustav Bauer, der während des Putsches noch mehr an Ansehen verloren hatte, trat Hermann Müller, neben Otto Wels einer der beiden Vorsitzenden der SPD. Der gebürtige Mannheimer vom Jahrgang 1876 hatte als kaufmännischer Angestellter einige Fremdsprachen gelernt, was ihm politisch zustatten kam: Lange bevor Müller im Juni 1919 das Amt des Reichsaußenministers übernahm, war er bereits der informelle Außenminister der deutschen Sozialdemokratie, ihr Sprecher bei Verhandlungen mit den Bruderparteien Westeuropas, gewesen. Das Amt des Reichswehrministers wieder mit einem Mann aus den eigenen Reihen zu besetzen erschien den Sozialdemokraten weder wichtig noch opportun. Nachdem Wels die Nachfolge des diskreditierten Noske abgelehnt hatte, übernahm der bisherige Wiederaufbauminister und frühere Nürnberger Oberbürgermeister Otto Geßler, der auf dem rechten Flügel der DDP stand und aus seinen monarchistischen Neigungen kein Hehl machte, das Ressort. An die Spitze der Heeresleitung trat jener General von Seeckt, der sich am 13. März besonders vehement geweigert hatte, Reichswehr auf Reichswehr schießen zu lassen.

Die Umbildung der Reichsregierung brachte nicht den von den Freien Gewerkschaften gewünschten Linksruck, und noch weniger war das Kabinett Müller jene «Arbeiterregierung», wie sie der Vorsitzende des ADGB, Carl Legien, gefordert hatte. Doch dieses Ansinnen war nie mehr als eine Schimäre gewesen: Auf einen «Gewerkschaftsstaat» konnte sich die Weimarer Koalition nicht einlassen, und im Frühjahr 1920 nachholen zu wollen, was im Winter 1918/19 an gesellschaftlichen Eingriffen versäumt worden war, erwies sich als Ausdruck von Wunschdenken.

Für eine Demokratisierung der Verwaltung aber war es noch nicht zu spät. Diesen Beweis trat Preußen unter seiner neuen, vom bisherigen Landwirtschaftsminister Otto Braun geführten Regierung an. Der agile Sozialdemokrat aus Königsberg, ein gelernter Buchdrucker, ernannte den langjährigen sozialdemokratischen Reichstagsabgeordneten Carl Severing, einen gelernten Schlosser aus Westfalen, der sich als Reichs- und preußischer Kommissar im unruhigen Ruhrgebiet bewährt hatte, zum Innenminister. In dieser Funktion sorgte Severing für ein großes Revirement unter Oberpräsidenten, Regierungspräsidenten, Landräten und Polizeipräsidenten. Beamte, die mit den Putschisten kollaboriert hatten, wurden durch Männer ersetzt, denen der neue Innenminister zutraute, daß sie die Republik entschlossen verteidigen würden. Damit begann ein neues Kapitel der preußischen Geschichte: Der ehemalige Hohenzollernstaat entwickelte sich binnen weniger Jahre zu einem Bollwerk der deutschen Republik.

Den Gegenpol zu Preußen bildete Bayern. München erlebte am 14. März 1920 seine eigene Art von Staatsstreich. Gestützt auf Absprachen mit monarchistischen Politikern wie dem Landeshauptmann der paramilitärischen Einwohnerwehren, Forstrat Escherich, dem oberbayerischen Regierungspräsidenten Ritter von Kahr und dem Münchner Polizeipräsidenten Pöhner forderte der Kommandeur der Reichswehrgruppe IV, General Ritter von Möhl, den sozialdemokratischen Ministerpräsidenten Hoffmann auf, er möge im Interesse von Ruhe und Ordnung ihm, Möhl, die vollziehende Gewalt übertragen. Die bayerische Koalitionsregierung, ein von BVP und DDP toleriertes Minderheitskabinett aus SPD, Bayerischem Bauernbund und Parteilosen, fügte sich dem Ultimatum; Hoffmann, der sich nicht beugen wollte, trat zurück. Zwei Tage später wählte der Landtag mit einer Stimme Mehrheit Gustav von Kahr zum Ministerpräsidenten. Seiner Regierung gehörten Mitglieder von BVP, DDP und Bayerischem Bauernbund an. Die Sozialdemokraten gingen in die Opposition, aus der sie, solange die Republik bestand, nicht mehr herausgelangten. Bayern entwickelte sich zur rechten «Ordnungszelle»: Es wurde zu einer Schutzburg aller Kräfte, die auch im Reich das Steuer nach rechts herumwerfen und die parlamentarische Demokratie durch ein autoritäres System ersetzen wollten.

Den Schlußstrich unter den Kapp-Lüttwitz-Putsch zogen nicht die Regierungsumbildungen im Reich, in Preußen und Bayern, sondern die Niederschlagung des Ruhraufstands. Im rheinisch-westfälischen Industrierevier hatte im Gefolge des schwarz-weiß-roten Staatsstreichs die Rote Ruhrarmee – der paramilitärische Arm einer weit über den Anhang der KPD hinausreichenden proletarischen Massenbewegung – die Macht übernommen. Ihre Führer dachten nicht daran, diese Position zu räumen, nachdem in Berlin wieder verfassungsmäßige Zustände eingekehrt waren. Am radikalsten verhielten sich die Vollzugsräte in den Bergbaugebieten des «wilden Westens», wo Syndikalisten und Linkskommunisten das Sagen hatten. Im östlichen und südlichen Teil des Reviers, in dem wirtschaftlich die metallverarbeitende Industrie und politisch die USPD den Ton angab, war die Bereitschaft zur Verständigung mit der Reichs- und der preußischen Regierung deutlich stärker ausgeprägt.

Berlin nutzte die Chance, die in diesem politischen Unterschied lag. Das (wesentlich von Severing ausgehandelte) «Bielefelder Abkommen» vom 24. März, das unter anderem die Abgabe von Waffen unter gemeinsamer Aufsicht von Vollzugsräten und Gemeindebehörden vorsah, führte dazu, daß die gemäßigten Kräfte den Kampf einstellten. Die radikaleren Vollzugsräte von Mülheim und Hamborn und die Kampfleiter der Roten Ruhrarmee aber lehnten einen Waffenstillstand ab. Auf der anderen Seite brannten Reichswehr und Freikorps darauf, mit der extremen Linken abzurechnen. Die chaotischen Zustände unter den anarchistischen Machthabern in Duisburg ließen auch der Reichsregierung rasches Handeln geboten erscheinen. Die militärische Niederwerfung des Aufstands erfolgte zwischen dem 30. März und dem 3. April. Dabei wurden auch Verbände eingesetzt, die kurz zuvor noch die Putschisten um Kapp und Lüttwitz unterstützt hatten. Die Gesamtzahl der Toten des Bürgerkriegs im Industrierevier ist nie genau ermittelt worden. Sie lag bei den Ruhrbergarbeitern weit über 1000; die Reichswehr zählte 208 Tote und 123 Vermißte, die Sicherheitspolizei 41 Tote.

Der Ruhraufstand war die letzte und größte der proletarischen Massenbewegungen, die mit den wilden Streiks des Jahres 1917 begonnen hatten. Vieles spricht dafür, die Erhebung des Ruhrproletariats als die dritte Phase der deutschen Revolution zu begreifen, die im Mai 1919, nach der Niederwerfung der zweiten Münchner Räterepublik, in eine Art latentes Stadium getreten war. Der Protest der radikalen Arbeiter richtete sich zum einen gegen das politische und gesellschaftliche System, das sie für den Krieg verantwortlich machten, und gegen jene, die nach 1918 dieses System wiederherstellen wollten. Zum anderen kämpften die Aufständischen gegen die überkommenen Arbeiterorganisationen, denen die radikale Linke vorwarf, sie seien inzwischen selbst ein Teil des kapitalistischen Systems geworden. Die Gewerkschaften und die Sozialdemokraten hatten freilich noch immer sehr viel mehr und besser qualifizierte Arbeiter in ihren Reihen als Syndikalisten, Kommunisten und Unabhängige, so daß der politische Riß quer durch die Arbeiterschaft hindurchging. Für die Arbeiterklasse insgesamt konnte keine Partei und keine Gewerkschaft mehr sprechen.

Der Wunsch nach einer radikalen Umwälzung der gesellschaftlichen Verhältnisse überlebte das Ende der Revolutionsperiode im Frühjahr 1920. Doch die Erfahrungen jener Wochen wirkten ernüchternd. Der Generalstreik hatte sich als zweischneidiges Schwert erwiesen. Einerseits trug er wesentlich zum raschen Sturz des Putschistenregimes bei und war insoweit ein Erfolg. Andererseits entwickelte er eine Eigendynamik, der Gewerkschaften und Sozialdemokraten machtlos gegenüberstanden: Die radikale Linke verwandelte den politischen Streik gegen den Willen der Gemäßigten in einen bewaffneten Kampf, aus dem nicht die Arbeiterschaft, sondern das Militär als Sieger hervorging. Auf den Ruhraufstand folgten in den Jahren darauf zwar noch kommunistische Putschversuche wie die «Märzaktion» von 1921 in Mitteldeutschland, aber keine proletarische Massenerhebung mehr. Und einen Generalstreik hat es in der Weimarer Republik nach 1920 nicht mehr gegeben.

Die Beteiligten des Ruhraufstands wurden sehr viel härter bestraft als die des vorangegangenen Putsches, von denen die meisten, darunter auch Kapp und Lüttwitz, sich ins Ausland hatten absetzen können. Dem steckbrieflich gesuchten Kapitänleutnant Ehrhardt war es möglich, gedeckt von den Behörden in der «Ordnungszelle» Bayern, die nächste Etappe der Gegenrevolution vorzubereiten. Die Zusagen, die die Reichsregierung den streikenden Arbeitern gemacht hatte, wurden nur zum geringsten Teil eingelöst. Die Arbeit der neu einberufenen Sozialisierungskommission blieb so folgenlos wie 1919. Unzuverlässige Polizeiformationen wurden nur dort aufgelöst, wo die Sozialdemokraten die Macht dazu hatten; Arbeiter, die in die neuen Ortswehren eintraten, gab es nicht viele. Die Reichswehr legte sich äußerlich politische Zurückhaltung auf, um nicht in die Nähe verfassungsfeindlicher Umtriebe gerückt zu werden. Gleichzeitig aber wurden Freikorpsoffiziere, die den Putsch unterstützt hatten, auf Grund einer Amnestie vom August 1920 in die endgültige Reichswehr und in die Reichsmarine übernommen. Eine entschieden antirepublikanische Gesinnung stand Karrieren im «Staat im Staat», zu dem sich das Militär in der Ära Seeckt entwickelte, nicht im Wege.

Am 6. Juni 1920 fand in Deutschland die erste Reichstagswahl nach der Revolution statt (wobei «Deutschland» einer Einschränkung bedarf: Wegen der offenen Grenzfragen wurde in Schleswig-Holstein, Ostpreußen und Oberschlesien an diesem Tag noch nicht gewählt). Die Wahl wurde zu einem Debakel für die republikanischen Kräfte: Die Parteien der Weimarer Koalition, die in der Nationalversammlung über eine Zweidrittelmehrheit verfügt hatten, verloren die Mehrheit der Stimmen und Sitze. Die MSPD sank von 37,9 auf 21,6 % ab, während die USPD ihren Anteil von 7,6 auf 18,6 % steigern konnte. Die KPD, die erstmals antrat, erreichte lediglich 1,7 %. Die DDP fiel von 18,5 auf 8,4 %; die DVP gewann fast ebensoviel hinzu: Sie wuchs von 4,4 auf 13,9 %. Vergleichsweise gering waren die Verluste des Zentrums: Es hatte im Januar 1919 (ohne die BVP) 15,1 % erhalten und erzielte jetzt 13,6%. Die DNVP verbesserte sich von 10,3 auf 14,4% der abgegebenen Stimmen.

Rechtsruck im Bürgertum und Linksruck in der Arbeiterschaft: auf diese knappe Formel ließ sich das Wahlergebnis bringen. Politisch belohnt wurden die Kräfte, die den Gründungskompromiß der Republik nicht mitgetragen hatten. Die Gemäßigten hingegen wurden bestraft für das, was sie seit Anfang 1919 getan oder nicht getan hatten. Auf der Linken verübelte man den bisherigen Regierungen der Republik, daß die «Reaktion» wieder erstarkt war. Von rechts wurde den Weimarer Parteien angelastet, was die nationale Ehre verletzte und die Besitzinteressen beeinträchtigte. Versailles und die Steuerreform, der Kapp-Lüttwitz-Putsch und die anschließenden Kämpfe: all das ging in die Wahlentscheidung mit ein, die unter dem Strich ein Mißtrauensvotum gegen Weimar bedeutete.

Eine neue Mehrheit war allerdings nicht in Sicht. Eine Große Koalition von den Sozialdemokraten bis zur Deutschen Volkspartei gehörte einstweilen nicht zu den vorstellbaren Auswegen aus der Krise: Dazu waren die Erinnerungen an das opportunistische Taktieren Stresemanns und seiner Partei in den Putschtagen bei der SPD noch zu frisch und die «antimarxistischen» Ressentiments bei der DVP zu stark. Ein Bürgerblock unter Einschluß der Deutschnationalen war noch weniger denkbar. Folglich kamen nur Minderheitsregierungen in Frage, die sich tolerieren ließen: entweder eine von DVP oder USPD unterstützte Weimarer Koalition oder ein von den Sozialdemokraten mitgetragenes bürgerliches Kabinett. Die SPD zog die zweite Variante vor, weil aus ihrer Sicht die erste noch geringere Chancen bot, sozialdemokratisches Profil zu zeigen.

Am 25. Juni 1920 ernannte Reichspräsident Ebert den badischen Zentrumspolitiker Konstantin Fehrenbach, den bisherigen Präsidenten der Nationalversammlung, zum Reichskanzler. Er bildete ein Kabinett, dem Mitglieder des Zentrums, der DDP und der DVP sowie zwei parteilose Minister angehörten. Erstmals seit dem Oktober 1918 gab es in Deutschland wieder eine Regierung ohne Sozialdemokraten. Gegen die SPD aber konnte das Reich nicht regiert werden. Das wußten die Sozialdemokraten, und darauf verließ sich das bürgerliche Minderheitskabinett.[11]

Im Frühjahr 1921 spitzten sich zwei Krisen zu, die eine gemeinsame Ursache hatten: Die Streitfragen, um die es ging, waren durch den Vertrag von Versailles nicht abschließend geregelt worden. Die erste Krise betraf Oberschlesien. Am 20. März fand die im Friedensvertrag vorgesehene Abstimmung statt. Knapp 60% sprachen sich für Deutschland, 40% für Polen aus, wobei in den Industriegebieten die deutschen, in den ländlichen Gebieten die polnischen Stimmen überwogen. Die Reichsregierung forderte daraufhin ganz Oberschlesien für Deutschland, während Polen und die Alliierten sich für eine Trennung aussprachen. Um ihren Forderungen Nachdruck zu verleihen, unterstützte die Warschauer Regierung insgeheim einen Aufstand, in dessen Verlauf polnische Insurgenten große Teile des Abstimmungsgebiets besetzten.

Die Reichs- und die preußische Regierung antworteten mit Waffenlieferungen an den oberschlesischen Selbstschutz, eine seit 1920 bestehende paramilitärische Formation, die am 23. Mai zusammen mit dem bayerischen Freikorps «Oberland» den Annaberg, die höchste Erhebung Oberschlesiens, stürmte. Ende Juni bewirkte die Interalliierte Abstimmungskommission den Abzug der bewaffneten Parteien. Am 20. Oktober 1921 entschied der Oberste Rat der Alliierten entsprechend einem Gutachten des Völkerbundrates die Grenzfrage: Vier Fünftel des oberschlesischen Industriegebietes sollten zu Polen kommen – darunter die Städte Kattowitz und Königshütte, in denen es am 20. März überwältigende Mehrheiten für Deutschland gegeben hatte. Deutschland blieb nur der Protest gegen diese Mißachtung des Selbstbestimmungsrechts. Machtmittel, um eine günstigere Entscheidung zu erzwingen, hatte es nicht.

Bei der zweiten Krise des Frühjahrs 1921 ging es um die Reparationen. Sie belasteten den Reichshaushalt in einer Höhe, die eine «normale» Aufbringung, in Gestalt von Steuern, undenkbar machte, trieben also die Inflation weiter voran. Daß die Höhe der Reparationen durch den Friedensvertrag nicht festgelegt worden war, hatte fatale Folgen: Da die anhaltende Ungewißheit über den Umfang der Reparationsverpflichtungen potentiellen privaten Kreditgebern die Möglichkeit nahm, die Kreditwürdigkeit des Empfängerlandes realistisch einzuschätzen, konnte Deutschland keine langfristigen Auslandsanleihen mehr aufnehmen.

Am 5. Mai 1921 überreichte der britische Premierminister Lloyd George namens der Alliierten dem deutschen Botschafter in London ein Ultimatum, das zeitlich gestaffelte Reparationszahlungen in einer Gesamthöhe von 132 Milliarden Goldmark Gegenwartswert, also ohne die künftig anfallenden Zinsen, zuzüglich 6 Milliarden für das 1914 von Deutschland überfallene Belgien, vorsah. 1 Milliarde Goldmark war innerhalb von 25 Tagen, also bis zum 30. Mai, zu zahlen. Weiter forderten die Alliierten die Zahlung der noch ausstehenden 12 Milliarden von insgesamt 20 Milliarden Goldmark, die nach dem Vertrag von Versailles am 1. Mai 1921 fällig gewesen waren, die Entwaffnung entsprechend den bisherigen Noten der Alliierten und die Aburteilung der deutschen Kriegsverbrecher. Für den Fall der Nichterfüllung drohten die Verbündeten, am 12. Mai mit der Besetzung des gesamten Ruhrgebietes zu beginnen. (Düsseldorf, Duisburg und Ruhrort waren schon am 8. März 1921, als Strafe dafür, daß Deutschland sich dem vorangegangenen Ultimatum nicht gefügt hatte, besetzt worden.)

Am Tag vor der Überreichung des Londoner Ultimatums hatte das Kabinett Fehrenbach seinen Rücktritt erklärt, da es ihm nicht gelungen war, die Vereinigten Staaten zu einer Vermittlungsaktion in der Reparationsfrage zu bewegen. Die Reparationskrise fiel daher mit einer Regierungskrise zusammen, und beide konnten nur gemeinsam gelöst werden. DNVP, DVP und

KPD verlangten die Ablehnung des Ultimatums; SPD, Zentrum und USPD sprachen sich wegen der drohenden Sanktionen für die Annahme aus; die DDP war in sich gespalten.

Ein Sieg der harten Linie hätte den wirtschaftlichen Zusammenbruch Deutschlands zu Folge gehabt. Das wußten auch die Rechtsparteien, aber wie bei der Abstimmung über den Vertrag von Versailles im Juni 1919 konnten sie davon ausgehen, daß es auch ohne sie eine Mehrheit für das kleinere Übel geben werde. Sie hatten richtig kalkuliert: SPD, Zentrum und DDP übernahmen die Verantwortung für die Annahme des Ultimatums und bildeten zusammen die neue Regierung, das erste Minderheitskabinett der Weimarer Koalition. An seine Spitze berief Reichspräsident Ebert am 10. Mai den badischen Zentrumspolitiker Joseph Wirth. Der ehemalige Gymnasiallehrer für Mathematik hatte im März 1920 Erzbergers Nachfolge als Reichsfinanzminister angetreten. Er war ein glänzender Redner und ein glühender Nationalist, gleichzeitig aber auch ein leidenschaftlicher Republikaner und, soweit es um die innere Politik ging, in seiner eigenen Partei ein «Linker». Mit Wirths Ernennung zum Reichskanzler begann, was als «Erfüllungspolitik» in die Geschichte eingehen sollte.

«Erfüllungspolitik» bedeutete, die Reparationspolitik dadurch ad absurdum zu führen, daß Deutschland sein Äußerstes tat, um die ihm auferlegten Pflichten zu erfüllen. Da die Reparationen die wirtschaftliche Leistungskraft des Reiches überforderten, waren katastrophale Folgen voraussehbar. Gerade sie aber sollten die Alliierten davon überzeugen, daß eine Revision des Londoner Zahlungsplans unumgänglich war. Dieser Logik folgte nicht nur Wirth. Auch die Mehrheit der Volksvertretung tat es. Am 10. Mai 1921 nahm der Reichstag mit 220 zu 172 Stimmen das Londoner Ultimatum an. MSPD, USPD und Zentrum stimmten geschlossen dafür, außerdem eine starke Minderheit der DDP und kleine Minderheiten von DVP und BVP. Die Regierung Wirth hatte ihre erste Kraftprobe bestanden.

Von den immateriellen Forderungen des Londoner Ultimatums wurde eine, die nach der Aburteilung von Kriegsverbrechern, praktisch nicht erfüllt. Zwischen Mai und Juli 1921 fanden zwar neun Verfahren gegen zwölf Angeklagte vor dem Reichsgericht in Leipzig statt. Aber nur in der Hälfte der Fälle kam es zu Verurteilungen. Das größte Aufsehen erregte das Urteil gegen zwei Oberleutnants zur See, die an der Versenkung von Rettungsbooten eines zuvor torpedierten Dampfers teilgenommen hatten. Beide wurden zu vier Jahren Gefängnis verurteilt, was bei der Reichsmarine leidenschaftliche Empörung hervorrief. Im Januar 1922 endete die Strafhaft abrupt: Angehörige der rechtsradikalen, von Kapitänleutnant Ehrhardt geführten «Organisation Consul» befreiten die beiden Offiziere aus ihren Gefängnissen. Die Alliierten legten gegen die geringe Zahl von Verurteilungen und die milden Strafen Protest ein, doch es blieb bei den papierenen Einsprüchen. Die deutschen Kriegsverbrechen blieben, von den sechs Verurteilungen des Jahres 1921 abgesehen, ungesühnt.

Die Forderung nach Entwaffnung wurde im Frühsommer 1921 formell erfüllt. Sie betraf vor allem die bayerischen Einwohnerwehren, deren Auflösung die Münchner Regierung schon im Jahr zuvor hartnäckig verweigert hatte. Im Juni 1921 mußte Ministerpräsident von Kahr unter massivem alliierten Druck schließlich doch die Entwaffnung anordnen. Drei Wochen später, am 24. Juni, erklärte die Reichsregierung die bayerischen Einwohnerwehren, die ostpreußischen Orts- und Grenzwehren und die von dem bayerischen Forstrat Georg Escherich geführte paramilitärische «Organisation Escherich», kurz «Orgesch» genannt, im ganzen Reich für aufgelöst.

Doch das war nicht das Ende paramilitärischer Politik. Die «Ordnungszelle» Bayern blieb das Eldorado zahlreicher «Vaterländischer Verbände», die die Einwohnerwehren an Radikalität weit übertrafen. Und auch im übrigen Deutschland gelang es dem Staat von Weimar nicht, jenes «Monopol legitimen physischen Zwangs für die Durchführung der Ordnungen» durchzusetzen, das Max Weber als Hauptmerkmal des Staates als politischen Anstaltsbetriebs bezeichnet hat. Dieses Monopol war schon durch den Krieg zersetzt worden: Die breite Streuung von Waffenbesitz gehörte, wie Weber zu Recht bemerkte, zu den Bedingungen der Möglichkeit der Revolution von 1918/19. Die Waffenlieferungen der Reichswehr an Freikorps, Einwohner- und Bürgerwehren, teilweise erklärlich als Reaktion auf die erzwungene einseitige Abrüstung Deutschlands wie auf kommunistische Umsturzversuche, trugen zur allgemeinen Militarisierung des öffentlichen Lebens bei. Die Folgen überdauerten die bürgerkriegsähnlichen Konflikte des ersten Nachkriegsjahrfünfts. Auch in der Zeit danach behinderten paramilitärische Verbände und Parteiarmeen der unterschiedlichsten Richtungen die Herausbildung einer Zivilgesellschaft, und eine kriegsverherrlichende Literatur tat das ihre, um den Geist am Leben zu erhalten, der sich den Körper bauen sollte: ein militärisch starkes, zur Revanche für 1918 fähiges Deutschland.[12]

Der harte Kern des Londoner Ultimatums ließ sich nicht aufweichen: Deutschland mußte bereits 1921 3,3 Milliarden Goldmark an Reparationen zahlen, von denen 1 Milliarde am 30. Mai fällig war. Von dieser ersten Rate konnte das Reich lediglich 150 Millionen in bar aufbringen. Den Rest finanzierte es über Schatzwechsel mit dreimonatiger Laufzeit, die nur mit den größten Schwierigkeiten zum Fälligkeitstermin eingelöst werden konnten. Die inflationstreibende Wirkung dieser Operation lag klar zutage und veranlaßte den sozialdemokratischen Reichswirtschaftsminister Robert Schmidt am 19. Mai 1921 zu der Forderung, die deutsche Finanzpolitik auf eine neue Grundlage zu stellen: Enteignung von 20 % des Kapitalvermögens von Landwirtschaft, Industrie, Handel, Banken und Hausbesitz.

Mit seiner Forderung nach «Erfassung» der Sachwerte kündigte Schmidt den stillschweigenden «Inflationskonsens» auf, der die deutsche Wirtschafts-, Finanz- und Sozialpolitik seit 1919 geprägt hatte. Sozialdemokraten und Freie Gewerkschaften begannen im Frühjahr 1921 zum einen zu begreifen, daß die Geldentwertung die gesellschaftlichen Kräfteverhältnisse fortschreitend zugunsten der Sachwertbesitzer, also zu Lasten der Arbeitnehmer verschob. Zum anderen erkannten sie, daß eine Sanierung der Finanzen ohne massiven Eingriff in die Vermögenssubstanz unmöglich war. Gegen ebendiese Einsicht wehrten sich die «Wirtschaft» und die bürgerlichen Parteien. Der der DDP nahestehende Wiederaufbauminister Walther Rathenau, ehedem Präsident des Aufsichtsrats der Allgemeinen Elektrizitäts-Gesellschaft, meinte, Schmidts Vorschläge beraubten Deutschland der wirtschaftlichen Freiheit, und der Verbrauch könne zahlenmäßig mehr tragen als der Besitz. Joseph Wirth, Reichskanzler und Finanzminister in Personalunion, schloß sich der Auffassung seiner Experten an, «daß die zur Durchführung dieser Pläne nötigen Kräfte nicht zu finden seien».

Für die politische Rechte war die «Erfüllungspolitik» schon deshalb moralisch verdammenswert, weil «Marxisten», nämlich MSPD und USPD, dem Londoner Ultimatum zur Annahme verholfen hatten. Durch ihre Zusammenarbeit mit der gemäßigten Linken geriet aber auch die politische Mitte ins Schußfeld der Rechten. Im «Miesbacher Anzeiger», einem in Bayern vielgelesenen Provinzblatt, nannte der (anonym bleibende) Schriftsteller Ludwig Thoma Reichskanzler Wirth den «Intimus des Gauners von Biberach», womit Erzberger gemeint war. Den sozialdemokratischen Innenminister Georg Gradnauer beschrieb Thoma wie folgt: «Verkniffene, sächsische Augen, Nase, Kinn hebräisch; noch hebräischer die Riesenohrwascheln.» Als Mitte Juni 1921 verlautete, daß Reichswehrminister Geßler den Reichswehroberst Ritter von Epp, einen ehemaligen bayerischen Freikorpsführer, nach Preußen versetzen wolle, kommentierte Thoma: «Wir lassen uns von den Saujuden an der Spree weder regieren noch schikanieren, und wenn man in Berlin nicht ganz von Gott verlassen ist, so schmeißt man den Geßler, so rasch es geht, aus der Reichswehr hinaus.»

Mit ihren Haßkampagnen gegen die Republik und ihre Repräsentanten erzeugten Zeitungen wie der «Miesbacher Anzeiger» eine Atmosphäre, die sich jederzeit gewaltsam entladen konnte. Am 9. Juni 1921 wurde der Fraktionsvorsitzende der USPD im bayerischen Landtag, Karl Gareis, von einem Unbekannten durch vier Revolverschüsse in München ermordet. Beim nächsten politischen Mord gelang der Polizei die Identifizierung der Täter binnen kurzem: Am 26. August 1921, wenige Tage nachdem eine gerichtliche Voruntersuchung ihn von allen Vorwürfen der Steuerhinterziehung und der gesetzwidrigen Kapitalflucht entlastet hatte, wurde der ehemalige Reichsfinanzminister Matthias Erzberger bei einem Spaziergang bei Griesbach im nördlichen Schwarzwald von zwei Mitgliedern der «Organisation Consul» und des Münchner «Germanenordens» erschossen. Die Mörder, der Oberleutnant zur See Heinrich Tillessen und der Reserveleutnant Heinrich Schulz, entkamen über München nach Ungarn. Erst 1950 wurden sie zu zwölf beziehungsweise fünfzehn Jahren Zuchthaus verurteilt, von denen sie aber nur zwei Jahre verbüßen mußten. Den Führer des «Germanenordens», Kapitänleutnant Manfred Killinger, der Tillessen und Schulz die Anweisung zum Mord erteilt hatte, sprach das Schwurgericht Offenburg im Juni 1922 von der Anklage der Beihilfe zum Mord frei.

Was die Rechtspresse zum Mord an Erzberger schrieb, lief auf eine Rechtfertigung der Tat hinaus. Die «Oletzkoer Zeitung», ein deutschnationales Blatt aus Ostpreußen, fand, den ehemaligen Minister habe das Schicksal ereilt, das ihm wohl alle national denkenden Deutschen gegönnt hätten. «Ein Mann, der wie Erzberger wohl die Hauptschuld am Unglück unseres Vaterlandes hatte, mußte, solange er am Leben war, eine stete Gefahr für Deutschland bleiben.» Der gleichgesinnte «Berliner Lokalanzeiger» meinte, jedes andere Land würde Verschwörern wie den Offizieren, die Erzberger erschossen hatten, «unbegrenztes Verständnis entgegenbringen». Die deutschnationale «Kreuz-Zeitung» verglich die Attentäter mit Brutus, Wilhelm Tell und Charlotte Corday, die 1793 den Jakobiner Marat umgebracht hatte, und warf den «heutigen Lobpreisern Erzbergers» vor, sie ließen «völlig außer acht, daß der ganze Kampf, der gegen Erzberger geführt wurde, ein Abwehrkampf war».

Gewerkschaften, Mehrheits- und Unabhängige Sozialdemokraten antworteten auf den Mord an Erzberger und die Gewaltverherrlichung der Rechten mit großen Demonstrationen, an denen sich auch die KPD beteiligte. Die Reichsregierung beschloß am 29. August unter Vorsitz des Reichspräsidenten eine Notverordnung auf Grund von Artikel 48, Absatz 2, der Reichsverfassung, die dem Reichsminister des Innern die Befugnis gab, republikfeindliche Druckschriften, Versammlungen und Vereinigungen zu verbieten. Die Verordnung löste einen neuen Konflikt mit Bayern aus: Die Behörden des Freistaats weigerten sich, das von Reichsinnenminister Gradnauer ausgesprochene Verbot des «Miesbacher Anzeigers», des «Münchner Beobachters» und des «Völkischen Beobachters», des zentralen Organs der 1919 gegründeten Nationalsozialistischen Deutschen Arbeiterpartei, auszuführen.

Am 28. September erließ der Reichspräsident eine zweite Verordnung zum Schutz der Republik. Sie war das Ergebnis von Verhandlungen mit der bayerischen Regierung, an deren Spitze eine Woche zuvor als Nachfolger Kahrs der eher gemäßigte Graf Lerchenfeld, ein Politiker der BVP, getreten war. Die neue Verordnung versprach nicht nur «Vertretern der republikanisch-demokratischen Staatsform», sondern, den bayerischen Wünschen entgegenkommend, allen «Personen des öffentlichen Lebens» Schutz. Die Zuständigkeit für die Durchführung von Verboten und Beschlagnahmungen zum Schutz der Republik ging auf die Landesbehörden über. Im Gegenzug verpflichtete sich Bayern, den seit November 1919 bestehenden Landesausnahmezustand bis spätestens zum 6. Oktober 1921 aufzuheben.

Ende Oktober 1921 geriet das Kabinett Wirth in eine ebenso schwere wie überflüssige Krise. Anlaß war die Entscheidung des Obersten Rates der Alliierten zur Teilung Oberschlesiens. Die DDP und, etwas weniger entschieden, das Zentrum drängten auf den sofortigen Rücktritt der Reichsregierung, um so vor aller Welt gegen die Mißachtung des Selbstbestimmungsrechts der Deutschen zu protestieren. Die SPD hielt diesen Schritt für gleichermaßen riskant und nutzlos, konnte sich mit dieser Haltung aber nicht durchsetzen. Am 22. Oktober teilte Wirth dem Reichspräsidenten die Demission seines Kabinetts mit.

Es folgten Verhandlungen über die Bildung einer Großen Koalition, einer Krisenlösung, mit der sich nun auch die Sozialdemokraten einverstanden erklärten. Doch dazu war die DVP nicht bereit – angeblich, weil sie an der Entschlossenheit der SPD zweifelte, sich in eine «nationale Abwehrfront» in der Oberschlesienfrage einzureihen, tatsächlich, weil die unternehmerfreundliche Partei fürchtete, von den anderen Parteien in steuerpolitischen Streitfragen überstimmt zu werden. Das Nein der DVP veranlaßte die DDP, sich ihrerseits der Regierungsverantwortung zu entziehen. So blieb als Ausweg nur noch ein schwarz-rotes Minderheitskabinett unter dem bisherigen Kanzler übrig. Der Reichspräsident mußte mit seinem Rücktritt drohen, um den Widerstand zu überwinden, den das Zentrum einer Regierung allein mit den Sozialdemokraten entgegensetzte. Die DDP, die sich nicht mehr als Koalitionspartner betrachtete, beließ gleichwohl Geßler als «Fachminister» im Kabinett, was die Demission der Regierung im nachhinein als Farce erscheinen ließ. Am 31. Januar 1922 übertrug Wirth das zeitweilig von ihm selbst ausgeübte Amt des Außenministers dem früheren Wiederaufbauminister Walther Rathenau. Damit war die DDP nach dreimonatiger Unterbrechung auch formell wieder Regierungspartei.[13]

Als Rathenau sein neues Amt antrat, lag Deutschland bereits seit zwei Wochen eine Einladung des Obersten Rates der Alliierten zu einer internationalen Konferenz in Genua vor, auf der erstmals nach dem Krieg Sieger und Besiegte die Probleme des wirtschaftlichen Wiederaufbaus erörtern sollten. Zu den eingeladenen Staaten gehörte auch Sowjetrußland. Es lag nahe, daß Berlin und Moskau, beide «have nots» der Weltpolitik, sich schon im Vorfeld der Konferenz abstimmten. Die diplomatischen Beziehungen waren zwar immer noch unterbrochen, aber seit dem Mai 1921 gab es immerhin Handelsvertretungen in der jeweils anderen Hauptstadt. Ideologisch blieben die Beziehungen gespannt: Im März 1921 hatte die zwei Jahre zuvor in Moskau gegründete Kommunistische Internationale sogar versucht, vom mitteldeutschen Industriegebiet aus einen Umsturz in ganz Deutschland herbeizuführen – ein Vorhaben, das von Severings preußischer Polizei rechtzeitig durchkreuzt wurde. Die Politik der Komintern und die amtliche Politik Sowjetrußlands waren aber zweierlei. Während die «Internationalisten» die Weltrevolution vorbereiteten, bemühten sich die «Realpolitiker», die Position ihres Landes im Zusammenspiel mit ausgewählten kapitalistischen Staaten, obenan Deutschland, zu festigen.

Das galt vor allem für den militärischen Bereich. Im September 1921 begann eine streng geheime, zunehmend systematische Zusammenarbeit zwischen Reichswehr und Roter Armee, ausgerichtet am russischen Interesse, von der überlegenen deutschen Technik zu profitieren, und am deutschen Interesse, mit russischer Hilfe die Fesseln des Versailler Vertrags, namentlich in den Bereichen Luftwaffe und Giftgasproduktion, abzustreifen. Dazu kam der gemeinsame Gegensatz zu Polen. Rußland hatte 1920 im Krieg mit Polen eine Niederlage und in deren Gefolge durch den Vertrag von Riga vom März 1921 eine polnische Ostgrenze anerkennen müssen, die 200 bis 300 Kilometer östlich der von den Alliierten Ende 1919 festgelegten «Curzon-Linie» lag.

Ebensowenig wie Rußland fand sich Deutschland mit seinen Gebietsverlusten an den neuen polnischen Nationalstaat ab. Der Chef der Heeresleitung, General von Seeckt, hatte bereits Anfang Februar 1920, am Vorabend des russisch-polnischen Krieges die Auffassung vertreten, nur bei «festem Anschluß an Groß-Rußland» habe Deutschland Aussichten, die an Polen verlorenen Gebiete und seine «Weltmachtstellung» wiederzugewinnen. Reichskanzler Wirth, als Finanzminister ein aktiver Förderer der geheimen Zusammenarbeit zwischen Reichswehr und Roter Armee, teilte Seeckts Ansicht. Mehrfach forderte er 1922, daß Polen zertrümmert und Deutschland und Rußland wieder Nachbarn werden müßten.

Wie Wirth und Seeckt war auch der Leiter der Ostabteilung des Auswärtigen Amtes, Ago von Maltzan, ein Vertreter, ja der eigentliche Architekt der «Ostorientierung». Mitte Januar 1922 handelte der Diplomat aus der Schule von Alfred von Kiderlen-Waechter mit Karl Radek, dem Deutschlandexperten der sowjetischen Führung, die Grundzüge eines Abkommens aus, das dem russischen Wunsch nach enger wirtschaftlicher Zusammenarbeit mit Deutschland Rechnung trug, und zwar ohne die Aufsicht eines internationalen Syndikats, wie es die Alliierten für den Wiederaufbau Rußlands vorgeschlagen hatten.

Der neue Außenminister aber folgte dieser Linie nicht. Im Unterschied zu Wirth, Seeckt und Maltzan ausgesprochen «westorientiert», wollte Rathenau deutsch-russische Alleingänge vermeiden und trat deshalb für ein internationales Wirtschaftskonsortium ein. Die deutsch-russischen Verhandlungen gerieten infolgedessen ins Stocken. Sie wurden erst wieder aufgenommen, als die russische Delegation unter Außenminister Tschitscherin Anfang April auf dem Weg nach Genua in Berlin Station machte. Zum Abschluß eines Abkommen kam es bei dieser Gelegenheit noch nicht, aber doch zu einer Annäherung in so vielen Einzelpunkten, daß die Unterzeichnung eines Vertrags in naher Zukunft möglich erschien.

Bevor die deutsche Delegation mit Wirth an der Spitze nach Genua abreiste, machte Reichspräsident Ebert dem Kabinett am 5. April eindringlich seine verfassungsrechtlichen Befugnisse und politischen Wünsche klar: Da die völkerrechtliche Vertretung des Reiches in seiner Hand liege, müsse er darauf bestehen, daß sachliche Abmachungen oder Festlegungen im Einvernehmen mit ihm getroffen würden. Doch es kam alles ganz anders. Auf der Konferenz in Genua konnten die deutschen Vertreter in der Finanzkommission zwar einen Erfolg verbuchen: Die alliierten Experten stimmten der These zu, daß die Reparationen zum Währungsverfall in Deutschland beigetragen hatten und keinesfalls die Leistungskraft des Reiches übersteigen dürften. Aber gleichzeitig lief ein beunruhigendes Gerücht um: Bei Separatverhandlungen zwischen Alliierten und Russen zeichne sich eine Verständigung auf deutsche Kosten ab. Unter dem Eindruck solcher Meldungen gab Rathenau schließlich dem Drängen Maltzans nach und beauftragte diesen, die unterbrochenen Gespräche mit den Russen wiederaufzunehmen.

Tatsächlich konnte von einem Durchbruch bei den Verhandlungen zwischen Alliierten und Russen keine Rede sein. Maltzan, der das rasch herausfand, tat dennoch alles, um ein Sonderabkommen mit den Russen zustande zu bringen. Ein verschleierndes Telegramm, das den Reichspräsidenten über die deutsch-russischen Gespräche unterrichten sollte, wurde von Maltzan einen Tag lang zurückgehalten, damit der Reichspräsident keine Möglichkeit erhielt, den ohnehin zögernden Rathenau in seinem Widerstand gegen ein Abkommen mit den Russen zu bestärken.

Die Entscheidung fiel in der Nacht vom 15. zum 16. April auf der legendären «Pyjama-Party» in Rathenaus Hotelzimmer. Durch Maltzan erfuhren die Anwesenden, unter ihnen auch der Reichskanzler, von Tschitscherins telefonisch geäußerter Bereitschaft, sofort ein Abkommen mit den Deutschen, und zwar zu deren Bedingungen, abzuschließen. Wirth und Maltzan gelang es, Rathenau die Absicht auszureden, den britischen Premierminister Lloyd George über die neueste Entwicklung zu informieren. Am folgenden Tag, dem Ostersonntag, fuhr die deutsche Delegation in das oberitalienische Seebad Rapallo, wo Tschitscherin und Rathenau abends den nach diesem Ort benannten, schon sehr bald von Mythen umwobenen Vertrag unterzeichneten. Rußland und Deutschland verzichteten darin wechselseitig auf etwaige kriegsbedingte Entschädigungsansprüche, nahmen ihre diplomatischen Beziehungen wieder auf und legten sich auf die Meistbegünstigungsklausel fest: Handelspolitische Vorteile, die sie künftig anderen Staaten gewährten, kamen damit automatisch auch dem Vertragspartner zugute.

In Berlin war das Echo auf den Vertragsabschluß gemischt, aber überwiegend positiv. Der Reichspräsident war zwar nachhaltig darüber verstimmt, daß Kanzler und Außenminister sich über seine Weisungen hinweggesetzt hatten, stärkte nach außen aber der Reichsregierung den Rücken. Im Reichstag wurde der Vertrag am 4. Juli 1922 in dritter Lesung gegen wenige Stimmen aus der DNVP gebilligt. Zu den Warnern gehörte der Reichstagsabgeordnete der USPD, Rudolf Breitscheid. Er bezeichnete den Vertrag von Rapallo Ende April als die «denkbar schwerste Schädigung der deutschen Interessen für die nächste Zukunft», da er die sich anbahnende wirtschaftliche Verständigung mit den Westmächten störe.

Genau so kam es. Die Art und Weise, wie Deutsche und Russen sich im April 1922 verständigten, war dazu angetan, die Westmächte und vor allem Frankreich auf das höchste zu alarmieren. Ob ohne den Vertrag von Rapallo in Genua substantielle Fortschritte in der Reparationsfrage erzielt worden wären, muß offen bleiben. Nach dem deutsch-russischen Abkommen waren sie jedenfalls erst einmal in weite Ferne gerückt.

Und nicht nur das. Bereits am 24. April, eine Woche nach der Unterzeichnung des Vertrags, deutete der französische Ministerpräsident Raymond Poincaré in einer Rede in Bar-le-Duc die Möglichkeit einer militärischen Intervention Frankreichs an. Am 2. Mai mahnte der Oberkommandierende der alliierten Truppen im Rheinland, General Degoutte, in einem Brief an Kriegsminister Maginot, angesichts der in Rapallo vollzogenen deutsch-sowjetischen Annäherung dürfe Frankreich, wenn es das Ruhrbecken okkupieren wolle, keine Zeit mehr verlieren. Der Vertrag von Rapallo war ein Rückfall in wilhelminische Risikopolitik, vorangetrieben von Kräften, die in mehr als einer Hinsicht «wilhelminisch» dachten. Als Wirth sich gegenüber Tschitscherin in Genua für die «Wiederherstellung der Grenzen von 1914» aussprach, wußte er sich in dieser Forderung mit großen Teilen der deutschen Führungsschicht einig.[14]

Der Mann, der auf deutscher Seite widerstrebend seine Unterschrift unter den Vertrag von Rapallo gesetzt hatte, erlebte seine Ratifizierung durch den Reichstag nicht mehr. Am späten Vormittag des 24. Juni 1922 wurde Reichsaußenminister Walther Rathenau auf der Fahrt von seiner Villa im Grunewald ins Auswärtige Amt von zwei Männern, die sein Auto überholten, durch Pistolenschüsse getötet. Die rasch ermittelten Täter, der Oberleutnant zur See a. D. Erwin Kern und der Leutnant der Reserve Hermann Fischer, wurden am 17. Juli auf der Burg Saaleck bei Kösen von der Polizei gestellt; Kern starb durch Kugeln seiner Verfolger, Fischer nahm sich daraufhin selbst das Leben. Beide waren Mitglieder des Deutschvölkischen Schutz- und Trutzbundes, einer damals etwa 170 000 Mitglieder zählenden, militant antisemitischen Organisation, und der «Organisation Consul», die auch den Mord an Erzberger vorbereitet hatte. Aus derselben Geheimorganisation kamen auch einige der Hintermänner des Anschlags, deren die Polizei habhaft werden konnte.

In Rathenau wollten die Urheber des Mordes die Erfüllungspolitik und die Republik insgesamt treffen, und in gewisser Weise *war* Rathenau der Repräsentant alles dessen, was sie haßten. Er war ein Kritiker des alten Deutschland, der, weil er Jude war, ohne die Revolution nicht hätte Außenminister werden können; er vertrat die Erfüllungspolitik gegenüber dem Westen ohne die nach Osten gerichteten Hintergedanken Joseph Wirths. Aber Rathenau war zugleich auch ein Produkt der wilhelminischen Zeit und ein deutscher Patriot, der noch im Oktober 1918 die Deutschen zu einer «levée en masse» aufgerufen hatte und seit dem Sommer 1919 auf die Überwindung der Ordnung von Versailles hinarbeitete. Es waren nicht zuletzt die Widersprüche Rathenaus, die ihn zu einer Verkörperung der jungen Republik und zu einer Zielscheibe des Hasses für alle machten, die darauf aus waren, Weimar durch eine Revolution von rechts zu Fall zu bringen. Der extremen Linken hatten die Umsturzplaner der «Organisation Consul» die Rolle des Katalysators zugedacht: Die Kommunisten sollten in Reaktion auf das Attentat die Gewalt der proletarischen Massen entfesseln, die dann nicht mehr vom schwachen Weimarer Staat, sondern nur noch von einer nationalen Ordnungsdiktatur hätten niedergeworfen werden können.

Der Mord an Rathenau erschütterte die Republik wie kein anderes Ereignis seit dem Kapp-Lüttwitz-Putsch. Aber zu der Gewalteskalation, wie die Verschwörer der «Organisation Consul» sie erhofft hatten, kam es nicht. An den großen Demonstrationen, zu denen der Allgemeine Deutsche Gewerkschaftsbund aufrief, nahmen neben Mehrheits- und Unabhängigen Sozialdemokraten auch die Kommunisten teil. Reichskanzler Wirth schleuderte am 25. Juni im Reichstag nach einer Würdigung des toten Ministers der Rechten Worte entgegen, die diese ihm nie vergab: «Da steht (nach rechts) der Feind, der sein Gift in die Wunde eines Volkes träufelt. Da steht der Feind – und darüber ist kein Zweifel: Dieser Feind steht rechts.» Das Protokoll verzeichnet an dieser Stelle «stürmischen langanhaltenden Beifall und Händeklatschen in der Mitte und links, auf sämtlichen Tribünen. – Große langandauernde Bewegung.»

Wie nach dem Mord an Erzberger versuchten Reichspräsident und Reichsregierung auch nach dem Mord an Rathenau, der extremen Rechten mit rechtlichen Mitteln das Handwerk zu legen, und wie 1921 kam es darüber auch jetzt wieder zu einem schweren Konflikt mit Bayern. Auf zwei neue Verordnungen nach Artikel 48 folgte das Republikschutzgesetz, das bei der dritten Lesung im Reichstag am 18. Juli 1922 die notwendige verfassungsändernde Zweidrittelmehrheit erhielt, weil ihm auch die DVP zustimmte. Das Gesetz bedrohte republikfeindliche Bestrebungen, von der Beschimpfung der Reichsfarben bis zur Ermordung von amtlichen Repräsentanten der Republik, mit schweren Strafen und schuf einen für solche Delikte zuständigen Staatsgerichtshof zum Schutz der Republik beim Reichsgericht in Leipzig.

Bayern holte daraufhin zu einem bisher einmaligen Schlag gegen das Reich aus: Es hob das Republikschutzgesetz am 24. Juli, einen Tag nachdem es in Kraft getreten war, auf und ersetzte es durch eine Verordnung, die zwar die materiellen Bestimmungen des Gesetzes übernahm, die Zuständigkeiten des Staatsgerichtshofes aber bayerischen Gerichten übertrug. Das Reich beantwortete den bayerischen Verfassungsbruch mit dem Angebot von Verhandlungen, die am 11. August, dem «Verfassungstag», zu einem Kompromiß führten: Beim Staatsgerichtshof wurde ein zweiter

Senat gebildet, der für die in Süddeutschland begangenen Delikte zuständig und mit süddeutschen Richtern zu besetzen war. Am 25. August 1922 hob die bayerische Regierung im Gegenzug die Verordnung vom 24. Juli auf. Ministerpräsident Graf Lerchenfeld aber wurde für dieses Zurückweichen von der rechten Mehrheit des Landtags bestraft. Am 2. November mußte er zurücktreten. Sein Nachfolger wurde eine Woche später Eugen Ritter von Knilling, der den «Vaterländischen Verbänden» und den Nationalsozialisten unter Führung Adolf Hitlers sehr viel mehr Verständnis entgegenbrachte als sein Vorgänger.

Die Wirkungen des Republikschutzgesetzes blieben weit hinter den Erwartungen seiner Befürworter zurück. Die obrigkeitsstaatlich geprägte Justiz dachte nicht daran, sich konsequent der Mittel zu bedienen, die das Gesetz bot – und wenn sie es tat, dann eher gegen politische Straftäter von links als gegen solche von rechts. So erhielt etwa ein Kommunist, der von «Räuberrepublik» gesprochen hatte, eine Gefängnisstrafe von vier Wochen, während ein Angeklagter aus völkischen Kreisen, der das Schimpfwort «Judenrepublik» benutzt hatte, nur mit einer Geldstrafe von 70 Mark bedacht wurde. «Saurepublik» galt vor bayerischen Gerichten nicht als Beschimpfung. Mit Bestrafung mußte meist auch nicht rechnen, wer die Reichsfarben «Schwarz-Rot-Gelb», «Schwarz-Rot-Mostrich» oder «Schwarz-Rot-Hühnereigelb» nannte. Ein Bürger, der von «Schwarz-Rot-Scheiße» sprach, wurde im Berufungsverfahren zu einer Geldstrafe von 30 Mark verurteilt, nachdem ihn zunächst ein Gericht in der ersten Instanz freigesprochen hatte.

Auch im kirchlichen Bereich stieß der Staat von Weimar nach wie vor auf starke Vorbehalte. Das traf vor allem für kirchentreue Protestanten zu, von denen sich viele mit dem Sturz der Monarchie nicht abgefunden hatten. Die Haltung der Amtskirche brachte ein geläufiger Reim auf die Formel «Die Kirche ist politisch neutral, aber sie wählt deutschnational». Ähnlich wie die DNVP verurteilte der Deutsche Evangelische Kirchenausschuß im Juli 1922 den Mord an Rathenau als «ungeheure Freveltat», stellte aber zugleich die Siegermächte als die eigentlichen Urheber des Verbrechens hin: «Wir klagen unsere Feinde an, daß ihre Verblendung unser Volk in eine Schmach und Not stieß, aus der alle Geister des Abgrunds aufsteigen.»

Die katholische Kirche war mit dem Hohenzollernreich innerlich nicht so eng verbunden gewesen wie die evangelische. Aber wie stark die Ablehnung des republikanischen Staates auch hier noch war, machte Ende August 1922 der Deutsche Katholikentag in München deutlich. Der Erzbischof von München und Freising, Kardinal Faulhaber, verurteilte die Revolution vom November 1918 als «Meineid und Hochverrat» und nannte sie eine «Untat», die nicht um einiger Erfolge willen, die sie den Katholiken gebracht habe, «heiliggesprochen» werden dürfe. Als der Präsident des Katholikentages, der Kölner Oberbürgermeister Konrad Adenauer, sich in seiner Schlußansprache von Faulhaber distanzierte, wurde die innere Spaltung des deutschen Katholizismus auch nach außen hin deutlich.

Daß Mißtrauen und Abneigung gegenüber der Republik sich nicht mit Hilfe von Verboten und Strafen würden überwinden lassen, war den republikanischen Kräften wohl bewußt. Daher versuchten Reichspräsident und Reichsregierung, demokratische Gesinnung durch Maßnahmen eines «positiven» Republikschutzes zu fördern und zu festigen. Doch auch hier waren die Erfolge bescheiden. Der Plan des sozialdemokratischen Reichsinnenministers Adolf Köster, den 11. August, den Tag der Unterzeichnung der Weimarer Reichsverfassung, zum gesetzlichen Feiertag zu machen, scheiterte an Widerständen aus «rechts» regierten Ländern. In einem anderen Punkt setzte sich Köster durch. Auf sein Betreiben hin erklärte Reichspräsident Ebert in seinem Aufruf zum 11. August 1922 das Deutschlandlied zur Nationalhymne. Das Lied Hoffmann von Fallerslebens solle nicht als Ausdruck nationalistischer Überhebung dienen, erläuterte Ebert. «Aber so wie einst der Dichter, so lieben wir heute ‹Deutschland über alles›. In Erfüllung seiner Sehnsucht soll unter den schwarz-rot-goldenen Fahnen der Sang von Einigkeit und Recht und Freiheit der festliche Ausdruck unserer vaterländischen Gefühle sein.»

Eberts Hoffnung erfüllte sich nicht: Das Deutschlandlied verschaffte den Farben Schwarz-Rot-Gold keine zusätzliche Popularität. Wer die erste Strophe sang, wurde dadurch noch nicht zum Republikaner. Umgekehrt fiel es den Republikanern in der Arbeiterschaft schwer, in ein Lied einzustimmen, das, ungeachtet seiner demokratischen, also schwarz-rot-goldenen Herkunft, mittlerweile häufiger von der schwarz-weiß-roten Rechten als von den Anhängern Weimars gesungen wurde. «Deutschland, Deutschland über alles» war geradezu die Erkennungsmelodie des «nationalen Deutschland» geworden, seit am 10. November 1914 junge Kriegsfreiwillige – der amtlichen Legende zufolge mit diesem Lied auf den Lippen – nahe dem flandrischen Ort Langemarck gegen die feindlichen Linien angestürmt und gefallen waren. Während die Sieger des Weltkriegs an jedem 11. November des Waffenstillstands von 1918 gedachten, pflegte die deutsche Rechte am gleichen Tag unter den Klängen des Deutschlandliedes den Mythos von Langemarck – einen patriotischen Opferkult, in dem der Wunsch mitschwang, die Schmach von 1918 auszulöschen.[15]

Nahezu aussichtslos waren Versuche, dem fanatischen Antisemitismus entgegenzuwirken, der sich in der Kampagne gegen den Juden Walter Rathenau und schließlich in seiner Ermordung entladen hatte. Knapp drei Wochen nach dem Mord sah sich die preußische Regierung genötigt, einen nach Marburg einberufenen allgemeinen Studententag zu verbieten, weil sie nach den bisherigen Äußerungen der Veranstalter mit öffentlichen Rechtfertigungen des Attentats rechnete. Die völkische Richtung innerhalb der Deutschen Studentenschaft mit dem Deutschen Hochschulring als organisatorischem Kern wich daraufhin ins bayerische Würzburg aus. Die dort beschlossene Verfassung sah vor, daß die Studentenschaft außer Reichsangehörigen auch Deutsch-Österreichern und Auslandsdeutschen «deutscher Abstammung und Muttersprache» offenstand, womit ein erster Schritt zu dem von den österreichischen Studentenschaften bereits praktizierten «Arierparagraphen» getan war.

Die Juden galten der extremen Rechten als Urheber der Niederlage Deutschlands im Weltkrieg, weil sie angeblich die deutschen Arbeiter systematisch mit marxistischen oder bolschewistischen Ideen zersetzt oder sich auf Kosten des deutschen Volkes bereichert hatten. Sie wurden als Betreiber und Nutznießer von Revolution, Inflation und Erfüllungspolitik dargestellt. Sie dienten mithin als die Sündenböcke für alles, worunter Deutschland seit dem November 1918 litt oder zu leiden glaubte. Rosa Luxemburg, Kurt Eisner, Hugo Haase, Rudolf Hilferding, Eduard Bernstein, Otto Landsberg, Paul Hirsch, Ernst Heilmann, Hugo Preuß, Eugen Schiffer, Theodor Wolff und Walter Rathenau: in den Augen der rabiaten Antisemiten spielte es keine Rolle, ob diese Politiker und Publizisten radikal oder gemäßigt, Marxisten oder Liberale, ungetauft oder getauft waren. Sie waren Juden, und damit waren sie Feinde.

Bei Studenten und Akademikern war der Antisemitismus besonders stark, weil viele von ihnen die Juden vor allem als Konkurrenten im Kampf um gehobene gesellschaftliche Positionen wahrnahmen. Daß die «marxistische» Arbeiterbewegung 1918 zur Regierungsmacht aufgestiegen war, empfanden werdende und fertige Akademiker vielfach als persönliche Kränkung. Ihr Anspruch auf die Führung Deutschlands wurde durch Kräfte in Frage gestellt, denen sie die dafür erforderliche geistige und moralische Eignung absprachen. Die Rolle von Juden in der politischen Linken reichte aus, um dem Gefühl des Statusverlusts und der Prestigeminderung eine antisemitische Wendung zu geben. Sich selbst sahen die völkischen Studenten und Jungakademiker in der Tradition der Befreiungskriege und vor allem Fichtes, bei dem sie fanden, was sie suchten: eine Auffassung vom ewig fortdauernden deutschen Volk, die sie umstandslos gegen die Juden als Träger eines «fremden Volkstums» und den angeblich von ihnen geprägten Staat von Weimar wendeten.

Das propagandistische Lieblingsthema der deutschen Antisemiten waren die Ostjuden. Namen von Juden aus Rußland oder Polen, die in der Revolution von 1918/19 hervorgetreten waren, ließen sich ebenso leicht beibringen wie die Namen ostjüdischer «Spekulanten», die Nutzen aus der Inflation zogen. Die orthodoxen Ostjuden wirkten, anders als die seit langem in Deutschland ansässigen, integrierten deutschen Juden, kulturell fremdartig und bildeten, ihrer verbreiteten Armut wegen, eine soziale Problemgruppe. Doch die Antisemiten verschwiegen beharrlich, daß die «Ostjudenfrage» zu einem guten Teil erst durch die Politik der Obersten Heeresleitung geschaffen worden war. Die OHL hatte 1914 in den besetzten Gebieten Russisch-Polens den dort lebenden Juden die materielle Existenzmöglichkeit weitgehend genommen und aus derselben Bevölkerungsgruppe dann Arbeitskräfte für die deutsche Rüstungsindustrie rekrutiert. Etwa 35 000 Juden kamen auf diese Weise – unter mehr oder minder großem Zwang – in das Reich. Ungefähr ebenso viele Ostjuden befanden sich unter Kriegsgefangenen und Ausländern, die vom Kriegsausbruch in Deutschland überrascht und hier interniert worden waren. Die Zahl der in Deutschland lebenden Ostjuden erhöhte sich somit zwischen 1914 und 1918 um etwa 70 000. Nimmt man jene 80 000 Ostjuden hinzu, die schon vor 1914 in Deutschland gewohnt hatten, belief sich die Gesamtzahl bei Kriegsende auf etwa 150 000.

Nach dem Krieg verloren die meisten ostjüdischen Rüstungsarbeiter ihren Erwerb. Eine rasche Rückkehr in ihre Herkunftsgebiete war aber schon deswegen nicht möglich, weil die neu entstandenen Staaten Ostmitteleuropas (und namentlich Polen mit seiner starken antisemitischen Tradition) zunächst keine Neigung zeigten, die ostjüdischen Arbeitslosen bei sich aufzunehmen. Eine beträchtliche Zahl – etwa 30 000 – gelangte 1920/21 dorthin, wo es die Ostjuden seit langem hinzog: nach Amerika. Auch in den folgenden Jahren wanderten Ostjuden über Deutschland in die Vereinigten Staaten aus. 1925, im Jahr der stärksten ostjüdischen Einwanderung, gab es in Deutschland knapp 108 000 Ostjuden – das waren 30 000 mehr, als 1910 auf dem gleichen Territorium gelebt hatten, aber gewiß kein Beleg für die Behauptung der Antisemiten, Deutschland werde von Ostjuden überschwemmt.[16]

Der Antisemitismus war schon im Kaiserreich kein Monopol antisemitischer Parteien und Verbände gewesen. Die Deutschkonservativen hatten, seit es sie als Partei gab, nie einen Zweifel an ihrer Judenfeindschaft gelassen und sich 1892 in ihrem «Tivoliprogramm» auch offiziell zum Antisemitismus bekannt. Die Deutschnationalen stellten sich von Anfang an bewußt in diese Tradition und boten auch rabiaten Antisemiten wie den Abgeordneten Wilhelm Henning, Reinhold Wulle und Albrecht Graefe ein parteipolitisches Dach. Einer von ihnen, Henning, war an der politischen und publizistischen Kampagne gegen Rathenau maßgeblich beteiligt. In der «Konservativen Monatsschrift», dem Organ des völkischen Flügels der DNVP, hatte der Abgeordnete im Juni 1922 einen Artikel veröffentlicht, in dem es unter anderem hieß, die «deutsche Ehre» sei «keine Schacherware für internationale Judenhände», und Rathenau und seine Hinterleute würden vom deutschen Volk zur Rechenschaft gezogen werden.

Nach der Ermordung des Außenministers schien es der Parteiführung unter dem früheren preußischen Finanzminister Oskar Hergt angezeigt, einen Trennungsstrich zu den extremen völkischen Kräften zu ziehen: Der Parteiausschluß Hennings sollte den anderen bürgerlichen Parteien die Regierungsfähigkeit der DNVP beweisen. Die deutschnationale Reichstagsfraktion, der die endgültige Entscheidung überlassen wurde, begnügte sich mit dem Ausschluß Hennings aus den eigenen Reihen, hielt aber einen

Parteiausschluß nicht für erforderlich. Diesen Schritt vollzogen Henning, Wulle und Graefe wenig später selbst. Im September 1922 gründeten sie die Deutschvölkische Arbeitsgemeinschaft, aus der im Dezember die Deutschvölkische Freiheitspartei entstand.

Eine ihrer stärksten Bastionen wurde München, wo sich ihnen der Kreisverein der Deutschnationalen anschloß. In der bayerischen Landeshauptstadt fanden die Deutschvölkischen ein besonders günstiges politisches Klima, freilich auch eine Konkurrenz vor, die sie an Judenhaß schlechterdings nicht übertreffen konnten: die von Adolf Hitler geführte Nationalsozialistische Deutsche Arbeiterpartei. Für die nach wie vor offen antisemitische DNVP hatte die Abspaltung ihres radikal völkischen Flügels mehr Vor- als Nachteile. Seit dem Herbst 1922 waren die Deutschnationalen ihrem wichtigsten Ziel ein Stück nähergekommen: der Einbeziehung in einen Bürgerblock, der eine Politik ohne und gegen die Sozialdemokraten gewährleisten sollte.

Auch auf der Linken führte der Mord an Rathenau zu einer Umgruppierung der politischen Kräfte: Mehrheits- und Unabhängige Sozialdemokraten bildeten im Juli 1922 eine Arbeitsgemeinschaft ihrer Reichstagsfraktionen; im September schlossen sie sich wieder zu einer Partei zusammen. Die USPD von 1922 war freilich nicht mehr die von 1917. Im Oktober 1920 hatte sich auf dem Parteitag in Halle eine deutliche Mehrheit der Delegierten für den Anschluß an die Kommunistische Internationale und damit für die Vereinigung mit der KPD ausgesprochen. Das Votum für den Eintritt in die «Dritte Internationale» bedeutete die Unterwerfung unter die «21 Bedingungen», die die Komintern auf ihrem 2. Weltkongreß im Sommer 1920 in Moskau beschlossen hatte: Alle Mitgliedsparteien mußten demzufolge den bolschewistischen Parteityp und die bolschewistische Methode des Machterwerbs als verbindlich anerkennen. Die gemäßigte Minderheit der USPD, an ihrer Spitze Wilhelm Dittmann und Artur Crispien sowie die Parteiintellektuellen Rudolf Hilferding und Rudolf Breitscheid, verweigerte diesen radikalen Bruch mit den Traditionen des demokratischen Sozialismus und blieb selbständig.

Eine Wiedervereinigung mit den Mehrheitssozialdemokraten war damit aber noch keineswegs vorgezeichnet, zumal die MSPD im folgenden Jahr aus der Sicht der Unabhängigen einen Ruck nach rechts vollzog: In ihrem, von Eduard Bernstein mitverfaßten Görlitzer Programm von 1921 stellte sie sich als «Partei des arbeitenden Volkes in Stadt und Land» vor, die grundlegende gesellschaftliche Reformen anstrebte, offen war für die Mittelschichten und den Sozialismus nicht mehr als Ergebnis einer naturnotwendigen ökonomischen Entwicklung, sondern als eine Frage des politischen Willens betrachtete. Es bedurfte der Erfahrung des erstarkenden Rechtsradikalismus und schließlich des Mordes vom 24. Juni 1922, um MSPD und USPD davon zu überzeugen, daß sie sich die Fortdauer ihrer Spaltung nicht mehr leisten konnten.

Die Wiedervereinigung von 1922 stärkte das politische und vor allem das parlamentarische Gewicht der Sozialdemokratie beträchtlich. Aber die Fusion hatte auch ihre Kehrseite: Das reformistische Programm einer linken Volkspartei, das sich die MSPD 1921 in Görlitz gegeben hatte, wurde bereits ein Jahr später gegenstandslos; das folgende, im wesentlichen von Hilferding entworfene Heidelberger Programm vom September 1925 begann mit der alten marxistischen These von der notwendigerweise immer weiter fortschreitenden Verdrängung des Kleinbetriebs durch den Großbetrieb und schob damit der sozialen Öffnung zu den Mittelschichten einen Riegel vor. Zur Reideologisierung kam die Verhärtung des Parteistandpunkts in Sachen Regierungsbeteiligung. Die Bildung einer Arbeitsgemeinschaft der beiden sozialdemokratischen Reichstagsfraktionen hatte zur Folge, daß die Bemühungen «rechter» Sozialdemokraten um eine Große Koalition erst einmal vertagt werden mußten: Die meisten Abgeordneten der USPD und der linke Flügel der MSPD hätten ein Regierungsbündnis mit der unternehmerfreundlichen DVP nicht mitgetragen.

Die Partei Stresemanns wurde gleichwohl ein stiller Teilhaber der Regierung Wirth. Am 19. Juli 1922, fünf Tage nach Bildung der Arbeitsgemeinschaft der Fraktionen von MSPD und USPD, bildeten DVP, DDP und Zentrum die «Arbeitsgemeinschaft der verfassungstreuen Mitte», die das neue Übergewicht der Sozialdemokratie ausgleichen sollte. Durch ihre Zustimmung zum Republikschutzgesetz war die DVP tags zuvor demonstrativ in die politische Mitte gerückt; am 24. Oktober sorgte sie dafür, daß der Reichstag mit der erforderlichen verfassungsändernden Zweidrittelmehrheit die Amtszeit des (immer noch vorläufigen) Reichspräsidenten Ebert bis zum 30. Juni 1925 verlängerte. Damit wurde die für Anfang Dezember 1922 vorgesehene Direktwahl durch das Volk überflüssig – eine Wahl, die beide liberale Parteien aus Sorge um den inneren Frieden lieber vermeiden wollten.

Für eine Große Koalition gab es im Herbst 1922 gute, ja letztlich zwingende Gründe. Der Mord an Rathenau hatte schlagartig zerstört, was an Vertrauen in die Mark noch vorhanden war: In- und Ausländer stießen panikartig Markguthaben ab; die Kapitalflucht nahm gigantische Ausmaße an. Um dieselbe Zeit endete die inflationsbedingte deutsche «Sonderkonjunktur», die das Reich vor der Weltwirtschaftskrise der frühen zwanziger Jahre abgeschirmt hatte: Das Interesse an billigen Einfuhren aus Deutschland sank in dem Maß, wie die einheimische Industrie ihre Leistungskraft zurückgewann. Der deutsche Export verlor nun die «Prämie», die der Niedergang der Produktion in der übrigen Welt seit 1920 für ihn bedeutet hatte. Die Inflation, die im Herbst 1922 in die Hyperinflation umschlug, war damit ihres wirtschaftlichen «Reizes» endgültig beraubt, was die Chancen einer Sanierung der Währungsverhältnisse objektiv erhöhte. Politisch aber war eine Sanierung nur vorstellbar bei einem engen Zusammenwirken von «Wirtschaft» und Gewerkschaften, von gemäßigten bürgerlichen Parteien und Sozialdemokratie.

In der Unternehmerschaft war diese Einsicht im Herbst 1922 noch längst nicht Allgemeingut. Hugo Stinnes, der die Inflation für den Aufbau eines wahren Industrieimperiums genutzt hatte, wollte die Sanierung dadurch zuwege bringen, daß die deutschen Arbeiter zehn bis fünfzehn Jahre lang ohne besonderen Lohnzuschlag täglich zwei Stunden länger arbeiteten. Die Vorschläge des Großindustriellen, die dieser ausgerechnet am 9. November 1922, dem vierten Jahrestag der Revolution, im Reichswirtschaftsrat unterbreitete, lösten bei Gewerkschaften, Sozialdemokraten und Kommunisten einen Sturm der Entrüstung aus. Da Stinnes ein Reichstagsmandat der DVP innehatte, konnten seine Äußerungen auch als Anzeichen dafür verstanden werden, daß der schwerindustrielle Flügel der Deutschen Volkspartei sich einer Großen Koalition widersetzen würde, wie sie Wirth und die Parteien der bürgerlichen Mitte anstrebten.

Aber Stinnes war nicht die deutsche Industrie und auch nicht die DVP. Der Parteivorsitzende Stresemann war von der Notwendigkeit einer Verständigung mit den gemäßigten Kräften der Arbeiterbewegung überzeugt. Das erleichterte es Wirth, am 26. Oktober Regierungskoalition und DVP für die Bildung einer Kommission zu gewinnen, die sich um eine gemeinsame Plattform für die anstehenden wirtschaftspolitischen Entscheidungen, namentlich in der Reparationsfrage, bemühen sollte. Für die DVP trat einer der Architekten der Zentralarbeitsgemeinschaft vom November 1918, der Elektroindustrielle Hans von Raumer, in die Kommission ein, für die SPD Rudolf Hilferding, der bis September noch Mitglied der USPD gewesen war und seit dem Erscheinen seines Buches «Das Finanzkapital» im Jahre 1910 einen weltweiten Ruf als einer der führenden marxistischen Theoretiker genoß.

Was die Kommission zustande brachte, mutete wie ein «Wunder» an: Die Experten verständigten sich auf eine Reihe von wirtschafts- und finanzpolitischen Maßnahmen, die der Regierung als Material für ihre reparationspolitische Note an die Alliierten vom 13. November 1922 dienten. Unter anderem unterbreitete die Kommission Vorschläge für die Verminderung der Ausgaben und Vermehrung der Einnahmen, wodurch der Reichshaushalt ausgeglichen werden sollte, aber auch Anregungen zur Produktionssteigerung, darunter – und das war die eigentliche Sensation – eine Neuregelung des Arbeitszeitrechtes «unter Festlegung des Achtstundentages als Normalarbeitstag und Zulassung gesetzlich begrenzter Ausnahmen auf tariflichem oder behördlichem Wege». Die Kommission stellte damit eine der wichtigsten sozialen Errungenschaft des November 1918 zwar nicht grundsätzlich zur Disposition, empfahl aber doch, zumindest für Teilbereiche der Wirtschaft, eine zeitweilige Mehrarbeit, um auf diese Weise die Sanierung der Finanzen, den wirtschaftlichen Wiederaufbau Deutschlands und einen friedlichen Ausgleich mit seinen Nachbarn zu ermöglichen.

Die Reparationsnote der Regierung Wirth vom 13. November 1922, die im wesentlichen auf den Vorschlägen der Kommission beruhte, stellte erstmals auch, einer Forderung der Alliierten nachkommend, großangelegte Stützungsmaßnahmen der Reichsbank zugunsten der Mark in Aussicht: Falls eine internationale Anleihe 500 Millionen Goldmark erbringe, werde sich die Reichsbank mit einem gleich hohen Betrag an der Aktion beteiligen. Nicht nur die Vorsitzenden der Koalitionsfraktionen SPD, Zentrum und DDP stimmten der Note zu, sondern auch die Vertreter der DVP. Das Fundament einer Großen Koalition schien damit gelegt. Doch es schien nur so. Am folgenden Tag, dem 14. November, entschied sich die Fraktion der Vereinigten Sozialdemokratischen Partei Deutschlands (so nannte sich die Partei seit ihrem Vereinigungsparteitag zu Nürnberg vom September) mit Dreiviertelmehrheit gegen eine Große Koalition. Für ein solches Bündnis hatte sich Preußens Ministerpräsident Otto Braun eingesetzt, aber er stand mit diesem Votum auf verlorenem Posten. Die Parteiführung wollte es nicht auf eine Zerreißprobe mit den ehemaligen Unabhängigen ankommen lassen, von denen die meisten, anders als Hilferding, ein Zusammengehen mit der «Unternehmerpartei» DVP nach wie vor strikt ablehnten.

Joseph Wirth trat, einer Verabredung der Mittelparteien gemäß, noch am gleichen Tag als Reichskanzler zurück. Zu seinem Nachfolger ernannte der Reichspräsident am 22. November den parteilosen Generaldirektor der Hamburg-Amerika-Linie, Wilhelm Cuno, einen 1876 im thüringischen Suhl geborenen Katholiken, der politisch deutlich rechts von der Mitte stand. Ein erfahrener Wirtschaftsfachmann an der Spitze des Kabinetts, so mochte Ebert hoffen, werde das deutsche Unternehmertum stärker an die Republik heranführen und auch im Ausland einen guten Eindruck machen. Außer Cuno gehörten noch vier weitere Parteilose der neuen Reichsregierung an, unter ihnen der bisherige Essener Oberbürgermeister Hans Luther als Ernährungsminister und der frühere Generalquartiermeister Wilhelm Groener, der, wie schon unter Fehrenbach und Wirth, das Verkehrsministerium übernahm. Die übrigen Minister waren Mitglieder von Zentrum, BVP, DDP und DVP.

Keine der bisherigen republikanischen Regierungen hatte einem kaiserlichen Beamtenkabinett so ähnlich gesehen wie die Ministermannschaft Cunos, und noch nie war die Auswahl des Reichskanzlers so sehr eine Entscheidung des Reichspräsidenten gewesen wie im November 1922. Mit einer gewissen Zuspitzung konnte man die Regierung Cuno sogar ein verdecktes Präsidialkabinett nennen. Daß es zu diesem Rückfall in den Obrigkeitsstaat kam, war nicht nur ein Fehlgriff Eberts. Die Hauptverantwortung für diese Entwicklung lag bei der eigentlichen Staatspartei der Republik, der Sozialdemokratie. Sie hatte sich aus Sorge um ihren Zusammenhalt als Partei einer parlamentarischen Krisenlösung verweigert und damit die präsidiale Lösung erst möglich gemacht.[17]

Unter der Regierung Cuno trat Deutschland in das Jahr 1923 ein, in dessen Verlauf die Republik mehr als einmal an den Rand des Abgrunds geriet.

Am 11. Januar besetzten französische und belgische Truppen das Ruhrgebiet. Die Begründung war ein Vorwand: Deutschland wurde, entsprechend den Feststellungen der alliierten Reparationskommission, eine schuldhafte Verletzung seiner Pflichten zur Lieferung von Schnittholz, Telegrafenstangen und Kohle vorgeworfen. Das Versäumnis ging auf das Konto des vorangegangenen Kabinetts Wirth, das sich seit August 1922 bewußt an die populäre Devise «Erst Brot, dann Reparation» gehalten hatte. Die Verzögerung war fahrlässig, da Frankreich seit dem Vertrag von Rapallo nur auf einen Anlaß wartete, um das Ruhrgebiet zu besetzen. Die Okkupation sollte Frankreich zu jener Sicherheit gegenüber dem Nachbarn im Osten verhelfen, die es in Versailles wegen des Widerstands der Briten und der Amerikaner nicht hatte durchsetzen können. Hinter dem Sicherheitsinteresse aber stand mehr: die Untermauerung des französischen Anspruchs auf die Vormachtstellung in Kontinentaleuropa.

Deutschland beantwortete den aggressiven Akt, den die Ruhrbesetzung darstellte, mit der Politik des «passiven Widerstandes»: der Nichtbefolgung der Weisungen der Besatzer. Die Minderheitsregierung Cuno, die sich bislang nur dank der Tolerierung durch die SPD parlamentarisch behaupten konnte, fand für diese Linie eine große Mehrheit im Reichstag und die aktive Unterstützung der Gewerkschaften. Nur die äußerste Linke und die äußerste Rechte fügten sich nicht in die nationale Einheitsfront ein. Die Kommunisten gaben am 22. Januar die Parole aus «Schlagt Poincaré und Cuno an der Ruhr und an der Spree!», betonten in den folgenden Wochen aber doch, schon aus Rücksicht auf die «antiimperialistische», gegen Frankreich gerichtete Politik der (im Dezember 1922 offiziell gegründeten) Union der Sozialistischen Sowjetrepubliken den Gegensatz zum äußeren Gegner. Extremer war die Haltung der Nationalsozialisten. Am 11. Januar verkündete Hitler vor seinen Anhängern im Zirkus Krone in München, nicht «Nieder mit Frankreich!», sondern «Nieder mit den Novemberverbrechern!» müsse es heißen. Die Nationalsozialisten bezeichnete er als die «Rachearmee des Vaterlandes».[18]

Bis zum März 1923 erreichte die Politik des passiven Widerstands ihr Hauptziel: Infolge des deutschen Boykotts konnten Franzosen und Belgier keine Reparationen erzwingen. Dann aber gingen die Besatzer dazu über, Zechen und Kokereien zu beschlagnahmen und das Eisenbahnwesen in eigene Regie zu nehmen. Das Reich mußte nicht nur die Gehälter für die Bediensteten der Reichsbahn weiterzahlen, die aus dem besetzten Gebiet ausgewiesen wurden; es vergab auch Kredite in Millionenhöhe an den Kohlenbergbau und die Eisen- und Stahlindustrie, um den stillgelegten Betrieben die Lohnfortzahlung zu ermöglichen. Das Ruhrgebiet wurde durch den passiven Widerstand folglich, finanziell gesehen, zu einem Faß ohne Boden. Die Hyperinflation überschlug sich förmlich. Der Außenwert der deutschen Währung, den die Reichsbank durch den Verkauf von Goldreserven und Devisen vom Februar bis April 1923 bei etwa 21 000 Mark für einen Dollar vorübergehend stabilisiert hatte, fiel im Mai auf knapp 48 000 und im Juni auf 110 000 Mark.

Je deutlicher sich das Scheitern des passiven Widerstands abzeichnete, desto mehr wuchs auf der radikalen Rechten die Bereitschaft, vom passiven zum aktiven Widerstand in Gestalt von Sabotageakten überzugehen. Im März und April 1923 verübte ein Kommandotrupp unter Leitung des ehemaligen Freikorpsführers Heinz Hauenstein mehrere Sprengstoffanschläge auf Eisenbahnanlagen im besetzten Gebiet. Einer der Unterführer des Kommandos, der Nationalsozialist Albert Leo Schlageter, wurde am 2. April von der französischen Kriminalpolizei in Essen verhaftet und am 9. Mai durch ein französisches Kriegsgericht in Düsseldorf wegen Spionage und Sabotage zum Tode verurteilt. Am 26. Mai erfolgte die Vollstreckung des Urteils durch Erschießen.

Die Hinrichtung Schlageters löste in Deutschland einen Proteststurm aus, der auch im fernen Moskau sein Echo fand. Am 20. Juni 1923 würdigte Karl Radek, der Deutschlandexperte der Kommunistischen Internationale, in einer Rede vor dem Erweiterten Exekutivkomitee den «Faschisten» Schlageter als einen «Märtyrer des deutschen Nationalismus» und «mutigen Soldaten der Konterrevolution», der es verdiene, «von uns, Soldaten der Revolution, männlich ehrlich gewürdigt zu werden». «Wenn die Kreise der deutschen Faschisten, die ehrlich dem deutschen Volke dienen wollen, den Sinn des Geschickes Schlageters nicht verstehen werden, so ist Schlageter umsonst gefallen, und dann sollen sie auf sein Denkmal schreiben: der Wanderer ins Nichts... Wir wollen alles tun, daß Männer wie Schlageter, die bereit waren, für eine allgemeine Sache in den Tod zu gehen, nicht Wanderer ins Nichts, sondern Wanderer in eine bessere Zukunft der gesamten Menschheit werden, daß sie ihr heißes, uneigennütziges Blut nicht verspritzen für die Profite der Kohlen- und Eisenbarone, sondern für die Sache des großen arbeitenden deutschen Volkes, das ein Glied ist in der Familie der um ihre Befreiung kämpfenden Völker.»

Radeks «Schlageter-Rede» war ein Versuch, die nationalistischen Massen von ihren Führern zu trennen und die nationalrevolutionäre in eine sozialrevolutionäre Bewegung zu verwandeln. Die extreme Rechte der kapitalistischen Länder, also auch Deutschlands, als «Faschisten» zu bezeichnen, hatte sich auf der kommunistischen und sozialdemokratischen Linken eingebürgert, seit in Italien die faschistische Bewegung unter dem ehemaligen Sozialisten Benito Mussolini sich zur schlagkräftigsten und erfolgreichsten, militant antikommunistischen Kraft auf der Rechten entwickelt hatte, und erst recht, seit diese Bewegung im Zuge des legendenumwobenen «Marsches auf Rom» Ende Oktober 1922 an die Macht gelangt war. Aus der Sicht der Sowjetunion und der Komintern bot die deutsch-französische Konfrontation von 1923 die ungewöhnliche Chance, die gesamt Nachkriegsordnung von 1919 zu Fall zu bringen. Ein nationaler Befreiungskrieg, den Deutschland gegen Frankreich führte, konnte durch russische Unterstützung rasch die Durchbruchsschlacht der Weltrevolution werden – vorausgesetzt, die von den Faschisten verführten nationalen Massen fanden sich zur Aktionseinheit mit den Kommunisten und unter ihrer Führung bereit. Diese Strategie in die Tat umzusetzen, war das Ziel jener «nationalbolschewistischen» Agitation unter den Anhängern der nationalistischen Rechten, der sich die KPD im Sommer 1923 widmete – mit bemerkenswerten rhetorischen Zugeständnissen an den Antisemitismus, aber, aufs ganze gesehen, ohne praktischen Erfolg.

Sehr viel größer war der Erfolg, den die KPD unter den Arbeitern hatte. Die Kommunisten waren nicht die Urheber, aber die Nutznießer der «wilden Streiks», die Mitte Mai im Ruhrgebiet stattfanden. Bei Betriebsrats-, Gewerkschafts-, Kommunal- und Landtagswahlen im Sommer 1923 verzeichnete die KPD durchweg starke Gewinne; ihre Mitgliederzahl stieg von September 1922 bis September 1923 von knapp 225 000 auf 295 000, die Zahl ihrer Ortsgruppen von rund 2500 auf etwas über 3300 an. Im August 1923 schien eine politische Explosion unmittelbar bevorzustehen. Das fortschreitende soziale Elend hatte eine Verzweiflungsstimmung erzeugt, die sich in den sogenannten «Cuno-Streiks» entlud. Die Freien Gewerkschaften bemühten sich, die Betriebe der Reichsdruckerei, die auch Papiergeld herstellten, vor dem Ausstand zu bewahren – vergeblich. Einen Tag lang, am 10. August 1923, war die Notenpresse stillgelegt, und sofort trat ein fühlbarer Mangel an Papiergeld ein.

Die Sozialdemokraten hatten bis zu diesem Zeitpunkt die Regierung Cuno toleriert. Sie taten es, obwohl die am weitesten rechts stehende Regierung der Republik Beziehungen zu rechtsradikalen Freikorps unterhielt, sich nicht ernsthaft um eine diplomatische Beilegung des Ruhrkonflikts bemühte und der wachsenden Verelendung breiter Massen tatenlos zusah. Bereits Mitte April 1923 hatte der Vorsitzende des Allgemeinen Deutschen Gewerkschaftsbundes, Theodor Leipart, eine Große Koalition, gegebenenfalls unter einem Kanzler Stresemann, gefordert, damit aber bei den Sozialdemokraten keine Zustimmung gefunden. Der Widerstand des linken Flügels gegen eine Zusammenarbeit mit der DVP war noch immer so stark, daß die Parteiführung keine Alternative zur weiteren Hinnahme des rechten Minderheitskabinetts sah. Dazu kam die verbreitete Furcht, die SPD würde, wenn sie auf dem Höhepunkt der Krise Regierungsverantwortung übernahm und die Katastrophenpolitik des passiven Widerstands abbrach, vom «nationalen» Deutschland abermals eines «Dolchstoßes» bezichtigt werden.

Erst die «Cuno-Streiks» überzeugten die sozialdemokratische Parteiführung, daß die weitere Tolerierung Cunos nicht das kleinere, sondern, verglichen mit einer Großen Koalition, das größere Übel war. Da mittlerweile auch die bürgerlichen Mittelparteien Zentrum und DDP, ja selbst maßgebliche Kräfte in der DVP und in der Unternehmerschaft die Politik des Minderheitskabinetts zunehmend für verfehlt und gefährlich hielten, kam die überfällige Krisenlösung binnen weniger Tage zustande. Die SPD setzte in den Verhandlungen mit den bisherigen Regierungsparteien eine Reihe von Forderungen durch, darunter die schleunige Eindämmung der Inflation, die Vorbereitung einer Goldwährung, die Loslösung der Reichswehr von allen illegalen Organisationen sowie «außenpolitische Aktivität zur Lösung der Reparationsfrage unter vollster Wahrung der Einheit der Nation und der Souveränität der Republik» und einen Antrag auf Deutschlands Mitgliedschaft im Völkerbund. Mit der in der Öffentlichkeit seit langem erörterten Kanzlerschaft Gustav Stresemanns waren die Sozialdemokraten schon deswegen einverstanden, weil ihnen auch aus innenpolitischen Gründen daran lag, nicht selbst die Spitzenposition zu besetzen. Die stärkste Partei begnügte sich damit, die Minister für Finanzen, Wirtschaft, Inneres und Justiz zu stellen; die übrigen Kabinettsmitglieder kamen aus den Reihen der DVP, des Zentrums und der DDP oder waren, wie der im Amt verbleibende Ernährungsminister Luther, parteilos.

Am 13. August, einen Tag nachdem Cuno seinen Rücktritt erklärt hatte, wurde Stresemann von Reichspräsident Ebert zum Reichskanzler und Außenminister ernannt. Tags darauf gewann der neue Regierungschef die Vertrauensabstimmung im Reichstag. Ein rundes Drittel der Abgeordneten von DVP und SPD blieb der Abstimmung fern – ein deutliches Zeichen, daß die Große Koalition in den beiden Flügelparteien nach wie vor heftig umstritten war. Von der politischen Rechten, in Bayern nicht anders als im besetzten Gebiet, wurde die Rückkehr der Sozialdemokraten in die Reichsregierung mit Empörung quittiert, wobei zwei Kabinettsmitglieder besonders feindselige Reaktionen hervorriefen: Finanzminister Rudolf Hilferding, weil er Jude war, und Justizminister Gustav Radbruch, weil er als Inhaber desselben Ressorts unter Wirth das verhaßte Republikschutzgesetz verkörperte. Auf die Arbeiterschaft aber wirkte die Bildung der Großen Koalition beruhigend. Die «Cuno-Streiks» verebbten. Von einer revolutionären Situation in Deutschland konnte vorerst nicht mehr die Rede sein.[19]

In der Leitung der Dritten Internationale war man anderer Meinung. Unter dem Eindruck der «Cuno-Streiks» forderte der Generalsekretär der Komintern, Grigorij Sinowjew, die KPD Mitte August auf, sich auf die herannahende revolutionäre Krise einzustellen. Am 23. August trat das Politbüro der Kommunistischen Partei Rußlands zu einer Geheimsitzung zusammen. Sinowjew, Radek und der Volkskommissar für Verteidigung, Leo Trotzki, setzten gegenüber dem zögernden Parteisekretär Stalin den Beschluß durch, einen Ausschuß zu bilden, dessen Aufgabe es war, die kommunistische Revolution in Deutschland systematisch vorzubereiten.

Im September fiel die endgültige Entscheidung für den «deutschen Oktober», der nach Trotzkis Auffassung am fünften Jahrestag der deutschen Revolution, dem 9. November 1923, stattfinden sollte. Am 1. Oktober wies Sinowjew die Zentrale der KPD an, die Partei solle möglichst umgehend in die sächsische Minderheitsregierung unter dem linken Sozialdemokraten Erich Zeigner eintreten, die seit März von den Kommunisten toleriert wurde. Als nächster Schritt war die Bewaffnung des sächsischen Proletariats geplant. Sachsen sollte also der Vorort der deutschen Revolution werden – der Ausgangspunkt eines Bürgerkriegs, an dessen Ende der Sieg der Kommunisten über die Faschisten und die bürgerliche Republik stand.

Während die Kommunisten die Revolution vorbereiteten, spitzte sich die politische Krise in Deutschland zu. Am 26. September verkündeten Reichspräsident und Reichsregierung nach langem Zögern das Ende des passiven Widerstands. Die bayerische Staatsregierung reagierte noch am selben Tag mit der Verhängung des Ausnahmezustands und der Übertragung der vollziehenden Gewalt an den Regierungspräsidenten von Oberbayern, Gustav Ritter von Kahr. Die Antwort des Reiches war eine Notverordnung vom Abend des 26. September, die den Ausnahmezustand über das ganze Reich verhängte und die vollziehende Gewalt dem Reichswehrminister übertrug, der sie seinerseits an die Militärbefehlshaber delegieren konnte. Rein rechtlich gesehen, hätte die bayerische Regierung ihre Maßnahmen auf Verlangen des Reichspräsidenten oder des Reichstags außer Kraft setzen müssen. Aber Stresemann und die bürgerlichen Minister seines Kabinetts gingen davon aus, daß Bayern sich einem solchen Ersuchen nicht fügen würde, und hielten es daher für besser, gar nicht erst in diesem Sinne in München vorstellig zu werden.

Kurz darauf wurde die Schwäche des Reichs noch deutlicher. Am 27. September richtete der «Völkische Beobachter», das Organ der NSDAP, scharfe antisemitische Angriffe gegen die «Diktatoren Stresemann – Seeckt», weil dieser mit einer «Halbjüdin» und jener mit einer «Jüdin» verheiratet war. Reichswehrminister Geßler wies Kahr daraufhin an, das nationalsozialistische Blatt zu verbieten. Kahr weigerte sich, und der Kommandeur der in Bayern stehenden Reichswehrtruppen, General von Lossow, schloß sich dieser Haltung an. Das war ein klarer Fall von Befehlsverweigerung. Doch der Chef der Heeresleitung, General von Seeckt, dachte so wenig wie im Frühjahr 1920 daran, Reichswehr auf Reichswehr schießen zu lassen. Er hielt sich vielmehr für eine ähnliche Rolle im Reich bereit, wie Kahr sie in Bayern übernommen hatte, und es gab viele, die ihn darin bestärkten: Eine «nationale Diktatur» unter einem von Seeckt geführten «Direktorium» war die Forderung prominenter Schwerindustrieller wie Hugo Stinnes und aller Kräfte, die ihre politische Heimat bei den Deutschnationalen sahen.

Eine vorübergehende Diktatur Seeckts als ein letztes Mittel, die Einheit des Reichs gegenüber den separatistischen Bestrebungen im Rheinland und dem Partikularismus Bayerns zu bewahren, zogen sogar Ebert und Stresemann in einer Besprechung vom 22. September in Betracht, an der auch Reichswehrminister Geßler und der sozialdemokratische Innenminister

Sollmann teilnahmen. Eine andere Spielart von Diktatur schlugen in der Kabinettssitzung vom 30. September Arbeitsminister Brauns, ein Zentrumspolitiker, und Finanzminister Hilferding vor: Sie forderten ein Ermächtigungsgesetz, das es der Regierung gestatten sollte, in finanzieller und politischer Hinsicht das Notwendige zu tun. Für notwendig hielten beide eine Verlängerung der Arbeitszeit – was sie in Übereinstimmung mit den Unternehmern und in einen Gegensatz zu den Freien Gewerkschaften brachte.

Aber auch die SPD war, wie ihr Vorsitzender Hermann Müller in einer Parteiführerbesprechung am 2. Oktober deutlich machte, nicht bereit, Vollmachten in der Arbeitszeitfrage zuzustimmen, wie Hilferding und Brauns sie verlangten. Auf dem rechten Flügel des Regierungslagers nahm der Widerspruch gegen die Politik des Kabinetts Stresemann sehr viel schroffere Züge an: Der Fraktionsvorsitzende der DVP, Ernst Scholz, forderte in der gleichen Parteiführerbesprechung die umfassende Abkehr vom Achtstundentag, den «Bruch mit Frankreich» und die Einbeziehung der Deutschnationalen in die Große Koalition. Scholz machte sich damit zum Sprachrohr von Stinnes, der nichts Geringeres als den Sturz Stresemanns und die «nationale Diktatur» anstrebte. Am folgenden Tag scheiterten letzte Versuche, einen Kompromiß in der Arbeitszeitfrage zu finden, an der Weigerung der sozialdemokratischen Reichstagsfraktion, den in diesem Fall unausweichlichen Konflikt mit den Freien Gewerkschaften auszufechten. Stresemann zog noch am selben Tag die Konsequenz und reichte seinen Rücktritt ein.

Am 6. Oktober hieß der Reichskanzler dann doch wieder Gustav Stresemann, und abermals stand er einem Kabinett der Großen Koalition vor. Für das rasche Ende der Regierungskrise hatte Reichspräsident Ebert gesorgt, der Stresemann unmittelbar nach dem Rücktritt des alten Kabinetts mit der Regierungsbildung beauftragte. Dazu kam, daß die Mehrheit der DVP sich weigerte, den Konfliktkurs ihres rechten, von der Schwerindustrie bestimmten Flügels mitzutragen. In der Nacht vom 5. zum 6. Oktober gelang den Parteiführern der entscheidende Durchbruch in der Sache. Sie verständigten sich in der Arbeitszeitfrage auf eine Formel, auf die sich ihre Experten schon elf Monate zuvor, am 13. November 1922, geeinigt hatten: Der Achtstundentag sollte grundsätzlich beibehalten, aber auf tariflichem oder gesetzlichem Weg überschritten werden können.

Mit einem Ermächtigungsgesetz, das die Arbeitszeitfrage aussparte und nur solange gelten sollte, wie die gegenwärtige Koalition bestand, war nun auch die SPD einverstanden. Am 13. Oktober nahm der Reichstag dieses Gesetz mit der notwendigen verfassungsändernden Mehrheit an. Auf seiner Grundlage ergingen Verordnungen zur Erwerbslosenfürsorge, zum Personalabbau im öffentlichen Dienst und eine Verordnung, die die staatliche Zwangsschlichtung von Tarifkonflikten einführte und den Staat damit zum Oberschiedsrichter in Arbeitskämpfen machte. Die Schlichtungsverordnung bewirkte, was Hilferding 1927 im Begriff des «politischen Lohnes» zusammenfaßte und als Ausdruck eines höherentwickelten, «organisierten Kapitalismus», ja als Schritt in Richtung auf den Sozialismus würdigte: eine weitgehende Außerkraftsetzung der Tarifautonomie und der Marktkräfte. Die Parallele zum Artikel 48 lag auf der Hand: So wie die Parteien in schwierigen Situationen die Verantwortung nach «oben», auf den Reichspräsidenten, abschieben konnten, so die Tarifpartner fortan auf den Reichsarbeitsminister. Noch nie waren in Deutschland vergleichbar einschneidende Veränderungen auf dem Verordnungsweg in Gang gesetzt worden.

Während in Berlin um das Schicksal der Großen Koalition gerungen wurde, arbeiteten rechtsautoritäre Kräfte und Kommunisten auf einen Regimewechsel hin. In Bayern ließ sich Hitler am 25. September zum Führer des «Deutschen Kampfbundes», einer neuen Dachorganisation der «Vaterländischen Verbände», wählen. Vier Tage später setzte Kahr den Vollzug des Republikschutzgesetzes außer Kraft. Eine andere Maßnahme des Generalstaatskommissars zielte noch deutlicher darauf ab, die Nationalsozialisten an sich zu binden: Ab Mitte Oktober wurden Ostjuden in beträchtlicher Zahl aus Bayern ausgewiesen. Als Reichswehrminister Geßler am 20. Oktober die überfällige Amtsenthebung des Münchner Wehrkreisbefehlshabers von Lossow anordnete, holte Kahr zu seinem bisher massivsten Schlag gegen das Reich aus: Er ernannte Lossow zum bayerischen Landeskommandanten und nahm die in Bayern stationierte 7. Reichswehrdivision in die Pflicht des Freistaates.

Weder Kahr noch Lossow noch ihr Verbündeter, der Landeskommandeur der bayerischen Polizei, Oberst von Seißer, dachten daran, Bayern vom Reich zu trennen. Das bayerische Triumvirat wollte vielmehr das Reich nach dem Vorbild Bayerns umgestalten. Ein Marsch auf Berlin sollte in der Errichtung einer «nationalen Diktatur» seinen Abschluß finden. Die Nationalsozialisten durften sich am Marsch beteiligen. Die Rolle des deutschen Mussolini war aber nicht Hitler zugedacht, sondern blieb Kahr und später, auf Reichsebene, einem Mann vergleichbarer Gesinnung vorbehalten. Als ein solcher wurde auch nach dem Eklat vom 20. Oktober Seeckt betrachtet. Der Chef der Heeresleitung aber war, bei aller Sympathie für die politischen Vorstellungen Kahrs, ein Legalist. Daß er gegen den erklärten Willen des Reichspräsidenten losschlagen würde, war eher unwahrscheinlich.

Hauptschauplatz der kommunistischen Aktivitäten war Mitteldeutschland. Am 10. Oktober konnte die KPD den Vollzug der Weisung melden, die ihr der Generalsekretär der Komintern neun Tage zuvor erteilt hatte: Die Kommunisten traten in die von Erich Zeigner geführte sächsische Regierung ein, in der sie den Finanz- und den Wirtschaftsminister sowie, in der Person des Parteivorsitzenden Heinrich Brandler, den Leiter der Staatskanzlei stellten. Am 16. Oktober wurde auch in Thüringen unter dem Sozialdemokraten August Frölich eine Koalitionsregierung aus SPD und KPD gebildet, in der die Posten des Wirtschafts- und des Justizministers an Kommunisten fielen.

Die Bildung der linken Einheitsfrontregierungen in Dresden und Weimar waren legal erfolgt, und beide stützten sich auf parlamentarische Mehrheiten. Die Kabinette Zeigner und Frölich unternahmen auch keine Schritte, die man reichsfeindlich hätte nennen können. Dennoch gab es in Berlin, und zwar auch bei den regierenden Sozialdemokraten, keinen Zweifel an der Absicht der Kommunisten, von Sachsen und Thüringen aus den Kampf um die Macht in Deutschland aufzunehmen. Entsprechend reagierte das Reich. Am 13. Oktober verbot der sächsische Wehrkreisbefehlshaber, General Müller, seit dem 27. September auch Inhaber der vollziehenden Gewalt, die paramilitärischen Proletarischen Hundertschaften der KPD; am 16. Oktober gab Müller, nach Absprache mit Reichswehrminister Geßler, bekannt, daß die sächsische Polizei ab sofort der Befehlsgewalt der Reichswehr unterstellt sei. Damit war die Regierung in Dresden ihres einzigen Machtinstruments beraubt.

Bis zum 21. Oktober war die Gefahr, daß von Sachsen ein kommunistischer Aufstand ausgehen könne, durchaus real. Auf diesen Tag hatte die KPD eine Arbeiterkonferenz nach Chemnitz einberufen, die den Generalstreik ausrufen und das Signal zum Aufstand geben sollte. Doch als der Parteivorsitzende Brandler auf ebendieser Veranstaltung als Antwort auf die Diktatur der Reichswehr die sofortige Ausrufung des Generalstreiks verlangte, fand sein Vorschlag keine Zustimmung. Der sozialdemokratische Arbeitsminister Graupe drohte mit dem Auszug seiner Parteifreunde, falls die Kommunisten auf ihrer Forderung beharrten. Hiergegen erhob sich kein Widerspruch. Der Zeitplan für den «deutschen Oktober» war durchkreuzt – und damit der Versuch, in Deutschland zu wiederholen, was die Bolschewiki im Oktober (beziehungsweise November) 1917 in Rußland vorgemacht hatten. Nur in Hamburg kam es zu einer putschartigen Erhebung der Kommunisten. Nach dreitägigen blutigen Kämpfen war die Polizei am 25. Oktober auch in der Hansestadt wieder Herr der Lage.

Um dieselbe Zeit, zwischen dem 21. und 27. Oktober, unterwarf die Reichswehr ganz Sachsen ihrer Kontrolle, wobei es in mehreren Städten zu Schießereien kam, die Tote und Verletzte forderten. Am 27. Oktober erging ein Ultimatum Stresemanns an Zeigner: Unter Hinweis auf die Umsturzpropaganda kommunistischer Regierungsmitglieder, darunter Brandlers, forderte der Reichskanzler den sächsischen Ministerpräsidenten auf, eine Regierung ohne Kommunisten zu bilden. Andernfalls werde der Reichswehrminister einen Kommissar ernennen, der die Aufgabe habe, bis zur Bildung einer verfassungsmäßigen Regierung die Belange des Landes wahrzunehmen. Zeigners Antwort war ein klares Nein.

Am folgenden Tag begann die formelle Reichsexekution. Gestützt auf Artikel 48 der Reichsverfassung, ermächtigte der Reichspräsident den

Reichskanzler, die Mitglieder der sächsischen Regierung ihrer Ämter zu entheben und andere Personen mit der Führung der Dienstgeschäfte zu betrauen. Stresemann ernannte daraufhin den früheren Reichsjustizminister und jetzigen Reichstagsabgeordneten der DVP, Karl Rudolf Heinze, zum Reichskommissar für Sachsen. Am Nachmittag des 29. Oktober zwang die Reichswehr die sächsischen Minister, ihre Diensträume zu verlassen. Tags darauf erklärte Zeigner seinen Rücktritt. In Gegenwart des sozialdemokratischen Parteivorsitzenden Otto Wels und des Mitglieds des Parteivorstands Wilhelm Dittmann nominierte die Landtagsfraktion der SPD den früheren Wirtschaftsminister Alfred Fellisch zum Chef eines sozialdemokratischen Minderheitskabinetts. Die DDP versprach, die neue Regierung zu tolerieren. Am 31. Oktober wählte der sächsische Landtag Fellisch zum Nachfolger Zeigners. Noch am selben Tag beendete Reichspräsident Ebert auf Ersuchen Stresemanns Heinzes Mandat als Reichskommissar.

Die Reichsexekution gegen Sachsen verlief anders, als die Reichswehr sich das vorgestellt hatte. Die von Stresemann gewählte Lösung war die zivilste Form des Ausnahmezustands, die den Primat der Politik wahrte. Dennoch erhoben die Sozialdemokraten, die am 27. Oktober einem Ultimatum des Kanzlers grundsätzlich zugestimmt hatten, im nachhinein schwere Bedenken. Was Führung und Mitgliedschaft bei aller Kritik an der Politik ihrer sächsischen und thüringischen Genossen besonders empörte, war die Ungleichbehandlung Bayerns und Sachsens. In einer Sitzung der Reichstagsfraktion setzten sich am 31. Oktober die Kritiker Stresemanns durch: Sie erzwangen nun ihrerseits ein Ultimatum, in dem die Reichsregierung aufgefordert wurde, den militärischen Ausnahmezustand aufzuheben, das Verhalten der bayerischen Machthaber für verfassungswidrig zu erklären und sofort die notwendigen Schritte gegen den Freistaat einzuleiten. Die bürgerlichen Minister, von der politischen und militärischen Unmöglichkeit eines Bürgerkriegs um Bayern überzeugt, lehnten die Erfüllung der sozialdemokratischen Forderungen ab. Daraufhin trat die SPD am 2. November aus der Reichsregierung aus. Das zweite Kabinett Stresemann war fortan eine bürgerliche Minderheitsregierung.

Die Sozialdemokraten handelten, als sie die Große Koalition verließen, aus der Furcht heraus, viele ihrer Anhänger könnten sich den Kommunisten zuwenden, wenn die SPD weiterhin eine als «rechts» empfundene Politik mittrug. Doch der Rückzug aus der Regierung war riskant. Deutschland drohte ein Machtvakuum, das sich die Verfechter von Diktaturplänen zunutze machen konnten. Der preußische Innenminister Carl Severing, der im Reichstag den Wahlkreis Münster vertrat, warnte in der Fraktionssitzung vom 31. Oktober vor der Gefahr, daß nun die Franzosen im Bunde mit deutschen Separatisten zur Gründung einer Rheinischen Republik schreiten und die Kräfte der extremen Rechten einen Krieg mit Frankreich auslösen könnten. Die Parole des Reichstagspräsidenten Paul

Löbe «Zurück zum reinen Klassenkampf!» war keine realistische Alternative für die Sozialdemokratie. Auch wenn sie nicht an der Regierung beteiligt war, mußte die größte deutsche Partei dafür sorgen, daß Deutschland regierbar blieb. Alles andere wäre Katastrophenpolitik gewesen – eine Option, die der Staatsgründungspartei der Republik nicht offenstand.

Vier Tage nach dem Bruch der Großen Koalition rückte die Reichswehr mit der Einwilligung Eberts in Mittel- und Ostthüringen ein und erzwang in den folgenden Tagen die Auflösung der Proletarischen Hundertschaften. Am 12. November beugte sich die thüringische SPD dem Druck aus Berlin und kündigte die Koalition mit der KPD auf. Ministerpräsident Frölich blieb als Chef eines Minderheitskabinetts noch bis zu den vorgezogenen Landtagswahlen vom 10. Februar 1924 im Amt. Das Ergebnis dieser Wahlen bedeutete für die SPD den Abschied von der Regierungsmacht: Der mitteldeutsche Staat wurde in den folgenden drei Jahren von einem bürgerlichen Beamtenkabinett regiert, das sich auf die Tolerierung der Völkischen stützen konnte. In Sachsen dauerte das Interim der sozialdemokratischen Minderheitsregierung bis zum Januar 1924. Es folgte ein Kabinett aus SPD, DDP und DVP, das auf den erbitterten Widerstand des linken Flügels der Sozialdemokraten stieß. Zwei Jahre später spaltete sich die sächsische SPD. Die Sozialdemokratische Partei stand fortan in Opposition zu einer Regierung, in der die rechten «Altsozialdemokraten» noch bis 1929 den Ministerpräsidenten stellten.

Daß dem Rumpfkabinett Stresemann eine lange Lebensdauer beschieden sein könne, nahm Anfang November 1923 kaum jemand an – auch Ebert nicht. Jedenfalls autorisierte der Reichspräsident den General von Seeckt, in einem Brief vom 4. November beim deutschen Botschafter in Washington, Otto Wiedfeldt, vorzufühlen, ob dieser bereit sei, als Reichskanzler an die Spitze eines «kleinen Kabinetts mit Direktoriums-Charakter und Ausnahme-Vollmachten» zu treten. Die ablehnende Antwort Wiedfeldts lag noch nicht vor, als die bayerische Krise ihren spektakulären Höhepunkt erreichte. Am Abend des 8. November nutzte Adolf Hitler eine Versammlung von Anhängern Kahrs im Münchner Bürgerbräukeller, um die «Nationale Revolution» auszurufen. Mit vorgehaltener Pistole preßte der Führer der Nationalsozialisten Kahr, Lossow und Seißer das Versprechen ab, sich an der Aktion zu beteiligen. Erich Ludendorff, von Hitler soeben zum Oberbefehlshaber der Nationalarmee ernannt, gab jedoch wenig später dem Triumvirat die Handlungsfreiheit zurück, so daß dieses zum Gegenschlag ausholen konnte. Am Mittag des 9. November endete Hitlers Putsch unter den Kugeln der bayerischen Landespolizei an der Münchner Feldherrnhalle. Hitler selbst konnte fliehen, wurde aber zwei Tage später festgenommen. Sechzehn seiner Gefolgsleute bezahlten die «Nationale Revolution» mit ihrem Leben.

Die Münchner Ereignisse führten auch in Berlin zu einer dramatischen Wendung. Noch in der Nacht zum 9. November übertrug Reichspräsident

Ebert dem Chef der Heeresleitung den Oberbefehl über die Wehrmacht des Reiches und, in Abänderung der Verordnung vom 26. September 1923, die Ausübung der vollziehenden Gewalt. Reichspräsident und Reichsregierung gingen offenbar davon aus, daß die weitgehende Machtübertragung an Seeckt der einzige Weg war, die bayerische Reichswehr in eine Frontstellung gegen die Putschisten zu bringen. Eine Garantie, daß Seeckt nicht selber putschen würde, gab es freilich nicht. Der Reichspräsident nahm aber wohl an, daß der Chef der Heeresleitung, wenn er ihm, dem Staatsoberhaupt, direkt unterstellt war, der Republik nicht so gefährlich sein würde wie in seiner bisherigen, kaum kontrollierbaren Position.

Tatsächlich bedeutete der Hitler-Putsch eine Zäsur nicht nur für Bayern, sondern für das Reich insgesamt. Die «seriösen» Diktaturpläne Kahrs und seiner Verbündeten waren durch das Geschehen vom 8. November nachhaltig diskreditiert, die Autorität des Generalstaatskommissars schwer erschüttert. Ohne festen Rückhalt bei den bayerischen Machthabern aber war eine «nationale» Umwälzung in Deutschland kaum vorstellbar. Hitler bewirkte mit seinem Putsch folglich das Gegenteil dessen, was er bezweckt hatte: Der Führer der Nationalsozialisten trug wesentlich dazu bei, die aufs höchste gefährdete Republik zu festigen.[20]

Am 15. November, eine Woche nach dem Münchner Putsch, gelang dem Rumpfkabinett Stresemann das «Wunder der Rentenmark». Die neue Währung, die an diesem Tag eingeführt wurde, war als Provisorium gedacht. Bis zur Einführung der endgültigen, durch Gold gedeckten Währung sollten nach dem Vorschlag von Reichsfinanzminister Hans Luther, der am 6. Oktober die Nachfolge Rudolf Hilferdings angetreten hatte, Grundschulden und Schuldverschreibungen zu Lasten von Industrie und Landwirtschaft den Kaufwert der «Rentenmark» garantieren. Am 20. November konnte der Kurs der Mark, der am 14. November bei 1,26 Billionen für einen Dollar gelegen hatte, bei 4,2 Billionen stabilisiert werden. Die Reichsbank setzte daraufhin ein analoges Umtauschverhältnis von 1 Billion Papiermark gleich 1 Rentenmark fest, womit der Vorkriegsstand des Wechselkurses von Mark und Dollar wieder erreicht war.

Das Opfer der Währungsreform war das Rheinland. Das besetzte Gebiet mußte bis zur Einführung der goldgedeckten Reichsmark am 30. August 1924 mit kommunalem Notgeld als Zahlungsmittel zurechtkommen, wurde also vom Reich weitgehend sich selbst überlassen. Vergeblich hatte der Kölner Oberbürgermeister Konrad Adenauer am 13. November protestiert, «das Rheinland müsse mehr wert sein als ein oder zwei oder selbst drei neue Währungen». Aus Berliner Sicht erschien die Gefahr, daß das Rheinland sich vorübergehend, in welcher Form auch immer, institutionell verselbständigen könne, als das kleinere Übel, verglichen mit dem wirtschaftlichen Zusammenbruch, der ganz Deutschland drohte, wenn die neue Währung durch die fortdauernde Totalsubventionierung des okkupierten Territoriums ruiniert wurde.

Ein anderes «Wunder» zeichnete sich seit dem 25. Oktober ab. An diesem Tag ließ der französische Ministerpräsident Poincaré der britischen Regierung mitteilen, daß er unter bestimmten Bedingungen bereit sei, einer Überprüfung der Reparationsfrage zuzustimmen. Poincaré griff damit einen, von London am 12. Oktober übernommenen Vorschlag des amerikanischen Außenministers Hughes von Ende Dezember 1922 auf, die Reparationsfrage auf einer internationalen Konferenz unter wirtschaftlichen Gesichtspunkten zu erörtern. Die Bedingungen des Pariser Regierungschefs waren die folgenden: Das Expertengremium war durch die alliierte Reparationskommission zu berufen; die Höhe der deutschen Reparationsschuld, wie sie das Londoner Ultimatum vom Mai 1921 dem Reich auferlegt hatte, sollte vom Ergebnis der Untersuchungen unabhängig sein; eine zweite Kommission hatte Höhe und Verbleib der deutschen Auslandsdevisen festzustellen. Nachdem auch Amerika diesem Vorschlag zugestimmt hatte, brachte Paris am 13. November in der Reparationskommission offiziell den Antrag ein, die beiden Kommissionen einzusetzen. Damit waren die Weichen für den Dawes-Plan gestellt – das Reparationsabkommen von 1924, das untrennbar mit dem wirtschaftlichen Aufschwung der mittleren Weimarer Jahre verknüpft ist.

Poincarés Kehrtwendung hatte vielerlei Ursachen: Die Ruhrbesetzung war für Frankreich zu einer großen, die Währung gefährdenden Belastung geworden; die innenpolitischen Widerstände von links waren erstarkt; außenpolitisch hatte sich Frankreich zunehmend isoliert. Noch wichtiger aber war ein anderer Grund: Am 23. Oktober hatte der amerikanische Außenminister Hughes dem französischen Ministerpräsidenten zu erkennen gegeben, daß die USA eine französische Beteiligung an der interalliierten Expertenkommission honorieren und die Diskussion der Reparationsfrage mit dem Problem der interalliierten Schulden verbinden werde. Frankreich durfte also erwarten, daß es durch ein gewisses Entgegenkommen gegenüber seinem Schuldner Deutschland seine eigene Position als Schuldner der Vereinigten Staaten verbessern würde.

Die neue Pariser Linie in der Reparationsfrage bedeutete noch nicht, daß Frankreich sein Ziel preisgegeben hätte, das Rheinland vom Reich abzutrennen. Am gleichen 25. Oktober, an dem Poincaré die englische Regierung über seine Kurskorrektur informierte, entschied er sich für die aktive und offizielle Förderung der Autonomiebestrebungen im besetzten Gebiet. Tatsächlich gab es seit dem 21. Oktober in einer Reihe von Orten, darunter Aachen, Trier, Koblenz, Bonn und Wiesbaden Versuche, eine «Rheinische Republik» auszurufen. Von der französischen und belgischen Besatzungsmacht wurden die separatistischen Umtriebe unterstützt, nicht jedoch von breiteren Kreisen der Bevölkerung. Im preußischen Rheinland wie in der zu Bayern gehörenden Pfalz war schon im November 1923 abzusehen, daß es zu einer freiwilligen Loslösung vom Reich nicht kommen würde.

Die Zeichen für eine allmähliche innere und äußere Entspannung standen also günstig, als in Berlin eine neue Regierungskrise ausbrach. Am 22. November brachte die SPD, allen Warnungen von Reichspräsident Ebert zum Trotz, einen Mißtrauensantrag gegen das Minderheitskabinett Stresemann ein, den sie damit begründete, daß die Reichsregierung gegen Sachsen und Thüringen in schärfster Form vorgegangen sei, gegen die verfassungswidrigen Zustände in Bayern aber nichts Entscheidendes getan habe. Der Antrag war bewußt so gehalten, daß die Deutschnationalen, von deren Haltung alles abhing, ihm nicht zustimmen konnten. Den Sozialdemokraten ging es also gar nicht um den Sturz Stresemanns, sondern um eine Demonstration, die den linken Parteiflügel besänftigen sollte. Stresemann aber war nicht bereit, es zu einer weiteren Schwächung seiner Position kommen zu lassen, und konterte den Vorstoß der SPD mit der Vertrauensfrage. Mit 231 gegen 156 Stimmen bei 7 Enthaltungen lehnte der Reichstag am 23. November den entsprechenden Antrag der Regierungsparteien ab. Damit war, wie der gestürzte Kanzler anschließend vor ausländischen Pressekorrespondenten erklärte, erstmals in der Geschichte der deutschen Republik eine Regierung «in offener Feldschlacht» gefallen.

Die Beilegung der Krise war im wesentlichen das Werk Eberts. Am 30. November 1923 trat der Partei- und Fraktionsvorsitzende des Zentrums, Wilhelm Marx, ein aus Köln stammender, persönlich farbloser Richter, die Nachfolge Stresemanns an. Marx stand einem bürgerlichen Kabinett aus Zentrum, DVP, DDP und BVP vor, dem auch der bisherige Reichskanzler als Außenminister angehörte. Die neue Regierung war auf die Tolerierung durch die SPD angewiesen, die dem Kabinett, abermals unter massivem Druck des Reichspräsidenten, am 8. Dezember sogar zu einem Ermächtigungsgesetz verhalf. Das Gesetz, das bis 14. Februar 1924 befristet war, ermächtigte die Regierung, die «Maßnahmen zu ergreifen, die sie im Hinblick auf die Not von Volk und Staat für erforderlich und dringend» erachtete. Zu den Gegenständen, die von der Reichsregierung auf dem Verordnungsweg geregelt werden konnten, gehörte jetzt auch die Arbeitszeit. Sie bedurfte dringend einer Neuregelung. Am 17. November waren nämlich die mehrfach verlängerten Demobilmachungsverordnungen aus der Revolutionszeit ausgelaufen. Seitdem galt von Rechts wegen überall dort, wo die Arbeitszeit nicht tariflich vereinbart worden war, wieder die Vorkriegsarbeitszeit.

Als das Gesetz nach einem Vierteljahr außer Kraft trat, hatte sich in Deutschland viel verändert. In großen Bereichen der Wirtschaft war nunmehr, obwohl der Achtstundentag als Normalarbeitstag grundsätzlich fortbestand, der Zehnstundentag gesetzlich erlaubt. Die Freien Gewerkschaften beantworteten diese Niederlage im Januar 1924 mit der Aufkündigung der Zentralarbeitsgemeinschaft vom November 1918, was aber kaum mehr als ein symbolischer Protest war. Die Beamtengehälter wurden im Dezember 1923 auf einem Niveau festgesetzt, das weit unter dem Vorkriegsstand lag. Am 14. Februar 1924 wurde durch eine Steuernotverordnung der Abbau der Zwangswirtschaft auf dem Wohnungsmarkt eingeleitet: ein wichtiger Schritt zur Überwindung des «Kriegssozialismus», der den Krieg um mehr als ein Jahrfünft überdauert hatte.

Dieselbe Verordnung regelte die heiß umstrittene Aufwertung von Geldforderungen aus bestimmten, durch die Inflation vernichteten Vermögensanlagen wie Hypotheken, Pfandbriefen, Schuldverschreibungen, Sparkassenguthaben und Lebensversicherungen: Der einheitliche Aufwertungssatz von 15 % des Goldmarkbetrages enthielt das Eingeständnis, daß der von Finanzminister Luther bislang verfochtene Grundsatz «Mark gleich Mark» mit dem Gerechtigkeitsempfinden schlechterdings nicht zu vereinbaren war, weil er vollständige Enteignung bedeutet hätte. Die Tilgung der Aufwertungsschulden wurde allerdings bis zum Jahre 1932 hinausgeschoben, die Tilgung und Verzinsung der öffentlichen, somit auch der Kriegsanleihen sogar bis zur endgültigen Erledigung der Reparationslasten – also auf unbestimmte Zeit.

Der erbitterte Protest von Millionen Betroffener vermochte am Inhalt der Verordnung nichts mehr zu ändern. Die Regierung Marx konnte, wenn sie die neue Währung nicht aufs Spiel setzen wollte, nicht anders handeln. Die Sparer und Zeichner von Kriegsanleihen waren damit die eigentlichen Inflationsopfer. «Es hat eine Appropriation des Besitzes in wenigen, aber kräftigen Händen stattgefunden», schrieb 1924 der Nationalökonom Franz Eulenburg. «Der Kapitalbesitz der mittleren Schichten und damit der Anspruch auf einen Teil der anderen Vermögen wurde vernichtet. Jene Aneignung bezieht sich vor allem auf die Industrie. Die kleinen und mittleren Unternehmer sind zwar nicht enteignet, aber in stärkerem Maß an die Konzerne angegliedert. Dadurch ist die Vermögensverteilung wesentlich ungleicher geworden.»

Die Geldentwertung hatte nicht die Mittelschichten schlechthin, aber doch erhebliche Teile derselben ruiniert oder nachhaltig geschwächt. Wer seinen Lebensunterhalt aus Ersparnissen oder der Tilgung und Verzinsung von Wertpapieren zu bestreiten gewohnt war, der stand am Ende der Inflationsperiode buchstäblich vor dem Nichts. Hart betroffen waren auch jene Akademikerfamilien, die das Studium ihrer Kinder traditionell aus Ersparnissen zu finanzieren pflegten. Auf der anderen Seite gab es auch in den Mittelschichten viele, die aus der Geldentwertung Nutzen zogen: Haus- und Grundbesitzer wurden schuldenfrei und profitierten von der allgemeinen Privilegierung von Sachvermögen.

Die eigentlichen Inflationsgewinner waren die meist hochverschuldeten Großgrundbesitzer, die durch die Geldentwertung ihrer Schulden ledig wurden, und die Besitzer großer industrieller Vermögen. Materiell war auch der Staat ein Gewinner der Inflation: Die Rückzahlung von Schulden und namentlich der gigantischen Summe der Kriegskredite in wertlosem Papiergeld kam einer Schuldenbefreiung gleich. Immateriell gesehen gehörte der Staat freilich zu den Verlierern der Geldentwertung. Seine Glaubwürdigkeit war durch die Inflation fundamental erschüttert worden, und es war die Republik, gegen die sich das Ressentiment der Enttäuschten richtete. Die Monarchie, die die Inflation 1914 ausgelöst hatte, erschien hingegen fünf Jahre nach Kriegsende vielen Deutschen schon wieder in einem verklärten Licht.

Die Inflation hatte nivellierend gewirkt: Der Einkommensabstand zwischen höheren und unteren Beamten war zusammengeschrumpft, und dasselbe galt vom Abstand zwischen Beamtenschaft insgesamt und Arbeiterschaft. Gewinner der Inflation aber waren die Arbeiter keineswegs. Nach den Berechnungen des Statistischen Reichsamtes beliefen sich die Realwochenlöhne im Dezember 1923 auf 70 % des Vorkriegszustands. Dazu kam die hohe Arbeitslosigkeit. Im Dezember 1923 waren 28 % der Gewerkschaftsmitglieder erwerbslos. Die Mitgliederzahl des ADGB sank von 7,7 Millionen im September 1923 auf 4,8 Millionen im März 1924. Die staatstragende Rolle, die die Gewerkschaften im Ruhrkampf gespielt hatten, wurde von beträchtlichen Teilen der Arbeiterschaft nicht honoriert. Vielmehr deutete alles darauf hin, daß das proletarische Protestpotential zu Beginn des Jahres 1924 um vieles größer war als ein Jahr zuvor.

Um dieselbe Zeit gab es aber auch unübersehbare Zeichen der politischen Beruhigung. Im Ruhrgebiet wurde seit Ende November wieder normal gearbeitet: Ein Abkommen zwischen dem Bergbaulichen Verein und der Mission interalliée de contrôle des usines et des mines, der MICUM, vom 23. November 1923 hatte dafür den Grund gelegt. Die Stabilisierung der wirtschaftlichen Verhältnisse an Rhein und Ruhr entzog dem Projekt eines mit dem übrigen Reich locker verbundenen rheinischen Bundesstaates, wie es Adenauer, in Abstimmung mit Stinnes, im Spätjahr 1923 betrieben hatte, fortschreitend den Boden. Im Januar 1924 erteilte Außenminister Stresemann dem Vorhaben eine scharfe Absage. Daraufhin legte auch der Kölner Oberbürgermeister den Plan ad acta.

Am 28. Februar wurde auf Drängen Seeckts der militärische Ausnahmezustand aufgehoben. Der Chef der Heeresleitung wollte damit zum einen verhindern, daß sich die Autorität der Reichswehr im Kleinkrieg mit Zivilbehörden, vor allem in Sachsen und Thüringen, aber auch in Preußen, abnutzte. Zum anderen fürchtete Seeckt eine Unterwanderung durch rechtsradikale Wehrverbände. Innere Konsolidierung der Reichswehr hatte für ihn Vorrang vor einer Machtausübung, die sich politisch nicht auszahlte.

Umstritten war zunächst, ob die Verbote von KPD, NSDAP und Deutschvölkischer Freiheitspartei, die der Chef der Heeresleitung als Inhaber der vollziehenden Gewalt am 23. November 1923 ausgesprochen hatte, bestehen bleiben sollten oder nicht. Seeckt wollte sie aufrechterhalten; Severing forderte ihre Aufhebung. Der preußische Innenminister konnte sich im wesentlichen durchsetzen. Mit dem militärischen Ausnahmezustand wurden auch die Parteiverbote aufgehoben. Öffentliche Versammlungen unter freiem Himmel blieben aber vorerst verboten, wobei die Landeszentralbehörden Ausnahmen zulassen durften. Dieser «zivile» Ausnahmezustand wurde noch acht Monate lang praktiziert. Erst am 25. Oktober 1924 setzte ihn eine Verordnung des Reichspräsidenten außer Kraft.

Im Februar 1924 gelang auch die offizielle Beilegung des Konflikts zwischen Bayern und dem Reich. Künftig sollte, so sah es eine Vereinbarung vom 14. Februar vor, der Reichswehrkommandant im Freistaat nur im Benehmen mit der Landesregierung und unter Berücksichtigung ihrer berechtigten Wünsche abberufen werden können. Außerdem wurde die Eidesformel von Reichswehr und Reichsmarine durch eine Verpflichtung auf die Verfassung des jeweiligen Heimatstaates ergänzt. Die Inpflichtnahme der bayerischen Reichswehrtruppen durch die Regierung in München war damit erledigt. Vier Tage später traten Kahr als Generalstaatskommissar und Lossow als bayerischer Landeskommandant zurück. Irgendwelche strafrechtlichen Folgen hatte ihr reichs- und verfassungsfeindliches Verhalten im Herbst 1923 nicht.[21]

Am 1. April 1924 ergingen die Urteile im Prozeß gegen die Putschisten vom 8. und 9. November 1923. Das Volksgericht München sprach General Ludendorff von der Anklage des Hochverrats frei; fünf andere Beteiligte, darunter Ernst Röhm, der Organisator der nationalsozialistischen «Sturmabteilungen», der SA, wurden zu drei Monaten Festung und 100 Mark Geldstrafe mit Bewährung, Hitler selbst zusammen mit drei Mitverschwörern zu fünf Jahren Festung und 200 Mark Geldstrafe verurteilt. Nach Verbüßung von sechs Monaten stand auch den zuletzt Genannten eine Bewährungsfrist in Aussicht. (Tatsächlich wurde Hitler bereits zu Weihnachten 1924 aus der Festungshaft in Landsberg, die er zur Abfassung seines Bekenntnisbuches «Mein Kampf» genutzt hatte, entlassen.) Allen Angeklagten hielt das Gericht zugute, sie hätten sich bei «ihrem Tun von rein vaterländischem Geiste und dem edelsten, selbstlosen Willen» leiten lassen und nach bestem Wissen und Gewissen geglaubt, «daß sie zur Rettung des Vaterlandes handeln mußten, und daß sie dasselbe taten, was kurz zuvor die Absicht der leitenden bayerischen Männer war». Moralisch kamen das Urteil und seine Begründung einem Freispruch gleich, und so wurden sie auch in Bayern und ganz Deutschland verstanden.

Die Erregung über das Münchner Urteil hatte sich noch nicht gelegt, als ein Ereignis für Schlagzeilen sorgte, das die weitere Entwicklung der Republik nachhaltig prägen sollte: Am 9. April 1924 veröffentlichte die im Januar eingesetzte, von dem amerikanischen Bankier Charles Dawes geleitete Expertenkommission in Paris ihr Gutachten zur Reparationsfrage. Der Bericht nannte keine Gesamthöhe der von Deutschland zu erbringenden Leistungen, ging aber offenbar davon aus, daß die im Londoner Ultimatum vom Mai 1921 aufgestellte Forderung von 132 Milliarden Goldmark die deutsche Leistungsfähigkeit überstieg. Um die Währung nicht zu gefährden, sollte ein von den Gläubigerstaaten berufener Reparationsagent für den «Transferschutz», einen den Außenwert der Mark berücksichtigenden Zahlungsmodus, sorgen. Die Jahresraten, die Annuitäten, begannen mit einer Milliarde Goldmark, um dann innerhalb von fünf Jahren auf 2,5 Milliarden anzusteigen. Die Reichsbahn wurde, um dem französischen Verlangen nach Garantien zu genügen, in eine Gesellschaft verwandelt, die mit bestimmten Obligationen belastet wurde. Ihrem Aufsichtsrat gehörten (wie auch dem Generalrat der Reichsbank), Vertreter der Gläubigerstaaten an. Als weitere Sicherungen sah der Ausschuß die Verpfändung einiger Reichseinnahmen und eine verzinsliche Hypothek der deutschen Industrie in Höhe von 5 Milliarden Mark vor.

Die von der Dawes-Kommission angestrebten Beschränkungen der deutschen Souveränität waren einschneidend und doch sehr viel leichter zu ertragen als die territorialen Garantien, die Frankreich und Belgien sich im Januar 1923 mit der Besetzung des Ruhrgebiets genommen hatten. Der Dawes-Plan enthielt überdies eine für die deutsche Wirtschaft ausgesprochen erfreuliche Perspektive: eine Auslandsanleihe von 800 Millionen Mark, die den Grundstock der neu zu schaffenden Notenbank bilden und die Stabilität der Währung sichern sollte. Aus dem Erlös waren zunächst ausschließlich inländische Zahlungen an die Alliierten wie Sachlieferungen und Besatzungskosten zu finanzieren. Dahinter stand jedoch die Aussicht auf künftige amerikanische Kredite und Investitionen, und diese Aussicht wirkte stimulierend. Deutschland, schon vor 1914 eines der wichtigsten Abnehmerländer amerikanischer Exporte, durfte darauf setzen, daß die Vereinigten Staaten die Chancen erkannt hatten, die mit einem wirtschaftlichen Engagement in dem kapitalbedürftigen, aber leistungsfähigen Land verbunden waren.

Der Dawes-Plan war Amerikas Beitrag zur Festigung der deutschen Verhältnisse. Einen anderen Beitrag leistete zur gleichen Zeit auf ihre Weise die Union der Sozialistischen Sowjetrepubliken. Nachdem Lenin im Januar 1924 gestorben war, ließ der Drang zur Weltrevolution in Moskau nach. In dem Maß, wie Stalins Position sich festigte, rückte der «Aufbau des Sozialismus in einem Lande», nämlich der Sowjetunion, in den Vordergrund. Improvisierte Umsturzversuche, wie sie die Komintern im März 1921 und zuletzt im Herbst 1923 in Deutschland unternommen hatte, vertrugen sich nicht mit dieser von Stalin 1925 verkündeten, aber schon vorher befolgten Devise.

Zum weltpolitischen Szenenwechsel von 1923/24 gehörten auch die politischen Veränderungen in London und Paris. In Großbritannien hatten bei den Unterhauswahlen vom 6. Dezember 1923 die Labour Party und die Liberalen über die Konservativen gesiegt. Im Januar 1924 erhielt das Land in Ramsay MacDonald seinen ersten Labour-Regierungschef. In Frankreich verlor am 11. Mai 1924 der von Poincaré geführte «Bloc national» die Mehrheit an das «Cartel des gauches», die Wahlallianz der Sozialisten und der bürgerlichen Radikalsozialisten. Ministerpräsident wurde der von den Sozialisten tolerierte Radikalsozialist Edouard Herriot, ein Freund der deutschen idealistischen Philosophie. Von den beiden neuen Regierungen in England und Frankreich durfte Deutschland mehr Entgegenkommen erwarten als von den vorangegangenen rechten Kabinetten.

Frankreichs Versuch, die Nachkriegsordnung gewaltsam zu seinen Gunsten zu revidieren, war, soviel ließ sich schon im Frühjahr 1924 erkennen, gescheitert. Deutschland ging aus dem Ruhrkampf wirtschaftlich geschwächt, aber dank des amerikanischen Eingreifens politisch gestärkt hervor. Die Nachkriegszeit war in den Monaten zwischen November 1923 und April 1924 zu Ende gegangen. Eine relative Stabilisierung in Deutschland und in den Beziehungen zwischen den wichtigsten Staaten war unverkennbar.[22]

Die Grenzen der politischen Beruhigung in Deutschland machte die zweite Reichstagswahl deutlich, die am 4. Mai 1924 stattfand. Sie brachte den Radikalen rechts und links starke Gewinne und den meisten gemäßigten Parteien große Verluste. Die Deutschnationalen, die im Wahlkampf vor allem die inflationsgeschädigten Teile der Mittelschichten angesprochen hatten, steigerten ihren Stimmenanteil von 15,1 auf 19,5 %. (In die Zahlen von 1920 sind hier und im folgenden die Ergebnisse der nachgeholten Wahlen in Schleswig-Holstein und Ostpreußen von 1921 und in Oberschlesien von 1922 miteingerechnet.) Die DNVP wurde damit zur stärksten Kraft im bürgerlichen Lager und zur zweitgrößten Partei überhaupt. Die mit den führerlosen Nationalsozialisten verbündete Deutschvölkische Freiheitspartei erzielte auf Anhieb 6,5 %. Über ein Viertel der deutschen Wähler hatte sich damit für die antirepublikanische Rechte entschieden.

Links von der Mitte war zweierlei bemerkenswert: eine starke Gewichtsverlagerung von den Sozialdemokraten zu den Kommunisten und ein erheblicher Rückgang der «marxistischen» Stimmen überhaupt. Bei den Reichstagswahlen von 1920 hatten die Arbeiterparteien zusammen 41,7 % der abgegebenen gültigen Stimmen erhalten; im Mai 1924 waren es nur noch 34 %. Die SPD sank von 21,7 auf 20,5 %. Was auf den ersten Blick ein geringfügiger Verlust zu sein schien, kam in Wirklichkeit einer Katastrophe gleich: Bei den Wahlen vom Mai 1924 erhielt die wiedervereinigte Sozialdemokratie weniger Stimmen als 1920 die Mehrheitssozialdemokraten. Von den 17,9 %, die damals USPD gewählt hatten, war offenbar ein beträchtlicher Teil zur KPD abgewandert, die auf 12,6 % kam und sich damit erstmals im Reich als proletarische Massenpartei durchsetzte.

Die Parteien der bürgerlichen Mitte und der gemäßigten Rechten mußten zum Teil schwere Verluste hinnehmen – Verluste, die die Hauptquelle der deutschnationalen und deutschvölkischen Gewinne bildeten. Die DVP sank von 13,9 auf 9,2 %, die DDP von 8,3 auf 5,7 % ab. Vergleichsweise geringfügig waren die Verschiebungen im Bereich der katholischen Parteien: Das Zentrum rutschte von 13,6 auf 13,4 %, die BVP von 4,2 auf 3,2 %. Bürgerliche Splittergruppen kamen zusammen auf 8,5 %, was ein Gewinn von 5,3 % gegenüber den vorangegangenen Wahlen war.

Nach der Wahl forderte die DNVP das Amt des Reichskanzlers für sich und präsentierte als ihren Kandidaten für dieses Amt den früheren Großadmiral von Tirpitz. Den Vater der deutschen Flotte als Regierungschef lehnten die Mittelparteien mit derselben Entschiedenheit ab, mit der die Deutschnationalen das Ansinnen der Mitte zurückwiesen, sie sollten sich nunmehr zum Dawes-Plan bekennen, gegen den sie im Wahlkampf zu Felde gezogen waren. Die Folge war, daß Wilhelm Marx am 3. Juni abermals ein bürgerliches Minderheitskabinett bildete, dem jedoch die BVP, auf Grund von akuten Spannungen mit dem Zentrum, nicht beitrat.

Eine Große Koalition hatte nach der schweren Niederlage der SPD nicht ernsthaft zur Diskussion gestanden. Auf dem sozialdemokratischen Parteitag, der vom 11. bis 14. Juni 1924 in Berlin stattfand, mußte sich die Parteiführung schwere Vorwürfe des linken Flügels wegen der bisherigen Koalitionspolitik anhören. Der Vorsitzende des Deutschen Metallarbeiterverbandes, der ehemalige Unabhängige Robert Dißmann, setzte der «Rücksichtnahme auf Staat und bürgerliche Koalitionsparteien» eine «Politik des unversöhnlichen Klassenkampfes» entgegen, mit der allein man die zu den Kommunisten übergewechselten proletarischen Wähler zurückgewinnen könne. Der Parteivorsitzende Müller meinte entschuldigend, wenn man die Koalitionsbildungen der letzten Jahre überblicke, «so sind wir nur in der Regierung gewesen, wenn wir in die Regierung *mußten*. Die Gründe, die uns dazu gezwungen haben, sind fast immer außenpolitische gewesen». In einem von Müller eingebrachten, von den Delegierten mit großer Mehrheit angenommenen Antrag bezeichnete der Parteitag die Koalitionspolitik als Frage der Taktik und nicht des Prinzips. Eine Teilnahme an der Regierung dürfe nur «unter Abwägung aller Vor- und Nachteile für die Interessen der Minderbemittelten erfolgen, damit die Sicherheit gegeben ist, daß die Arbeiterklasse nicht einseitig Opfer zu bringen hat». Die Botschaft war klar: Auf Reichsebene betrachtete die Sozialdemokratie die Nichtbeteiligung an der Regierung als den Normalfall.

Nichtbeteiligung hieß freilich nicht unbedingte Opposition. Auf außenpolitischem Gebiet durften Reichskanzler Marx und Außenminister Stresemann regelmäßig auf die Stimmen der SPD rechnen. Das galt auch für den Dawes-Plan und die ergänzenden Vereinbarungen, die auf einer Konferenz in London im August 1924 ausgehandelt wurden. Die deutsche Seite konnte dabei einen beträchtlichen Erfolg verbuchen: Franzosen und Belgier versprachen, die 1921 und 1923 besetzten Gebiete zwar nicht, wie die Deutschen gefordert hatten, sofort, aber doch binnen Jahresfrist freizugeben und schon am Tag nach der endgültigen Unterzeichnung des Abkommens die Zone Dortmund-Hörde sowie alle rechtsrheinischen Gebietsstreifen zu räumen, die im Januar 1923 besetzt worden waren. Damit war verbindlich klargestellt, daß das Rheinland bei Deutschland blieb und auch wirtschaftlich und finanziell wieder voll in den Reichsverband aufgenommen wurde.

Die Stimmen der Sozialdemokraten reichten jedoch nicht aus, um sämtliche Dawes-Gesetze zu verschieden. Das Reichsbahngesetz, das die deutsche Souveränität beschränkte, hatte verfassungsändernden Charakter und bedurfte daher einer Zweidrittelmehrheit. Die war nur zu erreichen, wenn zumindest ein beträchtlicher Teil der deutschnationalen Abgeordneten zustimmte. Um die Opposition der DNVP zu überwinden, gab die Regierung am 29. August, dem Tag vor der Unterzeichnung des Londoner Abkommens, eine entschieden «national» gehaltene Erklärung zur Kriegsschuldfrage ab. Aber auch diese Geste verbürgte noch nicht die erhoffte Wirkung. Mehrere einflußreiche Interessenorganisationen wie der Reichsverband der Deutschen Industrie (in dem 1919 der Centralverband Deutscher Industrieller, der Bund der Industriellen und der Verein zur Wahrung der Interessen der Chemischen Industrie aufgegangen waren), die christlich-nationalen Gewerkschaften und zeitweilig sogar, wenn auch verklausuliert, der Reichslandbund, der schlagkräftige Nachfolger des Bundes der Landwirte, drängten die Deutschnationalen, dem Gesetz zuzustimmen. Reichspräsident und Reichskanzler stellten für den Fall der Ablehnung die Auflösung des Reichstags, die DVP für den Fall der Annahme eine Regierungsbeteiligung der DNVP in Aussicht. Am Ende votierten in der entscheidenden Abstimmung am 29. August 52 deutschnationale Abgeordnete mit Nein und 48 mit Ja. Das reichte, dem Reichsbahngesetz zur Zweidrittelmehrheit und dem Londoner Abkommen insgesamt zur Annahme zu verhelfen.

Tags darauf sollte das «Wohlverhalten» der Deutschnationalen belohnt werden: Auf der Tagesordnung des Reichstags stand die erste Lesung eines von der Regierung vorgelegten Gesetzentwurfs, der die 1914 außer Kraft gesetzten Agrarzölle des «Bülow-Tarifs» von 1902 mit Wirkung vom 25. Januar 1925 wieder einführte. (An diesem Tag erlosch die im Versailler Vertrag festgelegte Verpflichtung Deutschlands, den Siegermächten einseitig die Meistbegünstigung zu gewähren, womit das Reich seine handelspolitische Bewegungsfreiheit zurückerlangte.) Doch das Vorhaben scheiterte an den Linksparteien: SPD und KPD machten das Hohe Haus durch Auszug aus dem Plenum beschlußunfähig, worauf sich der Reichstag bis zum 15. Oktober vertagte. Drei Tage vor dem Ende der Parlamentspause zog die Regierung den Gesetzentwurf zurück. Der Versuch, dem Großgrundbesitz abermals Vorteile auf Kosten der Verbraucher zu verschaffen, war vorerst gescheitert.

Die Unmöglichkeit, eine verläßliche parlamentarische Mehrheit für die Regierungsarbeit zu finden, war so offenkundig, daß sich das Kabinett Marx am 20. Oktober entschied, den Reichspräsidenten um die Auflösung des Reichstags zu ersuchen. Ebert kam der Bitte noch am selben Tag nach und setzte als Termin der Neuwahl den 7. Dezember fest. Der zweite Reichstagswahlkampf des Jahres 1924 stand im Zeichen der wirtschaftlichen Erholung. Am 30. August war die provisorische Rentenmark zugunsten der neuen zu 40 % durch Gold oder Devisen gedeckten Reichsmark aufgegeben worden. Seit dem Abschluß des Londoner Abkommens strömten ausländische Kredite nach Deutschland; die Arbeitslosenzahlen gingen von 12,4 % der gewerkschaftlich organisierten Arbeitnehmer im Juli auf 7,3 % im November zurück; die tariflichen Stundenlöhne stiegen, wenn man die Daten von zwölf ausgewählten Gewerbezweigen zugrundelegte, von durchschnittlich 57 Pfennig im Januar 1924 auf 72,5 Pfennig im Januar 1925. Gleichzeitig sank der Anteil der Arbeiter, die mehr als 48 Stunden in der Woche arbeiten mußten, von 54,7 % im Mai auf 45,5 % im November.

Der wirtschaftliche Aufschwung schlug sich am 7. Dezember in einer politischen Entradikalisierung nieder. Die extremen Flügelparteien – die Deutschvölkischen, die jetzt als Nationalsozialistische Freiheitspartei auftraten, und die Kommunisten – gingen geschwächt aus dem Kampf hervor. Gewinne verbuchten die Sozialdemokraten und, in geringerem Maß, die Deutschnationalen. Die SPD stieg von 20,5 auf 26 %, die DNVP von 19,5 auf 20,5 %. Die Kommunisten fielen dagegen von 12,6 auf 9 %, die vereinten Nationalsozialisten und Deutschvölkischen von 6,5 auf 3 %. Vergleichsweise gering waren die Verschiebungen in der Mitte und bei der gemäßigten Rechten. Von den kleineren Parteien war die mittelständische Wirtschaftspartei mit 3,3 % am erfolgreichsten. Auf die Aufwertungsparteien entfielen nur 0,4 %, was wesentlich daran lag, daß die Deutschnationalen sich auch in diesem Wahlkampf als entschiedene Fürsprecher der Inflationsgeschädigten ausgegeben hatten.

Das Wahlergebnis ließ nur zwei Arten von Mehrheitsregierung zu: entweder eine Große Koalition oder ein bürgerliches Mitte-Rechts-Kabinett. Die DVP sprach sich gegen eine Regierung mit den Sozialdemokraten, die DDP gegen eine Regierung mit den Deutschnationalen aus, was aber einen Bürgerblock nicht unmöglich machte, da dieser auch ohne die linksliberale Partei über eine Mehrheit verfügte. Am 15. Januar 1925 kam nach langwierigen Verhandlungen die erste Reichsregierung mit deutschnationaler Beteiligung unter dem parteilosen Kanzler Hans Luther zustande. Stresemann blieb Außenminister, der Zentrumspolitiker Heinrich Brauns Arbeitsminister, Otto Geßler, obwohl seine Partei, die DDP, nicht in die Regierung eintrat, als «Fachminister» Leiter des Wehrressorts. Die Deutschnationalen stellten den Innen-, den Finanz- und den Wirtschaftsminister. Der neue Reichswirtschaftsminister Karl Neuhaus sah sich gleich zu Beginn seiner Amtszeit gezwungen, großen Teilen der deutschnationalen Wählerschaft eine herbe Enttäuschung zu bereiten: Gestützt auf das einhellige Votum der Spitzenverbände von Landwirtschaft, Industrie, Handel und Banken erklärte er Ende Januar in einer Denkschrift, eine Aufwertung, die über 15 % (also den von der DNVP heftig attackierten, durch die Steuernotverordnung vom 14. Februar 1924 festgelegten Satz) hinausgehe, sei den Sachwertbesitzern nicht zuzumuten und daher schlechthin ausgeschlossen.[23]

Am 28. Februar 1925 verstummte einen Augenblick lang der Parteienstreit, den die Deutschnationalen mit ihrer Kehrtwende in der Aufwertungsfrage ausgelöst hatten. Im Alter von 54 Jahren starb Reichspräsident Friedrich Ebert. Die unmittelbare Todesursache war eine Blinddarm- und Bauchfellentzündung. Doch was Eberts körperliche Widerstandskraft geschwächt hatte, waren seelische Kränkungen. Die schlimmste war der Vorwurf des Landesverrats, den neben anderen ein völkischer Journalist, der Redakteur der «Mitteldeutschen Presse», Erwin Rothardt, gegen den Reichspräsidenten erhoben und mit der Rolle Eberts beim Berliner Munitionsarbeiterstreik vom Januar 1918 begründet hatte. Am 23. Dezember 1924 verkündete das erweiterte Schöffengericht des Amtsgerichts Magdeburg das Urteil in dem Beleidigungsprozeß, den Ebert gegen Rothardt hatte anstrengen lassen. Das Gericht verurteilte den Angeklagten wegen Beleidigung des Reichspräsidenten zu drei Monaten Gefängnis, stellte aber in der Urteilsbegründung fest, daß die Behauptung Rothardts, Ebert habe durch die Teilnahme an dem genannten Streik Landesverrat begangen, im strafrechtlichen Sinne zutreffend sei. Eine Verurteilung wegen übler Nachrede könne daher nicht erfolgen.

Sogleich erhoben sich gewichtige Stimmen gegen den Rufmord der Magdeburger Richter, einen typischen Fall von justizförmiger Republikfeindschaft. Der Anklagevertreter ging in die Berufung; die Reichsregierung, das noch amtierende Kabinett Marx, gab eine Ehrenerklärung für den Reichspräsidenten ab; namhafte Gelehrte, unter ihnen die Historiker Friedrich Meinecke und Hans Delbrück sowie die Juristen Gerhard Anschütz und Wilhelm Kahl, stellten sich in einer gemeinsamen Erklärung demonstrativ auf Eberts Seite. Der evangelische Theologe Adolf von Harnack, der auch Präsident der Kaiser-Wilhelm-Gesellschaft zur Förderung der Wissenschaften, der späteren Max-Planck-Gesellschaft, war und im August 1914 einen der Entwürfe für den Aufruf des Kaisers an das deutsche Volk verfaßt hatte, sprach in einem vom «Berliner Tageblatt» abgedruckten offenen Brief an Ebert von einem «richterlichen Fehlurteil», das ihn mit Entrüstung erfülle: «Schmachvolles ist hier zum Ereignis geworden, und in Trauer und Bestürzung sind wir versetzt. Um so lebhafter empfinde ich mit allen guten Deutschen den Dank, den das Vaterland Ihnen, hochverehrter Herr Reichspräsident, für Ihr gesamtes vaterländisches Wirken, insbesondere in den Jahren 1918 und 1919 schuldet, und wie dieser Dank heute in Tausenden von Herzen lebt, wird ihn das Urteil der Geschichte für immer besiegeln.» Doch solche Stimmen waren die Ausnahme und ihrerseits Anlaß gehässiger Kommentare von rechts. Das Magdeburger Urteil tat seine Wirkung, und die richtete sich gegen Ebert und die von ihm vertretene Republik.

Nach dem Tod des ersten Reichspräsidenten erschienen Nachrufe, die wie Versuche einer posthumen Wiedergutmachung wirkten. Das Reichskabinett erklärte unter Einschluß seiner deutschnationalen Mitglieder, Ebert habe «in schwerster Zeit... das Amt eines deutschen Reichspräsidenten mit vorbildlicher Gewissenhaftigkeit und staatsmännischer Klugheit verwaltet». Auch in der sozialdemokratischen Presse fehlte es nicht an Bemühungen, vergangene Konflikte nachträglich zu glätten. Nach der Reichsexekution hatte es in der SPD scharfe Kritik an Ebert und sogar Anträge auf Parteiausschluß gegen ihn gegeben; vom Sattlerverband, Eberts Gewerkschaft, war der Reichspräsident tatsächlich ausgeschlossen worden. Der «Vorwärts» spielte auf solche Zerwürfnisse mit der Bemerkung an, Eberts überparteiliches Amt habe ihm dem Parteileben entfremdet und nur bei offiziellen Anlässen mit Volksmassen in Berührung gebracht. Dem positiven Gesamturteil tat das aber keinen Abbruch: «Nach den großen Theoretikern und den großen Agitatoren war Ebert der erste große *Staatsmann* der deutschen Arbeiterbewegung... Sie ehrt sich selbst, wenn sie Friedrich Ebert ehrt.»

Wer Ebert zu Lebzeiten gehaßt und verachtet hatte, tat dies auch nach seinem Tod. Das galt von der nationalsozialistischen, völkischen und deutschnationalen Rechten ebenso wie von den Kommunisten, für die der Abgeordnete Hermann Remmele dem toten Reichspräsidenten am 1. März 1925 im Reichstag nachrief, er sei «mit dem Fluch des deutschen Proletariats ins Grab gegangen». Im Rückblick erscheint freilich gerade das als Eberts größtes historisches Verdienst, was die Kommunisten ihm vorwarfen: sein unermüdlicher Einsatz für die Verständigung und die Zusammenarbeit zwischen den gemäßigten Kräften in Arbeiterschaft und Bürgertum. Die Erkenntnis, daß ebendies das Lebensgesetz der Republik war, hatte Ebert früher gewonnen als viele seiner Parteifreunde, und niemand übertraf ihn in der Konsequenz, mit der er danach handelte.

Eberts Grenzen waren gleichwohl nicht zu übersehen. Allzu oft verließ er sich als Reichspräsident auf das Urteil militärischer und bürokratischer Berater, denen zu mißtrauen er allen Grund gehabt hätte. Für die Gefahren, die mit dem häufigen Rückgriff auf den Artikel 48 verbunden waren – allein 1923 unterzeichnete der Reichspräsident 42 solcher Notverordnungen, die meisten zur Behebung wirtschaftlicher Notstände – hatte er zum Leidwesen seines Freundes Otto Braun kein Gespür. Als Ebert starb, gab es immer noch nicht das von der Verfassung vorgesehene Ausführungsgesetz zu diesem Artikel. Es sollte auch später nicht verabschiedet werden.

Als großen deutschen Staatsmann kann man Ebert nach alledem wohl nicht bezeichnen. Er war ein überzeugter Demokrat, ein deutscher Patriot und ein Mann des Ausgleichs nach innen wie nach außen. Den meisten Akademikern, die auf ihn, den Volksschulabsolventen, herabblicken zu können vermeinten, war er, was politische und menschliche Bildung anging, weit überlegen. Was ein Republikaner an der Spitze der Republik bedeutete, ging vielen seiner politischen Freunde erst auf, als Ebert tot war. Sein Tod, wenige Monate vor dem Ende seiner Amtszeit und die Wahl seines Nachfolgers markieren einen tiefen Einschnitt in der Geschichte der ersten deutschen Republik.[24]

Am 29. März 1925 fand der erste Wahlgang der ersten Direktwahl eines Reichspräsidenten durch das deutsche Volk statt. Für die gouvernementale Rechte trat Karl Jarres, der frühere Reichsinnenminister und damalige Oberbürgermeister von Duisburg, an, der von seiner eigenen Partei, der DVP, den Deutschnationalen und der Wirtschaftspartei unterstützt wurde. Kandidat der SPD war Otto Braun, der im Zuge einer Regierungskrise gerade von seinem Amt als preußischer Ministerpräsident zurückgetreten war. Für das Zentrum ging der frühere Reichskanzler Wilhelm Marx, für die DDP der badische Staatspräsident Willy Hellpach und für die BVP Heinrich Held, seit April 1924 Ministerpräsident des Freistaates Bayern, ins Rennen. Die Kommunisten hatten ihren Vorsitzenden Ernst Thälmann, einen früheren Werftarbeiter, aufgestellt, der politisch erstmals beim Aufstand in seiner Heimatstadt Hamburg Ende Oktober 1923 hervorgetreten war. Nationalsozialistischer Bewerber war Erich Ludendorff.

Die im ersten Wahlgang notwendige absolute Mehrheit erreichte keiner der Kandidaten. Am besten schnitt Jarres ab, auf den 38,8 % entfielen. Braun kam mit 29 % auf den zweiten, Marx mit 14,5 % auf den dritten Platz. Mit weitem Abstand folgten Thälmann (7 %), Hellpach (5,8 %), Held (3,7 %) und Ludendorff (1,1 %).

Den «Weimarer» Parteien war klar, daß sie den Kandidaten der Rechten nur schlagen konnten, wenn sie sich auf einen gemeinsamen Bewerber einigten. Die Wahl fiel auf Marx – unter anderem deshalb, weil die SPD aus ihren Erfahrungen mit Stichwahlabkommen im Kaiserreich wußte, daß entsprechende Empfehlungen von ihren Anhängern sehr viel disziplinierter befolgt wurden als von bürgerlichen Wählern. Im Gegenzug verpflichtete sich das Zentrum, Braun wieder zum preußischen Ministerpräsidenten zu wählen (was am 3. April 1925 auch geschah).

Gegen Marx als gemeinsamen Kandidaten des republikanischen «Volksblocks» hatte Jarres keine Chance. Für die Rechte lag es also nahe, nach einem attraktiveren Bewerber zu suchen. Nach dem Gesetz über die Wahl des Reichspräsidenten vom 4. Mai 1920 durfte das auch eine Persönlichkeit sein, die am ersten Wahlgang nicht teilgenommen hatte. Das gab «nationalen» Zirkeln um den früheren Großadmiral von Tirpitz die Möglichkeit, sich um einen populären Nichtpolitiker zu bemühen, der schon zu Lebzeiten zu einem Mythos geworden war: Generalfeldmarschall Paul von Beneckendorff und von Hindenburg, am 2. Oktober 1847 in Posen geboren, damals also 77 Jahre alt, der seit seinem Ausscheiden aus der Obersten Heeresleitung im Sommer 1919 im Ruhestand in Hannover lebte.

Der «Sieger von Tannenberg» war schon im Ersten Weltkrieg zu einer Art «Ersatzkaiser» aufgestiegen. Im Frühjahr 1920, zur Zeit des Kapp-

Lüttwitz-Putsches, hatte ihn die nationale Rechte erstmals als künftigen Reichspräsidenten ins Auge gefaßt. Wie damals waren es auch jetzt wieder Deutschnationale aus den altpreußischen Provinzen, Großgrundbesitzer aus der Führung des Reichslandbundes und ehemalige hohe Offiziere, die sich aktiv für eine Bewerbung Hindenburgs einsetzten. In jenem Ausschuß des konservativen «Reichsbürgerrats» um den ehemaligen preußischen Innenminister Friedrich Wilhelm von Loebell, der sich vor dem ersten Wahlgang auf Jarres verständigt hatte, gab es zunächst freilich noch starke Widerstände gegen Hindenburg. Die Großindustrie sah in ihm einen Anwalt agrarischer Belange; Stresemann fürchtete bei einer Wahl des Generalfeldmarschalls negative Reaktionen des Auslands. Nachdem Jarres jedoch seine Kandidatur zurückgezogen hatte, verloren solche Bedenken an Gewicht. Der loyale Monarchist Hindenburg versicherte sich erst noch der Zustimmung des ehemaligen, im holländischen Exil weilenden Kaisers, ehe er sich am 7. April bereit erklärte, als Kandidat des «Reichsblocks» anzutreten.

Hindenburgs Aussichten, gewählt zu werden, standen gut. Er durfte nicht nur auf die Stimmen der überzeugten Monarchisten und der meisten kirchentreuen Protestanten rechnen. Für ihn, den preußischen Lutheraner, sprach sich auch die Bayerische Volkspartei aus, die an der Kandidatur des Katholiken Marx vor allem eines störte: seine Unterstützung durch die Sozialdemokraten. Hindenburg mußte es auch zustatten kommen, daß die kommunistische Parteizentrale am 11. April beschloß, Thälmanns Bewerbung aufrechtzuerhalten – eine Entscheidung, die die KPD damit begründete, daß es nicht Aufgabe des Proletariats sei, «den geschicktesten Vertreter der Bourgeoisinteressen auszusuchen, zwischen dem Zivildiktator Marx und dem Militärdiktator Hindenburg das kleinere Übel zu wählen». Marx durfte also nicht hoffen, daß er «links», bei kommunistischen Wählern, gewinnen könne, was er «rechts», im konservativen Bayern, verlieren würde.

Der «Volksblock» warnte bis zuletzt vor den Gefahren, die der Republik und dem Frieden bei einer Wahl Hindenburgs drohten, doch vergebens. Am 26. April 1925 ging der Kandidat des «Reichsblocks» mit einem Vorsprung von 900 000 Stimmen vor Marx als Sieger aus dem zweiten Wahlgang hervor. Bei einer Wahlbeteiligung, die mit 77,6 % um 8,7 % höher lag als beim ersten Wahlgang, erzielte Hindenburg 48,3 %, während Marx auf 45,3 % und Thälmann auf 6,4 % kamen. Der Generalfeldmarschall hatte die absolute Mehrheit nur knapp verfehlt, aber die war beim zweiten Wahlgang auch nicht erforderlich.

Die Kommunisten hätten die Wahl Hindenburgs verhindern können. Die Schlagzeile des «Vorwärts» «Hindenburg von Thälmanns Gnaden» beschrieb den Effekt der Zählkandidatur des KPD-Führers also zutreffend. Mit mindestens ebenso großem Recht konnte man jedoch die BVP für die Wahl des Generalfeldmarschalls verantwortlich machen. Zu den «Vätern» und «Müttern» von Hindenburgs Erfolg gehörten sodann antikatholische Liberale in Württemberg und antiklerikale Sozialdemokraten in Sachsen: Die einen hatten sich für Hindenburg, die anderen für Thälmann als kleineres Übel, verglichen mit dem «Römling» Marx, entschieden. Besonders ausgeprägt war der Wechsel von einem der «schwarz-rot-goldenen» Bewerber zu Hindenburg in Ostpreußen: Nirgendwo wirkte der Mythos des «Siegers von Tannenberg» so stark nach wie in der Provinz, wo die Schlacht stattgefunden hatte.

Hindenburgs Wahl war kein Plebiszit für die Wiederherstellung der Monarchie, aber sie war ein Volksentscheid gegen die parlamentarische Demokratie, so wie man sie seit 1919 kennengelernt hatte. Enttäuschung über den grauen republikanischen Alltag ging einher mit einer nostalgischen Verklärung der Vergangenheit. Die liberale «Frankfurter Zeitung» sah die Hauptursache des Wahlausgangs darin, daß die Unpolitischen dem Feldmarschall zur Übermacht verholfen hätten. «Wir wissen doch alle, was diese große Schar bisheriger Nichtwähler diesmal an die Urne geführt hat. Es ist der romantische Strahlenglanz, den die Fieberphantasien verelendeter und in ihrem nationalen Selbstbewußtsein schwer getroffener Volksschichten um das Haupt des Feldherrn gewoben haben, ohne daß sie sich der Tatsache bewußt werden, daß sie persönliches wie nationales Elend einzig jenem alten System kaiserlicher Staats- und Kriegsführung zu danken haben, als dessen Repräsentanten sie jenen Feldherrn verehren. Die romantische Sehnsucht nach vergangenem Glanz und vergangener Größe, das hat diese unpolitischen Schichten an die Urne und Hindenburg zum Siege geführt.»

Das gleichfalls liberale «Berliner Tageblatt» empfand «Scham über die politische Unreife so vieler Millionen»; der sozialdemokratische «Vorwärts» sprach von einem «Überrumpelungssieg der Reaktion, gewonnen durch kommunistischen Verrat an der Republik». Beide Blätter verglichen die Wahl Hindenburgs mit einem Ereignis in der frühen Geschichte der dritten französischen Republik, auf das um dieselbe Zeit auch der Schriftsteller Heinrich Mann hinwies: Es war der Sieg eines klerikalen Monarchisten, des Marschalls MacMahon, bei der Präsidentenwahl von 1873. Der «Vorwärts» freilich schöpfte aus dem historischen Beispiel auch Trost: «Wie vor fünfzig Jahren in Frankreich, so erscheint jetzt in Deutschland nach einem verlorenen Krieg ein Marschall und Monarchist als Präsident der Republik. Die französische Republik hat diese Gefahrenzone glücklich passiert. Die deutsche nicht minder glücklich aus ihr hinauszuführen, wird die Aufgabe der deutschen Republikaner, besonders der deutschen Sozialdemokraten sein.»

Einige überzeugte Republikaner begannen sich bald mit dem Gedanken zu trösten, daß Hindenburgs Wahl Teile der Rechten mit der Republik aussöhnen könne. Der Schriftsteller Harry Graf Kessler, der auf der Seite der DDP für einen Sieg von Marx gefochten hatte, meinte am 12. Mai – einen

Tag nachdem Hindenburg vom sozialdemokratischen Reichstagspräsidenten Paul Löbe vor der schwarz-rot-goldenen Standarte des Reichspräsidenten auf die Reichsverfassung vereidigt worden war –, nun werde die Republik «mit Hindenburg hoffähig, einschließlich Schwarz-Rot-Gold, das jetzt überall mit Hindenburg zusammen als seine persönliche Standartenfarbe erscheinen wird. Etwas von der Verehrung für ihn wird unvermeidlich darauf abfärben.»

Ganz unbegründet waren solche Hoffnungen nicht. Daß Hindenburg die republikanische Verfassung zu respektieren versprach, machte es manchen der bisherigen Verächter der Republik schwer, in unversöhnlicher Feindschaft zum neuen Staat zu verharren. Bezeichnend war in dieser Hinsicht die «realpolitische» Wende der evangelischen Kirche. Erst 1925 stellte sie sich auf den Boden der weiterhin ungeliebten Tatsache «Republik». Wenn es möglich gewesen war, auf legale Weise einen Ersatzkaiser zu wählen, mochte das Volk eines Tages auch die Rückkehr zur Monarchie hinnehmen oder gar fordern. Fürs erste aber schien das Ziel in greifbare Nähe gerückt, auf das es dem schwarz-weiß-roten Lager vor allem ankam: die Entwicklung eines starken Staates, der Parlament und Parteien ähnlich wirksam in ihre Schranken verwies, wie es das Kaiserreich getan hatte.

Anlaß zur Genugtuung hatte nach dem zweiten Wahlgang der Reichspräsidentenwahl vor allem das Milieu, dem Hindenburg entstammte und dem er sich nach wie vor eng verbunden fühlte: die Welt des Militärs und des preußischen Adels. Für Reichswehr und Großgrundbesitz war es von großer Bedeutung, daß sie fortan wieder über einen unmittelbaren Zugang zum Staatsoberhaupt verfügten, dem in Krisenzeiten die Rolle des eigentlichen Machthabers zufiel. Die gesellschaftlichen und politischen Kräfteverhältnisse änderten sich nach dem 26. April 1925 nicht schlagartig. Aber seit jenem Tag hatte die altpreußische Führungsschicht des vorrepublikanischen Deutschland wieder einen Hebel in der Hand, dessen sie sich bedienen konnte, wenn der Reichstag nicht einsehen wollte, was das Gebot der Stunde war. Von «rechts» aus gesehen, bedeutete das einen großen Schritt nach vorn, und ein Schritt weg vom Weimar des Jahres 1919 war es ohne Zweifel: Was sich im Frühjahr 1925 vollzog, war nichts Geringeres als ein stiller Verfassungswandel, eine konservative Umgründung der Republik.[25]

1928, Hindenburg war mittlerweile drei Jahre im Amt und hatte im Oktober des Vorjahres seinen 80. Geburtstag feiern können, fragte sich Kurt Tucholsky, einer der führenden Intellektuellen der Linken, in der «Weltbühne», wie es um die Verbreitung des «republikanischen Gedankens» in Deutschland tatsächlich bestellt sei. Er kam zu dem Ergebnis, daß «draußen im Lande», also außerhalb der Hauptstadt, nur «fleckweise etwas von ihm zu merken ist. Östlich der Elbe sieht es damit faul aus, rechts der Oder oberfaul». Berlin überschätze sich maßlos, wenn es glaube, es sei Kern und Herz des Landes. «Der Berliner Leitartikler täte gut, inkognito einmal auf ein großes schlesisches Gut zu gehen, auf ein ostpreußisches, in eine pommersche Landstadt – und er wird etwas erleben. Was der Hindenburg-Tag (Hindenburgs 80. Geburtstag, H. A. W.) seinerzeit nach Berlin an Schwankfiguren, an Kaiser-Wilhelm-Gedächtnis-Zylindern, an hundertjährigen Bratenröcken und Oberförsterbärten ausgespien hat, war nur eine kleine bemusterte Offerte: die Warenlager liegen in den kleinen Städten wohl assortiert und können jederzeit – nicht immer ohne Gefahr – besichtigt werden. Ohne Gefahr dann nicht, wenn etwa der ‹Berliner› versuchen wollte, Terror, Diktatur und Frechheit der dort herrschenden Bourgeoisie tatkräftig abzudrehen. Kein Gericht stützt ihn da, keine Verwaltungsbehörde, keine Zeitung. Er ist verloren und muß das Feld räumen.»

Was Tucholsky 1928 (unter dem Titel «Berlin und die Provinz») zu Papier brachte, warf nochmals ein Schlaglicht auf die Reichspräsidentenwahl im Frühjahr 1925. Hindenburgs Sieg war auch Ausdruck eines kulturellen Protests – eines Protests gegen alles, was Weimar im Rückblick modern erscheinen läßt. Der «Weimarer Stil» war zwar, wie der Historiker Peter Gay bemerkt hat, *vor* Weimar entstanden. Das galt von der Revolution des Expressionismus in Malerei, Literatur und Theater, die im ersten Jahrzehnt des 20. Jahrhunderts stattgefunden hatte, und von dem nicht minder revolutionären Durchbruch zur Atonalität in der Musik. Es galt in gleicher Weise von den großen Revolutionen in der Wissenschaft, der Psychoanalyse Sigmund Freuds, der Relativitätstheorie Albert Einsteins und der Soziologie Max Webers. Selbst die «neue Sachlichkeit», die nach 1923 den Expressionismus aus allen Zweigen der Kunst verdrängte, ließ sich bis in die Vorkriegszeit zurückverfolgen: Walter Gropius, der 1926 mit dem Gebäude des Bauhauses in Dessau ein ebenso bewundertes wie befehdetes Modell der neuen funktionalen Ästhetik schuf, hatte seinen Stil schon vor dem Ersten Weltkrieg entwickelt. Was die Kultur von Weimar ausmachte, war also weitgehend bereits da, als die Republik entstand. Aber der politische Regimewechsel wirkte befreiend: Den Neuerern standen Möglichkeiten offen, die sie unter dem alten System nicht gehabt hatten, und sie erzielten eine Breitenwirkung, die es rechtfertigt, Weimar ein Großexperiment der klassischen Moderne zu nennen.

Die Weimarer Moderne rief eine kulturpolitische Reaktion auf den Plan, der es an symbolträchtigen Angriffspunkten nicht mangelte: Die anhaltende Kampagne gegen das Bauhaus, die Hochburg der modernen Architektur, war ein auch von Tucholsky erwähntes Beispiel. Seinen ursprünglichen Sitz in Weimar hatte das Bauhaus 1925 verlassen müssen, nachdem der thüringische Landtag im Herbst 1924 die Mittel für die Einrichtung um die Hälfte gekürzt und damit die Weiterarbeit faktisch unmöglich gemacht hatte. Aber auch an der neuen Wirkungsstätte – in der Hauptstadt von Anhalt, Dessau, wo die Sozialdemokraten von 1918 bis zum Mai 1932 fast ununterbrochen den Ministerpräsidenten stellten – war das Bauhaus den Kräften der Rechten ein Dorn im Auge. Als 1929 eine von Gropius entworfene

Siedlung für die Arbeiter und Angestellten der Junkerswerke in Dessau-Törten eingeweiht wurde, protestierten Nationalsozialisten und Deutschnationale gegen die «Marokkohütten» der «Negersiedlung». Anlaß zu diesen Attacken war die Tatsache, daß die Häuser keine «deutschen» Spitzdächer hatten, sondern, wie für die Architektur der «neuen Sachlichkeit» typisch, Flachbauten waren.

Es gab anspruchsvollere Formen des Kampfes gegen den Geist von Weimar. Die intellektuellen Kritiker von rechts sahen in der Republik vor allem ein Produkt des nivellierenden Kollektivismus, der die Masse über die Persönlichkeit triumphieren ließ. Martin Heidegger etwa sprach in seinem philosophischen Hauptwerk «Sein und Zeit», das 1927 erschien, von einer Diktatur des «Man». «Das Man ist überall dabei, wo das Dasein auf Entscheidung drängt. Weil das Man jedoch alles Urteilen und Entscheiden vorgibt, nimmt es dem jeweiligen Dasein die Verantwortlichkeit ab. Das Man kann es sich gleichsam leisten, daß ‹man› sich ständig auf es beruft. Es kann am leichtesten alles verantworten, weil keiner es ist, der für etwas einzustehen braucht. Das Man ‹war› es immer, und doch kann gesagt werden, ‹keiner› ist es gewesen. In der Alltäglichkeit des Daseins wird das meiste durch das, von dem wir sagen müssen, keiner war es.»

Ebenso gängig wie das Klischee vom erdrückenden Kollektivismus war die These vom zersetzenden Pluralismus, der das parlamentarische System deformiere und schließlich den Staat auflöse. So behauptete der Staatsrechtler Carl Schmitt 1926 im Vorwort zur zweiten Auflage seiner erstmals 1923 erschienenen Schrift «Die geistesgeschichtliche Lage des heutigen Parlamentarismus», das Parlament sei heute nicht mehr die Stätte des öffentlichen und freien Austausches von Argumenten, sondern nur noch der Ort, wo organisierte Interessen aufeinanderstießen. An die Stelle des rationalen Arguments sei die ideologische Polarisierung getreten, und infolgedessen gehe dem heutigen parlamentarischen System die Fähigkeit ab, politische Einheit hervorzubringen. «In manchen Staaten hat es der Parlamentarismus schon dahin gebracht, daß sich alle öffentlichen Angelegenheiten in Beute- und Kompromißobjekte von Parteien und Gefolgschaften verwandeln und die Politik, weit davon entfernt, die Angelegenheit einer Elite zu sein, zu dem ziemlich verachteten Geschäft einer ziemlich verachteten Klasse von Menschen geworden ist.»

Seit der Wahl von Hindenburg gab es für Intellektuelle der Rechten wie Carl Schmitt auch keinen Zweifel mehr am Heilmittel gegen die Krankheit des Parlamentarismus: Es war die plebiszitäre Demokratie, die den Reichspräsidenten als Träger des allgemeinen Willens bestimmt hatte. Das direkt gewählte Staatsoberhaupt als Verkörperung der «volonté générale» im Sinne Rousseaus mußte gestärkt werden gegenüber dem Parlament, in dem sich die «volonté de tous», die Summe der vielen Einzelwillen, artikulierte. Nach der Weimarer Verfassung, heißt es in Schmitts 1928 erschienener «Verfassungslehre», kämen zwei politische Führer in Frage: der Reichskanzler und der Reichspräsident. «Jener bestimmt die Richtlinien der Politik, aber nur weil er vom Vertrauen des Reichstags, d. h. einer wechselnden und unzuverlässigen Koalition, getragen wird. Der Reichspräsident dagegen hat das Vertrauen des ganzen Volkes, nicht durch das Medium eines in Parteien zerrissenen Parlaments vermittelt, sondern unmittelbar auf seine Person vereinigt.» Der Präsident wurde also gegen den Kanzler, die Demokratie gegen das Parlament ausgespielt, das Volk zum Zeugen gegen seine Vertreter aufgerufen: Es war der Grundwiderspruch der Weimarer Verfassung, der es Schmitt ermöglichte, sein Plädoyer für Führertum und Akklamation derart «demokratisch» zu begründen.

Carl Schmitt vertrat eine Denkrichtung, für die sich der Name «Konservative Revolution» eingebürgert hat. Der Begriff hebt die so bezeichneten Intellektuellen einerseits von den herkömmlichen Konservativen der Weimarer Zeit ab, die in ihrer großen Mehrheit einer wie immer modifizierten Restauration des untergegangenen monarchischen Systems das Wort redeten. Andererseits betont der Begriff den Unterschied zu den Revolutionären leninistischer Prägung, die ihr Ziel, die klassenlose kommunistische Gesellschaft, auf dem Weg verschärfter internationaler Klassenkämpfe, der proletarischen Revolution und der Diktatur des Proletariats erreichen wollten. Bei den meisten Autoren der «Konservativen Revolution» war die Revolution mehr Metapher als konkretes Programm. «Revolution» stand für eine radikale Abkehr vom bürgerlichen Liberalismus und der westlichen Demokratie. Die «Revolution von rechts», von der der Soziologe Hans Freyer 1931 im Titel eines Buches sprach, setzte der Gesellschaft das Volk, dem Pluralismus der Interessen die Ordnung des Ganzen, der ausufernden parlamentarischen Debatte die Autorität der für alle bindenden politischen Entscheidung, der Masse den Führer entgegen.

Der Gegensatz zum kapitalistischen und demokratischen Westen brachte manche «konservativen Revolutionäre» in eine gewisse Nähe zum kommunistischen und diktatorischen Osten. Ein außenpolitisches Zusammenspiel zwischen Deutschland und der Sowjetunion, den beiden Revisionsmächten schlechthin, hatte seine Befürworter unter Kommunisten und Nationalisten. Bei den (mit fragwürdigem Recht) so genannten «Nationalbolschewisten» um Ernst Niekisch, den ehemaligen Augsburger und Münchner Räteführer von 1919, fand die außenpolitische Orientierung darüber hinaus ihr Pendant in einer scharf antikapitalistischen Rhetorik, die freilich eher «preußisch» als «russisch» getönt war.

Bekenntnisse zu einem «deutschen» oder «preußischen Sozialismus» legten aber auch entschieden antimarxistische Autoren wie Oswald Spengler, der Verfasser des «Untergangs des Abendlandes», ab. Die große Weltfrage, schrieb Spengler 1920 in seinem Buch «Preußentum und Sozialismus», sei die Wahl zwischen preußischer oder englischer Idee, Sozialismus oder Kapitalismus, Staat oder Parlament. «Preußentum und Sozialismus stehen *gemeinsam gegen das innere England*, gegen die Weltanschauung, welche unser ganzes Leben als Volk durchdringt, lähmt und entseelt... Die Arbeiterschaft muß sich von den Illusionen des Marxismus befreien. Marx ist tot. Der Sozialismus als Daseinsform steht an seinem Anfang, der Sozialismus des deutschen Proletariats aber ist zu Ende. *Es gibt für den Arbeiter nur den preußischen Sozialismus oder nichts* ... Es gibt für die Konservativen nur bewußten Sozialismus oder Vernichtung. Aber wir brauchen die Befreiung von den Formen der englisch-französischen Demokratie. Wir haben eine eigene.»

Der Sozialismus, wie ihn Spengler vertrat, hatte mit einer Veränderung der Eigentumsverhältnisse nichts zu tun. Er war eine Frage weniger der Wirtschaftsordnung als der Wirtschaftsgesinnung: «Der Sinn des Sozialismus ist, daß nicht der Gegensatz von Reich und arm, sondern der Rang, den Leistung und Fähigkeit geben, das Leben beherrscht. Das ist *unsere* Freiheit, Freiheit von der wirtschaftlichen Willkür des einzelnen.» Die Berührungen zwischen dem Sozialismus von «konservativen Revolutionären» wie Spengler und dem Sozialismus der Nationalsozialisten waren offenkundig, doch die Nähe blieb im wesentlichen eine der Sprache. Die jungkonservativen Intellektuellen sympathisierten vor 1933 eher mit den italienischen Faschisten als mit den deutschen Nationalsozialisten, die ihnen zu vulgär waren. Aber auch als «Faschisten» kann man die «konservativen Revolutionäre» nicht ohne weiteres bezeichnen. Faschisten und Nationalsozialisten mobilisierten Massen und organisierten Gewalt; die Autoren der «Konservativen Revolution» blieben bei allem, was sie dachten und schrieben, im Bannkreis des gebildeten Publikums, dem sie entstammten und an das sich ihre Schriften richteten.

«Konservative Revolutionäre» und Nationalsozialisten vertraten beide einen radikalen Nationalismus, der zunächst einmal eine nach innen gewandte Stoßrichtung hatte: An die Stelle der gespaltenen Gesellschaft sollte die geeinte Nation treten. Ein integraler Nationalismus war, so gesehen, eine Antwort auf Marxismus und Liberalismus. Der letztere galt als Bedingung der Möglichkeit des ersteren, und beide galten als Feinde. Niemand hat die innenpolitische Verwendbarkeit des Nationalismus als Waffe gegen die marxistische Linke aller Schattierungen klarer gesehen und begründet als Hitler. In einem Aufsatz, der der Verteidigung des Putsches vom 8. und 9. November 1923 galt, schrieb der Führer der Nationalsozialisten Anfang 1924: «*Der marxistische Internationalismus wird nur gebrochen werden durch einen fanatisch extremen Nationalismus von höchster sozialer Ethik und Moral.* Man kann den falschen Götzen des Marxismus nicht vom Volke nehmen, ohne ihm einen besseren Gott zu geben... Dieses am klarsten erkannt und am folgerichtigsten durchgeführt zu haben, ist das weltbedeutende Verdienst Benito Mussolinis, der an Stelle des auszurottenden internationalen Marxismus den national fanatischen Faszismus setzte, mit dem Erfolg einer fast vollständigen Auflösung der gesamten marxistischen Organisationen Italiens.»[26]

Die Übereinstimmung zwischen den Denkern der «Konservativen Revolution» und den Nationalsozialisten in Sachen Nationalismus war jedoch nur eine teilweise. Der Nationalismus der jungkonservativen Intellektuellen entbehrte der «totalitären» Konsequenz der Faschisten und Nationalsozialisten; die «konservativen Revolutionäre» betonten den Antiliberalismus stärker als den Antimarxismus; sie waren in der Regel Antisemiten, maßen der Judenfeindschaft aber eine geringere Bedeutung bei als die Nationalsozialisten. Der Antisemitismus der jungkonservativen Intellektuellen hielt sich generell im Rahmen dessen, was man den deutschen «Konsensantisemitismus» nennen kann. Er stand nicht im Zentrum einer Quasireligion wie beim Nationalsozialismus.

Generell war die Judenfeindschaft in der Zeit der relativ «guten» Weimarer Jahre zwischen 1924 und 1929 nicht mehr ganz so breit gestreut und so intensiv wie im ersten Jahrfünft der Republik. Aber noch immer gab es in der deutschen Gesellschaft starke antisemitische Ressentiments. Sie richteten sich besonders gegen die vermeintliche kulturelle Vorherrschaft des Judentums – gegen die Rolle, die Juden als Journalisten, im Verlagswesen, Theater und Film spielten. Wer jüdischen Geist mit zersetzender Intellektualität und dekadenter Großstadtzivilisation in Verbindung brachte, durfte rechts von der Mitte, ja selbst im Umfeld des Zentrums mit Zustimmung rechnen. Otto Dibelius, der evangelische Superintendent der Kurmark, der Mitglied der DNVP war und sich offen als Antisemit bekannte, erklärte es 1928 in einem «vertraulichen» Brief an die Pastoren seines Sprengels für unbestreitbar, daß «bei allen zersetzenden Erscheinungen der modernen Zivilisation» das Judentum immer «eine führende Rolle» gespielt habe. Der «Große Herder», ein katholisches Nachschlagewerk, bemerkte 1926 in einem Artikel unter dem einschlägigen Schlagwort, Antisemitismus sei «in seinem Wesen eine Abneigung der Mehrheit gegen die als artfremd empfundene, z. T. sich abschließende, aber ungewöhnlich einflußreiche Minderheit, welche hohe, namentlich geistige Werte, aber auch übersteigertes Selbstbewußtsein aufweist». Im gleichen Jahr 1926 warb die Bäderverwaltung der Insel Hiddensee in einem Prospekt für das Seebad Vitte mit dem Satz: «Es muß gesagt werden, daß die Juden Vitte grundsätzlich meiden.» Der Antisemitismus war im Deutschland der Weimarer Republik alltäglich, und er galt in konservativen Kreisen als gesellschaftsfähig – solange er nicht Grenzen überschritt, die durch traditionelle Vorstellungen von «Anstand» gezogen wurden.

Juden spielten unter denen, die man gewöhnlich mit dem Geist von Weimar in Verbindung bringt, eine herausragende Rolle. Daß sie politisch nicht rechts standen, ergab sich schon daraus, daß die Rechte antisemitisch war. Wer sich der Diskriminierung von Minderheiten widersetzte, konnte nur liberal oder links sein. Das Engagement vieler Juden in der Arbeiterbewegung ließ sich auch daraus erklären, daß es nirgends sonst Massen gab, die bereit waren, für eine Gesellschaft gleicher Rechte zu kämpfen. Da die

Weimarer Gesellschaft aber vom Zustand der Gleichheit weit entfernt war, konnte die Republik die Linke nicht zufriedenstellen. Kritik an den bestehenden Verhältnissen blieb infolgedessen das hervorstechende Kennzeichen linker Intellektueller der Weimarer Republik, gleichviel ob sie Juden waren oder nicht.

Bei einer beträchtlichen Anzahl dieser Intellektuellen ging die Kritik an Weimar so weit, daß sie den neuen Staat in Bausch und Bogen verwarfen. Wer sich den Kommunisten anschloß oder öffentlich zu ihnen bekannte, für den war die «bürgerliche» Republik nichts, was der Verteidigung wert gewesen wäre. Intellektuelle, die sich unter die Ägide Willy Münzenbergs, des Presse- und Propagandachefs der KPD, begaben, erstrebten das, was die Partei proklamierte: die revolutionäre Zerschlagung des bestehenden Systems und die Schaffung von «Sowjetdeutschland». «Weimarer» Intellektuelle waren auch die prominentesten unter ihnen wie Bertolt Brecht, Arnold Zweig, Anna Seghers, Johannes R. Becher und Kurt Weill nur im Sinne einer Zeitgenossenschaft, nicht auf Grund einer inneren Bindung an die Republik von 1919.

Zu den linken jüdischen Intellektuellen, die Weimar nicht durch eine kommunistische Parteibrille, wohl aber radikal kritisch sahen, gehörte Tucholsky. Die bevorzugte Zielscheibe seines Spotts und seiner Verachtung war die SPD. Als sie sich 1921 in Görlitz ein reformistisches Programm gaben, nannte er die Sozialdemokraten in einem Gedicht «Skatbrüder..., die den Marx gelesen». Fünf Jahre später verglich er «die ganz verbockte liebe gute SPD» mit «bescheidenen Radieschen: außen rot und innen weiß». Der Zwang zu Kompromissen, dem sich die SPD auch dann nicht entziehen konnte, wenn sie der Reichsregierung nicht angehörte, war für den Autor der «Weltbühne» «Parlamentsroutinendreh». In der Wirkung war der Kampf, den Tucholsky und seine Freunde gegen die Sozialdemokratie führten, ein Kampf gegen die parlamentarische Demokratie. In dieser Hinsicht standen die Intellektuellen des Kreises um die «Weltbühne» den Antiparlamentariern der «konservativen Revolution» sehr viel näher, als beiden Seiten bewußt war.

Die meisten Intellektuellen, die sich zu Weimar bekannten, waren sich der Labilität der inneren Verhältnisse bewußt. Thomas Mann, noch bei Kriegsende ein Verteidiger des deutschen Obrigkeitsstaates, hatte im Oktober 1922, anläßlich des 60. Geburtstages von Gerhart Hauptmann, vor einem teilweise widerstrebenden studentischen Auditorium in Berlin ein vielbeachtetes Bekenntnis zur deutschen Republik abgelegt. Ende November 1926 sprach er, der Wahlmünchner, in München auf einer von der DDP einberufenen Veranstaltung mit Zorn und Trauer davon, wie sehr sich das Verhältnis zwischen der bayerischen und der Reichshauptstadt seit der Vorkriegszeit gewandelt habe. Damals sei man in München demokratisch und in Berlin feudal-militaristisch gewesen, doch mittlerweile habe es beinahe eine Umkehrung gegeben. «Wir haben uns des renitenten Pessimismus geschämt, der von München aus der politischen Einsicht Berlins, der politischen Sehnsucht einer ganzen Welt entgegengesetzt wurde; wir haben mit Kummer sein gesundes und heitres Blut vergiftet gesehen durch antisemitischen Nationalismus und Gott weiß welch finstere Torheiten. Wir mußten es erleben, daß München in Deutschland und darüber hinaus als Hort der Reaktion, als Sitz aller Verstocktheit und Widerspenstigkeit gegen den Willen der Zeit verschrieen war, mußten hören, daß man es eine dumme, die eigentlich dumme Stadt nannte.»

Thomas Mann hoffte, Besserung dadurch zu bewirken, daß er die Dinge beim Namen nannte. Aber die defensive Grundhaltung war bei Mann so unverkennbar wie bei dem Berliner Historiker Friedrich Meinecke, der sich im April 1926 auf der Weimarer Tagung deutscher Hochschullehrer, einem Treffen republikanischer Professoren und Dozenten, bemühte, eine Brücke zu den gemäßigten Deutschnationalen zu schlagen. Der «Vernunftrepublikaner» Meinecke bedauerte, daß es 1919 nicht zu einem Ausgleich zwischen Schwarz-Weiß-Rot und Schwarz-Rot-Gold, sondern zu einem «völligen Farbenwechsel» gekommen sei. Er räumte ein, daß der Parlamentarismus keine notwendige Konsequenz einer demokratischen Republik sei, und ließ, ein Jahr nach Hindenburgs Wahl, seine Bereitschaft erkennen, über die Frage nachzudenken, «ob die Weimarer Verfassung durch Stärkung der Reichspräsidentenschaft weiterzubilden sei».

Die Unentschiedenheit, die aus solchen Äußerungen sprach, war für den intellektuellen «Vernunftrepublikanismus» typisch. Aber Meinecke war der großen Mehrheit des akademischen Deutschland weit voraus, wenn er das Gesetz in Erinnerung rief, nach dem Weimar angetreten war. «Die Republik ist das große Ventil für den Klassenkampf zwischen Arbeiterschaft und Bürgertum, es ist die Staatsform des sozialen Friedens zwischen ihnen», erklärte er im Januar 1925 in einem Vortrag im Demokratischen Studentenbund zu Berlin. «Der soziale Unfriede besteht nicht mehr zwischen Arbeiterschaft und Bürgertum überhaupt, sondern der Riß hat sich nach rechts verschoben und geht mitten durch das Bürgertum selbst hindurch.»

Meinecke hätte auch sagen können, der Riß habe sich nach rechts *und* nach links verschoben und gehe durch Bürgertum und Arbeiterschaft mitten hindurch. Denn weniger als je zuvor stimmten die politischen Trennlinien mit den gesellschaftlichen überein. Zwischen den bürgerlichen «Vernunftrepublikanern» und der extremen Rechten klaffte ein Abgrund, aber dasselbe galt für das Verhältnis zwischen Sozialdemokraten und Kommunisten. Beide Arbeiterparteien benutzten teilweise noch dieselben marxistischen Begriffe, aber verstanden darunter höchst Unterschiedliches. Klassenkampf etwa hieß für die Kommunisten Zuspitzung der sozialen Konflikte mit dem Endziel der proletarischen Revolution, für Sozialdemokraten und Freie Gewerkschaften dagegen pluralistische Interessenpolitik im Sinne der Arbeitnehmer.

Auf den Schultern der gemäßigten Kräfte in Bürgertum und Arbeiterschaft ruhte nach wie vor die Republik. Mitte der zwanziger Jahre gab es Anzeichen, die auf eine Erneuerung des «Klassenkompromisses» von 1918/19 hindeuteten, und Entwicklungen, die eher für eine politische Polarisierung sprachen. Nur soviel war sicher: Die Stabilisierung Weimars nach 1923 war eine relative, gemessen an der Instabilität der vorangegangenen Jahre. Die innere Bedrohung der Demokratie hatte nicht aufgehört, sondern nur nachgelassen.[27]

Das Jahr 1925 ist nicht nur wegen Hindenburgs Wahl zum Reichspräsidenten in die Geschichtsbücher eingegangen. Ein zweites Ereignis hat ebenfalls historischen Rang: der Abschluß der Locarno-Verträge, die Deutschlands Rückkehr in den Kreis der europäischen Großmächte besiegelten, am 26. Oktober. Das Vertragswerk sollte den Status quo der Nachkriegsordnung festigen, aber es tat dies, den deutschen Wünschen entsprechend, auf asymmetrische Weise. Völkerrechtlich abgesichert wurden nur die deutschen Westgrenzen: Deutschland, Frankreich und Belgien verzichteten auf eine gewaltsame Änderung der bestehenden Grenzen; England und Italien garantierten sie. Mit seinen östlichen Nachbarn, Polen und der Tschechoslowakei, schloß das Reich lediglich Schiedsverträge ab; Frankreich dagegen verpflichtete sich, Polen und der Tschechoslowakei im Fall eines deutschen Angriffs militärisch beizustehen.

Eine friedliche Revision der deutschen Ostgrenze wurde durch Locarno also keineswegs ausgeschlossen. Außenminister Stresemann ließ keinen Zweifel daran, daß er, in voller Übereinstimmung mit der öffentlichen Meinung Deutschlands, auf ebendieses Ziel hinarbeitete. Eine friedliche Lösung der polnischen Grenzfrage, so teilte er am 19. April der deutschen Botschaft in London mit, werde nicht zu erreichen sein, «ohne daß die wirtschaftliche und finanzielle Notlage Polens den äußersten Grad erreicht und den gesamten polnischen Staatskörper in einen Zustand der Ohnmacht gebracht hat... Es wird also, in der großen Linie gesehen, unser Ziel sein müssen, eine endgültige und dauerhafte Sanierung Polens so lange hinauszuschieben, bis das Land für eine unseren Wünschen entsprechende Regelung der Grenzfrage reif und bis unsere politische Machtstellung genügend gekräftigt ist... Nur ein uneingeschränkter Wiedergewinn der Souveränität über die in Rede stehenden Gebiete kann uns befriedigen.»

Mit Locarno standen zwei andere außenpolitische Ereignisse in engem Zusammenhang: der Berliner Vertrag mit der Sowjetunion und die Aufnahme Deutschlands in den Völkerbund. Der deutsch-sowjetische Vertrag, den der Reichstag am 10. Juni 1926 nahezu einstimmig annahm, war zum einen dazu bestimmt, das Moskauer Mißtrauen gegen die deutsche Locarnopolitik auszuräumen. Zum anderen sollte das Abkommen den Druck auf Warschau erhöhen. Die Vertragspartner sicherten sich wechselseitige Neutralität für den Fall zu, daß eine von ihnen trotz friedlichen Verhaltens von dritten Mächten angegriffen wurde. Sie verpflichteten sich darüber hinaus, keiner Koalition beizutreten, die über die andere Macht einen wirtschaftlichen und finanziellen Boykott verhängen sollte. Deutschland versprach der Sowjetunion, was es sich im Jahr zuvor in Locarno von den Westmächten ausbedungen hatte: die faktische Nichtbeteiligung an etwaigen Völkerbundssanktionen gegen Moskau. Ansonsten sollte der Vertrag von Rapallo aus dem Jahr 1922 die Grundlage der deutsch-sowjetischen Beziehungen bleiben.

Das zweite große außenpolitische Ereignis des Jahres 1926 fand am 10. September in Genf statt: Deutschlands Eintritt in den Völkerbund. Das Reich wurde, wie es die deutschen Regierungen beharrlich gefordert hatten, sogleich ständiges Mitglied des wichtigsten Organs des Völkerbundrates, während Polen, der Hauptkonkurrent im Ringen um einen solchen Status, sich mit einem nichtständigen Sitz und der Zusage seiner Wiederwahl in dieses Gremium begnügen mußte. Die Sozialdemokraten, die früher und konsequenter als irgendeine andere deutsche Partei sich für den Beitritt zum Völkerbund eingesetzt hatten, feierten die Erreichung dieses Ziels als Sternstunde. «Deutschland und Europa schreiten von dem Notstand internationaler Anarchie in den Zustand internationaler Organisation, in der sich allmählich die Freiheit aller Völker verwirklichen soll», schrieb der «Vorwärts», und das sei geradezu ein «weltgeschichtlicher Sprung».[28]

Deutschlands Beitritt zum Völkerbund war der Höhepunkt der «Ära Stresemann». Der Mann, der im Ersten Weltkrieg ein glühender Annexionist gewesen war, der sich noch während des Kapp-Lüttwitz-Putsches als opportunistischer Taktierer hervorgetan hatte, war in der Folgezeit zum «Vernunftrepublikaner» und zum Staatsmann gereift. Als Reichskanzler im Krisenherbst 1923 trug er mehr als jeder andere dazu bei, daß die Einheit des Reiches und die Staatsform der demokratischen Republik bewahrt wurden. Als Außenminister war er der Vorkämpfer einer Politik der friedlichen Verständigung mit dem Westen. Dem östlichen Nachbarn Polen gegenüber freilich trat Stresemann nicht weniger «national» auf als die meisten deutschen Politiker von rechts bis links. Der Außenminister der Jahre 1923 bis 1929 war ein aufgeklärter Vertreter deutscher Großmachtpolitik und Anwalt eines engeren Zusammenschlusses der europäischen Staaten. Er konnte beides sein, weil sich aus seiner Sicht diese Ziele gar nicht widersprachen. Die internationale Öffentlichkeit zollte ihm wie keinem anderen deutschen Nachkriegspolitiker Respekt: Am 10. Dezember 1926 wurden er und sein französischer Kollege Aristide Briand mit dem Friedensnobelpreis ausgezeichnet.

Die verläßlichste Stütze von Stresemanns Außenpolitik war die Sozialdemokratie. Als die Deutschnationalen im Oktober 1925 die Regierung Luther verließen, weil ihnen die westlichen Zugeständnisse in Locarno nicht weit genug gingen, sprang die SPD in die Bresche und verhalf den

Verträgen am 27. November im Reichstag zur Annahme. Die naheliegende Forderung, die Zustimmung an eine Bedingung zu knüpfen, nämlich den Eintritt in die Reichsregierung, stellte die Sozialdemokratie nicht.

Im Juni 1926 ließ die SPD eine weitere Chance zur Bildung einer Großen Koalition ungenutzt vorübergehen. Am 12. Mai 1926 hatte das bürgerliche Minderheitskabinett Luther wegen eines von ihm ausgelösten Flaggenstreits zurücktreten müssen. (Anlaß war ein Kabinettsbeschluß vom 1. Mai, wonach die gesandtschaftlichen und konsularischen Behörden das Recht erhielten, neben der schwarz-rot-goldenen Reichs- auch die schwarz-weiß-rote Handelsflagge zu führen.) Das nachfolgende bürgerliche Minderheitskabinett Marx war an einer Regierungsbeteiligung der SPD durchaus interessiert. Aber nun rächte sich, daß die Sozialdemokraten in den Monaten zuvor sich aktiv an dem von der KPD herbeigeführten ersten Plebiszit auf Reichsebene, dem Volksbegehren und Volksentscheid über die entschädigungslose Enteignung der ehemaligen deutschen Fürsten, beteiligt hatten. Der Volksentscheid vom 20. Juni 1926 verfehlte zwar sein Ziel, da nur 36,4 % und nicht die erforderliche Mehrheit der Stimmberechtigten dem entsprechenden Gesetzentwurf zustimmten. Aber nach der Episode der außerparlamentarischen Aktionseinheit mit den Kommunisten fand die SPD nicht die Kraft, gewissermaßen «auf Anhieb» zur Politik des «Klassenkompromisses» mit der bürgerlichen Mitte zurückzukehren. Die Große Koalition, für die zuvor auch Stresemann eingetreten war, kam nicht zustande.

Eine dritte Möglichkeit, von der bürgerlichen Minderheitsregierung zur parlamentarischen Mehrheitsregierung in Form eines Mitte-Links-Bündnisses überzugehen, hätte Mitte Dezember 1926 bestanden. Die Regierung Marx bot auf Drängen Stresemanns der SPD eine Große Koalition an, um eine von den Sozialdemokraten beantragte Wehrdebatte zu verhindern. Doch die SPD ließ sich darauf nicht ein. Am 16. Dezember 1926 hielt Philipp Scheidemann im Reichstag eine Rede, die in die Annalen der deutschen Parlamentsgeschichte einging. Der ehemalige Reichsministerpräsident sprach zur Empörung aller bürgerlichen Parteien von der geheimen Finanzierung der Rüstung und davon, wie diese Finanzierung verschleiert worden war; er schilderte das Zusammenspiel zwischen der Reichswehr und rechtsradikalen Organisationen; er erwähnte die sogenannte «Schwarze Reichswehr» in Gestalt von Kleinkaliberschützenvereinen, mit deren Hilfe die Reichswehr ihre Beschränkung auf 100 000 Mann umging. Die Kommunisten versetzte Scheidemann mit dem Hinweis in höchste Erregung, daß ihre Stettiner Hafenzelle über die Entladung jener sowjetischen Schiffe voll informiert gewesen sei, die im September und Oktober Waffen und Munition nach Deutschland gebracht hätten.

Am Tag nach Scheidemanns spektakulärem Auftritt, dem 17. Dezember, stürzte der Reichstag die Regierung Marx mit 249 gegen 171 Stimmen. Für den Mißtrauensantrag der Sozialdemokraten stimmten auch die Völkischen, die Deutschnationalen und die Kommunisten. Die Frage einer Großen Koalition hatte sich durch Scheidemanns Rede von selbst erledigt. Es gab in den bürgerlichen Parteien niemanden mehr, der sich für eine solche Krisenlösung eingesetzt oder sie auch nur ernsthaft erwogen hätte.[30]

Das Resultat der Regierungskrise vom Winter 1926/27 war eine Mitte-Rechts-Regierung unter Wilhelm Marx, die am 29. Januar 1927 ihre Arbeit aufnahm. Im vierten Kabinett Marx, an dem sich Zentrum, BVP, DVP und DNVP beteiligten, stellten die Deutschnationalen die Minister für Inneres, Justiz, Landwirtschaft und Verkehr. Innenminister von Keudell, der im März 1920 als Landrat von Königsberg in der Neumark mit der Putschregierung Kapp-Lüttwitz zusammengearbeitet hatte, war die bevorzugte Zielscheibe der Kritik von links – und er bot dazu immer wieder Anlässe.

Am 27. November 1927 etwa versicherte der deutschnationale Reichsinnenminister die Deutsche Studentenschaft in einem Telegramm seiner «inneren Verbundenheit». Die Sympathiebekundung war demonstrativ, da der Dachverband der deutschen Studentenschaften sich zu dieser Zeit gerade in einem schweren Konflikt mit der preußischen Regierung befand. Der Deutschen Studentenschaft gehörten auch die österreichischen Studentenschaften an, die Juden von der Mitgliedschaft ausdrücklich ausschlossen. Im September 1927 hatte der parteilose preußische Kultusminister Carl Heinrich Becker, einer der großen Hochschulreformer der Weimarer Republik, die Regierung Braun dazu bewogen, den Studentenschaften der preußischen Hochschulen die staatliche Anerkennung zu entziehen, weil diese sich beharrlich weigerten, aus der Deutschen Studentenschaft auszutreten. Am 27. November drohte Braun in einem Brief an Reichskanzler Marx, die preußische Regierung werde jeden Kontakt mit dem Reichsinnenminister abbrechen, falls sich ähnliche Vorfälle wie die Solidaritätsbotschaft an die Deutsche Studentenschaft wiederholten. Mißtrauensanträge von SPD und KPD, die mit dem «Fall Keudell» begründet wurden, scheiterten im Reichstag am 6. Dezember 1927 an der Mehrheit der Koalitionsparteien.

Eine deutschnationale Handschrift trug auch die Landwirtschaftspolitik des vierten Kabinetts Marx. Die Rückkehr zum «Bülow-Tarif» von 1902 hatte die DNVP schon im August 1925, unter der Kanzlerschaft Luthers, durchgesetzt. Im Juli 1927 folgten Zollnovellen, die die bestehenden Tarife für eine Reihe von Agrarprodukten, darunter Kartoffeln, Zucker und Schweinefleisch, verlängerten und zum Teil erhöhten. Aber die Gesamtbilanz der Regierungstätigkeit des Bürgerblocks war keineswegs eindeutig «reaktionär». Im Mai 1927 wurde das Republikschutzgesetz in abgemilderter Form mit den Stimmen der Deutschnationalen um zwei Jahre verlängert. Im Juli desselben Jahres verabschiedete der Reichstag mit überwältigender Mehrheit die wichtigste sozialpolitische Reform der Weimarer Republik: die Arbeitslosenversicherung. Das Gesetz wandelte, wie von den Gewerkschaften gefordert, die Erwerbslosenfürsorge in eine Versicherung um, wobei Arbeitgeber und Arbeitnehmer ihre Beiträge in gleicher Höhe – 3 % des Lohnes – aufzubringen hatten. Träger der Arbeitslosenversicherung wie der Arbeitsvermittlung war eine selbständige Reichsanstalt mit ihrem bezirklichen und örtlichen Unterbau. Auf allen Ebenen bildeten Vertreter der Versicherten, der Arbeitgeber und der öffentlichen Körperschaften mit je gleicher Stimmenzahl ein einheitliches Verwaltungsgremium.

Die Arbeitslosenversicherung war der größte Zuwachs an sozialer Sicherheit, den Arbeiter und Angestellte während der Weimarer Republik verbuchen konnten. Das Gesetz von 1927 knüpfte an einen Grundgedanken der Bismarckschen Sozialpolitik an: die Verbindung von berufsständischer und staatlicher Verantwortung. Denn nicht nur Arbeitgeber und Arbeitnehmer hatten für die Kosten der Arbeitslosenversicherung aufzukommen, sondern im Ernstfall auch der Staat. Das Reich war verpflichtet, der Reichsanstalt für Arbeitsvermittlung und Arbeitslosenversicherung ein Darlehen zu gewähren, wenn ihr Finanzbedarf aus dem eigenen «Notstock» nicht zu befriedigen war. Direkte staatliche Zuschüsse sah das Gesetz allerdings nicht vor. Regierung, Parlament und Verbände konnten sich eine Massenarbeitslosigkeit gigantischen Ausmaßes offensichtlich nicht vorstellen. Trat eine solche Situation doch ein, war das System von 1927 von Grund auf in Frage gestellt.

Die Zustimmung zu dem Reformwerk wäre in der Tat kaum so breit gewesen, hätte es 1927 viele Erwerbslose gegeben. Doch mit 630 000 lag die Zahl der unterstützten Arbeitslosen im Juli besonders niedrig, und in keinem anderen Jahr der Weimarer Republik machte die deutsche Industrie so hohe Gewinne wie 1927. Davon profitierten neben den Arbeitern und Angestellten auch die Beamten. Die Besoldungsreform vom Dezember 1927 brachte eine Erhöhung der Beamtengehälter um durchschnittlich 16 bis 17 %, wobei die Bezüge der unteren Beamten stärker anwuchsen als die der höheren. Reichsfinanzminister Köhler, ein Zentrumspolitiker, wollte mit seiner Vorlage der Tatsache Rechnung tragen, daß die Gehälter der Beamten seit 1924 viel geringer gestiegen waren als die Löhne der Arbeiter. Für die öffentlichen Haushalte aber warf die Besoldungsreform größte Probleme auf. Der Haushaltsexperte des Zentrums, Heinrich Brüning, enthielt sich daher bei der Schlußabstimmung am 15. Dezember 1927 der Stimme. Die Unternehmerverbände teilten seine Sorge um die finanziellen Auswirkungen des Gesetzes, und dasselbe tat der Reparationsagent, der Amerikaner Parker Gilbert, der bereits im Oktober in einem Memorandum den Gemeinden ein leichtfertiges Finanzgebaren vorgeworfen hatte. Doch im Jahre 1928 standen Reichstagswahlen an. Wer in dieser Situation auf finanzpolitische Solidität pochte, schwamm gegen den Strom.

Als der Reichstag die Erhöhung der Beamtengehälter beschloß, war bereits der Zerfall des Bürgerblocks in Sicht. Seit Juli 1927 stritten sich die Koalitionspartner um ein von Innenminister von Keudell vorgelegtes Schulgesetz, das die rechtliche Gleichbehandlung von christlichen Gemeinschaftsschulen und konfessionellen Schulen vorsah. Zentrum, BVP und DNVP unterstützten die Vorlage; die DVP, Erbin der «kulturkämpferischen» Nationalliberalen, lehnte sie unter Hinweis auf die Reichsverfassung ab, die den Vorrang der Simultanschule festgelegt hatte. Am 15. Februar 1928 sah sich Graf Westarp, Vorsitzender der Reichstagsfraktion der DNVP und Leiter der Sitzungen des Koalitionsausschusses, zu der Feststellung gezwungen, daß in den umstrittenen Fragen eine Einigung nicht möglich erscheine, das Regierungsbündnis infolgedessen aufgelöst sei.

Offenbar trug in Weimar jede Form von parlamentarischer Mehrheit den Keim des Zerfalls in sich. Bei einer Großen Koalition bildeten sozialpolitische Fragen, in einer Rechtskoalition Außen- und Kulturpolitik die vorgegebenen Krisenzonen. Aus der Zeit der konstitutionellen Monarchie an den Zwang zu Kompromissen nicht gewöhnt, neigten die Parteien immer wieder dazu, einzelne Ziele als nicht verhandelbar zu betrachten. Auch «staatstragende» Parteien verhielten sich immer wieder so, als verlaufe die maßgebliche Trennungslinie wie einst, in der Zeit vor dem Oktober 1918, zwischen Regierung und Reichstag und nicht, wie es der Logik des parlamentarischen Systems entsprach, zwischen Regierungsmehrheit und Opposition: Die Regierung wurde oft auch dann als «gegnerisch» empfunden, wenn die eigene Partei maßgeblich an ihr beteiligt war. Aus diesem Erbe der Kaiserzeit erklärt sich zu einem guten Teil die Labilität, die auch in den wenigen relativ ruhigen Jahren der ersten Republik ein Merkmal des deutschen Parlamentarismus war.

Am 31. März 1928 löste Reichspräsident von Hindenburg den Reichstag auf und setzte als Termin der Neuwahl den 20. Mai fest. Der 31. März erlangte aber noch aus einem anderen Grund Bedeutung. An diesem Tag traf der Reichsrat eine Entscheidung über ein Projekt, das die nächste Regierung in ihre erste große Krise stürzen sollte: den Panzerkreuzer «A». Die Reichsmarine wollte mit diesem Schiff eine Reihe von Ersatzbauten einleiten und den Gesetzgeber auf ein längerfristiges, mehrere Legislaturperioden überdauerndes Programm festlegen. Der Reichsrat hatte sich unter Führung Preußens im Dezember 1927 gegen den entsprechenden Etatposten ausgesprochen; im Reichstag aber fand sich Ende März eine Mehrheit der Bürgerblockparteien, die eine erste Baurate bewilligte. Diesen Beschluß beantwortete der Reichsrat am 31. März mit dem Ersuchen an das geschäftsführende Kabinett, die Arbeiten an dem Panzerschiff erst nach erneuter Prüfung der Finanzlage und auf keinen Fall vor dem 1. September 1928 aufzunehmen. Da die Regierung in den folgenden Wochen mehr als bisher auf die Zusammenarbeit mit dem Reichsrat angewiesen war, stimmte der parteilose Reichswehrminister Groener – er hatte am 19. Januar 1928 die Nachfolge des amtsmüden Geßler angetreten – dieser Auflage notgedrungen zu.

Der Panzerkreuzer «A» gab dem Wahlkampf der Linksparteien ein zündendes Stichwort. Die KPD, die unter der Führung Ernst Thälmanns in den

Jahren zuvor immer mehr zu einem gefügigen Instrument Stalins geworden war, setzte dem Bau des Panzerschiffs die populäre Forderung nach kostenloser Kinderspeisung an den Volksschulen entgegen. (Die bürgerliche Reichstagsmehrheit hatte die hierfür vorgesehenen 5 Millionen RM abgelehnt.) Der Parole «Kinderspeisung statt Panzerkreuzer» bedienten sich auch die Sozialdemokraten, die sich damit radikaler gaben, als sie waren. Auf ihrem Kieler Parteitag im Mai 1927 hatte die SPD keinen Zweifel daran gelassen, daß sie entschlossen war, ein neues Rechtskabinett zu verhindern und zu diesem Zweck bei einem guten Wahlausgang Regierungsverantwortung zu übernehmen.

Auf dem äußersten rechten Rand des politischen Spektrums zog im Frühjahr 1928 eine konsolidierte NSDAP in den Wahlkampf. Adolf Hitler stand als «Führer» unangefochten an der Spitze der Nationalsozialisten: Der linke, in Norddeutschland starke Flügel um die Brüder Otto und Gregor Strasser bildete seit der Bamberger «Führertagung» vom Februar 1926 kein Gegengewicht mehr zur Parteizentrale in München. Die NSDAP gab sich zwar weiterhin arbeiterfreundlich und «sozialistisch», aber schon vor der Reichstagswahl war zu erkennen, daß sie die stärkste Resonanz nicht in den großen Städten, sondern in ländlichen Gebieten fand, die besonders vom Sturz der Schweinepreise im Jahr 1927, dem Auftakt zu einer weltweiten Agrarkrise, betroffen waren. Auf die Landbevölkerung zielte auch die neue verbindliche Deutung, die Hitler am 13. April dem Punkt 17 des Parteiprogramms von 1920 gab: Die dort geforderte unentgeltliche Enteignung von Boden für gemeinnützige Zwecke beziehe sich lediglich auf unrechtmäßig erworbenen Besitz, in erster Linie den Besitz von «jüdischen Grundspekulationsgesellschaften».

In der Gesellschaft insgesamt war jedoch am Vorabend der Wahl von einer Krisenstimmung wenig zu spüren. Die Daten der Konjunktur wiesen nach oben, und die Arbeitslosenzahlen lagen unter denen des Vorjahres. Noch vor keiner anderen Reichstagswahl der Weimarer Republik hatten die demokratischen Kräfte soviel Anlaß zum Optimismus gehabt wie vor der vom 20. Mai 1928.[30]

Die strahlenden Sieger der vierten Reichstagswahl waren die Sozialdemokraten, die mit 29,8 % gegenüber der vorangegangenen Wahl vom Dezember 1924 einen Zuwachs von 3,8 % verbuchen konnten. Als die großen Verlierer standen die Deutschnationalen da: Sie sanken von 20,5 auf 14,3 % ab. Von den gemäßigten bürgerlichen Parteien verlor das Zentrum mit 1,5 % am meisten. Die beiden liberalen Parteien büßten jeweils 1,4 % ein. Hätte es in der Weimarer Republik eine Fünfprozenthürde gegeben, wäre die DDP daran gescheitert: Sie kam nur noch auf 4,9 %. Reine Interessenparteien schnitten dagegen gut ab: Die Reichspartei des deutschen Mittelstandes, kurz Wirtschaftspartei genannt, wuchs von 3,3 auf 4,6 % an; die neugegründete Christlich-Nationale Bauern- und Landvolkpartei erhielt auf

Anhieb 2,9 %. Links außen steigerte die KPD ihren Anteil von 9 auf 10,6 %, während sich auf der äußersten Rechten die NSDAP im Reichsdurchschnitt mit 2,6 % begnügen mußte. In einigen agrarischen Krisengebieten an der schleswig-holsteinischen Westküste aber war der Zulauf zu den Nationalsozialisten geradezu sensationell zu nennen: In Norderdithmarschen erzielten sie 28,9, in Süderdithmarschen sogar 36,8 %.

Das Wahlergebnis vom 20. Mai 1928 ließ praktisch nur eine Form parlamentarischer Mehrheitsregierung zu: eine Große Koalition. Sie kam nach langwierigen Verhandlungen am 28. Juni 1928 auch zustande – aber vorerst noch nicht als formelle Koalitionsregierung, sondern zunächst nur als sogenanntes «Kabinett der Persönlichkeiten». Die politische Unabhängigkeit der Minister, die dieser Begriff suggerierte, war eine Täuschung: Tatsächlich waren die Vorbehalte gegen das Regierungsbündnis unter dem Vorsitzenden der SPD, Hermann Müller, in der DVP so stark, daß Stresemann ultimativen Druck anwenden mußte, um seine Partei zur vorläufigen Hinnahme von zwei volksparteilichen Kabinettsmitgliedern (nämlich seiner selbst als Außenminister und von Julius Curtius als Wirtschaftsminister) zu bewegen.

Die Regierung war erst wenige Wochen im Amt, als sie in eine schwere Krise stürzte. Am 10. August 1928 billigte das Kabinett den Bau des Panzerkreuzers «A», gegen den die Sozialdemokraten im Wahlkampf heftig agitiert hatten. Da der sozialdemokratische Finanzminister Hilferding für sein Ressort keine Bedenken geltend machen konnte (die Kosten wurden durch anderweitige Einsparungen im Wehretat ausgeglichen), war die Bestätigung der vom vorangegangenen Reichstag getroffenen Entscheidung korrekt. Ein Nein der sozialdemokratischen Minister hätte im übrigen das sofortige Ende der Regierung Müller bedeutet. Viele Mitglieder und Anhänger der größten deutschen Partei sahen das jedoch anders, und sie hatten einen mächtigen Verbündeten: Otto Wels, der solange sein Mitvorsitzender Hermann Müller an der Spitze der Reichsregierung stand, die SPD faktisch allein führte. Nach dem Ende der parlamentarischen Sommerpause stellte Wels namens der sozialdemokratischen Reichstagsfraktion am 31. Oktober den Antrag, den Bau des Panzerschiffs einzustellen und die dadurch freiwerdenden Mittel für die Kinderspeisung zu verwenden.

War schon der Antrag als solcher eine Ohrfeige für Hermann Müller, so erst recht das Ansinnen, Kanzler und sozialdemokratische Minister sollten mit der Fraktion, also gegen den Kabinettsbeschluß vom 10. August, stimmen. Ebendies geschah am 16. November 1928 im Plenum des Reichstags: Reichskanzler Müller, Innenminister Carl Severing, Finanzminister Rudolf Hilferding und Arbeitsminister Rudolf Wissell sprachen sich durch ihre Ja-Stimmen gewissermaßen selbst das Mißtrauen aus.

Der öffentliche Eindruck war verheerend. Zwar erlitt die Regierung keine Abstimmungsniederlage, da alle bürgerlichen Parteien und die Nationalsozialisten gegen den Antrag der SPD stimmten und ihn damit zu Fall brachten. Aber dem Ansehen der parlamentarischen Demokratie hatte die stärkste Regierungspartei einen schweren Schlag versetzt. Die «Vossische Zeitung» warf der Sozialdemokratie mit Recht fehlende Glaubwürdigkeit vor. Wels habe, so schrieb das liberale Berliner Blatt, eine «Oppositionsrede schwersten Kalibers» gehalten. «Eine sensationelles Ergebnis, wäre sie ernst gemeint gewesen. Ihr logischer Abschluß wäre die Ankündigung gewesen, daß die Sozialdemokratische Partei ihre Minister aus der Regierung zurückzieht. Daran denkt sie nicht. Sie will weiterregieren und nur ihr Gesicht wahren... Wird man sich damit zufrieden geben, daß sie mit der Hand auf den Tisch des Hauses schlägt und froh ist, wenn andere verhindern, daß etwas kaputt geht?»

Im April 1929 gelang den Regierungsparteien doch noch, woran zeitweilig kaum mehr jemand geglaubt hatte: die formelle Bildung einer Großen Koalition. Vorausgegangen war eine Einigung auf den Reichshaushalt 1929, die dadurch erleichtert wurde, daß erst Finanzminister Hilferding und dann nochmals die Sachverständigen der Fraktionen die Vorausschätzung der Steuereinnahmen nach oben korrigierten. Der ausschlaggebende Grund der überraschenden Verständigung aber war ein außenpolitischer: Anfang Februar hatten in Paris Reparationsverhandlungen begonnen. Das Dawes-Abkommen von 1924 war ja nur eine provisorische Regelung, die die Gesamthöhe der Reparationen offen ließ, und 1928/29 erreichten die Jahreszahlungen nach dem Dawes-Plan, die Annuitäten, erstmals ihre volle Höhe, nämlich 2,5 Milliarden Reichsmark.

Angesichts einer sich verschlechternden Konjunktur waren alle Regierungsparteien an einer raschen Minderung dieser Last interessiert. Doch auch der Reparationsagent arbeitete auf eine Revision des Dawes-Plan hin. Solange Parker Gilbert darüber zu befinden hatte, ob die deutsche Zahlungsbilanz und die Stabilität der Mark einen Transfer der Reparationen rechtfertigten oder nicht, konnten sich die Deutschen gewissermaßen hinter ihm verstecken. Gilbert hielt das für schädlich und wollte durch ein neues Abkommen Deutschland zu wirtschaftlicher Selbstverantwortung zwingen.

Das Ergebnis der Pariser Verhandlungen war der Young-Plan – benannt nach Owen D. Young, dem amerikanischen Leiter der Expertenkonferenz, die am 7. Juni 1929 zu Ende ging. Deutschland sollte der Übereinkunft der Sachverständigen zufolge bis 1988, also fast sechs Jahrzehnte lang, Reparationen zahlen. Während der ersten zehn Jahre lagen die Annuitäten unter der Durchschnittshöhe von 2 Milliarden RM, stiegen dann an, um nach 37 Jahren wieder abzusinken. Eine ausländische Kontrolle der deutschen Finanzen war nicht mehr vorgesehen, ebensowenig die Verpfändung von Industrieobligationen und Reichseinnahmen. Was die Verantwortung für den Transfer anging, trat an die Stelle des Reparationsagenten die Reichsregierung. Ihr wurde die Möglichkeit eingeräumt, zwischen dem «geschützten» und dem «ungeschützten» Teil der Reparationen zu unterscheiden, wobei sie den zweiten unbedingt und fristgerecht zu zahlen hatte, beim ersten aber einen Aufschub bis zu zwei Jahren beantragen konnte. Empfänger der Zahlungen war eine neu zu errichtende Stelle: die Bank für Internationen Zahlungsausgleich in Basel. Geriet Deutschland in Zahlungsschwierigkeiten, so konnte es bei einem internationalen Sachverständigenausschuß vorstellig werden. Dieser mußte auch, falls Deutschland sich wirtschaftlich nicht in der Lage sah, seinen Reparationspflichten nachzukommen, Vorschläge zu einer Revision des Young-Plans beraten. Auch für eine weitere Eventualität war gesorgt: Sollten die USA ihren interalliierten Schuldnern einen Schuldennachlaß gewähren, so waren davon zwei Drittel auf die deutsche Reparationslast anzurechnen.

Gegenüber dem Dawes-Plan hatte der Young-Plan für Deutschland einen großen Vorteil: Er stellte seine Souveränität auf wirtschaftspolitischem Gebiet wieder her. Ein Nachteil war hingegen der Wegfall des Transferschutzes: Anders als bisher mußte das Reich auch bei einer wirtschaftlichen Depression Reparationen zahlen. Die Aussicht, 58 Jahre lang zu Zahlungen an die ehemaligen Kriegsgegner verpflichtet zu sein, war bedrückend. Aber es gab eine Art politischen Ausgleich für diese Härte: Das Ja der Reichsregierung zum Young-Plan veranlaßte Frankreich, Deutschland in der Rheinlandfrage entgegenzukommen. Zum Abschluß einer Konferenz in Den Haag, an der Großbritannien, Frankreich, Italien, Belgien, Japan und Deutschland teilnahmen, wurde am 30. August 1929 ein Abkommen über die vorzeitige Räumung des Rheinlandes unterzeichnet. Aus der zweiten Zone (die erste Zone war bereits im Winter 1925/26 geräumt worden) sollten die alliierten Truppen bis zum 30. November 1929 abziehen; die dritte und letzte war zum 30. Juni 1930, und damit fünf Jahre vor dem im Vertrag von Versailles vorgesehenen Termin, zu räumen.

Die entschiedene Rechte wartete den Ausgang der Verhandlungen in Den Haag gar nicht erst ab, um ihre Anhänger gegen den Young-Plan mobil zu machen. Am 6. Juli nannte der Reichsausschuß der deutschen Landwirtschaft das Ergebnis der Verhandlungen wirtschaftlich unannehmbar. Zwei Tage später bescheinigte der schwerindustrielle Langnamverein, der eigentlich Verein zur Wahrung der gemeinsamen wirtschaftlichen Interessen in Rheinland und Westfalen hieß, dem Bericht der Sachverständigen, er bürde der deutschen Wirtschaft untragbare Lasten auf. Am 9. Juli trat in Berlin ein Reichsausschuß für das Deutsche Volksbegehren zusammen. Beteiligt waren für den Alldeutschen Verband Heinrich Claß, für den Stahlhelm, den Ende 1918 gegründeten paramilitärischen «Bund der Frontsoldaten», dessen Bundesführer Franz Seldte, für die DNVP der Film- und Pressemagnat Alfred Hugenberg, der seit Oktober 1928 an der Spitze der Partei stand, und für die NSDAP Adolf Hitler. Sie unterzeichneten eine Erklärung, die das deutsche Volk zum Kampf gegen den Young-Plan und die «Kriegsschuldlüge» aufrief und die Vorlage eines entsprechenden Volksbegehrens ankündigte.

Während die Rechte ihre Kräfte sammelte, vertiefte sich die Kluft, die die gemäßigte von der radikalen Linken trennte. Bereits im Sommer 1928 hatte der Sechste Weltkongreß der Kommunistischen Internationale in Moskau die Weichen für einen verschärften Linkskurs gestellt. Die neue Generallinie wurde durch die Theorie der «dritten Periode» begründet. Die relative Stabilisierung des Kapitalismus, die im Herbst 1923 die akute revolutionäre Nachkriegskrise abgelöst hatte, war nach dieser Doktrin weltweit zum Abschluß gekommen. Die «dritte Periode» der Nachkriegsentwicklung stand im Zeichen zunehmender Widersprüche des Kapitalismus und der Vorbereitung des imperialistischen Krieges gegen die Sowjetunion. Der Ausgang der neuen Krisenperiode aber war historisch unausweichlich: Geführt von den kommunistischen Parteien, würden sich die Massen der Werktätigen, in den kapitalistischen Ländern wie in den Kolonien, gegen das kapitalistische Ausbeutersystem erheben und im revolutionären Bürgerkrieg dem Proletariat zum Sieg verhelfen. Die Vorbedingung für den Erfolg im Endkampf war die vordringlichste Aufgabe der Kommunistischen Internationale: die Zerschlagung der «verbürgerlichten» Sozialdemokratie, die in ihrer Ideologie, der Klassenzusammenarbeit, inzwischen viele Berührungspunkte mit dem Faschismus aufweise.

Die «ultralinke» Wende der Komintern hatte einen innersowjetischen und einen deutschen Grund. In der Sowjetunion war ein Machtkampf zwischen Stalin, dem Generalsekretär der Kommunistischen Partei, und einer als «rechts» abgestempelten Gruppe um Nikolai Bucharin im Gange, die sich, im Unterschied zu Stalin, gegen die forcierte Kollektivierung der Landwirtschaft und gegen die Steigerung des Tempos bei der Industrialisierung aussprach. Wurden die anderen Parteien der Dritten Internationale auf eine Offensive gegen rechte Tendenzen festgelegt, so half das Stalin im Kampf gegen Bucharin. Der deutsche Grund der Linksschwenkung war die Tatsache, daß im Reich seit Juni 1928 eine Große Koalition unter einem sozialdemokratischen Kanzler regierte. Die SPD galt als diejenige Partei, die mehr als alle anderen für eine Verständigung mit den Westmächten und besonders mit Frankreich eintrat, und allein das machte sie in Stalins Augen zu einem gefährlichen außenpolitischen Gegner der Sowjetunion.

Die Parole des Sechsten Weltkongresses, die sozialdemokratischen Parteien näherten sich in ihrer Politik immer mehr den Faschisten an und müßten deshalb verschärft bekämpft werden, wäre ohne den Berliner «Blutmai» vielleicht eine abstrakte Formel geblieben. Aber im Frühjahr 1929 kam der Polizeipräsident der Reichshauptstadt, der Sozialdemokrat Karl Friedrich Zörgiebel, Stalin ungewollt zur Hilfe. Zörgiebel hielt ein Verbot aller Versammlungen und Demonstrationen unter freiem Himmel, das er im Dezember 1928 verhängt hatte, auch für den 1. Mai, den traditionellen «Kampftag» der Arbeiter, aufrecht. Die Kommunisten mißachteten das Verbot, errichteten vereinzelt Barrikaden und lieferten damit der Polizei den Anlaß, unter Einsatz von Panzerwagen und Schußwaffen gegen die äußerste Linke vorzugehen. Die Bilanz der Aktion waren 32 Tote, allesamt Zivilisten, außerdem fast 200 Verletzte und weit über 1000 Verhaftungen.

Dem Polizeieinsatz folgte, von Preußen ausgehend, eine administrative Maßnahme: das reichsweite Verbot des Roten Frontkämpferbundes, des 1924 gegründeten Wehrverbandes. Die KPD gab ihre Antwort im Juni in dem Berliner Stadtteil, wo Anfang Mai die heftigsten Kämpfe stattgefunden hatten: im Wedding. Dorthin wurde ein Parteitag einberufen, der ursprünglich in Dresden hatte zusammentreten sollen. Der «Blutmai» und das Verbot des Roten Frontkämpferbundes dienten der Parteiführung als Beleg dafür, daß die Sozialdemokratie auf dem Weg zum «Sozialfaschismus» sei. Ernst Thälmann nannte den «Sozialfaschismus» der SPD sogar eine besonders gefährliche Form der faschistischen Entwicklung. Die Delegierten feierten den Parteivorsitzenden in einer Weise, die sich nur als «Führerkult» beschreiben läßt. Schon vor Beginn seines zweistündigen Referats empfingen sie ihn laut Protokoll mit Bravoaufrufen und langanhaltendem Beifall. «Der Parteitag bereitet dem Genossen Thälmann eine stürmische Ovation. Die Delegierten erheben sich und singen die ‹Internationale›. Die Jugenddelegation begrüßt den 1. Vorsitzenden der Partei mit einem dreifachen ‹Heil Moskau›.»

Die politische Radikalisierung auf der Linken hing eng mit der zunehmenden Erwerbslosigkeit zusammen. Der Rückgang der Konjunktur ließ die Zahl der Arbeitslosen im Februar 1929 erstmals auf über 3 Millionen anschwellen, und die übliche Erholung im Frühjahr wirkte sich nur schwach aus: Im März gab es immer noch 2,7 Millionen Arbeitslose. Die Reichsanstalt für Arbeitsvermittlung und Arbeitslosenversicherung konnte aus den Beiträgen lediglich 800 000 Empfänger der «Hauptunterstützung» versorgen und war daher gezwungen, einen Kredit beim Reich aufzunehmen. Da aber die Mittel aus der Reichskasse nicht beizubringen waren, blieb dem Finanzminister nichts anderes übrig, als die Hilfe eines Bankenkonsortiums in Anspruch zu nehmen. Nur auf diesem ungewöhnlichen Weg konnte der Zusammenbruch der Reichsanstalt im März 1929 verhindert werden.

Spätestens seit diesem Zeitpunkt war klar, daß es ohne Reform der Arbeitslosenversicherung eine Sanierung der Reichsfinanzen nicht geben konnte. Doch nirgendwo lagen die Positionen der beiden Flügelparteien der Großen Koalition so weit auseinander wie im Bereich der sozialen Sicherheit: Die SPD sprach sich, in Übereinstimmung mit den Freien Gewerkschaften, für eine Erhöhung der Beiträge von Arbeitgebern und Arbeitnehmern aus; die DVP lehnte das, mit Rücksicht auf die Unternehmer, strikt ab und verlangte statt dessen eine Senkung der Leistungen.

Trotz zahlloser Expertengespräche kam es bis Ende September zu keiner Annäherung der Standpunkte. Am 1. Oktober deutete Reichskanzler Müller erstmals die Möglichkeit seines Rücktritts für den Fall an, daß der

Regierung eine Lösung des Problems nicht gelingen sollte. Doch am selben Tag lenkte die DVP ein: Wenn SPD und Zentrum sich bereit erklärten, die von ihnen befürwortete Erhöhung der Beiträge um ein halbes Prozent bis Dezember 1929 zu vertagen, wollte die Volkspartei einer Vorlage, die die Unterstützungssätze senkte und Mißstände in der Arbeitslosenversicherung beseitigte, durch Stimmenthaltung zur Annahme verhelfen. Sozialdemokraten und Zentrum ließen sich auf diesen Kompromiß ein, so daß die entsprechende Gesetzesnovelle am 3. Oktober im Reichstag eine Mehrheit fand. Die Große Koalition hatte ihre bislang schwerste Belastungsprobe bestanden.

Der Mann, der am meisten dazu beigetragen hatte, die Regierung Müller zu retten, lebte, als der Reichstagspräsident das Ergebnis der Abstimmung bekanntgab, nicht mehr: Gustav Stresemann war am frühen Morgen des 3. Oktober 1929 einem Schlaganfall erlegen. Seit langem gesundheitlich geschwächt, hatte der deutsche Außenminister seine letzten Kraftreserven eingesetzt, um einen Regierungswechsel zu verhindern, der seiner Verständigungspolitik den parlamentarischen Boden zu entziehen drohte. Um seine Außenpolitik nach «rechts» hin abzusichern, war Stresemann mitunter nationalistischer aufgetreten, als es seinen Auffassungen entsprach. Doch er hielt daran fest, daß die erstrebte Revision von Versailles keinen neuen Krieg rechtfertigte. Die Bedingung der Möglichkeit einer Außenpolitik, die dieser Maxime folgte, war die Zusammenarbeit der gemäßigten Kräfte in Bürgertum und Arbeiterschaft. Weil Stresemann dies wußte, war er der entschiedenste Anwalt einer Großen Koalition in seiner Partei. Nach seinem Tod stand dieses Bündnis auf einer noch schwächeren Grundlage als zuvor. Der einzige Staatsmann, den die Weimarer Republik hervorgebracht hat, sollte sich bald als außen- wie innenpolitisch unersetzbar erweisen.[31]

Nutznießer eines Bruchs der Großen Koalition im Herbst 1929 wäre in erster Linie jene «nationale Opposition» gewesen, die sich Anfang Juli im Reichsausschuß für das deutsche Volksbegehren konstituiert hatte und am 29. September beim Reichsminister des Innern in der vorgeschriebenen Form eines Gesetzentwurfs den Zulassungsantrag für ein Volksbegehren gegen den Young-Plan und die «Kriegsschuldlüge» einreichte. Die spektakulärste Bestimmung des Entwurfs steckte in § 4. Er lautete: «Reichskanzler und Reichsminister und deren Bevollmächtigte, die entgegen der Vorschrift des § 3 Verträge mit auswärtigen Mächten zeichnen, unterliegen den im § 92 Nr. 3 StGB vorgesehenen Strafen.» Dieser Paragraph bedrohte Landesverrat mit Zuchthaus nicht unter zwei Jahren. In seiner ersten Fassung hatte sich der § 4 noch etwas anders gelesen: Mit Zuchthaus wurden «Reichskanzler, Reichsminister und Bevollmächtigte des Reiches» bedroht – also auch der Reichspräsident. Da Hindenburg seit 1924 Ehrenmitglied des Stahlhelm war, setzte dessen Bundesführer Franz Seldte, unterstützt von den Deutschnationalen, eine Änderung durch, die das Staatsoberhaupt von der Strafandrohung ausnahm.

Die erste Hürde nahm der Gesetzentwurf nur knapp: 10,02 % der Stimmberechtigten beteiligten sich am Volksbegehren – gerade 0,2 % mehr, als die Verfassung vorschrieb. Damit war der Reichstag gezwungen, sich mit dem «Freiheitsgesetz» zu befassen. Er tat es vom 27. bis 30. November 1929. Angesichts der Mehrheitsverhältnisse stand die Ablehnung von vornherein fest. Offen war hingegen, in welchem Maß es Hugenberg gelingen würde, der deutschnationalen Fraktion seinen Willen aufzuzwingen. Die Abstimmung über den Zuchthausparagraphen machte deutlich, daß er die Parlamentarier seiner Partei keineswegs alle hinter sich hatte: Von den 72 Abgeordneten der DNVP stimmten nur 53 mit Ja. Die scharfen Gegenmaßnahmen Hugenbergs führten zur Spaltung der Fraktion: Anfang Dezember erklärten 12 Abgeordnete, unter ihnen der frühere Reichsinnenminister von Keudell, der Gutsbesitzer Hans Schlange-Schöningen, der Geschäftsführer des Deutschnationalen Handlungsgehilfen-Verbandes, Walter Lambach, und der Kapitänleutnant a. D. Gottfried Treviranus, ihren Austritt aus der Partei und schlossen sich in der Deutschnationalen Arbeitsgemeinschaft zusammen. Der Fraktionsvorsitzende Graf Westarp legte unter Protest gegen Hugenbergs Politik sein Amt nieder.

Am 22. Dezember 1929 fand der Volksentscheid über das «Gesetz gegen die Versklavung des deutschen Volkes» statt. 5,8 Millionen oder 13,8 % der Stimmberechtigten stimmten für den Entwurf. Um angenommen zu werden, hätte er über 21 Millionen Ja-Stimmen auf sich vereinigen müssen. Am Mißerfolg des Reichsausschusses war also nicht zu deuteln. Aber es gab zu denken, daß in 9 der 35 Wahlkreise mehr als ein Fünftel der Stimmberechtigten den Volksentscheid unterstützt hatte und daß Adolf Hitler auf dem besten Wege war, von der «guten Gesellschaft» als Bündnispartner anerkannt zu werden. Mit der Aufnahme in den Reichsausschuß hatte der Putschist von 1923 ein Etappenziel erreicht: Die etablierte Rechte rechnete mit ihm und ließ ihn an Geldmitteln teilhaben, die nun dem weiteren Aufstieg der NSDAP zugute kamen.

Daß die Nationalsozialisten sich im Aufwind befanden, war im Spätjahr 1929 nicht mehr zu übersehen. Wo immer sie im November und Dezember antraten, erzielten sie große Stimmengewinne: bei den Landtagswahlen in Baden und Thüringen, den Wahlen zur Lübecker Bürgerschaft und den preußischen Provinziallandtagen, den Kommunalwahlen in Hessen und Berlin. Bei der zuletzt genannten Wahl, die am 17. November stattfand, sanken die SPD von 73 auf 64 und die DDP von 21 auf 14 Sitze, während die NSDAP, die in der Stadtverordnetenversammlung bisher nicht vertreten gewesen war, auf Anhieb 13 Mandate gewann. Um dieselbe Zeit begann die Partei Hitlers die deutschen Universitäten zu erobern. Der Nationalsozialistische Deutsche Studentenbund war der große Gewinner bei den AStA-Wahlen des Wintersemesters 1929/30. In Würzburg erzielte er 30 %, an der Technischen Hochschule Berlin 38 % und in Greifswald sogar 53 %.

Der Ruck nach rechts bei den Studenten war ein Ausdruck von sozialem Protest. Eine junge Akademikergeneration lehnte sich gegen ihre «Proletarisierung» auf und sagte dem «System» den Kampf an, das sie für ihre materielle Not und ihre unsicheren Berufsaussichten verantwortlich machte. Haß auf den Staat von Weimar und Abneigung gegenüber den Juden gingen Hand in Hand. Die Juden machten zwar nur 1 % der Bevölkerung aus, stellten aber 4 bis 5 % der Studierenden; in manchen Fachbereichen wie Medizin und Rechtswissenschaft und an einigen Universitäten wie Frankfurt am Main und Berlin lagen die Prozentzahlen noch höher. In den Augen vieler ihrer nichtjüdischen Kommilitonen bedeutete das nichts anderes, als daß die Juden ungerechtfertigte Privilegien in Anspruch nahmen. Der Vormarsch der nationalsozialistischen Studentenorganisation beruhte nicht zuletzt auf einer massenhaften Mobilisierung von sozialen Neidgefühlen.

Nach wirtschaftlichen Gründen des Zulaufs zur extremen Rechten brauchte man im Spätjahr 1929 nicht lange zu suchen. Die Agrarkrise hatte sich weiter zugespitzt und zu einer Radikalisierung der Landvolkbewegung in Norddeutschland geführt: Bombenattentate auf Finanz- und Landratsämter machten seit dem Frühjahr vor allem in Schleswig-Holstein immer wieder Schlagzeilen. Die Zahl der Arbeitsuchenden in ganz Deutschland stieg von 1,5 Millionen im September auf 2,9 Millionen im Dezember und lag damit um 350 000 höher als im gleichen Monat des Vorjahres. Die Aktienkurse hatten, wenn man das Niveau der Jahre 1924 bis 1926 gleich 100 setzt, im Boomjahr 1927 mit 158 ihren Höhepunkt erreicht. Dann fielen sie auf 148 Punkte im Jahre 1928 und 134 Punkte im Jahre 1929. Die schrillsten Alarmzeichen aber kamen aus Amerika. Am 24. Oktober 1929, dem berüchtigten «Schwarzen Freitag», gab es bei den Aktienkursen an der New Yorker Börse einen erdrutschartigen Absturz, der sich in den folgenden Tagen fortsetzte, so daß binnen kurzem die Kursgewinne eines ganzen Jahres ausgelöscht waren.

Die Ursache des Börsenkrachs war eine langanhaltende Überspekulation. Kleine Aktionäre und große Investmentfirmen hatten im Vertrauen auf einen anhaltenden Boom immer weiter Geld in industriellen Unternehmungen angelegt und damit die Produktion gesteigert. Im Oktober 1929 aber trat zutage, daß das Angebot an Gütern bei weitem größer war als die Nachfrage. Die Kurseinbußen von Konzernen wie General Electric und Investmentfirmen wie der Goldman Sachs Trading Company lösten eine Panik unter den Aktionären aus – mit Wirkungen, die sofort auch auf der anderen Seite des Atlantiks zu spüren waren.

Um liquide zu bleiben, begannen die amerikanischen Banken nun nämlich das Geld zurückzufordern, das sie kurzfristig in Europa angelegt hatten. Davon war vor allem Deutschland betroffen, wo sich das Gesamtvolumen kurzfristiger ausländischer, und das hieß vor allem amerikanischer

Kredite 1929 auf 15,7 Milliarden RM belief. Etwa drei Viertel der kurz- und mittelfristigen Kredite, die zu einem erheblichen Teil direkt oder indirekt aus dem Ausland stammten, wurden aber regelmäßig für langfristige Investitionen verwendet. Namentlich die Kommunen pflegten so zu verfahren, was ihnen seit langem die Kritik des Reparationsagenten Parker Gilbert eingetragen hatte. Die zweckentfremdeten Kredite waren praktisch eingefroren: Sie ließen sich im Fall der Kündigung nicht flüssig machen, sondern allenfalls durch Aufnahme neuer Schulden ersetzen.

Auch für das Reich wurde es immer schwieriger, Anleihen im Ausland aufzunehmen. Dem Reichsbankpräsidenten Hjalmar Schacht, der Ende 1918 an der Gründung der DDP beteiligt gewesen war, sich mittlerweile aber der politischen Rechten angenähert hatte, kam diese Notlage wie gerufen: Er nutzte ein für Dezember drohendes Kassendefizit als Druckmittel, um die Reichsregierung auf eine langfristige Sanierung der Reichsfinanzen festzulegen. Am 14. Dezember 1929 glaubten Kabinett und Koalition bereits am Ziel zu sein: Der Reichstag stimmte, wenn auch mit Vorbehalten hinsichtlich der endgültigen gesetzlichen Regelung, einem Finanzprogramm zu, das eine Anhebung der Beiträge zur Arbeitslosenversicherung von 3 auf 3,5 %, die Erhöhung der Tabaksteuer, die Senkung der direkten Steuern zwecks verstärkter Kapitalbildung und die Ankündigung eines Gesetzes zur Regelung der Reichsschulden enthielt.

Doch Schacht erklärte zwei Tage später die kurzfristigen Maßnahmen des Kabinetts für ungenügend und verlangte, unterstützt vom Reparationsagenten, für den Reichshaushalt 1930 eine Schuldentilgungssumme von 500 Millionen RM (einen Betrag, von dem er sich in den folgenden Tagen dann doch noch 50 Millionen RM abhandeln ließ). Am 22. Dezember stimmte der Reichstag dem entsprechenden Gesetzentwurf zu. Noch am gleichen Tag erhielt die Reichsregierung von einem inländischen Bankenkonsortium unter Führung der Reichsbank den Überbrückungskredit, der das Reich vor der Zahlungsunfähigkeit bewahrte.

Der Reichsfinanzminister hieß zu diesem Zeitpunkt schon nicht mehr Rudolf Hilferding. Am 20. Dezember hatte der Sozialdemokrat seinen Rücktritt eingereicht und dies mit einem «Eingriff von außen» begründet, der ihm die Fortführung seiner Politik unmöglich mache. Schacht war aus dem Duell mit Hilferding in der Tat als Sieger hervorgegangen. Doch dieses Ergebnis hatten sich Koalition, Regierung und Finanzminister selbst zuzuschreiben. Der Versuch vom Frühjahr 1929, einer wirklichen Sanierung des Haushalts durch Manipulation der Steuerschätzung zu entkommen, war nur ein Trick gewesen – von der unsoliden Finanzpolitik der vorangegangenen Regierungen und namentlich des vierten Kabinetts Marx ganz zu schweigen.[32]

Die parlamentarische Demokratie steckte, daran konnte es um die Jahreswende 1929/30 keinen Zweifel mehr geben, in einer schweren Krise. Nicht nur der Machtkampf zwischen dem Reichsbankpräsidenten und der Reichsregierung machte das deutlich. Es gab auch Anzeichen, daß sich große Teile der «Machtelite» von der Reichsregierung, wenn nicht gar von der parlamentarischen Regierungsweise abzuwenden begannen. Die Großlandwirtschaft mit dem Reichslandbund als Interessenvertretung war von Anfang an eine Gegnerin der Großen Koalition gewesen. Der Reichsverband der Deutschen Industrie richtete im Dezember 1929 in einer Denkschrift unter dem Titel «Aufstieg oder Niedergang?» ernste, ja ultimative Forderungen an das Kabinett Müller, darunter eine Anpassung der Sozialpolitik an die Leistungskraft der Wirtschaft und ein Vetorecht der Reichsregierung gegen Ausgabenerhöhungen durch den Reichstag. Reichswehrminister Groener und sein engster Berater, der Chef des neugeschaffenen Ministeramtes, General Kurt von Schleicher, arbeiteten spätestens seit Ende 1929 im Zusammenspiel mit Otto Meissner, dem Staatssekretär im Amt des Reichspräsidenten, auf eine Regierung ohne Sozialdemokraten hin, die nach Lage der Dinge nur ein Präsidialkabinett sein konnte. Hindenburg selbst hatte sich schon im Frühjahr 1929 für eine solche Kurskorrektur ausgesprochen: Graf Westarp, damals noch Fraktionsvorsitzender der DNVP, war einer der ersten, die von dieser Absicht des Reichspräsidenten erfuhren.

Zu Beginn des Jahres 1930 wurde Hindenburg deutlicher. Am 6. Januar erkundigte er sich bei Hugenberg und am 15. Januar bei Westarp, ob die Deutschnationalen direkt oder indirekt ein vom Reichspräsidenten zu bildendes Kabinett unterstützen würden, wenn es wegen der Finanzreform im Februar oder März zu einer Regierungskrise kommen sollte. «Es bestehe die große Sorge», so hielt Westarp die Überlegungen des Staatsoberhaupts fest, «daß die Gelegenheit zu einer antiparlamentarischen und antimarxistischen Regierungsbildung dann an dem Verhalten der DNVP scheitere und *Hindenburg* nicht von dem Regieren mit den Sozialdemokraten loskommen könne». Die Antworten, die der Reichspräsident von seinen deutschnationalen Gesprächspartnern erhielt, waren gegensätzlich: Der Parteivorsitzende äußerte sich ablehnend, der zurückgetretene Fraktionsvorsitzende zustimmend. Auf dem Weg von der parlamentarischen zur präsidialen Regierungsweise waren, so viel ließ sich Anfang 1930 vorhersehen, noch große Schwierigkeiten zu überwinden.

Was das Regierungslager um diese Zeit noch zusammenhielt, war das gemeinsame Interesse aller beteiligten Parteien an der Verabschiedung der Young-Gesetze. Am 20. Januar wurde der Young-Plan, nachdem die Details monatelang in Unterausschüssen der Expertenkonferenz beraten worden waren, in Den Haag verabschiedet. Für Deutschland war am wichtigsten, daß das Zahlungsschema und die Zahlungssumme so blieben, wie es die Experten im Juni 1929 vorgeschlagen hatten. Acht Tage später begann das letzte Kapitel in der Geschichte der Großen Koalition: Auf Vorschlag von Heinrich Brüning, der im Dezember zum Vorsitzenden der Reichstagsfraktion gewählt worden war, beschloß das Zentrum am 28. Januar, seine Zustimmung zum Young-Plan von einer Einigung auf die Finanzreform abhängig zu machen. Brünings Junktim war weder eine Absage an die Große Koalition noch an das neue Reparationsabkommen. Es war der Versuch, die außenpolitische Klammer des Regierungsbündnisses zum Hebel für die Sanierung der Reichsfinanzen zu machen.

Bei der SPD gab es einige wenige Abgeordnete, die auf ein Gegenjunktim, nämlich eine Finanzreform mit sozialdemokratischer Handschrift, drängten, doch konnten sie sich damit nicht durchsetzen: Die große Mehrheit der Fraktion lehnte eine derartige Verknüpfung von Innen- und Außenpolitik entschieden ab und schwächte damit ungewollt die Verhandlungsposition der größten Regierungspartei. Auf dem rechten Flügel der Koalition verweigerte sich die DVP weiteren Zugeständnissen bei der Arbeitslosenversicherung, einer Erhöhung der direkten Steuern und einem Notopfer der Beamten und anderen Festbesoldeten. Ende Februar sah es so aus, als ob eine Einigung nicht mehr zustande kommen werde.

Der Reichspräsident teilte diese Einschätzung. Am 1. März frage er Brüning in einem persönlichen Gespräch, ob das Zentrum bereit sei, auch einer anderen Regierung seine Unterstützung zu geben. Brüning winkte ab. Es sei die übereinstimmende Meinung des Fraktionsvorstands, sagte er, daß man die augenblickliche Koalition möglichst lange aufrechterhalten und mit ihr den Young-Plan und eine Reihe wichtiger innerer Reformgesetze verabschieden solle. Eine Durchführung dieser Vorhaben ohne die Sozialdemokraten würde starke Erschütterungen hervorrufen, eine Mehrheit ohne die SPD überdies ganz unsicher sein. Gegen Ende des Gesprächs faßte Brüning den Standpunkt des Zentrums dahin zusammen, «daß wir zumindest eine Bindung der Parteiführer auf die Finanzgesetze verlangen und einstimmig den Wunsch hätten, daß die jetzige Koalition noch eine Zeitlang aufrechterhalten würde».

Am 5. März geschah das, womit die wenigsten Beobachter noch gerechnet hatten: Das Kabinett der Großen Koalition einigte sich auf Deckungsvorschläge für den Reichshaushalt 1930. Einer der wesentlichsten Punkte war die Erhöhung der «Industriebelastung», die nach Annahme des Young-Plans eigentlich hatte wegfallen sollen, von 300 auf 350 Millionen RM im Jahr 1930, womit die Forderung der SPD nach einer direkten Besitzsteuer, wenn auch nur auf ein Jahr befristet, erfüllt wurde. Ebenso wichtig war eine andere Konzession von Finanzminister Moldenhauer, dem der DVP angehörenden Nachfolger Rudolf Hilferdings: Der Vorstand der Reichsanstalt für Arbeitsvermittlung und Arbeitslosenversicherung wurde ermächtigt, die Beiträge autonom von 3,5 auf 4 % zu erhöhen. Die sozialdemokratischen Minister erklärten sich zum Ausgleich damit einverstanden, daß es 1931 keine Rückerstattung der Lohnsteuer geben solle.

Die Einigung im Kabinett war ein Triumph der Gemäßigten aller Lager, doch sie war auf Sand gebaut. Am 6. März lehnte die Reichstagsfraktion der DVP, unterstützt von der Vereinigung der Deutschen Arbeitgeberverbände und dem Reichsverband der Deutschen Industrie, den Regierungskompromiß in wesentlichen Punkten ab. Die BVP, die im Kabinett Müller den Postminister stellte, erteilte der Erhöhung der Biersteuer eine Absage. Am 11. März schaltete sich erneut der Reichspräsident ein: In Gesprächen mit Brüning und Müller erklärte er seine Bereitschaft, der Regierung die Vollmachten des Artikels 48 zu gewähren. Damit schien der Zweck von Brünings Junktim, die Verbindung von Reparationsregelung und Finanzreform, erfüllt. Am 12. März wurden die Young-Gesetze in dritter Lesung mit 265 gegen 192 Stimmen bei 3 Enthaltungen angenommen. Unter den Ja-Stimmen waren die fast aller Abgeordneten des Zentrums.

Doch was immer Hindenburg bei seinen Zusagen vom 11. März im Sinn gehabt hatte, seine «Kamarilla» war entschlossen, die neue Situation, wie sie sich *nach* der Verabschiedung der Young-Gesetze darstellte, für eine entschiedene Kursänderung nach rechts, also weg vom parlamentarischen und hin zum Präsidialsystem, zu nutzen. Bereits am 18. März erfuhren schwerindustrielle Kreise in der Deutschen Volkspartei, daß sich der Reichspräsident, «anscheinend auf Betreiben von Groener und Schleicher», entschieden habe, dem Kabinett Müller den Rückgriff auf den Notverordnungsartikel 48 nicht zu gestatten. Am 19. März forderte Hindenburg von der Regierung in geradezu befehlendem Ton Hilfsmaßnahmen für die ostdeutsche Landwirtschaft. Sein Staatssekretär Meissner kommentierte diesen Schritt gegenüber General von Schleicher mit den Worten: «Das ist die erste Etappe zu *Ihrer* Lösung! Das ist auch die Unterlage zum besten, was wir haben können, ‹zum Führertum Hindenburg›.»[33]

In Kenntnis von Hindenburgs Absichten konnte es sich die DVP auf ihrem Parteitag in Mannheim am 21. und 22. März leisten, den Sozialdemokraten gegenüber vergleichsweise gemäßigte Töne anzuschlagen. Brüning bemühte sich am 26. und 27. März nochmals um einen Kompromiß, der darauf hinauslief, den Streit um die Reform der Arbeitslosenversicherung in der Hauptsache zu vertagen: Die Reichsanstalt sollte Sparmaßnahmen einleiten, die Reichsregierung aber erst später entscheiden, ob sie auf dem Gesetzesweg entweder die Beiträge erhöhen oder die Leistungen senken oder zwecks Finanzierung von Reichsdarlehen die indirekten Steuern erhöhen wollte. Der Vorschlag, der den Kabinettsbeschluß vom 5. März zu Lasten der Arbeitslosen abschwächte, fand am 27. März die Zustimmung der Mehrheit der volksparteilichen Abgeordneten. In der Sitzung der sozialdemokratischen Reichstagsfraktion aber sprachen sich vor allem Gewerkschaftsvertreter und Arbeitsminister Wissell gegen den «Brüning-Kompromiß» aus. Reichskanzler Müller und die anderen Kabinettsmitglieder der SPD gehörten zu der kleinen Minderheit, die für den Vorschlag des Zentrums eintrat. Das Kabinett konnte anschließend nur noch sein Scheitern zu Protokoll nehmen und dem Reichspräsidenten seinen Rücktritt mitteilen.

Der 27. März 1930 bildet eine der tiefsten Zäsuren in der Geschichte der Weimarer Republik. Im Rückblick gibt es keinen Zweifel, daß an diesem

Tag die Zeit relativer Stabilität definitiv zu Ende ging und die Auflösungsphase der ersten deutschen Demokratie begann. Aber auch schon viele Zeitgenossen waren sich der Bedeutung des Einschnitts bewußt. Die «Frankfurter Zeitung» sprach am 28. März von einem «schwarzen Tag ..., doppelt unheilvoll, weil der Gegenstand des Streits mit seiner Kleinheit in einem so grotesken Mißverhältnis zu den verhängnisvollen Folgen steht, die daraus erwachsen können». Auch aus den Reihen der Sozialdemokraten, die mit ihrem Beschluß das Ende der Regierung Müller besiegelt hatten, wurde bald Kritik laut. Im Maiheft der von ihm herausgegebenen theoretischen Zeitschrift «Die Gesellschaft» legte Rudolf Hilferding dar, warum er dem Argument der Parteimehrheit nicht folgen konnte, nach einer Zustimmung zu Brünings Vorschlägen wäre ein Leistungsabbau im Herbst nicht mehr zu verhindern gewesen. «Gerade vom Standpunkt der Sicherung der Arbeitslosenversicherung erscheint der Rücktritt aus der Regierung zumindest als kein Gewinn. Die Befürchtung, im Herbst wäre es doch zu einer Verschlechterung gekommen, erscheint für einen so schwerwiegenden Schritt nicht ausreichend; es ist nicht gut, aus Furcht vor dem Tode Selbstmord zu verüben.»

Die Machtverlagerung vom Parlament auf den Präsidenten als Konsequenz des Bruchs der Großen Koalition war schon am 27. März 1930 vorhersehbar. Die parlamentarische und außerparlamentarische Rechte hatte diese Entwicklung gewollt, und das vor allem deshalb, weil ihr anders eine Überwindung des Sozialstaats von Weimar nicht möglich erschien. Um *dieses* Nahziel ging es den Wegbereitern der präsidialen Wendung, und nicht nur um die Abwehr einer geringfügigen Erhöhung der Beiträge zur Arbeitslosenversicherung. Die Rechte trug mithin den größten Teil der Verantwortung für das, was auf den Sturz der Regierung Müller folgte.

Die gemäßigte Linke nahm die Abkehr von der parlamentarischen Demokratie billigend in Kauf und konnte sich daher von einer Mitverantwortung für den Übergang zum Präsidialsystem nicht freisprechen. Die Sozialdemokraten hätten den Zerfall der Großen Koalition Ende März verhindern können – freilich nur um den Preis einer Parteikrise und wohl auch nur auf kurze Zeit, denn länger als bis zum Herbst 1930 hätte das Regierungsbündnis, nachdem sein wichtigstes Ziel, die Verabschiedung der Young-Gesetze, erreicht war, schwerlich zusammengehalten. Dennoch wäre es richtig gewesen, wenn die SPD die Brücke betreten hätte, die Brüning schlug. Denn es war ein bitterer Vorwurf, den sich die Sozialdemokratie nun selber machen mußte: Sie hatte im entscheidenden Augenblick nicht alles getan, was in ihren Kräften stand, um die parlamentarische Demokratie zu bewahren und einen Rückfall in den Obrigkeitsstaat zu verhindern.[34]

Als Nachfolger Hermann Müllers war in Hindenburgs Umgebung schon seit einiger Zeit Heinrich Brüning in Aussicht genommen worden. Der asketische Junggeselle aus dem westfälischen Münster, bei seiner Ernennung zum Reichskanzler am 30. März 1930 44 Jahre alt, war nach einem breit angelegten philologischen und staatswissenschaftlichen Studium, das er mit einer volkswirtschaftlichen Promotion abschloß, seit 1915 Frontoffizier gewesen; er war verwundet und dekoriert worden. Seine Tätigkeit als Geschäftsführer der christlich-nationalen Gewerkschaften, die 1920 begann, bewahrte ihn davor, innerhalb des Zentrums als «Rechter» abgestempelt zu werden. Auf der anderen Seite hatte er sich als Haushaltsexperte im Reichstag, dem er seit 1924 angehörte, auch in konservativen Kreisen ein hohes Ansehen erworben. Daß Brüning Katholik war, mochte ihm in den Augen kulturkämpferischer Liberaler schaden. Aus der Sicht der Architekten des Präsidialstaats war die Konfession des neuen Kanzlers eher ein Vorzug: Durch Brünings Vermittlung wurde der politische Katholizismus zu einer Stütze des stillen Verfassungswandels, den Hindenburg und seine Umgebung anstrebten.

Die Regierung Brüning war zunächst kein offenes, sondern nur ein verdecktes Präsidialkabinett. Ihm gehörten, neben dem parteilosen Reichswehrminister Groener, Vertreter der bisherigen bürgerlichen Regierungsparteien Zentrum, DVP, DDP und BVP an, außerdem je ein Minister der DNVP, der Wirtschaftspartei und der Volksnationalen Vereinigung, die aus ehemaligen Deutschnationalen und Abgeordneten der Bauern- und Landvolkpartei hervorgegangen war. Der deutschnationale Ernährungsminister Martin Schiele legte allerdings bei seinem Eintritt in die Regierung sein Reichstagsmandat nieder, so daß zunächst offen blieb, wie sich seine Partei zum Kabinett Brüning verhalten würde. Tatsächlich stimmten die Deutschnationalen im April 1930 mehrfach uneinheitlich ab, so daß die Regierung, sehr gegen den Willen Hugenbergs, im Reichstag knappe Mehrheiten fand.

Rund ein Vierteljahr nach Brünings Ernennung trat dann die Situation ein, die Hindenburg im Blick gehabt hatte, als er den Zentrumspolitiker mit dem Amt des Reichskanzlers betraute: Eine Deckungsvorlage der Reichsregierung zum Haushalt wurde im Steuerausschuß des Reichstags abgelehnt, woraufhin der Reichspräsident am 16. Juli offiziell erklären ließ, daß er dem Reichskanzler die Vollmacht gegeben habe, das Deckungsprogramm auf Grund des Artikels 48 in Kraft zu setzen, wenn seine parlamentarische Verabschiedung scheitern sollte, und den Reichstag aufzulösen, falls dieser die Aufhebung der erlassenen Notverordnungen beschließen oder dem Kanzler das Mißtrauen aussprechen sollte.

Im Namen der Sozialdemokraten protestierte deren Fraktionsvorsitzender Rudolf Breitscheid sofort, der Artikel 48 sei dazu da, «um unter Umständen dem Staat zu helfen und den Staat zu schützen, nicht aber um einer einzelnen Regierung aus ihrer Verlegenheit zu helfen, die die Mehrheit nicht findet, die sie sich selbst vorgestellt hat». Doch die Entwicklung zum Regime der Notverordnungen war nicht mehr aufzuhalten. Nach der Ablehnung der Deckungsvorlage im Plenum des Reichstags am 16. Juli erklärte Brüning, die Regierung lege auf die Fortführung der Debatte keinen Wert. Noch am gleichen Tag ergingen die beiden ersten Notverordnungen, die jedoch nur zwei Tage lang in Kraft waren. Am 18. Juli nahm der Reichstag den Antrag der SPD auf Aufhebung der Notverordnungen an. Unmittelbar danach löste der Reichspräsident den Reichstag auf. Als Neuwahltermin setzte er den 14. September fest. Am 26. Juli erließ Hindenburg eine neue «Notverordnung zur Behebung finanzieller, wirtschaftlicher und sozialer Notstände». Sie führte unter anderem eine «Bürgersteuer» ein, die, anders als in der vorangegangenen Notverordnung, ansatzweise gestaffelt war. Außerdem bildete die Notverordnung die Rechtsgrundlage für eine Reichshilfe der Festbesoldeten, einen Zuschlag zur Einkommensteuer, eine Ledigensteuer und, weil angesichts der gestiegenen Arbeitslosenzahlen unvermeidbar, die Erhöhung der Beiträge zur Arbeitslosenversicherung von 3,5 auf 4,5 %.

Dem Übergang von der verdeckten zur offenen Präsidialregierung im Juli 1930 wohnte eine gewisse Zwangsläufigkeit inne. Nachdem der Reichspräsident vier Monate zuvor der parlamentarischen Mehrheitsregierung eine Absage erteilt hatte, erfüllte sich während der Julikrise nur das Gesetz, nach dem der neue Reichskanzler am 30. März sein Amt angetreten hatte. Brüning konnte den Sozialdemokraten nicht entgegenkommen, ohne den rechten Flügel des Regierungslagers zu verprellen. Dies aber durfte er nicht tun, weil er sonst gegen die Logik seiner Berufung verstoßen hätte. Die Sozialdemokraten wiederum konnten die ungestaffelte Bürgersteuer, auf der die Regierung bis zur Auflösung des Reichstags bestanden hatte, nicht hinnehmen, ohne das Gerechtigkeitsgefühl der eigenen Anhänger massiv zu verletzen und den Kommunisten einen billigen Triumph zuzuspielen. Der Handlungsspielraum der wichtigsten Akteure in der Julikrise war mithin so gering, daß man einen glimpflichen Ausgang des Konflikts nicht erwarten konnte.

Der Reichstagswahl gingen Versuche voraus, zu einer Konzentration der bürgerlichen Kräfte zu gelangen. Der Erfolg war bescheiden: Die DDP schloß sich mit der Volksnationalen Reichsvereinigung, dem politischen Arm des konservativen und (nach damaligen Maßstäben: moderat) antisemitischen Jungdeutschen Ordens, zur Deutschen Staatspartei zusammen, was viele ihrer jüdischen Anhänger und nicht nur sie zutiefst irritierte. Die Industrie förderte gezielt die Konservative Volkspartei, in der sich Ende Juli die Volkskonservativen um Treviranus und die Anti-Hugenberg-Fronde um den Grafen Westarp vereinigt hatten. Auf der Linken blieb organisatorisch alles beim alten. Neu war höchstens der vehemente Nationalismus, den die KPD zur Schau trug. In ihrer «Programmerklärung zur nationalen und sozialen Befreiung des deutschen Volkes» vom 24. August behauptete sie von den Führern der Sozialdemokratie, sie seien «nicht nur die Henkersknechte der deutschen Bourgeoisie, sondern gleichzeitig die freiwilligen Agenten des französischen und polnischen Imperialismus. Alle

Handlungen der verräterischen, korrupten Sozialdemokratie sind fortgesetzter Hoch- und Landesverrat an den Lebensinteressen der arbeitenden Massen Deutschlands.»[35]

An der Reichstagswahl vom 14. September 1930 beteiligten sich 82 % der wahlberechtigten Deutschen – mehr als an irgendeiner anderen Reichstagswahl seit 1920. Die eigentliche Sensation aber war das Abschneiden der Nationalsozialisten. Von etwas über 800000 Stimmen im Mai 1928 waren sie auf 6,4 Millionen angewachsen. Das bedeutete einen Anstieg von 2,6 auf 18,3 % und von 12 auf 107 Mandate. Beachtlich, aber weniger dramatisch waren die Gewinne der Kommunisten: Die KPD stieg von 10,6 auf 13,1 % der Stimmen und von 54 auf 77 Reichstagssitze.

Alle anderen Parteien gehörten zu den Verlierern. Die Deutschnationalen wurden halbiert; von 14,3 % fielen sie auf 7 %. Bei den liberalen Parteien setzte sich der Niedergang fort: Die DVP sank von 8,7 auf 4,5 %, die Deutsche Staatspartei, die frühere DDP, von 4,9 auf 3,8 %. Vergleichsweise geringfügig waren die Verluste der katholischen Parteien: Das Zentrum, das 1928 noch 12,1 % erhalten hatte, verbuchte jetzt 11,8 %, die BVP 3 % statt 3,1 % zwei Jahre zuvor. Weit stärker waren die Einbußen der immer noch größten Partei: Die SPD fiel von 29,6 auf 24,5 %. Die neugegründete Konservative Volkspartei kam zusammen mit der «welfischen» Deutsch-Hannoverschen Partei auf ganze 1,3 %.

Die Nationalsozialisten waren *die* Nutznießer der gestiegenen Wahlbeteiligung, aber die bisherigen Nichtwähler waren nicht die wichtigste Quelle des «braunen» Erfolgs. Die meisten Wähler der NSDAP hatten früher für andere Parteien gestimmt. Einer wissenschaftlichen Berechnung zufolge scheint 1930 jeder dritte DNVP-Wähler, jeder vierte DVP- oder DDP-Wähler, jeder siebte Nichtwähler und jeder zehnte SPD-Wähler für die Partei Hitlers gestimmt zu haben. Das konservative und das liberale «Lager» hatten demnach einen sehr viel größeren Anteil am Aufstieg des Nationalsozialismus als die Sozialdemokraten. Als gesichert können auch noch einige andere Befunde gelten: Protestanten waren für die NSDAP doppelt so anfällig wie Katholiken; Selbständige, Bauern, Beamte, Rentner und Pensionäre waren unter den Wählern der NSDAP stärker vertreten, als es ihrem Anteil an der erwerbstätigen Bevölkerung entsprach, Arbeiter und Angestellte dagegen deutlich schwächer. Die Arbeitslosen schließlich (ihre offizielle Zahl lag im September 1930 bei etwas über 3 Millionen) trugen zum Aufstieg des Nationalsozialismus nur wenig bei: Erwerbslose Arbeiter gaben ihre Stimme sehr viel häufiger der Partei Ernst Thälmanns als der Adolf Hitlers.

Die Anziehungskraft, die der Nationalsozialismus auf die Mittelschichten ausübte, war so offenkundig, daß der sozialdemokratische Soziologe Theodor Geiger schon im Herbst 1930 den Erfolg der NSDAP als Ausdruck einer «Panik im Mittelstand» deutete. Die Diagnose traf zu und war doch nur eine Teilerklärung. Die Nationalsozialisten hatten nicht nur bürgerliche und bäuerliche Wähler für sich gewonnen, die mit den zuvor von ihnen gewählten Parteien unzufrieden oder bislang nicht zu den Wahlurnen gegangen waren. Der NSDAP waren vielmehr auch kräftige Einbrüche in die Arbeiterschaft gelungen, wobei es Hitlers Partei zustatten kam, daß längst nicht alle Arbeiter ein proletarisches Klassenbewußtsein entwickelt hatten und dementsprechend eine der «marxistischen» Parteien zu wählen pflegten.

Die NSDAP von 1930 war also, rein soziologisch betrachtet, eine «Volkspartei», und sie war es in viel höherem Maß als alle anderen Parteien, die sich auf ein bestimmtes soziales oder konfessionelles «Milieu» stützten. Die sozialen und konfessionellen «Milieus» waren zwar um 1930 längst nicht mehr so fest gegeneinander abgeschottet wie im Kaiserreich; Schallplatte, Film und Rundfunk hatten begonnen, einer neuen, die Milieugrenzen überspringenden Massenkultur den Boden zu bereiten. Doch die «alten» Parteien erkannten die Herausforderung kaum, die in dieser Entwicklung lag. Die Nationalsozialisten dagegen nutzten die Mittel der modernen Massenkommunikation konsequent und trugen einem verbreiteten Bedürfnis nach Gemeinschaft jenseits von Stand, Klasse und Konfession Rechnung – einem Bedürfnis, das vor allem in der jüngeren Generation stark ausgeprägt war, politisch aber bislang brachgelegen hatte. So rückwärts gewandt vieles war, was die NSDAP ihren Wählern versprach, der Erfolg dieser Partei war vor allem eine Frucht ihrer Fähigkeit, sich den Bedingungen des Massenzeitalters anzupassen und in diesem Sinn «Modernität» zu beweisen.

Die Antwort, die die Nationalsozialisten auf das Gemeinschaftsbedürfnis gaben, war, 1930 nicht anders als in den Jahren zuvor, ein extremer Nationalismus: Er sollte alles überwölben, was die Deutschen trennte. Judenfeindliche Parolen gingen mit nationalen häufig Hand in Hand, wurden aber während des Wahlkampfes von 1930 weniger stark in den Vordergrund gerückt als früher und das vor allem deshalb, weil es der NSDAP um die Gewinnung der Arbeiter ging, die für eine antisemitische Agitation weithin unempfänglich waren. Der Begriff «Sozialismus», der geeignet war, viele bürgerliche Wähler und zumal die älteren unter ihnen, zu irritieren, wurde von der NSDAP beharrlich umgedeutet: Sozialismus im Sinne Hitlers meinte demnach nicht die Abschaffung des privaten Eigentums, sondern Gleichheit der sozialen Chancen und eine Wirtschaftsgesinnung, die auf dem Grundsatz des nationalsozialistischen Parteiprogramms von 1920 «Gemeinnutz vor Eigennutz» beruhte.

Die republikanischen Parteien, wie national sie sich auch fühlen mochten, konnten den Nationalismus der Nationalsozialisten nicht zu übertrumpfen versuchen. Das Bekenntnis zur demokratischen Republik aber, das überzeugte Anhänger Weimars der radikalen Rechten entgegenhielten, mobilisierte nur noch eine Minderheit. Selbst innerhalb der Weimarer Koalition, die ja in Preußen immer noch zusammenhielt, war mit republikanischem Pathos wenig auszurichten: Zu sehr gingen die Meinungen über das, was an Weimar erhaltenswert war, auseinander. Die nächstliegende Reaktion auf die politische Polarisierung, wie sie sich im Wahlergebnis des 14. September niederschlug, war ohnehin die Rückkehr zu den Quellen der eigenen Kraft. Für die Sozialdemokratie hieß das festere Einbindung ihrer Anhänger in den Sozialismus als Kulturbewegung und Lebensform, für das Zentrum Rückbesinnung auf die gemeinschaftsstiftende Katholizität.

Der bürgerliche Liberalismus repräsentierte ein sehr viel weniger fest umrissenes und weniger dicht «vernetztes», in seinen politischen Überzeugungen labileres Milieu als Sozialdemokratie und politischer Katholizismus: Die Abwanderung ihrer Wähler nach rechts beantworteten die beiden liberalen Parteien mit einer Umorientierung in derselben Richtung. Das galt für die DVP, an der schon bald nach Stresemanns Tod kaum noch etwas «liberal» zu nennen war, wie für die ehemalige DDP. Die Deutsche Volkspartei beteiligte sich bereits seit dem Januar 1930 in Thüringen an einer Regierung der Rechten, in der die Nationalsozialisten (bis zum April 1931) mit Wilhelm Frick den Innen- und Volksbildungsminister stellten. Für die frühere Deutsche Demokratische Partei hatte sich die Verbindung mit der antisemitischen Volksnationalen Reichsvereinigung bei den Wahlen vom 14. September nicht ausgezahlt: Die Abwanderung des gewerblichen Mittelstandes hielt an, und vermutlich waren nicht wenige enttäuschte jüdische Wähler zur SPD übergewechselt. Wenige Wochen nach der Wahl spaltete sich die eben gegründete Deutsche Staatspartei schon wieder. Am 7. Oktober erklärten die Jungdeutschen um ihren «Hochmeister» Artur Mahraun wegen unüberwindbarer weltanschaulicher Differenzen ihren Austritt aus der Partei. An die Fusion vom Juli 1930 erinnerte fortan nur noch der neue Parteiname, in der das Wort «demokratisch» nicht mehr vorkam.[36]

Der Niedergang des deutschen Liberalismus ließ nicht nur jüdische Wähler, sondern auch einen der bekanntesten deutschen Schriftsteller nach einer neuen politischen Heimat Ausschau halten. Im Oktober 1930 hielt Thomas Mann im Beethoven-Saal zu Berlin eine von feindseligen Zwischenrufen immer wieder unterbrochene «Deutsche Ansprache», in der er das deutsche Bürgertum aufforderte, seinen politischen Platz nunmehr an der Seite der Sozialdemokratie zu sehen. Diese Partei stehe für den friedlichen Aufbau Europas und sei die zuverlässigste Stütze der Politik Gustav Stresemanns gewesen. «Marxismus hin, Marxismus her – die geistigen Überlieferungen deutscher Bürgerlichkeit gerade sind es, die ihr diesen Platz anweisen; denn nur die Außenpolitik, die der deutsch-französischen Verständigung gilt, entspricht eine Atmosphäre im Innern, in der bürgerliche Glücksansprüche wie Freiheit, Geistigkeit, Kultur überhaupt noch Lebensmöglichkeit besitzen. Jede andere schlösse eine nationale Askese und Verkrampfung in sich, die den furchtbarsten Widerstreit zwischen Vaterland und Kultur und damit unser aller Unglück bedeuten würde.»

Als einen «Appell an die Vernunft» wollte Thomas Mann seinen Vortrag verstanden wissen. Das klang wie ein Echo auf die vielbeachtete Forderung, die Otto Braun am Tag nach der Wahl in einem Interview mit der amerikanischen Nachrichtenagentur United Press erhoben hatte. Der preußische Ministerpräsident leitete aus dem Wahlergebnis die Folgerung ab, daß sich nun eine «Große Koalition aller Vernünftigen» zusammenschließen müsse, «um mit einer zweifellos ausreichenden Regierungsmajorität zunächst energisch alle Kräfte auf Bekämpfung der Arbeitslosigkeit und auf die Verbesserung der wirtschaftlichen Existenzbedingungen der breiten Massen zu konzentrieren».

Aber Otto Brauns Aufruf an alle Vernünftigen hatte im Herbst 1930 kaum bessere Chancen, Gehör zu finden, als Thomas Manns Appell an die Vernunft des Bürgertums. Hindenburg hatte sich im Frühjahr nicht von den Sozialdemokraten getrennt, um sie ein halbes Jahr später wieder an der Macht im Reich zu beteiligen, und so wie der Reichspräsident dachte der rechte Flügel des Regierungslagers. Umgekehrt gab es auch in der Sozialdemokratie massive Widerstände gegen jede Art der Zusammenarbeit mit Brüning und den Kräften, die hinter ihm standen. Der sächsische Reichstagsabgeordnete Max Seydewitz sprach für den linken Parteiflügel, als er am 15. September in der Zeitschrift «Klassenkampf» erklärte, die Absichten des Zentrumskanzlers seien nicht weniger faschistisch als die von den Nationalsozialisten empfohlenen Methoden, und es sei daher nicht zu verstehen, «warum die Sozialdemokratie in ihrem Kampf für Demokratie und gegen Faschismus einen Unterschied machen soll zwischen Brünings und Hitlers Faschismus».

Für das Regierungslager schied freilich nicht nur eine Erweiterung nach links, sondern auch eine solche nach rechts aus. Eine Koalition mit der NSDAP war für die bürgerlichen Mittelparteien undenkbar, und auch Reichswehr und Industrie hielten die Nationalsozialisten im Herbst 1930 nicht für eine regierungsfähige Partei. Daran änderte auch Hitlers spektakulärer Auftritt im Hochverratsprozeß gegen die Ulmer Reichswehroffiziere Scheringer, Ludin und Wendt vorerst noch nichts. Auf Antrag des Verteidigers der drei jungen Nationalsozialisten als Zeuge vorgeladen, behauptete Hitler am 25. September 1930 vor dem Reichsgericht in Leipzig unter Eid, die NSDAP werde die Macht nur auf legalem Weg übernehmen. Nachdem ihn der vorsitzende Richter auf seine Bemerkung angesprochen hatte, nach einem Sieg der Nationalsozialisten würden Köpfe in den Sand rollen, fügte Hitler dann allerdings hinzu, auf dem Weg der ordentlichen Gesetzgebung werde ein Staatsgerichtshof geschaffen werden, der die Schuldigen am November 1918 abzuurteilen habe. Deren Hinrichtung werde also auf gesetzlicher Grundlage erfolgen.

Da weder Nationalsozialisten noch Sozialdemokraten als Regierungspartei in Frage kamen, mußte das bürgerliche Minderheitskabinett Brüning sich um eine Tolerierungsmehrheit bemühen. Eine Stützung durch die

NSDAP schied schon aus außenpolitischen Gründen aus, wurde aber auch von Hitler strikt abgelehnt. Folglich gab es zu einem Arrangement mit der Sozialdemokratie keinerlei realistische Alternative.

Die Führung der SPD teilte diese Einschätzung. Es waren aus sozialdemokratischer Sicht vor allem drei Gründe, die nach den Septemberwahlen für eine Tolerierung Brünings sprachen. Erstens ließ sich nur auf diese Weise eine noch weiter rechts stehende, von den Nationalsozialisten abhängige Reichsregierung vermeiden. Zweitens war die Weimarer Koalition in Preußen unter dem Sozialdemokraten Otto Braun auf das höchste gefährdet, wenn die SPD im Reich den Zentrumskanzler Heinrich Brüning zu Fall brachte. Der Abschied von den Regierungsämtern im größten deutschen Staat hätte aber auch den Verzicht auf die Kontrolle über die preußische Polizei, das wichtigste staatliche Machtmittel in der Auseinandersetzung mit Nationalsozialisten und Kommunisten, bedeutet. Drittens gab es zwischen Sozialdemokraten und Regierungslager ein breites Feld sachlicher Übereinstimmung. Sie beruhte auf der Einsicht, daß die Folgen der unsoliden «Pumpwirtschaft» nach 1924 nur durch eine konsequente Sparpolitik überwunden werden konnten. Der Sanierungskonsens schloß einen Dissens über die Verteilung der sozialen Kosten des Sparens nicht aus, wurde aber durch diesen fortbestehenden Gegensatz nicht aufgehoben.

Der Grund der Tolerierungspolitik wurde Ende September in vertraulichen Gesprächen zwischen Brüning und der sozialdemokratischen Parteispitze gelegt, wobei Rudolf Hilferding und der Staatssekretär der Reichskanzlei, Hermann Pünder, aktive Rollen spielten. Am 3. Oktober verabschiedete die sozialdemokratische Reichstagsfraktion eine Entschließung, in der sie ihre Absicht, das Minderheitskabinett Brüning zu stützen, damit begründete, daß nach dem Ausgang der Reichstagswahlen die erste Aufgabe der SPD in der Erhaltung der Demokratie, der Sicherung der Verfassung und dem Schutz des Parlamentarismus liege. Weiter hieß es, die Sozialdemokratie kämpfe für die Demokratie, um die Sozialpolitik zu schützen und die Lebenshaltung der Arbeiterschaft zu heben. «Die sozialdemokratische Reichstagsfraktion wird unter Wahrung der Lebensinteressen der arbeitenden Massen für die Sicherung der parlamentarischen Grundlage und für die Lösung der dringendsten finanzpolitischen Aufgaben eintreten.»

Die Weimarer Republik hatte schon viele stürmische Reichstagsdebatten erlebt, aber noch keine so tumultuarischen wie am 17. und 18. Oktober 1930. Die 107 Nationalsozialisten erschienen, um gegen ein Uniformverbot der preußischen Regierung zu protestieren, in den braunen Hemden der SA im Plenarsaal. Gregor Strasser, der Reichsorganisationsleiter der NSDAP, erklärte, die Nationalsozialisten, die «Antiparlamentarier aus Prinzip», müßten gegenüber bürgerlichen Diktaturplänen heute «nahezu die Schützer der Weimarer Verfassung» sein. «Wir sind jetzt für die Demokratie Weimars, wir sind für das Republikschutzgesetz, solange es uns paßt.

Und solange werden wir jede Machtposition auf der Grundlage dieser Demokratie verlangen und erhalten, solange wir wollen.»

Der Sprecher der Kommunisten verzichtete darauf, den Umsturzplänen seiner Partei den Mantel der Legalität umzuhängen. Um das fluchwürdige System der kapitalistischen Ausbeutung und Knechtschaft zu stürzen, sagte der Abgeordnete Wilhelm Pieck, gebe es nur einen Weg: «Revolution und damit Vernichtung des Kapitalismus und Unschädlichmachung aller derjenigen, die dieses System stützen. Das ist die Aufgabe, die sich die Kommunistische Partei gestellt hat, und es wird der Tag kommen, wo die Arbeitermassen, wo die Erwerbslosen unter Führung der Kommunistischen Partei dieses Parlament der Unternehmer und Faschisten auseinanderjagen. Dann werden an seiner Stelle die deutschen Sowjets zusammentreten und die Diktatur des Proletariats aufrichten, um damit an die Stelle dieser verfaulten bürgerlichen Gesellschaft und dieser Hungerrepublik ein freies sozialistisches Sowjetdeutschland zu setzen.»

Am Ausgang der Abstimmungen gab es, seit die Sozialdemokraten sich auf die Tolerierung Brünings festgelegt hatten, dennoch kaum einen Zweifel. Am 18. Oktober stimmte der Reichstag mit den Stimmen der SPD erst dem von der Regierung vorgelegten Gesetz über die Schuldentilgung zu, dann der Überweisung der Anträge auf Aufhebung der Notverordnung vom 26. Juli an den Haushaltsausschuß und einem Antrag der Regierungsfraktionen, über alle Mißtrauensanträge zur Tagesordnung überzugehen. Anschließend vertagte sich der Reichstag unter den wütenden Protesten von Nationalsozialisten und Kommunisten bis zum 3. Dezember. Die Regierung hatte nicht nur eine Schlacht gewonnen, sondern, was ebenso wichtig war, Zeit.

Mit Hilfe der SPD überstand das Kabinett Brüning auch die ähnlich turbulente Dezembersession des Reichstags. Der Preis, den die Regierung dafür bezahlen mußte, waren gewisse soziale Zugeständnisse: Die Bürgersteuer wurde schärfer gestaffelt und den Erwerbslosen Gebührenfreiheit bei der Krankenversicherung gewährt. Dafür übernahm die SPD die Mitverantwortung für die Erhöhung der Beiträge zur Arbeitslosenversicherung von 4,5 auf 6,5 %, eine sechsprozentige Senkung der Beamtengehälter und neue Maßnahmen zum Schutz der Landwirtschaft, darunter höhere Zölle für Weizen und Gerste. Am 7. Dezember vertagte sich der Reichstag bis zum 3. Februar 1931.

Der «Vorwärts» sah das Hohe Haus gern in die Ferien ziehen. Drei Monate nach der Neuwahl, hieß es am 13. Dezember im sozialdemokratischen Parteiorgan, seien wohl alle einer Meinung darüber, «daß dieser Reichstag eine Mißgeburt ist und daß man froh sein kann, wenn man von ihm nichts hört und sieht». Ernst Heilmann, der Vorsitzende der preußischen Landtagsfraktion der SPD, der auch ein Reichstagsmandat innehatte, meinte, ein Reichstag mit 107 Nationalsozialisten und 77 Kommunisten könne in Wirklichkeit nicht effektiv arbeiten. «Ein Volk, das einen solchen

Reichstag wählt, verzichtet damit effektiv auf die Selbstregierung. Und sein Gesetzgebungsrecht wird automatisch durch den Art. 48 ersetzt.» Otto Braun vertrat am 17. Dezember in einem Rundfunkvortrag die Meinung, wenn das Parlament, zum Teil infolge seiner Durchsetzung mit antiparlamentarischen Gruppen, nicht willens und fähig sei, seine verfassungsmäßigen Aufgaben zu erfüllen, «dann, aber auch nur dann muß das politische SOS-Notzeichen gegeben werden, dann muß das Notventil der Verfassung für so lange Zeit geöffnet werden, bis der akute Notstand beseitigt ist, den das Parlament nicht meistern konnte oder nicht meistern wollte.» Der «Vorwärts» veröffentlichte den Vortrag Brauns unter der Überschrift «Erziehung zur Demokratie».[37]

Als die Sozialdemokraten am 31. Mai 1931 in Leipzig zu ihrem ersten Parteitag nach dem Abschied von der Regierungsmacht zusammenkamen, gab es zwar viel Kritik an der Tolerierungspolitik, aber noch mehr Beifall für das Hauptargument ihrer Verteidiger. «Der Nationalsozialismus ist durch uns von der Regierungsmacht zurückgehalten worden», erklärte Wilhelm Sollmann, der stellvertretende Vorsitzende der Reichstagsfraktion, «und wenn es im Oktober 1930 gelungen ist, die Auslieferung des Reichstagspräsidiums, die Auslieferung der Reichswehr und der Schupo (Schutzpolizei, H. A. W.) an die Nationalsozialisten zu verhindern, dann glaube ich, sollte keine Kritik im einzelnen uns an der Feststellung hindern: das ist nicht nur ein großer, das ist ein europäischer Erfolg der deutschen Sozialdemokratie.»

Tatsächlich gab es für die SPD, so wie die Kräfteverhältnisse seit den Septemberwahlen von 1930 lagen, keine verantwortbare Alternative zur Tolerierungspolitik. Doch diese Politik hatte eine Kehrseite, die sich im Frühjahr 1931 nicht mehr übersehen ließ. Die Tatsache, daß der Reichstag nur noch selten zu Sitzungen zusammentrat (am 26. März hatte er sich bis zum 13. Oktober vertagt) gab den antiparlamentarischen Kräften der äußersten Rechten und Linken Auftrieb, und niemand wußte diese Chance so geschickt zu nutzen wie Hitler. Er konnte nunmehr an beides gleichzeitig appellieren: einmal an das verbreitete Ressentiment gegenüber der westlichen und damit «undeutschen» parlamentarischen Demokratie von 1919, die seit dem Herbst 1930 zu einer bloßen Attrappe geworden war, zum anderen an den seit Bismarcks Zeiten verbrieften, durch das Präsidialkabinett Brüning aber weitgehend seiner Wirkung beraubten politischen Teilhabeanspruch des Volkes in Gestalt des allgemeinen gleichen Wahlrechts. Und nicht nur das: Seit die Sozialdemokraten die unpopuläre Sparpolitik Brünings tolerierten, konnte der Führer der Nationalsozialisten seine Partei als die einzige volkstümliche Oppositionsbewegung rechts von den Kommunisten und zugleich als Alternative zum «Marxismus», sowohl in seiner bolschewistischen wie in seiner reformistischen Spielart, ausgeben.

Am 5. Juni 1931 – dem Tag, an dem der Leipziger Parteitag der SPD zu Ende ging – erließ Reichspräsident von Hindenburg eine seit längerem erwartete neue Notverordnung. Ihre sozialen Härten übertrafen die schlimmsten Erwartungen: Die Unterstützungssätze in der Arbeitslosenversicherung wurden um durchschnittlich 10 bis 12 % gesenkt; die Beamten und Angestellten mußten Gehaltskürzungen hinnehmen, die sich zwischen 4 und 8 % bewegten; Invaliden und Kriegsversehrte erhielten niedrigere Renten. In den allgemeinen Aufschrei der Empörung stimmten auch die Sozialdemokraten ein. Ihre Forderung, den Reichstag oder zumindest den Haushaltsausschuß einzuberufen, lehnte Brüning, der das Reich am Rande der Zahlungsunfähigkeit, ja des Bürgerkriegs sah, entschieden ab. Alles, was er den Sozialdemokraten in Aussicht stellte, war die Milderung mancher sozialen Härten in den Ausführungsbestimmungen zur Notverordnung. Um die SPD zum Einlenken zu bewegen, drohte der Kanzler mit der Aufkündigung der Preußenkoalition – und das wirkte. Am 16. Juni zogen die Vertreter der sozialdemokratischen Reichstagsfraktion im Ältestenrat den Antrag auf Einberufung des Haushaltsausschusses zurück.

Der linke Parteiflügel rebellierte und veröffentlichte am 1. Juli einen «Mahnruf» wider die Fortsetzung der Tolerierungspolitik, der zur Keimzelle einer neuen Gruppierung, der Anfang Oktober gegründeten Sozialistischen Arbeiterpartei Deutschlands, werden sollte. Die Mehrheit der SPD aber war nicht bereit, mit Brüning zu brechen und auf die Macht in Preußen zu verzichten. Rudolf Hilferding sprach im Juliheft der «Gesellschaft» von einer «tragischen Situation» seiner Partei. Begründet sei diese Tragik in dem Zusammentreffen der schweren Wirtschaftskrise mit dem politischen Ausnahmezustand, den die Wahlen vom 14. September 1930 geschaffen hätten. «Der Reichstag ist ein Parlament gegen den Parlamentarismus, seine Existenz eine Gefahr für die Demokratie, für die Arbeiterschaft, für die Außenpolitik... Die Demokratie zu behaupten gegen eine Mehrheit, die die Demokratie verwirft, und das mit den politischen Mitteln einer demokratischen Verfassung, die das Funktionieren des Parlamentarismus voraussetzt, es ist fast die Lösung der Quadratur des Kreises, die da der Sozialdemokratie als Aufgabe gestellt wird – eine wirklich noch nicht dagewesene Situation.»

Daß der Tiefpunkt der wirtschaftlichen Krise noch längst nicht erreicht, daß die Welt sich inmitten einer «Großen Depression» befand: diese Einsicht begann sich in Deutschland erst im Lauf des Jahres 1931 durchzusetzen. Am 20. Juni gab es nochmals so etwas wie einen Hoffnungsschimmer: Der amerikanische Präsident Hoover regte ein internationales «Schuldenfeierjahr», eine befristete Unterbrechung der Zahlung von staatlichen Zwangsschulden, darunter der deutschen Reparationen, an, und am 6. Juli trat, nachdem die USA französische Widerstände überwunden hatten, das «Hoover-Moratorium» tatsächlich in Kraft. Doch schon wenige Tage später wurde Deutschland von einer schweren Bankenkrise erschüttert, die das Vertrauen in Kapitalismus und Markwirtschaft weiter untergrub: Der Devisenverkehr wurde rigoros beschränkt; die drastische Erhöhung des

Diskont- und des Lombardsatzes hatte fatale Auswirkungen auf die darniederliegende Konjunktur; die Sanierung der Banken, die einer teilweisen Verstaatlichung gleichkam, erfolgte mit Steuermitteln.

Im September 1931 mußte die Regierung Brüning eine schwere außenpolitische Niederlage hinnehmen: Das Projekt einer deutsch-österreichischen Zollunion endete mit einem Debakel, für das in erster Linie Julius Curtius, Stresemanns Nachfolger als Außenminister, im weiteren Sinn aber auch Reichskanzler Brüning verantwortlich war. Die Zollunion, auf die seit Anfang 1930 auch Wien drängte, sollte den Einfluß Deutschlands in Mittel- und Südosteuropa festigen, einer späteren staatlichen Vereinigung der beiden deutschsprachigen Länder den Weg ebnen, vor allem aber, und das lag ganz auf Brünings Linie einer betont nationalen Außenpolitik, erstarktes deutsches Selbstbewußtsein nach innen und außen demonstrieren.

Als das Reichskabinett sich am 18. März 1931 auf die Zollunion festlegte, sah man in der Wilhelmstraße unfreundliche französische Reaktionen voraus – freilich nicht den Nachdruck und die Schärfe, mit der Paris den Vorstoß beantwortete. Österreich, das dringend internationale und namentlich französische Finanzhilfe benötigte, war davon so beeindruckt, daß es sich im Mai aus dem Vorhaben zurückzuziehen begann. Am 3. September gaben Curtius und sein Wiener Kollege Schober vor dem Europaausschuß des Völkerbundsrates in Genf bekannt, daß beide Länder die Zollunion nicht weiterhin verfolgen würden. Zwei Tage später entschied der Internationale Gerichtshof in Den Haag, der auf Antrag Großbritanniens vom Völkerbundsrat angerufen worden war, mit 8 zu 9 Stimmen, daß die Zollunion dem Genfer Protokoll von 1922 über den wirtschaftlichen und finanziellen Wiederaufbau Österreichs widerspreche, also vertragswidrig sei.

Nach dem demütigenden Fehlschlag seiner Österreichpolitik war Curtius' Position als Außenminister unhaltbar geworden. Am 3. Oktober bat er den Kanzler, beim Reichspräsidenten seine Entlassung zu beantragen. Doch inzwischen ging es nicht mehr nur um einen Wechsel an der Spitze des Auswärtigen Amtes. Bereits im September hatten erst Schleicher und dann Hindenburg den Kanzler zu einer kräftigen Wendung nach rechts aufgefordert. Diesem Drängen versuchte Brüning am 9. Oktober mit einer Kabinettsumbildung nachzukommen. Das Amt des Außenministers übernahm er selbst; Reichswehrminister Groener wurde in Personalunion kommissarischer Innenminister und damit Nachfolger des «linken» Zentrumspolitikers und früheren Reichskanzlers Wirth; der hochkonservative Staatssekretär Joël rückte zum Justizminister auf.

Die DVP, die Partei von Curtius, war im zweiten Kabinett Brüning nicht mehr vertreten. Ihr schwerindustrieller Flügel hatte am 3. Oktober verlangt, die Partei solle in die Opposition überwechseln und im Reichstag einen Mißtrauensantrag gegen die Regierung einbringen. Eine Woche später beschlossen Parteiausschuß und Reichstagsfraktion, einen solchen Antrag zu stellen. Ein Jahr nach Beginn der Tolerierungspolitik erhielt der Kanzler somit die Quittung dafür, daß er genötigt war, den Sozialdemokraten, von deren parlamentarischer Duldung er abhing, gelegentlich soziale Zugeständnisse zu machen: Der rechte Flügel des Unternehmerlagers vollzog den Bruch mit Brüning, weil seine Politik der industriellen Rechten nicht rechts genug war.[38]

Am 11. Oktober hätte für den konservativen Teil der Ruhrindustrie eine Gelegenheit bestanden, noch einen Schritt weiter zu gehen und sich vor aller Öffentlichkeit in die «nationale Opposition» einzureihen. Auf diesen Tag hatten die Parteien und Verbände der entschiedenen Rechten zu einer Heerschau nach Bad Harzburg aufgerufen. Doch außer Ernst Brandi, einem der Kohlebergwerksdirektoren der Vereinigten Stahlwerke, nahm an diesem von Hugenberg angeregten Treffen kein bekannter Großindustrieller teil. Offenbar scheuten auch die härtesten Kritiker Brünings in der Unternehmerschaft noch davor zurück, sich vorbehaltlos der radikalen Rechten anzuschließen.

An der «Harzburger Front» beteiligten sich NSDAP, DNVP, Stahlhelm, Reichslandbund und Alldeutscher Verband sowie zahlreiche Mitglieder ehedem regierender Häuser, der frühere Chef der Heeresleitung, General von Seeckt, der seit 1930 Reichstagsabgeordneter der DVP war, und der ehemalige Reichsbankpräsident Schacht, der im März 1930 aus Protest gegen den Young-Plan von seinem Amt zurückgetreten war. Schacht gelang es, mit Angriffen auf die Reichsbank eine tagelange hektische Debatte auszulösen; Hitler, der tags zuvor erstmals von Hindenburg empfangen worden war, erregte vor allem deshalb Aufsehen, weil er, als nach dem Vorbeimarsch seiner SA Formationen des Stahlhelm folgten, demonstrativ die Tribüne verließ, um so auf bewußt provozierende Weise seine Unabhängigkeit von der «alten» Rechten zur Schau zu stellen.

Den Sozialdemokraten erleichterte es der Ablauf der Harzburger Tagung, sich mit dem nach rechts gerückten zweiten Kabinett Brüning abzufinden. Daß die «faschistische Reaktion» die Reichsregierung massiv angriff, genügte fast schon, diese in den Augen der SPD erträglich erscheinen zu lassen. Schachts Ausführungen zur Währungspolitik inspirierten den «Vorwärts» am 12. Oktober zu der Schlagzeile «Die Harzburger Inflationsfront». Mit Brüning, der sich ebenfalls scharf gegen alle Experimente mit der Währung aussprach, gab es in diesem Punkt volle Übereinstimmung. In der kurzen Reichstagssession, die zwei Tage nach dem Harzburger Treffen begann, konnte sich der Reichskanzler abermals auf die SPD stützen. Mit ihren Stimmen wurden am 16. Oktober alle Mißtrauensanträge abgelehnt.

Brüning nutzte die Wiederbefestigung seiner Position, um am 9. Dezember eine neue Notverordnung zu erlassen, die Lohn- und Preissenkungen derart miteinander verband, daß die Massenkaufkraft nicht wesentlich abnahm und die Absatzchancen deutscher Erzeugnisse im Ausland stiegen. Eine kreditfinanzierte Arbeitsbeschaffung aber, wie sie seit dem Sommer Teile der Wirtschaft und seit dem Dezember auch Experten des Allgemeinen Deutschen Gewerkschaftsbundes forderten, lehnte der Kanzler nach wie vor kategorisch ab. Sie hätte nicht nur seiner Grundüberzeugung von der Unabdingbarkeit eines ausgeglichenen Haushalts, sondern auch seinen außenpolitischen Prioritäten widersprochen. Deutschland durfte nicht den Eindruck erwecken, als verfüge es noch über finanzielle Ressourcen, weil sonst das Argument an Durchschlagkraft verloren hätte, die Reparationslast erdrossele die deutsche Wirtschaft. Das Ende der Reparationen aber war das Nahziel, das Deutschland erreichen mußte, um auch alle anderen Fesseln von Versailles, nicht zuletzt die militärischen, abstreifen und seinen alten Großmachtstatus wiedergewinnen zu können.

Deswegen griff Brüning auch nicht zu, als sich Ende 1931 die Chance eines Kompromisses in der Reparationsfrage bot. Am 23. Dezember legte der Beratende Sonderausschuß der Bank für Internationalen Zahlungsausgleich in Basel einen Bericht vor, um den ihn die Reichsregierung, der im Young-Plan vorgesehenen Prozedur entsprechend, im November gebeten hatte. Das Gremium kam zu dem Ergebnis, daß, um neues Unheil zu vermeiden, alle zwischenstaatlichen Schulden, also auch die deutschen Reparationen, unverzüglich der gegenwärtigen zerrütteten Lage der Welt angepaßt werden müßten.

Das war nicht mehr und nicht weniger als ein Plädoyer für eine Totalrevision des Young-Plans. Doch Brüning hatte an der Reparationskonferenz, die auf Grund dieses Berichts Anfang 1932 in Lausanne stattfinden sollte, gar kein Interesse, weil sie aus seiner Sicht nur zu einem neuen Moratorium und einer Minderung der Reparationslast, also zu einer halben und provisorischen Lösung, nicht aber dem erstrebten definitiven und vollständigen Ende der Reparationszahlungen führen konnte. Die Reichsregierung setzte darum auf einen Aufschub der Konferenz, und sie hatte damit Erfolg: Am 20. Januar 1932 wurde das Treffen, das am 25. Januar hatte beginnen sollen, abgesagt. Der innenpolitische Preis dieser außenpolitischen Entscheidung war gewaltig: Der rigorose Deflationskurs wurde unvermindert fortgesetzt; die soziale Verelendung und die politische Radikalisierung schritten weiter fort.

Innenpolitisch drehte sich in Deutschland zu Beginn des Jahres 1932 alles um die im Frühjahr fällige Reichspräsidentenwahl. Brüning hätte am liebsten eine rasche parlamentarische Lösung des Problems gesehen: eine Wiederwahl Hindenburgs durch den Reichstag mit der dafür notwendigen verfassungsändernden Zweidrittelmehrheit. Doch dafür waren Deutschnationale und Nationalsozialisten nicht zu gewinnen. Einer Volkswahl wollte sich der Amtsinhaber, der im Oktober 1931 seinen 84. Geburtstags gefeiert hatte, aber nur stellen, wenn er mit einem ausreichenden Rückhalt bei seinen Freunden auf der Rechten rechnen durfte – den Kräften, die ihn 1925 zur Kandidatur gedrängt hatten.

Diese Unterstützung war Anfang 1932 alles andere als sicher. Im «Hindenburg-Ausschuß», der am 1. Februar mit einem Aufruf zur Wiederwahl des greisen Feldmarschalls aufrief, wirkten neben anderen der Dichter Gerhart Hauptmann, der Maler Max Liebermann, der Vorsitzende des Reichsverbandes der Deutschen Industrie, Carl Duisberg, der «Hochmeister» des Jungdeutschen Ordens, Artur Mahraun, und zwei ehemalige Reichswehrminister, Otto Geßler und Gustav Noske, mit. Von den Führern der «nationalen Verbände» und der Großlandwirtschaft aber hatte keiner den Aufruf unterzeichnet. Da der Stahlhelm, dem der Reichspräsident als Ehrenmitglied angehörte, kein Votum für den Amtsinhaber abgeben wollte, zögerte auch der Reichskriegerbund Kyffhäuser, sich offen zu Hindenburg, seinem Ehrenpräsidenten, zu bekennen. Erst am 14. Februar legte der Gesamtvorstand des Kyffhäuserbundes dann doch ein Treuebekenntnis zum Reichspräsidenten ab, und einen Tag später gab Hindenburg schließlich bekannt, daß er sich im Bewußtsein seiner «Verantwortung für das Schicksal unseres Vaterlandes» für eine etwaige Wiederwahl zur Verfügung stelle.

Hindenburgs Erklärung veranlaßte die Parteien der gemäßigten Rechten und der Mitte, sich öffentlich auf seine Seite zu schlagen. Die Harzburger Front hingegen brach auseinander. Stahlhelm und Deutschnationale wollten sich dem Führungsanspruch der Nationalsozialisten nicht unterwerfen und stellten am 22. Februar einen eigenen Kandidaten auf: den stellvertretenden Bundesführer des Stahlhelm, Theodor Duesterberg. Am gleichen Tag verkündete Joseph Goebbels, der Berliner Gauleiter der NSDAP, im Sportpalast: «Hitler wird unser Reichspräsident.» Vier Tage später ließ sich der Führer der Nationalsozialisten zum Regierungsrat der braunschweigischen Gesandtschaft in Berlin ernennen – der Vertretung eines Landes, das seit Oktober 1930 von einem Koalitionskabinett aus Deutschnationalen und Nationalsozialisten regiert wurde. Damit erhielt der gebürtige Österreicher, seit April 1925 staatenlose Adolf Hitler, was ihm für die Bewerbung um das Amt des Reichspräsidenten noch fehlte: die deutsche Staatsbürgerschaft.

Auf der äußersten Linken gab es bereits seit dem 12. Januar einen Präsidentschaftsbewerber: Ernst Thälmann, der vom Zentralkomitee der KPD als «roter Arbeiterkandidat» für die Nachfolge Hindenburgs nominiert wurde. Von Thälmann erwarteten Komintern und deutsche Parteiführung, daß er, sollte sich die SPD für die Unterstützung Hindenburgs entscheiden, einen erheblichen Teil der sozialdemokratischen Arbeiter zu sich herüberziehen würde. Ganz abwegig war dieses Kalkül nicht. Denn mochten die Mitglieder und Anhänger der SPD seit dem Beginn der Tolerierungspolitik im Oktober 1930 auch vieles mitgetragen haben, was den überkommenen Vorstellungen der Partei strikt zuwiderlief, so mußte eine Wahlempfehlung für den überzeugten Monarchisten Hindenburg vielen Sozialdemokraten doch als Zumutung sondergleichen erscheinen.

Auch von den Nationalsozialisten wurde die SPD wegen der zu erwartenden Unterstützung Hindenburgs scharf attackiert. Am 23. Februar, dem ersten Tag einer kurzen, von ständigen Tumulten geprägten Reichstagssession, löste Goebbels einen Eklat mit der Bemerkung aus, Hindenburg werde «gelobt von der Berliner Asphaltpresse, gelobt von der Partei der Deserteure». Damit waren die Sozialdemokraten gemeint, für die der Abgeordnete Kurt Schumacher, ein schwer kriegsversehrter Freiwilliger von 1914, dem Redner der NSDAP die stürmisch umjubelte Antwort entgegenschleuderte, die ganze nationalsozialistische Agitation sei «ein dauernder Appell an den inneren Schweinehund im Menschen», und wenn am Nationalsozialismus irgend etwas anzuerkennen sei, dann die Tatsache, «daß ihm zum erstenmal in der deutschen Politik die restlose Mobilisierung der menschlichen Dummheit gelungen» sei.

Am 26. Februar, dem letzten Tag der Reichstagssession, gab die SPD offiziell ihre Entscheidung für Hindenburg bekannt. Am 13. März, dem Tag des ersten Wahlgangs der Reichspräsidentenwahl, so hieß es im Aufruf des Parteivorstands, stehe das deutsche Volk vor der Frage, ob Hindenburg bleiben oder durch Hitler ersetzt werden solle. «Hitler statt Hindenburg, das bedeutet: Chaos und Panik in Deutschland und ganz Europa, äußerste Verschärfung der Wirtschaftskrise und der Arbeitslosennot, höchste Gefahr blutiger Auseinandersetzungen im eigenen Volke und mit dem Ausland. Hitler statt Hindenburg, das bedeutet: Sieg des reaktionärsten Teils der Bourgeoisie über die fortgeschrittensten Teile des Bürgertums und über die Arbeiterklasse, Vernichtung aller staatsbürgerlichen Freiheiten, der Presse, der politischen, gewerkschaftlichen und Kulturorganisationen, verschärfte Ausbeutung und Lohnsklaverei... Schlagt Hitler! Darum wählt Hindenburg!»

Der leidenschaftlichste Streiter für Hindenburg im eigentlichen Regierungslager war der Reichskanzler. Am 11. März zeichnete Brüning auf seiner letzten großen Wahlkundgebung im Berliner Sportpalast vom Reichspräsidenten ein Bild, das von der Wirklichkeit auf schon peinliche Weise Lügen gestraft wurde. Er möchte den Menschen finden, sagte der Kanzler, der in der gleichen Weise wie Hindenburg in der Lage sei, «die Dinge scharf und schnell zu durchschauen und ihnen in wenigen Sätzen eine klassische Formulierung zu geben». Brüning rechnete Hindenburg zu den «wirklichen Führern» und den «von Gott gesandten Männern», nannte ihn das «Symbol deutscher Kraft und Einheit in der ganzen Welt» und schloß mit dem Ausruf: «Hindenburg muß siegen, weil Deutschland leben muß.»[39]

Am späten Abend des 13. März 1932 stand fest, daß es einen zweiten Wahlgang geben würde: Mit 49,6 % der abgegebenen gültigen Stimmen hatte Hindenburg die erforderliche absolute Mehrheit knapp verfehlt. Hitler war mit 30,1 % Zweiter geworden, mit weitem Abstand gefolgt von

Thälmann, auf den 13,2 % der Stimmen entfielen, und Duesterberg, der es auf 6,8 % brachte.

173 000 Stimmen mehr hätten genügt, um dem amtierenden Reichspräsidenten zum Sieg zu verhelfen. Anders als 1925 schnitt er überall dort besonders gut ab, wo die Sozialdemokraten ihre Hochburgen hatten und der Bevölkerungsanteil der Katholiken überdurchschnittlich groß war; in den evangelisch-agrarischen Gebieten dagegen, in denen er sieben Jahre zuvor überlegen gesiegt hatte, lagen seine Ergebnisse weit unter dem Reichsdurchschnitt. Wenn man von Bayern absah, verlor Hindenburg bei seinen Stammwählern, während er bei seinen früheren Gegnern gewann.

Hitler hatte zwar 5 Millionen Stimmen mehr erobert als seine Partei bei der letzten Reichstagswahl im September 1930, aber dennoch nur geringe Chancen, Hindenburg in dem nun notwendigen zweiten Wahlgang zu schlagen. Die Kommunisten entschieden sich, Thälmann abermals ins Rennen zu schicken, obwohl es in der zweiten Runde noch eindeutiger als in der ersten um die Alternative Hitler oder Hindenburg ging. Getreu einer Weisung Stalins vom November 1931, wonach der «Hauptstoß in der Arbeiterklasse» gegen die Sozialdemokratie zu richten sei, unterstrich die KPD den wichtigsten Zweck der «Kampfdiktatur des Genossen Thälmann»: Es gelte, «den Charakter der SPD als des gemäßigten Flügels des Faschismus und des Zwillingsbruders des Hitlerfaschismus klar zum Bewußtsein zu bringen». Duesterberg trat zum zweiten Wahlgang nicht mehr an. Der Stahlhelm empfahl Stimmenthaltung; die Deutschnationalen schlossen für sich eine «aktive Beteiligung» am zweiten Wahlgang aus.

Der Tag des zweiten Wahlgangs war der 10. April 1932. Am Abend stand fest, daß der bisherige Reichspräsident einen klaren Auftrag für eine zweite Amtsperiode erhalten hatte. Auf Hindenburg entfielen 53 %, auf Hitler 36,8 %, auf Thälmann 10,2 %.

Hindenburgs Sieg war vor allem anderen ein Ergebnis der sozialdemokratischen Tolerierungspolitik. Hätten die Anhänger der SPD nicht seit dem Herbst 1930 Gelegenheit gehabt, sich an eine «Politik des kleineren Übels» zu gewöhnen, wären sie im Frühjahr 1932 kaum davon zu überzeugen gewesen, daß sie einen eingefleischten Monarchisten an die Spitze der Republik wählen mußten, um die nationalsozialistische Diktatur zu verhindern. Ebendies war die Alternative der Reichspräsidentenwahl: Außer dem Feldmarschall gab es niemanden, der in der Lage war, über den verbliebenen Anhang der Weimarer Koalition hinaus einen Teil der traditionellen Rechten an sich zu binden und damit Hitler auf den zweiten Platz zu verweisen. Daß Hindenburg kein Mann der Demokratie war, wußten die Sozialdemokraten so gut wie irgend jemand sonst. Doch bislang hatte sich der zweite Reichspräsident der Weimarer Republik als ein Mann von Recht und Gesetz erwiesen, der auch die ungeliebte Verfassung respektierte. Mehr war, wie die Dinge lagen, bei den Reichspräsidentenwahlen von 1932 nicht mehr zu retten. Gemessen an dem, was am 10. April nochmals vermieden wurde, nämlich die Proklamation des «Dritten Reiches», war es viel.

Dem Sieger freilich bereitete das Ergebnis des zweiten Wahlgangs keine reine Freude. Hindenburg schmerzte es tief, daß er seinen Erfolg nicht der Rechten, sondern in erster Linie Sozialdemokraten und Katholiken zu verdanken hatte. Seinen Groll ließ er an dem Mann aus, der sein aktivster Wahlkämpfer gewesen war: Heinrich Brüning. Einen Anlaß, dem Kanzler Vorwürfe zu machen, bot das Verbot von Hitlers Privatarmeen, SA («Sturmabteilungen») und SS («Schutzstaffeln»), durch die «Notverordnung zur Sicherung der Staatsautorität» vom 13. April. Das Verbot ging auf das Betreiben der Innenminister der wichtigsten Länder – Preußen, Bayern, Württemberg, Baden, Hessen und Sachsen – zurück und stützte sich auf Material über die geheime Militärpolitik der Nationalsozialisten, das die preußische Polizei bei Haussuchungen Mitte März sichergestellt hatte.

Unter dem Eindruck diesen Materials hatte zunächst auch General von Schleicher, der Chef des Ministeramtes im Reichswehrministerium, das Verbot von SA und SS befürwortet. Aber noch vor dem zweiten Wahlgang der Reichspräsidentenwahl vollzog er eine Kehrtwende. Über seinen ehemaligen Regimentskameraden Oskar von Hindenburg gelang es ihm, dessen Vater, den Reichspräsidenten, davon zu überzeugen, daß ein Verbot von SA und SS politisch nicht opportun sei, weil es zu einem neuen Konflikt zwischen Hindenburg und der Rechten führen müsse. Die Notverordnung unterzeichnete der Reichspräsident zwar widerstrebend, doch zwei Tage später ließ er sich, hinter dem Rücken von Reichswehrminister Groener, vom Chef der Heeresleitung, General von Hammerstein, Material über das Reichsbanner Schwarz-Rot-Gold beschaffen, das aus seiner, Hindenburgs, Sicht diesen 1924 gegründeten, von den Sozialdemokraten dominierten Wehrverband der republikanischen Kräfte belastete und ein Verbot rechtfertigte.

Dazu kam es nicht. Der kommissarische Reichsinnenminister Groener schätzte das Material, das aus dem ebenfalls von ihm geleiteten Reichswehrministerium stammte, als belanglos ein und verständigte sich mit dem Führer des Reichsbanners, Karl Höltermann, auf eine taktische Maßnahme: Die Eliteeinheiten des Reichsbanners, die Schutzformationen, kurz «Schufos» genannt, wurden in Urlaub geschickt. Die Notverordnung vom 13. April blieb in Kraft, aber Groener waren im Gefolge der Auseinandersetzungen drei einflußreiche Gegner erwachsen: sein bisheriger «Kardinal in politicis», Kurt von Schleicher, sowie Vater und Sohn Hindenburg.

Zwei Wochen nach dem zweiten Wahlgang der Reichspräsidentenwahl wurden die meisten Deutschen erneut zu den Urnen gerufen: Am 24. April fanden in Preußen, Bayern, Württemberg, Anhalt sowie in der Freien und Hansestadt Hamburg Landtagswahlen statt. In allen fünf Ländern erzielten die Nationalsozialisten gewaltige Stimmengewinne; mit der Ausnahme Bayerns, wo die BVP einen Vorsprung von zwei Mandaten halten konnte, wurde die NSDAP überall zur stärksten Partei. In Preußen verlor die Weimarer Koalition die Mehrheit, ohne daß die Rechtsparteien NSDAP, DNVP und DVP ihrerseits eine Mehrheit erlangt hätten. In seiner letzten Sitzung vor der Wahl hatte der alte Landtag am 12. April für diesen Fall vorgesorgt: Mit der Mehrheit der Regierungsparteien änderte er seine Geschäftsordnung. Bislang war für die Wahl des Ministerpräsidenten im zweiten Wahlgang eine Stichwahl zwischen den beiden aussichtsreichsten Kandidaten vorgesehen; es reichte also die relative Mehrheit der Stimmen aus. Infolge der Änderung war für den zweiten und jeden weiteren Wahlgang die absolute Mehrheit der abgegebenen Stimmen erforderlich.

Die Wirkung kam der eines konstruktiven Mißtrauensvotums gleich: Der Landtag konnte den amtierenden Regierungschef nur dadurch ablösen, daß er mit der Mehrheit der abgegebenen Stimmen einen Nachfolger wählte. Der «Vorwärts» gab überraschend klar zu erkennen, worauf die sozialdemokratischen Initiatoren des Antrags spekulierten: Falls es nach dem 24. April eine negative Mehrheit aus «nationaler Opposition» und Kommunisten geben sollte, lag es an der KPD, ob sie durch eine Rückkehr zur alten Regelung eine Minderheitsregierung der Rechten ans Ruder bringen wollte.

Ein Zusammenspiel zwischen der extremen Rechten und der extremen Linken hatte es in Preußen im Sommer 1931 gegeben, als die Kommunisten auf Weisung Stalins einen von den Parteien und Verbänden der «nationalen Opposition» betriebenen Volksentscheid zur Auflösung des Landtags zu ihrer eigenen Sache erklärten. Am 9. August 1931, dem Tag des Volksentscheids, war die negative Mehrheit noch nicht zustande gekommen, die jetzt, nach dem 24. April 1932, eine Realität war. Daß die Kommunisten die Verantwortung für die Wahl eines nationalsozialistischen oder dieser Partei nahestehenden Ministerpräsidenten übernehmen würden, war aber eher unwahrscheinlich.

Am 25. April veröffentlichte das Exekutivkomitee der Komintern zusammen mit Vertretern der KPD und der «Revolutionären Gewerkschafts-Opposition» einen Aufruf, der den Sozialdemokraten gegenüber neue Töne anschlug. Das Manifest «An die deutschen Arbeiter» verkündete die Bereitschaft der Kommunisten, «mit jeder Organisation, in der Arbeiter vereinigt sind, und die wirklich den Kampf gegen Lohn- und Unterstützungsabbau führen will, gemeinsam zu kämpfen». Zwar enthielt auch diese Proklamation die üblichen scharfen Angriffe auf die Führer von SPD und Freien Gewerkschaften, aber die für überfällig erklärte «Einheitsfront des Kampfes» gegen die «kapitalistischen Räuber und die immer frecher auftretenden faschistischen Banden» wurde auch nicht mehr ausdrücklich auf eine «Einheitsfront von unten», also eine Aktionseinheit gegen die Führungen der reformistischen Organisationen, beschränkt. Der Maiaufruf des Zentralkomitees der KPD brachte die neue Botschaft auf die knappe Formel: «Die Regierungsteilnahme der Nationalsozialisten wäre ein gefährlicher Schritt auf dem Wege zur offenen, blutigen Diktatur.»

Eine parlamentarische Krisenlösung hätte in Preußen nur die Form einer «schwarz-braunen Koalition» annehmen können. Über ein solches Bündnis gab es (wie zuvor schon in Hessen nach den dortigen Landtagswahlen vom 15. November 1931) Gespräche zwischen NSDAP und Zentrum. Da Brüning aber nicht bereit war, der Partei Hitlers die Schlüsselpositionen des Ministerpräsidenten und des Innenministers zu überlassen, waren die Chancen dieser Option von vornherein sehr gering. Am 24. Mai trat der neugewählte Landtag zu seiner ersten Sitzung zusammen. Am gleichen Tag erklärte die Regierung Braun ihren Rücktritt – und blieb, da sich keine Mehrheit für die Wiederherstellung der alten Geschäftsordnung fand, geschäftsführend im Amt.[40]

Am 9. Mai 1932 begann eine viertägige Session des Reichstags. Sie sollte zum unmittelbaren Vorspiel von Brünings Entlassung werden. Den äußeren Anlaß lieferte am 10. Mai Groener mit einer verunglückten Rede, die in einer Flut höhnischer Zwischenrufe aus den Reihen der Nationalsozialisten unterging und, wie Goebbels in sein Tagebuch notierte, zum «Grablied» des Ministers wurde. Brüning konnte tags darauf mit einer Rede, in der er auf die bevorstehende Reparationskonferenz in Lausanne hinwies und Parlament und Öffentlichkeit ermahnte, «an den letzten hundert Metern vor dem Ziel» nicht die Ruhe zu verlieren, den entstandenen Schaden nur mühsam begrenzen.

Am 12. Mai gewann die Regierung mit Hilfe der SPD zwar nochmals alle Abstimmungen. Aber inzwischen war die Reichswehrführung mit Schleicher an der Spitze nicht nur zum Bruch mit Groener, sondern auch zum Sturz Brünings entschlossen. Groener selbst erklärte am 12. Mai öffentlich, er wolle als Reichswehrminister zurücktreten und sich künftig ganz auf das (von ihm nur kommissarisch verwaltete) Innenministerium konzentrieren. Das hätte das Einverständnis Hindenburgs erfordert. Doch unter Schleichers Einfluß bestand dieser nunmehr darauf, daß Groener ganz aus der Regierung ausschied. Als der Reichspräsident am 12. Mai zum Pfingsturlaub auf seinem Gut Neudeck in Ostpreußen aufbrach, machte er es Brüning zur Auflage, in der Zwischenzeit keinerlei personelle Änderungen vorzunehmen.

Schleichers Wendung gegen Brüning hatte im SA-Verbot einen, aber nicht seinen einzigen Grund. Der politisierende General war spätestens im April 1932 zu der Auffassung gelangt, daß die deutsche Staatskrise nur unter Einbeziehung der Nationalsozialisten gelöst werden konnte. Am 28. April und 7. Mai führte er Geheimgespräche mit Hitler. Zumindest bei dem zweiten Gespräch ging es um die Frage, unter welchen Bedingungen die NSDAP ein nach «rechts» hin um- oder neugebildetes Kabinett tolerieren würde. Seit dem 7. Mai kannte Schleicher Hitlers Preis: die Auflösung des Reichstags, Neuwahlen und die Aufhebung des Verbots von SA und SS. Hindenburg wußte von diesen Gesprächen. Was Brünings Position in beider, Schleichers und Hindenburgs, Augen weiter schwächte, war die Tatsache, daß der Kanzler und Außenminister am 30. April mit nahezu leeren Händen von der Abrüstungskonferenz in Genf zurückgekehrt war. Die Presse hatte gute Gründe zu der Annahme, daß der Reichskanzler sich nicht mehr lange im Amt würde halten können, nachdem Groener seinen Rücktritt als Reichswehrminister angekündigt hatte.

Während Hindenburg in Neudeck weilte, wurde eine andere Machtelite aktiv, die schon seit langem Brünings Sturz herbeiwünschte: der ostelbische Rittergutsbesitz. Der Reichslandbund, seit dem Herbst 1930 fest in den Händen der «nationalen Opposition», war die einzige bedeutende wirtschaftliche Interessenorganisation, die sich vor dem zweiten Wahlgang der Reichspräsidentenwahl für Hitler ausgesprochen hatte. Am 21. Mai erhielt der wichtigste landwirtschaftliche Dachverband von der Reichsregierung selbst das Stichwort, das er benötigte, um eine großangelegte Kampagne gegen Brüning zu beginnen: Der Reichskommissar für die Osthilfe, Reichsminister Schlange-Schöningen, legte den vom Kabinett gebilligten Entwurf einer Siedlungsverordnung vor, die die Möglichkeit vorsah, nicht mehr entschuldungsfähige Güter «freihändig» oder auf dem Weg der Zwangsversteigerung für das Reich zu erwerben und für Zwecke der bäuerlichen Siedlung zu verwenden.

Unmittelbar nach der Bekanntgabe des Entwurfs wurden die Präsidenten des Reichslandbundes, Graf Kalckreuth, und des Deutschen Landwirtschaftstages, Ernst Brandes, sowie mehrere Geschäftsstellen des Landbundes brieflich bei Hindenburg vorstellig. Der Tenor war bei allen Eingaben derselbe: Das Zwangsversteigerungsrecht, so formulierte es der Direktor der Ostpreußischen Landgesellschaft, Freiherr von Gayl, bedeute ein weiteres «Abgleiten in den Staatssozialismus» und schwäche die «Widerstandskraft der Kreise, welche bisher Träger des nationalen Wehrwillens gegenüber den Polen sind». Gutsnachbarn wie Elard von Oldenburg-Januschau nutzten persönliche Gespräche, um den Reichspräsidenten im gleichen Sinn zu beeinflussen.

Der Druck zeitigte rasch die erhoffte Wirkung. Am 25. Mai ließ Hindenburg Schlange-Schöningen durch Staatssekretär Meissner wissen, daß er der Verordnung in der vorliegenden Fassung nicht zustimmen könne. Zwei Tage später sprach die deutschnationale Reichstagsfraktion in einer Entschließung mit Blick auf die Siedlungsverordnung von «vollendetem Bolschewismus». Spätestens seit dem 27. Mai konnte Hindenburg hinter sein Nein nicht mehr zurück: Gegen die Deutschnationalen war die von ihm gewünschte Rechtsschwenkung nicht durchzusetzen.

Nach Berlin zurückgekehrt, empfing der Reichspräsident am 29. Mai, einem Sonntag, Brüning, um ihm mitzuteilen, daß er den Rücktritt der Regierung erwarte. Am Vormittag des 30. Mai berichtete der Kanzler dem Kabinett von dem Gespräch mit Hindenburg. Kurz vor 12 Uhr überbrachte Brüning dem Staatsoberhaupt die Demission der Reichsregierung. Die Unterredung dauerte nur wenige Minuten. Um 12 Uhr mußte der

Reichspräsident vor das Portal seines Amtssitzes treten, um eine Parade der Skagerrakwache, einer Ehrenformation der Marine, abzunehmen.[41]

Von keinem Reichskanzler der Weimarer Republik läßt sich mit so viel Recht wie von Heinrich Brüning sagen, daß sein Charakterbild, von der Parteien Gunst und Haß verzerrt, in der Geschichte schwankt. Den einen gilt er als ein Mann, der die Grundlagen der deutschen Demokratie systematisch unterhöhlt hat und darüber zu einem unfreiwilligen Wegbereiter Hitlers wurde. Andere sehen in ihm den Vertreter einer konservativen Alternative sowohl zum gescheiterten parlamentarischen System als auch zur nationalsozialistischen Diktatur. Der zweiten Lesart zufolge war Brünings Politik auf weiten Strecken historisch notwendig und erst sein Sturz der Beginn des Wegs in die Katastrophe.

Richtig ist, daß die parlamentarische Demokratie von Weimar bereits gescheitert war, als Brüning am 30. März 1930 Kanzler wurde. Nach dem Zerbrechen der Großen Koalition war der Übergang zum offenen Präsidialsystem nur noch eine Frage der Zeit. Brüning wurde zum Exekutor einer Politik, deren Richtlinien im großen vom Reichspräsidenten und seiner Umgebung bestimmt wurden. Auf wirtschaftspolitischem Gebiet vertrat der Kanzler bis weit in die zweite Hälfte des Jahres 1931 hinein den partei- und lagerübergreifenden Sanierungskonsens, der auf Deflation hinauslief. Bis zur Jahreswende 1931/32 gab es überdies ein «objektives» Hindernis, das einer anderen, antizyklischen Konjunkturpolitik entgegenstand: das ungelöste Reparationsproblem. Erst nachdem klar war, daß eine Rückkehr zum Young-Plan ausschied, hätte Brüning seinen wirtschaftlichen Kurs ändern können. Doch das wollte der Reichskanzler nicht, weil er aus Gründen des nationalen Prestiges und weiterreichender außenpolitischer Ziele einen Kompromiß in der Reparationsfrage ablehnte. Vermutlich hätte Brüning eine elastischere Außenpolitik aber auch gar nicht treiben können: Er wäre damit höchstwahrscheinlich am Veto Hindenburgs gescheitert.

Die Stellung des Reichspräsidenten war so stark, daß die Frage nach Brünings eigenen langfristigen Zielvorstellungen nur bedingt von Interesse ist. Im Exil und in seinen 1970, kurz nach seinem Tod, erschienenen Memoiren hat der Reichskanzler der Jahre 1930 bis 1932 behauptet, er habe zielstrebig auf die Wiederherstellung der Monarchie hingearbeitet und damit eine Barriere gegen eine Diktatur der Nationalsozialisten errichten wollen. An Brünings Sympathie für das 1918 untergegangene Kaiserreich gibt es keinen Zweifel: In der Regierungssitzung vom 24. Februar 1932 hat er demonstrativ darauf hingewiesen, daß er mit den Ereignissen vom 9. November 1918 nichts zu tun gehabt habe, an jenem Tag vielmehr in der Truppe gewesen sei, «die die Spitze der Gruppe Winterfeldt zur Niederwerfung der Revolution gebildet hat». Doch aus Brünings Regierungszeit fehlt jeder Beleg dafür, daß er die Restauration der Hohenzollernmonarchie betrieben habe. Die nachträgliche Darstellung war offenkundig eine Selbststilisierung: Brüning wollte sich ein Monument als konservativer Staatsmann mit weitreichenden Perspektiven setzen.

Tatsächlich war Brüning der halb willige, halb unfreiwillige Vollstrecker einer Politik, die sich mit «konservativ» nicht hinreichend beschreiben läßt. Das eigentliche Machtzentrum der späten Republik bestand aus Hindenburg und seiner Kamarilla. Was sie anstrebten, lief zunehmend auf einen autoritären Staat hinaus, in dem der Wille des Volkes nur noch gedämpft zur Geltung kommen sollte. Brüning hingegen wollte sich mit einer Beschränkung der Parlamentsrechte, vor allem was ausgabenwirksame Beschlüsse anging, begnügen (und setzte dieses, durchaus zweckmäßige Reformvorhaben im Februar 1931 auch durch). Er hielt die Nationalsozialisten für zähmbar, knüpfte an ihre Regierungsbeteiligung jedoch Bedingungen, die diese nicht annehmen konnten, ohne ihr Wesen radikal zu ändern. Er befürwortete, ebenso wie der Parteivorsitzende des Zentrums, Prälat Kaas, eine Rechtsschwenkung der deutschen Politik, wollte dabei aber strikt verfassungskonform bleiben. Als Hindenburg und sein Kreis sich im Frühjahr 1932 entschlossen, jede Rücksichtnahme auf die tolerierende Sozialdemokratie fallen zu lassen und dem Nationalsozialismus weiter entgegenzukommen, als Brüning dies für verantwortbar hielt, mußte er gehen.

Der Sturz Brünings war ein tiefer historischer Einschnitt. Am 30. Mai 1932 endete die erste, gemäßigte, parlamentarisch tolerierte Phase des Präsidialsystems. Es begann eine zweite, autoritäre, offen antiparlamentarische Phase. Reichswehrführung und Rittergutsbesitz, die den Regimewechsel herbeigeführt hatten, wollten die Nationalsozialisten gewissermaßen als Juniorpartner engagieren – nicht um sie herrschen zu lassen, sondern um sie in einen Rückhalt ihrer eigenen Herrschaft zu verwandeln. Die Erfüllung von Hitlers Bedingungen für die Hinnahme eines Rechtskabinetts schloß die Auflösung eines Reichstags in sich, dessen Legislaturperiode erst im September 1934 endete. Wäre die Wahl des neuen Reichstags zu jenem Zeitpunkt erfolgt, hätte Deutschland anders ausgesehen als im Sommer 1932: Im Gefolge der wirtschaftlichen Erholung, mit der man rechnen durfte, wäre der Zulauf zu den extremen Parteien zurückgegangen. Mit dem Übergang vom gemäßigten zum antiparlamentarischen Präsidialsystem zerstörten Hindenburg und die preußischen Machteliten diese Chance. Sie spitzten die Staatskrise dramatisch zu und brachten Deutschland damit in eine Lage, die mit verfassungsmäßigen Mitteln kaum noch zu meistern war.[42]

Brünings, von Schleicher ausgesuchter Nachfolger Franz von Papen, ein 1879 geborener ehemaliger Generalstabsoffizier, war westfälischer Gutsbesitzer, Herrenreiter, Hauptaktionär der Zentrumszeitung «Germania» und Vorstandsmitglied mehrerer landwirtschaftlicher Interessenverbände; bis zu den Wahlen vom 24. April 1932 hatte er dem preußischen Landtag als einer der am weitesten rechts stehenden Hinterbänkler der Zentrumsfraktion angehört. Die Parteimitgliedschaft Papens sollte, so sah es Schleicher, das Zentrum in ähnlicher Weise an die neue Regierung binden, wie das unter Brüning der Fall gewesen war. Der Vorsitzende des Zentrums, Prälat Kaas, machte Papen jedoch am 31. Mai, unmittelbar nachdem dieser von Hindenburg mit der Regierungsbildung beauftragt worden war, klar, daß es das Zentrum als Verrat betrachten würde, wenn dieser tatsächlich die Nachfolge des gestürzten Brüning antreten sollte. Von Hindenburg «am Portepee» gefaßt, entschied sich Papen für das Kanzleramt und trat aus dem Zentrum aus.

Der «starke Mann» des neuen Kabinetts war der damals fünfzigjährige General Kurt von Schleicher: Der gebürtige Brandenburger übernahm das Reichswehrministerium und trat damit erstmals ins volle Rampenlicht der Öffentlichkeit. Innenminister wurde Wilhelm Freiherr von Gayl, der zuvor an der Spitze der Ostpreußischen Landgesellschaft gestanden hatte. Aus Ostpreußen stammte auch Ernährungsminister Magnus Freiherr von Braun; wie Gayl hatte er bis zum Eintritt in das Kabinett der DNVP angehört. Das Auswärtige Amt fiel an den bisherigen Botschafter in London, Konstantin Freiherr von Neurath, der den Deutschnationalen nahestand und aus Württemberg kam. Neuer Finanzminister wurde der überzeugte Monarchist Lutz Graf Schwerin von Krosigk, seit 1929 Ministerialdirigent in dem Haus, das er nun zu leiten hatte. Unter den Ministern waren ein Graf, vier Freiherren, zwei weitere Adelige und nur drei Bürgerliche – ein Umstand, der den «Vorwärts» am 1. Juni zu der berühmt gewordenen Schlagzeile «Das Kabinett der Barone» anregte.

Am 4. Juni erfüllte der Reichspräsident eine der Bedingungen, die Hitler an die Duldung der neuen Regierung geknüpft hatte: Er löste den Reichstag auf; als Neuwahltermin setzte er den 31. Juli fest. Am 14. Juni unterzeichnete Hindenburg die erste Notverordnung des Kabinetts von Papen. Sie beruhte auf Vorarbeiten der Regierung Brüning und brachte in der Arbeitslosenversicherung eine Senkung der Unterstützungssätze um durchschnittlich 23 % und eine Kürzung der Betreuungszeit von 20 auf 6 Wochen. Danach erlosch praktisch jeder versorgungsähnliche Anspruch; an seine Stelle trat ein Fürsorgesystem auf einem Niveau weit unterhalb dessen, was man gemeinhin «Existenzminimum» nannte. Zwei Tage später löste die Regierung eine Zusage ein, die Schleicher am 4. Juni Hitler gegeben hatte: Das Verbot von SA und SS wurde aufgehoben und das Tragen von Uniformen allgemein wieder zugelassen.

Am selben Tag, dem 16. Juni, begann in Lausanne die Reparationskonferenz, die ursprünglich schon im Januar hatte stattfinden sollen, auf Brünings Ersuchen hin jedoch vertagt worden war. Papen konnte nun die Früchte der Durchhaltepolitik seines Vorgängers ernten: Das Abkommen, das der neue Kanzler am 9. Juli unterzeichnete, sah eine deutsche Abschlußzahlung von höchstens 3 Milliarden RM vor, die frühestens nach

Ablauf von drei Jahren und innerhalb eines längeren Zeitraums in Form von Reichsschuldverschreibungen zu zahlen waren – vorausgesetzt, daß das wirtschaftliche Gleichgewicht inzwischen völlig wiederhergestellt war. Die Ratifizierung des Abkommens durch die Parlamente in Paris und London hing zwar noch davon ab, ob sich die Vereinigten Staaten zu einer befriedigenden Regelung der interalliierten Schulden bereit fanden. Doch es war im hohen Maß unwahrscheinlich, daß Deutschland jemals wieder, bis auf einen eher symbolischen Rest, Reparationen würde zahlen müssen.

Eine innenpolitische Beruhigung bewirkte der außenpolitische Erfolg, der als solcher nur von den Sozialdemokraten und der liberalen Presse anerkannt wurde, nicht. Der Reichstagswahlkampf vom Sommer 1932 war der blutigste, den Deutschland je erlebt hatte. Die meisten Gewalttaten gingen auf das Konto von Kommunisten und Nationalsozialisten. Unmittelbar nach Aufhebung des SA-Verbots kam es in vielen Gebieten des Reiches, besonders häufig im Industrierevier an Rhein und Ruhr, zu blutigen Zusammenstößen politischer Gegner. In der ersten Junihälfte starben in Preußen 3 Menschen bei politischen Ausschreitungen, und zwar 2 Nationalsozialisten und 1 Kommunist. In der zweiten Hälfte des Monats, nach der Aufhebung des SA- und Uniformverbots, stieg die Zahl der politisch motivierten Todesfälle auf 17 an, darunter 12 auf nationalsozialistischer und 5 auf kommunistischer Seite. Unter den 86 Toten des Juli waren 38 Nationalsozialisten und 30 Kommunisten. Besonders blutig verliefen regelmäßig die Sonntage. Am 10. Juli etwa gab es im gesamten Reichsgebiet 17 Tote, 10 tödlich Verletzte und 181 Schwerverletzte.

Obwohl der Zusammenhang zwischen der Aufhebung des SA-Verbots und der Eskalation der Gewalt offenkundig war, machte das «Kabinett der Barone» die preußische Polizei und damit die geschäftsführende Regierung des größten deutschen Staates für den Straßenterror verantwortlich. Am 11. Juli erhob Reichsinnenminister von Gayl in einer Ministerbesprechung gegen den Sozialdemokraten Carl Severing, der seit Oktober 1930 wieder an der Spitze des preußischen Innenministeriums stand, den Vorwurf, er gebe seiner Polizei Befehle, die nationalsozialistische Bewegung zu bekämpfen, obschon diese immer stärker anwachse. Gayl leitete daraus die Folgerung ab, in Preußen müsse ein Reichskommissar eingesetzt werden, und es sei am besten, wenn der Reichskanzler diese Aufgabe übernehme und seinerseits Unterkommissare einsetze. Als Termin legte die Regierung tags darauf den 20. Juli fest. Doch am gleichen Tag machte Severing dem Reichskabinett einen Strich durch die Rechnung. Ein Erlaß vom 12. Juli, der das Verbot von Versammlungen und Aufzügen unter freiem Himmel erleichterte und die Polizei zu schärfstem Vorgehen gegen unbefugtes Waffentragen anhielt, entzog der geplanten Aktion gegen Preußen fürs erste den Boden.

Daß die Regierung ihren ursprünglichen Zeitplan doch noch einhalten konnte, lag am «Altonaer Blutsonntag», dem 17. Juli. Eine ungewöhnliche

Häufung von politischen, administrativen und polizeilichen Fehlentscheidungen trug mit dazu bei, daß ein Demonstrationsmarsch der SA durch «rote» Hochburgen der (damals noch preußischen) Stadt 19 Tote aus der Zivilbevölkerung forderte – die meisten von ihnen Opfer von Kugeln der Polizei. Vielleicht hätte Severing durch die sofortige Verhängung des Ausnahmezustands über Altona einen Schlag des Reiches gegen Preußen noch abwehren können. Aber der preußische Innenminister unterließ eine solche Demonstration der Stärke. Statt dessen handelte die Reichsregierung. Am 18. Juli erließ sie, ohne Absprache mit den Ländern, ein allgemeines Verbot von Versammlungen unter freiem Himmel und bestellte drei preußische Kabinettsmitglieder, Wohlfahrtsminister Hirtsiefer vom Zentrum, der den beurlaubten Otto Braun vertrat, Innenminister Severing und den parteilosen Finanzminister Otto Klepper für den 20. Juli, 10 Uhr, in die Reichskanzlei.

Was Papen den drei Ministern bei dieser Gelegenheit mitzuteilen hatte, war der «Preußenschlag». Gestützt auf Artikel 48, ernannte der Reichspräsident den Reichskanzler zum Reichskommissar für Preußen und ermächtigte ihn, die Mitglieder des preußischen Staatsministeriums ihrer Ämter zu entheben, selbst die Dienstgeschäfte des preußischen Ministerpräsidenten zu übernehmen und andere Personen als Kommissare des Reichs mit der Führung der preußischen Ministerien zu betrauen. Sodann gab Papen bekannt, daß er auf Grund der Verordnung den Ministerpräsidenten Braun und den Minister des Innern Severing ihrer Ämter enthoben und den Essener Oberbürgermeister Bracht zum preußischen Innenminister ernannt habe.

Die geschäftsführende preußische Regierung antwortete mit einer Klage beim Staatsgerichtshof, da die Maßnahmen des Reichs sowohl die Reichs- als auch die preußische Verfassung verletzten. Das Volk aber oder die arbeitenden Massen riefen die preußische Regierung, die SPD, die Freien Gewerkschaften und das Reichsbanner Schwarz-Rot-Gold nicht zum Abwehrkampf gegen den «Preußenschlag» auf. Die sozialdemokratische Parole lautete vielmehr, dem «Kabinett der Barone» müsse die Antwort bei den Reichstagswahlen vom 31. Juli gegeben werden. Vor allem junge Aktivisten aus dem Reichsbanner waren empört über den Verzicht auf Widerstand, den sie als Kapitulation vor der Gewalt empfanden – ein Urteil, das sein Echo auch in der Geschichtsschreibung gefunden hat.

Tatsächlich gab es triftige, ja zwingende Gründe für das Verhalten der Sozialdemokraten. Das «Volk» stand nicht mehr hinter der preußischen Regierung; es hatte ihr am 24. April das Vertrauen entzogen und damit dem demokratischen Legitimitätsbewußtsein der SPD einen schweren Schlag versetzt. Bei einer Massenarbeitslosigkeit, die im Juni 1932 offiziell bei 5,5 Millionen, in Wirklichkeit noch um einiges höher lag, war ein Generalstreik undenkbar. Insofern unterschied sich die Situation im Juli 1932 grundlegend von der im Frühjahr 1920: Damals herrschte in Deutschland annähernd Vollbeschäftigung. Doch das war nicht die einzige Differenz zur Lage während des Kapp-Lüttwitz-Putsches. Zu jener Zeit wußten sich die Streikenden in Übereinstimmung mit der legitimen Staatsgewalt. Der «Preußenschlag» aber war vom kurz zuvor gewählten Reichspräsidenten angeordnet worden. Zu erwarten, daß sich eine größere Zahl von Beamten und Polizisten gegen ihn erheben würden, wäre nicht realistisch gewesen.

Dazu kam, daß die Arbeiterschaft tiefer denn je in sich gespalten war. Die KPD, beunruhigt wegen Anzeichen einer schleichenden «Sozialdemokratisierung» in den eigenen Reihen, hatte bereits am 14. Juli einen Schlußstrich unter die Ende April begonnene elastischere Einheitsfronttaktik gezogen und vor «jeder Vernachlässigung unseres Kampfes gegen die sozialfaschistischen Führer, jeder Verwischung des prinzipiellen Gegensatzes zwischen uns und der SPD» gewarnt. Ein gemeinsamer Kampf mit der KPD für die Wiedereinsetzung der Regierung Braun war schlechthin unvorstellbar, die Frage der Kommunisten an Sozialdemokraten und Freie Gewerkschaften vom 20. Juli, ob sie zum Generalstreik bereit seien, daher nur eine rhetorische. Für einen bewaffneten Widerstand gegen die Reichswehr war das Reichsbanner im übrigen weder militärisch noch psychologisch gerüstet. In dieser Hinsicht war der republikanische Wehrverband auch den paramilitärischen Organisationen der Rechten, SA, SS und Stahlhelm, unterlegen, die mit Sicherheit aktiv an einem Kampf gegen die «Marxisten» teilgenommen hätten. Einen Bürgerkrieg konnte die demokratische Linke im Sommer 1932 nur unter furchtbarsten Opfern verlieren.

Daß dem so war, hatte Gründe, die weit hinter das Jahr 1932 zurückreichten. Die Hinnahme des «Preußenschlags» war *auch* eine Folge der zwanzig Monate währenden Tolerierungspolitik und der langjährigen führenden Beteiligung der SPD an der preußischen Regierung. Regierungspartei zu sein, formell in Preußen und informell im Reich, und gleichzeitig Bürgerkriegspartei im Wartestand: das war objektiv unmöglich. Die SPD büßte am 20. Juli 1932 die Reste der Macht ein, die sie nur deshalb so lange hatte behaupten können, *weil* sie seit dem Herbst 1930 alles auf eine Karte gesetzt hatte: die Abwehr des Nationalsozialismus auf dem Boden der Verfassung und im Bunde mit den gemäßigten Teilen des Bürgertums.

Ein scharfsinniger Beobachter aus den Reihen der sozialdemokratischen Linken, Arkadij Gurland, hat im Juni 1932, also noch vor dem «Preußenschlag», rückblickend gemeint, die Tolerierungspolitik habe sich auf das Postulat gestützt, «daß die Hauptgefahr für die Demokratie in der Bürgerkriegsgefahr beschlossen liege; ihre praktische Zielsetzung war daher weniger die Erhaltung der Demokratie als die Erhaltung der *Legalität*, weniger die Vereitelung eines unparlamentarischen Regierungssystems als die Vereitelung des *Bürgerkriegs*.» Diesem Postulat folgte die Sozialdemokratie auch am 20. Juli 1932. Sie hielt sich damit an das Gesetz, nach dem sie 1918, bei der Gründung der ersten deutschen Republik, angetreten war.

Dem Vorrang der «Vereitelung des Bürgerkriegs» entsprach es, daß Severing in der Übernahme der preußischen Polizei durch die Regierung von Papen das «kleinere Übel» sah – verglichen mit einer nationalsozialistischen Machtübernahme in Preußen. Es gab vor dem 20. Juli Äußerungen des sozialdemokratischen preußischen Innenministers gegenüber dem hochkonservativen Reichsinnenminister, die dieser als Ermutigung zur Einsetzung eines Reichskommissars für die preußische Polizei verstehen konnte. Und auch Gayl war der Gedanke eines Präventivschlags gegen die extreme Rechte nicht fremd: Die «Verreichlichung» der preußischen Polizei als Vorkehrung gegen einen nationalsozialistischen Griff nach der Exekutivgewalt des größten deutschen Staates war nicht das Hauptmotiv des «Preußenschlags»; als Nebenmotiv ist es durchaus erkennbar.

Mit der Absetzung der geschäftsführenden Regierung Braun endete ein ungewöhnliches Kapitel der preußischen Geschichte. Aus dem Staat der Hohenzollern war nach 1918 die zuverlässigste Stütze der Republik unter allen deutschen Ländern geworden. Das alte Preußen war nicht von der Bildfläche verschwunden, aber die Szene beherrschten bis zum Frühjahr 1932 die drei Weimarer Koalitionsparteien. Unmittelbar nach dem «Preußenschlag» begann die große Säuberung. Staatssekretäre und Ministerialdirektoren, Ober-, Regierungs- und Polizeipräsidenten, die den bisherigen Koalitionsparteien angehörten, wurden in den einstweiligen Ruhestand versetzt und durch konservative Beamte, häufig Deutschnationale, ersetzt. Von den vier sozialdemokratischen Oberpräsidenten blieb nur einer übrig: Gustav Noske in Hannover. Der ehemalige Reichswehrminister stand nach Meinung der Reichsregierung so weit rechts von seiner Partei, daß er sein, seit Juli 1920 ausgeübtes Amt behalten konnte.[43]

Der Wunsch der Sozialdemokraten, der Regierung von Papen bei der Reichstagswahl vom 31. Juli 1932 die Antwort auf den «Preußenschlag» geben zu können, ging nicht in Erfüllung. Das Wahlergebnis war, auf den ersten Blick jedenfalls, ein triumphaler Erfolg Hitlers. Bei einer Wahlbeteiligung von 84,1 %, der höchsten seit 1920, entfielen 37,4 % der abgegebenen gültigen Stimmen auf die NSDAP. Das war ein Zuwachs von 19,1 % gegenüber der vorangegangenen Reichstagswahl vom 14. September 1930. Die Zahl der nationalsozialistischen Mandate stieg von 107 auf 230. Sehr viel bescheidenere Gewinne verbuchten die Kommunisten, die von 13,1 auf 14,5 % kletterten. Zuwächse erzielten auch die beiden katholischen Parteien: Das Zentrum verbesserte sich von 11,8 auf 12,5 %, die BVP von 3 auf 3,2 %. Alle anderen Parteien gehörten zu den Verlierern. Die SPD sank von 24,5 auf 21,6 %, die DNVP von 7 auf 5,9 %, die DVP von 4,5 auf 1,2 % und die Deutsche Staatspartei von 3,8 auf 1 %. Die übrigen Parteien kamen zusammen auf 2,5 %.

Den Nationalsozialisten war es gelungen, die Parteien der liberalen Mitte und der gemäßigten Rechten sowie die Splitterparteien zu beerben und zahlreiche Erst- und Nichtwähler zu sich herüberzuziehen. Der Norden und der Osten Deutschlands waren sehr viel stärker «braun» eingefärbt als der Süden und Westen; aber auch in Hessen, Franken, der Pfalz und im nördlichen Württemberg hatte die NSDAP alle anderen Parteien überrundet. Nationalsozialistischer «Spitzenreiter» unter den 35 Wahlkreisen war Schleswig-Holstein, wo 51 % der Stimmen auf die NSDAP entfielen.

Als relativ immun gegenüber den Parolen des Nationalsozialismus erwiesen sich, wie schon 1930, das katholische Milieu und, in geringerem Maß, der in sich gespaltene «marxistische» Wählerblock. In der bürgerlich-protestantischen Wählerschaft hatte nur das konservative Milieu einen Rest an Eigenständigkeit gegenüber der NSDAP behauptet. Die knapp 6 % Stimmen für die DNVP, die ihre Hochburgen nach wie vor in Ostelbien hatte, bildeten den harten Kern des ehedem sehr viel größeren monarchistischen Lagers. Nahezu ausradiert war der politische Liberalismus. Die Nationalsozialisten waren zu *der* großen Protestbewegung gegen das «System» geworden, der sich anschloß, wen nicht starke Überzeugungen von diesem Schritt abhielten. Daß die Partei Hitlers ihren Wählern höchst Widersprüchliches versprach, wurde von diesen kaum bemerkt. Was zählte, war die Hoffnung, daß es Deutschland und den Deutschen nach einer «nationalen Revolution» besser gehen würde als in der Gegenwart.

Umrisse einer parlamentarischen Mehrheit ließen sich jedoch nach dem 31. Juli nicht erkennen. Die Nationalsozialisten stellten zwar die mit Abstand stärkste Fraktion des Reichstags, aber gegenüber dem zweiten Wahlgang der Reichspräsidentenwahl am 10. April und den Landtagswahlen vom 24. April hatten sie kaum noch zugelegt. Von einer Mehrheit waren sie auch dann weit entfernt, wenn ihnen die Deutschnationalen und kleinere rechte Parteien zu Hilfe kamen. Theoretisch denkbar war allenfalls eine schwarz-braune Koalition, doch war es nach den hessischen und preußischen Erfahrungen höchst zweifelhaft, ob ein solches Bündnis Gestalt annehmen würde.

Die Nationalsozialisten selbst waren bitter enttäuscht, daß ihre Machtübernahme trotz des Wahlerfolgs noch nicht in Sicht war. Die Enttäuschung entlud sich Anfang August in einer Welle blutiger Attentate auf politische Gegner, wobei die SA vor allem dort zuschlug, wo sie besonders stark war: im Osten des Reiches. Am 9. August sah sich die Reichsregierung genötigt, eine neue Notverordnung gegen den politischen Terror zu erlassen, die die Todesstrafe auf Totschlag aus politischen Beweggründen ausdehnte und in den besonders gefährdeten Bezirken Sondergerichte einrichtete.

Am 10. August um 0 Uhr trat die Verordnung in Kraft. Eineinhalb Stunden später wurde in Potempa im Landkreis Gleiwitz ein Verbrechen begangen, dessen Brutalität aus dem Rahmen des mittlerweile Alltäglichen herausfiel. Betrunkene SA-Leute überfielen einen arbeitslosen polnischen Anhänger der KPD, schossen ihn an und trampelten ihn vor den Augen seiner Mutter zu Tode. Die meisten Tatverdächtigen konnten von der Polizei innerhalb von zwei Tagen festgenommen werden. Nach der neuen Rechtslage mußte man mit Todesurteilen des zuständigen Sondergerichts in Beuthen rechnen – sofern die Nationalsozialisten nicht vorher an die Macht kamen.

Diesem Ziel schien Hitler in der ersten Augusthälfte zeitweilig sehr nahe zu sein. Am 6. August traf er sich in der Nähe von Berlin zu einem langen Geheimgespräch mit dem Reichswehrminister. Dem Führer der NSDAP gelang es, Schleicher davon zu überzeugen, daß er, Hitler, die Führung der Reichsregierung und seine Partei die Ämter des preußischen Ministerpräsidenten sowie, jeweils in Personalunion, die Ressorts für Inneres, Erziehung und Landwirtschaft im Reich und in Preußen, ferner das Reichsjustiz- und ein neu zu schaffendes Reichsluftfahrtministerium übernehmen müsse. Mit seiner grundsätzlichen Zustimmung zu Hitlers Forderungen vollzog der «starke Mann» des Kabinetts eine dramatische Kehrtwendung. Offenbar hielt Schleicher es Anfang August 1932 für eine ausreichende Sicherung gegen die Alleinherrschaft der NSDAP, wenn die Reichswehr ihrer Kontrolle entzogen blieb.

Das sah Hindenburg, der zu dieser Zeit in Neudeck weilte, ganz anders: Er lehnte Schleichers Vorschlag unwirsch ab. Nicht anders reagierte der Reichspräsident, als er, nach Berlin zurückgekehrt, am 10. August von Papen mit der Überlegung konfrontiert wurde, Hitler als Kanzler an die Spitze einer, das Zentrum miteinbeziehenden Mehrheitsregierung zu berufen. Bei dieser Gelegenheit fiel Hindenburgs vielzitierte Bemerkung, es sei doch ein starkes Stück, daß er den «böhmischen Gefreiten» zum Reichskanzler machen solle.

Am späten Nachmittag des 10. August 1932 zeigte sich, daß auch im Reichskabinett die Ansichten über eine eventuelle Machtübertragung an Hitler weit auseinandergingen. Für eine Regierungsbeteiligung sprachen sich indirekt Justizminister Gürtner und, sehr viel deutlicher, Finanzminister von Krosigk aus, der letztere mit der saloppen Bemerkung, daß sich der Bürgerkrieg am ehesten vermeiden lasse, wenn man den «Wilddieb zum Förster» mache. Der entschiedenste Widerstand kam von Reichsinnenminister von Gayl, der sogar bereit war, einen «Kampf auf Leben und Tod» mit der NSDAP zu führen, in diesem Zusammenhang von einer «Revolution von oben» sprach und offen eine verfassungswidrige Lösung befürwortete: die Auflösung des Reichstags, den Aufschub von Neuwahlen über die in der Verfassung vorgesehene Frist von sechzig Tagen hinaus und die Oktroyierung eines neuen Wahlrechts.

Tags darauf, am 11. August, fand in Gegenwart des Reichspräsidenten die traditionelle Verfassungsfeier der Reichsregierung statt. Es war das erste Mal in der Geschichte der Weimarer Republik, daß der Festredner bei dieser Gelegenheit eine Ansprache *gegen* das Verfassungswerk von 1919 hielt. Reichsinnenminister von Gayl begann mit der Feststellung, daß die Weimarer Verfassung die Deutschen nicht einige, sondern trenne, und plädierte dann für eine Verfassungsreform im autoritären Sinn. Die Kernpunkte waren die Heraufsetzung des Wahlalters, die Gewährung von Zusatzstimmen an Familienernährer und Mütter, eine Verselbständigung der Regierungsgewalt und die Schaffung einer berufsständischen ersten Kammer, die ein Gegengewicht zum Reichstag bilden sollte.

Für den 12. und 13. August waren Verhandlungen Hitlers erst mit dem Reichskanzler, dann mit dem Reichspräsidenten vorgesehen. Um seinen Anspruch auf die Macht zu unterstreichen, hatte der Führer der Nationalsozialisten rund um Berlin starke Verbände der SA zusammengezogen. Das für den 12. August geplante Gespräch mit dem Kanzler verschob Hitler kurzfristig auf den folgenden Tag. Am Vormittag des 13. August suchte er zunächst, begleitet vom Stabschef der SA, Ernst Röhm, Schleicher, dann, zusammen mit dem Vorsitzenden der nationalsozialistischen Reichstagsfraktion, Wilhelm Frick, Papen auf. Von Reichswehrminister und Reichskanzler erfuhr Hitler, daß Hindenburg bisher nicht gewillt sei, ihm das Amt des Reichskanzlers zu übertragen. Ohne vom Reichspräsidenten dazu ausdrücklich autorisiert zu sein, bot Papen Hitler den Posten des Vizekanzlers in seiner Regierung an und gab ihm sogar das Wort, er wolle nach einer Phase der vertrauensvollen Zusammenarbeit, wenn der Reichspräsident Hitler besser kennengelernt habe, zu seinen Gunsten zurücktreten. Doch Hitler lehnte die Offerte ab und bestand weiterhin auf der Kanzlerschaft.

Die Begegnung mit dem Reichspräsidenten am Nachmittag des 13. August 1932, an der auf der Staatsseite auch Papen und Meissner, auf der Seite der Nationalsozialisten Hitler, Röhm und Frick teilnahmen, wurde für Hitler zur schwersten politischen Niederlage seit seinem gescheiterten Münchner Putsch vom 8. und 9. November 1923. Hindenburg setzte Hitlers Forderung nach der Kanzlerschaft laut Meissners Protokoll ein «klares, bestimmtes ‹Nein›» entgegen. «Er könne es vor Gott, seinem Gewissen und seinem Vaterlande nicht verantworten, einer Partei die gesamte Regierungsgewalt zu übertragen, noch dazu einer Partei, die einseitig gegen Andersdenkende eingestellt wäre. Es sprächen hiergegen auch eine Reihe anderer Gründe, die er nicht einzeln aufführen wolle, wie die Besorgnis vor größeren Unruhen, die Wirkung für das Ausland usw.» Die amtliche Verlautbarung über die Zusammenkunft fiel knapp und scharf aus. Der Schlüsselsatz besagte, der Reichspräsident habe Hitlers Forderung nach der gesamten Staatsgewalt mit der Begründung abgelehnt, «daß er es vor seinem Gewissen und seinen Pflichten dem Vaterlande gegenüber nicht verantworten könne, die gesamte Regierungsgewalt ausschließlich der nationalsozialistischen Bewegung zu übertragen, die diese einseitig anzuwenden gewillt sei».

Hitler fühlte sich gedemütigt und machte es dem Kanzler unmittelbar nach dem Empfang durch den Reichspräsidenten zum Vorwurf, daß er ihm nicht im voraus klar gesagt habe, daß Hindenburgs Entschluß bereits feststehe. Er drohte Papen und Meissner sogar, «die weitere Entwicklung würde doch unaufhaltsam zu der von ihm vorgeschlagenen Lösung oder dem

Sturz des Reichspräsidenten führen. Die Regierung würde in eine schwierige Lage kommen; die Opposition werde sehr scharf werden, und er übernehme keine Verantwortung für die Folgen, die sich ergeben.» Das war eine unverhüllte Erpressung: Für den Fall, daß sein Machtanspruch nicht erfüllt würde, kündigte Hitler die Aufkündigung seines Legalitätskurses, also revolutionäre Gewalt und Bürgerkrieg an.

Eine Gelegenheit, der Reichsregierung offen den Kampf anzusagen, bot sich Hitler am 22. August. An diesem Tag fällte das Sondergericht Beuthen die Urteile im Potempa-Prozeß. Auf Grund der Notverordnung vom 9. August wurden vier der angeklagten Nationalsozialisten wegen gemeinschaftlichen politischen Totschlags, einer wegen Anstiftung zum politischen Totschlag zum Tode verurteilt. Hitler versicherte den Tätern sogleich in einem Telegramm, der Kampf für ihre Freiheit sei «von diesem Augenblick an eine Frage unserer Ehre, der Kampf gegen eine Regierung, unter der dieses möglich war, unsere Pflicht». Im «Völkischen Beobachter» verkündete Hitler zwei Tage später, Herr von Papen habe «damit seinen Namen mit dem Blute nationaler Kämpfer in die deutsche Geschichte eingezeichnet». Goebbels versuchte seinen Führer noch zu übertrumpfen. In dem von ihm herausgegebenen «Angriff» nannte er die Juden die Schuldigen am Beuthener Urteil. «Vergeßt es nie Kameraden! Sagt es Euch hundertmal am Tage vor, daß es Euch bis in Eure Träume verfolgt: Die Juden sind schuld! Und sie werden dem Strafgericht, das sie verdienen, nicht entgehen.»

Eine Vollstreckung der Urteile konnte, darüber war sich das Reichskabinett im klaren, leicht das Signal für den offenen Bürgerkrieg werden. Auf der anderen Seite bestand die Gefahr, daß eine Begnadigung der Täter als Kapitulation vor dem Nationalsozialismus verstanden werden würde. Doch dieses Risiko erschien den Verantwortlichen das geringere. Hindenburg äußerte am 30. August, er persönlich sei nicht aus politischen, sondern rechtlichen Gründen für eine Begnadigung. Die Tat sei ja nur eineinhalb Stunden nach Inkrafttreten der Notverordnung gegen den politischen Terror begangen worden, und es sei nicht anzunehmen, daß die Täter von den Strafverschärfungen Kenntnis gehabt hätten. Mit ebendieser Begründung (die man zuvor schon in liberalen Blättern wie der «Frankfurter Zeitung» hatte lesen können) beschloß die kommissarische preußische Regierung unter Vorsitz Papens am 2. September, die Mörder von Potempa zu lebenslangem Zuchthaus zu begnadigen.[44]

Hindenburg gab sein Votum zum Fall Potempa am 30. August anläßlich einer Besprechung ab, zu der Papen, Gayl und Schleicher nach Neudeck gereist waren. Das Hauptthema der Beratungen war die innenpolitische Lage nach dem 13. August. Papen ging davon aus, daß der Reichstag schon bald wieder aufgelöst werden müsse, da es in ihm keine Mehrheit gebe, die zur Zusammenarbeit mit dem Reichspräsidenten bereit sei und eine eventuelle schwarz-braune Koalition nur eine «scheinbare» oder «negative» Mehrheit bilden könne. Nach einer abermaligen Auflösung des Reichstags ergebe sich die Frage, ob innerhalb der verfassungsmäßigen Frist von 60 Tagen Neuwahlen stattfinden sollten. Ein Aufschub sei zwar formell eine Verletzung der einschlägigen Verfassungsvorschrift, des Artikels 25. «Aber es liegt ein staatlicher Notstand vor, der den Herrn Reichspräsidenten durchaus dazu berechtigt, die Wahlen hinauszuschieben. Der Herr Reichspräsident habe in seinem Eid auch die Pflicht übernommen, Schaden vom deutschen Volk abzuwenden; eine Neuwahl in dieser politisch erregten Zeit mit all den Terrorakten und Mordtaten wäre aber ein großer Schaden am deutschen Volke.»

Gayl, der den Aufschub von Neuwahlen am 10. August als erster im Kabinett zur Sprache gebracht hatte, sekundierte dem Kanzler. Am Ende der Aussprache gab Hindenburg die Erklärung ab, auf die die drei Besucher warteten: «Der Herr *Reichspräsident* sprach sich dahin aus, daß er, um Nachteil vom deutschen Volk abzuwenden, es vor seinem Gewissen verantworten könne, bei dem staatlichen Notstand, der nach Auflösung des Reichstags gegeben sei, die Bestimmungen des Artikels 25 dahin auszulegen, daß bei der besonderen Lage im Lande die Neuwahl auf einen späteren Termin verschoben werde.»

Für Papen, Gayl und Schleicher war diese Zusage ebenso wichtig wie die umstandslos erteilte und sogleich unterzeichnete Blankovollmacht zur Auflösung des Reichstags. Der Reichspräsident und die drei wichtigsten Mitglieder der Regierung hielten es mithin für vertretbar, die Reichsverfassung mit der Begründung zu durchbrechen, daß ein Staatsnotstand ihnen keine andere Wahl lasse. Es gab deutsche Staatsrechtler, die bereit waren, einen solchen Schritt als ultima ratio zu rechtfertigen. Carl Schmitt, der bekannteste unter ihnen, entwickelte in seiner Schrift «Legalität und Legitimität», die am 10. Juli, also zehn Tage vor dem «Preußenschlag», abgeschlossen vorlag, die These von den zwei Verfassungen, in die die Weimarer Reichsverfassung zerfalle, den ersten, organisatorischen Hauptteil, der formal und wertfrei sei, und den zweiten, den Grundrechtsteil, den Schmitt als substanzhaft und wertbestimmt charakterisierte. Nur unter günstigen Bedingungen hätten beide Teile nebeneinander bestehen können. Inzwischen sei aber der erste Hauptteil von den Staatsorganen selbst außer Kraft gesetzt worden, während der zweite weiterhin gelte. Dieser eigentliche Teil der Verfassung ließ sich Schmitt zufolge nur noch retten, wenn der erste Teil preisgegeben werde. Im Namen seiner höheren, plebiszitären «Legitimität» durfte der Reichspräsident, der eigentliche «Hüter der Verfassung», somit der bloß formalen «Legalität» des pluralistischen Parteienstaates den Kampf ansagen und sie überwinden.

In der Logik von Schmitts Konstruktion lag es, auch einer Verfassungsrevision von «oben» die Weihe der Legitimität zu geben, sofern der Reichspräsident die neue Verfassung kraft seiner Autorität durchsetzte. Schmitts Kollege Johannes Heckel argumentierte sehr viel differenzierter. In einem Aufsatz, der im Oktober 1932 im «Archiv des öffentlichen Rechts» erschien, legte Heckel dar, daß Deutschland seit der Reichstagswahl in den Zustand der Verfassungslähmung eingetreten war. Da zwei offen verfassungsfeindliche Parteien, NSDAP und KPD, über die absolute Mehrheit der Sitze verfügten, fiel der Reichstag als handlungsfähiges Verfassungsorgan aus. Eine Änderung dieses Zustands war auch durch Neuwahlen nicht zu erwarten. Der Reichspräsident konnte sich in dieser Situation des akuten Verfassungsnotstandes laut Heckel auf seine Pflicht berufen, dem «politischen Gesamtzweck der Verfassung trotz der abnormen Lage und in Anpassung an sie gerecht zu werden». Freilich durfte er den Aufschub von Neuwahlen nicht zu dem Zweck nutzen, den zumindest Gayl im Sinn hatte: der Durchsetzung einer neuen autoritären Verfassung. Als Inhaber der kommissarischen Diktaturgewalt durfte der Reichspräsident nur ein «dictator ad tuendam constitutionem», nicht ein «dictator ad constituendam constitutionem», ein Diktator zum Schutz der bestehenden Verfassung, nicht einer zum Erlaß einer anderen Verfassung sein.[45]

Der 30. August 1932 war nicht nur der Tag des Neudecker Notstandstreffens, sondern auch der konstituierenden Sitzung des neugewählten Reichstags. Die Alterspräsidentin, die Kommunistin Clara Zetkin, geboren am 5. Juli 1857, gab zum Abschluß ihrer Ansprache der Hoffnung Ausdruck, sie werde auch noch das Glück erleben, als Alterspräsidentin den ersten Rätekongreß Sowjetdeutschlands zu eröffnen. Dann wählte eine starke Mehrheit den Nationalsozialisten Hermann Göring zum Präsidenten. Für Göring stimmte auch das Zentrum, das sich auf den parlamentarischen Brauch berief, wonach die stärkste Fraktion den Präsidenten stellte.

Am 12. September trat der Reichstag zu seiner zweiten Sitzung zusammen. Einziger Punkt der Tagesordnung war die Entgegennahme einer Regierungserklärung. Doch gleich zu Beginn stellte der kommunistische Abgeordnete Torgler den Antrag, die Tagesordnung zu ändern und zunächst die Anträge seiner Fraktion auf Aufhebung von zwei neuen Verordnungen, der Notverordnung zur Belebung der Wirtschaft vom 4. September und der auf sie gestützten Verordnung zur Vermehrung und Erhaltung der Arbeitsgelegenheit vom 5. September, und dann die Mißtrauensanträge gegen das Kabinett von Papen zu erledigen. Eine solche Änderung der Tagesordnung konnte schon durch den Widerspruch eines einzigen Abgeordneten verhindert werden – aber zur allgemeinen Verblüffung erhob niemand Einwände, auch nicht die deutschnationale Fraktion. Die NSDAP beantragte, um Hitlers Entscheidung über das weitere Vorgehen einzuholen, die Unterbrechung der Sitzung um eine halbe Stunde. Nach Annahme des Antrags drängte das Zentrum die Nationalsozialisten, die Anträge der KPD abzulehnen. Hitler entschied sich jedoch für Zustimmung und entzog damit weiteren Verhandlungen mit dem Zentrum, in die er sich am 29. August durch ein Gespräch mit Brüning persönlich eingeschaltet hatte, fürs erste den Boden.

Papen war vom Gang der Dinge völlig überrumpelt worden. Er hatte weder den Vorstoß der KPD noch das Ausbleiben von Widerspruch einkalkuliert und war ohne die Auslösungsorder, die Hindenburg am 30. August in Neudeck – ohne Datum – unterzeichnet hatte, im Reichstag erschienen. Erst in der Sitzungspause besorgte er sich die «rote Mappe», um sie dann, als er den Plenarsaal wieder betrat, demonstrativ vorzuzeigen. Doch Reichspräsident Göring ignorierte zwei Wortmeldungen des Reichskanzlers und die Mappe, die dieser schließlich auf den Tisch des Präsidenten legte. Er ließ vielmehr über die beiden kommunistischen Anträge gemeinsam abstimmen und gab, nachdem die Mitglieder der Regierung den Plenarsaal längst verlassen hatten, das Ergebnis der namentlichen Abstimmung bekannt: Von 560 abgegebenen Stimmzetteln war einer ungültig; 512 Abgeordnete hatten mit Ja gestimmt, 42 mit Nein; 5 hatten sich enthalten. Die Nein-Stimmen kamen von DNVP und DVP; die Abgeordneten einiger kleinerer Gruppierungen, der Deutschen Staatspartei, des Christlich-Sozialen Volksdienstes, der Deutschen Bauernpartei und der Wirtschaftspartei, waren der Abstimmung ferngeblieben. Alle anderen Fraktionen hatten für die kommunistischen Anträge gestimmt.

Die Abstimmung war ungültig, weil der Reichstag in dem Moment aufgelöst war, wo der Reichskanzler die Auflösungsorder auf den Tisch des Reichspräsidenten legte. Aber der politische Effekt der Abstimmung ließ sich nicht mehr aus der Welt schaffen. Mehr als vier Fünftel der Abgeordneten hatten der Regierung von Papen das Mißtrauen ausgesprochen, und es war die Nachlässigkeit des Reichskanzlers, die zu diesem Debakel geführt hatte.

Als das Kabinett zwei Tage später über das weitere Vorgehen beriet, traute sich Papen die große Kraftprobe nicht mehr zu, für die er am 30. August in Neudeck die Unterstützung Hindenburgs gewonnen hatte. Nur Gayl und Schleicher plädierten für eine unbefristete Vertagung von Neuwahlen, wobei der Reichswehrminister darauf verwies, daß die Staatsrechtslehrer Carl Schmitt, Erwin Jacobi und Carl Bilfinger, die Prozeßvertreter des Reiches im Rechtsstreit «Preußen contra Reich», für diesen Fall das Vorliegen eines «echten Staatsnotrechtes» bejaht hätten. Papen und die übrigen Minister hielten den Zeitpunkt für ein Abweichen von der Verfassung noch nicht für gekommen. Am 17. September beschloß das Kabinett, dem Reichspräsidenten als Termin für die Neuwahl des Reichstags den 6. November, das spätestmögliche Datum, vorzuschlagen. Am 20. September unterzeichnete Hindenburg die entsprechende Verordnung.

Den Plan einer Verfassungsreform gab der Reichskanzler nicht auf. In seiner Regierungserklärung, die er am Abend des 12. September über den Rundfunk vortrug, äußerte er sich zu diesem Thema ähnlich wie Gayl am Verfassungstag: An die Stelle des Systems der formalen Demokratie, das im Urteil der Geschichte und in den Augen der deutschen Nation abgewirtschaftet habe, müsse eine neue Ordnung treten, eine «wahrhaft unparteiische nationale Staatsführung», die sich auf die Macht und Autorität des vom Volk gewählten Reichspräsidenten stütze. Das Wahlalter solle heraufgesetzt und die Volksvertretung organisch mit den Selbstverwaltungskörpern, offenbar im Sinne einer berufsständisch geprägten ersten Kammer, verbunden werden. Zwischen der preußischen und der Reichsregierung gelte es eine «organische» Verbindung herzustellen, die ein Neben- und Gegeneinander für die Zukunft ausschließe – womit Papen den «Preußenschlag» nachträglich als Durchbruch zu der seit langem erörterten «Reichsreform» darstellte. Dem deutschen Volk versicherte der Reichskanzler, es werde über die neue Verfassung, die ihm die Regierung nach sorgfältiger Prüfung vorlegen werde, selbst zu entscheiden haben. Papen schloß seine Rede mit dem Ausruf: «Mit Hindenburg und für Deutschland!»

Was der Kanzler im letzten Teil seiner Regierungserklärung vortrug, waren die Umrisse jenes «neuen Staates», den das Kabinett seit dem Sommer 1932 zu errichten strebte. Ausführlicher als Papen legte der Publizist Walther Schotte in einer vom Reichskanzler eingeleiteten und damit zu offiziösem Rang erhobenen Broschüre dar, was den «neuen Staat» von der parlamentarischen Demokratie von Weimar unterscheiden sollte. Der «neue Staat» war ein mit berufsständischen Elementen versetzter autoritärer Präsidialstaat. Der Wille des Volkes äußerte sich vorrangig in einem einmaligen Wahlakt, der plebiszitären Legitimation des Staatsoberhaupts. Nicht der Reichstag, sondern der Reichspräsident verkörperte den allgemeinen Willen; er bildete das Machtzentrum. Der Reichstag sollte durch ein neues Wahlrecht, das das Alter, den Familienstand und die Kinderzahl berücksichtigte, entradikalisiert werden und seine Macht als Gesetzgebungsorgan mit einem Oberhaus teilen. In dieser, vom Reichspräsidenten berufenen ersten Kammer wirkten, soweit es nach den Vorstellungen der Architekten des «neuen Staates» ging, die Berufsstände harmonisch zusammen. Wenn ein Verfassungsentwurf, der sich an diesen Vorgaben orientierte, die Zustimmung einer Mehrheit der Deutschen gefunden hätte, wäre das ein Akt weitgehender Selbstentmachtung des Volkes gewesen.

Papen, Gayl und ihre publizistischen Zuarbeiter konnten darauf setzen, daß die parlamentarische Demokratie im Jahr 1932 nur noch wenige engagierte Befürworter hatte. Schon 1929 hatte der «jungkonservative» Schriftsteller Edgar Jung, der im Frühjahr 1933 Papens ständiger Redenschreiber werden sollte, in einem vielgelesenen Buch das parlamentarische System des Westens als die «Herrschaft der Minderwertigen» denunziert; ein autoritärer, angeblich überparteilicher, ja die Parteien überwindender Präsidialstaat war der gemeinsame Nenner jener Umbaupläne, die seit langem in rechten Zirkeln wie der «Ring-Bewegung» um Heinrich von Gleichen-Russwurm, den Gründer des «Herrenklubs», und dem Kreis um die Zeitschrift «Die Tat» und ihren Herausgeber Hans Zehrer entwickelt worden waren. Ansonsten boten die Vertreter der «Konservativen Revolution» auch zu Beginn der dreißiger Jahre kein einheitliches Bild. Der «Tatkreis», der enge Beziehungen zu Schleicher unterhielt, betonte die Rolle der

Massen weit stärker als die Intellektuellen aus dem «Herrenklub» um Papen. Die Rolle, die der Reichswehrminister in den Diskussionen über neue Querverbindungen zwischen «rechts» und «links» spielte, hatte zwar häufig mehr mit den wechselnden Projekten seiner Ratgeber als mit eigenen ausgefeilten Plänen zu tun. Aber soviel war bereits im September 1932 erkennbar: Schleicher stand der immer deutlicher werdenden Volksferne des von ihm ausgesuchten Kanzlers zunehmend skeptisch gegenüber.

Zu keinem Zeitpunkt seiner Regierungszeit trat der rückwärtsgewandte Grundzug von Papens Politik so scharf hervor wie am 12. Oktober 1932, als der Reichskanzler, vermutlich angeregt von dem katholisierenden Protestanten Edgar Jung, auf einer Tagung des Bayerischen Industriellenverbandes in München den «unsichtbaren Kraftstrom des sacrum imperium, der unzerstörbaren Idee des heiligen Deutschen Reiches» beschwor. Der Mythos des Reiches gewann während der deutschen Staatskrise in dem Maß an Strahlkraft, wie die Republik an Rückhalt verlor. Die Reichsidee diente aber auch der Rechtfertigung des deutschen Anspruchs, etwas anderes und mehr zu sein als ein Nationalstaat im westlichen, durch die Ideen von 1789 geprägten Sinn. «Nur ein von Deutschen geführtes Europa kann ein befriedetes Europa werden», verkündete 1932 Wilhelm Stapel, der Herausgeber der jungkonservativen Zeitschrift «Deutsches Volkstum». «Das Reich wird zur innen- und außenpolitischen Losung», stellte der katholische Publizist Waldemar Gurian, ein Kritiker der neuen politischen Romantik, im gleichen Jahr 1932 fest. «Für das Reich – gegen Versailles und die parlamentarische Demokratie... Man kann das Reich als das deutsche Menschheitsbild bezeichnen, das dem westlichen Humanitarismus entgegengestellt wird und sich doch von der östlichen Apokalyptik durch seine Verbundenheit mit der europäischen Geschichte unterscheidet.»

Die Reichsidee erlebte in den frühen dreißiger Jahren eine konfessionsübergreifende Renaissance. Sie ging regelmäßig mit einem Bekenntnis zum großdeutschen Gedanken, oft auch zu einem alle staatlichen Grenzen überwölbenden deutschen Volkstum einher. Die protestantischen wie die katholischen Reichsideologen sahen, seit es das Habsburgerreich nicht mehr gab, den Gegensatz zwischen «kleindeutsch» und «großdeutsch» ohnehin als überholt an, und sie wußten sich darin einig mit der zeitgenössischen deutschen Geschichtswissenschaft. Man konnte sich, um dem Westen und dem Staat von Weimar eine «positive» Antwort zu geben, auf die Idee eines übernationalen deutschen Reiches als mitteleuropäischer Ordnungsmacht oder auf das friderizianische Preußen berufen, aber auch beide Mythen gleichzeitig beschwören, und die meisten Autoren der «Konservativen Revolution» und namhafte deutsche Historiker taten das. Die mystische Überhöhung des «sacrum imperium» aber war vor allem ein Kennzeichen jenes Rechtskatholizismus, dem Papen zuzuordnen war. Es war ein Credo, das nicht nur politischen Gegnern Anlaß gab, am Wirklichkeitssinn des Reichskanzlers zu zweifeln.[46]

Die politische Wirklichkeit holte Papen spätestens am 25. Oktober wieder ein, als der Staatsgerichtshof in Leipzig sein Urteil zum «Preußenschlag» verkündete. Das Gericht erklärte die Verordnung des Reichspräsidenten vom 20. Juli 1932 für verfassungsmäßig, soweit sie den Kanzler zum Reichskommissar für das Land Preußen einsetzte und ihn ermächtigte, preußischen Ministern vorübergehend Amtsbefugnisse zu entziehen und diese selbst zu übernehmen. Diese Ermächtigung durfte sich aber, so hieß es dann weiter wörtlich, «nicht darauf erstrecken, dem preußischen Staatsministerium und seinen Mitgliedern die Vertretung des Landes Preußen im Reichsrat oder gegenüber dem Landtage, dem Staatsrat oder gegenüber anderen Ländern zu entziehen».

Das Leipziger Urteil hob den «Dualismus Preußen – Reich» *nicht* auf. Es gab vielmehr teils dem Kläger, teils dem Beklagten recht. Die preußische Staatsgewalt wurde dementsprechend zwischen der geschäftsführenden Regierung Braun und der vom Reich eingesetzten kommissarischen Regierung aufgeteilt. Diese behielt die tatsächliche Exekutivgewalt, jene als wichtigstes Recht die Vertretung Preußens im Reichsrat. Obschon das Kabinett Braun keine reale Macht zurückgewann, konnte es doch als Erfolg verbuchen, daß ihm eine schuldhafte Pflichtverletzung nicht nachzuweisen war. Die Reichsregierung übte zwar weiterhin die Kontrolle über die staatlichen Machtbefugnisse des größten deutschen Einzelstaates, darunter seine Polizei, aus, mußte jedoch die Feststellung hinnehmen, daß sie am 20. Juli mit der Absetzung der preußischen Regierung verfassungswidrig gehandelt hatte. Dieses Verdikt traf auch den Reichspräsidenten, in dessen Namen die Maßnahme ergangen war.

Das Urteil war, wie immer man die Dinge drehen und wenden mochte, eine Niederlage der Reichsregierung – was indes nicht dasselbe bedeutete wie einen Sieg des alten preußischen Kabinetts. Der «Vorwärts» ließ sich von «besonderer Seite» (möglicherweise war es der preußische Prozeßvertreter Hermann Heller) einen Kommentar schreiben, der den Nagel auf den Kopf traf. Die Leipziger Entscheidung sei keine rechtliche, sondern eine politische, meinte der Autor. «Der Staatsgerichtshof ist dem schweren Konflikt mit dem Reich ausgewichen, der sich ergeben hätte, wenn er den Anspruch der preußischen Regierung in *vollem* Umfang anerkannt haben würde... Sein Urteil ist das Gegenteil eines salomonischen: es hat das strittige Kindlein fein säuberlich in zwei Hälften zerlegt und jeder der streitenden Mütter *je eine* Hälfte zuerkannt... Wie sich das praktisch auswirken wird und soll, wissen die Götter.»

Auf den zweiten Reichstagswahlkampf des Jahres wirkte sich das Leipziger Urteil kaum aus – ganz im Gegensatz zu einem Ereignis, das wenige Tage vor der Wahl im ganzen Reich Schlagzeilen machte: dem Streik bei der Berliner Verkehrsgesellschaft. Die Sensation bestand darin, daß bei diesem Ausstand, der am 3. November begann, Kommunisten und Nationalsozialisten gemeinsam gegen Staat und Gewerkschaften kämpften. Bei schweren

Unruhen am 4. November wurden drei Menschen durch Polizeikugeln getötet, acht schwer verletzt. Goebbels stellte erfreut fest, daß sich der Ruf seiner Partei bei der Arbeiterschaft «in ganz wenigen Tagen glänzend gehoben» habe. Dem Reichskanzler gab das Zusammenspiel von Kommunisten und Nationalsozialisten Gelegenheit, in einer Rundfunkrede über alle deutschen Sender wilde Streiks als ein «Verbrechen gegen die Gesamtheit der Nation» anzuprangern und Berlin als Beispiel dafür anzuführen, daß der Staat überall gegen die Friedensstörer mit größter Strenge vorgehe. Erst am 7. November, einen Tag nach der Reichstagswahl, kam der Verkehr in der Reichshauptstadt allmählich wieder in Gang.[47]

Das herausragende Merkmal der Wahlen vom 6. November waren nicht nur in Berlin, sondern im ganzen Reich starke Stimmenverluste der Nationalsozialisten. Gegenüber der vorangegangenen Wahl vom 31. Juli büßte die NSDAP über 2 Millionen Stimmen ein. Ihr Anteil sank von 37,3 auf 33,1 %, die Zahl der Mandate von 230 auf 196. Zu den Verlierern gehörte auch die SPD, die über 700 000 Stimmen weniger erhielt als im Juli und von 21,6 auf 20,4 % fiel. Gewinner waren die Deutschnationalen und die Kommunisten: Die Partei Hugenbergs legte über 900 000 Stimmen zu, was einem Zuwachs von 5,9 auf 8,9 % entsprach; die KPD kletterte dank eines Zugewinns von rund 600 000 Stimmen von 14,5 auf 16,9 % und von 89 auf die magische Zahl von 100 Mandaten. Bei den übrigen Parteien gab es nur geringe Veränderungen. Auffallend stark war der Rückgang der Wahlbeteiligung: Sie fiel gegenüber dem Juli von 84,1 auf 80,6 %.

Im Wahlergebnis schlug sich vor allem politische Frustration nieder. Die Wahl vom 6. November war, wenn man die beiden Wahlgänge der Reichspräsidentenwahl und die fünf Landtagswahlen vom 24. April mitrechnete, für die meisten Deutschen der fünfte Urnengang des Jahres 1932. Die NSDAP, die zuvor den größten Nutzen aus der Politisierung von bisherigen Nichtwählern gezogen hatte, war vom Rückgang der Wahlbeteiligung am meisten betroffen: Gerade «unpolitische» Wähler mußten enttäuscht sein, daß ihre Stimmabgabe auf die praktische Politik kaum Einfluß hatte.

Offenkundig war auch ein gewisser, obschon begrenzter Vertrauensgewinn des Kabinetts von Papen, ablesbar an den vergleichsweise guten Ergebnissen von DNVP und DVP. Die Regierung und die sie stützenden Parteien zogen Nutzen aus den ersten Anzeichen einer wirtschaftlichen Erholung, die sich als Erfolg von Papens, im September eingeleiteter aktiver Konjunkturpolitik deuten ließ. Dazu kam Ernüchterung über den politischen und sozialen Radikalismus der Nationalsozialisten. Das Zusammenspiel mit den Kommunisten beim Berliner Verkehrsstreik schockierte nicht nur in den Villenvierteln der Reichshauptstadt, sondern wirkte abschreckend auf viele bürgerliche Wähler in ganz Deutschland. Zu Triumphgefühlen hatte die Regierung dennoch keinen Anlaß: Fast neun Zehntel der Deutschen hatten für Parteien gestimmt, die in Opposition zum «Kabinett der Barone» standen.

Die Stimmenverluste der Nationalsozialisten erfüllten ihre politischen Gegner, allen voran die Sozialdemokratie, mit Genugtuung. Die SPD habe im Verlauf des Jahres 1932 fünf Schlachten unter dem Ruf «Schlagt Hitler!» geschlagen, sagte der Parteivorsitzende Otto Wels am 10. November im Parteiausschuß, «und nach der fünften war er geschlagen». Aber das Wahlergebnis hatte für die Sozialdemokraten auch eine zutiefst beunruhigende Seite: ihre eigenen Verluste und die Gewinne der Kommunisten. Der Abstand zwischen den beiden Arbeiterparteien war von 7,1 % im Juli auf nunmehr 3,5 % geschrumpft, hatte sich also halbiert. Setzte sich dieser Trend bei abermaligen Neuwahlen Anfang 1933, auf dem Höhepunkt der Massenarbeitslosigkeit, fort, war mit einer dramatischen Zuspitzung der inneren Krise zu rechnen. «Wir sind im Endspurt mit den Kommunisten», bemerkte der Chemnitzer Bezirksvorsitzende Karl Böchel, ein «Linker», in derselben Sitzung. «Wir brauchen nur noch ein Dutzend Mandate verlieren, dann sind die Kommunisten stärker als wir... Das wäre der berühmte psychologische Moment für die kommunistische Agitation... Dann sagen sich die Genossen, die treu zur Partei gestanden haben, nun hat die Volksstimmung entschieden, und sie werden versuchen, schnell herauszukommen.»

Die Kommunisten kamen zu ähnlichen Schlüssen. Das Zentralkomitee der KPD sprach von einer Beschleunigung des revolutionären Aufschwungs und bezeichnete die Kommunisten als die Sieger des Wahlkampfs. Ebenso sah es die «Prawda». Die KPD sei die «Einheitspartei der proletarischen Revolution Deutschlands», und als solche habe sie den Wahlsieg errungen, schrieb das Zentralorgan der KPdSU am 10. November. «Immer größere werktätige Massen gehen in das Lager der Revolution. Revolutionäre Riesenkämpfe stehen bevor. Von der gegenwärtigen Welle der Wirtschaftskämpfe führt der Weg zu immer mächtigeren Streikbewegungen ganzer Industriezweige und ganzer Industriegebiete zum politischen Massenstreik und zum politischen Generalstreik unter der Führung der Kommunistischen Partei zum Kampf um die proletarische Diktatur.»

Scharfsinnigen Beobachtern in Deutschland entging nicht, daß im Zusammentreffen von kommunistischen Gewinnen und nationalsozialistischen Verlusten eher eine Chance für Hitler als für Thälmann lag. In der «Vossischen Zeitung» vom 8. November kommentierte Julius Elbau: «Hundert Kommunisten im Reichstag! Wonnetaumel am 15. Jahrestag der Oktober-Revolution in Moskau! 89 haben keine Rolle gespielt, weder im Parlament noch im Lande, aber hundert: das ist eine Sache, mindestens aber eine schöne runde Zahl. Und für Hitler ein wahres Gottesgeschenk.» Denn nun war nach Meinung des liberalen Leitartiklers abzusehen, «daß die Bürger, besinnungslos vor Angst, sich in die Arme des einzig wahren Patent-Retters flüchten». Eben darauf setzten die Nationalsozialisten. «Die vernünftigen Journalisten scheinen nun doch allmählich einzusehen, daß die

Lage für die Reaktion nicht so rosig ist, wie sie sich das im Wahlkampf vorgestellt hat», schrieb Goebbels am 10. November in sein Tagebuch. «Jetzt beginnt die große, wahrscheinlich letzte Nervenprobe. Wenn wir die bestehen, dann kommen wir an die Macht.»[48]

Reichskanzler von Papen sprach am 8. November in seiner ersten offiziellen Erklärung zum Wahlausgang, die er vor dem Verein der ausländischen Presse abgab, von einer «erfreulichen Zunahme des Verständnisses für die Regierungsarbeit», gab aber dann seiner Hoffnung Ausdruck, nach der Wahl werde es nunmehr zu einer wirklichen nationalen Konzentration kommen. «Personenfragen spielen hierbei – ich habe es immer betont – keine Rolle.» Im Kabinett stieß der Kanzler damit am folgenden Tag auf den energischen Widerspruch Gayls, der diese Äußerung als «Zeichen von Schwäche» bewertete. Der Innenminister empfahl Verhandlungen mit den Parteien, um die Möglichkeit einer Tolerierung zu prüfen. «Sei dieses Ziel nicht zu erreichen, dann seien die Konsequenzen klar. Es tauche dann der Gedanke einer neuen Reichstagsauflösung auf und damit die Situation eines staatsrechtlichen Notstandes. Für gewisse Zeit werde sich die Diktatur dann nicht vermeiden lassen.»

Damit stand wieder der Staatsnotstandsplan vom 30. August zur Debatte. Aber keiner der Minister unterstützte Gayl. Schleicher setzte sich mit dem Vorschlag durch, die Arbeit an der Verfassungsreform zu vertagen und mit den Parteien zu verhandeln, um sie ins Unrecht zu setzen. Er selbst sei bereit, mit Hitler zu sprechen, obwohl er, der Reichswehrminister, «felsenfest davon überzeugt» sei, «daß die Nationalsozialisten sich nicht an der Regierung beteiligen würden». Hindenburg wollte es, wie er tags darauf gegenüber Papen erklärte, beim Präsidialkabinett belassen und den Kanzler nicht auswechseln.

Die Position des Reichspräsidenten war sehr viel klarer als die des Reichskanzlers. Papen war einerseits bereit, Hindenburgs Weisungen loyal zu befolgen. Andererseits wollte der Regierungschef, soweit es nach seinen eigenen Wünschen ging, sich mit den Nationalsozialisten verständigen und schloß für seine Person eine Kanzlerschaft Hitlers nicht aus. So und nicht anders waren seine Bemerkungen vor der Auslandspresse zu verstehen, und wenn Informationen zutrafen, die Wilhelm Keppler, der Leiter eines Kreises pronationalsozialistischer Industrieller, am 13. November dem Kölner Bankier Kurt von Schröder zukommen ließ, hatte Papen sich in den Tagen zuvor gegenüber dem Aufsichtsratsvorsitzenden der Ilseder Hütte, Ewald Hecker, zweimal für eine Regierung unter Hitler ausgesprochen. Von Hecker erfuhr Papen seinerseits, daß demnächst ein größerer Kreis von Persönlichkeiten aus Industrie, Banken und Landwirtschaft in einer Eingabe an Hindenburg die Übertragung des Kanzleramtes an Hitler fordern würde.

Am 19. November wurde der Brief dem Reichspräsidenten tatsächlich überreicht. Der Kernsatz lautete: «Die Übertragung der verantwortlichen

Leitung eines mit den besten sachlichen und persönlichen Kräften ausgestatteten Präsidialkabinetts an den Führer der größten nationalen Gruppe wird die Schwächen und Fehler, die jeder Massenbewegung notgedrungen anhaften, ausmerzen und Millionen Menschen, die heute abseits stehen, zu bejahender Kraft mitreißen.» Das Schreiben trug zwanzig Unterschriften, darunter acht von Mitgliedern des Kreises um Keppler. Zu diesen gehörten Schacht, Hecker und Kurt von Schröder. Die meisten Unterzeichner waren mittelständische Unternehmer, Bankiers und Gutsbesitzer. Unterschrieben hatten die Eingabe auch der geschäftsführende Präsident des Reichslandbundes, Eberhard Graf von Kalckreuth, und Fritz Thyssen, seit langem ein Parteigänger der Nationalsozialisten. Neben dem Kaliminenbesitzer August Rosterg war Thyssen der einzige Großindustrielle, der sich in dieser Weise zugunsten Hitlers engagierte. Albert Vögler, der Generaldirektor der Vereinigten Stahlwerke, der selbst nicht unterzeichnete, teilte Schröder am 21. November mit, daß zwei andere Schwerindustrielle, der Aufsichtsratsvorsitzende der Gutehoffnungshütte, Paul Reusch, und der Generaldirektor von Hoesch, Fritz Springorum, «an und für sich die in dem Schreiben niedergelegte Auffassung teilen und darin eine wirkliche Lösung der jetzigen Krise sehen». Unterzeichnen aber wollten beide nicht, weil sie fürchteten, eine derartige politische Stellungnahme würde die Gegensätze innerhalb der Ruhrindustrie allzu deutlich machen.

Ein Votum *der* Großindustrie war der Brief an Hindenburg also nicht. Aber es lag nun doch offen zutage, daß die Regierung von Papen sich nach dem 6. November nicht mehr der gleichen, nahezu geschlossenen Unterstützung der «Wirtschaft» erfreute wie im September und Oktober. Das Wahlergebnis war für die Industrie, die den größten Teil ihrer «politischen» Gelder den beiden regierungsfreundlichen Parteien, DVP und DNVP, hatte zukommen lassen, enttäuschend. Besonders alarmierend wirkte der Stimmenzuwachs für die KPD, für den Hitler, nicht ganz zu Unrecht, das Kabinett von Papen verantwortlich machte. Finanzminister von Krosigk drückte eine weitverbreitete Meinung aus, als er sein Eintreten für eine Regierungsbeteiligung der NSDAP am 9. November im Kabinett damit begründete, daß andernfalls ein großer Teil der Nationalsozialisten «einschließlich der nationalen Jugend» in das kommunistische Lager abgleiten würde. Das war der Hintergrund, vor dem nach der Reichstagswahl auch bei Industriellen ein Stimmungsumschwung zugunsten Hitlers einsetzte. Auf einer Tagung des schwerindustriellen Langnam-Vereins in Düsseldorf gewann Ende November ein Beobachter sogar den, sicherlich übertriebenen Eindruck, «daß fast die gesamte Industrie die Berufung Hitlers, gleichgültig unter welchen Umständen, wünscht».[49]

Am 17. November zog das Kabinett die Bilanz aus den Bemühungen des Reichskanzlers, mit den Parteien ins Gespräch zu kommen. Sie war negativ: Zwei, SPD und NSDAP, hatten sich der Bitte um eine Unterredung verweigert; Zentrum und BVP hingegen verlangten den Rücktritt des

Kabinetts und eine Regierungsbeteiligung der Nationalsozialisten (was angesichts der Sitzverteilung im neuen Reichstag nicht mehr in Gestalt einer «reinen» schwarz-braunen Koalition möglich war). Der Vorsitzende der BVP, Fritz Schäffer, befürwortete sogar eine Kanzlerschaft Hitlers. Papen selbst kam zu dem Schluß, eine «Herbeiführung der nationalen Konzentration» sei unter seiner Kanzlerschaft nicht möglich, und empfahl, dem Reichspräsidenten die Demission des gesamten Kabinetts anzubieten. Die Minister folgten diesem Vorschlag. Hindenburg nahm den Rücktritt der Regierung noch am 17. November an, bat sie jedoch, die Geschäfte vorläufig weiterzuführen.

Tags darauf nahm der Reichspräsident selbst Gespräche mit ausgewählten Parteiführern auf. Die wichtigsten Unterredungen waren die mit Hitler am 19. und 21. November. Sie erbrachten kein tragfähiges Ergebnis: Eine parlamentarische Mehrheit für den Führer der NSDAP war, da Hugenberg eine Kanzlerschaft Hitlers strikt ablehnte, nicht in Sicht, und Hindenburg war seinerseits nicht bereit, Hitler mit der Führung eines Präsidialkabinetts zu betrauen. Der Reichspräsident zeigte sich auch nicht von Hitlers Warnung beeindruckt, wenn seine Bewegung zugrunde gehe, werde es in Deutschland «18 Millionen Marxisten und darunter vielleicht 14 bis 15 Millionen Kommunisten geben». Ebensowenig bewirkte die Prophezeiung Hitlers, bei einer Fortdauer der autoritären Regierungsweise drohten schon in den nächsten Monaten eine neue Revolution und das bolschewistische Chaos.

Am 24. November ließ Hindenburg über Staatssekretär Meissner Hitler eine schriftliche, sogleich der Presse übermittelte Botschaft zukommen, die sich im Kern nicht von der Entscheidung des 13. August unterschied: Der Reichspräsident glaube «es vor dem deutschen Volke nicht vertreten zu können, dem Führer einer Partei seine präsidialen Vollmachten zu geben, die immer erneut ihre Ausschließlichkeit betont hat, und die gegen ihn persönlich wie auch gegenüber den von ihm für notwendig erachteten, politischen und wirtschaftlichen Maßnahmen verneinend eingestellt war. Der Herr Reichspräsident muß unter diesen Umständen befürchten, daß ein von Ihnen geführtes Präsidialkabinett sich zwangsläufig zu einer Parteidiktatur mit all ihren Folgen für eine außerordentliche Verschärfung der Gegensätze im deutschen Volke entwickeln würde, die herbeigeführt zu haben er vor seinem Eid und seinem Gewissen nicht verantworten könne.»

Hindenburg zog aus den Gesprächen mit Hitler die Folgerung, daß an der Proklamation des Staatsnotstands nun nicht mehr vorbeizukommen war. So kampfentschlossen waren Kanzler und Kabinett aber keineswegs. Als Krosigk am 26. November Papen unter vier Augen vor den blutigen Kämpfen zwischen Reichswehr und «nationaler» Jugend warnte, zu denen es kommen würde, falls er als Kanzler den Notstand verkünden sollte, war der Regierungschef beeindruckt. Bei einer Unterredung mit Hindenburg, an der auch der Reichswehrminister teilnahm, bat der amtierende Kanzler am gleichen Tag den Reichspräsidenten, den Auftrag zur Regierungsbildung nicht ihm zu erteilen. Als Hindenburg dennoch auf der Kanzlerschaft Papens beharrte, gab der Reichswehrminister, seinem eigenen Bericht zufolge, «angesichts der allgemeinen Opposition gegen Papen, die sich doch auch in der Ruhrindustrie bemerkbar macht, den Rat..., vorher die Atmosphäre zu prüfen». Der Reichspräsident hatte dagegen nichts einzuwenden, setzte Schleicher keinen Termin und ließ ihm, was die Auswahl der Gesprächspartner anging, völlig freie Hand.

Die wichtigsten Unterredungen, die der Reichswehrminister in den folgenden Tagen führte, waren die mit den Vorsitzenden des ADGB und der sozialdemokratischen Reichstagsfraktion am 28. November. Den Gewerkschaftsführer Theodor Leipart gewann Schleicher mit dem Versprechen, er werde eine Verordnung vom 5. September, die den Arbeitgebern die Unterschreitung der Tariflöhne gestattete, aufheben, für einen «Waffenstillstand bis in das nächste Jahr hinein». Ganz anders verlief die Besprechung mit Rudolf Breitscheid. Der kritische Punkt war erreicht, als der Minister das Verhalten der SPD bei einem etwaigen Aufschub von Neuwahlen bis zum Frühjahr 1933 ansprach. Schleichers Frage, «ob dann die Sozialdemokratie sofort auf die Barrikaden gehen werde», beantwortete Breitscheid wie folgt: «Ich erwiderte ihm, daß ich mich nicht auf die ‹Barrikade› festlegen wolle, daß ich ihm aber erklären müsse, die Sozialdemokratie werde sich gegen einen solchen Verfassungsbruch mit allen Kräften zur Wehr setzen. Unter diesen Umständen, so meinte Schleicher, sehe die Zukunft allerdings recht trübe aus.»[50]

Für aufmerksame Beobachter kamen die Gegensätze zwischen ADGB und SPD nicht überraschend. Die Sozialdemokratie wurde von der Sorge umgetrieben, der bloße Anschein einer neuen «Tolerierungspolitik» werde die Partei einem beispiellosen Trommelfeuer der Kommunisten und einer inneren Zerreißprobe aussetzen. Die Freien Gewerkschaften hingegen legten seit einiger Zeit Wert darauf, ihre Unabhängigkeit von der SPD und eine betont nationale Gesinnung zu demonstrieren. Am 14. Oktober hatte Leipart in der Bundesschule seines Verbandes in Bernau eine Rede über die «Kulturaufgaben der Gewerkschaften» gehalten, die programmatischen Charakter trug. «Keine soziale Schicht kann sich der nationalen Entwicklung entziehen», lautete einer der Schlüsselsätze. Die Gewerkschaften hatten ihrem Vorsitzenden zufolge die Arbeiter organisiert, um das «Gemeinschaftsgefühl in ihnen zu wecken und den Gemeingeist zu pflegen»; sie leisteten einen «Dienst am Volk» und führten ihren «sozialen Kampf im Interesse der Nation», sie entbehrten als Sozialisten nicht des «religiösen Gefühls, ja mehr noch: Sie kannten den soldatischen Geist der Einordnung und der Hingabe für das Ganze».

Kurz zuvor war Ernst Jüngers Buch «Der Arbeiter. Herrschaft und Gestalt» erschienen. Leipart zitierte es nicht ausdrücklich, aber es war unverkennbar, daß der Verfasser der Bernauer Rede – Lothar Erdmann, der

Schriftleiter der gewerkschaftlichen Monatsschrift «Die Arbeit» – dem neuesten Werk des bedeutendsten Autors der deutschen Rechten wesentliche Anregungen verdankte: Der Arbeiter als Soldat der Arbeit, der, anders als der liberale Bürger, der Nation im Ganzen diente, hatte mit einem klassenbewußten Proletarier nichts, mit der von Jünger entworfenen «Gestalt» sehr viel gemein.

Daß ausgerechnet die «Tägliche Rundschau», die im August 1932 mit finanzieller Hilfe des Reichswehrministeriums vom «Tatkreis» um Hans Zehrer übernommen worden war und seitdem, nicht immer zu Recht, als Sprachrohr Schleichers galt, Leiparts Rede abdruckte, war durchaus kein Zufall. Noch spektakulärer war der Beifall, den der Nationalsozialist Gregor Strasser dem Sozialdemokraten Theodor Leipart zollte. Am 20. Oktober erklärte der Reichsorganisationsleiter der NSDAP im Berliner Sportpalast, in Leiparts Rede fänden sich Sätze, «die, wenn sie ehrlich gemeint sind, weite Ausblicke in die Zukunft eröffnen». Nach dem Bericht der «Täglichen Rundschau» forderte Strasser die Gewerkschaften «unter uneingeschränkter Anerkennung ihrer berufsständischen Notwendigkeit auf, aus dem Bekenntnis ihres Vorsitzenden die Folgerungen zu ziehen und ihre parteipolitische Neutralität dadurch offen zu zeigen, daß sie sich von der Partei der ‹Heilmann und Hilferding›, der von einer international eingestellten intellektuellen Schicht geführten SPD trennen».

Die Bernauer Rede und ihr Echo schienen zu beweisen, daß die vom «Tatkreis» propagierte und von Schleicher geförderte «Querfront» von Leipart bis Strasser mehr war als ein Ausdruck von politischem Wunschdenken. Aber Ende November 1932 zeigte sich, daß die Widerstände gegen eine solche Achse stärker waren, als Schleicher und Zehrer erwartet hatten. Die unnachgiebige Haltung der SPD minderte den Wert von Leiparts Bereitschaft, mit Schleicher zusammenzuarbeiten. Auf der rechten Seite des politischen Spektrums wiederum gelang es Strasser nicht, Hitler für ein Arrangement mit Schleicher zu gewinnen. Das Angebot, Vizekanzler im neuen Kabinett zu werden, wies der Führer der NSDAP am 30. November zurück. Hätte er es angenommen, wäre freilich die Flankensicherung nach links gescheitert. Nationalsozialistische Minister mußten eine entschiedene Opposition der Sozialdemokraten zur Folge haben – und, unbeschadet der Differenzen zwischen ADGB und SPD, auch die Gegnerschaft der Freien Gewerkschaften. Die Polarisierung, die Schleicher eindämmen wollte, wäre also stärker gewesen als zuvor.

Die Alternative zu einer Verständigung mit der NSDAP als ganzer, und sei es auch nur in der Form eines «Waffenstillstands», war für Schleicher ein Pakt mit den Kräften, die er hinter Strasser zu sehen glaubte. Falls Strasser auf eigene Faust handelte und einen erheblichen Teil der Nationalsozialisten in das Regierungslager zog, mußte das völlig neue Perspektiven eröffnen, ja die deutsche Innenpolitik auf geradezu revolutionäre Weise verändern. Doch einstweilen war auch dies bloße Spekulation. Der Reichsorganisationsleiter der NSDAP kannte zwar besser als irgend jemand sonst den trostlosen Zustand der Parteifinanzen, und wenn außer Hitler *ein* führender Nationalsozialist eine breite Anhängerschaft unter den «alten Kämpfern» hatte, war er es. Aber die direkte Kraftprobe mit Hitler hatte Strasser stets vermieden, und das machte eine Spaltung der NSDAP eher unwahrscheinlich.

Einen Durchbruch hatte der Reichswehrminister mit seinen Sondierungen also nicht erreicht: Eine parlamentarische Mehrheit für ein von ihm geführtes Kabinett ließ sich nicht erkennen. Aber Schleicher wußte, daß er, verglichen mit Papen, bis weit in die Arbeiterschaft hinein als das kleinere Übel galt. «Papen heißt Krieg! Der Reichspräsident hat nicht das Recht, dem eigenen Volk den Krieg zu erklären!», verkündete der «Vorwärts» am 29. November, als in Berlin Gerüchte über ein «Kampfkabinett» Papen umliefen und dem sozialdemokratischen Parteiorgan zufolge «*ungeheure Erregung bei der Arbeiterschaft*» auslösten. Schleicher mußte *nicht* mit einer Kriegserklärung der Sozialdemokraten rechnen, sondern nur mit ihrer Opposition, wobei der «Vorwärts» vorsorglich versicherte, Opposition sei eine «*normale Funktion* des politischen Lebens». Zum Reichsbanner Schwarz-Rot-Gold unterhielt der Reichswehrminister sogar eine fast schon vertrauensvolle Beziehung; sein Verhältnis zu den christlich-nationalen und den liberalen Gewerkschaften war noch deutlich besser als das zu den Freien; beim Zentrum und den anderen Mittelparteien hatte er nie dieselbe Abneigung hervorgerufen wie Papen, und von den Spitzenverbänden der Industrie hatte er keine scharfe Gegnerschaft zu befürchten.

Der gesellschaftliche und politische Rückhalt Schleichers war also um vieles breiter als der Papens. Das konnte von ausschlaggebender Bedeutung sein, wenn in einer längeren parlamentslosen Zeit mit dem militärischen Ausnahmezustand regiert werden mußte. Vom amtierenden Kanzler unterschied sich Schleicher Ende November 1932 ja nicht etwa darin, daß er die Proklamation des Staatsnotstands ausschloß. Er sah nur die Risiken einer, wie auch immer verhüllten Militärdiktatur realistischer als Papen, und eben deshalb wollte er vorbeugend alles tun, was geeignet war, einen Bürgerkrieg zu verhindern.[51]

Papen seinerseits war durchaus nicht darauf aus, an die Spitze einer offenen Diktatur zu treten. Nur wenn es sein mußte, war er bereit, zu tun, was Hindenburg von ihm erwartete. Der Reichspräsident aber war nach dem, was Schleicher ihm am 1. Dezember in Gegenwart seines Sohnes Oskar, von Papen und Meissner über die Gespräche der vergangenen Tage berichtete, keineswegs davon überzeugt, daß eine Kanzlerschaft des Reichswehrministers eine Verbesserung der Lage bewirken würde, und bestand darauf, daß Papen die neue Regierung bildete. Der amtierende Reichskanzler fügte sich, bat aber darum, daß der Reichspräsident «ihm für den mit Sicherheit zu erwartenden Konflikt mit dem Reichstag alle präsidialen Rechte zur Verfügung» stelle. Nach eingehenden staatsrechtlichen Erläuterungen

Meissners gab Hindenburg die Zusage, «im Falle eines Konflikts mit dem Reichstag alle erforderlichen Maßnahmen zu ergreifen, um Deutschland vor einem Schaden zu bewahren, der aus einer Verletzung der Pflichten des Reichstags entstehen konnte».

Des Hin und Hers im Kabinett überdrüssig, war Hindenburg nunmehr entschlossen, den gordischen Knoten zu durchschlagen. Es entsprach seinem soldatischen Denken, einen früher oder später wohl doch unausweichlichen Kampf nicht auf die lange Bank zu schieben, sondern rasch auszufechten. Der «Schreibtischgeneral» von Schleicher sah die Dinge klarer: *Die* Diktatur, für die der Reichspräsident sich entschieden hatte, war die gefährlichste, weil es für sie im Volk keinerlei Rückhalt gab. Die Reichswehr gegen die überwältigende Mehrheit der Bevölkerung antreten zu lassen, hieß ihre Moral untergraben und ihre Existenz aufs Spiel setzen. Da der Reichswehrminister eine solche Entwicklung nicht mittragen wollte, lehnte er sich gegen den Reichspräsidenten auf.

Schleichers Chance lag darin, daß er die Mehrheit des Kabinetts auf seiner Seite wußte – und im Ergebnis eines militärischen Planspiels, das er Ende November hatte durchführen lassen. In einer improvisierten Ministerbesprechung am Morgen des 2. Dezember trug auf Vorschlag des Reichswehrministers Oberstleutnant Ott die Lehren aus dem «Kriegsspiel» vor. Die Reichswehr konnte, so lautete die Folgerung, einen Zweifrontenkampf gegen Kommunisten und Nationalsozialisten nicht gewinnen – schon gar nicht, wenn sie gleichzeitig einen, in der Studie unterstellten polnischen Angriff auf die deutsche Ostgrenze abwehren mußte. Das Kabinett war tief beeindruckt. Als Papen dem Reichspräsidenten vom Verlauf der Sitzung berichtete, gab dieser seinen Widerstand gegen eine Kanzlerschaft Schleichers auf. «Ich bin zu alt geworden, um am Ende meines Lebens noch die Verantwortung für einen Bürgerkrieg zu übernehmen»: Mit diesen Worten begründete er, dem Bericht Papens zufolge, die Abkehr von dem Standpunkt, den er noch tags zuvor vertreten hatte.

Schleicher war mit dem «Planspiel Ott» ein hohes Risiko eingegangen. Wenn er als Kanzler sich für die Verhängung des Staatsnotstands entschied, konnte ihm der Reichspräsident die Schlußfolgerung dieser Studie entgegenhalten. Schleicher mochte hoffen, daß er, im Unterschied zu Papen, die Gewerkschaften von der Ausrufung des Generalstreiks würde abhalten können – womit eine Grundannahme des Planspiels entfallen wäre. Aber er mußte damit rechnen, daß sich der Eindruck festsetzte, Reichswehr, Polizei und Technische Nothilfe würden nach einer Vertagung von Reichstagswahlen nicht in der Lage sein, die bestehende Ordnung erfolgreich zu verteidigen.

Ob der Reichswehrminister diese Gefahr am 2. Dezember bedachte oder nicht: Es ging ihm um die kurzfristige Wirkung der Demonstration, und diese Wirkung trat ein. Am 3. Dezember 1933 wurde Schleicher vom Reichspräsidenten zum Reichskanzler ernannt. Sein Vorgänger aber, der nach wie vor Hindenburgs besonderes Vertrauen genoß, durfte, mit Schleichers Zustimmung, seine Dienstwohnung in der Wilhelmstraße beibehalten. So konnte er sich etwas bewahren, was unter Umständen noch wichtiger war als ein staatliches Amt: das Privileg des unmittelbaren Zugangs zum Reichspräsidenten.[52]

Die Nachricht von Schleichers Ernennung wurde von großen Teilen der Öffentlichkeit mit Erleichterung aufgenommen. Von dem General war, da er auf Verfassungsexperimente zu verzichten versprach und sich zum sozialen Ausgleich bekannte, zumindest keine Zuspitzung der inneren Lage zu erwarten. Der bisherige Reichswehrminister, der dieses Amt auch als Reichskanzler beibehielt, hatte den Beobachtern aller Lager zwar immer wieder Rätsel aufgegeben; seine Haltung zu den Nationalsozialisten ließ sich nicht anders als widersprüchlich und sprunghaft bezeichnen. Und doch traute man ihm in der politischen Mitte und auf der gemäßigten Linken sehr viel mehr taktisches Geschick zu als dem «Herrenreiter» von Papen, der politische Widerstände notorisch unterschätzte und nicht zuletzt an diesem Unvermögen gescheitert war. Von Blättern, die der Schwerindustrie nahestanden, wie der «Deutschen Allgemeinen Zeitung» und der «Rheinisch-Westfälischen Zeitung» bekam der neue Kanzler freilich vor allem *eines* zu hören: Er werde nicht darum herumkommen, sich der aktiven Mitarbeit der Nationalsozialisten zu vergewissern.

Die erste Hürde seiner Amtszeit nahm Schleicher ohne größere Mühe. In der kurzen Reichstagssession, die am 6. Dezember begann, wurde *kein* Mißtrauensantrag gegen die Regierung auf die Tagesordnung gesetzt. Mit dem Einverständnis des Kanzlers hob der Reichstag den Teil der Notverordnung vom 4. September auf, der die Regierung zum Erlaß der tarifpolitischen Verordnung vom 5. September ermächtigt hatte. Ebenfalls in Abstimmung mit der Regierung nahmen die Abgeordneten ein Amnestiegesetz an. Der Reichstag änderte darüber hinaus auf Antrag der NSDAP den Artikel 51 der Reichsverfassung, der vorsah, daß der Reichspräsident im Falle seiner Verhinderung oder der vorzeitigen Erledigung der Präsidentschaft vom Reichskanzler vertreten wurde. Hindenburg hatte am 2. Oktober 1932 seinen 85. Geburtstag begangen. Wenn er während der Kanzlerschaft Schleichers starb oder so schwer erkrankte, daß er sein Amt nicht mehr ausüben konnte, wären die Befugnisse des Reichspräsidenten, des Reichskanzlers und des Reichswehrministers in den Händen *eines* Mannes, des Generals von Schleicher, vereinigt gewesen. Um dies zu verhindern, schlugen die Nationalsozialisten vor, die Stellvertretung dem Präsidenten des Reichsgerichts zu übertragen. Sie erhielten dafür die Zustimmung der meisten bürgerlichen Parteien und der Sozialdemokraten, denen ein weiterer Machtzuwachs Schleichers ebenfalls gefährlich erschien. Mit der notwendigen verfassungsändernden Mehrheit wurde der Antrag am letzten Tag der parlamentarischen Sitzungsperiode, dem 9. Dezember, angenommen.

Am gleichen Tag, an dem sich der Reichstag auf unbestimmte Zeit vertagte, veröffentlichte die «Tägliche Rundschau» eine sensationelle Meldung: Gregor Strasser hatte seine sämtlichen Parteiämter niedergelegt. Der Reichsorganisationsleiter der NSDAP, dem Schleicher fünf Tage zuvor das Amt des Vizekanzlers angeboten hatte, reagierte damit auf Hitlers Weigerung, Schleicher zu tolerieren. Das Blatt, das als Stimme des Kanzlers galt, wertete Strassers Schritt als Kampfansage an Hitler. Doch daran dachte der bislang zweitmächtigste Mann der Nationalsozialisten gar nicht. Er brach am 9. Dezember zu seiner Familie nach München auf und machte dann zwei Wochen Urlaub in Südtirol. Hitler gelang es noch am 9. Dezember, die Gauleiter, Inspekteure und Reichstagsabgeordneten der NSDAP auf sich einzuschwören. Nach außen wurden die Meinungsverschiedenheiten zwischen dem «Führer» und dem zurückgetretenen Reichsorganisationsleiter notdürftig kaschiert. «Palastrevolution mißlungen», notierte Goebbels in sein Tagebuch. «Strasser ist isoliert. Toter Mann!»

Schleicher sah das anders. Er setzte nach wie vor auf Strasser. Auf einer Besprechung der Gruppen- und Wehrkreisbefehlshaber, die vom 13. bis 15. Dezember stattfand, hielt der Reichskanzler daran fest, daß es weiterhin gelte, «eine Mitarbeit der Nazi unter Strasser unter dem Messiassegen Hitlers» anzustreben. Im Januar müsse sich klären, ob es eine feste Mehrheit im Reichstag gebe. Sobald der Reichstag einberufen sei, werde die Frage an die Nationalsozialisten zu richten sein, ob sie mitspielen wollten. Wenn sie das verneinten, sei der Kampf da, und zwar ein Kampf «auf Hauen und Stechen», mitsamt Auflösung von Reichstag und preußischem Landtag. Um einen solchen Kampf zu gewinnen, müsse das Recht auf seiten der Regierung sein. Deshalb solle sich niemand wundern, wenn immer wieder versucht werde, die Nationalsozialisten mit heranzuholen und vor die Verantwortung zu stellen. Eine Zerschlagung der NSDAP liege nicht im Staatsinteresse.

Noch Mitte Dezember hielt Schleicher es also für möglich, zu einer Verständigung mit Strasser *und* Hitler zu gelangen. Erst wenn ein nochmaliger Versuch, die Nationalsozialisten an der Regierung zu beteiligen, scheitern sollte, war er zum Kampf bereit. In beiden Fällen war es notwendig, eine Konfrontation mit der gewerkschaftlich organisierten Arbeiterschaft tunlichst zu vermeiden. In dieser Hinsicht hatte Schleicher Anlaß zu vorsichtigem Optimismus. Am 8. Dezember hatte sich Heinrich Imbusch, der Vorsitzende des Gesamtverbandes der christlichen Gewerkschaften, Hindenburg gegenüber uneingeschränkt positiv über den neuen Kanzler und seine Regierung geäußert. Drei Tage zuvor waren im Pariser «Excelsior» ähnlich klingende Bemerkungen Leiparts zitiert worden. Damit war noch längst keine «Querfront» gebildet, aber von einer politischen Isolierung der Reichsregierung konnte man Mitte Dezember nicht mehr sprechen.

Als der Reichskanzler am 15. Dezember im Rundfunk sein Regierungsprogramm vortrug, tat er es mit ausgeprägtem Selbstbewußtsein. Seine

Ansichten über eine Militärdiktatur dürften allgemein bekannt sein, erklärte er, aber er wiederhole sie heute: «Es sitzt sich schlecht auf der Spitze der Bajonette, d. h. man kann auf die Dauer nicht ohne eine breite Volksstimmung hinter sich regieren.» Dem Reichstag billige er «eine starke Dosis gesunden Mißtrauens» zu, aber seine Regierung müsse die Gelegenheit bekommen, ihr Programm durchzuführen, und das bestehe aus einem einzigen Punkt: «Arbeit schaffen!» Er, Schleicher, sei weder ein Anhänger des Kapitalismus noch des Sozialismus und habe nichts dagegen, wenn man in ihm einen «sozialen General» sehe.

Der Kanzler betonte den engen Zusammenhang von Arbeitsbeschaffung, Siedlung und Grenzsicherung im Osten und bekannte sich zum Ziel der allgemeinen Wehrpflicht im Rahmen einer Miliz. Abschließend setzte sich Schleicher mit deutlichen Worten von Papen ab, den er zu Beginn der Rede seinen «Freund» und einen «Ritter ohne Furcht und Tadel» genannt hatte. Denen, die da meinten, eine autoritäre Staatsführung könne des Rückhalts im Volk entbehren, hielt er entgegen, «daß Wille und Mut allein zum Regieren nicht genügen, daß auch Verständnis für das Empfinden des Volkes und Erkennen des psychologischen Moments dazu gehören. Deshalb wird die von mir geführte Reichsregierung für ihre Arbeit den besten Moltke-Spruch ‹Erst wägen, dann wagen› zur Richtschnur nehmen.»[53]

Der «Ritter ohne Furcht und Tadel» war jedoch nicht der Meinung, daß der General ein besserer Kanzler sei als er selbst. Um ins Zentrum der Macht zurückzukehren, tat er sich mit einem anderen Widersacher Schleichers zusammen: Am 4. Januar 1933 trafen sich Papen und Hitler im Hause des Bankiers von Schröder in Köln. Die Aussprache, die, entgegen den Absichten der Beteiligten, nicht geheim blieb, sondern in den folgenden Tagen für Schlagzeilen in der deutschen und internationalen Presse sorgte, sollte zu einem Brückenschlag zwischen dem Führer der Nationalsozialisten und dem Reichspräsidenten und, auch darin waren sich Hitler und Papen einig, zum Sturz Schleichers führen. Bevor Papen als Vermittler zwischen Hitler und Hindenburg tätig werden konnte, mußte er aber zunächst sein persönliches Verhältnis zu Hitler bereinigen, das seit dem 13. August sehr angespannt war. Nachdem das gelungen war, verständigten sich beide auf eine Art «Duumvirat», wobei freilich noch offen blieb, *wer* an die Spitze der neuen Reichsregierung treten würde.

Hitler hat in Köln mit Sicherheit seinen Anspruch auf die Kanzlerschaft wiederholt. Papen dürfte nach allem, was wir über seine Haltung im August und November 1932 wissen, nicht darauf bestanden haben, daß *ihm* die Führung in einem künftigen «Kabinett der nationalen Konzentration» zufallen müsse. Aber die fortdauernden Vorbehalte Hindenburgs gegen einen Reichskanzler Hitler hat er gewiß auch am 4. Januar nicht unerwähnt gelassen. Im weiteren Verlauf der Unterredung schloß Hitler dann offenbar nicht mehr ganz aus, daß es eine zeitweilige Alternative zu seiner Kanzlerschaft geben könne. Am 10. Januar notierte Goebbels nach einem

Gespräch mit seinem «Führer», das am Vortag stattgefunden hatte: «Hitler berichtet mir. Papen scharf gegen Schleicher, will ihn stürzen und ganz beseitigen. Hat noch das Ohr des Alten. Wohnt auch bei ihm. Arrangement mit uns vorbereitet. Entweder die Kanzlerschaft oder Ministerien der Macht. Wehr und Innen. Dies läßt sich hören.»

Für die Annahme, daß Hitler eine Zwischenlösung unter der nominellen Kanzlerschaft Papens am 4. Januar nicht kategorisch abgelehnt hat, spricht auch, was der frühere Regierungschef in den Tagen darauf vertraulich verlauten ließ. Als Papen sich am 7. Januar in Dortmund mit den führenden Industriellen Krupp, Reusch, Springorum und Vögler traf, um ihnen über die Kölner Begegnung zu berichten, verbreitete er den Eindruck, Hitler werde sich wohl doch auf die Rolle eines «Juniorpartners» in einem von konservativen Kräften beherrschten Kabinett beschränken. Ein solches Arrangement wäre ganz im Sinn des rechten Flügels der Schwerindustrie gewesen. Wenn Papen sich zugunsten dieser Lösung betätigte, konnte er nunmehr des Rückhalts bei *einigen* der maßgeblichen Unternehmer sicher sein. Krupp freilich gehörte nicht dazu, und auch nicht der von ihm geführte Reichsverband der Deutschen Industrie. Der Spitzenverband sah trotz mancher Vorbehalte gegen Schleicher keinerlei Anlaß, die derzeitige Regierung durch ein Kabinett auszutauschen, von dem man befürchten mußte, daß es die politische Unruhe im Volk weiter steigern würde.

Am 9. Januar hatte Papen Unterredungen erst mit Schleicher, der gute Miene zum bösen Spiel machte, und dann mit Hindenburg. Der Reichspräsident gewann aus Papens Bericht den Eindruck, daß Hitler nicht mehr auf der Übertragung der gesamten Regierungsgewalt bestehe und zur Teilnahme an einer Koalitionsregierung bereit sei. Er beauftragte daher den früheren Kanzler, auf dieser Basis streng vertraulich mit Hitler in Fühlung zu bleiben. Als Ziel faßte Hindenburg nunmehr eine Neubildung des Kabinetts Papen ins Auge und begründete dies Meissner gegenüber damit, daß eine Unterstützung oder Tolerierung der derzeitigen Regierung Schleicher durch Hitler nicht zu erwarten sei.[54]

Zwei Tage später machte jener Interessenverband gegen die Regierung Schleicher mobil, der acht Monate zuvor aktiv am Sturz Brünings mitgewirkt hatte: der Reichslandbund. Nach einer Besprechung mit dem Reichskanzler, Ernährungsminister von Braun und Wirtschaftsminister Warmbold, die unter dem Vorsitz des Reichspräsidenten stattfand, erfuhr das Kabinett von einer Entschließung, die der Verband bereits einige Stunden zuvor der Presse übergeben hatte. Darin griff der Reichslandbund die Reichsregierung in einer Weise an, die einer Kriegserklärung gleichkam. «Die Verelendung der deutschen Landwirtschaft, insbesondere der bäuerlichen Veredelungswirtschaft, hat unter Duldung der derzeitigen Regierung ein selbst unter einer rein marxistischen Regierung nicht für möglich gehaltenes Ausmaß angenommen», hieß es in der Erklärung. «Die Ausplünderung der Landwirtschaft zugunsten der allmächtigen Geldbeutelinteressen der international eingestellten Exportindustrie und ihrer Trabanten dauert an... Die bisherige Betätigung der Reichsregierung wird daher auch den wiederholten Aufträgen, die der Herr Reichspräsident erteilt hat, nicht gerecht.»

Am 13. Januar stieß der Leiter des Agrarpolitischen Apparates der NSDAP, Richard Walther Darré, nach. In einem offenen Brief an Schleicher verlangte er ein «entschlossenes Herumreißen des Staatsruders in Richtung des Binnenmarktes», was freilich von dieser Regierung nicht zu erwarten sei. Ähnlich wie am 11. Januar Graf Kalckreuth, der Präsident des Reichslandbundes, beim Empfang durch Reichspräsident und Reichskanzler beschwor Darré die «unheimlich um sich greifende Bolschewisierung des Deutschen Volkes». Sein Brief schloß mit einer Anspielung auf die exportfreundliche Politik von Bismarcks Nachfolger: «Mit dem ‹*General*› von Caprivi fing die Leidenszeit der deutschen Landwirtschaft an. Wolle Gott, daß der ‹*General*› von Schleicher der letzte Vertreter dieser unglückseligen und landwirtschaftsfeindlichen Zeit- und Wirtschaftsepoche ist.»

Darrés Brief konnte Schleicher zu den Akten legen, nicht jedoch die Kampfansage des Reichslandbundes. Noch am Abend des 11. Januar veranlaßte der Kanzler eine amtliche Verlautbarung, die dem Verband vorwarf, er habe in demagogischer Form sachlich unbegründete Angriffe gegen die Reichsregierung gerichtet. Der Rüge folgte die Sanktion: Das Kabinett brach die Beziehungen zum Reichslandbund ab. Der Reichspräsident aber schloß sich dem Boykott nicht an. Am 17. Januar schrieb er dem Präsidium der größten landwirtschaftlichen Interessenorganisation, er hoffe, daß die von ihm am gleichen Tag unterzeichnete Verordnung über einen verbesserten Vollstreckungsschutz zur Beruhigung der Landwirtschaft beitragen werde.

Was Schleicher am 11. Januar gegenüber dem Reichslandbund tat, wollte er bereits seit einer Woche auch gegenüber dem Reichstag tun: klare Verhältnisse schaffen. Am 4. Januar hatte er Staatssekretär Planck im Ältestenrat mitteilen lassen, daß die Regierung jederzeit bereit sei, vor den Reichstag zu treten und dort eine Erklärung über ihr Programm abzugeben. Im Anschluß daran müsse aber eine Klärung der Lage erfolgen; eine Hinauszögerung von Mißtrauensanträgen wolle die Regierung nicht hinnehmen. Der Ältestenrat beschloß jedoch, bei Stimmenthaltung der NSDAP, den Reichstag nicht, wie SPD und KPD es verlangten, auf den 10. Januar, sondern erst auf den 24. Januar einzuberufen. Rudolf Breitscheid kommentierte das Verhalten der Nationalsozialisten mit den Worten, es laufe «praktisch auf eine Tolerierung der Regierung Schleicher» hinaus.

Tatsächlich setzten die Nationalsozialisten, anders als Schleicher, auf Zeitgewinn. Zunächst kam es ihnen darauf an, die Scharten der Reichstagswahl vom 6. November und der, für die NSDAP ebenfalls tief enttäuschend ausgefallenen, thüringischen Gemeindewahlen vom 4. Dezember auszuwetzen. Eine Gelegenheit hierzu bot die Landtagswahl im zweitkleinsten deutschen Staat, Lippe-Detmold, am 15. Januar. Die NSDAP überrollte das norddeutsche Land in der ersten Januarhälfte mit einer Welle von Kundgebungen; allein Hitler sprach auf 16 Großveranstaltungen – und der Einsatz zahlte sich aus. Gegenüber der Reichstagswahl vom 6. November gewann die NSDAP knapp 6000 Stimmen hinzu, was einen Anstieg von 34,7 auf 39,6 % bedeutete und von der nationalsozialistischen Propaganda als Beleg dafür gewertet wurde, daß die Partei Hitlers wieder auf dem Vormarsch war. Tatsächlich war der Erfolg vergleichsweise bescheiden: Gegenüber der Reichstagswahl vom 31. Juli 1932 hatte die NSDAP 3500 Stimmen verloren, und auf Reichsebene hätte die Partei niemals derart intensiv für sich werben können wie in einem Kleinstaat mit 160 000 Einwohnern.

Doch für den Augenblick zählte die psychologische Wirkung: Die NSDAP schien wieder im Kommen, und das stärkte Hitlers Position gegenüber der bürgerlichen Rechten, namentlich den Deutschnationalen, denen seine Partei die meisten Stimmen abgenommen hatte. Daß Hitler auf den Posten des Reichskanzlers in einer «nationalen» Regierung verzichten könne, war von jetzt an wieder völlig ausgeschlossen. Aber auch gegen Strasser konnte Hitler nun endlich den entscheidenden Schritt wagen. Auf einer Gauleitertagung in Weimar rechnete er am 16. Januar scharf mit dem ehemaligen Reichsorganisationsleiter ab. Das Ergebnis war eindeutig: Strasser fand keine Verteidiger mehr; Hitlers innerparteiliche Stellung war so unangefochten wie nie zuvor.[55]

Am Tag nach der Lippewahl tagte erstmals im neuen Jahr das Reichskabinett, um über die politische Lage zu beraten. Schleicher zeigte sich fest entschlossen, eine rasche Entscheidung über die Zukunft seines Kabinetts und damit der deutschen Politik herbeizuführen. Er sprach zwar noch von der Möglichkeit, die Nationalsozialisten für irgendeine Form der Mitarbeit zu gewinnen, konzentrierte sich dann aber ganz auf den negativen Ausgang des Versuchs. Falls der Reichstag auf seiner bevorstehenden Sitzung die Mißtrauensanträge auf Punkt 1 der Tagesordnung setzen sollte, werde er ihm die schriftliche Auflösungsorder schicken. Gegen eine Neuwahl innerhalb der verfassungsmäßigen Frist von sechzig Tagen gebe es starke Bedenken. Die Wirtschaft lehne baldige Neuwahlen ab, und auch in der Arbeiterschaft sei diese Stimmung weit verbreitet. «Bei dieser Sachlage halte er den Gedanken für sehr erwägenswert, die Neuwahlen bis zum Herbst zu verschieben.»

Anders als am letzten Tag der Regierungszeit Franz von Papens gab es am 16. Januar 1933 kaum noch Widerspruch gegen die Proklamation des Staatsnotstands. Reichsinnenminister Bracht, der am 3. Dezember die Nachfolge Gayls angetreten hatte, betonte, «daß jedenfalls eines erreicht sei: eine Einheitsfront gegen das Kabinett bestehe nicht mehr». Als Termin für die Neuwahl des Reichstags schlug er den 22. Oktober oder den 12. November 1933 vor. Auch Finanzminister Graf Schwerin von Krosigk, der im November und Anfang Dezember 1932 einer der entschiedensten

Gegner des Verfassungsbruchs gewesen war, unterstützte die Vertagung von Neuwahlen jetzt ohne allen Vorbehalt.

Die möglichen rechtlichen und politischen Folgen eines Aufschubs von Neuwahlen wurden am 16. Januar nicht mehr erörtert. Dasselbe galt von einer Alternative, die aus der Wehrmachtsabteilung des Reichswehrministeriums stammte und dem Protokoll der Kabinettssitzung als Anlage beigefügt wurde: die «Nichtanerkennung eines Mißtrauensvotums und Bestätigung der Regierung durch den Reichspräsidenten». Der Vorschlag, das Mißtrauensvotum einer «negativen» Mehrheit zu ignorieren, stellte, verglichen mit dem Aufschub von Neuwahlen oder einer Zwangsvertagung des Reichstags, nach Meinung des Autors «den verhältnismäßig geringsten Konflikt mit der Verfassung» dar. In der Tat schloß der Artikel 54, der den Reichskanzler und die Reichsminister an das Vertrauen des Reichstags band, nicht aus, daß eine nach dem Mißtrauensvotum zurückgetretene Regierung geschäftsführend weiteramtierte. Der Artikel sah auch keine zeitliche Befristung für ein solches Weiterleben nach dem parlamentarischen «Tod» vor.

Einer der bekanntesten deutschen Staatsrechtler, Carl Schmitt, hatte schon 1928 in seiner «Verfassungslehre» den Mißtrauensbeschluß einer nicht regierungsfähigen Reichstagsmehrheit einen «Akt bloßer Obstruktion» genannt und gefolgert, die Pflicht zum Rücktritt könne hier nicht bestehen, «jedenfalls dann nicht, wenn gleichzeitig die Auflösung des Reichstags angeordnet wird». Im Dezemberheft 1932 der «Gesellschaft» gelangte der sozialdemokratische Jurist Ernst Fraenkel (wie vor ihm Carl Schmitt und Johannes Heckel, auf die er sich ausdrücklich berief) zu dem Schluß, daß der Reichstag als das Zentralorgan der Weimarer Verfassung zur Erfüllung seiner Pflichten so lange untauglich sei, als dort Kommunisten und Nationalsozialisten über eine Mehrheit verfügten. Um das «pflichtwidrige Parlament» daran zu hindern, die Staatsmaschine zum Stocken zu bringen und damit den Feinden der Verfassung den ersehnten Anlaß zum Staatsstreich zu liefern, schlug Fraenkel eine Änderung der Verfassung durch Volksentscheid vor. Demnach sollte ein Mißtrauensvotum des Parlaments gegen den Kanzler oder einen Minister die Rechtsfolge des Rücktritts nur dann haben, «wenn die Volksvertretung das Mißtrauensvotum mit einem positiven Vorschlag an den Präsidenten verbindet, eine namentlich präsentierte Persönlichkeit an Stelle des gestürzten Staatsfunktionärs zum Minister zu ernennen».

Politische Praktiker machten um die Jahreswende 1932/33 dem Reichskanzler Vorschläge, die auf die *faktische* Einführung eines konstruktiven Mißtrauensvotums, also eines Verfassungswandels ohne Verfassungsänderung, hinausliefen: so am 1. Dezember 1932 der bayerische Bevollmächtigte beim Reich, Ministerialdirektor Sperr, und am 19. und 26. Januar 1933 Wilhelm Simpfendörfer, Reichstagsabgeordneter und Vorsitzender des Christlich-Sozialen Volksdienstes, einer im württembergischen Pietismus beheimateten Partei. Doch Schleicher ging auf keinen dieser Vorschläge ein, die auf eine Krisenlösung unterhalb der Schwelle des offenen Staatsnotstands abzielten. Die Vertagung von Neuwahlen erschien ihm wohl als der Weg, der mit einem geringeren Autoritätsverlust für die Regierung verbunden war als ein Mißtrauensbeschluß des Reichstags. Dem Reichspräsidenten gegenüber konnte der Kanzler darauf pochen, daß seine Regierung weniger isoliert war als das vorangegangene Kabinett von Papen, die Voraussetzungen des «Planspiels Ott» also nicht vorlagen. Aber es war ganz ungewiß, ob Hindenburg Schleicher wirklich das zugestehen würde, was er Papen versprochen hatte: die Auflösung des Reichstags und den verfassungswidrigen Aufschub von Neuwahlen. Weil beides unsicher war, beruhte der Staatsnotstandsplan vom 16. Januar auf einer höchst brüchigen Grundlage.[56]

Wenige Tage nach der Kabinettssitzung war die Presse voll von Spekulationen über die möglicherweise kurz bevorstehende Proklamation des Staatsnotstands. Auf einer Funktionärsversammlung der SPD in Berlin-Friedrichshain enthüllte Rudolf Breitscheid, was Schleicher ihm am 28. November über einen eventuellen Aufschub von Neuwahlen gesagt hatte. Der Vorsitzende der sozialdemokratischen Reichstagsfraktion zitierte auch die Antwort, die er dem Reichswehrminister damals gegeben hatte: «Eine solche Provokation wird ohne Zweifel die stärksten Stürme hervorrufen.»

Noch größere Aufmerksamkeit fand am gleichen Tag eine andere Enthüllung: Im Haushaltsausschuß des Reichstags berichtete der Zentrumsabgeordnete Joseph Ersing, ein Sekretär der Christlichen Gewerkschaften, über den Mißbrauch öffentlicher Mittel für die Sanierung hochverschuldeter Rittergüter, namentlich in Ostpreußen – den «Osthilfeskandal». Wenn die Kreise hinter dem Reichslandbund, die vom ganzen deutschen Volk immer wieder gewaltige Summen erhalten hätten, eine solche Sprache führten wie unlängst gegenüber der Reichsregierung, sagte Ersing, dann müsse sich der Reichstag damit befassen. Und wenn die vom Reich gegebenen Gelder nicht zur Abdeckung von Schulden, sondern zum Ankauf von Luxusautos und Rennpferden und zu Reisen an die Riviera verwendet würden, dann müsse das Reich die Rückzahlung der Gelder verlangen. Die Kreise der Großgrundbesitzer seien bemüht, eine weitere parlamentarische Verhandlung der Osthilfefragen unmöglich zu machen. Deshalb werde hinter den Kulissen die stärkste Aktivität für eine sofortige Auflösung des Reichstags entfaltet.

Ersings Auftritt fand auch deshalb so viel Beachtung, weil kurz zuvor der Name eines persönlichen Freundes des Reichspräsidenten in Pressemeldungen über die Osthilfe aufgetaucht war: Elard von Oldenburg-Januschau sollte bei der Zuteilung von öffentlichen Mitteln außerordentlich begünstigt worden sein. Zur gleichen Zeit wurden auch die näheren Umstände bekannt, unter denen Hindenburg 1927 in den Besitz seines

Gutes Neudeck gelangt war. Das Eigentum an dem Anwesen, das er anläßlich seines 80. Geburtstages von der deutschen Wirtschaft erhalten hatte, war auf den Namen seines (wie Zeitgenossen spotteten, «in der Verfassung nicht vorgesehenen») Sohnes Oskar eingetragen worden, um diesem die Erbschaftssteuer zu ersparen. Das war zwar kein formeller Verstoß gegen geltendes Recht, aber doch eine Manipulation, die dem Ansehen des Staatsoberhaupts Schaden zufügte.

Einen Tag nach Ersings spektakulärer Rede beschloß der Ältestenrat des Reichstags, die Einberufung des Plenums vom 24. auf den 31. Januar zu verschieben. Die Verschiebung ging auf die Nationalsozialisten zurück, die allen Grund hatten, einer Plenarsitzung vorerst auszuweichen. Denn nichts sollte die politischen Verhandlungen stören, die Hitler kurz nach der Lippewahl wieder aufnahm. Am 17. Januar hatte er eine Unterredung mit Hugenberg, die aber kein konkretes Ergebnis zeitigte: Der deutschnationale Parteiführer weigerte sich, im Fall einer gemeinsamen Regierungsbildung den Nationalsozialisten das preußische Innenministerium und damit die Kontrolle über die Polizei zu überlassen. Tags darauf traf sich Hitler in der Dahlemer Villa des politisierenden Sektkaufmanns Joachim Ribbentrop, der erst kurz zuvor der NSDAP beigetreten war, mit Papen. Unter Berufung auf einen Wahlerfolg verlangte der Führer der Nationalsozialisten nunmehr sehr viel entschiedener als am 4. Januar in Köln das Kanzleramt für sich. Doch was immer der frühere Reichskanzler von diesem Ansinnen halten mochte: Hindenburg lehnte eine Kanzlerschaft Hitlers nach wie vor ab.

Währenddessen wuchs der politische Druck auf Schleicher. Am 21. Januar kündigte die deutschnationale Reichstagsfraktion dem Kabinett die offene Opposition an. Die Politik des Hinhaltens und Zauderns stelle alle Ansätze zu einer Besserung in Frage, hieß es in einer Entschließung, die dem Reichskanzler sofort übermittelt, aber erst am 24. Januar veröffentlicht wurde. Der Hauptvorwurf der DNVP lautete, die Wirtschaftspolitik der Regierung gleite immer deutlicher in «sozialistisch-internationale Gedankengänge» ab. «Eine besondere Gefahr bedeutet es, wenn man Gegensätze zwischen groß und klein, vor allem in der Landwirtschaft, entstehen läßt und dadurch die Gefahr eines Bolschewismus auf dem flachen Lande.» Die Behauptung, Schleicher betreibe eine solche Politik, war genauso demagogisch und widersinnig wie der Vorwurf, den die deutschnationale Reichstagsfraktion im Mai 1932 gegen Brüning erhoben hatte: Seine Siedlungsverordnung sei «vollendeter Bolschewismus». Aber die Parole, die damals erfolgreich gewesen war, hatte auch jetzt wieder Aussichten, Hindenburg zu beeindrucken.

Am 22. Januar – einen Tag nach der deutschnationalen Kampfansage an Schleicher – trafen sich Hitler und Papen abermals im Hause Ribbentrop. Die Begegnung erhielt besonderes Gewicht dadurch, daß auch Meissner und Oskar von Hindenburg sowie auf nationalsozialistischer Seite Göring und Frick an dem Treffen teilnahmen. Hitler versicherte, in einer von ihm geführten Präsidialregierung könnten bürgerliche Minister, soweit sie nicht ihren Parteien verantwortlich seien, reichlich vertreten sein. Ähnlich äußerte sich Göring gegenüber Meissner. Papens Ausführungen ließen darauf schließen, daß er bereit war, sich mit dem Posten des Vizekanzlers in einem Kabinett Hitler zu begnügen. Der wichtigste Teil der Zusammenkunft war ein langes Gespräch, das Hitler mit dem Sohn des Reichspräsidenten unter vier Augen führte. Auf der gemeinsamen Rückfahrt in die Wilhelmstraße gab Oskar von Hindenburg Meissner zu verstehen, daß er Hitlers Darlegungen einleuchtend fand.

Der Reichspräsident war über das Dahlemer Treffen bereits informiert, als er am folgenden Tag, dem 23. Januar, den Reichskanzler zu einer Unterredung empfing. Schleicher berichtete von der Notstandsplanung des Kabinetts und holte sich eine Abfuhr. Die Frage der Auflösung des Reichstags wolle er sich noch überlegen, sagte Hindenburg, den Aufschub der Wahl aber könne er zur Zeit nicht verantworten. «Ein solcher Schritt würde ihm von allen Seiten als Verfassungsbruch ausgelegt werden; ehe man sich zu einem solchen Schritt entschließt, müsse durch Befragen der Parteiführer festgestellt werden, daß diese den Staatsnotstand anerkennen und den Vorwurf eines Verfassungsbruchs nicht erheben werden.»

Derartige staatsrechtliche Bedenken gegen eine Vertagung von Neuwahlen hatten Hindenburg und Meissner zwischen Ende August und Anfang Dezember 1932 nicht geäußert. Die Rechtslage war immer noch dieselbe; die politische Lage aber hatte sich geändert. Bei Hindenburgs Entscheidung mag eine Rolle gespielt haben, daß Schleicher selbst sich am 2. Dezember mit dem «Planspiel Ott» um den Nachweis bemüht hatte, daß die Verlängerung des Staatsnotstands zum Bürgerkrieg führen konnte. Doch es kam noch anderes, auch Persönliches, hinzu. Im Haushaltsausschuß gingen die Enthüllungen über den Osthilfeskandal weiter, ohne daß sich der Reichskanzler schützend vor den Reichspräsidenten stellte. Adlige Gutsnachbarn wie der «alte Januschauer» drängten vor allem deshalb auf den Sturz Schleichers und die Kanzlerschaft Hitlers, und in derselben Absicht wirkte der Wehrkreiskommandeur in Ostpreußen, General von Blomberg, auf den Reichspräsidenten ein.

Falls Hindenburg am 23. Januar noch Zweifel gehabt haben sollte, wie sich die Parteien gegenüber einem Aufschub von Neuwahlen verhalten würden, wurden sie ihm in den folgenden Tagen genommen. Am 25. Januar legten der Parteivorstand und der Vorstand der Reichstagsfraktion der SPD «schärfsten Protest gegen den Plan der Proklamierung eines sogenannten staatlichen Notstandsrechts» ein. Die Verwirklichung dieses Plans würde auf einen Staatsstreich hinauslaufen, und das hieße einen rechtlosen Zustand schaffen, «gegen den jeder Widerstand erlaubt und geboten ist». Am folgenden Tag warnte Prälat Kaas den Reichskanzler namens des Zentrums brieflich vor einer «notstandsrechtlichen Verschiebung des Wahltermins» und erinnerte daran, daß er sich schon in seinem letzten Gespräch mit Schleicher am 16. Januar mit Nachdruck «gegen die das gesamte Staatsrecht relativierenden Grundtendenzen von Carl Schmitt und seinen Gefolgsleuten» ausgesprochen habe. «Die Hinausdatierung der Wahl wäre ein nicht zu leugnender Verfassungsbruch, mit all den Konsequenzen rechtlicher und politischer Natur, die sich daraus ergeben müßten... Die Illegalität von oben wird die Illegalität von unten in einem Maße Auftrieb bekommen lassen, das unberechenbar ist.» Der Reichspräsident erhielt auf Anregung Brünings eine Abschrift des Briefes.

Zentrum und Sozialdemokratie verhielten sich Ende Januar 1933 so, als werde die Republik mehr von Schleicher als von Hitler bedroht. Als die ernsteste Gefahr erschien den beiden großen demokratischen Parteien die Verletzung *eines* Artikels der Weimarer Verfassung, nicht deren totale Beseitigung. Das Zentrum sagte seit langem offen, daß es in einer Kanzlerschaft Hitlers, wenn er sich denn auf eine parlamentarische Mehrheit stützen konnte und Verfassungstreue gelobte, eine demokratisch korrekte, wenn nicht die einzig legitime Krisenlösung sah. Die SPD hatte sich diesem Standpunkt bisher nicht angeschlossen. Am 25. Januar aber forderte der Abgeordnete Siegfried Aufhäuser, der Vorsitzende der freigewerkschaftlichen Arbeitsgemeinschaft freier Angestelltenverbände, der Reichstag müsse «tagen und aktionsfähig werden, um das Mißtrauen des gesamten Volkes gegen die jetzige Reichsgewalt zum Ausdruck zu bringen». Das war nur als Werben um nationalsozialistische Unterstützung für den Kampf gegen Schleicher zu verstehen. Tatsächlich ließ die Kampagne gegen den Aufschub von Neuwahlen den Schluß zu, daß auch für die Sozialdemokraten eine auf legale Weise zustande gekommene Regierung Hitler ein kleineres Übel war als eine zeitweilige Diktatur Schleichers.[57]

Am 27. Januar schwirrte Berlin von Gerüchten über eine andere Spielart von Diktatur: ein Kampfkabinett Papen. Richtig war, daß Hindenburg immer noch Papen und nicht etwa Hitler zum Nachfolger Schleichers machen wollte. Aber der Reichspräsident setzte dabei auf die Mitwirkung der Nationalsozialisten und eine ausreichende Rückendeckung im Reichstag. Den Gedanken eines antiparlamentarischen Kampfkabinetts propagierten dagegen die Deutschnationalen. Ihr Parteivorsitzender Hugenberg stieß am 27. Januar mit Hitler in der strittigen Frage, welche Partei das preußische Innenministerium übernehmen solle, so heftig aneinander, daß Hitler ein für diesen Tag vereinbartes Gespräch mit Papen absagte. Eine öffentliche Erklärung der NSDAP, sie würde eine von dem früheren Kanzler geführte Diktaturregierung schärfstens bekämpfen, beeindruckte Papen so, daß er sich am Abend des 27. Januar Ribbentrop gegenüber nachdrücklicher als bisher für die Leitung des Kabinetts durch Hitler aussprach. Ribbentrop hielt das für den «Wendepunkt der ganzen Frage».

Zu denen, die eine von Papen oder Hugenberg geführte Präsidialregierung für das größte aller Übel hielten, gehörte auch der amtierende Reichskanzler. Ein derartiges Kabinett, erklärte Schleicher am Vormittag des 28. Januar in einer Ministerbesprechung, könne, «da es nun einmal die Stimmung der breiten Massen in stärkster Weise gegen sich haben werde, bald eine Staats- und Reichspräsidentenkrise zur Folge haben». Dagegen würden die Schwierigkeiten vielleicht nicht so groß sein, wenn sich der Reichspräsident entschlösse, Hitler zum Reichskanzler zu ernennen. Dazu aber sei Hindenburg nach seiner Kenntnis nicht bereit. Seiner eigenen Regierung gab Schleicher keine Chance mehr – und darin hatte er recht. Als er den Reichspräsidenten kurz nach 12 Uhr nochmals um die Auflösungsorder bat (von einer Vertagung der Neuwahl war nun keine Rede mehr), lehnte Hindenburg das mit knappen Worten ab. Daraufhin erklärte Schleicher den Rücktritt seines Kabinetts.

Noch mehr als die Nachricht von Schleichers Entlassung erregte die Öffentlichkeit die offizielle Mitteilung, der Reichspräsident habe dem früheren Reichskanzler von Papen den Auftrag erteilt, «durch Verhandlungen mit den Parteien die politische Lage zu klären und die vorhandenen Möglichkeiten festzustellen». Aufs höchste alarmiert, wiesen die geschäftsführenden Präsidiumsmitglieder des Reichsverbandes der Deutschen Industrie und des Deutschen Industrie- und Handelstages, Ludwig Kastl und Eduard Hamm, Staatssekretär Meissner auf die Gefahren hin, die der deutschen Wirtschaft aus der politischen Krise zu erwachsen drohten. Die Gewerkschaften aller Richtungen warnten den Reichspräsidenten in einem Telegramm, die «Berufung einer sozialreaktionären und arbeiterfeindlichen Regierung» würde von der gesamten deutschen Arbeitnehmerschaft als eine Herausforderung empfunden werden. Ähnlich äußerten sich das Zentrum und der bayerische Ministerpräsident Held.

Einen Augenblick lang schien es, als sehe auch die SPD in einem rechten Kampfkabinett ohne Mehrheit eine noch größere Gefahr als in einer Regierung Hitler, die sich auf eine parlamentarische Mehrheit stützen konnte. Auf dem mit Schleichers Sturz eingeschlagenen Weg könne «die Verfassungsmäßigkeit nur gewahrt bleiben», schrieb der «Vorwärts» am Abend des 28. Januar, «wenn für Hitler eine parlamentarische Mehrheit geschaffen werden kann und wenn Garantie dafür geboten wird, daß Hitler verschwindet, sobald er diese Mehrheit verliert. Das heißt, eine Hitler-Hugenberg-Regierung ist verfassungsmäßig nur möglich, wenn das Zentrum ihr seinen Segen gibt... Eine Harzburger Regierung *ohne* parlamentarische Mehrheit bedeutet Staatsstreich und Bürgerkrieg.»

Am folgenden Morgen korrigierte sich das sozialdemokratische Parteiorgan: «Ein *Kabinett Hitler*, selbst wenn ihm das Zentrum durch seine Tolerierung eine parlamentarische Basis verschaffen wollte, würde *erst recht* ein *Kabinett der Provokation* sein!... Ein Kabinett Hitler – das ist der Wille Hitlers – soll das *Sprungbrett für die faschistische Diktatur sein.*» Für den Nachmittag des 29. Januar, eines Sonntags, hatte die SPD schon vor dem Sturz Schleichers ihre Anhänger zu einer Massenkundgebung in den

Lustgarten aufgerufen. 100 000 Menschen folgten laut «Vorwärts» dem Appell. Die Veranstaltung stand unter dem Motto «Berlin bleibt rot!»

Papen bemühte sich mit Erfolg darum, Mitglieder der bisherigen Regierung, unter ihnen Außenminister von Neurath und Finanzminister Graf Schwerin von Krosigk, für ein Kabinett zu gewinnen, in dem Hitler Kanzler und er selbst, Papen, Vizekanzler sein sollte. Als er am Abend des 28. Januar Hindenburg berichten konnte, daß bewährte konservative Politiker einem Kabinett Hitler das Gepräge geben würden, war der Reichspräsident beeindruckt. Erstmals zeigte er sich bereit, seine Bedenken gegen einen Reichskanzler Hitler fallen zu lassen.

Die größten Schwierigkeiten mußte Papen bei den Deutschnationalen überwinden. Hugenberg stand unter dem Druck von Politikern wie Ewald von Kleist-Schmenzin und Otto Schmidt-Hannover, die für eine autoritäre Lösung eintraten und einen energischen Kampf gegen Hitler verlangten. Der Parteiführer selbst hatte starke Vorbehalte gegen die Neuwahlforderung der Nationalsozialisten. Was aus seiner Sicht für den Eintritt in ein Kabinett Hitler-Papen sprach, war die Tatsache, daß Hindenburg bereit war, eine wesentliche Forderung Hugenbergs zu erfüllen und ihn zum Wirtschafts- und Landwirtschaftsminister sowohl im Reich als auch in Preußen zu machen.

Hitler wiederum mußte sich damit abfinden, daß Papen und nicht er selbst Reichskommissar für Preußen wurde. Zum Ausgleich erhielt Göring das Amt des Stellvertretenden Reichskommissars, der für den Bereich des preußischen Innenministeriums zuständig war und damit die Kontrolle über die Polizei des größten Einzelstaates erhielt. In Personalunion wurde Göring Reichsminister ohne Geschäftsbereich und Reichskommissar für den Luftverkehr. Das Reichsinnenministerium übernahm Wilhelm Frick. Dem Kabinett gehörten also nur drei Mitglieder der NSDAP an. Die Konservativen, denen auch Arbeitsminister Franz Seldte, der Erste Bundesführer des Stahlhelm, zuzurechnen war, hatten numerisch eindeutig das Übergewicht.

Einen Minister suchte Hindenburg selbst aus: Er bestimmte den Wehrkreisbefehlshaber für Ostpreußen, General von Blomberg, der sich am 29. Januar noch als technischer Berater der deutschen Delegation bei der Abrüstungskonferenz in Genf aufhielt, zum Nachfolger Schleichers als Reichswehrminister. Gerüchte über Putschabsichten der Potsdamer Garnison (die sich als unbegründet erweisen sollten) veranlaßten Hindenburg, Blomberg am Morgen des 30. Januar, unmittelbar nach seiner Ankunft in Berlin, als Reichswehrminister zu vereidigen. Da der Reichspräsident Reichsminister nur auf Vorschlag des Reichskanzlers ernennen durfte, dieser selbst aber noch gar nicht ernannt war, beging Hindenburg damit einen Verfassungsbruch.

Offen blieb lange, ob der Reichspräsident die nationalsozialistische Forderung nach Auflösung des Reichstags und Neuwahlen erfüllen würde –

eine Forderung, die Hitler vor allem damit begründete, daß es in diesem Reichstag keine Mehrheit für das von ihm für unabdingbar erachtete Ermächtigungsgesetz gab. Papen scheint am 29. Januar eine Eventualzusage Hindenburgs für den Fall erreicht zu haben, daß es nicht gelang, das Zentrum und die Bayerische Volkspartei für eine wie auch immer geartete Unterstützung der neuen Regierung zu gewinnen. Hitler fiel es nicht schwer, Gespräche mit den beiden katholischen Parteien anzukündigen. Nachdem zuletzt auch Hugenberg in der Neuwahlfrage nachgegeben hatte, konnten am späten Vormittag des 30. Januar 1933 Hitler und die Mitglieder seines Kabinetts auf die Weimarer Reichsverfassung vereidigt werden. Hindenburg schloß die kurze Zeremonie mit den Worten: «Und nun, meine Herren, vorwärts mit Gott!»

Während in der Wilhelmstraße die Würfel über das Schicksal Deutschlands fielen, tagte im nahen Reichstagsgebäude der Parteivorstand der SPD zusammen mit Vertretern der sozialdemokratischen Reichstagsfraktion und des ADGB. Auf die Nachricht von der Ernennung des Kabinetts Hitler reagierten Parteivorstand und Reichstagsfraktion der SPD mit einem Aufruf, der vor «undiszipliniertem Vorgehen einzelner Organisationen und Gruppen auf eigene Faust» warnte und «Kaltblütigkeit, Entschlossenheit» das Gebot der Stunde nannte. Breitscheid, der den erkrankten Wels vertrat, lehnte tags darauf im Parteiausschuß unter großer Zustimmung der Anwesenden, darunter Vertretern der Reichstagsfraktion und der «Eisernen Front» – des Zusammenschlusses von SPD, Freien Gewerkschaften, Reichsbanner Schwarz-Rot-Gold und Arbeitersportvereinen –, außerparlamentarische Aktionen nachdrücklich ab. «Wenn Hitler sich zunächst auf dem Boden der Verfassung hält, und mag das hundertmal Heuchelei sein, wäre es falsch, wenn wir ihm den Anlaß geben, die Verfassung zu brechen... Wenn Hitler den Weg der Verfassung beschreitet, dann steht er an der Spitze einer Rechtsregierung, die wir bekämpfen können und müssen, mehr noch als die früheren, aber es ist eben eine verfassungsmäßige Rechtsregierung.»

Das Zentralkomitee der KPD hielt dagegen am 30. Januar die Stunde zum Losschlagen für gekommen und sprach erstmals seit dem «Preußenschlag» vom 20. Juli 1932 die Führung der Sozialdemokratischen Partei und der Gewerkschaften wieder direkt an. An die SPD, den Allgemeinen Deutschen Gewerkschaftsbund, die Arbeitsgemeinschaft freier Angestelltenverbände und die Christlichen Gewerkschaften erging die Aufforderung, «gemeinsam mit den Kommunisten den Generalstreik gegen die faschistische Diktatur der Hitler, Hugenberg, Papen, gegen die Zerschlagung der Arbeiterorganisationen, für die Freiheit der Arbeiterklasse durchzuführen».

Doch eine proletarische Einheitsfront war am 30. Januar 1933 ein noch aussichtsloseres Unterfangen als am 20. Juli 1932. Angesichts von über 6 Millionen offiziell registrierten Arbeitslosen war ein längerer Generalstreik nicht durchzuführen; ein befristeter Generalstreik aber wäre von der neuen Regierung eher als Schwächezeichen denn als Demonstration der Stärke begriffen worden. Zudem war extrem unwahrscheinlich, daß die Kommunisten einem Aufruf zum Abbruch des Ausstands gefolgt wären. Nachdem die KPD die Sozialdemokraten jahrelang als «soziale Hauptstütze der Bourgeoisie» und als «Sozialfaschisten» bekämpft und die «Rote Fahne» noch am 26. Januar den Vorschlag des «Vorwärts», SPD und KPD sollten sich auf einen «Nichtsangriffspakt» verständigen, als «infame Verhöhnung des antifaschistischen Berlin» zurückgewiesen hatte, fehlte der kommunistischen Parole des gemeinsamen Abwehrkampfes die elementarste Voraussetzung: die Glaubwürdigkeit. Sozialdemokratie und Freie Gewerkschaften mußten damit rechnen, daß die Kommunisten sofort zu jener revolutionären Gewalt greifen würden, auf die die Nationalsozialisten nur warteten, um ihrem Terror den Schein der Legitimation zu verschaffen. Ein Bürgerkrieg aber konnte nur mit einer blutigen Niederlage der Arbeiterorganisationen enden: Gegenüber dem, was die paramilitärischen Verbände der Rechten, die Polizei und die Reichswehr aufzubieten hatten, war die gespaltene Linke chancenlos.

Am Abend des 30. Januar 1933 gehörten die Straßen nicht nur in Berlin, sondern vielerorts in Deutschland Hitlers «braunen Bataillonen». Am folgenden Tag nahm der neue Reichskanzler jene Verhandlungen mit dem Zentrum auf, zu denen er sich Papen gegenüber verpflichtet hatte. Hitler führte die Gespräche nur zum Schein: Es ging ihm um den Nachweis, daß mit dem am 6. November 1932 gewählten Reichstag nicht regiert werden konnte. Das Zentrum hingegen war an einer echten Koalition mit der NSDAP nach wie vor interessiert und über die Ernennung Hitlers sehr viel weniger ungehalten als über die «reaktionäre» Zusammensetzung seines Kabinetts. Hitlers Forderung, den Reichstag ein Jahr lang zu vertagen, mußte Kaas jedoch ablehnen. Damit lieferte er dem Kanzler den Vorwand, die Verhandlungen noch am 31. Januar für gescheitert zu erklären und die erste wichtige Entscheidung seines Kabinetts herbeizuführen: das Ersuchen an Hindenburg, den Reichstag aufzulösen. Am 1. Februar ergingen das entsprechende Dekret und eine weitere Verordnung des Reichspräsidenten, die als Wahltermin den 5. März 1933 bestimmte. Bis dahin konnte und mußte sich das Kabinett Hitler auf die Notstandsvollmachten des Artikels 48 stützen.[59]

Hitlers Ernennung zum Reichskanzler war *nicht* der unausweichliche Ausgang der deutschen Staatskrise, die mit dem Bruch der Großen Koalition am 27. März 1930 begonnen und sich seit der Entlassung Brünings am 30. Mai 1932 dramatisch zugespitzt hatte. Hindenburg mußte sich von Schleicher so wenig trennen, wie er genötigt gewesen war, Brüning durch Papen auszuwechseln. Er hätte Schleicher nach einem Mißtrauensvotum des Reichstags als Chef einer geschäftsführenden Regierung im Amt halten oder durch einen nicht polarisierenden «überparteilichen» Kanzler ersetzen können. Die neuerliche Auflösung des Reichstags innerhalb der verfassungsmäßigen Frist von sechzig Tagen war ihm nicht verwehrt; der Aufschub von Neuwahlen bis in den Herbst 1933 war hingegen nach den entsprechenden Erklärungen aus der politischen Mitte und von seiten der Sozialdemokratie kaum weniger riskant als im Jahr zuvor. Nichts zwang den Reichspräsidenten dazu, Hitler zum Reichskanzler zu machen. Hitler war zwar immer noch, trotz seiner Niederlage in der Reichstagswahl vom 6. November 1932, der Führer der stärksten Partei, aber eine Mehrheit im Reichstag gab es für ihn nicht.

Bis in den Januar 1933 hinein hatte sich der Reichspräsident, um eine Parteidiktatur der Nationalsozialisten zu verhindern, der Kanzlerschaft Hitlers widersetzt. Hindenburg änderte seine Haltung, weil ihn nun auch seine engsten Berater dazu drängten und weil er das Risiko der Diktatur durch das Übergewicht konservativer Minister im Kabinett Hitler verringert, wenn nicht beseitigt sah. Der Druck auf Hindenburg kam unmittelbar aus der ostelbischen Großlandwirtschaft und mittelbar, über Papen, vom rechten Flügel der Schwerindustrie; er kam darüber hinaus von fast allen Personen, die Zugang zu ihm hatten. Diesem Druck zu widerstehen war der Greis nicht mehr stark genug. Das Machtzentrum um Hindenburg hatte sich im Januar 1933 für das Wagnis mit Hitler entschieden, und Hindenburg als Person war nur ein Teil des Machtzentrums.

Der 30. Januar 1933 war also weder ein zwangsläufiges Ergebnis der vorangegangenen politischen Entwicklung noch ein Zufall. Hitlers Massenrückhalt machte seine Ernennung möglich, aber erst durch den Willen Hindenburgs und des Milieus, das er verkörperte, wurde er Kanzler. Die politische Stärke jener «alten Eliten», die auf eine «Regierung der nationalen Konzentration» unter Hitler drängten, war ebenso wie der Zulauf zu seiner Partei eine soziale Tatsache mit langer Vorgeschichte. Zu dieser Vorgeschichte gehörte die Erosion des Vertrauens in den demokratischen Staat. Daß der «Legitimitätsglaube», Max Weber zufolge die wichtigste immaterielle Herrschaftsressource, in Weimar von Anfang an schwach war, hatte Gründe, die mit der Geburt der Republik aus der Niederlage im Ersten Weltkrieg zusammenhingen und zugleich weit hinter diesen Krieg zurückreichten. Wenn es eine Ursache «letzter Instanz» für den Zusammenbruch der ersten deutschen Demokratie gibt, liegt sie in der historischen Verschleppung der Freiheitsfrage im 19. Jahrhundert – oder, anders gewendet, in der Ungleichzeitigkeit der politischen Modernisierung Deutschlands: der frühen Demokratisierung des Wahlrechts und der verspäteten Demokratisierung des Regierungssystems. Hitler wurde nach 1930 zum Hauptnutznießer dieses Widerspruchs und legte damit das Fundament seines Erfolges.

In der Absicht, die Weimarer Demokratie zu vernichten, schöpfte Hitler die Möglichkeiten, die ihm die Weimarer Verfassung bot, bis zum letzten aus. Die Legalitätstaktik, die er seiner Partei verordnete, war ungleich erfolgreicher als das Bekenntnis zur revolutionären Gewalt, dem er sich zehn Jahre zuvor verschrieben hatte und dem die andere totalitäre Partei, die KPD, nach wie vor huldigte. Da die Kommunisten den Bürgerkrieg offen propagierten, gaben sie den Nationalsozialisten, die selbst die größte Bürgerkriegsarmee unterhielten, die Möglichkeit, sich als Hüter der Verfassung darzustellen – als Ordnungsfaktor, der bereitstand, einen gewaltsamen Umsturzversuch von links zusammen mit der Polizei und, wenn notwendig, der Reichswehr niederzuschlagen. Gleichzeitig konnte Hitler den Regierenden für den Fall, daß sie selbst das Recht brachen oder, wie bei der Notverordnung gegen den politischen Terror vom 9. August 1932, zu Lasten der Nationalsozialisten änderten, mit revolutionärer Gewalt und damit dem Bürgerkrieg drohen.

Hitlers bedingtes Legalitätsversprechen, das eine Erpressung in sich schloß, erfüllte seinen Zweck. Die Furcht der etablierten Rechten vor dem revolutionären Charakter des Nationalsozialismus wich schließlich dem Glauben, der Führer der «nationalen» Massen werde einer autoritären Politik die dringend benötigte populäre Basis verschaffen. Die Illusion der Autoritären wurde flankiert von der Illusion der Demokraten. Um den Rechtsstaat zu bewahren, hätten seine Verteidiger (und sei es auch nur in Form der Hinnahme eines «negativen» Mißtrauensvotums) gegen den Buchstaben einer Verfassung verstoßen müssen, die letztlich gegen ihre eigene Geltung neutral war. Doch dem stand eine «funktionalistische» Auffassung von Legalität entgegen, die Carl Schmitt im Sommer 1932 mit den Worten gegeißelt hatte, sie gehe «in ihrer Neutralität bis zum Selbstmord». Ernst Fraenkel meinte nichts anderes, als er Ende 1932 den verbreiteten «Verfassungsfetischismus» anprangerte. Weimar hatte sich in der Legalitätsfalle gefangen, die die Schöpfer der Verfassung selbst aufgestellt hatten.[60]

Ausblick

Fast neun Jahre nachdem er an die Macht gelangt war, in der Nacht vom 17. zum 18. Dezember 1941, bemühte sich Hitler im Führerhauptquartier in der «Wolfsschanze» bei Rastenburg um eine historische Einordnung der damaligen Ereignisse. «Zur Zeit der Machtübernahme», sagte er, «war es für mich ein entscheidendes Moment: Will man bei der Zeitrechnung bleiben? Oder haben wir die neue Weltordnung als das Zeichen zum Beginn einer neuen Zeitrechnung zu nehmen? Ich sagte mir, das Jahr 1933 ist nichts anderes als die Erneuerung eines tausendjährigen Zustandes. Der Begriff des Reiches war damals fast ausgerottet, aber er hat sich heute siegreich durchgesetzt bei uns und in der Welt: Man spricht von Deutschland überall nur als vom Reich.»[1]

Hitler überschätzte sein «Verdienst». Im gebildeten Deutschland war das Reich bereits in den Jahren *vor* 1933 zu neuer, wenn auch nur gedanklicher Größe erwacht: Es war die Antwort rechter Intellektueller auf Weimar und *beide* Versailles, das von 1919 und das von 1871. Das «Reich» war aus ihrer Sicht etwas Höheres als die Republik; es war auch mehr als das Bismarckreich von 1871, das 1919 von den Ententemächten gedemütigt und dezimiert worden war; es war mehr als ein Staat unter Staaten. Das «Reich», wie es die deutsche Rechte in den frühen dreißiger Jahren sah, war seinem Wesen nach großdeutsch. Bismarcks kleindeutsches Reich war der nunmehr herrschenden Meinung zufolge die *damals* einzig mögliche Lösung der deutschen Frage gewesen, aber spätestens seit dem Untergang der Habsburgermonarchie galt der Nationalstaat von 1871 als unvollendet und nicht mehr als das letzte Wort der Geschichte. Das Ende des Vielvölkerstaates hatte das stärkste Argument gegen die großdeutsche und zugunsten der kleindeutschen Lösung beseitigt. Seit 1918 gab es zwei, ihrem Selbstverständnis nach deutsche Republiken, deren Vereinigung nicht das Selbstbestimmungsrecht der Völker, sondern der Wille der Siegermächte entgegenstand.

Schon 1920, kurz vor dem 50. Jahrestag der Reichsgründung, hatte der Historiker Hermann Oncken das Verdikt niedergeschrieben: «Nachdem aber Österreich-Ungarn gänzlich auseinandergebrochen und das Deutsche Reich mit seinem blutleeren Körper auf lange Zeit eine aktive Außenpolitik zu treiben außerstand gesetzt ist, bleibt uns nunmehr als einzige Rückzugslinie: die *Rückkehr zur großdeutschen Idee.* Das ist für uns das Ergebnis der Weltkrisis... Großdeutschland ist jetzt möglich geworden, weil der österreichische Hausstaat nicht mehr existiert, und es ist nötig geworden, weil Deutschösterreich allein nicht leben kann. Damit ist nicht nur der theoretische Daseinsgrund für die kleindeutsche Idee von 1848/1866 hinfällig geworden, sondern auch das kleindeutsche Reich in dem Umfang, wie es von 1871 bis 1918 bestand, hat seine realpolitische Existenzberechtigung verloren. Die kleindeutsche Idee, mitsamt ihrer Ergänzung des engeren und weiteren Bundes, muß sich automatisch in der großdeutschen Idee auflösen.»

Das Bismarckreich als «Vorstufe zu etwas Höherem, zu dem großdeutschen ganzen Nationalstaat, der heute schlechterdings unser Ideal werden muß»: der nationalliberale «Vernunftrepublikaner» Oncken sprach, als er sich zu dieser Sichtweise bekannte, für die große Mehrheit der deutschen Historiker der Weimarer Zeit. Das preußisch geprägte Bildungsbürgertum, gleichviel ob es konservativen oder eher liberalen Vorstellungen anhing, hatte sich wie Oncken erst spät zum großdeutschen Gedanken bekehrt. Von jeher großdeutsch waren hingegen die süddeutschen Katholiken, für die Königgrätz noch immer eine schmerzende Erinnerung war, und die Sozialdemokraten, die sich als die Hüter des Erbes von 1848 fühlten. Der langjährige sozialdemokratische Reichstagspräsident Paul Löbe war von 1921 bis 1933 der Vorsitzende des großdeutsch gesinnten Österreichisch-deutschen Volksbundes, und kein Wehrverband setzte sich so entschieden für eine Vereinigung Deutschlands und Österreichs ein wie das von Sozialdemokraten geführte Reichsbanner Schwarz-Rot-Gold. In den Worten von Hermann Schützinger, einem der «militärischen» Führer des Reichsbanners, aus dem Jahr 1925: «Die deutsche Republik... wird großdeutsch sein oder sie wird nicht sein.»[2]

Die Führungsschichten der späten Weimarer Republik konnten sich also auf einen breiten Rückhalt in der deutschen Gesellschaft stützen, als sie die Revision des Vertrages von Versailles um eine weitere Forderung ergänzten: die Revision der Reichsgründung. Das Scheitern der deutsch-österreichischen Zollunion im Jahre 1931 galt als Rückschlag auf dem Weg zur Verwirklichung der großdeutschen Idee, nicht als deren Widerlegung. Der volle, nicht nur zollpolitische Anschluß Österreichs war ohnehin nur als Zwischenstation auf dem Weg zum Ausbau der deutschen Vormachtstellung in Mitteleuropa gedacht: eine Vision, die schon die Liberalen in der Frankfurter Paulskirche und in der Zeit der deutsch-österreichischen Waffenbrüderschaft im Ersten Weltkrieg liberale Imperialisten wie Friedrich Naumann beflügelt hatte.

Zu diesem Projekt gehörte die wirtschaftspolitische Anbindung jenes «Zwischeneuropa», von dem der jungkonservative Publizist Giselher Wirsing, ein späterer Sturmbannführer der SS und noch späterer Chefredakteur der evangelischen Wochenzeitung «Christ und Welt», im Titel eines 1932 erschienenen Buches sprach. Während der Weltwirtschaftskrise verstärkten sich die Tendenzen in Richtung eines von Deutschland beherrschten mitteleuropäischen Großwirtschaftsraums. Der Mythos des alten, übernationalen «Reiches» diente Intellektuellen der «Konservativen Revolution» dazu, dem deutschen Vormachtanspruch den Schein einer historischen Rechtfertigung zu verschaffen.[3]

Mit der Pflege des Reichsgedankens eng verbunden war eine aktive Deutschtumspolitik. Volksdeutsche außerhalb der Reichsgrenzen – in Polen, der Tschechoslowakei, im übrigen Ostmittel- und Südosteuropa – wurden von Verbänden wie dem Verein für das Deutschtum im Ausland und amtlichen Stellen, an ihrer Spitze dem Auswärtigen Amt, gezielt gefördert. Diese Unterstützung hatte eine defensive und eine offensive Seite: Defensiv war die Abwehr von Bestrebungen, die auf die Assimilation, also Entnationalisierung der deutschen Minderheiten in den neuen Nationalstaaten gerichtet waren; offensiv war der Versuch, die Auslandsdeutschen für die Zwecke der deutschen Hegemonialpolitik einzusetzen. Die zweite Zielsetzung trat in der Zeit der Präsidialkabinette seit Brüning sehr viel schärfer hervor als in der Ära Stresemann. Hand in Hand mit der materiellen Förderung des deutschen Volkstums im Ausland ging seine wissenschaftliche Erforschung, seit 1931 koordiniert durch die «Volksdeutschen Forschungsgemeinschaften». Neben dem «Reich» wurde das «Volk» zu einem Kennwort jungkonservativer Bemühungen, das System von Versailles und den Staat von Weimar geistig zu überwinden.[4]

Als Hitler an die Macht gelangte, war der Boden für ihn mithin in vieler Hinsicht bereitet. Der Führer der Nationalsozialisten verfolgte ungleich radikalere Ziele als die Akademiker aus dem Umfeld der «Konservativen Revolution». Aber da es zwischen ihnen und dem Nationalsozialismus ein breites Feld der Übereinstimmung gab, konnten sie zu einer Art intellektueller Reservearmee des intellektuell unbedarften Nationalsozialismus werden.

Zur wichtigsten Brücke zwischen Hitler und großen Teilen des gebildeten Deutschland wurde der Mythos vom «Reich». Daß Hitler die Möglichkeiten instinktiv erfaßte, die in diesem Begriff angelegt waren, gehört zu den Bedingungen seines Erfolges. Die «Reichsidee» – das war die Erinnerung an die Größe des deutschen Mittelalters und an die Aufgabe, die Deutschland damals für das ganze christliche Abendland übernommen hatte: die Abwehr von Gefahren aus dem heidnischen Osten. In den Köpfen und Herzen ihrer Anhänger hatte die «Reichsidee» auch die Demütigungen überlebt, denen sich Deutschland seit Jahrhunderten von Westen her, durch Frankreich, ausgesetzt sah: den Westfälischen Frieden, die Eroberungen Ludwigs XIV. und Napoleons, den Vertrag von Versailles. «Das Reich» stand für eine von Deutschland bestimmte Ordnung Europas und konnte darum auch die deutsche Antwort auf die Revolutionen und Ideen von 1789 und 1917 sein. «Das Reich» war der irdische Abglanz des Ewigen und darum der letzte Grund einer bestimmten Sendung der Deutschen. *Sie* mußten Europa führen, weil nur sie einen universalen Auftrag hatten, der sie weit heraushob über die anderen Nationen und ihre Nationalstaaten.

Ähnlich wie die «Volksgemeinschaft» war das «Reich» eine Vision, die sich gut dazu eignete, der Aufspaltung Deutschlands in Parteien, Klassen und Konfessionen entgegenzuwirken. Die Weimarer Republik hatte nach der Meinung Hitlers vor dieser Aufgabe versagt, weil sie keinen einheitlichen politischen Willen hervorzubringen vermochte. Er, der «Führer», nahm für sich in Anspruch, den Willen der Nation zu verkörpern. Er kannte die tiefe Sehnsucht nach dem Retter Deutschlands, der die Schmach von Versailles und alle anderen Erniedrigungen auslöschen und die innere Zersplitterung überwinden sollte, und er sah sich als diesen Retter. Daß die Rettung Deutschlands die Niederkämpfung des Judentums erforderte, davon war er überzeugt, und daran ließ er bei seinen Getreuen keinen Zweifel aufkommen. Zu keiner Zeit distanzierte er sich von den antijüdischen Ausschreitungen seiner SA, die sich vor allem nach den Reichstagswahlen vom September 1930 und Juli 1932 häuften. Für ihn selbst aber stand in den letzten Jahren der Weimarer Republik der Antisemitismus nicht im Vordergrund seiner Agitation. Die Minderheit der radikalen Judenfeinde hatte er längst für sich gewonnen. Die Mehrheit der Deutschen störte ein «gemäßigter» Antisemitismus nicht, wohl aber alles, was nach roher Gewalt aussah. Dem trug Hitler in seinen Wahlreden Rechnung.

Hitler sprach in den letzten Jahren vor 1933 auch nicht mehr öffentlich von dem großen Krieg, den zu führen er nach wie vor entschlossen war. Er sprach von «Arbeit und Brot», von der Versöhnung zwischen Bürger und Arbeiter, Nationalismus und Sozialismus, von der Beendigung von Klassenkampf und Bürgerkrieg, von der Volksgemeinschaft. Er versprach, die «dreißig Parteien» aus Deutschland zu vertreiben, und beschwor das «neue Deutsche Reich der Größe, der Macht und Stärke, der Kraft und der Herrlichkeit und der sozialen Gerechtigkeit».

Daß sein Reich nicht mehr das sein würde, was das Deutsche Reich als Monarchie und Republik gewesen war, nämlich ein Rechts- und Verfassungsstaat, sagte Hitler nicht. Doch niemand, der «Mein Kampf» gelesen oder Reden von ihm gehört hatte, konnte an seinem Willen zweifeln, mit allem radikal zu brechen, was auch nur entfernt an Liberalismus und Aufklärung erinnerte. Als er am 30. Januar 1933 von Hindenburg zum Reichskanzler ernannt wurde, erhielt er die Möglichkeit, den Worten Taten folgen zu lassen und Deutschland nach seinem Bilde zu formen.[5]

ANHANG

Abkürzungsverzeichnis

Abl.	Abendblatt
ADGB	Allgemeiner Deutscher Gewerkschaftsbund
AdR	Akten der Reichskanzlei
AfS	Archiv für Sozialgeschichte
APZ	Aus Politik und Zeitgeschichte
AStA	Allgemeiner Studentenausschuß
BVG	Berliner Verkehrs-Gesellschaft
BVP	Bayerische Volkspartei
CEH	Central European History
DDP	Deutsche Demokratische Partei
DNVP	Deutschnationale Volkspartei
DuM	Dokumente und Materialien zur Geschichte der deutschen Arbeiterbewegung
DVP	Deutsche Volkspartei
GG	Geschichte und Gesellschaft
GWU	Geschichte in Wissenschaft und Unterricht
HPB	Historisch-politische Blätter für das katholische Deutschland
HZ	Historische Zeitschrift
Inprekorr	Internationale Pressekorrespondenz
JMH	Journal of Modern History
KPD	Kommunistische Partei Deutschlands
Mbl.	Morgenblatt
MEW	Karl Marx/Friedrich Engels, Werke. Hg. v. Institut für Marxismus-Leninismus beim ZK der SED, Berlin 1956 ff.
MGH	Monumenta Germaniae Historica
MGM	Militärgeschichtliche Mitteilungen
MSPD	Mehrheitssozialdemokratische Partei Deutschlands
ND	Neudruck
NEKZ	Neue Evangelische Kirchenzeitung
N. F.	Neue Folge
NPL	Neue Politische Literatur
NSDAP	Nationalsozialistische Deutsche Arbeiterpartei
NZ	National-Zeitung (Berlin)
OHL	Oberste Heeresleitung
PVS	Politische Vierteljahresschrift
SA	Sturmabteilung
SPD	Sozialdemokratische Partei Deutschlands

SS	Schutzstaffel
Sten. Ber.	Stenographischer Bericht über die Verhandlungen des Deutschen Reichstags
Sten. Ber., LT	Stenographischer Bericht über die Verhandlungen des Preußischen Abgeordnetenhauses
USPD	Unabhängige Sozialdemokratische Partei Deutschlands
VfZ	Vierteljahrshefte für Zeitgeschichte
VSWG	Vierteljahrsschrift für Sozial- und Wirtschaftsgeschichte
VZ	Volkszeitung (Berlin)

Anmerkungen

1. Prägungen
Das Erbe eines Jahrtausends

1 Geoffrey Barraclough, Tatsachen der deutschen Geschichte (engl. Orig.: Oxford 1946[1]), Berlin 1947.

2 Werner Goez, Translatio Imperii. Ein Beitrag zur Geschichte des Geschichtsdenkens und der politischen Theorien im Mittelalter und in der frühen Neuzeit, Tübingen 1958, bes. S. 74 ff.; P. A. van den Baar, Die kirchliche Lehre der Translatio Imperii Romani bis zur Mitte des 13. Jahrhunderts, Rom 1956, S. 27 ff.; Horst Dieter Rauh, Das Bild des Antichrist im Mittelalter: Von Tyconius zum Deutschen Symbolismus, Münster 1979[2], S. 55 ff.; Bernhard Töpfer, Das kommende Reich des Friedens. Zur Entwicklung chiliastischer Zukunftshoffnungen im Hochmittelalter, Berlin 1964; Herfried Münkler, Das Reich als politische Macht und politischer Mythos, in: ders., Reich – Nation – Europa. Modelle politischer Ordnung, Weinheim 1996, S. 11–59; Willy Marxsen, Einleitung in das Neue Testament, Gütersloh 1964[2]. S. 64.

3 Otto Bischof von Freising, Chronik oder die Geschichte der zwei Staaten. Übersetzt von Adolf Schmidt. Hg. v. Walter Lammers. Lateinisch-deutsch, Darmstadt 1990[5], S. 464 f.

4 Karl Ferdinand Werner, Les nations et le sentiment national dans l'Europe médiévale, in: Revue Historique 244 (1970), S. 285–304; ders., Mittelalter, in: Artikel «Volk, Nation, Nationalismus», in: Geschichtliche Grundbegriffe. Historisches Lexikon zur politisch-sozialen Sprache in Deutschland, hg. v. Otto Brunner, Werner Conze, Reinhart Koselleck, Bd. 7, Stuttgart 1992, S. 171–281 (bes. 199 ff.); Artikel «Reich», ebd., Bd. 5, S. 423–508; Joachim Ehlers, Schriftkultur, Ethnogenese und Nationsbildung in ottonischer Zeit, in: Frühmittelalterliche Studien 23 (1989), S. 302–317; Johannes Fried, Der Weg in die Geschichte. Die Ursprünge Deutschlands bis 1024, Berlin 1994, bes. S. 9 ff., 853 ff.; Peter Moraw, Vom deutschen Zusammenhalt in älterer Zeit, in: Matthias Werner (Hg.), Identität und Geschichte, Weimar 1997, S. 27–59; Percy Ernst Schramm, Kaiser, Rom und Renovatio. Studien und Texte zur Geschichte des römischen Erneuerungsgedankens vom Ende des karolingischen Reiches bis zum Investiturstreit, 2 Bde., Berlin 1929, Bd. 1, S. 12 ff.; Gerd Tellenbach, Libertas. Kirche und Weltordnung im Zeitalter des Investiturstreites, Stuttgart 1936, S. 16 ff.

5 Karl Ferdinand Werner, Das hochmittelalterliche Imperium im politischen Bewußtsein Frankreichs (10.–12. Jahrhundert), in: HZ 200 (1965), S. 2–60 (bes. 50 ff.); Heinz Löwe, Kaisertum und Abendland in ottonischer und frühsalischer Zeit, ebd. 196 (1963), S. 529–562.

6 The Letters of John of Salisbury, hg. v. W. J. Millor u. H. E. Butler [latein. u. engl.], Bd. 1, London 1955, S. 206 (Brief 124, an Master Ralph of Sarre, Juni/Juli 1160); deutsche Übersetzung in: Joachim Leuschner (Hg.), Das Reich des Mittelalters, Stuttgart 1972[3], S. 20 f.; Horst Fuhrmann, «Wer hat die Deutschen zu Richtern

über die Völker bestellt?» Die Deutschen als Ärgernis im Mittelalter, in: GWU 46 (1995), S. 625–641.

7 Rauh, Bild (Anm. 2), S. 365 ff.; Friedrich Heer, Die Tragödie des Heiligen Reiches, Stuttgart 1952, S. 118 ff., 141 ff., 240 ff.; Gottfried Koch, Auf dem Weg zum Sacrum Imperium. Studien zur ideologischen Herrschaftsbegründung der deutschen Zentralgewalt im 11. u. 12. Jahrhundert, Berlin 1972, S. 149 ff.; Timothy Reuter, The Medieval German «Sonderweg»? The Empire and its Rulers in the High Middle Ages, in: Anne Duggan (Hg.), King and Kingship, London 1993, S. 179–211; Das Spiel vom deutschen Kaiser und vom Antichrist («Ludus de Antichristo»), in: Karl Langosch, Geistliche Spiele. Lateinische Dramen mit deutschen Versen, Darmstadt 1957, S. 179–239.

8 Karl Jordan, Investiturstreit und frühe Stauferzeit (1056–1197), in: Herbert Grundmann (Hg.), Frühzeit und Mittelalter (= Bruno Gebhardt, Handbuch der deutschen Geschichte, Bd. 1), Stuttgart 1970[9], S. 223–425 (391 ff.).

9 Hartmut Boockmann, Stauferzeit und spätes Mittelalter. Deutschland 1125–1517, Berlin 1987, S. 165 ff.

10 Geoffrey Barraclough, Die mittelalterlichen Grundlagen des modernen Deutschland (engl. Orig.: 1946[1]), Weimar 1955, S. 195 ff.

11 Memoriale de prerogativa Romani Imperii, in: Herbert Grundmann u. Hermann Heimpel (Hg.), Alexander von Roes, Schriften (Monumenta Germaniae Historica [= MGH]. Staatsschriften des späteren Mittelalters, 1. Bd.: Die Schriften des Alexander von Roes und des Engelbert von Admont, 1. Stück: Alexander von Roes), Stuttgart 1958, S. 91–148 (126 f.). Deutsche Übersetzung in: Alexander von Roes, Schriften, hg. v. Herbert Grundmann u. Hermann Heimpel (= Deutsches Mittelalter. Kritische Studientexte der MGH, 4), Weimar 1949, S. 18–67 (49); Hermann Heimpel, Alexander von Roes und das deutsche Selbstbewußtsein des 13. Jahrhunderts, in: ders., Deutsches Mittelalter, Leipzig 1941, S. 79–1110.

12 Leuschner (Hg.), Reich (Anm. 6), S. 38 f.

13 Eugen Rosenstock-Huessy, Die europäischen Revolutionen und der Charakter der Nationen (1931[1]), Stuttgart 1961[3], S. 131 ff.

14 Ebd. S. 239.

15 Marsilius von Padua, Der Verteidiger des Friedens (Defensor Pacis). Auf Grund der Übersetzung von Walter Kunzmann bearb. u. eingel. von Horst Kusch [latein. u. deutsch], Berlin 1958, Teil 2, S. 1078–1085; Wilhelm von Ockham, Texte zur politischen Theorie. Exzerpte aus dem Dialogus. Lateinisch/Deutsch. Ausgewählt, übersetzt u. hg. v. Jürgen Miethke, Stuttgart 1995, S. 226–309.

16 Alois Dempf, Sacrum Imperium. Geschichts- und Staatsphilosophie des Mittelalters und der politischen Renaissance, München 1929, S. 544; Ernst Troeltsch, Die Soziallehren der christlichen Kirchen und Gruppen (= ders., Gesammelte Schriften, 1. Bd.), Tübingen 1912, S. 420, 432 ff., 794 ff., 858 ff.

17 Eberhard Isenmann, Kaiser, Reich und deutsche Nation am Ausgang des 15. Jahrhunderts, in: Joachim Ehlers (Hg.), Ansätze und Diskontinuität deutscher Nationsbildung im Mittelalter, Sigmaringen 1989, S. 145–246 (bes. 155 ff.); Alfred Schröcker, Die Deutsche Nation. Beobachtungen zur politischen Propaganda des ausgehenden 15. Jahrhunderts, Lübeck 1974, bes. S. 116 ff.; Ulrich Nonn, Heiliges Römisches Reich Deutscher Nation. Zum Nationen-Begriff im 15. Jahrhundert, in: Zeitschrift für Historische Forschung 9 (1982), S. 129–142.

18 Heinz Angermeier, Die Reichsreform 1410–1555. Die Staatsproblematik in Deutschland zwischen Mittelalter und Gegenwart, München 1984; Georg Schmidt, Geschichte des Alten Reiches. Staat und Nation in der Frühen Neuzeit 1495–1806, München 1999, S. 33ff. (Thesen vom «komplementären Reichs-Staat», von der «Verstaatung des Alten Reiches» um 1500 und vom Alten Reich als Staat der deutschen Nation); Wolfgang Reinhard, Geschichte der Staatsgewalt. Eine vergleichende Verfassungsgeschichte Europas von den Anfängen bis zur Gegenwart, München 1999, S. 52ff.

19 Max Wehrli, Der Nationalgedanke im deutschen und schweizerischen Humanismus, in: Nationalismus in Germanistik und Dichtung. Dokumentation des Germanistentages in München vom 17.–22. Oktober 1966. Hg. v. Benno v. Wiese u. Rudolf Henß, Berlin 1967, S. 126–143 (Zitat: 131); Goez, Translatio (Anm. 2), S. 248–257; Bernd Schönemann, Frühe Neuzeit und 19. Jahrhundert, in: Artikel «Volk, Nation, Nationalismus» (Anm. 4), S. 281–431 (bes. 288ff.); Herfried Münkler u. a., Nationenbildung. Die Nationalisierung Europas im Diskurs humanistischer Intellektueller. Italien und Deutschland, Berlin 1998; ders., Nation als politische Idee im frühneuzeitlichen Europa, in: Klaus Garber (Hg.), Nation und Literatur im Europa der Frühen Neuzeit, Tübingen 1989, S. 56–86; Wolfgang Hardtwig, Ulrich von Hutten. Zum Verhältnis von Individuum, Stand und Nation in der Reformationszeit, in: ders., Nationalismus und Bürgerkultur in Deutschland 1500–1914, Göttingen 1994, S. 15–33; Frank L. Borchardt, German Antiquity in Renaissance Myth, Baltimore 1971; Ludwig Krapf, Germanenmythos und Reichsideologie. Frühhumanistische Rezeptionsweisen der taciteischen «Germania», Tübingen 1979.

20 Martin Luther, An den christlichen Adel deutscher Nation von des christlichen Standes Besserung. 1520, in: D. Martin Luthers Werke. Kritische Gesamtausgabe, Bd. 6, Weimar 1888, S. 381–469 (462–465). Ich zitiere nach der sprachlich modernisierten Fassung in: Martin Luther, An den christlichen Adel deutscher Nation und andere Schriften, Stuttgart 1964², S. 98–103.

21 Georg Wilhelm Friedrich Hegel, Vorlesungen über die Philosophie der Geschichte (Sämtliche Werke, 11. Bd.), Stuttgart 1949³, S. 519, 521ff., 524.

22 Karl Marx, Zur Kritik der Hegelschen Rechtsphilosophie. Einleitung, in: Karl Marx/Friedrich Engels, Werke [= MEW], Berlin 1959ff., Bd. 1, S. 385.

23 Friedrich Nietzsche, Der Antichrist, in: ders., Werke (Krit. Gesamtausgabe, hg. v. Giorgio Colli u. Mazzino Montinari), 6. Abt., Bd. 3, Berlin 1969, S. 248f.

24 Marx, Kritik (Anm. 22), S. 391; Friedrich Engels, Zum «Bauernkrieg» [1884], in: MEW 21, S. 402.

25 Peter Blickle, Die Revolution von 1525, München 1981²; ders., Gemeindereformation. Die Menschen des 16. Jahrhunderts auf dem Weg zum Heil, München 1985; Richard von Dülmen, Reformation als Revolution. Soziale Bewegung und religiöser Radikalismus in der deutschen Reformation, München 1977.

26 Rosenstock-Huessy, Revolutionen (Anm. 13), S. 234f.

27 Heinz Schilling, Aufbruch und Krise. Deutschland 1517–1648, Berlin 1994², S. 184ff.

28 Troeltsch, Soziallehren (Anm. 16), S. 518.

29 Ebd., S. 519, 684.

30 Franz Borkenau, Luther: Ost oder West, in: ders., Zwei Abhandlungen zur deutschen Geschichte, Frankfurt 1947, S. 45–75 (59).

31 Ebd., S. 74; Helmuth Plessner, Die verspätete Nation. Über die politische Verführbarkeit bürgerlichen Geistes (1. Aufl. unter dem Titel: Das Schicksal deutschen Geistes im Ausgang seiner bürgerlichen Epoche, Zürich 1935), Stuttgart 1959, S. 58 ff.

32 Martin Luther, Von den Juden und ihren Lügen [1543], in: ders, Werke (Anm. 30), Bd. 53, Weimar 1920, S. 413–552 (bes. 522 ff., Zitat: 479); Klaus Deppermann, Judenhaß und Judenfreundschaft im frühen Protestantismus, in: Bernd Martin u. Ernst Schulin (Hg.), Die Juden als Minderheit in der Geschichte, München 1981[1], S. 110–130; Heiko A. Obermann, Wurzeln des Antisemitismus. Christenangst und Judenplage im Zeitalter von Humanismus und Reformation, Berlin 1983[2], S. 56 ff., 125 ff.; Joshua Trachtenberg, The Devil and the Jews. The Medieval Conception of the Jew and its Relation to Modern Antisemitism, New Haven 1943.

33 Leopold von Ranke, Deutsche Geschichte im Zeitalter der Reformation (Gesamt-Ausgabe der Deutschen Akademie: Leopold von Ranke's Werke), München 1925, Bd. 1, S. 4; Rosenstock-Huessy, Revolutionen (Anm. 13), S. 224; Paul Joachimsen, Vom deutschen Volk zum deutschen Staat. Eine Geschichte des deutschen Nationalbewußtseins [1916]. Bearb. u. bis in die Gegenwart fortgesetzt v. Joachim Leuschner, Göttingen 1956[3], S. 25 ff.; Heinrich Lutz, Die deutsche Nation zu Beginn der Neuzeit. Fragen nach dem Gelingen und Scheitern deutscher Einheit im 16. Jahrhundert, in: HZ 234 (1982), S. 529–559.

34 Schilling, Aufbruch (Anm. 27), S. 243.

35 Max Weber, Die protestantische Ethik und der Geist des Kapitalismus, in: Archiv für Sozialwissenschaft und Sozialpolitik 20 (1905), S. 1–54; 21 (1905), S. 1–110; Alfred Müller-Armack, Genealogie der Wirtschaftsstile. Die geistesgeschichtlichen Ursprünge der Staats- und Wirtschaftsformen bis zum Ausgang des 18. Jahrhunderts, Stuttgart 1941; Herbert Lüthy, Nochmals: «Calvinismus und Kapitalismus». Über die Irrwege einer sozialhistorischen Diskussion [1961], in: Rudolf Braun u. a. (Hg.), Gesellschaft in der industriellen Revolution, Köln 1973, S. 18–36; Hartmut Lehmann, Asketischer Protestantismus und ökonomischer Rationalismus: Die Weber-These nach zwei Generationen, in: Wolfgang Schluchter (Hg.), Max Webers Sicht des okzidentalen Christentums, Frankfurt 1988, S. 529–553.

36 Schilling, Aufbruch (Anm. 27), S. 282 ff., 412 ff.; ders., Nationale Identität und Konfession in der europäischen Neuzeit, in: Bernhard Giesen (Hg.), Nationale und kulturelle Identität. Studien zur Entwicklung des kollektiven Bewußtseins in der Neuzeit, Bd. 1, Frankfurt 1991, S. 192–252.

37 Johannes Burkhardt, Der Dreißigjährige Krieg, Frankfurt 1992, S. 30 ff.; Georg Schmidt, Der Dreißigjährige Krieg, München 1995; Günter Barudio, Der Teutsche Krieg 1618–1648, Frankfurt 1988; Adam Wandruszka, Reichspatriotismus zur Zeit des Prager Friedens von 1635. Eine Studie zur Geschichte des deutschen Nationalbewußtseins, Köln 1955.

38 Christoph Dipper, Deutsche Geschichte 1648–1784, Frankfurt 1991, S. 263 ff.; Schilling, Aufbruch (Anm. 27), S. 396, 436 ff.

39 Burkhardt, Dreißigjähriger Krieg (Anm. 37), S. 90 ff.

40 Samuel von Pufendorf, Die Verfassung des Deutschen Reiches. Lateinisch u. deutsch. Hg. u. übersetzt v. Horst Denzer, Frankfurt 1994, S. 198 f.; Norbert Elias, Über den Prozeß der Zivilisation. Soziogenetische und psychogenetische Untersuchungen, 2 Bde. (1939[1]), Frankfurt 1993[18], Bd. 2, S. 129 ff.; Rudolf Vierhaus, Staaten

und Stände. Vom Westfälischen zum Hubertusburger Frieden 1648–1763, Berlin 1984, S. 22 ff.

41 Johann Gustav Droysen, Geschichte der preußischen Politik, Bd. 2, 2. Teil, Leipzig 1870, S. 436.

42 Otto Hintze, Kalvinismus und Staatsräson in Brandenburg zu Beginn des 17. Jahrhunderts, in: ders., Geist und Epochen der preußischen Geschichte. Gesammelte Abhandlungen. Hg. v. Fritz Hartung, Leipzig 1943, S. 289–346 (in der Reihenfolge der Zitate: 289, 324 f., 345, 315 f., 302 f.).

43 Müller-Armack, Genealogie (Anm. 35), S. 147.

44 Hintze, Kalvinismus (Anm. 42), S. 300, 315.

45 Troeltsch, Soziallehren (Anm. 16), S. 599 f.

46. Otto Hintze, Die Hohenzollern und der Adel, in: ders., Geist (Anm. 42), S. 38–63; Hans Rosenberg, Bureaucracy, Aristocracy, and Autocracy. The Prussian Experience, Cambridge/Mass. 1958.

47 Otto Büsch, Militärsystem und Sozialleben im alten Preußen 1713–1807. Die Anfänge der sozialen Militarisierung der preußisch-deutschen Gesellschaft, Berlin 1952, S. 164 f.

48 Heinz Schilling, Höfe und Allianzen. Deutschland 1648–1763, Berlin 1994[2], S. 392 ff.; Carl Hinrichs, Preußentum und Pietismus. Der Pietismus in Brandenburg-Preußen als religiös-soziale Reformbewegung, Göttingen 1971; Richard L. Gawthrop, Pietism and the Making of Eighteenth-Century Prussia, Cambridge 1993; Gerhard Kaiser, Pietismus und Patriotismus im literarischen Deutschland. Ein Beitrag zum Problem der Säkularisation, Wiesbaden 1961, S. 39 ff.; Koppel S. Pinson, Pietism as a Factor in the Rise of German Nationalism, New York 1934; Hartmut Lehmann, Pietism and Nationalism: The Relationship between Protestant Revivalism and National Renewal in Nineteenth-Century Germany, in: Church History 51 (1982), S. 39–53; Martin Brecht u. a. (Hg.), Geschichte des Pietismus, Göttingen 1993 ff.

49 Sibylle Badstübner-Gröger u. a., Hugenotten in Berlin, Berlin 1988, S. 14 ff.

50 Schilling, Aufbruch (Anm. 27), S. 415 ff.

51 Ebd., S. 303 ff.

52 Theodor Schieder, Friedrich der Große. Ein Königtum der Widersprüche, Berlin 1983; Ingrid Mittenzwei, Friedrich II. von Preußen, Berlin 1979; Rudolf Augstein, Preußens Friedrich und die Deutschen, Frankfurt 1968.

53 Rudolf von Thadden, Fragen an Preußen. Zur Geschichte eines aufgehobenen Staates, München 1981, S. 58 f., 167; Hans Joachim Schoeps, Preußen. Geschichte eines Staates, Berlin 1966, S. 98; Schilling, Höfe (Anm. 48), S. 431.

54 Reinhart Koselleck, Preußen zwischen Reform und Revolution. Allgemeines Landrecht, Verwaltung und soziale Bewegung von 1791 bis 1848, Stuttgart 1967, S. 24 f.

55 Alexis de Tocqueville, L'Ancien Régime et la Révolution, in: ders., Oeuvres complètes, Paris 1952, Bd. II, 1, S. 269; deutsch nach: Alexis de Tocqueville, Das Zeitalter der Gleichheit. Eine Auswahl aus dem Gesamtwerk. Hg. v. Siegfried Landshut, Stuttgart 1954, S. 232.

56 Schilling, Höfe (Anm. 48), S. 320 ff.; Horst Möller, Fürstenstaat oder Bürgernation. Deutschland 1763–1815, Berlin 1989, S. 308 ff.

57 Johann Wolfgang von Goethe, Aus meinem Leben. Dichtung und Wahrheit. Erster Teil, Zweites Buch, in: ders., Werke. Weimarer Ausgabe, München 1987,

Bd. 26, S. 71; Theodor Schieder, Friedrich der Große – eine Integrationsfigur des deutschen Nationalbewußtseins im 18. Jahrhundert?, in: Otto Dann (Hg.), Nationalismus in vorindustrieller Zeit, München 1986, S. 113–127.

58 Thomas Abbt, Vom Tode für das Vaterland, in: ders., Vermischte Werke, ND Hildesheim 1978, Bd. 1, S. 17; Christoph Prignitz, Vaterlandsliebe und Freiheit. Deutscher Patriotismus von 1750 bis 1850, Wiesbaden 1981, S. 17; Benjamin W. Redekop, Thomas Abbt and the Formation of an Enlightened German «Public», in: Journal of the History of Ideas 58 (1997), S. 81–103.

59 Harm Klueting, «Bürokratischer Patriotismus». Aspekte des Patriotismus im theresianisch-josephinischen Österreich, in: Günter Birtsch (Hg.), Patriotismus. Aufklärung 4 (1991), Heft 2, S. 37–52.

60. Christoph Martin Wieland, National-Poesie [1773], in: ders., Sämmtliche Werke, Leipzig 1839/40, Bd. 35, S. 327–335 (327); Prignitz, Vaterlandsliebe (Anm. 58), S. 7 (Wieland); Rudolf Vierhaus, «Patriotismus»-Begriff und Realität einer moralisch-politischen Haltung, in: ders. (Hg.), Deutsche patriotische und gemeinnützige Gesellschaften, München 1980, S. 9–29 (14: Goethe, Möser, Nicolai); Horst Möller, Aufklärung in Preußen. Der Verleger, Publizist und Geschichtsschreiber Friedrich Nicolai, Berlin 1974, S. 565 ff.

61 Pufendorf, Verfassung (Anm. 40), S. 46 f.; Hermann Conrad, Deutsche Rechtsgeschichte, Bd. 2, Karlsruhe 1966, S. 113 ff.; Jürgen Luh, Unheiliges Römisches Reich. Der konfessionelle Gegensatz 1648 bis 1806, Potsdam 1995; Reinhard Stauber, Nationalismus vor dem Nationalismus? Eine Bestandsaufnahme der Forschung zu «Nation» und «Nationalismus» in der Frühen Neuzeit, in: GWU 47 (1996), S. 139–165; Manfred Jacobs, Die Entwicklung des deutschen Nationalgedankens von der Reformation bis zum deutschen Idealismus, in: Horst Zilleßen (Hg.), Volk – Nation – Vaterland. Der deutsche Protestantismus und der Nationalismus, Gütersloh 1970, S. 51–110.

62 Pufendorf, Verfassung (Anm. 40), S. 46 ff.; Christoph Martin Wieland, Über Deutschen Patriotismus. Betrachtungen, Fragen und Zweifel [Mai 1793], in: ders., Werke (Anm. 60), S. 245–259 (252); Prignitz, Vaterlandsliebe (Anm. 58), S. 7 ff.; Gertrude Lübbe-Wolff, Die Bedeutung der Lehre von den vier Weltreichen für das Staatsrecht des römisch-deutschen Reichs, in: Der Staat 23 (1984), S. 387–381; Notker Hammerstein, «Imperium Romanum cum omnibus suis qualitatibus ad Germanos est translatum». Das vierte Weltreich in der Lehre der Reichsjuristen, in: Zeitschrift für historische Forschung, Beiheft 3 (1987), S. 187–202.

63 Reinhard Rürup, Johann Jacob Moser. Pietismus und Reform, Wiesbaden 1965, bes. S. 151 f.; Notker Hammerstein, Das politische Denken Friedrich Carl von Mosers, in: HZ 212 (1971), S. 316–338; Michael Stolleis, Reichspublizistik und Reichspatriotismus vom 16. zum 18. Jahrhundert, in: Aufklärung 4 (1989), S. 7–23; Karl Otmar Freiherr von Aretin, Reichspatriotismus, in: Birtsch (Hg.), Patriotismus (Anm. 59), S. 25–36; ders., Das Alte Reich 1648–1806, 3 Bde., Stuttgart 1993 ff.; John G. Gagliardo, Reich and Nation. The Holy Roman Empire as Idea and Reality, 1763–1806, Bloomington 1980, bes. S. 49 ff. – Die Zitate: Friedrich Carl von Moser, Von dem Deutschen Nationalgeist. Nachdruck der Ausgabe von 1766, Selb 1976, S. 19, 21, 40 (Hervorhebungen im Original).

64 Wolfgang Hardtwig, Vom Elitebewußtsein zur Massenbewegung. Frühformen des Nationalismus in Deutschland 1500–1840, in: ders., Nationalismus (Anm. 19), S. 34–54 (Zitate: 44, 46); Hagen Schulze, Staat und Nation in der europäi-

schen Geschichte, München 1994, S. 108 ff., 142 ff.; Otto Dann, Nation und Nationalismus in Deutschland 1770–1990, München 1990, S. 28 ff.; Bernhard Giesen u. Kay Junge, Vom Patriotismus zum Nationalismus. Zur Evolution der «Deutschen Kulturnation», in: Giesen (Hg.), Identität (Anm. 36), S. 255–303; Helga Schultz, Mythos und Aufklärung. Frühformen des Nationalismus in Deutschland, in: HZ 261 (1996), S. 31–67; Helmut Scheuer (Hg.), Dichter und ihre Nation, Frankfurt 1993; Winfried Woesler, Die Idee der deutschen Nationalliteratur in der zweiten Hälfte des 18. Jahrhunderts, in: Garber (Hg.), Nation (Anm. 19), S. 716–733; Hans Peter Hermann u. a., Machtphantasie Deutschland. Nationalismus, Männlichkeit und Fremdenhaß im Vaterlandsdiskurs deutscher Schriftsteller des 18. Jahrhunderts, Frankfurt 1996; Jörg Echternkamp, Aufstieg des deutschen Nationalismus (1770–1840), Frankfurt 1998, S. 41 ff.

65 Conrad Wiedemann, Deutsche Klassik und nationale Identität. Eine Revision der Sonderwegs-Frage, in: Wilhelm Voßkamp (Hg.), Klassik im Vergleich. Normativität und Historizität europäischer Klassiken, Stuttgart 1993, S. 541–569 (547 f.); Franz Josef Worstbrock, Translatio artium. Über Herkunft und Entwicklung einer kulturhistorischen Theorie, in: Archiv für Kulturgeschichte 47 (1965), S. 1–22; Manfred Landfester, Griechen und Deutsche: Der Mythos einer ‹Wahlverwandtschaft›, in: Helmut Berding (Hg.), Mythos und Nation. Studien zur Entwicklung des kollektiven Bewußtseins in der Neuzeit, Bd. 3, Frankfurt 1996, S. 198–219.

66 Gotthold Ephraim Lessing, Hamburgische Dramaturgie, 101.–104. Stück, in: ders., Werke, Bd. 4, München 1973, S. 698; Goethe, Werke (Anm. 57), Bd. 5, S. 218.

67 Johann Gottfried Herder, Briefe zur Beförderung der Humanität, in: ders., Werke in zehn Bänden, Bd. 7, Frankfurt 1991, S. 687 (115. Brief [1797]); ders., Ideen zur Philosophie der Geschichte der Menschheit, ebd., Bd. 6, Frankfurt 1989, S. 630, 639 (III. Teil, 15, I, II).

68 Immanuel Kant, Reflexionen zur Anthropologie, in: ders., Gesammelte Schriften (Akademie-Ausgabe), Bd. 15, Berlin 1913, S. 590 f.; Schönemann, Frühe Neuzeit (Anm. 19), S. 320.

69 Johann Wolfgang von Goethe, Faust. Der Tragödie erster und zweiter Teil. Erster Teil: Auerbachs Keller in Leipzig, in: ders., Werke (Anm. 57), Bd. 14, S. 99; Rudolf Schlögl, Die patriotisch-gemeinnützigen Gesellschaften. Organisation, Sozialstruktur, Tätigkeitsfelder, in: Helmut Reinalter (Hg.), Aufklärungsgesellschaften, Frankfurt 1993, S. 61–81.

70 Herder, Briefe (Anm. 67), S. 305 (57. Brief [1795]; Beilage: «Haben wir noch das Publikum und Vaterland der Alten?»); Otto Dann, Herder und die Deutsche Bewegung, in: Gerhard Sauder, Johann Gottfried Herder 1744–1803, Hamburg 1987, S. 308–340; Harro Segeberg, Germany, in: Otto Dann u. John Dinwiddy (Hg.), Nationalism in the Age of the French Revolution, London 1988, S. 137–156.

71 Wilhelm Dilthey, Die dichterische und philosophische Bewegung in Deutschland 1770–1800, in: ders., Die geistige Welt. Einleitung in die Philosophie des Lebens. Gesammelte Schriften, 5. Band, Stuttgart 1974[6], S. 12–27 (13).

72 Dann, Herder (Anm. 70), S. 324 ff.; Wilhelm Abel, Massenarmut und Hungerkrisen im vorindustriellen Deutschland, Göttingen 1972, bes. S. 191 ff., 252 ff.; R. R. Palmer, The Age of Democratic Revolution. A Political History of Europe and America, 1760–1800, 2 Bde., Princeton 1964[1]; Eric J. Hobsbawm, Europäische Revolutionen 1789–1848 (engl. Orig.: 1962[1]), Zürich 1973; Reinhart Koselleck, Kritik und Krise. Eine Studie zur Pathogenese der bürgerlichen Welt, Freiburg 1959[1];

ders., Einleitung, in: Geschichtliche Grundbegriffe (Anm. 4), Bd. I, S. XII-XXVII (zur «Sattelzeit» ab etwa 1750); Jürgen Habermas, Strukturwandel der Öffentlichkeit. Untersuchungen zu einer Kategorie der bürgerlichen Gesellschaft, Neuwied 1961[1], bes. S. 104 ff.

2. Der Fortschritt als Fessel 1789–1830

1 Georg Wilhelm Friedrich Hegel, Vorlesungen über die Philosophie der Geschichte (Sämtliche Werke, 3. Aufl., 11. Bd.), ND Stuttgart 1949, S. 557 f.; Joachim Ritter, Hegel und die französische Revolution, Köln 1957.

2 Rudolf Vierhaus, Montesquieu in Deutschland. Zur Geschichte seiner Wirkung als politischer Schriftsteller im 18. Jahrhundert, in: ders., Deutschland im 18. Jahrhundert. Politische Verfassung, soziales Gefüge, geistige Bewegungen, Göttingen 1987, S. 9–32; ders., Politisches Bewußtsein in Deutschland vor 1789, ebd., S. 183–201; ders., «Sie und nicht wir». Deutsche Urteile über den Ausbruch der Französischen Revolution, ebd., S. 202–215.

3 Christoph Martin Wieland, Kosmopolitische Adresse an die Französische Nationalversammlung, von Eleutherius Philoceltes [Oktober 1789], in: ders., Sämtliche Werke, Bd. 31, Leipzig 1857, S. 30–58 (58); ders., Unparteiische Betrachtungen über die Staatsrevolution in Frankreich [Mai 1790], ebd., S. 69–101 (73); ders., Zufällige Gedanken über die Abschaffung des Erbadels in Frankreich [Juli 1790], ebd., S. 102–125 (123 f.); ders., Worte zur rechten Zeit und an die politischen und moralischen Gewalthaber. Nachträge [Januar 1793], ebd., S. 319–325 (320); Irmtraut Sahmland, Christoph Martin Wieland und die deutsche Nation. Zwischen Patriotismus, Kosmopolitismus und Griechentum, Tübingen 1990.

4 Johann Gottfried Herder, Briefe die Fortschritte der Humanität betreffend [1792], in: ders., Werke in zehn Bänden, Bd. 7, Berlin 1991, S. 774 (13. Brief), 779 (16. Brief), 780 (17. Brief; Hervorhebungen im Original); Hans-Wolf Jäger, Herder und die Französische Revolution, in: Gerhard Sauder (Hg.), Johann Gottfried Herder 1744–1803, Hamburg 1987, S. 299–307.

5 Georg Forster, Darstellung der Revolution in Mainz [1793], in: ders., Werke. Sämtliche Schriften, Tagebücher, Briefe. Bd. 10: Revolutionsschriften 1792/93, Berlin 1990, S. 505–591 (556); Volker Mehnert, Protestantismus und radikale Spätaufklärung. Die Beurteilung Luthers und der Reformation durch aufgeklärte deutsche Schriftsteller zur Zeit der Französischen Revolution, München 1982, S. 52 f. (Forster), 55, 117 (Rebmann); Walter Grab, Norddeutsche Jakobiner. Demokratische Bestrebungen zur Zeit der ersten französischen Republik, Hamburg 1967; Heinrich Scheel, Süddeutsche Jakobiner. Klassenkämpfe und republikanische Bestrebungen zur Zeit der Französischen Revolution, Berlin 1962; Franz Dumont, Die Mainzer Republik 1792/93. Studien zur Revolutionierung in Rheinhessen und der Pfalz, Alzey 1993; Wolfang Reinbold, Mythenbildungen und Nationalismus. «Deutsche Jakobiner» zwischen Revolution und Reaktion (1789–1800), Berlin 1999; Jacques Droz, L'Allemagne et la Révolution Française, Paris 1949; Volker Press, Warum gab es keine deutsche Revolution? Deutschland und das revolutionäre Frankreich, in: Dieter Langewiesche (Hg.), Revolution und Krieg. Zur Dynamik historischen Wandels seit dem 18. Jahrhundert, Paderborn 1989, S. 67–85; Ernst Wolfgang

Becker, Zeit der Revolution! – Revolution der Zeit? Zeiterfahrungen in Deutschland in der Ära der Revolutionen 1789–1848/49, Göttingen 1999, S. 37 ff.

6 Friedrich Meinecke, Das Zeitalter der deutschen Erhebung (1795–1815) [1906]. Neuausgabe, Göttingen 1957[6], S. 46 (Struensee); Max Braubach, Von der Französischen Revolution bis zum Wiener Kongreß, in: Von der Französischen Revolution bis zum Ersten Weltkrieg (= Bruno Gebhardt, Handbuch der deutschen Geschichte, Bd. 3), Stuttgart 1970[9], S. 2–96 (35); Reinhart Koselleck, Preußen zwischen Reform und Revolution. Allgemeines Landrecht, Verwaltung und soziale Bewegung von 1791 bis 1848, Stuttgart 1967; Hanna Schissler, Preußische Agrargesellschaft im Wandel. Wirtschaftliche, gesellschaftliche und politische Transformationsprozesse von 1763 bis 1847, Göttingen 1978.

7 Immanuel Kant, Zum ewigen Frieden, in: ders., Gesammelte Schriften (Akademie-Ausgabe), Berlin 1900 ff.., Bd. 8, S. 351 ff., 378; ders., Der Streit der Fakultäten, ebd., Bd. 7, S. 88; ders., Die Metaphysik der Sitten/Rechtslehre, ebd., Bd. 6, S. 338–342 (§§ 51 u. 52; Hervorhebungen jeweils im Original); Karl Vorländer, Kants Stellung zur französischen Revolution, in: Philosophische Abhandlungen. Festschrift für Hermann Cohen, Berlin 1912, S. 247–269; Peter Burg, Kant und die Französische Revolution, Berlin 1974; Zwi Batscha, Bürgerliche Republik und bürgerliche Revolution bei Immanuel Kant, in: ders., Studien zur politischen Theorie des deutschen Frühliberalismus, Frankfurt 1981, S. 43–65; Volker Gerhardt, Immanuel Kants Entwurf «Zum ewigen Frieden». Eine Theorie der Politik, Darmstadt 1995, bes. S. 88 f.; Leonard Krieger, The German Idea of Freedom. History of a Political Tradition, Boston 1957, S. 86 ff.; Vierhaus, Montesquieu (Anm. 2), S. 9 ff.; Artikel «Demokratie», in: Geschichtliche Grundbegriffe. Historisches Lexikon zur politisch-sozialen Sprache in Deutschland, hg. von Otto Brunner, Reinhard Koselleck, Werner Conze, Bd. 1, Stuttgart 1972, S. 820–899 (bes. 822 ff.); Hajo Holborn, Der deutsche Idealismus in sozialgeschichtlicher Beleuchtung, in: Hans-Ulrich Wehler (Hg.), Moderne deutsche Sozialgeschichte, Köln 1966, S. 85–108.

8 Rudolf Stadelmann, Deutschland und die westeuropäischen Revolutionen, in: ders., Deutschland und Westeuropa, Laupheim 1948, S. 11–33 (28).

9 Edmund Burke/Friedrich Gentz, Über die Französische Revolution. Betrachtungen und Abhandlungen. Hg. u. mit einem Anhang versehen v. Hermann Klenner, Berlin 1990; Friedrich Meinecke, Weltbürgertum und Nationalstaat. Studien zur Genesis des deutschen Nationalstaates [1907[1]], Sämtliche Werke, Bd. 5, S. 113 ff.; Fritz Valjavec, Die Entstehung der politischen Strömungen in Deutschland 1770–1815, München 1951, bes. S. 244 ff.; Frieda Braune, Edmund Burke in Deutschland. Ein Beitrag zur Geschichte des historisch-politischen Denkens, Heidelberg 1917; Golo Mann, Friedrich von Gentz. Geschichte eines europäischen Staatsmannes, Zürich 1947, S. 36 ff.

10 Christoph Martin Wieland, Patriotischer Beitrag zu Deutschlands höchstem Flor, veranlaßt durch einen im Jahr 1780 gedruckten Beitrag dieses Namens, in: ders., Werke (Anm. 3), Bd. 31, S. 349–368 (364, 365, 367); ders., Betrachtungen über die gegenwärtige Lage des Vaterlandes, S. 208–259 (237 f.); Vierhaus, Montesquieu (Anm. 2), S. 9 ff.

11 Heinrich August Winkler, Der Nationalismus und seine Funktionen, in: ders. (Hg.), Nationalismus, Königstein 1978[1], S. 5–46; Herfried Münkler, Nation als politische Idee im frühneuzeitlichen Europa, in: Klaus Garber (Hg.), Nation und Lite-

ratur im Europa der Frühen Neuzeit, Tübingen 1989, S. 56–86; Otto Dann (Hg.), Nationalismus in vorindustrieller Zeit, München 1986.

12. Thomas Abbt, Vom Tode für das Vaterland, in: ders., Vermischte Werke, Bd. 1, ND Hildesheim 1978, S. 51, 62, 70, 72. Im letzten Satz habe ich das Wort «Stimme», das offensichtlich auf einem Lesefehler beruht, durch «Summe» ersetzt.

13 Karl Otmar Freiherr v. Aretin, Heiliges Römisches Reich 1776–1806. Reichsverfassung und Staatssouveränität, 2 Bde., Wiesbaden 1967, Bd. 1, S. 318 ff.; John S. Gagliardo, Reich and Nation. The Holy Roman Empire as Idea and Reality, 1763–1806, Bloomington 1980, S. 165 ff.; Horst Möller, Fürstenstaat oder Bürgernation. Deutschland 1763–1815, Berlin 1989, S. 532 ff.; Georg Schmidt, Geschichte des Alten Reiches, München 1999.

14 Friedrich Schiller, Deutsche Größe, in: Schillers Werke. Nationalausgabe, 2. Bd., Teil I, Weimar 1983, S. 431–437; zur Datierung: ebd., 2. Bd., Teil II B, Weimar 1993, S. 257–259; Meinecke, Weltbürgertum (Anm. 9), S. 54 ff.; Jörg Echternkamp, Der Aufstieg des deutschen Nationalismus (1770–1840), Frankfurt 1998, S. 163 ff.

15 Georg Wilhelm Friedrich Hegel, Die Verfassung Deutschlands [1802] in: ders., Politische Schriften, Frankfurt 1966, S. 23–138 (23, 62, 106, 122, 132, 136); Hermann Heller, Hegel und der nationale Machtstaatsgedanke in Deutschland, Berlin 1921, S. 12 ff.

16 Arnold Berney, Reichstradition und Nationalstaatsgedanke (1789–1815), in: HZ 140 (1929), S. 57–86; Gerhard Schuck, Rheinbundpatriotismus und politische Öffentlichkeit zwischen Aufklärung und Frühliberalismus. Kontinuitätsdenken und Diskontinuitätserfahrung in den Staatsrechts- und Verfassungsdebatten der Rheinbundpublizistik, Stuttgart 1994; Georg Schmidt, Der Rheinbund und die deutsche Nationalbewegung, in: Heiner Timmermann (Hg.), Die Entstehung der Nationalbewegung in Europa 1750–1849, Berlin 1993, S. 29–44.

17 Elisabeth Fehrenbach, Traditionelle Gesellschaft und revolutionäres Recht. Die Einführung des Code Napoléon in den Rheinbundstaaten, Göttingen 1974 (Zitat: S. 12); Eberhard Weis, Ergebnisse eines Vergleichs der grundherrschaftlichen Strukturen Deutschlands und Frankreichs vom Hochmittelalter bis zum Ausgang des 18. Jahrhunderts, in: ders., Deutschland und Frankreich um 1800. Aufklärung – Revolution – Reform, München 1990, S. 67–81; Ernst Rudolf Huber, Deutsche Verfassungsgeschichte seit 1789. Band 1: Reform und Restauration 1789 bis 1830, Stuttgart 1990^3, S. 314 ff.

18 Helmut Berding, Napoleonische Herrschafts- und Gesellschaftspolitik im Königreich Westfalen 1807–1813, Göttingen 1973, bes. S. 15; ders. (Hg.), Napoleonische Herrschaft und Modernisierung. GG 6 (1989), Heft 4.

19 Lorenz von Stein, Geschichte der sozialen Bewegung in Frankreich, 3 Bde., Bd. 1: Der Begriff der Gesellschaft und die soziale Geschichte der Französischen Revolution bis zum Jahre 1850 [1850], Neuausgabe Darmstadt 1959, S. 426 (427, 429 f.; Hervorhebungen im Original); Heinrich August Winkler, Gesellschaftsform und Außenpolitik. Eine Theorie Lorenz von Steins in zeitgeschichtlicher Perspektive, in: ders., Liberalismus und Antiliberalismus. Studien zur politischen Sozialgeschichte des 19. und 20. Jahrhunderts, Göttingen 1979, S. 235–251.

20 Thomas Nipperdey, Deutsche Geschichte 1800–1866. Bürgerwelt und starker Staat, München 1983^1, S. 25; Braubach, Von der Französischen Revolution (Anm. 6), S. 45.

21 Friedrich Gentz, Fragmente aus der neuesten Geschichte [1806], in: ders., Ausgewählte Schriften, 4. Bd., Stuttgart 1837, S. 33 f. (im Original: «Teutschland», «teutsch»); Mann, Gentz (Anm. 9), S. 167 ff.; Hinrich C. Seeba, Zeitgeist und deutscher Geist. Zur Nationalisierung der Epochentendenz um 1800, in: Deutsche Vierteljahrschrift für Literaturwissenschaft und Geistesgeschichte 61 (1987), Sonderheft, S. 185–215.

22 Georg Wilhelm Friedrich Hegel, Grundlinien der Philosophie des Rechts oder Naturrecht und Staatswissenschaft im Grundrisse, in: ders., Sämtliche Werke (Anm. 1), Bd. 7, Stuttgart 1952, S. 241 ff. (§ 257 ff.; Zitat: 241); Hans Ulrich Wehler, Deutsche Gesellschaftsgeschichte, 1. Bd.: Vom Feudalismus des Alten Reiches bis zur Defensiven Modernisierung der Reformära 1700–1815, München 1987[1], S. 397 ff. (Zitat: 446); Nipperdey, Geschichte (Anm. 20), S. 331 ff.; Koselleck, Preußen (Anm. 6), S. 163 ff.; Schissler, Agrargesellschaft (Anm. 6), S. 105 ff.

23 Johann Gottlieb Fichte, Beitrag zur Berichtigung der Urtheile des Publicums über die Französische Revolution [1793[1]], in: Fichtes Werke, 8 Bde., Berlin 1845/46, ND Berlin 1971, Bd. 6, S. 39–256 (bes. 152 ff.); ders., Reden an die deutsche Nation [1808], ebd., S. 259–499 (die Zitate in ihrer Reihenfolge: 278, 355, 346, 380 f., 384 f., 456, 470 f., 496).

24 Ebd., S. 467 f., 386 f., 353 f., 387 f., 385 f.; ders., Aus dem Entwurfe zu einer politischen Schrift im Frühlinge 1813, ebd., S. 554, 565 (Hervorhebungen im Original); Meinecke, Weltbürgertum (Anm. 9), S. 84 ff.; Eugene Newton Anderson, Nationalism and the Cultural Crisis in Prussia, 1806–1815, New York 1939, S. 16–63; Becker, Zeit (Anm. 5), S. 108 ff.; Huber, Verfassungsgeschichte (Anm. 17), Bd. 1, S. 478 f. (Kalisch).

25 Stein, Geschichte (Anm. 19), Bd. 1, S. 481, 428 (Hervorhebungen im Original).

26 Georg Wilhelm Friedrich Hegel, Phänomenologie des Geistes [1807], in: ders., Werke (Anm. 1), Bd. 2, S. 132.

27 O. C. C. Höpffner (= Friedrich Ludwig Jahn), Über die Beförderung des Patriotismus im Preußischen Reiche [1800], in: Friedrich Ludwig Jahns Werke, Hof 1884–1887, Bd. 1, S. 3–22; Friedrich Ludwig Jahn, Deutsches Volkstum [1810], ebd., S. *143–380* (146 ff., 159–163, 203; Hervorhebungen im Original); Rainer Wiegels/Winfried Woesler, Arminius und die Varusschlacht. Geschichte – Mythos – Literatur, Paderborn 1995; Andreas Dörner, Politischer Mythos und symbolische Politik. Sinnstiftung durch symbolische Formen am Beispiel des Hermannmythos, Opladen 1995.

28 Jahn, Volkstum (Anm. 27), S. 285, 307 ff., 235–245 (Hervorhebungen im Original); Hans Kohn, Wege und Irrwege. Vom Geist des deutschen Bürgertums (amerik. Orig.: New York 1960), Düsseldorf 1962, S. 73 ff.

29 Ernst Moritz Arndt, Geist der Zeit [1806–1817], Leipzig o. J. [1908], 2. Teil [1809], S. 85; ders., Gebet, in: Arndts Werke, Berlin o. J. [1912], 1. Teil, S. 74; ders., Katechismus für den deutschen Kriegs- und Wehrmann [1813], 10. Teil, S. 131–162 (142 f., 147); ders., An die Preußen [1813], ebd., S. 163–170 (169); ders., Was bedeutet Landsturm und Landwehr? [1813], ebd., S. 171–186 (176); ders., Über Volkshaß und den Gebrauch einer fremden Sprache [1813], in: Ernst Moritz Arndt's Schriften für und an seine lieben Deutschen. Zum ersten Mal gesammelt und durch Neues vermehrt, Leipzig 1845, S. 353–373 (358, 361, 367 f.; Hervorhebungen jeweils im Original).

30 Ebd., S. 372; ders., Der Rhein, Teutschlands Strom, aber nicht Teutschlands Graenze [1813], in: ders., Werke (Anm. 29), 11. Teil, S. 37–82 (42); Das preußische Volk und Heer im Jahre 1813 [1814], ebd., S. 7–36 (29, 32); ders., Bemerkungen über Teutschlands Lage im November 1814, in: ders., Blick aus der Zeit auf die Zeit. «Germanien» o. J. [1814], S. 1–79; ders., Noch eine Vermahnung an die politischen teutschen Philister, ebd., S. 257–281; ders., Über Preußens Rheinische Mark und über Bundesfestungen [1815], in: ders., Werke (Anm. 29), 11. Teil, S. 143–199 (164, 187, 190); Günther Ott, Ernst Moritz Arndt. Religion, Christentum und Kirche in der Entwicklung des deutschen Publizisten und Patrioten, Bonn 1966, S. 197 ff.; Alexander Scharff, Der Gedanke der preußischen Vorherrschaft in den Anfängen der deutschen Einheitsbewegung, Bonn 1929, S. 39 f. (zu Arndts Position 1814); Klaus Vondung, Die Apokalypse in Deutschland, München 1988, S. 152 ff.

31 Arndt, Geist der Zeit (Anm. 29), 2. Teil [1809], S. 134 f.; 3. Teil [1813], S. 156; ders., Über künftige ständische Verfassungen in Teutschland [1814], in: ders., Werke (Anm. 29), 11. Teil, S. 83–130 (106, 121); Anderson, Nationalism (Anm. 24), S. 64–103; Michael Jeismann, Das Vaterland der Feinde. Studien zum nationalen Feindbegriff und Selbstverständnis in Deutschland und Frankreich 1792–1918, Stuttgart 1992, S. 27 ff.

32 Fichte, Reden (Anm. 23), S. 464 f.; Arndt, Preußens Rheinische Mark (Anm. 30), S. 191; Otto Kallscheuer u. Claus Leggewie, Deutsche Kulturnation versus französische Staatsnation? Eine ideengeschichtliche Stichprobe, in: Helmut Berding (Hg.), Nationales Bewußtsein und kollektive Identität. Studien zur Entwicklung des kollektiven Bewußtseins in der Neuzeit, Bd. 2, Frankfurt 1994, S. 112–162; Bernhard Giesen, Die Intellektuellen und die Nation. Eine deutsche Achsenzeit, Frankfurt 1993, S. 27 ff.; Conrad Wiedemann, Zwischen Nationalgeist und Kosmopolitismus. Über die Schwierigkeiten der deutschen Klassiker, einen Nationalhelden zu finden, in: Günter Birtsch (Hg.), Patriotismus. Aufklärung 4 (1991), Heft 2, S. 75–101.

33 Ernst Moritz Arndt, Bemerkungen (Anm. 30), S. 59 ff.; ders., Die Schweitzer, Holländer und Elsässer, in: ders., Blick (Anm. 30), S. 80–112; ders., Noch etwas über die Juden, ebd., S. 180–201 (181, 199, 188); Fichte, Beitrag (Anm. 23), S. 150 f.; Jacob Katz, Vom Vorurteil zur Vernichtung. Der Antisemitismus 1700–1933 (amerik. Orig.: Cambridge/Mass. 1980), München 1989, S. 61; Hans Rothfels, Grundsätzliches zum Problem der Nationalität, in: ders., Zeitgeschichtliche Betrachtungen. Vorträge und Aufsätze, Göttingen 1959, S. 89–11.

34 Otto W. Johnston, Der deutsche Nationalmythos. Ursprung und politisches Programm (amerik. Orig.: New York 1989), Stuttgart 1990; Eric J. Hobsbawm, Nationen und Nationalismus. Mythos und Realität seit 1780 (engl. Orig.: Cambridge 1990), Frankfurt 1991; ders. u. Terence Ranger (Hg.), The Invention of Tradition, Cambridge 1983; Benedict Anderson, Die Erfindung der Nation (engl. Orig.: London 1983), Frankfurt 1988; Anthony D. Smith, The Nation: Invented, Imagined, Reconstructed? in: Millennium. Journal of International Studies 20 (1991), S. 353–368.

35 Meinecke, Weltbürgertum (Anm. 9), S. 58 ff., 113 ff.; Kohn, Wege (Anm. 28), S. 53 ff.; Carl Schmitt, Politische Romantik (1919^1), Berlin 1968^3; Hermann Kurzke, Romantik und Konservatismus. Das «politische» Werk Friedrich von Hardenbergs (Novalis), München 1983.

36 Ernst Moritz Arndt, Was ist des Deutschen Vaterland? [1813], in: ders., Werke (Anm. 29), 1. Teil, S. 126 f.; ders., Geist der Zeit (Anm. 29), Teil III, S. 177; Heinz

Angermeier, Deutschland zwischen Reichstradition und Nationalstaat. Verfassungspolitische Konzeptionen und nationales Denken zwischen 1801 und 1815, in: ders., Das alte Reich in der deutschen Geschichte. Studien über Kontinuitäten und Zäsuren, München 1991, S. 449–521; Meinecke, Weltbürgertum (Anm. 9), S. 142 ff.; Scharff, Gedanke (Anm. 30), S. 8 ff.; Artikel «Ideologie», in: Geschichtliche Grundbegriffe (Anm. 7), Bd. 3, Stuttgart 1982, S. 131–169; Humboldts «Denkschrift über die deutsche Verfassung» vom Dezember 1813, in: Siegfried A. Kaehler (Hg.), Wilhelm von Humboldt. Eine Auswahl aus seinen Schriften, Berlin 1922, S. 88–103 (Zitat: 92 f.).

37 Leopold Zscharnack, Die Pflege des religiösen Patriotismus durch die evangelische Geistlichkeit 1806–1815, in: Harnack-Ehrung. Beiträge zur Kirchengeschichte. Festschrift für Adolf von Harnack, Leipzig 1921, S. 394–423 (zum Auftauchen des Begriffs «religiöser Patriotismus»: 400); Gerhard Graf, Gottesbild und Politik. Eine Studie zur Frömmigkeit in Preußen während der Befreiungskriege 1813–1815, Göttingen 1993; Artie J. Hoover, The Gospel of Nationalism. German Patriotic Preaching from Napoleon to Versailles, Stuttgart 1986, S. 6 ff.; Georg Schmidt, Von der Nationaleinheit zum Nationalstaat. Der gedankliche Kontinuitätsbruch in Deutschland zu Beginn des 19. Jahrhunderts, in: Die evangelische Diaspora. Jahrbuch des Gustav-Adolf-Werks 63 (1994), S. 59–75; Jerry Dawson, Friedrich Schleiermacher. The Evolution of a Nationalist, Austin/ Texas 1966; Otto Dann, Schleiermacher und die nationale Bewegung, in: Internationaler Schleiermacher-Kongreß Berlin 1984, Berlin 1985, 2 Bde., Bd. 2, S. 1107–1120; Rudolf von Thadden, Schleiermacher und Preußen, ebd., S. 1099–1106; Kurt Nowak, Schleiermacher und die Frühromantik. Eine literaturgeschichtliche Schule zum romantischen Religionsverständnis und Menschenbild am Ende des 18. Jahrhunderts in Deutschland, Weimar 1986, S. 92 ff.; Karin Hagemann, Nation, Krieg und Geschlechterordnung. Zum kulturellen und politischen Diskurs in der Zeit der antinapoleonischen Erhebung Preußens 1806–1815, in: GG 22 (1996), S. 562–591; Hasko A. Zimmer, Auf dem Altar des Vaterlands. Religion und Patriotismus in der deutschen Kriegslyrik des 19. Jahrhunderts, Frankfurt 1971; Reinhard Wittram, Kirche und Nationalismus in der Geschichte des deutschen Protestantismus im 19. Jahrhundert, in: ders., Das Nationale als europäisches Problem. Beiträge zur Geschichte des Nationalitätsprinzips vornehmlich im 19. Jahrhundert, Göttingen 1954, S. 109–148; Lothar Gall, Die Germania als Symbol nationaler Einheit im 19. und 20. Jahrhundert. Nachrichten der Akademie der Wissenschaften in Göttingen. I. Philologisch-Historische Klasse, Jg. 1993, Heft 2, Göttingen 1993; Gerhard Brunn, Germania und die Entstehung des deutschen Nationalstaates. Zum Zusammenhang von Symbolen u. Wir-Gefühl, in: Rüdiger Voigt (Hg.), Politik der Symbole, Symbole der Politik, Opladen 1989, S. 101–122.

38 Anthony D. Smith, Theories of Nationalism, London 1983[3]; Hagen Schulze, Staat und Nation in der europäischen Geschichte, München 1994, S. 150 ff.; Miroslav Hroch, Das Erwachen kleiner Nationen als Problem der komparativen Forschung, in: Winkler (Hg.), Nationalismus (Anm. 11), S. 155–172; Jürgen Wilke, Der nationale Aufbruch der Befreiungskriege als Kommunikationsereignis in: Ulrich Hermann (Hg.), Volk – Nation – Vaterland, Hamburg 1996, S. 353–366.

39 Dieter Grimm, Deutsche Verfassungsgeschichte 1776–1866, Frankfurt 1988, S. 68 ff., 113 ff.; Karsten Ruppert, Bürgertum und staatliche Macht in Deutschland

zwischen Französischer und deutscher Revolution, Berlin 1998; Huber, Verfassungsgeschichte (Anm. 17), Bd. 1, S. 314 ff., 475 ff., 583 ff.

40 Ebd., S. 704 ff.; Wehler, Gesellschaftsgeschichte (Anm. 22), Bd. 2: Von der Reformära bis zur industriellen und politischen «Deutschen Doppelrevolution» 1815–1848/49, München 1987, S. 333 ff.; Franz Schnabel, Deutsche Geschichte im neunzehnten Jahrhundert, 2. Bd.: Monarchie und Volkssouveränität, Freiburg 1949[2], S. 218 ff.; Karl Malettke (Hg.), 175 Jahre Wartburgfest. 18. Oktober 1817–18. Oktober 1992. Studien zur politischen Bedeutung und zum Zeithintergrund der Wartburgfeier, Heidelberg 1992; Wolfgang Hardtwig, Studentische Mentalität – Politische Jugendbewegung – Nationalismus. Die Anfänge der deutschen Burschenschaft, in: ders., Nationalismus und Bürgerkultur in Deutschland 1500–1914, Göttingen 1994, S. 108–148; Peter Brandt, Das studentische Wartburgfest vom 18./19. Oktober 1817, in: Dieter Düding u. a. (Hg.), Öffentliche Festkultur. Politische Feste in Deutschland von der Aufklärung bis zum Ersten Weltkrieg, Hamburg 1988, S. 89–112. Das Zitat von Görres in: Wiedererneuerung des Vertrags von Chaumont, in: Rheinischer Merkur, Nr. 225, 19. April 1815. Facsimile-Nachdruck in: Joseph von Görres, Gesammelte Schriften, Bd. 9–11, Köln 1928.

41 Dieter Düding, Organisierter gesellschaftlicher Nationalismus in Deutschland (1808–1847). Bedeutung und Funktion der Turner- und Sängervereine für die deutsche Nationalbewegung, München 1984; Karin Luys, Die Anfänge der deutschen Nationalbewegung von 1815 bis 1819, Münster 1992; Wolfgang v. Groote, Die Entstehung des Nationalbewußtseins in Nordwestdeutschland 1790–1830, Göttingen 1955; Otto Dann, Nationalismus und sozialer Wandel in Deutschland 1806–1850, in: ders. (Hg.), Nationalismus und sozialer Wandel, Hamburg 1978, S. 77–128; Wehler, Gesellschaftsgeschichte, Bd. 2 (Anm. 40), S. 394 ff.; Koselleck, Preußen (Anm. 6), S. 284 ff.; Friedrich Meinecke, 1848. Eine Säkularbetrachtung, Berlin 1948, S. 9; Theodor Schieder, Partikularismus und Nationalbewußtsein im Denken des deutschen Vormärz, in: Werner Conze (Hg.), Staat und Gesellschaft im deutschen Vormärz 1815–1848, Stuttgart 1962, S. 9–38; Volker Sellin, Nationalbewußtsein und Partikularismus in Deutschland im 19. Jahrhundert, in: Jan Assmann u. Tonio Hölscher (Hg.), Kultur und Gedächtnis, Frankfurt 1988, S. 241–264; Werner Conze, Das Spannungsfeld von Staat und Gesellschaft im Vormärz, ebd., S. 207–269; Dieter Langewiesche, Reich, Nation und Staat in der jüngeren deutschen Geschichte, in: HZ 254 (1992), S. 341–381.

42 Lothar Gall, Benjamin Constant. Seine politische Ideenwelt und der deutsche Vormärz, Wiesbaden 1963; Dieter Langewiesche (Hg.), Liberalismus im 19. Jahrhundert, Göttingen 1988; Wolfram Siemann, Vom Staatenbund zum Nationalstaat. Deutschland 1806–1871, München 1995, bes. S. 29 ff.; Christoph Hauser, Anfänge bürgerlicher Organisation. Philhellenismus und Frühliberalismus in Südwestdeutschland, Göttingen 1990.

43 Katz, Vorurteil (Anm. 33), S. 95 ff.; Helmut Berding, Moderner Antisemitismus in Deutschland, Frankfurt 1988, S. 42 ff. (Marwitz: 46); Reinhard Rürup, Emanzipation und Antisemitismus. Studien zur «Judenfrage» der bürgerlichen Gesellschaft, Göttingen 1975, bes. S. 37 ff. (Rotteck: 61); Wolfgang Altgeld, Katholizismus, Protestantismus, Judentum. Über religiös begründete Gegensätze und nationalreligiöse Ideen in der Geschichte des deutschen Nationalismus, Mainz 1992, S. 47 ff.; Eleonore Sterling, Judenhaß. Die Anfänge des politischen Antisemitismus

in Deutschland (1815–1850), Frankfurt 1969², S. 77 ff.; Rainer Erb u. Werner Bergmann, Die Nachtseite der Judenemanzipation. Der Widerstand gegen die Integration der Juden in Deutschland 1780–1860, Berlin 1989, S. 15 ff., 217 ff.; Stefan Rohrbacher, Gewalt im Biedermeier. Antijüdische Ausschreitungen in Vormärz und Revolution (1815–1848/49), Frankfurt 1993, S. 94 ff.; Rüdiger von Treskow, Erlauchter Vertheidiger der Menschenrechte! Die Korrespondenz Karl von Rottecks, 2 Bde., Freiburg 1990, Bd. 1, S. 160 ff.

44 Ludwig Börne, Der ewige Jude, in: Ludwig Börnes gesammelte Schriften. Vollständige Ausgabe in sechs Bänden, Leipzig o. J., Bd. 3, S. 139–171 (141, 171).

45 Katz, Vorurteil (Anm. 33), S. 107 ff.; Ernst Schulin, Weltbürgertum und deutscher Volksgeist. Die romantische Nationalisierung im frühen neunzehnten Jahrhundert, in: Bernd Martin (Hg.), Deutschland in Europa. Ein historischer Rückblick, Hamburg 1978, S. 105–121; Thomas Nipperdey, Auf der Suche nach Identität. Romantischer Nationalismus, in: ders., Nachdenken über die deutsche Geschichte, München 1986, S. 110–125.

3. Der überforderte Liberalismus 1830–1850

1 Lorenz von Stein, Geschichte der sozialen Bewegung in Frankreich von 1789 bis auf unsere Tage, 3 Bde., Bd. 2: Die industrielle Gesellschaft, der Sozialismus und Kommunismus Frankreichs von 1830 bis 1844 [1850], Neuausgabe Darmstadt 1959, S. 1, 6, 10 f.

2 Eberhard Kolb, Polenbild und Polenfreundschaft der deutschen Frühliberalen. Zu Motivation und Funktion außenpolitischer Parteinahme im Vormärz, in: Saeculum 26 (1975), S. 111–127; Hans-Henning Hahn, Die Organisation der polnischen «Großen Emigration» 1831–1847, in: Theodor Schieder u. Otto Dann (Hg.), Nationale Bewegung und soziale Organisation, Bd. 1: Vergleichende Studien zur nationalen Vereinsbewegung des 19. Jahrhunderts in Europa, München 1978, S. 131–279; Peter Ehlen (Hg.), Der polnische Freiheitskampf 1830/31 und die liberale deutsche Polenfreundschaft, München 1982.

3 Hans-Ulrich Wehler, Deutsche Gesellschaftsgeschichte, 2. Bd.: Von der Reformära bis zur industriellen und politischen «Deutschen Doppelrevolution» 1815–1845/49, München 1987¹, S. 345 ff.; Wolfram Siemann, Vom Staatenbund zum Nationalstaat 1806–1871, München 1995, S. 343 ff.; Elisabeth Fehrenbach, Verfassungsstaat und Nationsbildung 1815–1871, München 1992, S. 9 ff.; Dieter Langewiesche, Europa zwischen Restauration und Revolution 1815–1849, München 1985¹, S. 65 ff.; Hartwig Brandt, Die Julirevolution (1830) und die Rezeption der «principes de 1789» in Deutschland, in: Roger Dufraisse (Hg.), Revolution und Gegenrevolution 1789–1830. Zur geistigen Auseinandersetzung in Frankreich und Deutschland, München 1991, S. 225–235; Hans-Gerhard Husung, Protest und Repression im Vormärz. Norddeutschland zwischen Restauration und Revolution, Göttingen 1983, S. 43 ff.; Manfred Kossok u. Werner Loch (Hg.), Die Französische Julirevolution von 1830 und Europa, Berlin 1985, bes. S. 177 ff.; Kurt Holzapfel, Der Einfluß der Julirevolution von 1830/31 auf Deutschland, in: Helmut Reinalter (Hg.), Demokratische und soziale Protestbewegungen in Mitteleuropa 1815–1848/49, Frankfurt 1986, S. 105–140; Ernst Wolfgang Becker, Zeit der

Revolution! – Revolution der Zeit? Zeiterfahrungen in Deutschland in der Ära der Revolutionen 1789–1848/49, Göttingen 1999, S. 147 ff.

4 Lothar Gall, Gründung und politische Entwicklung des Großherzogtums bis 1848, in: Josef Becker u. a., Badische Geschichte. Vom Großherzogtum bis zur Gegenwart, Stuttgart 1979, S. 11–36 (Motion Welcker: 32); Manfred Meyer, Freiheit und Macht. Studien zum Nationalismus süddeutscher, insbesondere badischer Liberaler 1830–1848, Frankfurt 1994, S. 102 ff., 170 ff.; Reiner Schöttle, Politische Theorien des süddeutschen Liberalismus im Vormärz. Studien zu Rotteck, Welcker, Pfizer, Murhard, Baden-Baden 1994, S. 147 ff., 183 ff.; Friedrich Meinecke, Weltbürgertum und Nationalstaat [1907[1]]. Werke, Bd. 5, München 1962, S. 281 ff.

5 Ernst Rudolf Huber, Deutsche Verfassungsgeschichte seit 1789, Bd. 2: Der Kampf um Einheit und Freiheit 1830 bis 1850, Stuttgart 1988[3], S. 133 ff.; Heinrich von Treitschke, Deutsche Geschichte im Neunzehnten Jahrhundert, 4. Teil: Bis zum Tode König Friedrich Wilhelms IV., Leipzig 1907[5], S. 261 ff.; Hans Kohn, Wege und Irrwege. Vom Geist des deutschen Bürgertums (amerik. Orig.: New York 1960), Düsseldorf 1962, S. 125 f.; Cornelia Foerster, Der Preß- und Vaterlandsverein von 1832/33. Sozialstruktur und Organisationsformen der bürgerlichen Bewegung in der Zeit des Hambacher Festes, Trier 1982; Wolfgang Schieder, Der rheinpfälzische Liberalismus von 1832 als politische Protestbewegung, in: Helmut Berding u. a. (Hg.), Vom Staat des Ancien Régime zum modernen Parteienstaat. Festschrift für Theodor Schieder, München 1978, S. 169–195; ders. (Hg.), Liberalismus in der Gesellschaft des deutschen Vormärz. GG, Sonderheft 9, Göttingen 1983; Hans Fenske, Politischer und sozialer Protest in Süddeutschland nach 1830, in: Reinalter (Hg.), Protestbewegungen (Anm. 3), S. 143–201; Jörg Echternkamp, Der Aufstieg des deutschen Nationalismus (1770–1840), Frankfurt 1998, S. 420 ff. Die Zitate von Siebenpfeiffer und Wirth in: J. G. A. Wirth, Das Nationalfest der Deutschen zu Hambach, 1. Heft, Neustadt 1832 [ND: Vaduz 1977], S. 38 f., 46 (Hervorhebungen im Original); das Zitat von Rotteck in: Meyer, Freiheit (Anm. 4), S. 149.

6 Huber, Verfassungsgeschichte (Anm. 5), Bd. 2, S. 92 ff., 125 ff., 151 ff.; Wehler, Gesellschaftsgeschichte (Anm. 3), 2. Bd., S. 366 ff. (das Zitat von Metternich: 367); Treitschke, Geschichte (Anm. 5), 4. Teil, S. 657 (Zitat: 666).

7 Huber, Verfassungsgeschichte (Anm. 5), Bd. 2, S. 177 ff.; Lothar Gall, Liberalismus und «bürgerliche Gesellschaft». Zu Charakter und Entwicklung der liberalen Bewegung in Deutschland, in: ders. (Hg.), Liberalismus, Königstein 1985[3], S. 162–186; Wolfram Fischer, Das Verhältnis von Staat und Wirtschaft in Deutschland am Beginn der Industrialisierung, in: Rudolf Braun u. a. (Hg.), Industrielle Revolution. Wirtschaftliche Aspekte, Köln 1972, S. 287–304; Werner Conze (Hg.), Staat und Gesellschaft im deutschen Vormärz 1815–1848, Stuttgart 1962; James J. Sheehan, Der Ausklang des alten Reiches. Deutschland seit dem Ende des Siebenjährigen Krieges bis zur gescheiterten Revolution 1763 bis 1850, Berlin 1994, S. 546 ff.; ders., Der deutsche Liberalismus. Von den Anfängen im 18. Jahrhundert bis zum Ersten Weltkrieg 1770–1914 (amerik. Orig.: 1978), München 1983, S. 26 ff.

8 Wolfram Fischer, Der Deutsche Zollverein. Fallstudie einer Zollunion, in: ders., Wirtschaft und Gesellschaft im Zeitalter der Industrialisierung, Göttingen 1972, S. 110–128; Hans-Werner Hahn, Geschichte des Deutschen Zollvereins, Göttingen 1984; Thomas Nipperdey, Deutsche Geschichte 1800–1866. Bürgerwelt und starker

Staat, München 1983, S. 358 ff.; Wehler, Gesellschaftsgeschichte (Anm. 3), Bd. 2, S. 125 ff.

9 Treitschke, Geschichte (Anm. 5), 5. Teil: Bis zur Märzrevolution, Leipzig 1899[4], S. 3 ff. (Zitat: 57 f.); Nipperdey, Geschichte (Anm. 8), S. 396 ff.; David E. Barclay, Anarchie und guter Wille. Friedrich Wilhelm IV. und die preußische Monarchie, Berlin 1995, S. 85 ff.; Walter Bußmann, Zwischen Preußen und Deutschland. Friedrich Wilhelm IV. Eine Biographie, Berlin 1990, S. 101 ff.; Frank-Lothar Kroll, Friedrich Wilhelm IV. und das Staatsdenken der deutschen Romantik, Berlin 1990; Dirk Blasius, Friedrich Wilhelm IV. Persönlichkeit und Amt, in: HZ 263 (1996), S. 589–607.

10 Irmline Veit-Brause, Die deutsch-französische Krise von 1840. Studien zur deutschen Einheitsbewegung, Diss. Köln 1967 (Rheinlieder: S. 125 ff.); Ute Schneider, Politische Festkultur im 19. Jahrhundert. Die Rheinprovinz von der französischen Zeit bis zum Ende des Ersten Weltkrieges (1806–1918), Essen 1995, S. 79 ff.; Dietmar Klenke, Der singende «deutsche Mann». Gesangvereine und deutsches Nationalbewußtsein von Napoleon bis Hitler, München 1998, S. 82 ff.; Meyer, Freiheit (Anm. 4), S. 205 ff.; Echternkamp, Aufstieg (Anm. 5), S. 464 ff.; Deutscher Liberalismus im Vormärz. Heinrich von Gagern, Briefe und Reden 1815–1848. Bearb. v. Paul Wentzcke u. Wolfgang Klötzer, Göttingen 1959, S. 99–101 (Brief an Hans Christoph von Gagern vom 13. 7. 1832), 261–263 (Brief an Friedrich von Gagern vom 4. 1. 1843; Zitat: 263).

11 Karl Biedermann, Die Fortschritte des nationalen Prinzips in Deutschland (1842), in: Hans Fenske (Hg.), Vormärz und Revolution 1840–1849, Darmstadt 1991[2], S. 54–64 (58, 60); Veit-Brause, Krise (Anm. 10), S. 219 (Pfizer), 244 (Steinacker), 251 f.; Meyer, Freiheit (Anm. 4), S. 193 ff.; Hans Fenske, Ungeduldige Zuschauer. Die Deutschen und die europäische Expansion 1815–1880, in: Wolfgang Reinhard (Hg.), Imperialistische Kontinuität und nationale Ungeduld im 19. Jahrhundert, Frankfurt 1991, S. 87–123. Als Zusammenfassung von Paul Pfizers nationalpolitischem Gedanken aus den frühen 1840er Jahren: ders., Das Vaterland. Aus der Schrift: Gedanken über Recht, Staat und Kirche [1842], besonders abgedruckt, und mit Zusätzen und Anmerkungen begleitet, Stuttgart 1845 (zur Verbindung zwischen Österreich und Deutschland: bes. S. 197). Das Zitat von Friedrich List in: ders., Die politisch-ökonomische Nationaleinheit der Deutschen, in: ders., Schriften, Reden, Briefe, Bd. 7, Berlin 1931, S. 441–502 (444). Das von List abgewandelte Bibelzitat ist ein Wort Jesu (Matthäus, 16. Kapitel, Vers 26): «Was hülfe es dem Menschen, so er die ganze Welt gewönne und nähme doch Schaden an seiner Seele?»

12 Friedrich Julius Stahl, Der christliche Staat [1847]. Vortrag über Kirchenzucht [1847], Berlin 1858[2]; Bußmann, Zwischen Preußen (Anm. 9), S. 172 ff.; Barclay, Anarchie (Anm. 9), S. 85 ff.; Wehler, Gesellschaftsgeschichte (Anm. 3), Bd. 2, S. 407, 571; Huber Verfassungsgeschichte (Anm. 5), Bd. 2, S. 185 ff.; Heinrich Lutz, Zwischen Habsburg und Preußen. Deutschland 1815–1866, Berlin 1985, S. 211 ff.; Meyer, Freiheit (Anm. 4), S. 197; Richard Hinton Thomas, Liberalism, Nationalism, and the German Intellectuals 1822–1847, Cambridge/Mass. 1951[1], S. 81 ff., 114 f.; Georg Bollenbeck, Bildung und Kultur. Glanz und Elend eines deutschen Deutungsmusters, Frankfurt 1994, S. 186 ff; Thomas Nipperdey, Der Kölner Dom als Nationaldenkmal, in: ders., Nachdenken über die deutsche Geschichte, München 1986, S. 156–171; ders., Nationalidee und Nationaldenkmal im 19. Jahrhundert, in: ders., Gesellschaft, Kultur, Theorie, Göttingen 1976, S. 133–173.

13 Gustav Mayer, Die Anfänge des politischen Radikalismus im vormärzlichen Preußen [1913], in: ders., Radikalismus, Sozialismus und bürgerliche Demokratie, Frankfurt 1969, S. 7–107; Hans Rosenberg, Theologischer Rationalismus und vormärzlicher Vulgärliberalismus [1930], in: ders., Politische Denkströmungen im deutschen Vormärz, Göttingen 1972, S. 18–50; Jörg Echternkamp, Religiosität und Nationskonzeption. Zum Verhältnis von Theologischem Rationalismus und Liberalnationalismus im deutschen Vormärz, in: Jahrbuch zur Liberalismusforschung 6 (1994), S. 137–151; Jörn Brederlow, «Lichtfreunde» und «Freie Gemeinden». Religiöser Protest und Freiheitsbewegung im Vormärz und in der Revolution von 1848/49, München 1976; Friedrich Wilhelm Graf, Die Politisierung des religiösen Bewußtseins. Die bürgerlichen Religionsparteien im deutschen Vormärz: Das Beispiel des Deutschkatholizismus, Stuttgart 1978; Stephan Walter, Demokratisches Denken zwischen Hegel und Marx. Die politische Philosophie Arnold Ruges, Düsseldorf 1995, S. 101 ff.; Karl Löwith, Von Hegel zu Nietzsche. Der revolutionäre Bruch im Denken des neunzehnten Jahrhunderts. Marx und Kierkegaard, Stuttgart 1953[3], S. 78 ff.; Wolfgang Schieder, Kirche und Revolution. Sozialgeschichtliche Aspekte der Trierer Wallfahrt von 1844, in: Archiv für Sozialgeschichte 14 (1974), S. 419–454; Kurt Nowak, Geschichte des Christentums in Deutschland. Religion, Politik und Gesellschaft vom Ende der Aufklärung bis zur Mitte des 20. Jahrhunderts, München 1995, S. 64 ff.; Manfred Botzenhardt, Reform, Restauration, Krise. Deutschland 1789–1847, Frankfurt 1985, S. 120 ff.; Wehler, Gesellschaftsgeschichte (Anm. 3), Bd. 2, S. 413 ff.

14 Johann Jacoby, Vier Fragen, beantwortet von einem Ostpreußen [1841], München 1910; Arnold Ruge, Preußen und die Reaction. Zur Geschichte unserer Zeit, Leipzig 1838, S. 69 ff.; ders., Selbstkritik des Liberalismus [1841], in: ders., Gesammelte Schriften, 13. Theil, Mannheim 1846, S. 76–116 (116); Mayer, Anfänge (Anm. 13), S. 9; Friedrich Zunkel, Der rheinisch-westfälische Unternehmer 1834–1879. Ein Beitrag zur Geschichte des deutschen Bürgertums im 19. Jahrhundert, Köln 1962; Elisabeth Fehrenbach, Rheinischer Liberalismus und gesellschaftliche Verfassung, in: Schieder (Hg.), Liberalismus (Anm. 5), S. 272–294; Paul Nolte, Gemeindebürgertum und Liberalismus in Baden 1800–1850. Tradition – Radikalismus – Republik, Göttingen 1994; Walter, Denken (Anm. 13), S. 112 ff., 145 ff., 269 ff.

15 Karl Marx, Zur Kritik der Hegelschen Rechtsphilosophie. Einleitung, in: Karl Marx/Friedrich Engels, Werke [= MEW], Berlin 1959 ff., Bd. 1, S. 378–391 (Zitate: 379, 385, 391; Hervorhebungen im Original); Karl Marx/Friedrich Engels, Manifest der Kommunistischen Partei, ebd., Bd. 4, S. 459–493 (493); Heinrich August Winkler, Zum Verhältnis von bürgerlicher und proletarischer Revolution bei Marx und Engels, in: ders., Revolution, Staat, Faschismus. Zur Revision des Historischen Materialismus, Göttingen 1978, S. 8–34.

16 Wehler, Gesellschaftsgeschichte (Anm. 3), Bd. 2, S. 241 ff., 585 ff.; Wolfgang Hardtwig, Vormärz. Der monarchische Staat und das Bürgertum, München 1985, S. 88 ff.; Jürgen Kocka, Weder Stand noch Klasse. Unterschichten um 1800, Bonn 1990; ders., Arbeitsverhältnisse und Arbeiterexistenzen. Grundlagen der Klassenbildung im 19. Jahrhundert, Bonn 1990, bes. S. 373 ff.; Wolfgang Schieder, Anfänge der deutschen Arbeiterbewegung. Die Auslandsvereine im Jahrzehnt nach der Juli-Revolution von 1830, Stuttgart 1963; Werner Conze, Vom «Pöbel» zum «Proletariat». Sozialgeschichtliche Voraussetzungen für den Sozialismus in Deutschland, in: Hans-Ulrich Wehler (Hg.), Moderne deutsche Sozialgeschichte, Köln 1966,

S. 111–136; Frolinde Balser, Sozial-Demokratie 1848/1863. Die erste deutsche Arbeiterorganisation «Allgemeine Deutsche Arbeiterverbrüderung» nach der Revolution, 2 Bde., Stuttgart 1966[2].

17 Heinrich von Sybel, Die politischen Parteien der Rheinprovinz, in ihrem Verhältniß zur preußischen Verfassung, Düsseldorf 1847, S. 63, 81 f.; Huber, Verfassungsgeschichte (Anm. 5), Bd. 2, S. 492 ff. (das Zitat von Friedrich Wilhelm IV.: 495); Nipperdey, Geschichte (Anm. 8), S. 399 ff.; Wehler, Gesellschaftsgeschichte (Anm. 3), Bd. 2, S. 677 ff.; Michael Neumüller, Liberalismus und Revolution. Das Problem der Revolution in der deutschen liberalen Geschichtsschreibung des 19. Jahrhunderts, Düsseldorf 1963; Irmtraud Götz von Olenhusen (Hg.), 1848/49 in Europa und der Mythos der Französischen Revolution, Göttingen 1998.

18 Peter J. Katzenstein, Disjoined Partners. Austria and Germany since 1815, Berkeley 1976, S. 35 ff.; Nipperdey, Deutsche Geschichte (Anm. 8), S. 337 ff.; Lutz, Zwischen Habsburg (Anm. 12), S. 169 ff.; Langewiesche, Europa (Anm. 3), S. 116 ff.; Huber, Verfassungsgeschichte (Anm. 5), Bd. 2, S. 451 ff.

19 Ebd., S. 448–451 (hier auch die Zitate aus den Offenburger u. Heppenheimer Forderungen), 502 ff., 663 ff.; Ulrike von Hirschhausen, Liberalismus und Nation. Die Deutsche Zeitung 1847–1850, Düsseldorf 1998; Veit Valentin, Geschichte der deutschen Revolution 1848–1849, 2 Bde., 1. Bd.: Bis zum Zusammentritt des Frankfurter Parlaments [1931[1]], Köln 1970, S. 161 ff.; Treitschke, Geschichte, 5. Teil, (Anm. 9), S. 564 ff.; Reimer Hansen, Was bedeutet *up ewig ungedeelt*? Das Ripener Privileg von 1460 im deutsch-dänischen Nationalkonflikt des 19. Jahrhunderts, in: Grenzfriedenshefte 1996/4, S. 215–232. Das Zitat von Engels: ders., Die Bewegungen von 1847, in: MEW (Anm. 15), Bd. 4, S. 494–503 (502 f.).

20 Marx, Kritik (Anm. 15), S. 391 (Hervorhebungen im Original); Roger Price, The Second French Republic. A Social History, London 1972; Gilbert Ziebura, Frankreich 1789–1870. Entstehung einer bürgerlichen Gesellschaftsformation, Frankfurt 1979, S. 142 ff.

21 Valentin, Geschichte (Anm. 19), 1. Bd., S. 338 ff., 410 ff. (Zitate: 426, 451); ders. 2. Bd.: Bis zum Ende der Volksbewegung [1932[1]], Köln 1970, S. 75 ff.; Rudolf Stadelmann, Soziale und politische Geschichte der Revolution von 1848 [1948[1]], Darmstadt 1962[2], S. 22 ff.; Wehler, Gesellschaftsgeschichte (Anm. 3), Bd. 2, S. 642 ff., 703 ff.; Huber, Verfassungsgeschichte (Anm. 5), Bd. 2, S. 502 ff., 547 ff., 571 ff.; Christian Jansen/Thomas Mergel (Hg.), Die Revolutionen von 1848/49. Erfahrung – Verarbeitung – Deutung, Göttingen 1998; Wolfgang Hardtwig (Hg.), Revolution in Deutschland und Europa 1848/49, Göttingen 1998; Wolfgang J. Mommsen, 1848. Die ungewollte Revolution, Frankfurt 1998; Dieter Dowe u. a. (Hg.), Europa 1848. Revolution und Reform, Bonn 1998; Dieter Hein, Die Revolution von 1848/49, München 1998; Heiner Timmermann (Hg.), 1848. Revolution in Europa. Verlauf, politische Programme, Folgen und Wirkungen, Berlin 1999; Christof Dipper u. Ulrich Speck (Hg.), 1848. Revolution in Deutschland, Frankfurt 1998; Helmut Berding, Moderner Antisemitismus in Deutschland, Frankfurt 1988, S. 74 ff; Stefan Rohrbacher, Gewalt im Biedermeier. Antijüdische Ausschreitungen in Vormärz und Revolution (1815–1848/49), Frankfurt 1993, S. 181 ff.

22 Verhandlungen des deutschen Parlaments. Officielle Ausgabe. Mit einer geschichtlichen Einleitung über die Entstehung der Vertretung des ganzen deutschen Volkes, 2 Lieferungen, hg. v. F. S. Jucho, Frankfurt 1848, Bd. 1, S. 172 (Beschluß über Polen); Ernst Rudolf Huber (Hg.), Dokumente zur deutschen Ver-

fassungsgeschichte, Bd. 1: Deutsche Verfassungsdokumente 1803–1850, Stuttgart 1978^3, S. 448 f. (Proklamation Friedrich Wilhelms IV. vom 21. 3. 1848); ders., Verfassungsgeschichte (Anm. 5), Bd. 2, S. 571 ff.; Valentin, Geschichte (Anm. 19), 1. Bd., S. 466 ff., 520 ff.; Meinecke, Weltbürgertum (Anm. 4), S. 301 ff.; Franz X. Vollmer, Die 48er Revolution in Baden, in: Becker u. a., Badische Geschichte (Anm. 4), S. 37–64; Rüdiger Hachtmann, Berlin 1848. Eine Politik- und Gesellschaftsgeschichte der Revolution, Bonn 1997, S. 157 ff.; Hans Christof Kraus, Ernst Ludwig Gerlach. Politisches Denken und Handeln eines preußischen Altkonservativen, 2 Bde., Göttingen 1994, 1. Bd., S. 395 ff.; Wolfram Siemann, Die deutsche Revolution von 1848/49, Frankfurt 1985, S. 146 ff.; Reinhard Wittram, Die Nationalitätenfrage in Europa und die Erschütterung des europäischen Staatensystems (1848–1917), Stuttgart 1954, S. 2 f. (Palacky); Hans Rothfels, Das erste Scheitern des Nationalstaates in Ost-Mittel-Europa 1848/49, in: ders., Zeitgeschichtliche Betrachtungen, Göttingen 1959, S. 40–53; Rudolf Jaworski/Robert Luft (Hg.), 1848/49. Revolutionen in Ostmitteleuropa, München 1996.

23 Stenographischer Bericht über die Verhandlungen der deutschen constituierenden Nationalversammlung zu Frankfurt am Main. Hg. auf Beschluß der Nationalversammlung durch die Redactions-Commission und in deren Auftrag von Prof. Franz Wigard, 9 Bde., Leipzig 1848/49, Bd. 3, S. 1182 (Dahlmann, 5. 9. 1848; Hervorhebungen im Original), 2048 (Venedey, 14. 9. 1848); Gustav Rümelin, Aus der Paulskirche. Berichte aus dem Schwäbischen Merkur aus den Jahren 1848 und 1849, Stuttgart 1892, S. 85 ff.; Valentin, Geschichte, Bd. 2 (Anm. 21), S. 1 ff., 95 ff., 149 ff.; Huber, Verfassungsgeschichte (Anm. 5), Bd. 2, S. 587 ff., 682 ff.; Wehler, Gesellschaftsgeschichte (Anm. 3), Bd. 2, S. 706 ff.; Nipperdey, Geschichte (Anm. 8), S. 617 ff.; Manfred Botzenhardt, Deutscher Parlamentarismus in der Revolutionszeit 1848–1859, Düsseldorf 1977, S. 184 ff.; Werner Boldt, Die Anfänge des deutschen Parteiwesens. Fraktionen, politische Vereine und Parteien in der Revolution 1848, Paderborn 1971, S. 18 ff.; Frank Eyck, Deutschlands große Hoffnung. Die Frankfurter Nationalversammlung (engl. Orig.: London 1968), München 1973, S. 77 ff.; Vollmer, Revolution (Anm. 22), S. 53 ff.; Franz Mehring, Geschichte der deutschen Sozialdemokratie [1897/981], 2 Bde., 1. Teil: Von der Julirevolution bis zum preußischen Verfassungsstreite 1830 bis 1863, Berlin 1960, S. 429 ff.; Balser, Sozial-Demokratie (Anm. 16); Jürgen Bergmann, Wirtschaftskrise und Revolution, Handwerker und Arbeiter 1848/49, Stuttgart 1986; Thomas Mergel, Zwischen Klasse und Konfession. Katholisches Bürgertum im Rheinland 1794–1914, Göttingen 1994, S. 117 ff. – Zu den von Venedey genannten Schlachten: Fehrbellin: 1675, preußischer Sieg unter dem Großen Kurfürsten über die Schweden; Roßbach: 1757, preußischer Sieg unter Friedrich dem Großen im Siebenjährigen Krieg über die Franzosen und die Reichsarmee; Katzbach: 1813, preußischer Sieg unter Blücher über die Franzosen.

24 Verhandlungen der Versammlung zur Vereinbarung der Preußischen Staats-Verfassung, 3 Bde., Berlin 1848, Bd. 1, S. 417 (Waldeck), Bd. 3, S. 154 f. (Temme); Manfred Botzenhardt, Das preußische Parlament und die deutsche Nationalversammlung im Jahre 1848, in: Gerhard A. Ritter (Hg.), Regierung, Bürokratie und Parlament in Preußen und Deutschland von 1848 bis zur Gegenwart, Düsseldorf 1983, S. 14–40; Peter Borowsky, Was ist Deutschland? Wer ist deutsch? Die Debatte zur nationalen Identität 1848 in der deutschen Nationalversammlung zu Frankfurt und der preußischen Nationalversammlung zu Berlin, in: Bernd Jürgen Wendt

(Hg.), Vom schwierigen Zusammenwachsen der Deutschen. Nationale Identität und Nationalismus im 19. und 20. Jahrhundert, Frankfurt 1992, S. 81–95; Meinecke, Weltbürgertum (Anm. 4), S. 327 ff.

25 Karl Marx, Die revolutionäre Bewegung, in: MEW (Anm. 15), Bd. 6, S. 148–150 (150; Hervorhebung im Original); Friedrich Engels, Der magyarische Kampf, ebd., S. 165–176 (172, 176); ders., Der demokratische Panslawismus, ebd., S. 271–286 (286); Valentin, Geschichte (Anm. 21), Bd. 2, S. 183 ff.; Huber, Verfassungsgeschichte (Anm. 5), Bd. 2, S. 710 ff.; Lutz, Zwischen Habsburg (Anm. 12), S. 292 ff.

26 Joseph Hansen, Gustav von Mevissen. Ein rheinisches Lebensbild 1815–1899, Bd. 2, Berlin 1906, S. 448 (Brief an Georg Mallinckrodt); Stenographischer Bericht (Anm. 23), Bd. 6, S. 4096 f. (Dahlmann, 15. 12. 1848); Hachtmann, Berlin (Anm. 22), S. 688 ff.; Wehler, Gesellschaftsgeschichte (Anm. 3), Bd. 2, S. 753 ff.; Nipperdey, Geschichte (Anm. 8), S. 647 ff.; Valentin, Geschichte (Anm. 21), Bd. 2, S. 227 ff.; Huber, Verfassungsgeschichte (Anm. 5), Bd. 2, S. 737 ff.; Meinecke, Weltbürgertum (Anm. 4), S. 349 ff.; Kraus, Gerlach (Anm. 22), Bd. 1, S. 430 ff.; Konrad Canis, Ideologie und politische Taktik der junkerlich-militaristischen Reaktion bei der Vorbereitung und Durchführung des Staatstreiches in Preußen im Herbst 1848, in: Jahrbuch für Geschichte 7 (1972), S. 461–503; Blasius, Friedrich Wilhelm IV. (Anm. 9), S. 600 ff. Das Zitat von Jacoby: Verhandlungen (Anm. 24), Bd. 3, S. 325; Waldecks Rede vom 31. 10. 1848: ebd., S. 292 f.

27 Stenographischer Bericht (Anm. 23), Bd. 1, S. 183 (Nationalitätenschutzerklärung vom 31. 5. 1848), 214 f. (Arndt, 5. 6. 1848); Bd. 2, S. 1145 (Jordan, 24. 7. 1848), 1156 (Vogt, 12. 8. 1848); Bd. 4, S. 2779 f. (Arneth, 20. 10. 1848), 2855 (Mühlfeld, 24. 10. 1848), 2859 (Vincke, 24. 10. 1848), 2869 (Reichensperger, 24. 10. 1848), 2876 (Uhland, 26. 10. 1848), 2881 (Deym, 26. 10. 1848), 2898 ff. (Gagern 26. 10. 1848); Huber (Hg.), Dokumente (Anm. 22), Bd. 1, S. 395 (Art. XIII, § 188, der Reichsverfassung zum Nationalitätenschutz); ders., Verfassungsgeschichte (Anm. 5), Bd. 2, S. 792 ff.; Valentin, Geschichte (Anm. 21), Bd. 2, S. 215 ff.; Günter Wollstein, Das «Großdeutschland» der Paulskirche. Nationale Ziele in der bürgerlichen Revolution 1848/49, Düsseldorf 1977, S. 266 ff.; Rudolf Lill, Großdeutsch und kleindeutsch im Spannungsfeld der Konfessionen, in: Anton Rauscher (Hg.), Probleme des Konfessionalismus in Deutschland seit 1800, Paderborn 1984, S. 29–47.

28 Stenographischer Bericht (Anm. 23), Bd. 6, S. 4626 ff. (Beseler, 13. 1. 1849), 5807 ff. (Radowitz, 17. 3. 1849), 5823 (Vogt, 17. 3. 1849), 5839 ff. (Mohl, 17. 3. 1849); Huber, Verfassungsgeschichte (Anm. 5), Bd. 2, S. 814 ff.; Siemann, Revolution (Anm. 21), S. 192 ff.; Valentin, Geschichte (Anm. 21), Bd. 2, S. 305 ff.; Jörg-Detlef Kühne, Die Reichsverfassung der Paulskirche. Vorbild und Verwirklichung im späteren deutschen Rechtsleben, Neuwied 1998[2].

29 Valentin, Geschichte (Anm. 21), Bd. 2, S. 381 ff., 448 ff.; Huber, Verfassungsgeschichte (Anm. 5), Bd. 2, S. 854 ff.; Hachtmann, Berlin (Anm. 22), S. 798 ff.; Barclay, Anarchie (Anm. 9), S. 272 ff.; Bußmann, Zwischen Preußen (Anm. 9), S. 284 ff.; Christoph Kleßmann, Zur Sozialgeschichte der Reichsverfassungskampagne von 1849, in: HZ 218 (1974), S. 283–337; Friedrich Engels, Die deutsche Reichsverfassungskampagne [1850], in: MEW (Anm. 15), Bd. 7, S. 109–197 (196); Fürst Otto von Bismarck, Die gesammelten Werke (Friedrichsruher Ausgabe), Berlin 1924 ff.; Bd. 10, S. 103 ff. Das «Dreck und Letten»-Zitat aus einem Brief Friedrich Wilhelms IV. an den preußischen Gesandten in London, Christian Karl Josias von Bunsen, vom 13. 12.

1848, in: Leopold von Ranke, Aus dem Briefwechsel Friedrich Wilhelms IV. mit Bunsen, Leipzig 1873, S. 233 f.

30 Rümelin, Paulskirche (Anm. 23), S. 14, 240 f.; Stenographischer Bericht (Anm. 23), Bd. 2, S. 1101 (Ruge), Bd. 6, S. 4596 (Beckerath); Nipperdey, Geschichte (Anm. 8), S. 663 ff.; Wehler, Gesellschaftsgeschichte (Anm. 3), Bd. 2, S. 759 ff.; Siemann, Revolution (Anm. 22), S. 223 ff.; Becker, Zeit (Anm. 3), S. 294 ff.; Dieter Langewiesche (Hg.), Die deutsche Revolution von 1848, Darmstadt 1983; Hans Rothfels, 1848. Betrachtungen im Abstand von hundert Jahren [amerik. Orig.: 1948[1]], Darmstadt 1972; Wolfgang Schieder, 1848/49: Die ungewollte Revolution, in: Carola Stern u. Heinrich August Winkler (Hg.), Wendepunkte deutscher Geschichte 1948–1990, Frankfurt 1994, S. 17–42; Lothar Gall, Die Germania als Symbol nationaler Einheit im 19. und 20. Jahrhundert. Nachrichten der Akademie der Wissenschaften in Göttingen. I. Philologisch-Historische Klasse, Jg. 1993, Heft 2, Göttingen 1993, S. 10 f.

4. Einheit vor Freiheit 1850–1871

1 Hans-Ulrich Wehler, Deutsche Gesellschaftsgeschichte, 3. Bd.: Von der «Deutschen Doppelrevolution» bis zum Beginn des Ersten Weltkrieges 1849–1914, München 1995, S. 7 ff.; Reinhard Rürup, Deutschland im 19. Jahrhundert. 1815–1871, Göttingen 1984, S. 197 ff.; Wolfgang J. Mommsen, Das Ringen um den nationalen Staat. Die Gründung und der innere Ausbau des Deutschen Reiches unter Otto von Bismarck 1850 bis 1890, Berlin 1993, S. 33 ff.; Johannes Willms, Nationalismus ohne Nation. Deutsche Geschichte von 1789 bis 1914, Düsseldorf 1983, S. 301 ff.; Hans Rosenberg, Die Weltwirtschaftskrise von 1857–1859 [1934[1]], Göttingen 1974[2]. Das Zitat aus der «National-Zeitung» in: Oscar Stillich, Die politischen Parteien in Deutschland, Bd. 2: Der Liberalismus, Leipzig 1911, S. 36.

2 Harm-Heinrich Brandt, Der österreichische Neoabsolutismus. Staatsfinanzen und Politik 1848–1860, 2 Bde., Göttingen 1978; Ernst Rudolf Huber, Deutsche Verfassungsgeschichte seit 1789. Bd. 3: Bismarck und das Reich, Stuttgart 1988[3], S. 35 ff.; Dieter Grimm, Deutsche Verfassungsgeschichte 1776–1866, Frankfurt 1988, S. 214 ff.; Hans Boldt, Die preußische Verfassung vom 31. Januar 1850. Probleme ihrer Interpretation, in: Hans-Jürgen Puhle u. Hans-Ulrich Wehler (Hg.), Preußen im Rückblick. GG-Sonderheft 6, Göttingen 1980, S. 224–246; Günther Grünthal, Parlamentarismus in Preußen 1848/49–1857/58. Preußischer Konstitutionalismus, Parlament und Regierung in der Reaktionsära, Düsseldorf 1982; Hartwin Spenkuch, Das Preußische Herrenhaus. Adel und Bürgertum in der Ersten Kammer des Landtags 1854–1918, Düsseldorf 1998, S. 47 ff.; Wilhelm Füßl, Professor in der Politik: Friedrich Julius Stahl (1802–1861). Das monarchische Prinzip und seine Umsetzung in die parlamentarische Praxis, Göttingen 1988, S. 44 ff., 108 ff. (die Zitate aus Stahls «Entwurf für eine conservative Partei» vom Februar/März 1849: 183 ff.); Gerhard Masur, Friedrich Julius Stahl. Geschichte seines Lebens. Aufstieg und Entfaltung, 1802–1840, Berlin 1930, S. 200 ff.; Horst Zilleßen, Protestantismus und politische Form. Eine Untersuchung zum protestantischen Verfassungsverständnis, Gütersloh 1971, S. 67 ff.; Hans-Christof Kraus, Ernst Ludwig von Gerlach. Politisches Denken und Handeln eines preußischen Altkonservativen, 2 Bde., Göttingen

1994, Bd. 2, S. 586 ff.; David E. Barclay, Anarchie und guter Wille. Friedrich Wilhelm IV. und die preußische Monarchie, Berlin 1995, S. 308 ff.

3 Helmut Böhme, Deutschlands Weg zur Großmacht. Studien zum Verhältnis von Wirtschaft und Staat während der Reichsgründungszeit 1848–1881, Köln 1966, S. 19 ff.; Richard Löwenthal, Internationale Konstellation und innerstaatlicher Systemwandel, in: HZ 212 (1971), S. 41–58; Anselm Doering-Manteuffel, Vom Wiener Kongreß zur Pariser Konferenz. England, die deutsche Frage und das Mächtesystem 1815–1856, Göttingen 1991, S. 187 ff.; Winfried Baumgart, Der Friede von Paris 1856. Studien zum Verhältnis von Kriegführung, Politik und Friedensbewahrung, München 1972; Werner E. Mosse, The Rise and Fall of the Crimean System 1855–1871. The Story of a Peace Settlement, London 1963; Hans Joachim Schoeps, Das andere Preußen. Konservative Gestalten und Probleme im Zeitalter Friedrich Wilhelms IV., Honnef 1957[2], S. 124 ff.; Ernst Engelberg, Bismarck. Urpreuße und Reichsgründer, Berlin 1985, S. 417 ff.; Lothar Gall, Bismarck. Der weiße Revolutionär, Berlin 1980, S. 167 ff. Die Zitate aus Bismarcks Briefen an Leopold von Gerlach: Fürst Otto von Bismarck, Die gesammelten Werke (Friedrichsruher Ausgabe), Berlin 1924 ff., Bd. 14/I, S. 464 ff. (2. 5. 1857), 470 ff. (30. 5. 1857) (Hervorhebung im Original).

4 Ludwig August von Rochau, Grundsätze der Realpolitik. Angewendet auf die staatlichen Zustände Deutschlands [1853[1]]. Hg. u. eingel. v. Hans-Ulrich Wehler, Frankfurt 1972, S. 25 f., 67, 169, 173; Siegfried A. Kaehler, Realpolitik zur Zeit des Krimkrieges. Eine Säkularbetrachtung, in: HZ 174 (1952), S. 417–478; Hans Rothfels, Zeitgeschichtliche Betrachtungen zum Problem der Realpolitik, in: ders., Zeitgeschichtliche Betrachtungen, Göttingen 1959, S. 179–198; Karl-Georg Faber, Realpolitik als Ideologie. Die Bedeutung des Jahres 1866 für das politische Denken in Deutschland, in: HZ 203 (1966), S. 1–45.

5 Rochau, Grundsätze (Anm. 4), S. 126 ff.; 146 ff., 150 f.

6 Lorenz von Stein, Geschichte der sozialen Bewegung in Frankreich von 1789 bis auf unsere Tage, 3 Bde., Bd. 3: Das Königtum, die Republik und die Souveränität der französischen Gesellschaft seit der Februarrevolution 1848 [1850], Neuausgabe Darmstadt 1959, S. 406, 408.

7 Ebd. S. 7, 37–41; ders., Zur preußischen Verfassungsgeschichte [1852]. Neuausgabe Darmstadt 1961[2], S. 4, 6, 12, 34 ff. (Hervorhebungen im Original); Dirk Blasius, Lorenz von Stein, in: Hans-Ulrich Wehler (Hg.), Deutsche Historiker, Bd. 1, Göttingen 1971, S. 25–38; Hermann Beck, The Origins of the Authoritarian Welfare State in Prussia. Conservatives, Bureaucracy, and the Social Question, 1815–1870, Ann Arbor 1995, bes. S. 71 ff.

8 Karl Marx, Die Klassenkämpfe in Frankreich [1850], in: Karl Marx/Friedrich Engels, Werke [=MEW], Berlin 1959 ff., Bd. 7, S. 9–107 (89 f.); ders., Die moralisierende Kritik und die kritisierende Moral [1847], ebd. Bd. 4, S. 331–359 (339); ders., Sieg der Kontrerevolution in Wien (7. 11. 1848), ebd., Bd. 5, S. 455–457 (457; Hervorhebungen jeweils im Original); ders.; Brief an Joseph Weydemeyer v. 5. 3. 1852, ebd., Bd. 28, S. 503–509 (508).

9 Rochau, Grundsätze (Anm. 4), S. 184; Karl Marx, Der achtzehnte Brumaire des Louis Bonaparte, in: MEW (Anm. 8), Bd. 8, S. 111–207 (in der Reihenfolge der Zitate: 118, 204, 154); Manifest der Kommunistischen Parteien in England – Die Lage in Europa [24. 6. 1858], ebd., Bd. 12, S. 503–506 (505; Hervorhebungen im Original); ders., Die französische Abrüstung [12. 8. 1859], ebd. S. 447–449 (448); Engels' Brief

an Marx v. 15. 11. 1857: ebd., Bd. 29, S. 208–212 (211 f.); Karl Marx, Das neue Ministerium (9. 11. 1858), ebd., Bd. 12, S. 636–639; Friedrich Engels, Europa im Jahre 1858 (23. 12. 1858), ebd., S. 654–658 (658); Heinrich August Winkler, Zum Verhältnis von bürgerlicher und proletarischer Revolution bei Marx und Engels, in: ders., Revolution, Staat, Faschismus. Zur Revision des Historischen Materialismus, Göttingen 1978, S. 8–34; ders., Primat der Ökonomie? Zur Rolle der Staatsgewalt bei Marx und Engels, ebd., S. 35–64. – Marx' «Übersetzung» von «Hic Rhodus, hic salta!» nach: Georg Wilhelm Friedrich Hegel, Grundlinien der Philosophie des Rechts oder Naturrecht und Staatswissenschaft im Grundrisse (Vorrede), in: ders., Sämtliche Werke, 3. Aufl., Bd. 7, Stuttgart 1952, S. XXII.

10 Felix Salomon, Die deutschen Parteiprogramme, Leipzig 1907, Bd. 1, S. 41 f.; Ludolf Parisius, Deutschlands politische Parteien und das Ministerium Bismarck, Berlin 1878, S. 15 ff.; Huber, Verfassungsgeschichte, Bd. 3 (Anm. 2), S. 269 ff.; Heinrich August Winkler, Preußischer Liberalismus und deutscher Nationalstaat. Studien zur Geschichte der Deutschen Fortschrittspartei 1861–1866, Tübingen 1964, S. 3 ff.

11 Bismarck und der Staat. Ausgewählte Dokumente. Eingel. v. Hans Rothfels, Stuttgart o. J. [1953], S. 111–115 (113 f.; Bismarcks Brief an Alvensleben v. 23. 4. 1859); Ferdinand Lassalle, Der italienische Krieg und die italienische Aufgabe Preußens. Eine Stimme aus der Demokratie [1859], in: ders., Gesamtwerke, Hg. v. Erich Blum, Leipzig o. J., Bd. 2, S. 369–442 (391 f., 435–438); Friedrich Engels, Po und Rhein [April 1859], in: MEW (Anm. 8), Bd. 13, S. 225–268 (227, 228): Hans Rosenberg, Die nationalpolitische Publizistik Deutschlands vom Eintritt der Neuen Ära in Preußen bis zum Ausbruch des deutschen Krieges. Eine kritische Bibliographie, 2 Bde., München 1935, Bd. 1, S. 20–158; Hermann Oncken, Lassalle. Zwischen Marx und Bismarck [1904[1]], Stuttgart 1966[5], S. 131 ff.; Arnold Oskar Meyer, Bismarck. Der Mensch und der Staatsmann, Stuttgart 1949, S. 123 ff.; Erich Portner, Die Einigung Italiens im Urteil liberaler deutscher Zeitgenossen, Bonn 1959; Huber, Verfassungsgeschichte, Bd. 3 (Anm. 2), S. 254 ff.; Wehler, Gesellschaftsgeschichte, Bd. 3 (Anm. 1), S. 228 ff. Zu Rochau: Ludwig August von Rochau, Die Frage von Krieg und Frieden. Einleitung zur 2. Aufl. von: ders., Grundsätze (Anm. 4), S. 192–203.

12 Peter Katzenstein, Disjoined Partners. Austria and Germany since 1815, Berkeley 1976, S. 66 ff.; Heinrich Lutz, Zwischen Habsburg und Preußen, Deutschland 1815–1866, Berlin 1985, S. 403 ff.; Thomas Nipperdey, Deutsche Geschichte 1800–1866. Bürgerwelt und starker Staat, München 1983[1], S. 704 ff.; Huber Verfassungsgeschichte, Bd. 3 (Anm. 2), S. 138 ff., 378 ff., 384 ff.; Georg Franz, Liberalismus. Die deutsch-liberale Bewegung in der habsburgischen Monarchie, München 1955, S. 264 ff.; Andreas Biefang, Politisches Bürgertum in Deutschland 1857–1868. Nationale Organisationen und Eliten, Düsseldorf 1994, S. 17 ff., 185 ff., 301 ff.; Shlomo Na'aman, Der Deutsche Nationalverein. Die politische Konstituierung des deutschen Bürgertums 1859–1867, Düsseldorf 1987, S. 41 ff.; Rainer Noltenius, Schiller als Führer und Heiland. Das Schillerfest 1859 als nationaler Traum von der Geburt des zweiten deutschen Kaiserreiches, in: Dieter Düding u. a. (Hg.), Öffentliche Festkultur. Politische Feste in Deutschland von der Aufklärung bis zum Ersten Weltkrieg, Hamburg 1988, S. 237–258; Dieter Düding, Nationale Oppositionsfeste der Turner, Sänger und Schützen im 19. Jahrhundert, ebd., S. 166–190; ders., Die deutsche Nationalbewegung. Anmerkungen zu ihrer Struktur und Phänomenolo-

gie zwischen Befreiungskriegsalter und Reichsgründung, in: GWU 42 (1991), S. 601–624; Hans-Thorwald Michaelis, Unter schwarz-rot-goldenem Banner und dem Signum des Doppeladlers. Gescheiterte Volksbewaffnungs- und Vereinigungsbestrebungen in der Deutschen Nationalbewegung und im Deutschen Schützenbund 1859–1869, Frankfurt 1993, S. 229 ff.; Dietmar Klenke, Nationalkriegerisches Gemeinschaftsideal als politische Religion. Zum Vereinsnationalismus der Sänger, Schützen und Turner am Vorabend der Einigungskriege, in: HZ 260 (1995), S. 395–448; ders., Der singende «deutsche Mann». Gesangvereine und deutsches Nationalbewußtsein von Napoleon bis Hitler, Münster 1998; Svenja Goltermann, Körper der Nation. Habitusforschung und die Politik des Turnens 1860–1890, Göttingen 1998; Stefan Illig, Zwischen Körperertüchtigung und nationaler Bewegung. Turnvereine in Bayern 1860–1890, Köln 1998; Dieter Langewiesche, Nation, Nationalismus und Nationalstaat: Forschungsstand und Forschungsperspektiven, in: NPL 40 (1995), S. 190–236.

13 Wilhelm Mommsen (Hg.), Deutsche Parteiprogramme, München 1960, S. 132–135 (Programm der Deutschen Fortschrittspartei); Bismarck, Werke (Anm. 3), Bd. 10, S. 139 f. (Budgetkommission, 30. 9. 1862), Bd. 15, S. 179 f., 194 ff. (Erinnerung und Gedanke); Heinrich von Sybel, Die Begründung des Deutschen Reiches durch Wilhelm I., 3 Bde., Neuausgabe Meersburg 1930, Bd. 1, S. 508 ff.; Thomas Nipperdey, Die Organisation der deutschen Parteien vor 1918, Düsseldorf 1961, S. 196 ff.; Fritz Löwenthal, Der preußische Verfassungsstreit 1862–1866, München 1914, S. 120 ff.; Rolf Helfert, Der preußische Liberalismus und die Heeresreform von 1860, Bonn 1989, S. 67 ff.; Winkler, Liberalismus (Anm. 10), S. 10 ff.; Huber, Verfassungsgeschichte, Bd. 3 (Anm. 2), S. 275 ff.

14 National-Zeitung (= NZ), 2. 10. 1862, Morgenblatt (= Mbl.; zu Bismarcks «napoleonischen Ideen»); ebd., 23. 10. 1862, Abendblatt (= Abl.; Löwenstein); Politische Correspondenz, in: Preußische Jahrbücher 10 (1862), S. 402–418 (412); (Karl Twesten), Lehre und Schriften Auguste Comtes, ebd., 4 (1859), S. 279–307 (306); Stenographischer Bericht über die Verhandlungen des preußischen Abgeordnetenhauses [= Sten. Ber., LT], 1866 (1. Session), I, S. 79 ff. (Twesten, 22. 2. 1866); Otto Westphal, Welt- und Staatsauffassung des deutschen Liberalismus. Eine Untersuchung über die Preußischen Jahrbücher und den konstitutionellen Liberalismus in Deutschland, 1858 bis 1863, München 1919, S. 297 ff.; Winkler, Liberalismus (Anm. 10), S. 16 ff.

15 Ludolf Parisius, Leopold Freiherr von Hoverbeck, 2 Bde., Berlin 1897 ff., Bd. II, S. 53–55 (Briefe an Karl Witt v. 27. 6. u. 30. 7. 1865); Ferdinand Lassalle, Über Verfassungswesen [Vortrag vom 16. 4. 1862]. ND Darmstadt 1958, S. 56 f.; Oncken, Lassalle (Anm. 11), S. 178 ff., 296 ff.; Shlomo Na'aman, Demokratische und soziale Impulse in der Frühgeschichte der deutschen Arbeiterbewegung der Jahre 1862/63, Wiesbaden 1969; ders., Lassalle, Hannover 1970, S. 527 ff.; Gustav Mayer, Lassalle u. Bismarck, in: ders., Arbeiterbewegung und Obrigkeitsstaat. Hg. v. Hans-Ulrich Wehler, Bonn 1972, S. 93–118; Wolfgang Schieder, Das Scheitern des bürgerlichen Radikalismus u. die sozialistische Parteibildung in Deutschland, in: Hans Mommsen (Hg.), Sozialdemokratie zwischen Klassenbewegung u. Volkspartei, Frankfurt 1974, S. 17–34; Rita Aldenhoff, Schulze-Delitzsch. Ein Beitrag zur Geschichte des Liberalismus zwischen Revolution und Reichsgründung, Baden-Baden 1984, S. 161 ff.

17 Der Deutsche Nationalverein 1859–1867. Vorstands- und Ausschußprotokolle. Bearb. v. Andreas Biefang, Düsseldorf 1995, S. 246–248 (Beschluß des Ausschus-

ses vom 25. 5. 1863); Sybel, Begründung (Anm. 13), Bd. 1, S. 581 ff.; Huber, Verfassungsgeschichte, Bd. 3 (Anm. 2), S. 393 ff., 421 ff.; Biefang, Bürgertum (Anm. 12), S. 221 ff.; Willy Real, Der deutsche Reformverein. Großdeutsche Stimmen und Kräfte zwischen Villafranca und Königgrätz, Lübeck 1966; Hans Rosenberg, Honoratiorenpolitiker und großdeutsche Sammlungsbestrebungen im Reichsgründungszeitalter, in: ders., Machteliten und Wirtschaftskonjunkturen. Studien zur neueren deutschen Sozial- und Wirtschaftsgeschichte, Göttingen 1978, S. 198–254. Zur Kontroverse zwischen Sybel und Ficker: Friedrich Schneider (Hg.), Universalgeschichte oder Nationalstaat. Macht und Ende des Ersten Deutschen Reiches. Die Streitschriften von Heinrich von Sybel und Julius Ficker zur deutschen Kaiserpolitik des Mittelalters, Innsbruck 1943[2].

18 Sten. Ber., LT (Anm. 14), 1862 (2. Session), VI, Anlage Nr. 78 (Bericht der vereinigten Kommissionen für Finanzen und Zölle und Handel und Gewerbe zum Handelsvertrag mit Frankreich); Victor Böhmert, Deutschlands wirtschaftliche Neugestaltung, in: Preußische Jahrbücher 18 (1866), S. 269–304 (270); Böhme, Weg (Anm. 3), S. 91 ff.; Huber, Verfassungsgeschichte, Bd. 3 (Anm. 2), S. 615 ff.; Winkler, Liberalismus (Anm. 10), S. 71 ff.; Eugen Franz, Der Entscheidungskampf um die wirtschaftspolitische Führung Deutschlands (1856 bis 1867), München 1933; Volker Hentschel, Die deutschen Freihändler und der volkswirtschaftliche Kongreß 1858–1885, Stuttgart 1975, S. 61 ff.

19 Lawrence D. Steefel, The Schleswig-Holstein Question, Cambridge 1932, S. 3 ff.; Otto Brandt, Geschichte Schleswig-Holsteins. Ein Grundriß, Kiel 1949[4], S. 168 ff.; Joachim Daebel, Die Schleswig-Holstein-Bewegung in Deutschland 1863/64, phil. Diss., Köln 1969, S. 45 ff.; Theodor Schieder, Vom Deutschen Bund zum Deutschen Reich, in: Karl Erich Born u. a. (Hg.), Von der Französischen Revolution bis zum Ersten Weltkrieg (= Bruno Gebhardt, Handbuch der Deutschen Geschichte, Bd. 3), Stuttgart 1970[9], S. 99–220 (183 ff.); Ernst Rudolf Huber, Deutsche Verfassungsgeschichte seit 1789, 2. Bd.: Der Kampf um Einheit und Freiheit 1830 bis 1850, Stuttgart 1988[3], S. 933 ff.; ders., Verfassungsgeschichte, 3. Bd. (Anm. 2), S. 449 ff. Das Zitat von Lerchenfeld in: Real, Reformverein (Anm. 17), S. 185.

20 Sten. Ber., LT (Anm. 14), 1863/64, I, S. 274 (Twesten, 2. 12. 1863), 497 f. (Waldeck, 18. 12. 1863); NZ, 29. 5. 1864, Mbl.; 11. 8. 1864, Mbl.; 12. 8. 1864, Mbl.; Volkszeitung (= VZ), 16. 8. 1864; Winkler, Liberalismus (Anm. 10), S. 50 ff.; Real, Reformverein (Anm. 17), S. 170 ff.; Gall, Bismarck (Anm. 3), S. 312 ff.; Huber, Verfassungsgeschichte, Bd. 3 (Anm. 2), S. 482 ff.; Schieder, Vom Deutschen Bund (Anm. 19), S. 188 ff.; Rudolf Stadelmann, Das Jahr 1865 und das Problem von Bismarcks deutscher Politik, München 1933; Andreas Kaernbach, Bismarcks Konzepte zur Reform des Deutschen Bundes. Zur Kontinuität der Politik Bismarcks und Preußens in der deutschen Frage, Göttingen 1991, S. 98 ff.; Eberhard Kolb, Großpreußen oder Kleindeutschland? Zu Bismarcks deutscher Politik im Reichsgründungszeitalter, in: ders., Umbrüche deutscher Geschichte 1866/71, 1918/19, 1929/33, München 1993, S. 11–33.

21 Theodor Mommsen, Die Annexion Schleswig-Holsteins. Ein Sendschreiben an die Wahlmänner der Stadt Halle und des Saalkreises, Berlin 1865, S. 17, 23; Sten. Ber., LT (Anm. 14), 1865, III, S. 2117 (Michaelis, 13. 6. 1865); NZ, 1. 6. 1865, Mbl.; 2. 8. 1865, Mbl.; 3. 8. 1865, Mbl.; VZ, 6. 8. 1865; 16. 8. 1865; NZ, 25. 8. 1865, Mbl.; VZ, 12. 10. 1865 (Erklärung Harkorts); Schultheß' Europäischer Geschichtskalen-

der 6 (1865), Nördlingen 1866, S. 120 f. (Erklärung des Abgeordnetentages vom 1. 10. 1865); Nationalverein (Anm. 17), S. 366 f. (Beschluß der Generalversammlung vom 29. 10. 1865); Die Sturmjahre der preußisch-deutschen Einigung 1859–1870. Politische Briefe aus dem Nachlaß liberaler Parteiführer. Ausgewählt u. bearb. v. Julius Heyderhoff (= Deutscher Liberalismus im Zeitalter Bismarcks. Eine politische Briefsammlung, Bd. 1) [1925[1]], ND Osnabrück 1967, S. 253–255 (Brief Mommsens v. 28. 9. 1865), 255–257 (Brief Twestens v. 28. 9. 1865); Huber, Verfassungsgeschichte, Bd. 3 (Anm. 2), S. 506 ff.; Winkler, Liberalismus (Anm. 10), S. 60 ff.; Andreas Biefang, National-preußisch oder deutsch-national? Die Deutsche Fortschrittspartei in Preußen 1861–1867, in: GG 23 (1997), S. 360–383. Alfred Heuß, Theodor Mommsen und das 19. Jahrhundert, Kiel 1956, S. 177 ff.

22 Nationalverein (Anm. 17), S. 212 f. (Miquel, Oktober 1865); Na'aman, Nationalverein (Anm. 12), S. 186 ff.; Adolf Rapp, Die Württemberger und die nationale Frage 1863–1871, Stuttgart 1910, S. 98 (Beobachter, 17. 4. 1864), 84 (Beobachter, 10. 2. 1864), 99 f. (Beobachter, 23.–29. 4. 1864); Dieter Langewiesche, Liberalismus und Demokratie in Württemberg zwischen Revolution und Reichsgründung, Düsseldorf 1974, S. 309 ff.; Gerlinde Runge, Die Volkspartei in Württemberg von 1864 bis 1871. Die Erben der 48er Revolution im Kampf gegen die preußisch-kleindeutsche Lösung der nationalen Frage, Stuttgart 1970, S. 25 ff.

23 Gustav Mayer, Die Trennung der proletarischen von der bürgerlichen Demokratie in Deutschland, 1863–1870, in: ders., Radikalismus, Sozialismus und bürgerliche Demokratie. Hg. v. Hans-Ulrich Wehler, Frankfurt 1969, S. 108–178; Rolf Weber, Kleinbürgerliche Demokraten in der deutschen Einheitsbewegung 1863–1860, Berlin 1962, S. 81 ff.; Schieder, Scheitern (Anm. 15), S. 17 ff.

24 Lothar Gall, Der Liberalismus als regierende Partei. Das Großherzogtum Baden zwischen Restauration und Reichsgründung, Wiesbaden 1968, S. 169 ff.; ders., Die partei- und sozialgeschichtliche Problematik des badischen Kulturkampfes, in: Zeitschrift für die Geschichte des Oberrheins 113 (1965), S. 151–196; Josef Becker, Liberaler Staat und Kirche in der Ära von Reichsgründung und Kulturkampf. Geschichte und Strukturen ihres Verhältnisses in Baden 1860–1876, Mainz 1973, S. 35 ff.; Böhme, Weg (Anm. 3), S. 197 ff.; Kaernbach, Konzepte (Anm. 20), S. 204 ff.

25 Bismarck, Werke (Anm. 3), Bd. 5, S. 421 (Erlaß an den preußischen Gesandten in München, Heinrich VII. Prinzen Reuß, vom 24. 3. 1866); NZ, 5. 4. 1866, Mbl.; 12. 4. 1866, Abl.; 18. 4. 1866, Abl. (Twesten); Kaernbach, Konzepte (Anm. 20), S. 211 ff.; Huber, Verfassungsgeschichte, Bd. 3 (Anm. 2), S. 510 ff.; Lutz, Zwischen Habsburg (Anm. 12), S. 552 ff.; Sybel, Begründung (Anm. 13), Bd. 2, S. 390 ff.; Heinrich Ritter von Srbik, Deutsche Einheit. Idee und Wirklichkeit vom Heiligen Reich bis Königgrätz, 4 Bde., München 1935, Bd. 4, S. 320 ff.; Theodor Schieder, Die kleindeutsche Partei in Bayern in den Kämpfen um die nationale Einheit 1963–1871, München 1936, S. 93 ff.; Rapp, Württemberger (Anm. 22), S. 162 ff.; Gall, Liberalismus (Anm. 24), S. 345 ff.; Winkler, Liberalismus (Anm. 10), S. 83 ff.

26 Franz, Liberalismus (Anm. 12), S. 261 f. («Neue Freie Presse», 19. 6. 1866); NZ, 30. 6. 1866, Mbl.; 1. 7. 1866, Mbl. (Duncker); Rapp, Württemberger (Anm. 22), S. 134 (Aufruf der Volkspartei vom 2. 4. 1866), 157 (Oberschwaben), 159 (Beobachter, 24. 6. 1866); Winkler, Liberalismus (Anm. 10), S. 88 ff.; Gall, Liberalismus (Anm. 24), S. 352 ff.; Huber, Verfassungsgeschichte, Bd. 3 (Anm. 2), S. 555 ff.; Sybel, Begründung (Anm. 13), Bd. 2, S. 591 ff.; Karl-Georg Faber (Hg.), Die nationalpoli-

tische Publizistik von 1866 bis 1871. Eine kritische Bibliographie, 2 Bde., Düsseldorf 1963, Bd. 1, S. 13 ff.

27 Denkwürdigkeiten des Fürsten Chlodwig zu Hohenlohe-Schillingsfürst, 2 Bde., Stuttgart 1907, Bd. 1, S. 168 f. (13. 7. 1866); Christa Stache, Bürgerlicher Liberalismus und katholischer Konservatismus in Bayern 1867–1871. Kulturkämpferische Auseinandersetzungen vor dem Hintergrund von nationaler Einigung und wirtschaftlich-sozialem Wandel, Frankfurt 1981, S. 42 f. (Erklärung der Fortschrittspartei vom 28. 8. 1866); Schieder, Partei (Anm. 25), S. 129 ff.; Gall, Liberalismus (Anm. 24), S. 376 ff.; Langewiesche, Liberalismus (Anm. 22), S. 324 ff.; Rapp, Württemberger (Anm. 22), S. 184 ff.; Wehler, Gesellschaftsgeschichte, Bd. 3 (Anm. 1), S. 283 ff. (Bürgerkriegsthese).

28 NZ, 31.7. 1866, Mbl. 25.7. 1866, Mbl. (Hervorhebungen im Original); [Edmund Jörg,] Das deutsche Volk zwischen heute und morgen, in: Historisch-politische Blätter für das katholische Deutschland [= HPB] 58 (1866/II), S. 313–328 (324, 328); Adolf M. Birke, Bischof Ketteler und der deutsche Liberalismus. Eine Untersuchung über das Verhältnis des liberalen Katholizismus zum bürgerlichen Liberalismus in der Reichsgründungszeit, Mainz 1971, S. 74 (Brief Kettelers an Kaiser Franz Joseph vom 28. 8. 1866); Wilhelm Emmanuel von Ketteler, Deutschland nach dem Kriege von 1866, Mainz 1867, S. 82–84; Faber, Realpolitik (Anm. 4), S. 1 ff.

29 (Ernst Ludwig v. Gerlach,) Krieg und Bundesreform, in: Neue Preußische Zeitung (Kreuz-Zeitung), 8. 5. 1866; Kraus, Gerlach (Anm. 2), Bd. 2, S. 804 (Zitat aus der Broschüre «Die Annexionen und der Norddeutsche Bund»; Hervorhebungen im Original); Winkler, Liberalismus (Anm. 10), S. 99 ff.; Rapp, Württemberger (Anm. 22), S. 190 (Österlen); August Bebel, Aus meinem Leben [1911[1]], Bonn 1997, S. 127 f. (Programm der sächsischen Volkspartei); Weber, Demokraten (Anm. 23), S. 237 ff.; Mayer, Trennung (Anm. 23), S. 129 ff.; Werner Conze/ Dieter Groh, Die Arbeiterbewegung in der nationalen Bewegung. Die deutsche Sozialdemokratie vor, während und nach der Reichsgründung, Stuttgart 1966; Michael Stürmer, Das ruhelose Reich. Deutschland 1866–1918, Berlin 1983, S. 143 ff. Das Zitat von Jacoby in: Sten. Ber., LT (Anm. 14), 1866/67, I, S. 72; zu Klopp: Lorenz Matzinger, Onno Klopp 1822–1903. Leben und Werk, Aurich 1993, S. 78 ff.

30 MEW (Anm. 8), Bd. 31, S. 240 f. (Engels an Marx, 13. 4. 1866); Bd. 36, 238 f. (Engels an Bebel, 18. 11. 1884; Hervorhebungen jeweils im Original); Bismarck, Werke (Anm. 3), Bd. 6, S. 120 (Bismarck an Manteuffel, 11. 8. 1866), Bd. 8, S. 459 (Gespräch mit dem Schriftsteller Paul Lindau und dem Bankdirektor Löwenfeld am 8. 12. 1882; hier das Zitat aus dem Gespräch mit Napoleon III., wohl Oktober 1864 oder 1865); Hans Joachim Schoeps, Der Weg ins Deutsche Kaiserreich, Berlin 1970, S. 147 f. (Bluntschli, Hess); Sten. Ber., LT (Anm. 14), 1866/67, III, S. 1299 f. (Twesten), II, S. 833 (Unruh); Jacob Burckhardt, Über das Studium der Geschichte. Der Text der «Weltgeschichtlichen Betrachtungen», hg. v. Peter Ganz, München 1982, S. 373 (Hervorhebungen im Original); Winkler, Liberalismus (Anm. 10), S. 106 ff.; ders., Primat (Anm. 9), S. 52 f.; Henry A. Kissinger, Der weiße Revolutionär: Reflexionen über Bismarck, in: Lothar Gall (Hg.), Das Bismarck-Problem in der Geschichtsschreibung nach 1945, Köln 1971, S. 392–428; Gustav Adolf Rein, Die Revolution in der Politik Bismarcks, Göttingen 1957, S. 325 ff.; Meyer, Bismarck (Anm. 11), S. 328 ff.; Ernst Engelberg, Über die Revolution von oben, in: Zeitschrift für Geschichtswissenschaft 22 (1974), S. 1183–1212; Dieter Langewiesche, «Revolution von oben»? Kriege und Nationalstaatsgründung in Deutschland,

in: ders. (Hg.). Revolution und Krieg. Zur Dynamik historischen Wandels seit dem 18. Jahrhundert, Paderborn 1989, S. 117–134.

31 Parisius, Parteien (Anm. 10), S. 77; Huber, Verfassungsgeschichte, Bd. 3 (Anm. 2), S. 352 f.; Winkler, Liberalismus (Anm. 10), S. 91 ff.; ders., Bürgerliche Emanzipation und nationale Einigung. Zur Entstehung des Nationalliberalismus in Preußen, in: ders., Liberalismus und Antiliberalismus. Studien zur politischen Sozialgeschichte des 19. und 20. Jahrhunderts, Göttingen 1979, S. 24–35.

32 Huber, Verfassungsgeschichte, Bd. 3 (Anm. 2), S. 305 ff. (These von der Legitimität der Politik Bismarcks 1862–1866); Hans Boldt, Verfassungskonflikt und Verfassungshistorie. Eine Auseinandersetzung mit Ernst Rudolf Huber, in: Der Staat. Beiheft 1: Probleme des Konstitutionalismus im 19. Jahrhundert, Berlin 1975, S. 75–102; Ernst Wolfgang Böckenförde, Der Verfassungstyp der deutschen konstitutionellen Monarchie im 19. Jahrhundert, in: ders. (Hg.), Moderne deutsche Verfassungsgeschichte (1815–1914), Köln 1972, S. 146–170; Rainer Wahl, Der preußische Verfassungskonflikt und das konstitutionelle System des Kaiserreichs, ebd., S. 171–194. Bismarcks Gespräch mit Twesten am 1. 10. 1862: Bismarck, Werke (Anm. 3), Bd. 7, S. 59 f.

33 Sten. Ber., LT (Anm. 14), 1866/67, I, S. 151 (Waldeck, 1. 9. 1866), 182 ff. (Lasker, 3. 9. 1866), 161 (Michaelis, 1. 9. 1866), 198 f. (Twesten, 3. 9. 1866), 72 (Virchow), 23. 8. 1866), 252 f. (Harkort, 7. 9. 1866); NZ, 19. 8. 1866, Mbl.; 7. 11. 1866, Mbl. (Twesten), 4. 12. 1866, Mbl. (Bamberger); Hermann Baumgarten, Der deutsche Liberalismus. Eine Selbstkritik, in: Preußische Jahrbücher 18 (1866), S. 455–515 (470 f.), 575–628 (596 f., 624 f., 627; Hervorhebungen im Original, ND, hg. v. Adolf M. Birke, Berlin 1974); Parisius, Parteien (Anm. 10), S. 78 ff. (Erklärung vom 24. 10. 1866); Burckhardt, Studium (Anm. 30), S. 378; Carl Schmitt, Verfassungslehre, Berlin 1928, S. 31 f.; ders., Staatsgefüge und Zusammenbruch des zweiten Reiches. Der Sieg des Bürgers über den Soldaten, Hamburg 1934, S. 7 ff.; Winkler, Liberalismus (Anm. 10), S. 113 ff.; Biefang, National-preußisch (Anm. 21), S. 360 ff.

34 Heinrich von Treitschke, Bundesstaat und Einheitsstaat [1864], in: ders., Historische und politische Aufsätze, Leipzig 1903[6], S. 77–241; Gerhard Ritter, Die preußischen Konservativen und Bismarcks deutsche Politik 1858 bis 1876, Heidelberg 1913, S. 147 ff.; Klaus-Erich Pollmann, Parlamentarismus im Norddeutschen Bund, 1867–1870, Düsseldorf 1985, S. 93 ff. (Fraktionsstärken: 171); Andreas Biefang, Modernität wider Willen. Bemerkungen zur Entstehung des demokratischen Wahlrechts des Kaiserreichs, in: Wolfram Pyta u. Ludwig Richter (Hg.), Gestaltungskraft des Politischen. Festschrift f. Eberhard Kolb, Berlin 1998, S. 239–259; Otto Becker, Bismarcks Ringen um Deutschlands Gestaltung, Heidelberg 1958, S. 211 ff.; Wolfgang J. Mommsen, Das deutsche Kaiserreich als System umgangener Entscheidungen, in: ders., Der autoritäre Nationalstaat. Verfassung, Gesellschaft und Kultur im deutschen Kaiserreich, Frankfurt 1990, S. 11–38; ders., Die Verfassung des Deutschen Reiches von 1871 als dilatorischer Herrschaftskompromiß, ebd., S. 39–65; Huber, Verfassungsgeschichte, Bd. 3 (Anm. 2), S. 629 ff., 643 ff. (659); Böhme, Weg (Anm. 3), S. 236 ff.; Schieder, Vom Deutschen Bund (Anm. 19), S. 198 ff.

35 Hans Georg Aschoff, Welfische Bewegung und politischer Katholizismus 1866 bis 1918. Die Deutsch-Hannoversche Partei und das Zentrum in der Provinz Hannover während des Kaiserreiches, Düsseldorf 1987, S. 19 ff.; Schieder, Scheitern (Anm. 15), S. 31 ff.; Mayer, Trennung (Anm. 23), S. 138 ff.; Conze/Groh, Arbeiter-

bewegung (Anm. 29), S. 78 ff.; Runge, Volkspartei (Anm. 22), S. 115 ff.; Rapp, Württemberger (Anm. 22), S. 289 ff.; Gall, Liberalismus (Anm. 24), S. 376 ff.; Becker, Staat (Anm. 24), S. 201 ff.; Stache, Liberalismus (Anm. 27), S. 45 ff.; Schieder, Partei (Anm. 25), S. 193 ff.; Friedrich Hartmannsgruber, Die Bayerische Patriotenpartei 1868–1887, München 1986, S. 33 ff.; Rolf Wilhelm, Das Verhältnis der süddeutschen Staaten zum Norddeutschen Bund (1867–1870), Husum 1978, S. 97 ff.; Lothar Gall, Bismarcks Süddeutschlandpolitik 1866–1870, in: Eberhard Kolb (Hg.), Europa vor dem Krieg von 1870. Mächtekonstellation – Kriegsfelder – Kriegsausbruch, München 1987, S. 23–32.

36 Pollmann, Parlamentarismus (Anm. 34), S. 259 ff., 433 ff.; Wilhelm, Verhältnis (Anm. 35), S. 103 ff. (Zitat aus der NZ vom 22. 2. 1870: 103 f.), 183 f. (Bismarcks Unterredung mit Spitzemberg vom 27. 3. 1870); Meyer, Bismarck (Anm. 11), S. 379 f.; Gall, Bismarck (Anm. 3), S. 466 ff.

37 Die confessionelle Leidenschaft im Ruine Deutschlands, in: HPB 58 (1866/II), S. 781–796 (783 f.: Zitat aus der «Protestantischen Kirchenzeitung»); Sten. Ber., LT (Anm. 14), 1873, I, S. 631 (Virchow, 17. 1. 1873); Georg Franz, Kulturkampf. Staat und katholische Kirche in Mitteleuropa von der Säkularisation bis zum Abschluß des preußischen Kulturkampfes, München 1954, S. 61 ff. (89: Zitat Antonelli); Adam Wandruszka, Schicksalsjahr 1866, Graz 1966, S. 13 ff.; Karl Heinrich Höfele, Königgrätz und die Deutschen von 1866, in: GWU 17 (1966), S. 393–416; Rudolf Lill, Italien im Zeitalter des Risorgimento (1815–1870), in: Europa von der Französischen Revolution zu den nationalstaatlichen Bewegungen des 19. Jahrhunderts (= Handbuch der europäischen Geschichte, hg. v. Theodor Schieder, Bd. 5), Stuttgart 1981, S. 827–885 (879 ff.); ders., Katholizismus und Nation bis zur Reichsgründung, in: Albrecht Langner (Hg.), Katholizismus, nationaler Gedanke und Europa seit 1800, Paderborn 1985, S. 51–64; Thomas Mergel, Zwischen Klasse und Konfession. Katholisches Bürgertum im Rheinland 1794–1848, Göttingen 1994, S. 263 ff.; Ernst Rudolf Huber, Deutsche Verfassungsgeschichte seit 1789. Bd. 4: Struktur und Krisen des Kaiserreichs, Stuttgart 1969[2], S. 645 ff.; Becker, Staat (Anm. 24), S. 201 ff.; Stache, Liberalismus (Anm. 27), S. 162 ff. – Zum 1863 gegründeten Deutschen Protestantenverein: Claudia Lepp, Protestantisch-liberaler Aufbruch in die Moderne. Der Deutsche Protestantenverein in der Zeit der Reichsgründung, Gütersloh 1996, bes. S. 298 ff.

38 Bismarck, Werke (Anm. 3), Bd. 13, S. 468 (Ansprache an die Abordnung der Universität Jena am 30. 7. 1892); Gall, Bismarck (Anm. 3), S. 417 ff. (431: Gramont); Otto Pflanze, Bismarck. Der Reichsgründer (amerik. Orig.: Princeton 1990), München 1997, S. 449 ff.; Huber, Verfassungsgeschichte, Bd. 3 (Anm. 2), S. 702 ff.; Jochen Dittrich, Ursache und Ausbruch des deutsch-französischen Krieges, in: Theodor Schieder u. Ernst Deuerlein (Hg.), Reichsgründung 1870/71. Tatsachen, Kontroversen, Interpretationen, Stuttgart 1970, S. 64–94; Eberhard Kolb, Der Kriegsausbruch 1870, Göttingen 1970, S. 143 ff. (These von der alleinigen französischen Kriegsschuld); ders. (Hg.), Europa (Anm. 35); Josef Becker, Zum Problem der Bismarckschen Politik in der spanischen Thronfrage 1870, in: HZ 212 (1971), S. 529–607; ders., Von Bismarcks «spanischer Diversion» zur «Emser Legende» des Reichsgründers, in: Johannes Burkhardt u.a., Lange und kurze Wege in den Ersten Weltkrieg. Vier Augsburger Beiträge zur Kriegsursachenforschung, München 1996, S. 87–113 (These von Bismarcks Kriegskalkül seit Beginn der spanischen Thronfrage).

39 MEW (Anm. 8), Bd. 17, S. 3–7 (5; Erste Adresse des Generalrats); Conze/Groh, Arbeiterbewegung (Anm. 29), S. 86 ff.; Rapp, Württemberger (Anm. 22), S. 364 (Reutlinger Neue Bürgerzeitung), 383 (Mayer), 396 (Beflaggung); Runge, Volkspartei (Anm. 22), S. 161 ff.; Hans Fenske, Der Weg zur Reichsgründung 1850–1870 (= Quellen zum politischen Denken der Deutschen im 19. u. 20. Jahrhundert. Freiherr vom Stein-Gedächtnisausgabe, Bd. 5), Darmstadt 1977, S. 419–421 (Jörg, 19. 7. 1870), 421–424 (Sepp, 19. 7. 1870); Huber, Verfassungsgeschichte, Bd. 3 (Anm. 2), S. 724 (Abstimmung im bayerischen Landtag); Hartmannsgruber, Patriotenpartei (Anm. 35), S. 362 ff.; Lothar Gall, Zur Frage der Annexion von Elsaß und Lothringen 1870, in: HZ 206 (1968), S. 265–326; ders., Das Problem Elsaß-Lothringen, in: Schieder u. Deuerlein (Hg.), Reichsgründung (Anm. 38), S. 366–385; Rudolf Buchner, Die deutsche patriotische Dichtung vom Kriegsbeginn 1870 über Frankreich und die elsässische Frage, ebd., S. 327–336; Heinrich von Treitschke, Was fordern wir von Frankreich? [Manuskriptabschluß: 30. 8. 1870], in: Preußische Jahrbücher 26 (1870), S. 367–409 (371, 380, 406); Eberhard Kolb, Der Weg aus dem Krieg, Bismarcks Politik im Krieg und die Friedensanbahnung 1870/71, München 1989, S. 113 ff.

40 Paul Piechowski, Die Kriegspredigt von 1870/71, Leipzig 1917, bes. S. 78 ff.; Hasko Zimmer, Auf dem Altar des Vaterlandes. Religion und Patriotismus in der deutschen Kriegslyrik des 19. Jahrhunderts, Frankfurt 1971, S. 71 ff.; Michael Jeismann, Das Vaterland der Feinde. Studien zum nationalen Feindbegriff und Selbstverständnis in Deutschland und Frankreich 1792–1918, Stuttgart 1992, S. 161 ff., 246 (Rittershaus), 267 (Leipziger Prolog), 276 (Vossische Zeitung, 24. 7. 1870); Marie-Louise von Plessen (Hg.), Marianne und Germania 1789–1889. Frankreich und Deutschland. Zwei Welten – Eine Revue, Berlin 1996, S. 405–448; Kolb, Weg (Anm. 39), S. 1 ff., 195 ff.; Klaus Hildebrand, No intervention. Die Pax Britannica und Preußen 1865/66–1869/70. Eine Untersuchung zur englischen Weltpolitik im 19. Jahrhundert, München 1997; Ernst Moritz Arndt, Ein Wort über die Feier der Leipziger Schlacht [1814], in: ders., Werke, Berlin o. J., S. 131–142 (133); Theodor Schieder, Das deutsche Kaiserreich von 1871 als Nationalstaat, Köln 1961, S. 72 ff., 125–153 (Bodelschwinghs Vortrag vom 27. 6. 1871: 135–145); Hartmut Lehmann, Friedrich von Bodelschwingh und das Sedanfest, in: HZ 202 (1966), S. 542–573; Claudia Lepp, Protestanten feiern ihre Nation – Die kulturprotestantischen Ursprünge des Sedantages, in: Historisches Jahrbuch 118 (1998), S. 201–222; MEW (Anm. 8), Bd. 17, S. 268–270 (269; Marx/Engels, Brief an den Ausschuß der Sozialdemokratischen Arbeiterpartei, geschrieben zwischen dem 22. u. 30. 8. 1870), 271–279 (275; Zweite Adresse des Generalrats, 9. 9. 1870; Hervorhebungen jeweils im Original; im Original «Racenkrieg» und «Racen»); Stenographischer Bericht über die Verhandlungen des Reichstags des Norddeutschen Bundes, 1870, II. außerordentliche Session, S. 187 f. (Antrag Lasker); Neue Preußische Zeitung (Kreuz-Zeitung), 2. 10. 1870; Ritter, Konservative (Anm. 34), S. 355; Hartmannsgruber, Patriotenpartei (Anm. 35), S. 368 («Bayerisches Vaterland», 13. 1. 1871); Sturmjahre (Anm. 21, S. 494 (Sybel an Baumgarten, 27. 1. 1871); Elisabeth Fehrenbach, Wandlungen des deutschen Kaisergedankens 1871–1918, München 1969, S. 14 ff.; Schoeps, Weg (Anm. 30), S. 189 ff.; Huber, Verfassungsgeschichte, Bd. 3 (Anm. 2), S. 724 ff.

5. Die Wandlung des Nationalismus
1871–1890

1 Walter Bußmann (Hg.), Bismarck im Urteil der Zeitgenossen und der Nachwelt, Stuttgart 1956[2], S. 28 (Disraeli); Ludwig Dehio, Deutschland und die Epoche der Weltkriege [1951], in: ders., Deutschland und die Weltpolitik im 20. Jahrhundert, München 1955, S. 9–36 (15); Eberhard Kolb, Der Pariser Commune-Aufstand und die Beendigung des deutsch-französischen Krieges, in: ders., Umbrüche deutscher Geschichte. 1866/71. 1918/19. 1929/33. Ausgewählte Aufsätze, München 1993, S. 163–188; ders., Kriegsniederlage und Revolution: Pariser Commune 1871, ebd., S. 189–206.

2 Günter Brakelmann, Der Krieg von 1870/71 und die Reichsgründung im Urteil des Protestantismus, in: Wolfgang Huber u. Johannes Schwerdtfeger (Hg.), Kirche zwischen Krieg und Frieden. Studien zur Geschichte des deutschen Protestantismus, Stuttgart 1976, S. 293–320 (303: Neue Evangelische Kirchenzeitung [= NEKZ], 7. 1. 1871; 304: NEKZ, 18. 3. 1871; 306: Zitate über das französische Volk als das «satanische unter den Völkern» und den «Antichrist»; 307 f.: Zitate aus der Evangelischen Kirchenzeitung, 1871); Walter Frank, Hofprediger Adolf Stoecker und die christlichsoziale Bewegung, Berlin 1928, S. 32 f. (Stoecker, 27. 1. 1871); Fürst Otto von Bismarck, Die gesammelten Werke (Friedrichsruher Ausgabe), Berlin 1924 ff., Bd. 11, S. 256 f. (Rede vom 6. 3. 1872), Bd. 13, S. 475 (Rede vom 31. 7. 1892 in Jena); Theodor Schieder, Das deutsche Kaiserreich von 1871 als Nationalstaat, Köln 1961, S. 175 (Bennigsen, 26. 1. 1881); Elisabeth Fehrenbach, Wandlungen des deutschen Kaisergedankens 1871–1918, München 1969, S. 14 ff.; Helmuth Walser Smith, German Nationalism and Religious Conflict. Culture, Ideology, Politics, 1870–1914, Princeton 1995; Horst Dippel, 1871 versus 1789: German Historians and the Ideological Foundations of the Deutsche Reich, in: History of European Ideas 16 (1993), S. 829–837; Dieter Langewiesche, Deutschland und Österreich: Nationswerdung und Staatsbildung in Mitteleuropa im 19. Jahrhundert, in: GWU 42 (1991), S. 754–766; Adam Wandruszka, Großdeutsche und kleindeutsche Ideologie 1840–1871, in: Robert A. Kann u. Friedrich Prinz (Hg.), Deutschland und Österreich. Ein bilaterales Geschichtsbuch, Wien 1980, S. 110–142; Karl Heinrich Höfele, Sendungsglaube und Epochenbewußtsein in Deutschland 1870/71, in: Zeitschrift für Religions- und Geistesgeschichte 15 (1963), S. 265–276.

3 Bismarck, Werke (Anm. 2), Bd. 15 (Erinnerung und Gedanke), S. 199; Manfred Hanisch, Nationalisierung der Dynastien oder Monarchisierung der Nation? Zum Verhältnis von Monarchie und Nation in Deutschland im 19. Jahrhundert, in: Adolf M. Birke u. Lothar Kettenacker (Hg.), Bürgertum, Adel und Monarchie. Wandel der Lebensformen im Zeitalter des bürgerlichen Nationalismus, München 1989, S. 71–91; ders., Für Fürst und Vaterland. Legitimitätsstiftung in Bayern zwischen Revolution 1848 und deutscher Einheit, München 1991, S. 20 ff.; Siegfried Weichlein, Sachsen zwischen Landesbewußtsein und Nationsbildung 1866–1871, in: Simone Lässig u. Karl Heinrich Pohl (Hg.), Sachsen im Kaiserreich – Politik, Wirtschaft und Gesellschaft im Umbruch, Dresden 1997, S. 241–270; Gerhard Ritter, Die preußischen Konservativen und Bismarcks deutsche Politik 1858–1876, Heidelberg 1913, S. 359 (Kleist-Retzow); Hans Booms, Die Deutschkonservative Partei. Preußischer Charakter, Reichsauffassung, Nationalbegriff, Düsseldorf 1954, S. 5 ff.; James N. Retallack, Notables of the Right. The Conservative Party and Political

Mobilization in Germany, 1876–1918, London 1988, S. 13 ff.; Oliver Janz, Bürger besonderer Art. Evangelische Pfarrer in Preußen 1850–1914, Berlin 1994, bes. S. 58 ff.

4 Christoph Weber, «Eine starke, enggeschlossene Phalanx». Der politische Katholizismus und die erste deutsche Reichstagswahl 1871, Essen 1992, S. 54 ff.; (Edmund Jörg,) Das große Neujahr, in: HPB 67 (1871), S. 1–15 (6); Wilhelm Emmanuel von Ketteler, Die Katholiken im Deutschen Reiche. Entwurf zu einem politischen Programm, Mainz 1873, S. 5; Adolf M. Birke, Bischof Ketteler und der deutsche Liberalismus. Eine Untersuchung über das Verhältnis des liberalen Katholizismus zum bürgerlichen Liberalismus in der Reichsgründungszeit, Mainz 1971, S. 78 ff.; Rudolf Lill, Die deutschen Katholiken und Bismarcks Reichsgründung, in: Theodor Schieder u. Ernst Deuerlein (Hg.), Reichsgründung 1870/71. Tatsachen, Kontroversen, Interpretationen, Stuttgart 1970, S. 345–365; Schieder, Kaiserreich (Anm. 2), S. 125 ff. (152: Ketteler, 19. 8. 1874); Fehrenbach, Wandlungen (Anm. 2), S. 20 ff.

5 Brakelmann, Krieg (Anm. 2), S. 318 (Wichern); Stenographischer Bericht über die Verhandlungen des Deutschen Reichstags [= Sten. Ber.], Bd. 20, S. 920 f. (Bebel, 25. 5. 1871); August Bebel, Aus meinem Leben [1910–1914[1]], Bonn 1997, S. 299 ff.; Karl Marx, Der Bürgerkrieg in Frankreich [1871], in: Marx/Engels, Werke [= MEW], Berlin 1959 ff., Bd. 17, S. 313–365; Friedrich Engels, Einleitung zu Karl Marx «Bürgerkrieg in Frankreich» [1891], ebd., Bd. 22, S. 188–199 (199); Dieter Groh u. Peter Brandt, «Vaterlandslose Gesellen». Sozialdemokratie und Nation 1860–1990, München 1992, S. 26 ff. Zum «inneren Düppel»: Lothar Gall, Bismarck. Der weiße Revolutionär, Berlin 1980, S. 331.

6 Franz Mehring, Geschichte der deutschen Sozialdemokratie [1897/98[1]], 2 Bde., 2. Bd.: Von Lassalles «Offenem Antwortschreiben» bis zum Erfurter Programm 1863 bis 1891, Berlin 1960, S. 378, 434 f. (Jacoby); Ernest Renan, Was ist eine Nation? Und andere politische Schriften, hg. v. Walter Euchner, Wien 1995, S. 57 (Pariser Vortrag «Was ist eine Nation», 1. 3. 1882), 59 (Der deutsch-französische Krieg [September 1870]), 118 (Strauß an Renan, 29. 9. 1870), 131 f. (Renan an Strauß, 15. 9. 1871); Jörg, Neujahr (Anm. 3), S. 9 (das Deutsche Reich als «reiner», aber «unvollendeter Nationalstaat»); Helmuth Plessner, Die verspätete Nation. Über die politische Verführbarkeit bürgerlichen Geistes (1. Aufl. unter dem Titel: Das Schicksal deutschen Geistes im Ausgang seiner bürgerlichen Epoche, Zürich 1935), Stuttgart 1959, S. 39.

7 Sten. Ber. (Anm. 5), Bd. 24, S. 356 (Bismarck, 14. 5. 1872); Stenographischer Bericht über die Verhandlungen des preußischen Abgeordnetenhauses (= Sten. Ber., LT), 1873, I, S. 631 (Virchow, 17. 1. 1873); Bismarck, Werke (Anm. 2), Bd. 15, S. 333 (Erinnerung und Gedanke); Rudolf Lill u. Francesco Traniello (Hg.), Der Kulturkampf in Italien und in den deutschsprachigen Ländern, Berlin 1993; Winfried Becker, Der Kulturkampf als europäisches und deutsches Phänomen, in: Historisches Jahrbuch 101 (1981), S. 422–446; ders., Liberale Kulturkampf-Positionen und politischer Katholizismus, in: Otto Pflanze (Hg.), Innenpolitsche Probleme des Bismarck-Reiches, München 1983, S. 47–72; Winfried Grohs, Die Liberale Reichspartei. 1871–1874. Liberale Katholiken und föderalistische Protestanten im ersten Deutschen Reichstag, Frankfurt 1990, S. 26 ff.; Weber, Phalanx (Anm. 3), S. 42 ff.; Ritter, Konservative (Anm. 3), S. 361 ff.; Claudia Lepp, Protestantisch-liberaler Aufbruch in die Moderne. Der Deutsche Protestantenverein in der Zeit der

Reichsgründung und des Kulturkampfes, Gütersloh 1996, S. 319 ff.; Ernst Rudolf Huber, Deutsche Verfassungsgeschichte seit 1789, Bd. 4: Strukturen und Krisen des Kaiserreichs, Stuttgart 1969², S. 672 ff.

8 NZ, 21. 10. 1876, Mbl.; NZ, 2. 9. 1877, Mbl.; Thomas Mergel, Zwischen Klasse und Konfession. Katholisches Bürgertum im Rheinland 1794–1914, Göttingen 1994, S. 235 ff.; Gottfried Korff, Kulturkampf und Volksfrömmigkeit, in: Wolfgang Schieder (Hg.), Volksreligiosität in der modernen Sozialgeschichte. GG, Sonderheft 11, Göttingen 1986, S. 137–151; Margaret L. Anderson and Kenneth Barkin, The Myth of the Puttkamer Purge and the Reality of the Kulturkampf, in: Journal of Modern History 54 (1982), S. 647–686; Margaret L. Anderson, The Kulturkampf and the Course of German History, in: Central European History 19 (1986), S. 82–115; dies., Windthorst. Zentrumspolitiker und Gegenspieler Bismarcks (engl. Orig.: Oxford 1981), Düsseldorf 1988, S. 130 ff.; Jonathan Sperber, Popular Catholicism in Nineteenth-Century Germany, Princeton 1984, S. 207 ff.; David Blackbourn, Progress and Piety: Liberalism, Catholicism, and the State in Imperial Germany, in: History Workshops Journal 26 (1988), S. 57–78; ders., Wenn ihr sie wieder seht, fragt, wer sie sei. Marienerscheinungen in Marpingen – Aufstieg und Niedergang des deutschen Lourdes (engl. Orig.: Oxford 1993), Reinbek 1997; Gustav Schmidt, Die Nationalliberalen – eine regierungsfähige Partei? Zur Problematik der inneren Reichsgründung 1870–1878, in: Gerhard A. Ritter (Hg.), Die deutschen Parteien vor 1918, Köln 1973, S. 208–223; Hans-Ulrich Wehler, Deutsche Gesellschaftsgeschichte, 3. Bd.: Von der «Deutschen Doppelrevolution» bis zum Beginn des Ersten Weltkrieges 1849–1914, München 1995, S. 892 ff.

9 Heinrich Heine, Gedanken und Einfälle, in: ders., Sämtliche Werke in zwölf Bänden, Berlin o. J., Bd. 12: Vermischte Schriften, S. 3–50 (9); Richard Wagner, Das Judentum in der Musik [1850], in: ders., Gesammelte Schriften und Dichtungen, 5. Bd., Leipzig 1888², S. 66–85 (68 f.); Was ist deutsch? (1865 u. 1878), ebd., 10. Band, Berlin 1913, S. 36–53 (50 f.); Sten. Ber., LT (Anm. 7) 1873, I, S. 937–951 (Lasker, 7. 2. 1873); (Franz Perrot,) Die Ära Bleichröder-Delbrück-Camphausen und die neudeutsche Wirtschaftspolitik, in: Neue Preußische Zeitung (Kreuz-Zeitung), 29. 6. 1873; Otto Glagau, Deutsches Handwerk und historisches Bürgertum, Osnabrück 1879, S. 80; ders., Der Börsen- und Gründungs-Schwindel in Berlin, 2 Bde., Leipzig 1876/77; Milliarden-Noth und Krach-Segen, in: HPB 74 (1874), S. 963–976 (976: kosmopolitische Finanzmächte); (Edmund Jörg,) Vor fünfundzwanzig Jahren, ebd., 79 (1877), S. 1–17 (10: Kulturkampf im Auftrag der Börse); ders., Das «Gründer»-Unwesen mit Staatshülfe, ebd., S. 237–252 (239: «verjudeter Liberalismus»); Mergel, Klasse (Anm. 8), S. 258 f. (katholische Presse); Birke, Ketteler (Anm. 4), S. 92 (Ketteler, 1873); Gordon A. Craig, Deutsche Geschichte 1866–1945. Vom Norddeutschen Bund bis zum Ende des Dritten Reiches (engl. Orig.: Oxford 1978), München 1980, S. 85 (Freytag, Raabe, Dahn); George L. Mosse, The Image of the Jew in German Political Culture: Felix Dahn and Gustav Freytag, in: Publications of the Leo Baeck Institute of Jews from Germany. Year Book 2 (1957), S. 218–227; ders., Germans and Jews. The Right, the Left and the Search of a «Third Force» in Pre-Nazi Germany, London 1971, S. 34 ff.; Hans Rosenberg, Große Depression und Bismarckzeit. Wirtschaftsablauf, Gesellschaft und Politik in Mitteleuropa, Berlin 1967, S. 22 ff. (29); James F. Harris, The People Speak! Anti-Semitism and Emancipation in Nineteenth-Century Bavaria, Ann Arbor 1994, bes. S. 209 ff.; Olaf Blaschke, Katholizismus und Antisemitismus im deutschen Kaiserreich, Göttingen 1997,

S. 42 ff.; Fritz Stern, Gold und Eisen. Bismarck und sein Bankier Bleichröder (amerik. Orig.: New York 1979), Reinbek 1988², S. 680 ff. («Germania»-Artikel: 682 ff.); Erik Lindner, Patriotismus deutscher Juden von der napoleonischen Ära bis zum Kaiserreich. Zwischen korporativem Loyalismus und individueller deutsch-jüdischer Identität, Frankfurt 1997, S. 267 ff.; A. Sartorius von Waltershausen, Deutsche Wirtschaftsgeschichte 1815–1914, Jena 1923², S. 275 ff. (Zahlen zur Wirtschaftskrise).

10 Carl Wilmanns, Die «goldene» Internationale und die Nothwendigkeit einer socialen Reformpartei, Berlin 1876; Constantin Frantz, Der National-Liberalismus und die Judenherrschaft, München 1874, S. 49 (Fichte), 64 (Zitat); ders., Literarisch-politische Aufsätze, München 1876, S. XVII (Vorwort; Hervorhebungen jeweils im Original); Wilhelm Marr, Der Sieg des Judenthums über das Germanenthum. Vom nicht confessionellen Standpunkt aus betrachtet, Bern 1879, S. 3, 46; Helmut Berding, Moderner Antisemitismus in Deutschland, Frankfurt 1988, S. 86 ff.; Reinhard Rürup, Emanzipation und Antisemitismus. Studien zur «Judenfrage» der bürgerlichen Gesellschaft, Göttingen 1975, S. 74 ff., 101 ff. (Marr, Frantz, Dühring); Jacob Katz, Vom Vorurteil bis zur Vernichtung. Der Antisemitismus 1700–1933 (amerik. Orig.: Cambridge/Mass. 1980), München 1989, S. 253 ff. (auch zur Rezeption Rohlings); Paul W. Massing, Vorgeschichte des politischen Antisemitismus (amerik. Orig.: New York 1949), Frankfurt 1959, S. 5 ff.; Peter G. J. Pulzer, Die Entstehung des politischen Antisemitismus in Deutschland und Österreich 1867–1914 (engl. Orig.: London 1964), Gütersloh 1966; John Weiss, Der lange Weg zum Holocaust. Die Geschichte der Judenfeindschaft in Deutschland und Österreich (amerik. Orig.: Chicago 1996), Hamburg 1997, S. 118 ff.; Rainer Erb u. Werner Bergmann, Die Nachtseite der Judenemanzipation. Der Widerstand gegen die Integration der Juden in Deutschland 1780–1860, Berlin 1989, S. 97 ff.; Shulamit Volkov, The Rise of Popular Antimodernism in Germany. The Urban Master Artisans 1873–1896, Princeton 1978, S. 215 ff.; dies., Antisemitismus als kultureller Code, in: dies., Jüdisches Leben und Antisemitismus im 19. u. 20. Jahrhundert, München 1990, S. 13–36; Blaschke, Katholizismus (Anm. 9), S. 48 ff., 74 ff. (zu Rohling); Thomas Nipperdey, Deutsche Geschichte 1866–1918, Bd. 1: Arbeitswelt und Bürgergeist, München 1990, S. 396 ff.; Bd. 2: Machtstaat vor der Demokratie, München 1992, S. 289 ff.; Wehler, Gesellschaftsgeschichte, Bd. 3 (Anm. 8), S. 924 ff. Zu Fichte vgl. oben S. 67.

11 Adolf Stoecker, Unsere Forderungen an das moderne Judentum (19. 9. 1879), in: ders., Christlich-Sozial. Reden und Aufsätze, Berlin 1890², S. 359–369 (359 f., 367 ff.); ders., Notwehr gegen das moderne Judentum (26. 9. 1879), ebd., S. 369–382 (381); ders., Die Selbstverteidigung des modernen Judentums in dem Geisteskampf der Gegenwart (5. 1. 1880), ebd., S. 382–389 (385: zu Treitschke); Frank, Stoecker (Anm. 2), S. 88 ff.; Heinrich von Treitschke, Unsere Aussichten [November 1879], in: Walter Boehlich (Hg.), Der Berliner Antisemitismusstreit, Frankfurt 1965, S. 5–12 (6 ff., 11); Manuel Joël, Offener Brief an Heinrich von Treitschke (1879), S. 13–25 (23: zur Niederlage Laskers); Hermann Cohen, Ein Bekenntnis in der Judenfrage [Januar 1880], ebd., S. 124–149; Ludwig Bamberger, Deutschthum und Judenthum [1880], ebd., S. 149–179 (165 ff.); Erklärung (Forckenbecks u. a. v. 12. 11. 1880), ebd., S. 202–204; Theodor Mommsen, Ein Brief an die Nationalzeitung [19. 11. 1880], ebd., S. 208 f.; ders., Auch ein Wort über unser Judenthum [1880], ebd., S. 210–225 (208, 220, 224); Hans-Michael Bernhardt, «Die Juden sind unser Unglück!» Strukturen eines Feindbildes im deutschen Kaiserreich, in: Christoph

Jahr u. a. (Hg.), Feindbilder in der deutschen Geschichte. Studien zur Vorurteilsgeschichte im 19. u. 20. Jahrhundert, Berlin 1994, S. 25–54; John C. G. Röhl, Wilhelm II. Die Jugend des Kaisers 1859–1888, München 1993, S. 414 f. (Kronprinz Friedrich zum Antisemitismus); Katz, Vorurteil (Anm. 10), S. 217 ff.; Günter Brakelmann, Protestantismus und Politik. Werk und Wirken Adolf Stoeckers, Hamburg 1982; Grit Koch, Adolf Stoecker 1835–1909. Ein Leben zwischen Politik und Kirche, Erlangen 1993.

12 Heinrich Heine, Zur Geschichte der Religion und Philosophie in Deutschland [1834], in: ders., Werke (Anm. 9), Bd. 8: Über Deutschland, I, S. 3–122 (120 f.); Eugen Dühring, Die Judenfrage als Frage der Racenschädlichkeit für Existenz, Sitte und Cultur der Völker (1. Aufl. unter dem Titel: Die Judenfrage als Racen-, Sitten- und Culturfrage, 1880), Karlsruhe 1886[3], S. 159; Paul de Lagarde, Juden und Indogermanen [1887], in: ders., Ausgewählte Schriften, München 1924, S. 195–216 (209); Bamberger, Deutschthum (Anm. 11), S. 176 f.; Frank, Stoecker (Anm. 2), S. 118 (Antisemitenpetition); Katz, Vorurteil (Anm. 10), S. 275 ff.; Berding, Antisemitismus (Anm. 10), S. 99 ff.; Gerd-Klaus Kaltenbrunner, Vom Konkurrenten des Karl Marx zum Vorläufer Hitlers, in: Karl Schwedhelm (Hg.), Propheten des Nationalismus, München 1969, S. 36–55; Fritz Stern, Kulturpessimismus als politische Gefahr. Eine Analyse nationaler Ideologie in Deutschland (amerik. Orig.: Berkeley 1961), Bern 1963; Kurt Wawrzinek, Die Entstehung der deutschen Antisemitenparteien (1873–1890), Berlin 1927; Stefan Scheil, Die Entwicklung des politischen Antisemitismus in Deutschland zwischen 1881 und 1912. Eine wahlgeschichtliche Untersuchung, Berlin 1999; Norbert Kampe, Studenten und «Judenfrage» im Deutschen Kaiserreich. Die Entstehung einer akademischen Trägerschicht des Antisemitismus, Göttingen 1988, S. 23 ff.; Plessner, Nation (Anm. 6). Das Zitat aus der «Antisemitischen Correspondenz»: Artikel «Antisemitische Parteien 1879–1914» in: Dieter Fricke u. a. (Hg.), Lexikon zur Parteiengeschichte. Die bürgerlichen und kleinbürgerlichen Parteien und Verbände in Deutschland (1789–1945), 4 Bde., Leipzig 1983 ff., Bd. 1, S. 77–88.

13 NZ, 4. 12. 1866 (Mbl.: Bamberger); Hermann Oncken, Rudolf von Bennigsen. Ein deutscher liberaler Politiker, 2 Bde., Bd. 2: Von 1867 bis 1902, Stuttgart 1910, S. 297 ff.; Huber, Verfassungsgeschichte, Bd. 4 (Anm. 7), S. 129 ff., 351 ff.; Karl Erich Born, Von der Reichsgründung bis zum 1. Weltkrieg, in: Von der Französischen Revolution bis zum Ersten Weltkrieg (= Bruno Gebhardt, Handbuch der deutschen Geschichte, hg. v. Herbert Grundmann, Bd. 3), Stuttgart 1970[9], S. 261 ff., 296 ff.; Hans Gerhard Benzig, Bismarcks Kampf um die Kreisordnung von 1871, Hamburg 1996, S. 173 ff.; Hartwin Spenkuch, Das Preußische Herrenhaus. Adel und Bürgertum in der Ersten Kammer des Landtags 1854–1918, Düsseldorf 1998, S. 93 ff.; Schmidt, Nationalliberale (Anm. 8), S. 208 ff.; Booms, Deutschkonservative Partei (Anm. 3), S. 17 ff.; Ritter, Konservative (Anm. 3), S. 361 ff.; Gall, Bismarck (Anm. 5), S. 359 (Brief Großherzog Friedrichs I. an Heinrich Gelzer vom 3. 4. 1878); Fricke u. a. (Hg.), Lexikon (Anm. 12), Bd. 4, S. 358–367 (Artikel «Vereinigung der Steuer- und Wirtschaftsreformer 1876–1928»), 509–543 (Artikel «Zentralverband Deutscher Industrieller 1876–1919»).

14 Norddeutsche Allgemeine Zeitung, 31. 7. 1878; Auf den Grund, in: Neue Preußische Zeitung (Kreuz-Zeitung), 30. 7. 1878; Unsere Hauptanklagen gegen den Liberalismus, Teil III, ebd., 15. 8. 1878, Teil VI, 21. 8. 1878 (Hervorhebungen im Original); Otto Pflanze, Bismarck. Der Reichsgründer (amerik. Orig.: Princeton

1990), München 1998, S. 118 ff.; Wolfgang Pack, Das parlamentarische Ringen um das Sozialistengesetz 1878/90, Düsseldorf 1961; Vernon L. Lidtke, The Outlawed Party. Social Democracy in Germany, 1878–1890, Princeton 1966; Lucian Hölscher, Weltgericht oder Revolution. Protestantische und sozialistische Zukunftsvorstellungen im deutschen Kaiserreich, Stuttgart 1989, S. 221 ff.; Gerhard A. Ritter u. Klaus Tenfelde, Arbeiter im Deutschen Kaiserreich 1871 bis 1914, Bonn 1992, bes. S. 679 ff.; Mehring, Geschichte, Bd. 2 (Anm. 6), S. 492 ff. (673 f.: Zahlen zu den Wirkungen des Sozialistengesetzes); Wehler, Gesellschaftsgeschichte, Bd. 3 (Anm. 8), S. 902 ff.

15 Bismarck und der Staat. Ausgewählte Dokumente, eingeleitet von Hans Rothfels, Stuttgart o. J. [1953], S. 329 ff. (329: Bismarcks Schreiben an Itzenplitz vom 17. 11. 1871); Wolfgang Saile, Hermann Wagener und sein Verhältnis zu Bismarck. Ein Beitrag zur Geschichte des konservativen Sozialismus, Tübingen 1958, S. 49 ff. (zum Einfluß L. v. Steins auf die preußischen Konservativen); Helmut Böhme, Deutschlands Weg zur Großmacht. Studien zum Verhältnis von Wirtschaft und Staat während der Reichsgründungszeit 1848–1881, Köln 1966, S. 530 ff.; Karl W. Hardach, Die Bedeutung wirtschaftlicher Faktoren bei der Wiedereinführung der Eisen- und Getreidezölle in Deutschland 1879, Berlin 1967; Anderson, Windthorst (Anm. 8), S. 226 ff.; Hans Rosenberg, Die Pseudodemokratisierung der Rittergutsbesitzerklasse, in: ders., Machteliten und Wirtschaftskonjunkturen. Studien zur neueren deutschen Sozial- und Wirtschaftsgeschichte, Göttingen 1978, S. 83–101; ders., Zur sozialen Funktion der Agrarpolitik im Zweiten Reich, ebd., S. 102–117; ders., Depression (Anm. 9), S. 169 ff.; Wehler, Gesellschaftsgeschichte, Bd. 3 (Anm. 8), S. 934 ff.

16 Ludwig Bamberger, National [September 1888], in: ders., Politische Schriften, Berlin 1897, Bd. 5, S. 203–237 (217); NZ, 14. 11. 1878, Abl. (Zitat aus der «Volkswirtschaftlichen Correspondenz»); NZ, 13. 11. 1878, Mbl. (zur «Verdeutschung Posens»); E. v. d. Brüggen, Die Kolonisation in unserem Osten und die Herstellung des Erbzinses, in: Preußische Jahrbücher 44 (1879), S. 32–51 (35); Sozialismus und Deportation, in: Grenzboten 37 (1878), II, S. 41–50 (46); Die Julitage des deutschen Liberalismus, ebd. 38 (1879), III, S. 124–126 (124); Die natürliche Gruppierung deutscher Parteien, ebd., S. 200–204 (203 f.); Im Neuen Reich 1871–1890. Politische Briefe aus dem Nachlaß liberaler Parteiführer. Ausgewählt u. bearbeitet von Paul Wentzcke (= Deutscher Liberalismus im Zeitalter Bismarcks. Eine politische Briefsammlung, Bd. 2) [1925[1]], ND Osnabrück 1967, S. 307–311 (Laskers Brief an seine Wähler, März 1880; Zitate: 309), 356 (Austrittserklärung vom 30. 8. 1880); Heinrich August Winkler, Vom linken zum rechten Nationalismus. Der deutsche Liberalismus in der Krise von 1878/79, in: ders., Liberalismus und Antiliberalismus. Studien zur politischen Sozialgeschichte des 19. u. 20. Jahrhunderts, Göttingen 1979, S. 36–51; ders., Der Nationalismus und seine Funktionen, ebd., S. 52–80.

17 Huber, Verfassungsgeschichte, Bd. 4 (Anm. 7), S. 767 ff.; Nipperdey, Geschichte, Bd. 2 (Anm. 10), S. 428 ff.; Wehler, Gesellschaftsgeschichte, Bd. 3 (Anm. 8), S. 897 ff.; Winfried Becker, Die Deutsche Zentrumspartei im Bismarckreich, in: ders. (Hg.), Die Minderheit als Mitte. Die Deutsche Zentrumspartei in der Innenpolitik des Reiches 1871–1933, Paderborn 1986, S. 9–46; David Blackbourn, Die Zentrumspartei und die deutschen Katholiken während des Kulturkampfes und danach, in: Pflanze (Hg.), Probleme (Anm. 7), S. 73–94; Anderson, Windthorst (Anm. 8), S. 278 ff.

18 Wilhelm Mommsen (Hg.), Deutsche Parteiprogramme, München 1960, S. 157 (Programm der Deutschen Freisinnigen Partei vom 5. 3. 1884), 158–160 (Heidelberger Erklärung der Nationalliberalen vom 23. 3. 1884); Rothfels (Hg.), Bismarck (Anm. 15), S. 359 (Bismarcks Äußerung gegenüber Busch, 26. 6. 1881); ders., Theodor Lohmann und die Kampfjahre der staatlichen Sozialpolitik (1871–1905), Berlin 1927, S. 48 ff.; Gerhard A. Ritter, Der Sozialstaat. Entstehung und Entwicklung im internationalen Vergleich, München 1989, S. 60 ff.; Wehler, Gesellschaftsgeschichte, Bd. 3 (Anm. 8), S. 936 ff.; Wolther von Kieseritzky, Liberalismus und Sozialstaat im Deutschen Kaiserreich 1878–1893, Köln 2000; Dan S. White, The Splintered Party. National Liberalism in Hessen and the Reich, 1867–1918, Cambridge/Mass. 1976, S. 84 ff.

19 Hans-Ulrich Wehler, Bismarck und der Imperialismus, Köln 1969[1], S. 112 ff. (164: Miquel, 166: Hohenlohe-Langenburg); ders., Von den «Reichsfeinden» zur «Reichskristallnacht»: Polenpolitik im Deutschen Kaiserreich 1871–1918, in: ders., Krisenherde des Kaiserreichs 1871–1918, Göttingen 1970, S. 181–199 (193 f.); ders., Unfähig zur Verfassungsreform: Das «Reichsland» Elsaß-Lothringen von 1870 bis 1918, ebd., S. 17–63; ders., Gesellschaftsgeschichte, Bd. 3 (Anm. 8), S. 961 ff.; Schieder, Kaiserreich (Anm. 2), S. 95 ff.; Christoph Kleßmann, Polnische Bergarbeiter im Ruhrgebiet 1870–1945. Soziale Integration und nationale Subkultur einer Minderheit in der deutschen Industriegesellschaft, Göttingen 1978, S. 23 ff.; Hermann Hiery, Reichstagswahlen im Reichsland. Ein Beitrag zur Landesgeschichte von Elsaß-Lothringen und zur Wahlgeschichte des Deutschen Reiches 1871–1918, Düsseldorf 1986, S. 60 ff; Hans Henning Hahn u. Peter Kunze (Hg.), Nationale Minderheiten und staatliche Minderheitenpolitik in Deutschland im 19. Jahrhundert, Berlin 1999.

20 Die Große Politik der Europäischen Mächte 1871–1914. Sammlung der Diplomatischen Akten des Auswärtigen Amtes, 2. Bd.: Der Berliner Kongreß und seine Vorgeschichte, Berlin 1922, S. 153 f. (Kissinger Diktat, 15. 6. 1877, auch zum «cauchemar des coalitions»); Klaus Hildebrand, Das vergangene Reich. Deutsche Außenpolitik von Bismarck zu Hitler, Stuttgart 1995, S. 34 ff.; Andreas Hillgruber, Bismarcks Außenpolitik, Freiburg 1972, S. 175 ff.; George W. F. Hallgarten, Imperialismus vor 1914. Die soziologischen Grundlagen der Außenpolitik europäischer Großmächte vor dem Ersten Weltkrieg, 2 Bde., München 1963, Bd. 1, S. 160 ff.; Hans-Ulrich Wehler, Bismarcks späte Rußlandpolitik 1879–1890, in: ders., Krisenherde (Anm. 19), S. 163–181; ders., Gesellschaftsgeschichte, Bd. 3 (Anm. 8), S. 970 ff.; Gall, Bismarck (Anm. 5), S. 634 (Herbert von Bismarck an Bill von Bismarck, 19. 6. 1887), 636 (Bismarck gegenüber Bronsart von Schellendorf, 30. 12. 1887), 642 ff. («System der Aushilfen»); Horst Müller-Link, Industrialisierung und Außenpolitik. Preußen–Deutschland und das Zarenreich von 1860, Göttingen 1977, S. 191 ff.

21 Theodor Fontane, Der Stechlin, Roman, in: ders., Werke, Schriften, Briefe, hg. v. Walter Keitel u. Helmuth Nürnberger, Abt. I, Bd. 5, München 1980, S. 307; Röhl, Wilhelm II. (Anm. 11), S. 711 ff.; ders., Staatsstreichspläne oder Staatsstreichbereitschaft? Bismarcks Politik in der Entlassungskrise, in: HZ 203 (1966), S. 610–624; Huber, Verfassungsgeschichte, Bd. 3 (Anm. 7), S. 202 ff. (These vom Staatsstreichsplan als «Tarnung der Absicht zur verfassungskonformen Lösung der Krise»); Anderson, Windthorst (Anm. 8), S. 401 ff.; Wehler, Gesellschaftsgeschichte, Bd. 3 (Anm. 5), S. 684 ff.; Gall, Bismarck (Anm. 5), S. 684 ff.; Erich Eyck, Bismarck. Leben und Werk, 3 Bde., Bd. 3, Erlenbach 1944, S. 500 ff.

22 Sten. Ber. (Anm. 5), Bd. 102, S. 725, 733 (Bismarck, 6. 2. 1888); Bd. 75, S. 28–31, 33 f. (Bismarck über Lasker, 13. 3. 1884); Bd. 54,2, S. 2249 (Hänel, 10. 7. 1879); Fontane, Werke (Anm. 21), Abt. IV, Bd. 3, S. 674 (Brief an Georg Friedlaender vom 7. 1. 1889); Lothar Wickert, Theodor Mommsen, 4 Bde., Bd. 4, Frankfurt 1980, S. 93 (Mommsen an Brentano, 3. 1. 1902); Friedrich Nietzsche, Unzeitgemäße Betrachtungen. David Strauß. Der Bekenner und der Schriftsteller, in: ders., Werke (Krit. Ausgabe, hg. v. Giorgio Colli u. Mazzino Montinari), 3. Abt., 1. Bd., Berlin 1972, S. 153–238 (155 f.; Hervorhebung im Original); Jacob Burckhardt, Briefe, Bd. 5, bearb. v. Max Burckhardt, Stuttgart 1963, S. 184 (Brief an Friedrich von Preen vom 31. 12. 1872); Emil Du Bois-Raymond, Der deutsche Krieg (3. 8. 1870), in: ders., Reden, Bd. 1: Literatur, Philosophie, Zeitgeschichte, Leipzig 1886, S. 65–92 (92); NZ, 5. 12. 1878 (Mbl.); Louis L. Snyder, Bismarck and the Lasker Resolution 1884, in: Review of Politics 79 (1967), S. 41–64; Craig, Geschichte (Anm. 9), S. 156 ff.; Eyck, Bismarck, Bd. 3 (Anm. 21 ff.), S. 543 ff.; Hans Kohn, Wege und Irrwege. Vom Geist des deutschen Bürgertums (amerik. Orig.: New York 1960), Düsseldorf 1962, S. 179 ff.; Wehler, Gesellschaftsgeschichte, Bd. 3 (Anm. 8), S. 327 ff.; Huber, Verfassungsgeschichte, Bd. 4 (Anm. 7), S. 190 ff. (Affäre Geffcken); Hiery, Reichstagswahlen (Anm. 19), S. 200 ff.; Peter Steinbach, Politisierung und Nationalisierung der Region im 19. Jahrhundert. Regionalspezifische Politikrezeption im Spiegel historischer Wahlforschung, in: ders. (Hg.), Probleme politischer Partizipation im Modernisierungsprozeß, Stuttgart 1982, S. 321–349, S. 241 ff.; Lothar Machtan (Hg.), Bismarck und der deutsche Nationalmythos, Bremen 1994; Arno Borst, Barbarossas Erwachen – Zur Geschichte der deutschen Identität, in: Odo Marquard u. Karlheinz Stierle (Hg.), Identität, Politik und Hermeneutik, VIII, München 1996[2], S. 17–60. – Zur «Krieg-in-Sicht-Krise»: Otto Pflanze, Bismarck (Anm. 14), S. 775 ff.

6. Weltpolitik und Weltkrieg
1890–1918

1 Max Weber, Der Nationalstaat und die Volkswirtschaftspolitik, in: ders., Gesamtausgabe, Abt. I: Reden und Schriften, Bd. 4/2, Tübingen 1993, S. 545–574 (571; Hervorhebung im Original); ders., Diskussionsbeiträge zum Vortrag von Karl Oldenberg (8. Evangelisch-sozialer Kongreß in Leipzig, 10./11. 6. 1897), S. 623–640 (633 f.: «Feudalisierung des bürgerlichen Kapitals»); Werner Sombart, Die deutsche Volkswirtschaft im neunzehnten Jahrhundert und im Anfang des 20. Jahrhunderts (1912[1]), Berlin 1927[7], S. 469 ff.; Hugo Preuß, Die Junkerfrage, in: Die Nation 14 (1896/97), S. 507 f., 522–525, 537–541, 552–541, 552–557, 570–573, 586–589, 603–606, 616–619, 632–635; Oscar Stillich, Die politischen Parteien in Deutschland, Bd. 2: Der Liberalismus, Leipzig 1911, S. 2, 105 ff.; Wolfgang J. Mommsen, Max Weber und die deutsche Politik 1890–1920, Tübingen 1974[2], S. 97 ff.; Gregor Schöllgen, Max Weber, München 1998; Cornelius Torp, Max Weber und die preußischen Junker, Tübingen 1998; Hartmut Berghoff, Aristokratisierung des Bürgertums? Zur Sozialgeschichte der Nobilitierung von Unternehmern in Preußen und Großbritannien, in: VSWG 81 (1994), S. 178–204; Hans-Ulrich Wehler, Deutsche Gesellschaftsgeschichte, Bd. 3: Von der «Deutschen Doppelrevolution» bis zum Beginn des Ersten Weltkrieges 1849–1914, München 1995, S. 718 ff.; Thomas Nipperdey,

Deutsche Geschichte 1866–1918, Bd. 2: Machtstaat vor der Demokratie, München 1992, S. 595 ff. Zu Michaelis siehe oben S. 168.

2 Artikel «Bund der Landwirte 1893–1920», in: Dieter Fricke u. a. (Hg.), Lexikon zur Parteiengeschichte. Die bürgerlichen und kleinbürgerlichen Parteien und Verbände in Deutschland (1789–1945), 4 Bde., Bd. 1, Leipzig 1983, S. 241–270 (Aufruf vom Dezember 1892: 243; Mitgliederzahlen: 242); Hans-Jürgen Puhle, Agrarische Interessenpolitik und preußischer Konservatismus im Wilhelminischen Reich 1893–1914. Ein Beitrag zur Analyse des Nationalismus in Deutschland am Beispiel des Bundes der Landwirte und der Deutsch-Konservativen Partei, Bonn 1975², S. 28 ff.; ders., Von der Agrarkrise zum Präfaschismus. Thesen zum Stellenwert der agrarischen Interessenverbände in der deutschen Politik am Ende des 19. Jahrhunderts, Wiesbaden 1972. Das Zitat von Caprivi in: Stenographischer Bericht über die Verhandlungen des Deutschen Reichstags (= Sten. Ber.), Bd. 118, S. 3307 (10. 12. 1891).

3 John C. G. Röhl, Deutschland ohne Bismarck. Die Regierungskrise im Zweiten Kaiserreich 1890–1900 (engl. Orig.: London 1967), Tübingen 1969, S. 57 ff.; Hans-Jörg v. Berlepsch, «Neuer Kurs» im Kaiserreich? Die Arbeiterpolitik des Freiherrn von Berlepsch 1890–96, Bonn 1987; Karl Erich Born, Staat und Sozialpolitik seit Bismarcks Sturz 1890–1914, Wiesbaden 1957; Gerhard A. Ritter, Die Arbeiterbewegung im Wilhelminischen Reich. Die Sozialdemokratische Partei und die Freien Gewerkschaften 1890–1900, Berlin 1963², S. 15 ff.; Ludwig Elm, Zwischen Fortschritt und Reaktion. Geschichte der liberalen Bourgeoisie 1893–1918, Berlin 1968; Ernst Rudolf Huber, Deutsche Verfassungsgeschichte seit 1789, Bd. 4: Struktur und Krisen des Kaiserreichs, Stuttgart 1969², S. 247 ff., 554 ff., 950 ff., 1075 ff., 1220 ff.; Wehler, Gesellschaftsgeschichte, Bd. 3 (Anm. 1), S. 1000 ff.

4 Hans Herzfeld, Johannes von Miquel. Sein Anteil am Ausbau des Deutschen Reiches bis zur Jahrhundertwende, 2 Bde., Detmold 1938, Bd. I, S. 394 (Miquel, 26. 1. 1879); Heinrich August Winkler, Der rückversicherte Mittelstand: Die Interessenverbände von Handwerk und Kleinhandel im deutschen Kaiserreich, in: ders., Liberalismus und Antiliberalismus. Studien zur politischen Sozialgeschichte des 19. und 20. Jahrhunderts, Göttingen 1979, S. 83–98; Dirk Stegmann, Die Erben Bismarcks. Parteien und Verbände in der Spätphase des Wilhelminischen Deutschland. Sammlungspolitik 1897–1918, Köln 1970, S. 59 ff. (66: Wilhelm II., 18. 6. 1897; freihändlerischer Aufruf vom März 1898); Hartmut Kaelble, Industrielle Interessenpolitik in der Wilhelminischen Gesellschaft. Centralverband Deutscher Industrieller 1895–1914, Berlin 1967, S. 51 ff.; Hans-Peter Ullmann, Der Bund der Industriellen. Organisation, Einfluß und Politik klein- und mittelbetrieblicher Industrieller im Deutschen Kaiserreich 1895–1914, Göttingen 1976, S. 165 ff.; Röhl, Deutschland (Anm. 3), S. 224 ff.

5 Sten. Ber. (Anm. 2), Bd. 149, S. 5149 (Marschall, 18. 3. 1897); Eckart Kehr, Englandhaß und Weltpolitik [1928], in: Der Primat der Innenpolitik. Gesammelte Aufsätze zur preußisch-deutschen Sozialgeschichte im 19. u. 20. Jahrhundert. Hg. u. eingel. v. Hans-Ulrich Wehler, Berlin 1965, S. 149–175 (Zitate Kehr: 164, Tirpitz, 21. 12. 1895: 165); ders., Schlachtflottenbau und Parteipolitik 1894–1901, Berlin 1930 (ND: 1965), bes. S. 276 ff.; Volker Berghahn, Der Tirpitz-Plan. Genesis und Verfall einer innenpolitischen Krisenstrategie unter Wilhelm II., Düsseldorf 1971; Kenneth D. Barkin, The Controversy over German Industrialization 1890–1902, Chicago 1970, S. 211 ff.; Konrad Schilling, Beiträge zu einer Geschichte des radika-

len Nationalismus in der Wilhelminischen Ära 1890–1909, Köln 1968; Geoff Eley, Reshaping the German Right. Radical Nationalism and Political Change after Bismarck, New Haven 1980, S. 68 ff.; ders., Die Umformierung der Rechten: Der radikale Nationalismus und der Deutsche Flottenverein 1898–1908, in: ders., Wilhelminismus, Nationalismus, Faschismus. Zur historischen Kontinuität in Deutschland, Münster 1991, S. 144–173; Huber, Verfassungsgeschichte, Bd. 4 (Anm. 3), S. 565 ff; Wehler, Gesellschaftsgeschichte, Bd. 3 (Anm. 1), S. 1129 ff.; Artikel «Deutscher Flottenverein 1898–1934», in: Fricke u. a. (Hg.), Lexikon (Anm. 2), Bd. 2, S. 67–89 (Mitgliederzahlen: 68).

6 Sten. Ber. (Anm. 2), Bd. 159, S. 60 (Bülow, 6. 12. 1897); Konrad Canis, Von Bismarck zur Weltpolitik. Deutsche Außenpolitik 1890 bis 1902, Berlin 1997, S. 223 ff.; Gustav Schmidt, Der europäische Imperialismus, München 1985, S. 90 ff.; Klaus Hildebrand, Das vergangene Reich. Deutsche Außenpolitik von Bismarck bis Hitler, Stuttgart 1995, S. 149 ff.

7 Artikel «Alldeutscher Verband 1891–1939», in: Fricke u. a. (Hg.), Lexikon (Anm. 2), Bd. I, S. 13–47 (Mitgliederzahlen: 13, Zitate aus der Satzung: 16, aus dem Jahr 1894: 19); Artikel «Deutscher Ostmarkenverein 1894–1934», ebd. Bd. 2, S. 225–250 (Mitgliederzahlen: 225 f., Zitat aus der Satzung: 228); Roger Chickering, We Men Who Feel Most German. A Cultural Study of the Pan-German League 1886–1914, London 1984, S. 44 ff.; Mildred S. Wertheimer, The Pan-German League 1890–1914, New York 1924; Hans-Ulrich Wehler, Von den «Reichsfeinden» zur «Reichskristallnacht»: Polenpolitik im Deutschen Kaiserreich 1871–1918, in: ders., Krisenherde des Kaiserreichs 1871–1918. Studien zur deutschen Sozial- und Verfassungsgeschichte, Göttingen 1970, S. 181–200; ders., Deutsch-polnische Beziehungen im 19. und 20. Jahrhundert, ebd., S. 201–218; Martin Broszat, 200 Jahre deutsche Polenpolitik, München 1963, S. 25 ff.

8 Thomas Rohkrämer, Der Militarismus der «kleinen Leute». Die Kriegervereine im Deutschen Kaiserreich 1871–1914, München 1990, bes. S. 34 ff.; Jakob Vogel, Nationen im Gleichschritt. Der Kult der «Nation in Waffen» in Deutschland und Frankreich, 1871–1914, Göttingen 1997; Robert von Friedeburg, Klassen-, Geschlechter- oder Nationalidentität? Handwerker und Tagelöhner in den Kriegervereinen der neupreußischen Provinz Hessen-Nassau 1890–1914, in: Ute Frevert (Hg.), Militär und Gesellschaft im 19. und 20. Jahrhundert, Stuttgart 1997, S. 229–244; Artikel «Kyffhäuser-Bund der Deutschen Landeskriegerverbände 1899/1900–1943», in: Fricke u. a. (Hg.), Lexikon (Anm. 2), Bd. 3, S. 325–344 (Mitgliederzahlen: 326 f.).

9 Thomas Nipperdey, Nationalidee und Nationaldenkmal in Deutschland im 19. Jahrhundert, in: ders., Gesellschaft, Kultur, Theorie. Gesammelte Aufsätze zur neueren Geschichte, Göttingen 1976, S. 133–173 (143 f.); Gunther Mai (Hg.), Das Kyffhäuser-Denkmal 1896–1996. Ein nationales Monument im europäischen Kontext, Köln 1997; Wolfgang Hardtwig, Bürgertum, Staatssymbolik und Staatsbewußtsein im Deutschen Kaiserreich 1871–1914, in: ders., Nationalismus und Bürgerkultur in Deutschland 1500–1914. Ausgewählte Aufsätze, Göttingen 1994, S. 191–218 (208); Charlotte Tacke, Denkmal im sozialen Raum. Nationale Symbole in Deutschland und Frankreich im 19. Jahrhundert, Göttingen 1995, S. 80 ff.; dies., Die 1900-Jahrfeier der Schlacht im Teutoburger Wald 1909. Von der «klassenlosen Bürgergesellschaft» zur «klassenlosen Volksgemeinschaft»?, in: Manfred Hettling u. Paul Nolte (Hg.), Bürgerliche Feste. Symbolische Formen politischen Handelns

im 19. Jahrhundert, Göttingen 1993, S. 192–230; Reinhard Alings, Monument und Nation. Das Bild vom Nationalstaat im Medium Denkmal – zum Verhältnis von Nation und Staat im deutschen Kaiserreich 1871–1918, Berlin 1996; Michael S. Cullen, Der Reichstag. Die Geschichte eines Monumentes, Stuttgart 1990², S. 219 (Wilhelm II., 25. 4. 1893 in Rom), 242 («Vossische Zeitung», 6. 12. 1894), 246 (Wilhelm II. an Eulenburg, 8. 12. 1894); Fritz Schellack, Sedan- und Kaisergeburtstagsfeste, in: Dieter Düding u. a. (Hg.), Öffentliche Festkultur. Politische Feste in Deutschland von der Aufklärung bis zum Ersten Weltkrieg, Hamburg 1988, S. 278–297; Beatrix Bouvier, Die Märzfeiern der sozialdemokratischen Arbeiter: Gedenktage des Proletariats – Gedenktage der Revolution. Zur Geschichte des 18. März, ebd., S. 334–351; Georg L. Mosse, Die Nationalisierung der Massen. Politische Symbolik und Massenbewegungen in Deutschland von den Napoleonischen Kriegen bis zum Dritten Reich (amerik. Orig.: New York 1975), Frankfurt 1976, S. 62 ff.

10 Kurt Wawrzinek, Die Entstehung der deutschen Antisemitenparteien, 1873–1890, Berlin 1927; Richard S. Levy, The Downfall of the Anti-Semitic Parties in Imperial Gemany, New Haven 1975; Stefan Scheil, Die Entwicklung des politischen Antisemitismus in Deutschland zwischen 1881 und 1912: eine wahlgeschichtliche Untersuchung, Berlin 1999, S. 72 ff.; Handbuch zur «Völkischen Bewegung» 1871–1918, hg. v. Uwe Puschner u. a., München 1996; Artikel «Antisemitische Parteien 1879–1894», in: Fricke u. a. (Hg.), Lexikon (Anm. 2), Bd. 1, S. 77–88; «Deutschsoziale Partei 1900–1914», ebd., Bd. 2, S. 534–537; «Deutschsoziale Reformpartei 1894–1900», ebd., S. 540–549; Hans Booms, Die Deutschkonservative Partei. Preußischer Charakter, Reichsauffassung, Nationalbegriff, Düsseldorf 1954, bes. S. 97 ff.; James N. Retallack, Notables of the Right. The Conservative Party and Political Mobilization in Germany, 1876–1918, London 1988, S. 91 ff.; Wilhelm Mommsen (Hg.), Deutsche Parteiprogramme, München 1960, S. 78–80 («Tivoli-Programm»); Handbuch der Deutsch-Konservativen Partei, Berlin 1911⁴, S. 4–9 (Artikel «Antisemitismus»); Uwe Mai, «Wie es der Jude treibt.» Das Feindbild der antisemitischen Bewegung am Beispiel der Agitation Hermann Ahlwardts, in: Christoph Jahr u. a. (Hg.), Feindbilder in der deutschen Geschichte. Studien zur Vorurteilsgeschichte im 19. u. 20. Jahrhundert, Berlin 1994, S. 55–80; Puhle, Interessenpolitik (Anm. 2), S. 130 (Zitat von 1895); Iris Hamel, Völkischer Verband und nationale Gewerkschaft. Der Deutschnationale Handlungsgehilfen-Verband 1893–1933, Frankfurt 1967, S. 14 ff. (Zitat aus der Satzung: 53); Jürgen Kocka, Unternehmensverwaltung und Angestelltenschaft am Beispiel Siemens 1847–1914. Zum Verhältnis von Kapitalismus und Bürokratie in der deutschen Industrialisierung, Stuttgart 1969, S. 148 ff., 536 ff.; Gerhard A. Ritter unter Mitarbeit von Merith Niehuss, Wahlgeschichtliches Arbeitsbuch. Materialien zur Statistik des Kaiserreiches 1871–1918, München 1980, S. 38 ff.; Nipperdey, Geschichte (Anm. 1), S. 289 ff.

11 Mommsen (Hg.), Parteiprogramme (Anm. 10), S. 166–168 (Grundlinien des Nationalsozialen Kreises, 25. 11. 1896); Friedrich Naumann, Demokratie und Kaisertum, in: ders., Werke. Politische Schriften, Bd. 2: Schriften zur Verfassungspolitik, Köln 1964, S. 266 f.; Werner Conze, Friedrich Naumann. Grundlagen und Ansatz seiner Politik in der national-sozialen Zeit, in: Walther Hubatsch (Hg.), Schicksalswege deutscher Vergangenheit. Festschrift für Siegfried A. Kaehler, Düsseldorf 1950, S. 355–386; Richard Nürnberger, Imperialismus, Sozialismus und Christentum bei Friedrich Naumann, in: HZ 170 (1950), S. 525–548; Theodor Heuss, Friedrich Naumann. Der Mann, das Werk, die Zeit, Stuttgart 1949; Dieter

Düding, Der Nationalsoziale Verein 1896–1903. Der gescheiterte Versuch einer parteipolitischen Synthese von Nationalismus, Sozialismus und Liberalismus, München 1972; James J. Sheehan, Deutscher Liberalismus im postliberalen Zeitalter 1890–1914, in: GG 4 (1978), S. 29–98; Konstanze Wegner, Theodor Barth und die Freisinnige Vereinigung. Studien zur Geschichte des Linksliberalismus im Wilhelminischen Deutschland 1893–1910, Tübingen 1968; Elisabeth Fehrenbach, Wandlungen des deutschen Kaisergedankens 1871–1918, München 1969, S. 200 ff.; Mommsen, Weber (Anm. 1), S. 73 ff., 186 ff.

12 Ernst Deuerlein, Die Bekehrung des Zentrums zur nationalen Idee, in: Hochland 62 (1970), S. 432–449 (Brief Kopps an Bachem vom 4. 2. 1900: 446 f.; Hervorhebung im Original); Rudolf Morsey, Die deutschen Katholiken und der Nationalstaat zwischen Kulturkampf und erstem Weltkrieg, in: Gerhard A. Ritter (Hg.), Die deutschen Parteien vor 1918, Köln 1973, S. 270–298 (das Zitat von Bebel: 283); Wilfried Loth, Katholiken im Kaiserreich. Der politische Katholizismus in der Krise des wilhelminischen Deutschland, Düsseldorf 1984, S. 38 ff.; David Blackbourn, Class, Religion and Local Politics in Wilhelmine Germany. The Centre Party in Württemberg before 1914, New Haven 1980, S. 23 ff.; Olaf Blaschke, Katholizismus und Antisemitismus im deutschen Kaiserreich, Göttingen 1997, bes. S. 119 ff. (zur Publizistik der neunziger Jahre: 125 ff., zur Debatte des preußische Abgeordnetenhauses vom November 1880: 238 ff.); Uwe Mazura, Zentrumspartei und Judenfrage 1870/71–1933. Verfassungsstaat und Minderheitenschutz, Mainz 1994; Winfried Becker, Die Deutsche Zentrumspartei im Bismarckreich, in: ders. (Hg.), Die Minderheit als Mitte. Die Deutsche Zentrumspartei in der Innenpolitik des Reiches 1871–1933, Paderborn 1986, S. 9–46; Norbert Schlossmacher, Der Antiultramontanismus im Wilhelminischen Deutschland, in: Wilfried Loth (Hg.), Deutscher Katholizismus im Umbruch zur Moderne, Stuttgart 1991, S. 164–198; M. Rainer Lepsius, Parteiensystem und Sozialstruktur. Zum Problem der Demokratisierung der deutschen Gesellschaft, in: ders., Demokratie in Deutschland. Soziologisch-historische Konstellationsanalysen, Göttingen 1993, S. 25–50. Das Zitat von Theodor Mommsen aus seinem Brief an Lujo Brentano vom 3. 1. 1902 in: Lothar Wickert, Theodor Mommsen. 4 Bde., Bd. 4, Frankfurt 1980, S. 93. Zum Evangelischen Bund: Gangolf Hübinger, Kulturprotestantismus und Politik. Zum Verhältnis von Liberalismus und Protestantismus im wilhelminischen Deutschland, Tübingen 1994, S. 52 f. (Mitgliederzahlen: 53).

13 Protokoll über die Verhandlungen des Parteitags der Sozialdemokratischen Partei Deutschlands, abgehalten zu Erfurt vom 14. bis 20. Oktober 1891, Berlin 1891, S. 169 (Bebel); Mommsen (Hg.), Parteiprogramme (Anm. 10), S. 344–349 (Engels' Kritik des Entwurfs des Erfurter Programms), 349–353 (Erfurter Programm); Karl Kautsky, Der Weg zur Macht. Politische Betrachtungen über das Hineinwachsen in die Revolution, Berlin 1909[2], S. 44–52 (Artikel aus der «Neuen Zeit», Dezember 1893; Zitate: 44–46); Dieter Grosser, Vom monarchischen Konstitutionalismus zur parlamentarischen Demokratie. Die Verfassungspolitik der deutschen Parteien im letzten Jahrzehnt des Kaiserreichs, Den Haag 1970, S. 33 f. (Kautsky an Mehring, 5. 7. 1893); Ingrid Gilcher-Holtey, Das Mandat des Intellektuellen. Karl Kautsky und die Sozialdemokratie, Berlin 1986, S. 59 ff.; Erich Matthias, Kautsky und der Kautskyanismus. Die Funktion der Ideologie in der deutschen Sozialdemokratie vor dem ersten Weltkrieg, in: Marxismus-Studien, 2. Folge, Tübingen 1957, S. 151–197; Lucian Hölscher, Weltgericht oder Revolution. Protestantische

und sozialistische Zukunftsvorstellungen im deutschen Kaiserreich, Stuttgart 1989, S. 231 ff., 307 ff.

14 Eduard Bernstein, Die Voraussetzungen des Sozialismus und die Aufgaben der Sozialdemokratie, Stuttgart 1909 (13. Tausend), S. V-VII (Zuschrift an den Stuttgarter Parteitag), VIII f. (Brief an den «Vorwärts», 20. 10. 1898), 124, 129, 165, 169, 179, 183, 187 (Hervorhebung im Original); Susanne Miller, Das Problem der Freiheit im Sozialismus. Freiheit, Staat und Revolution in der Programmatik der Sozialdemokratie von Lassalle bis zum Revisionismus-Streit, Frankfurt 1964, S. 227 ff.; Peter Gay, Das Dilemma des Demokratischen Sozialismus. Eduard Bernsteins Auseinandersetzung mit Marx (amerik. Orig.: New York 1952), Nürnberg 1954; Helmut Hirsch, Der «Fabier» Eduard Bernstein. Zur Entwicklungsgeschichte des evolutionären Sozialismus, Berlin 1977; Francis Ludwig Carsten, Eduard Bernstein 1850–1932. Eine politische Biographie, München 1993, S. 81 ff.; ders., August Bebel und die Organisation der Massen, Berlin 1991, S. 179 ff.

15 Rosa Luxemburg, Sozialreform oder Revolution?, in: dies., Politische Schriften, 3 Bde., hg. v. Ossip K. Flechtheim, Frankfurt 1966 ff., Bd. 1, S. 47–133 (54, 90, 113 f., 119, 123, 130; Hervorhebungen im Original); Karl Kautsky, Bernstein und das Sozialdemokratische Programm. Eine Antikritik, Stuttgart 1899 (ND: Bonn 1976[2]), S. 43, 183, 191, 193, 195; Friedrich Engels, Herrn Eugen Dührings Umwälzung der Wissenschaft, in: Karl Marx/ Friedrich Engels, Werke (= MEW), Berlin 1959 ff., Bd. 20, S. 1–303; August Bebel, Die Frau und der Sozialismus (1878[1]), ND: Bonn 1994; Peter Nettl, Rosa Luxemburg (engl. Orig.: New York 1965), Köln 1967, S. 54 ff.

16 Protokoll über die Verhandlungen des Parteitages der Sozialdemokratischen Partei Deutschland, abgehalten zu Hannover vom 9. bis 14. Oktober 1899, Berlin 1899, S. 243 f. (Resolution Bebel); Mommsen (Hg.), Parteiprogramme (Anm. 10), S. 332–344 (Vollmars Rede vom 1. 6. 1891, Zitate: 336; Hervorhebungen im Original); Hans Georg Lehmann, Die Agrarfrage in der Theorie und Praxis der deutschen und internationalen Sozialdemokratie. Vom Marxismus zum Revisionismus und Bolschewismus, Tübingen 1970; Gerhard A. Ritter u. Klaus Tenfelde, Arbeiter im Deutschen Kaiserreich 1871 bis 1914, Bonn 1992, bes. S. 111 ff.; Ritter, Arbeiterbewegung (Anm. 3), S. 128 ff.; Hans Gerd Henke, Der «Jude» als Kollektivsymbol in der deutschen Sozialdemokratie 1890–1914, Mainz 1994; Robert S. Wistrich, Socialism and the Jewish Problem in Germany and Austria 1880–1914, London 1974; Rosemarie Leuschen-Seppel, Sozialdemokratie und Antisemitismus im Kaiserreich. Die Auseinandersetzung der Partei mit konservativen und völkischen Strömungen des Antisemitismus 1971–1914, Bonn 1978. – Das Zitat zum Antisemitismus aus Ludwig Knorr, Sozialdemokratischer Katechismus für das arbeitende Volk, Nürnberg 1894[4], S. 30 f., zit. nach Carsten, Bernstein (Anm. 14), S. 56.

17 Julius Braunthal, Geschichte der Internationale, 2 Bde., Hannover 1961, Bd. 1, S. 263 ff.; Georges Lefranc, Le mouvement socialiste sous la troisième république, Bd. 1: 1875–1919, Paris 1977[2], S. 105 ff., 196 ff.; Carsten, Bebel (Anm. 14), S. 137 ff.; Huber, Verfassungsgeschichte, Bd. 4 (Anm. 3), S. 106 ff.

18 Hannelore Horn, Der Kampf um den Bau des Mittellandkanals, Köln 1964; Puhle, Interessenpolitik (Anm. 2), S. 240 ff.; Theodor Eschenburg, Das Kaiserreich am Scheidewege. Bassermann, Bülow und der Block, Berlin 1929; Peter Christian Witt, Die Finanzpolitik des Deutschen Reiches von 1903 bis 1913. Eine Studie zur Innenpolitik des Wilhelminischen Deutschland, Lübeck 1970, S. 152 ff.; Gustav

Schmidt, Der europäische Imperialismus, München 1985, S. 95 ff.; Hildebrand, Reich (Anm. 6), S. 213 ff.; Wehler, Gesellschaftsgeschichte, Bd. 3 (Anm. 1), S. 1008 ff.; Huber, Verfassungsgeschichte, Bd. 4 (Anm. 3), S. 287 ff. Die Zitate: Bernhard Fürst von Bülow, Denkwürdigkeiten, 4 Bde., 2. Bd.: Von der Marokko-Krise bis zum Abschied, Berlin 1930, S. 351 ff. («Daily Telegraph»-Interview), 356 f. (zur Stimmung in Deutschland); Sten. Ber. (Anm. 2), Bd. 233, S. 5935 (Bülow, 10. 11. 1908); Ernst Rudolf Huber (Hg.), Dokumente zur Deutschen Verfassungsgeschichte, Bd. 3: Deutsche Verfassungsdokumente (1900–1918), Stuttgart 1990[3], S. 28 (Verlautbarung vom 17. 11. 1908).

19 Huber, Verfassungsgeschichte, Bd. 4 (Anm. 3), S. 318 («Schwellen»-Zitat); Manfred Rauh, Die Parlamentarisierung des Deutschen Reiches, Düsseldorf 1977 (These von der Parlamentarisierung des Deutschen Reiches vor 1914); Thomas Kühne, Dreiklassenwahlrecht und Wahlkultur in Preußen 1867–1914, Düsseldorf 1994; Barbara Greven-Aschoff, Die bürgerliche Frauenbewegung in Deutschland 1894–1933, Göttingen 1981, S. 87 ff.; Angelika Schaser, Bürgerliche Frauen auf dem Weg in die linksliberalen Parteien (1908–1933), in: HZ 263 (1996), S. 641–680; Christel Wickert (Hg.), «Heraus mit dem Frauenwahlrecht». Die Kämpfe der Frauen in Deutschland und England um die politische Gleichberechtigung, Pfaffenweiler 1990. Die Zitate aus dem Programm der Fortschrittlichen Volkspartei in: Mommsen (Hg.), Parteiprogramme (Anm. 10), S. 173–176; zu den Wahldaten: Ritter (Hg.), Arbeitsbuch (Anm. 10), S. 140, 146.

20 MEW (Anm. 15), Bd. 34, S. 276 (Engels' Brief an Johann Philipp Becker vom 10. 2. 1882; hier das «Avantgarde»-Zitat), Bd. 36, S. 305–307 (Engels' Brief an Vera Sassulitsch vom 23. 4. 1885; hier die übrigen Zitate; Hervorhebung im Original); Friedrich Engels, Einleitung zu «Die Klassenkämpfe in Frankreich 1848 bis 1850» von Karl Marx (Ausgabe 1895), ebd., Bd. 7, S. 511–527 (Zitat: 523); Rosa Luxemburg, Massenstreik, Partei und Gewerkschaften [September 1906], in: dies., Politische Schriften, Bd. 1 (Anm. 15), S. 135–228 (173, 178, 203; Hervorhebungen im Original); Protokoll über die Verhandlungen des Parteitages der Sozialdemokratischen Partei Deutschlands. Abgehalten zu Bremen vom 18. bis 24. September 1904, Berlin 1904, S. 193 f. (Bernstein); Protokoll über die Verhandlungen des Parteitages der Sozialdemokratischen Partei Deutschlands. Abgehalten zu Jena vom 17. bis 23. September 1905, Berlin 1905, S. 142 f. (Resolution Bebel); Protokoll über die Verhandlungen des Parteitages der Sozialdemokratischen Partei Deutschlands. Abgehalten zu Mannheim vom 23. bis 29. September 1906, Berlin 1906, S. 137 (Resolution des Kölner Gewerkschaftskongresses), 473 (Mannheimer Resolution); Peter Lösche, Der Bolschewismus im Urteil der deutschen Sozialdemokratie 1903–1920, Berlin 1967, S. 23 ff. (zu Luxemburgs Kritik an Lenin, 1904); Carsten, Bernstein (Anm. 14), S. 115 ff.; Groh, Integration (Anm. 16), S. 78 ff.; Carl E. Schorske, Die große Spaltung. Die deutsche Sozialdemokratie von 1905 bis 1917 (amerik. Orig.: Cambridge/Mass. 1955), Berlin 1981, bes. S. 123 ff.; Klaus Schönhoven, Expansion und Konzentration. Studien zur Entwicklung der Freien Gewerkschaften im Wilhelminischen Kaiserreich 1890 bis 1918, in: Klaus Tenfelde u. a., Geschichte der deutschen Gewerkschaften von den Anfängen bis 1945. Hg. von Ulrich Borsdorf, Köln 1988, S. 167–278, bes. 236 ff. (Zahlen: 237). Zur «translatio revolutionis» bei Marx oben S. 93 f.

21 Julius Bachem, Wir müssen aus dem Turm heraus!, in: Historisch-politische Blätter für das katholische Deutschland 137 (1906), S. 376–386 (384 ff.; Hervorhe-

bung im Original); Mommsen (Hg.), Parteiprogramme (Anm. 10), S. 245 f. (Berliner Erklärung von 1909); Karl Bachem, Vorgeschichte, Geschichte und Politik der Deutschen Zentrumspartei, Bd. 7, Köln 1930, S. 156 ff.; Loth, Katholiken (Anm. 12), S. 81 ff.

22 Theodor Mommsen, Was uns noch retten kann, in: Die Nation 20 (1902), S. 163 f.; Peter Gilg, Die Erneuerung des demokratischen Denkens im Wilhelminischen Deutschland. Eine ideengeschichtliche Studie zur Wende vom 19. zum 20. Jahrhundert, Wiesbaden 1965, S. 218 ff.; Siegfried Mielke, Der Hansa-Bund für Gewerbe, Handel und Industrie 1909–1914. Der gescheiterte Versuch einer antifeudalen Sammlungspolitik, Göttingen 1976, S. 29 ff.; Elm, Fortschritt (Anm. 3); Wegner, Barth (Anm. 11), S. 134 ff.; Donald Warren, The Red Kingdom of Saxony. Lobbying Grounds for Gustav Stresemann 1901–1909, The Hague 1964; Dieter Langewiesche, Liberalismus in Deutschland, Frankfurt 1988, S. 200 ff.; Artikel «Demokratische Vereinigung 1908–1918», in: Fricke u. a. (Hg.), Lexikon (Anm. 2), Bd. 1, S. 496–503 (Mitglieder- und Stimmenzahlen: 496); Artikel «Fortschrittliche Volkspartei 1910–1918», ebd., Bd. 2, S. 599–609.

23 Sten. Ber. (Anm. 2), Bd. 259, S. 898 (Oldenburg, 29. 1. 1910), Bd. 268, S. 7718 (Hertling, 9. 11. 1911), 7721 f. (von Heydebrand und der Lasa [Lase], 9. 11. 1911), 7730 (Bebel, 9. 11. 1911), 7737 ff. (Bassermann, 9. 11. 1911); Konrad H. Jarausch, The Enigmatic Chancellor. Bethmann Hollweg and the Hybris of Imperial Germany, New Haven 1973; Hans-Günther Zmarzlik, Bethmann Hollweg als Reichskanzler 1909–1914, Düsseldorf 1957, bes. S. 24 ff.; Stig Förster, Der doppelte Militarismus. Die deutsche Heeresrüstungspolitik zwischen Status-quo-Sicherung und Aggression 1890–1913, Stuttgart 1985, S. 208 ff.; Klaus Wernecke, Der Wille zur Weltgeltung. Außenpolitik und Öffentlichkeit im Kaiserreich am Vorabend des Ersten Weltkrieges, Düsseldorf 1970, S. 26 ff. (Bassermanns Brief an Kiderlen-Waechter, 24. 7. 1911: 30), 102 ff. (Presseecho); Thomas Meyer, «Endlich eine Tat, eine befreiende Tat...» Alfred Kiderlen-Waechters «Panthersprung nach Agadir» unter dem Druck der öffentlichen Meinung, Husum 1996, S. 141 ff.; Ralf Forsbach, Alfred von Kiderlen-Wächter (1852–1912). Ein Diplomatenleben im Kaiserreich, 2 Teilbde., Göttingen 1997, 2. Teilbd., S. 411 ff.; Emily Oncken, Panthersprung nach Agadir. Die deutsche Politik während der Zweiten Marokkokrise von 1911, Düsseldorf 1981, bes. S. 219 ff.; Gregor Schöllgen (Hg.), Flucht in den Krieg? Die Außenpolitik des kaiserlichen Deutschland, Darmstadt 1991; Jost Dülffer u. Karl Holl (Hg.), Bereit zum Krieg. Kriegsmentalität im wilhelminischen Deutschland 1890–1914. Beiträge zur historischen Friedensforschung, Göttingen 1986; Wolfgang J. Mommsen, Bürgerstolz und Weltmachtstreben. Deutschland unter Wilhelm II. 1890 bis 1918, Berlin 1995, S. 450 ff.; Volker Ullrich, Die nervöse Großmacht 1871–1918. Aufstieg und Untergang des deutschen Kaiserreiches, Frankfurt 1997, S. 223 ff.; Joachim Radkau, Das Zeitalter der Nervosität. Deutschland zwischen Bismarck und Hitler, München 1998, S. 263 ff.; Hildebrand, Reich (Anm. 6), S. 260 ff.; Schmidt, Imperialismus (Anm. 6), S. 100 ff.; Chickering, We Men (Anm. 7), S. 262 ff.; Artikel «Alldeutscher Verband», in: Fricke u.a. (Hg.), Lexikon (Anm. 2), Bd. I, S. 26 f.

24 Friedrich von Bernhardi, Deutschland und der nächste Krieg, Stuttgart 1912, S. V, 9, 12 f., 34, 73, 89, 110 ff., 123 f., 275, 293 f., 333 (Hervorhebung im Original); Weber, Nationalstaat (Anm. 1), S. 569; Sten. Ber. (Anm. 2), Bd. 268, S. 7728 (Bebel, 9. 11. 1911); Marilyn Shevin Coetzee, The German Army League. Popular Natio-

nalism in Wilhelmine Gemany, New York 1990; Förster, Militarismus (Anm. 23), S. 144 (These vom «Militarismus von unten»); Eley, Reshaping (Anm. 5), S. 160ff. (These vom neuen «populistischen» Nationalismus); Wernecke, Wille (Anm. 23), S. 174ff.; Hans-Günther Zmarzlik, Der Sozialdarwinismus in Deutschland als geschichtliches Problem, in: VfZ (1963), S. 246–273; Klaus Saul, Staat, Industrie, Arbeiterbewegung im Kaiserreich. Zur Innen- und Außenpolitik des Wilhelminischen Deutschland 1903–1914, Düsseldorf 1974, S. 115 ff.; Artikel «Reichsverband gegen die Sozialdemokratie 1904–1918», in: Fricke u. a. (Hg.), Lexikon (Anm. 2), Bd. 4, S. 63–77 (Mitgliederzahlen: 63); Artikel «Deutscher Wehrverein 1912–1935», ebd., Bd. 2, S. 330–341 (Mitgliederzahlen: 330). Zum Imperialismus und Nationalismus vor 1914 im internationalen Maßstab: Georg W. F. Hallgarten, Imperialismus vor 1914. Die soziologischen Grundlagen der Außenpolitik europäischer Großmächte vor dem Ersten Weltkrieg, 2 Bde., München 1963, Bd. 2, S. 209 ff.; Zara S. Steiner, Britain and the Origins of the First World War, London 1977; Paul Kennedy u. Anthony Nicholls (Hg.), Nationalist and Racialist Movements in Britain and Germany Before 1914, Oxford 1981; Markus Ingenlath, Mentale Aufrüstung. Militarisierungstendenzen in Frankreich und Deutschland vor dem Ersten Weltkrieg, Frankfurt 1998; Gerd Krumeich, Aufrüstung und Innenpolitik in Frankreich vor dem Ersten Weltkrieg. Die Einführung der dreijährigen Dienstpflicht 1913–1914, Wiesbaden 1980. – Das Zitat von Ernst Moritz Arndt aus: Letzter Zug an Gott (1844), in: ders., Sämmtliche Werke, Leipzig o. J., 5. Bd., S. 128–130 (statt richtig «den Degen» heißt es bei Bernhardi «die Waffen»).

25 «Daniel Frymann» (= Heinrich Claß), Wenn ich der Kaiser wär'. Politische Wahrheiten und Notwendigkeiten, Leipzig 1914[5], S. 30ff., 67, 74, 103, 111, 135, 149ff., 179, 227, 254, 256, 259f.; Paul de Lagarde, Deutsche Schriften. Neuausgabe, München 1937[3]; Rembrandt als Erzieher. Von einem Deutschen [Julius Langbehn], Leipzig 1890[1], 1891[3]3; Houston Stewart Chamberlain, Die Grundlagen des Neunzehnten Jahrhunderts, 2 Bde., Ungekürzte Volksausgabe, München o. J.; Fritz Stern, Kulturpessimismus als politische Gefahr (amerik. Orig.: Berkeley 1963), Bern 1963, bes. S. 25 ff., 127 ff.; Lamar Cecil, Wilhelm II. und die Juden im Wilhelminischen Deutschland 1890–1914, Tübingen 1976, S. 313–347; Norbert Kampe, Studenten und Judenfrage im Deutschen Kaiserreich. Die Entstehung einer akademischen Trägerschicht des Antisemitismus, Göttingen 1988; Notker Hammerstein, Antisemitismus und deutsche Universitäten 1871–1933, Frankfurt 1995, S. 64ff.; Konrad Jarausch, Deutsche Studenten 1800–1970, Frankfurt 1984, S. 82 ff.; Michael Peters, Der Alldeutsche Verband am Vorabend des Ersten Weltkrieges (1908–1914), Frankfurt 1992, S. 165 ff.

26 Werner Jochmann, Antisemitismus im Deutschen Kaiserreich, in: ders., Gesellschaftskrise und Judenfeindschaft in Deutschland 1870–1945, Hamburg 1988, S. 30–98 (zu Gebsattel bes. 87ff.); Hartmut Pogge von Strandmann, Staatsstreichpläne, Alldeutsche und Bethmann Hollweg, in: ders. und Immanuel Geiss, Die Erforderlichkeit des Unmöglichen. Deutschland am Vorabend des ersten Weltkriegs, Frankfurt 1965, S. 7–45 (38: Wilhelm II.); Walter Laqueur, Die deutsche Jugendbewegung. Eine historische Studie, Köln 1983[2], S. 89ff.; Werner E. Mosse, Die Juden in Wirtschaft und Gesellschaft, in: ders. (Hg.), Juden (Anm. 25), S. 57–113; Peter Pulzer, Die jüdische Beteiligung an der Politik, ebd., S. 143–239 (Zahlen zu Berlin: 189); ders., Rechtliche Gleichstellung und öffentliches Leben, in: Michael A. Meyer (Hg.), Deutsch-jüdische Geschichte in der Neuzeit, 4 Bde.,

Bd. 3: Umstrittene Integration 1871–1918, München 1997, S. 151–192; ders., Die Wiederkehr des alten Hasses, ebd., S. 193–248; ders., Die Reaktion auf den Antisemitismus, ebd., S. 249–277; Jacob Toury, Die politischen Orientierungen der Juden in Deutschland. Von Jena bis Weimar, Tübingen 1966, S. 202 ff.; Hadassa Ben-Itto, Die Protokolle der Weisen von Zion. Anatomie einer Fälschung, Berlin 1998; Michael Bönisch, Die «Hammer»-Bewegung, in: Handbuch (Anm. 10), S. 341–365; Artikel «Reichshammerbund 1910/12–1920», in: Fricke u. a. (Hg.), Lexikon (Anm. 2), S. 681–683; Artikel «Verein zur Abwehr des Antisemitismus (Abwehrverein) 1890–1933», ebd., Bd. 4, S. 375–378 (Mitgliederzahlen: 375); Artikel «Zionistische Vereinigung für Deutschland 1897/98–1938/39», ebd., S. 636–641; Artikel «Reichsdeutscher Mittelstandsverband 1911–1920», ebd., Bd. 3, S. 657–662 (Mitgliederzahlen: 657); Puhle, Interessenpolitik (Anm. 2), S. 162 ff.; Stegmann, Erben (Anm. 4), S. 352 ff.; Heinrich August Winkler, Mittelstand, Demokratie und Nationalsozialismus. Die politische Entwicklung von Handwerk und Kleinhandel in der Weimarer Republik, Köln 1972, S. 52 f. (Zitate zum «Kartell der schaffenden Stände»).

27 Schulthess' Europäischer Geschichtskalender, Neue Folge, Bd. 29 (1913), München 1915, S. 331 f. (Thieme, 1810 191[3]); Sten. Ber. (Anm. 2), Bd. 289, S. 4552 (Müller-Meiningen, 8. 4. 1913); Nipperdey, Nationalidee (Anm. 9), S. 153 (Arndt), 163 ff. (Weiheschrift, Denkmal); Hardtwig, Bürgertum (Anm. 9), S. 218; Stefan-Ludwig Hoffmann, Sakraler Monumentalismus um 1900. Das Leipziger Völkerschlachtdenkmal, in: Reinhart Koselleck u. Michael Jeismann (Hg.), Der politische Totenkult. Kriegerdenkmäler in der Moderne, München 1994, S. 249–280; ders., Mythos und Geschichte. Leipziger Gedenkfeiern der Völkerschlacht im 19. und frühen 20. Jahrhundert, in: Etienne François u. a. (Hg.), Nation und Emotion. Deutschland und Frankreich im Vergleich. 19. und 20. Jahrhundert, Göttingen 1995, S. 111–132; Steffen Poser, Die Jahrhundertfeier der Völkerschlacht und die Einweihung des Völkerschlachtdenkmals zu Leipzig 1913, in: Katrin Keller (Hg.), Feste und Feiern. Zum Wandel städtischer Festkultur in Leipzig, Leipzig 1994, S. 196–213; Wolfram Siemann, Krieg und Frieden in historischen Gedenkfeiern des Jahres 1913, in: Düding u. a. (Hg.), Festkultur (Anm. 9), S. 298–320 (299: Rathenau); Ute Schneider, Politische Festkultur im 19. Jahrhundert. Die Rheinprovinz von der französischen Zeit bis zum Ende des Ersten Weltkrieges (1806–1918), Essen 1995, S. 319 ff.; Dietrich Schäfer, Rede zur Erinnerung an die Erhebung der deutschen Nation im Jahre 1813, in: ders., Aufsätze, Vorträge und Reden, Bd. 2, Jena 1913, S. 438–459 (459); Die Wandervogelzeit. Quellenschriften zur deutschen Jugendbewegung 1896–1919, Bd. 2, hg. v. Werner Kindt, Düsseldorf 1968, S. 501–505 (Wyneken, 12. 10. 1913: 501); Rüdiger vom Bruch, Krieg und Frieden. Zur Frage der Militarisierung deutscher Hochschullehrer und Universitäten im späten Kaiserreich, in: Jost Dülffer u. Karl Holl (Hg.), Bereit zum Krieg. Kriegsmentalität im wilhelminischen Deutschland 1890–1914, Göttingen 1986, S. 74–98; George L. Mosse, Nationalisierung (Anm. 9), S. 83 ff.

28 Witt, Finanzpolitik (Anm. 18), S. 356 ff.; Groh, Integration (Anm. 16), S. 434 ff.; Wernecke, Wille (Anm. 23), S. 180 ff. (208 ff.: Belege zum «Rassenkrieg»; 210: Zitate aus der «Germania» vom 8. 3. 1912); Krumeich, Aufrüstung (Anm. 24), S. 1 ff., 130 ff.; Mommsen, Bürgerstolz (Anm. 23), S. 482 ff.; Schmidt, Imperialismus (Anm. 6), S. 101 ff., 197 ff.; Gregor Schöllgen, Das Zeitalter des Imperialismus, München 1986, S. 68 ff.; Der Kaiser … Aufzeichnungen des Chefs des Marinekabinetts Admiral

Georg Alexander von Müller über die Ära Wilhelms II., Göttingen 1965, S. 124 f. (Besprechung vom 8. 12. 1912); Fritz Fischer, Krieg der Illusionen. Die deutsche Politik von 1911 bis 1914, Düsseldorf 1969, S. 232 ff. (Besprechung vom 8. 12. 1912), 270 f. (Wilhelm II. an Ballin, 15. 12. 1912; Hervorhebungen im Original).

29 Sten. Ber. (Anm. 2), Bd. 290, S. 5763 (Delbrück, 25.6. 1913); Dieter Gosewinkel, Die Staatsangehörigkeit als Institution des Nationalstaats. Zur Entstehung des Reichs- und Staatsangehörigkeitsgesetzes von 1913, in: Rolf Grawert u.a. (Hg.), Offene Staatlichkeit. Festschrift für Ernst-Wolfgang Böckenförde, Berlin 1995, S. 359–378; Roger Brubaker, Staats-Bürger: Deutschland und Frankreich im historischen Vergleich (amerik. Orig.: Cambridge/Mass. 1992), Hamburg 1994; Mommsen, Bürgerstolz (Anm. 23), S. 434 ff.; Huber, Verfassungsgeschichte, Bd. 4 (Anm. 3), S. 581 ff.; Hans-Ulrich Wehler, Symbol des halbabsolutistischen Herrschaftssystems: Der Fall Zabern von 1913/14 als Verfassungskrise des Wilhelminischen Kaiserreichs, in: ders., Krisenherde (Anm. 7), S. 65–84; David Schoenbaum, Zabern 1913. Consensus Politics in Imperial Germany, London 1982.

30 Kurt Riezler, Tagebücher – Aufsätze – Dokumente. Eingeleitet u. hg. v. Karl Dietrich Erdmann, Göttingen 1972, S. 185 (Bethmann Hollweg, 14.7. 1914); Wolfgang Steglich, Die Friedenspolitik der Mittelmächte 1917/18, Bd. 1, Wiesbaden 1964, S. 418 (Bethmann Hollweg zu Conrad Haußmann, 1917); Julikrise und Kriegsausbruch 1914. Bearb. u. eingeleitet von Immanuel Geiss, 2 Bde., Hannover 1963/64, Bd. 2, S. 184 f. (Wilhelm II. an Staatssekretär von Jagow, Auswärtiges Amt, 28.7. 1914), 380 f. (Bethmann Hollweg an Botschafter von Tschirschky in Wien, 30.7. 1914), 439 f. (Moltke, Berchtold, 31.7. 1914); George F. Kennan, Bismarcks europäisches System in der Auflösung. Die französisch-russische Annäherung 1875 bis 1890 (amerik. Original: The Decline of Bismarck's European Order. Franco-Russian Relations, 1875–1890, Princeton 1979, S. 3), Frankfurt 1981, S. 12; Fischer, Krieg (Anm. 28), S. 663 ff. (724: Tagebuch Müller, 1.8. 1914); Wolfgang J. Mommsen, Innenpolitische Bestimmungsfaktoren der deutschen Außenpolitik vor 1914, in: ders., Der autoritäre Nationalstaat. Verfassung, Gesellschaft und Kultur im deutschen Kaiserreich, Frankfurt 1990, S. 316–357; ders., Der Topos vom unvermeidlichen Krieg: Außenpolitik und öffentliche Meinung im Deutschen Reich im letzten Jahrzehnt vor 1914, ebd., S. 380–406; ders., Bürgerstolz (Anm. 23), S. 535 ff.; Dieter Groh, «Je eher, desto besser!» Innenpolitische Faktoren für die Präventivkriegsbereitschaft des Deutschen Reiches 1913/14, in: Politische Vierteljahresschrift 13 (1972), S. 501–502; Krumeich, Aufrüstung (Anm. 24), S. 243 ff.; Dietrich Geyer, Der russische Imperialismus. Studien über den Zusammenhang von innerer u. auswärtiger Politik 1860–1914, Göttingen 1977, S. 220 ff.; Wolfgang Michalka (Hg.), Der Erste Weltkrieg. Wirkung, Wahrnehmung, Analyse, München 1994; James Joll, Die Ursprünge des Ersten Weltkriegs (engl. Orig.: London 1984), München 1988; Wolfgang Schieder (Hg.), Der Erste Weltkrieg. Ursachen, Entstehung und Kriegsziele, Köln 1969; Niall Ferguson, Der falsche Krieg. Der Erste Weltkrieg und das 20. Jahrhundert (engl. Orig.: London 1998), Stuttgart 1999, S. 188 ff. Zur «Duellmentalität»: Ute Frevert, Ehrenmänner. Das Duell in der bürgerlichen Gesellschaft, München 1991, bes. S. 233 ff.; Norbert Elias, Die satisfaktionsfähige Gesellschaft, in: ders., Studien über die deutschen Machtkämpfe und Habitusentwicklung im 19. und 20. Jahrhundert, Frankfurt 1989, S. 61–158.

31 Braunthal, Geschichte (Anm. 17), Bd. 1, S. 340 ff. (Stuttgarter Kongreß, 1907; Bebel: 342 f.), 349 ff. (Außerordentlicher Kongreß in Basel, 1912); Sten. Ber.

(Anm. 2), Bd. 306, S. 1 f. (Wilhelm II., 4. 8. 1914), 7 (Bethmann Hollweg, 4. 8. 1914), 8 f. (Haase, 4. 8. 1914); Die Reichstagsfraktion der deutschen Sozialdemokratie 1898 bis 1918, 2 Bde., bearb. v. Erich Matthias u. Eberhard Pikart, 2. Teil, Düsseldorf 1966, S. 3 f. (Sitzungen vom 3./4. 8. 1914); Das Kriegstagebuch des Reichstagsabgeordneten Eduard David 1914 bis 1918. In Verbindung mit Erich Matthias bearb. v. Susanne Miller, Düsseldorf 1966, S. 4–13 (Eintragungen vom 1.–4. 8. 1914); Wilhelm Dittmann, Erinnerungen. Bearb. u. eingel. v. Jürgen Rojahn, 3 Bde., Frankfurt 1995, Bd. 2, S. 241 ff.; Wolfgang Kruse, Krieg und nationale Integration. Eine Neuinterpretation des sozialdemokratischen Burgfriedensschlusses 1914/15, Essen 1993, S. 42 ff. (51: Weisung des Parteivorstands an die Presse vom 19. 7. 1914); Groh, Integration (Anm. 16), S. 634; Susanne Miller, Burgfrieden und Klassenkampf. Die deutsche Sozialdemokratie im Ersten Weltkrieg, Düsseldorf 1974, S. 31 ff. (zur Fraktionssitzung vom 3. 8. 1914: 61 ff.); Gottfried Schramm, 1914: Sozialdemokraten am Scheideweg, in: Carola Stern u. Heinrich August Winkler (Hg.). Wendepunkte deutscher Geschichte 1845–1990, Frankfurt 1994, S. 71–97; Jürgen Rojahn, Arbeiterbewegung und Kriegsbegeisterung: Die deutsche Sozialdemokratie 1870–1914, in: Marcel van der Linden u. Gottfried Mergner (Hg.), Kriegsbegeisterung und mentale Kriegsvorbereitung. Interdisziplinäre Studien, Berlin 1991, S. 57–72; Thomas Raithel, Das «Wunder» der inneren Einheit. Studien zur deutschen und französischen Öffentlichkeit des Ersten Weltkrieges, Bonn 1996; Christian Geinitz, Kriegsfurcht und Kampfbereitschaft. Das Augusterlebnis in Freiburg. Eine Studie zum Kriegsbeginn 1914, Essen 1998; Benjamin Ziemann, Front und Heimat. Ländliche Kriegserfahrungen im südlichen Bayern 1914–1923, Essen 1997; Ernst Rudolf Huber, Deutsche Verfassungsgeschichte seit 1789, Bd. 5: Weltkrieg, Revolution und Reichserneuerung 1914–1919, Stuttgart 1978, S. 27 ff.

32 Ernst von Dryander, Erinnerungen aus meinem Leben, Bielefeld 1922, S. 276; Arlie J. Hoover, The Gospel of Nationalism. German Patriotic Preaching from Napoleon to Versailles, Stuttgart 1986, S. 53 (Lehmann); Wilhelm Pressel, Die Kriegspredigt 1914–1918 in der evangelischen Kirche Deutschlands, Göttingen 1967, S. 204 (Dibelius); Karl Hammer, Deutsche Kriegstheologie (1870–1918), München 1971, S. 242 (Rade), 266 (Poertner), 241 f. (Faulhaber); Otto Seeber, Kriegstheologie und Kriegspredigten in der Evangelischen Kirche Deutschlands im Ersten und Zweiten Weltkrieg, in: von der Linden u. Mergner (Hg.), Kriegsbegeisterung (Anm. 31), S. 233–258; Gunter Brakelmann, Konfessionalismus und Nationalismus, in: Bernd Faulenbach u. a. (Hg.), Bochumer Beiträge zur Nationalismusdebatte, Essen 1997, S. 36–50; Gerhard Besier (Hg.), Die protestantischen Kirchen Europas im Ersten Weltkrieg. Ein Quellen- und Arbeitsbuch, Göttingen 1984; Heinrich Missalla, «Gott mit uns»: Die deutsche katholische Kriegspredigt 1914–1918, München 1968, S. 85, 89 (Peters); Richard van Dülmen, Der deutsche Katholizismus und der Erste Weltkrieg, in: Francia 2 (1974), S. 347–376. – Die Bibelworte: «Ist Gott für uns …»: Römer 8, 31; «So gebt dem Kaiser, was des Kaiser ist, und Gott, was Gottes ist»: Matthäus 22, 21. Zu Arndts «deutschem Gott» vgl. oben S. 63.

33 Aufrufe und Reden deutscher Professoren im Ersten Weltkrieg. Hg. u. mit einer Einleitung versehen v. Klaus Böhme, Stuttgart 1975, S. 47–49 (Aufruf an die Kulturwelt); Jürgen von Ungern-Sternberg/Wolfgang von Ungern-Sternberg, Der Aufruf «An die Kulturwelt». Das Manifest der 93 und die Anfänge der Kriegspropaganda im Ersten Weltkrieg, Stuttgart 1996; Johann Plenge, Der Krieg und die

Volkswirtschaft, Münster 1915², S. 173 f.; ders., 1789 und 1914. Die symbolischen Jahre in der Geschichte des politischen Geistes, Berlin 1916, bes. S. 84 ff.; Rudolf Kjellén, Die Ideen von 1914 – Eine weltgeschichtliche Perspektive, Leipzig 1915, bes. S. 146; Max Scheler, Der Genius des Krieges und der deutsche Krieg, Leipzig 1915, S. 54, 73 f., 100, 150; Paul Lensch, Die deutsche Sozialdemokratie in ihrer großen Krisis, Hamburg 1916, S. 7 ff. (9: «Weltkrieg bedeutet Weltrevolution!»); ders., Drei Jahre Weltrevolution, Berlin 1917, bes. S. 44 ff., 86 ff., 172 ff.; Werner Sombart, Händler und Helden. Patriotische Besinnungen, München 1915, S. 84 f., 116, 121, 142 f.; Thomas Mann, Gedanken im Kriege (1914), in: ders., Gesammelte Werke in dreizehn Bänden, Frankfurt 1990, Bd. 13, S. 527–545; ders., Friedrich und die große Koalition, ebd., Bd. 2, S. 76–135; ders., Betrachtungen eines Unpolitischen (1918), ebd., Bd. 12, S. 1–589 (1, 587); ders., Leiden und Größe Richard Wagners (Vortrag in München, 10. 2. 1933), ebd., Bd. 9, S. 363–426 (419); Johannes Burkhardt, Kriegsgrund Geschichte? 1870, 1813, 1756 – historische Argumente und Orientierungen bei Ausbruch des Ersten Weltkrieges, in: ders. u. a., Lange und kurze Wege in den Ersten Weltkrieg. Vier Augsburger Beiträge zur Kriegsursachenforschung, München 1996, S. 9–86; Klaus von See, Die Ideen von 1789 und die Ideen von 1914. Völkisches Denken in Deutschland zwischen Französischer Revolution und Erstem Weltkrieg, Frankfurt 1975, S. 108 ff. (Kroner: 113); Reinhard Rürup, Der «Geist von 1914» in Deutschland. Kriegsbegeisterung und Ideologisierung des Krieges im Ersten Weltkrieg, in: Bernd Hüppauf (Hg.), Ansichten vom Krieg. Vergleichende Studien zum Ersten Weltkrieg in Literatur und Gesellschaft, Königstein 1984, S. 1–30; Wolfgang Kruse, Die Kriegsbegeisterung im Deutschen Reich zu Beginn des Ersten Weltkrieges, in: van der Linden u. Mergner (Hg.), Kriegsbegeisterung (Anm. 31), S. 73–87; Christoph Jahr, «Das Krämervolk der eitlen Briten». Das deutsche Englandbild im Ersten Weltkrieg, in: ders. u. a. (Hg.), Feindbilder (Anm. 10), S. 115–142; Robert Sigel, Die Lensch-Cunow-Haenisch-Gruppe. Eine Studie zum rechten Flügel der SPD im Ersten Weltkrieg, Berlin 1976; Hans Kohn, Wege und Irrwege. Vom Geist des deutschen Bürgertums (amerik. Orig.: New York 1960), S. 308 ff.; Ludwig Dehio, Gedanken über die deutsche Sendung 1900–1918, in: ders., Deutschland und die Weltpolitik im 20. Jahrhundert, München 1955, S. 71–106; Hermann Lübbe, Politische Philosophie in Deutschland. Studien zu ihrer Geschichte, Stuttgart 1963, S. 173 ff.; Bernd Faulenbach, Ideologie des deutschen Weges. Die deutsche Geschichte in der Historiographie zwischen Kaiserreich und Nationalsozialismus, München 1980, S. 122 ff.; Helmut Fries, Die große Katharsis. Der Erste Weltkrieg in der Sicht deutscher Dichter und Gelehrter, 2 Bde., Konstanz 1994; Wolfgang J. Mommsen, Der Geist von 1914. Das Programm eines politischen «Sonderwegs» der Deutschen, in: ders., Nationalstaat (Anm. 30), S. 407–421; ders. (Hg.), Kultur und Krieg. Die Rolle der Intellektuellen, Künstler und Schriftsteller im Ersten Weltkrieg, München 1996; Klaus Vondung, Deutsche Apokalypse 1914, in: ders. (Hg.), Das wilhelminische Bildungsbürgertum. Zur Sozialgeschichte seiner Ideen, Göttingen 1976, S. 153–171; ders., Die Apokalypse in Deutschland, München 1988, S. 189 ff. – Zur Verbreitung des Begriffs «Volksgemeinschaft»: Gunther Mai, «Verteidigungskrieg». Staatliche Selbstbehauptung, nationale Solidarität und soziale Befreiung in Deutschland in der Zeit des Ersten Weltkrieges (1900–1925), in: Michalka, Weltkrieg (Anm. 30), S. 583–607. Das Zitat von Heinrich von Treitschke in: ders., Politik. Vorlesungen, gehalten an der Universität zu Berlin, 2 Bde., Leipzig 1899/1900, Bd. 2, S. 362.

34 Heinrich Claß, Wider den Strom. Vom Werden und Wachsen der nationalen Opposition im alten Reich, Leipzig 1932, S. 341 ff.; Ursachen und Folgen. Vom deutschen Zusammenbruch 1918 und 1945 bis zur staatlichen Neuordnung Deutschlands in der Gegenwart. Hg. u. bearb. von Herbert Michaelis und Ernst Schraepler, Berlin 1958 ff., Bd. 1, S. 351–368 (Petition der sechs Wirtschaftsverbände an den Reichskanzler, 20. 5. 1915 [358: «Eindeutschung»]; Vertrauliche Denkschrift deutscher Hochschullehrer und Beamter an den Reichskanzler, 20. 6. 1915; Eingabe des Partei- und Fraktionsvorstands der SPD an den Reichskanzler, 25. 6. 1915) Hans Delbrück, Der Kanzlerwechsel. – Die Friedensresolution. – Lloyd Georges Antwort, in: Preußische Jahrbücher 169 (1917), S. 302–319 (306 f.: Wolffsche Denkschrift); Fritz Fischer, Griff nach der Weltmacht. Die Kriegszielpolitik des kaiserlichen Deutschland 1914, Düsseldorf 1964[3], S. 123 ff. (Bethmann Hollweg), 120 ff. (Claß, Erzberger, Thyssen); Klaus Schwabe, Ursprung und Verbreitung des alldeutschen Annexionismus in der deutschen Professorenschaft im Ersten Weltkrieg, in: VfZ 14 (1966). S. 105–138 (Zitat: 131, Zahlen und Namen: 127, 132); ders., Wissenschaft und Kriegsmoral. Die deutschen Hochschullehrer und die politischen Grundfragen des Ersten Weltkrieges, Göttingen 1969, S. 19 ff.; Annelise Thimme, Hans Delbrück als Kritiker der Wilhelminischen Epoche, Düsseldorf 1955, S. 116 ff.; Heinz Hagenlücke, Deutsche Vaterlandspartei. Die nationale Rechte am Ende des Kaiserreiches, Düsseldorf 1997, S. 49 ff.; Friedrich Naumann, Mitteleuropa, Berlin 1915, S. 31, 40–42, 101; Egmont Zechlin, Die deutsche Politik und die Juden im Ersten Weltkrieg, Göttingen 1969, S. 516 ff. (518 f.: Liebig, 525: Erzberger, 550: Oppenheimer); Werner Jochmann, Die Ausbreitung des Antisemitismus in Deutschland 1914–1923, in: ders., Gesellschaftskrise (Anm. 26), S. 29–170; George L. Mosse, The Jews and the German War Experience 1914–1918. Leo Baeck Memorial Lecture, Nr. 21, New York 1977; Jürgen Kocka, Klassengesellschaft im Krieg. Deutsche Sozialgeschichte 1914–1918, Göttingen 1978[2], bes. S. 96 ff.; Peter Graf Kielmansegg, Deutschland und der Erste Weltkrieg, Stuttgart 1980[2], S. 129 ff., 385 ff.; Jarausch, Chancellor (Anm. 23), S. 349 («Politik der Diagonale»).

35 Miller, Burgfrieden (Anm. 31), S. 75 ff., 156 ff., 283 ff.; Braunthal, Geschichte (Anm. 17), Bd. 2, 50 ff. (64 f.: Kienthaler Beschlüsse); Huber, Verfassungsgeschichte, Bd. 5 (Anm. 31), S. 101 ff., 154 ff.; Hartwin Spenkuch, Das Preußische Herrenhaus. Adel und Bürgertum in der Ersten Kammer des Landtags 1854–1918, Düsseldorf 1998, S. 124 ff.; Fischer, Griff (Anm. 34), S. 512 ff.; Gerald D. Feldman, Armee, Industrie und Arbeiterschaft in Deutschland 1914–1918 (amerik. Orig.: Princeton 1966), Berlin 1985, S. 169 ff., 243 ff.; Arthur Rosenberg, Entstehung der Weimarer Republik [1928[1]], Frankfurt 1961, S. 160 ff.; Klaus Epstein, Matthias Erzberger und das Dilemma der deutschen Demokratie (amerik. Orig.: Princeton 1959), Berlin 1962, S. 186 ff.

36 Der Interfraktionelle Ausschuß 1917/18. 2 Teile, bearb. v. Erich Matthias, Düsseldorf 1959, 1. Teil, S. 3–118 (Julikrise), 213–602 (von Michaelis zu Hertling); Max Weber, Die Lehren der deutschen Kanzlerkrisis, in: ders., Gesammelte politische Schriften. Hg. v. Johannes Winckelmann, Tübingen 1958[2], S. 211–216 (213 f., 216); Georg Michaelis, Für Volk und Staat, Berlin 1922, S. 321; Sten. Ber. (Anm. 2), Bd. 310, S. 3572 (Michaelis, 19. 7. 1917); Mommsen (Hg.), Parteiprogramme (Anm. 10), S. 417–420 (Gründungsaufruf der Deutschen Vaterlandspartei, 2. 9. 1917), 420 f. (Aufruf des Volksbundes für Freiheit und Vaterland, 14. 11. 1917); Hagenlücke, Vaterlandspartei (Anm. 34), S. 143 f. (Gründung, soziale Struktur), 180

(Mitgliederzahlen), 192 ff. (Kriegsziele), 362 ff. (Volksbund); Artikel «Volksbund für Freiheit und Vaterland, 1917–1920», in: Fricke u. a. (Hg.), Lexikon, Bd. 4, S. 414–419 (Mitgliederzahlen: 414); Stegmann, Erben (Anm. 4), S. 497 ff.; Fischer, Griff (Anm. 34), S. 425 ff.; Ursula Ratz, Zwischen Arbeitsgemeinschaft und Koalition. Bürgerliche Sozialreformer und Gewerkschaften im Ersten Weltkrieg, München 1994, S. 307 ff.; Günter Brakelmann, Der deutsche Protestantismus im Epochenjahr 1917, Witten 1974; Huber, Verfassungsgeschichte, Bd. 5 (Anm. 31), S. 372 ff. (These vom «Durchbruch zum parlamentarischen Regime» im November 1917).

37 Sten. Ber. (Anm. 2), Bd. 306, S. 6 f. (Bethmann Hollweg, 4. 8. 1914); Karl Kautsky, Die Diktatur des Proletariats (1918), in: ders., Die Diktatur des Proletariats/ W. I. Lenin, Die proletarische Revolution und der Renegat Kautsky/ Karl Kautsky, Terrorismus und Kommunismus, Berlin 1990, S. 7–87 (33, 36 f., 39; Hervorhebung im Original); Clara Zetkin, Mit Entschiedenheit für das Werk der Bolschewiki! Aus einem Brief an eine Konferenz des Reichsausschusses und der Frauenkonferenz der USPD (Frühsommer 1919), in: dies., Ausgewählte Reden und Schriften, 3 Bde., Bd. 2, Berlin 1960, S. 8–40 (26); Rosa Luxemburg, Die russische Revolution (1918), in: dies., Schriften (Anm. 20), Bd. 3, S. 106–141 (128 ff., Zitat: 134); Werner Hahlweg (Hg.), Lenins Rückkehr nach Rußland. Die deutschen Akten, Leiden 1957; Winfried B. Scharlau u. Zbyněk A. Zeman, Freibeuter der Revolution. Parvus-Helphand. Eine politische Biographie, Köln 1964; Helmut Neubauer (Hg.), Deutschland und die Russische Revolution, Stuttgart 1968; Lösche, Bolschewismus (Anm. 20), S. 160 ff.; Jürgen Zaruski, Die deutschen Sozialdemokraten und das sowjetische Modell. Ideologische Auseinandersetzung und außenpolitische Konzeption, München 1992, S. 39 ff.; Uli Schöler, «Despotischer Sozialismus» oder «Staatssklaverei». Die theoretische Verarbeitung der sowjetrussischen Entwicklung in der Sozialdemokratie Deutschlands und Österreichs 1917–1919, 2 Bde., Bd. 1, S. 84 ff.; Gerd Koenen u. Lew Kopelew (Hg.), Deutschland und die Russische Revolution, München 1998; Manfred Hildermeier, Die Russische Revolution 1905–1921, Frankfurt 1989, S. 229 ff.; Dietrich Geyer, Die Russische Revolution. Historische Probleme und Perspektiven, Göttingen 1977[2], S. 107 ff.; Helmut Altrichter, Rußland 1917. Ein Land auf der Suche nach sich selbst, Paderborn 1997. – Zu Bismarck 1866: Otto Pflanze, Bismarck, Der Reichsgründer (amerik. Orig.: Princeton 1990), München 1997, S. 313 ff.

38 Winfried Baumgart, Deutsche Ostpolitik 1918. Von Brest-Litowsk bis zum Ende des Ersten Weltkrieges, Wien 1966; Georg von Rauch, Sowjetrußland von der Oktoberrevolution bis zum Sturz Chruschtschows 1917–1964, in: Theodor Schieder (Hg.), Europa im Zeitalter der Weltmächte (= Handbuch der europäischen Geschichte, hg. v. Theodor Schieder, Bd. 7/1), Stuttgart 1979, S 481–521 (Zahlen: 485); Fischer, Griff (Anm. 34), S. 627 ff.; Hildebrand, Reich (Anm. 6), S. 363 ff.; Huber, Verfassungsgeschichte, Bd. 5 (Anm. 31), S. 432 ff. (Januarstreik), 447 ff. (Reichstagsdebatte, 25./26. 2. 1918); Miller, Burgfrieden (Anm. 31), S. 358 ff.; Rosenberg, Entstehung (Anm. 35), S. 183 ff. (187, 189); Pressel, Kriegspredigt (Anm. 32), S. 305 f. (Doehring, 3. 2. 1918); Sten. Ber. (Anm. 2), Bd. 311, S. 4 171 (Heydebrand, 26. 2. 1918); Dittmann, Erinnerungen (Anm. 31), Bd. 2, S. 527 ff.

39 Arno J. Mayer, Political Origins of the New Diplomacy, 1917–1918, New York 1970[2], S. 329 ff.; Klaus Schwabe, Deutsche Revolution und Wilson-Friede. Die amerikanische und die deutsche Friedensstrategie zwischen Ideologie und Machtpolitik

1918/19, Düsseldorf 1971, S. 17 ff.; Hagenlücke, Vaterlandspartei (Anm. 34), S. 195 ff.; Huber, Verfassungsgeschichte, Bd. 5 (Anm. 31), S. 428 ff., 500 f.; Kielmansegg, Deutschland (Anm. 34), S. 629 ff.; Erich Ludendorff, Meine Kriegserinnerungen 1914–1918, Berlin 1919, S. 547 ff. (547, 551); Karl-Ludwig Ay, Die Entstehung einer Revolution. Die Volksstimmung in Bayern während des Ersten Weltkrieges, Berlin 1968, S. 101 (Brettreich); Ernst Troeltsch, Spektator-Briefe. Aufsätze über die deutsche Revolution und die Weltpolitik 1918/22, Tübingen 1924, S. 10; Reichstagsfraktion (Anm. 31), S. 458 (Geck); Wilhelm Deist, Der militärische Zusammenbruch des Kaiserreiches. Zur Realität der «Dolchstoßlegende», in: Ursula Büttner (Hg.), Das Unrechtsregime. Internationale Forschungen über den Nationalsozialismus, I, Hamburg 1986, S. 101–129; ders., Verdeckter Militärstreik im Kriegsjahr 1918?, in: Wolfram Wette (Hg.), Der Krieg des kleinen Mannes. Eine Militärgeschichte von unten, München 1992, S. 146–168; Wolfgang Kruse, Krieg und Klassenheer. Zur Revolutionierung der deutschen Armee im Ersten Weltkrieg, in: GG 22 (1996), S. 530–561; Christoph Jahr, Gewöhnliche Soldaten. Desertion und Deserteure im deutschen und britischen Heer 1914–1918, Göttingen 1998. – Wilson gab die Parole «The world must be made safe for democracy» erstmals am 22. 1. 1917 in einer Rede vor dem amerikanischen Kongreß aus. August Heckscher, Woodrow Wilson, New York 1991, S. 440.

40 Reichstagsfraktion (Anm. 31), S. 417–460 (Sitzung vom 23. 9. 1918; 442: Ebert); Interfraktioneller Ausschuß (An. 36), 2. Teil, S. 668 f. (Denkschrift vom 21. 9. 1918), 710 ff. (28. 9. 1918); Albrecht v. Thaer, Generalstabsdienst an der Front und in der OHL. Aus Briefen und Tagebuchaufzeichnungen 1915–1919, hg. v. Siegfried A. Kaehler, Göttingen 1958, S. 234 f. (Ludendorff, 1. 10. 1918); Friedrich von Payer, Von Bethmann Hollweg bis Ebert. Erinnerungen und Bilder, Frankfurt 1923, S. 82; Karl Kautsky, Terrorismus und Kommunismus. Ein Beitrag zur Naturgeschichte der Revolution (1919), in: ders., Diktatur (Anm. 37), S. 177–347 (233 ff.); W. I. Lenin, Das sozialistische Vaterland in Gefahr! (Aufruf des Rats der Volkskommissare, 21. 2. 1918), in: ders., Werke (Anm. 31), Bd. 27, S. 15 f.; Stegmann, Erben (Anm. 4), S. 515 (Claß, 3. 10. 1918); Jochmann, Ausbreitung (Anm. 34), S. 118 f., 388 (Gebsattel/ Claß, 15. 10. 1918), 120 f. (Claß, 19./20. 10. 1918); Huber, Verfassungsgeschichte, Bd. 5 (Anm. 31), S. 521. Das Zitat von Kleist stammt aus «Germania an ihre Kinder», wo es, auf Napoleon bezogen, heißt: «Schlagt ihn tot! Das Weltgericht/ fragt euch nach den Gründen nicht!», in: Heinrich von Kleist, Sämtliche Werke und Briefe, Bd. I, München 1994², S. 27.

41 Huber, Verfassungsgeschichte, Bd. 5 (Anm. 31), S. 551 ff. («Kampf bis zum äußersten»: 577); Troeltsch, Spektator-Briefe (Anm. 39), S. 21; Wolfgang Sauer, Das Scheitern der parlamentarischen Monarchie, in: Eberhard Kolb (Hg.), Vom Kaiserreich zur Weimarer Republik, Köln 1972, S. 77–99 (84); Die Weizsäcker-Papiere 1900–1932. Hg. v. Leonidas E. Hill, Berlin 1982, S. 309 (Tagebucheintrag, 28. 10. 1918); Leonidas E. Hill, Signal zur Konterrevolution? Der Plan zum Vorstoß der deutschen Hochseeflotte am 30. Oktober 1918, in: VfZ 36 (1988), S. 114–129; Wilhelm Deist, Die Politik der Seekriegsleitung und die Rebellion der Flotte Ende Oktober 1918, in: VfZ 14 (1966), S. 325–343; Gerhard Paul Groß, Die Seekriegsführung der Kaiserlichen Marine im Jahre 1918, Frankfurt 1989, S. 390 ff.

42 Dirk Dähnhardt, Revolution in Kiel. Der Übergang vom Kaiserreich zur Weimarer Republik 1918/19, Neumünster 1978; Gerhard A. Ritter u. Susanne Miller (Hg.), Die deutsche Revolution 1918–1919. Dokumente, Hamburg 1975²,

S. 41–64 (58 f.: Braunschweig, München; 62 ff.: Köln), 68 ff. (Groener, 8. 11. 1918); Prinz Max von Baden, Erinnerungen und Dokumente. Neuausgabe, hg. v. Golo Mann u. Andreas Burckhardt, Stuttgart 1918, S. 584 (Vorwärts, 5. 11. 1918), 567 (Ebert, 7. 11. 1918), 588 (Preußisches Kriegsministerium, 8. 11. 1918; Hervorhebungen im Original); Heinrich August Winkler, Von der Revolution zur Stabilisierung. Arbeiter und Arbeiterbewegung in der Weimarer Republik 1918–1924, Berlin 1985², S. 27 ff.

43 Prinz Max, Erinnerungen (Anm. 42), S. 579 f.; Reichstagsfraktion (Anm. 31), Bd. 2, S. 513 f. (Ultimatum vom 7. 11. 1918); Die Regierung des Prinzen Max von Baden. Bearb. von Erich Matthias u. Rudolf Morsey, Düsseldorf 1962, S. 579 (7. 11. 1918), 583–612 (Beratungen über die Forderungen der SPD, 8. 11. 1918), 609 f. (Frauenwahlrecht: 8. 11. 1918); Schulthess' Europäischer Geschichtskalender, N. F., 34. Jg. 1918, 1. Teil, München 1922, S. 422–431 (Erklärungen der SPD u. Bericht der «B. Z. am Mittag»); Reinhold Patemann, Der Kampf um die preußische Wahlreform im Ersten Weltkrieg, Düsseldorf 1964, S. 202 ff.; Huber, Verfassungsgeschichte, Bd. 5 (Anm. 31), S. 600 ff.; Winkler, Revolution (Anm. 42), S. 40 ff.

44 Prinz Max, Erinnerungen (Anm. 42), S. 596 ff.; Die Regierung der Volksbeauftragten 1918/19, 2 Bde., bearb. v. Susanne Miller u. Heinrich Potthoff, Düsseldorf 1969, Bd. 1, S. 3–8 (9. 11. 1918); Ritter/Miller (Hg.), Revolution (Anm. 42), S. 64 ff. (9. 11. 1918, 79 f.: Eberts Aufrufe vom 9. 11. 1918, 86–92: Regierungsbildung und Versammlung im Zirkus Busch, 9./10. 11. 1918); Philipp Scheidemann, Der Zusammenbruch, Berlin 1921, S. 174–176 (2. 10. 1918); ders., Memoiren eines Sozialdemokraten, 2 Bde., Dresden 1928, Bd. 2, S. 311 ff.; Manfred Jessen-Klingenberg, Die Ausrufung der Republik durch Philipp Scheidemann am 9. 11. 1918, in: GWU 19 (1968), S. 649–656; Georg Kotowski, Friedrich Ebert. Eine politische Biographie, Bd. 1: Der Aufstieg eines deutschen Arbeiterführers 1871 bis 1917, Wiesbaden 1963; Winkler, Revolution (Anm. 42), S. 45 ff.

45 Richard Müller, Vom Kaiserreich zur Republik, 2 Bde., Bd. 2: Die Novemberrevolution, Wien 1925, S. 17 («Berliner Tageblatt», 10. 11. 1918); Troeltsch, Spektator-Briefe (Anm. 39), S. 24; Pressel, Kriegspredigt (Anm. 32), S. 308 f. (Doehring, 27. 10. 1918); Martin Greschat, Der deutsche Protestantismus im Revolutionsjahr 1918–1919, Witten 1974; Max Weber, Wirtschaft und Gesellschaft. Studienausgabe, hg. v. Johannes Winckelmann, 1. Halbband, Köln 1964, S. 27, 197 (Hervorhebungen im Original); Heinrich August Winkler, Vom Kaiserreich zur Republik. Der historische Ort der Revolution von 1918/19, in: ders., Streitfragen der deutschen Geschichte. Essays zum 19. und 20. Jahrhundert, München 1997, S. 52–70.

7. Die vorbelastete Republik 1918–1933

1 Modris Eksteins, Tanz über Gräben. Die Geburt der Moderne und der Erste Weltkrieg (engl. Orig.: Boston 1989), Reinbek b. Hamburg 1990, bes. S. 213 ff.; Klaus Vondung (Hg.), Kriegserlebnis. Der Erste Weltkrieg in der literarischen Gestaltung und symbolischen Deutung der Nationen, Göttingen 1980; Gerhard Hirschfeld u. a. (Hg.), Kriegserfahrungen. Studien zur Sozial- und Mentalitätsgeschichte des Ersten Weltkriegs, Essen 1997; ders. u. a. (Hg.), Keiner fühlt sich hier mehr als Mensch ... Erlebnis und Wirkung des Ersten Weltkriegs, Essen 1993; Wolf-

gang Kruse (Hg.), Eine Welt von Feinden. Der Große Krieg 1914–1918, Frankfurt 1997; Bernd Ulrich/ Benjamin Ziemann (Hg.), Krieg im Frieden. Die umkämpfte Erinnerung an den Ersten Weltkrieg, Frankfurt 1997.

2 Susanne Miller, Das Ringen um «die einzige großdeutsche Republik». Die Sozialdemokratie in Österreich und im Deutschen Reich zur Anschlußfrage 1918/19, in: AfS 11 (1971), S. 1–67; Alfred D. Low, Die Anschlußbewegung in Österreich und Deutschland, 1918–1919, und die Pariser Friedenskonferenz, Wien 1975, S. 7 ff.; Peter Borowsky, Die «bolschewistische Gefahr» und die Ostpolitik der Volksbeauftragten in der Revolution 1918/19, in: Dirk Stegmann u. a. (Hg.), Industrielle Gesellschaft und politisches System. Beiträge zur politischen Sozialgeschichte. Festschrift für Fritz Fischer, Bonn 1978, S. 389–403; Henning Köhler, Novemberrevolution und Frankreich. Die französische Deutschland-Politik 1918–1919, Düsseldorf 1980; Eberhard Kolb, Internationale Rahmenbedingungen einer demokratischen Neuordnung in Deutschland 1918/19, in: ders., Umbrüche deutscher Geschichte 1866/71. 1918/19. 1929/33, München 1993, S. 261–287; Richard Löwenthal, Die deutsche Sozialdemokratie in Weimar und heute. Zur Problematik der «versäumten» demokratischen Revolution, in: ders., Gesellschaftswandel und Kulturkrise. Zukunftsprobleme der westlichen Demokratien, Frankfurt 1979, S. 197–211; Eduard Bernstein, Die deutsche Revolution von 1918/19. Geschichte der Entstehung und ersten Arbeitsperiode der deutschen Republik (1921^1). Hg. u. eingeleitet von Heinrich August Winkler u. annotiert von Teresa Löwe, Bonn 1998, S. 65 (Liebknecht), 237 f.

3 Susanne Miller, Die Bürde der Macht. Die deutsche Sozialdemokratie 1918–1920, Düsseldorf 1978, S. 104 ff. (Hilferding: 107); Wolfgang Elben, Das Problem der Staatssekretäre und der militärischen Führung vom November 1918 bis Februar 1919, Düsseldorf 1965; Wolfgang Runge, Politik und Beamtentum im Parteienstaat. Die Demokratisierung der politischen Beamten in Preußen zwischen 1918 und 1933, Stuttgart 1965; Ulrich Kluge, Soldatenräte und Revolution. Studien zur Militärpolitik in Deutschland 1918/19, Göttingen 1975, S. 206 ff.; Eberhard Kolb, Die Arbeiterräte in der deutschen Innenpolitik 1918–1919, Düsseldorf 1962, S. 359 ff.; Gerald D. Feldman u. Irmgard Steinisch, Industrie und Gewerkschaften 1918–1924. Die überforderte Zentralarbeitsgemeinschaft, Stuttgart 1985; Jens Flemming, Landwirtschaftliche Interessen und Demokratie. Ländliche Gesellschaft, Agrarverbände und Staat 1890–1925, Bonn 1978, S. 252 ff.; Stephanie Merkenich, Grüne Front gegen Weimar. Reichslandbund und agrarischer Lobbyismus 1918–1933, Düsseldorf 1998; Heinrich August Winkler, Von der Revolution zur Stabilisierung. Arbeiter und Arbeiterbewegung in der Weimarer Republik, 1918–1924, Berlin 1985^2, S. 68 ff. – Das Zitat von Ebert: Verhandlungen der verfassunggebenden Deutschen Nationalversammlung. Stenographische Berichte [= Sten. Ber.], Bd. 326, S. 2 f. (6. 2. 1919); das Zitat von Rosa Luxemburg: dies., Die Nationalversammlung, in: dies., Gesammelte Werke, Bd. 4, Berlin 1974, S. 407–410 (408).

4 Allgemeiner Kongreß der Arbeiter- und Soldatenräte Deutschlands. Vom 16. bis 21. Dezember 1918 im Abgeordnetenhaus zu Berlin, Berlin 1919, S. 209–224 (Cohen-Reuß), 226–236 (Däumig), 282, 288, 230 (Anträge u. Abstimmungen zum Rätesystem u. zum Wahltermin), 127–143, 180–191 (Militärfrage), 252, 288–300, 309 (Zentralrat); Winkler, Revolution (Anm. 3), S. 100 ff. (121 f.: Liebknecht); Miller, Bürde (Anm. 3), S. 112 ff.; Kolb, Arbeiterräte (Anm. 3), S. 197 ff.; Kluge, Soldatenräte (Anm. 3), S. 250 ff.; Arthur Rosenberg, Geschichte der Weimarer Republik

(1935[1]), Frankfurt 1961, S. 50ff. (52); Hagen Schulze, Freikorps und Republik 1918–1920, Boppard 1969, S. 22ff.; Robert G. L. Waite, Vanguard of Nazism. The Free Corps Movement in Postwar Germany 1918–1923 (1952[1]), New York 1969, S. 13ff.; Wolfram Wette, Gustav Noske. Eine politische Biographie, Düsseldorf 1987, S. 281ff.

5 Wilhelm Mommsen (Hg.), Deutsche Parteiprogramme, München 1960, S. 481–186 (Aufruf und Leitsätze der Deutschen Zentrumspartei, 30. 12. 1918), 519–531 (Programm der DVP, 18. 12. 1918); Gerhard A. Ritter u. Susanne Miller (Hg.), Die deutsche Revolution 1918–1919. Dokumente, Hamburg 1975[2], S. 296–298 (Gründungsaufruf der DNVP, 24. 11. 1918), 300 (Wahlaufruf der DNVP, 22. 12. 1918), 311–313 (Aufruf zur Gründung der DDP, 16. 11. 1918); Nationalliberalismus in der Weimarer Republik. Die Führungsgremien der Deutschen Volkspartei 1918–1933, 2 Halbbde., bearb. v. Eberhard Kolb u. Ludwig Richter, Düsseldorf 1999, 1. Halbbd., S. 5ff.; Rudolf Morsey, Die Deutsche Zentrumspartei 1917–1923, Düsseldorf 1966, S. 110ff.; Lothar Albertin, Liberalismus und Demokratie am Anfang der Weimarer Republik. Eine vergleichende Analyse der Deutschen Demokratischen Partei und der Deutschen Volkspartei, Düsseldorf 1972; Wolfgang Hartenstein, Die Anfänge der Deutschen Volkspartei 1918–1920, Düsseldorf 1962; Larry Eugene Jones, German Liberalism and the Dissolution of the Weimar Party System, 1918–1933, Chapel Hill 1988; Werner Liebe, Die Deutschnationale Volkspartei 1918–1924, Düsseldorf 1956; Annelise Thimme, Flucht in den Mythos. Die Deutschnationale Volkspartei und die Niederlage von 1918, Göttingen 1969; Christian F. Trippe, Konservative Verfassungspolitik 1918–1923. Die DNVP als Opposition in Reich und Ländern, Düsseldorf 1995, S. 23ff.; Ernst Rudolf Huber, Deutsche Verfassungsgeschichte seit 1789, Bd. 5: Weltkrieg, Revolution und Reichserneuerung 1914–1919, Stuttgart 1978, S. 953ff.; Heinrich August Winkler, Weimar 1918–1933. Die Geschichte der ersten deutschen Demokratie, München 1998[3], S. 62ff.

6 Gerhard A. Ritter, Kontinuität und Umformung des deutschen Rätesystems 1918–1920, in: ders., Arbeiterbewegung, Parteien und Parlamentarismus, Göttingen 1976, S. 116–157; Winkler, Revolution (Anm. 3), S. 135ff.; ders., Der überforderte Liberalismus. Zum Ort der Revolution von 1848/49 in der deutschen Geschichte, in: Wolfgang Hardtwig (Hg.), Revolution in Deutschland und Europa 1848/49, Göttingen 1998, S. 185–206 (bes. 201ff.); Dieter Langewische, 1848 und 1918 – zwei deutsche Revolutionen, Bonn 1998.

7 Bernstein, Revolution (Anm. 2), S. 198 (Hervorhebungen im Original); Die Regierung der Volksbeauftragten. Eingel. von Erich Matthias. Bearb. v. Susanne Miller unter Mitwirkung von Heinrich Potthoff, Düsseldorf 1969, Bd. 2, S. 225, 228 (Ebert u. Scheidemann in der Sitzung vom 14. 1. 1919); Peter von Oertzen, Betriebsräte in der Novemberrevolution, Düsseldorf 1963, S. 109ff.; Allan Mitchell, Revolution in Bayern 1918/19. Die Eisner-Regierung und die Räterepublik (amerik. Orig.: Princeton 1965), S. 236ff.; David Clay Large, Hitlers München. Aufstieg und Fall der Hauptstadt der Bewegung (amerik. Orig.: New York (1997), München 1998, S. 118ff.; Trude Maurer, Ostjuden in Deutschland 1918–1933, Hamburg 1986, S. 148ff.; Winkler, Weimar (Anm. 5), S. 69ff. (76: Noskes Aufruf vom 9. 3. 1919, 79: Münchner Aufruf vom 6./7. 4. 1919).

8 Die Deutsche Nationalversammlung im Jahre 1919 in ihrer Arbeit für den Aufbau des neuen deutschen Volksstaats, hg. v. Eduard Heilfron, Bd. 4, Berlin 1919,

S. 2646 (Scheidemann), 2650 (Hirsch), 2716 (Fehrenbach); Protokoll über die Verhandlungen des Parteitags der Sozialdemokratischen Partei Deutschlands, abgehalten in Weimar vom 10. bis 15. Juni 1919. Bericht über die 2. Frauenkonferenz, abgehalten in Weimar am 15. und 16. Juni 1919, Berlin 1919 (ND: Glashütten 1973), S. 242–247 (Bernstein), 281 (Scheidemann), 277 f. (Bernstein [hier das Zitat]); Jürgen C. Heß, «Das ganze Deutschland soll es sein!» Demokratischer Nationalismus in der Weimarer Republik, am Beispiel der Deutschen Demokratischen Republik, Stuttgart 1978, S. 76 ff.; Ulrich Heinemann, Die verdrängte Niederlage. Politische Öffentlichkeit und Kriegsschuldfrage in der Weimarer Republik, Göttingen 1983; Hagen Schulze, Weimar. Deutschland 1917–1933, Berlin 1982, S. 189 ff.; Klaus Hildebrand, Das vergangene Reich. Deutsche Außenpolitik von Bismarck bis Hitler 1871–1945, Stuttgart 1995, S. 383 ff.; Winkler, Weimar (Anm. 5), S. 87 ff.; Huber, Verfassungsgeschichte, Bd. 5 (Anm. 5), S. 1152 ff.; ders., Deutsche Verfassungsgeschichte seit 1789, Bd. 7: Ausbau, Schutz und Untergang der Weimarer Republik, Stuttgart 1984, S. 37 f. (Hindenburg, 18. 11. 1919). Zum Österreichprotokoll vom 22. 9. 1919: ders. (Hg.), Dokumente zur deutschen Verfassungsgeschichte, Bd. 4: Deutsche Verfassungsdokumente 1918–1933, Stuttgart 1991[3], S. 180. Der Wortlaut der Friedensbedingungen in: Die Friedensbedingungen der Alliierten und Assoziierten Regierungen (Übersetzung), Berlin 1919.

9 Hugo Preuß, Volksstaat oder verkehrter Obrigkeitsstaat?, in: ders., Staat, Recht und Freiheit. Aus 40 Jahren deutscher Politik und Geschichte, Hildesheim 1964, S. 365–368; Die SPD-Fraktion in der Nationalversammlung 1919–1920. Eingeleitet v. Heinrich Potthoff. Bearb. v. Heinrich Potthoff und Hermann Weber, Düsseldorf 1986, S. 43 (Molkenbuhr); Sten. Ber. (Anm. 3), Bd. 326, S. 374 (Fischer, 28. 2. 1919); ebd., Bd. 329, S. 219 (David); Carl Schmitt, Verfassungslehre, Berlin 1928[1] (ND: 1957), S. 111 f. («kommissarische Diktatur des Reichspräsidenten»); Ludwig Richter, Kirche und Schule in den Beratungen der Weimarer Nationalversammlung, Düsseldorf 1996; Reinhard Rürup, Kontinuität und Grundlagen der Weimarer Verfassung, in: Eberhard Kolb (Hg.), Vom Kaiserreich zur Weimarer Republik, Köln 1972, S. 218–243; Heinrich Potthoff, Das Weimarer Verfassungswerk und die deutsche Linke, in: AfS 12 (1972), S. 433–483; Reinhard Schiffers, Elemente direkter Demokratie im Weimarer Regierungssystem, Düsseldorf 1971, S. 117 ff.; Dieter Grimm, Die Bedeutung der Weimarer Verfassung in der deutschen Verfassungsgeschichte, Heidelberg 1990; Karl Dietrich Bracher, Die Auflösung der Weimarer Republik. Eine Studie zum Problem des Machtverfalls in der Demokratie, Villingen 1964[4], S. 21 ff.; Hagen Schulze, Das Scheitern der Weimarer Republik als Problem der Forschung, in: Karl Dietrich Erdmann/Hagen Schulze (Hg.), Weimar. Selbstpreisgabe einer Demokratie. Eine Bilanz heute, Düsseldorf 1980, S. 23–41 (zur «präsidialen Reserveverfassung»: 30); Hans Mommsen, Die verspielte Freiheit. Der Weg der Republik von Weimar in den Untergang von 1918 bis 1933, Berlin 1989, bes. S. 70; Huber, Verfassungsgeschichte, Bd. 5 (Anm. 5), S. 1178 ff.; Winkler, Weimar (Anm. 5), S. 99 ff.

10 Klaus Epstein, Matthias Erzberger und das Dilemma der deutschen Demokratie (amerik. Orig.: Princeton 1959), Berlin 1962, S. 369 ff.; Carl Ludwig Holtfrerich, Die deutsche Inflation 1914–1923. Ursachen und Wirkungen in internationaler Perspektive, Berlin 1981, S. 115 ff.; Gerald D. Feldman, The Great Disorder. Politics, Economics, and Society in the German Inflation, 1914–1923, Oxford 1993, S. 25 ff.

11 Johannes Erger, Der Kapp-Lüttwitz-Putsch. Ein Beitrag zur deutschen Innenpolitik 1919/20, Düsseldorf 1967, S. 15 ff.; Heinrich Potthoff, Gewerkschaften und Politik zwischen Revolution und Inflation, Düsseldorf 1979, S. 267 ff.; Miller, Bürde (Anm. 3), S. 377 ff.; Winkler, Revolution (Anm. 3), S. 295 ff.; ders., Weimar (Anm. 5), S. 118 ff. (Aufrufe vom 13. bis 15. 3. 1920: 122–124, Brigade Ehrhardt u. Forderungen der Gewerkschaften vom 18. 3.: 127); Gerald D. Feldman, Eberhard Kolb, Reinhard Rürup, Die Massenbewegungen der Arbeiterschaft in Deutschland am Ende des Ersten Weltkriegs, in: PVS 18 (1978), S. 353–439; Wolfgang J. Mommsen, Die deutsche Revolution von 1918–1920. Politische Revolution und soziale Protestbewegung, in: GG 44 (1978), S. 362–391; Huber, Verfassungsgeschichte, Bd. 7 (Anm. 8), S. 44 ff.; Wette, Noske (Anm. 4), S. 627 ff. Zum Aufruf der DVP vom 13. 3. 1920: Nationalliberalismus (Anm. 5), 1. Halbbd., S. 247–250.

12 Ernst Laubach, Die Politik der Kabinette Wirth 1921/22, Lübeck 1968, S. 9 ff.; Heinrich Küppers, Joseph Wirth. Parlamentarier, Minister und Kanzler der Weimarer Republik, Stuttgart 1997, S. 104 ff.; Ulrike Hörster-Philipps, Joseph Wirth 1879–1956. Eine politische Biographie, Paderborn 1998, S. 98 ff.; Gerhard Schulz, Zwischen Demokratie und Diktatur. Verfassungspolitik und Reichsreform in der Weimarer Republik, Bd. 1: Die Periode der Konsolidierung und der Revision des Bismarckschen Reichsaufbaus 1919–1930, Berlin 1963, S. 320 ff.; Huber, Verfassungsgeschichte, Bd. 7 (Anm. 8), S. 25 ff., 169 ff.; Winkler, Weimar (Anm. 5), S. 154 ff.; Norbert Elias, Die Zersetzung des staatlichen Gewaltmonopols in der Weimarer Republik, in: ders., Studien über die Deutschen. Machtkämpfe und Habitusentwicklung im 19. u. 20. Jahrhundert, Frankfurt 1989, S. 282–294; ders., Kriegsbejahende Literatur in der Weimarer Republik (Ernst Jünger), ebd., S. 274–281; James M. Diehl, Paramilitary Politics in Weimar Germany, Bloomington 1977; Bernd Weisbrod, Gewalt in der Politik. Zur politischen Kultur in Deutschland zwischen den beiden Weltkriegen, in: GWU 43 (1992), S. 391–405; Rolf Geißler, Dekadenz und Heroismus. Zeitroman und völkisch-nationalsozialistische Literaturkritik, Stuttgart 1964. Zur Analyse von Max Weber: ders., Wirtschaft und Gesellschaft. Studienausgabe, hg. v. Johannes Winckelmann, 1. Halbband, Köln 1964, S. 39 (1. Teil, 1. Kap., § 17), 197 (1. Teil, 3. Kap., § 13).

13 Akten der Reichskanzlei. Weimarer Republik (= AdR). Die Kabinette Wirth I und II. 10. Mai 1921 bis 26. Oktober 1921, 26. Oktober 1921 bis 22. November 1922. 2 Bde. Bd. I: Mai 1921 bis März 1922, bearb. v. Ingrid Schulze-Bidlingmaier, Boppard 1973, S. 7–13 (Denkschrift Schmidts vom 19. 5. 1921), 88–90 (Kabinettssitzung vom 24. 6. 1921); Ludwig Thoma, Sämtliche Beiträge aus dem «Miesbacher Anzeiger» 1920/21. Kritisch ediert u. kommentiert v. Wilhelm Volkert, München 1989, S. 278, 286, 341; Epstein, Erzberger (Anm. 10), S. 428 ff. («Oletzkoer Zeitung» u. «Kreuz-Zeitung»: 433); Gotthard Jasper, Der Schutz der Republik. Studien zur staatlichen Sicherung der Demokratie in der Weimarer Republik 1922–1930, Tübingen 1963, S. 34 ff. (36: «Berliner Lokalanzeiger»); Schulz, Demokratie (Anm. 12), S. 364 ff.; Laubach, Politik (Anm. 12), S. 263 ff.; Huber, Verfassungsgeschichte, Bd. 7 (Anm. 8), S. 206 ff.; Winkler, Weimar (Anm. 5), S. 160 ff.

14 Sigrid Koch-Baumgarten, Aufstand der Avantgarde. Die Märzaktion der KPD 1921, Frankfurt 1986; Martin Walsdorff, Westorientierung und Ostpolitik. Stresemanns Rußlandpolitik in der Locarno-Ära, Bremen 1972, S. 31 (Zitate v. Wirth); Francis L. Carsten, Reichswehr und Politik 1918–1933, Köln 1964, S. 78 f. (Zitat Seeckt); Theodor Schieder, Die Probleme des Rapallo-Vertrags. Eine Studie über die

deutsch-russischen Beziehungen 1922–1926, Köln 1956; Hermann Graml, Die Rapallopolitik im Urteil der westdeutschen Forschung, in: VfZ 18 (1970), S. 366–391; Manfred Zeidler, Reichswehr und Rote Armee 1920–1933, München 1993; Peter Krüger, Die Außenpolitik der Republik von Weimar, Darmstadt 1985, S. 166ff.; Hildebrand, Reich (Anm. 8), S. 422ff.; Küppers, Wirth (Anm. 12), S. 154ff.; Winkler, Revolution (Anm. 3), S. 459ff. (Zitat Breitscheid: 464); ders., Weimar (Anm. 5), S. 166ff.

15 Harry Graf Kessler, Walther Rathenau. Sein Leben und Werk, Wiesbaden 1928[1]; Ernst Schulin, Walther Rathenau. Repräsentant, Kritiker und Opfer seiner Zeit, Göttingen 1979; Martin Sabrow, Der Rathenaumord. Rekonstruktion einer Verschwörung gegen die Republik von Weimar, München 1994; Winkler, Weimar (Anm. 5), S. 174ff.; Huber, Verfassungsgeschichte, Bd. 7 (Anm. 8), S. 249ff.; Laubach, Politik (Anm. 12), S. 263ff.; Jasper, Schutz (Anm. 13), S. 56ff. (196ff.: Zitate zur Justiz); Christoph Gusy, Weimar – die wehrlose Republik? Verfassungsschutzrecht und Verfassungsschutz in der Weimarer Republik, Tübingen 1991, S. 134ff.; Uwe Lohalm, Völkischer Radikalismus. Die Geschichte des Deutschvölkischen Schutz- und Trutzbundes 1919–1923, Hamburg 1970; Artikel «Deutschvölkischer Schutz- und Trutzbund 1919–1922», in: Dieter Fricke u. a. (Hg.), Lexikon zur Parteiengeschichte. Die bürgerlichen und kleinbürgerlichen Parteien und Verbände in Deutschland (1789–1945), 4 Bde., Leipzig 1983ff., Bd. 2, S. 562–568 (Mitgliederzahlen: 562); Bernd Hüppauf, Schlachtenmythen und die Konstruktion des «Neuen Menschen», in: Hirschfeld u. a. (Hg.), Keiner fühlt sich (Anm. 1), S. 43–84 (zum Langemarck-Mythos). Das Zitat von Wirth in: Verhandlungen des Reichstags. Stenographische Berichte [= Sten. Ber.], Bd. 356, S. 8058.

16 Heinrich August Winkler, Die deutsche Gesellschaft der Weimarer Republik und der Antisemitismus, in: Bernd Martin u. Ernst Schulin (Hg.), Die Juden als Minderheit in der Geschichte, München 1981[1], S. 271–289 (Zahlen: 274f.); Werner Jochmann, Die Ausbreitung des Antisemitismus in Deutschland 1914–1923, in: ders., Gesellschaftskrise und Judenfeindschaft in Deutschland 1870–1945, Hamburg 1988, S. 99–170; Donald L. Niewyk, The Jews in Weimar Germany, Manchester 1980; Dirk Walter, Antisemitische Kriminalität und Gewalt. Judenfeindschaft in der Weimarer Republik, Bonn 1999, S. 52ff.; Trude Maurer, Ostjuden in Deutschland 1918–1933, Hamburg 1986; Ulrich Herbert, Best. Biographische Studien über Radikalismus, Weltanschauung und Vernunft 1903–1989, Bonn 1996[2], S. 51ff. (zum Kampf des Deutschen Hochschulrings gegen das «fremde Volkstum» der Juden: 63); Michael H. Kater, Studentenschaft und Rechtsradikalismus in Deutschland 1918–1933. Eine sozialgeschichtliche Studie zur Bildungskrise in der Weimarer Republik, Hamburg 1975; Konrad H. Jarausch, Deutsche Studenten 1800–1970, Frankfurt 1984, S. 117ff.; Jonathan R. C. Wright, «Über den Parteien». Die politische Haltung der evangelischen Kirchenführer 1918–1933 (engl. Orig.: Oxford 1974), Göttingen 1977, S. 66 (politische Haltung der evangelischen Kirche im allgemeinen), 84 (Mord an Rathenau); Kurt Nowak, Evangelische Kirche und Weimarer Republik. Zum politischen Weg des deutschen Protestantismus zwischen 1918 und 1922, Weimar 1981, S. 117ff. (Zitate zum Mord an Rathenau: 118); ders., Geschichte des Christentums in Deutschland. Religion, Politik und Gesellschaft vom Ende der Aufklärung bis zur Mitte des 20. Jahrhunderts, München 1995, S. 205ff.; Heinrich Lutz, Demokratie im Zwielicht. Der Weg der deutschen Katholiken aus dem Kaiserreich in die Republik 1914–1925, München 1963; Heinz Hürten, Deutsche

Katholiken 1918–1945, Paderborn 1992; Morsey, Zentrumspartei (Anm. 5), S. 401 ff. Zum Münchner Katholikentag: Schulthess' Europäischer Geschichtskalender. Neue Folge, 38. Bd., 1922, München 1927, 1. Teil, S. 106–108. Das Zitat aus der Würzburger Verfassung der Deutschen Studentenschaft in: Ernst Rudolf Huber, Deutsche Verfassungsgeschichte seit 1789, Bd. 6: Die Weimarer Reichsverfassung, Stuttgart 1981, S. 1011.

17 Liebe, Deutschnationale Volkspartei (Anm. 5), S. 62 ff. (Zitat Henning: 159); Large, München (Anm. 7), S. 162 ff.; Winkler, Revolution (Anm. 3), S. 434 ff. (Görlitzer Parteitag), 468 ff. (Spaltung der USPD 1920), 486 ff. (Wiedervereinigung von MSPD und USPD); ders. Weimar (Anm. 5), S. 178 ff.; Mommsen (Hg.), Parteiprogramme (Anm. 5), S. 453–458 (Görlitzer Programm der SPD), 461–469 (Heidelberger Programm); Laubach, Politik (Anm. 12), S. 296 ff. (Expertenkommission u. Reparationsnote); Huber, Verfassungsgeschichte, Bd. 7 (Anm. 8), S. 258 ff.; Gerald D. Feldman, Hugo Stinnes. Biographie eines Industriellen 1870–1924, München 1998, S. 741 ff.; Peter Wulf, Hugo Stinnes. Wirtschaft und Politik 1918–1924, Stuttgart 1979, S. 317 ff.; Alfred Kastning, Die deutsche Sozialdemokratie zwischen Koalition und Opposition 1919–1923, Paderborn 1970, S. 110 ff.

18 Jacques Bariéty, Les relations franco-allemandes après la première guerre mondiale, Paris 1977, S. 91 ff.; Klaus Schwabe (Hg.), Die Ruhrkrise 1923. Wendepunkt der internationalen Beziehungen nach dem Ersten Weltkrieg, Paderborn 1984; Hermann J. Rupieper, The Cuno Government and Reparations 1922–1923. Politics and Economics, Den Haag 1979, S. 13 ff.; Winkler, Weimar (Anm. 5), S. 186 ff; Laubach, Politik (Anm. 12), S. 262, S. 263 («Erst Brot, dann Reparationen»); Dokumente und Materialien zur Geschichte der deutschen Arbeiterbewegung [= DuM], Bd. 7/2, Berlin 1966, S. 210–213 (Aufruf der KPD vom 22. 1. 1923); Hitler. Sämtliche Aufzeichnungen 1905–1924. Hg. v. Eberhard Jäckel zus. mit Axel Kuhn, Stuttgart 1980, S. 785 f. (Kundgebung vom 12. 1. 1923).

19 Protokoll der Konferenz der Erweiterten Exekutive der Kommunistischen Internationale. Moskau, 12.–23. Juni 1923, Hamburg 1923 (ND Mailand 1967), S. 240–245; Otto-Ernst Schüddekopf, Linke Leute von rechts. Nationalismus in Deutschland von 1918–1933, Stuttgart 1960, S. 139 ff.; Louis Dupeux, «Nationalbolschewismus» in Deutschland 1919–1933. Kommunistische Strategie und konservative Dynamik (frz. Orig.: Paris 1979), München 1985, S. 178 ff.; Marie-Luise Goldbach, Karl Radek und die deutsch-sowjetischen Beziehungen 1918–1923, Bonn 1973, S. 121 ff.; Werner T. Angress, Die Kampfzeit der KPD 1921–1923 (amerik. Orig.: Princeton 1963), Düsseldorf 1973, S. 374 ff.; Rosenberg, Geschichte (Anm. 4), S. 136 ff.; Kastning, Sozialdemokratie (Anm. 17), S. 114 ff.; Günter Arns, Die Linke in der SPD-Reichstagsfraktion im Herbst 1923, in: VfZ 22 (1974), S. 191–203; Winkler, Revolution (Anm. 3), S. 561 ff.; ders., Weimar (Anm. 5), S. 190 ff. (Zahlen zur Inflation: 193, zur KPD: 200, Forderungen der SPD: 203).

20 AdR. Die Kabinette Stresemann I u. II. 13. August bis 6. Oktober 1923, 6. Oktober bis 30. November 1923, 2 Bde., bearb. v. Karl Dietrich Ermann u. Martin Vogt, Boppard 1978, Bd. 2, S. 1215 f. (Seeckt an Wiedfeldt); Angress, Kampfzeit (Anm. 19), S. 426 ff.; Winkler, Revolution (Anm. 3), S. 619 ff.; ders., Weimar (Anm. 5), S. 209 ff. («Völkischer Beobachter»: 211, Severing u. Löbe 31. 10. 1923: 228 f.; zu Hilferdings Theorien des «politischen Lohns» und des «organisierten Kapitalismus»: 328 f.); Huber, Verfassungsgeschichte, Bd. 7 (Anm. 8), S. 330 ff.; Maurer, Ostjuden (Anm. 16), S. 405 ff.; Rainer Pommerin, Die Ausweisung von

«Ostjuden» aus Bayern 1923. Ein Beitrag zum Krisenjahr der Weimarer Republik, in: VfZ 34 (1986), S. 311–340; Gerald D. Feldman, Bayern und Sachsen in der Hyperinflation 1922/23, in: HZ 238 (1984), S. 569–609; Heinz Hürten, Reichswehr und Ausnahmezustand. Ein Beitrag zur Verfassungsproblematik der Weimarer Republik in ihrem ersten Jahrfünft, Opladen 1977, S. 33 f.; Ernst Deuerlein (Hg.), Der Hitler-Putsch. Bayerische Dokumente zum 8./9. November 1923, Stuttgart 1968; Harold J. Gordon, jr., Hitler-Putsch 1923. Machtkampf in Bayern 1923–24 (amerik. Orig.: Princeton 1972), Frankfurt 1971; Hanns-Hubert Hoffmann, Der Hitlerputsch. Krisenjahre deutscher Geschichte 1920–1924, München 1961.

21 AdR, Kabinette Stresemann (Anm. 20), Bd. 2, S. 1059 (Adenauer 13. 11. 1923), Gustav Stresemann, Vermächtnis. Der Nachlaß in drei Bänden, Bd. 1, Berlin 1932, S. 245 (Stresemann, 23. 11. 1923); Karl Dietrich Erdmann, Adenauer in der Rheinlandpolitik nach dem Ersten Weltkrieg, Stuttgart 1966, S. 71 ff.; Henning Köhler, Adenauer. Eine politische Biographie, Berlin 1994, S. 154 ff.; Hans Peter Schwarz, Adenauer. Der Aufstieg: 1876–1952, Stuttgart 1986, S. 258 ff.; Das Krisenjahr 1923. Militär und Innenpolitik 1922–1924, bearb. v. Heinz Hürten, Düsseldorf 1980; Krüger, Außenpolitik (Anm. 14), S. 263 ff.; Bariéty, Relations (Anm. 18), S. 263 ff.; Huber, Verfassungsgeschichte, Bd. 7 (Anm. 8), S. 420 ff.; Winkler, Weimar (Anm. 5), S. 236 ff. (Ermächtigunsgesetz vom 8. 12. 1923: 247, Zahlen zur Arbeiterschaft: 245 f.). Das Zitat von Franz Eulenburg in: ders., Die sozialen Wirkungen der Währungsverhältnisse, in: Jahrbücher zur Nationalökonomie u. Statistik 122 (1924), S. 748–794 (789).

22 Friedrich Purlitz (Hg.), Deutscher Geschichtskalender 40 (1924), 1. Band (Inland), Leipzig o. J., S. 296–299 (Urteil im Hitler-Prozeß); Der Hitler-Prozeß 1924. Wortlaut der Hauptverhandlung vor dem Volksgericht München I. Hg. u. kommentiert v. Lothar Gruchmann u. Reinhard Weber unter Mitarbeit von Otto Gritschneder, München 1997 ff.; Bernd Steger, Der Hitlerprozeß u. Bayerns Verhältnis zum Reich 1923/24, in: VfZ 25 (1977), S. 441–466; Otto Gritschneder, Bewährungsfrist für den Terroristen Adolf H. Der Hitler-Putsch und die bayerische Justiz, München 1990; Werner Link, Die amerikanische Stabilisierungspolitik in Deutschland 1921–1932, Düsseldorf 1970, S. 201 ff.; Eckhard Wandel, Die Bedeutung der Vereinigten Staaten von Amerika für das deutsche Reparationsproblem 1924–1929, Tübingen 1971; Adam B. Ulam, Expansion and Coexistence. The History of Soviet Foreign Policy, 1917–1967, New York 1969[3], S. 154 ff.; Winkler, Revolution (Anm. 3), S. 725 ff.

23 Sozialdemokratischer Parteitag 1924. Protokoll mit dem Bericht der Frauenkonferenz, Berlin 1924 (ND: Glashütten 1974), S. 83 (Müller; Hervorhebung im Original), 99 (Dißmann), 139 (Abstimmung), 204 (Antrag Müller); Peter Haungs, Reichspräsident und parlamentarische Kabinettsregierung. Eine Studie zum Regierungssystem der Weimarer Republik in den Jahren 1924 bis 1926, Köln 1968, S. 74 ff.; Liebe, Deutschnationale Volkspartei (Anm. 5), S. 76 ff.; Krüger, Außenpolitik (Anm. 14), S. 237 ff.; Huber, Verfassungsgeschichte, Bd. 7 (Anm. 8), S. 495 ff.; Winkler, Weimar (Anm. 5), S. 261 ff. (Maiwahlen: 261 f., Wirtschaftsdaten: 268, Dezemberwahlen: 271 f.).

24 Adolf von Harnack, Brief an Friedrich Ebert, in: Berliner Tageblatt, 27. 12. 1924; Erich Eyck, Geschichte der Weimarer Republik, 2 Bde., Erlenbach-Zürich 1962[4], Bd. 1, S. 436 ff.; Wolfgang Birkenfeld, Der Rufmord am Reichspräsidenten. Zu Grenzformen des politischen Kampfes gegen die frühe Weimarer Republik, in:

AfS 5 (1965), S. 453–500; Günter Arns, Friedrich Ebert als Reichspräsident, in: Theodor Schieder (Hg.), Beiträge zur Geschichte der Weimarer Republik. HZ, Beiheft 1, München 1981, S. 1–3; Waldemar Besson, Friedrich Ebert. Verdienst und Grenze, Göttingen 1963; Hans Mommsen, Friedrich Ebert als Reichspräsident, in: ders., Arbeiterbewegung und Nationale Frage, Göttingen 1979, S. 296–317; Winkler, Weimar (Anm. 5), S. 276 ff. (Zitate über Ebert: 277; die Hervorhebung im Zitat aus dem «Vorwärts» vom 28. 2. 1925 im Original).

25 DuM (Anm. 19), Bd. 8, S. 130–133 (Aufruf der KPD v. 11. 4. 1925); Hindenburg von Thälmanns Gnaden, in: Vorwärts, Nr. 169, 27. 4. 1925; Der Präsident der Minderheit, ebd., Nr. 197, 27. 4. 1925; Es lebe die Republik!, in: Frankfurter Zeitung, Nr. 309, 27. 4. 1925; Ernst Feder, Der Retter, in: Berliner Tageblatt, Nr. 198, 28. 4. 1925; Heinrich Mann, Geistige Führer zur Reichspräsidentenwahl, in: Deutsche Einheit 7 (1925), S. 633–635; Harry Graf Kessler, Tagebücher 1918–1937, Frankfurt 1961, S. 441 f.; Noel D. Cary, The Making of the Reich President, 1925: German Conservatism and the Nomination of Paul von Hindenburg, in: CEH 23 (1990), S. 179–204; Peter Fritzsche, Rehearsals for Fascism. Populism and Political Mobilization in Weimar Germany, New York 1990, S. 154 ff.; John Zeender, The German Catholics and the Presidential Elections of 1925, in: JMH 35 (1963), S. 366–381; Karl Holl, Konfessionalität. Konfessionalismus und demokratische Republik. Zu einigen Aspekten der Reichspräsidentenwahl von 1925, in: VfZ 17 (1969), S. 254–275; Ulrich von Hehl, Wilhelm Marx 1863–1946. Eine politische Biographie, Mainz 1987, S. 335 ff.; Andreas Dorpalen, Hindenburg in der Geschichte der Weimarer Republik (amerik. Orig.: Princeton 1964), Berlin 1966, S. 68 ff.; John W. Wheeler-Bennett, Der hölzerne Titan. Paul von Hindenburg (engl. Orig.: London 1967), Tübingen 1969, S. 266 ff.; Nowak, Kirche (Anm. 16), S. 160 ff.; Heinrich August Winkler, Der Schein der Normalität. Arbeiter und Arbeiterbewegung in der Weimarer Republik 1924–1930, Berlin 1987², S. 239 ff.; ders., Weimar (Anm. 5), S. 278 ff.

26 Kurt Tucholsky, Berlin und die Provinz, in: ders., Gesammelte Werke, Bd. 2: 1925–1928, Reinbek 1960, S. 1072–1075; Martin Heidegger, Sein und Zeit (1927¹), Tübingen 1957⁸, S. 127; Carl Schmitt, Die geistesgeschichtliche Lage des heutigen Parlamentarismus (1923¹), Berlin 1926², S. 8; ders., Verfassungslehre (Anm. 9), S. 350 f.; Hans Freyer, Revolution von rechts, Jena 1931; Oswald Spengler, Preußentum und Sozialismus, München 1920, S. 97 f. (Hervorhebungen im Original); Adolf Hitler, Warum mußte ein 8. November kommen? (April 1924), in: ders., Aufzeichnungen (Anm. 18), S. 1216–1227 (1226; Hervorhebung im Original); Armin Mohler, Die Konservative Revolution in Deutschland 1918–1932. Grundriß ihrer Weltanschauungen, Stuttgart 1950; Rolf-Peter Sieferle, Die Konservative Revolution. Fünf biographische Skizzen, Frankfurt 1995; Stefan Breuer, Anatomie der Konservativen Revolution, Darmstadt 1993; Raimund von dem Bussche, Konservatismus in der Weimarer Republik. Die Politisierung des Unpolitischen, Heidelberg 1998; Kurt Sontheimer, Antidemokratisches Denken in der Weimarer Republik. Die politischen Ideen des deutschen Nationalismus zwischen 1918 und 1933, München 1962; Christian Graf v. Krockow, Die Entscheidung. Eine Untersuchung über Ernst Jünger, Carl Schmitt und Martin Heidegger, Stuttgart 1958; Detlef Felken, Oswald Spengler. Konservativer Denker zwischen Kaiserreich und Diktatur, München 1988, S. 25 ff.; Peter Gay, Die Republik der Außenseiter. Geist und Kultur in der Weimarer Zeit: 1918–1933 (amerik. Orig.: New York 1968), Frankfurt 1970 (Zitat: S. 23); Walter Laqueur, Weimar. Die Kultur der Republik (engl. Orig.: London

1974), Frankfurt 1976; Detlev J. K. Peukert, Die Weimarer Republik. Krisenjahre der Klassischen Moderne, Frankfurt 1987; Friedhelm Krölle, Das Bauhaus 1919–1933, Düsseldorf 1974.

27 Theodore S. Hamerow, Die Attentäter. Der 20. Juli – von der Kollaboration zum Widerstand (amerik. Orig.: Cambridge/Mass. 1997), München 1999, S. 85 (Dibelius); Der Große Herder, 4. Aufl., Bd. 1, Freiburg 1926, S. 725; Victor Klemperer, Leben sammeln, nicht fragen wozu und warum. Tagebücher 1925–1932, Berlin 1996, S. 281 (Eintragung vom 11. 7. 1926 zu Hiddensee); Kurt Tucholsky, Gefühlskritik, in: ders., Werke (Anm. 26), Bd. 1 S. 827 f.; ders., Feldfrüchte, ebd., Bd. 2, S. 508 f.; Thomas Mann, Von deutscher Republik [1922], in: ders., Gesammelte Werke in dreizehn Bänden, Bd. 10 (= Reden u. Aufsätze, Bd. 2), Frankfurt 1965, S. 9–52; Kampf um München als Kulturzentrum. Sechs Vorträge von Thomas Mann, Heinrich Mann, Leo Weismantel, Walter Courvoisier u. Paul Renner. Mit einem Vorwort von Thomas Mann, München 1926, S. 9; Friedrich Meinecke, Republik, Bürgertum und Jugend [1925], in: ders., Werke, Bd. 2: Politische Schriften u. Reden, Darmstadt 1958, S. 369–383 (376); ders., Die deutschen Universitäten und der heutige Staat [1926], ebd., S. 402–413 (410, 413); Istvan Déak, Weimar Germany's Left-Wing Intellectuals. A Political History of the «Weltbühne» and its Circle, Berkeley 1968; Winkler, Gesellschaft (Anm. 16), S. 171 ff.; ders., Weimar (Anm. 5), S. 285 ff.

28 Akten zur Deutschen Auswärtigen Politik 1918–1945. Aus dem Archiv des Auswärtigen Amts. Serie B: 1925–1933, Bd. II, 1: Dezember 1925 bis Juni 1926. Deutschlands Beziehungen zur Sowjet-Union, zu Polen, Danzig und den Baltischen Staaten, Göttingen 1967, S. 363–365 (Stresemann, 19. 4. 1926); Der Sieg des Friedens, in: Vorwärts, Nr. 250, 17. 10. 1925; Jon Jacobson, Locarno Diplomacy. Germany and the West 1925–1929, Princeton 1972; Klaus Megerle, Deutsche Außenpolitik 1925. Ansatz zu aktivem Revisionismus, Bern 1974; Jürgen Spenz, Die diplomatische Vorgeschichte des Beitritts Deutschlands zum Völkerbund 1924–1926. Ein Beitrag zur Außenpolitik der Weimarer Republik, Göttingen 1960, S. 33 ff.; Helmut Lippelt, «Politische Sanierung». Zur deutschen Politik gegenüber Polen 1925/26, in: VfZ 19 (1972), S. 323–373; Krüger, Außenpolitik (Anm. 14), S. 269 ff.

29 Henry A. Turner, jr., Stresemann – Republikaner aus Vernunft (amerik. Orig.: Princeton 1963), Berlin 1968, S. 217 ff.; Klaus E. Rieseberg, Die SPD in der «Locarno-Krise» Oktober/November 1925, in: VfZ 30 (1982), S. 130–161; Ulrich Schüren, Der Volksentscheid zur Fürstenenteignung 1926. Die Vermögensauseinandersetzungen mit den depossedierten Landesherren als Problem der deutschen Innenpolitik unter besonderer Berücksichtigung der Verhältnisse in Preußen, Düsseldorf 1978; Michael Stürmer, Koalition und Opposition in der Weimarer Republik 1924–1928, Düsseldorf 1967, S. 132 ff.; Carsten, Reichswehr (Anm. 14), S. 276 ff.; Huber, Verfassungsgeschichte, Bd. 7 (Anm. 8), S. 576 ff.; Winkler, Schein (Anm. 25), S. 246 ff.; ders., Weimar (Anm. 5), S. 306 ff. Scheidemanns Rede vom 16. 12. 1926 in: Sten. Ber. (Anm. 15), Bd. 391, S. 8576–8586.

30 Huber, Verfassungsgeschichte, Bd. 6 (Anm. 16), S. 1013 ff. (»Fall Keudell»); Stürmer, Koalition (Anm. 29), S. 213 ff.; Haungs, Reichspräsident (Anm. 23), S. 208 ff.; Ludwig Preller, Sozialpolitik in der Weimarer Republik, Düsseldorf 1978², S. 350 ff.; Peter Lewek, Arbeitslosigkeit und Arbeitslosenversicherung in der Weimarer Republik 1918–1927, Stuttgart 1992, S. 287 ff.; Gerhard A. Ritter, Der Sozialstaat. Entstehung und Entwicklung im internationalen Vergleich, München 1989, S. 110 ff.; Wolfram Fischer, Deutsche Wirtschaftspolitik 1918–1945, Opladen 1968³,

S. 43 f.; Ellen L. Evans, The German Center Party 1870–1933. A Study in Political Catholicism, Carbondale 1981, S. 217 ff.; Karsten Ruppert, Im Dienst am Staat von Weimar. Das Zentrum als regierende Partei in der Weimarer Demokratie 1923–1930, Düsseldorf 1992, S. 287 ff.; Günter Grünthal, Reichsschulgesetz und Zentrumspartei in der Weimarer Republik, Düsseldorf 1968, S. 196 ff.; Wolfgang Wacker, Der Bau des Panzerkreuzers «A» und der Reichstag, Tübingen 1959, S. 33 ff.; Wolfgang Horn, Führerideologie und Parteiorganisation in der NSDAP (1919–1933), Düsseldorf 1972, S. 209 ff. Zur Umdeutung des Programms der NSDAP: Artikel «Nationalsozialistische Deutsche Arbeiterpartei (NSDAP) 1919–1945, in: Fricke u. a. (Hg.), Lexikon (Anm. 15), Bd. 3, S. 460–523 (481).

31 Wacker, Bau (Anm. 30), S. 90 ff. («Vossische Zeitung», S. 137 f); Rudolf Heberle, Landbevölkerung und Nationalsozialismus. Eine soziologische Untersuchung der politischen Willensbildung in Schleswig-Holstein 1918–1932, Stuttgart 1963, S. 48 ff.; Martin Vogt, Die Entstehung des Youngplans dargestellt vom Reichsarchiv 1931–1933, Boppard 1970; Hermann Weber, Die Wandlung des deutschen Kommunismus. Die Stalinisierung der KPD in der Weimarer Republik, 2 Bde., Frankfurt 1969, Bd. 1, S. 195 ff.; Siegfried Bahne, «Sozialfaschismus» in Deutschland. Zur Geschichte eines politischen Begriffs, in: International Review of Social History 10 (1965), S. 211–245; Andreas Wirsching, Vom Weltkrieg zum Bürgerkrieg? Extremismus in Deutschland und Frankreich 1918–1933/39. Berlin und Paris im Vergleich, München 1999, S. 361 ff.; Thomas Weingartner, Stalin und der Aufstieg Hitlers. Die Deutschlandpolitik der Sowjetunion und der Kommunistischen Internationale 1929–1934, Berlin 1970, S. 70 ff.; Thomas Kurz, «Blutmai». Sozialdemokraten und Kommunisten im Brennpunkt der Berliner Ereignisse von 1929, Bonn 1988; Léon Schirmann, Blutmai Berlin 1929. Dichtungen und Wahrheit, Berlin 1992; Winkler, Schein (Anm. 25), S. 521 ff.; ders., Weimar (Anm. 5), S. 334 ff. (Wahlergebnis, Regierungsbildung, Panzerkreuzer), 346 (Pariser Verhandlungen), 349 ff. (KPD; Zitate des Weddinger Parteitags und Arbeitslosenzahlen: 351 f.), 352 ff. (Sozialpolitik, Tod Stresemanns).

32 Otmar Jung, Plebiszitärer Durchbruch 1929? Zur Bedeutung von Volksbegehren und Volksentscheid gegen den Young-Plan für die NSDAP, in: GG 15 (1989), S. 489–510; ders., Direkte Demokratie in der Weimarer Republik. Die Fälle «Aufwertung», «Fürstenenteignung», «Panzerkreuzerverbot» und «Young-Plan», Frankfurt 1989, S. 109 ff.; Friedrich Freiherr Hiller von Gaertringen, Die Deutschnationale Volkspartei, in: Erich Matthias u. Rudolf Morsey (Hg.), Das Ende der Parteien 1933, Düsseldorf 1960, S. 543–652 (544 ff.); John A. Leopold, Alfred Hugenberg. The Radical Nationalist Campaign against the Weimar Republic, New York 1981, S. 55 ff.; Gerhard Stoltenberg, Die politischen Stimmungen im schleswig-holsteinischen Landvolk 1918–1933, Düsseldorf 1962, S. 125 ff.; Anselm Faust, Der Nationalsozialistische Deutsche Studentenbund. Studenten und Nationalsozialismus in der Weimarer Republik, 2 Bde., Düsseldorf 1973; Kater, Studentenschaft (Anm. 16), S. 147 ff, 218 f., 288 (Studentenzahlen); Bracher, Auflösung (Anm. 9), S. 147 f. (AStA-Wahlen); Fischer, Wirtschaftspolitik (Anm. 30), S. 43 ff. (Wirtschaftsdaten); Preller, Sozialpolitik (Anm. 30), S. 166 f. (Arbeitslosenzahlen); Ilse Maurer, Reichsfinanzen und Große Koalition. Zur Geschichte des Reichskabinett Müller (1928–1930), Bern 1973, S. 101 ff.; Rosemarie Leuschen-Seppel, Zwischen Staatsverantwortung und Klasseninteresse. Die Wirtschafts- und Finanzpolitik der SPD zur Zeit der Weimarer Republik unter besonderer Berücksichtigung der

Mittelphase 1924–1928/29, Bonn 1981, S. 217 ff.; Winkler, Weimar (Anm. 5), S. 354 ff. («Freiheitsgesetz»: 355, Wahldaten: 356, Hilferding: 360).

33 Aufstieg oder Niedergang? Deutsche Wirtschafts- und Finanzreform 1929. Eine Denkschrift des Präsidiums des Reichsverbandes der Deutschen Industrie, Berlin 1929, S. 45 f.; Michael Grübler, Die Spitzenverbände der Wirtschaft und das erste Kabinett Brüning. Vom Ende der Großen Koalition 1929/30 bis zum Vorabend der Bankenkrise 1931, Düsseldorf 1982, S. 49 ff.; Erasmus Jonas, Die Volkskonservativen 1928–1933. Entwicklung, Struktur, Standort und staatspolitische Zielsetzung, Düsseldorf 1965, S. 186–188 (Unterredung Hindenburg-Westarp, 18. 3. 1929); Andreas Rödder, Dichtung und Wahrheit. Der Quellenwert von Heinrich Brünings Memoiren und seine Kanzlerschaft, in: HZ 265 (1997), S. 77–116; Politik und Wirtschaft in der Krise 1930–1932. Quellen zur Ära Brüning. Eingeleitet v. Gerhard Schulz. Bearb. v. Ilse Maurer u. Udo Wengst unter Mitwirkung von Jürgen Heideking, 2 Bde., Düsseldorf 1980, Bd. 1, S. 15–18 (Unterredung Hindenburg-Westarp, 15. 1. 1930), 61 f. (Gespräch Hindenburg-Brüning, 1. 3. 1930), 87 f. (Brief des Abgeordneten v. Gilsa [DVP] an den Generaldirektor der Gutehoffnungshütte, Paul Reusch, 18. 3. 1930), 94 f. (Meissner an Schleicher, 19. 1. 1930; Hervorhebungen jeweils im Original); Johannes Hürter, Wilhelm Groener. Reichswehrminister am Ende der Weimarer Republik (1928–1932), München 1993, S. 240 ff.; Winkler, Weimar (Anm. 5), S. 364 ff. (Young-Abstimmung: 368).

34 Eine unheilvolle Entscheidung, in: Frankfurter Zeitung, Nr. 232–234, 28. 3. 1930; Rudolf Hilferding, Der Austritt aus der Regierung, in: Die Gesellschaft 7 (1930/I), S. 385–392 (386); Winkler, Schein (Anm. 25), S. 797 ff.; ders., Weimar (Anm. 5), S. 369 ff.

35 Sten. Ber. (Anm. 15), Bd. 428, S. 6401 (Breitscheid, 16. 7. 1930); Hermann Weber (Hg.), Der deutsche Kommunismus. Dokumente, Köln 1963, S. 58–65 (Programmerklärung); Larry E. Jones, Sammlung oder Zersplitterung? Die Bestrebungen zur Bildung einer neuen Mittelpartei in der Endphase der Weimarer Republik 1930–1933, in: VfZ 25 (1977), S. 265–304; ders., Liberalism (Anm. 5), S. 374 ff.; Huber, Verfassungsgeschichte, Bd. 7 (Anm. 8), S. 749 ff.; Heinrich August Winkler, Der Weg in die Katastrophe. Arbeiter und Arbeiterbewegung in der Weimarer Republik 1930–1933, Berlin 1990^2, S. 123 ff.; ders., Weimar (Anm. 5), S. 375 ff.

36 Theodor Geiger, Die Panik im Mittelstand, in: Die Arbeit 7 (1930), S. 637–654; Jürgen W. Falter, Hitlers Wähler, München 1991, S. 98 ff. (Wählerströme); Thomas Childers, The Nazi Voter. The Social Foundations of Fascism in Germany, 1919–1933, Chapel Hill 1983, S. 119 ff.; Richard F. Hamilton, Who Voted for Hitler?, Princeton 1982, S. 309 ff.; Jerzy Holzer, Parteien und Massen. Die politische Krise in Deutschland 1928–1930, Wiesbaden 1975, S. 64 ff.; M. Rainer Lepsius, Extremer Nationalismus. Strukturbedingungen vor der nationalsozialistischen Machtergreifung, Stuttgart 1964; Siegfried Weichlein, Sozialmilieus und politische Kultur in der Weimarer Republik. Lebenswelt, Vereinskultur, Politik in Hessen, Göttingen 1996; Detlef Lehnert u. Klaus Megerle (Hg.), Politische Teilkulturen zwischen Integration und Polarisierung. Zur politischen Kultur in der Weimarer Republik, Opladen 1990; Heinrich August Winkler, Mittelstand, Demokratie und Nationalsozialismus. Die politische Entwicklung von Handwerk und Kleinhandel in der Weimarer Republik, Köln 1972, S. 157 ff.; ders., Weg (Anm. 35), S. 189 ff.; ders., Weimar (Anm. 5), S. 388 ff. Das Programm der NSDAP in: Mommsen (Hg.), Parteiprogramme (Anm. 5), S. 547–550.

37 Thomas Mann, Deutsche Ansprache. Ein Appell an die Vernunft, in: ders., Werke (Anm. 27), Bd. 11 (= Reden und Aufsätze, Bd. 3), S. 870–890 (889 f.); Braun zur politischen Lage, in: Vorwärts, Nr. 433, 16. 9. 1930; Max Seydewitz, Der Sieg der Verzweiflung, in: Klassenkampf 4 (1930), Nr. 18 (15. 9.), S. 545–550; Für Republik und Arbeiterrecht. Entschließung der sozialdemokratischen Reichstagsfraktion, in: Vorwärts, Nr. 465, 4. 10. 1930; Sten. Ber. (Anm. 15), Bd. 444, S. 64 (Strasser, 17. 10. 1930), 72 (Pieck, 17. 10. 1930); Ferien vom Reichstag, in: Vorwärts, Nr. 583, 13. 12. 1930; E. H. (= Ernst Heilmann), Frick und Flick, in: Das Freie Wort? (1930), Nr. 49 (7. 12.), S. 1–4; Erziehung zur Demokratie, in: Vorwärts, Nr. 591, 18. 12. 1930; Huber, Verfassungsgeschichte, Bd. 7 (Anm. 8), S. 685 ff. (Ulmer Reichswehrprozeß); Winkler, Weg (Anm. 35), S. 207 ff.; ders., Weimar (Anm. 5), S. 391 ff.

38 Sozialdemokratischer Parteitag in Leipzig 1931 vom 31. März bis 5. Juni im Volkshaus. Protokoll, Berlin 1931, S. 114 (Sollmann); Mahnruf an die Partei, in: Klassenkampf 5 (1931), Nr. 13 (1. 7.), S. 384 f.; Rudolf Hilferding, In Krisennot, in: Die Gesellschaft 8 (1931)/2), S. 1–8 (1); Karl-Erich Born, Die deutsche Bankenkrise 1931. Finanzen und Politik, München 1967, S. 64 ff.; Harold James, The Reichsbank and Public Finance in Germany 1924–1933. A Study of the Politics of Economics during the Great Depression, Frankfurt 1985, S. 173 ff.; Gerhard Schulz, Von Brüning zu Hitler. Der Wandel des politischen Systems in Deutschland 1930–1933, Berlin 1992, S. 384 ff.; Andreas Rödder, Stresemanns Erbe: Julius Curtius und die deutsche Außenpolitik 1929–1931, Paderborn 1996, S. 186 ff.; Winkler, Weg (Anm. 35), S. 288 ff.; ders., Weimar (Anm. 5), S. 408 ff.

39 Es geht ums Ganze, in: Vorwärts, Nr. 478, 12. 10. 1931; Die Harzburger Inflationsfront, ebd., Nr. 479, 13. 10. 1931; Schlagt Hitler!, ebd., Nr. 97, 27. 2. 1932; Cuno Horkenbach (Hg.), Das Deutsche Reich von 1918 bis heute. Jg. 1932, Berlin 1933, S. 43–57 (Hindenburg-Ausschuß, Kyffhäuserbund, Goebbels zur Reichspräsidentenwahl); Sten. Ber. (Anm. 15), Bd. 446, S. 2250 (Goebbels), 2254 (Schumacher); Schulthess' Europäischer Geschichtskalender, 73. Bd. (1932), München 1933, S. 58 f. (Rede Brünings); Knut Borchardt, Das Gewicht der Inflationsangst in den wirtschaftspolitischen Entscheidungsprozessen während der Weltwirtschaftskrise, in: Gerald D. Feldman (Hg.), Die Nachwirkungen der Inflation auf die deutsche Geschichte 1924–1933, München 1985, S. 233–260; Thilo Vogelsang, Reichswehr, Staat und NSDAP. Beiträge zur deutschen Geschichte 1930–1933, Stuttgart 1962, S. 147 ff.; Volker R. Berghahn, Der Stahlhelm. Bund der Frontsoldaten 1918–1935, Düsseldorf 1966, S. 195 ff.; ders., Die Harzburger Front und die Kandidatur Hindenburgs für die Präsidentschaftswahlen 1932, in: VfZ 13 (1965), S. 64–82; Rudolf Morsey, Hitler als braunschweigischer Regierungsrat, ebd. 8 (1960), S. 419–448; Hagen Schulze, Otto Braun oder Preußens demokratische Sendung. Eine Biographie, Frankfurt 1977, S. 719 f.; Huber, Verfassungsgeschichte, Bd. 7 (Anm. 8), S. 925 ff.; Winkler, Weg (Anm. 35), S. 511 ff.; ders., Weimar (Anm. 5), S. 444 ff. (Thälmann: 445).

40 Ernst Thälmann, Letzter Appell, in: Rote Fahne, Nr. 75, 8. 4. 1932; An alle deutschen Arbeiter, ebd., Nr. 89, 26. 4. 1932; Kampfmai gegen Hunger, Krieg, Faschismus, ebd., Nr. 93, 30. 4. 1932; Horkenbach 1932 (Anm. 39), S. 76–85 (Stellungnahmen von Stahlhelm u. DNVP); Landtagsschluß!, in: Der Abend. Spätausgabe des Vorwärts, Nr. 171, 12. 4. 1932; Jürgen W. Falter, The Two Hindenburg Elections of 1925 und 1932: A Total Reversal of Voter Coalitions, in: CEH 23 (1990), S. 225–241; Horst Möller, Parlamentarismus in Preußen 1919–1932, Düsseldorf

1985, S. 386 ff.; Dietrich Orlow, Weimar Prussia 1925–1933. The Illusion of Strength, Pittsburgh 1991, S. 68 f.; Hans-Peter Ehni, Bollwerk Preußen? Preußen-Regierung, Reich-Länder-Problem und Sozialdemokratie 1928–1932, Bonn 1975, S. 244 ff.; Richard Breitman, German Socialism and Weimar Democracy, Chapel Hill 1981, S. 178 ff.; Siegfried Bahne, Die KPD und das Ende von Weimar. Das Scheitern einer Politik 1928–1932, Frankfurt 1976, S. 23 ff.; Die Generallinie. Rundschreiben des Zentralkomitees der KPD an die Bezirke 1929–1933. Eingel. v. Hermann Weber unter Mitwirkung von Johann Wachtler, Düsseldorf 1981, S. XLVI ff.; Peter Longerich, Die braunen Bataillone. Geschichte der SA, München 1989, S. 153 ff.; Weingartner, Stalin (Anm. 31), S. 119 ff.; Winkler, Weg (Anm. 35), S. 385 ff. (preußischer Volksentscheid 1931), 491 ff. (Stalin, November 1931), 528 ff. (zweiter Wahlgang der Reichspräsidentenwahl), 545 ff. (Landtagswahlen vom 24. 4. 1932); ders., Weimar (Anm. 5), S. 449 ff. (SA-Verbot); Huber, Verfassungsgeschichte, Bd. 7 (Anm. 8), S. 938 ff.

41 Sten. Ber. (Anm. 15), Bd. 446, S. 2545–2550 (Groener, 10. 5. 1932), 2593–2602 (Brüning, 11. 5. 1932); Die Tagebücher von Joseph Goebbels. Sämtliche Fragmente. Hg. von Elke Fröhlich, Teil I: Aufzeichnungen 1924–1941, Bd. 2: 1. 1. 1931–31. 12. 1936, München 1987, S. 166 f.; Politik (Anm. 33), Bd. 2, S. 1486–1499 (Siedlungsverordnung; Eingaben an Hindenburg; 1486 f.: Brief Gayls vom 24. 5. 1932); AdR. Die Kabinette Brüning I und II. 30. März bis 10. Oktober 1931, 10. Oktober 1931 bis 1. Juni 1932, 3 Bde., bearb. v. Tilman Koops, Boppard 1982–1990, Bd. 3, S. 2578 f. (Entschließung der deutschnationalen Reichstagsfraktion); Heinrich Brüning, Memoiren 1918–1934, Stuttgart 1970, S. 597 ff.; Werner Conze, Zum Sturz Brünings, in: VfZ 1 (1953), S. 261–288; Heinrich Muth, Agrarpolitik und Parteipolitik im Frühjahr 1931, in: Ferdinand A. Hermens u. Theodor Schieder (Hg.), Staat, Wirtschaft und Politik in der Weimarer Republik. Festschrift für Heinrich Brüning, Berlin 1967, S. 317–360; Udo Wengst, Schlange-Schöningen, Ostsiedlung und die Demission der Regierung Brüning, in: GWU 30 (1979), S. 538–551; Merkenich, Grüne Front (Anm. 3), S. 310 ff.; Schulz, Brüning (Anm. 38), S. 859 ff.; Huber, Verfassungsgeschichte, Bd. 7 (Anm. 8), S. 956 ff.; Winkler, Weg (Anm. 35), S. 560 ff.; ders., Weimar (Anm. 5), S. 461 ff.

42 Sten. Ber. (Anm. 15), Bd. 446, S. 2331 (Brüning, 24. 2. 1932); Knut Borchardt, Zwangslagen und Handlungsspielräume in der großen Weltwirtschaftskrise der frühen dreißiger Jahre: Zur Revision des überlieferten Geschichtsbildes, in: ders., Wachstum, Krisen, Handlungsspielräume der Wirtschaftspolitik. Studien zur Wirtschaftsgeschichte des 19. u. 20. Jahrhunderts, Göttingen 1982, S. 165–182; Carl-Ludwig Holtfrerich, Alternativen zu Brünings Wirtschaftspolitik in der Weltwirtschaftskrise?, in: HZ 235 (1982), S. 605–631; Harold James, Gab es eine Alternative zur Wirtschaftspolitik Brünings?, in: VSWG 70 (1983), S. 523–541; Gottfried Plumpe, Wirtschaftspolitik in der Weltwirtschaftskrise. Realität u. Alternativen, in: GG 11 (1985), S. 326–357; Peter-Christian Witt, Finanzpolitik als Verfassungs- und Gesellschaftspolitik des Deutschen Reiches 1930–1932, in: GG 8 (1982), S. 386–414; Jürgen Baron von Kruedener (Hg.), Economic Crisis and Political Collapse: The Weimar Republic 1924–1933, New York 1990; Josef Becker, Heinrich Brüning und das Scheitern der «konservativen Alternative», in: APZ 1980, Nr. 22, S. 3–17; Udo Wengst, Heinrich Brüning und die «konservative Alternative». Kritische Anmerkungen zu neuen Thesen über die Endphase der Weimarer Republik, ebd., Nr. 50, S. 19–26; Josef Becker, Geschichtsschreibung im

historischen Optativ? Zum Problem der Alternativen im Prozeß der Auflösung einer Republik wider Willen, ebd., S. 27–36; Rudolf Morsey, Zur Entstehung, Authenzität und Kritik von Brünings «Memoiren 1918–1934», Opladen 1974; William L. Patch, Heinrich Brüning and the Dissolution of the Weimar Republic, Cambridge 1999; Rödder, Dichtung (Anm. 33), S. 77 f.; Winkler, Weimar (Anm. 5), S. 472 ff.

43 Das Kabinett der Barone, in: Der Abend. Spätausgabe des Vorwärts, Nr. 254, 1. 6. 1932; Generallinie (Anm. 40), S. 526–534 (Rundschreiben des Sekretariats der KPD, 14. 7. 1932); A. G. (= Arkadij Gurland), Tolerierungsscherben – und was weiter?, in: Marxistische Tribüne 2 (1932), Nr. 12 (15. 6.), S. 351–356 (352 f.; Hervorhebungen im Original); Joachim Petzold, Franz von Papen. Ein deutsches Verhängnis, Berlin 1995; Johann Wilhelm Brügel/Norbert Frei, Berliner Tagebuch 1932–1934. Aufzeichnungen des tschechoslowakischen Diplomaten Camill Hoffmann, in: VfZ 36 (1988), S. 131–183 (148 f.: zur «antinationalsozialistischen» Dimension des «Preußenschlags»); Ludwig Dierske, War eine Abwehr des «Preußenschlags» vom 20. 7. 1932 möglich?, in: Zeitschrift für Politik 17 (1970), S. 197–245; Thomas Alexander, Carl Severing, Sozialdemokrat aus Westfalen mit preußischen Tugenden, Bielefeld 1992, S. 189 ff.; Léon Schirmann, Altonaer Blutsonntag, 17. Juli 1932. Dichtungen und Wahrheit, Hamburg 1994; Huber, Verfassungsgeschichte, Bd. 7 (Anm. 8), S. 977 ff.; Winkler, Weg (Anm. 35), S. 611 ff. (zu den Kontakten Gayl-Severing: 630 f.); ders., Weimar (Anm. 5), S. 477 ff. (Zahlen zur Gewalt: 490). Zu den Arbeitslosenzahlen: Preller, Sozialpolitik (Anm. 30), S. 166 f.

44 AdR. Das Kabinett von Papen. 1. Juni 1932 bis 3. Dezember 1932, 2 Bde., bearb. Von Karl-Heinz Minuth, Boppard 1989, Bd. 1, S. 377–386 (Ministerbesprechung vom 10. 8. 1932), S. 386–391 (Verhandlungen vom 13. 8. 1932), 474–479 (Besprechung beim Reichspräsidenten in Neudeck, 30. 8. 1932), 491–500 (Sitzung der Kommissarischen Preußischen Regierung, 2. 9. 1932); Walther Hubatsch, Hindenburg und der Staat. Aus den Papieren des Generalfeldmarschalls und Reichspräsidenten von 1878 bis 1934, Berlin 1966, S. 335–338: Aufzeichnung Meissners, 11. 8. 1932); Horkenbach 1932 (Anm. 39), S. 284 (Gayl, 11. 8. 1932); Hitler, Reden, Schriften, Anordnungen. Februar 1925 bis Januar 1933. Bd. V: Von der Reichspräsidentenwahl bis zur Machtergreifung April 1932–Januar 1933, Teil 1: April 1932–September 1932. Hg. u. kommentiert von Klaus A. Lankheit, München 1996, S. 300–303 (Besprechungen vom 13.8.1932), 317 (Telegramm vom 22.8.1932), 318–320 (Aufruf vom 23.8.1932); Preußen contra Reich vor dem Staatsgerichtshof in Leipzig vom 10. bis 14. u. vom 17. Oktober 1932, Berlin 1933, S. 44 (Auszug aus dem Artikel «Die Juden sind schuld» von Goebbels); Begnadigung zu Zuchthaus?, in: Frankfurter Zeitung, Nr. 629/630, 24. 8. 1932; Falter, Wähler (Anm. 36), S. 34 ff.; Richard Bessel, The Potempa Murder, in: CEH 10 (1977), S. 241–254; ders., Political Violence and the Rise of Nazism. The Storm-Troopers in Eastern Germany 1925–1934, New Haven 1984, S. 157 f.; Paul Kluke, Der Fall Potempa, in: VfZ 5 (1957), S. 279–297; Thilo Vogelsang, Zur Politik Schleichers gegenüber der NSDAP 1932, ebd., 6 (1958), S. 86–118 (bes. 89 f.); ders., Reichswehr (Anm. 39), S. 256 ff.; Huber, Verfassungsgeschichte, Bd. 7 (Anm. 8), S. 1 048 ff.; Winkler, Weg (Anm. 35), S. 681 ff.; ders., Weimar (Anm. 5), S. 505 ff.

45 AdR, Kabinett Papen (Anm. 44), Bd. 2, S. 474–479 (Besprechung beim Reichspräsidenten in Neudeck, 30. 8. 1932; Hervorhebung im Original); Carl Schmitt,

Legalität und Legitimität, Berlin 1932, bes. S. 88 ff.; ders., Der Hüter der Verfassung, Tübingen 1931, S. 132 ff.; Johannes Heckel, Diktatur, Notverordnungsrecht, Verfassungsnotstand mit besonderer Rücksicht auf das Budgetrecht, in: Archiv des öffentlichen Rechts, N.F. 22 (1932), S. 257–338 (260, 310 f.); Eberhard Kolb/Wolfram Pyta, Die Staatsnotstandsplanung unter den Regierungen Papen und Schleicher, in: Heinrich August Winkler (Hg.), Die deutsche Staatskrise 1930–1933. Handlungsspielräume und Alternativen, München 1992, S. 153–179; Dieter Grimm, Verfassungserfüllung – Verfassungsbewahrung – Verfassungsauflösung. Positionen der Staatsrechtslehre in der Staatskrise der Weimarer Republik, ebd., S. 181–197; Heinrich Muth, Carl Schmitt in der deutschen Innenpolitik des Sommers 1932, in: Schieder (Hg.), Beiträge (Anm. 24), S. 75–147; Joseph W. Benderski, Carl Schmitt. Theorist for the Reich, Princeton 1983, S. 172 ff.; Paul Noack, Carl Schmitt. Eine Biographie, Berlin 1993, S. 137 ff.; Ernst Rudolf Huber, Carl Schmitt in der Reichskrise der Weimarer Endzeit, in: Helmut Quaritsch (Hg.), Complexio Oppositorum. Über Carl Schmitt, Berlin 1988, S. 33–50; ders., Verfassungsgeschichte, Bd. 7 (Anm. 8), S. 1073 ff.; Winkler, Weimar (Anm. 5), S. 518 ff.

46 Sten. Ber. (Anm. 15), Bd. 454, S. 1–3 (Zetkin), 13 f. (Torgler), 14–16 (Göring), 17–21 (Abstimmung); AdR, Kabinett v. Papen (Anm. 44), Bd. 2, S. 546–561 (Papens Rundfunkrede v. 12. 9. 1932), 576–585 (Ministerbesprechung v. 14. 9. 1932), 593–600 (Ministerbesprechung vom 17. 9. 1932), 754–764 Münchner Rede Papens v. 12. 10. 1932); Walther Schotte, Der neue Staat, Berlin 1932; Edgar J. Jung, Die Herrschaft der Minderwertigen, ihr Zerfall und ihre Ablösung durch ein Neues Reich, Berlin 1930^2; Wilhelm Stapel, Der christliche Staatsmann. Eine Ideologie des Nationalsozialismus, Hamburg 1932^2, S. 255; Walter Gerhart (= Waldemar Gurian), Um des Reiches Zukunft. Nationale Wiedergeburt oder politische Reaktion?, Freiburg 1932, S. 121, 123; Klaus Breuning, Die Vision des Reiches. Deutscher Katholizismus zwischen Demokratie und Diktatur (1929–1934), München 1969; Bernd Faulenbach, Ideologie des deutschen Weges. Die deutsche Geschichte in der Historiographie zwischen Kaiserreich und Nationalsozialismus, München 1980, S. 35 ff.; Willi Oberkrome, Volksgeschichte. Methodische Innovation und völkische Ideologisierung in der deutschen Geschichtswissenschaft 1918–1945, Göttingen 1993, S. 22 ff.; Hans Mommsen, Regierung ohne Parteien. Konservative Pläne zum Verfassungsumbau am Ende der Weimarer Republik, in: Winkler (Hg.), Staatskrise (Anm. 45), S. 1–18; Klaus Fritzsche, Politische Romantik und Gegenrevolution. Das Beispiel des «Tat-Kreises», Frankfurt 1976; Ebbo Demant, Von Schleicher zu Springer. Hans Zehrer als politischer Publizist, Mainz 1971, S. 84 ff.; Sontheimer, Denken (Anm. 26), S. 180 ff.

47 Preußen (Anm. 44), S. 492–517; Was bedeutet das Urteil?, in: Vorwärts, Nr. 504, 25. 10. 1932 (Hervorhebungen im Original); Goebbels, Tagebücher (Anm. 41), S. 270; Schulthess 1932 (Anm. 39), S. 194–196 (Papens Rede); Ehni, Bollwerk (Anm. 40), S. 271 ff.; Schulze, Braun (Anm. 39), S. 763 ff.; Schulz, Brüning (Anm. 38), S. 1000 ff.; Klaus Rainer Röhl, Nähe zum Gegner. Kommunisten und Nationalsozialisten im Berliner BVG-Streik von 1932, Frankfurt 1994; Huber, Verfassungsgeschichte, Bd. 7 (Anm. 8), S. 1128 ff.; Winkler, Weg (Anm. 35), S. 765 ff.; ders., Weimar (Anm. 5), S. 529 ff.

48 Anpassung oder Widerstand? Aus den Akten des Parteivorstands der deutschen Sozialdemokratie 1932/33. Hg. u. bearb. v. Hagen Schulze, Bonn 1975, S. 55

(Böchel), 71 (Wels); Wahlsieg der KPD im Feuer der Streikkämpfe, in: Inprekorr 12 (1932), Nr. 94 (11. 1.), S. 3025–3027; Die «Prawda» zu den Ereignissen der Reichstagswahlen in Deutschland, ebd., S. 3027 f.; Stefan Altevogt, Bürgerkriegsangst am Ende der Weimarer Republik, Juni 1931 bis Januar 1933. Magisterarbeit (MS), Humboldt-Universität zu Berlin, Berlin 1996, S. 80 (Vossische Zeitung, 8. 11. 1932); Bernd Sösemann, Das Ende der Weimarer Republik in der Kritik demokratischer Publizisten. Theodor Wolff, Ernst Feder, Julius Elbau, Leopold Schwarzschild, Berlin 1976, S. 162 ff.; Goebbels, Tagebücher (Anm. 41), S. 276 f. (Eintrag v. 10. 11. 1932).

49 Horkenbach 1932 (Anm. 39), S. 374 (Papens Erklärung vom 8. 11. 1932); Schulthess 1932 (Anm. 39), S. 198 (Papen bei Hindenburg, 10. 11. 1932); AdR, Kabinett Papen (Anm. 44), Bd. 2, S. 901–907 (Ministerbesprechung vom 9. 11. 1932), 937 f. (Keppler an Schröder, 13. 11. 1932); Eberhard Czichon, Wer verhalf Hitler zur Macht? Zum Anteil der deutschen Industrie an der Zerstörung der Weimarer Republik, Köln 1967, S. 64–72 (Material zur Eingabe an Hindenburg; der Brief selbst: 69–71), 73 (Information Dr. Scholz zur Tagung des Langnam-Vereins); Henry A. Turner, jr., Die Großunternehmer und der Aufstieg Hitlers (amerik. Orig.: Oxford 1985), Berlin 1985, S. 358 ff.; Reinhard Neebe, Großindustrie, Staat und NSDAP 1930–1933. Paul Silverberg und der Reichsverband der Deutschen Industrie in der Krise der Weimarer Republik, Göttingen 1981, S. 167 f.; Heinrich Muth, Das «Kölner Gespräch» am 4. Januar 1933, in: GWU 37 (1986), S. 463–480, 529–541; Petzold, Papen (Anm. 43, S. 119 ff.; Winkler, Weimar (Anm. 5), S. 538 ff.

50 AdR, Kabinett v. Papen (Anm. 44), Bd. 2, S. 956–963 (Ministerbesprechung vom 17. 11. 1932), 984–986 (Besprechung Hindenburg-Hitler, 19. 11. 1932), 988–992 (Besprechung Hindenburg-Hitler, 21. 11. 1932), 998–1000 (Meissner an Hitler, 24. 11. 1932), 1012–1022 (Ministerbesprechung vom 25. 11. 1932), 1025–1027 (Aufzeichnung von Staatssekretär a. D. Hans Schäffer über die Besprechung Hindenburg-Papen-Schleicher, 26. 11. 1932, nebst Auszügen aus dem Tagebuch von Schwerin von Krosigk); Die Gewerkschaften in der Endphase in der Republik 1930–1933. Bearb. v. Peter Zahn unter Mitarbeit v. Detlev Brunner (= Quellen zur Geschichte der deutschen Gewerkschaftsbewegung im 20. Jahrhundert, Bd. 4), Köln 1988, S. 766–770 (Gespräch Schleicher-Leipart-Eggert, 28. 11. 1932); Archiv der sozialen Demokratie, Bonn, ADGB-Restakten, NB 112: Verhandlungen mit der Reichsregierung (Breitscheids Aufzeichnung über sein Gespräch mit Schleicher, 28. 11. 1932; hier auch Schleichers Bericht über das Gespräch mit Hindenburg am 26. 11.); Richard Breitman, German Socialism and General Schleicher, in: CEH 9 (1976), S. 352–388 (bes. 367 ff.); Winkler, Weg (Anm. 35), S. 793 ff.; ders., Weimar (Anm. 5), S. 543 ff.

51 Theodor Leipart, Die Kulturaufgaben der Gewerkschaften. Vortrag in der Aula der Bundesschule in Bernau am 14. Oktober 1932, Berlin 1932, S. 3, 16–20; Ernst Jünger, Der Arbeiter. Herrschaft und Gestalt, Hamburg 1932[1]; Papen nicht!, in: Vorwärts, Nr. 562, 29. 11. 1932; Sturm in den Betrieben, ebd.; Alarmierende Gerüchte, ebd. (Hervorhebungen jeweils im Original); Peter Zahn, Gewerkschaften in der Krise. Zur Politik des ADGB in der Ära der Präsidialkabinette 1930 bis 1933, in: Erich Matthias u. Klaus Schönhoven (Hg.), Solidarität und Menschenwürde. Etappen der deutschen Gewerkschaftsgeschichte von den Anfängen bis zur Gegenwart, Bonn 1984, S. 233–253 (Echo der Bernauer Rede: bes. 251 f.); Axel

Schildt, Militärdiktatur mit Massenbasis? Die Querfrontkonzeption der Reichswehrführung um General von Schleicher am Ende der Weimarer Republik, Frankfurt 1981, S. 109 ff.; Peter Hayes, «A Question Mark with Epaulettes»? Kurt von Schleicher and Weimar Politics, in: JMH 52 (1980), S. 35–65; Winkler, Weg (Anm. 35), S. 746 ff.; ders., Weimar (Anm. 5), S. 550 ff.

52 AdR, Kabinett v. Papen (Anm. 44), Bd. 2, S. 1035 f. (Ministerbesprechung vom 2.12. 1932), 1036–1038 (Tagebuchaufzeichnung Krosigks v. 2.12. 1932), 1039 f. (Ministerbesprechung vom 2. 12. 1932); Franz von Papen, Der Wahrheit eine Gasse, München 1952, S. 243–252 (Zitat Hindenburgs: 250); ders., Vom Scheitern einer Demokratie 1930–1933, Mainz 1968, S. 308–314: Wolfram Pyta, Vorbereitungen für den militärischen Ausnahmezustand unter Papen/Schleicher, in: MGM 51 (1992), S. 385–428; Vogelsang, Reichswehr (Anm. 39), S. 332 ff., 482 ff.; Huber, Verfassungsgeschichte, Bd. 7 (Anm. 8), S. 1154 ff.; Winkler, Weimar (Anm. 5), S. 553 ff.

53 Goebbels, Tagebücher (Anm. 41), S. 299 (Eintragung vom 10. 12. 1932); Thilo Vogelsang, Neue Dokumente zur Geschichte der Reichswehr 1930–1933, in: VfZ 2 (1954), S. 397–436 (Schleichers Rede: 426–428); AdR. Das Kabinett von Schleicher. 3. Dezember 1932 bis 30. Januar 1933, bearb. v. Anton Golecki, Boppard 1986, S. 101–117 (Regierungserklärung Schleichers); Udo Kissenkötter, Gregor Strasser und die NSDAP, Stuttgart 1978, S. 170 ff.; Huber, Verfassungsgeschichte, Bd. 7 (Anm. 8), S. 1162 ff.; Winkler, Weg (Anm. 35), S. 810 ff.; ders., Weimar (Anm. 5), S. 557 ff. (557 f.: Presse zur Ernennung Schleichers, 559 f.: Reichstagssession, 562: Imbusch, Leipart).

54 Schulthess' Europäischer Geschichtskalender, 74. Bd. (1933), München 1934, S. 5 f. (Kölner Gespräch), 7 f. (Begegnung Schleicher-Papen, 9. 1. 1933); Otto Meissner, Staatssekretär unter Ebert–Hindenburg–Hitler, Hamburg 1951, S. 261 f.; Kissenkötter, Strasser (Anm. 53), S. 191 f.; Muth, Gespräch (Anm. 49), S. 529 ff.; Goebbels, Tagebücher (Anm. 41), S. 331 f.; Hans Otto Meissner u. Harry Wilde, Die Machtergreifung. Ein Bericht über die Technik des nationalsozialistischen Staatsstreichs, Stuttgart 1958, S. 148 ff.; Henry A. Turner, jr., Hitlers Weg zur Macht. Der Januar 1933 (amerik. Orig.: Reading/Mass. 1996), München 1996, S. 46 ff.; ders., Großunternehmer (Anm. 49), S. 378 ff.; Neebe, Großindustrie (Anm. 49), S. 171 ff.; Czichon, Wer verhalf (Anm. 49), S. 77 ff.; Petzold, Papen (Anm. 43), S. 134 ff.; Winkler, Weimar (Anm. 5), S. 567 ff.

55 Schulthess 1933 (Anm. 54), S. 5 (Ältestenrat, 4. 1. 1933), 11–14 (Konflikt Regierung-Reichslandbund); AdR, Kabinett v. Schleicher (Anm. 53), S. 206–220 (Reichslandbund, Darré; Hervorhebungen im Original); Reichstag erst am 24. Januar, in: Vorwärts, Nr. 7, 5. 1. 1933 (Breitscheid); Horst Gies, NSDAP und landwirtschaftliche Organisation in der Endphase der Weimarer Republik, in: VfZ 15 (1967), S. 341–376; Bert Hoppe, Von Schleicher zu Hitler. Dokumente zum Konflikt zwischen dem Reichslandbund und der Regierung Schleicher in den letzten Wochen der Weimarer Republik, ebd. 45 (1997), S. 629–657; Merkenich, Grüne Front (Anm. 3), S. 315 ff.; Dieter Gessner, Agrarverbände in der Weimarer Republik. Wirtschaftliche und soziale Voraussetzungen agrarkonservativer Politik vor 1933, Düsseldorf 1976, S. 242 ff.; Jutta Ciolek-Kümper, Wahlkampf in Lippe. Die Wahlkampfpropaganda der NSDAP zur Landtagswahl am 15. Januar 1933, München 1976.

56 AdR, Kabinett v. Schleicher (Anm. 53), S. 230–243 (Ministerbesprechung v. 16. 1. 1933), 297–300 (Simpfendörfer an Schleicher, 24. 1. 1933); Vogelsang,

Reichswehr (Anm. 39), S. 482–484 (Sperr); Schmitt, Verfassungslehre (Anm. 9), S. 345; Ernst Fraenkel, Verfassungsreform und Sozialdemokratie, in: Die Gesellschaft 9 (1932/II), S. 484–500 (492, 494); Wolfram Pyta, Verfassungsumbau, Staatsnotstand und Querfront: Schleichers Versuche zur Fernhaltung Hitlers von der Reichskanzlerschaft August 1932 bis Januar 1933, in: ders. u. Ludwig Richter (Hg.), Gestaltungskraft des Politischen. Festschrift f. Eberhard Kolb, Berlin 1998, S. 173–197; ders., Konstitutionelle Demokratie statt monarchischer Restauration. Die verfassungspolitische Konzeption Schleichers in der Weimarer Staatskrise, in: VfZ 47 (1999), S. 417–441; Huber, Verfassungsgeschichte, Bd. 7 (Anm. 8), S. 1227 ff.; Winkler, Weg (Anm. 35), S. 802 ff., 835 ff.; ders., Weimar (Anm. 5), S. 574 ff.

57 Warnung an Schleicher. Breitscheid über seine Pläne, in: Vorwärts, Nr. 33, 20. 1. 1933; Staatsstreich-Pläne, ebd., Nr. 41, 25. 1. 1933; Siegfried Aufhäuser, Reichstag arbeite!, ebd.; Schulthess 1933 (Anm. 54), S. 21–24 (Osthilfeskandal), 21 (Unterredungen Hitlers mit Hugenberg und Papen), 25 f. (Erklärung der DNVP); AdR, Kabinett v. Schleicher (Anm. 53), S. 282 f. (Mitteilung der DNVP an Schleicher), 284 f. (Empfang Schleichers bei Hindenburg), 304 f. (Brief Kaas' an Schleicher); Die Deutschnationalen und die Zerstörung der Weimarer Republik. Aus dem Tagebuch von Reinhold Quaatz 1928–1933. Hg. v. Hermann Weiß u. Paul Hoser, München 1989, S. 223–227; Joachim von Ribbentrop, Zwischen London und Moskau. Erinnerungen und letzte Aufzeichnungen, Leoni 1953, S. 37 ff.; Wolfgang Weßling, Hindenburg, Neudeck und die deutsche Wirtschaft, in: VSWG 64 (1977), S. 41–73; Noack, Schmitt (Anm. 45), S. 155 ff.; Huber, Verfassungsgeschichte, Bd. 7 (Anm. 8), S. 1240 ff.; Winkler, Weg (Anm. 35), S. 837; ders., Weimar (Anm. 5), S. 578 ff.

58 AdR, Kabinett v. Schleicher (Anm. 53), S. 306–310 (Ministerbesprechung vom 28. 1. 1933), 310 f. (Empfang Schleichers bei Hindenburg, 28. 1. 1933), 313 (Brief Kastls u. Hamms an Meissner, 28. 1. 1933), 314 (Eingabe der Gewerkschaftsverbände an Hindenburg, 28. 1. 1933); Schulthess 1933 (Anm. 54), S. 28–30 (Rücktritt Schleichers, Sondierungen Papens); Schleicher zurückgetreten, in: Vorwärts, Nr. 48, 28. 1. 1933; Das rote Berlin marschiert!, ebd., Nr. 49, 29. 1. 1933 (Hervorhebungen jeweils im Original); Ribbentrop, Zwischen London (Anm. 57), S. 40 f.; Vogelsang, Reichswehr (Anm. 39), S. 382 ff.; Huber, Verfassungsgeschichte, Bd. 7 (Anm. 8), S. 1251 ff.; Winkler, Weg (Anm. 35), S. 849 ff.; ders., Weimar (Anm. 5), S. 584 ff.

59 Anpassung (Anm. 48), S. 131–136 (Sitzung des SPD-Parteivorstands vom 30. 1. 1933), 145 f. (Breitscheid im Parteiausschuß, 31. 1. 1933); Nichtangriffspakt!, in: Vorwärts, Nr. 42, 25. 1. 1933; Arbeitendes Volk! Republikaner!, ebd., Nr. 51, 31. 1. 1933; SPD-«Nichtangriffspakt» gegen die Werktätigen!, in: Rote Fahne, Nr. 22, 26. 1. 1933; Die Antifaschistische Aktion. Dokumentation u. Chronik Mai 1932 bis Januar 1933. Hg. u. eingel. v. Heinz Karl u. Erika Kücklich, Berlin 1965, S. 354–356; AdR. Die Regierung Hitler. Teil I: 1933/34, Bd. 1: 30. Januar 1933 bis 31. August 1935, bearb. v. Karl-Heinz Minuth, Boppard 1983, S. 5–10 (Ministerbesprechungen vom 31. 1. u. 1. 2. 1933); Schulthess 1933 (Anm. 54), S. 32–37 (Verhandlungen Hitlers mit dem Zentrum); Die Protokolle der Reichstagsfraktion und des Fraktionsvorstands der Deutschen Zentrumspartei 1926–1933. Bearb. v. Rudolf Morsey, Mainz 1969, S. 611–615 (Sitzungen von Fraktion u. Fraktionsvorstand vom 31. 1. u. 1. 2. 1933); Rudolf Morsey, Hitlers Verhandlungen mit der Zentrumsführung am 31.

Januar 1933. Dokumentation, in: VfZ 9 (1961), S. 182–194; ders., Die Deutsche Zentrumspartei, in: Matthias/Morsey, Ende (Anm. 32), S. 281–453 (bes. 339 ff.); Winkler, Weg (Anm. 35), S. 305 ff. (zu der im März 1931 von der Komintern aufgestellten These von der SPD als der «sozialen Hauptstütze der Bourgoisie»), 858 ff.; ders., Weimar (Anm. 5), S. 593 ff.

60 Hitler, Reden, Bd. V, Teil 1 (Anm. 44), S. 335 (4.9. 1932), 353 (15.9. 1932); Schmitt, Legalität (Anm. 45), S. 50; Fraenkel, Verfassungsreform (Anm. 56), S. 491; Weber, Wirtschaft (Anm. 12), Bd. 1, S. 23 (1. Teil, 1. Kap., § 5), 157 (1. Teil, 3. Kap., § 1); Huber, Verfassungsgeschichte, Bd. 7 (Anm. 8), S. 1 264 ff.; Winkler, Weg (Anm. 35), S. 861 ff.; ders., Weimar (Anm. 5), S. 595 ff.

Ausblick

1 Adolf Hitler, Monologe im Führerhauptquartier 1941–1944. Die Aufzeichnungen Heinrich Heims, hg. v. Werner Jochmann, Hamburg 1960, S. 155 (17./18. 12. 1941).

2 Hermann Oncken, Die Wiedergeburt der großdeutschen Idee (1920), in: ders., Nation und Geschichte. Reden und Aufsätze 1919–1935, Berlin 1935, S. 45–70 (61, 62, 64; Hervorhebung im Original); Bernd Faulenbach, Ideologie des deutschen Weges. Die deutsche Geschichte in der Historiographie zwischen Kaiserreich und Nationalsozialismus, München 1980, S. 67 ff.; Artikel «Österreichisch-deutscher Volksbund 1920–1933», in: Dieter Fricke u. a. (Hg.), Lexikon zur Parteiengeschichte. Die bürgerlichen und kleinbürgerlichen Parteien und Verbände in Deutschland (1789–1945), 4 Bde., Leipzig 1983 ff., Bd. 3, S. 566–568; Karl Rohe, Das Reichsbanner Schwarz Rot Gold. Ein Beitrag zur Geschichte und Struktur der politischen Kampfverbände zur Zeit der Weimarer Republik, Düsseldorf 1966, S. 227 ff.; Heinrich August Winkler, Der Schein der Normalität. Arbeiter und Arbeiterbewegung in der Weimarer Republik 1924–1930, Berlin 1987[2], S. 378 ff. (Zitat Schützinger: 382).

3 Giselher Wirsing, Zwischeneuropa und die deutsche Zukunft, Jena 1932; Reinhard Frommelt, Paneuropa oder Mitteleuropa. Einigungsbestrebungen im Kalkül deutscher Wirtschaft und Politik 1925–1933, Stuttgart 1977; Alan S. Milward, Der deutsche Handel und der Welthandel 1925–1939, in: Hans Mommsen u. a. (Hg.), Industrielles System und politische Entwicklung in der Weimarer Republik, Düsseldorf 1974, S. 472–484; Dörte Doering, Deutsch-österreichische Außenhandelsverflechtung während der Weltwirtschaftskrise, ebd., S. 514–530. – Zum Projekt der deutsch-österreichischen Zollunion siehe oben S. 499, zur Reichsideologie der Jungkonservativen S. 524.

4 Artikel «Verein für das Deutschtum im Ausland 1881–1945», in: Fricke u. a. (Hg.), Lexikon (Anm. 2), Bd. 4, S. 282–297; Norbert Krekeler, Revisionsanspruch und geheime Ostpolitik der Weimarer Republik. Die Subventionierung der deutschen Minderheit in Polen 1919 –1933, Stuttgart 1973; Michael Fahlbusch, Wissenschaft im Dienst der nationalsozialistischen Politik? Die «Volksdeutschen Forschungsgemeinschaften» von 1931–1945, Baden-Baden 1999, S. 65 ff.

5 Hitler, Reden, Schriften, Anordnungen. Februar 1925 bis Januar 1933. Bd. V: Von der Reichspräsidentenwahl bis zur Machtergreifung April 1932 – Januar 1933, Teil 1: April 1932 – September 1932. Hg. u. kommentiert von Klaus A. Lankheit,

München 1996, S. 31 («Reichs»-Zitat aus der Rede vom 5. 4. 1932 in Elbing); Frank-Lothar Kroll, Utopie als Ideologie. Geschichtsdenken und politisches Handeln im Dritten Reich, Paderborn 1998, S. 65 ff.; Herfried Münkler, Das Reich als politische Macht und politischer Mythos, in: ders., Reich – Nation – Europa. Modelle politischer Ordnung, Weinheim 1996, S. 11–59; Jean F. Neurohr, Der Mythos vom Dritten Reich. Zur Geistesgeschichte des Nationalsozialismus, Stuttgart 1957; Klaus Schreiner, «Wann kommt der Retter Deutschlands?» Formen und Funktionen von politischem Messianismus in der Weimarer Republik, in: Saeculum 49 (1998), S. 107–160; Dirk Walter, Antisemitische Kriminalität und Gewalt. Judenfeindschaft in der Weimarer Republik, Bonn 1999, S. 209 ff.

Personenregister